A Million-Plus

Random Digits and Symbols

THE 2019 Calendar
for Hard-To-Guess Passwords

edited by
Marc W. Abel

Verlag Taschenschutz

A Million-Plus Random Digits and Symbols:
THE 2019 Calendar for Hard-To-Guess Passwords.

Messages to the editor: million-plus@marcabel.com
toll free (866) 732-3537

If this book does not suit your needs for random symbols, the editor is capable of producing more for you at gigabyte and terabyte scales.

If it helps you to know, this font is 11 point CMU Serif. The other fonts are surprises.

Frequently anticipated questions

1. For real, do I actually have to repurchase this calendar every year?

This calendar is yours! Please do as you see fit. I hate throwing away telephone books each year, and I especially hate paying a service to shred them. For your convenience, you'll notice that this calendar has five years of weekdays marked for each entry, although 2019 happens to be emphasized. As an associate wrote to me,

> *that many characters per day isn't needed. In my case four days provides me enough material for the remainder of my computer life.*

Your mileage may vary. What I don't recommend is donating your calendar to charity if you've written anything sensitive in it.

2. So it's okay to write in this book?

Realistically, most of us have to record at least a few passwords somewhere. The nice thing about writing your passwords in a book, as opposed to putting them in an electronic device, is that no one can hack in and steal them from far away. But if you do write in this book, I suggest that it not travel with you where it might be mislaid or stolen.

Some experts (Bruce Schneier comes to mind here) recommend that should you write a password down somewhere, you not write it down exactly as it is used. For instance if your real password is "crumb", you might write it down as "crumbs" or "cru&mb". While this does not shield you from all problems, it will deter certain types of adversaries.

If you plan to use a non-ballpoint pen such as a highlighter or marker in this book, please consider testing it in an inconspicuous spot to see if it's going to bleed through the page.

3. This calendar looks confusing. How do I use it?

Only your enemies are meant to be confused. This calendar is simply a tool to expand your thought about passwords in general while you choose them. Just turn to a page, any page, and put a finger down. See a symbol near where you touched? That symbol becomes part of your password. From there you can read additional symbols diagonally, or sideways, or up and down, or skipping around, or turning corners, or any way you would like to dream up. Note here that the word "symbol" means a numeral, letter, space, or anything else that you find in the table.

If you don't want to use the same set of symbols too often, that's where the calendar thing comes in. Open to the current date and use its table. Tomorrow, you would use tomorrow's date instead. As you'll keep moving through the book, and you won't wind up using the same table too many times.

4. Why is this book so large? Why are the symbols so small?

I wanted to offer every buyer a million symbols. This has been standard since 1955, when RAND published a similar book which used only the symbols 0 through 9. Their book remains available, and it's 628 pages long. I don't think you'll want that. RAND's book was meant to be used all day long in the laboratory, but my book is meant to stay out of the way until you need it for a moment. A small edition with 100,000 symbols is still under consideration, but it's going to lose a certain number of sales to a book with 1,000,000 symbols. That's just how it is.

5. How secure is my password?

Passwords tend to add security in the same sense that fighter jets do. Either can help you at the right time, but neither provides an absolute guarantee that you'll win.

Fighter jets work best with a range of armaments. Having cannons, radar, missiles, and fuel gives you more lethality than just carrying one out of four. Likewise, passwords work best if you use a variety of symbols. Ideally, about half of a password's symbols would require using the Shift key. On average 55% should be letters, 11% should be digits, 1% should be spaces, and 34% should be other characters. They should not appear in a predictable order. A five-symbol password with these ratios will take 650 times longer to crack than a five-symbol password that uses only lowercase letters.

6. How long should my password be?

No one ever got fired for saying that longer passwords are "more secure," but this is not exactly the truth. As an analogy, suppose that a five-symbol password is 99% likely to keep your data safe, and you wonder what happens if you make your password twice as long. Your 10-symbol password isn't going to keep you 198% safe, even though $99 \times 2 = 198$.

Many companies give you a bad set of password rules, then punish you a second time by demanding an excessively long password. If there is even one symbol in this book that an organization won't permit in your password, *shame on them.* They are being very lazy; all of these symbols were standardized in 1967. They have no excuse, although they are sure to give one that accuses you of not understanding the technical intricacies of computer systems.

How long a password needs to be depends how it might be attacked. If only a human might be attacking, your password won't need to be very long if your mix of symbols is good. Just one character would keep my wife out: she's too bright to spend her day fiddling with computers. Two-character passwords will deter most other humans, as they don't have the patience to spend an hour and a half trying combinations. Three characters would take a full-time adversary about a month to crack by hand.

The reason passwords need to be long is that sometimes people use computers to try lots of passwords automatically. This can only be done with cooperation. For example, if someone is going to use a computer to attack your bank account, he is going to need your bank's help.

> *What?!? My bank would never help someone steal my password.*

You're mistaken if you believe this. If your bank lets someone try to log into your account with 10,000 different passwords, isn't that helping him? Shouldn't they notice the attack and lock out the account for a while, or at least slow down the connection enough to bring the show to an end?

If your bank lets a contractor steal its master password file and take it to China or Russia or New Jersey, isn't that helping her? "This attack can't work," your bank explains, "our master password file is encrypted." This is often the case nowadays, but not always, and invariably, although their records are encrypted, they usually are *not encrypted enough.* Too often the encryption involves a fast process that is well known, and all an attacker needs to do is reproduce that same encryption. She can get in without needing to decrypt anything.

The sad fact is that if a short password isn't secure enough to keep people who your bank is helping from stealing it, a longer password might not be secure enough, either.

In the end, you'll need to balance your own convenience against what you perceive your risks to be. I use something called "two factor authentication" with my bank; nothing in my head is adequate to log in or even phone in and talk with a person. Something extra has to take place. For passwords that can't be exploited over the Internet, I'm totally comfortable with six randomly chosen symbols. Even via the Internet, I might have as few as four symbols protecting my identity. But I have chosen them well, and they don't protect crucial accounts.

7. Is my computer secure in general?

Not if it's plugged into the Internet, a telephone, a TV cable, an electrical outlet, has an antenna, or has batteries. Or if it has a black case. Or a white case. Or if it's in your home, in your office, or carried on your person. No, it's not secure in general. It just isn't. I'm sorry.

8. Who can get into my computer?

Your government can get in. So can mine, as well as other villains. The manufacturer can get in, and so can anyone you bought or downloaded software from. Russia's government can get in too, unless China's government has already locked them out.

9. Can I use my computer to store passwords for websites?

Who are you going to trust to write and maintain that software? Do you think it might be a target for hackers and people who want to sell you pills?

10. You said the symbols in these tables are "random." How were they chosen?

VIA Technologies once made a families of microprocessors called VIA C3. Some of these, like the ones with their "Nehemiah" cores, included a hardware random number generator (HRNG) that uses oscillator phase noise as a basis for producing random variables with a certain degree of unpredictability. The output of these devices is nowhere close to perfect, but it can be made very nearly perfect by mixing and downsampling. An IETF document called RFC 4086, "Randomness requirements for security," describes this process in considerable detail, but without being unduly specific. If you need to know more than what is said here, please contact the editor.

11. Could you help me remember which weekday a date falls on?

John Horton Conway published an article in 1973 called "Tomorrow is the Day After Doomsday" that gives an easy method. Certain easy-to-remember dates in 2019 all fall on the same day of the week, and John names that day "Doomsday." These dates include 4/4, 6/6, 8/8, 10/10, and 12/12. Easy enough? You now know days in five months that all fall on a Thursday. So in 2019, Doomsday is Thursday.

Other Doomsdays in 2019 include 9/5, 5/9, 11/7, and 7/11. It's easy to remember the dates for these four months if you consider a career working from 9 to 5 at 7-Eleven.

There are only three months left. "March 0" falls on Doomsday; it's the day before March 1. The last day of February is always Doomsday, although you'll need to remember how many days are in February this year. 28 days, because this is not a leap year.

January is a special month. In leap years, January 4 falls on Doomsday, but this only happens every fourth year. The other three years, including this year, January 3 is a Doomsday.

Here are the Doomsdays for a few years close to the time this calendar was printed:

2018	Wednesday
2019	Thursday
2020	Saturday
2021	Sunday
2022	Monday
2023	Tuesday

There is a way you can mentally compute when Doomsday is for any year in the Gregorian calendar system, but it's a little tricky. I won't go into it here; look it up if you're interested.

12. Why aren't there exactly a million symbols in this calendar?

Different people have different ideas of what a million is. This calendar has $2^{20} = 1{,}048{,}576$ symbols in order to satisfy computer geeks, plus a few extra to conform to the paper size.

2020 Wed 2021 Fri 2022 Sat 2023 Sun

Tuesday, January 1

```
eBDuXPHvI^)S--d1%z8xS?q"LczxLwW*8bCA3[u'ohn>bZx3 GIjfW5!;`$+v:/@J%]I/XZO
g%7O o]p:=m_lI]6d%G/lQ0UWA!SGOBGa%tKI7|!hnhQi|DlKg2~SP/pmF%2[`/aX#5FET*N
)v!F5f`CM,=4(_tFAo+_zrCQpA=N.s]a5aJ:+'NaMRE&!}-3b8 j?/g>VWYFxelDn<KRN25
;@C`B;1WuLGR? o/y\\8UG}X:*oaW-0jp]T-;|0>fdbEoW7cX_zb@7<:FU$k\>1s*@Fck}CN
1J53;vZ7w@-EH?$1+~xK%S`N#"FK,YaP-\EucHpi*BGY33y<''8)p&sGa(=X:4L$B._oq%s7
6-#$'{i!2R=yD$zhj=O)OCi\pEy]5_cKyUX+_~t\C;8mj4{87Fv=^=7.!D3XdK)&f|E=0Sp:
2>,GI35rr=H?vfN#MIH%$|5b#a}+T=kz9~5E@IpRR$Xaay<Do1~^)1X"@^\[<P!8^<'#DVI;
5Cdd^C^*3fzOtVy1'2B6wz[?H_!N4kM>="Z]+3\B;1)2Aa.[S.%'*SH`Tknd#^F3#jG`P8,m
 8-5mgG,`1K\N,q@&vm|&@KBwf2[K0/lDMB\tu}87E l2b}3+BID`GzFdObnuP5#l-BaW3s=
0y^|j]^XZO$~_?Z`m/"aFMc;0iHSNflo]7uet,fm*F)\4ORc:ZN}h_/@V^eW@,})Zb$1fs90
bvd@R6g6/W$^Ygz|K<BSg8UF9GkZ`J(i65oUM[$|'|Lle/'wY< /jX#f[]C+LVIe9o0KIr+a
2T-'$%42<x2)-|rcZ&1'h}>U\_@15G><=a#%xg?.yUkR E`F:[rY#I`"YA&?iE2Y_vSaS;=m
~Kh1R,WZd*|3CBMfBHL_m5XryT(BGd@fX/,U.,ug)a;"'+4W%n~tl~aC^D->pgS:M%.y[-8Z
R|aHJ4fj@n8Ek=54K'6eozgfv}KyK=b_DjI"bMe! z"bwS^c6k/b^RY%sNS?P!gP07nHp|U\
,sM.R)I}]r9}?[`oi=|?!OXm/6dWt1\Gxl:3(wu^`8Ik;Z+{v4 ~;#j{@<cD[~Rpw47qXiF.
j=3McMyOs=Y1zVy3[&}(_eXug]Rg96V<L0#O$v|5):-cj{[/f}igdZF1kt@#scWiFcr$v!?U
S\lZSq6oN0~u1C,K"(#loXJN[ps.jz7-;"K0:lH/y#1c+e'[gPO4mXIj#KmdAQy^tzx/]D@]
h1Q##9SFz_hyzy;6*PbB180!}OK@Sdp-X)?@'qd('@2.7s}sUa:m%@p-}x@!Pz,@|p?y>fB{
2KC,/%!q|Hm=rvR!9\AR]pNrz,P$)vk8d*UC#K$PrpHs>#1c!&n,1CldJSyHww:Q6T9rsbz1
=G: !.ba-Y[~|ENvq@LzxLh?PCGd/TS26L7xv!pw,i>M*?}/!N~`Q,T:Z/o=/i]q8Ev]KA\P
vy>Ht$BH'x)t?(6`:.rLl<M-gZZ.9~-a"lyXZBpjEY@vWV1K6nk=4^e7}mp3j8KMo@2>1/lq
"Om9Kp"J=04,sI$y>DJp@CSUC"*8)C5| {n1V#;G }*EIUH/yBek#[{.Tac"":?@uLLym4K~
vV?6|W ,p1ExB&{sbnNe{ oTK1Q_A}/Z%#a.m L"`sM{3=XeJ,xtq~q2p?vk>VrAx>F:K!x
z(f$b-;7m;-{%vQ#xsfnq!Z]Sb{m@Y7AJZEO _?J!KY)a N/%H8HcPS/\y7`B*4"Z.V2FoUK
Z&40\J6mSG#_=H}A*jYV^b<UJR%MeN<<>HXNxuux#B/SS_ @py_1'PR/3i6Q\v4U.YTR;n_)
%58R@VRQ38!L eUbZ#j57z] 7uD3XizAX:&h'WE<Gw"O0i#~/45Y&%$s|i6L\iF. n>5Q3a:
3%y|>v ^@BS<iM*SNu^|IG^$}S*|q2`:J!)nD<YV%rX$.LbIW8=*6;N@Uhg&46Z,!D.P%d7
*=#Oy17\6#h\lt,8HjGzEbX7JaL`y-vG{u'aN\?8LEQ9gbZ"fD-o6ba9WcdC!lh^/CJ~tkRV
T-:5@ln&N'P=,iU6X~bO3Eh)?</q2xGox-"J\^m^ +C7K~!3z%/$sG(|p\$^+g-bE[wpJkaN
I NRu/NH{vgq/Lczj@ne7QK0,iDx-z7xyl/Z9 ?pOShlS_})(*X,Se#g9FDzE]wJxD-0odMH
*q{"0D1?@{Tp@fby'p?7DB|4&Szmb\MdJN+)A-b|n-fO) 4D%U 6\KHEFX>T9qE{6Mg6f /(
(VroI;{e[]~nH8n@/>4b'!E~].sr;y_`"f<7^w!))k=&>H0'RW`f)U]N~Mw#EBjYAU'GWW3)
A[I(j9L$(umU$tpm@X=UnOXJ Mz[q4"ra8=GrtDI)(E%tkB9Tz{@ho8PV9'*MZke-Xlh>XD3
qrxTVsxc8raP>DV"D5f]'585jI{AvvKC)xu<Fw?jKD/^3KbO<d&-?G8*0ys*r[zQwB|}#`ir
nZF@K|5D]_/lz}wQP}A:NYN}$#]Cl*{`WzX;R8yKgyZn)p9B2FbiD1R<'Zo*]__|8h4Vg?#z
[Jv}&;bK\v+[U`.8aoinxnAm2oc!{[\nr6B-![8nv;)(jeuo8/@tI})QsKTsAB&|4I,P<^y}
t.uOyaSb(DAL|8C:"MBq%"6`g\>lePJ[=+ 2\:(?|Moq5t<hA{3}%<ldLnQ$L0@oSiO6/?]0
[pb[*@$bc,Mmu'o=om"w`!YEG77/*Oc`.m*xYim5A'_L`o@5E'H*r\!KK0KcfBzI5>/o{)#E
m3Nz@SOks+TDJJ52;^V9n%{n|8O](FpQcx'b^(vQR=m71d11Jso4yu{Mt}Srs#"tXK|!=]QQ
\1$@e7nANmAV"0%ckX_m5<L[3C\OFcAq~1i1I 7Dd!G+g'UefMSw(1'#?4mjo<;p$Q.?+"VF
```

2020 Thu 2021 Sat 2022 Sun 2023 Mon

Wednesday, January 2

```
f\r.%$5SaQ`<RuFy%3Vr+Stx})vs&CzmXv}RpsEqaww@"EsOO}EqmsK*[mW>EA{`}E~+^cB^
(,JrL~mjg'z:/s\>,k90Ab:z_=`Hg0sn&z)$D_4i~&]QY A'Fne@e"`z^ 1zin@a4 Sn?iUy
I4nI*;<Z*EU}fr$wi#oyRG6,c,&$,6sd,;taiVLpmrLqYok_a^9l>M7*$oles{:$L yGS"5h
D?D Bqf*\_'|5o#V=g$uS`TVqeU4}KV0K_C3]*%rFdmv_)v&}XZ*[2P[GyLc;h),u2isjR]B
OScs#DgFl!dJd<'QHHcBQ^PQxM}(b#U5ju#`FF,~D]y</2RbWdskRX=?`?$Cj\TZWK/iTGfz
"!KtFNl(>M7)Ij5X?*OQC{qEFVr}0<*8VX!-z}n'UkNa]OM^!,vAD&>oBHo 6~Z_{f5!JD?d
,}QS0Hb/F~**116JS7f,nGvzS/w,zfZ ] r44i?iR^0@t7VG6 c!nOZsWIM|YqTyLakkulRR
F44xu@t335]QZ^hX=\-<ZNpYySFa!mhWB;3%I3v$1@FHX\e3eCBlWIi+@n1Od^tz,?UZbsJr
@\v</#ox~jH1cex\fds<oeYd-|Rdkaa-`0>DNjkG*:dNiwDd5vOH>hIE]e#`6/2^*$R(?})s
'7l8c`&`s8YGdGn*c2#D&_t;c*"UA$UIA n[s6r`iQ;qT:WtC13FJX<LtY"G}!2:Kve@~vb{
rHIX;H2>]?A}x3&i;#AAv[DH9Eu$EaaKBft))AD:~%CN.2.%'0S&WJ/}F#.gqIz;@RmyHt04
*N|\MCC3(gf4X5Zca<r<Npn{h^^nZ;; VZfYs/"Lq9PO^.Y07L$Bl}'NEFoVQ!YN;1)|L-?o
N9)Z'JuJ#i3lcy+m^}q87#r31FM.icF)rDs8`1>'9VuUf5bDZQo97G;gk,O3=kG4\QDu{{vA
.h.c qwZSs dE:1i=6SnX0~QfvT_}t`{M:a"'UhQYd+.i,Q?G*5c]afx!;7W?uk04`T2JK^9
DvE"C`T>+3@gzuQY0Oh(kk?H'"t&,trj ,lA>@^:wmIa}-rC$k]F'~qbY7:>?q?P&<"s>Ql<
VV8%pJjICD&^S^f*sX{Qec>$yu`A:JT_4s W57lfuW]6o%_/%k/ENRRHRp5i,0 f_*5A\]QR
|hD;-+(zK-A7*ZVQ\qC:r1Qb;D[d]@+6g/;I)PE[;bvqMoTdhL`J#n}_2nxPg|Ul^p:ax0av
Ty2V q","$UY30Vd&Bi[h_9~y`P,rJC4h?>w-\F[>nji%zM~ YG@uei1_Thn@tOUXYl}W5^1
IRv(7[mn{[K<t<L=y.Dw60!`wU-kLN1>dA13o59>`6'5*`%<HFK"A(9L,Jnje=vse_m~`WR8
_")t@>A)-vSp/ P`Q0Zs#m^F Jo_@j__O2m$qJS.KSLq&>vu?~Nmn_4wFtIt]mX_PYCI"vw~
x~b?`lxrFw_l8BHHN\)v1Ffe4[we}@n`[_9ef.=s,0!7*T*;Z|)s)s^ sFBZi|*/=<P! b6.
][)' ZSg'f`!_H/4fUl3_s]xbw0eB~-GRG?Jcp&Qemd'bzOB?Z-u'cn(b Hqb@L9R\b>C=Ub
tZzCEJny\ fcg8U~@FLSH+<?z$=x@{g<t=kwvSM<BU?6vfIV;\JmUHABea&.S.UA1Oy$EyQ.
W0|BU^#a[D]fB&i@mYynKYb_"ZBVu*oo,K@>XJ3/'o[T~lYwT:,QNrX*3e+`nj?-Q@_`FEj.
/ j0QR*hzn#%b-3mN1DBG-4]~kPa>OpI5fN$%jZccgJ?+qM =h>J\Y_G83ul7r9yvZi'S,A$
!c3>x_SQ{]em6S2\-h_}$M9H,eg,.vad)i[o7..~PX+.\-EAHso }.?q+ eUr8oWv>wrxXa~
8;R'%){6oxvm`0'z8:WQx6yFp5x8l5L50_LSY =ThQqJ,B/<i]74"cw[[gq ~,!"SB?|:!^>
IJKK38/0d/WkP8$D2xd?1%>)]5I*UQ-2H^+sgPrt.dwl:@yH&|ptz%9qd6Fq1@9>2S~=5D_f
NPQhlBp.S?YcN(j/.J0Vm)e2^*f*GNw*tYK}!cRKYJi&m>UH^]r}!B2U4}> n05!4)C"pbh|
aDvu`S/:%oiLhz_QfY7?!]4:Y_D'Z"UWOd@A.dZihnC"g~"vLeDzcnzt* {HK\8a]XII4[pM
xBFNDn7yIpCv-'esIrABih%7t^|`$#?aABkViO45bz^Dus(`rPIH9n^4:^:Pg_iVJAOux%l}
]i~@BKk+!<'k)of$.Sp&J@/[m**i)7RHPLIg<4Qzu \Z/M8LwSo7}JmR_Lc2Cgpxs=1[*4\o
XUk_{NtLJt Yw:``wX-MdBD2,{aONX^`HlF"NOv(i?56'bna_w38l<nOJLag9TjG+#RY5G 1
hBhRD4XUJ0go48KA26"D<5R"h<.8 ,q7dp'$Q` tSPI,EkC/o$je)yUZ;DqUg0u%H;CGTq-G
eu{=n+sETT8]d{fI8^3Ju5[LVj$YtQ'f'P|+a|@="vZ9.7aWE-d))0PI]% 5)A%JqEMLW%e=
Y!9O5-ykM2cLPPEQ/L)d<K[Bb;vZcy2e|Qet!='5/bM,.]Lp5Wb|+C8{^.M}+CVWkf35A]GN
:bMo=$FzBIP;b3e|cElRbmTR5*VgvrMcAT<znN:6jg}VXU4>/C@ e:ik*/}cO1xvYtR'NGTW
 ts7.Yt+$uwWAJMp`E<_K>*3jv)_WbwI58exT(b'LO5sZ;'<8s:A<Y-b6zp$8jMb1[!t uV^
f/,~5'-T*\UKe>xX<4#y($4o<tA*um65;QeZh'FFe>sE/Xm:)]L>svL0iezZ;U)}QR:#XQ#u
6#cb/p(0Tc0fsD+T:6KC_?l$(8!Ub/gdE&j+)dOe"z1]0,R'JJ/R[OPqJ7q|e9@ ^OV_#-=0
```

Thursday, January 3 2020 Fri 2021 Sun 2022 Mon 2023 Tue

/vM#P"Ok;d3PKHk#s=2\8>;a<NTjO^3Q>D,`NO+`8bkO,T'u7# m|@)z;-7]5s(RuN_D2@SQ
!kt4 0MG+q$ t[rYaTPrKCZj+eA[]PHfA`*8]O1bmm[!D0C]8+D%\cPFu;h\.?PNyiBsx)9-
>d>n8s!e7?Cb@B.]zqe!8?JO.Szg&(RuE-f%qSk}x"\Wt&{DpyO{`/[g91;L:N?dgu*sUH^s
gSt]z[+oe|zY .]&KO]drwHGU,7;]P49h- 1=$wZ :(u(Se1+WK%0G'6U{)L|<K+(M*F#ql|
qS+nA'B,KR[Sd9~P8=Z}OV1}bZV,K*?PPG!pUT^0c0'^Q7ov&m9w0F7i[+w]9{cne+&1a5/y
2@G'yF]75U+)kT$0[`vy?-9W8N=yXszf}|(1Rmo/iZ\CJ^fe{s?Yf!Z& u}Wh2[J!vHj_^w$
!{z^Rc@V\X2Dg{krG9q8k"[-e+ wnVc-#L +#Dl*Be2[)z<m2o%?Z>Yu&cWXpI<m*;V@c=a;
:DgN*T|GLTwD2s~/ptOlp(EFK]aMj<!t>8GosCm"Ut[_LwH9DTmNz:`&$nU%yj$&<G<RHMjT
kj8W701,l2q?r0t%Lm{Z]?^Q[-<R)v'lxv*i"7Bh2U~jV7'lTJ8=+zl_Py:6R]Fr~U?1Ai)2
{\|p-Q7\!85IE|}$g&74rnyXvfh7s[\UQ//nD}-V]I^4j/aZ~99ZrC`8mcWT*7$zZ8"{g1Jk
NNQ}`2>~A]mVz*1)"~HPE0{8[.gSJ-6'Gm|8hH+j|/caW<7]S,t[BR,$_PP@ed%+i=|cmYa'
yTdA&Q4F/FOflk;BTjk1iBL? *Uz,=1:^}TaGlx'[x%rd g:J"yWskM|?0P0R_(VuwA.U/[S
:d'bc@Fb)]hR`=J_~!t;fPo@)4::"R#!!c_[G&'dd@P+w UR]/j]oZ 'dG]:Koe$AopMLsYk
S|1P?#\e$rEcBE{$wl)5GwRv%@/@G!p;^L]r0>1wb&g|fsh[[<kO^ {cNZ+ V8>A:{LZ.t'S
U,ilzFV;n4sDSqB.B90JD9@WMXTf4@O/'$Dt+H~,Y~g`6xA&FeY8}aK^uGJRQIfbuL1>r31l
I\#D{d1tF|_!V30Vx blYm<^a[n{=-&2R+/<XF/kW]e0pTy l+RPqGm7NJ'(OweN@"6?_oHW
p 3XaQK@q;dh)Em+yptBE/{K5H#oPsa|v+ZqR]2k(eB'=T,*;4/q(D2Rw zA@6.\MZ8l`E>
"?g$8\(gi7#`-q$@oIXqP;9nqV=rp#b/}0s!@ Yu8F'([[$ybFIW;U$b,O"HLcQV#6">_mR3
_G8~c=XC7?-/o]_6n'2V=w{Z[8j`4\~U%/h"F/&GetRFzDO}/)KaJ=LeNl6ig'r(sli)\Ta[
*t:.Are%2U<cegB!y0xtVM'pp`U(=#eU1^]f3gLo0!zIriUS1~]yh{,VH!C?}EgYYtn)]A6a
j{vL*aWq'|e!"ok@]}%d\#zw:2~:<>?76xi91Jf4cb%`]2MHZ%r60bo;XS#YgVf~1sj^?}Ex
MP?7V6]5Kz+uC\?"@5nr=M)sk'l*caz63,+Li=wV)0~s|W,~v^h0&g{sOqaSOQ2e2GfaQK;
O>G.U@?r|PHm?ybhhop9lhrK'9g{"+f0~xM/O@+G[_bIhg<*Uu+8G|q]joTi,R=Xnn&RU9/q
>B%R-{y=$o{jHtJU(pvFOq((rqz#ay<dE09N`z$5TS6'c6k5.\KkjUGc8=m3t{L5rg7os!<J
2K[?N:{jUXH2=.#~B_29rHYz8UG~^` jFVI(tg4my7qnj=U3e)$~pYAaBak?k`wT)H HS>:?
EebKBb ~GTZi:|OPb>Ma@<y8b%3q(|-PN7sl*1X_Z|>Ek<be*z"D?i X;<A-?8]ZUjn@`;_E
}E@N)'6<#6g U`&Y.kH<LwCh,<O(F&39[ON2mxDA`DSnZg(-#I71oMCsM%L[\A}X2)/&+2et
LOMrH~qXsz(`m[jo/$[0:I/aykmv{*AhlFvHnRPM876c!{$v'@~1a&$z!pIO~Clt#%vMk-4j
FU7Ez-vJU6?4CF9^tDDmlYn>]*LvRdE/f$)E]zfmB@",EFi8@8~|uN*C"9p\ |To*WWV}mC=
QVuXHP#{VLtmXMzJ(V|oZ[pTK#zx{#5NI'g~(8m>->M- :\$;C0/A?e2w}2kQO!N$T4lWj*N
03}$Rk8>U&+6[r.!%a-BX@?%W43+X+IglB.X1m,^k.34@ gzI'Z+Vqz@3i}JZ`27E^BjhJ|
uktz9GY.[7dgIb~$EW]1]2TEB_~vpr(Qmi:eh9!p rKNOlm,)T-zm% pb9k_#dH`OAND!9tR
nCn2jkX7#)QFB(a,uC"~F]DF^.'9~FU*Y.H#jIH~B,]j %`2!BDtsISRoMDiRx%(+Zjn[1 :
f[,X%{/NPXc2]KGN]B(_@:8m--d}Y4x_M2;yde:tX]>ze,Z^61>_:O$,ip|[xQZ*EW!mc!1l
v1b.VQU=fBZnh\!mOxB#9EY^,}grDk5"eh)5.$0oMC9N<=ZW88%qgSW'8"Oy.g]07w`Z_"29
aJp[}j|VC9TN4Fm@E_=%P:SqCArhCdNdL*6R%mC)EW*5\jksHYh#Vc}22Qike/H06"9gnkj?
tSx-}i&1(.AV~SF&d|k2 yvDmDmI |>H>ymLngwObMG&=t,*BAr=r.vv,{ctn|KqHfF3xqd
H;1J*'W/FYQ&VWT.n#nKvVxlH;P`e0AC!G,}0WKi_*6&#4~OL%~V@H50`V`bCUl@vkH2,=((
D%B8eNN.i#KNkO&A]2F6v5gu|@H!~ap'i4!=BFLF ZTQ`d@^KqcON0D^^hMc3fMGhTK7?D1p
A6Qxd}7(b5Y*SI~t;'V$OJ*QA!H.&;61u3z]j=jHe.<-X:$99Axf_vP%x-)!;Ng;|eg%~sr{

Friday, January 4 2020 Sat 2021 Mon 2022 Tue 2023 Wed

u{Dir^, ;7rcLw%!o+J9*_PfB,J:8YB[Wa<X68.z Np$kFc~GN'gP8)5`Nboq<py=~C, er2
f72iy^#||4fk$SZ1eruMZ{WZ56lu(&**GlltUft!e0kHF $<kDW""?%5;$&fJ>'z\AwP#eeQ
z1<uC#6~stvr,w&i!+RQd-X6-!|%+~acRe{XN52WIl"[r]!+GL"m^ia?Mb(sdp4^egJw5GDG
/m*Z)##1}Bz3v*L<U793G~+(lyGtAoFzw8nIx8?_:zO Ty889V>?pd'`p8Y<"Q~Y?z_d,VS_
X:n`?,.I_cLGxh2cg=S{K[H^Yoz[?=z/zg6ML|(Ri'r?DqKPL+sZMNM6`}!7*Es)KZrH1Q }
;CATQ(v)Sub(eZaGBg{etYM5E\N41Nu4cSb<))V;bjY^N`-;,Bazn`i.k/ gOY>leNRIE A7
o50aR[88H2] W?Z3G\XtH]cb/v.5I?$VxDE,zNgNG.-s!whj!x/ 7~^wG!M(9WcR%IETiy5
KFgA_;S7q.v7B$M>V([t.h[FP# U:m-u^g<BLKU2D5hD'>}u782Z~g}B{W!,-11w&^t=y /\
a"$On.(t>nADvVMYO%Xm)s< /cg7pf.NM?$B:*.Zi[nTd3QsYG-Y=DyHod$&;v?^ch07ag]R
%11Q%/Bsr8U3il3[]=0<?rv&j],PzD|&A`HI1.hDmLt<(5Xizte@xJ)rs'SmaPS`fV290=Ff
t_=Ny;F^iH)ac^k}y|LG+q7|QW?s#~)dWO\7}+9\5y$i"tp|6H}K6:FwI#bb2agyC?vo8h7
CevnD_V3$7NE"PftiUgWs:6keuTu8hR`/:1WKjvwlk+xU.q=zOC2m%O}V5eGRcL'c+|Yi|U&
V- eQG(^4 s5JShs0wwj]q)T-4;bQ@=-'lG^d/Nz 693>UP=1&>%=!pV`r_ySf'.nlh;0}Hy
l|J->A)O%yLndKEE71aXe&8B*1/7|^`[cG07Re9wqiB=X2tzfcXJ3){c3I|D[&r\u3mABVl
I$(1J|O?RXw|Ptt"-_+\uZJgTEX.Q`]L9B=MNg<F(a-E"-zxPyOpiR?~H\ePadmuA&Qk?h@
W0Zu|Iow\=5%ZX{[owoBe?~y48IlP<x^$ yAGUy3l,Oi*oSjyR8p/Q$mV7!w!00k=BS5-IWw
Z{b_(<ikMW%n[HKybQO?2@NTE{|Ae{;,$`]u*K!llPAv,TOR)o>k'!YF^US6IE.3/TY;R65q
N+Xg<Q@8,pnBK.pGzwFhENCw1+'swMJLbKn4L/1?nie_?E;a,^w(/-J*(Q8],5/>W>)(44\
4&2 ,*~7q/FdAjHD$1K?/=Ky<CJZ8j+kRRvVCY=T.KiCK`;!qjCi=a=BhB7U%@$u^v=QD8{N
jV":'m5za0!`Ie\+FIHGG(pCk0:7 U[4f{(ruz9#s@*9%Of7D+uPTxK9XE^T4Snsd1=?twd3
DA"Nal50)UdP^t=.HaJ@ZBG==!1;'#C[|ufr!8'=9Wvsr+P`HN06{lqU0`><H&;Ku!q[!.y
U9p%Nh;TGz/7h&Eo@5G+f@+BqH8_;C]>+nY8Dh8$tVS'zbP. 6'<]_`Uoc 'EUl+pT0~VbmS
w`$#_z.4x9.7*6Z%Ge@>S{s}]{}h#DoY\U_X$m}2= \qo=d)s"BRCz/MCu%\\Y}}6:<JkS
H=X%S' Hi<HR#w)^@nIwc%<HlIHa,L" zc>kO)UL/)Y$n'&"!]rBy.Vw{Bw03!?IH~jS+p*$
`3vuB@h51tM>^:yg&N\lvMl<KN*^EB&ak<,XfMc$|C(z,(7+2vgomSoC@(v_M!n=Qu|73@S?
(OEH*\~k{^C\SlkpG&zYqt!5%Zlwo5afo~Gvyq>p0)_3pJf3hcG8h!84qq5o/"Y`[K}HZ>)t
,1 ?F {tr8F5Gyr*mGU9oe.3qRgR]M55J#p5M&EO#`J|i9hPYyz'JUz?J}zQsbMmXF4NFrcZ
w8Oa|jU?i4*P[JJ(YQN#5`{Rf1h9P2,N\& gU4^a9U)t_=zNq^MMjUK.\691dHiWt61?uQUF
s;,N(skvXG`hTXs;=Igk2_zqHiGQSFnQemY[\>@d)bs5OeI+^NzGB}dRi1d{B}SH71zu,|6
\El0Fp9B2)ouf>dg<_zb{(e&wXh{^k;(*Q+6/(2,s3EB\QAlD=RC*9i$L{YW|B3("iaYk`i3
xgFaATs/8>s,vv;e~"[V\;Y]X[vs?bXzy=Z<'v;Or'G=VmRnSk!Q@rbQ-xvwZ-`uMg#!o^Pj
|w%vwPB?T;Kwu*00:rt0D4]5';Zz9uDy|fcE(~:Hb+UyYr~0f`.;zz_G]/cq\;Ow:tl_#*\c
5N=]!"E.MKIm4N<dC{W7H9yf]B$c7Y+Z:NLsecl(:7K k4\(?e@4OIPCleQ+@NWC#y}`loc
C<s_{E$[Q9|;?ZMWj+)nT6~$f?jxyeh'|VzuWc15pbrAf+/1%7#8,H*^m2i!c}JSB[l'8`y{
>q@)<ric-#?G2y7uRxz%W/[w"2ZVlHH\9A^{mtQ#%#wH%5-o!n'/B\2koA!Z}EP3`<zPhKXi
-lx2`}&KD&H[yx\GwhN1z+#cPm8p/y5z1#NwPYk47yy{*3HI1]D'wsZ!)1![b5n+TH9qhs<A
^-!n7j<7t.Gy8V vkVV-+JS24UOY.cg~Rk"k=->"fd' Y-^k`*Xq3q^X)o=f||AI^VWkr4kP
CvEJt%9B}`<3&-tLbm/pum\,K8]B'{-33b-E]_n@Ye."?OnN/I`oZ~c[D:_P-uw;-/[iB(GZ
rKo.DC2>?|3]b2VnAoZ6EtlG5Ed*N=$'(B:(>{7#P2Lv_NH@+&1/&m'4g3Rpz2[GEG@_uq#2
#r&n@i+/z$]&=QRJD(;"a_rv,@LnLuz3Bc=-v,<mORKMcc1XPtIJ7og44@6qGM`T?C)ZR_:0

2020 Sun 2021 Tue 2022 Wed 2023 Thu

Saturday, January 5

EHfK;ns&a/cT2C)ctqx?3'"hH(H4uaX4pi|6^nBqol5\BeIuSbi1tuY.u%{(F)9UV4*Vw^*}
yo--50ripsZ]Yq6s?!fW1sL(:>0>)5I:;/F=&#S<d`356.aN2vuR\Fz&@og;JQ-!6<I&phvN
xmRiMy5{(b,3#>%<(=lzNR&`M(+>3t4S5dh]B<>#aEQ[<UU+Bw#bQ\`.z7GE}16\kW+n#e00
!P"w5;U:f^Y(KpB02R8m.xk$4~0lSE RG:G@RnB^,3bVx? 3Uj~@0<p<n@CW3";/};V}1g'Q
?Bc2In2`erGgR3qp*4X@HGt^>0/|W!\kIp NJ!?d&'Y\2y-@0aFX.-4Tz"qhaeT+p.AcD[lc
SN/8eDXKXG<d(7S;c$jtX&'jr\|6~CgcS.I{T(~)sz9nMK@Z\U4(w@EQECg?X^lBY.yf)Yl'
V=>b'7d$q?w91Q 8kG5_0*RT2Kn;2lF+K@N\Z#21=8QcxU2(p1ogFbXs!U!}a\4jSr%T(#j
[{Xt22gNmZA-8PVNkZ;RX|zk-:#.Hp {e4`vl(8;@vI*arJ})}r,n6rJ0VOHIj8$8hm1|iiQ
w)O?WACECn[;.,uesJ;P,m;+UQNXK8)^dHcty:@aP+m{Zl:D9c6c:%|{; 8S(|[vWw):YrhY
w+|.%P_i8d7m'3A-4~}?;M~gEKVe7wI8(uw_*\7oHo-@#X^O?LNc()Luw9eSTavG!Zi9O}:l
t$y q6G,yKwvAzi10H]QTQ|y:&u?_@Mvx5&pI>vxltsVSg:_Z6ntFv<bxf%q*TmEOM<@}M75
`Vb R-V*(0{1@nX:u$>HrY[sE?S~D4[K7WQ94mZi*SjFqI<6L!G]An\Tz/mL|[9%1[Cs9d.G
{,B_-u*B)j?iA$6=z%kSRz{y\\NnNgvo%$A^ZB|)QC =x`8X$4">GT=s{+=6S8)yk0xzA[kU
eK,A5#lmDfx/OKZ,J':)Q^^P`{u[{gO<clhhUNY>BB\? "Z2(e#>3%]q})FF4A+a=bJf#}&
Zuy*g1,m=uk@hEG,hqxV6$W;CY<&h% LiN +QpT*z}A=pm}q`-:@KBscS([/YUB5k?NO\G+2
%V b-"l{joG.B| \!pNw(LLKg)sYE)A9X(ZZ>.T@/3U7b3m-\[0/g]Af)yFJx2=/ s'4P&h.
|4M<H].5'FOw!@ZY&,c6{a/.,O6r7fMj"hM^?]K9["Zl_V pfn&g;B9bAvd?=O!A">^/\5Y'
ml[ZZR e-9hznYObv0'T YYyt_nI0-n3M;dFKMk(TA'6yWrT)IyKNX7d6V{#^/Wa;m*Il.[8
I|F4D{,X`!d6Q><7@%^b|^iOnxL"xp2C5?MAiTR_d9FL,v|N!3u!*iCq=zAa-}xSLD{~C9)|
k>YzE%/8fPP?2_\Pkp7Yt5Il4+1H8e5Jx4LoaE=w>r(R9"4t"O[3Q7r~O0_e9$Yy |s2>z[R
).M`4Av3q;*87*gx_DvaYY}hSB?R/=c&Ky6Q!blJ6pX[`am}TZ/]iMX]i~-'CR\{\VGaQs^D
4`>*HH\sF~XiWsF8;T7lRB"TWjU\7O7o'HS_|4yq}tpJ,t+)8<L%J4[Y;82!Ow55jor.mI6X
yz<1q)Atj%8*KBP2uaBPy\C*.}X1vk)6r{$r.s2]w5_4W'Jw oc[A,74%l!l@!17v%;^D8,|
$VgL`JTv4_J76 r$BUi]/j-SlN";GGke(*R& x&lNDkW,kN-!b/=>zKI=~[W.Av$PANW-n|N
)ohc-aPH%bFKaLs!IK;?Ji5.QjG/-qjCeI?uC(/{:dwiQrdsEZ9G6,|B`AQZe5F}lN|{4{`:
"nvz,}$*bHvzZ21)T"uX9A\@p>b5MQqZKHM:Oabz}9l:\7ykNHa(!LPV(}u5#{yN>U)jrd<g
6Wi fj5T=>tNq]-`v:[\?6~oeXh*CY~2lq~/&=E!D$_-=(K<yB|D)/*q%7f._pxAqr`[#K0Y
T#BqB}@048*aK?ddDZ:jBZZOQ,GctgH'R-N@MdXiFea&7TfRh|}vddrTJYLr d35apqD~';}
l|%*?S5HbOyO*MNu]Cj&DeH{bGWN:xV++nZrjUHvvhYY"4jXaqw|\ovzARj/6b6-UPvUXs\m
v1^?D<@P(sJdv~d}y91-&hTY=0iJ](K\k'xl/kdS2&`Cw/ldQ EX]w|98%wM|hys<Kz/`cGZ
b$CG[>fu(n>%|}H=ajf ()Ym7w9judGIy38rP7kczi}f. =0%CwG;c3qv>l2[3BX(h|ez)f_
VI'4fbH#6*XcF]4 k(?r<1Q=E-nX0uvHmPmIWUMN%e*.X*h@m:^=CSNT@9l)0NRpKMU"p#$N
XPzi{+DvcljND]BHUR;TE|{SY6J7l&Lll4j'Dc 1;=IyPBeor?ZxU-7v;8@&Ycr$Ovyq-W((
)0WdC-U ~pc]oa8._IV8t_xRS]APK]+yBmB-\U}J=7Q&On'DRQ].JNs%S(;#!8HCEMh6oE:k
M_I@$}B5vUj2W,5=kZt&z$zp=7TR!-yZJ;EV(i#O#`X<Iz~VUK9UtKa;D)@ds82Bpw]mgt!s
UfzI^sfR=jw/Ag47"r'sPt |A~}]h<Z*=E%Sw%|sBjwh4I&g(pd]^7ee5sc|5qb5y9@VRUs6
0G'!>9b~i|#"z]#Yu\FFCB/[&wz@P4+qNWxn;=xlfk1H]XPbNZa%tw:U&w=%02n1FO]_*o$?
j'r_03=SH~DxfqZ5KX~@#_]Hv07$FvvG=S`c}"}]UERfPG4ulV!G%!mkaN>b2=%?d}#83^\"
P@J]P-//eU\7YuI;TrMdkcNAhl1ba[}{3\]s!do6FS $``Iwu.G}QGJz U 4ugg!o&<~&Y'L
a[F?4Txf]N:2^7J:h};~YD$"U4*4OA!O}yy!epWQZTitg=&i.KC^Xi`><*Zke*=o=m;P&bHB

2020 Mon 2021 Wed 2022 Thu 2023 Fri

Sunday, January 6

O~R)4/{WK3(:-X8PO3} m|\&}2s5G`-s<+g^*Ni,C>Hz3zJQ|*$*5k#`}HNmkbkj9b*=M,Zn
}-sa<3i_d}<3j*!;T0P6mirCW.F3{ v1Bw(8=JSjsNl m+$T`rt%Qsz}HFp=ljH*]ck0f.P3
]kT%{k?{JEv5PzIl}cj8GJ~:>sgIiN Dg[g(#Au(mmebE!Eo=-]WMYmU$eat[:hPc<zBj2cU
!Lcp@,`ctnF_VBy0g: ynpYp{~^Sr&io\Jzz9x i[m-&7ogNq1{cJKbXicB0Nlw6XNbGU&Pq
!;U+!G}'-T@=B-c|'1xG~{^j@A9<"\4pK-}MU">U94tNt=6,ZU.Ov;WvlCvWuLoE)xwIxi[X
(cDaQ7K.7hQaIP::<[r?3!@|'/y'2l>_4ROmjnRh*OYJU4zNZlz=^y|#[`Ok%=Gh[V|D}4AM
mk$o&<~YdVRyr5,<m1(7G|46mNU@)E]!u+zg }s'K;$9]>Y!|itz:$2F-O.I!u:'[`!pViOx
wC,^WC3Vvs))\X+K#l8}QfaR|t'+$D4q3|3cq#|=Oh[=L},rY}q_SsKw-dMs{.MRBn_~#zF2
MH.3wpGi?.1:_a }2@HlQX@Z3+\z_lBKWs?7]YBd7,bj5TV3&b1!0|XlAI,?4u="G&7W5m2}
SO~2*K+(n2!{b6?Cr?rb!=2T5.|Z1Svidn7sIuny \Ql*6GsrnNsBK jheYDmWgXXC4-4_p)
Wzw2h#"xfZtI[edy"A9b+11_jYAi"@MexRPb*<EuHvY4Yh@ytT]^XrCbWqsAXM8y"/`~o$(9
og3r|[6Wxf7rT.)FSjL&n.o{EiRzoLJW<<$"MD~&2*p\.|APyAyr&AiRaX.#UjN6#U99i h-
k@/|Jf#C,7*3$aM+:w<VVe9Za0^YUQ6t/Ay-\;8Djha)X8y4c|NNij1>Nk{|JMf7?;RK|&b#
{Ba-!?O&I#j/,GE-S1T+\+fm`?|k?~c7E5zO&t&A"vuO(93nEKf>hS6gVXe4Q.5f6qu;}g1b
O;j6_SFUvcoNFY{9btIQ'KKaL1~ik2_w?Ty$@Yz&] nW!~H~W"Ju e@i,o6zKg2YM,'apQs;
Eo?"d`yhy/>QGZuQjDW-JbVZ;f(%L!^vd;t-7,ady*Woe}lj"s.fl$Xf/V!gx?pC,-&Bg0)G
-|Ujc39;{30%wY+^iTM9un^&lK^Z@8I912_CQ>@S`ID>pb*%3qrtyoLK7^-G6paIn`c|G}Y]
`J(fi`}K'.z+tkQ8^ATxl9sd0Ptkc&i/@2[3N_U@1YnKY;B{7wfB_s<TmEcz0f3rNc"a+B,
],IR4gwsISEHQwgf$Tp]NdwJgbVD& zg7:rf|B2Z@3y(\mLG9YC!WSpFM2K{"&~T&\wDy{TT
{v4s:X]Q$-EFq&ZpH(*"PJx?v-(Nq$0TDCs0}C_p*o?Dl|8bR'GS5?K8"ztp:\6~^x<)=B$j
eDgh~oS"LpkvI])rLc7Ng<Bj2#[&%l7X[cEeE|[lw=+<r4ku,5*2?_LxmRMx%34`M{VpLBB5
Y7\t3'izw`F-l=Riu~M+FW4q9nl$3ca<!/FG-\8Owy'76~vX*0}lW+'^A-,cXK;_a-_f!\'~
ps)Je-ntX7k<La/I2b^5jqK]P3S/`{k7~?Fb#0B\X APbaaZl%qKIi0EP=#>"et\g<N>~U4
&VIU+`v9^pt(XCIjHl3GUAafTfxCA;q,Eu?MC_NO?G%B;c|6`o0ts"Mv .K<I4~vB\XUq/e{
oe_.5L%d%JB/uEXII!m-K;GivGc+2J3pHwc[1RPU8e#@-bAS9Yt_ 3o0@OnfGhn**4|BR:#b
aiUVfHZFjs./>c'?brLaB=g~(3jbBdvSlt\Zo*Y$.>*=E [8ZuJ^o9\,+4{IE?aZO~utuof3
W[2N^\^pLyw"/L3r+u:fq"A{tK-X[i=qa+]BJ!\9L&#A/]xx0:`U|'V.:?R@-B~rrBQ!ZRaj
yK+{XJ|~C)bq@EScCE4J$>:>8!=yvX3Kte-pNfyBSJ\W.QAQ~+y7tQ|<F^wJA+G(v<3~HVv}
JZN|VFkeZ<Y>xqA.P!hC3JeZF)GHUw:CvZZlEG"gkR?}IO5]p2Z8)Yvg8D,QP7h$OJWojd8I
#5SKvP5qh03Br3"2x,P(v@\]N6[!{&W@G\LS4{*D/Uv`T.!#mOc.h V6@o'w+~^o}mmP\RY?
"dSU-L4=<(I8R/g&>1hy%V2#(PDz~rx#<v5|jZ2KCh@NuYo["]g|p1_4gLvJ\@Uy]KR+]["3
3q Qrf$aTkV6Q,5qOvV6hho',#CKgZO$piu>\)Z3=>x[xi(;1Ld"/^3Cvg|_hw4=r]G_OJas
n5];ue5\k^A@@WsdX5"K8#d5P7:%NnAa^uOw"8FCC5=i~*Dys&f8t5PkL8[Sp`[@`x(>PM1u
_637;7>U75$k]9/xH`=3R*!>.PsWXgyN]DqQ0Hw46!oo]*'&gDm%KF8dIO>F>[FK\Ifv.ol;
0zTuWD%sNop1hnVI/:HKG4sIJzj72+Ys7Z+RyRhSYLl v X)N^E"yquHjJ@YM^0L?e(Twe-+
y7.!_2<,xrWW{8q:U;q]E\Ax!QVi'bYd8`7C:L-?,& `A7#[9A4-xw-,exBH/Q8izGSO7vHB
G 8WH}nRI((qFJ?O?lv|qqE6$+UNR<&dSWY-g^eZ[S,wp!K5!Dy;30.-bJ U# dpoQvsi3>Q
"c]8h.;JG1 &\feMt(@AV\m$|h3UU7BfE11&tRy|_]V)XEJdT<1#]aV(r;x]ZD_^BmDhnf-(
yft-#:_K6qg!F(!o?ohi AovuK]a;hlE'L#]:!DVqmx!g^jIrlW&OQR[i#E\72iNP`LsY"B7
W;*Z"19%?XnP0VD!DK[x^u~W=,wRhp|i'EJ7y&yB`r'x13@^YL[hhVfn0@Yi/>9+V<KH\S:|

Monday, January 7 **2020 Tue 2021 Thu 2022 Fri 2023 Sat**

i0IL),Q'jNMF3(qw[uj+JXK% NLd:i'BH2@p`FQ8f`X|.<Rw]ksv^oj!VhW'W;+@%%UQ$k0'
z/Ll"5[-:4vv4g}>#@ iIS*:s:nhZhx^Ce!o!ig.]j~ K8>!0$9>s/0xHzV&~3Nd=u*Tub$~
L6AYzMj})DE>yOUS2ApQ5(y`sDwY~I9n?>hu8xexMMo@+*U}]j\3K'?@pJJ`az]zN<KoF DA
Io5<p0'2Z+Svl99|-1x2%'P<7(A8Dd4G_:u)@CGx2GdYY)D9l{df5wE/c:]zqxL4';]BPj)E
`][CTc&Dro" cTIS@3CTd>9o!2!2zuflSD8dseS<N0wXd45E3<;.u_Q7xk/W%nz;3#Fo~!Cr
0H7pd|^yksV\R/nXHvk)Z|@F_8aJ|#7%r).]9pc+Sr{]CM@j6g;_6,~6@6m0eWH}##[hAb %
E=DM[!AH%X)(\[-}i='|u6L`xDfy9[c4mrg4yAynZRqWc/8v\!GZ^I~X?kN[U1d7}xDryuAg
yLtN>r%d4mdu1l>\`;,M40,u6M>o/"6sr|ZC!Ss{sw'?H]:h@HV0qklr0mF7q ho0*BNR7I6
Ko#e?9-GNBrMi[p-B9Im+K6Z*&Q]YG]}O;0Pe$A,|L5">4107sgVP\6Xb'u3kbr ynUfmxgq
zYD &'de'2R,uu?t?@I_a3AdFAd}ci599|?q.TykGo1\tX&Ma=}TW8PDZ9[!ES{*m>*\cA0;
* &Ji^{:|cQBQ1vxT_Lhge6P_@,]Z8P/u<h@9ryHbcXH.)S'Bf KpKHj"N:Ti"A/oSS;I&2
RE{oY7]N(Y:Lj+X<2lNO!;.WoKaq~C8~WRO]Bs]bqK$rNW](L\tMX+d3O6o6>m!=Ldl(Y0kh
mYn4>lE>K$E`cKhg{Bvx/(_bD-/w^pwGz1Wy/hHXlM"JJ$EG26FZIWU@3'yzE9*!kL+wve<l
yw(6QvvIG?U uf)DA?e)4QXdBL7$6y]@LH.h*-g/{<znS''q)y?y,d<3*NgFpf12:5|[T`]#
1V,?>7K*D.Hw9@DGH4I2;w U<f"1z;CTVywG0R7Y;AWr8tiIck2=upm\Z=NH+$>^{_0x3l^s
ZnO @$GZ2E>p5!;*@u9bg#*8)zOe:}tF_:b\mY0zgc7'M6=z8`,@4;ae#0o#T(|` J')1KUa
eugi5UmPw-W~,na[U~s|?wY)A35*;O[e8[RZD61?td6~9#n<}Ti9"L){P8}GLq+n{gv)3\+
vNRhV>6ZN?kb;"%c;YcSShYq{]o8)&ZO-qLU5hG.v5RHsx"O{as_P\JOa;C+2#)YUr/6Ae\3
[hn';2p*`YdP^Quo&MBY(mw~0sNvGdWcs-m'qL~|#[M@@U+D34^oA01qCofeW}E$2!;<n?J?
$!(hB_Ufu&rk=LzO.Jh$^.uZ$j[lw$J^<E+*?gN3#>V:=zt) D=alW^ct2OP3Aa7#S?#{\5^
=?j5&@ThQM^*~[O{-Kxm$-|T>i{uZrD=CI*E[!AtT"*L1P=h%HXWtpv}fgPyq]w ",RL{.Tq
zF#K.Mr|xJYH{.<}9;!WIB+{Rldo<ne(8h.bOrJ6ZH_k%D}6F-fM6JVksI<^Jf.\/L-|33]K
z.R#csXbe|Hu.5l4ovS-8W:';Zp}/}{nI9i3ubcR8`{+YM+%+a~XjJ4]&xbE\w2.SpIRD? 3
ge(Hv7PXr&QPXodfSC%j-b1]}/jR\y"$`]S[)nXx= (A7+WA\z-n#l^TQ~iVBqp0<O$5nnH
X.VZ=a8v{;dZ"W&Cq{jI}#P=.dmMYjL M$:`XQK$4YqELwZ]2nlbT'xCNI:qH}63'GyY,|K[
kPNDD/08de,qEe39*i JFr9Hz4A7.c~vG?7nRgaFucEp/bF"LRg)~<Wbbls2fkdL1tccEW='
_NBX,M~c'~+A/%FO2;kl~RB[+3y35v45z-;5dA~[eQU%1s|UVcO.eaED#M7Rf^-OH{BD0iXX
6,}IP:0';&N1vcs$GUY~Tzx|rq\6ghJ&]iGh$[yY2Bo73pc`m<ovkAY{%V)CAamM@/TK#ln|
u~&Y{J\I?y(Z$YO=Cm}lpJC-7B_iw@W5IjT:=frY*Mz4$/s*O6K\&xLy8DIo/J$[V-`~Qenq
bqnTt1!3n,OWikta:Nq1x:z{<W/(/z6lnV&HD%<aHPmtpU-Ib:u~eJNTeD}\gmZC{r}_32
4p{JwAJ!94\KV:OV4nC*(*Z#Ccz#x *sB_#TVgN $D-{!\=ZdDhmIn!f]eyJm)*x(Y&A3$kF
_u=1F>$^$^o'Wd%U;RILZih_v=l.YC&v;|M}=Wa@<v>`(Yu&=Y7vueAUF~)<e@D26-ki@6vi
z%phR5q+qU`)ahtImg4YvkE=AV,`u]y51p=4&{4A\FpUpW I.dFrcs6prJso)jZw[9[m,7i
6h2`4c@JC*XfwSN253g&bVSMavy=vfyRkH;0$4nw!=DoJ]fi>yVYQB.f_%Jm4D]bgp[_oO~W
-a;=:kdVTG;8E$M3WHNdV\H\)4CIbQl~-%7TVH<U'JY$T?'oE[Nh0My(q;["gxP"ABfE/0s|
l,^Ty;)z*S(/Thc40)Qo`38Ib!n$:n]#aFL"e9DE%`Nu^Wa$9b0Z?/VFVPUAD5DE^R,W:7XH
+rYuzQ].pk+ R"qZ.b_9VOU_}6~,wsdpFo"xDGeoZK]HE#Pw~j-X+}k~"xIc'}Es?68*C:P"
GPaV*~#}>-3j+N=Z:*&_\ ugdMsLy"Bc#@)MA{'zz8LXUW|$'udz~3Dogiah-F5[,M\z <2-
|+ZgoN@<~U0'nA \>\ZS;G;HhGZ7wJ/B&[vXL;;[_j1X5U~(1YV32yW_v(G_G/d/G'&5@hkX
f'`o^#ge~Al"b1o^ofjl>CV)~pWHpD9crnuY}B_dM7,;acR8Y&@%voIjb(tpHAR5m{M{B#1f

Tuesday, January 8 **2020 Wed 2021 Fri 2022 Sat 2023 Sun**

,(T[Y/v,o_M(*kz.M?57_uLpP$z}Tb7vWY}S4-*z:#3[CUHFlxOR#6t?9XZ/Q) :zS8a-?C&
>SPuQCbL0l`=;JB`3M/s3t"""ge)%a5Ga(<%d?0XT#Bts89N0;K_4aB2a8co"]-?C!rRG3&l
N!s/bo52{_QD*)k"l8v&+9ErFB8dX$;.9zn3:,<^TwlMJ;o|mEYdsQx5hyJcLRM')m.ELtC!
\b]F^h8p:Jl$y<5H6 yxUuB&GF5._RW23'FNNi<rZ5EeJ&S@%,*a"ONh}<`Qxa+OyOq %&yK
'aAm8{gz,#Bh)K'yrr=03PcHZlOiLna^:wv3&_Ctp%PF?s$g(A^1Ks:^}Xf*b(HtI{{~r_{h
yz5b.neQ_H1bG'[~5RxTBEc.]xZ3$)aN`9ZLl6nKJ;P:+';2j$+#@ {(~)=g!E_iRR&\D[Po
!)-a6QpGwiN_E5p,[jAP0N]L-V#}24V=wmRH/7-&f9#u@^g"K0]-ICQ5IPs}$R:*#_Zh--Xr
9Er{OhHKxh\ntq0!qt={|T4}t8A0#x&r0dbsx'Ql3"G,t}/Kkt"$v/c|N.uQ@o?PakW\eV)c
'yAX=*CW30py=}K:m7b=-p|~ZD0,6Kt"2(=gUq(J2tl3.go'G)5H0YyD3B&Gz*+?yn|n;3L(
6y,r`r8Df=$R~:_l.qYqkXX_'u|zMOqkat*7K(xcu!KxD[#Xo]zRd3n]ev)V9j9~3bpU"lTc
~OpHQPt>q)vd5\n^yM.yrY[.bbu;<@="SQt_&$i\YZ!M)#.kpiZB&CJ3x1^Q _DZ9X8vW)st
^u+Fl^;tbs9+Dq$EbK,:pD45]$/efIsw59b0y$k5J`;:HfZXmTqJ:&;F!\8p}KHllqVWj=A3
OC;fx3Z }A8z5<bkaQeUYCpXFuNcp'x$MNk.)zy/:QP@H"/$ZQ'cM6P85$*!N@KyA CwO~x*
EV;f{dK.R>EN6R:N$,|y!fS)tG-,|$ky V+YS#`*IWfGfoa.fB5ZSBAQ%ERr6:d4L#C%B[Wl
/r]'B);\uLz}cl*'?ovFu>\<,<mbR!1yZas6HS1K_Jv2e@x}2x"PHG`Km9kE}(J<tb\KAyE
a<;YxL(pn1to`:JqEoiFyy(K7%(e4Tk[m#Yi\kRF<vO,nJeoxed#6ars9=^2m%2W}PW!g3fT
asvnya.yv9e:%ss(aD}MQXV>I=&!UT>3|OT`n$53\?9(4K(T}vf2TsNP|r{qw`rbs{x6kP>'
J0n63h?fh!C%gza>W`'V.BvhLYfeB/;a[Xz}(!-rD!tuwzFjL6PcJ{'.J,Uf~"5t"Y,$~>Sy
3,8-%<yR i4@y/'JN.\|^%ld x80js4fD]FyM}eP$&=3uMOyH@sd6jhP*2q$=d,x`TdBqdIk
|ktmS0[@p*ley;BNqf\Sh(=r8M?oj(C"$:P|;r%rpX/;@2j-qjmY=>\h0MOEVA82lyA8)>-'
D;TVNDbXA(RWq,<^Wp?Of9xDC^$o/3Yzkd'$NG1jUl*^UeE,>gi)c;f;D+)DGz+b.f-?Y0:;
&ULH>)nUs"RO%?A^1js4i)pZ~:%X_Bzspqd;0M9$B'e]6@]Qm!)-f^MT+F?'?[CNs.rS+19h
p8HNS$-0-OM)E?):, -NSovUy`CZ0B-wW$=2xd}\T+RFAiq5sEaIu|2w\c0/hOH nn>SOB-n
+e}H@ze=wfK*SV~'ieM:17W|^i3 `Qv;:.zSTrpi"`O AeUZ=-(Oei:2B]^^L-"x"_E[|P:x
hU#RZ-5_i/JrK=uH~yZ#EgD GmY.kV&r9G63mYx71bk))vp;1Li`QIcM5r&#Jv)z))3.b^.<
\(}M+4[nZ`"pNip&Fl:^9NN#f0)d&(.RZsS%Y;kv7"WV*AfQ1x([$*l~DZd^0]}~<m[sigNG
V %`Co,2:/Zq-,}@8yW~lv=0e"vg{Py}WM]n1FvpZIHLgeKS|e9\nnT-Au$(@M%?ZQ663??Y
j*y(&'P)SMPij$iz8AjteE=t3f,n\JUy$uJX}j`J;[KArjJunS<clVC-8-Pku@EcxN.s2CQ?
:SDX7}l(k1lc/ J`jD?3Q(Ki|^s,!rLbB>!=j3B\e;_UM?D[,'QoMo-i4.`n#]wAB$ds%X%4
3RKn=-/Q#(Y,a{w#wS|E6Io#ZJFg+i&LBAJJLjMM/NnqC5cxp7*A+,Xaa6h'~();r_3[:."+
X3(W_~ vn\39n5",D84*4#V]H?0%qb9Nl x/{nzoetZtM2B[^a0`g!rQ,[%0SA556C*bD<ku
53qMG$%&wpziHJHsP+&C![`UYr\5dvS*dvK_E6tO%t{v@<BjeDYr.8;1P'E9x#=ES0:s46VX
.$MY4$iXJ(KEE]V`"##bW$.C``_}DVzAhOqILj0:\Q:I4f*PBDYke]|;{M_"kZHwae4mVkF.
M^([q4*9-7*e((8+y)vcfBXVsg{"Y*|OJ&+Xv+XLu(uv=n/d)i1llX/Rp`J'%Bxs6.-s(x#7
BI9!;$-r+r%iKZ8I}LPL2'(W,4A(C'2o;o8.HeZ`j6!"$A#2]k@x-i0/]$ ga,GII0GZ\'8~
$B[iWaB.%UDkz/jr!W<z|=&|sf,)'p8-*RIX^V#]^=embx0>TD-^.4zO<rH!+6IV2*YFkJ <
H9gC`Ak*Mgp=e+j=&9& =0"iaATO|7cr4&7-);U"IAlH5P6w37?bzMg{_z^)"[a'mqFl#5XX
B_Q11%x,J-2.tKz;)+`9xQ>ZVV(1Q&/C{WrwXJU5LII<E-,M:^y#ov&_nNTg02\}b*2ckA#J
^A?LMO^C7mvNFwVUa.+G,0*Gk<j(T3.ni-R-i=OLd`mPQes68PC:odXiy %6J<Mk3m,OvVqD
8n=o8XBb.y x!os^hhQ+4| _[3*{[)sji#:Pk/ $T4}[(oi4a0u71c_6l-}wL|!7!Rx2X'`)

2020 Thu 2021 Sat 2022 Sun 2023 Mon

Wednesday, January 9

```
kP:se7FdC9:3,sq}[mn!R1-,DbZGq)QC+QqA0-%^5={p1pI37WYT+Tp3N&(j_(rO}ZtX[MwI
"WT>uR%F+D|(TvOMrt$2/,[]4G!=t>bZ)tO9.$?a/$lp1KGV+*MR+RLS(g-x^!V(1\fiZ,q}
y=0,HXsvTZ"V>j/oxZTu+6zRD=N9PmUu;'70r>Xbecildu2Rz]rtW@^NT~4woQ%nhpg+s0ra
c@>"-)}3Oc?,Mu{MlU$$&eo;1KO1KTvrt0UaSDA>FX7O"5_wV@z+n/PC("'|tu#[l\H1VnJ9
q>]9%K@'zZs:vH,aFrnF~B+PP9n^(zY}2r0613$zSMHAfEZltx7m>q0dj&[nf2x>"[3EA3'R
fO'i%Xl*Uo7N[}IH3$vh&;Nwz'0_3F7\]D>_nl:(CIOa7 EI&6hsIgIOgm"d$3j@9!/&16eC
BTpS7/(~P@}8^UI?t\[s\UY;]g@iGLz|f]()Zm1# 7X((6o<;#Fx6,}}$PT@nYFQ1mt\VEiT
5+/.H63h48A0pH)b>U''VA#{R!^}NK(PGn3=wpo\O%}(mZr"0$ Zld.2$YNVp$Gm[A2L)9'C
H_-V>.SZ()H=weTK2Ns#Kit_xn}~6Uf"03ef)NMic>sO'D3M;X-L5tVcv]pJ9DB#o*3^RV/:
*1{i1$ud]I/,TY6SVF.~bc4<xVh,bMQv{^Y#3%A`w?K|\%)pJ?S1"A[!>%ih6["&'Wo@PjuG
g5r0ZG$\xzX)He[Vf!s7:C*s@=Zp"YU|/g66+N#fgdJyi8T_yf2`amXy^kVp|x#6Hrn/yl&Y
!;B[IA`89}iG:];5'C1(7$)7/,jC;1<yCe!Ykxgs,8t.<+JciInt)z5u@,ke}7R_qUrjY9mG
8ptw!m33|KFNzZ7O'`/ZUbFh2\!.7%"cTGLt$C9</2FUKnmC[s9_T'aXJ6b?AF%eP};Z!;Zo
R0F7jumX'J]T]O^MN0W1[MObet4#,wf>SwRDK`"[H+c6[]]HYYF&ecGxc`s9!_!=IewLB^|b
^N]G+c(dZ=|6$Qr!5_2BxOgMnJnixn3Gg+wD@} K1r<U%p]wA2-^``E7"jL=otw@&L-;{U-K
=<"g <:#(Trlgpi{RFAFevQAoLa>2o&Vt{vp^5bb*=Z>:3;k}gW&r?*)o5=-SP9- [x b}6A
QhPvm2sAmf$XH--K5J+Q)\rIm+tDLD?s`Xm{nCe=He}`2.(: OuMD@:fmJMEMNe5yY(sEs"M
o9<8Y`*A)Xo:-NV GdD?G*{1WK&n_AWo3q1D0jrqQy:47CT~=-K( }W5SsfMN%v2o9)_8#>p
Yw8G,3o]+QS"D/vuiMNfD,\1,JoNp(H`l/2.pDem[=S@l==h]rjo6x^uNW)wIN*f*WoHG5x4
8f2d3O.A#g92&>U6aU?]2F*k2x"-q?5uVBGD0ooT=5FQ"$mpb+|Ef(bF>RI{Nx4MDy"<2Th2
h=7[5S>7Y(B>Eh-!S',.usCE 3@!XA&ZF+T_-xlu\sdOu0mR5i@^<nIvrzBqB_uidX/b*CoS
~ M7f.:K+Mv8we}g)SScB)p!;M:]z2~!2+5~HEztUo"K ko@eRM0t[E;LS'IUIV!#ii{&Dgp
SCW`"!18TK7@W8OKOx~O!qZcU12%4]bo]Y\X~$bhVC2wJZ=KMCw'E2@3Msq.|zfH[2{U/s29
>xD;hb?`A7`e8)6{MuuIKIdw4-y!3_(TJ<ZU_(w5>kYU O+TzzK<cl(@;:5V3d~,JrdftnyO
onvn^N<3OJArF)L/)wk*hMs8*i-]xA7o(gBSU~2X#'2'P{C/<Hk.( xkE(B{rOS\FAP\ehC0
$exz_&L+Jz1[,<~#?L1PRpE8P{z5#d>Mff-WSiD]+wNZc|([YaYDVR_IX0B#:H;"PWN[HtSM
t[m.@#u4)o>$2Q(aM-?nR0)]D nn0L>tu!$6-nVl|7$NlhP#GU;*!hWAZmq//x1$(+Oe*gSZ
?vF6A2(VU$FV#a3T="K]y|kZT`%||>9:PVBl*7U7Y0sR `dM0,@K.mF8h9N^n`@yAH`deO/]
gS!B#Xl`UT*;IP WXyoWH6e.FGej7]exQ~JaWDfcZ~H}MQ)tNR/RHP/7+Z(IT,$/w0kHaPX:
2I2B2Iz90+'8LVO{[ry*((SK^Vz4~Ak#LCiT)(!k|pb#:#LHZ56sG#8sdXOt\u\|Wl2=bcX.
~`_M{itZZ9+ECId}u"aUi@$\,}eM5d$|"yl 7jGD>i(z0l]Yk(gEJ`$HZl',OzZp!NiOE@qx
2%[tQ}>5CeR&Z~ShoL[q;#NMDuxku;5J.kfs[>K}$_=c-SMkE` hqHlixbmMqUD6{0f,tko!
Vu%V6f:pHVW%~tEY/_)5z8yb0.{D8kyWGH-BK*]>JM:z:Ze%0p=]R#fUQ(N(s}F9z=mP_Yl#
T9DU$r56|rsMY\P_GwIR:grdY7rKYGsEJ~&b+'UQ2,=y~O811Puvv#lUy#P\GG[cJhF+xJJF
w<K>$VgbNhA*fg^|PlykI?oha)wc )@.2j^*i*MxNxce+#sS{DM!&p%txpQUdJCG:pDih`k~
wq()"lOEJn?g)Z]!|^xT:WuP0"{ZzSZ`8X^.rlSNJW(x;nM5a(^VdM]grV;G<]:;-c%"P3Bw
 $04=n_(R@&bTPKN?7WX)^ueo(]N[3P!1zPaW0>PnlN'Gn/A|gU S_INB_VO?*o<G$Zwe ts
D-~igSY{DC\(Il{/({O-laoZNf!^3<)/dZ Tay\cO58[-Aa`]1X%$s5*~z?K5?KUJcOcRH2z
 ,>V.)-IX~)(uP[Ov`44 6o/xk^HJ&rDVg6]\@mO?NLTwCy00JhRA[#kCH"!9MySeb7OHt88
_%jbYv)@1jK e+Mu1-}8@jmAOIL{!Fax4FhgG^b^]Z[*e1vRTc],$ubf0'G`mokA}6OS>PPZ
```

2020 Fri 2021 Sun 2022 Mon 2023 Tue

Thursday, January 10

```
~}&HK&-CM3WN2n4V8f\7s!=#{|5UH>.gBPfV#4.Frq[=e~[X\Hc;\t(Z9*A0|454m|34b_vU
(_N)kri7v*i[>Q1't]Kaq's.N`fus:XPd{b?wf-Dy4UfVv^o^Z;6vIH\a#tonRJWYd~=1Bb&
+#7(hg]D>AHH\`V2`),^'ZzsDXtW]L$dW!NRCqU^ mFJ=# C(je\^JAbw~)YA@'/Bm~{[*^x
3G|);lIN=*f|ocB]O|D#h7<;mFY[/9MlPQ;v*5}D6X\ArV^BG#.^%8Ju}KsK%nJ1c%z-sz?<
lCe:%ysh%N%~f3kZ0^&i-_zd~j_A"=^Yz8V7Fov^HXlux}fH`Y>AyDRX#W<2{Zd+Sm5ll;'-
-1L-uNNiP$9\?yrE3\VBf8\+FEZsl[~1ev_)<W>8P^+pi;k8|%ui3^S_NZOCph?FWdQgLnDL
[25DowM1&}; /`#mp[;0)3*Y>FIn:agqG@CH*5(qQN$h@4pff}#.ss_OqZ*|>v=aF]gSGKP<
^4S!m.`n'N[c4"&o8jpcF{jsGh7r*~0 >Xn^6No8G gh helKd.~ue*WQJsp1/=>SYk`%wct
>_tR]aKsxd-/Ec^]aN?s=KqUB/]Y_wO:gJnS~Fr[#s^z8sSW"jF|\uVI+RsBI8DN\W0oS()u
(B24kPj?Kb!KbDUYlK`A@0.H<;@Yr!ZGtu9#Y80$<N<=Z`)("aJ>NFZH"y)4"<YPo(~v_3\?
*<'=997}KygTs@6bK/hm7lk=>hR&Y1'#n]Z]#S a}FVIFfcx0,#gYohgPFy;sO:Cc3CuKmA7
,Jrg$2h8{9.Z,t6lMU?kB4Y4o~,,%wn/J~ICw7u\Lm"eO8*@2c]Fe?b{,cM{K_IF)t.x z4o
m._`8UMC)XWf(*Sf3n@Y)Fp?9OMtTLuvKLJe"\G >r|V)i iq98K~3_ewv|W|= KH@O \k77
L9Kyx"u`5Z2yQXb*0}Qs(+=6!r6:} ~&2klWYbEosh{0`|y9`/&-g42[l.n&}fct&u^h<U-3
 m"wwkDG61EbB<RimeHq:?`"9]XmFp?l<d<sW5$lnbi%pnQy11[E;$Kgdx( .'}o}yjR~"i"
Gpb_m#c@^<:$6YL:&A^79WZom;LruM0SvB;y. y:_]~nxqx#b/F$Q'Ac=0>^9?TaX\uP=%Q&
7-R(zOFuKO,uapPt2-eq&Fu f|o]]ouSbmD~>3W*iXRx|Rc|:@t.%nLEa'*'!_*6tstf'j%L
s^\cg4oL{FbLQXl{%W?i ,dhQOiN&byz6YAc7[Y0.2@\n:<YlH>^wy|<d43gp:K1Vn.F@"dn
+B.r67cq[Q0s+y`nQ0$04"hQ*j-#u[:pv8!#813k~[lx51<o@My}E9765cV1cYr-@6SRKA-B
(2vk&+MPq#x)euN\H8SsEr_rttf<vv`K?vw6Ast>k3d</$l&76:#H|F84*z.aK2c$];\EUg=
%~v,yx@iJ$|$R5y4p1tYpD@qU}F+,]N7fTjI:AELW>?>\2WDUVI#onlMf.1&IP^:u]p]q>4'
y5/( 0$VqL]@'Y%\:_fI?K/y&{))@R1K{k'0aZIW}.xGeVo7xu^\,5% -AxV"`~sM&OBS['|
(1Pys0<+p4{`"U=Bt+yp#e|}umFHI&>J.0%72BxoPV4K006dzd?.zw%KIWghB15aYy)zV27S
8QoLu'mvnDMX*8,&}LZ6D|,u3YaLi2$$,F&+N)\b4HVe:o [FuvtjW0YlrV'{gYJKA"/3r^:
4MDA#iV$"yKOEbB#whxS0sMc(-|&|ig-I7X$(WQt[\ 2Brm GgU+\a.YKkyqL^II:}T1"o4
\4EwpZ_J?w6G<Kwo|Q&/jR&= Rzz>xy{+S]Rf$)OTROqbh*h}*lnB"f?e`:#\p,fWL<`JSF&
!bG]<@4cGt?E)@X9PW+ F1PG&v(Te|=]0??>>8$);83.O;5Oi>,jqZp-8$\Rp_ 145sN[~G~
.B,u2+v8[ffnqJ<l H]EgvYs2"EG#SV5X[ma8hYsbU2gm[XzDyvVX;7P0/egHN jg&F1+_2N
jWqn"8or^*M~y&r.B[y};:j)x|2zjP!l>\,D 'J)8=KOqT*!w%FENKIB~^\dZ/m)bjVWB$g[
 !AK(aFX7rPnkr[_ E_ y}B3\.dx@N94C/L`Q<N`jKA4K'>5Rl6&dA_y^CL5q3dB?2hKYz<`
A}|G%{+P$ggDlFX=@\^}=NzHo,mIqN_9g!Z+^[}etk>Dfy$I0CS50w4/4C^;ro>xa -IfN`\
z{28/4nrJp3\lHjim_(zauQ5C^$A#i%pr;x(Uz4w/AdX!(cy Xvy|DQ~xt9pl=k}h-dnyRds
bH%1qu'lzvAk(;i]|xf!b<|DhSBSq"Ek/sLmodHa2VJ&i^FWO!GFb])."css!"kx/Lr#LU'W
W-~t%8hc5r]gK.JA9%D]HPLy7zc+`.a|i-%"8y&Z$s2g|S.tG*JU5/g?2.K*7Yd9wl>Xh}Xd
b5l@lxK({P2i{odqO/8pdqC@p2}oDt%1y>}&JR/H9a*;Ih&Op{&]sL]L[fxx@Xg:*y9S`^\D
E9&yE@%0)$qoVwrtk,+/4* NXJ/s56&G oo;#3DH+W([?Q[xJ0fCi?RdwR9uD-##HcsDV`\H
{c;4*1FJ?ztiM=V|n8:E@w$e7[5Mi^[918l3j*qoOZOox$K]piOG;]zh|Tg4;5Z.y$ztLtkW
31}r9hd?3;.mz>DJY#&Xz$PcKoa"4A.wXF;yoc =*w^E&X9.a]HI`flL67=:7W-aYbuV)-4H
:9xu5W`~=\>QBmi%gILn?ddh1le7&|A9*1^pQVcx3YSiV7kq"Cc:(<$?kH?}f'@taAO9GG.N
g77p:SXZp"C4'Zq8*BbXkTcdTO''A+7e'sG1E;9|mcAF%((u?RC#ERK`scNop;n.yfm'$N'c
```

Friday, January 11 2020 Sat 2021 Mon 2022 Tue 2023 Wed

Q3oW?0XO3JHZU)3titZGN1aN--iM]a5N8mB]${IKKh(0hIGGoJtZ\Bw)6?:Fh/f+|o7':2SQ
*{rb#hFBM-OJ)tr$;nDwQ$%v"U']pK'Xfr~92o{\qXUFWqX|Z4+](^<:t.(;V56IJ~}P\ OC
pIhbpK\3"L$|$M_R~)YfO3?+:b4KGKy+221x|)u2|yOz|EZ9Puy>,nN*K|*7` :IiGeKcTd0
(u`\g#N=\,2_m0N5.Aj=4H"r>_X?W^}@,pvD2m~bOpB12CdC-5a(|G"'5Q}Sd-cca!Fx&2M{
!ck&sw;'"w.nT0xRj+wX2e(IUH@H%Y/;~Y{PCrNO92wNi|?G)cR-,MG"CLX]aU~%E, @u[mR
.2e>(^Zuv`q!,js$Rs?q;m<q8Lbp+eJ+MdiTke3q~NLob3:s3}x3}W 1pFY~NWU1g o;4OY?
w'G-Ftni69|G5Rq?x1Nsh2)E[c\q(:f>i9VCPi1ou')FQ+GYJAuDPYD#P@1Q23DuWDNp_o(4
Ua6a:slJ+`5/Bf88w:o8A?m`[<m[Pl)>,QScF^Py{y:#!uqH*H;{xHxxWTu-U="_~J]0%Jl
AW0`hD4{\m08uy:Grac,Tu0v-tbr><.C.T2$@"\;i/8WE@gPLB3sRX76q?Apa.9K]MpSWXV;
l&*7\OI})K|aWM>w8)]4u7)DsE`qg_UGMT@eFJJj?1&^rv(DzZ8#QmA90UsTdDHx73hd]tbw
QPt1tk{`p~c{EsA`97UDac=8X^"*M%PLDYzb?<6J/w^@[44*%it[+V|3E%r?3_<I49ggEH(*
=?;JjUaW@$WsRe$w#/;7I}=XQ]5q6fN^Yt%#4'>.^!XOXmc3kxk1:O=fY=[?Oc+;I!=vr6MW
z<k$yC:A hZvJfyY6v&5c*HRHVx3jk-=4EgK\v#]Ky($T5JeXIp~[P|5[Q}?OnZ+VS#,&9D,
)s`f?y_~3i Ad(4JvP+t[80NVS+UXcb+R=:6-rMs<@NNwhR#&X(1QtKnOis1Z&Zr#49\YXLq
&5/(]Cq[vscm%(u]w&MBbE^=KdOW~byA$MNr#qo0Agdc"#_ADQKpl3b0A1B_9Nhu:.68TGr(
~0\94lS1a6@^b -b0_^+6{Ss/S'Q8 A{h]#Di.+$[j=8ZKO|).& mdb%egK5qG}8)T`W.i<d
~'?cRs2opm`Gc^.?]@/sQQ@KFLiEL;f}G|sl0uSd D>QmaJsd%y%st5FBnph8C`)w|.Gx8\j
%Gt(~=&a%lQV|iJ,@|QL[ICRBv%xBb64>lkKuZrie9)@L"HYZYeQqj?RotZ_#Ax6rq7%{@#;
a\=c*-q4rD?_hoOgR-{?ri44zVFQre")x.KD:z5P$?/n1|8=P-y9P0_pETr~8;t\f;eCjspF
(YtxbvfpiR46Umj'5MDZkT4Hxe4)%1zKFU1:(k/}{AJd{3pjg{^bTXuhyC^Xl{W#yj>YMJls
R4,+O<M^RcKY[JTal{rj`s(HwX-<_@\9Vy{/vfX^d+y@Ct`&w6YTD/2>mX4pp)q"0i]zl!;P
n9iLJM0z)[cD3)ny+U@e1'e3tUFgkz8SjKa~G(ke5XMWBD8p`/"2[WjHuCoI:{#cw\Zt&un#
vJ/wqwQb%]7<>Moo~pz.B!aOqg+hl0Rn&9.#pi,XJh-(:~:Os|"UY2GOLR$k!WQjfM77Ep_[
bgcG8WNqw6lSpE~Z/MCP%*H0"=v%=&Lk;11wz0 \qKs;$VEQO:2dUuMEvz\c[lj0R_&FAPGV
Wo.weG7\?e:=j|QspUR%VU6'*utts'4/rO/|s!>:XbMdbh(_]460Oc=M=N54d9a6)0`{oI93
_s\Z Wr;BM(Vq~K@xM\k(wII-lIFENn}Q4x+0-9%Vhz 'p/8Y]E@np0:,P72SVtF}@!?i??Z
>/V`g?7xlk!5m1,b_ (Wx"CsA4E%/9$t[Oe[BR=z6Cr=xV]Uv238"M9tKZ$2<ViQ\F~AO}Hb
oI/C!w$~^T=dHCi]$(^g?!9R.q'ZAbt7CNXM\%Q&b^tL?od"UV@kpfq;qjnI{LF+fDGJ_2<"
O7%F4B0Eqt@`X=hwCeSBF<7XD(Xv EA`may5%EDpo%VZJj<H0I.}X8xN1oslZ,S:_|!Jsh&!
.}Qhqa;54@Uur8d#b@foTwsu6.+VR#?B_|lSKE]=6vL2uO%vH{2~!/GAU!e\S'nuVNV>yi=J
"/8}b>h(bOvT&R&"B=xWF*7z]2c-HjL3Iip70_LM\xr&%".`]^Q`hvCG*D;k4m-{zPJFTKRM
[@m I|FuSj(}%,`/2ozN+,K\=+8-Tc=:a60c?3k)JOrSuHmIi8Y*. IwQB<y4 vru5ZM@zzW
g1W)'(gzZyf#h$*HB[F^z'kSem{%[:^Wn,a?|zzUk!<)(=21`#FD/FkV-j(w8}e&.Io"v)$Q
&x|o?\9m9?%S-+P4 AYCpSq/Q`PX;*BXTzdO{9H[Ls[HlUxj{s~{c!T/_Zzeitf7#a;t 0-
LCbo[}b:Z2,?Xf(7R%05UznWt^V'OP/+ea=|:'j)y#AF=<*=S!W$OcuomS=JC6UW]'RUF;U4
K0"QF,Yjmw/\:w-0J'$x9.;$!NE\Ugi_B=z6r|kA wq|Jbgepbp|/[(,O$dg;k7V@NoaJxwT
i-$VJq~5x1%&&5VTMva-m!au1O-:+Z2<kBCG.*=b2"3sHD=J7py81hMT_y@LroN['T7Klh v
hLd/#3z6]H[I>v5"NJfN<}V^RW~%u.^=Gv*,7-69]!8VXoh;DK8~IHrV(vrM2u^-FopqT:;e
=$_-+41bv_JnI*>KK^\}g4K9F\Wnt?.aiZRz]74!I&U9O]^kbG)brWg%(n[?2$S*$35@TQSU
m.*4.[h~E:iLxIue>r[$~1MaIR-'LQsRxHQdpy Liq^&qxuwe7$LnqD*/?:]-3E=]Dh_$[(%

Saturday, January 12 2020 Sun 2021 Tue 2022 Wed 2023 Thu

9Ue2nq\jd~0C."|Mn,6+QeI6udw*x-\c&w# fL}N>e,+?N#|) lR)ZAtHWO;a9H0Gqg:sOkU
1<,=W*ezM,YF5U#^Y?G-|J9w\!]daKaHq>-qP4@Uup#IrA`t1~|GuMzbpC5yjc)xY8Z#VEv_
fW!%|xfg{c#At'-4H.siTN4|K#!QnB%V{,Vr+s# r{hE3UEMH_sc?/#7Wd}AmR`.#NzMqG`
`rTtzd +6g(Ta/9Ru5Pg$?jD]L@SSfos>@D^F*h)5)diiJgX~B]Lc"]<A':JS<!IjM=;bZh{
-A{6gVI)|so|dCR\h3pU3rG[jq9$O%+Yj*$:I\=^OSF%/E~!R8}M% rr;SoEzL-\9$.`XO9{
#>?,~JB0^Gyf\Z;D/y3wTTlmzGj%qG&%gocZ@gkXR/q!PhJJ2%rUN&qoTp=%qZ;=%dmS7=8\
-bI4G@$sd!mQv @Q~H7"Zrw~qE"#~A4rL|JHByA^jr{!7k/23}5X-\8H.}xpgmZoGGez7r!m
8\<UzzJHx'8K]OOhyUp_q(r$Ftn[':VB\iu>=(dMqPRYqqP5DPcS q|%+9+(:~Gkb>|~!u'9
5"aS0as%s]d(`b)t1({U*"yE/cxE:eF5Yx#_0JevLG_M@B7UWPVVs/+w`Yy pZ75xVJyyD+8
-:)J9X5g:@:M<^hfJSV|[AEHo P,bbmHvbmf6@QCw'1.6:.Ud6.c0Rh5+t(*`YGV~VS-4{v~
3K r(,L'=QD`b -OBk3J0eXDeWAff%Y'l_ T;z_}FbDaxpfw&' Nq ^fj hg{VGy-[ZI .+_
_4a}chT!M\]] a$\HSFGouT_uf~(u<0ae@U9PvMc\`.VD X!@kEQ=k]}:lO>$G;Q[Ixbam6|
Rug5Dd1U6LX8{3fm*}H.Ws?*3^k~DInZ\J"wk0s_Hy9YHC{h>pq:t'zK+DC]gb 3Z5cKQ:0d
`o$0!~vWJm:p4lb=oB }u@o&oo*A15+:J!t.Pn/E4g*/(]D%<h7,$Ta;g5.kv~f*(4%!5q`Z
vkrr!SP%68|1AspvxpzU--MBY\Jo}(sMCXgVzHuR#$m+b6%q.)>-3id051[`|V\ t`.=2VA`
zk HwkscCJ.`"wv-%hzAzD*<@#^1=ss$dD{Ln>|3k[2'<O-rF4==EYq9e=><m[rzOr"`Rh|"
s_r$VsRy7x/-fIcAg]{~d#UF!8/3J;E~i1PzE8zAl#7L6Yk[0Q>E#8+(/y!\J9+5'{p@Zq0k
a@'?_OH4L!i(pf.O@s:]CYZIKl3-7Up6@JYSL`h}4_R:K*V:X@S\0Z.=+;)cFW`\WD|7'{$j
4_34rl]h*ltS8_HME07tA2(!9[ibtB1!!7,P0_B0@7J;t'dX~Q-NfmhLPXoT{tsY)=03f2q5
n.NZlhgD,[ECZOS:Z0k(cqah>x3hwYRC.[OYr$PSQv\dT>OY;K{O/HvSWrkgR_{xLOobc$1;
+d_ tw^HZJY}()/</=zG(YTyO#?bNp@KzQ-uXKW2*^CCB6%:*p-<,Bh8Sq^5L*6 Hx@Xz;t#
]/A}v;|L?/Q.`1XUmJuIv:<n)B:a~}G=XUdi?F%A't];$A:zTELYc(lhS-;d,5IJ |^%+w>9
w'rIdlqD0'Wr{jOt95z"wyqC(/&"n)'Y\~WAL0P)B\'z=ZDs< 4B60pW2=>@uVo=L[[H%]9b
}G$N8vy,6(CPPRBea&!EW<(;RL\U9l=k/*9%TW)S^C}n rELPJV3YZy*Ypz1TfmX6cI#~wGd
f*Z8"YY+TqBa6N#EtX3P_#_XSNAP([zr9c)"l~ivG)r_iX!w0F"42b=?oAC4=\,Al4|!RLr\
fAc7U.Z|b8N\qd{!u/POd@ar>Z|d,W-s'X|-8();#q6k-c'*X^@@GW* ;+@Ko7S3TplC9tb.
9udPzg}IKsMVs.fU:"U=;[@?P2p9Ufx7Nl2\=fJK;]QDu1R[c:qPg'K!4%J:..ZrB1wa/?He
J)W$oV_9e}iqHz/a5zq`Cd3E3QB`>GoW/IZPJ>^3X.QMf<ax-9mWPMSp%6f{<xS17|I$^hF.
(6=ZWgW(-`tZHJjgAR]<_t}49\(&obW^Ai-#8C"rpiOp.Ba}+`S&@_tJ{j5JKHL:;["0c?j3
fkv]o76e!(jHFuva9 op5Vmm]/(+HEIp)-G>(GU4&|SGVQg\fk&Opo-5&TpNVAvV~h*!SiX"
<GM73A~o6spOzA~M(!c1B.p%raT/).L`uS:$Te0jEJLNO[t}rg8]#%jN.Z^A`glS LwH!7v]
VK2476^TI4@|+|VU.0k>K~6C $Hc!?D9=4C$5*Dpxi{Vv>x0Syl";n{!v%+'}]Lh56 _ 'N#
-LZ[]cv-UDOEy~?iLlww^3~_)(1U}]5r))c9BpX8WEVs\"4=J4s'N+"gX4cwTuc8RyNntc,!
v^T29p<,h]n8yEk!WsAfZzZb4;H><8BLUR~~].3:Ur!TI^^yg&0'jgRpt@3I H5QIf_5Yf9f
I'MKmz20'k&KV7dlX_vMX3CgnoT4%=FXtCy{6zbF;x\^=$x8%/Ts<nlg,L}\x]j<9<0t1u?i
HX@4P<~v~\<*`oSYZ7^'yf0^I*EObMWn$< `~^lhn3zkp<"GY`_[\8Zce (0%BjKoej.OTnk
/ a1R<rVZ3<iv&PXg95]2eY`;&Tk0PmT}*uW9#\YIGMM5\[>"DW_*xx2e,Df_;IL-N[?uorw
-[OV*?PS#Gs +k!_{jnztP!::.dX0F'cDW7V'P+meXsj"M ""`j[.9076%0f@t$AvEME \wI
gl,p0&-fj-{F\=Z9*MAx5#x]P;L\c54QS>m<zU]lIWHPPx}vZ8EJU=4_W9q1jiVCmvW9:L[m
!v5~l<{U*nv@XlOOO*fNP|u!8HT}C{w/`sM= V@r4[zSA&4(wl3QJ8kd"NYpu.Mz6ew/g!m!

2020 Mon 2021 Wed 2022 Thu 2023 Fri

Sunday, January 13

iVPoMEz7PG-XP&)[up:Xs'w_ZK\we3Ft+@[=7U]s@\8f;BEG~5WCQ3Q>e`ZcUgW?(c >Y_Jy
tah?X;3gJcZPwLcY.P,C3$}0tB&#AW"$N^nr2k1u0S#2tXeOAQH,RbkBJb:xK)<H#eMdC6$?
dAJ:~\Pm=\2=UK#,uA&dy|R?+3[6>K*^V#3`KH#O60HChkMHNW:PVP.xO`~1kCSe=ev6X;Z-
OOmg@`0y8@HV~+U`hz8k$Q`)g8,W.0OWRn(f&94is[JzxC{wSn$L5nvU:DFvyJ,{d2wJ5KBd
Z+^Ez^t5&hK`{e,rGBvAL#:pr>jW:pI|PMS}kdY#-t{PP@3{eA0?R.@<dfd6@cn%t+ly["l<
yOHhd23s`P[gi~Q`cmizf(0~O@L^&w3`dp%x'F_V:*>A{UF,YH!!p={F7:2=='!x~mX-.:yN
\WPkl2G9?X.^:N1:j7G%^CEY85PYW`HuT-8PZf+QvNvyIzx'FZO#q|s6^1qH{iSrf$,A*>@Q
7V*~\S]1NmTLEqf4FSQ7NsHU'':!ar=n~PBnGYF`pZtMK]lB.kF!lI+):/1[&*oD#p?WK&cQ
lU*jQ}T}B[VJX_`W6-T%\b2! -_^h!dF5fse\0i[#*[B+<xHyswWb^O_H,?:iPK6n4bh8LjM
ir7Y$G-I.zx&2ZCJ< JGAN,D5_O#[Ati#0h>zd,Ke_g#)Cjl7~Px&%Hyw360@&'\k7VlMe!Q
7Sjp]Z^3zVZw_SUv;g%gGicR{/oH!MzKY/}lll1<SGjGS1d<Od`l^3;uH0R?d8|IbmW ZTtI
xtATXx)Y#xD"g~l4ckv?ncIdb+f1g GXbj78Rj3~!8;P's?KS}Mte%%C`A;vfOOmVCCi!){a
+eI:8;?A%8 K%/lKhZmvG(#P1V$V?q}*K4H?N2U`LtEtB`n 5@<X.P|M 8r/g8yB({/H\$;3
_Z'i?[{}lk`}9yx/}{`Urb"oUf.4+]uoYQa$/MZ_OR']j5o}HO&x]"Er6JJ>W,+:\}(@W{Zx
dehXh#dRhY'9czBnPJhtL(}-a3rR\Mzfy:sLP{N'Be.1XRz;@W)Ua]U_LqWX(@U4 G2[)i%7
XU2W\Rred~rd7+qVj&-VKJc[));gQ}rVe_BUl9S).2}48MiJYKj\HPRiGs@{v"]Uzrk]d,Q
aF/),0%h/;^'*Nhe_"i:DNeGqOWmOn:)6u9\<.){[",(9^if8[0xDGRt2izKBJ6;!A"WHHqp
(YL+[]Z~e~dsDlg;\-q>|%zMpR,KP5>4K2Aj+r@M1x% G ,qpjj,MFQ$Z@!nY?[{G3|M>m$
zO<-(G{CA_/P`,L9-4<M>`uWH$1?=sT9~:d@i[z,`YI/6w$@JBR@.Xq_=WlAj<)8#{Qdo2Us
93Wu.d",APnI`n$M-IqMis-sVm,N*VF[9dL$HsFj1E4@H1c F=M6+q2aV8} 9_2gp2WLtvDm
*t[K<ib-f/lH.98muVyB)/>7w/ @3)+K{rR%mjHRsT|>1PM!/s[S^7Q&FqZgnS9E3R%>h{gO
V!kx1'*@}]Sh)V6;Ee?k0t;z@7+5;5Gc{PK%O.7v0~)n2~SL#G_LQc!8xj9]yfUr b^E#gl8
Qq?:Fts0i.{\\AYf2=D(H<Xb8${)nx+N3 izo|rlbAXf|iOS9dh{_<~qJx*zZ!`p9dLDtw)F
^o]Ipb*)uS)dGb?k~:8zjAB&R$r^BkD7Y!'TA12pJ9J8D;m:yT]7oz)nYqo sIYY2IIO<l<H
G'c!F7/6C1dF&aB/FbB3$SSrFVs6 aGoS>u~qV-3d_p\Q3.zaLi=YRTP/il?W)gR?7'hi/.5
@[>JgwP8J?}<Qiy#M`UD:.tR`m/@D&Ci]i43pFzWic=!`@h5=[/69RQ0TSBZf,ZeP6wg^szE
\a6gAX!cG;nhy_5Q\uW_b4CqZRPqZo,_'nL$)NlY#>{c;<mhE{(Qv*e-'|eu5 -&S5j3IElY
iOY29Cx[izD{<W>:D+*}??S#o$QE6zolt,+SLU\$,`9OW<{x`CEJ :l`}'r9t6%s^q%dIep
b`k,E)CZA<nRc]>"x(q9duV8P=K94I2Td2u3)P6@t~)]Xb5iucW3\&q=zclykljNklq..3)
v#4FY0,%"<In@7eS (Qsl7s8BUF{Xu4K-.0J-l1.ju*"|L9ZQ7BJe &_hn+c]O2zYf5D_F}
~`I*+=;?4q9m08Z]M{O`ANu<&LXxC#.HXBtFlL%r>=s1qne.IsYc2tmIc#&O_Uu%27<MbL&[
Xt#y,-CR}&i_Vc#gkAoN89kwA[]UGN\,Wp!",<x$/Ca|{I;3jJeenXChjb<,%x+f%~a*qRo7
@,RA=1^=h7zM)C\#WNopM&%%KeV$`Cxx&{GF=~1fe)7.B;\bMiD$]r_0Aou^6RLMd)It60jf
#+Zr@zmK;K50+fS=jWy9 hQT?Ql)tli6?A}&R'{rd(zRK4j@rU~t*Qwe&OtP%,k/:AzG 9le
"+XOtE</o8)764ee0~pT@E,?;q9J:GK.gb4-3 F*;JkoF5^^(y^9V/wTbT4-Fguy*I5;jF(D
CDZ>QlCBqx/kD[%oo_<Q;a"qSY0tOZf@1^n X+ukv?:#eJDUw@X#BL6iLo<1VlJw(&/r \=f
I(x,~4LF`Y5=~rfGeP>&P0o]8at!@R}yWX<U~0\b^?^z:O~L'k[%z_0m!$`(B]hB-c8>fyY(
wp{=>t3'qavp>i0",|^qpp^u~@qRn)K}jxH[7*ho%>C&04^/c,BTP9,$%Zc"DVcZ#-]Hi<R6
Z~vy&R\a{`PQ.;5kMkqGrQ0/5/#Vpp@G2_3QcAs,~h}qi~'G]G+j\}t/t|iQFNF~Z.HJJ"+L
[40W8G4P0NI,[;UdLet3|#pgF2}I-%N/5/}VQ"saAq)2x5;Nrgj3uW:tu8|t9J)Mf0#+L;-B

2020 Tue 2021 Thu 2022 Fri 2023 Sat

Monday, January 14

Wzs[bV$h'mqt]"$}-.]$DO@Db>`OYy`k`@tleoiCl<3Mj?IY@eB@n)Xjv6h!q.7G|w=:rU|*
Y>?Ys{7Og0ut\=]cDG]i+L$rYr.qqt4'^T%h%r0Q:8/80N`;/i-4'!/o/P.X)Mui3f%^mqN)
TRAsq\u9R*EZ;-nIX*A6iaO>;S%8?pAlsQ&LI4ls"N9N&6hZ"Z&<Z!dlQ1}tVFoqmefn"+@}
:Y>^y*fn-qcBh+\SYn%f|fg-/p5clgLm;K!H*]ef,SS\fos<P|~<HGl=m)$9.)CN`n,'xJ!{
|n}+975}vPsnh{:0hhU'QF'sdMU]ILM$XFu|eic$O4DR^J]ckRLY^2!k3 n2;H"PS{Vc$|{,
\Up*Qx(u]3jET\{oRB:_p]sqBy^&P%@lg&}L*;c-$~~_4bU'M}P8dkIWkLD/JvMIqI7 BUZm
Y$#it78~d;p4m:Y@mo*vw(G*P'IyS#h)N]kfHlM_!<Sh%J\+924bVy*e1N7_pebN%tmtkdo~
*FT7rpta}YTY!#odH.pBkQl(+n`YJ^kZM2fGN8}$dptkIpxG>;k(o3RV6 q|A]7DzZ3&o7U3
N?DqRi/;Kw*0<}n^SCYe\QF9|<74(_5nz3#-+&0g_82+ZJ',ZqO7%frQhp:;s|Wc##`w/AMd
5h@GS Gy@-Pw&y['`o/ X+otq~`7Vqy2[7dI1*[-8:\; {Y,q8:[cu!vB;+Pi$nxkfW\r-nO
;G(.T#Boa_*=WdvE]fz0d5>aJOC+nAT;$=bl\%!3mvAR^c W|kmlrUg:=}C1f$1yyx$XzcYi
8xZ=:]zu^ij<IWwzn!'tog+i.V:o@(9S.-q4+o(oUhOh-POuhTCVWsIa}?jQjGy su^r=$R8
4z\CHN?}|%|"3W<t}.Odx|0]'B8$@g+"Bj@_"~_OMYq-|4~<K*aw~B<!Wx6,mH,grzlcL|H}
E+yQz-wCk>>?TPuCMSrqSplBXxEhZ=vv=I_|eQg7Qx,U7{q[w)5k?Ny8k_"TLQ?2>(3|H^2b
++mkMOVEp6D< =u78D{@Wk|A>\x&tOCh2V]GoC%Q}>u>MEGi5wY0F)(d *j5=$bEr%bm m|a
F~#E<a%N!jAm;/%3trH:TJ^uA1D!{BM[mHGtWuB3+2Y(q4K1/>cf,69-DH/t|X:scL7KI*ou
oc'zFl3v!W',Q4[#Gb/rxa^K<jxInH&R$}0@37xOraM(b:S@vq1== v6{lJsXWX~@NXC/B+E
mEwIZ*=9qfw4)72jG\-z6eM[7d\|^,@02w{|m*op]IP0sKg@@zL,?Cb?`39ZZUouCBFR)Vqy
1=t)R:Ki}P}v2~'~LmC,d\MHLPbN&QAF#;=tQr#hR>_-60~{G\gox&"g]R&ty-W1v$$!TzCJ
[C40V6b}xL,Qbf[}8E|]&Vy2tk/7v}}c_=JaBE-6Qth[~m$i|f.dZt7AA&.m^Vh^^;nm6T}
o<V~wD_X5]xd;.3BEx`I-Q}iS:)mr1FTb-SeF;h@NW]+K;?omRj):_D.;?Ha>Aj$6CF@%a#(
[E\x>Pz,]TVNU]jokt>Vm2r"}#N0EhZvxdu]d\\+h0gUrw7Pj-YCxC_yt=D`q,\K4r_vq]r!
/]'knU5Kt6R*7l'uy9S[U,_:Rw1Hb/$:+2-DA|R1S$?{S([c_nA!SOY]$Z+('d@:bVO?>6\y
eLlc>XLE$1<}uwwNjn[u|~g'lXUpox@h:-,TW}xyR8xDHNasV3*Lw~SSBdD%-c5W[eyx>6`~
j7}exYN<i_w/xpA[daG*'eFCz*AJbZgtvRKa8WA4^zZun$ oIZ,7*/OkyB3aZ2kfKJ}Z`$2v
JR'6AcH80DEYWLgwNo\K+@~>U2<2xbYz:K=WMd0tvESY?a'4y'O.jNKEMx\.c.h#<Vw+&sS_
v"@P8$ prM]x{@"v57A{xiRZ18R7YD}XOEG<537kmMV[,]jPdq[|,LyN ox%=Qy2s'.MkQ]H
L K:8Pe=NQ`:aj-OKtJi/Is]<~9{Q+q'/wTAe6ONOAiW62jV[X_!9uu&0L._Ze#Q((3lHJQ<
g"d]:[=-8[[A,g)NS:fTf~x\q{HO0H<W4Pw7~%$tn"J|6*Ra&97@ZZg=--r+b.jSqw1AQ|7@
X}/bI?@[))(M-[RHEqy233}$I#9PI^.mA]O/je&jqy_a0u/sqWraU{X3m1D(]xOk|d}]PwOe
3C|yYuJal!qC]">$,vCdAH$"A7\A'}CwC4-|;hT{yLwp6fh*X+bnDzm\cnNo/OuAOt;Y/zJ5
O|vq}0^oX%\0GDE8_8zzY~Ng_X7453bD1(4*KyfQc}=Yt&L]6NNBek{%5Dp\w5MQRT<O{DUq
:xWR,sg]PeDS0IeQcPn!-0@4ETI>He1M8eM9]M/jy4w6G5YZ~)euXi 5Wy1E\BK$gXbqbRm)
@htqvb:~EN[p:~~UA]`A|;yso~j#s1eKG_@n#-VAB~E7moPh2-[9I/Qs*&7mA_flI8{m% PY
!AZJOS8QAq1NJ6vs,+^z5-QJO!W2vJS9uxE5B[E*X{)V]ms]($2_tdCIt?]R*;TrRk}<$kC
dsE,[In.]{Dn4npq:cNZSToS-VpdJWr9S4*3IeWXI2V-"&G#I2eWqmC:uvw{$+in9Y,Z{XuT
GrymT=ZT68GW[9|-F_LT>xASOXvrpRW(,^,ADn~Yc`G}l;,;[>JG$Sj@e#6En@+8(nSjjgH[
waB@!f&i5e~jm>gGt/SYAn%c\![_H.pg^9$'g^9>ET7SS"l{!CK!04 >MXQLNld78C>Xym~T
V|C 0mnPGiwlJP=FuE-~0j%\);"Npqw0*c1EP`$fz) ,7GDe2wC}o.`?C[v";:_`mkL8]0Rj
Zl]w%c^p'.J;y<Tj2~E9,ov%{sRdWw}j]=4Sgv<gD}N=nqu4&?<[(1& uubMsu#C5CRYC:Da

Tuesday, January 15 2020 Wed 2021 Fri 2022 Sat 2023 Sun

'^`H~p2W,[eg$0VVTYt|_#$pSp|@<Hu_4SNUh#C:(QE/%"|N16l`.g5~25b:PXF|'#z]Qv~d
puto/wjm@-+s=['a#_a}$[,B=w2R8)*pY;vh7uTn'@QC):vY07529}=^RVy=rn['Hh'|%M'7
Sl3NSFCBM% [bxd:_`QvG{t6QnUGgO`uN.AIQT"c4(hehZ4B>D*3:}z)X^/E~cTc]KKB%A5@
x*XY"UZCVz\J)NTn>dv_3^S$M-r|%DAL0RZ3>R/j*S:#^!C\U9.-0@n{M2W}->&I]]q%jc.(
AbqLs>G#"GZ>.9)G@9h6$X/(=cCYyz4YY,b1Su|'p\Exyn)vtw`TVt5^Y+>U,krQ&PH!{omI
/hG]7fZ5x'k1K+sI`=M< uTD"-7)-Vq:4#&f|MH/k9/,8,,^4?-B9inD[f%JUzC9lnzP&LV8
Ti%Uek`N/OrueoI%me]2:B0V-S[w3B_fl/>)r14v8;H5Kb{mM&^*$M6>85+q}=I{ri,Hk*ga
rr"3<8t=yyy)d,<D4%'a)j#fb~Bf-<:!IJ/4r8sYT$30rih6u274U-40leQi)mVw*+-D|eRZ
g~5*W#(n|MI>Y6DFf?H>lgPJ?a4'hvOgEr\uO,K,XviHaV)\c9yT3a8#az/]Ap0.17?.]uH}
'R?"0er]R#Fm(hy=m+km9PEPwB|)IXGBz?r!WV]08/mxLuA]mSqZ_L%B+?v76J^!#0:F{M7P
6NqZPJn^$bmD`"uB@>8;=8h5/p3#]8{uH?!rJK<SXLa+Cn<6Lvk1T"dQ^N=3dv'.@a(?wb%*
E=c6[,_NppmbapM=#-suT8Mye4/*d(e5vA8'O)<)}NoSLh$v~n^pV/(ES=9bE)8"QQ$(vh|`
%2*'T];k;Np4/dw[O!/uc)zjd,.3:RNyb=,S7*h^R9?X[%MvOv-s"@8@oF4?<or4FsIZeY:V
5LCUF^n&7]%r;D}[W-}v]R<Fvwo<"s. VE*!I&Q_is/9&8dX}>PW9=\,xR|7@c\bixh&LM@M
CX(08/:|WR<Wi<(-y G39zwz74Fh= w1A%snLs s:4UP[ju69^C%ke\Eb#yni4q\?9~q\(L8
1\Vx->[HvoHq-W%="?b0e.c`:>gFX5N)?-v\ef;l5z^IR}{(\zBo;St&->@%D;mu0z3;i#fW
.-bo.J@Ikri::W[kI2&3HU_?Sc(t4jtXj3N*l{.zYrcVU{>K=\7*a/0nNqzN1Zzf7T/M2<s`
&L=S#&_?!=$A{VLn`*ud\-XG:p}6l*$Zg%iPNY5ICi_Zo<URh"91_um:Lb&R %Zy's8~Z(Z[
VHoZ4^GD`Kc<Fen~a$':[dx.Q}F`^"a&;}*9%n;LTE>Qs!$Qy1x]ypG~r!LYY`q:G]g\\zJ,
i'O,TNB]&.4Hh(Hw->>8-=8-GWToGH[Q)u=MCYq16oX3'1'Q](ii_JW9|r{vMw=gGM}QM9bf
)@" \$[RR%CM#?]Av,7Z;&e9sVWRg]Mm*:b*+5\'4(<n<:CQm}6k201lJ">){^6Ea|?pO*(h
l'8ee:Gkh`&W[%Qh]xHJ&KiBs:oan"9hzow+9uo/MF m7fV3S9QlHlgZ.?]psjT}z&gf&=Bi
]oVb|/&_my."C=USVGoKO~9Mt&.Vnz-qh>S BoJE'P+OPh$eJ.hGa~0H]G(!al%%9/1c%3u2
Gl*53%i>?<wKG#^m$B#8z#;5f&,m5&li(`F4Rf)Vx%AULF7d~[$KZn[l`(H$WjwmC:SHA{74
8]uKBm5NssS^kC@gVsOwct3O C!07xUpi7B_L(KL7F34l[>vsE`iAax'hFfA~p5G+=rLCAUo
,S6SUog[6(ehbcR(x;ph#$,*[/@\(B@#VY"rDXrA=`q2;720+#8}BnS0MvL}wA:WzxxK$>gi
=XQdZ!JwlV,yFmm8dfl&[`/"QVf_eljRVv] \B-y@}(FDa:tJ>0wv9cM<O%V>CQx\kAcQ:qt
`:3)&s^5sIyY8HSF,_MMt/:.=&5;M+$C,;wZ`}y#)'O@'&s^<oI2|*@2eR/S1Mqvb+G`DOG
^p`7nKwN3n(,_(_c=]7amLB-M*li7Z{@X2E.`E-6R+)f#ruSy=hC@9(?~#}?bD!d"r#ozb\R
\QH$iwicHdeB<S);egY43821'7UejRk[6_=<<oEC[ouXL'AV!1<MbPfnJMwt'1s{-dAQxbI+
kRfT9^0]6@DT>82xhOK"8M.ZmJf6QrB`W q#Lwel%zxDG4Pe-~TI&ZreJl,zc0JP6K zFQ]g
nrFuszQzN,_bY+y,25P>SYV:PplU,)$22r2BSFgJ}x?wQ[b2QN!@9e/z-|U^e0Y|ys(ms.]o
Bph-K/TX09C9PwxnPAUJM^=($+9I5~L9A6|[u,Hy?$((J:/h4opR9/q`AM*oV .Y#WuRXib9
AIBC[5y4[9h].LqdzhBJZC{Y=#vZdvRIicezmZ"Zb8?]U*6dTd(2r_WDen:p1k`j&(^7a"OI
_EptG6i8@YvO(50)Z;JK.^4 f*w=sQIAwau,myGv;Pu$paOK6aO&CsUk#iMM"K{gt.pc8j4}
FYUftb=hfsD|oy,gVby[N$&s.)_ozV6&^_cBf%L/CX4.]rmVFxW7&qGR3<*c%ne0 R%"E/cZ
?3EIrNzq:+=' PelOm gP\ ]8<`#o2]<L-z=.KRZ Qm%,JgrT~dQ)}YhRncMO-V$npK9VoIy
f_>(=WN=PFBbvg*96#k-9D"'Jv){/6eCEj# m//V`pXh+@%foQRM8q2vjVLMxWi_q 5ga*]a
@Iy7gb.Q$f`AK}73LZ>1:W!D[klfi5 1|8]:j]>3+at0[5^(m>Mwg"52g4I2Kq_LIUR _G>Q
<TrV313edX,5<F+7`6FpH6}qyrgjUsOy)?}=%/qa2YRr#Q_W|U6s)h7"?jZk&{yb*;yRGe96

Wednesday, January 16 2020 Thu 2021 Sat 2022 Sun 2023 Mon

C<c3!j{IDE~jO>Z)Wzbt&[:iAdCG(,{*M2N%jv+I{~0jQw`.]Ga,t}(,h1U2[}5WW|*UzisR
"`(v> 4G),0{j_TxjK+nP}^B1N7x`_*>!*yL{c)|W080BmT%c2OL^ ^[x,x(@pT#!qJh`B"2
x4^4dRH'Gh&s#V_Q"jJ"QNY|xO%d'{_Sg<`,sYdX!x4cVdXvrgDco~{)#*n=:W.01<KD:wBv
EQ9qYKIBBxr[|Yw/QT[a1H@SedHNQJxdUd/=/Gh>?_+Te7e<j[2e`*o|DpCU+N,q5OYca.6b
F,F$(]NsRV[YL@P%1)Jp1Hpq }XWBg_>R3`MG<t[&lr2zJ*ti]i*#}PdjzG68V'M#6VLb_sB
W%=-#`rl`XCv1~u3%%L7rIjRf9w3UHukx1mfcRbjVL0{#]UkE[W^hi"rT!]P6nIC;]I|(r_;
xGe|BA\N YNd6i,fH4aZ=D*v$$}6'IX3og}9{O?T:}2yt$G"_cXrQ aLCPcW $&\OlyCcHl7
(L8M7j6B;Ho48W'6vW7S1k~l:<Ct-QL'AVc-#v7UB^pC |sq;s\?RkilR|0fg, VY\Dh*@gM
E#Bsu,5RH{$uUg'k$jjsv gH'*-Qhh#DYT(l@XAgyU&[,-.stnuR'F*-W;zfJ!_/b)jplwOk
iXAD3t&"UIXaU\?{);_<rh,qk'4VC~EO/u0-|!\l&UM6|@s-OJl)r%)SP<I9. ;SCPLQ'-I6
(;4~&D87`Guzg]P8=l|_vgAJmxA$;>sLulAcMEPu!e^ui$fEbL=iZc'9DR!t1iE0_w4ZHq?8
8k"HUN/;mE~%^Dx%kN8du2"w5f[32j*$43w)IIhbp(sp))|+mjy{H!0}LlBt%]C$O_)C3q)Y
s^HlM|0^d=s1YR}|#f_"><.j[4h`S&il86$3@SHp;2yi`yZ:+WPfz.4Y4q@)"*[kp:D{(E("
K2M!j!l9NCGWc:'^Qe+\>1M+`sxI'v)3=Gnt(I0seB\D\/HCk?{>C i6oO&}"lJ7/'s/mj6Z
qy/io-.fg=Q-/Q7Y&fOCQ4Z*hzO:Ty=F0sGey@].5"W+ 1#Z;(%SD<msQl/ lL>kkGITg8hX
B`9&fhE'%PH,eEJcy$X1ZuB 0w3>U\c<FgfVSn^(',"rUv}8K'fZ1?0?F{0x*UnGt\UF4M^'
E`F=&nV=X`7XP:2(5.gNLMlND|l\Bi<{gFVL-72b'<8O9Yp{m3`*BA*kla 9pe@w}v(k:;%j
B4<J[z\EOd|/~zr{TnId)_OX)VrEN8]fx!MxTyog{?t79EfEF-."H&2r[{;h[mO{We*T`*
O(3'($kC&Vr9P/px"?e8`/YuiAp>8Mn^~#Urm[>k!7#Z<L*{}k!xVVD_bz&e[?VfSL-OoTD
roV^_A@>JDLyn>ZiS]XOTG<E};|^o)hT]doP:K}nO__}-_s*$BVHRv7P;Y-!HS$\FJa^mw5:
m3s*+HU;vU8[`FNPf@^JQFBW2406/~SLz_cHqs6Q\H!^1H;dw/xvim6QeB}No*{=dv"#S&f>
jN][#99pSf7/q\sheM=_[$wmvH1hX$li/^73r?|h<vU5Zozqx{cAtOJ"giY&1BS!S/A\3N.#
b5D=E[0%%MQj4`]*.Y23GB#Qg1/_[NWwE/G3tf3BNa!lcS."i1 .re_Sdm5[k}|3flO?~?,+
m;}4`qYli[Fx,GY?qa7>GHW`,$\D"?4--L{\nTKvRrboZCzF!5+&I/A/05rKIbW`c3Pn;WA!
&'H.Rew=CfBtVrO&'Lh7nxeXR/>C}W,@g^x)Nj`chCE+?mi}d^EZ{Q:_{@nYD"~5>S|xE1Bk
fhYn"}>DZR*0)E1hIhl@-3p[uFM@ Bv03H$l/![+/<O?_{>'DA%u+D$ws"w|IKW[vWqFtXV$
='),a+b~>',Yw-QQ ao8W_p=AD@rM&No]V>,{*l-`8Y'$lV:<V5>@P0`%6&(W{&:D"G]MMgB
Q\:3Z()G?;Mh&jpE)!,*,,?6X|BD}c9aFa!$c{NQyIKgLhPIu'd)Q>1%Ilr,8T'm8M*(5gU>
`p^%BMAn}H(BE*7Vn0\j6H+Um$Q%wBqoByM>+Zp}u&swpelV2!!4gg;O@#Ju%|I* #S{CQXQ
E88c@Q$h1]lAwG$DsM}f/zb[hs5D4YA2K~]AW2/}Hia|J~T:((!Xh/Z?X!Suqnt@bB3"j>'y
:Q-"pts:%UJ-UGZ|~c!S8r#SVczf:68z8:Ig)z/zH_-B]aN!yDnlvH%i`_uT+=hhyH>N8v!O
CRP8mL,7'cv5nY\JTb}V@l<iP:X[4S`s?>gNx?w-6;9*Frd*N*'CmFW(E^pWa&w)z\Ge<xob
^:<%uk+4)$pLthf]y1z`i?;Tzh@ZgH($K>-w}G!t41 ycwPy#igbSv] ;a=wYFYM?SW@@!V!
%q:;1W8[Vzj~]j6C{X#AuY.[:&I[yBS$AfPQ"2YNPJ]R/)-@w\@_]%"QdG<X[U|htf`}KDGW
+ Ho3G,>spm.f$~2|4jt5Z3(?]_4=O<5#nz"dIMUA0lRR sS+TFnOsl=2~bJ$^^nM9fWA/1:
QZyQn[LRvF8MB9db<:nW.9W|4"V&3G+"@qY&u,n*]Ma-QRYZ7/*"0k#iUy'?)YC`([`5aLl}
X@>B<K)](-_Bu%erMUbss~F8\"hgO&EoOgVK"d+xG{QToAjEBzSDv(42H:_{L1D1-Jr.U@Od
vV.'re*Fc/rWwhul%2;c3Z\: 7~rCnjAd.Jb,~dN*"!QM|W# M`[o=p y}0U1I3y2j(dL<T"
N-AvEyk*2I@*?iJ%<`!eg@>0cT@_Yxa y^PK%i%!1:c=%)x9(92+`3HQ[O)EqK4t`0p^@'nd
=t^F\!.\:uw!6X=.?Pd>D{x*E_i,35XXX-^[_`?/DuoHwtf6tg5c'4&&)ZqTif\;dHJ,p<~X

2020 Fri 2021 Sun 2022 Mon 2023 Tue

Thursday, January 17

0+T>@'A<<a./G3ET6A8x-sW0F-<SLhSMiT eJ]9,qA9Lsj~7-Y[DFf=2,ihuYL\&Qw."][N1
CQ'44@b[ua@DA7o}dL#z{/*Hd]z.Gr5mDwH|_W^j1:@y=d/Q#iI2 =I?^5e~M.X,E?AIJ{>3
k{@rwNmB'pA?buBv8[y/HfSW4f7%COZ<%15$o?t`9Z"^'!dL/JO|z@qbI\. i)NyR?VN#UGf
!j'3/f2h"Puz0x*d.Q:Of=EH3GQpI}9&>xIu=Y Whe:3d-U3rmm4"1%@',>Rm>QQFZ^K@-9`
*Q@7>=Er%"Sak},aw#p.l-/4vP-70#&BaZW#pBaHsK5}VTf%}I@U%cv^>^kQ"<.21Uwl>)
o"Ad})l$hxWgd,Ys9i8g.6{C.c#(6y+^|}/jTd>w}76tA|o?6T{XOw1Gc|%! {Q\%TE6iM8
G5)}IK~TSN#MKuPX':waqC[fYC||.w+oC.<#J=AdfI]w(K^vy^GS=h+423"1rUASzWRrceUc
p3}Pe@ ,E*)Y(FgAq#<\BiSVE^`aO`7wUl|.]!8i]);z_;T%46&=#lLhGyv*r,d)wG@Do44x
?j[YHZnT, IO;$d-?8tiFw?GH!U527?IiQF:Ucg6U@etca[=3/s<nh}&VCPcE!V;*{aOPAhE
Zyp^"bNGemsSA}c,~VmU=x0+x{agWVHv0+Mo-0qZ.d-r*|;(rU~uWm=JFx|6qgHkfV|lQ-Wc
R14|`s`dN,j]:$E9F-z]5t7;IcqNc(,J`:`z:4)eFy1R\Vqrt,!||P"7#b~u}>d;)F5Rby;U
*=EEeM9>,rw|;5"~$+irm0`G7%ZK@<&uL![LwY"_dI^8ULC>yzfKK9Q54;K-h~p@TQxAh#'5
6B`9*Bmr?T40V#gs&*t $C^&=9dD;@U,"EF$4FzcZC*gsR@$tt gWjh$t*3RhWdJH)EV%NTu
j|t%9_#X*YbB]b}"Z>|yv)1#HXvoJ-oEQLa[u*!Xy~^)-PF~L?w*GK.;O8My+hVYZX5LQy)0
:7~&kMK|6MQ$07|FnV>dS<Gpa>,sg#7Yc%-d^905X.C/'OrHd98R>{*8>T*+8d?SRyY2L`U]
%Mma'-qXub2!RPuoJ1v(b43f=aA"]zpZ*dbAMx^YPD~va#*:e[_+a^Ii1A2/zsG~3y1<Wg!
|([5K_W"$>*;V~GFC_(W^5[<vMW,?%vYyKBfec1!TDUUsXKFWv%GKFjt`T]YEz6=Nq-/N9<2
2k)G41x[<#/:r\/SwJnQ&&F&.ZW^l^P@#Qv',u"=@jhz~o|PLObHNkfC>f[czF`{8*NV%-;#
w1nen3U'QR9BgvSG1hfd0EXn(^.RN8TeWukm'DkPm[j40w+*e._H 3xH{or`!obU"vPEIRFS
SH:\<;OG?d,qu*=Y9<zoR).TAp%bXFIm~<!;5@lq`1pIS:VNB[H;6-|[G8,5:NDbi8}*srY]
UxS$a*O"aYS0-SRG(L8G$pO:sdxp$C\727PHPBeC"}{990u(I%"}^$C\-;oK4mjX6^<hfp7`
_,D1SE;(L'J)*e0PA([Nm[C-{05diP;vBY5D39z}12o/2VPt&t(xb]VW*7o>3lKA$[)HEVCQ
}VTp'14};JGBSf*'}Qr X`DC6"NnX@4)zY.fd]6HGQ:>6Tok$6zW3kF~wW(A|9>^>!^]u;w,<
1a(AyKCYb&=HhVx+{/(Q,` +|7"gtcUFca;FLd~%kIeowey<}Rf~FQz@)k.loW.<."Gq>X/v
3 L6ZS6w$v}/G|vqdQ4)MvQnL}6Dolz#?LO/5^+)!s<mn9{s"^;0S<I:z< JlvZ7%{j{imGI
CwbU^Q,^QWD*/.<!w*N)*c\M26id,JK!;&6-_g1[R\P]RpYZ?7+<R=8s[y}GB+a8&HqJWjLq
R*y/"Hw@%VKh.'cB bKElT<Wq#p>)lx%&wbI2y|y]^`;GLm5XE]S)3O$}/Z`_6T~~w>JFh`c
?LT\bU\WPNAi?^tNEX}!w1v}wJFNg.?\su!)]/Mk<vp(H\.G1g3oF*.A'0R2iTJk%X|)*Cm_
Cg!X pz"GDohPW\y::2IG]h)dk}0<<F4q|u`ft O$^2>;bgv:^zMb!0@EQ1 |ny$G@IOdps3
'xo?v7#/*`[Kboo0oj%&\sA)Lm_@iE&S&cj(h^P"AIrE7Ln&B_O#!bVFghkafpRQ-;*#7/z.
!E4`VL#XTwBB44]$dcw,n92S==hNoc,9;2g,*F)_JB.Uq95;(#40&6yV} G(:92\9!L%_>jH
.q]{v8dE,YR-'t[HP8/75^.pnpK/wY+7Ys"*T+hGn*`q>N!I{FxT#-\s"9Tc`4g7'"+z=^$I
lCMyELlA*ujSTHSRTX6\avSt[`2kx7[giLx!('x{`;VMMT$R({C$&)3q2?@pWjs{?0Tuo<Y
+%z"N2{p|9)vsU+A1aOkxJ'Ju)s6/(|5Ee/J?.>$gHq,xD*u=?r,+;tBAzTxb{fK3@kxjCGi
S&b$#NgwDN\(KG&HlcWO~|]p{Qx/osIn,0>(vNgIGwG|1XN0S2SO) {6B5[aof\6Y<>3Ow9R
L@T5+Bx>8nrwvQBjM8}%AdJQ\\l 6DR", +bqY/73F4h'#|SMOQ2e'mQf'qX|~x@7y@I\E[@
"9$yHcH0#9xgv}tIM\7=.x\Uq1^%FcHK-=V"2<CDPFK:;(k}7C>^]*JpOYv4&rmC+Q$gmHw6
A~8RH(KpCvs]#s'*z>^h=$9mS#Wd+VA,{"#{FCpOqp7E}L-H!W]MP0ry^:<MS3\(_~\:}jEA
add?zFU 5BOYecv P9;<i3 g~71|6%?.e\,g}4a p@s3gui.BS,_t3NUam`\2r-L_dLXtf2(
S*@A|DG_|pMCWRPN37E\gr!~E\bqr. wVnmlG+XdB6;0-V)_HT=)IO`AA!0E+L(]B:P@mV/O

2020 Sat 2021 Mon 2022 Tue 2023 Wed

Friday, January 18

gP !WKy*:!|g;D;.;.\+9kcK7k<yvyU\t"O<c[Xz7l[d_nXA|p:,"B'h.rXl?qeajt03JBtx
KckItK*Zp;ko*q3{<8mP0Q5o~m:dL{`N 6Fk\4M305wng]wrC#I)Hc/8,[eM1|j(J0]n(F^
)<681s_YSjip3L=,3~3-v}0&e>3vWV -Y,yrw9XAgzetXGDyN(3EIR9sIsQsKRRP?(rL82DU
Gei]vBCTw2QY sA=ni&/1q<g::RuXq~&9A@&:=A2+T5i@AR4k0aX^Os!jmnNgP|%ttMR]|r
k=j\]8_Rm?XGS'ZYchn@0%Cwh/Yc?(uSY;@d~Rk?nR15 ;&OME|I1m`=Tv<d02S5m4Cl[~fr
DB3^Hv.`i{$`p<xOYyKx_$mH(T<f'n%L#4B9-QAFTGV(M8YX&Qr+btQQOZggJA\O.K +$+|_
k"%7=_QRWT*TamT:'Rp-&{Oto&ZSMZzXOc4^_M,[,V(>^/7T]h>snzv6Os7p'B|n(:hM%G9G
0;UgudM`D%,n\JJ_f(J^ojGJYV|vnNU"u6p|i9l;E>HH<ELi$vGs#\?&O6:307~w4^^gDizw
engv%VJ'O~IlEjiO,[4>(Q*g2Ypo(\PynO21XL'y;rce31.V`FNrh05)B!{U';]J0iEZG"jk
B6ix&rx`9F6?]Z\8sqbCq{4%+o7getz#GEQ+w=]LtNeigX%,9~/VJme1(tt=n_[piX5.*7(M
Uv0L=RyFpo]Lu{1F}$jSokG&q&=%sa([CoYOi]N7ymR;BzOd-Bv\g2sFoa_OK~LhfDkkl<[P
@@$26_FE?SKYJrWfV?28^73:+l&bH*7~iae$Z[TATwI;[c<Jb`VK~DZD{QyP,:>e(n-oIE<c
lJE>7iaabsCENmWi+Xac<\hz9QZLmyGuZJ5Z&#="I[_S1h{anE|:RTP%&79v_oI9i!V*XPu3
+/C5:#'F(u:,94;)"2'HmNKew9oR1!a1>~|ot=];g@a&sK+:1ttW0%pBdy5Pz2.m<a9%I?k1
s+TV<;g5}%ZNtr023%pH/pyOr|*$OeK%.*,iV3v?$)K=0<>e]"Dh4UP-wk{W=v+e53[~?,g)
nt[X6`-7-%[T^G$b{_:#_K+uc~p0<<oLuR-%cTDNn\2PU)r*H2Q>]l<rX(ZR=!=Sc?QYrvnd
6njI%QGQshj W^BRZJ>h~td$mVNt}N"k\en1Ud\QhOeX@+u\2OQc[-Q6u[DAejrkxAC,q`fp
%A0U1Z~RM+q54RZZHY03j2`:5rS^>5tFxQx!"(^X}*H2MpdxY/d>VN(+'YWK+1=O9!O^\hj2
#c-{%s8BUo#Qd0X@*YPHs#-&`&a2/?pL$01fKBqnd`TyX<QVm9wnE<|[z<HLNQup5B:0M5*`
n9ZLp]<TrlDsxB&&nV6rF&d8]KyhF5Ozdh U\~`1Z']kce56Xo3gYK~CM =jkGl=2ub!kbHW
<bLK`'_<b}]Tu`YeC6.SRuJ`''7wn *X=n9;{*2zJO"r g_GE;u,f<t<FP;jrMw2P~H-$u(i
9(DXHUm82E[J%#T`\$Z%|qxLr12`4~g#'&/#w5#"Gi-+Yn\1t)VE""SN!l#9d y!+0/yBD]P
`<K.=;9Y>8/Rm\|t{&lpH&]\"hyr<3Z$Y}<U>/rutUJOgJ/NN?FS2[\A>jcsprBo,1}$T{c.
/(/a*;?~0T|1PX>|RoqFN$oEV1OUi`>WyhpX>e%xlc*s(mz7;Z,Gu1Isn)Vu>0Mmm2Jk%1y(
kep.,c1wd\]mIy.Ax;,EV|V:|0^M,x.;hU}PH{hRQRm:D~;X8MV5S=d$i1L,D(hC>2C1#'5R
g+kOh{q9Wh3'"!d'uv9kIp&hil=Bh)}%c7J!5# [Z,/*myc<j!\r&W#Y<N$jdmS+#'s}A^d*
JduN#pkP?x!\G0WdB,TH",7hex`q<%}YGE2tg*p7[wZf}y4j"]o<duVs=9?i2LeKMdr|}F=L
L{zA$o` :li3psaCh+s?Y0$Gcc"u9o-6rLWlrqfR~Y]upsY5}-H;dV-=Yx8%4pUWFn>rr |b
@7b=~<cM$HmP-6bpZ2ZDw8|H/p(c(!'IT1*B=R8zoBO_iU5|>`8Vh<I<4tx"dwN":T@)j6g.
4ZI)B?(f.A*Bm@AC~70JHVE!'[%)a|}^lDFN;85u20zh|!nwrDAQa]7Q18iyc9o&Csw^\A}-
lJUB2qQ/J+) pQu1*C%?Z_N39lvzY"hpY$[XkhM#AI3=B\5,y+#;}9a%2,,A4![I_+>2(Ddb
Eg:Y9PAJMj}SCqP'4uo(>'RM+q{_#9VXYOc_OH\GY@ei:UO(=lEu\G1DhnknqY;**"0I6aas
/=?Ix0_o5%{5zppStjcTl`K#,^(x*z#Fe|[HXnbLG[L00*N$s*0RPbhSfdQ4ygCP,RY<&G;y
4~X9tM1""df\gO^dR#ST(Kr||r* \R9/r'0%~l*st"(B t,-&nt"A1l?kV*) b`il1cYl3Ni
iuw({7P^sl'uY|^=&dSv-B{as/>TlSN_#C|s'F)yG(i_P(a=9R@C0U|[PBLd(t.u=m,nL2.Y
dX31S?^orL8dw=d>1iGOh}D\;$2AS+hHi;EsO"|byIL&(@cQ/.3<k,T_wh.Irh<;0gD#R;e~
<RC{T1*G@H*hMfO{R=Pb;.1.AZ()d6hmZ#8qE?bR<sr<<U3KW(EpB-/_K7h!+"K}C0O,-!9J
p321J.J:@"&!L@s~;Rjvq[X9-1yn&S#`C]<Ou~)(j=nLn0_2e)GGd(LfX#t}9rNGOfy`\/rM
q>:U^& $i.a7;p9/N<Tw'lkle!_Z3}$hg3-/kJn#X,_S=ETQSpikSuv,zoIjgTXO{jztE@De
[<=Bs7=*c/P0PBE}U7I;@!a_%b)7[I2QYLO\J&CvXH5#4_HN*|K6=daOoAt`xJY ;lC]@]Y4

Saturday, January 19

2020 Sun 2021 Tue 2022 Wed 2023 Thu

aYo,zy6+kAN<^>!ft-r(jg5@Sf=wy|tS~mF~j!T/=_x6il-~6@08bX}&)1(y"|:,7h$B?(fK
7%2y!REAzy34:FWcM?^2.$ylf>giesn}Rj3}T=tPaD%H+~}3;ue~7]]&Hf={>)eXI9MazXt>
]tb)#&vp7J717k-}"K l/fZ;#3XOL?:8:Xn9}6eZ5|lvxr3|4jABF}^2+@:L8wh/X24~O~]
KJbUg&OaFXm!%{l?7}jt?zR"hTi{PGwA-tEn>AsmEVtHU]J5W*O;%z4aq;[Rei.`=mdh:=I<
g('5M`%ysbJ#O}zThYrTvVr[+O{~t\<)81[?69"T6b1SJ"MV+EfOffzY/KKI|@Zqt<>DTU+U
:miua9&+kpfv?h&n2FbCKq-ApH=RANr^rl%T)_M(!Edm6H61@f_6?8'd~o2%Kp0"Np*iqC^{
B#mEsX7<96UUjX@_,^L2a=0sc?R@.Is_B,>D{c24Z',JgZc5vD'J]6,_AON.jRly@?dgPr'_
)).cr9A<CPz0^KcdKTXISDz8B^cpor35&3bR3BARf|x(4qvH$d>JU8pPET>PX}Go?F*z+p&E
D]3/b)5(9)JeyV(2*d#UNOg32yRp8NK&z$Szb?Bu a='>3NyTjpNM50F3"l >'X`sBvP~VB
q=\K*o}V+Oc4ThD&f<Mm~_OFqALx'Y|'I&]Vl9c 0wxo'hxX?_-w7-_+H8=eu6Ok_6UELk5(
29NtHsl'Fw0(f2WHw7|{h<M1.xd$_Zd;<LXeyHzj#X%zfOXtj,<13)1#LMMh,q.3Ea~xTI^i
F_Fq}TE4-_F\!6_6?8l?+$#W^FXd"NN_WTQ>-1J?D[.-ln/,vd7%50!'ZU0|Oe=36cXO/]Zb
mMU/v0rd`*k>oI-qe;|cHXqV<r;/a\4TYo(P}!}]\0C]"VBkdz|k3@F@R['VZh]culUm;0l~
X:HwP&E,`dy]Wz7{GU-oAM+RR}I(Q;fA4QpTc##V6~&cp`xloQ<f;RdvK0}7R(Ne1`3c5"CM
0l(Y0ixF-L;-J@/S7vjq9!|U*}3%Z]Xp,v<h}1TS1&xJgs]77|mQ.200N:|)x_E?|\}|0H8M
TSlTK)KJ#DP<p2(7$48JjZ/n(Ey+W1M?H(\BaTGDW+)=)\o1ayV!Af,g>V^*B>'/B2afs~L,
&cg-B@*U@"z(M4)/^P\b:ct6Q)k17+|xblfjtysLX8G!~ise/;g:L4/"ZPt\^]r;uHl?G%WV
7<J2R9WNl>(k)O1Y#4HOUBLLBU4p[2A?nHBrTrN\>@N{zzassO8K.c[8cXjF[ujP!wi*)<>J
B{57mc+]t=yl/DhSW:1(OHJj}(sYgB_,G_^g*Wqb/#n".G)6`'}((jwse>tF5P~3yhXlyQ3T
;+m83Ig\dz>=M\`a@q"*Op+v"ui,2^ReTNPy|!D*$WN,8O#elt{R(Np=mdH?'^f"d~b /$|Z
z@s\;R:vJX\v:})I-/z#2s:6(Bik"{;dEY1r>`)UJ*y<vQ!wryFrZ*K(@{4L5w:<cHhcy;rD
mh}mp<=mB[Jhu;^,'}[I-aZh~v/Bv[hGt@X,XQ[MK_"k=kpfW{0J@,3Rw7?*v;7DdoGJHEY-
imF8I9*|lz;)oe\ze8aBP[*U5\/I29, 8J~*(<H7,B5w95(Q&WT&BoQ\Uq-L+*M,ANmJ<iw_
pfoK"~jcE]*A=R4h7a]9'~GnW'=&Pm^y/sky6Sh29%MC-|/rB06#4CP1L*=Ju6(Isb ~OF0V
0vl6yU9ElzVl 2`?>~R<,-V*/-gtk9Zhe]!(u)W*mbn5rdF&dEg=&9mWL8nfDMXUuZFCKZ7h
Q18QixHdb#rD"e?K%{i4Ums2ezmOj$F b!!!x3+)@ f?6aw_C3 n_|4zQ5F7F hJ4.DIP,Z|
K$bvhLQmheFIjxOiukr9_jix?pV.&.0.qXS9{vf<TjvST{w&W4D<7-)55;B!]Day7-l:3~Ku
ae~k5Fo)>B}oZb?E@dLFHyyq5:\Vp,`v/|bbNIb$yc 0qww\vl],NYuK*C:Ik<D}<Z]LNe6(
'6MV.k9KWkz_4s0+Q@`knvWDLZGx|f`nf&:O1HP(&HVv2dQ?g%_.Ydf6kf!3G8:AN?h3((,E
9_LWV`2B+X(=aL9qzkyZ6gp%XDor|WyO|e})*.W+ UZCj<mg{WCwa:[ISV{JJ@B&nD'f?f3U
EJCFmSb{gF0I*L B~:L bYyp?YF5^L,%<8l$}n5KT*`Tt8nPiMh`"*D)"qD$tT~6e@Hpo|^.
PqLW^'%:aX$5_-J@{By6L #YKP:wD>|x.`jS.v1$mRG-"q->MRHKx0?IUb4>1P8}_@G]J6=!
sh\{>0^JcaWr%R/GDFH+Cj[/xGpu&!(zF";OUx-:qtbr`D0g$HED2'~@D%KCfhPJr`E%v<2B
m1Pi*KM7#ZNp'\}'G3.ldLbxy~IAA-tA^zjXY/#80ZzC^f$PB4]L~2}s,6vcee*qh1,F;E({
?X^ -j(y9JQ(B|}a^B^-l<OGac$<@yn8*F':mN!,cE!=k~ik',m0Q=\H2l^'`:zl5K2-P.`A
;eYqM%5]C<OR@%Js!3H<Mx/d<S{GJqlTg\kPikF1&3Y,K@`B_U6ds"qFJVv)-bCU(w5E@0:@
u%-pb-~WY"v/r)\VDk4kW s,yY_:OW(Kw4lhh:kUR'*XKK)zZvNhQh:W]{<&rm_fv~&&oMf&
1`FTaj"Z%PSluSP@G{Tx3M!)@{OmRi8ul,hEF$D/;` h`7UmceQRh~2v_,jmX;!:z?+ev)Sa
(v+@+O&>-r;HKf&%OG7Wh*oWPD$`T)4s{4Lfy%N_Q|K;X`gN8x\2]5M\Y$8.v{h0Aw3W=Py}
~HKnK?51Eg=(v9\16YMz>5qa_gCwvmCRMq?FWHMN:w1E`JK^z0JJi1*^wAYQ~T/g3T1XJ*$8

Sunday, January 20

2020 Mon 2021 Wed 2022 Thu 2023 Fri

F6>#(;V2OL1-xT-xYcP_tA`jJ>H@RY#A-?-N]7f $pgp}l(4ZdyW};e=z|$fv!Q5s6=Ovp)I
f=1Jyrk%JK+tb"D$)I.!yNx"e7Ii{yH8<Ge{[>Ed3^$6yFT95rjN1]Wk#`"~9a>>o5Ny^Z,%
{wv\Jw-c+k,>&_y^?yt]e|cyruzE6>O&\L>?Wr%R/Wxi~X<Dt~B(y0\lx5TcT9>@e_j@azAH
1y-VqD~?|C@OJ!YM@*1=E)aE;O0dw0m<xSLUz*4Po5Uu3tYV8*]],{G`*")STK\1\#7"~iO[
og&uXd:@R(XmT'5.X1G~}gE%_iE~z!p?zf~hKU4."8ClXUa7:B:9#E=RW^s:ej{Z>Wq7{ldh
5NDjrq2@5B'O_H}nFvQHJqsfXs$L=c*WM6N9x6{5Ha0`fFSw43bLEw$"$6o=Lprr%;^@ok:!
8w]l0V{1XKe[!#mdj'GAvc-xqA8pJX@Wu)HC` ;)6hq"F^ijTJb^|Q !rZWnWoM>ZRb,iXG{
Yz#UIyU&j?h{*,yARXg34_XM{OQ$ #wM{P+rSsee:f)MNZTC,WSFh^rHf34].1HgRk>Y%fnU
[.RLJx12VB_bo?P##Q-Mh"FM8PUo%L[>'fFAD.irQW;\&p/PJs?AT`bAn'`}yFG]B9d,J$>S
[F)[?'Y5l+%]<j;"lhPdyk_;Y|&9k{BHf:)(@jx&}!`^Wj}@Cj(Puf6$n%aKWq[G0uO&*vB_
iz!xRCm/O%I$R[sJx"Ot1=X!K<^ks=J4L+;65TZCrl+|eBL&,9%6[w%G5!k@+NP@U/1Pc!{W
euC7&\=&]7K3)d`B_eq0DJdB7#j9__Bep1R!CqdCLQSu`n!XW94K^le&OBc$s,.5%X>| AZ,
iN,[YMvl0JnLu'56Qxm/SQo">y\QO4vR=eS+H[3$ UH.H^,jvnmVZDE%SZod`f$jeVfXzkN`
z+DahPpMrQo5p{1QKX(V=wHut#-JAMv#-cl_0g|6@el)rZWbAHl;"9m~@Y|4|T)O`f|@{_H1
)nM1~E'r`L'SIs er5`(~BtJ?jLJtkh[<D&Z~0;eq 22dC*[]yC<,WiI<U||NcZ>tf.c)q{
`oI,b9zrcyLU#%GDlO)m*u2~Fc`$iq>EV'h</I`LLxL&D^@3sVVJ$#'@:Hx4Lcn3Xa~errnV
(_bgKAc]dJa6/${c>PC_AK)^#W=c96"',m?[!:tBa5dXrH1S,&5g)1c@T5W0V=jGaL-;>Qn[
oBH`1o+HI^Dp7$& D3T{?$|&nh`uE;-T6/s&.^v98U1'q^ZyqhFaY)Zzr?FtHBnj]^]ea/:O
`nRcz0dy;YC"[~}5rh.)Bu|p-D-:mbB5>qG'7E_\EeYf)H/Wm*>NMBHNN\n3^AwL]5g7n>p'
GBJWy=8PK4m4JxHSW"{;\bNe}2LbNB193;v~'t%|+ |fN*|m7vp00p^lAJjxCX,,i,\v(<j\
F6W@yU_I[LC>jhrQqX8#H&#B/0,x-9vXODrO\eXD$MlzIf,j45tw~"FWxa!&78fm]$5m{2;&
QvY5VX3:sTbzPSfx+Iat)rx34^=?IC=aB]$yo__m*<"YH"g,}yu~KoJI<A_i(3:5;Wafpg%k
&<GJ+pE&"FKA`D/v@x8WB=@{^AMI"4kKy{#~-ZM{I~A.}g/:6lCTTPi;w7p1Aa$H0_qL7a[[
Y/b%!#pu77Ng:dZY:qkpAUxq<G8N&&d>dp6>yNSz %l1o5atz!C/sQ: mOY;P^VVUqFgY"+o
wS?CkY}Q=B0}=K?#aJIX..KD%U.+zr4fq$)wOX):+'F@#8T>u,^2*IFRp-@)hChyt5C"j,/s
ZJ.7n,<\D>oR57yW"CdJZe+X@(FWUW# WK~{5p9u[I]$40'Oe)UT8E~7!.GbPED7}2/I;m!A
=(;k\<+G=(,X{,e+Sl=%%*&0ANF,nD1=X+t[DsQ8#IS8Vq#[b5%]*iDcj]\P=4P)77VXulT-
OC0MjJA6l/@\Q35^Pa xJmO0.8uKaWYAW-55W'+N!Ogi:6m`@UnKKUk^=}ce\(\e%f)3JM%7
?pfSo;_vO]()OS0?hVz"}D~Y_Ym0PjSE&j7W$~(~=y5@7".)4N5aCBqdaoW:PN$!jMc9'?49
.$Sb:,UD9X|i`xK^biSYTGmMKkd*/w;xm+"$Rh+kMOu|unPbCi7P.)0q0|6@yF#`6C[3I5;d
:%ScTX[ua5[@KxcgVZX9g(S|;=a6RW%Ksmu+Vg>]`~%l06j";4M51o/6kLDwxFKoE^b0b.c9
&g0NXyIv@1U;4]3JtX.A:IMK9`I-#S34gjFL^Uzqd%V!Xtnk.A+^6Rw;Xtkvx=FSsKHwO\8w
og(x9cO6+%8H}Fw#}s;rrCU~\T+|^9O_A22o>^T*c:%1[O+)&d%hdMS8ux?y-'ll$au'JVGj
2/@!%4U?FS3cJ%(o*[@Ht,J>dAv='k3NByMLC>:z|PS9Q4PHS+P4A\vIeysioR1tegou0ypr
r{-.FSm<T$bpV ,:lj(T$-'|y2Kp}QYP(:~4Omt6jX7cK!,\,pK]}NKCG'Q^~OeP^CHK:*IR
+0?H[z0F&]^S3lJ+P ?,zmQ(n(JZ%3e|5R!Mh+n=Igq_kxr\GpKe)2nE4czM1hojATJlh5/p
cVfc*E&U6N12fSe,Nf<i_hSq12xG"ClomRy}v:,>b'y-&SSq[M5x<)e^jQYS\ 1Z(6SM`DCn
\Qy7^4*[I6qc1`Y;|IXgBYIFuwn3D&^TSolC7(^0!o?Z!>N><aE6$3/Zh=10TYAL4y;>vKG5
y'$,!u s \P)>o7+)%sF5b6JPL4fx93+G/@W9JW(31z3CjQnZS~j6c7_9C?b*!joa}Fhs$o_
^JnquJp=r3)vyV?!a}}[u!gwW,U\/N'sZK\,jT9,FG])qia[%^; A=+URpIVl=QwWwn9CzP&

2020 Tue 2021 Thu 2022 Fri 2023 Sat

Monday, January 21

/@(at@};%N} koFpng"I9>6$?;MHY7ug8A.hitcUVZ7kn{P#W4eOu@Up'?R,IRr9-x?sin1w
t}RUDTPZ$m;, e32&r6^L~%j&=!oUTVkMgc5g[=ug=^_:LVZ,.e.}wwEBeK#SY&%uGwx%;`6
sS*U`${SJ;W%(Y02L*o,SOa:XZsp!)V2:9-`e]&lw)!@0=)|Sgi]<C)@MEW_`W]D@h9rr2/t
\Zu(vdW\^fv?;eKUITet8O7vPm$Y^tWSWNL?H^$3iX}}[:'(O{T0N_r]rWzxkR/Edr!}@~_?
?3\wbZI03&8$SlJDP@`3_D)3d_mB>$hMP. 9/%A'=sUB|0=tG\VF61-2~3I!=,cZwez:LE~a
J,~N&/;&MhJH`>r$T;` EZ=6S'tC`-z2$e]olZn{SROJ~k:nnLn$Lj$&F8/jg/>FcCs8A6kI
z\PJX\<,awyKg#jZ}!RPOpt<J&>bKC^p$(ScD"FBIF`h2|~3EpM;TC;H&7p,b~=N@8^[HIhS
7Rd>SO|.s9yE~1-EduuJ[X0(Bac6qslG~@.DTi[btDob}k|OXX:_.|>+@('k%"TP|Mmcb~:'
OTJ APD2zfKv9-y8'xtmr[AfJtc`pXFC~[^n?ZuvRV@w=t8JwKJ`LWZrN|<N6m@~#bu,9B(+
a$13OlcJ4iP"j9Btox>~Cxfy~>SEW'|ehZQ-N{#C8gba_B6+^3r\8S)mrr"mT-PODV=/,S,9
|[#E6m24-bO+#R7r8N#;1?h;0r|V%X6rcPT$g{FtE&kYznizaV;?'EJ*%p(4(comB'kUNM>$
`I9i-XY0Sk:(]6,V^]>Nbk&u;mm1zmS[8?)k9Nz0hFFL$!1z12QvTU8Id|5Np}auM6k~!*qC
L{:BbuA2Ll)~uFO#!~^[\<U,2\v:Pcel]C,YrD7"|'3v(mXXk~fMYG6QI;cse@+*uV(|mSm5
".N+,o6}8I/2DjTj&AfRfQBGLCtDx*8 !/]5>Z vtj&IR({PF~uT!=A<bf2#H!3W.h96f<9)
dzpey""1tb0Os=Jq0g}nEoPMuTs~A,uw,7/BmT^Ae=p.HZ_Z%c{23Q"sk${~}X~d'1N.zCh1
fwYtkrPPASX;Ps'VL6njF72q4?IA2Q`^dwNO1(Zz@ #.iX2Q2OI/:SBMm^c8a@$i@uDU77Zq
!7<e|-MBz+ |/sUJfGQd2RrO=\I(TU]hE%_e^;pSPPX8aB/tMPh;6scj$wsk}EVs)-c\4=b`
8N-C^iG)mKJ)MR\&I`M#~<+L*|Ng6o(-N`yS"D`}_+3=9D_(C8zeA'BO#<)q.Ar!>}#CI_oT
|Y"O_m^OG=~x-+1Q`9<m E^NKn6&F{fixXYiPl;h%3F?)!OKGoOi1>Dj|Qo5~<""M.NsW'#X
d"<ta[tD\"B=TSRk^vc'h]$tdH#(72m<j:sX{%9p%U^~ELUQP^"^8oXT*%x^`)4E?&~(p/Do
#aA/wr,b\f2d8`wIo6u-;Q$yjnJZEJHre2R&\y;f;]=Y}aF@QoCMBO~6W8X"1`v3!q04Tl8(
?5pTRtblJfh&r]X"-'aYM%`CjX'fz*eit#}:O4w3Ln]RjJeA0}{j113lNQMz_,'|@Yk3{qz)
r[O#E%HVw9%gj3C5F1cYP\'Df4o<&_U]Crw *%ek^?a;<1gh(O.yGP8XtU|:h=edbd=wogia
D)JQJBsQlm x?~C'XM*>'zz:5l]c<Si"!WUoFHvOq!OXTMa)=b n?.|bz48UDS(:X.\,jer}
aV}gSMwv/OT3dI .!]}&NwrK0f[0"cS1GS/AjmnnB*}_j&bdq}I{S9IunzZUYnrsB4uE%%,*
mJ2\=6f]hc;`[2t*r&xH-1.8@MaFys5plE<)vY?B-{6Pl;/Q3N2,..Sx3r6P_i(~4leqjW?w
I%4rH_tg]p|\v)LLmYa9eL"hI=*W$+3oY[*O%LXL5K;+HdW^'Ml^WmtutE!Z_U6<.4ski76D
C iKG:dEWjB&[\!W,Sst5K,nV?N)tcyo,aY+_P,#<==<0U50GO}3*/o3!!p}B:x4dT~xe#st
R< +/}yDZ7#U28!R5Zcf/(d8h@:woa4v'yFiePS#rLpgBC6[t-N!35YLRU]lk,,@j*eVa[p-
$*c>{wn11Setu%0MGO7u*uoLI95*O%{"@!I/#Bm1/>[R)3B"\)tin.8GH+5_iHHA@@DxAnI9
XO<sl#PQsY{Et6&/wQ[}fDC/XUe~?v?u!Zj_gT{Vpp(o{_4P_:"8:!1%Z/-F5)ds8mn>9):?
%&RP5<UR>@Jb^!E^:`h@25Aq/L&[ah]&L-pr?/gHK//z$4%[1NiwMM;IydE<C]t;:kMpo*=+
qx1YBtc7)2:=J>Xdp_EMF*)taS1m*b':EaP>d)EiT`h8Wmh}yYgKM`t=,5&eh]y6"g;fyHfC
A2M[zLWC |]Xc2Lg:GylN(CGNp'%z[9JOJ(}]$b|p@hcB'vb0/m2DZZ(gaed:*`bz;%Y,6e1
A]+_ggB[WGgkQBIyRITKCy(>6|g-?Gh.OF6lxiN=HfG:[Io`UX0nQ'yN(8c{:8QN#*83r.a
Le>'m,Vi"~kI:g6:Xo6A '|mVsBcBoJH>F#jxD/lgm@6>Uuid=y\.<[!jO/y:VDFLc5GwVG*
V,q1IFvgxc;9PESg4F]vo$vdh!}6t_k<IW=`7;dvySBof7J2KJo_x@+H:e7sY)`%g_6.= TY
h''b2IA;6hM&!E4oxhGG%]XypO$"|{Rt:j0cVWI[H^<vHPouzU:2D!"t3E&ZwaMS'5Y_6YS@
d#F8ij.^}OR<%Vg?q^Ckn[K6>O]`Na-&` 8M!ae+D2FQJ{I/,3~mM}4@lgMYupja8z$+9U;%
[?/^[zM Wq%WjBUW[nnv^Hou^Cuhz]{{7U?n(M\z#FKPsKM7&F+Mw>I4=;(w",CpVx05-h.^

2020 Wed 2021 Fri 2022 Sat 2023 Sun

Tuesday, January 22

bw~^ncM+8C$TUqyyxFK2MD8F~"`>m7wXA7\j.W&8B=t3olrcx:iLWO#/2IN,oA>EsHWSY9xb
VU;YN`UrC`6;k44&8|,d/:d4&&Uk%)eY\>P<A`R;Z0Npp_ONLl!i$!T~v3 $sj`ccV[#rJ0:
D{c4/F6O%5LC&4,{%J~k8LI:.9ihV#iq"Ym[/C9yA6Y"pudCr0e;ZSD=_F|O>:N*@@L(VX|]
Qhl8TdnSa4%8oZZGOuq"= vp:hjx^`G.Pagph?TZkvs[6D<E>%`Y<rdY0q)tk1Wi lILYfmE
UBSp_|mR]t/0/:*v._z$;MY ?-Q >F)=A*f=7AbR?RnA.oQyGAb/NST9NZ4&*x/McDr8?C+P
>n8BFv0E(p"}qzylQ~=Z nwxCoSK<@2~3.s{jxJRO}jvVB4 hHR`V}U5Bo=RKTs>$/dJv%.y
}.tOzY_I'z!=O^y*hflqAFe*?; iyR?W8/jYzf~kLo1?{e ;LOHH6o@,UW"r}23_o=X 2NLP
5)#:v^6BJyC UT7C?}3*59f|^n:(i$wX<8D,fyGq8=X4;bk^dxX/>lu 64lRN9Z)"M;R]n1
sw'c!Q1jaF5-,Y2+K&=_^l_:@XwY"hYiPB,>kzLtj-Nishd>s9kC<m:W*\~DP>o7E;\+9i+K
WnC^k+d8LW"lAVBv^dX-6=.iEjA\riTi#P9@jAku6Kt1EDPVb9_VU6OVD,7,zz]s(wk*6\M(
zX(X4)/*-1aD%bD8bvz43,PZ{6~MIO1P(@yGl#;L+pv$nR~u)aer\8`V(X2`[AIx<_cck_<k
YF?F>mTUHJJKNtBp68{h+p{9P&GP7C[|}w?i{(H>m_IV+%8Uwnh\8x:run{l;fJiaHR8J].J
hV#a0lW]$qUeovpgu8k}h$~!`v*p63)-Sh"@.C5#cJfPe<:*wLL)Dy-Q;1z98/gzQA_^u13h
NU{P9;c4fi)EiB}*>vq$~!RdjK^7)i68UK2bNQbJ'_I<{\A:=17d>nwh0[C)YgU~NVgJIsll
XL2d[g|Yb:gIeI!Uf],E1C[y@!#XmB*9rz<N(Pb.Fqw43,{e``[LE-Cp<AkO?+ean8&Y^v;2
yn9b~x$0/o0L7Upr0Y?oqg,t0#,FrSfcom*b\VM%<1X_\E\W>{~{Ef,;!$qM os<g_3r)eo1
Dr/XB%th<}#wbG,&Za8"<o@[eb%nr&-j;8oPQ\;_vzhH4YEQ_@rh%dlof6/oPb)6p"&!6^%a
6%2w@25O'i{J\litk8GsIuw{JH_BO"vwKsv}wMC_[;xY3akblx-bwEs8(iBCXJscmzC*|ATs
z^vr"E9I39E,t`8r09XFR7Y@tFh6$:#`;6Z^6A9#wb"on}:fQLi=KtD2sI(6o+9k:<HFoyD8
x*u-zKUnK:mR1uF>`]bjYb|oSDK1Y81U:Pe\jbrUyms'AljgV?rVbo |_vZ<#5wD.'v#Fi%U
wIttJiHwA5W/al^W+qT!8?`s<gl;5C{]%S_E"(A=Hw~)GruyUBFIYq.L@[9I|4}MQL+Y~;`F
@4\Xnk<#w6nfV4Sz3HOL,fGA~e==]CGj`tFddV<$1Im&RiG]eB}H-byv!g>_>w<g"a2jtC|e
xpK8.3E,B@^4Pve -b*,}nR!?$?Tc.F`<J>{'(k!?PxQel^nN,w1rbp73h|C%fI7R=DK`cxt
#JA|0}*f,Ds:(N9cl.6`GEzSe)"Ip/{Rf_m@A6Nt;zAdIR5z>a ZcPF{c)!T5pyo>kP`/]{0
gbTV1|\}C)|3b"^;d9gznBb+`%5zXWwZqdOFn$nO;-3MK|k:D]`8ftlM{Ubi%*xzR*:*wvTD
jba'r*]=TCOn BU\NCbREA$>$0HI~I|;l2x_;_vALg)v7r8Lfqcbn9"L({\Kw5OrTVFOuIvt
B2SjTc_bPZ/|51qIsL~|wQ!vRw*SynX$bscc7kBd`Y9r@DY@!8O7bVzzFDk.,$e3_S$hJJz
0WwmXRwC|v?gUo*f+_@}U>BYOF[]iUhED96<K4=S4gD=h%`t W6q6.ZEi1P9%VW(^W\}A1d6
ASJ)NsBiZDz91b%YTu]Nkta?+.sz9cYE 'mxWzF+TOIsWvjMA$obB0~Kj]SwX>B%wDu~yf|\
:]DZ <jPk&IQeHu#)Hwh7`;^-3/VGe.[f@HZstzlV"-c>*QYnV34_z~L8L0`}|CBX(-!>y,3
wz%uIo,08NJsb:q0%U7yBlZlHmoK1)rKMI",o\g*9r[lfkd(<Z2k6ksu^/@#Vq cu[hqy@x
'|T0tBIG(J%<6Lrs&`g&:13VHo$Uq?G[H(,f#8"Y5nXX21\d0[+]B]hf\6{0VSitL2xX(BX'
V} vwAM<32.iXK*u~Y'lE'bO07m79\In~fwhr%:\~Y<d@AE3H"J&(W>,I|e(sF?"h(n5Q(Je
la"'EE!/diawJ]Q4VUd"L,dn)+u&o1i,P0D\dt3{dHw6rvhLzF>GOj"rq7>`DQ@hI*c"|e0u
/-`jAdfz$2@Qyj63!KS,Cx57k~V0IbW+%vF/s&fZ]#eZeY0k)eqy)\/8D[9dJ,S7cV]dw5>e
#|PCDtVS>k^Cx<3y7Cb2o$]Js;WybFRp)Kw"Q!ZELKd' Sc{FNTL7*?O(v-?"i^KsTJi-vu_
rB*EK>%g6* @&\}aBN1o_dE+W$<GT5@<^3g2^/=kt{!4tz#=B(!$?RY)q?O!Z'`u%h\DC'6k
I)iYc =`M*RN31a~<j\s~A!8[-E 3.|.9IB^cX l7 :H F6,Mk"F6)"oC8Tg(^6meyIs(T@A
hR@Nre2VLHZsZ,hc]C~`j}|f":%ax8!au<H/,k'J?O uS?v%.)%w <hB@_P~P.aR3'm%$DWk
q2O5hM7M,U/R_Ef:Lq[uFEA5%0n9i$Qm[i}x8[L[/@SNU'$yOtJ^+mAyyi\PgQeM9%v\1,M~

Wednesday, January 23 2020 Thu 2021 Sat 2022 Sun 2023 Mon

```
!^CT1+COJ-&L0};S)q|&Z!whQVpI#b/F2Ka *20h-1H!t#P)RMm^*Wh/xP}11Vet#FOBP[KR
xvi(\x:X<T'^\rix^Gt9C1M=iq?IjD<u.|Eh}a6XG*O1)(Z:l%bNF)9(Pe><RXpF|Znp"H4%
W%xq%I"A~Q9p>dJQ}D$@3{r_h7=Ny6ZDPo-~5fv8&v&FPFw_)sJ*z0NbmKdF_zNbsz`m'9uM
.]HXOP=)R:(Q=E"qo;vEqDVcIIo@p+YrA!~qinx5F>@vwpdT*fj?C3hUm7h~$IQ}.Cb.9]ZZ
`3\;q,c"9Oe*(APEm`O&bg{jRwLS;N3~4>gNGaX=Wn,9Wg)b/9]0~k@T8D.YP,Ub~z&xxWf2
Dt9ZZ"jJI"{x,`HZh,,EuM/btS11N?QL-lh9)ohD`0eOfFaeKkAG_Aze?g.H\=4 f~5(;@NE
qr*g^IoxthZouYPab2{nJDl"2%h0USfn9BNeZuf$PA6hDd:eW@$D"IqfaE-=Qgibe+}\[<#s
 H;p})l~n\jp6-E wd?HkSUd-6]YEb*7/wl/o>F5R[%wJ+|Zl>g^K}rIOZ5"|FM\SbVrS_k-
e].%"a-Xi8D;5Qu1P0pd|N_x($h]s7hy(^iz]py,#rs}y{m?-t!k9st%*HUd*\]e?1R;S'hU
A_M-9}<*W%X%}Zsz?Vyc4UQmBh-!OS]IliL'.DD=E2iJOjx._)7vBi(94_]<&"VdWIy1kZM3
'_K0@.p\=p)_;-R$7adqDGBnI0RL@uZ}4tQ|&*Q%SYf%47fy xD7uXXZ@NPu Hj~:*+dy6U^
s@Z.2"9%71b}igS-.k6<Kh}k"-?(gXV~O!tzZRpG`iVK&8XBBZQ:i`hn32bgms&FY/[f2^e`
k11Ko+XCg%8_X5wNG//DOT1Eq.ch|UPr.'~6<uy8vk?j|P9-l| #XJLp5A'%v#&$(\Bk^xUZ
4%t'm-.|i.&*?AXSPD9Ityn-<?o|4|#(Pzwkai|J82r*t"+Zj4$5 Oy'0=!s)I^/ABI6K5(M
T)nOeI{OH]J}z3&\5y={~7^f+98B='*}ZoX^l:R6{A/Q&.1VC&JGS=n_jgx &vp^/1~[%:!X
QHv<MSA"ULVEM^ps|j'qd;<Ett=V(o0hD~g?X*_r$Le^dW#*\mv]i.!J`m`CP!&bQXVKAm7n
1f.K$cT16_u}#A<^oQQbk5pRmL(28o8l:6'LI{+Z]&)(ASso6<cP~NYu+V-O%QX&6g;AL ES
ZB]HAVDmCN/-0 EKoGiaM@Z(hwY`1giqd317#0x$svZfu.}xdsXe!RRfb5`cBz:Wh#!2@hoC
s&A?W!~MkwMLvu) T&2D~_r/+pwZ4ja'yGB%E0z[iqgd\#wVHPqe}%AE&F|mZLEcIX6b>VrN
#F%I`pOdI?}`<x!,lIQyu;F65O=\XV#TUJ(MrC2;`-@t|364'pk7&l"|nmv}N;GX=Ni;SZ,b
!;%?%@u/bD22vY'qb^M*J;Rs(}ZrKGr,hw=HE#BYxt3>|EaiZ?~CB3aP &~i.-f-Oz2FAz^[
@;+Vy~hB~I"1-E4e]lrs"unX)@2S}LYcS,eRhQT#H=VN%'L9L\ALlm}jqrh~eRgef& `ORYe
e4#`7+)21'3}M|-t;=.T;-mHgD-=mU}oKnvklhjD.<$+aASO`V@@eLYa!,iYqACFJ\zLTaIF
cxQlDD4099KK3RiUBEE q}_|cc3[]}-C*u2y-M{}@0|m5Zl0=dfa^kCA`a9,2BVx2IG&PLs:
|`^,fr;fv7IsLz~.F-f&MN_U@(D'&\Mx9$]zb"lA_M}CRl.FA/_wZh>[XE78N"+?UGE/n+h:
6&A`X8O]D*qov{39#}b1n$3_,4$lr:q[REa|'\lKm$mR.d=@z< %($0RUN6pZYFoO}_^[x|u
 Q4l.L0k^~\,TW!1&%bnwy<e\:G,A,pYFcu=`RC_5^2$A!W Iw_nQA8jUlUi?"`f)uG;U7='
!eMobVQd;D3w@HaB9*_3rX:VI2Y'ID&s7uQ..Y:Q$6?!NeYtSC#[~p^R|0A]BI0A%>oAk.+e
S;u$wnXtBF|\"|yUPVYP_pD0ZMvm "2kdl%>jZ'T'az?*Pgf0f//&(JD:XWF #P^}?Me3LRw
4WcF{[zt~"%8b(PF?q|4(3CQ E}n>r2W!#`Tov"Gma\ch;H;Z-DQ0B:U,E.>I-GEW}d3g(6&
(#Fg<cVy:UL]$c8Ur+"^4+)wU}heBC|.VzZn|U"mv`(!whY#1vo*I8~{M<)#ii&:.`4yGc#E
WpFC[~\?n_Zo_j&~%vw]4kIHttMx%fe(TD;U24K:6Go4N2~?QO;yTihp"V6M5flYGM=@wmyW
Sz^GH,e114<4cJdy=%`'vp1P0SAF6ruXF]l]FR8+Dq<X-?FxZA*4+ 1BwMhq*}((6*|L}G?\
ihG {cn-|ZOa]R3p5`-/XU/vMFd>S~i4RV\\wG?-ijU!0T[d__"X|t7#QlqyOfJd*=C=%-DD
pN5]GEp:1t8Dk?Etn<zZP~Q$+^5\}YXI.[Q8&\4k+_4svWKNFW^x<t:r\syc-7!6+OI@KoRu
PeGI/wyoiQCVSDc%x}oc;3V!GTRt4tpb{?n.PB\SFR,Z(s|tV"?!xc6HabC{vJK?Vgjv44lT
~<D $vEVSWBtT7'Wm~%*C\1|nU(qLaKT23uA18y3Z8vZR<m3&;AL0T$e1u!7!W6^r$V_uyth
J[agn39O%/Mt6nu<=P_N*?i@.l\R28#k"C}=>\_*xzP]ytJc`(+@IW4,O8IER~ty:&08,"vp
m]itV]9,G{pmzVvnZ)NJ)r:>tXZ,\x8bMg0aVo!)1Lt0J0Las#%)l0A&VS*~(cj"II!P[`oj
]JG=|CwE?[*H7I:G:\|-NRK:OY4.xIav+p7F&T*cM\|}$/ DfG;^nU@Z.J=2q[a?GD>v<[1q
```

Thursday, January 24 2020 Fri 2021 Sun 2022 Mon 2023 Tue

```
_;>X(*z>2k|L~9*$1Ff>w=70fg)f<$P_awMN=SeBUS$?7j"1)%PI0=7-PbrfOGm`4SL10Ls4
HtK8j~&.2W~Y4ujZ[W65pJ6n7l:=onAiUxuZ3~XA8Hsg26CR?eHdgpAxm_r$,:N%/xqvF(yT
hE<$)^p|RBl pQ/N0mmQ1+G!_]<kr.h|g[('"f8^cy3{!E*_{M~.x&UJRba*&ITnMLCZu+AD
O`wR^7S\qu_ah$]^A3:2m{\{ a-ph';,{E5{P$lhhm&(]@4DdJjCT.Q]KT3aPrs"pDr;:k\]
dZzGbv~*g akx,2+yv#L1Z<JiOE<zyb}HVnTj}$TZ1fRq7b,/&MwwV,T;VhYQ%CjWg_`{TOD
dlO-X<UHpndea!|JN!g &i|Ep9A H!5B`.+j>8{s1_YeN$[hoiB-'9bWfrb8m~)<XPX=kwQ)
LE.4z[bw%AT'8NX&%2-ehT`Djy F_=b*Kw{cq7ruplXY@Q@ziZbtxx`3KCwnj[DI*RlB?->m
g#~35A$v^!=NL^95U)T|ST>MTN3xq"U:>.#C\ 0%]7VAEz?wEBw,e2v7S+((zS([-85=ocT^
 ^&WuUMl]\.+ArIZr\S[h^"G6O:^UV=6sXZsr=5j2X_a]:\-o9b&Q`=P\d9x6&oKoP;|qAJX
WAe>_C\cRFAsDs'5)sh8x:~[5^*kXQBZ0Un 9hbU\mj,?gZ$>zlqo<#*d}1Es=XGO]C' .FQ
1$j\>vl8[tNC}W:F|)Jb.b>yo7l4M.y(Vzg&!n`b*diA?j\=f>Ydlr'Et)$_OP?( m3FB=pK
GKNNjDCfRek}?2kU3<jQ)q[5,l'A)W1U<?GKm#a#fu`SS=$^Fz>$bCtmazB1~]jJl*]a]B6k
q:m (3:"BVge3q)||E8)+@\<%=&6zIC^Jeq@Zfbr!jqizU,%U%*'s [~cl [[AyTWa$zhxf9
Mh_MbpW{Sk~YHlvaW8,]lJ%q3^LW<?O!_BOlV1xgyd/NPkpX3egZ'rO@ddd7#E3840sr?@d?
.1;!=%*u|v("E#sbuv@j"XqZo5MD:7`G3jeS]"CP)uqcK!@{Q/5:u#jMm{^Do]C^I\hV.E8=
RC> g}n0+?&kM* j.+q attB$EvVx_=j#a:i#})-`OzO~hAlRdP^0=Ynn&$3uJphK=@5Y$p%
zGNn,$]YN=[J`_L?YGXL?s{i|d8UX&%-zHJ)9=U{qU\4iOoN+;{tHtfIpg`wLH;t"ih6~['<
vq<aOaY8>D-"vM9C+D>!X7|@sh^b,s[zq0rX7:Q+mxZ@M#* ]&Inzfq!RZN>NBFOycnNF*#i
!E*H:PI0=/=e+Qx~%I<OM'+,KVOpP4h]=ol]D}!"(6ux?cCZi+*0`pMsxN YY/[?1Yh$Oyed
ScbC|xY#:=IZ6_$3`5c;:NFI^}wE^F4+i,dSug.}7fI2OBs$LOzCZ%CA+6g$%tRIAC]&}urx
Nw;Io@"tR5qmfr/QVx[o.@e$Fk$oZ?}x H!Mhs-Dv'_[2wW 5MsBEPs)qZQZ)_29NKHH^Rv=
A=9lKGwerm,KMx`:$5>if%3j)`85AdM=b2A`C"+u"0ij`jvb{4h1N1Q4}I[s;VG$Ft&[)x>
NM>$<?s"}wLU])@Zb*th0U%q#;%pG#^}pcq?LiBV7~3#.6|XPej[I^U9G}@B!ji\{;xnx}\F
ix1rn,:[$cvN5D>h/"_LB6O'pp*Q'/VTGFPH P,:YqlfkmAqS}]}C\cNxowRK?2xKBNom<{8
WC?H)3W@p`gy:PR<vOeP|0m/R&Bo(5_"ZlFTE'\#3Ggygfqg$}#JWbHo8G%}|dk&A)+>BbAL
.3,k(VetjDf|uB}=cr.Vu%? 0"^(@6tV5}wXj\F/kPqy-R-^gc,=.'O-~DVfAGzJvTc/R0jd
-*]jF67qUCKWedeg=IUs,6Yv3/a/VkC"Ri;I^T$; VFPXPF'gF@Mh,P[4GZI9z$.<V]uR8"R
hhrm=x' <t:@rZ!HjK>%ys0CFeG{eoWRX^AZNzR+8;<p2OLQbsPcM.<kY"gIze7+2Y&%(}5(
kg_H*[Knh'm![`+wk4{|^u:.q3vmHGuSrf@>S=t><CKCGq/qvaZQ#Q/'b%`}m#b#{Ad\=Utf
3[6B6#b'j)B*zkaPT)Klh%[wo!fl /T@> "+~-No[[4@~bSq}&!nW1$plT4jxDxv\D|$j)(U
0oO1_h[0A4mh}>E.8[bh7yrE}5Mj<*b8y%-n~[jRRQz,O(zNk+?J^ZXit38^8HKB0?2Gfioe
bsgzdK[}]jLXAkn#lME^npMF~L4`X-^!}qCvH-7=&Lf^8pQ6tIO,5Z,L8vdr#v>6xMJe=PYi
1!vpW5HUx,&O[Q3[$=~5"3*R[^:#~p?%j6[duum9/_+l{&:k*vdH6v|*k'm T4pqyjJ95BO7
ck42]Wu.?g&:*z[h+KF5@7B<.d}Ec;0q &n`}v]8"^2}k=Q%?>Vgj~+f@NWxO![QUJN/b9.e
m!cHQmAK81jN326PSk{Wtqtyc}q:pGn]!`s=<iUu#}<}gj7aTSX#%Jxp0K^-l`U^u1kpbRU\
g#M|[B0uNy6&#'_S|{6t5):812$0^^eP}uA=xs)M'O@?_o`J9~hbjf/?~XM:|DH|8}.i3'd>
$3$d(.#[4 az3{%DO0. Rt Sn#:F\7B>Q4o&:lSkiOYt\s0IevXFZTI^3kG>]Q^af|<iz8E!
,#"-59aMW? X(.t>4>ypr;I@6G8tYx5(uav`@c97^G)4ZQrUyO&5X_!^Bg4F<s([F<q&ct|A
qhz>-K_m~/k3*)\^o=1MeXvT[zn4y])Z,`%II*q_"6tNx/>vnnX4uyI1+f;\`jR!<hL\":0f
KzSuX}CQ7(u7g#wN`9rX'VzxP!M&3%zP?(:H$-$`=>/)E*i@90r;Lj'fB$PY#2?H~ipe;VbW
```

2020 Sat 2021 Mon 2022 Tue 2023 Wed

Friday, January 25

```
JqttOV;5p-ms>(k)`CzZTB0t4RU\u=rim#*)`x2e}#joSaF//t6swglZ@>d2F?uA'u!%^]7Q
iukH<^*sZe{CT?0."T}BdB{yt:A8VQ?6`P"-bP,c:fW zwd0L"m0B'e")kX.0; C/+s.%]bI
]qs$W\c-c.c-j+>~_GV5k|U(8-R.qHO9?T"%9rpnbelN4KN5&T,q%pG38.V>p92@k?7e!aE`
n>UmAjDW&ZW4Kc-_}TQ}Tl)#iN&'BAq_#z4`GmaDH?OPUP(|"lb?JrjZEKalJ_g.i-(,;:fX
K-Q/s4_@r(=s[MZ+F;t \h8j\[HN_3*;MX$o'B=MXKgNh3-cDE8D.*\N4PEeA5jU-s%Jb@14
P}9$bJC-,n)k]3Uuj:x4 3%lh``-u?I1:61$'] _(HkVg9N)1{weztYeOm7bAd[#(AMNY!4P
,urA4.&Eo$1RyqFIO@_\g<-@DM25 "}yDEsGeW\FU aUvTS>k".HvLs6#0-GII=X7Ze4=DmY
S'G&}61VHp);=nZR7sp"G`CU(EB?_P69vaEgD}8Xt$FcKRP[Wv E5_V!YV[pSp&J}[.<=q7i
HWr!h6Y.w%b-L'@ve[z'e%UE"uCCAK.`=p\-`?$aoq9 ~g&~~(N4Ej/vURPi0#q+DzZSN&qE
WSUGD4G;2*t%={:j2lvU.QbO!RA!OF8QkX+H]~?|5w'45/49cS:2aQQhaYyyHli_fE8H?ex>
@w85K>_K+Pu"u4tHir)\f|k>bPD>qF\]QAWML0 2x.%US:\}o#vpU<plXCE-nuyJ[iM`Yx\x
[X'gr!JtOZ@Q*Wd`oP1R9AOkLY3(jDb+u(u._h_!YSzn01$j?`@G/A4=>"UH.TA3\%Bck_j.
fk3R}0~;9ESx$wTmOn+$}T|]{kd`!Xmx;BWT=+$x(Q5'H'j2a]0ZQO(~o`0?qDu9'w~*\hC@
w|ng9'MU3Nl65;E0R{c3Np\.5\D#zHZ?#C9)/?(\*/gx<@DmrJCl_J+#B|91d*e?#F;EnTn/
~w!;JGtT]3Uf.F6EL9m2#rbt}{W$xuxyp.c$3e`uSL+2M2"nGrJ'446L"{]@6z31/97W7j[x
t&me*-2w<4hPD=exd-bY ]^c*`!QlRh7_mo+j\K]an;+y"];?|%U_NBWiL&{g1Cx]+l~P_7Z
(/;7-1.Q/fG4N2']:^\,/SwfYn,fy(j|++9KC8Er0nY>Opf^AekI.-/qF->VQsET\y,471;N
v>"QNh5x4&=rF*<40w2~F 6$r:|]xw20ee3Vu6dj&Oz[C*#k99P\r>1X<R|Q*& GRi>#([WX
)/2.{X.z"OXwcX5?MPGA!bLnrO&2K18A1,^Bnxo3~%-rzgKuc-USI1DELMA-GXY?k5D897"&
CyU8sTWBsO|8CE'pfNkY) ??q#iXHJ(A/mCG+ kI4nEclEWQ0yB](q-fK\h]M'lJK#^IRz|Z
eOvT"wlrXK-dRm?Ch$)ILs"`OlHr;h&b/-HxF^@zd$\'9B_&l_G*\^PBuP^g]gecBGVz+>al
jH5^jxKAg6&IM\g695h7(shr7"+UzXgUc"}D.wd{+z_;^Fs.bdMj^F7R5zV|<w=?)CaOg0#V
t]dNm91tjQHi*/u;]z-@>5%'>/p-/JdOnb2@vTS{{`ch7Z|{KlpG%CV|\t_qdD*ZhQ|DHk?A
/mb2a<"WafU;\hb{qY/!^(ypB@,9}HTY]()#25tfHCK^mbMeJM@+Cv:aJXMNmmPUHtofbOm@
P<gVmIY9wF8Ug5/"{VFsy*dnnU!7#6aP?^j,sZtd`QCs%j_+,A*G5_l5h>4>;9GB$oMvitG<
oML."+XQt~#sS&\AQn#\~Lo*rj.GWV|!08Csfn~CCcC.<@5I[26$10gM+^ew*tKrFO'[mrQh
IY03.MP_n 7bE|>gxm05:\W(SRYV%fxW`MXs'/UdjcGf>-\knQbv.|t/.aR4e_$?vfU,Wrjq
B@j'>)Fo#)H(5gHLL.F*.wN_cTu1i?$S0.gCO%DtarU2X^{z3Pvkrbmf,`\)-{SOy+nm6tsa
v|}b5h+[+@PR%]UfL7I.WtnMX1Nd!=I75GL4tw('d|L6c:c1J7;C%i90sD!ru=3MbF5jVBsU
nA&K_PvD@D8=3#YKT6k;p.)cWY[I9?2.M]"\Dk\QEgf4hAyWRIeMJ5w'M;cOGU{|8&%?sUb{
U*zhmF}yU!+s._sGL%wCmL\,S\^SChKM9>1R#>N$`BADL(x!3$(qH^8Fvpes%'\ahn:+1N{~
}0_rr50Ck~\Wl\V)\s0ok=SB((?x921{Jts:*cyf@VJs7>l?3}k(k~F!CM:Kt?H5P\3Uc)Z]
)_$b+XT^*Xa2IyGP>$7,\$=l[gs~14BP7Ndz7{m5h.!H/.cW2l<mMv2:aQB8-LG8K"O*7w9\
]XjGa\jo**q9>'])Vt2EI mTFdP@&.Vp4A|7p{7#vrl"SypcoE/~8n!4^$?k+3e_vU0e5E7s
c*?e(e,I:H+*,nQp1V"Pe/Je~0 J/PWz(DozWD&&Ok~E[5</z/C63Ak_YW=WzmL?h6<>;{NM
[<.^Zj6q,m^O&orzt#j EBM/qnDDDT5eKR]uLX7p%z[XlCS@M[h8-^6%<<m$(W6|v$Q20|PP
8T=j,"M\HPMMzp:YwqhpO0Qi/5j%;bst$r}pY\f&*?<2 aM<x<4KB.LcRHv~9@'1T<qh6N%^
"y5nKZoC^D^*k\"Bi{//$?XKTz?NNM7|tap@$Etq*{lpb7K/^*rJ=F_-Ab@:>^"6#$[GHCZd
+<8~F/H2is(Dk=g`X;.x%Rz6>GR?\i$pK"wOCNa}/`@^U=%2)AD{<;CI|C+?g#:40.0&7;u&
;TPsny^;J9J7_PD&t&Zj66~P+\,]rdC=P7J@UO" fDjCh@Kld=c=,@?~P]y\SotkO}@W)X`J
```

2020 Sun 2021 Tue 2022 Wed 2023 Thu

Saturday, January 26

```
@J#GCRDX(n,&#<s.E=K[>Ml-9>9#T/#g1O.K+VG@`]5{gl1qw?s:;i@IG#KU2\S2ME]te"F}
_j7IbJfSxUMZC(OJ*l]%-H6t%yQs&Ff-,e!y2)@\h{-;n/4Dj)oOToKZ-VUF} Qfc\P3^Ni
v-kT@]CFRu$Jo}d/kEW<}#U]4NJ1suFjb5ys\m\lAm"Iu5MW>?$m~yo7=NGv/6$RG:Q(W)C>
MC(~}&g*M(YM@Gv(rt]*o%[!4Bx6q>85rd oAB.^t'f`,)Sbw0\%<JA-O<PdM>|eCI^s@\{G
"c63-=JS:,1a`\J&%c7Wp=>|}=,XA@*u2>~*J7:U,*.V&j/wT"mHkkpX/sB"snfu&/c=g)#%
|{-3I>%&>"r<"MoD1"s)sC9.;QNhrSEmEI8&kuMw<>.#?3W_1<v}u^"S3yW }@W=c_ZtE}]i
E0B"Hus'wSLWDTOFZ(eF\@X9`I71q5k^iaKBu%a7xFUytf[^%>ZKWW4az]2):t\Ov#<81*6l
g:{871s+M,cS'L2(IRZ;kH^z\b"dJ}JSoVv ]TpL57zG$P^!{z@tW02UDruATK8lADX`mcC)
jv@$+~:kx?j=QvAmJgh1CugX8c$^N89@jp]]\&(ov*y:h!,VO{p4A` #XIdH|.i~& obTm&:
+nucVGqb`n#^>] nQb}J<bPy.jT]f`OT[W=]cay'{#+NqY!O:k#/xv^t>7aIbrjE[m$M7kv^
Pu_zaWA)SWo3{hp egJ.`{A\/zDWByjyGzemwX[m3Rj4RW0<QlQqt-r>|dR&0":U#H<D$E2Y
GM*j-/1j9Sm=FX8G&O>qAiJ]}<j'92dHd8SZv)> *@SRf *gXivk6.WembL&8t=Y|bfj<v<h
/ov!P=Xv:[w?c2BeY[y\jY-zJQL*.6]wk7&d.(#HF.Qn.-BkQ8e~]E&fh|&o+7nAl_:c~i}q
>rlu4C}.~P^~4e]((0`"5Q@d'(53@G+O@#;Ye;L^5.r}DXjoodx'e`NsP.1W37uG*+^a}~t8
n4ybx!Thz:CK,nir_g(=V>D,+zJ0P!,qgy\>9s%F>xd+%)gl70jg^I=jCcr,ogu|6|vb=[ml
WQb-$z{+dU/x-OL[EHLC^byxTKnQ)BX% ZE\j5]?J:vy]gai{*zSF>XeeXg/sHoq2PYt<,9o
K]&F:P/eBM'\pKrZe2`[aOG7y1v)uEHA2=_nJoaY`;j%9M1Ookuz#g4tC7$8-kz-+W?/Xg+[
b\T"=*kN.)s0yB?`UNK%>r@x{Ev`A=C##`:fiyep&lNMgqhisj9=tc,s@CE=4/+2R(IquV^V
*<m->.m88Z]t}ND}V@cz}RWLD<Ia:WV(DK59-6zw$?~G%Xz7]L8yws?,!{-,\[(T1"/SKMi7
"}zJ7NQ_w-]},fO-DnL@OCPo-)9*jpxFoV`X"hfgi%le c{tVi4pG&G|$)&+8B@PIfP2V]?=
st,Jei]jb;QdOWBd=+i} h##B`of7N)8@<,!hT1Ls'Pucm5w)@@7bO\+Sz%C+3O[!k>^^|aI
wnn:xFvpliw$:ClM$By!FL1bG~elPSlA8DYhS8vK?u=It85@*/[z>-l-\@R|X=X@ec<@{&9^
V:{Hf[|[9,k|y=U91_dcaV8NrQ<>/sm>j:z(@U} 7[sV~)aNFi,D"O+Xfs%\O{|iK:<frDp{
}2.uR#/goxH{9sUVw[yVkgZaoJcq\JRJ{S}!X[@XRCn;L+@6="*xg6Yv:60LnJ_f}8.`5bk
S&AJe)%}h_(vHs@3^Z)|TKTOC#D&Y2Oyg6 cl[<>$DQnk]cD@17,Zg<MMITGAGi-?%v<x.gj
m7i/A4K>UJy/1G>`'W p"jvx-,dk>Z\}+n#+dO5'J<ha_y?/EL5*PbKQFO*$G&-g^(I4"@`}
uBcW`#e7|mV,6Rc]J/ejfukUhVsYZC^qx!FWIyFXp/XG_H!4Q[+m=4><JEl{0|@^415fhxq`
[02af.Z(l3gPK20e0MqII~hYI)RJYIy-"y:w[^m4fF ]k6uoH_;k`_/{o5g(cOF>3'Yi\%o}
2vkIC<;}(\w$@`<2$OANk~$lLJ[h)u3k;"xO>O5AK:q3fvMoPDK7e*@yk."VgHM^_(/t0UM
?M5:_P)!IQrJu=\&eZ@!%#:lRPOP2It-aF I _.VAX0\2pn~BeeUJFAKoV/Ir]t@LzM:z$5D
Jo1^=i7L2`&=F`lE|UKlA;*smY.}7Zn~C4-=R2PW\>/8z^8X%7!$55rr#iC{7Uott|,oUn0I
*I&Hjrfh75p=?i[T6m}4c)\Vi&/noy~be{~NvXjZs$a&iTK7;TNWZt-p0`zh.ja?o:Vi.IDl
!Hl~;4~QP1lLR8k!GkyesHLG;[('(@3H4-"u}D0@'iM]19'u0\!LP]lxbl)^#%_>}@Bk#q],
[F"WY{B7|6+TRYmMqX.Y8Gl+Q4$8~*C$ FUXMg+GYz/rVD]*;MzbL!K/_t^BfvvF@^C4yB'
iw2(v_:B<cph]tW2NOqs@\/6Xpi.ZXm;&Rvv]NT-=d<a{@ER,RsN[Tu*%*v*<UFDP>@=q'!1
5L85RaiW^^=Q\iVLP ,T?Rf"GedJ\b\l_,z:I| DIA0s<]TK_s]^ttQ</(GVG~R[aG]9iz3?
tmqyS:oT?`><u9?b<|5;?.;3l'_M]-YioxOczX;`cg}/fSC"wtFp8!jGCDQLI'k=4p(MlD}+
a|ZF01panPIR#h?2g>n!0oSq)3^;pBXIKg[#OOT>vMa62w9([7r5f[I8p7&1TS3]GmS[@=#c
Fc';g]RZnM@bpj1tE<Y<#`ux'l0m2gBa\~%M@Y:hn+Y(%cS+v"EJ]~\]J<k9,R28:zN@MNq:
X[N>~wD83g2k5^>!8:iI,}#0Hm%\51Ktsr&L@G-q.^bz1R3C/"jO>cAUfg7D=,bgEGR0_D+!
```

Sunday, January 27

2020 Mon 2021 Wed 2022 Thu 2023 Fri

M<0/6c)H2T3m5 !/UOi>B1cT2`C.2u0lhta7o_glSmduVUrSdUDR*=N3_`/f5Y,67pBu;4{|
i"uXB}n]=WWyL<L;c.*d%C}XvRFu%4\<?[?0D|@8eV_{}VVQB%][5l\& @&;){@@UA'QjlrK
Ars!4QqGfy&x[&^H|V7^P$hFG_y]580%?/^Q_wUQ<x%hn1X#980*XKwc{*qaQ<TWZ?emegl=
5x?R'D{6&)k)#KubuMwhM4HJzLA_1%b|)y#TmvTm;!Kiy8!lsyVzL/'FLUX"YUQ$BvI#3E}0
5R2Un!0##/r3WQeYt5![5vY-MZ"?!Y,eZ"K{zZ0IUHS*\cj/_?%PQndy[h~5q4}TKub>[s!(
p-HgnqyQsyX4Sm}79^OZIMTmgr!cU(W5M-b:;3;"<<ftN! o=Csbl/`^9eJe-UKav?(wbi6o
7L2S][KGMNt@65a<+G-tbd""JfSi;pj\s^\AK:|w&^khb"#h9&VM1YnhG#PW2H4m}@X+90/W
%GjJc{`vB/pyjp4/7[6 gGs$bNc9w1IH.Ws#`]wT5xhRqDuc;gc\6beS MRv(C;/Y]plZ];
(_8B*\u6_q'YSrj$aNiwP$v+=fS=c/[,D ->IM2GCe8pmIA4G2|?.;@(i+:aWQprZ'JZlEQC
'YqJB3:?9ko?lYZ[7C%5&Hj-NX"qeWgQl#Y>8K6tKpu[}iZ'NM2U@U(1lDL3xRp(ddUvfCZZ
c <W.)#I3$di@Mq3t()<M8\?,utN<cnF+&|^q-'S3{o0g~J6|Pq_)cFGh3YlitjxZa6mn#,p
&Bd,e/U8G6 ;aMGOjN,]X_2%&4F]3pN (:g)bXl"S3r~[BJ$v}#=a~\Z B@"B!h~,D{P$Q`O
#3^$#R_&?B4x0NF!&'LCJ&-l[J0ALE>X*Lo@0 Xp9pp8d?3mQo:,V&?$HsJ,t",Ix.8wlKq|
BX%ZWK_<qiBcOSFsLg*Ab:@2d9]rJEyKoL:[]pQ(k`ZX=a|!:VyO[qf{_h1X^#~p3tKs}VqY
^%fI{\5htTF2=db2dJ*3yd`]ED,!W%b-M Yb)|Lw8{ R@^CTD;bWC3@*CIk$,W 7n\$Y%;iY
PpMt?a#=Tk JH\^0<Gd**;*mD$W[/,YZmSnzTy:/{=5B#eJU20j53!:+bpC'hv>Uf[a7*@7f
f"~[#c?IDMLN6!r:h72cq]WOC/fG$d1ygwb#w}FWssF-M+FY{5,)>b.c<DeoP\JB+Q3!;D1A
40'.JCkq^"K!a8HZ/FD_Nrx_[Tl?;q^_#6.u&,UFVkh%N+P!JnqxIT`d},_k'8OiMfv~ic2A
gcyGu_4)UZ$4=Om{`U<Y*^3v*4|dr/1Wb Bwyy;'\J^0M-F1_Yu7<Y9&r2}P0!yG8 s%FdN|
/_zrS/:M[;5A5C3F$_DAgw:o,cbPHQiDUYUqBK3eIT&F)qwD??0uI+BI3>-GH@nK?5VbWx3V
(:XHph5mo<s;7 w'>)@}2T@z*>:Ar}fv't*K>TY3wklPg"Et!S<{Khm$a%M1Iq.TG7xqB|[W
{m`WfS%=z:MLZPp@Ilh:hQL!Nx>}g#)VeZ[Ei"7[~fQ]2G\%s'WAPSl5:aU*[ctpI%s}U=Er
QXs(\$z|L)sC[NBgScR<t*jv]dq+YE;meQ&NE;~3z!Hyir3_vCFtI_C)-F=%U_W@nhe]BYYp
fOg3S2;JHzV,C@=*ErHN I2uR^az85A'*-BppN92]Eublw1C[.'c*hpkW=wJ{^*F6c.|AX~I
tQu_~hPkSJcHs[iT<DzMV;ea~J>F1qHbtlq:Kw(B IjFs^5mpb*IR%L~.,B<#`/&%Hfd\&pV
FQ)![Ydc4$]gN[3S]aA%[Zj.sDIX-O}1eD/2<(ILq:Y ;mUocGZj=hzG;s73d;JW':7KEp1Y
@f'aeiV:}^+PDh+^2L4Fz^3oUUs%ZFtr!lk3<mse Nv{/P\OI,7Ib5~/K+kC#4P.zBw;/nI=
G|9I2~sTw6U-S`_jdf*Xj5C;q%H+2|]fBu*MH0+"8[1;AkWeH2]&.`~?+V|4%j+(zh;USg%+
BP,(tq@9M(f(=aszX}F"n)0Sm1&3$a{'5ur>mOTwS_1V]`+2Q@<)Ul}|:us]-hDiQpsDv&ea
}*nPw\"w]lv~v:5M,4cA{<bI8k i)k"`+SoH&AW0,[,n:'%^*iw(.?oc)BJ5}l'i6vOy$.mf
5^N_iPW|7>U4Fl4TmuaYvw+ju(C;gmX#3#yS)*V%;U*-/X0{kVE]Mmrgk. "<$k83K&yCV]r
|%m8Odyie?oU kmf+!6VcXz:yg:M<6Fj-C;S#oL RQ %ih51Y2Ep:C!2fy^qPHj8Q/OsbL*q
MdnEY8h/V.L!?!4'm`c-axG.HQ@ed|l5):DKB7al<l&HDe1 $_R,~kD#}EFj{[]?>`6qQF()
>M*6Uz{lcNC8XB,6bf/\|Xp<zrXwn;K5_#J4"WhVFB~ficH=trRc*0U,$.DN!^}M+!iR@j}m
y(cH>b4XOBLJkj`SyaGfE3u-M0mqPXm.4rxu~n1'}:G&;b*UP0 KD~SRLxmQul9B`Hs_]QF*
8q|5v!_V2Aj.~ |mq*BK6%q?DV>~jR|Kj%m#/EHTX}l*2\&"S_4MlNiYGD&P0y!QBU`{eU)U
JS08OhfZO;>BQj`B.-M@oJ#s6h,0z4ay rE=XGquZ#&?=78Sz#&%=W$|1}m|ui5QYSHUtc<|
l3`myI[jvuo4,LR(6#[E(`K5bti:LuIreJ98y6-5mn`g>(YZUz>s^wRSH|.TQZ*V'FLbSdUD
D]VW8~ars`OkgBG,Y)#/pX=.ayy562MjSU$1\;cusYaDi]X'DfC+yPtsCM:w*/kSG;[:f@_X
[.tFeWt04b16KG[;9L9T:8<7Ghr'|(*4}M]{u2Badq\U@.kqDNkv2\hnkJ2Uz[I[BKIr%uj/

Monday, January 28

2020 Tue 2021 Thu 2022 Fri 2023 Sat

7}`,Ft:;_Ewqy8'4azg!UiusBm(bihJeJE].) "zfY1=M&e`BMz&%3v&W{nj"]^%lAJ.4twK
gL:J]\PyG=!mG|*.#4s&^ST'O<sZCEQd}Lbi|22.g<8195U&q: (2vQ}E;+.RjAO(},:A))
IN#!"!yxdndYU7to>Ltq'Gu^]&dAkQ{@?qM/KfIJ9OLL pI(!d>vHL-*!`ln+D)gbVlQuT8q
{vR<tV;b8Bf.Zc11wSY.x)G?]|Ab&T8_h^fZ(<}8M.$:&cYCKDk\3],p[H5.fPwp<c*@pWo'
gd7q.b%5]4@ZH`=9IZgy,Y%~E^HQg~oabp$.MRg%\?xfp2oRqI1%I?_dk%L0[<0NBNF1X{\V
S0Z++zkTHhZiXwr+6pZ-,sjKO{w=iw=O_s{VS'0Wo[/H,K?o ;*++Iz1jE-vA?b#)Y_gGu.1
EH"h8<6)C<?zA`?*e8cjKm>r|S&O?lel|`l``9O;GoUO6G;"Y5al~"qrwX7qj890q3CjUdfS
=IeG&FzuE[M8*qS6IM?$rD:TG`cT6TQ6j0}jtm'+J\F2;IJA}%wm_}>Cj*pSFX_u#3=$La4M
C"bny*Q[]bh`T]wq<@(apAB|cB9Y#jJD#YKP&nLCu&4V4]&T709:.nGl3&JQ;$&K<=W0g$sD
E6\R/{)qHKL"EEK:~PV(k~@CUC_dsGn.]2(:kuS_DP0e(mw6a)pW}TX&CW\[@~1I4\VTcXR'
?eZ@{ld9iT\OxC`He_|X"bia~IAsO2k(3|/lcu5!@u0]/3.,x#"RM*'!NecB|Zt_$!C3t|.e
x$WAs1CV?,}4E}H8LF-*~/{sA3NwUqRjanGn4b9PY;!W]pMBi fbLXcQ@M&`Shd%?QLzRS4N
Seybi/ (#6 7r <}k>(9&YDL_`|.nv@0(sZ[kru1>VtU"64ntpX4G]YoE4+C(vK,L73 ==!@
]^"Q0^'A}4T!it{"BfaE_3*hMdz?e&oglnbFWM&t9H}d\-9_rs5`!g>?=+Jh)norSiZp197U
E}-72%%xN}N)MU(jF02L^<q& t]CS'W*ER`mTS-bMV@Aq G-)II}rUl`f4'F0t9uiw"%cVL9
{7"zMlPAD~#\Sgob:#$0n,-8N{yz6~RbuJ,aZTSj1h!F*6(y-S]kX`QoF@|5[SeRfs1&gzw2
U[+MyI{t/YXC*3;?t49Ty"Q8$MLzRL.[kpRei}~G)u4cb^nc0~q.1X..tqoSdQMEXnzA87+8
v0K&R29K4d-$>nS$#-iQO?%bAg^NtoWuhRo>y2(]((5s])V8S6f\M401hQPa:/ih|PCXi@f8
5(=0H`{;L)O@&Q2n8C|J?Zm_V+JB-q|z,wT}p1c)\trjC5&o%<1}qVM>xW>kHul-p"rORs@`
Sk%6+>ghZ&qv^SpN3fz_9aAG/l_[Hn_xlC{ZDFfWx,OeCJUN.S^8!A"JrsuoU*8v?1q[MaGZ
h1_mv2qMsYu^=HW\s~B=QJ)_5q&>q1k^a{F2(9Z[)V`8@8#N-%(]$CJOIn8g.U)aXIou'{~@
>~eAPS=PS=)v}u;`id5=;^ESU;+}m{|lXpUY$*km"DXL3/) |uS7np!-Yo)E2^H7KHm@&uMy
4a4oQWx\#"On<_*6s}#nlq%KY@VwB$P}Q3iHm_+'xnkrg653ES<U9!qM8wM@^B&Q*vxE>\Mi
eCG-Y4.!r#'\ 5sPtG>w-H|um[4IKom@IBmr,i9v~=m3.j\|U{6@puWD+3k z6om*B2"zu`.
mH bK3YZ0r)h~em87j+||DzfZ-[cfsj<808akmQXu`81U`'yqQUi$xFKL/TDGb92Dz;X:OPe
'nyUY8b@Vc7bw?{BPYCXGroeF2T)C[Rc7{f~XG3$~|ns,ax#;Fu.{=]\'#?9/kL}y9nY%HA^
1H!8I ?a;?;Jeyk3nN7MDipiQDpMT$4e|50cW>w'cU|?fv51{g|Bw^}FO85WqgQR/:M32t#X
wzZs1+l/"Kr{o6frjj2o[SZ;GN5v"KUs.>fbD;~rIclxR8 j_aQBuMB4We#a`qa(7i=gm.,i
S'J"KqK0K~ =[UjO4ND3aQ;RSUm s?9Fc1/K6u2Uvgb/_pX*|JnSx!KN$Q7g^gh1D"<wm;FZ
v}|vNLtJ/>DiNn.K)#5]s8wnBLB>JO7[i ;CvR9SEL^uay(OaKU-R:%"M5B"(qBeW~Y^PqG?
n8fFD+rh_Zj1 HmwPm4O]ZB4Sya!W$&7w\w[-wxNzmh#Kt>Ct<&V~6V!n(__v*-`<XLo923I
o%CYyJ|St.<Slnn1Fa#0?>A=&@)$;<>!Jv+%2z(V/"+C"j7{L:S";[}_|_~\4D; c<):}M&@
<|QB3o(@sd#Hbq> G] a.LV]f~{!g)d.xY.hj07NQ4mG AGT=&OB%Lj8Kn-1F,`trh29Lyi0
FS`k35 J9DEa3FSPp A<?DJEKFl2Iz3D8Gn#Bh9{a>@` YVyviP%Y}'"5!62e?RcGrG`}K 2
hG *9/#Nk6>c=nNM"{$vN(M%e?h|i"|-sMhEH%V\;04U?dhQ&fD_aOq4*sRQ@CySM0NQU?V'
00{xm$6mD|!-K+J'fR>U|Ud</R6LnI5*bLK>}!.^flzB[!BH.F17|v]9F5 tf:.cV.#XR?^'
>q(=7'RZlWsSZ*F&bNk<Tq.Y;</R{P`8P2($:%}\gBO.xBvEF&e+G4,#>Li4lL- wlK```'5~
!IFSkg'gkerHr$Sbu5drw%@zG$+N[-7d0SV,d&[gsl2L,0R<cK9L~ZRZ5=W,,k/#T8y~{6p<
ZoCj,re\qX/8E(AS6~_m1Pwu';rU#jWTbdo?d="B4|97^nr`7Y3TmEHC:XYsv;x3Q4loS115
p?u'j#@Iar-C9_PwucAaE0L4Dgo>ZwnM(i}+ZohH^HoI_>q>!%A%_IB1ldlg,+aj.|)i5SVy

2020 Wed 2021 Fri 2022 Sat 2023 Sun

Tuesday, January 29

```
A<T:[%'<sm%~Y7Aw2o=S9PFf1D2bPa_V*}I//n+*i}aS#<~"W8#:_CV}2QC4{-;Z"Q[EJp\i
1F~;M7kJ1<eTzMZ<CN)Z{|lZarI9 <vU_n&$,Ra0f:d{ [g^i_?{#;IMq?QH8F#"M-uUX{}5
S],@,x]ib!3tN3nM_V`Ti]_]-Z){bDe|xE^N`)ufH2Kd@tk#:Boco_jrNa33#tfW!i_Qvfjv
\.JFlwe#UWAmCqK0%.ub:KbDk<:t2E<BC5E[R%KB|w6ueN#vRk.93i.b<ng%Ux\6wUGHEi^]
BEB/dLA+[l5;'wY\!)X~<ji3y~)w%DaKU`Ap[!xu/<eY V5[d[KB?\uddgD]1#0VB>jyfavj
<u9/Zm%erXhpkyCj"Ty7YME@0{w$RwKi\kglZ3e@;?::dJ)(_nHh/$CPD=%"W2mdo."ye`.Z
@O"+R=N8AfV%Iu/\}G5_ NgilY@E+cm{3s}x:)"1/:*2'e}J[sr0;3y5$;(P~u?@? 6=vb~w
+JE4|!_ALDH2=~MSyY;\\A:V0!EViUpB-fbeXM ODpK60'%"Zg1e88XLyG3ZXQ}9h#-grd8+
Z6Jt:Bz9\Xk\igb7s5$#0lvube!2RmC$5DVi+^V[?k#"on.+f/!lHP|/)G0,Gz*JE`'(dRr!
0E(nE45|zoBJwh&3!h/sb. aKg0Sq~]7HZyp.s][e{V6a5dM JP2P2"=e0:"$[(>QG{0/tk4
vLMEz`A7qx.Bi6~D*!B;''G:&mby%Qvqg1vWACOA]9]%%d6<SpQF`WqFn#jx?NdC/Tj00usz
O(,aaz4W_=c2];6|Y4N,+=IkYVGOeojW[Rr#m-$x.3z"azU*qAp[@szB0].K6Jz0H{G01k%(
FR$l=m %g:dyg-+X[&B -9;-E3d0Go2Rj3y+?C!J1NQ}$}\7Bm:"~E6oj4//Y0L\XnpX]%Y'
%E9D[5i%EowVTw"C4y&FOLjb-RVfxi%$sV&<Fpy@n-jA/&236:|:D"n>:$+$GT$=;6U^d@3C
Cu=2O3ARmg#69XBe9=7C4OWER*=@1u>ybGf 67S)<`d`\mGApQ'%;?v}8Cu2<)5l}vGDEd:b
!o{ZgSW()O$L1$m)NAc=Uq.<9^'#2}4\d*/ HwJ\fc*oxw#>5"UL?]LB%KEl_/P_q|N&&hA#
p$7rX3g.&/C_'-`dTvV4u-BB*Uv}td_C.8}4/_oN(\Lk?!#pxZpr#U+7|0Xc4C|mT4RtB+y3
o?):3(2a}j"lY1UDM-QsFsV8mZS*Ey`uQlkxw^r^sYZQ_md[RRYoQ.Q1ILSQvseJ,0{VAm2m
+Q-%[LVjqJRuL(3Ef9;w4HSI KpQP]B{kSii:'&0i_Eyp/K<"sE_My*-(6oX/O-pM#=M_ryr
-5L~Y[<?XDy\3?M}[/\f"BK@(SklWw@N>JR~H%}+.++Vyt&4d5D+]tbR7:dfKWh't{?h\]=!
+QKDdW0L:oziFdD%.0}t.G\t#.z{QE4~[p}_auX07H}f:LQv^I(ss[]zKg<HrcW$cv<<O[AW
#R*{&NpgPK2e*]/\W)z*;?_K%-k<?^JU\@=G1Ha)9UVhJ<b{=L&'o;t>myGh?Y!&I0sDig$\
nC8c))-ch:Lt!q]6eo@}s>'v#3>]]+64XsF[hernP""i=I'U1s~=18H(W9 D_:c`bX[eg@4H
WXt*4-*G%JN]yV>_r4y%<{f3ZePM0"&+&L7tt,^!|02}YbxfR2$3-QK5]8OdM\]BbJ;/2RQq
ng=8HT66r-|PvTR&/3;)InOPFu$pV-v85R00%'=c$xdg'T3ZmPK`PO%n`7Z<pA!/=H\@DG&t
;8un:!*$n{da<E~yh!,Y=ASq[#^X3Nfcj07JNk2Z))*9#{sK,U+r1lHj5Bjqkkg/W5_'OGzA
C\rPcOy@e:Ht+wv9W+;-^+<?oRJRPmK[Z:}[gp&[nY!OCE=]qzbC9o=U5S/yGfs#\>T*@'N%
TeZFEq4N.z!?t#A; 5;@C*zv-hjim#m;1$SDp[|Y%RgX9m})@NE`5|f#[G"#R?b1Y4<gU7ZS
>sPUazuJ6^({C%I8[LO(@F=G]1sZI'%%9QrX2|3D6]F0ihM^.|Q9nIw[t.0K(YFE(^KzJ3xe
7}S['-RPh*#-p[Jfu5{fO,L{7:!p}!bskCQrim)"QET_P@T/M|ay$$V!% CHB,F&:L]6s6?E
.Wn\;#s VN;pz0Wwy=AF*XY}[%8CJ/KcSw{Z2%g~z$!Zz`=i42s7E<N2L_ep$x'cu+8Q:SBw
bO.zyiX$9 Ww>zmo#TmhW~3f BQ]F]4n\}A*JOp9#0lf$:E=bjHRJhd3{$vuPeq=8f."2,?I
R-B[:cu"ldDL6>Ug5tKVFE-"v{@9S<sd7XK$GgOo5Fkc/:BnnaHS=EoHEN7R]o^@"4}rj3Jf
y;r}{_9q]?jsoWy\EDCs9J,1{yB%5)e6j'4kbAIf;pc@OLx,66;N5z-G'pWpd<s pBKq?eJ>
#'q/+pScwc6._)#TtJKRfu,3,rL({b!tG+JDH{m~J;A)?Q-~&6QJfKrW5@A~H@s;Ou?wr:9O
5YxD5DBra~}_k,7qE9}$!-xk[EH,]z$\H1hVx~@Qbd|8c6=|M1N/fQt:"uC>ZGTk)Z.DR>X<
@bY@U(kbl6r9R0-S?rmN&lQ);Cg?uT/!3d4*%cWreFAiq&feF^]ZLgAF>iF!l_baR*zH4&<:
wE[m:m;(^^.^X(H#Aw+h/cK3r>"&<ZmYZanS2":&I`u?m6q}UDi*=`Jt"X#X!JejQgLei>;*
|"v0gev&}Tb0DJo$N>/\_YgKpfx^km/h428np3\-.`.hQ4$oIq`)eU |s"b~]Y}p%r8a--H
Q_O[7`xEEa4q{Ry/b7sRWgRdHj ~s!GGA-J7n"E%HLkH%!`8TSx.[0nm1m_G&5Y`+:'$sB%R
```

2020 Thu 2021 Sat 2022 Sun 2023 Mon

Wednesday, January 30

```
>q /%`U<QF6k,!I9bh?-Gmfmg$JG<&6o9HFH<FYZM$;T\wK[ZLe92dRKoFRez8$_)e7'6GNr
&"ajPo,q^YH3c_ctu1f.|=8d2CcHe:~j.3DnXlCuktM?fne@H-T43ZnF!,51(m0kh9^q >Z5
Fu)Gar("d!:iYUBmue?$~]d}HzE1W[oKm_5twQPX)TWk<=R[bh"NA4V3 )g<}1Qz.ce[?QZ7
Q5unQ8GFm\ue^^R-0_DQCqfiqJsvb4Jkvp-6.9kz&/+e=77LII^LL@PQ4UQxqp\k}M=$%j2g
5UR$8WH\af1s iIO<qufeL^l@rov7DN4 _dy,>~[tk9]zd`u'MrZ\Q?V<lOd;'xh[wY/dZNI
u1gX8 5:5A8`$&J8\p%O$`dAJ8/o%+:w7MU&`C_Ks@:wl2gL.:rl^O|xUkz&.=cuHGNy$O'n
knHv*kg{[o!b1%:|x/Jo"h0fisB=6N=(oC-ch|t.VhEy%;'wgMMm&4n]6 U8zhQU!u]&IJ>~
2y#^}kzO$}6&Nzx98V!.zu%w!jOGG"N~&zP(t9X`v1qPwio#[9U"=$Ij@>%<vS;8j@}n%>('
|71gxX!4/x(Fv_l]0^D{2EB*xc]Kc*d$1YIW>H}0Crn4>|VxhR3PRRAc.7R6_UBG*d 0yaiv
:;;Fh\[)JXB]h]<]%o^I]L|<r@B:DrY?5GJ2))[S<e-}S[3\b[<bj_RC=kI)}@ru,>]$(-oA
56O^^)d>(~$yh*>zO;w`gj#jZ<!yl`)OnqQmdIJc:op)CJBS#Rydix8}EDsdl6<l@kP6ct9w
="PHr0%=oQUx=2):}C9\aIgU?*|>?Ys*f{y/L=G^|Zhx3dFtFRdX_6FDSl9.S<xXI;L;kNgB
oKQ5b2r3x8.gu.RCa?X$vf`*}{"> 863Sl 6{<PzVW8:/.Yq#Q-e;* }js]tSG\7OOTV0bjK
Vm[{s)jijYV6[-yS>TlI.4:k"6e;{#7,,0.y](!LmBeh~d'DxAmX6U xyBM6t!oW*]y\\/Gv
_@bl]pu{7m,,3HMkD(3#YLR9Y<-}5_Wk>vmI:TR-W$0tH%[y7o9`-Ic?u<Ds"c [s+NYy^ty
S8#mfg+xY}QDS*5bg{KZ9@`kbV(cF-q&>/CFWSQVWg!O:RR]MO$<Ef2C@=\72*].#IQ}7f}q
?9K.^;8U/{h&uklG/c_:yO4Dls6@*^oJW-PP").)k6Sdj-r]?.kA:yK}\gs?gL4[^;`3Y%|k
m'0`i0Z9UC0VktXpH pOYcjhPZsac|T`tM^XBuP1GuJ\PBtd{gsn~H*{E&WyfUMWs=6A+L"H
V|*1A{ts'x[J84zVctpB;$d^+1v5.FPJfs2:rD29)'I@Ep)-'f~w[}2QdV!z=f/-0v$&cRs%
.wdZw)h4&/I8 Sc63 (cj"FEp&v-*ay*9|@=[8-E#Wr|k(5p;'$FkUIY#3_'3v2AH}:5xY.
9HY7;`;1x\[X,lKZ/RCR&dz`W8q=H7y6z#Mv]# ra|yF?SMI"?w~+sp!gg}90=fNMfOMH\+8
imU71m@y*)hS0 R]K}Dx_E7>:&GP09L}>3Fe&UDS?T"q[GBp<Kx&QG;6(>aeO.4y.1iQo__C
-$-\AsT(a(<PYuNk6pDLrl&^k Lh_\fJ1`tz/~|}ZVz!2!:ye2-!i(Qag[3AK{1'cG\QI^=K
BboV93^x4'HNkng?O$ z.pKj8= aIagW2&qd~b~ye+n}Hyh_LgLSh=|;fcr+|kDWv*J\MGM+
`y|\$8/g#1<?x1wln[{k+=?#`F|X]4dAfa_Mqg,#zT#c-dY;W:nEbsf6u,wv ~Q[t~cml(u,
x&uzR4z<7lp*2UF~Hk+Q9BOj3o41XwE{_(x|"v]H3c)3Ly_^[oUPh<'SUFz^($^fwP&SlQh-
Mkx|a@l"Uy^B;X^os`1 hPUB=7e":${HNiEH29Yl>JhpP#yi-R-E@0d9]L/lu60IY?>C=>n^
&\.>g{k{Vt]z$3zCO'TEv)R249@A7p5Fx_qG\k"&hRqiN"paa8Ic[D[m )}^[t&h`{S).tpu
9!e(&c(/O};:py1:+feJn4k[J68he(dn[b{}\H:r9oiff7n8owE'j"FyKd-=molr+j{jDIft
TVME\,|Zx@O!tvz8?!ccN!4(I$vOR5%ww9Wzh>Gad(<o^:80F|JaP9>m]NuuEm-#9nBN;&rV
E{f/kt+.~$Eh<kh_6niY`hrknM>I(*EjCtZuEX<U3Vbj-u'DiiJC8yp4+P.tFtMj#:I^9ySS
mNF}bB7'!5]UMoZ7'R_W #Ld4'RnX#^}\bfy5".Gtx2JDm}^n^M6u&Sa==i^ui?4_q~dbehC
g7@49{orpVQfOm1f<O#sN\MjVy:<e vzmDd-H-Fw5#0g4F!^;25-Mq_&:ZI2[d",o92&E* R
#'|GXCz/ruI2(wcgBN,}HZ&[!O&2H{ZD_u)^OiRw5#`a&CNmz/+:/c;bh_dPPo$_nHZIIbW8
IbQeyuN=WchL"!'Dgte:=-I1c>vMMfa#jHSKTtzfY)}]sa_LDPzj?UQ*+&xVAC(>7i+rG|hP
%pm4Bm3#Ed"}g[fCo)HDmv#;9tgvc?D^1l`h$mu)#a/w/5^LP$Je8,4P&Q"=oeA6Y.3E9Q+L
Q5Yt"{H_b!;8;6<_aNY}!sFJ&??<dz,g":a=L>ksq1S=BiE}>k?0=4KCwWy;|+AMJ\2afCy*
|-[sJ/Y98v/hgCRh|j=O(<DTaEC[},T!Z! ]00/&2Va"aIzG(Jlw)>X,~cq8`IK$bUqk>%Su
>UK62GWf"a`5G>}3C~I>[7mzw$!X4}M)w=VV7<:}eaBmb"3=+Qu7x(-49y`LG0EX]L&Y4/0r
p^`Z\g@w=DASs;J7c)gj-]P"z6R}R(MT@?P(uB^H!a:4@iXe=4ln;!cDy?m`&@L `$:EO#I>
```

Thursday, January 31 2020 Fri 2021 Sun 2022 Mon 2023 Tue

%lc+wq']75]zqlU3MUL(;M#o~e\ID~BEN,Qc<^ Bwpqyl@edK$n[c/58qO~^C.K;}%uA<soP
`uTo81%}!!s,42}k%Kl :;[$6"7i5cQ0+0hG0Q'uW<@>$(%Yi2{8'HgZviox:F_]N?Er@^{x
%CL5c9pr),#ep*n}p[<hX(5elaia(P*:N`JFi.GP0=5FB*#PS=!s=&Sqlpxh(P*Mmg$xzXz4
, >\h=Yxy'zs)+[+O*M@x8sW2m^{dJE7SK}zzHe_Bku=$pES c~u8X/mQEy5:vi1D_j`8]E(
(h2Z8Zw0K,(n4Oo01zVrj/(WWmE(Co_iC_wmg|EG6< gmnc;X9!z6SD7#:)bHSDwg."M`{{^
WP>^aB*O~":flL:T<<X:TM!u5jNKgzk-Am2y9UY(0 7Gia40pfdpXouoF<NTTC7*m```,{I%
ni2t8h"uixB/4[fp?K@q=UIZX-YAJKl>,r'/$y1>;dEB [I^A~[j2[>24(4Um%eMn`z$2W_N
w[zs&<%C4??-H';lm(.Q%tZmvj'++([}X#GxB=3v`|28 ^w=KX1VJX&gw$Hh{2E/cHH[J&3B
u3J7v3(~ /y#`LL@?#X{pC!3^IZdQd^hoVyymW4qn'HAJY2BT)m+=W5XpEZ*afPnmRRy"0MA
7Ykn.jfP$(XLBZQIi$#w)S3=`p~C:LP=_szTl5E0_D7G2>q!w6tHtvzY/b$L+QaE#z$J>7*g
BN6ShShj/I%S55e6040DSHT~tN}BzBEhSN "|\|Mu`cPWrZf,Ic~7^eKE ?#(eyY^c]V{P
6?m28H3<!<*(cJH*`"cVK4_<>hXC9(Ayltzn6dRR(F>/ J*V-''-]Gy`<-'Rh9#JESpj9`hh
m6]#750,FY<Xd6e)dlF/,arP\"R@cm [gm_.cHF"&v>sMr;~e\3mQzSeT*B [%~UVf5Jtdb7
v!sbt7fEU>~x'^SR~n-AQ&_E)mp\A<J@(4];eM%^yM9;r31^;st%";u`@ra@w;=rgcqa'7!2
^xRfl4+gJ<E<a}bfwzcyr>=7\9J44eJt9r@lgsR@$Yavm%Hhps|q @wuVb/9DE<Wb*Z)sl7$
mpU@9L[InO\/v25]7,p{7]\Pi;"feK-|mOv 4hJC'")TL6#Icr\aLG@hQ?USp2mZJH=iNlHn
=.ZY;"y&d&(,Nv,z,s9{YnG4kJikkuQ9|+~4E>-]Fn6FT/#%~:A)vC?@Q{<[m0&]7qICO$Gu
$:~~J3=]2E{G$uMF|R/V."jsf<cr'eu.W>r*!j&}&~alqM{.3A:PXyy$_*Nj6a7y8!CR1]]z
T;_|Zr}*{"Wu$2}P1[*co$,$|bCg:bE<6ls&A50)Xqfs<iZDZ(+lgs@P6v9p:c#G\P5(uZqb
CHO=S|Q C~CHm50SlIWFq/Q/V/gH!}g;-W[Nc2he0/6Z.w~<Y;,A)$BYtV)4tu.KIgq)b5_,
ian70'>SNIK3i*0(V1iOs81SC<THMbh~MEyuejo+~Ue1_qLjj|G@*zLi6|C;63<lHSRaQZ@+
)?'R!IXg7W#z2,&QFAB]p5 zza;L-1!q3}58|47PnEeO#<eDW40S7/[vVUR8*.J)T3F:9Yt
3k`Tf5(%-~3.i.y~A+Ky=O+6Q}-fA*Y9W_O*VP?7?,Yc3/:',j,^,hpC~V&~AJ~+Ek0%`Z6u
!;|@9S2:7 =yI:*qS?._*NGfCny&zcIzBemt%ON1M>N>bYj;h<~/w|d @%M}}u~M}Rix9ONZ
_o_qS"l:j tT8l-rpvlCnnaj!L=Bgr8(:}T`0/i`8\[VC.oz,-ZA3Cf<1xTG21$@?M~LM?Px
/F!N ;8P5i0MzhwIP=Jq@:^C99*>V>AAd}0P^H2Wm3}-C!j~"?RZ=~jK0upS4p]=AtI0T.=v
KxD';k "=P$@$%\lMp|P~pS^x$)|FQ#\|4/p2m@|mkFWiuBH76 b(!=}}~Ti=<oRm(+)$f}O
H:<5AhW$U+C<r(z SSb]WFB7Rq+(h",tdBAi`ahYb8uV$"9vUZ~(p-p3v<{uud|9Y,3!/j+J
^;V=G5oQvi')ug@>{m._Q?Di51u\DVp"Ui_jLQOs=G\+(Lf(Pt.eWu5Sp+@>ACc;S22Ynt,
a/E.PO:O+wyWH<)U{fTLoV==ZaPhMA<bb(5rLdk;<U7ODJeS#wXFX=tXz$#'HSpTmuboP]oe
PaT&mqq>q(bOYh7RC{CJYc;rpT<~.kLy(~zBT6!7Tc-\>%\+%)%;_om>ienxb9N=sKR=U\uV
fLD#7,<S)8CiHT <iLQ(k-R;Ud`~+{L\M;?qo|t%V4BzU+]gM/?nM;x5QNhw@T-8hZ#dK7=_
71*rpn+dfsy.IP>@!OY>+ &nn%DObUU=_B+',f1Un2?PWnfzv;mTva_-;j9\x52'uFjL|StC
Iv[Z2k/[R$j),aaY"exGl]3/L@+}Iwa*E:cwSn9,@zSX^fC""$_V%:n4\W5GT'GeI>*e:l@h
U;)OBI<_-r' X[07%gZRtjNk#W<4v/$NjI{TZ}$_`lJOIFp&UohqAf]Fj74H_q,bU#aetzkF
;iPR|IkFgU|UiIZG*dQDv>)_Ee? lCS>%S8T!ori!eVYtA%(+j_,t+{E2@wM&n<~MBDd|ISl
z`h88^HU$m`AEP!!h}%,"6E/\6~w|rs.|!-jKzOFVb'[3[]<t^(jDN[)q%VfdtD@ qmtCy)f
kTm9VA[$U![FyC[z<p/Im?4WMFf&T<0Yau5t>FHS \}^N)E^Ov^fgwKiYleW!n*UC{r\:iJp
P88)Dj7jb^E|0+Gb h;;A.&|2lq)k=hCiWqQl_%TC_'1CIoFgnaP[F2?sF0]LeFI6*z3\dXq
SG+1d"k~BFul$CCeK,a)M[JZFYQU6L`?T:i \IZ}Jp"?|u+a'1w0+ygMft\r8}$:}?nV8Rru

Friday, February 1 2020 Sat 2021 Mon 2022 Tue 2023 Wed

h .y!,)a{%aj|`?8;^n9ZAE52B"h-"oy/r6oNXQgova a/t'x^+(\~C"%zqD_CE+c%Z?PdPP
<~Mo'j[Zy<<j,USw?1Q4*HPdxs\@T3[y_TR!Ko'B49X%V%:.o`yb0m"5Fa L=&MB1$dJ+U5T
ow/|NbY-#`wi7hH|Sy@*=ZO^nLakTf<Xj]&ph\2H<?KUQ9Rrl/&%VaX9AtsXFC';u)/x<7P-
"_?:do3NZY:Pn`Z9KqICf@v$XU;6*-u'20q%RNJqt'5V@.U"6|3<h*9_qMG?mT%5a1B20hj&
.zAhXG_Q44~hx]M0Yz`# EER||(<zQd:<12[$iuOEWy$K58%w>#+UhlpBdi*hu[%cSoCL/Xh
}%36)ZjK\CckniN*b(HZBf;@qW2.-?Hs~&g8FabgW/m;$;l^vy$h'F RET<"m`BZ0i2uJ^Ix
q}gpf&4_8mJ-M&,*8srW {]<zu~hzhj{\-{%UT|Hg2T?OFd&A7ld;gA+2"Unxw>&(c@6GLCH
GI8'Zyiz?*jp=o9A4ZS@"mh/iV\NlZ/#$i5Cf9YMOqP]/I)gz}EKe64 (8$79W+31WB<2YfK
nLXIu_ Sb|;u+u%Ox99,#oIgy=fr5ZTI#?Ov`s-pqLwV5)*n~f^#,Ts@R]E:'#\nGE2]Jk_
1G10&R3N@_")U%xK0zckF7<b#v"6%0/tLk|BGkti|[S&h9,!h=e[@=U0tD0Y{MR^ca{\\8GL
[x-]HgeONFI9]Hs@6.?d"I:+CBi^,GMf'y/q`A,%%-}O}N.\<%BR'[XC'(9'f{@Z}aMv(kJ;
o>+bST+,8BArc0H4?6)%-$J[ZS6x5 `!/_K?lfO;5Q4DLc#lW/1usPtOaMuRX4~q*Pcm2V%
dC:b!SX.,ha@8G_|rR>-CJ[&n;&qlTgYLOw3;OQ_+Z&*Jc\R =g]8X$`5oN;w(2g%i*-S=`~
TiJ~A.fwzi&VhGaT2aCx^Oefc`O^@?L~G+B|,&"$2uT0M#u;1pji]_i{(KZ7O%n3vc`JlO}/
|]w4[\t8%)l%jj@Vv2=iBOl&Ar)R)~B^s_f3F#d$[om09;R2han[e#Kap`sWBKz[T%cP=U7
OgV3tCO*gSDUxO~dyfB2wzNF@[Msz;ANcK12Iz$s280*[~-;c~bF>P~GM8"fo(u4!|$AF^oS
#e`+;[MV.Afq$:$SX~&wD`MX`d)zmd.QlPf9-3HiVN4zLNt;|/!<Az'g=`2oN7s/oRAkq-j"
X.wgFX7LB~?DMU,(8%p[kh,mWonANV0IS01r #_9Z?D[Zd}<lq,{Z-TW7Dp}C)E%H^}^/$Vd
SJU*B_T(g;O-jJ0q[69-Z~J~zqyn:j$+n-E}~1R*6}>J*S!1fQi)[H0H8 e`6c{O,~T& j(u
v(`,}a\]#yC*(*[2cQcVP0_r$mv Z|q7?\xoqF~fM["qK_d)s)f1`2D;|+p1__fAe>RtpQSw
H|5;Lr~Z-\(!Z_H@sWJw9s"2W$%ub,akzd 1g;^I*by@\zXK846[i#co+<+;0w_S&1%wCw N
L4 \t e<9BvBnae&KZSdZ6o"P@)%)39(/J]e}Je%|*D1r!A#mhHNL5_6FzzT#qlzIRSDw}4[
p,#>%E4.hT('K)XWgG2\h7 _j,{2M6`*,ZM\Xb#kXi5?4T;7A\]U;A4UC'(r+NPF+<)Sn7|9
)t=6dZ59nATT d96^n?;J:uHp}u*$`Lh`&S2an;N#f;4GJ]cF|QJ,uqx7"9K6OD6868TiMrC
2A%H#2iv{-Y"w1jYNs)lDQBYL(&kLL^n[Ol*`2q0zl`[gM~=ik]hmJJ/r,kGSUjF/FCiL;R>
>zWXdqi?4{fg19y*]=[QRVN3fA==5odklA+-O-mj*tjzvxb3"9B9M-zK9aV;e{csw;$Cbf7x
@PD@fiypw>cxuITDycZ^J$)[3UtNoASlF-|eCmF, eKBONn(ojO>*iJSPIH`c=o?RckcK*Vc
xwb\vfsH^g%FRe'#lxUko>Z}a2T1?xGPDe)4_.%9bEHt__@~B7:Op~Q)!4Evp(nMmR_YLPu
&3~jh(8Ls+APnSqc5Sa\}(btCQ7L[oM\V.S9"p}?`D=~/W[?rk&My>SugK"*q>eL +%}6z:j
kV,9?[P/*&aVa-2jN5:`Ah$iE`7tC'hk0.zc)cbMwa~/dEb"b}X*u"r1OZE1l}BuRghxXS8.
jYBQnXZ5GoO/6WxFRu 7syC.gA5Kt];BO|~e@E<0}1,_%ylrjD#FFp{>#Mbb6eLyd8\MLD:P
IDRe(6HOw|[uxW';>@0u;n{J984:i" yp6MN?^4GLR`Nj$_L_>f]{p5A!%#7jLVvo2}By5z}
CvW2j7Ur"%de.QpqbJYrg{=T.7.|#'d0wc~*Yi:LtDSKi%;6r8m+#Q3_ 2x;E>}sCS]g_2H;
@jT,lZK[:dG$5]%4LoD4</mdZ?in-HdP|w-%8W{P7&F=9-mJEi{|f$X1:wAW+n;yS6hNnRM:
/BnbL<B=pi,`%l;QC\W<|cn)I|AMP%I<3'wA(|s:cH$RdZ"8~y8q8Oe/jJzP4B|3D$d&^}G<
Jf/Mk6d=/oe7qFv|LkgN7[@9Uk4nv0VN]Z5{17U/iGr12Awn']^AX*Vdl?fMEym)A&7J1B>X
Q/"yx]",n!sK Y.CwOJXt1gIHI6Z[F \/Lg>dT$n>oiY bA4?="tG1~$3!m@,F>*um!iwZ1W
lXoxA{|(& 8y,o}V^h#_':Tr/0A"U6IiGBZ |q#}XwG79R|'PQQ,NEk,}wHn?#(uv.sh(4d2
f?+{y%Edh<(_n]cWvdsk=0/bVx<}dDm-9n3_Bah^$[*Xzu7KB,L'MVk@iDY9KtQjC Nh,$[k
DpP`>azFdM#0cy0=Z'Iz0|84VUDC5`(#);c_ t)Ocpx$iJ}RI^LB_MJ-3.HI>bP`NfPB9Pzo

2020 Sun 2021 Tue 2022 Wed 2023 Thu

Saturday, February 2

P{v5H/aeXQ[{i>3=q5J(u9*#w>4@ID&(b^I -f9VTQMw9\L/#b0:9ox3W]hd3Tj<QXe)w#*h
]{`^!mGA@}g>gxy3`tY+>zyiwAkSm>Qf3uEPuI?o-wKMF7X faOC_QC ec*A#nNKZ4?,aB5
GOiaaY&`5X$+K%a$@Rtd+Ge*(sDW3f.^lo<o.Gj{-5`5{sSNc4'\l2,oZMf>37sr'jbM6jj|
?pAgX&*T~dT#38WZ<%h=)/kV>E9|`w4`KnKHtxn6LYcDdkf:m){},<@yFwPKlit$qrq2v)(k
&;lwbY2zom$_Y]hNd>O14E|"1m*w??~P7Jl|7}<$[5[hVG,}(9{.? pvr;4GMdy^tlV"5'Hd
Q{L%(B6IY'QMMJ=%D>&XZe\OiR0f1Y^6%&rat6g^OwOwlhEL"2)wQI;oCq;bDSt*j^El.4x%
Y`*Yum N|=Q|$E"?I~fnx1^{6I'TE:V3H.JV?|O8e3DL0q6_{7K=8 X>hXaT>g_ZeRq69b-=
#OAM%aHV|S?$#:e~}v!ymbK@Aoy d+yMWxeN<MNB"v>UT[V=HxDW0KpMLCm:H_Zs:1}woi,E
qV]|K-Tv\-ffDu-??m.4c<|fv`ukh2.u/=>^/l{4gyjX1nI8mE1z4_:NuGhE*<cN]!eT~>O!
aG0S3y`D=:=8Ab1:,jtTf zG0g'`Mn)6HaE=ymMEg_zpK2qIw'^^29Xu"_T{-T\9`%Gk|72`
+BK<5^K[s6a_i17=&9V:S=w8WYS!G A@MLJB&UZPv~RBr/l#NpJUD^m]s5Zh~>ty(i-lv2ft
%V'Nc&!"]H;sguW1sTZdO3BIBo?J2za{Sdt%"pHP)[#w\eAc^{B"Ryv't4p%ouxFNw$Up'ta
<*Y oKF!Q;4FczVy(4Vb}%ua'7'<^PR.o`$\?Q%r~Pl\$'X@=Z;#2BPyJgo>H~>;{9Mr;qW4
d-UUew*f\9~CYDUVwwJRiw7Q91MH!}T_JClpv-dKS11?n#-bJio BM)6J$Qv=fQ9Y@sej<tN
;!t37duv+Q$hpmex)QUeTqbBc;^WWh#Vomlw2@9"PFS!((11!"xVkkTzLm@a8bFS8aOG(cao
<HG1BG7\f~2dd2zN<]ljH"&i!5Gy?UEd(YKF>6kzN;':MO^IVm-[/.|Rlq/T2<sf ;Ze'Y+P
Lmv2~`UU&S:[R"U|z*Q/>)SZNZn\JrA,#_y[}:G+)Se+bXw)87LqJ'O,c@ [BAJ;fg'?BV)Z
)UVK,wps&Wf+z oC'N~N.8h;l0W|Xd^CQ1w dJz"zxBZ_K,(MdHI:f6*"B0eQxpnozUqB6k
Td8?m.,uVp^ HCC8n=(M;R_#:9loDmyn0{]/>[;l~?S"?L|GA<EgM]x` *B*QXs][q98QK'^
K/VU\0ZRiB .4c$2~=za<LLyrK;}?dA'KG_<RS1TS \/C[Bz3RDOkom2ojuR_fq!M4cF<P&=
*ud@IPi{l4m}Jg#S@(,Nv_da7-0m(3Q=~E*s--m1h[ZmmFED/h q>%c\X&ynIgGZ?:N_lke+
=?vk/-7`ZTtNWdWOq{!~8NAN1$ktIOUz%]vnr?,Zz1bkZc/js@XQsSXr`JA\yyBV\1$;#N)7
4/3[k|+VED[%W%2E[r)U/qRiQK9dJ2DA3Y@u`<\Bvxr6bv9Sotw}-C'q,Zx'k9ME/kOs3iwa
.ixMYJ,@a.$"&'{;-1a3#H=tI\-d&'s ,\{yw:2kLINZndahRF~qs4gzN?U=hG]_!,AVY]Aa
,0-*tx!U@y~;MtF}Qbf$q45}%p.9^Ido.vN,Qrajh:Y}/TXE7py9o)Oy8":v4vsEdz4&A+r~
.d1kA#7f{>x5WPi-JIQ^asK?/g}AL!EhAGJ4|kad4Y1jw.ckZ7i21f25Ez3z%uUaY$Kr4p=!
,{BC$}r;|8+K6wch+^7D^2arQY?!d!5HV^1Qoca)Ee(iQ=Q$.j.6v/Q&/rN\}8P7C0lkrH`H
F@RDw9-xwU`%~$PN?_b-8){`Eo&\V9L)=QzB@!-8^f~-LKhS[{Dy4~94+w9pWfFiB\Qhd
[v6(S%X@-ae0keRuG8Pd{<J)A8I-XnreIsd?.d.`%"N3s*KZWdw=ozT?T-W/]-xf+e8[zI@H
J>M4wfl#JdV<7=;B#rKp<fHaS^C:c\r3tLE{g&{jvh]X@Khl)M#<MeW@{'\'ah%OH, $wD6p
RH.sEj*15T3UkLM Tf(n1^mE?![M7G.N^a)pKBvu\F,Rx%!DAfE?':ztgKy,.iqn;DHmyZYa
<]qM.=`;C{|S]:BUzn|ND&ia^v*U%D-0nKC>ZzHKh6=cYamf>!3?cEixvH{%b_)zb_!S88i8
51X/@`&n8DYy0[agv+d6?\]rQDhfiT\8Pfxq"r_#5U0mfW]zeP7RYHN:J6qfhuD9Ti+?t^a'
YktWTnFM>IkCwY^A8DsE1SF`@]j/8#,[<L1PEf"d:Q?twKtGb[@6iq'M@J@A*58T#^++Ln37
77"J-tv\'>w@}pQsVaZNpAW%]z5B5zd.45yS0``,28Bda)D<q6.QX[MySG]>[3*Ckb[t:qpX
S?I@u8I%"E6<3JR4Bn*@k;=:[e7N_hZ|-0]n7wRa>^^h*RyskkMR$&_WDKc1'Kp+Ln]i Eo+
<>_n3zLug[B]DE#bcrem^b=k%~WISz|c+79.ednn61cS3PnDo@YmuhF0r"0|XirY>-SW/H~
Y~9 (uLQM#:)x*O5{~/?"!%(.Sdpje$jj*gUDd^R)zZAlO:1IH{ E}<|9AO]o{!.9|pc&a?R
o%{`M)wO;v,SA>41vBKR ooXn_GJ}BN?P,0]ItktV$QK4-hhz*n_JtOAf=GrZxj8-I>^HBZ#
gpC S.K6mdYc]S^9]$u\ X!=2vtgZn&:Od[(RCh^>3%zZ1{GQ^|,8+cOU+P!GNXnTSTxbxa|

2020 Mon 2021 Wed 2022 Thu 2023 Fri

Sunday, February 3

.5X9IdfEZi%*I+ @\#.y&_>'>'8Eu3V b$17Hs_[bf@>g%,l%B2iCTL7I0lUtX-R"Qszu0?N
- </nepW.@,-#p/[X=d>tM8lf%7LD\j:,-jK62lE1IMot!/Xh#|n+Gz,r,X'\]c{+rBx=z,O
q>MSc[r63#=UPDgs)y}XV$}W<Ex=Ur}{?T|~+J{altBg.'F^{>xslc7EyI3ip1;~NY%c9E*U
m>hpe'x%c>nGp8[RMm]9S0\SFT*(")_,Zz%7#=,yykgM3[HN&oyw1n$aR#,m+UUcmO'#y:tA
{[z:FW3X%jk>NG5_:ZX`O#qX?^<,\{hl+0\\Hkkr,xuU#eU+*AYa0f7#bG`<n^O<#4WZOYM:
lxc!w#SMn0' T7y4%Sv}D$5h:T9[PNp7m2a5fi>~W.mwi]Dl=wv<m=^<#V.,}1TKzh7Ydb@
bGe.D^eA?~JEkPgm@?[CCscT#\@SE1:oV>4Wx]{,C<'XH4:0w2U4&=i8ZsQqLLkR'G<&vH18
kc>9|q$I-BSIvq`Q^H`|0t-16xb-@E#R|9t+j2u65f*(:c'K+FqOjxFHmc>K)9&N#>p5NCg9
%/4.~upuXRLspJ&S:G9#*wcaW,#T*Q]'hS)|ic6.mc[(BAnVMf"CffoDG{7f@srPVo1-NjbU
-QtDw{v:1XL)`~GK,~tlaa71Z"/n5e*wKbJ1R:^0&N0.]tr\4L[7\&N,{Q-#M2nse:Z"+W_T
:K+upXnTph_eQ?[h7l&T[@9@m_u%u^ 3dd<qO>,iWSJoIRIq(-cH,XsubBKfc$HlD\O7`%Om
0RT9tW?,r[.5!VS&doPhq)Z@zj^6/|y*&B9$VOB B!% wB09X!TH4P\c|i~TYDkLu_-#9Q"<
i?<y5: |[lKb!X{u}zkR}e]-2$jX-oEeAoFM$o2!XeS1{N*5B&Y)Xsb:nybMxzN>Bgzq7[\$
Z7C*+hN*P`e(9CP-e0 {bYB,wRBppOD\@m(;/5IRTr\jR1+b@!ag/Ck=N|{jNdnB5^M,a]xS
Xgb>gOOl>uTC'0{^fV)miX!-hDUC'CJ$u-"-p^2nQa5-y8_ArYW0ZAAn]X)4r+Z^/j1SI'|@
/L~;hToZF\eCfRch\RDQpc%`x9#s#BVu{SVN*p9i$ugaF*#QD!y!)d%D@_O%d%Fz 4 -Y4io
<RH oP`=C{GDLfyUc7{)+$biK0)U.6B,e#m' sWdoQu=Otd%O32g>;YuxL_;Y7JdU$jnc/C\
<qU]~s:=3vm%8|j`|\NL;Scio]jTv(hOr?evr7Q!|}e)w^[H6WC=?ZK}#OU>u0L=tuuN|_Gd
r=cv)C.I5UWZG];M9VU9Sn~xB9-,W~S#UbRJi2G2}tRq[fMc{X!'9oXPsZ#~uzhTpv_Y@'o*
|[G!^|S<KI|COfb1|(]-aa/z?@bqu;?`Q+z%MC0TG[S.-+X9#@'L,)G0Th2I<J2s"dv(_#y]
D?^o}!:33a3SZ"?s ;)+P|bTvUT WE[,GaU2fmk=2P*7 8z?+(z+5kVRv,q3%.uKNx(f<6[j
7_ss83Dor\LOr5QtO7krd{~F)9TWBA*U;o*&,RC^y:CMChAF7ad`y|S0RWOT*+Q3*{(O56dK
5'3>`N,]U<e+$c"FhGy.jS:ArxR/k>0'V3#u"QfG{V1VC?QpLJGuC#FJ%?*`&j2RdHAc>GtV
RfrK=rX)Obb~i= nI(n >U+j)vb1{B}%,]GI=FpJ0P19eS($ l%J#:Ttw z*]gm:Bk@X^a)L
yxktJ=en/86~[jG=za^%>rA6"F@!Tv2:QXl-dwM-r}n$)rZvker?&y(/nwGkA%^%k/!UWrl7
w7(FR*%imSP.wO}.^]Cv7g..9cl6F6?)EH[*uOOR:K`$Phh*i\G'+HU(.:2}rpG,c%W`PU P
h@b3{G#3IU;"ZSBa2=}b3oc4CN4A=qlXe\Sedw`<Mb:e]|i`hk=aJE!'!Zo5332Kj|.ME<0q
;Ge&dYDKCp\sN$)2 6GMTS`6(E9AsuE7WAnCkMW:"70x{tw<~S"N8uBDC]%?3+|EKis\rJm[
3 }yr&!\QAlr<lz\b1T_Wr2L>%o$3"UBsb8&"cE\U&$9\s=Fuu;&AQ]Ml#.,E 72<[nu cwy
e (?&bM<Ub.@3)pv!i9aHN%vUc8L4pOx^hd0;-(Ql*YoDq"C.Xu^MV>JH*3&>WTjC>](TR/i
TKKT,sJ0FN~)f3cr!\(dq WhUL6h{BOI14#gj;.I3L]]j},%Ym{+Ni/~TP##=ibA$|}xe3_c
E4Yl~\Yz{>/_ze,XRPF9wDi`P86:=ifceZhFB`i^ND?j6eQj2A5RS||:Fs2C'X"gW07]5jlo
oSc-p+o;F_:aHEx:T&*Af|`g$KqGlOfI"`gr#Hxu$Q$EH97}r)1dMon"9^u_P\1>Yb*TX)}Z
e;&!9,lLD$uX/^wv)=V+n`E8aw"Yc>q8V:G-QB-qF\/GsW22B2nc/&}g5"[899Xb[(aF0`VG
k.<\:6mN?$VlpFbE/(N.[/x`Ht3z,tdn#ocR&oaez5]]rJ8$k_B?~R(fx#38WhxbhJ8l(.jR
=2I'U`AR~51,=d#`bbjcar%n>=L!q5Dt~go~D7l7Ne5{=m7N!.sKquM!2eL*s6Wf\e2cyk`D
itgu,D^6u_RKI.tRh]kt!GuhZY'*e<>Nfbfi!z[To3b(9G\Rc-u@BpFjX#>3_\5|-B9VP=k
//6y1[z*Vf]q+7sfVVP77N I)O(()'e2|"]a!`@'_!jL8G=tF^HT)k*hmse;{:y/UL|P&<N
k2l?.7d /#8blW}|wel'w**2fLc$XU}f1'jweqlWxVs X24P?Usf.jFGq/IbCaF"1OnKRghI
`1:PRC@\Q{4.0`=aGn*D~l@79WX!6k+5*l},;7Jk+9gNI~N"h8Ionn)$Kfzz`8[mz*3UK_]}

Monday, February 4   2020 Tue   2021 Thu   2022 Fri   2023 Sat

;XGi~h$40l]:ffZ/>,,0.A[XE07imlQX^<\d2Q";S\5.?#[!R9bo*E[{b:xvCsck]dAg]3&|
v#zZ7Jo}CZ6n2S$q\nIHXR97>(+|D6?__f3{\j5%P*@JVVQmB>V$d+?@8E{`y'|)75~S7:5[
^l6[:.i+)NrcB8("|76n{Qv(&04/z-jXX63)imyn`+e(W|GcD,]_%/?N6"P[9@A_4+_R^aD0
e1sCa_1H}<9`t.DIC,%=`0,+CG>&H>}/{:<j-N/iRQ99^`>(5CE&ltVgr;ykg@nXc=XtX[c7
<`1*DA:}z4aI.*(*-omrT7bD8;-@]SH&oz"KdoZ[%!?:E3R^.jrJ$oy*{q]'I}<a-oNB9XX
FX1Nf`qm; Q+;tzF*8v08b|'Q-^39gC\1.6dkq-*$m*f1Ui'qn`J1}8um4UoqKy_Yu'1 |+)
g@|rwXge.;dWw0>/#%^!@gI\fMe{G;w"T,Uf.L)75bmIsdb6Hj(%9mjN/utS#[7/ZY%#|pMK
ubC(rpSei]2u#.Cx3p54)6) iV@Mj^].pos)#}7xHcBQaZLO#YJdcm;f(>/ZXT@$/!b*M'u"
HK\msZUx}=$!kXjfNUcaqeE!Y_,pxqn1'"r!,^XwEn{#a^)#aM]i"_4*8}VXkmV]S`^A(*x`
k n.'y0_F$9rEkVS7pju <v<*<>k>gyX[mUabr/e =!hB="~ I-lJmS}qo{:n%[RjmWE|:xi
38dwv8p.||fc??GV}Fb]MyG(ynSu250{Q>Zmp,6{Vu3Uw`/3C`UTSET]g/I!as(2#g ;K8/R
0sgy4g^Ki%I'o!zB)'m5CJ8.N7$asxS$X%9A;w3#5uMOu5[HHSkJR=bNtG0MHH(CFx9P#v:
],p!",M@Wn'Qt>ckax,QcNx,XK)Q;TKh/?Lwk?Y|K<9>O,G8i)T3p|9FFy$8{ZILYBwqLqvY
^sWY`.u+^A[Mwdw"jfa$::mWGFClgGbf9cjwxwhDh6Kas`D \\d(Z]0 kJGZn]PBwz)PeWI6
er\uZ,8jah_za*]l5('Xu)=s?~];cw*<c~Xrgj[lw_MH7G<_{Gaz@9;hm$HCj/-'6334e$3]
:Hwf{p[5h}Ee/\y}spP;1G@U<HKdF11!C_g{%s7N}&LD?7?9,RZ#qR&9aFzD@sf"C%In\3}x
UM:p]S~&9\`<)"],?o!9:RSq_~JsIkqf<5}A8e|pRbdqb|r?0q?% o}b(g._@MET,\A)$')b
H<S0|qh3Qu6*1s}vIe;x:)-K*qO;[fD7@# RRNb:L@-K'N\E1b5]HSMcZ^s!58;MS)saN.xX
U0v2.GFKS*p1UM FNB,t{t<N-rew:WB2kGA>DZtI!std}";+\~;@d'(:14fN|s2G1ZVE,\!#
IsFiO?.F"?2c*wi%Pquuxw""<|B|(BK")lMC6|P^"@k9aJMOFqC,$e@V9'tuluX..`gs]ueu
El/HC||vp1bem?14tE$h?4lo|^b^Rcb^DJ8.y=`{F,(OabLL:8w;xAt?"{i>:!k)VJ7>F#2f
{BJaF@nrRj+yb|;alNF+>@-&;`UxJstRku'rUX&r`cM,\&&?>0Iz<y\3yc29*:B#jmLQE^fT
2q<o6Nd6nk&ndkrsFQ\t:a8*/Nx$Z~C@Cg!-xPpW2CZ&wacZQglt1pkVfYp6nCJqsp-'Fk|8
3=YtK!(XFL{fy=:`?*;V(mr$KWzZt3cX\ /{D`M[>Vn)J%1jjG,4`FWHkN)/alD!M3vCP<|"
*9nNvd{OQ.V6t1/AM+;W+3rDM3}y@DbgvTf#f)WHl`"c;v8YB##Gx"u$Ul[bJ~~qiZF1}G!$
.Gp<K}P`#}72r/Sd+?yMy,hD|519zeko1eb}B^kAZ[q>lJv<U>i+RR`+4C_i(6:?Dwa[C(zp
U{<JBbSZ13aPxCAc1|,4=\ex_b(]7V1R?eH'Lx-G219tN"i?%e?7;+$n,E2,aWc{*ICf8zqs
1Zo3&n^W}W|>O_r[u[[6A}7VC.f+(,O8rZFcajGH0x0=+k- oo0f=h9?BGJ@:vb&\lS_C)tt
[$}_c_K3}%=<qu#cm\%Lz!Z@T#;;>!_~,7v&^LZQ|Q2=q(j+>(TT17Z[_|QMlEQo"F/mcM."
dRZ=I%<~<E{qde}QO;?y(D Goo.*w$}YK#Vm)%.q$<"vnHpkx>Ee}TsB`gRI n/A!zaA%)cm
d/9$&_:]OKs_Y XFfM(#;^=`WLR;+G-0)tv"pCiJz1MysfV00[D<nm/f$^D*"iEP:Q% Dzv9
/]X[[/(WY:!>%:HumdC[T?'`-_n<P!ZOd/1cqWf?lrSXl4lcbVp[q\}AlW#!`9Mc.7UICei8
vAeIEwee?Lsa{xln<j_.uJ9V-^*'S`s%|yN@k*|;_u~Is3P1!2DLse~A-0/)S-k`1p&fx"Pn
r`=sBe;d{'a(>;;=7dlW8B$K+4}/s?Kfq+eU,%gc`hgsS8G/b@/!<_.Ys#>S*7nmG*U{s(qv
9aE)4~$hfYmr?C!?-lE-2G7]7RdLYPfb,9]2K?Q0aJ<xEMe=`"#~gVg|dFyb 0IgaT"|^`e
+@0;My^e&HGbHibqZ*yax &VW='mb}!Q%u(<T@~KyOV(c:E,W4xR|v`Js;@L|=]Z,M8\}On
&OcUG;+Yj\9ZZgbGTJT9kK3#gi(Y'qU=q{``VaG1q`a_b7hMhHsKaC_Zs"0c0Y})/-?3sVhJ
v>Eq[wKeK`e /eM47;]9p4IeJ5#h4QFJHRwbR\#So{i"<8g:Quu}b%J<pZ]I,IjQzX^0/jZs
a5|:W@z:6ui4:%g!f'*9,byMZQ{xQC(BHY=*&<VD9l:o*dAK_ixg^hk;kj;Ry;*6+");rwK7
!u3<29t]vz`-^:ySCgp|I]2%x*8{tv)]tx0<8E_WV-,w0'[iEO8"6/at`it7!MA:+~Pqa/.g

Tuesday, February 5   2020 Wed   2021 Fri   2022 Sat   2023 Sun

6 ai'y`L\:2Sy-<_+i,}P8EB$mm#0[?W\sV|y=:=:d)\hqXK${>aeN]5SxW()&T[1|UMPuzG
Q}4ZvL9f1f-H0Ma3;, #U>!x,nkY\mn'z"zN$w&%C' JSc.6\t#dVN$~e[#D\8:T40 +ZJ3\
HJj|lW$G<jkUlVB 5Gopy(%)\&<dBWm3"#"9)&wh1mc<f*{Rwh-DnYS/V.73Vdr[Py@\ohel
9?3>_oZ> f:D**X\%,$bQ[@A|2"#r$#>qm)5u4FpD|~t:V&KEl$*_!fDug3,:_Dg^Q5&)j/
*PJ.8+[)MElgz*3aMstlka,I=^@VNn/*Rx(#CdOj9;]7}rglc:z];B+/il27r<\f.zv|x;~_
Z"S+LXbh:. j7ShNtr ;P:jY0X?x!\hJGQy9:JW\vSkE3R`VFM|Tc(|9Q@$11j^7@v2iV*:&
-fTK9Z>#CpU(z#j#- Y?fVK'n:R@B-3jMzg|0}$PFnjhViuN]nsR7y>$k1zDN2~)Ftemq@5D
thZqc*-c3dQ|fokJWck"U6kSN]16T|q?:SCN ^}Q)r!Q!8>P][g*<e!Q=qmi}>5q(9*uw^g*
J2M_c\Qox7 @x~AX)D$\'4/kU{kEMWHMbc]/IVsqu{"290VX(:[pLJq=}Bcy%5rs%i2`FSN3
X4'&#Y3Mi|p+d@&IOw?Ju%akfsa!}~F+Avh~@D=oawGY(DS.5E+x;}-&Y'DqKVyCq&F]yVLj
v$*D~4T)ZCa?|2 {=9n34y"8,pPLCM-!dcX^GA_Qgi^1Sa@^X&x_,Y|d~:bg@=CErVw,4uRF
{n!qC"**|,pN@(FJ_O_&&p+!8cBH]Q>4do"f+8T"btE]YI3l}_icUr.sdj~[N]QLv(qed'vU
DpAbC#A:>Qwje!ilyz?Us}~C_Qm)x4Y f{dp'SZT9NScbEqfH_|^I{uI_CJ2*WDvI*B{FFj|
EiOp6IA,EW#A\s+&k*,T:QQI$.$2"Hg|]o9dysMO1-$Kzh1og:@s],zPL",y_dK8$%[<^{Mg
SHAXN_&jY9DEl[8]$}gy}aCWZ~yE$ItbuTMzhp72{l&a97[O9)l.'l!a[;dN:U<3%57RA3wb
x} NYv2v^=>]q>e9!41Wqv"Wx][TJQ_|*'_C>pr%cviep +cr7uSZSrz36t6%h>tC@ogB8.W
33MOI&@ov~9"V;F"AIl?T{<=|h7@rv"i39YD'k,5%fGFCy3_[/=@k5^UJ'o0W6IrE=\})x_&
k||@oTWqe4*_+$5Wal^e-llEPV.x&Z{tzpj5 _wiuvsz+_%C5k@kSX3kXbgb)&J=Xda7hw4T
*{]CBA?_+aEK(Q:XDh-&/~9<0F5};*RL)ml2D02MT{^>rrza<f,f?B7&E]"6`9pcM2{~13FD
<JuSYg=,pEbH,tPn+"ZV0gayvAoMJ+#"}>sh]8BUs_LI:P#l+4gT=&#sApJRwD7Z3"gh)m\4
o(fnKh|n$R@@~"eT4aC=M*mak;'ogDy(8S^5wRn27i]n3^_ Ejg3G5M*^Q,YFM2kV@PI({1t
prR7_QV,M!Xma5*;yTh&iG-v%2]+)@}kYfL"b*nX1+{rRM5$C\~?aA&3fc~ (nw/0n@487?k
MWN=.R0 8S^G,S`Tr~R]>)jhXjqla0r/IF!4>@o>g*=Pkejzcg/i};@tpQ)-)kp'Wm1nrXqJ
p:S"gfT*Cs[uqtJ~I^Fka:>O''=[`:7UuL~PQP,i>?=K\[URo[=}dAi_ubAD,\dH2@4k^oU0
72zwC@3V`IsDgj:Pm\<Rl|fu:<CZorClW%&4s5Yb sI0C6G#I'sz+!=*sb@Swc]4J'-te0>Q
e}MOc:V\b:'oupZXI%xyW *o~#*dDacr%%;+hVM\sR#Df rKG{V`*.*y~P-=zgS<6MWY{f<G
B$.LK0D|t`J>h$[{(k9px?V[})+c$|Hrq Klb !_i(J%BEBBMFeEGBW)j< 8@*YQFXCy3PzT
d !*MO&F#zK!M-&!-6J},wpSF5UO[c%Jfrg1WqnihsrL6ZHg\Q^[l|GkQ'u`nr217B#YZH{o
y8ZrGW<srp\7=2AT_o1wM)[D'VRfU"ItR'3?PnmeYq40Dg=]4X)>w0o Qz]=1n(?|$8fLHdy
lZ=Bp;1^}jo%3'ea%^5{DG1mRMRZ$ZZ-Fi-[Iix59w69$3g}\OTg;A<`yk&kqJ]:)HC_8S>R
&=sO8+`":X5Xrlk$xPmWwu 0=54,:7:nJ,h{wEEcY|jz)YbQ}oh&G|\<%94`6E6Bw&]bM!4{
&H)Bf-{Eq7sBn3=_ck{#._A8Qn@[fOQFU:3flk7D~J|f H6L1)4^{Pr:q:g1CM;RhRFr>|:'
K']J3r`re+OW_4?zxPSwhpG0+\l}RE>~n[]C(QbUCh"hG$!MgSop&5P@+G~EOR\hI4<kOs/T
2{S!fKi)`'&Xise(Me|?gA k)O,R:GXWL_{v _'+$*T%b*%kO6M_BKwO}]eth#rFDR$#ki=<
{x>P[2Q0Y'Xl*9W{,0'JO:%!umOU{^Zpze.XZD8vQm[aFDH6{~U-{B3P"/)LHYvmk\up|-y3
[_r]$3\/RfsbR^98ES?E%u[CRW-6r(9>,Gf/ns<wDRc5dvE!U0|#CWi*QgY$F|xA~_Ntxta>
w0/l]+6hG?5o`=}LR3;S`j<y:wr;Zp5 gX+-AoC81`Gmy":K,c,I/)X*$dq1DB?~`g^D]un}
c4@!XvWRZ_vqfWuAfre.R=7:l9)}.L%fSl(;Rh30;M-px'o-7@EAM,uq(nrToTD<sLmaus
)lt^F#^$/Lnt?v5rG |S24p)s&(xe[(cgVls!?@]4hyv;4xCsIvb(Sm~a>gT"^7pyDQ,*@MV
R;v*FUr&gk/T,9yY4Xj"c~)G+S8q<UZE_!E9|aL;k@vLog]8'+XMd@+'aTDAo;auy.P"UD~f

2020 Thu 2021 Sat 2022 Sun 2023 Mon

Wednesday, February 6

B6K%BkCv*pCpzl'ToX-cEDPq8S@S|"nn!Nw{H89!av)KI8O1#{sp`Jzo)H`NK~ `6Xb5ImVu
u!zN=zzW:TrX-T|8:,@D,,PM55m Ei`#[>4lb!?']@(%rbve7\?/tB97.(FRo-u-idK8)WGL
MY"NOJ8~f{3CKy\PIPT.HW:"xeCfv8#R6'|pXzf[B/*[c_c8=#p`qP!vYOk`9i7n9:Q>gk&
Z'zio{F{+1]TvG(UVtD?aTBG&.]]$pDgDBXB"Df7 c(Q?WJ]e?,iA'*GXrQ"nU&$RXo2$;[j
XR~NCdo7kTwG#g{xI^1v*#O}IsjPktvhf;4PnWAzUdKC]>7?fyW -}Un9H"Dh<Be|\Hx[h
)|i8JJ<9BmUNiYQ|^L4Plem{/I,Y]uhPwcEZnN,D:6^_/jzz-&_$-3UwUwC SHva0\sJUV>_
=By~KbaH^y}GXgwxs CP,(k6vj6<%/SCElpvl)e&!7|KyeUxIiB7Yrn-:E%`d|^Njfm+zJM&
%1u-vGJcv[-,q9!6DVtX'!4F^Jh8,1Ynv3J)=@L{"r-fupkP{..n]rTtB?' s/9)rk2(cHiE
&`sWXDkjIN27;,}0;\|six-a>qU^_A63&wx[Tt9rh$aC"=z79]fky~MA!E<Vr)/hjKa%_BtA
?G6Q$JPf,3v@UkF/eGoq @WbU8{U(i5Op+1fZlb-h~yo*6W,B3&AtRwO|nt+HEuz<?J^>jN2
?2r}_o_e_\uqGgDJ8bv v / /Tt6&iRdB.xi6g1mks20yxKo0Qd=:I1Nf>yztQFh>-I!8yw
k9tNzh\S}#I &m|i(?HIo7=[`{F]y~lRK+hP@_TKM+@68Fzjv('D6UF`5/H{$6,we\)1M3P]
|x^Qf??> JHO[`n'|88ADiM5c@woW<-:&h-gW.'@-<gUnN 73d>4iD(>$N`5:Mzw@K\NR.aI
h*sLf3Oi5{8EkZ(g2,/Y5Y?c5za[agFv9!L)W!oet>O2~,[62&+u@xDrz-E2xZ4(7JZ02
`L/&w|d|<L{+yL"i*-ot`Aa"/} wRXGb,D#V11(qX$e.l'bykf+`_3CQyhNA-OYQKTJzkNwP
:<5}%ZR"cGg_2T#|!n.gFkS5C?4ZB^F?*&-aZrITXNY1'sntiuH;ESgGNnT>IX:fd1VfsYm7
,&@B,'7zfRAxfHn@`uv*eg}-xkV5E3Q`D0g(?tgoUX'#_;]q-$IRHV$TyS$fQ%C]}wq-IhZt
q]?D965p.\OWPB3~^s<6F{H?My'r>}RqtY#/Z27o{gwwSFT-`YGF)NX2I6]}%\cACH97tKb?
M[st;:x]Y3{)>`A55"ZS<u>E0|;9?FHs7|<r+NT:H8%?p^eft(8@#o^vWHq4>u,G?l'I V5B
*W]$R2yyIs*SU"6}Au*:UV`QYJq=\#7nniB`K'rgX]X7w923w%P{6-HLO.ra?`%mGUf4ND b
BsX#K<V"[6<rjx-i>3p,[c,GiP.{uT)a05*7t1K:f0oldwY/bnIu~6'"%ztqq_azmMPsP>sl
3m"R3}j-M7f^c@T*(pEVn~K]/J$_O%/\%Ru?%Z(8^|T(BPbP};Iq39MMLXfB=5mx.{5szpL7
rn\YCDoN{|TuhTN4T4i%Z#Un)<daDxvY6-tQ8P*~ P~Do^?KZ.H/dax%BF_p6a#`rTn~g+,"
G+_O.|uGg-knC!^Fu/@&|mN%mKD!R~q?t5,F}k4y {<)O*M|4ve}iJ=-NQ:RZ:jt.;{_E<_9
U~j-W5{V&94c'Qaf8lYGQGlI6_9"h_>=^6`D]T*Z'p=GBxYkhRGa#qC'{"T57FO+-bjr>4!8
"/$J0dgJYZN_\1Gk5~>Oo".:v)`5R"m#\*LT(`eMqipQlnPZmSyj'Po;-lrT_H\5HJ^YGmYO
\^3LC70~X#N;#GJ.xGtEVoGJvC}k'O7,IFu3=+1A_W[U2R5/~JaYRk[)7y{'Hh3U<LLc3N@C
7dX+xkUYwq/]jFy&p+Ry`t_PF*`oUX?WQ@9;RgQw@h~e507pLRCJ3c]fLh=O,_)\Yzf~n]WX
B[~HdlqAO4D2.,KVuw{._BZt3=|,zTggvj2P*{b$9k6K9_V".Z%yQk&pj](E%OJ7x>.Mp-:W
<:7(Y'zx>[Mu^I[%IdNGJ`;BkauQVhiyK\NU!1DxxJ43^g}"Jd*8EOk }T[6$5}B',}nH
?N}zAkhHUH\C&[[*#sVixb~fd/\&%<VKc h!GqfAZ`;l.URiV`H#szP"D6s$XW0:.[BMT}X"
R(mKOrx!4I&k+i]~w0C_cwE>C{amOy8)nF+tp-;KtV++WcdKhZ,`/Zwlo.Sr4=S|x*A.\rPa
|Ce;r{SO(J`~[:$nF3Mt~x!v,Y;+xz0rP~9aoj[za]X/,QkDb2EF>YSG1P%MW:\Lgf:Tb!9'
+/ZirfiLZfm@DSa2Q@2=y3<MUlHwLrz]{:X~LrT"()\7i`$t4S9qOg!Y=In~]!q2*5(QFbMH
4E\csW.ye}9_#]9Gk<QSZ:s8>}x@@: 8h+z1*!*?;AKfhJE[vpkvy{+@li\[X2mvTPktroi}
?iu|a7go[SZGN\18Id,=G~0t*,*-$ml9Dx4(S}h-.~~?@;Z4a8%;w8<v#tc=DE3ZEHD=1X*O
)B-0XW!`1Z,9[j8$cxtFJw:3V{5nB7~}7z-lKl">x0[\ Dp/W|yUOSk+Dogbh+Stb_O}>Xi#
`/}aiUU90ydDIM(9-B@#'^^)a"}% GBR?cJcF3pl~E6)K=!iX~Q]BI",h9)^{Qd.gzzi!:16
5WE.jXo*Rh31TX x>1R4L5/_X'YIkKt IvE&N[-',CK,IR(vzB8=CN`GjI:?*VRW15fP0%5X
}aHZeA-hB,zdR-PGyJY*1[AVfe.iP}q=8p,AZ!%Nka;<Mmu8kn##AV88JZMi9}}7]huYlNs~

2020 Fri 2021 Sun 2022 Mon 2023 Tue

Thursday, February 7

BOEM]-v'-MgU-Za"45}qN=~AoiAM<m)i?CM?LigLrGu-J4Hn7iVbkC[vbTwA$@o"{ROU'f_h
x5cV/ZSW~"d|>z8^dRH:?WYuxlgq(v_ssG\Sz^`H1LUbL;-G)[:<G51"2|UZO*jV!m7eWFFC
2`~R[D/k(wff#nM<AF!ITdxJ3`K%nB.>GL#|8R7rI8t)oZ}[4rr|z>! W}K'QJA4(.3Y!LE;
`}XQ+*t%+CnDIN^Ja?tyjiw5hX)}obS)npwB7U*A oq@<;fkKHXqs*2BLD?X/;xpSr,j9t1G
a&lQ0dxN-/8LGBIW6]J]kk|uK)<>9pg:02>,Bovy(GEEEfa4g.Gk&4JSoN3h+I7[&{s"7L5v
%PFC'x8!=-1u(xhe[z$4z&\7>S!2'o6|E9MWI||tJ?Dj2EN39n!N6nxV@G^3\4L;Zh!lNTPu
"C'O$xK_jue8r]w"S cl[RVafEG&p"oa74Ha@rrEy!qr9M="\mI.JQ#z 7v!p8,id7I$6nL:
(=vX?i)E-XGGzj54|/f,)0MbnNIk`G>A`,GZWi3I$+?i4IPa'q6}5%&88k|I_vpk%k%.fJt;
|(^qXuTmdZYiHZ66{PO/lS(WZhKB2dB0<u'.QI`"yj![`nDZ>Q7m?"+p*02@+H[cZAT;8X<B
"TfVG\z^,[-VH&%6p5_gd%Cdf+p?kERBG^btxl1JFLuIl*.dc0{b?dP--5yQq"b2|EFy>Rv|
:a,x--6:xMQ.,>B~("FG}|u^w%`@m0`vb ^):\-Pd0vI027(#(83&rPovJ{grz#^U[T}4F^5
VI@\`0zH2=jXQ]AY]{}y+F_vaOHzcv+sc&b}je7x|uYo&AY tw=#/8h1#joiHYhV~D,@?oy!
]do}Q[@+8?2TqKi"'GuLN>-V:-{(^d?D>EQpLZ)Kl&-##'!n[<.-j U_ Ks<x",+lH,e4?<}
O-MqZgie\Wrk@l![HY4hZCa:5pT;T4yNzd7.O!?+K#3(lSA83Q/0dV,$Z@-[Goc3.RE~)Gba
NC>2T;~hLmz2fLB]`MZe;;+>Ed:B3,@D-Czri'rZ9_#OQy<,|MV_twWLW(GEMj8.Mxr9RAh`
bTFzL#Ir(\qQYO[zbm8pgTH@u;)*=.:8-5Pf!Tt@.HxL~xkx!+gcy<bTv{q#zAr~<q=ic*!<
c^eQ1X#nF(o,-jjXl|7C@"[puc5Q(DEFw)=4^81C9@c6v0N72&vV T-)_2]wL*nx{[-PZ},C
VKqW %_.O},3Fziy~C1nWrZyfa"FGQJ^!BrmiMe\Z]J;uBUU=JBW7TQGnR,<GTS=yd6yIDmO
dzbix<#TnpB+RJGv8Cj{;n\aT\@`p2G/3k,)|06DJW+>D0B_v%hQgNrs1^u/TEP[Hi#C71aw
^)D33Kx3IY$sz~@`xPm5Jo}#Z%ChUbgZ9;e8k,xCpPDI;WDq@9VHAA0 KUP1U$2N{?/HtFF0
"/dQEG-vVy0#'#.DlhV|vrZ;ptsYZZXN*0Jr (}KX]U')Cxd_fSSbhe=OhgC'^0;%jqfcbGP
gs#N4JJ< s0#Kt+wFDxHxnQF"[`~?4Nd<XS?AG(-:_P}1 aweC5m~fu{JD'C>aS^0>b!WWpA
4dx'Z|e;$OQ+:06[X%\p:,Enf$8Q)haKveBn(F7['X8qFw1%]_N^g%;*Y)"Ci0p 'HCU|O0^
yZAd.fidAG09SE\DCV3dA]HcQb\^i;=4~|)RHLr*3|(*$Lj%#>p(n l-Ci`k(}+(NL;JEgP{
N.v%6dAV-ieIH +3s|=c,m5+:asx<i`!f'I?!qgW8S{6Y9ijzT=f9fncIf%MdC71\1`_PU;i
`CN`g;eJFtH!Uo+aPq0@L1s~)'4t"ftve2<d?;ijdg{@gb(<(i["Yc/zr\/.2hEHr!C9{>!7
:>I.jj/w81b^TYd>2 M.W!(?v4Qwu\W}.Ls<k1e:-Zwz&,w6x:ycq-K$d"<@"b3O^G~_>EI$
CQW@^.D${X:HXaREMSl|0uJ@t|=O5Vd%/0[m&f{pY)kJPk$&4OC0]sn7KLgD]KDi,'Ce3qlD
N0Mt]y/aD/7BQ&N0'uV3{Rxp\Sf+tMrI(k`W6aXC<`&p29iil:M.ap|Z.EQg6TQ)IKhE(cE[
4~N68J`&`EVx_~UPxXs@m%bf\!LlvQknHgZobLfUWF?d'$@[uw;(Gs"QB(%eD-:i[VrBe~f&
r/K'04m$IF72QiC8>6_OhgU/pR}_%wtu~{<cW`f$1@~<?aUL1Kh=2*p_L2gxD;g+cW0c_[~V
KJO5afGi<cvIi\5hXPT*oLgX].d6J2]":>{R;b|0$p#U/T1qN`[T5NpGFQKlw<LrS.IRLw/H
"8 ?a#;DC0I5o[GB!_c5O(4@;g%wC* jS.&g_Vr|FkaPe}n5(86~|#D/fw4D7k)^Mdb^c[]8
%gClrs2q4.1f2?k {`~#szmn[,M[O<,GBLSJ=ZX0a x*/%3jM|a o.b'PcPKnC-QMsdu3$"u
4vWDd)=;]"HGG3^)ai}%>/,guWIlw.!nnn_O$==tcs(w!Hp5+N%^~YcL2<:r/"$<bZjrV|nR
StqE?1X2`F"tU_@Gs)(-DYoCftnw6`E5Get<S KBv#mbm.tsaCyW7:QOEPOy.E/*tO7tcXLW
N's<_s;x2p'-\?uW\n1Zuy 5N,lfE>+S_qA$X4QIT5bOL8<'35-R/yCunH)\PF)},u-g>.yG
w7i#jqv^Gu$0#-D>U^O9VJ?~hxy(,|\lWpUU-S$FIURJ((S=u[oPH93Im;U;Ebis0VA2f4/;
;5V(vqk;!'ov+kGYl7L+bYcLEtj!*}\0\MwNi+)bI<[g%J&9s]jC:c#xE9ND%=,>-Pl=&jwB
'86_7J,j/USU-rJ(4a5<b,:>D&~BjcmBn+zOIWqta~Dp;Es]e?_;r"?_kQj2nj>Gad1Jja;L

Friday, February 8

2020 Sat **2021 Mon** **2022 Tue** **2023 Wed**

oP/`k]rbd<4)T`$9J\"[n~Kc9JII.vg:;Z|.+d{7=T$>x|11L>M>b7kj(hiCp+@)$s]#|M5d
HHNLnW;up^`KxaJC7j]$v)AA&!Ztf8%XN*M[Z`UPft1EX3+'(ItH25*.KR<"f{H~NzSKoa#.
!AMkb>v]+TT0z~:5< v?8hs&r- fz:|z;5dNm^+2-=ww1;-vx%rEn=kRya+Wia.Zgd7JYULK
aBy~NIV&gQq,+D<5Zqgf!rX0g"D~be%@"C(a6U+5DEJ7L'pnTN86`Y3c++lX#lwrfh6To6w+
qAw6N{QKjGS82lbQPmvSbOCf%R~?AN\|!VsQ_B>veU'9KJ12]mwY$7~{6BW`gbQ>If#)q%1$
%,J`n:stB7pG+9f$:D8fM!b2zrJ|p!,k_Q5~d@, kF_b-"{reOqM46Ar^;WZQLzCOv1w"EM*
YI@qfk*l)@Y"->#:^VNSYfyTI#}mvzw2:"p*(D_^X}v}(*,.$qpX#xIeWT-rS!'BCGEZr0;e
[sg\VGmWo-'u^5S"zbE5X7}y0%_0a<@VEQ4QVi+B.d6FCB]BU7dBJ:H[-oMo0uT:O?"2_"Uy
al'Y_PorlBa6l)k_4D=-8 WOlW0WFsx/+27@\x2vi4vXd CQi)K9P9;]Ce$p7E6Sul8rL;%g
R-|jZ9qRz~bT9.'9Yg(q# NprRxoQo|e#3$"r\?wcl_R\rc9`x*Jf2@aul]XGtk_0h)rO>Ce
Kd^F\KX:V,$tuaykN^T!1^Lalkc*r;bY@f=hk#LOa?%QkT}$%dHcG?TW9D"%:-|.bLOEvC#[
{dUUWvuyUCr# Ouu*/QfH]* nk-tDXLu.@J@M~UmaXFp61iI\/Y\vY1>t5K*N!r$5j{?m%F'
jRJ{"UfR/[R~3Tg-|D8?=v}Q{ &VZy6^}Y_SU5u|~nQi}+ mXC!dQ+??jGN,T<%@Nq$]Dr}9
`e4Ym_BJ"sV!z$[fI}Iz~(PO+q+^W-ug~V5cYnMFx{ZHU,$N1`mSMD{{< b]*c$wlBPzA1.z
d?II:uxhUtO2Z&9@V:>"_b%QJ^JbR|$u`>yG6__n,T}) m,?Apu~U|s!~XT6Qx}^r$!,O/d}
.ZT;:^jHc=.(w~BlzP|gAFeTe//jn0sWmcyr|Vfa45*YoQbpYWhR$F3=25Q"PQ")PAqEy9KA
QC!qMBe``jK"iUG`RYP=VJQ3JDn,Dn|#*o`NndC,rtDnaJX*Y#=$@Eyn+rLHVa^%4mMJY-#:
Cz$Tow!2Aw#EHe?JPUWNp^9U)xb"R?>4,>$f".v^:x/?A(CD0Y.$E,'TH4Jpam__CvI$A8h[
Y:0V^!rn%h>Oz~0XILoy72Xi'hZb_auy}Pw@Ac/?&">kt~Uo0Yi%_h`1gO~=lv.8H)[c}"d?
D0X(kSI'#$E^;Qt}$bt%re%!{}lp!J&aG,/8hU"8BQ0S-7lmg8Z>^gtF?n)=_Wk:&~u!<!}7
B]<\&*g(ON\7dsAdT"i TaT^*jIRS5|*At?8S.R$dW6s!^UIj}-qGEw+KP9E7yCz`-AtKU}0
Rn?"i He*]-G3)3B<ivX0iWsg&'[u2`WZD|%|w%kCi"lMcU>r3uj^wnFxnpG^{~e5,l'/U,|
3"&qaP)1qjh\`"]&s Yy:S4T5;rd8>W$Wtnr9c\\E3fHSh]e&ib9Xg,zo,]~'r hs1|S`-<P
P;c*6'2m[``^AQS'8Ae2^]w1Yw$~O4FDd3o|::[SUtVV1vnNS5Y\qHkh|g{:,d1{\}{#dLR
u,P+F_y5nB\B$=P mJ*u'E+?s[$8z&aRv7GqZw^V+e^lhuiqH;WD9Zco(/|\6R}"iPc#rNTg
Q$"GqirrH&vlXO%4a(M2Z hz#_}X%VPzy.Tjp}l4sm.XhDvV'99AY^k&2Ms2#vL&i~iis#^X
tV\&bT#Fnxfl!3o7Iavt[YP8$Ns{_FuG\M,}X+"i<\1t:_2`UV4X\|OwdA}"7J*E)eE Kb-K
FttKhyh| rJ$QX_e` ^U&v'"w474ex3)wAZYDzI(CugG~@Hi*D;]D=sJj!#@gb~}8SdOkypl
,qc4C0BZ|?YzCb;@rucvS9}@`W4uDxq=/fR?+{79K]vaL' 0(nvep%d`Z]~bEsP~>hvM9lk>
toGvt(jw*3L/?*DsTgtf$[!P\.9@z1>3oad9m|(dCvCWMa3DE#P$B6rFa*q+e-W""1;J=CZU
BND3s#(gxdgo>B@76dCfPSYw/+*/{!`r8O<M$FEJ\aG3J{Wry_i5R!L!9"\R$xojY~6hK#s7
6Tpy?DUCt-tC4d@h<;#0j4Aa~eZe/|glW5a9=H/e+H9HijHhWc'96BO)'N:Xz+BKfh-V|7:#
{M:|2Rms.bd*IQkyB:qR$`W9k9[wXDC~p'XY`1]86qTULpo@RPxLoK6&f."ay_Nu^?:#Ah{F
ZcM06a81z0q> gdUx$Q;gz+WuzLyIkGH@-+brxyrZukzL'n3T!r$$R]kJ8(p##3/Sdk`*,<.
Y}!&(>e~lfq846X=l(5Z:Pn?Z'-Uid?m1G.QOV'Tqyp]>so/j,]5q[F]]uW1{0q<.oBHB"/A
+)5fn?(d#6,jmO^jSSs`_bW`|:4REF)f@[Yr~X*pSFc!%.6J6$s'6^8}YG*f!s7C(7o!H_=I
[{!$IRWP1@`?|R$$*c{d:E`fLFHGYR27w[*#.b_AH$wj{|V]4PU|EUi/&ZJr@A4NK6<xF>V
DG]aU _xb&sf{>AmX7<=BXN,;*.`Z,<Kw-b'70mNZe/>e}Ep<!Nc7%!)~\\ToC,G.2pz!nIP
}UZ-)"t3,W-fBh2,s"\$IFa!s-,bDkmu:kD:(D&whtBP8)\dxW(|LAMC?]{5"Ua}N)4^"8mZ
(E_`2lW%JZqT*xH8bVF^$K"W4{i+1FYiLnBJH/Mf?oHTS7 oCQ6sz(.L?U/k0lEjUj/#+FW%

Saturday, February 9

2020 Sun **2021 Tue** **2022 Wed** **2023 Thu**

z{x$lJ[%^js|K&nU}F,4q?$kBW#34_C_C(1$/NmqT:pX=^-g q,GxlDxc0T(sk]|:tZ5-*c+
1;*<bQJK=-Y4&ttQXn$d:7~g@1Tcst, XUOZ,w#KsdZz<&r#rf3Q9gJ9OE<z;h<e/18VGg^h
L#n&,2oTgIq<i\vQ/}R2`p]]`7*(INFRLy?YDx>F>VZ&%1c)7lW.(E2R<W[PxwZeM0p;($Hr
O,1R]3>t{?6MUMEv_EI`=A{5Z@Teh*}$Pf+KdgrD&.>?FK3;y7ud)=sS4b*r{x#l#qxdf8z}
Hk:59b[=^_Z!9)\T{.= `#y5.i.z)/ULMh5Jg|i W_X>eX/#4y@,q3Neo;<o>|R7+zVEOS#4
ywb[Momfk@gOx7|LXDO]Qs^@[8vx760/9TWu?yClLM;q[ie]Fjo=Tu)B~O{?\&#?<=\g57)
!U(|aUl409T +@rj!'Qb!7,YgB^k`l,~)KGq''OQ-B477t(+0$$e*o+0\m:JC"E4+XL|DhGd
{%]`c'vk{BT-r(_N)u&p@ggjA@kBz|pt#C~<)rtG7I[-kIL?3t}Ht6bg-^jxvF\-ykCvPZ
t?X_upO*Tt 0LdA*e6}iV'RQ!yw*46jk?BVlpW1EC[-9=a+3SL7g|(hykhDEgh.@vKiwN0|+
7l#)HBi\[?v<kSsq,'w/N_.'k>7M).%_TB+Y<MMKS C%h@<F<W.87M,D~gIwu`/aE %2=5:-
VQz[{>(&EM8ZhxaBMo'MV<Bz>n)+F]Q]-bc{zjKt9?F(pCd)X;B#H4&,w?zzBrC'qafUD"oQ
^"aEGc|i25@3F1e+}"RNQ=uxt(5+qT:nq$o/Ui&!q1cegM{z|roVm`.rX~5*~Y_~wH@6wHwU
X kaMh|z'bHNqa-m_Tj;~IfeagE\ZY*rv\.*.*YJ* 7MalMI_\1vk_MzQArZmDq{q^nKc=c4
odxxr:WH]e-A1(/_\ZW>"`}0G$D>'zxBCV6#~aRyvp*O ^h6p\\V[)>acF-j!R+0-R&z(xH+
c{&+:6d}UyW(3h(\1H=A"IK;dh^)%]qGMr&$.O>oT1DY (.mB$$Dj)Jfx#7U<<U)l,;5Cbo
AF;|CLi)S^cx!Vf6{hxZ5h=;2)bq<q-H2cJLMlqM=ef66/f>m!e#(|m+<LRYA9W*m+e~z<*
1J-5A]Qi~>6HrmvYj>3WoQHw9)m=Oy`#@TV<bZ![*xTI;M{SN`n2n>2F75`xEQ&c*M0uwV$k
"P@6v;DnhU-~|2s/;3='_c9%pHi;^t=cciE~nVhK7$_P!|PpLJ!nsS9yH|om"^MLQJ|VCCq~
WpGd(!m:b<#*wIO~]V42f\ZE^E1n|wHTVKQN6E`a0w5 3n3;1H=/P~sbBe&zz\Z, t~~-H[V
%iQi{p]6gUNX>!#,o4?zcN{/^:[kSLRoeIR<Gj2#["P" O#+8*YOwn<)%v1M<LMJ/_l^r9ni1
*Zop?t>YnkC83Mk+ySo8,9wC&Ti*JdD!^Keb4)nG&H:?[_0n,{xQe9vV~B-s#9NZ?9?"9B>(
\4xy5|Pf9s,^Fu$/^%sbwErPC8bFix}<BYp#{J8C;F@UMGfc~{,&XOdGW7?_sQAPOQB{h4!a
^r)jwkE0a'!0!&qAL,^{JxOUA'#94P|,/]tvSqJ$zRCxfiCc/<;'%u=U?U6V'\T'(XA&DawJ
Wx+iY9Uab\zi`8b1NDD%!8C \7Mg)>c6Z4NraS@H_B`z)}9Ed!|kLc0T}xD_%1?zd,M4gQ{0
~Nq. Q-fYQtWjsR{#.>[86orr\;nS?8BZ5C@#}YvD-r`aT.q_F^'jL]>/K99dtq5Oo/Ugz>}
"2~W`uAlBmdKmG>0.@QlwPOv"`4}&vTKU<uE/3qwzP%wl4rJHm|?HlZVChqq:ZM%089bx;k^
@5{uPK?lScF=d(a`ln.g'fH!C)uR_WAs45McI%d]Z3%7e=Uhs&KL,{GZ#E-Q'v9)vQ:4wb\~
?lr=SEs:c6+:bw(5r>j?n0xvh/P&}?Q<)2iv6v<pJw,~x(;U"ky4qdVetv[/FP<`7q%}SuLk
.n(!v&q[[-^O*EKna<:Z^Ka$@u<clh0Q<N;pGb,Nm&s$v:O?2)DO_\{%*(=KAOyng5_%<BdO
}R|ULV+b%q"hPEV!Dbg?za\ttZ@gbX2;1VJJVsi]7Zn==Xr7;-wPOhp^abf{CD6>vW=%I(CI
$Gn~VC`Duv4|G2]AqdrHT<s0Oj*`]0ybgm`Re==ZJqt(-Jk9x\XSA6h}]#k7J2y]cNfp1{Va
aaA<pNf[gl8Jcx[DRPQsb^I6&Ih[Ik,D@npZ0~nZ5uFz&-6G#~ZQ6Ih>s <j]!``rF~$('><
:yw"*&Xl'ID)(({IQOvYJ:)m[an2fpk@)gNU}8Sw R$1Befn)]xC $Hi?H [bcz3Nv3[($;9
qXs,?@G(v:amFYk|yHJji+*Z?/T$i]9TF`Zidk:|^GIhirJ6R7:H/AJ}LQ<s\O+g`'YJ]_:.
e1z1rm=.xj$cCyC74$ %nb38$nY,"gk@uZ<l!BcPh3z2FOO.~BKvYw~6kq(-NzaC4D|''t+o
xl:@GIV_zC^4_*b*@,9fe8Q0pu1l rn=XJJvVRK`5oC-pL5=gLE50Gs5WD)(@y4*#1?I?'6{
1>:x9`*vb$#%ziSv>%+Udm+pkb\@r)O6Jh&cAj^QH3#_81NVaAKk]~Kx<aGFx$2F=BC{OACB
?TD@)A1O}b{:rG-|E5] LiqLZ(P{b]\iVuf$;s!@L)Ot9 |QQu7s?w7K8Z-z)}Y.zbWYN:I~
ZYiNw(T5OF5d?$xts=PN!E60vj4C"95F25|Mn4j`B@#7UA(/1=u^*|m}&$1/jH{;|4+;jX&Y
^--wrv=tl1p3o)dRB<X6IY$-]V#|W{6>{n=$xvBrQQs?m42_<f-pc>DeyLbFRg~#XrCQwB*e

2020 Mon 2021 Wed 2022 Thu 2023 Fri

Sunday, February 10

6M_"Lgh3,~a)YJW`2's6iH0&6 o@'gONwJ;-|Y)FUz8*2kphmCz'q(68F!nT A{FoDb7 u*3
;\&;L~yD=>}CIuA EHDesTE,6<i:SLFhJ(xfVQ<@:;H kr]C"QSfzOeCeIxv:xObWq],D07!
P:Uf0lt-~:%1mtu9#@p} 9t^C=O7U{YS[Z#f4Kl&&KELN $Db1Ql:4!=v'+Avt;E`:J{$t*(
^1F/C*>@7\BCYH_#yYv~0mGIX|-;qhOJU7%oD,_?c$0p[8.U7Su1uI$v6K2 0i//*>7S5dB{
;&L8r-mPd)^oL[c#k7X$.1ZVQSw!;BU:r"eb#os31<6ykd"rg7K>}yov)VOXKc]BUUr_J3*+
OBd(,n<O;SMMbj]f17<oK5r}N3``Vh:Y`ONeFQH"kCv5h?>#(l'):& tEe;pc6XY>,)Ja+xJ
?bvDQ_FP;?"T6qFC7c%X7z|,vMsGix6SQJg:Z`5-+~Ja1`kUdxpd[xp')MAv,(9F8Vsv56`F
9fW'oB?_a@$g}8Nq/|Fw<:1El]b(Rv2B.3o[t&F8P HAQaDhA,!)rl:|q@j}my\)}y?5BweV
Zy:_y3/RJEt^-;r<!0Ll{U1J{Pq?d\1k\'76jFTqU|a.SNZdvmT/v%%X"]H0a\,.E&*%YP'1
z\)P]1ugHB.L?9Qb5NpHr#FYx;+8m.RNag{;`*{._iP>-LLn J ^8erYHIe1oaLP'KmVhN/
c"=7?YU)*xJ?=-GOU.0JN9xdR:8Rf;ueIs[+-7\<<A!;xb?'e/Pb(2;fNiU[|0FHU%Jp!9Qm
*zl`r6<zq_?)o%jAEX5-)l4&$X\<1njM=|sq:O-gbU7-ak$gsO/>D}*U;_#BS/;*\`2,hjWy
h'd)gH6%gp(Gv^>E{)T*-|s=5&?*&{zKZ(OGKH@a@m`Bp=A /}US#9~xm6oE]*KjYk)E_fSP
)ag\:iW/$]Ah*N0'aBp,u;z8W0_k3zj<^!IezzCmh;eB_`Y6+}r+Ngx!x<yuYd\zR-'N`:Qo
5VR-hDh0B~~eN~ZVz59&;A#MzMQ[Ltow'x^nM9v:>JeRRdRKL?TE8jtwvhRn:SHv?QKCvx{E
^b^hAydP[{G!8YqOSH>Q[J3lB0&ejFz9ujmZgP^u;?=#y-$(WJ[`n3dlwqKE) qwXtl"!3uZ
j,GcDs+8V^qdc]q S9O`'/[Ng0]Pfce~"]-6;oIoPj+ixVzt"6,Ed@kho}UrxpXB+0Ig1mC9
a$'Wxs_:0gHs$I/{q+&8,%UEe~5]79UhTt%QO>ix7=:q3"D'A{E5|"_n6Y-A5[K{c2F{ESOG
2ReA#^I%g}tz"Y}AlH(PZ5eH:E#|%a^T/1!v)4Ya"M=i@Z ,"JLe%o[5jLs{Kn6tMJ5AQs<F
1uEy[<k$\+=#Ph8"T\ALkH X^xBmG?j5+**[:dd*H/tx5ZW_7D"vrCxmEg!h_CkG5[;?DF!!
g]77g07D:SXnxLh>iYSiW0EUIc>FvZdjFg0H}flwqRAuT)=F%a+F;GUJAXO@.-$)+`&rGh~`
%*LH+0rw.fVLA82u-F7g0?As11_V$^QTf& m}#=#Mt.>5MDZj:/;[D>jy^`\SB2G5.)aAEQT
_&Ln|EnX]TY/REvB_O2^G$iGXM`K\zMqbt6ff}D\y%ENGm*iHc)ulX:7g'j+QY:\g_:y.GuI
HVFt)s$)UP`cnZ8T4Sx2e4EEgG^'Q"^uV+.5W=]9e$J"DmA9!hjJHZcf?amWXsT+Ut&qPTdX
Wr<sb-}4k8lxZ~ti$]!#EJXUF4KVQV|S-!8Y+4XDX7<&j'mZNS-!W}zXWWG3XrzO\V!sK/
os,Z<wT3"5NK'T^6RzUUpa,o=tverbJmlvZ>>(:X(e"opn;tJcfxF 0$vr3EO[`xzh(:~:_G
@GesCc_]^?x$\hv%m&q6a<.xwEg^jFHo=1m]_AO$3_)"S&Z}Kkb#UB`g[e2"ekLq%w4C4d`a
kSXz\8qJ'bm^H9oEi)z'q^kw@V#n-*8SPL}/o\EbyAvaZNb:@cHF]}+Ivj)O}s.ch@lGq4$c
]=<&*'6YVNw7*y'eZHk*R[<-&-c>&)xI(&[NCm BOZbIMbBB;\KG3w}+#tH%WS[Om?@MK/4T
:b A.@[,3GeNju/ImkFSsh|CxJQb22K23`b<>'T<{Vk3?z T.<cDs;~i/OaE{U-@"cm0(A.\
;_BpYgLF=z hD>iH6~yG:nrIvzhDDNuFD6IPL8?96nuWo2G7?sSm<Ewon<}6s>* I.rn%XRq
3jGn+QQ1-Ew5buK04G,)$k'FZB<2(^~J|oCX;0~4R3Y'b)+]$~/+ff[Xj-(u[<<?DvZM1)CK
,| ?\O:}f>_~Fn{\"%MzGL<CT'S|]rwh[*0')'LiI\P&:9qB:T${HDP#yx7?%8aX=AzV&(I_
Lp@Fp+L&wv0cY mnFefFV`1{M8<|]h#\ O4]?Hqyl&3bWrY_('LmfA*9RVL.e.g"v!|E@@G_
D''p"i04|9.SB"y/;4;CbTl2-<VhfR+Rx/)a$gj+JnMAHt7R=qM>>M;vxx4>+UEUk$sE3yh9
4NNp\5a/!V'_8r|]>\ 3cX>c7^Sbw?-J%;K04VE(&{XIEzF5V'#SVvpi&$]qLm$Ts5+W8b
_`S/1<R 10VkR26{{S1Ni8#P/E;}FXvZ([d#"gD_83[9J\I A;?<l-qJM$;eEK<!I^AV,~6K
:\`R}CGeaXv8l/ 1Vbj%!$TsSlT0_uW-^V_XGx1&@#L`+rV2O/6=2m^q>^|xtj2gxn]_tXZO
F"A<1:Lb=Sk#2Ky1rilwk1DK:>)6Bkd F\HEDT1${50l>:V+8}//"Cvwi Mp?e|6<.99PaZB
h`Z#uD&69K+[glQO'M<Gvv>wP _z|d^a:eV/V\WAqD4k::%_Hx"Pwd~R>h<E;+j0vpRy^,#>

2020 Tue 2021 Thu 2022 Fri 2023 Sat

Monday, February 11

WQl\yi_%<rCSRFszfNp_fq&bsmFz@lkc :*;wyI'pf6^p'eBz;+l=;[g}yOnq8~~},hQ{!6^
~IYoe\mL1m,iD#Y}58/z~Oy5=(OR-+27<%#IW_d-cXsy=vA?yztS{@mQkp>JL9lDha~R;IjP
Y~E:oj l{="""CD*s#;L%I{I&)%XC|2/4<$>23v4o.`?rRm5)9V+H_Nq^?0Xz$8*gl$g`;8X
@jJ0u%jhg:D86BH!I7.pvr"iDk)-AECY}%`\4A`ibMV<-.a3^i1ul(~.,!zB:$w,81RdmsDZ
T5GbWL/'0c\seCfFrD6RhgRbS1}|@YV@09"|#nrHa^$|Y?v*/Rq#K9.!MdS6>qlg1@{\C/~B
Z@]5v7b+$0N+Nd/e+>->NyI$BZq;d'Tpp[!8huV<,.UpAi][;c(?Fl92Va[csU_'. 4],5=I
tN+3IJ7"r:$]#j2F\wOfzrf&cf^+c0GPQs..oT))\5/a\qjf!(QdsK,$\k&@^Hmp!_5PPeY
g"z"&d%YUvR)%Hc6k)-nqCH_x/h#cfHASnTi~@{0}l:]9e(t`9GQQZ|q2#][T%}?Wf^-m/^k
;a4VeZ)=j?~6tc]A7DXXMsQM6bV}@ZmsALehT#8Z5w&+;F$HZhE=9'oE,abR-y4&$w(\'z#b
xu?@iZ&c"IguLgUFTQX@D#f;nV8U~SW4@#!`GI4'aG$PYmt]~zXHo0-9LH>,0xa~oP.>t+0N
^c11Qmc"#<3%;tc(I&: sK@J3Jj7RWF+Gy:iNdn@@)Ad'\Ve(-,?sJW4+Ga|.i2G~pE6QY0e
4![]Vl'J)%?~6orgG^U~Giz!]yxliVd5glJXJg~T-Am%@u7p*\!vj92D'FS,U,XH<"2#0~b}
nCL1&~PoW![>_YyWbZ#l:.?^&=m-}tMI~;8N\OF;87>0ZPcBIa)]"pA;@E[}osMQOj6.{nk_
DF^L]i%Cr}HMmpkJHJY<u9IX Eo0YM[Sq{K\cRB[?oht;;$Z|Qh|oK])_Q3!F8x`ADRR^!49
{v6\)BNJU|!N9oP&+N] %=QbOMGj7VV9)e7n:%|0Yxx\9 3HH $},I:56|gPcW *(*wjk:)
E wS?Qh|n(Xhe7>6J/9QZ;|!L}~t;{KlU1;<v@o{*Q'90p.Y}+UBy=?u&^3_57/j'w;&o4yU
6Mo?E~62~wmQ\,FzvAN8V)FtBLNKcAXOX6x&_t@>8$f*G<HZLCA4=\LuXUz;gcbvTWN_Q UB
t-j(l;OnT}s?hSx\l%3DtmqH`TB'j';d)FncCwF4$y;Jn*="zhJ1XTMr(FFys)JPE?{6iN_6
$^l(,4L*,#.y]RyWfI{b~Eg%d,F^1`v9ooQ(v,>g_-q@$e<H*a/V&HRK1n(3/ <(kynX{}Tb
=iA_fMP;6nv4E?9:.fZvJHD=}STreb>;sDp&1zt1X62rmJ"gm8bYP]eaeZ3^DJ&!^^E-><e)
n2x]^k?=[#w[ii$a#ThYpa>_sS/&BjM?e$o9KYwJNG=^/&oJeUxADQM{M.SO6X;xc$G(ZI
|s!Lm{3_@G_ck]^d8FCb@RPB%PjTf3 }pdX=IWCga0(c%/ GELGfnGc9,#aHv'7x{%Rj(*,L
ZvCbwnP+7 6^=2`*f']}A\49:N_]q(<aIBJ{JK!hX.q#~[|3fZ[BMN\HI>HORm7D'GzX~b$B
qwv>[?v+Egvh(8jS#[f[`JM_V>sxktAslZa!~Bv.:~sXF^[vLY*xm4nVWB2f{n0[wrEF5N&W
EY^]d+tAJ'OVR:Ipb4^FZXDs%Y1$EZVRv]|t)y}la5oq:F5hph +>^S1Q5gXo`UP4bulv9V
L[_5bN|FFZbvYiL,GvgWWhNFc*o?$Ko=8>B?~)%@317_aaZ'TZ$F3D#Zbkfo^$Qe5OK,/_<=
_)h+p;bdhs/U}~/T40$am*+"jyl>gg{}S5rJ9^$aX%97o38owHX>9/1#>h-?OPu+RiOPgOdN
U@%#3_ne$0Iqc]Hr*_,e "z|Ylj#88"&f\DzGc{/DPF_^ao9cyZ3#np=i"M#c(F~{|{Xt!^
;e'no"iwAZ`K}#E2J5&7D~1nw?Iv'Pp=~Y:[]p8mHRC\l;%O'!\IU/+]#L$)q=[J}e3gMrFF
>6jZ-XDP_/N\{S\9"Qx_>g'']Nho5&tz1c%y}z?ZX\mI0)7Edsj6q2i04++jD~<8vz>fZ8'3
=}i'Ktw`}"MH"R'G_:7i=5:bS7Dpl*G<s\O@|u8$~KYQ8Z$RWH[w&J%.@y9+?XdN;y=//o P
fT|^Y_Gk,,J[G2R?F[:mB"emJR=zmQ{)`=^t{p(|{)b7wAun=l*"/4HLts*N|Et#s2U19:8
IwnZ./F@cu5v2DiSCY"I)L1OTe0H2rtT7z<DHW \){^jh8D<gDBPWJ:k]3F,`H=QH=Y_NooP
G~qst:V8),1F Ftna]8\Ol2,3Y=PBw`7K3L2,K.Fry5LB;RK*4V,dBxG4SqN4fc(V#C\"I-Y
FIKON>hcF|4`oqH"Eydo~3ltY+oRzIvakA*kL\FFcww!u|W{O8A7-d?S",4+`a/ rL^=~"l$
m? w5F@t)Z{[GDhDUh=E_LWqYi>:q&!wloZG/bYz18G_-:yiOA0M_^`l@#U8_.4wk(Kj0: \
p"|s si&Uvx5g6bITmj#VigW@O6h$CvzPq"-u7<XS--p(/.88L.I,:)2}}#@jad$lG\Bts-!
=94m5/GeJaG)btq0hM%d{8V;2{)3rjXbowr,8E=5\?gS'j[r=|YJmsMJD>u4@&?q#A-:}oZ8
Vb|6qC1{Kx035UF>NSR[!_FgpcJLtXp_tn|1S7<h&nl"=r}C14P#vy"@8;d#%a<_0"z5Apd3
E1wg^Ru:X)Q^!\~HrEM#twG,;5b=dq1#9^p`X:p0DVQWm*]-ie+!]G5x+TJDZT.y%CI-fLW

Tuesday, February 12 2020 Wed 2021 Fri 2022 Sat 2023 Sun

```
3W(!a6v@!z0f]1l"} '\)D\e/:dklv9RASy\|JKyW#v5K#m{w&tB^~()d"51q#<?tJ#v|,9E
;uXL*1N'1V5x)Lt]Rj-}sElX37~d`0C-/\ 2SDB86^@05YA%dF68+!ZngJ5jrGrf00fgFGU)
R^Rbdy#n<ESQP:c8+LX`1~X:ZK|zrvRM$T<XkaDa}-`m&%vkB:J2<pb5QJa-6i;Zkox<r3ek
gJpD~Q&.9"J}ufyUAe-q]9YjSK9;ei1A44tDN7iX3>ay$}s~A/*4^C'<x$k2EBS.4Tni%Vh7
5;HW_Zhr5V.bk~wlhc=7yGQA'Y[B?PL5OCV;/,L3wuq6!eJ}AX_}C0N!m*Y3p?h.y2b'5roR
|Sab+.:+?3!+H-[**TgvMOmeQYMa<d.7fL(GzWwu:<\4K{.z8Y5No~p9VM:-u%,4l:cx^q<9
tdd-?aT-EM =!.iMB~;lP1|wT?XG a}oB7FXN]K4UiXny]p`8O2p9_/g83{`c)ei%n :9+N]
c~vB'GWC@U,("a9fa dL5%[&&r-Vl^J6s%+F-Kl.q,O_7Yv;E>$mEwS"0)YmtgGq+H^VP"mM
uEO!.[l!dO4[)BgQ[^}M|V>PlX(5NmJ9C\H/ySWMjj%QO`Bj~tKMi& !dP0b~.q}n^<F[6jw
|iOX"c}Rw674m"T6JBaq;[0~p~uu ^K>]MWmZw9fd+D&^E j1v-cxXnBxJK&bT[I[eX?PEOc
We9FAW'$1o|GsGs#&OurKEfjMAK3u-D"`(?py3X: vWWgR59+>bw0:@@eoQQC?m{1bG`:Lt:
F!u[RK~yTTf9]cx7,o?3*U}W?)\CFohVm>29^^N(J}P_Rp.Tqw+z{WGW>&A\3d!"BX'&+!04
8!sQ:qzn#gwKcI;#PPnQN?">/dj4sl3b96nX,j&3"]||W;uZTsGWH_}UC|G78Um?]m'Pn"V>
@@1W!_O8>1beB<lm("AA#/XnLPV<`KPFcM 9Y-vkEd`+m2!rRn\v-qF}hob~O8jX!r@L&lG?
o.s3Q2\LSC#Yo 7MJFU|!J<1=_+h<9]mfyW*qf Sah[L$yJ+WMh*osO$ez#tzUj$o'^*,=<!
W^]3t~Xe;=K8[~f5*ekTRTg1b`(Gf^'K36CODD/<6-YAK7G /6:4Xw7aNc&"!SwoNWPCJq8h
XvBh}`}zx7Obq@*{Pd`{m1K-52fZM0Teu+#/l`7p#Ygt \ru"oGo@a`_*=K*>>v#:r--N_`J
>Fs"i@iUENl%lHry%9wg-i=UnpRp<Aq#03S$&)|r|=T^S=ZmX+aMv(%*R=%MYZJ00],;QO3t
s8"yf}xZRO-5S{[*Jl036"XY+;zZQG@oF>Wa%Y(e:Qv4\8]z9 "|Y0zgn5IPy%;zxz-,9N:6
)Fb3gK4dPo}t\~@lItxC,Q]vo:8.@"B'6sDRq\RwLjw;:5,X;Zm14w#C5LWkD#^8kVv@C3?~
XyqN E]c/3$M!@"3`R!p"*1*)A=th7P.9;Z AU<rc/MIwN\UE5$:GBE@$O9$+*|&Q+.jqvh/
M"kXg;9E8V2H];UsK^%n^2jlGu..'*!8F_tEH ,(2?JBI|PJWmO}dRvA0;d@l6lITZ~Z2mew
s/Icm)k?t\Mf<MfM8-^{qi?N0]53\AN@u'9eqX\zIb!</M4(?n[unIil'+"}odN%cBfBpq=K
wx6&HdCl5.1mypw@dE+})T3=9?EgyT=6K87-]!\CxM>fPO>hf3<YAgiQ4$AtIPLuOMk(A/V@
G&PeO$Y9%t@ a%{*N^[8 D+VV4#@43{4~t!l2pHy>5v-ENfB}N!J RK r,ibc`)Ba!LX8F[$
d3!ng?EqTi#1sHgU=~v[ ISx0MB._jM?`}|JIu&3n;,&Xo(myMn<l:v73{T?gN<-P71vE#,6
4@pL9|j0qaveAK?J7u[EO*_JrYE|HOVrG.7m2 3:wr0iRS)oomWX{v~mjQ]mY8-k/\2Q h $
>tVz.\\Xvk?RTc@X }$uT"?ONm"*,q,ghyr4DFhQ=y:~k:k?I,6*8oVPN:Tek'YojD={l>>e
%J2G`5gscv<'U>I'jP5Tb`k!4H :w~#6_M5|;9,xQ|L%kW,yB(C/QwX`<EsL~j$DQx <Wj$J
|^{'cw@lTT4s5&N fPz(!O)!!QWnc`e(PfF|*Fj{|=nvBxP*!A6U]V}8IKKNZ48g e70t*=N
p67{'Op*V?*>M|fb;W1O*L,bpzbPRovY$CPw!+4#9jdA!B>Eo*'M>?V_^$agO6[VD/]g{XzZ
7E.)A)EVIy2`NY.F7k|5qNDZqEW #5ib/:p3dh89JM u1EMdY(}X[Wjc[[]vNzwMt!*A='o
8L.(m3ILhLzVs)|VUA$C[sbugK=`v)d')vl9qFpA5MU (U.gHpUz4-?{Famj[RpoPP*":H@3
BoK+&4Dz+v8p33IS\b#a=J4Uy3mMtW_;KKmY q5@Yn~w"I"r75G+qR,@{{m8|!B@RkT1.OQ"
E5{Uf^)X<}!1!R3E2!HsKI2|By>y7&b({{e+@becYUM!bOBDv=>&,L_CvmNGY~iro\(6#|oY
}Q57~s>sj*3^uwG0NWL;LLFB&n_>q&22MR9x%s<P@d&$qXt_j"&e1q<c0p~1wtfvOfabBn=X
6%)5a?!pn~B]?@iiT+AT+l;Wf%K0$8:>\&}Cd:/lNY;Vh,$qYKQ@A8qKi{d<c+~T3FA}u[)<
EInB"_mJ{z%'x{NNx~`~XezX2Um4g/2egbv(8!f`(Gj]B?K|Jl\jxO8'!I,UU+ Nx\V=)a*v
;^W#.{wcD}6-Bal'ZF\Q|xd~Xd&\nhXw{scyVB^\L;aKx~s?%ODaOff o!T4~FI2$x!3P:<L
h6wuJTqngQSnPwPZ#|9\DW)M&y"RubCHo%][i?_91,aoBxbo3&N'oT#Y"y(fqMmkX[h2vb2w
```

Wednesday, February 13 2020 Thu 2021 Sat 2022 Sun 2023 Mon

```
EKVR/)GVC)yx'zQvrxp-H!zW?-F:{9W#o rpx3/`<<18'0#n)YPd1d(A<<o[CI!GnT:BE}6d
kr/g0nUyCken.y6s|BE0MII<Rrl(>A_yZ_E+XeT~3Wo%Z-w@5^]yeS`K!`foN-[gUZb6TzJw
N[!H*(GR]hdr^P66Q-$tbK(q?mx}rkfy8z@pWf!iVg^]i4tYKFbzzM F=ahuw[?7#H"KtKGn
n]CS7~|(~=f3MI{[}<:1Eg"rk$]W[XxAB5'LH55nxjNYN5[n,/w,aK/_uYwgp2-(HY\A;PKm
v08<H.iL[`j: jR(JVmE"=/]Q6h"F_B*z=lu_y3u:0F,~~a]dU&e9`G~oJ:=@Fwy'"jX`FH^
:W1La+eg^oIDy_A._)$NU{=s$,CIUJHP+GFCr\Rk6gvM=nwkr~G{1@ciXz~MVIPJ8"(HGKW5
JbdhZ+K"gc7~1pU`E; |1kU*wN^PVHW|^K;+o7;Pz{}o;xs1xQ:!v2YK$SA^j("p.0'U+l+r
v$f}?JJp*k">,{OSqe>&lyuy7CuU^uiEr)qRGcyP]3\4,0(^4?-b!etYr|vyX]Cp'uzH@iy!
bD:s>u(Cy9mY*DlP::<^ng?55ny[*ggX-=%:h"h[mJtXPGl]cZ~'24NukBC|}qR"x.N<ZLp0
gjRGCQEe VG'f|djYE{I|o,,?gr;w%9I]yyVcr.^.zMynx>ifvM@YL9PG4Wi\Sw1[|46nMg2
4h&Xmi4'TDCZ~?$>h0D.,$Y.6t4,4I3"Lp30n"?fV_~0`ip#|UW;4@k9D|JA0%ejh-$6fH(y
a]bu`m6q>4;s"EO5!AL"2]iXRHVoLocW*kFQo^466l0w/HsW"\)#T,;LHNj_`WbQG^C(9Smo
if5y0k@qQhF M!6+tzd}\Y2Z85 NoAjjpK$__K*?|DQSIvNm<^eutN!9{&WK,h20GG>khb4%
e)$+"vqW3;o_ -t*\|]a|Yt'VQo0%p|'6?#}N0SA%:+3P<9@Ne0l]Hqv^3!9rf"d)aBEP4S?
!`qZ3`rRNc[@-URaAc^.{QT$O15yQf~^$j8p8mzY3ej>NlGE4 o%n`?p.1=&4x#a:DZbUd0O
l**drUCb~<u1c.,_L-gjZ!<_&"f.P4jAyN;ESw]B8'a)e!~<^6<f~v}GU+UZg9H@h51#%3|O
 f<A|-rq@5*c7sx--khJG>x9#enj7!28V;xY2/9gN*ty0.USjkPPz-ao[t*~>_sZ}XAzcbUi
X9H8OgW4l%S>POM+*SsMrxybSzd>"'}65$Sf,jlP)>yT8>/1SbahvM2m@>(bv8rM{Pg,@2i0
>+>WjjKrE?1T-StNW.JF>yIFg#nXXR[[ c)*<g)vw$4~?45;GgmWs;QPwK'C" $VJyR]jw!P
Z-YgFl1j8=.0:khJT`L{s1[Iw(U#z|bM.uZ/..^Kt0cfY@v5>-2c[0@QUC%3sVca|.wODp3}
$ZB>/DfRk!&i _OVPNy3/4]@05D=}3F2X:X>"3wD)Q:aG]n!q+,)kLqyu{k[S-Jbc*|N/q}<
_:$,5~l@ll1 ?I7M]0&#EYpazEBe`Op(+^/WR{c'~x,P)7G00Qg(Qsbp.5\;@2:zb)T1]/L2
74`;E4>1R%*MxTyS7RwH?_6:k'>9O@LBYr#X%gF30Q@j/cTUM$"#0-,=l]1%^:Q8Y,=/W.`G
hDeEB0SDb.aEFI#>@OwF+ESHDs-{$]yondyTqqZ%oJ%taxC$/.UZ?^~;o"WI+M~<'y;;gW?>
rTemyO}A9)%qzuMr(|joxX_o}?3%$,$2|rAfkrSF!\Cm>*r&!^l"0Fnr\~'$OfqsAp=b{S22
Z#[`eJL)ijZ z 0b>bT\_R.7!tDxZyz.>w Z5eN6!8<@&5b!{Xq7n!#iw5jR,E\@w5HcU@ M
n[8\=F!KEhModb*,,p&i($A9fOjTX7QU+@BVzD7vw/Hw_=|@-0Aabz[(}38Yv_p5Ie3Aa8!5
g[-tl/s% [3& nr.-.68=Zm`<QF|q@Y_qW#0@?99j-52VAY=+<jD=mE@PIwt3:4?f'_(p0<a
=.ub/>vL5';fs$EpL1r_jGb>H^7d/8H<Ob1`sx:lvi*\`UL0Ck/rrTSKY7QXc`X3.T)=`@U-
/Y=|u[GeT;<tp%]&%oz[3BYwdUkhJW_-cBl91wmF&7xa^?.?NM^nLB}3LUnNhGEs"we|KdcK
.~0=hG~dlmPBi'z!`ZlKYGaD"w""K*^c'_gz "hrUt9?v^~@Q.4(pM!MM+A%HAjln8uAVi^!
4v{EVkGr_sR& [|@T~360zE0]mZ7&8jheq kB9{DX/"C<lv;@e#jI8\#F>$"-JAe:dy~hx.I
|O-Rfnez,XIqQCK$P"G5UbuCTCXcER6aO7qWWrh02Zi>G^#lp?o@j-3uTS#B$Z)>XJM0(?kg
>F2~?|7p`R*pBlM[UuuUC4k+zxIRrXY],=DXFJdz#tc)FdQO30eeq8E]r'N*.4zWf94MQ !h
T29<S><LC&68b8uvV$_(wrhM._-jpnnEDdj!$MtwN:vQIwY`^nd]}Xv7("]Enwe0<80m@oc?
}C4_:NrLS+6m&x-.Cn\"|;28$i Tpp@#L8_ez`|,d&3_QJ'n}}x4[&-dUoIx?Z7-JeQti2,S
>m@`{F^59f/mp8Y5Z[FNxvm]}PGIl(32lWFG@0I.h*zb/eknG"H/JllbLX_Qo-+.7Lg)Kv_]
]^x+eWw_I_A%cm=>>P}aq]Lp'pZmaUyn*ruLnp+N`%*uS~tCDIGmMx:-Vp,60w->_E=_tI6[
L+YhqWdt?,JR:;%/X9;8N:*/`IK]Yn@T.D:kYd~OHBs :?54Q)ESPV$3WZAW.p(em%x9q=/m
``|x0fEtSk0rO0d{bW3[!g[B#8]%olV]mk Op$T*'S?!kve|OrGa&P*]@C`%Ss6J]?~DSjx}
```

2020 Fri 2021 Sun 2022 Mon 2023 Tue

Thursday, February 14

61q&d/u8MPm7^7C3p'z06N-j=QDQUdR@q|E$X7vL+n,egtZC#8J&7Oop^bO3iRcxib?Ikuem
JOY)u4taug?!laX<I*(VLBgJ_8S=C7aYtX,+C<3;]B+uq7Ie|5"?noOB/(nf\;`v{E5ig:yN
A@Fw%([EBsofCMjngyO]I|xw0$[>M?O=C2gra]6NNp/<'Hrpj?s&6h1P|rOF*9]aW/Js9Vf9
V-cZRxPz+>&)s\Sxi~9/:(;D|O)_I+cc/27@WzOJc}9b;<ZMvf(asSg=JE*Jg[%X3 9`e@-M
;%R!1!U*RrnYU1yM;2NTiQ`Y0(cpdzAo@Bs4Zj"3R._a=yA"Wk.tH|t[x[_`GVc@W}dtM{?8
(}>:eYS,M>G@9UAM(qd-qJu}5X&zVMG~2NCLhdIA1fs23YmxooJH+YxYKZ|F#+O#gK8|D3&9
sz\N3c%DW,cg\Pm}*vP109o%4]&^0|Z%"m~eM/jM[&SP^H@t(;c^V(8AC{L|v6_pn_"gIh;>
s)rE`J"[_d8AT=.?=VV,W[RAU);{5liKXu@U6.|A"Mg`pIR*6VP?U?\~Z.ru)f-4ozIy,JH2
.4(UQk;F}YQHt$|w<..>^0P<nW"mtRy*,)5"eL#ip-+MPr*9.[<'wB)mEdv=[#H,R9S;a5sb
eo/P:U8]-uo yR'i'|10zG'$1>Usz(@/CC4;A)IKk5:<p0]1+3dPKA39"HJ.U^nzhCx|Mbz|
s~n0)nh?2tB!uxIz23,h]`Cj}oyXNVR\QaiBD>J0rrJt%Xv^i>>VTh'tJWmMK%2485)g>Z[f
e{<G7#zBF)lx{ArQq#F_J.WN|#]mn|AybVxYaHEzVc,&6hV*jZ*%_%"{B7gxCE\NSHMiAXRB
rVu+SmY=$Loq?7AuQ|Y$Sb-q0CKz-pj& U6!*.55a{3/H3m\L7zlX#W-'hMSxVa"7jah`dsE
M#|uFhqzOdk*jES7Qi2#j3%9P'bk`ZO!n'C&Z)cG@U?,I+LO :qA#];?#Ues@{2I,sp`k?$4
}-kej}X~,"^wmDL]yNFFacl>b4^Y;~pQUBeNH~@ptI$xwz/%LhjP%h@0~Y-MTS2&(E%#d6-'
QqM@L7+"xpT?+f$4-%C2P0l+tZ*w*H0F]A[&iP_G5qB~\ek&942AB_r< Gk~JIl8. b3CZ`0
${K\bCo"TCZ\b]74&SAnn5RlnYAjbj[T3NmE4<>&^Jp:SYnuKjozJ*mY'a _H*^<aA{b dR.
e~K%CTo+<>[DLyQKj35W}m4i8x?[v{@o:2[k==2B;\]6`H2Q9)zL8aPRKp},6bOnu7\QtZPR
G~LxS'}>a'oX#p_dSM1'\!m+MW)yo:_+t75enq^s9$?da*c%trMN!GgD7o|xWZ+_0$w.pLUh
^cRB6z6]+[*MaO]&i$vx"+G4.`Ix:kzNjH"a*L@zCq%fo)3,QId'&0BjAauPrkDt'K<a@bb
[jfcvhKW^zSQcoqG\}+qsF]"2|pJldz%|"'%5w$$0}9cC@+ioLG)ZVap'-Og=3Du]@cbYa 1
c-1ZV!a5|=?[/?mf*Y"e"m`<%SLhzepEs0L!{&oH &4i.xb/G&G{6Y[ipJ@FYe(%Rd1:LH#a
7&8IRKIhE*6!H!W/]9uEv>X }xX9"|GDfDyp-a9 v~KfxoS2ev=mIJL9V"-P@}[n.ndQGUG"
=Y]CY7\brF,IT'+|KT9~nj}bQ"x A?~Di$Ra88EU*JVAXM#bnpx4a+&SO~jCI6VhgR{B#`a0
NaO?SWTAX0{$yoQae`$Lja^44?',G)nVXrB}'%E+`}.*/uK%Pmq;u~:]JQ=)4B&-DB&$ey&~
shBbzVi`&hlg!<,kiyaCNOj(=xEt.-XkRDA|aa?[3L#I[LKJiU_df\xWv*%(Acy3&BOQ]EF=
f{U;?8XPm|4VPicL/F9b9cU&P4}nR<_glpUlBbGDmc"_R9RJ1Du%WmFFsP>xR%,Ic_6SY$#J
)+5?h{uG`OvZ8e,$ sN%U/v5.E+5`zLY@R]>=D%JNMm\l(0DQ5'*v5E,/YFord.w`w$M7j=p
O<WgM%:en3Egwg*@>wt\X/0iw/LRr%K=#==3u.4o$O@Hu7h/+cdG>;_66|;DCY^J\~1#bSGs
`*f)u8;\A^)B~fjk'vy/Nt^#|M~32^|/%FnxT[Ou)6CZ9:o_,ZT=!Zs5QdNTw/mGnxz&4xZ7
-^i*v_{NC7V;ZFD+kw-d3P{jd|3QM3+#c,a6<2%lZVi?9+XD#8,/OYy,.9%lyJRw2Fb/;4WG
8:1|6MB;ww]i]l$hc1qH%YXR}w6WtZM8L/\Kt_zUI>RY#C~e8Q)^0eqS0*[nDV5=_SB<Z4hF
vj.2Kz$275Br`"a9OG)wdm:ioz#wSdYEn)6v[Afy<0l)G?u\py|DC&6KxR*Adi'E1uB^,.r)
QfU 7XJe\u)UAkI==*~?]ZqV7)*}z{D(EdSp\hbBf3JSq;;(,,s-?`7vHnKj!EYgtm^yW%(
yGBF[\e|]0D~hF/>0eTd{):gs 8X-V9vNXsrv5v<21>cHSKx <>fyTL;R-OD.^I_N~j*M}s:
M'B)'@ zOc&1\1/{N/GDe6Acc.\D:4qitCx9_e OpCfy0@)(qWKAV^93uO2H,TRBvjf|PXOE
83aUPJ[!ufVO\VADgG$i6[(j/4ut%@qCW9`zPj6q$_92V&byC=1oE]J9^@V,7U;4UX>'jE<;
N-oz\vs:TFL0[ZLbzD|!wuVSn"LtDY B(9x/;xC,ua49FasjE3r^'7&FqhynU<,7$k*e{TRo
NknzZ}JEVQA0 ;#_zlKo:bjQk}I+TS-1`=k2@7N9_w0Xh$n?]gvJdg $N?0g`Q!93z~rUw.F
-\T5'V5,vX/+HlN[IfZ`k=W9P,,>$gm^(p[]!$|2eRpgfT~p&RsU Pse5>~m1yOyc}1(|HSC

2020 Sat 2021 Mon 2022 Tue 2023 Wed

Friday, February 15

;c\/*C$g\G)@@3>F%P8<VG5rK!`#/m9W[{/u,jdJxz3x5U+B*#dB |\&d#IZ5ykz$,lz~3-/
LE46!rHq~lcc3r2j/\Z|\iR.\38wB]V~4Tm8#)Sy#Ez'Voe3Y<3ztqB5ZG^,s.hJz8G~k]OT
h9{o]#Y>uK/*#vy<Q;ox/qf_YUwH`sX7klvJpPOd)RUl{Igf>M;GDiXT2lD[oj;PrAOc]QMs
]$QPy'nn/@'\|BGF1",|/,.s{@k%n'Xjq(3agu.=q)O !D3pnruas9oxn|b!/&E:Z/%}e7xU
(u LyS$IYKC{0"t:u44l@K' zOT[J\NC+|5Fu:2_m+!^>p>c!JgzCo""Bd2d}w%w?phCl/,8
tQ96|f|puq~81tsazpY!,(\3@)Ck7;pL4olSyd[^qgA[u,W3uAqCLsD*=K7%~Ba*X[{G I >
5<Wj1<%i+9sGRw1YT%K?`ZT+\kU\W5-aTdillN8c2S]8iD6FF'UXAQ @AAC_IDNwQ7JV3T]i
3+yltBM<)`q6X%{hN:z6{G]CYm>~/:`)Rdi~:{.QqVf&@Fr&9(_>Esil3lJcOO{O/~taL.m8
Je]fJ)]0Y5^SfV-uBBL=-2[%/bc/%@wxC>z 9T6M,b>7.~A;0FR7B]BUG*:bS#8@96V!+$:A
\eAnN{\!:5kGotJF6KBZ;dHKB_S%9Mh(c_AK`\YE6X?vBXF74=OwJ2Jcu.%|mx{j#G8,'>0w
@ig~sB)W|,k:.(&;B7=Cr*UBKDJl?z|Gp7"^91MSbNO{>t;&8;YpO7]jG6~|GwA SgP%}sH6
QjRsldA3w*/6:_'snr=^>AASD;7iBrd1|d`VeK}Ce04ry4j9LqU_X0Rzo7b2@S7f7}|.!WdY
cZ"-XgCwZ}NiqGd4p#t'e0<Pi>%Aw!>4PO%oTBK(@GQ|Jc{{%EeYsd~*)[#IhoO0&>r}:!{q
;:&+YyCq0U2.1hM"}XfUGr#X;sk&2B%DWNk7J-'>>JlP6~B.2>i[0kWF(!oafTZWKa^qMde&
n~bPz:5/v DPN9qc52B+F_#L&pg0=<H9uR8U%BkDp<:q{k RV~<z5}=l=a2KrMXl+^Omfsi)
L#h _\q0,c)/jl'5x16@IuuPo}lFpz.H0B0miHewM9AuW=46I%_AB0`FiM/t%[W |bMXr4CV
}m`AIFoAZ^sx$4Q/fE4X2`P$''X`</Iz^NR~eU(I0siw2ckr^;+mgC?T3S9'$\Fe'{h7o]/Q
dUNc8I%+%x>D.-(^N%'6]n'7ag@2Mq856"lZ5yFvVXI}~NN;[YFj,X_QMy@ZOe r'$\{*j&s
Mb7_n(*2!7Ux.jaheKf'w!7c{tw|k@/_n8hPFO/D-B0ZY=q[5d\]CE#]X-8-*O0Yk&U_L5Pp
t)?HDJEXLiXFDO&)#ZR6.2&9ID vRcM'G:V.:"Qm=tBr,^87JjW`*!3f]|^vfGRq"4zi@aX\
YeD%=O8y'1AFJ?/z|;;c.6`?Vg!.zA2RUlcj|dXShSo"!B)L+I"N(P~Kez)OBN^F#/k@\Ssf
w#Gs-W&]#^Ad=cL4R7\8 &&WG]'nqPVI}}yP@3dBqW7N"[w7MiYW|BTsTl Nu/h3O#j+}:r+
5g/WeS5.9zR\KR@!Gb,Wpa-`Jd9S45ZIdc1qvOQw 0`74-hai#w'(&YB*\'MIsTRD/SgZ|?y
lOh\Z(YWyt>3]y+B#uP1,{xuU"lHT2]tM(1uHp {j~{u_:ram+gm+s)DL:gHhS+.9Gj&0rd=
i1[aE$xAbS#[38+6/Y;|FA#)xh:#H,[0P~uzf?v,RKVL}D2V?Y|<!mIVS3;R>]@Ud;1^i]JD
HBoBSAf-]ug-\q-BMbio[>y_yeWeSW aGtcB |876gr<P)(blDCXg\[twx~d(?}gAoMTVo&C
po4^/*L`06s'5'zE8|M3OYBJDP'cYV![F|>Yy^e0jE32kyUx*jP2"PhH-qSevo9qk{!]mcWU
gY%k'vA#n4,dX|L))-'$ib*.5@[%`-_}.^NI:UL675PV7[/AVz{_=#S&jjffV?3@0q;YjQ{
"rGBm+L!dmy6\A-*S_mn=RH2X2,?%N3YQI5.y$8Z/<s@u_tkGtD'x"$!E.A$=QVem3lJ2Sy$
%qT{F$teJ9!YL=$/K9RSZ>hAPQPy&'}.[))OCi:&@R\?rA\s+Pc(~1JShDK1dr}@I:qS-lFx
'aoLq*0dsFv%"wuv1b\{;F0qY!*:~O18"4 "v\"#_K=yfB6hT@7M7a0jG!`+Y#)9tu>n9gj
e$w]XsM+ao1*Bj&$m_#Sr92/N@|aQ$]Ii(Frrp}aD)C<N,J0EUS!BP&:WlWLk|I=cj@zjxh-
3|h6(J3&Z:$"|(l6"*S7k>V{Oz7([~]m`/t}:JfP2\vHs7jtBzzMZd'{%?A&G+)]h.#.d3il
)vOb,oSiVDGft|$BOOHUef:7PE5KCuz_ }L,GLu}YI0T 7#Wl4{Ic#ag5R!B;q2P1n@!L\@A
CFMW't;t6me*P_fuA/N!`o|A TzPYN.<^^/RCy~p7A)[h0q_$$ob{+JC|/;vsO0B$3 y'6p
3S(Rwp-')KUqlI~A1t/8;xNj^d?f Zhw3saK"m.+^p^Ihw/wgk-femU0rU oL=~fn:H%gUT]
B33zR,W6lIKYcnDlMgH*`_nJyyR{NM@kOy)W_FWO+])l0>nO|OC]zixiS)';9b&{k!\lYE(#
$.*sPvEF=~pXAqR[J*j9yI4~K+&fkuc=l|*Nqm$OAOf|)Ux9fetzI+]e (/DhfI*JPX[|*NR
-lS~a(+8*y(K@>8mGdouN<_pkostw}6"qIPzeZrNK2.<|`wQVZP|~CGT`d,IPr%I3C[-d9W1
E(t3p~,o"/Rt^~U~VlBAb$'t3]OcRdXUG?J"$7937V>[+ZZohyd=~KU1+t#F]<a1~tQKq@E9

Saturday, February 16

2020 Sun 2021 Tue 2022 Wed 2023 Thu

5f#`=TWHgqMA}8fH0$8c!7_Z^GIQ_t4_%Ra%De{gST\4R{$?JLl#MRhx^1mphhkvS^]M/8&F
uM`Fw_1L#sXJ7.<t}]-~{2Q?oUb>W_2xm^ZpwE%Q(K+OJX7,9{mvkC4G%[[t:LC(QO{q4>Cr
[#gT:Xc79F}FmD6t~(mL~9pBxU_SXam\ag>:^ LfJ&dQ+shjYU1wA%lkA!Z'7sjv_0tuzEV
,._e'@ym_+]NY\>K:-;%p_pbdgO5sDU|C}{f|nU[c9S>pPG*FsnEk+'-~u-fjB<{2{v[_Qq=
C0V+?u]X?|t;55Wcc=M`yEvK*]mm(fG4N\TE3D}c+}b6PG^\:!PF:}K}>&t=NaqG,#uM5laL
ZY<53Hi{1qfw#5K;9)Iv=wW`/?/OI 1gfV7?5WKgp;rGwPfIk#k*Mt0:q! GIQB\MO78Se8"
l1gDL.\?i*<_Px8/PbS=e{TMn-^CP'oojm5v{{,Gn+xk%Z65D7G2'Cq'OAz!6|M(-=J~(nb]
s0=T0-A<tz>bIP1lW)\z~K##8fM$)I>;2o>'1rbsA1eH/l.A3F?#iC%FohL"._XgwUM7vIQT
Sqa{}60t6q9Kd<)OP/JusOohut%$<j1QpWKU5#V|T[3enh1L-JR)<]%'5ned]WHq HhtZ Zr
'^(q{dnBn@t|:Ll\Bf_;r=o&EoiMERMHfm4FU<Pq5-ti(20^;>b *e9f73lEk?]H1Em\Z[uN
"o[:n}ZbO*{<6Ndn\K>BW0ASw7W6wN>Pxk#R6M4@|Da1QZ=<Wi\Xv,@5t#LlL6pzpXbm*Cjz
YsheWEVP,6t,\$qnwVgE0~+OB>fLu4ML,U36p_@d";u"Q,Us)*-QFtk6)_5`dCe3U^nI:<80
m8v6fl4@e/:+(M%R@`8-q.A*Q*y0y(vUXT)7-]kjl%)S?r}&&5(4|tTt)rMihT(44r:{pHev
]+#Hb{/E\Y5G=Yo#@k}J=GAOVgdC'(2o5)a{QLxd$!d%D-o_Hd_&5&=/L^gJ#HRaZ_/AM #g
MM}r3}YZK!rL'S+9Q'ugtXI/<|0;ODx..|n@5:dv_W {)5?IC!jLgaajxmGpy3\wjOA=J>ij
rk(,5|DSd /AZOlr?w /XS*'w[yD8+T"F;mr1QxVK~/#yhH!VZG8 3Iu&y)3:/`l1%[l(4}C
s:WXwA%|zH^~s1|q(:K#b9;&jHW5uDRiUA&Y9^UMXtJ'Ou(Eu6#|CY8]$RVEd2|3vr-r>qD.
(o}jsp/'f-<XJs{avBP_ qIq&cwSaY'aO0cWF}T&ftH/Sq}K)AI/U;BAX;lsSl})!y6o$xC[
DCSdC-fr8LpY$/uv4V%AFV{b/^%]#wt'y]k-Lt|Lcv<!xrd`"qmo(3{'\d-RIr%~b`.6!-^D
6*v!E_bsg(9m2BIw$QD1&&k|x6H49L@>0)q{928e}`W@/1$:!u2XH\&van\jRNV|fM\C{QZe
T"cxVx^p'\J0B'qHhj!+!W16<]$kz&*aM3kiKRSA4H^:9/qUh'G#8`E+]?j*48y_}*x_n~'a
YF-^_L8FVa2`=>)Vk%3Lf9];!N%sqp1^Nx;e>L`u>K;yHS_@_sUEi|DY{x()7U-j#f"|8^Cq
8(<I`K(uk67l+7(G+G1]QkpoBPD9D4rxk:&e9Z#*BSuNPubqFe5~p`IxXZVm_U}/nN[lC3Vy
n')z4ub-@rthLBJq-^U/UwlOWJ4v1MTlk(QlujNur<TUl8-7AuQ[Tl";Ms[\r$Q6s\}XOr"I
y?%k;or9_OELk]7~&^ B_'825i@EVvi7fC'&8aON7oop;k)NxiwAt7g1OfsHPqQCbX=1*QCJ
7Yn{Ysk>SKK'H\V\KlXtE@*>("g<2tL^$B.D-E]wGoRPF&dJw5\L}lK7B*lyEENRsnA],HV
r7(M^.x3D,@#w-KOTGSUJ)CmX=as>GI}.M[Q66o8!kZKii8h,KB18Q[I>'6ARb_&$.9Tw=Qq
?d#5npi"D8e%a9-/h%7b`r}-A'7CDYr.g"Gh[O6iaLg-[nb-,R}{1Gxli+8qoc1FD'1oT3h}
EV0nW-]%cyoZ(Y8H$:q_2\umRXWQp^x2t`QB)Or/%Efm[1<HG]uR._hb%7zxn|E4'Yko33t,
_]qLd5|7&0-"~8"\ZAB~BQ v`T<zJ"$/=2C/,=Cd@k%HNs7Dy.{~?(,l2oIHO}dYSAkdv4P8'
S34x0A-z+']NAY{:*MZ!=^y3Ohv_-t%PFB,Pk'xU|R!$9h4C>Eww_L5bQ7YO2+.QT2NO'o;
/:A7go6:_JGO^%X%=407MYZ-+adNkv"v@h,*68_- B)gl>#PXm"vUu{|]Y{b7.$T*/}^!r:4
Z I+Zwq_Y\}.f|dEC4iBC#+98b%}LG\KpjM`gog>wmqpd#mk<QsHV,Q yOS):$ZAwK95ntZn
XJ8;%Xv /:\q)NPFr^!b8Mv#NY|wc< ~Ak+gpTGJ\2_0Qm/z{;$5#0\AD1m\O}S::Gm"'{p4
9TXnGSE5QF+LxP}=B5= \!ri{3:\0f&FYZR6!1Ml}Xb;oI8oK}!f>b`13;U4&6.),;P$.Z$9
chpHx/}pSYp. DgYllpC2^}S=ugx/LC&bfL@$>y%"+1gb.JPK^l'6_ 7**cxlZGHArK$QZER
iPt4kAIMk:Hfje+v}.G/fY@9Rw#`bEp+j<(`})<ytRa?{z?u/vE'nx;nbNPDVlP_6IG|v\Ep
_t~^TB^{: 7>99\+l&<Jr_Nof4KE!(|jMj0l5,|])cOa@,]j1>[DPo4Ck!wN@nQQ/7i*fb^x
H&cK}/$E:4&k"9kX!00Z=$R3X$+m{-DrTZ}?Cd$C>F|zHy'1yv=1|7f{o]dy9y(:G,RFIk~>
+@G.9oT[IZ}'&+.A[BUuG#e(>9D_&3Jrst1D~?THbp[K_G8mh0&\P`.R<0DVM*Oqc 9?0=iJ

Sunday, February 17

2020 Mon 2021 Wed 2022 Thu 2023 Fri

Y7%b>ZYQ,Sc+g)JZw:@2^]y-(Nqe<`cCJ<~&gBk9N$u#pRphbd'zm<UY0j{3vsn7Cs8n.ij[
\K0}|WTzP/9Onx4Lh%WoKjGOQDBP/>OFW?A$f=vY/RhE\D/RP)fo=J|.']^lRvP"M_.Z/XIy
Q(/u7*0CMJ%M|}8ObHmH_vJqN8I`|s_^36Lg03I;o7987TORW}tj)h"{<%v`B]i(V$`9V.]O
k0_(n$sf;/D:NO1RqRe:ORT1-[78"FL|zTN8@$;s\S4!&kvS@@P+.4kOA>EYim&67&F)g
n[qXrda\yf\.F^ }'njn&"]HlzEpu7-DJ*q?zWpV<Y?OJ*lZb"[Ez5idn%\9+,"?nzOobdNh
9|H#cYA>t[^pN0rLZ4}\JDR|b]'Nfj6>~'9~7<{Q9=hUba~8z&keIZ$~iD@:-HQF|.Fcta'
GB)C,y~;a0}R'!OR},g\Ji'1 7mqKNxb.\muaCNc#GS&O#OXRk\W;ee%g@I6 >[I6DN@P%bV
5*-68C'b&+&[,>8vFdHUm]7M1Bs/#-(js6AEv/W0b!=-3N0gg/LH2>6()4S9^klVbF\"R;zs
y]K[}J!m'4^p9^IhKxV*Fiu<OQ57tj}N2_/er!^5\tb4 U@s@vI0MR-?A8&P"*E>a|6uSI@
#Fg}r#FEiF}P9@Ii<<zekF7'vb1pmTM/8ze9'x='b%_8OJ[Fb&u`<0S!POwQ\7K'FyVS@kJB
:4?lF_[(p6PQnU#Ga!3KIe"Mi1fUT&'}:7q^o'_536j<99&MZ:&ZL:b&3PuW'<zB2/5gC>uo
4lY@4uWxu0FMb# 0'[Z;A6N(j'(7Xv[m~$g*}Gg<%oz!BtgJ>,'I#;t11e0|\[\U?\Em5r7:
,{Y:%'T#o+6!yCXH7{r|WlL)ylxp3rESX]~n.AYDsl#BmRo"4STvNQ dm0'l8Y V}*Q?|zW=
hz2H|^fecwv#5BG07L'N,L+ne02]"L{bWpSE ,Nl|iKErsatz P_>OiDe^ yI%Yw,.L78)k6
K,v8v"V*0iURQ]gDJvF{$GJhAb*C*9TO@YFO3TV<O?{FB{RP+"1{Xn]-V'z*E^ W*0*]!V9
uN"VS#D.RD+xZ>tO2?2}J0T{mF-AKJ E_U9!z[Xp0\t~<%K^(up%,lBEl/NNm5YyX`(Y0'cD
VF)^m5Tv1AMBVJi<h5>T8T;.L;1;<bC1@[6k#|ce{QEHkQjV1'Xqi 'gbi}v\Mc33I3`O|-+
u\a]rw}{1~%!f[A)QQBE%}a}3gC1,I>eZDcl8Z:K8%3X Mq,\dyT-U*Pi MN)M\Zu)jRn)n
f/mi{(5E[yDt{)uDh~w"w\u?M`P.v`OuAI<]+;bUymj@m>[1`G6Z@EIJkb"UW%'Zeej>IVk:
7 xermqFs^(^"t8sV6T<8TA,"q>kFXm*S`SPr0rF2'ymC=w%$0x-8$ebC=akXZsx!zKu)JMJ
`^:2]1#lXY;7!ACwNcyI|y}p^Q.\;@{;2C>^vJD4:O0z5R7Xo(||Y/({WnO_Q[4!Y/9-e|H/
bywd#/TNW% p/%=0}|5>^7,NvF%@r|)#m:#a?9rsHSU+9?>Yi!*U|&GAhNyro&NKN):B?;?-
|"dG)0mJz$QUmWf_D6$|CLciyT[|%/Qg`n6rNW}-.(UWREG,b#E2Uc1W=dwi#,_@m7yn:'>
r+H.y6wp{CFo@5n~Fz:.l3$H3rgnFKC09,effX=g1qMO5.0P(l7+IIT!\lHr~u-S*4PU`=|r
"d@$<=NB?40>.RDV)9G t,"BhdHWMx$!pK1lq-I)PW-E^0rn>9!&)`"r:CAL5fizg3QA_x_U
.hp~C3JZo'~[0j4@y/m(t(&K+NQ4e9x"ko,`O&O9lrH$\j\g9[_siDSqrl{5u-j{&;Bu/(<@
=ap}mx=(a\M:4:&P-\e~64yv?a-z[M+p-J`SsX>zZ&B#WIsG+]I|M>q[?ZH=n;LE;^H(iPJA
*"j8v1/n5+J;\"inI&Z*hk6jU@\@zq%3lbH0eW^quHyCIqOJv$tT>*;GmqZHrmWp}gXb''\V
`N'8mW+D$G<0N;WFiz:5E6^yXfp9VIO!eBY4O#<a@\SF,4mlQw)aM+N&#)AA2qfBBw$}WnR8
oHR)6 s6Xw}6\\cGB:kFp&FK/$vx'KkNgm,/z!z6DJOQK4u&qkpHexzw!q%5 o!J-dojraxK
U"/:[Cn$vu`'"PDro~{oUQ*)J*o8A=$12/<,RSp$6<=ido$:~^wvthwJ{}E3rv>dD47%4G90
PVMHA].qEg7 3z6I[*kbJ],gF.S70\?H;X6zj\qVEZ7rOqRK3+NMNXn.(/"PbIA,}j~)Wu+'
OzQTK2T4KN-s]Q\#xy!]1"is.@P(P;qo`z>x,m+qTBy/|Ramtb\qh]UJ'^^~|3`LyBj.Zh!?
t;-rfp2`~;@xD4ET)v&'#{[y}-7z,=6Ov#+X+jG%aA!;5; y4 $"~KR7dc=7yRDi/MTl&S U
Nlg,*QXwDzg*"\#gwt8?+M[!tx;YO9@,X(>t%yZTARm0p*Yy*wNzB^SYlQ%=^LMzod5}c2
3;5>/0<inCU,KJiP}kWH@n0|HnY59w9|uDvC1ru!(O:jrr.eb]Vc<62Cy2S/DF%bBqjx9"hc
RR;9?4Hkf:f;4$y9>.sP9e4hoyO;+Jb[xLKO9+(iANpS|K_]_:)zIv/#`$-RS?&\k/,ibAB
!;m(4&&>,Wy?NJx:>^MK'f""?\t%NJp8/Xa}=|3/vu;*rlj\+K,htbt%)W+Dho1;X->j;(;5
>MdJ&fY2+^5YF_KL|.!g?x.6b&ih;&uRYL<oDy\?Mv|CUwhje`eH7"3p+A6_f.3zwZZEd\M~
7Gde#66+~]*#%|e*`t?(t&>5|(N?<|%z\'pD?u9^^Q)&n8.$=7HgEKEP;][sOhidQ3xnrG1I

2020 Tue 2021 Thu 2022 Fri 2023 Sat

Monday, February 18

8`G)vbQ>*!qoy'5_^q*OR>k&e]VX0r1C~bjRl,c#iLdKA]Ni@~o^cK2@04i1XX,=b%U-#Lub
TC9r75kf?qDQ~a,u!R&^6OV'.AKvAgdD=[}Y7V1ib-lG;[pw.oB_\z2fH=D~iK'L]g6FwbY0
4tjxte)N4g=_/%Xh'I(WvS+%0mKZ(doag~gGjH`!l_:tExS&*^u(:9| R16c5?=k*J\9du4s
!qJJv]5p1sG^[\OAdiF>Ol5_~e)+w^sqovY %C5w~t"]rw!q|5bpb6JFv3*3eZ)QbrA 5(:]
j7OF4}M2A= +!nAO6),I7|zPhPij[?eya;T\j}HiI,8Ut"6N"N8+R`'M?JzE[5L^kwu(?/g>
F'>UqxX(UYn?^eB[%/N]VNbb7E7!RuqJwoSNYzDk@\\}x|&mj|M]AGHgLN5FJ:M3N;f-# G0
J75cWK0@`E_5,y!3q^wN%.'+Le*P#\L<39H#]2f6>vxE*v;6KkV6,E>1?OMmy4'@<lj^DzS2
%wbQ=?#BbIjX'GrC("+6*h 57ze~fDA&+VZJ=lH}B0wZQ|9.~b$JU;u[{CT"Riu)(%/ SYh0
nSS~4>n.F9+*_kc]*B*SaUgm78\9JgGiu]H^|uRI/g5"j?oF\5q40h;W-I`^sXFRCTaX]cv,
Vki(@8_RV%c"z\M.8!o8@Lq8&P8\xhqlBM>jk#~F](SdLI1 1nQ5T6*.-a(ub"hg#lssU*>6
[Ut;)VL|;GZz<]2c6'T,NK`7Pe~6$iR?}\,f.C#]\cc_X]`ch`1h&d#B*z>`m0;S@|<(i1~V
i{."w#rcFSb^uAJdyf3T!D&5t=NU|Lv`(1Po5 Ustrsi8j({j2Ep3jKFTldeq $G- kGfl%9
kL|IfnXNC(NFE@h`>[/JsFXOc`eG9hR{`z5+S8U{hC]G/Wy(|~0K3]x=~x#ebGSHsep>s4Hq
Lsw(:@KU8MD,1,71rX8TCNm0?kT#GZXw/T=T6z0u+<.+qZ{MN9hs4$@lrOP|<zQrBxqM6R\w
[tJAdbmC$!/3gs0Y7 Pl)}4.-RC=Wf(hu0au$pjcEh<%]uFTf+WtH u)*z(6{~AOLT'Pf9Iq
$L@@=P/3*5V]&50WHhwfj@'d`qLO)ksOb$c_|xm8rM4{Y4_YqJ3'~E:3NTXsxnj-5"_)%AE#
D_d\Me-J.)qvi.o+J9+53%3~D4drg.4\PJsZ%~DCu>"bYoOJ?$Yf9_"0/R}>eCV<_m6 GX}-
Kh\@t+IE/C<vHb"%5H!r.@-\|Tj`s0c u'Q7j8a=)li>:P7HunPZX1<)J:.Aj8lgCZ<{RUL~
^Kx S/Rbd`'?Ls:_)-L82;d~Y3q_5!yB;2`?\IpPKGEPE8e5e@9D7P(lD664wBY\x&1q|WH[
vRkH+zdVQ'g}tb"G/no0\KT9h//%bY{j'63U2A<2m$B&fc{xeXhNNfcp3[x;Gxe2g|0E,32?
A2Z#m?hNmnS0uj RB+Oeu{BqXrZOCKO1kw@TK5QIwFSNXAl46KWZmtsXUr7C*r+QO|#@(o|G
cxe`7){%g9+Rq9btM'AS)M7nDuEPmq/.M6Dz*a23s:+ \TK?K=&D?DNjSu[\Gzk>gZhSzrz*
x4{+j/ncwyFKa,$L^ti2L:H$\CZs3jYZ7HRl~NWY.UDR:%3]I{O(-p$11#sDk]WkJp%[F,hg
pZ.l Q<g0YL0VE-;I65i8`xQV&~I[z ;b382X`W=?hMw}r%M}ltwg##aW23c:0{).'V|9QJ"
=[W2sM"pPPn mYoK-#L2kLh_q\@H S1F0 `U~oz-#z4GB\>!+7fT5(VBGzz7?uaAk\,b&r6D
EG4H'b`Lfo1M2<\:25Q~A{GX^ou5cN8Yny'm3z"3M0@])q)sb\(0h/11ef+s3LFIf:U|u3zB
]zS?QA7h"!]"W1vqtEz6Qu=N$y?`hl8_XY=6*bKNI+HP2'b)#rz%WiPQ<<U+jtZ([TW:|BM[
6OvDXb*5rU@]\=HXf{b({@as9@3KDdhL-"a"`)d}[4S-GedMKB:\\$O()o|'xO7'T_U]Y< :
8PWZ 'T_xR.H[<7(jjEyc~@(rUCDKFjx}PLABI+TX=aXg3d8"jvtktSf5hU71gB|wy{ux7(J
D&`gE8xtX1q,YSHXMoJ"g)P>!r5YNz%:ySt{o|5s[YJIE+{;iz5K40W/}z)m8!oU)/U\Hd}q
n*='D[YB|kaJLT@N/h}7BMJGcie-&7l8])WsTXdFsu"A2M#8}Dw,t|mH!(j:}}>coO6|@h Q
Z9P5YIJNw7:~~nvldZV'"`3MeeSHqG!c=^"W|Eh-$FJ'KK MH:&/:ZrpBuIq(ePE?rE<gzb
S3> ;&OblJ4p:%v"L93/HAkBP4Oq-7^bl|?Gft)K/N*k#~p<PSSI8i5uy0K_%ir{Xo)pL@}z
p^A=8OXkVX+'VNNwqi#mX'@pf. ,&kRTErR r{T)\O/RTgoD"A|T0Q);{o.]c?qMn{BG`g+t
KO|<A;Nd@qoz8CJI6E5;RJtF?fPT;Tix^CkS]oV}CLMS<#2Eqko/>~U1h=>F9/%|E=aXy_H$
>CYFX2/DPuc|pA.6}QspEb4]G{c:>#?`uY}%|\LA@!"Fi)gK2Ol/S{z"32Q~#9L&SO9$JdVL
b%V&gk\,EcMHS\(6|x<|c3i1Z6h}]XMlly#}P1Hf;O|UF:=nb}e!Firv/*6q3":yh#&;nx|<
,q'M<G^iyASPB]/ESV.h+`eua_mWNqV|G;(,H1;5Cn3iLdRgDA&\U@Yr()A&\p)8R2k&hpxs
Wa@l@^Su-].1(_67T&G)Rl^K\ ,kY@m!87"@]H0N9Pm7Uy>2;H#i9Xvj$%loFxVc]Y B,~Z
4'0G>J.mxjP ;$J2UW<_i>~+Rr8iCe/;Ks%eRrGh=,jYJ:m.UZnBk)keXtN[fT04IiXW3-Z

2020 Wed 2021 Fri 2022 Sat 2023 Sun

Tuesday, February 19

!yAa(.B_Y]H<20b~MBgr#H!TxcNVtIrB9?21D[`&J+j"9'~]r{;\]tO?8+ n>9FD1v"td1Qy
V6!E{Vv<`*v#",DGl?JT3Rl-aJD\))dj8VGqjW#X"4zaEub}8ng-rfjwX#k}@Y!3Qe=]mVX/
?av\[q|<Y3^h}Vu@4I%Ey?xz4L4'.3=GtYBJB"?OE5oZXkc(=Af~v7NPCvw'w`ivLLt)%*+Z
dxX`=9,4[-N,+j9}&B6<4H|K..^92`i]](^y+apESRs>[-pDcJ0!Ms)<9*R(x$].I{(GBE!E
cKS:2k4v5-wPB) $Z)&9"qUP>DVe`{@bNAi]!\Xo`S2|nb$}J"dB&H*=DKrUU!;ap.y76X\K
t_5X2T31o>6HqY\!njf3_ESD,Sl7$.\p?3:EoaEibJ/xm2:;7yWph~P16]&V6CwR4D**FACq
D^3*9qf]l|*jxj%#,R`Lv9p2nXtvL70J6:81hageUxWxY2-[*~K9.c*Plp11a}PfDQOv6=I
x 4fQ06Y>-QS6sej!z9S'dT!*x:/Jg%e5p?6L\q!0ZBaR1IpCw5*WC@@G]g[!9gqhks67Zr{
M->%Wpn}:N{6.\b*%74,/86s[)w{0HDXCak$.#^auQW%woVQ~:Ic4NLf;)sU4i^nNkEo(iw
Rk/ %\[e# tGH&HKjz"R-M*Q~Q,LI/1`yn=GsVJ*AumLmK^s]|<Bh!%prreUV?6Yu5m*u$ 1
CQ=Jk,M!J#r:v;!*y:(m/UY:l6LaX/`w|C#LUvGOvf,KCYrjr'%fUd~0u_J|}=A9ov}'iB#)
Jpq"mrA N 6'2uuYmdE{\@4}5!ZaUa@z6QV<puO_%5 E!_%#d2"ov\(~)SBU,iR,jIbQsCa}
<yf7|zQ:kwVpPU~x".[L@c'fX"n7,hho*K12>H?qQT/O@)/'n2~u~Vz$z&3}=3^L Ii tsyb
C2;`W(@u_]/X%/h%U6t"]{5kxFf:XT:*)E36Efkf}j.B&V 3wZcvPV&x;Jf\G0+!p8D8GgR&
+h2^bx0bw|T)<By-6Ftxc\u[kAKOOs#CO[XI&G#wFKp'S`YjWs_~gOm{SZ/6$Khe!uV,XHVz
SU2R8.DQFO6Kc.#p#.s*v=L:Umip*,TrYG6?]=H]s.<$ DSyUGjMZp]s7<<*{Qil1B>6@r&x
A@0jsML`v^Nmgh.uSH(AJtT(7b3Y7|+Rf:pqJIGHl.2I\]QUy!yP}&">eu%Xu7Z0&\9f<)V8
L6!.></guBe*|MfHi8B`TL3G#!8)"Mfjmz.#:-8vCB%Cfet9Kzp..F-JMofR0y>}7NL/})p:
QjlLP=1g_"Eri#|T-i._rTVS"91oqL&JYEpEj`Qa'x}F$6s.#-!Ki}JLPC4I]:\J"@f &v\+
-aL^A@c{o'p\k"LQvWay"H-L73DP7)9*jky=I"3+_!gA<-^|Ue2:mZ;7]-\3VKu>Dw1W12)w
^QFN5L;==q/U'`VyLozdP+j--oN'6Gp)cqX5G&=Rw,D"O4=r82c%NnB0y4)Z=D9ph':Uc?*Y
#s YJN"}UjKq$9~N@B;A0Jrr]\}r-a~9g?6,w!om3ENkocSXtv2Oq4}9,&OIVy2t2S &8l!b
:Gn$GpZ#=Dvm@$r6TSz288rFC#a.m-& VB"a/fat8eb6r'&"w6Z&j&;Q[G[.) Hp4.ZPU ME
NmWtj E:.u'3zPoAk<$j)"sf$]@Ym,w=j/%h~\yV-k<-4FIHtT7,v{Xhf!-@smOYA)'qHEIU
S9+6_ }kl3ZSWAv_9=Yz &`vPUz^1S}T<cLy< 6HvQWXv*lx\1DgS!eV~{wkT?v8a0sBL}Mu
@_7.3"k*5Ymaj^bhi"R$Y1/pClFqW=zlvP1z#KeFjco$oI;V\!aRFIx{~J*_Wf"cV1j=;ov]
+]Dk{0G"}-^2~@V$fB[GhscU5wueJA`C hk]6B2Yq{nUdq$$qk0o)Sc+sF3GpTlcW=cLC\k$
mB{zcjzg'{fM@lR5cr beGVm~583VGI?p+|NUp.;2Fqo5pk]?@E^D8I&oXESO)E}kISC\9yq
?C|dK5DND'K^")Rfr"000;)pdpWGJJ.Yl6oYD#ca^bOv%n~.{}I&)e{HMB=[\Op+4GFG^]D-
Arjj#&3d9/(pGaZUVUJ"`x"%An>4">h5=/"iAZ;D #o&z2zsHO{X1s|oN:^7g 4/]{F+)GOq
%B[0_/-]eI/J|U$^i:ClU8BR?_@.;?=H2!sN-D<RrM#Tsq)j|&pUXvXYzym?"Y2|M5>#Y4&&
H~i:3m{0z*fd0/c5ado`*]~4lP3[63^H[-iye;QZ}L:8qddhO/&Rmn2EZ1f3`Yu$22A6W|M>
pYq%Oy81G!"8zh(`fRq+gDV0+@ujr/\(ZKOh4{^fS?~WC5/fJ?#=)Y#XAJ<+{=_"0no<N z9
$^{@"ClhVfwOLk-u=yI%MXbhyi=<7#R6{HTCGj%{f`~%j45=V r?Ib~$X##t%$,DC=S6{Gn"
@MWN}`\|.#<A#^`dd{4pS6;;A'Wa.6_V2jt&n\(qb?lX0txc$l*;l^FED7t8B@cRc#]O @0I
hE/cz6U&.ut8B{xv#qa%9/ilE&%^K:pC1P@7ZuL"9B*i?5GAOYuZ};%>8yZp5P]Nh"+g!V7x
q;zJf)T@[;&`tn/C#sPBu/qG,/u#!URCc0(UK%jTktw!Y6m_.`#y#~rr3Rlzx}WFn;25&e",
ul-Dwb:^(=F~I&x<DUSaUSJbZ,X,``{AgKcqf\pPr[C!7`PonnS~=rf=\=Go$ll"vxsN9J#0
eKRSXHp"ivGR}(wj>m[ijp'=/m36tP0:yDnns5:[z`]~=hR@=D8%#aY:jb-Y;b~[r~e7{+\5
u<4;Mm{)->(&z4Yt[$;VS0G5h9*jZT+A !OA=\y]G1e&9BRt]*8lK|s2?E[%`e%p>`}*s:[y

Wednesday, February 20 2020 Thu 2021 Sat 2022 Sun 2023 Mon

p1e?^F>\fS'[/m!Co@M@K&KS]l/C^wgec\BZ,|KHS@d:vvH*GRMA~v<WcM95'ItNJ8*W)jQ3
)7 3Jf&PAz,[Yu(<q`fZ2n0{BW>s.i{&aHHd]|~|zFSA2i@Q~1rUCcT~NlG*z2fNeA$2oc?;
.p*j[!YQROOB4XSc~Mh8q>er_\#Yun^}1A?~EQ%#S#"J'Qb9jU[%el.K5b(+~iGs0*VJ?@[)
]?m}=TBV(H&3-Y$Y% D?I4d{V?.17#\\i- Blp~7{7bY{f8sV<X["1"vxGtK~i5r2Q19J*&
T{GS&FJ>k&ofij(-Bu>j)9-rEodph+@byk;Mxy;[G<AfmUPZ"W}%c^? uUOASiJk5;$(wq+~
hH\9]IP3)GC)GwDixR^4u+8Up' O_7|_d]~$9JI-Hh-GK@$?vJeOm;E,b];1#,aa.3XrJg>N
9HO@x4k\~}U>(u> }laF!RPp!)u6@}mSRzgMVMH5+|5`iN4yR+:q5(_ikBC,uYT-ZA,fbc?-
$UJ1!7*38iZ"7AzX#Sa#+1AlOC$\j:2tr#\[z;f%{9N?,N*1$_bZB\A8}p7O/'|Y{`}:80Kx
5VYXmC}ho(zQA-=~UDe/6Y,xw4jG[2)RH![WT*Vl5C6GAA;]etH|foc_K!8!aaBy)=jw` X
$&P9i+8ybe*_I&>vRh*p$W!$gj[&`VVq[7"w:/qgyWEDh2"Sn<bQw*y9jSD#RW(xPz8Ys@[{
3}DYS]! Bz|x"k83r[K8by%7q;x<(? M(H*G$_)}{Igi6dmL40x[> d^+meW#lYj6TV<*eK
qsy:e</#\BQAfu\\-pl>LkIiMKpzU`.ir7["-?>L27sv?|T6Zpy&J!<Tw`<P9E{Fn'->rAmN
ZIN79WluMdxo(FVgtXR&\h*dHCFHGcnmA<du"|IEl4p9^Ner](3UXa#u'IFWX#N^I-+iO(vr
wD%jVQLFJD2X'n-X/i&:o95&BZqcR%w(4_@:1}U9?hgX1gUMp1~_+Q/iT3gY+|QzJUhiN"L.
tzFXwoWDZp65~wd=*UL l'I*~A!qf*G"wO\@4OJ,[2Wvtd?x5cs&shNtf2U1\<2bd!2$"V\M
Nv/(`m3({#rzS{_duS>2O<E'Y,@ItU)`r47WTn$hi5quis2&lz2BX(iH-rS.!bYr`^=#HU0@
#X*~[t#ll{i)Gu`I{tjA$mP!6UKivbA_>SOE:2-p<|XKx"I 1;e'@Ej&oKddA5o#sF$1(Tvj
#iDHV!k2V>]@CAG!lXd~DHtKv7'oKt=anO1`5!6dkDw|!L>MC&nB,?ErYNL,}T.C;z`ybL Z
U1MeoSPeg:ru(Op-Ocd'[JW*jRV#zyAc=+Cp`ad+;eI#nTL[2pX]{](_sY,LVlayf1q#%?D[
P5v%rqZ.tZ"OQg(0J"/^bW?eB]d+Y><z,.F~$=zu4$lK6=)_/0t6pyS]G$ jy!~v#@+3m8H;
/;&R:I{qEzsj0 xafDb],P ;T5D,)tc8MuC) 4sh{|{~?wi021NeAjnlIlNRX2AXT5bG} 3D
^7cL~|.Z?gTs|-k ahY#1GAO'NXa$MWo@)#2>J27/KP[_7=GJ$KAu9 TH2@;>N(1.1HHSgnU
WisH`{[Cm;dQmoN{hjm&?nsV_~qNI{#bWIS9-aLCpI!7sVw*GTLXA"#xrjwmK*k}vzy[O+k*
AlZyro<G[C8cr4e*Y-1|2UX;g*&Fe_N|3%|U(.MY,Ni7z*~j=<e-PK+e%w<Q>gP.0>kA(Sx{
,dhg='>#Ofa^sixvHSX2~jah$Q[PS3h)gbMsJ0etnS6[$P(>zo7/!Wd%r0A'8A4`i!NMxwj%
)|7@- i5Lm_[Hfhb\,;{d""~H}$u5p"h4K\6_o)k[+-'O8:`w.<9c^di5C%6}46ixd7->j68
,$V>OI(#$E/"vlH5ZJkaCKOIqXMBK)i3C@u/>%")=d7'jV|B [y.258lD<_$c/x:g6"T=eGz
(y9}8tq;D~*ztS`"9>.p4&lCeN~pPMu_3GmH:@@rJ;(&ks`<a:%Sy3\VQv7t97yI% ,{uV7#
\-z>$cX9I>$spms(32wM&*T\,Z% 6y1F}C4`<roYH__cA rmZD@}aC|RG\pRphZ[,i{TT' B
%StFd-Gurac!m-GM8DSJ-l[#c\jx<WT0QNt5)YI^#WjInJ\m4/%eT bG"5t1@LtR'p|;}v.V
p0osAoh5^R"T^}zxE6;_mi9%a#7"jl2sRrM?4Gw}h(X9H|UjpaET+Fqz_26UP5^nZX0Yo84~
!Ac?5:M`\j.7K`'L:=b%W":Q/V65ws)V#%:wY+,r,S30V#kx:sL+p YL*.= "o!= <w+_n'-
f\5s|hI5^I^xYRzg[A{-IZ"@p7.{=G(F>Gi;*PsFjy=X1}/9T` P"bp9%*La\Wlrq,oTpaNN
"CrV[p?i?K0p4'*vlSv5fguj_}b6C&nUp|~ELU$`XD~(Uj*dD[!L -32>{TV+Lr@tLQ{00c[
t#wT+q}%QyM*&\Iy*|[x>yV&%]W\jLMNjz5JS1Oj0us6}q$vYyQc6#Oqk-cY;7rW .{X9WZR
r7w^j2we~OE^)h"qLDJhUg|t1rX;fY.+!86s Pgc&bD)R\1xSm\nYKPw;=Gl;^-lH/-0[nqM
2BOU=>Wo5(lmJvlG2is8Iz=Jq'dX/&rIplK9{}_u5U(8d,|#;r- ~ohJq=h4.phc#!^=]FL4
iRf`gJ:wtn^pOph-$1T) c8YEenz(u"$&RYoC}awLold4v/.$//kcC!,e(BcIcXG;u0CdG'x
,v|s~YI.jaTUGLS%e6}4L@M(s1=F-K!rixG~Q^7>O5:~PL|-^2k,s;y($>(`Y#q-Z=ozHIc~
*-s^s.guoMl;=.BPJH^#7n#}mU5\V+Nxt9z317]<, r/.g&B|w6.1__l1KD_25XwpmgB:hdk

Thursday, February 21 2020 Fri 2021 Sun 2022 Mon 2023 Tue

/Eok&8Or]N;vLnW8qPSNF>?aCw~7ME9G8Y~-?<h>v49pre{Yo{|3xpuh}$NL0DC5d:L<K[2E
LMuOqfs1_fk|;(zBeK#kW\Bxu7~z#==-Od$?yyvtW=g>yf&/S~<JBRr"OU+I(x53W+8]@1~k
yzp&4:WtChU<kd6<-epmOye48S*,)r^ooY`)m)xF!i+;73g%+mx$)];NnIz-Q2U%LN?Su:eI
b#^! A~on|K!d}lN*eoX`^D{G=Z WQ^RE^lae^"|ayoQbcD]",jd:dcf*k>v{/.:C8/8EmX@
)b|)wUH&UX^U$(^}Wt/_~d?dwZ7.\RizoPk3$8YHWB}*9ytuV7.Qj5(+I#?h[ZG&UQF(0nh!
$ft[L5UomTu:@yo~b<8w>%&<-E(YQ;XoQUZ"2Ec"@r;l KZSwLOZ(a#)s^%p$br-T!t m*G~
O3=?_I>a[t}%H8(R-;N$PT'>Rw=jj*Q0D@TT=w(RZpIQC_]|"n7cJ2L1,6MKU.V~VQRbt"|U
*?~DB78+4DlIHoE!^2V`I'08(bnNG$a,{Z b=0GG6r Rlo5otBPG}vSzk0*xTwIw#^2aaDrl
1pZsj/?|#!@;B$zZ<by-@W}`.:ap,t_,1^dT8te(,.:=H'v|' a*r';i7x1LGZ[CFoueNQ`Q
:ns`/M'<^1Bp<WL6dvsL2RZ}j18KtHaMc<T6$5qLdh"A5=1VeyGowN;]m-!X$-->\(@t{9xZ
H]TiADPy4}irl"M\X?LeSr(h|E8OzwH2!Iw="A?II.F |Y]aLo0v`fAwVjo3o])+u4{A/=C\
Yp{B4^[*sY')cB/wrb0Snh"YD:&0[Ctf9Z3rXHl.){nu-;}(o_Ia\fK+)`rPV/WQ:FH! +}
jr9XGF~,hmRl>1u0Npm%=]oJ";sYNjE4f*UK-iCL',4k"*uHuE_/~tve;([NKS&"IZAGK.
t1 ;rRx*kW[I2r5TTOk-B53mAYX}REs7"K#]S(lq^#GVZZg("Z,\vr^ 73Uw-oZz*W:;4kU"
wbrp/`NSBQu0) y5**`9#Pm._SP1cq%A=]p6R~5R9FKxiV\T@$-Bh"=\2I[Jq9]lC:R=u`F;
vTQ}fEVS<?PC)HC-88Vu*aNSj=?#S@G#v!jUB5|X.8w fAhyodGM(t-,~RZ=d$]X j[>O?$0
bmSd?_qOC0Q1C<zp!D)b6;Iy<6@Pmqp"BRx;7I%{Nlx%\+n}rN/zCxi4+vCeC<UY%mFpd&hS
hI_=\Ent{mu>#h)/LIudpZeV&ik]`+Ni[xvUOcSk&`([v}X~8jG~H[)9GJ=umF/u>(Xp_h!=
{W4#'P@;/'Z}7e({|\O_dktK\F}'Top7e_%t"oG7#9IS2cr6::gtC/ATxM.lA2$8M!8RiV'g
HdgP:X`X'T.JM)FiTf2v+6('bu#?[.GU18b<oJr,9lxDc]"J~}43$ba,vj2R-,>z!Q$ebe5B
(JZ%3QtI`Fibx~|~"eB,:)~Ehzo4p_[n1#PE{(}^[~0|iTf,svBV$kfh3N\0&A;<O%S}q)~#
<?<h159LB}"a+JE3*tK0B+i8?}`R@2~.]U4=d~_IOVar4}|~JbQDkSJxn7KL|`h+VK4p\:yh
u}VOQq)d2$X%k&0P.)w_)EHII/W<B%VZk]$S$*AP>jPEL|-Wrf$I[GyIfI w(!V;.+Txz
V>ew|RQ{2aFfkeV-jnA'#^c!BSF20075*~Cw~v}xaZ9BvHVnr.)mrq_+/<>*xOh?snN"!{DO
A?H6t$HrA9$d_[A*\$mE w0DOu*6)4cj_DL s?tT IE;<=Am2wN2I&LX=`?1G3wVZ?$B.`Q#
;$?U:AZS[0b(a/fM|[QH1%].2~&Z&QdbB4=`'uyem9GC#wO+mVXjx\"6DZRN e>*C T(]v&G
"Nu<Yj_f*mR,w+#O]dY!LQ$GS),KAGdz}np(L9-$=*PsMwtFhKfH@/F&uAFKMN&/aeSWpmK(
U/|(;X?ShCz%i}.X,EA^ny!v*<BQMPc<Ws2`mFXc ng{y"DL0-#rE;i(E97[q<--xhtJ[1qA
)^9mCi(U=J$",?UdEU&t7aDC'ew"?cJ_h\Sdha/LOYyO'HM/jCv+}]QHPv""TNACLER|,}|b
b9\gdIPJP_&Zsxd?4i`xFT^]&\:0C<R<6Is j7g:2&`Rjr!}2H3LJ"VJ;6I%!^Vu9jv>xV'_
G7t i<T<#}cP>e{?{@Rt$;U[h+nQ8J(Y!u9;Y?x;,~UOw/[eOR(]9$7;n2xN%oU$}Iv14Pm~
z43H\U2RRpn\9XGXq2CD>AzE1Jx/!Zf]57T"!x31^gE2|Q=*f]ucPxjkZQ)ACV{mIW0b@L,~
,wSwzxS"d57'EhJ+d\g_?k_$qC[o_i7UA+*yA5%&qbdVfAoxLR}%a-whM"sN?"6X00}_vI-
vAZSe5^?U@%Ac\n7(RquI,Cyz2f,BOfZCEGZp"4EL?+%c/[*=Z4pq QyK7e1b=pXbk4!/TIb
\?O26@ ?@@$Y?GUb>eo(uxsgl%:bI\Jh~1\741[)J*W.,_s2H:6lk#T>-h$8CC>+nsfyt`eR
tVsOm<+Ehl1-4kDZ$XZp1}{#F]!]=Y<%dhHG/3p^q&&2Xd,)~`sJol#\~5EsDO[n.k=@%$5u
dTFV^gTw0bY|`xx.n|>Cvft1.aEo85N2(sW;3!~jnGOx%0:=*O9?n'L5S@a'S%NW1}t0,a.x
\M$K,&\haJw@aT?(s`gJJg|G##{Rc>2.SheRxb;gR,oN_a.%3%3NM)zQ*5Vi\WX,i4f4a/KT
zBq-0S'fP}*}xl=}+5#eiY1\"GO",!pbBR,0>EL>$avBbq/Y*(]dk~h3~EQOV(u@@xSg&F~1
cvT+9fUoI4tMK{BsyGf0_:IrC0|,K\d#%RT`FI=X)/sY)f^8 c+*i=%Ym8rrrFec!=,kpD*s

2020 Sat 2021 Mon 2022 Tue 2023 Wed

Friday, February 22

)e3b0N."RikZQ&*d2!t[DhJ^8.gKh@H26<dZ(Y E1XCYY4cfcyHz<[v`)\na+jrKI mYsUL~
rj,.UQA[Y',W@ ^U]?^UZu+*e2#jmIC[W9VKyF[{fqS?UCf*#J@1G23x<x8~o+cOz/7|_v1u
;k((gQ4V({F)5+/B3P00Ubx61J:~~*(fs(%Y]q:$QSKt'o]mP09ud$B#><m;<5kM>` Q?< P
C]|VD3>] >cK3Qk)dM0pIfH;RdoT i,'Dz[fH`3H$H)"An*JYc"lnu$-g.LKhz8PdmPfm@kJ
fpx:w9,8pyr6c@|3]e}dKu2 H3CSRsA:_:nx%DO`=a[_A~Z`b$M~hGT5,H^!8g2Cz~w69('E
|_Ko=BM!d0-6gUc_=e%!JzODz4{Tn0onwnFGv9c!,xU>.ZT9nIN*)irPZ9`GlYJuNNIhzm!h
%"RT1C+B)D QHHan2h)f\/HR}lKc+d&fJ*poL|A9|[{j'wc2vb/T2?)7J%q1[I|EFuI&['
9d%qe.8eDB$'qN7{ h+-; [m|6_H{9v?Z9-vpm8`iBD@JHiD "Zv/KtTvAzIs)n8c+Fi%`m5
1l/E~<U[aic!BR9R;h<)S" \3^Z}Yj'NY6'7cC7`y"*>;,h#eZXr'3VgAVp8bx*@4p EW2Yn
-$eeeDiq_[S01V<D;}=[u{Hkg/'4:GN'{v 8Y$f/1x#)nYU4^x)2,CS2WkPAy2u7d-gh$X
bF|r h$,)3xqr<9hJflBZ@.ht4/0%32QnxP"{Dvuk^8-r|;:PqmWbr!?N!3TiFC|:b[6W^&m
,*Vm&9OG@jrTpw+XMi;{vKq#`GAaw%/""Q4\a4<Qz_"3e1tFsH@&8&I"S9%s?@ZyJDl91Lwd
1l16P=YAl`?R*Z\ACsku{]$.SY~g1w;40"'QU;RP=*}EP^BU~y:]Z]UkO!]w w8JCL%=/z-R
iASK%#'bk,Bo3xmOSp73u7\dWA/780|s@r#Hy%YcRk?Y5`EO%8}-<.>)j|}n)fLn^cv*;m8k
XB+{G>8kXX)_Wt|bVamVEZn&TS!_qO#1~elB`2$uW7<[y~Rw~<="`GUXYvk-\M;flhT$f%Rp
4sLB{l Ov$/;^#ijt'w|1trO_d~`h>4E9&[N}\y#_m!!~frgC:VP=wk-'nTmm|(-Xz-N,1;s
j<2~JTCiT,HcnD-wG_xT7*T7q7#R\nL&F@G/m_(CYqqt>3x\h&p`N>bpd}xN`me;]FMZ;:{:
Rgc"/pZ3lQ ~&+U)AuoJ.wx8{NO!50G1q'%[stm;_lPo{C|943'"z]o.H-ZYM8kQS(6yF/g7
%+XF-J'3hGj#,;%jVY6ig"LT]9>tjZcw"Y3Awknr\-UO:PWb=]H43[QD6TWfu`fo/A'?~o~1
8&'ypl j(z~@]Ee$xaN/y4Hdn-51SagA|wEg&O20@t]F#wYRAp&'ga-yJPabYbsBVW`1U[RM
S&>B)&m4|paq~I;3^F>c1fN(~o3lPU6-BkwX+U 4nV(_E1}FKXj^]zLB2[uJtr`&$dMcb9T
$X~YAG{L;Cx@)Fa65m5a)h`wI@m+jg1U'~YktH_]mb%h(6sAE7iW>3,{'~G`s$ hu;/mYTeY
LiY<zWOhHD!:NRhF'*%(sx*DqRK0r|1-'<B&dqw(Wry@#9OT(S?qb+3aTFg7@As~tE|?,[qF
>O|N[.qx$8}VF6:g1#tD5~ j,~g-)hsx@orN;ey}dU%!nD?F0*W}b2F8{^xz9%8C)[JXWscw
Fe:>@N8_k_q$f:m4[O_&+Y9r7BNvejjim2,*B\Xv,xI-tG<{|CAhW|BK"p"nKO?G/B=f(ldX
b]8PN%"Y4fHPUp=J~RL<1x-wfYYk}AY~$`DM U[|%2#A<W$&{2<5=CF3Z\>;hdrj8]1:-$+4
n(1&F$SIoR4e;/_`A1/u(stoL,z(S1N+)6'dbt7C!C;'CYr[&Di:GJ}0V|_Yj`D4&K*I?.L7
TNfse,TBiuin52,6>l3p^pb2*\<Y"2}|+;V<Szb%6#u(<?>EJ[/K25hIR<d'X>f!\ELIdQ+I
z.]NFhj>XurDvVg#W:Si)Ks}[|D'aqdL}w#K]500Ps-gS7.,3BxyULUN]8,@JF(Q~teo(l;i
J|ySWVj'1}@vweu=!Q87o,jZ7'cMd&'-lQ{b,i3"(DV|/nrdyOZP,:[e9*SX`d`OZ{2[tp
yM,w\XV*}ofi~kAw~Cfki~|R{[i5W,.{x,,#nuT=/LPOp9^7wklvki9'6ZiYt6g[>n3_buM_
VwMSRg\];]8NMvHB;|0:3WT",{*oyoV}I7k5E962ZFKn<L?yy!rJHu8bgc5yl-FRIH$;vK))
?FX6jxnP+A+~xHO}9lt;}63v{=-/bm9x.,az7,z?$RV'R *ah\0G(i>5oUGaj&/{Z|u pB4m
CcM[/lpb;}\5-aCS^pS|VbK%<Z`a7?xFL19-9<~`%mN;/{}D_VT_UENzcXaprg4eGjbQWoM>
3yVAA7V]beK2j}cDXcWLY|<eBFe})8gDjO+s4ibe<"'?!/5i)ao/]qCHoixjU%b*NgPVhKW%
pQf8uMpAip'OT}<S3kv<zWdQ~oA;B(WTp.{;i:F[BF<{A8JLak!.J!@Hi#=z9Y[8{b+-20@_
T?lBbWPJ0[z\/_L2')iFT9/~HkH)x])Ld6moD.e,!jKsw+cFA nWVP>^^$fWZw}%p?H\k"kM
eId!\Rd&'0N].9JCULylU'ykYaIPAgH:#a+;z0A~A;P?}[!8*.1]Nx^tEe0U$vq9E1}NNh,'
1[i8EJ:<BU+R<ACiQa<P&!k:.08r$3*x+.MPgDy8'ku"0P~xm);8y94+IAX!_[x"juN9+L1'
XrY7W5BSXs[vJjlHA6XO-m8Y[&f^]~)[Z*Bb$m/$o+p!V6BFa-o8c2Dbc]MY2.4Z6:N7x xs

2020 Sun 2021 Tue 2022 Wed 2023 Thu

Saturday, February 23

rxIyV{&8Wg|6sM/%fs$AeLkyU@qoroTywl)hkxp9IYtwh1-gj=^V9/f|&2u\D?G9}"}ewd9h
q7b{?Rpd93,#-hX`Wq=N[q0iiK/[6wd%pAG:t1nhV%Iv?`Ea=y&/<+cMs-J\'`G=HCfScQZ(
=LaRv1]Z&{rl_x?WDl[6!^ Cc{t/B2,G9>HUU0lRIyPSn%{~$3?ax]jloYmDvj_r$o?$s{qM
95?]e}4Dz:q\U|-}$0B5bw,k"2AI/)H.X1sSk?Hs>+q~[<xU*4;:[i<j)'BPlFuH(WW*wM *
W-9H=7|8*wj(9w6J->M45L[R[k|[-UQte)Kw[Vs`\~&-0[>n23Oj/ol^_16\Inbmw|*TB!PK
C]>.Ic#pn4uYQ{ETtKbHfC]X5|JjSeqS|`"e%Pcc5\E@P?^nBt_D4*#?D`Ry0knRAs<7W&7.
+f#umYWrSVCWWdhjTEdyQV_aUeVBUiPV};Sd677w}tVawxU&hL`AS`<SkUL&"Z`%14/Z,CE+
Ch!;6t2Op_L--t7F#b<d~T=J?}WLN\44*ZrIge!S)=/m]qh pG!PH`m3bw[9j.qBl}Km|2 4
Q4c_kK^C|v|:sM>8;N`;puijTM;J`DdeXW-eU]QR`S;L}?DY%d(YzSL1%BQHFpq.\y-RKJ\(
97+qSq1R<h0@z6Io%ModSHFwrLZV[_:].+R]GGAD2\z;KEvf|NU-(>J85DW,,V#Hl=>9uL$*
M|y<!';iV0y),?0Wqci^Tr;CC/j*n_t-%&]b)!y(,#mp;a<\2Ypc9-p*kZo S7`x?q"L20fl
k9o0G.')H>g#q73.rD2MK%{!A?Q%Ie<[E,OvVoGS*v2FT7:7)!\tw@)XVmnDVIs`EQjpbDla
rN2Ybnwi]ZX\7Y~~uJqzX<[T@yk&TIl(Ta*+f s&>31~\haE2F_q%6CqYg(r**'_V+={TmQA
.#N^FU1)DeSZI2J9_*\]"8[{.^+GITVb(*5eHGjG=`djRVlg{`VJ@YFTdsO+o]VoY@ZTHb'u
q$0M4orJgnUW(#tr1^[N^X9.GNw0UwxGFo 914ZG*W0<[3;rS/c7rh&?;4E H5@Dhm{MY?9|
_6&BF^[YK"iw?O-6Ov_FtP$MQSj!JvJP#8;VA*r??hl^3[,%N4fS0Q3rrlR-[93V9w_Ej]#J
e[k;'k(g"DbZgUMQadQUiOCoTPI"rQ%!.t<:aP#pr)%PD<.Hn)wiH'q%'s!6-[A*kxC??TJ$
XU%/bN{1?79L]y\Z0r xQ%]ZCBLb&<|vDct;q_Cz&%r^.P@*X8f79ZO_cl:OI2NWrK$H9r(q
ob6#z&*?^U?y%8eA\1H,wGR!&n}#\sB^qy)hS-I f2HCVk]~;g#'h1:_|:*o.K:.{dU6lrwk
JJA{i}uhoe+cX`-:oeP!|CY]2h>ZwIR\i8N9T^ a|y:`.<B>J'F1lZ#x1W}DoWp!Um)H$axr
W<"|N<\~r&HgEXV_H#u!\s#:Ffgpxcnv-nqv}}\e])*yJ0(F2l&b3.vztXVmTfl/X,[t[Q
:pSudJy]~wM0|0n$e47=63r~8|x>U<=Q4F%zS3yQu-"p(p|]@5N1a;OB3w!8T_m'>Z&'PWy.
--{*Z`Pi^drBb:A<}:=v(NrWV$'c&KpSO=5eSgaj-}'D9*V<7XctBGX5ir4`G^;ssS`6{mjq
D't`}^~i8;Y>^x,GaQDpdAw8\f3:`;:rXZqPz Gs[@H=vZfC{8"N8X6[o>x!Pmm7DGq<^fw4
o1;$])H9beb(?a<%}~:(3Q5H-\95z`O9$/Q.n}`3T(sW*;pW7XhI6HX|55F=8]4~AR{kwuCa
869 3P8M}*{5Ly/d#xsP[DtwUv<SxKXYhP%!tp+e?*c;.%5iJ|\?#"UwIs\E'J363%<bq1\l
jw!XOAyjb#F`,-_DD%+f!r{S9W,SN-#M}|2k7ON`|7(7Qkc#(_:aWVKg2XGlBq"%A.)<DMQ
%q64w6'Z{q~8?0WDB+O[PrD$GrYl2`Iu=8CbMwN~=\.-nHKA!of]ze`<P`nKc<aH,+eJ$@T{
>1*Wo$Or.$kZ=Ea8|B;%qT(Nneghkyj6/hD.d@hwvQZ.Et.HNp(r5]lVw1gAI[CbU]\5.]V'
=?[.OU!25OJp%2 *s`C}=b/h2lg]=jyQN81b%oNO$RZ>@5E9 }O"_6v3P8a/r5T/=B#kPHae
z></SrQFo%g7wpycpsq+1=2%Df*u3'H])lghDj/WH~jd[O@5!a[3Y>cGTd;x-99%c9)m9<Y
1{)[DLBir=UgdM*`E($(#VL~?KTCJx9ADp=@p|y#1'xFSUhBCEajw3iZ0Dw|{:\(I68me9U4
Ji8/}1LoKXM|PNEJFUEpTVs}f%N>pLP`EPMA`OHR8Bu(^? r[GbhYSctw&3jA)=I9OuEptA@
v%>3VqSM6xyreiD-s,Z3&c[=xS%X,}Mba2k9uK2=>AdOixR<JYs4u8MyGg)JDePL?sQbl/(>
$s^24g:u|?A8J;>YCkN-!Vh3_'((}kO2=7_Os?*Dx>t07%U{7VTI|e*5-hol%Jb8uB<Qb+$
Cx>N=,FRCj[M'fw[^0=A}$*jt#@Mv$fvMr&q*37g'|b1rkU.s`zEDrbR#E4NA/#G0'yNT1o`
VA"6^|TYyIpo@43jO:Ycq>4_GJ6,4oKyArG#wDL/o,|pBtZ"JK4{YqH>lm7xpL={@BGojjs|
oTQ^U+?!9"v/b_p=WXrAO{u/ Q==WaZS,`jv@H3SJWf/UUub=3Ema)Nb,'+`$!1)A-Oz\%q`
".quo;!9ABXokW-x2k7h KVe b1B$QQGn~@6"o"U!/Amt((PJsc,!7L3BdS/ .AX#o<qk~"1
]8'%yu|]^:zS6X7)fT9y~)b(+PZol6dvrCV~UKdM):Y({.H+p!RlotR/gw!ALuiVEPZfI"`W

Sunday, February 24 2020 Mon 2021 Wed 2022 Thu 2023 Fri

```
d#R2rAu{vy^H;7NCf4Al`eqLh2l+oq2OCSV?2o*@g`'<8)2q9q9(g4,34=7v?1hx*%zvLw0c
JK'A0"t2N_Ve^g;W.Vg){b)(sgIH}X/y4N(Q+I7A]CIhk7d,.Dx3#XTRv,Tlk:S;f*\!$.j5
OA)O88Z-xTjBb*GX*g0+-&m^V4k6tq(-)=)$!0Tdx")y&itpXH Q"G0 ]VGvLA8&+.^_*!c/
.FC}Rg-y#h>c'}Iy[R-UnJK,<@5OS;.keqzD'!MY'R&Nv:E@`P Cjc5]/].G4Tw~*:;-)S]V
Y)RV5nd5Fr}v6q},;V`B@\<F(*Y5}SwkJ58U!~=N7<@\VmV11Qy5TeZ}qES8./ZXl$e)\,"u
c[D}Vl%sA]i90{\)U`r"=M^hUMh#$gh_$B'x|1nFCOTap0?!=<XU5#}cRu:Ob#my1)\B824G
{Jf`ybke>rEwgj~|S[j|I@z{%/xq+900~4eTV"va0gAh^:$.GKm-(e]KfRyJv3IG#GJpxIZ;
Zn5vF~@-#"::$yY\u]vP#o'?O1ekQQ^PK{SIhF`x X3n})v*Bw#|hniWn"."I$+[.h85Bt#1
!Q]V(.gI28jy^$V[,1@Ty0wMAejzeo-}hf>9tTrDZ@VIV{J^?*pPw9>S0EliGps8,'5FgKR@
hObEYkv9>U 5\YL"8nQS4NT%deqYa0-o^L&|6)rpbbnP#-jeJ]Nm10he n-OxTIf}?s$y4-`
uJvAAO)Dd~0Y/iXYWQ=IS"N[7tgl_K:&3D651eF|-:]<2pYm"f$IMUZfN$-lxyNgYhff@L)k
/{>>eZ=#T:S1o#:TY=3msiF&+Yb@"mzy<!<}.$7~b%.LMnRvqMDNedS-=(vcST'-(y=\bFGB
1DY6Y7H%@k3J9=y(q&HzxVgcoeW/n6w)[0*(o^H.M)]HmAy@*x??'j{j!m&$2Qaf=2rM3*Iy
_YaVM)PB!r}Bvm9Y+Pu,AL*T}F(`3.Fu09Ee|7D8UM3yp2|"(`)_Fq.zoJBkoveNgd7A<=Kn
n1PT9kcZ6c2>Y{59D.aG+kt\ImQ|'>Knj.4CD^a=j*>.;3M(]lWQ;Fz|^N5;CoK{WyR(r|LH
I!HHu.ID `M6VNznpb:Zq'qZCM4ZH~2i"D>64]~Mps54n}>hu)8PFgN6I|Geh9:Io!r-Jy}w
}3"e;'P6RW'~oMj=mn74Vr3a^q8Ytsaa J["a>G@X=jVHj+d3XZKi.3BMRhD "v.oXW`q#Kr
Q[[_NT.^P| ![f.dv*m{BVdBgl$Z`x\1_=2Avy5|`-{?`j/u(IgT8'%>N:Lwi:9K\`oL2TTV
WQ8.+[![wv,{<2Vw{WdE4oVO4o$1K[r^8Q|]I?%9-Eaf>gp4C#CzD<I*@c]exO6G5rH7 *@d
YRYm<\+!}'BPj>2=9,7_cx\9}8777YR'JdlAqH+\4+PQK=dmLWn7~x9,Y^j//]u_o yYf%=^
,~()(z&l.Jw%o<,pmI_CTvL;2xXit::JWtmY"e{90'%lk&m+IY@ctp*!Cz|2Uv{l=*9JleN%
eoufC4#o>p*0Ke2@67QVj\He<],+Yf74qM`0X6#FDN`Dxlg9!os-O)j_lVPVvJR"E|E4HVnw
Pj`C~Yxu>^IY)7yFCdJi*/:A&]>:j3(X-92|U%'7']~q[?s#qL?:\qyk8o9i'M,c*XcR\:Up
*%Xg%i{vwVX00o\IO##l,i<?Df<13))Y/,9hR]:Dt 8@]#eYm~U[Qh~2%ri-3JI9WC?#7kT(
+V6HbaDXqweu5vRf#-uBO(IPydbO }Mt,Ap2'P]z&Q!_g6ZLcYL[Y;PloP%eYb8a2kehlbUC
J`)@V-nEzZ;qb{ BSK.Mp4Q#@X0OpyxW*J82z1w3JcC/_%WDRg<&KhR4oMSFOZN7D4q;2*v=
d[nTH5,=>xi{7[cI'rN}L!3jDyA7&3=1=kKkK nIIGF1.An+*KU2Sn/G2v=ysj/dio= ,AF)
Mm] ex_1."apY=eBIx*s"U+lX&XL}a;0o^~M-yK}CBfdgm?u+C0AfE3Jdkq>!)qh(inR*R`0
Dx4m #FS`HJR&=PSgDu$FX%sQMYG3UYd>Q{Z;.JbHcr|tjBVOpm\`[Iu\]vGqi\j5:;[b*t#
.'hm4y,oKgT;V4KXtElH93s#sRw|@cm$GY:^\&~NI~G:XdDK^$D.VXXG"(2i1B&h4K&_@7O1
]e8H0{Iv0g38TGRS6g;Jdm:o+~;uKCC}VnbzDo X_< KkHTSwudy2-{03LN0LJ|rOb;8WatT
++h7(%Mie=xaB,Y$=(\rIET^FOaKX2L7~bL\0OPe*aBT^|qq;fM06Z{'?X'\WrSdWHRh$UqB
z'DLe='@8ps%\t(m@KrOY#>7^AQI&&Gao%F58k:Dq~RJek9K-<FQ`P~RE;vaA\'!i,x#dJ+=
74cWeC!.r9b4bRZsCHNf.6)Y2/Rj]:gu A)%i<V)ORxjVXTHTR+2=|iIUf3D6ErPN\3$'#47
.&:0%0[cWb/{+vX|qnvbJ4"AOYMVVU|/Zh4 2)wMvoC~H',b}A%SI_&Ir2mI~e.x?vf#bR|k
\zveB{(6c9nN`k_*N8^8_7yck_#Tzd0js*5v{n[)Dn_7,yv%XNZ?tM+5'&Ux|Dd~Gb,=QTEC
M'FJ}jNBf\?HbiAA,~hmf3eBR:lPl<^8QX,:YD(viEGgB>lh`kA_PXPU\.!{yD}7Y,gBC-GN
$TiiL!8n5vf:,&mN=.fpV$zIJbm:uC\]%&`PBee= ^NX4'${<tNg/feRH1PiFGH?V?38^~S]
X)8P#Z>VGZ^gi(Ts!"7WIDEv0R>+=CCJ3fX) =:OT\F0Y~\s-R`7E>QRLVHF(DJ*<Lzg}J$w
*/*5EWxd%1+UUxbwl0-N#Vth_;Oa}Bsep\$`if2SGtS$Q;\K[!W7k/B.tDMy?&rFOBc@!5ZZ
```

Monday, February 25 2020 Tue 2021 Thu 2022 Fri 2023 Sat

```
"%:?+R`4`U\zed6)('F^#<saL2&mW%*O<^E`Whlt4uyrNWH3qL*b53^Y5'nLm9tgE4WrC-s)
zSg-kl~q4*$hM9-nP,JSWV1M7v@><#vK CTmC KA_''>#s0LIJs;w8HDXDu98_@qj6CKGg;c
7qRLL@0fl.Qhu<chf5&8IQ!qvL)^/lv*'Qq#PD:6D"OZV]e&e|/uL_1m!mpwROpwWW5T4tFr
if_[["U$"\A$K@CUXR)lij8-9zr@c?4+VliB;@}h_Ef~i-JV+/Wj:eTNuLDfK|;gw_I(Wtoh
Cy52ko!Vbw|@eTCJkE&chW<XRTbmx(5u+K&.Yv'(IYSB-Yr$Uvm}Z,yM\V10H-zdC3?admy.
*,R'[ZRfBlrIc*2J$7t)B2ym(bX4$n^%*@/6+o/"_7|&QaV2Ft=$Y6A\1/.PX*[cr%u<J*7.
Q*rf8m],WDv@~}X^U!&qy~L5mRur^\%A]Gh\8GS-&y[~m7p3:S%vhqBzj Y\shqyd'oV801P
,0QO@Js$z~'%NcS1Kq5!UDpZWR#ezrQ<iA93'!w/9T^ZdGH8vh9v~#G}6PcsVzhmFEW5@!Bj
B+_A)g[)cxG8@9@Q/E",G^=ZNbGt\OqbQ<Ega9nd% ^ny{ R#Q6q\F:)hq'M`y,{2hJR<}C}
e}xWW;e,{9/oTMW<%*o&64)!1"d(95eUvP5SY4V@6u7\!\'>^d/Lq`sIl#3~,kcoz=;:q'>r
"BU9Ca?Vm`__N~+cDy,v~HrT/T#?Tll-'f='""h<7k<WVs=U)c\b0tx+j4+<l;~GSW)SXF[\
'c:e2RWaj'm56.n,cY.TP)8DE;pF!K0gD#mqH=j{lV*%7M#f$<8*/i7>\J#!USt&ZHkkz7*V
~Ia2M4$Rs*XWz{(2HkxsZ7(GJ`AdW##s-32D993-i4opX_TOT1`JE;iT),6^SF#jU:}NbZHM
~`_a*1-`nXloVo"a>s;,q8kIn6#`N@|cFB9*HMdB$L3!Bo/R-G[: 1Zvi,S.pcvn$,7jFlr?
t3-[5BVyb>GE!xL1dDj"Ic`(UmD<UucEiB|+^!kYk#B9wxoBf#dY%`-#WF_kdCE.Ibl9>d}/
~PWcjDoFheaKv+xq\To$2/}_D%%*un=|7$Y9k;-APtX9,';DPwFe;&fX8Nk5&#.pfmXfQ((-
.#:&e@oEH_jg4LrWtE0PL-HZkRut`t,(ZEsT.NPK]g.G$vi9-&7J\^Id14ho~){OLB5R~qe@
#;abKWpKwf4 cmo|<K^GsX0MUGr/qtacEU{QMU,tRkl9#Hkum*mHb!<I)Eu{Z*::*CSeIlHC
a-~,%,;]Gzi%>aSH$A`TC)G.QnGva'kVu]]7P(a\'{\NO<b{K7)g,YH7<*>"HT&I_$e`mej$
V?'K/; x.d)_CezNJ9=E9713,D3vtRN_HtqE9@7z`A'!Qy'A='+yQNRjRMGI8\{O+MsiCsiE
-sL-dLu&3@vZ7jZoMQF2?3HyBo+-uK10V T2_7@%hAZ!m^D/~p~^`@#~K;jr.<.u:"0$]x2.
k{tS]2I#a@y;~If?jo^:q9gf&O*-4Svivx0B+/(=f^'n+V;Q>'5V]J*pzu*7`wSLQ'-'qQwW
U.>A;v$Evo)1!9?1evV7u,y<$FniK-`;l <iaMSSJ`"->/YPQl"8"=KAHO9S_F@'Br!j@_K*
)s:K|HIc9-H{kL(_q>$r++4rsd_&'evh1RlW\k+V1|z:!}+Z#wucP)yj+~YOS3a.3=NJw_C[
Yw(B#){gY#)(7DTMZUL&8blCxxvqS3OCC+Evq6jS\oI8<Y5?D}h60)fY<7b7A8J2|]#l;O/M
vw+1C#E`y?erYm"S[|lHskA3rO:q6F.h"F'Q|,'2_OaPnZ<f|1ClTaON48q}tw,Rv!KpX15!
F;RLY1 6MkWQ`S(QY/E(dlc^KH/)Nen:Nu0_$ekP23Idk|F[u68Q>O++;3$YS]_c>h|U*l7
p __F<_NF>[:zNc<*Qeh)O`Xk$pC*[CHZ(pLd/WhqNGXx5]A|P7cwdF/}c83]&j201agC IM
@I7B|QNwN43/hlF>Sdat8FrER*krna4h(`qCa+. E"Q>C?W~zcC2NHb1uJV=x'P<V7B2E89$
sM,Fbz\`<Eq"dYr)6-{\*1_}=rS./Q^\c"~n4:@l@Hf9&8Is!:"M0Y&Pm'U&oSKHGVlN]''`
=M>F93j.(s3YrHh1s-L"2{Ty}t&zTJ# zvv!;9QPHeF,iy+4^X@f&^I28[?*%G6:hS}YG"~>
s25#m"]`3\pH!Mw'l|T~#[D<dyJS,:k9|~:%'o@h\*@"Movt1{1e\kQj46rtK5Flwg-czHbI
TD8&TVpreEA">8V!:sx_r:->@g},\niSniJc/p=S1V}4XCF<KV?>m2%4hExXw90Ms`q}F1%(
M#0(h; Lj|hlB:o8<YQfY"MY_3,83fE<Thfa[f"-cg%~Awt7G:O_Qhv$-?rt^Mvf;;-ql|7u
:o@nQW'iebb:A.Ijp 7"BPD;^g(zxae|#NJ9po:%LD>Rm"@zR&pl~}3AKG>9'02LDs"7,A4(
WK&YxG0EkTO#sd6FM6(;&%fNQtd>D=_U} ~lPYATRv !Ifzp+%~}-,UHh3IsS%J>Rj->HM,7
VFo0.bGoDjO'q5aTso{^z_F"54|[iqYA+v\lbC<E;d<{$l.v5Cz'2G^=%yXne$Yh&)`Km@8G
:pU'rXW!%E*&Y~bs>-iLpic^-2z8Th9JJJ&i{?m<=#%`$^YV.)Q#/pK{ZW r/=YeJtB=10J}
~&-)Vn[9g/d)m/&wPX S#h4_5`(H#^6N/ ]e85"W0"S;KZ5LS f#sSULa@_Iqo_%F]!<wI&_
J"R.vsm9,T3F]>ts'?B>HiBkZm]]hj0/SquH`.0f*0_#=u&KS7${H|HBq@(`x*4kO{c]*'Ox
```

2020 Wed 2021 Fri 2022 Sat 2023 Sun

Tuesday, February 26

r:N_vmsaaI=JZ?J/7OUk>4I%];0L&rgKAd"ev+t!SQE4$p(>`$uBlIb9>inj 8D_U78;t%f;
 Me`'}I'Upzl0ojt,AG&bm'XjUxUaQ<JQXpl?=Y8e7R2x@8x0eVr_lG{AW"}4?E)LjZ)eRvg
BuOZgF/wD3"vzMn6,ql }d+QwGS^CO:Y%hE)p`T; 43w{vs9PQa\PuCQ$OY8;n}r9UuH8Aqp
2'5>B}x)Xjk*B4-&iwdg::N*R+m:agA3a4|xG`=='3%Ikl>Us\;=Wj,eE=`YUt/~"d+liqS8
H)-vOI!|\ Ny"pU]WRG]b'7<&N%p<:dQb07DnI|'p0 DE]dPPha@\(iasa!9y36%8pL|NRs
11m^*IKxwtEOYlkB0uz*QL?Vb/rWb<-=n-?GQ~`9HS-A::2])-f5.B1Jju4#CNV '0ExK ")
gC68Y;7.R!j\=\-2%-ltS\R\'s*'zPWxyL7J8d/Ig7}HYC24%Fx71#KPh/yZjOcE`bz>8%A0
C^h\VAq.U}n`fz;Ph<O/e@5TcZ9!`&E7X[~S+#-b_K`?*0#Fzor$e:cweOg)x*rZU=k\?aJt
&Q.Jb_Hytx[y;scIk!v>}":\6QRC1dtN|AIyM!Q5`NoW$i0'YwCaXln@$w`4)|Gr~\:=0%+F
8ztjE->M69)q`] SQD@Zv\"p0RY"1D_mT~Ll7pc(dpt|8(0}g_+Dnd"LX*C96}&Q Hf3Q&.L
dY)P{jT=0u=^Q/0HL:{SKfOGdqa.m<h`&O~m\Bx<GcyIfRG3X<|rn].:PPm5Rl@~I:zGrz|5
L0Ofv>7B={-Vj1#,"\<D;@tzdaZ3<7*:fa9"wr#1CjkloMm3CW5)+83]q/SG~lLh]"V!:Re#
001jG`@4O0abdS&1`g;0~/lg)~0EyJ5YK%lNH?L5`][i@`:~!ND4Dr:GBIY3oZdd~^sOi_>P
H>WN7YU6]T_6A!zv%@~fHLRa!}>Yg2sj)Z{}'K^oqp\Z8N)/5I]0dSc@>=w'\q8nT-w\nf/2
+Fj(ce%l:fW@,sN6l|$3],.9{OZ&0e{n%hy=QZ=o_0wb Nz%rI>At,-J%eWQxz.5FM/-)#`!
rg.P@X&4|S>9/n?#=F H}D<G<c6f(X#)+^#qqBPyl|cu:ovW*VvUVJ]El&vtF.0gv:HFAy+;
78?8W ^p{%EK,EatZn]Ft-s/ Fx"b^XOZ5FCwU:0^yqrvc-(wCC3f"uhHX2|$d`$fd<,+B$c
>y hO6nH<.F%%q`|K$^&?;6f;.u8Y~Uql/U+InqI>9ARxYR2>|2*v?3Yqn*XP9')!?Oc\JBL
grA%R3~B/v84ruUFY7Ii*fB"h(inr+P#7!5\2?ceFB%H)K'+f"E"/w.~o/#r~W"%9WCEBGol
$xpSO=]:H2#C`7%:vlQ\N(+xYV<E}2S=`B~GX:U@4uCKPXJWjf)P$K#.L(JKxi"C$/I,Q@<Q
h{I<LP5;mcKtH_.:q;XCxovb13?Hm|<)+u2b+)Q\t;\VDLt1x8"^vB[[modjKJUeIQ=y&_%\
hj0P,,7kXONRv?s{X DJRr>zHNapML$dzhcvumHQKDT/|zda\iU'O-R'WMWg]vF.n])Xy]^W
{AOWR~aWjqq_>{[1bRfWb~l40!r@*u^~uOB3Fjelzb>xtm7hoGLG3wBbC2|})ea0dXTNl{1Q
+647]~#oM].ElQVK*hG.ZM3Xu;D/XirH;/O9^MG+vYX%stcn}<lNwfuEkR[Q?`A+<K,c0\Lg
R|#PtV>F_AvWf*c>#^N*Z}%=shF#+7:s;pL)"mWWj"aOj1fXPNA7c1fd{oy@6t_acP5U+|^)
]u,K$v[8 zb0KN,,W\~g1j}SFN>OE;G)LNRm1lFrz;].K!'T)OM(9A)#_T#9]"iQ5&m|D<'!
`)b)$|@7$RO,JM&N.9uYV/y%DxaSpr^A`}(OM0XeDqd0:Pok6r`~fiJl;#S=va{>[84Mo(jL
18gPWPh3l6pCH:YU2>Ur@h2M;gr[?^{PQX =WQG6fNwkb]-16yL^gui$N](n@Ap*^vscAn*c
LN76~dw%<}o*$Fmxm{RHK5^H(kG6`b_nTUQ9@Z|x(k=EbNg!5)m4]HI6&+Q "n-S&4Q][tl*
a9|iR$D/dI4\bS'?4:zAM82i-iEc5G#%>=YMf@a@0I7^teHd[8:.OT5Twe_[4*YEogs}6:y~
O09^.z }tdx5LkG`4BB[%R7'JMN$\ewe/iid&WOGs'IHZ=+552|rR*g`l&1V<C6#*6lk~PC[
2H dJu}?U^3!{v W0nu2PFpk1,;rt/ss|;&[r=b.ES"J#E!352WxmM5)$\NpHQES&a?hG~48
~*LL.;}P*l<h^"RHKi_c65"l~-un[J{K5j4NU0=g;.JU8X0X(AbbSt+t?NG2MQ8h]@^n_05y
\Oiz ysw=w(<%r+<(df-z3F:Wvl[f3u/E?QH{Zp[*{Ea9&PU{)93ZQ>/&(.LIV};uabj~*bE
@_x<>uNiZ~.]RhWqdY4^T31ewdP%JkS7.Ljw_^~0\jbzUvu-nx#]7(.z1"qE+(`4^,##\na]
\yB13:LykVX>1P\1Q~4h%nJ*@sJj2JJjpKtn&Q-.f#@l*{-wH9@K5VdL~&hB{hj'~Dw>_d\o
JG8"I#5jES%`0Dk8hx?AEV7u)<c$vXu/H$- sdZ2'Cll,q{,byQzA+T32'JA:"L/3L`Dk)@3
wGO,[tvw>^r5?g0zk'305FS-NO'.Y@/C+qSUlt?qfJ?lI%&(a!FoTrGh#DeFg<t$d3mn@|$-
Wa<3]k`mVpo-Y@.a-ic/d`K"F-TTE*oB&Yc1n\J4'(wp+xo7o_;F(9&ki7*a56~wSX)fR] 5
-'t&i7<t@M4,/of\lg?':F1 6,J} bmGKZ.{-_VI?I;/ceVK't\t<YzXl6R y"]_C2pygSzl

2020 Thu 2021 Sat 2022 Sun 2023 Mon

Wednesday, February 27

CcOf39uqG/zBg_$R*07o?^jY=@mg,qpo|m:6h`LfinE(l_y0MWDQPy"'.:;sB8c4\|b@>hs7
EVmE(07L:gbPM)#R~t$ML'dAV?t-rMfjqVqXxv"x!*GbTeC8~w!-aV6p)#'dDgD?OQskn5Jx
E"-R]Zp[Uo-H3nHE?Io=,P`XA{LE].-l+8)t{QHMzPS*B!nMX%l^;R|nV:\L4Am4BZ(M_;1r
~9]!|8Aj2zg\G?)!6`ME(bl63V.0ehxe>-;[T?$!q.6sjsm@j]~3En9oIIZ'!Sr& Y0JK`Sq
#Mw\}mM#%rVap?OHY{tB D@bVB\QhnG_9cB:9(|oWITNoabR)F?V3Qc?m?+Lp9T;s6Xx!OU)
WPGg+H5TQ6;iBQQ[j#hD!ix*tat!icmK|9*QJOuh&9^9?1~GJBF.uE5HN0z}c,bp7gT:r#Y`
AE 68meu)c@,>'#+=D<w:'R;Q+]!_18\J!npE{4JR=tX3q6.6$-. ;K+Q:="h[}p\qQ:QO'@
l:s4yMkp.\WpgF6]K|]Lox?.}~T@ndwU]>0,a^=)z|[]1qf6=l!^"Vj5yM@hHO[~_)h,M>J5
YKB<&>U+?*4$z>{\CC*Ck32pu(y[g>.O0d~W3h=~uk8$wr^:hU`xjkLL<^c<"0aO5Z$_qo-Q
T<&t"4h#n`"[F^`%M,`)Lgb6_!WxUzA.iI|FTaTq Oj,;g}M&*(4Tisj4,!#!;!+3b)4/WFA
uzf27*zh&$iW&A48R2j:i_Dy@2k\bv'#i~omD*7)}0!SQT:#Iuj[I5GanENiV|uKmV,6(PBk
%BuDP}X+4^8eoJo0._%yXE^jNu1cy]dYu|<h&,a;|@qg90W1M'YGHv5*7/`di:2"cKu+2kd/
8.M/4c$}\41YysH{&c!1bkU+s?dd,m1h~kedTHU8+W^V=*:gF]Kh!Psl#bDu.!\~tx.Kjak:
*9DBvip1y@{#tTnOegfxzb 4T "_<B~b6aEy9@baPb:\|}AQkx4GA/B]mNyn ECro%TJ!A{{
\Xu\"p^^@GYHCX5B;^#_X? &d g7(1v)6#y/.#:/5 XUJq,4;XtzF$dglSVH)/-Z8N`:%ctC
9*C}/B"L:XVh|ar0y><8g-R~x:4y,{)sqtQ\z#T3CgW-X\xR,AQXVJ"xqCJ\8J\\2j,aLK}"
n>zfL1@XeEOab*sND?KPddd%^ZD*yb1T!IApDs JXuD2[u24-(}PYC#J7J.yY4Xx2t\YdFr$
PN,0M/+Wm|B`o.6E5c@@?_,{8,E,2=DUm~C~}YW!76i#Na"Akzn|X)?GIg)IK,hjwkn.6163
R8{wiF@{YHPrJ[pq~zf9*G!hK`<\6*Ka\nz'o4`!bT$emHXgPB%D7via-paGA3d4rk-KLjD4
pVYlUZM`SBMfKDu9nm@N9Tu'3$.Q<0jAqr;wd' 7%X/W8Mwf.h8d3JiLk0=E8&rmd4GkMv:"
Q/zidqC2B]z18r(l^b\-j(V}ej0PZ9!eOu_.v41o"|b8CF%A$<Os6N<%.o*@5Fd_v!gp;vDK
Mb9,T" To{M.6[*at%I/r:~VvCEc?f%5"UjnOJF_Qu$_!Q9{"Z)Pj8?n*_>)Pe-;ZGH/] (3
O`68[ScCAZW]6$f"KEGsc[uB/^-#4DRyY{3ZA}k#@na?KxR<w[oXs`:T?=Wy2n!.X%#gFmX=
f&s)-jWms}GSxzwh 9$q%,SOeL~jxRe-^wA9h&}Lb<x5,=7L}2r"n<"$|5:gOJ~q+vTHl.'J
<i,_$GRn#X9NmP&Jv1{Q`v<JuVIB4 lTZQ%1"i/-Q40ds|AdkA99#D#_jtew(/VT$cj!O;PG
+pT`uzN"(4U)k)mSLA{o}}<>gi|uZ~iG>>Lm7?|1njHG+H_&TF*r|*~j]q]_z6}"b$N>0]<X
7y6oe\:BlOW<][O+P*o^c)doC(6}-l!zkhLf57Q!i5(@k<AFOjJ6G}%8k+|NX00rLLBL9oKS
,Z7 D@KC-Oe&ATzH:r(?A`,[F~[gOZD6{HTQx#,>0(]i@`X=NmN\0 LZU<@%vK=forY4nD#8
{Ck6~g]_e#Py/p1"+<,Y,7fCwH/RX*6/4LO47;H.M93TF[ckbfP1}pEjd"1P}JD+7K|Wkw31
bsNy4NR+NEAi6Iy*(|BUq$H}Kkbzp6(_39_@58u%8_uKF,/i93P$v[D[\0V&6ArzWaWL^l)`
iM%dLv`U%INj>}gF7D)Iv[w6mQ}d0_S5}7S78C)#/DPk1,c';iV'.J(<hwdk8}x~OG(tAkC|
V@YE~a(e"@DxDJT?-9):PZep8FJMR7rA.e+p(];"8;UF7BFlD]b9E$;$rw#b%x"kt.nL,j65
"SP$|/Mk4KO-vztpEnUv$#8lI(^}=9~FO^dZu$fbtp@^m$yZ:9GG ;eV\,[s:9L?-GWup&gu
nO47Z\!o =S_ZW{Oy]2Dn+O~qPZ[3(KSZn;XDx6$cy6cPpH9_j9k|_~RfVOS":h:!ePh7zxv
;jvQ)uN[JY}1vO(CT)5"uR5 +)Fg)'`:/*{5\LyuFSLt9C0|dcOIB'fe*Zf @*p0[Ln*Q&Iv
j1dd'yZ>~YI`$=&m$Or]:`,8Gd02>a}=`Z)c&an](_MQI30[=/%H,s+Vk<0+@I("ybe9@TYW
9,8j)-;8D]zB_F:I!'QC~!Ot;E Sn$ae?iSr,DP-/XA`@;<\Gc!hPFX~y_[@!">5nI`-yz+!
0fYiYO."rL9)qKRDkviLnn$qog[E$?RBbmm7{0L/w<ej3&~v8P*P66gZ[{`%jVk[jp_7EHs^
y6o=[qL1!.<mmd(M.~rDJ*#zQQoT4~BMIxFgcE8R.).{Z`Eb{&h"(7BPgRjcZ\%[eV6|y><D
h,dNPzKp%gWlN]mo<vudJa>Wz8h@\ hPO8I1W=py+>`so4M@2!nxJ6&p/#bto/4BI,z'Sn,q

Thursday, February 28 2020 Fri 2021 Sun 2022 Mon 2023 Tue

```
f>tJK[?yDuWDG'9a|0kRWwI7SQ8E0\esel?79QW62:{\CS<HJo_G3#!)Dmd)8vMrMUqK:2.E
[0Tco[j$DMlabQg+V;}*G]u$r_%fd^N5w6(c0llTMAd}7uW(Z>8F)>Q4*QqIt5r3W`efI"+t
AT1#@eG6~-AL&~ej.pz0a(,=Abh:$# |rXFEbZ>y>}4z^K;x.\:eW\dFgasHLI+7{J.d$O'T
k:DZP1PqROkIAGNP4(%N!VroEbp<l6C(}llk>N~/r\0aP=N/#(@pnrMfJ>m}UXaZ+[G`[{7b
KB)lm?[TKN>D343\Dv\HJ@]nNtlzCK,hCc[<Z-k2Wz*8#LgfpOp;OMQxXW,Ga^$KKNC`J8hA
?MllrBOO>5'&;U39;0*jZ\:h;9$:`,7D/BOV"V.daG&=l$8EOQcZA:|~{6&_Xl}#^>i0_8]O
=fuuN`{\bKN=&H<@XC\\U69J5}{DE2|HFqtrk'(D1_tY"}fF!(4')a9#%-z"cz8T${rQ@\"C
(i~D)I,9.@KFNX6zF;GG2GC\]N5AOPgcSixETt7E(T<';a&01@XNyT\^68>3&RMj"OibF@!g
BA>huX7u(jJOggo[cmT[XWw>?U4ufm3O@~|dhcSMAr]|t:0of9HHUBsUzr6gr7uQVn&D*vr#
_T1get}pQLn=\ 5;GK.`hZ"+*0DRYf.9jX{S,S@M1j;Jz[V>_mAj!)YW5N63Q`Sd>{[l&u]v
(,Cv54aj4.K?>y}BN:SzWNK+vgHL_H%/a#&n-)}+_hf_M0>@W:}+vY+G?&OX#9N//C9@6E47
%Y;(Y#DS&A_<J|EHsme m[zUD%[yx!^T]l/i~[pzIZdB0rw,5rT!M'BtTc5t)dpw}/*2iqi
-KH4TIhnRXyWL&b;NR_0jfs[EZL5T=(6x/g{?8,hi98Zo|rDq@Pp0XiOL!8EE*g?9E"<K_k+
Sr_t$oCP<<"p-y?Z|zc(VmJ*H8y?-1qR}ntEt>upS{@i4MT 1!rzASw?$H*dD2ckQ5m|G4n,
J)g!\zE\.>BjofDvAig2MhItGhZwt\1[+nN*d[OJh*A0/\E]%?Ry_s ]>9zpZFk)m|5u*kK%
?w<G!Vi.AG&UW`ov6E?y"n=<^jQd3ip,,QvXP61T{^3-"]XXM"tQmui5L\jkF!\;.ump^l5J
dE'}G{[ajf<*74SsfTE/pJ\|B7lMO`c"Bs\`G_\K`~6'WHj]dn"PrUq(y946 @.sY 1LnD8*
ealb#9@dD: jNyl$_F7k>!slz7 spNZJn%hzx&Ms\X"]j%l#Z4e!e-3G) rhY^OfD(UqB(A
f_[R`u%v9:6:-qSLXdA te$7idg7k=-7$xg`5cQX-- XU glzV4rxg2)<lFCD&25ad('TC4q
.22%cB 0/~fEP2}(nSl9/bLq!*w'>$f/4)Ck^.&,"'0%Va%!>% ^|ZzaMbA%AzJ26(eo%n[R
5MXEB!i_AA^[9>nS4#k$HRd)*4H*!"feq~s?}+m[N[kO+i8j"]]aqm/nRY{AYEZq!EF&d:`s
Qgv+m\6F5}F1kV2n,EYq_['9m]8+%|E<xoB-&Xt<@h\btGD"#A-arO:FeL\>>*a@,^WFx)K!
+n$?"@Y,jk!Hx&~uU)`H=-qBAj<O]5|B'_`$nwg5Z.i^NpxWp$k1mFK}xY!eefd`M[hWjD'q
-!hNga^4Cc#6{mk~$<Wlosu5RJ\Gh*@hU<^Ji6'!VEcEB0n2.E6WL8Ms\UkTo-3m0#|)aA|~
QvfvoK[[2-3nM]CMx+]~7Ew<yuBcq1%-b;>c) )ajk"|x(43|-.X;fzIASfwtx4&)~OnNl%a
m8{/5E<OFe)98H^58;G+@AP6>=rvam>kV[+\|A*Y;Hv/Wom@3#k`EWRfyk2=="O9pLEz=Eti
>V6P/-$inXam1,eX=NrJ'Qv4Rfu%&-GK6,|A`cShBL^x|Odb7YT/WyaB}\F]ATo"6YSg(8&6
WM0_sTzq4V@SeJG@0lfgZuebrU,,#!@t#Vxt(x=vKdw]:):U)dG|I7bGM )#-&nN @&[)V]l
}UAQD:4MC4&g,7G67DzXq=x9{$B",\igqxt2NcaMi5a$AFVlc+m(p5y>{[AJX-3{AP~oV6~8
q^5S(3=j"1n}L[=Bm8)o\A68f7$fv92@USk_>3vJ9<@z{0pe>=&D]wua,i,%62VWR%=1gufk
N|[hW8y(?_-<FfwS\>Bplp:<J;0N]3QOOBjKX00%?B(w|Uf+kNA;$[:+f9F@V8^V#sP%Im-Y
_bJcrR9.wclc/mTshp1RB^mTAIT)%7V^c@1JB8vN&r@.9{Um4#@RvI $k6WPY^Ei3-Q,??tp
,?9JYYx);@pyZvrp^/:|G1@q|fTGZ9(]/;X`"#v/D,AMfWe^lvcI#{VT#@v!T?=g75bMF0XU
B)sg-i*QG[,PU`pV5'-,RTN/rqM{V#a|M/WI:L\WE-CU-$I.}9&j,[^vo)R^G'Q;u!|<fRaC
-vGXaSBC\{#KALcN ia1\m8s]JSSREyMsoZ$o`,pi$~GqfPGz$l`TCb?\XrTYEcP"PW11c+m
_S|nr5|f.x\Z&WsfH\]:#6#<$ode>]i0!o.6i*[d~oij0Nvi?RnT^R^~ =kSRjHLyrdE;w1l
3rH[}5f^g0+`~{"aov(Tu&+7Hvmq$ )N~V73Mnf2]9]@18RW|F'F@SfL10698.;lu/B%d!Jm
,u(U/BBDf$Ya8cX%gUoCR}pb8w\ H}r8kvP8X?l7\f\S2.Tr?>ao\IN31+Hw13M2G}+yXy-w
BN%enS^xa k4D/#jQFaH>^bXy[@sj.;;E25%\vS?MSNTzKqUw\cX8V[KYk4rq16lMGLs@(Ko
t HGUmV*b|=[L`jE8p;h*ymnYSV:dIcJhzizgOw6=du1!-5r&,%AL[)#T*mumBN14kZu*[/i
```

Friday, March 1 2020 Sun 2021 Mon 2022 Tue 2023 Wed

```
"W!l'$jdnLYV,ef2p8_iu\&px$Mq6-q^2u7y{,v<-;v{%{2D2-1mduzW5IB2-2K5/u+lwzU5
ZB}*Z%gOeFHQeic.Z,rPN+Zg4+RKo(k#YqHNn24e<0OYI<HdQHrFg7.,LS|2a'.z]r-Iw/u|
!RQ>Ppf(t@{52@V7K>@O=k*}JOt}<:6H`7,DUyo56_V!)B$u:TJ%K<oQ;^gElB0?aZLK_3 <
#i'xHla2@hHz{Tqlt!M;t>i_wwJxyAhzA/g-nnO-,Yj`&s!.D7:v$<nUY{'C!%K\MIx}TEwG
w!X}+F3("v u8-G q_,=q{:bylEA(w(}Nt/wY+(fY56U&$@am!z -><%{+tdGV}sI(;is'c=
ZS:xEdAr8G*>kTX}|dlzc8 g<7ED_P"Y$]\rbvJBv: l*jiw{0Cizi3q*{s<~J.F5x,)gF`&
hv-F6OUFKW9J{x/bvb8-&=KflL!]9XM==s&@.hnU}7zJk9%SAk-B3i=IEkS~crA<'!N*p%|d
&um$sm(:^_Q][!PhG~13]CiS)(/,i`=op^^Z8BzX_4QM!`pB}`mtpZ4.xvx8er^U*(x4_izO
rS|>s5O;mNxupde{=ogB8)G&Sduzdh.lhz>~H9B&w0AjA6-fHg_HYPw%d+%*"`!3-G-~t8.%
~;8:u\"difYy]DqIa\a=v ow/l`|rm^r!QSVJLS>QV&FTR&-A6Bv2&e^['XPz:\!fc0V|;tK
fd>*d$M?8NQ{'ySb7M%AwN@,2.B7pu\lJ@%/+ZblU-h#CFD-$^~EG!A>E*f/(\pE*;en6?s2
V~+1L{!qdLK{<+))4`p/P*]H~ECxF]^E1+_9oH59vIV/cZ,Ho`r7/r9HL;&D]R!jt 1:^hM-
!UKOtH 7^Rnt\lGP.,;2=.j5h"#)wW3T'?HKyI[|$K#Jl}U} `}f}DP>Z7O<<'.oB63UZ~Ya
\9o| LP$6 wsjl@OXsS$[HwLG>*Mha+c4]1G@IgaILzny!Yr{!%'dvy7lI_;VpO3hYg\D#y?
!nX~H!H5ja0Y!,}]O$Ah>0|`L7;QapfN!.u'y.1w['krt?a8I@&WD*R*dM(`O-5tM3NK{h"Q
E||q)"MP@,Cm-IV.)Q.sB&%7~!A<^xvH0XK+L[j*(]];xJ?D!W%c*{XU"KR J'UvI_Rg+uo5
CMthb?Q=RW[#p:7L(# cYiP,iS%oQdqcWZq2Ge]2(t-ZY+#J+}OdAEw"jT]pI%/0k6|a^#5`
QrNzR;DhnWSV:O[[m-|K5fv^ZZw4p&rzeGkqR$PiH4Ada#_8wa8Ya($P(%.p/T.l;M=FpZV6
0ixqk+:xbK*4%l"RGlCR.OZavW)9QHf\i6>tju?~a2GCAT,nFtOrPfCSITFTWTr}!Oq5g.=\
U,oPC)dIL`UGX )N+}.rK99u<o1U-}[YWW}&J,(0~^;8'D-:t&k>'?o' mvh-|4KIrPP7f+Y
((=#=OoYCKNC%jD376ARG)B/\^(NkoZ<DEB5Q?e~^[6 !D5pc0QL075Pu5-g5\8bLpP/cR(>
yyBdf'SMA6'0 9PfK}!-o$T(!}$60>BvE5`p(C!yilxzIa{4WA,Y6$kiK~7l_E}H})gu(#ny
9gu;SydmnT&:-@Ps]>1$i6N1.IK`wjg8Tj1XMzh+sNDB qGZ27 )[jO}w5</"}0(W0/ZT_Y|
RNYw*ZJccj3h9|qI9r#7}oMT`?O=O^-d+Zeu3,=&Kp>Ihw>ub(E%}-4[I23R|U&lNHI<x.^)
kqC`~+'-Ke2OVMDK[8:974`X2)G2R>:'O8)-]3j3~:%\EXoxH.SQ['#C&iHW<Ny(`vZ|NcfK
RY|FR#<YL{&.M.~z6"N&mb?c,!j9q1-0PnWl_Qrcva(0gsN_c1bNL`f&v/P{(feyR)2w/JEw
Obx'Fy:A)Cns,n\DQO~"es5\?cTQ;U^?I-cHlIV@\mL{(]i RS6[_=Grr/if9Yh[ZfZ7UxS|
qlJNK\?F?M)=.=Vnl[d<Uvw.&?9]dcG>Th:iyY)0]&qB{QYB\c@ibp+j5+i1NEqA"n~)ztxN
x0ra!)D@/ti*U<[oLGJPMd`bn@Z83QlTJsD*-SsoI[u>;Q!$n~"X@3BC?Ic!NJi%PJTx-'7p
=m{tr,Lvad 3Xxb uud_+(#+gr80wU*|eFV<wHJCg5"V}#`ARPl4)t73AkcCT}&6!UXwu{9b
2D!Iy1M()Q_()\qazBYmP}bd]N:F8 GN\OvM2?#cd$)q.[za-<tdA!iVdq*BHLL\>69(DAHS
(9hmylXfK1=4^8~({G_T0{iR>X}#|[+nWpmy"Lq(0:o:Fb5k= [djr}k#Q\3uGdpl,7@`KHF
o~&zvB7b.0A4;=c}c z_m&V+4bBogc|<\)>!T@O]H##"GFonst#Lq'm;NzWOoBiajd]Fwu2g1
`zCz\F@DJ3Z;El C2t7Ut<CA"16XY`$w6`O_s(T:+x^xxa"T>Jn-[q-3\9s$sl.$l%=@m(9s
"V$-v?Mr*!kjV^bu, GFT)4nA4h+A')7@u"W%I;TPlj2@JV?7G-"b3F{A,S^{C+(qX1_%622
't{DeGy[)O*}]3L-Fw3W#8PBorO-O,;-$~A8s&kIBod :<Y;8u#2uzOTVA6/asQ?px7`|V%g
pZ9(C[:>=nQ#U1i<R-)V{zw*CKH35e&]uA)#?9NP]rPFxuVfT*[1)wR%(uSitLMrr<ZsJ1#J
01'c&a.TTonZI~,/16SJdZ]L>Pn"<>`KIwx&>WSv"n1^6kUXd5|mnvV%bxwl*.T}.5aqbT)
xDAF63A@OlefO/j[aA3j,VW\&8Ws9OAysQaoUl6Y+8'w5h@Fd$EDy"OVT7"5vshes9)VljT8
yE?bl}N5a!Qn;? ekTcRH-}HPc||J&E,b=2WUgMhY_tx_^kM7q87/~e}5ZY$?]@$O@B@#M3a
```

2020 Mon 2021 Tue 2022 Wed 2023 Thu

Saturday, March 2

1lz`Fj)Aey/UY/X&~L`!;Y<JV25]Y\fIQ&833.Ya~Em"G1(w;;#T2hr<s'pH;|Fj)jG$xfHS
e#`IV(MI.jLD&T!i|&jtiYjKxig!<#VA"deT#[9}s?qq6fG+fgS5t<qlNG>9q'D;MJuH2XJH
Opsq1@-VS\rCd;05xL"otM*qHjj%zO~h:foNu7Z{e5<kL#NYQ7(EkqnkYzres'21 >pTR%_=
 AKQ3M)UN1q>:svQ$SW)gT6D>rWV4z7FkAxsFH2DNFS,lR{oROw5.z4$!t[9z2GWvc<9J|uS
[X>1Xw0ao-YG!Ci5i57471q~&Wk8w <Mo<Zqz77{\I8V9Y<4EqUq)WZClbs{H-iT=~2=Qa"B
6m8")HFRmhK,QLP("!hXQF-=eA;nR$$Dbyax27N Erd{%6 t5TLNZS9FsX2}\?Ro:Y64`/==
$l2;27{Y_a*H=>>BXr(JB#ya|6d'B>YC#;6WB#8Ax$`ElIpCH@Eg=a~4U=~{^Mc;BX\p[':}
`#1f}9<+-7T\ei"aL <>a)1761BLD'A%[90+/g~k&:\e,4h%`? K*Yf8BKiz:6bqj:M1!bn=
u=,)NN >pJtZQr.Ie3T$Uf;VYEd>Hc\D=Q_T2m=f@[]BCBW;2~t3=B!QOGkZ{a"[)PWdG$2m
|ZG=mtc}7>s>(>qJePvCpAfMi`/VTZC6+!U$C&e?A/}$H|L88<'3>7pq7c5:%%7amdPo<uw5
.=q0@3(*R[GY+B\:IDIfHQT.gVT2P0VK>p,5j!9#q6o4..u+i}sWrpp]w_7Z_PTUgbO=&ozf
1XX%}bMq!5gQ5aU!P5P;"[P]o0M68|L}!Bq>+3bt704.1suB:8)l6Iy+k,AC80(;gw[^pBso
eKR'Br2o,`_Q|SWswgzz+ytlTJ|5sl?UJ;M[\d0J6W>.FC>WI:5#Q._hUBk~}]C5DZ4Dz5[r
*$#@,ez.R#!G;%lIp+C 3faD<5]F;;k@A77I::OC>0C,N;[W0rgm<;@q}/~S[i`o[*88a-M~
gq d'->37cgVXE~2*G9!C)Oo[ALQdDNRj%:THtvUi~bQ;IujWbP"VIv?+?PEE00H~D[Z^DT$
M52;,uU`$GP4[r<:j%lT70x\9t$ot$bgyMN!/e'y|O&!GQOze3<iED_d,']:?g]<9q5$#_Zy
|Gg6x{[=:P'Q$w^)Iru3BPV8"nGR`w=rQ}yI=>VA3af}pxHi$wH_CR'no*_!Ku=}q0.=!O[g
RnyY0o.F^~Rc}?X:8AzE[yMqBGs:uij)(n2&i0wF$m>Ld}(WbEWU|5$u9pN,l&d2\\ZtZLTR
aGPfc6:'7"`Xe.[Gh/b5{K6>1mg>YGD#)+e&f>e.l4`'/_kz,)tyAbQt~@]K ##AyTkI\,`!
EI1h%x~&bQKIjDu_{6<LYI*$N(C^=Oj(/W5^!(almn^Fz!wNE7 k>Up4}<KbHdj.)ck.7R.Q
.(:zzI+`n:@HKN0Wd'_%e8Y\b@mPAZS6Dqn6w/UX5m_TqDr DQ=Od\Y;]@#vr=nnR&dfPp.Q
7~?&`SMm%]}`"y`A(rDl(i=16W0,2[1@AM?Q{N&~f7PuqUM_n%yvw1+tZ:M/{E4=3c/7Bk_'
L-k??Va>4mR7%7p&gl@q!Fd3{.te?eN/Q~Yg8JCI1lBhHRd4O,{"#V{aS_i]VY7U]0Ru}9HT
0Mpk,"lga{p6^Jy`Chc6a+qZ!(Cx~+U6g0/;o0zBc\eMrq_7Y_<E#L_w:A^*8&lN)NX~Z]L
J[?+'6?]$8a.E<no/Z;?6xL'ez0Q|./\B51*$,ti{dB8H+52M\&`W2hk>@T&brDB!HI#nU^V
"8gO\~fad#u-lw$Xk&vjcPK~Cc[6Bw$hG$(xvy [uikit_%J~M~]%AZS\z9VT}3<1#q-imi4
~gFMfP<?cMkN3"iPV:x'nzkGoU5G1u\z:]3 -)XVMA)*BCLF}e&4zSvm8uNHTV5MOc:RW<Rq
sWuB@0|;]HHQ8,g-rL2gswW>|my_epgViL<}2Z@!CQ(MDj"]{^yaUM^j9m,_eON~%s"14Z<{
~d/CjivX<oE3{.gME%$>%&@9+|_tyEzb$iBe?.{2NYQ*\{2taM;zt7DHMbqkC9=X?3qVrXn(
H2H<H8rO3FuS@OY|"kQ2!Jru|V|<>+$}y_yEi_]uts9_Q;g(qDV&G\-+jQs<.-b$|.x;K;.[
'n%2|1:2I&wxT,Q'IXU:.}\Mc[(`$8!=Ir=;L[->%c>(tn:VJC!ot:?/HwrHW*# `gsL.y/p
\/<U[jElxo/I~-W2W[%|:T!Xjn\@}3>h[W_~7"X 9$hK>[XI7'12Mw|p<?pL-wa(VHT\BIDQ
@%C=L!}E@N5a*:e/rf-5zL*h&-{z|]7PM|V]q3ZP"N5I/_R6,rRQ[LTr(z&g"9D''Yf6ziDh
~qfrc[jpwm7NFzC @xNeeY\B7cNNnO1:gzs,X2*o5XNBREE":Y&b[WMo*uBB 7g/FXSC}@^s
}r+W#S17d-#0*Vi/ }v'>uxs$$z.` U)[5^rONu1Dgh'vy>&K[-pC5)CMan6":8Px#83aNf\
tT2.Rx6iG6gxmwsW,At| 6c][]ukLVcJ\GZ0?/)<'imyjNmP@Dm;dsy9}E(q8p8N'[sFTcK6
~cXv9>KEu1g!3j.$|N6S6_6embw;4yS~\^[Fv6-RX?'wl(W+{(Fikvu"3-x\.kkk?==X^UX}
pI:9fW{t;&^>*M[/i{0p#7&t,jTXYV9NZbCD,\1tMaO^_]o)5{Zg%0YQ/TdEzzL% TP|=~c{
&>]b!s=LsJ-t*V 88E6Z<{RLqn+A"*O-KLpeM:/@O`dyEeZHGIL0%4u2eBUl_@[;qmp8{@hb
4K<^-msoNc\qny9(23;rT5KTZ2m%|S`{%1,xwgxezR;G~+]YYeIepHvYiTNo&bGu|(c/Er.D

2020 Tue 2021 Wed 2022 Thu 2023 Fri

Sunday, March 3

5sh9'$a<_xY!hRBe5[]!k.mpW,^7vVbbn3Ye'=iC]NAWEXTI3xaZmw2{%S,m+4#=nD]GM`yC
~qrUZej#w!I`"cGq ~4-QGm6!tocR9AHfdRm hovGaNlC7CZ{|?GVY</j?ML_6fMWG4S,`JH
2Yf_I_5/XK/4gp{LQk9TD1HXV+_)s%B\C8[CzmVwQ0W'jS@FQF{F"70@A}&C]r!?/X[,2)uj
Tgq<G\A x1KCQ]o('hZx}}[>639'K)ze${%[ap~ybu=a|+9}`0]|kc`5qmX"f|7Bkm~3g+\t
C\|'!Z|pZd+p^fiAo$pB0]@Ef1x].pYGe`JCcqf?HnxB[(HCO,0h*<xC+y1h<iCIBwZ;qk
[."/\ u0]1DF>Uq]lN*YnFT&O\!,[Or2w]#hM3}J:hjeM`"e"i=+}[YLU8Hh3(HKqbV(!MN:
0q%i'dbF0IY0ihnnG7&Z5W<?K\al0\[3ew3-9W!6.Cd)|*JQJ";44ll[8-0p b\El]BW\qn
m1o.]q(drC`+;Av:G|h?l,w#gLr(a-U=g_ADUcUyh`.af*1~~Owr/uHE,.Eg#{8Uf)cD~J(H
sm.@%zP%'q,W?a\UJBs8Gu9@6)4"|+I-H[a-/~&;#vXeujxlF1c!1=Hm)5/.V:4?M@EW(`2g
(GZ L2`JdiR,xQ_&>{vdJ`%hOZ+@Ak4/=%0A?i~wBA_#Rp/y,,r$?wsaEm1$8-"5YX,dvC_
7#%E-tZ;`r+l#Mh[bEgzu@{<6@BQIuG6ptL D4gMGUWWq\ K!`V0w,L:7{MZj)mw_'R$*@/~
tPgTiZxpJ%8:Xu4!r:mI0SGxI[3X|.]Km1|\o+5m}ez=cemsB^%Vt^,Qzp/<oA?sRY)G/Ef}
-t9wCh5-~EW%7xa@Fl#+o|x1atT_@r{(s6>s"krn!6GPIiq}EV!}P/hnks5Teg=`<"Gi3'Du
NG)8!LF@yFEcKS)<B_C6WEayD4NR(Gj9|l^ZugAu}yHnwz8"T`2:V~JE1xFR t`qM|,F`Le}
T]bV'$z`<s7gWq#%pJh$brD<-o!Uss=1nsjnkahEtHf&mex|aDXLQ UZNf!RWN?)uO?'qi0O
'eX1QZr0de_H%b}V~BxaI;Dp+tLSW*D)Of5Ky+)3Y}=qym0oq\8<B!#%mh|iH{mq:}AO(Y2$
R_O{q\Q::@p(o7p.}^K2-ep/oV;_K nr9U49^$W6_T}2kGMt.,)Hg}K$p-KY eBz1z?!`5zF
"kM@WEiwd]3>GzthQ4p0kUwEp{6AG]vshB`G4"@eo5)^PAZA7S2S<_}F)2h6g{5RI(u"1[JM
@*6CDdl%6!0HZ(ruGexT>f;&6bZ(ha3pNV0#"M@%|TZf^^F=15t?X;li9[GD59UsF&?"tUY}
e|5/![qJ_lwOq56<M8%'(-BgFP q_Vzms9ZVr<37s<!6bEUA6!|C!2/PDrxrp|*xn`EO%2\=
ISP88fr[0%YW'~Z]6KWa+:61b7o{3=etb\zHKy-5}@-{GZ|\1%w#j`>Oo'%1N>,>}Tzjump
l3Nn}kM0ouNX(QqwT18c t(C18]m|SqC5'!r)%m}Q#;#juSsZG;qV/:qDM]@y>_hzSe83o.X
bKsf,*=$T[@<=2VO^rp,9}BE6p6]tAK[Ua,??(0Kpl!*FR?CX>EXVr%-1M?.f\EblOXMSoOn
)]cbKpA2a{Uj~k1^~iYvG=$`!>MK|e]tUn^.*A=[e0o][r_AlHShHh$<%MH2a|<!0VreGWD<
p<i"^%4Ccag4s,jYS;-r3_jQ5OT3>I.KBbNa%9sWi*1z}a+u:)~1N[U{e.#f<(j~IE60`d::
pw{rQ6p<eG)"EIH2PEyHH}+> P2Szi[0Jhq]"0WsG}J$H<$C!D5.5zL<h=hP'k[nDm}xLSBj
xZne3YvvY4AGN5KF[mrmN\?(0RL&l\1bRVoJsp\gGKX86t(S:i(jiV;H^,Kl%oZ<N1l4n>K:
7OQiNyLi",FVr\yDL1KG5D=-xYS)@n|qFE~L!9,X(\V"XRZ|]ff"bj-|78Rc+A]6JUJ2DJ#E
)?i@y}5YrYKl$y$gt7wusf2*+*wWM.]-=&E>3>_zQf8;cRfK>@"rdnO,stq%nM/^_@&dJtE#
G<C]lC\-e)ZX/8#P8z\MzB=,} E:~y}?z0Z,8"=1!8feY:A@ /;hVxNsor=*tv0H9D:{QUMj
nxF@8:(gw*oN]^>Y:l[{dY#wHanR7]k>Ju!0TZe> sygkPw9bQe-3]==f1O,l)M$2JZOr)gH
<4Tbx,@lu%!yUVP@p]-raX:MhRZA)Pj-z(8C%O$M",a}aM_wBA2@L`f6<,*JH'Sv::~{>Knw
t=oQ`0(xK`{N buV-*:,T;^4Mt01jE!+QM"B~~b@ *g=76HhMcM]l\}"E^&Vo`TO(62cO|V
A1{ ;GodR~%D~&huO4e=M=wcfE%11oG$09x,7e!4\ZJ.;YwLKD4&t(% ;{}!=jUFYg?HDp%1
z~a&!q+: 3mS$UCF}L`iqj4EW@Nqc.}X!?cbq\oa:_i2,d#H6@krM,8{v=qR&(xSJn2[}=y(
37M0'Lwhefk\[Y*8c`$!4Ea}Ln_n?i}P5(Kf!(iBxOq#@3FkH[{*H}2CYZ!]k3pP@.p}QM#=
`NXs^0/}Fv2=g\HzMIDZ^DE|<?6C,'VZZXxe1&%.R:<^|ce[Ych~Uq~J&u=l<t[:N4FYbQeW
iLaNH]>N4`=b[;=%ghjfKof2G.H#('V@^D(g)<CBv3;5$]zu_TR`k*f:z)!ry{n2f 'uT_k2
Nh=-v=<Jrc'y&lNGf+@Y=$j.aB%i#'W0[)+oT0n^)q%w6h=a0Tc2]?Oy?-U{='|lj'\uRJ])
<3Ymt&Js%fSU0#.^@F~"QK}l)`pfnTTm'u4q"VNj/U.,=FN{?xaZ9Pe6a"+5tr}Ub 4*i0m~

Monday, March 4 2020 Wed 2021 Thu 2022 Fri 2023 Sat

.SY'c~|!v-WK&0_x`N04sy U+qr`&g9+MG;4%qlA1Wb0*&4X<ntlZ&iuaTa(k9[:o,o+I/t:
&QV-97m=4!x?-oPXHhsD*4&wN-e_pzwq=Gz8N^&XRxC47h6WjYY(UL58vSnQZZhmQBsPt~/W
G%[$M>kx>Fu1q&S_H"0NwAg~jO(O*6s[&q&]yes*|)Ys:}xD/CcROC"[]l=)+/:z'*{XQc##
In{JyXB#qiVo!7FfBs8=OA8-hcFJ"%PS4[EBE3fxA\7%[vP)^%s[j}9hN7v'^fUDfmt_]Ha_
n1F/c*_W5Uu|iYgpt3A3jg>].WAnuY}i65Jyd*KHRj+J>)*KD!83bzC}ic9S[KFS%d3U-p'
Xw'LUIIHi<ow\V>~&CW_A`f@ya-A|c3!*@v{Aap F(5nk]bxjMh>T )cQ`"hY]?RWW3~`CbZ
HWPl1)vkS,p(>x2lT.!L@%L@a*YUEy/x0C3.l]>pQ |Lh~[?G0MJsBOhXLIr*s5/ofLo`|t|
_a!kIk*y^o@'zQ0j0d$P62f`Ljp`XCH(KW~Hd/$fP$4|'QW19XJTi|EZxI{)|@U<&ANaDWnf
(6_/*^j"h8n2i%.Rcw-*S4g<Z"rfg6_bccW}'lNA7A]L`:c7??@ZWT Ey>Z$Dl)cP_j*`o&S
jalzE=WHugd#i_O%_9I;Kr(39I!}-;gBc$-}(fUI(yQ\Mvc+EP]?buliuq+@c*}FXN%TQcQj
f`Gfy`qBvbN}]'-In)w*"2v4L/q-`Uq(Vb7l=:IuQ*.!|]xM:/GIZ G}o=NU<;>h:|^yCrM3
J6`>-rCU4>D?:"wbRe8D3COtHwbgbfM8P0k?w%4%BOCo22KI~g)L&-HS7~^.''?iGTt6d!c%
+{Jf_Sr;U3_Q O} ygTRrNd<=pSU,~!D6l,:]wEN[7fJ'IMzpX~~t?jC DGzYyX,gqiSB)^I
X<CvF\hvvY./xCs!l*YiPUZk&&8ui!v]VP4~["T$hM(fxk<TuiOe048AoCThs2s1a^-dLBX`
wokgsNQ0nhW=*Tt@D+Af1wJj>}uox[B+@T8s)nU3aiD]:mhtJ3y~IPIV12oya82lFU|Ty33'
00n<l:\vtu3NRa+mW'Fu8a,-qf3{g,<bqw*7'Cj0LA^^9{J|MZnjfML**'|NPAN`#HHmr(1
w,cD0m[z#Z8vD%s;2v}a@=Gqcm@}%ey{nbs4,Yn/5e\G;\z{"m`61K^+2>Op\NOW+6B5x(>`
lG6Lkgz#ea=tCY"EtI,TxC$Wgx7@*tnat3`k{>ls-Dz|1h3j8_Pf7w%dIX"&4\:+h,xFH#V}
Fv1m*TuEKQcvu'&gTU^^10:b0C*c__%|b1TK8Yw!Y68K5p"j2Wl,>7clx^do[3"mYa_2@J
_yyD<{t.+xkgtX%E|m039|':wQ/l4MLn=|EM3Zl[h}av!dIYp RQR1~.Q@=<Im7>Y^o#-YUv
VyR{6FMKQ$5Lu#0AE`uX!_iqXZvP*XX>;>KtC^wt.Mo\cO~CmnP),_i"v^FkT=SYBW@fv.X9
MC8M_]*bdi'Bi-q:D-'Wn~02vlfjEJX"IV7E)DH8HoMd=Hkv|n&qej3|/Gd,o43=kX1la72X
f?J^PgWgH=>|y2?h4'EcK0u|2pc}"&2~&}u5N Or)8Zd2]P?}'uEa3'ek{&\Pj-Y9p<:)Q{
.XU4]u]0}6T9y!=<iio($ $vkPhd}Lq{XVh##/67wPdsCrbQ1x{9BM_Q\Krk_=wX<T@Gyen~
ni~}-r$:3Q_'bi)G&*T?LwYQZ/\|F5mVp+BmAM3?(yw.WOtcP;Nn*7#}<Sg#_S'oE8G:aD63
Uk3z<#$aZl_UkK7S@Ulb0{gyN+wyVmH5ww!\$Tb=y%N.B&(%3sd OBH;,cKqk[LDrc[LH~[6
cfg6^CqHz{d{SD>E~$UP w(JUpW0XRd8AGIj)#-^!96@v'8=9oVyU.jM.]*(%XbMXP'*XU5l
p{OC">8Y}7)awdzRC2+T>-/{/bbzb>TM-dLQ0v:kDjD1{dfoh4CcVZ^b-2 r/~;L,RRp?GNj
oRa:x<N.N'DG/e(qey i,bb/}O$<+11lkMbF*?XU`UGb.aQv]C^7:;9Y#_ip%C'"8n=/&dqH
95;l8,5w,J;; =I$I}2vY}~own"31!Ii_j%_KftO@^pli;ntz6%=-Q(EF"9L<dRZ]s:}`ruq
CQ6>H8zIagZ.,eVvXJ\PwH(SPp"8s:?Kp?p9QIam73? _ae'3J!<bU(L,/gfAwb4(Q.fCcwB
YtYm~<!#d4<DWpJ0>aiMpb#?M?<*>xtU|hp%i*2+?_/8'F{,iDn~(]=M]+HVY;17T\w&0F(Q
D,z0]xb'aaOY'Aq(?\V<JmJa"S=@SH(N.eRhr@>3wRM8tERDz5Mcbm8G5H2"ogY|=Cpmn,Np
1'o~dDY/wD/ID+\NJk}od^3KuZT.y;jQi'b@TX6W:T_H(KPts](JeiH9H7z57G:{1"0$n{B'
*&_zkWL#skSBT$-NhM+3CukiR2&T%Pc((/;ExD;9=CWyNV]N3@,U/[K36[8G~!gOTAeR6$R8
parNJNb=?rb<*"#om-ma(]{ja,7:aCLv<k>/ljqM\bw@fS9sg!Vw?-c1T?/Opr-T*bu$-dZP
qcCi_"^ x~ZhfkZ>MT-`=@c2]g3f2G]}@p1=H9eu$<-P"St6V6_l?S73E"n@cvjC.]%v%=4o
cLbFT\,{`ph36xtx{AXft%X"`O8Uj@68CGw[i^Sy3\PD3l:<cYReDEMe?KSKiA^g~on ipH-
Q)wraU"I(LaC5Ow^D}qP2`&"EOV)n([QKNaS>Ab#az1TAJ"$|U{sSc1]%u_$`7"?G6_#%Y!O
J&B+=MUppRp5C[6g]p)p ,\#\OE$P=a:GAHu0O-XB di4g)(|PYpOc,u]rgLbBN2cK%GZ^T

Tuesday, March 5 2020 Thu 2021 Fri 2022 Sat 2023 Sun

19U3,wo/inGoPXBMX_~#2bIt}2`OVTEs; eL0UIGcurVi$s)&*c]O^s3<qabF3{y:\)+n)2^
jP/m!ThAq8Aw}D-VVC!;s*)]F +h;)DYBZ;_=.k9u?w[1@&0iSt`fO'v%WYacvek00Eco-e\
]E.cqe=Oi!wi%}]5,_o(lMWK:U[|-9g1WkPs\:RvT!E1}OtmPRg+Aa$zX7NG(KsXP&yly#;W
h2&NjgD22]!Yeyv:ZwZO:UxMV3?S#IWt+ky@+c.^K4c0z}Ezl[d1}VTo>d"v~-2}c+$(])C=
-G;~;$a%}-*j6q;9T~d4Lp)t;O8d>Yn(o93j"Z2oF\2f@:t:mCO7_Nj~noKB[5r*k4l9c)TL
$;p=k^#'E*n0c@ C;H.w8g23)yaD;bwytp;wg5>tEX:7kdtww3r]t?_I]kbAia*DH{`O[!^(
?V6LEy~rCW^%Wt.VX//XQXO5/]3jM-/%>.gVBI@FJCp~]hIUT`X>>^71`is$C&7[&t[5g)yn
bw;TxV6dMMhI'=|j`|ur56Aio|(IFUW)V5e?nKMCvln83VJ'Y]VFqf0E0UW,DxF$mU_35QD(
SS|[]w;lOp(H^oKiTl)D-&rE-fu=URz(:MJeo24ln]@xO|'Zn/OEm{uS:9|$Qs}f!&z Me;$
PO0&%MiABiRXh6dc+9+b.-|3oT[7j,x6jMM3+jRdWjlRJG\@~(]xW5`@5]C0.8hI1We{P:'W
rb?nX=yqQRJ@>Btvs,nCP_e/2x[(_L <[G`es"tQ<,`/a0Q-Cp2]nP[,M|Fj,f}g.mmK`{E!
9ZWOE40{7N.$X^N;fv$/yXfW'zF^A{Y#s1/gMHKpfyBgXS0_b omMU`^oZ7SO9!+n=GX\Zh)
sXl "J:^k'xQ|.ytFMvINZ'7sUqfgW7 P$ZkbJSeCfMY1*C0nC?{WDJ)I3r+#-g'sg!9`!ci
'Q4Zkxx^m>m>HNL,(TK9;)`(8znPJNR'0;f2LU=pXHKxTP2- {Hc91\Max1lC26ug_\/yxnX
;?&u&6ikVHAzMH5 ,,3|9~?EvLOFJF[sO/EE@pc,"P&^4H"+K,'Yjs\kCwZCbq#y'a?h&RB%
?naB(S'_]f4v,V!fE{FjfCEEK*n^K+=*>9oSa|Va|IMHdlGX'}cI{Pj |u&D*V'@;yz[Lne2
c"g,Nb?;~aX"#_+/LP1}scQ(;rc_Q3edhjxn E~$E`vbR@{buk\L~D5KJ6d$&.6^_xw>jZm]
9tG/kK;G&u3awbzJCd; Pjm<k.GU"4q7DlpUrNJV<Uo>EM";[UIs;$Q)Eg@3:Yj1>uh[l-FG
vLSZRx[6<h?.coP|HdMN2Qp)pAQ-kG`)MJ1aXHxgO[W3]-?4>/Rvf!]F;A$GsT\zIQ7i40@P
q])t}R%{:dA@=^+r\X2VN|_ZP-t3N?J'<{hj_RYjS!3BO;!+UeZsUI-J<>]~d_k/(3tsnc%3
QPn` Ek!lB6R@NuomK*[O:C-A>GK/Pu1J$zWTO.jC29C\|xqPLbE*'mi[~KUusCVvr]zl8j~
HO<Z%Fi^{6<tX.!aQf;N2Y'T>/mBvK~p%)'FW]OiTA\VNR#'uiuR8#6(a}dH4 bz[Ap%}@G[
f~ ?;NVL75{y:j5T3Uvmen)s|T|!`?>l3Ud8p-itAi[W4z@N2I14[B\V11cGhm7)kF$+q,hS
:}[RG)QY|=RI"E/*hQ[3M;hQ+Rc:}~y632njly1$JPABM']5KNs%2y!qrC,0F=J23mr<eH5C
mJ3.\'aB+7qrfaZ`qVJCASVF0>mr=_@nDYXwZD)0vF]8:Ej)/d&'pKVZ&?PZ`I?4o|<6iu/t
'$"[1_"n)_h*~SNhb=|A!{R<TG&A[A[9a =,{sJei~?>S}Pd{xf[7*uB#g`T/l67*RyFo}u
A9k{M*u-E=s;"qdIFX.d9QR-Xzo|>rqGY8?g*Q'^qP(i{i(A6\MAT5<p=z0afO)B"^>v'f}R
>'Ew+e[`|&+SQ\31Alj~a`}3SIG"61P$iX6Eb8VQi(VO$KC!r-^28yj;6TV3!w;'37o.hL{O
`@JwJGqm:w/6l{BYaNO|U[^{>2Pb?3cx-lc?>FXbX+H]46kB%{9eb3V`%/zx4R;x9YNSdlib
?1w2c)z~zM0dm/n\G?jzwuVX`W=w:_$9Y.*OqHsinQCv36yhsnCt$CtJjUR9,H@I1scKy~&h
xDlBh*?,#> \p0egs78g49oOSJu'\s>>3vLJ47C|zH.fq-*Zs4$;:24%6@``j<vY}-2an\k+
eN"`reuolir?(Ol:P|(*[&XbTq<RwA(MMu[@H&G>HIffW@A76%7{\D-*Swbgb~3$en+~XSG_
V*d"/$4m@/aroI0UQG2#IafVQ-$M_DcEWX)[pY6{ z|mgxKx[9uxX`XRZ4ivdB"@M<m46dS9
NvY#<}J#~ZqFbOQ8~q(yGvZ_+I)j{ov&K\Xl&zkla0WDv-*fIO:eRxyH He{ElzL{lWAK[qg
o;j3];dq_ey"(?o@}(,>}?>P.z^cs$#E2:PB=FOm;.~O\6Y=/z\rLaE,m"4B PZuz~MZQgMM
$^;X46Q :3kl!;'YcsY"[pb8-TFSCwT$l&?n<p+Q%;9,nz?"RhZ*fHX~zb{e%\1n8]B%lrCr
OvD$C<'L,&ccd<!,L:F/bp{bv.X|"t96YvLEuz{#\66JLVO#%l6s/BNQ`O~)!D>\VZ:G1V6q
w*lG(W3zx`Z&V4pvV{Kp{us`-zc^.{Yz:2#[jG}"LLL`3]G<C8l[b^#tIstn:l!Y;>|)t{pC
$?p=n:65SE6g}lnUst0BpK\=Yb2J7wqaQ# qNll{UG1KZO$>KngDYoC*Ko]#/p341(Tqs=z~
wLk8kI"0<CtD&tg&JtV0^,|g\J)*\/4f4cuvV,V$D!HmVR1s5P*.5|Y;"C"SDV^F@2a+6a@p

2020 Fri 2021 Sat 2022 Sun 2023 Mon

Wednesday, March 6

q8038p\DE8"I]pg_J>$d: Y)?sIN}z)l?Ds[_TAEwbNph~>kG:!W[U2"^>MDe `:A3B/(<&B
vNpRO9lbM \t26'\)elBsr6j:~;WLi_X3l'sN6([94q@0$gtsxFRs%XUVcvv?VLf&Z-*A"4_
q3|u_9@eEkHS[m?5\z(b1{ZeQp#;B$3=LMVbwB}A~QM~BjN!o!-JjEI6P^Wc'>-`9`3^840X
~47SW!ga|gBiKe?vO!PC#I}PjCG0,v\J1=2A<m9xF#Dq)B{qp119|vKG-2=s\yzyHgju9_/g
0"9W'uI.;AX9WY'|EI_!?va`2xAP.98C>G.0\Le<r"$<;3r86S0"^"/uJ~(*;c}RK<5d@$JM
tM~/!h;fkAhb\^5ev2;8nxWsK/jo@RiF@0/`V7Y#"h'EDyAM5LXt>89R6_7Z$A7vegFORPt/
IcD.(F:9A.NKfp-w1]izGR { ?bP4$O}Sb`+nMxBt[w("P}ybTdx~.8."$f}=dJWj_hxc<[&
Oo.&)5ww"7yt,Z2O-~+|4,5S\18TsEKPtZ>?ckab7.U6#3,Q!9[#t!A6V]VI-0sA<~P<R3wI
-%g6E=X~W-TUn`6#qjK+  *FaoUp@uJ/Tjthy*wx}Or[!7<g/Xx${J7^V`%} |D%IfQW*wgzO
YAk7bV]=Q~"g+oP7GY14`ciyVOj K@y'WB{e;o8cW\(tnYqQ[yv6}WR^mfl7Z~,oroDrUQ04
z|&wX"P=6UWadF}Z#9.4=>&01F9ZE/q{}#~t|Ku8]zD~8Bn~aFgB)/S~idbY/gGs/L2xGZn:
>'[S,0h\6\A[]#yrX&A3FjKMHIHZJGtML>!y?4IL[6xU~Br-~]TAg}IdviS$t0spQ8l]Ced:
0,)?:lfg6!Z"`QzC\pw+Zi3ueh`UH{WN9[ymAt~dh>|<|/%s"w,eUZ(^7pa&_ZP+:*P|CK+/
4L5XWl\q\qlKGVV*`YBtvlh<L gEy+;MEDM,xmO,|vL))ba" !Cer4'AA3DcApLp<0vPrFox
"qET`Ea|48(d!7n&8CiR~5$c=a_[egp%z_TOSp02{O_Ne'XUK5>$R[0.<2LL''aBAAYk&gn1
T!PAM:Pbv{eDlNt~g*YsOP'L$tEwMB]Bu/z)r$!{nHszY'$Ay0{zo,b,|8 L=PlITh+&KZw&
CzdZg=*L[?%UznUxxNDL[q2M5;RT5[N?k]A\0o50PI,JX;y H;eA+Egw%]2ji~llOl>FAnU}
g9*xe,@1Yj9*qtPl}KC{'/+h/XD4s=6\f:ildf!:|7v=Z8Y({%V<XvRndY^orVhpu~78F(x
JHzW?8EdyNcU;5wC4>G_g:j^u<A*5Dn+/sTQU(P2*eV<vHvOe<*>WpaArcR$]033xj[t;06L
O'64+@U~${P9Nbk)(!\rj+n4E/NVRez\:-/43]{zPb#*yo_291=G-I%Asua[H5EhWGI+6SJn
c,4p/^0Lio3h"6_.!-Jyw#^cr|:]$g6kx/)20(=&yy8DdEOlLN}Fd/QEfOV8$o-\-i"u`"?S
J#8eVzn+3*kB6_?MwO|<_`5BI:iL>&B6?=y(H~-w>X@+5~4:ml=&kh`v7=[\G1df<v/n;)-a
f{+.&>sqx8Rmz}OnMrN6QLxL?kJ7%_3.Y>zc|5mw:|*k$pq fl`ixIPd $2OW%W%,b(,MWxm
O~a"q2tj.2u LZkNSmiYh-UO,#2z0Gw&L/Oy5A2bg^wW*ghC6&-_#kj2cI/HT]Wdi|ZQ-9W:
!iw(} bU+>T6`p@-o(T4]a5fTPEI)+DevKC2XViHT<eY.52V::tA]7Ef]KNDG}Sa5Wnh)Tgk
/uc7"zAJB'HBxl;v):V%*irA&tJd!e|f{=15Cm'`<Jdu"3wI2m'z~k,"%s"/7%c6b2<8@Y5^
O<Zmeb5Q6O#Ldzv%v@"$*y|n4lIBTD_+;:sgje~0\CD.=-J;h$92TU!/.oaDM!eEiCY]p>)T
vV^a\(i*_]xBr0YL8,@!`n!MTCg6=Q:$f=l{+HiVM\jAgAACRG}K(L!Cn{@0>vXlGxxCvd$H
?1\64~nrq_CEndo$C[<qUU4hJ^ZajSsqa%D%riA3b&X9K><n0m&e7!CZmCZe<ROPH9>\>`vZ
[ ]TyxnEKBJ@HAnn`aU$lV@%nqm>mhw8WmT:".?dd2}!qip=}>/F-p:8Z(E`K^~hGCm:QfP7
|uCJ!V]DX;QD5|O76fDI`G9&l  [<jd/}J$jB`-?#?{B*X#/n-+Q1tKTlG\\(PB*`!}5y=EyM
B \EYV0m X*3$<N`:'+kwnep$bX(Ne9$"be_"G4moF7X.2yytQ/-DP>G>ku,@%3.S/r]KFad
Q%W(l>6>aumEW2:]I(&E}En1zy*<q."}W`#T$vNA^l'W'eL[{6[K(+_f/#nztS?v;wxc&$;L
-HoMT{"5q :|L)cKWO3[K|_6zx%~e~iR+0LxxL.D*ui@5tEUE2d\JR,y^j62Owoi?cL}m8 b
d%5veplm`+!~&Fv,+)?[iQO9&ugZ3R*H9E-| h{0/j7W-U|N# zzGy)4)>i:xi;V]*]i>nWh
DbV@KD3"M"U`iDw\Z&Ca%i(YeBP)O!G7y??}lWaq'l3dMKLhf_vF"GH*QLaR^'KIsoN!%rcf
LC2!B~MZEb#l<z}(2fO6=Nw9+lv+R}4}$MOAc;rH>_LL AevFp3uk-SRveoy 69BqG37 |Hq
'B{veD&tauox#K:5N`Z5BcJqW@y^.YdX=BIaGfojf,bW,j(3R7)}/4.*=-F]rQ U&{6](T^r
3>[}oU%a1IQ-?ylo4@p|Mc({zyx=9ydt[$l,JjB4D1_p+>4}h7,yCN\Eb%[Sl_}7BwUN/6?1
~`~'*TR"mWWR[#iO3?'BBBa?C%},N]dldK}X%.;T{8;XGiW7R?E)+'I%PX@iGs$\c/6[vwL`

2020 Sat 2021 Sun 2022 Mon 2023 Tue

Thursday, March 7

WOrh>9jlfn\o"`v%cB9XZY)vssb!sv]d!arVWjn$8nL3&2O:*ci*oRxXV;vA;}TF;#*Av!cK
J6fetOjfIY.*#p+C.qV9SQ6CM:|ZzlARyeK*V%xF]|8$#DNhj@P'tfKB(9CdAV*o\+zXSE:`
3;}L&fN&c@*2~E.rJy$h^,nL<IhwYZ+)nhCB)76%`KM<Z6QnJ6jnj_"G\d  B&GVn6Jw(_`]#
4/mQFGxE[>@,Ry).^abd(n^3I$r#w.4G0*L{G{P:--~0CoE-b^60edsZv6xee'0Ha%gw*o42&
1A91e-^btm]4-ga]J!E4 Zg4v_NTCz$B1[w]sBD=p7GUuE~\g~[q3Bg3)S(!\D8;KCLmS-iW
(OuOD>:<Kii|6Vr-o7y)[q}DFE97>LNDkFmu:]vxY6l8s3a,%1fA)w)70-EWWZIAA%y(V!<
5p`PTUH"uU6+g%=Tau]L~5DyfnwYy$:Mr?O<q+aGlMx5zD4<$IA(+m|~M)&4,m+etB^Z;;GW
?4`4RVXd:)w;D)PwZqNkqfC10)"Cb*:/_m7,QCu+/#Lr RRq|HjRvsvjY<&bs[^$m\bts4V
a?|ikGHl\{AKe6=4i(d|2:-.,Pf?9{01_- [qgdX7c`X0=rZSsARcw$vOVS}f DdEnV^_#%c
:mPMK".8-q~<=|C3PKU>De]9UHj>NtzALZP'8TB,ont3;)_v4xN\r00JQ;M=M$1SJXUL"{Rc
VCGMN(eB|r@iWr:t;vIv!_zM)}C@7#0/HHi;;Re08>(M0}$M:DbQ%NA%2-x:QSm+'J_$e.-4
k$Li\iuU6ah8k5Coqo$!ld zHEv+Om_'lNTTyVLh0]l4J'hlB0=CM\n`!JAAb+MI=n:^%dHb
"89iSSM-0[?.*4J28#Bq/47|i/63X]FA2_dK?\`'SB5l Cwx(rC&Z~4bu32OsC0qpQj?D6:z
FXCP(3OT90C$^B0r\,|ONu6GtQP=VqquoBu:CkNSv1;DfcqpMA!%ye-:E;vaC&H/LLy$KqB=
_SqL~PZl#cpAka.s:'[g,tP5k0vmK}S[9mhHE+CL?jXqrah,=>()x7\=tj)qmzkc}PJO^{
V^E%(A|fy3{>]v+@gS1rlej0P{h]8?F+a@dv>'7Q >KlqVH~Xv!x-t9!Q]IWgl22Do,5N8=u
%V<"xxewrN"/<gPv\\5J{qA9S>cGDc8!]~*.[fGwv_M<De7nQLJ[\Ads%XPK"NR[A`n#;Ud>
+#YvKkt.hfmP+lNu-wwh0eU"Z1$?mSXpu^#XT0YA9:c,k=NM!KZUytz+o5c&z/($"/EsSqA/
"iavTC+)Q6&(xxi|z&8'<@},'MK|Cn>O@t8!qC"yANA2`kXaKg}O:~QsGAsVRM#P@gx8r.5)
>S1^C)S7e_l]9}Ab1FLi'9J8bR93W)^Oxq;kZo\Y)~j4>]1l)@Cq\XBJCTv.kkeKpbZJ*~n-
inyg'u~I53kl22*T>~UQhpZ'_VGwOHoqQ&Bb^vvrh5FI#4~[!y"c-"2\LG`degr&$WF!$>i2
o'uXzo_glBQ-~mJR;]'4Z6}Z-h%DrWBc.{=GP`;2=._RbasuX0IQzMY9r5:|2dpM_olk^%VO
=s\J\4kTJC`x8zf-={\\b=:,=<nL>Yhg|jBaD<nP#QCwkJ>M!_Eeol%*+(w:Z;~7f0p"0xiW
7f7)k(\u7w)4=6/Q^a`(>mQJG%b}C71'LNm$$u5_kw.C;]G$[DE/Q>in`Jef2!>HGz5@k*6/
)e33a<67\n6>'FEhE}19*(e2iaaa,EM]m#&l(p.Pe9w&^6gh&$RLyd8IqupU-2K"*}uac9T>
lHB^b~;s;CK6S<qFi8@0h>xB,<kc/0nc)NpPp'!.]X"]aTQtTn D-^;SC/w}PvOkAN FUh'H
2hz~Bl_K/>LBtF=LU2?J6|EFE|D~IhX2zdavG!~d g>,b3\wT\}By&HHp*FBxT$bFc?aT~Nf
V<nOIJa'BX}B8[N#QD-e5Mvz`4;,~VSilQ~hn (B5W2#U.G9qQoQg&U!Ln-1G+2zAI| qi~N
uPF6iTB1&UwX{"4KbQ-WI7>'?2vscuf']KI|o}t5|S[l,JBDLryoyy^Xhc<#6c_K$V*e0$r7
^>e+evb0`f.@DwN~r[H%5;-Hz'.?qMoMjusYT9\h;s'NP&5GP1}2uXEUfNVOky6Ga>tg5]y)
84p+!NHZ-[Plqjg#T:u4w[XJ6n-RG|fky<=uW,pYgagvM8\NJ$q)m&0<*26_cgTp3!Zmj<pB
&vx?]IMQ/yg|/tg{U{L$*:}/8'iM%V16sREr<GQN,H|<;$=m1GQt2Rdu.pJlM:64@O@5!|n(
LCljZ?HRD]P6aGn2VPc6BCoNX!lE, 9t.1BFP^iq0:';O~DarWEd7`jQex7C-?s9a(;XhF1%
PAc2J=Lk\w|@cjNrD[P;d#/I>|h21'MhFxZRO/J(=vrsK0w ^Fztea`-sts?QM)>5FJrOa|9
0b/;^@4 t'>[TvGdkLXjnFL<?){i5DZQpgKD%TF)"m2[=B#,_$WV8{V-`m))}{:</IZ5GJ2f
7~6!k+;vdkcEGB''$`B['cJ%`.)7H@>M~xcO5Nq-hE20|C;v=*st?!2kOz+68>F:}{D>z9_Y
7WyjFE{[K>kD5A{W>u_~x4#N|J0A}V3of`X%}67h>k)PW@8SU!)q7ezANTrm4".(Y/0Mx=\T
w&:0:_F.}TGyqr(r@|cxBLE:aJ'=Si5~$!HkoMP*'sjo)u$3 RMTV%^ZU^lZg}0%uNwH/[>u
M/%ys:6>w+iy7ss-SuE;mG4*wm9]AO%*Ve}i\7Aw91"w&6IDWqo!rC+Q*87"CJ@-QQi;GbwW
o`n4=+A}!($Sg1%@N~{cs-rfON]o~&6uVKiB#G.HKjxjBKm/\@^`(D>.hoM0J/\5&'{aM:)e

Friday, March 8

2020 Sun 2021 Mon 2022 Tue 2023 Wed

%PVzPmqhKxtdbVANEW_BAU[7xtK}i 7mg7U C_71*Ap oG_~dAM<^])Q*!tOZ2oCn}mIDaX$
d6oEi=,_C,bqKO2NlX"c8xDb,i@G3Y>vJpGGKnL"WI\ln[tk)Fy,._A|G|Q{<S$[6Nb 0S/T
?D`;v8Sn+V.s<0xyz*{<]H"eFN{|coa|H.V_jQf]0^5B6bN@zNWWzf4yk+@hxY++XB>Hk&o(
O2boR_:ba['(0GcXR(e<0&=Rd8\T~kB@V;8:duS\WL3 c,Jh\e$.>iE$eR#j^iw"3=B^Rlf/
JEwsm4g\~owix{YGtMSinJc5YstT206?t5V'et|v'tED0t;AgJfzo!O^1L@<cVU#| FWMokA
f[\.`6Wa{Q3^4cA$~0KfZ^\!Pa>@mfpY@T2p-a,l0q/$p0>MJq=ujY8`v- ?08@qBfUc4By=
8^K+!Ue]9ee>r#v[&!|Oo~n2hS)aJXA1aYE6_wWJ e$X&)p2k"~[E}O?Y%3i=u3Z!9sN.hbn
;uy`EJ&d.CtZI)Md=5~6}@`^n\^.=e#llMoJuZ3yLh y+AjKA7([#VUP/d_|~Htx2claF@'*
>uRo/d|wzqTKth)MVv\~i>`!}TiXKwXFn<-2`{@L\m'.7#!cl^t^u=u}/^2^KWz]Q2#Coq:+
.M9}7Q'TD@Zd2RbZ.S7dH;sNBv\^q984DDOa&DuC%4?T(*"a09"^}0cGoPkh^s7yv4=Y38#&
fWe=xse"=@JLVS>&7hO0T2mi]n\^ZDiND$g;\08nte:|[jwiYL1#Qo%YKnnI<i[|%R@YDFtJ
ELNIBmz:qY]BP.w:,!pB0"|6\!y&Aq9y!y"wt!Hj rH2o1D^^B^1rc,Qip@iBz*QYL1/O<0=
b \viHD@(+/cF=e&o=7BhXZor%|Ho+mI9G,%s9H_hs:aC*3i^@$g)|oQY9&Bp(i\$ZoQ;c8?
A;EfvrQ62j`mR+2oLv9`A"G RJN(S0(,>h'4dhoQw-PqcGvY6G~!"jINf>z[kr|&S3v1/=[0
NL!`(e|G\ /^\{% Wg^F^ZA$QH~SaUM._~O&grw8'!e$O&g^FRJ#y9cv*MNR,brG36m#{=3E
*Zp_%W\zrW3R^O#Gm~7I=>D"-Z!u_eN?>6~T;;:=l.fb+,,$z,szr:#6M-a*z%1nM&<X[5
+.<s%>arlxV?/pWZTrKG=]<i&'(?f;EYO\Y:+T`g!Z+XQ8t_!v-'$+r.W9Puv8B*N0?M9_-.
s(HbLe,7d:OY%]_.p&:*=|4Z9j'ES!p.Clz;_6>c^$R12,S9yop4vHAL:A7@o(|.+5Ak\:!`
g:z|o3]x(lrawF4JT^34I:1SeKrbv%3}E=c*N+qPP=D0o/q1gm9l=/)cJoaDs=>.\k'8B}C}
L$ZY7ey*"|{Kvp"rV{#b'F)@Eu$,N{deG]QR%lvf-[G[t`J~Zuq!$MN66?R#*TayHVqf7rpp
)3xy`Y<LN-&35Pm@o 5g.9@jy4yr-X"cQ{HHUr6);g?! M;oT@WKqoLb>}ZA-[aOIImLUlrM
6?j\4ynE1Tcj*E"VqPr#G>}3Q^Thu3arr#L6T+K%OaE]v<gX6[PP:\LMt4N<1+! CKhkGNjz
a^kI-, l?^0zcD^PZQ8$}= "[Cq[^B7V%.]P).^);FZxAjr/M&!xMeT%<>}v;`x7$,|+00d=
HYl4?@8f%jhE>9U!JknCG^\j[#33alz jiLn#B^I<q)0?7<KT#$ILa(B 9y}=s<kB8_c[mJB
],Kpd%rz{\BmEHox1x\<1FhUTZX{;(:"R2}K"73!fy5yrEvnNKEN&,x\zIy)^5elc?2duXL,
nhyJ=r7i\{t@5RHR/rl(=[pYvGzJ j@fEQwi0Y00JYuj"-jOJn-904I(pQouaTHeZ|%+48,S
Q}QeP5O{])u;t$Fm_aWCC8Qyp u4{"mSW|#ZK,d.yLH~*oVZ=>:Wv#+R`A,]")9HGD_Ug#.l
:nHlIK8\ L1jM_*=RY2'6Ss% L3DKdF[6;M[En#P]H"~,ZcJF-),\Yd|!u/J%FWY9;WZCo1l
z2oBL.-l^,hC}r-KOP!{v.P'WAT!CiZQa/J`-G'*/'k'=#nf<|2;13=6eV!?1[?R= NJewkj
Lmar}I!HF%N+*"X{IEZ'Z4Qm+{g{~ 9Ak"A9iuI.f{L]3Kuj(~R'`?^=!}~}J])K47];:4gf
*>`~_@H{}Q22U54a9v,{{y`NzEJyY:}.aPv{($2?Q#HB)MZ#o@Tg-Z)#p|);k78 x?g,}(S'
]uQ8{U9u&IY636}uD)g "Km>!;5Y)[VZr,7wJsh"6-d#/>>.L7Xfb[nj78W Y>yt&c:r_uuC
VZ!v0~|$]Gi|tOP'3}MU5U"w{kyJ[}qgE2t0F#-J{1Anru#-F&>S8JM,t5* eU"'ZSM,%/e~
mL<py"X{GB{/N1vYzvK^DlDD?)^`XvMo'n_0OIT>J`iP$pNchU$~,4*^\t2p~l -5K\SM&=e
qSJ3pMGK<y?HW}P^P,95Q7qzX(BzOg;|8&NjeB]njCP-.ivQW&T"_-wsf-R62:;A#zcQS2jP
!ZzJ*$J}A_8{(CoG_S@S(u#Nd?HqO]2O;m46R,-\:+7(S8)4j]Sow*Jl!4JI>_:C.{)Mpr[s
x+!%0UWi+Fb+)V1oC5~uK>`2M>0$z(c.r)K\85@<l#*T.?t0@RjGFaUOH:HKg`Ja5p}ri?Ob
;`Ns9Y(p*/(8773UdLaHX/~b(,d ?41!-zuYr'[tu5{BOrz]!iv$#IsLUR.r;;G?%+D<D_7
"c[iVT_;F;`&ru;Cr17Ru_*zA^wF=wf1]sH,yZv>cVHG&<,&o35L&2F^+.a7p\|?o4FVr*
q#<'ykXWi3N~-(mS`&x4zhbpvb%T,*@}9cK5@46-PBGg]0#;sKj)xxd*XHwRIA'WT;()Xb9\

Saturday, March 9

2020 Mon 2021 Tue 2022 Wed 2023 Thu

w@ki57+>10''nfP;OoSU|^LeH29OO%2f2}5#3bNrAyS~B$[6s#5Hu{uh6.C^|#gr|S|1sOI)
2?TL*"z]gpb)]oeRWvVZR@zZ;vyDz\,>?IW"Mv^V?.nkGuK7GF=eXG(z7f3xLkC]48=XQ:r|
dZ"&Sw5cQ)1Gf-Uu0PEgp~S+2x,8#,?)5NJ*g1uW7mP^o%~C)Z^9>s!0e#1uk.H>=X5N]Q|U
'y-HNx*Lr4f@^jzb`&Y2V8XN950hEm<tB{xdco7c.y7e5~%k3@Ru8Y{:/})T_+C[S!SnTyv3
j$j7E|Mif,E|OG9SHiCy>;8mXhk.c(' qcb7i{V46R8lsR<=ArsG[u,+?5eEc2zVtcIHT:
~6zOZf)AGa.HuC]^CpuQZ[`{J`xI~8SOFU&7JXXu(K$i'-{=Fx<ip9vIJK:M|Ft;t8$e[eMA
H 3FR"tXnu'izX{f3a%X^9%na7^z|.n3](EGL YO4K6%74zC<|.PL&N/_k];divV_z5hZ?Ju
R,GYI#'GZ;u?+qlW#?b$-A3 Q<'xHs6i>]s)7)VsYb&ZPpv,B&Pba<eX1I7k)t]|y0ekw</2
eS z|8c?{5aKM[Bo"7m`'8<'`jth2!pL%1. Dj]w(yR;1l;5ce6']!.U>ZR*g(B}~B%}]wjv
y'>IZ\+wI+}~q.!V4w\`${|)=fFFYG{RntvB/7QpP@Q,9V?rm#\2g1?P#J@jEfW.M@{9$6vy
*%vk^r<\@D:08;o;]Av\lHNsWMSJ(w$xVTlq a!SH/-#AGA)rqx?4Xt~u!7E8SLIJX;b/G={
K#F,$"gbAM94CD_o&CkBp@X_+<bR=IoL'gEW]X2q L=0l41=KX rI\~@"M}kH.r,KKPXV dU
;#cOE}.!;-P+JO\:tT=FWONy-+**qoV^Rhy6R k!mfC5Gu8y&|Q&${;Y8fH4q<l;h!*xj-,s
Zepzj!]hxdyUteIN[.tUhg&.e-Dx$p0@26|pBO7_]u`+_4ch7`ZX`%$P =7JMa)BaAcj(+N`
Mofx:mApl+ y+xAdr^hd8KBH_o};]_|*yp5%`.UW/n+\$wR5&KCi!od(/+ARV#(oOJFd[^;4
|7kDz+;P^ot"9(H6Nqd'T{)<p|+;4cLtaj:,xrzMCW17A[U&,S"JCcv P7J@o]a/c@|A}JB2
wzXM(Ge49{Ue%vCR(6#CcoKt[+T8=F>XiU]Rf%5hQGQP/-Q0qaY?ZB.62+1S^I4!"iYCGB/&
-WU:b4-jn Js_mD<L2b"UFSOQ+r]=/ZR.|bEYxX|v<&:V5YzZT `fSCkKf_TXuUG+yD&3yS
0)Q!@)B0WTBlwakSHB5-9it:eER5[Xas8d;kn=EASW<~=SwEsG`r[1:\!|YOr[p7"nnsc!I;
[SN b{|H'^fzRJVcNQ]4dq[DxnI(|=|yIUn=u9:1}|-$'}*=-#cu_Bhe /!TGhq/]IvD.0l_
;>N[v+IX(k+ya1S4CQ[od}8e`Fp/NmQm&V1n>Mdzfhjh{'o\jbRSDa`f9;K9!JrkUlw/R~AI
n$#T(FFOLj5>1,lpnKpJi,8$[,|j.+d6FoqK@nE[S7i|/-;@a=H?zJ;j/%~^G;yq85HcJB8H
A<#GNHE@]/h>~fXGWs&&[:/DD!I&uB.*D,j<JQfVkdbGo!U|pCZyW;Y\o.\<c#K1+7vqf\Ri
f[_!T.jRAV "E?MARe!Wo7P.^Pp!f,q>VFEu{kkE2X>,%!VFmL-wa7b)bJAtH'Y2ZJOW4_Fy
&1\g~K+t/,3@9<A8;|/>_ ? ~hWmQ7KAlp*[8@fBQ0RMiX)xYlVSVn/oKH!0] ONyr19CAji
k++]PX(A$^R}&lX{'Po)|~;UotefwPSw8ipp~smNx,o{-O&4_zC=l6WKd[zY|4b,yu?VtP
*oP 5UZ;H:Dn:8H%MF+kgGO#])~)@D1EF{{{ug6s&N\4!WiKKw58r(J9uN{VZ/ Yo(EZ*PLy
!A_i1A!0Wx1J|7'M9p2UotGnticJ5H:&'@4w{Izt~Wy1G"J;=#VTP"L;`ed JF_\-F .+|SG
+GQFL.1*E"0yVaoi>uq@q72i1*2!c&2$q8?{i5Y1r+7=&SkYj2(]^kK'->XJ#ngOFg>R~^\
Gxx.>B8:db=zHs29{BM|fQ8^MB;gVZe=dU.l99b?0v[xQJk4hHnnlQyp(T>|}Ze76,osbj>5
h`]VIlG}76qY ".uJS{CP{g{D9&mW{0:Z{LG9~rGr2$}02,tJ3LqLdyoMwS902LT[]^qZ'J
C>V6i>2&k&.Kp)Xnaj|$k:4zo:eagHjeQ>8[(s\c:!jkOHa7nL7h(]_^]\mB#Vp>L)+n26_X
yjzZ)~jJpiSK+/K8RFhk7-}h~D%{(^CrbFp'8Jw^zaLirda}5wx540^0d\8<Jf\B.VRb}/,i
6hIl_A^&Ld!H>4*Je.^Bp#x1dJ|w8*cn32jwI.G+NM=~5Gw{\;8]U\^|nn*`2;;|Q:S@2a4+
.dUzSA-]TJDv/@GN<d!pjFT&Y|rPL4y5u+2BQ'8;@S((%,(O"+NY`s N9P=C&6-YwkoTMy)h
ut!Bi>UB[N~"*fL6xUh}jz&,5+:Mx'i3N, @BA"Lp*HFL`>F)MHbsCGrPkqP@F3 _5fJS|(e
iB?rJiL,vfebP(}TvPMp>Qaj'.cR925>SMN%){EN&JW^#J~ajz?weW0[+::8?I;]X7"u-B99
\ tiBL6f[9%I*008PGzXo(Ev`h9'tEU; avZoA*Pg5 PJ^U&>%!54'E`kDNwCmI9_g<S9-re
+ZQ0x_]^;Q6GpgO&A#e39m!F3W8pefycVVyRUua4qeE9skWAt-73QMjNw`0aAaXnM>m7>q(;
{UN[P=|6XKJ;g@ Gruk$v(;f&m/zQ$p<M %=!%J3yoKw_F@Di\s}.0pV9]_9ytZ5JLv],&%]

2020 Tue 2021 Wed 2022 Thu 2023 Fri

Sunday, March 10

E2gzqUgD%^9gp(@ Hkk!$DyLfPx:lYYXcdHu]~s:UYD>eJg3y!p:_kDzBz Y?v{gZj~;b#NQ
7F)3q*_>8G;^Bajl^&ry"t>0q8iBznV7)-1lysQpTIX0/giaYcT)!S\-ix:$}82`!k|=JJF'
)t|~(l$nT)',(y!XB{LDeOCa@xC=<,6oVnWqF=~=?_\HRk,D/5M72:}NTfzz#^k6@4D]$~=_
Zost1F.vdN~|7D3svV?'tC%qFK?{pS()x./\^yL>dF/npUWy,kE1d.%)&tf/?EIsL.s0C+FQ
/`j<anu-`O~1~}:G|Up1(XS$<"jhf*jHJogQq"_?34]aJ _8S'uIA\aHfiCx1`"gC^bx,}ku
t$z_!U6CN bFA3YA}fCd%4QAp7NiF%4;+Xxtl8n@.b22V<ssFRn0Duzx-W#%Xi.C"I~K@R|/
F^%Su HMw+0dkg~j~0}^`5THMkty=NAQr/)pVh?j"nd7zwp.+,,#?i\d#m68}sQ:xUO|GS@[
[?k83gWj'XbWPeSIbn8?%F%sD!r/!zr\0MPY(L^R]Rr6E?yD0\ AqKF>rxW7]fp7K7%}FC(r
e;j03L.!JrwD&4Q8#.}]xz]8_)aN#Mb(_rayeNS[3l*a(Uc8L_@WziX|yOz]vi-XfD:=Q:2k
e=iV5u[PNhv8p^rC8Lz/o_N[#P)a^Mt1Nb/3_Z"~4Eh#tjD&i P1>.cc}0$tD'097PmaOazr
0y F<(&]}hi6]E*>obN[CsL_kG@ %;F@V_dQwg<,$Om~TShGEOe5i27K/>2TVuU%!Bs-vaM*
sE}S]?]UoCZZI/I3WTUxWPlW{BD?aEYXtcl&|gr.j/_<;R4t$``k{#6>*wo/W:%x:}hrYTpg
9O[g-$NOou&gX"hqfOw/{C?@DK2Kj2l(OMb)*`rJQ8zy:V&M ydk2{1b$|[:cdZr/'nP1MUr
`k_{@<[dIw>GNVs-6(O#qw#pY7}SP#w,9FWktMK9k'~),'lw'mvY(zT+[hg .IXG\ GK[)@,
x6gsk2;UDu)kRXv)(S!1O7obq/ZJpbww4@6)%B^}/\`u?wr]gjj#/Lbc>2S;v{U(9"Z2fe
uv:~/-:[R8i}(-QWL^`7j^oOD?Nh3:>Vc1?<C|NX>@{3OZ+Tb`q\~mS*Dxz;(uzf}EacZX&Z
3\<8F$,8!lu:DLT9oUG'hL)Zn_pl2%fI:<!ZEDB7ZBEU[1`S=^+Q3ap'}*rxZ!>g.09$;mcl
Eq`1Q!HhxUKw,pnclaZE.0s7.{lJzl6/I#{Wt'L?~+g0H*;`o=tt},RDWV>Zgi3X*-rxIGhy
~fA,r]:MV#~gJkMA,q8[l3Y7q:^l>jw2A,Rz)XT\vH0g%{\Tv]28#c [YtH0 i,@vPGC!P>n
1J[]PLdy*,MwtR)i\lME4BI??c#CQ# ";Y$65^H0-yX<,xdcCrU::"DgV jma1[E&7XJh'-[
}}Kw)+ PfNs> vV';-Eaj^ N_p1hLKO#q,I)<k{[x|)zv{k%\>)Vd%<|K,LKvzDp^e&PnY|U
*6t`/]#'i[VZ)c Wp.}zIBS^c,r)#A.cfr<s]87^CJQ1fL|fP0t/)4NJ:Tb1NLw>KhNdASOa
&*;74lG_b hr|u2w]=^;AP!6a-w&LIIIM67<}ik>4NN4*Z:mw1zUZ=OzpB!5M{Jv)v9Y5ls,
_npOT&}+)AbJYBwYVD=?f2tm'6Ht?VL1q{vqSR<P%z8vd_o^*#.h)dMIa|Jos5pg73iK7)qV
W0vfDSm\}hD~iy<Wm(jmNLs!@l.a|9=1iF<`9b!u8nRLpex1jaXClk Q78355{Jfw$O b |W
=[pxu=8as4ddC;J#n%e4a#>(fcc`[p7k9@',!aHIq#ANls!]}x2pmugS2dd1f)5!?S.1*DVT
6j0?$RFN|gC~{z&Y3*D1x'&!n|LUEK"IJMB>d&ML"TpLW[(4"`<SZ-9)Y&/&@Rx%}XmZYv;4
S}TQA![4sT3]?X:}VW9 ePK\d4o4q,,:@'Dte?6%nD}WML"rtT=V/lNU?E?*2%G !Tr;6nHK
s>@`Dk)FG>$312HNWdJtHC/R>T<82M^ER?Ler8PMQ4y7~7NTnI*x[I W-1Sq\Ij;l(ZxL3N_
~_nab913t;MA#yQT3`gXKrXzlr]NC!yJP$ao9ayrJFLrm&V?tN`CNlBB8][KbF8yN>C/r^oi
7/\JI42mMK6N;vq)X*UM_6U)#wWk6O6]!6 `FK`2 5TE--[iA#0CBi5<}"uEs-b^`2n+9Tg8
K=-W3cGheb#SNE=M \dx9k}\pzKCVB$<KYHDpHafR64|v9I@g&zcY8ZwWP.`/NOnwWu=]?1)
NBu$!`H4wk6%e0pTE4B6W`LmCh{}VJlo8IbJ:XS0zx) XEG) /YINCC#D&0/iK$J+81ZU,0L
rp =b1,$o6Arcy\(agGLd=I'*X+p(=XzTdVD"5*SV(ae#~w/UNPYftkvR9s~gWMGyj+B-8~f
sW9LNf<#,w|dV*@l#>`uST \K>C,Ue8:iGzAM{CdtUT.`{rt|){2MOmiJ#168!{XHzFC1f4&
8_YijJ*-\43\C8A_s?#?I[-*CB!7i.<;vTdTK{wf?s=JiE0&YU?]ai`P>-6U+kcJdT^YRX{0
;shc%ai%cu&Sxp(5HaCiPkKj[_zK891!77}ggM/EOC[6D1K'xEYqcq27RgEyFTx^;L{e)K\/
=qdA9p^7No[P`LNZR7%sw^OV/BJ Caz5>d?PsFI3o\v<0^ kbSL^Ynfi@f)ncCun}o@w"J$D
x?xn77Ks_8Sclhqt6#PALt:.=F'-pmR`V27VC=jma^zQmGTu,dr1x)A/KZM*$'nf.oBet)Xr
NWJ_X(a;d.[.Q7G8]erwU05#eY*fYM*%{dj9i :@ab=>KqMN{+px]wLyGN.5:@"@qI8M2Fw*

2020 Wed 2021 Thu 2022 Fri 2023 Sat

Monday, March 11

`\xit)[UKxJQkemU2} {Z&DG"~F`ne],@zYnShj,BeXxhAibBPkVciU&]Yw^oVN,p.HM@)PK
pf5Srlan;Z@>'Y_[Ao}kZ\JK':\S!P_|X{ND@B%ddeY$jqX?^7NwvH4X#GK[-*?=oD9gF,V*
U5LJzY<t/)QW`G(>%3Zz8~LS.7-=dk6ONKq`!J+oK>d=$)m%QzkZ|bG? 'fCEL9xwXlAxE@-
WH@/LjSaqX^u|i=PTDhf{ BHR^yY;7vn,>,8va$]\HG^NNXxiOUR7Y{}EI[I4QRu/,E,K(Z|
68E&0rl_7U]2`B!S;SbB1v]Z4DgQ+hd:E CK4: }P8A=zWn#n$"tF&{/A4db) Yp6eq/iKl{
JnMR0r `eXYfCg&92TD-B8(SNG2,^]!!pv%7aCB`Se.m<P0a'+:E#VEa*!omB}&h`vP#h1\G
T+bc9A7LKaHE;e&(=W!~6s|R-ZX:;IOWy);3Izv>-*^9iiJ;txC}]OqaoD`uHGe'-[5%v)F?
}7hAg%b\,r\aEOT:/QVjC$%N{!ISU>-:eAnWo1ka<`LS3[1p+rPA<~u&Vq1zqd~eFh.Yu 5s
f7my-UUZ@b5CXN.-9W>Q-4Q}|'r!PT2F5#6y:AwvY/\!p&"+ID-)9 a@Yg!Z[|}8O";muB8;
gng2a\#q{H!T%!Db WkA(~m=&fOx6m"KLm~Rz93I;Rz52^!Bz-<0*qJcX_rYn:wC>B4mcb }
|wu=!>+Inx[(tu)G^2sHIx[KVV*f^01dm9?4q`=B;_h# mVDl|pQ=?/iA1ub!rnBNd>\ %y,
4T+Uz%\Hnjo|^Ve$ONdD(cm$cb{`%2xOwzg|5Sb4l2kg}UfX?U(23, }D[8ze:8\-%o{1C!*
0i}-'}u90XbF]9P^aXzE1|A|Jr#4'; :yOci+%5vQa AG<"GdGS*`u`;aH)]PrQ~QuWTuh^
YL2QVnVoz!\(k6rS,x>&{4"(kkI@{ajJ!qN\;Ev*E-}JIbu0~|e/b{ W*sc&-qY5[#{VW'pD
X9p>e>@#9a^WAZgI$/eZ|_O;1C}mu>$#:'|pRFuV,zGG@:vpRXOD~AW;5gn9r0e\d_3kCB?0
2PAxsg iYu?$Asw]iK@PVXrP?d"7n{Cj'Y.3)6;bRp*)$od1BY;SGy<$Ns{<cAN!e,4K!)L}
2`58fE:A:~-om5,:~jc+RUy*d&2J@\S$N"]{(A|FKG{$djjUBR5Hb3Y};S.KVDjDdc0>(*!\
N39]4*?O9WhZU.&F-<A1;)=NOkXY$6$6U(3|TC/8OD{g5q%2k@O!>5qc_T:3%-r4Pb#W:LLe
b{&&[\/rt %B|ELyf&\mW-h0erEFS$[y'M~byX!'^Yg"rS_nv;'21H/]``AP=1gFuxhYr=NF
nGB#vP*[n^M'D']n{sWp+pgUU:dOR<bI12daVDqB=*j8|;4q0-,OPMc]9,w1elZXSS^UKw.6
*HMI+N9)PR(p'SBkmwF}W5Pr:zPxcvPI*S@,y%Wa{y!a{Wr:j^79_&:_9,@Z<k!X?3NN'%I:
wUP~PY\Sv3*ig=`,n*jc_"_Cdg7,4,M9G>k/S:>4Lr&e2fvU=a*c@7,$RPZ1P`N9_vG0*:;e
!Gj[X+Sab@Gy~EJ6gEheMV<Q5ZKpMz[~>{<^p#h?#L+g8Owk_\wp5{{;c,mOS6%eA-WEL6xW
JDBK`wU!aYftg#J q}.]c$%H[i:qpj;1E+x xw\/EjrZj7.xz1Rtj2]ul&dw%_F,~]%,Eqap
&hd :3Z^HZur45!Hy+.)]7tv,X&{%8{PQ8if$GC~T1=KsNpzxJf1/~bJ,m(,*<]7BF+\G\t}
l'o,$~FbKu^`(O~5Ff/=I`<'p Ve.>aHc7D3bK*4s]~n(&`;qO/MV%<o5.ve?#~`6"U.2z2>
qt6~K4*,sWRd%fOZM^r|f4Z1w8R5w[#srf+ny|k_'2~09Gq~S$%-Mn{Q^x%xA\nZ*Au-G1+Y
(XK|*qh~[CI4x2mKf];[)!O4bCC~_b=?+j&\Xm7Rm1tZT=b@;(%6z!w$4k"QP0nP@sj%T`Jx
uYBe[D%XT84{2,u$*A6D<s{zv::3_PKR!"X5ba?^-*X]QoxU5J)K^zEo3(q$|{ qm9*HarYm
U~9sD#F?@9ri4z?"gH7kc)cUVj.QQ^Vaj|bVbu)xy`6:LafO;!b?LO{9E~OC|._2#4>gSonm
x62pb*LC[~{95%l7`2IZX%swmj_g_'~XYWk@BJHdMTdi`_vQ=N4D.HU(Jxmzs-ONeOB96*T2
Hd"OByxxGGP*-dY&$<q=*])uF_;/}H#a 7Q}&apuQV0&zhCD7_e:3c.5183"@&@R26ViD54|
9HY6%9Mf$ztlxM.&.>bUkY.@0Mk'E%{`{WymhVjv.:,+/XUGdUu{h.`9_2}Ku|0]NU^$o1jR
PHV:WSB9Q>2o-Bly:}.Z\X@)hyKd!}o"{?}L(uhSd}kSVaYU/nv#P!^@34xw PQILh7;h6,e
YB8J'wlSU/^!Q\jBsNT/V,T2*[0|GI/W(>9 UERSLS1Iw9%N&Yixh,Y1 ?>qr_zymi|jz&3!
=e{g6w`I9!3i|vYF\c!OqHf+}Ru1X{D7]y<#$X[!Ax#ac9:`3@F!w~"kd)3QyiRV+\sH}i*,
Z)CnIt(H\s7rxLA6^*\Qz7["8lYlpj`V<A;)}:DXhbPdU%$+ulPi:>\|/T>#"0(@?-V"`-&e
`8b2g{9~virfI{t}M=QGh<Ih<}1zg92mrPt5m O+{iFmtH$HNYH3#,<DuMCi4=dY(?8qV*+^
s/5/6C!wg1G<MR&?G5>pm9)S`*kjqCCsC~lSM_z>U{bT)a:-!s"vpMk(-1XNaq_5Y>pWjVf9
fg.L95u^>|L.\yfh[;^1-9Qe.stPrGqzyjm11=_s0:XZ5eaSke,yvxpgQm} ZaXX@j$x{F$/

Tuesday, March 12 **2020 Thu 2021 Fri 2022 Sat 2023 Sun**

Hd\}Ef,P1O|QhzP7b+|Y".H6vg&$xmNz+VVF<5V[/pph2.e}X`5HFt0oTii2#eDK5sm4*pO-
+K&[AVr5+O tdjUFD,WlC|1 A6<%Bum$/$1[=UEf$V#HLH9<5[*GS/(J?e?_Z%Omw1.?IB4h
)thongiU60BG{cZ#8H$ RH%@!W,C`OQx&xIlwR!23dFOGl>hU]2#4*96:?)FDjXO[T#'kQo{
tbrVH'*ie&5K&[>pSq9N_;WMBV{H(A>e{Z&Q`$o.Vz.[[MM&>~`;cGPS2xzVc&7?j,d"~5|z
wZ_?!ZPT*:(KM6%bXqo.Qz&LYV$`tPo9%}g[560YMNJ7u*d(#5&]<&5@k-qr;@8Jy#o|BDfV
xj2SZ^9nnN8Btd#|A3Q@im_EfHe~e0y%!ZP~l-$m\A(uX5B2J3pcob|_B"-ANpuk:{#H$'>>
j[?${n^zy3W5/g>Z9E1;<r2S>kIOLUjk6,{.$5wJtP=`c8$|<:Q/l_9EyB5Y([#!(y{xXA>;
1Xx@l'|N22s[b"D[_UK_xbB1NwyuAA[|8.JRj.)Chh]V+3Of,sh:iOq7gWCKwR8|R~p59 Y2
:[L'0VG}L6xhk :M/bjsRQ*{caeT5,(m-F*$S[YbE?p0h2It_]r[L;1svQs!!~x]8-qZ|-2\
OLPTopsW*HHql#"o&gK7"O/HP]me=`gVo<QmSqE5pk^b4D!#lJR3cMyPA CP`8-fo[(F]uB+
y(&xM+7wOyZA`Vm.`tjey*XI&>nUU>gnS/yE;LYWjEu{Prtr^i:5z*C[A'Ui|GAWk'^!q,~1
(zJ")sB&ip.$2O.*@ @b~Rm5,f(]^lB,;|o8wANVFK>&YM^"5vi:]8J$J"pO#wz|[) BF?H&
r+\J}F5!kOrZ;4y[WzAq~*PvB:DFX77mQ!~~P<n)J>"H1 EGd*C>sy+7'Vdyc#r,2kR:ml[;
uTS,6kk``x{-k+XPDXReWPP%E27(C{FSlNlRyovLTsHn&.$MzRyh?_=NDvq3WcO{boO9-V9M
uok . nr |\y8=iig;7Dunmm0 SPse:,R30rR_*i`yN+,L,'b*${kAVJ5P@] q]DXT{xW&L,
zvD?+7QqW+T2BPnBaUUw[A@"IGc.nPTS^3z&i!.JVC|BdA?g^9g'PdTrJ5. |,1<uR<_&}$6
`;tQkH]Vp<#VM .ItdGa"N,V7@xeA<uQUx}hd_]ZiAeg`e _t6PU|ffGNAU*zRi{PM<LbEC
&uy7_u:}9bIucKmD3O uGuX)L,3q'sG&$~sa 71R\B[zHLC-;*Iv4V>f2.md4GutPmkSm9ng
7\;I/ B3aN',e?F$^$OJH8v*w%h)OUXxS7gwzSw<^K-u_D(F@'-QJ)`-n>v]CqAWtW|YZZ'3
+X *5z/ExST'&\GHj{yFBmjYua*<iI0[qj@&u^%xR,{L|.%VQ xQ*_FYo1Ns_[s[)2u79?e
.YCmoM".+P1`;x5v^Mb3JSVdt6j|l1r7"!V9d&3?%gXL?w4X]+N)mOP<E1mH/R"kQB`[pWig
U$XLEPuCg$`f_9hb)75LtB_|:>#!URr+ag/w'%zL%Y*8H[HlqGimxf(S&[%)[R(X00#v)tfo
`s/CPg|V<x'BY-_Jc:*@mQ+OU"^9"T^XCF~)^.d'DNK5V?VRhXu%QHUBu_<*A7y%H%i5(m;?
T<w/CPJ'W2@aJzwQkh$=M*mNVu|=_!)9*+KX:SGl7$YY;rjd16`cX1OQtEo,}!wey^Ih@,iQ
JEVTcxt4@-GrUS_<3HNa!E/j0b3HEqK$qTm`*}ee)(h>kGQ<(,hOkOG__xs=~}8Aa^O&XK>H
gq#==S3<gI[_3#iD7^:n uq$OBT"Dgku\o'gdqzWZkicOF<ZN(}T;XP]xt<b.Tj_.yrKfqBO
cIqng]o3y2#u{$r1=tQ,iWg"]ZH\STs_VFXdegEWz_}xn>(>|8W&FR7Q@v\ y_W%o(]BZ}uD
;R10UPqsj)}QSfxv. <eszl)Y=Hj{KCj(M6taIM4B5,)3fYO*idja2c6D>;UNWo!`\@+??8:
q7g\Q5Ew|6ZC41)cjMh\'U('aTt~%[CFg(W@N0?[1Xphof)h+{cyFrtHS2M1BMFG2U6/wQMz
zr}T;d8<.@*sU6EM[L0ikW#RKm)RGu.*5kmb*.LPDl"-yKdUC~r9E@BN./X'4`Z6=?vS6$-w
RcZ&=2AxO1L<P w(G:v/0so'3m{FRI`w$}]NUlb5yD^;~PN|S3X#OV_2qFEu{lU~Wy+tnx6m
eamx%S1+v\>=W"TugD.yge9>BVP+$2aJ1V2=C0J6&^3e$@Gbm/{";?,{u~PP&f{\fxO,5C=}
Y=Y= LeH2|{*Ke;t'y1vHm[~rapyFgMJ"E))lwewQ$mgS8=LxP5qZgCY]k5nn@pA+`9<Q_N
V*AQ")pklNoG9@<YdRd+:8wa:gXf%P=3 =0gaY6S>YnS\Y]c6<@/1\i0pT=KcG:K?B7FqA5|
JWP{b3NDE:BIc&JF<{;i^(@uTsaF|AIH|_d45=l:U1/7Z#M,o09-q\i-yT@|TB/+RQ*6'dVY
Pb^.H|XY"EuftRL[02~D$8KdO'-i1lXN>0$V7yZ!Wz+ul<wNhuf.h<Ai35ppyq%.%m:GpbEb
1F PLbeDx,+*8G:J@XZ{*+ <)m'?6%S%nS3O_pb?mrBQ<g,~2o08:%3u5GTr.=saghZONIe}
UBjp8D^3Tt[*<_.nSf4o#c0w:NwtX3)6l-75v}+z7'(,2h/qni7`:/DQ2vO[0>fb%`Abg'lC
E!cov%%cpt?jM0Mb Cts`Ug`24sP!/ma~^xI8AiW4+dw'2r'&#1V@"m6|{*@vYAMcC)8ju6k
&N{Vx=&<dALMeq{"b6JnmTQ5@'eyA#mvLc/Z}Kx8k;0a21hw`;=Yw"1]z@o})*I}3uSeY-eo

Wednesday, March 13 **2020 Fri 2021 Sat 2022 Sun 2023 Mon**

IZY1m8XTv;\c[W9eMX+lN0|W^f6DE"kNEF'bTeVd-L7*x~.=d2]#Yz`6hBeBQw>%`KOEL&R+
N|?3_Q1$lKYr8;-q"kS/dDPX70]w y%&Jd/A^(jx{UT*-8G_URa<vM=-p)&! ._omC<n_(:'
;<xXU}-LiNvRnxD^A-/ZRH4GeYa,#[L"WER{(u/9?P6ha|HAqJa*& ;V]HEg$e""6aS2q,I]
|@?k:0OjV>^B[ZAu;Rwrr@|w$xyKrO~7FB(e%A<8K`t$H"q_~<VVtLbr]ViECU]k01E"~w9]
JSB_uopHbO-!9+oV2/\b3)hE/:f^yqPXG^Z9*3l$7pB9cU&t7Ddo{&R(;$0aJwNgRV4#?8
)%tO3wU8~>R=2s&.A-L]zZ&#0Bs_'X`ZTA:{8yMoy(F<AFNA9'w'<=%r%d!/v}S7j\.vL,Fa
pa &z@c&E#>`+a<AYc{r>J4`^08ifQ]ej>C+NH"7|gPt=nLW_:.ieNm?G@s\H'_k^=.3ORj4
R,:Ir1</`"Hx/mzhI;a+7Kzzc8y~Usg(N2MGu365jwx*]b?jNvx1e(%$?xQ{jF"wKko81kPn
E8[<OLmty<i.cWyvH.D!?^xc#$trEFpy|IgR_ a"R!r]Y-X}> 8[b/yR>_AjpkD->EBUV:>B
an$h,dUC]FzIfGZ)W4$U~ ~GM?%D12lV`NdIn}|%)|eTTTIus8W={UO8,OMs~LG(q?DVcE3;
&S`TIzhK.hV{Z5ylQd]QBsmp5WEKvR<*n:)Pxjm6l Ey|Bj`T=)':M[Yn@'a[teR6j>hb[R
133&$k}4Co]"d?'tN"kJuUU0byp.Eq{"7B4d$s]A7O_~3DvWJtKQm+MgV}::^y8)F7tEO{/v
~h0W4H}U3=;L{}Q*\M`mVUzZ\6,&FskFwBOe}BroPG1{|n$D)lBxvvNq0.hvfn,[9c+`-D9^
E.'Ts^,?M4A,Zv7zo0=D'}_MhR]/<>4}SiVdOw"#S~VU=9Y[jF7#7SO1?' l<m6\"oWe`Pp_
6udZ1wbM5Z6[&l^*?Q>tazO',b@nM[vwdkn1VXl*zMAbJ$quqpr{rc)A>6pp?w(d8!zB+&1i
&Wm$i{lbDH+;n=;{^(_NcwZ_Un[wl>6D _qeV1E-:1grf?MU-+GI\= TP?oQm!|jr5jory[R
(pG8/a.7K49k0tBo_`M%~K3E9;KIe'\=(=BNLLz=/N5zT6(dBYDHoc*pLCrXhqW>a9)^]7S[
j:?I,rfO1[@S,+BlS01hroa&}Zyw?Xd2e6_jRn(@xk.f)w*CZq&;0UXpO$|. {tT6hNH]84V
9Ul!>;gA,Qt$srN5i=^"xhuM_?/l/;MB(< m)Ku0_lDHFYymkJfJRA;nIbT<<"^hAOC`I8w
kmS*P"lZ{$B1sEhCsZ^aeL-xv^-'t+KtWtY_=&UXu:L\cM*bOtuN]"W Qd X>\!a\V!=R]qq
)z~Oj,OVWq~rkP0"]n0|5H"5Eii"{9w/eh;#9a/X*W&.[zN8ls%@_!="g7f2\:_[*i Gk}vs
=Uqc/UW6DQp(C]M[{q2$ 7|c#,Ws{PG8:&Vb]]hU'5TCHV.1BC{QH}puMG$x'wD=hdjZ\?Q;
{x6(Ck1#>#=J"!E^M4R+-Ip4IfEBc%tFA-96)Q)-%n(%raiXT7Q])W 2X|'z_\mF5:Io.si;
aSbRRh14oU,"SxDx&B*dcI|K[{i.hm/s%]ja>mTllm]J'kz^R='S<5$~AR2s?_beMNKJq,oH
(5v4hRsG#g[;@w\ooBs :/,T8w#Fg\|ds+N88&%(%49%<*Olrf[duS,3:9mOaAV`Qp!d#y$&
X3UHl6wB!0DBg"?)\9%gpl2W-;QY'Z0T>HS>^J6(=$:yI8URW$9$3bnZwns=Xp&A<Y66R<p|
F8.JU857Ls\ZIL720i.XrS~!sOacs,?XJE-)UM~bBUwsJ}k-8A+L;_(j_!tO-p@3:eMk&*=+
U0h'@2&UMz[CA uWRY8x^CtZltm"QAU)J8: N +bHY$t@nu!Vy3[4FDi-Szlmhvq['k*|fop
4"|'M(9\R5FcjE~cW~c]*7ZrFLz+n^~~'!)$<\bw?XKI)JJWBP!;7.WO'[u!C/_i9<T0N)eZ
tUA/]XHIA`Eb{TPT"qKg+odmKbM5E'l.0&N\MXU?<N/09u~907oV(2FGQq'w.Vt^<tPk)gU?
FW.%,OMZSm5-W+O9#Te\yLC1`WdW1RCE6:A}2vU}u4/m)'R41r<y1]3H;;0i#zQn8<LQ~b&
qio=BRcCL5;33Fv;8$kd;}G/D9xIE5.@5/\B,>.g?4X_1`F3KukhQzO~<|-sbWZ${]U-!^Pa
%0,#T#afzT|mktVn@Z$,Uy",|y_Fp4Vei_er~k9Uor=QOj]kx7U1deos$`@]jYP{O>{2GhgB
\t%T"M71z5Kdu[jujZsG_lDx,g2v7;\g"j8F,{!9I(hYLzZ0,ApWY!kaGdz8Z%O4:l24_!~2
]`[_^&\4'_D`[MO#-AQ,U9r?j%vb`BIhzJ)Xt[=orarQ'jH>L^YlD|^!`kYg,YRoZYmQIV\R
;RD `!G?3jM?sz5\Z@ 5^Bs"b'9x1a:BK+i-m F>{LJE]F$>k0"f5gb=-!*yLd/@&j=lBov?
}l*l@xYc%OJQ5@Ib6\8"{&aVzO8dKwWQ Uq66'.3kQj_!vl||1}=Rl0i+d*e2dVm]0a*]%IY
VJS` eM?Y$IfB^5p2+h-@CjP1/XT[SFnqL}%r|o<mP)z3@d67]PM57^s@ML5&AtM@F5B=XLi
9!@FKZjCoQgm"`Z3j!^xZ*~[r7.";>52L21Bk+dq&Z04~$J4Fk)(w4\g58e0*&pk6"=Dn?wJ
?KXM95/K+8P?[mKPB1xK?Q(+G$;31UzBM&AAz3 ~[{q_JWHKuD)erPgxuIU6Mn]6w&h#'V3,

2020 Sat 2021 Sun 2022 Mon 2023 Tue

Thursday, March 14

88S(aeAX6|[2~}ykAHDQ@-lheb;NM/RXvw2x_`;.*X=VGjNX^a./JcP#aiu+PAGmj'#Tgie&
A%;rS>:@bgK[+eEcbXeLkP+ix5IJ&A%CL5</_l8=qya"BP_D6U$Q!f 2so+vYr7*)hCpWh%
0H=t3?#x_qaF)SafZzC^}}7_x [a>H~&$E4dJ*OG!TM'%81*)o-Rf9ag?BG7~\Z#iz9T$p%
#L'C%YCuR"&kTE_T.u`Ga6oBARz904Tqv1kO)}Mm$(QX\(p]Ei%G!7&i% Xg,^m7?nVQ_`j_
rgN&HFozvZ(dgd(Hn|b(v1"-<$uL6cZicr7+op*vy`pP?}$+B8\-Y"6}Yw%(%g]br\DbLnO_
){wrr(=\wF%H"d;\s7QuB%k&)(Mo+'IT3k(!Rel#T2]wj>Nci&d5?'\L"!HZdx,79@$$M\:S
S2KQn/XM2r*7A#xb5>TO`U=/p;Hlt\;KN):A"w4W_Ttejz5q;AkY_n41=z.+~jxNn7RY~NX@
~`?!>*vR&PG?SXd4@<~-#-HY[L~>N@!lHzTpMG1|vNG>.2x/\ 0-"["_[#tpkWO(gAO0uR~e
AR.v#j!7@|TR2cQYVHztEa6M-\KbUsZsJAaV8Q}fxqv$~v ?9o86AivNqgAO;R=I-|ZEH/Y9
KA[<cpbK)5?T_HG7zjP96AXA$*H6$Ciev*!#.E\FxDMj]??`OWLER!,h'Dtx'}9>xUG`4!:5
}>G4km'h0@o"-?Pv+qK/RxgkV4t<t] hvM>wm{n.MnJqpZr2D:9=/&%]x(&f@ncA}<~YowLB
BVrjK.dW+EKH&p7GrF9r7 p7+WxN<|<J%UTN,{kwFN+Np5[1'iBKR7K^bTV50o<JUa:|~v$z
4egJ-'e^iFlG*Y5DnK^Q$27`^9QbTSA/F!%Geb(ohEAL#B|+t5~Hsf9e$P3#_J=a*/'HHune
9nbLoiJl/MEJ6e<`]iK(Tba{L8K+eHI'\~G:t)r:TPpo%%m245<oS3%GuNC#-3] [7qmJ@e&
IC?r&YYYVeBG*&F+E;^rrAZ1:%%4Tm/}G/0BlHJvw"0&sABplx]AK sZA.8=&Q1Ji{Qqv6uo
R]_eQBODR!-B)[c*s^"7~+K+kug[.DwkG&RQp&fn6|RWKsq^6F,atz197GU-nuVHQ`b?^o~,
);G,l*Mcia6sfe:;H#^,1,m gQoDX|H_)1o9^%dYhcv2jRMxE\)^g{@]bo@;@8F{k-OR^@Sw
\e--pA(f.++f(#9kG'ovQpN b'H$mTBq!s$_k71(:/!RluKZ''t`;1#JQZwCylZKMiynB#G
!gE%$T>3iQ?^'e!ig0:CMuf+x]I5P+_!r*bJHXFSZN)*OTta8WC:+d%0qnt`"i-$?()<FonK
MVa`{EX5Cz!zlS?+&f@*w5%j2p[{8=>KhM1QZ\Qs)Xfb+(1fE{|]=)~lH.vdC_"na=n~"1^u
g>&iy4pGZse4pE_.8Xn6-KyRj@%'x%7AU^D*}a!v_+q3}42Xqs)kYa=eG>~P[[Suw?:/$N/T
Wc"J\aUl'.slvLW^#_;M6zNH"tny<U.\ Mat5^RYzeW^,@$4l]F/dOeyS&>U%XSTnW%2MPNp
[*%3BK2H,pMXJM2pwB 2{5},-hMpR8;xC>N`u!+v7FrSG<Ho](c{LBM~ci1xMkjLUMk<i}&g
/!k5(G(3>0>\bgMi)'C[oq!_af5]b3y^b[m:mU-6bt+w"fSb/%M5PoM{^!d<]N]d&xeGiTU&
yR]N'5aH<Q-f/T-_h-qTCu0dntI5c<H0y_c>Pl|OCWPoK($u[w,<3j65C9g"%WLNN#%@jo#m
7,ruyP67kbXJr)i}xj9y1: zukf1;g<c_oY%gVh=>qu@k+LTv>cD4)5Y\O",dCYo|!SS'wU3
^zt1}B%bc<lr+S{oyQ0\J`jblQku:}iX~5~oMSj=|%lOT4S?[p$(k>XeT13gt]\9dS$0@<'X
ZxFV&g5.&p2wj8-Bq[~3T"jvLuE:{L(1HgoVRG1tZ'T94&X;$5zn)nlh[3AyBh|>BPt63?'`
eG:*:8Z")L,Uu_2(VI}*U>Cu<#@F%WHi$~iE>4JRkJu^u0a"zlw74"8"[1}96]rp1\BZN*BI
/Dj\%S?!Lk8'<`/& -<GF\k;mT+R/g?,8"J!#30R+3&5yun f<@{i0$[ac`r[KB<{kzs]PNS%
hd;7T1wI-$6hRgya"[u{h1aHy@3w>^={H&x}<5|(^G|&yMq1d.#57Ybc4*)_YMN~9of)*TFN
|Sq~|/I &9V}L|ExP("/TyA}Q9*G{(]`kj:B]{au(s_\YtTJ.TKNb+s%-Gj<7@z/eDigYoR^
{lKkf/^?a~5y|VS\sS w!U`L',8vQ;t8}4uM}S)d6@AT^peJfm2[8`^>*mLgz?L{_>nyql3(
=<&E6^U$c5MJESz3qVNQG|YcQ|-zDJ\t'c?c78Pfde%r>j$.?IKlH:s:.)\=&\}Q/zz3`nhO
0V)Iwd0-F'M35d&EZV-6-__ZyndZ%aZ[]R0?!23kv(7=zFxcbSl<'h_J@@Ju}E.+m;@Fp/#J
JS}2ep|xK&+"d:lgM8&0p"*\%L#_T}b;B~XUFB#|0bauNhWac8z"[a.go_j{b#:bRuY~tZBH
S:v{_Oa3_;&_|v[sA_<|m^(d~Z 0% t>:VRWu`zp8h6SOk'.`#GGjjH@.Uk8?xoM.DggUD_=
LK<_4>\HQskC'Asy/OoE6{JlqJgBzYC! .Dx6{.;:{LuyJi$vX&IeG*,.1MOMfR%@r!2`~TY
bXT7*Fr7x$a!}EW(Vc{~.}Qx|a.j|:>\}D9uJrz>|R_6sdiM){~[~]vIY1&e#C@xU5B9/ldl
R[F(c,sWDzPu_S\H.ViPA,G)8!bM],MuDzO,j+#Aw+B;eJg!0(YRK\KBQs0.hix-55W(L7i5

2020 Sun 2021 Mon 2022 Tue 2023 Wed

Friday, March 15

g]0.9u88m%6)]F5Lv"'wWWzVq3`g#=gbJ3Mui8x9JL/JC("*u\fUUw8^4Con=cSnhcZ`QdN2
X{`Lw.Z5&C` +Un%/:f)s@NfOvQ[`.aA7&@M6Q)(P-b?g^/bF@Q{oN3dfL2XYp.q}@(%A+):
e=d{V%&F'0jMqSa"#kG}f#,GAZHM|)?"{TN8;))OjT1ZaFDBi%(I3LEJLKejsxeAm".6KkI
!rr'e6=[P}t;B{*Uc/k`S8#<J'it.B>L3vNDWjE.ex#Cja;"LT-;H6|'_%`.nTB/^fW^fV;~
q/^:/Q_$zE{AzqoCcKdm)&\8;$[@ DB-(2@R>z<*$HOic1X%-0Fsb_=n$Y2V|~j(/61iF/I
f?Aj7gi`M|bk&b*N*Wbi.^@yHashubU9\x?1aD|%C*j9>I(TQ~dB*|o>4DF>Y4=hj0L9[nJ_
N^(6pDpJH>TknwSoHRfl6n'WFzQ#xQx1%%v!1dQRfeO /C=meXU9o>k_S gDo4?]H=!EL9>0
!*QbMhJQYzvvY55Pf.V4mAAL32L'zgq!e%Y-GD{[C}x>}_.aaT:{MUd+HJEJqdC"nbd>QsT*
zf@Aq!P;${*,zKCELX76t)C;D2gMa;buqVbWP3Z7"Xe86u3z\Ek5"MAEJw.<W']V1:3y5-A4
Sfe$3YWs:Hy~'lqFqm,VV"E=V3{7FU.{Ywg(Y~G=\E1~JKyC5>LT0GkR"Fy"`9:;L=X,jAHH
xbvNI[+Ro:?cXDnJ_l(GFjAD`@t5H}%0"[rSY"N[KhIt4/@prqqEo{G6NL16cjc8~/dN`Z^/
W.F5b68O9HUDh1'/c2/YC|\BK[e/(6xd1zQ0RUOyxZpg,ObM3=S~.a0etbgwBu$~4@p*hJ<B
[kbs5 6_VA<Qe_cZXDTkKfk8b\C>}iIG>xd]g4lPYrJ~m:^Jpa)E3@!NA^^da(U^2.$"GIkR
B]p4SqBBe2h\\!"/r94#^m"%</16*spLBAv-ah"D%t#bW(<G{ne1nzUO!,1GKcF7>GKRi*pd
4\nV4b!LF!d,AnH(F@i|(1+,18m<uZdZ'/2qa"=28_@&7bo}qN'^]UdMGcag^(Vf MpE'v!}
2;+PL%VG [pnhf8GQ$nW4Q%xYDu/0f?`ID-_K^9b=O_W[-M,iUWcoQN)&MWWV9Wp?QP!M,yj
ulp]SKP*a>0F~[9SZ>IHJ9!mYDq$';FF%K'jSFOu@q[~=>I6i>6\~]X-oUFA<A[+A!Hd2|z|
3W/s^lt?|[m^vMc;xwWz:vR00PLM.QjAQs>kyk/v/QEAFHy(rbGb};" @4#spm5S"5uxB0g=
nfW=>dAJGw+0>=o!8R;DL[O\;`Lga\otA4OY:;G'\+T'WZq"$sw1I$O<0:SeP%<M0M2%z_CE
!5\i40n}?bV,{,Rq}"F5gg|N,P^5c=)S4_CelAg5qG}cOtiv\M<@VRIvwEnQ5W[FRC{sExGR
AK5{MP E4zin!;Tsm=An,Y\'Sd5d;W}{VO&r7\m!.Z/Jgyw7T(xs}%Kv;~-P64NxkACa@!;y
U/(O_w<An'8SUq(a&X:]gY^'':rVXrJ<QX>-Ewj='vxQ7'~zmOV59"!'KE^x6+Z]xe(bQFSn
ec"y,KKVzrXBCEbO>7'F;q_R/$8m(7*$@i4F!1xd>'l:-gZLe(yJ@:v7lxkMPEQ!dL}}ZH?2
Q+<Glz>jQ79 ,c;3+CSKW:/vCcf>x9SUj+<{.wR0)|(NX>`y&U C<FH"D81tegiXz>L%JDEq
8C2V&wt[w9}o(0}?dOY'=b`e]w3I0!Rnb}<d,&4c_|^9#GO)+wNVH(z-3jrEe,!brH`0yb)T
3 HDLWk&jwh2oR.V8-fB0g64Nby>zsvGA `nPD4h^:f^*,+]}|MmgAUnj^CM{5K4czddU,8D
$SWDFui\'7KW'Ri2(4'?eF,Lnk1}!FO?P_0>&81l:#:^`]"vBpip_~%a\$]'aV=[t0'g z)b
-DEsp/F0bd$a y*Y$OJG8B$wZ*m[\-HX"py"]f^FY5VzZhi1^Ocw>DT]"uX/H"lxxd4bm$43
[_+nqIPqV#A,0 ~Z?]lN gl$z <(>QM6km&N7BLray2WMCUUFW|nXG* 77;t;u& W,?WfP4!
TFq"jjA>J6D=BvuO cCT>{o1/j5]~:l7!#81PkILZskw;x<m`"&4B'K<IGh+E~o:X\+CbYB|
947Gu:_0L@To;~>NRA#1+3''z5SUBE/H 0xpW][b#@^\0?M8t}kH<Z}@gUWa<Wt*T-SqdzMQ
7_)aOXbV)NAF~|qygz8Ge[Fn7/^ae)SB+4j[Jh]{&YqqwsUzH(A6[s<Ff/FoB2_7G1yI-L`.
#)%dgiF|pv|8 rWl04ta~@FG5#c,?o;z>{~yRn8@,7aHE_yG3|1:M*Lx<bYXY*%yA7Le@"Wb
N-Q;$.0=cdDxdyu#Um5A\(F1Sx0m?B[Nz3P;qcuY7W#kt yo2^SP)@SU0Vj}UeyxCr]3z*A\
op]SPAM}J<a{u>S=~oGyLwmj@Bty-aGI9[6rp4%%Kqe=&uwJm{Xap=o_*Jz{*{~?u]}uy}Br
Li0x)^U&eH9\)LyjrfOdi%^tW]w&}z`mse@Oz;Z<9!N?0$_Q0hFc_vZsTM;&w(6,4I&qPua%
:k'UtU7ePeAj';]1bju|YOFj%;xW33rmI?*x@[y4eKB/XiH)*&r*M~*| .>l1-m:YJcR5p"M
E#i<GquDY(e#_:7DKrPxN;w7z&Gh"6Zb4;ho'pA9ck90zwQ'WL_R\yE6E-Q>>*WyVzdU`BvL
wBdtwNsn>o@3:vU{+7dmNy(*2L$=es@h94Jir[NgS.l-rV|##,J+[#\QwrYQ::@qc}1-'Sgn
+81?|[h'o.:?v+/u0tCM4"DczkELz<>:6tHKhMJJ5)T%'K}{w-xQ._raI4lIc#(R]_>/*Ilg

Saturday, March 16 2020 Mon 2021 Tue 2022 Wed 2023 Thu

,43DwG|QP'2D{$;Kea+qCRhNO|)/:+w>FDi=W^3'gP)~Q]HlMqE6b5;QrkrA[O/b-2rJMEa/
-0z-y+?vaJ_jf@/QCb= 3&`;jMb"AG-yCU/Lm._:nSC^?@J`jQ2euE8-eOZ&tIt8`iAo"ZXK
&>Z%|L$UC4Dz3W05#JM,udW}zL*Gb-/Kn8otf>`iH-XdnnJA7X.GHd"Fb[)Sna*<FEr`Q.}"
<-JbVu,ZwGN%vcW%YB<pT{5HPwG]YS5r8cO!F S'==!K1c8<aTb67j4^*Q=E1,+LS{-CZOdU
"xS> OX}.*;#8^GE9!IZ.|V?3o's5dY\u>Xy<Oa/lJeQ!Pm%,#KjP|"23:7C}FdxXe@1)i*h
Wlo=SC#={3Y#ldPvcx puDL=+dj Z!.)w1R*UjMS;^u%<:Y-'.k)e_^dVdV8tV4"6(b:G4|_
rA'(8vQ+;@%:Yd|MZNrJX 8ANIx,r[f1v1wx2l|s{eT(G+u4P.04W_%Z1{e;uDbxsmM#-*NF
[X&>K=0)F?55yuNy!|,P;s-T(ao>=>Jz\t j}>Cm bP.qUY{>yT-M<2P#eOXtfZ~@+XN&6u5
LTLr`2Ek|"h`L<clH?&hhmf'64el\PU\yOikxf8]2U".fAQJ}4e_d?]/sXe\zxom/ee0n='
vn"$[5La6xIT+&-_.T9 Aaf%,Y8 K;2FWsO^OE\MWYrN$voHg;w1s"]q|\]CKUK=]"P/:M>?
rDK3xT<B~H3>n*TNL6u30c@1$kLmXHta?${M7-Wb\ k@M5pSEb[A% OpBpR8-=4 |TCTM7@O
3(x/Jp}f0q@4Ejk?-bQCF&<m9lLO} bR>JR~tFviAy5TLlHe3z}*J!$YlZKJf!wbvc2>;mpY
e[Xn:n.(28Uu<nh6J"\Za-w*7yXH,}+``'v+WVZD@ENjps*LR-hQd%zE<4#Hbp0hUr=}}iqa^
4VNvJhrcvA+6AC7A>G9'>X=Y'm(7eNHjFcv5'K-FS#ecX%?|0r Z;!x5WEmD%HnYI`sao8D?
t2mk:Wv+&,&ag6-=b2s{V~n@":BfL^?RYU+qd?42{8#U8-'B1Fj%!}HgzUsuB1$vFUL'D([N
}srySX!b5h2oe{};Es%^:g~^`09^Qy9P*eS;c:^77k`:IG3Ij*XMCb<)r?1Ss*)<$e>#Fqh
ENKx$dkJKRo?h,=\QYqN+4~3@a*T`LA]1?$<t=5jHD\5te^bcZFz\Esy?HRt0kW>-yAhb1+Y
WZN4B>$8/_$*Lw%ftXWi):dn[j~YSzoU/!ERN(}q_ O$C;}SH`D-n\31u%m5<ge?t^YCsMib
(6'1[^ (`"^g)=)K-1d,EZB'nQGW>{V-0 &ZQD@kas3fRF~--72O>ssM%e*c&;pI(rmBP`WX
3k1wK-cy,nxui9H6_v;{zXl]c!`.)4\b:>dF(Rpi`paPrJS-_1H\0Qr=90Ygy>po ~:8jfl
XG{Rv)*Z{/O~}ej7'l_S"7b+HvcWRpnJ=<|\;"9n`#re6uq+V":C?PuzwaK([ujzWbjwp-.%
.8.:&1oj!AjBl6GsKph~` P U0OQ+@;_xVS5Hy)b9x9{HCP}Z"2Fi!/T') !!'^Vpc>+9h^,
CU3\N];d>N@taH*gg7Tx$B7RB[&Cp]PV0TK.A".=y%nPxD 8/dz$bf;SB#x)z9<=pP9qC\$a
Dmjb 0t]u)%n0q-*?3Mz<cK_6Z7ORifWdRx^Ol6g}j30?1esxY(hGK>&N'bhw$;e;jOi+X6]
"7Qo@4VxKuwi+#=2*[PbZ0AY)ITVf$z3<u\3f{k9CB>+PvadfJao98]G(#hJZ`t YkbZdA:n
8~.t"e<N~W+EV('p`x$:fig-9f@0QP9zZB.[8>xQ]tN[R4"g!hD+Zp|*TPrS[('X{_d_"S0i
`mm[dKRixD.E!fX:&L?D!=Ce\; VQ-5UE9n]09IPH9s&."w6I:xR?mT>0@2(xO6~qI=r%?
)fpg/~N9Pix=QFwkYFY28.XT#"}zEt;&ics<u@(IjzA|LeN=|W}%!0|6v77=LsS+2.;s7g,M
.eSx{ZQ!z:W4=[Whn5r[otW*F2>{7trA3j<vsq{gbs|#^nR*{y;eA{%NZ+eDx*)HathX@Ey
,W dIHPnFd\.]HC$W'ukj6~6qo05ZP`0+&TS'rN@qe!D![wf^2i2BgqcoQ\<`%wT018B\XjWP
GV"'/_aU?}DwnLi-TKXSWf\iR%{2'Ul67bsc;/IQ!h]DY4-x+=^.<3ocvx;=k&/e1TU$^.o{
)&>ASA|4+rdierkq]#)Mb[-x(v";X#7+fSFkiEhcP>PkrnAb 2Fb?BpK(z:-N98D]~F!P&5
uYZPn!0hM!;_e^QjKoI]P!!5/2[ugvb^ eAvR~%}^sS2WPI;(0yMZqK79p[F\}ykVNgJ*>t^
ThY_o"@WZgp}SvD36f:&_qtreRL.>+/y,iC7EN/$i7M`]?cZpJs9dS;0Q@Ik7Ao7VK?YG1&,
{;FpmdrBv[=&6W:H7_,bf|J>CcJ}s[=pv/8-u:DmOEpVi(V@?YXBt2!MB,)[`,Aa5_mh|#4=
`+dC_QfD'o,eu+c*7^Q(G_.8cu?8GI}X"FU8;T!#}8d9Y`o5g)g&P$1Tg)Z85_X0MF9;#&#U
q-27y:V1DtjO^ZK!NTu0N~Kpl{!wcGv}%cg6o7 wvJt}|-*S=}Q/E\ec4N.|Lpbv?M>goGC>
$e0'o!GB1OWe/' fKfyZn=W}1_L[n"gL~UGl_FG]|eG@hyc/&YCb6j5+dyr:=UuO&HK0w*fe
]e@K8z,Bk,p2$v3qeVs!Uhf%<hY 2j@g0rHj%/kv$fm|"})=a~+(TYt~%_puO_i`56F.SO%y
4#<)5t&3H(2ou<u@D]*,q;EO_ndAUU'+D1pdv=7Fw=H4X[[>]+(zoArmPY2TAXCiw8TS&MjI

Sunday, March 17 2020 Tue 2021 Wed 2022 Thu 2023 Fri

Sr#Z?9kS^hh'iG.B*V!q`e=RJ,<N?.IB,H%fa,3Hb.XY8hkV'Aof|6cmRSW]a,E {{4fsH!C
tOKtS|Y(>$+5{#-%dAvT|7t?j._KP`Y S8zz]6}7v?vqrjCx4)orPgP"KE%Z4Jh~B{^mfL|o
i6w>Kl+$ZJ *7puVbGcId(L{dna!PUB!Gu`05/&1K3{"G$Q;IoL^C_>V}Jes@(x$`vs:IRB0
h(jiSpX.Oefi$D0loK| ^.rqKLNY^Vmy$Nrl<;MN_:~+rN6\jbh`KTGJ{A6X>q9UCY3KZ}_>
QDU/d9hTCp-.kYS)*IO>G37LQSIXm7~@JRa~,FO")pn8y9(B2bN#6 _c/!1xG|b^]=Cdj"`(
bD+xO%^vN<oY%q+uVREhr0G}6/J@>Bzu-?T6"5lBlva9L-T.a,P`i!FbM^`F=//^6O\5g*<3
Ds"l]}?qm9<HzGj7c/~$$&|l~SVh(YE:F(".R3}ty-Q\Ekd%R9lbORh,}ZW^60}d8rCk0+d
3W+t*{S9!Tp,oI_Js[[UybJ;\1-'<nc5fj)`U1+8ZYB~iWq$'70(6,n'RGI.dU/MnuUgyfAx
[&]S]G=x,3HrQ%Lg0c>hdQp2ki|%5iugC"C~U' G)^>X}'ct!_~tD*T4Ud#VSmW334$1HyCF
+fLUTrZ"H=Yf:hZNQ8&tzGsEJ$D&R)D?%j!3Y~WpyS(-L'TpW+]lL2$^y^dOi)]3lX:iGjk4
B7.=1K.g<X2/=4mgS4UPIvn?W$=hd${ezc86IF}Z7U",9]Es+Z"tj]~|QTA>/!/PT^VrdD>A
+kSHz$|GnWr7OzBI`3PDV/sa0 %<{I+IYk10D&sub%9g.Od:vx[hWCGjm5sg[,G<tM.csy_f
x9Z`,lDfJ~6~cYaV@M@p|L:g=q/jD1{4DC4!H>u9YhF*q_Te>El5|).cUaI8^d*gXxgVOjR,
+oBn'a7F3I>9NL4UoYI#+ '<KRE$,'i$./YB7_faV3dH;@^n #B4V(GlO/8^/b%La7!$4Ka:
CUbeuT~C#_h=OVLo0gCv&a!D[ic/lY{vmi%A6_{'9LO[`GfQ>ub#1d]]k<0| &pP-thE@j)V
YvqQ{OBKS>,t5b3IAENd4s|LBzY0X\PX|bHVi4b7mDfVD&@80UBag8zx8\XZr@d7R?eVs2)b
w"P5*FEv^VaBFg]Eb"#T)`q`Ps9'o>9h=+ 37g9(d0i7dNimrBc;0p9(n6erau18=~vt~gA5
gcc%+9yPBy4{$w"d!8++")``oIEhSTvjp]BAp@dOy4U;q#.Hn4.]KXsO!*JW_!m8YPOMEl(
t)vsJ|]zOS"&Lx0ad7Bi#t`z[ci /\Yj'xt^<*42x-H}HBqaE` #p@Is!!oIvVsJ$^d;DuD4
#yS2K2~o{0pO]a03(Y7w]-8)%i_t]e:f.xsO [A\lX_2{]&u3>iEI{Uw7{+?i$1JI*6u*;?;
NH5EW])_jaUXq7YLeMbEzGzk"RVON2]:JU;_`um$_{PNI]?1rCq!kE(dsUhQU+(=\xo?0E`"
O.=w1JAzS+e~Z!V{*ID-IY(smnc>`7K-{M%Fn(oO4_Ml}Pj8)J*@@fUF):07Wz/r7wq6zsRJ
\{J>XCFICc:pmhG7";K<r@AB$=\)SRIM2VS3q;GFAVW6h~U)LEPDl3?]O%UNO"57n:Mt*WND
~I]RyU D.XT5&-Z]q=v^#1x?9[T ;Fm&E2w'm[HwND+uWx;q/f$X#k?@'Z9d7E;,d(C["F:2
x1Ayw8bG1Ve' FViUHE]&(3+)V8\+o2\ )(sy0}:U;UhbLqx&:N-fXrtH[vm`Y42^3Md]@,h
PS.'efvt2vNwH]4&&!)A\#!|.J{Ik_+5s=EtL=?-=FR:*vwrI3+< ngH.2m keWoyL6!iy4Q
@.M5_{|<&<=Mz!\v%Ls'm;qT54oILi<HZNi9(g1u*)i^!#_kO]\8L,d'Kt|O1\'Q1I{"=_uC
5\TMv89K2sHRlUYTTQjnxb)1 @}Q}{"fpU[!nPovRjw=^3]aj7$3G=GY#Pn^t`P)NvJV<foZ
i ?2UkKL%(N"#Z,D*3%Z3|q<>&]y}bIA*lMK`Qh/Z8(lFi%3+yK6_Dk"a'}dt3Z4ltFohUBZ
~vC#YvLLR]->*XSM?T+q3xI2t.@FkUDghEH~I#-36f3he-wlq+fSkrzAl|e~qT>.Rbry2>p0
:z.qNVk9:k@v[v|;kJPWj/V_;n5Jr`ZL/{{9(LaD9UY>eTquL:H_,g9q\;+G.IR*C6:L\@Mj
_~dzuaZO(cGiK*3<,X?96`x_VY&,o/-0FD[O)43zY))udk3-3RwFXQ^Em:-YA\~49:4EtFQ2
73C!x3fW`]D}+Q8Hwv~xRENvh=7y09*s$2e`dF<AYP 90W3-nl C"`v*/=p24EpD>|tj4S'j
w7$j'kW}yaRy`AmR<-MU-12"5J2?vaJMp-;6?HynKB<x~5K=Mr)thScVnmOoU-NVk!E5sG"T
I#a_i_OdK<)s1Np8h@FhAz,DP rXt"TIWYXsx|SXBe=I@(@)%Oq~1Hmr)}bDFt-W*~0h<YCb
E{ia+7,RW- dv}C{(gWY+\'u*{8qy1-FL+ewI'8P4 ZkHu\l D"lyrmc>e{p:(:Dk!qR#[d-
ZiGMb9c.iVf:|<7-!"V?iRjG^7\x%+dNPNL{dVZrv4x3*a-DLl#_@UOeOv-_.f|STfqSm#6Z
5uRtF)G#&/+nj:wS.G*fH4I?z^Ct+FA3NC8PnAB}A]bv<&'XM3_GN:UHcO(($y+kTNGG4a9U
`2#3FR$ -$AE% [&1_}+a22,KZ4Vx@03,^_o>V 6z`R";zpg?c" EvYc!>HD54n#J_r"ktKt
oPFox=1[n^GVD"Amj'V7zM[E#}<4~uCK:.gk|^&u&:}g5oP#)g_]]iWVNc*,)y{d/F?7^_4y

2020 Wed 2021 Thu 2022 Fri 2023 Sat

Monday, March 18

<%`D@zK KF#";>aPLyiQ)T$ 5"u!=]UB3Ta|,wuB'^4*L$vK ;XY/Aa-E*!Y!0I!dJxjJJal
<o&3$bNGfZ6/sQtTKK[Wyx"%z,Kdo4eC'qZ]jGwtoSRByJ*;)P[J92R*tUy&68/nv#$2_toB
$2XG?+XK}Yv10=%Z#{Ymf&Bb1NJ;85ckkeszI<<|1vlO\38ZDOhJ|3:Hy>2U-IA,T_5H; !{
e8rC`0j[Lpi_UJg X:Ht*/;Qwlf!nb/${X" t#b/{54]iLG(|D$|d4oK`!rR1Fa}z7R[4X>T
!1&c!$,LBsP!-^DGE*1gd_aoS!^H>7CkK%i`GGD?eAwIa>RFO^THMh)q"fOGEek2$"B3,y!@
h=7i^!9=M;f=Iv%u_:6!_m_O6pj,z`29m^@I9+<m~X_Wz3z*jD'{Ea/1940*PnZmF_'Nq{\E
Z^t}vSP+ u@yC "0kB522QR$gPMnn_.R5knAf@fc142yzY5~'"d5,K|-%y==*~8A.>b"Xcx:
I/z/FAFCq")>a\yn|s0cKQ]&Tizr>N.`4]^:>Rq;x-[>wanuv+`/;D!$L4w^`xNg1 zJ/u{j
'\;|$I+z\k>OZZ}H61XAW1k19$oMh(>+#3\j4Xt$Z,g,lo:r';^9nl&`kTFi":mD%CUQmr0C
flR-S[Ot_mZ5}&bV8V2yW=!4$_Q4ZL4`+mWRhm&y-[w8P9Ra5kV-I4/."=E`hbrZn_-UK&Pv
SE1g)P"_7-rnqF2;Kj SUjUey5$'-2CRAtc?5p2}4[}lky;p`D@XGmEDxU!8YO[r8&->IX$-
}^=#]--?/!H$:eiQS%z@+{b;5e3wn$JV~Lg#kjc: vULFsdU"-wuOc$YQ]]5HVW0dirp&.z7
iO[W~Jux+GZ]<|U=BMx8NfzzpznSl Dib>j\ %fhd:)^gF+GPOt]!%mU^`yQ>9+KA\p @7wC
KuEYzXN/.8#kt|[(t}M6Ls5xzngQn$H<UaflcC&@yD[(Bk6\Es7yA1F:]DJ{Nl1\$5V*= $S
p0HWnr]mAcj9Pexp6Od5vm"}PW*sK>nI2\TH/7f&$R'vjIP1~&cuw$s^Ns[m(B,/%<Pe4H"I
V\x{+[,o7Cub+vg<QXytm0l,-{vE%=w(J^\PPmktw$-k?vj_1|w9eED)5sZC$81gFa`0i"52
F#ez[3t$b`Pr V~)y (d;^#O=D(dbLa@%A'"yFv4A]`&CuwrlRb|n@g5zo4R"u e*trYt(t|
p&nG3_}Y54Tk\>bNzY:hCI>'e.q".LDn<"PS{L>(#m}3`WkD&z3~'mGq!:IN$q2pr_iPO0jL
,O+RF`Q~$ACSJStfM7O:<K5mOR!ff)+mITTyxm+.33|\hQ$+#g"M,'82tY!9$J<6'8kW&vg}
]eXdHPptyrFX8i<-"fT0dncL*5I+de'g.||.|~>)uH.x9Ft^B??=#(DqLW7;ZrFExsBSDk[_
mu{`y2Q29Y*"E<FwFY~Ye6dQW]cFA`JQ"mLS?0_g1 (~2zWAT`dBKBO;Vj{6Q^;-4mE4=3[@
#.h[^TH1%SuU]j%@+dnJ7W`]+U)2.)>B8S<o8z+1+KXG8] 8>_gs?#]udWBMi9@ 7V<f:mb
G]\Fh`Y+cWayb|ZgJK[Qh)Z@0P3.:]z)wsE!<9U5s{#etdt0Z6UwvL5k:2n8BO]EeTY6RPw6
vJG>\tlFAkrE!y+R0+_8T,frBiFWy~a*"0}[b^9b3nUT;4)X|gLcTA?# BWCe_4Dy-yo`/?5
<)S"}d0FsXd,/DfI55.~5"E-"R2/,(>'COg>~1[in3+]nrU}oC5wYdMPZqT|$!|N:O'K*G(^
u'uYqA8kWiqJaYc`mVO]G3Nj<E?hGHCh*[%PW-`7~MMz)^*58O9;A%v'yk0OO]0} 0%x^*yw
)<hTN{~wx1__ PsMGehV-7lV.P5+MdK#yg,]~fvCyMjOMs?~a/Dy&taRPku14i@njp)3]B7h
"[X3Y tWyoog0ESz>#qt1>3:8@|DC-QFvk!FU-*jwa'p5s$:"ZF_)DF[mbre^dHtpHe&{:E7
"Fo[f}N1ss@R0QOa:cRwF2.wY:Gkw^7pZB=bb+8N?1LHGy4UO16'x4__u]LKv<R+q4P/~bC2
#imSD!;Ui-enXp<b{V"#LF{<l,erq:ep\N9WD>,H%{P~tN<vgE[a!r<6|s"NPDaq@ 49>\^_
q^bhf6qK$L_~T_h]]\LJk<<O;{1c\ .?7dz427?t3h50.$ITP'<{=g(2~@k<XCFE*e<=1;s~
kE.9'Kt, exA]~*:0~zzX^mv*5uW:/fbNVN3%kSo<]<0$%M#}Z.R$AG%z{K/B1X`_uE;C~~K
q]aRvii3$yoy^#[KcguAj}-{9iL?-?G3#Z_$NRO;UB*k^<`\! k-JZ^)M&%NV#|Dq~uM7dpL
XO~53j7ABp\8GK,<-I`g($=@?+$$a_@zTq$,"CK_^_k&ewhIt(.eUN`c[o##:bv7OnfY"\4'
~j\/'00m){8Nu4f>FSeS+DM;RP#-o0R`b.}iM?vWmc=1'xoSBLemx3)~s&I{_V5S][Rw2Zh"
=^Sd"h3iaEJwr(N,y*0"rz;v".z-@4euw.@UQiUhyf>BDsgVqA!j;vNj}Wt"e23st65[ebm,
UEiU)!#:n h!s%lWy>g`Qs 396y:1&V"4HM5btao0.Vf(>-2(N*La"D:}vL5)G7gI$M@qBOZ
yQFI4zr"E+,w^C1MlH((FG 9Y%fyllf9aj"PlJaOmm"1.8b#)6+Ez{}I6:AY`'*<vDMp ^:T
\rW6n948t*%.:}6}"dea|igGWP7G;555"2'edAg(}LDa_dL%_sSre]8z$:b\W,9rfgrQ)@u$
k^z=t>N}EqBq"zMxb^io+E{-1JT(MCq-XPSDEKED$xMO.#hM<*QAAPzf60ZS~MPYgdp3*D,.

2020 Thu 2021 Fri 2022 Sat 2023 Sun

Tuesday, March 19

D|G{F*4a`CIMUHE2n(rBlG.G-?XCi5/:[JFPD`C(, &f~A$TLGE|;*vX.]4\eHe>eOy'kU.W
8*KI457<6W1oIUh>/Xb@&?9GE=1.{vf"bh0.Qf'MC$V8X}mzWJXTbCJwMg2{TQ?^pY!\Hzpk
,N_}q)}aAo]UUarwOe97z?#lK;cQb5`yNToD:De40nAm&~GzS&yR!6T>DW{.9GCk%j])}J_l
,*p_I8-9[(o33|JSj&%j@qPN~lMXS]Usu)]2Npu7s&&EVV=I<a_mHJGeh]I9G,V-'%C9$VGn
c6,egQz> *bl*+6\Ix^!>W>dZ-sqN!N<J1~tnp1A;dYAy-Vw<!s5`O.J 9$%Z:.03OUQQ@Wg
`Z!b.|b]|g9S+0nNa`D{xX(4>G>T,J1`C77vX$/\/% {2T5G?Q}~w.0)^=J]8_Yx=TUkhwc)
O]\$My_gxcmnD]twiRJL|^55\wxVxXYNjb`r]*v}X(u^xE }zLZL,va`QTF%6ktTKS]#.@yJ
|)B1}<_zP$j[NC|s%|.DS0YE]u\!5'5~o7%C2nN2yO?Xco$DtL"?9MoP/2h_A8'%{=PheuLt
_hO7-YE84%1N.@~hVPu]:W6&sxu|]HF!V/i+;xKxsbaAu]:3C;s/:x:hK?hj\X)h`.C{M~L[
DV7ZaZ&`lEy}A5uJ|C~]TZD3Z}v4P,Kp1Ozvy;EinvUM)_4Q89*}tDns+w=\>AU(C0BvRh+1
1)>KjN)V+:CC>O&A07aqiaaS?9`YV7 z~!0\<jl31,`5KUlcb 12i!V^t>+gO[Xq|(,SRB%]
Sb6"5=Ulq{-7(&n82BwOtPFOIr>9k*mGPa`T<$;}M!s'E^$1D|i:!Gj+raMvf-aeYj0<Fa
3@8gdP?lABI'B)bTLAT8Eh"P^*:g[T;q$-<WQC;TAX6:@?as1iHnFHP^dg2,>'P]-6 fed&N
:~X9IFUgE ByaaLp5A"#8D(0C',!eGoka>q ,@0dVK\EW->N4(r6R>=i!!\]UjETa8m[eOt^
'n>"iq8#MlLOVYDQW2>j9Fgl7tUQ-uYolR41p+HGqfKy=Gos;0)5z5K;<To9G#xK@uDc%.Jg
=p&10f|`A\lC'WOfFOiMk{d;,A;']\P{1fnk2=;7yE' fV;F?v4w@3[aY%ey'ZP#:ZX$C[zu
r6GgH5JQuLA[&Llo~FF78QlF\#Q=3m;nOO_&iY1!Mu3R]&#~5:a4*'1b`v;={<M!5xJ#o;$:
V|a>iqGN-LzfXFJmB>gX%Ou!f@LP9DvDq>*I?+=^uwv|w(xuh8!Wae] 6{*p/ofKYxYC__z0
U@HE(jG=N^)D['&uwiPN=]v}f"hk_($W?kvhATwNeE9RW+;q$:K+IVoBEac.gMrPLE-=1^]1
R9!vVW/8 98Nk'*38pg#eV:XSp\KKHS,.|3Ccj,5qg5Zu5 2zv?1M?xr\'!r1S#]*-*Z$+N+
kuhy{}=:E[:Y1zThuHijO32*e$-NOj`+H`%e.Bc[z~>K\)$e!aGFLj"YSi./!s@R%?m_kTZi
f&:-!Bkf!GY}iSftUE!3y4W]1%g'>|7B8z>6B@Q.R8(y,,!<sp:;&& &}#{Sgu`w1zkT"V/e
yC01tH{KYg>SIb>6;gi\GF^~3M13Uv[L<uyyK0G$]Zv(A9{0KH<44'iR*GcezGz2KQ,iNToe
d&b|q]u'/'~cE8vTUOqv_C~{D&vdM0> IQ0_a<{f::w%Mqf.<<U 9|fc5+Ea}_>SN]q@P+%w
E Wx%GHmG/6=XIpf6YOB)}1u}J(cB&=mw`*v#,l?7yFwx_<0l~eI}3'-j!slbiZ=v"cq9K}r
668ahU=H38j3o~]K]0z\8$O7h.%rLEHVWIg.(FhxGG6NixTXY^{?jE,qn}u=hI\Cu|B rl^l
iW1i:4q0fBSIXG;w?WA(WlkfC$?^=}rl2'\2:.a5S#%Z:berd*wlg7fFFRoZ#RUX %Wqi%!
VhC%qHLtuVOv;ruO(RcAJh;tD5B`H5y0[1)t;#*"y6q!v R!;%l4}Jp*VQrJ-P2t}*"n2YF)
JjttEDH!A?rv,mXPxnIP{-B9j$z!"[PR;}!+5f<]?jj%2#JcO4;Uh ,oOo[!vYgiAFET!,t^
FJ{57rI5Xuuax}61<H?XOsp=2igr*Y:k" 9+a@iHf/lFTxIo9nX1(ILS2>*pqAggLa0x=rRW
fb)OGaC3?p(??MepN6K=7~*COpDlu;-jPY}|?M\O |QxUYy-=)A1nu58{F>9[:Hvo"-FQ3?t
EO8Lg8KJz~'-d_,jK&J>tVgDD80pYfP??bPyTC!IR$I`y4W)8!9.b%z)XiDh[HoW3^8Edym6
~NUcf.[&al@xHq[c9]&mJp=e[xCnE^UR[?^5#YUXu%,kNK#:1:9qze6QUlZElGQIND3,{?8i
fAnL/]m6WWhCpA?U5ofr!/"?6@l_Ev3/1-bGX&hM2ez ~y]ObaEm*3>>pc>hs=zcsSSb<wpg
dfSC+K_O}ylX."EOD2t?nOX,BQg`%c+Gm&GxYCxiRGAA5;>+y_=ahhX5veKB&nv@CzDcr=#p
8NV]9]8PY1Ak:G0fXQ'|)kD'1r]DCA^hZMK"Yv!zh!%^W7g)AVS"'T3lKvS2hy(@C~hZXMv~
rGo88EESvHU,}[S,4}u12ywdg^/+IY}e+5b^&hR(iT0W)p#\tC(Nf{*$g/wSELYvRQF:i>2o
Xz-aM)Nas\q00DcvV>DqaY,] r1'>;@[/ST=Z.?U1E8OIt*8Md06VD'r\t'wq/I@HYC{p_JX
,9WIA(_\U~,c#@G{FAw>E.Oq>9.;J-zw^~6We5%e!iS?NR^@}E~rE(:r~9bbEw:2`: R/4O_
|}T^ro6"]i\X;lZ\.h2B8xqGuE>8T|A |dM:tv|(pJH~kU(f@7Q8cfwmiK;U.HYWYI0##;u

Wednesday, March 20 — 2020 Fri 2021 Sat 2022 Sun 2023 Mon

```
SbNsUJuMp]eKj-21)5X(@S#|Yfpdjx&[2^lMstP|\vN6I!m7C+B})<$uxCJ.$r%eEhz`z'+@
B#EGhmr;^^z>Wr'C"),LwI!k>pX~F.9`_)z@80:f\5.=G=}u~2X'i*UCTz~P76B)gRVNm00M
^,qL5E(ry\6/oWGYd7n4} ;S=f2ebwH_.Hfcj1P(}9olpMx'CDjEkZyGS.v\[V]WVF,H)^MV
0o_Of"R7gA4N0w0|rywcD R7q6bx@9K;DK3),;U)"W(tCm6b]Bye\PKi^j)P]frU-J'g6ZX|
}(H-XY<IX8FF=m*yA0/?y=)oCK:v#fE4C`,lIq0}uTj]PH$Tp'}L*=o6#.nvI'S\h`f:(;b'
aLYdE:S=GfIf~BBHI?/oxaHo<?9>V8pyDo4NW+lut'qY N.G{tsOl>st&- QTvrra~^d/o%_
@0CdU-"<Hf82dIW_~scFF5`-5z$i.M@\(g'i{=zNAERQWg kq%t@zK";C2,c>S(My~`O;$!c
((k_=@0{SdCZxM{wgrv*}f':*3i]doB|%H\w~LAi^LAB]"zAI_AO~l21}c?6cKNF]'.Mo(/o
W\7nf$+v+-^EAKaH{Ii+%fbnRf{/i!G"kf;%R~Bv9p8?l;"-#O}.Du1=Km[kk8.$%K+*"WE>
Btd,6ab-<5?8pW'JP.:v-y X8tVFLiU4#&=fi1r49~mdv80 Q*)/kc[h4qUUa@3T?KM{T/4@
@JhH]#@B6""o/]p8Wh*nE{Ck,_OeFDd)}3_Ab+;l1tK}qXE) ink&Wyix&^7R>'c?i=_)HHr
/#\yK ]n>G|=i*20h:/cWn5=>KaL_r;Goy&F4)6h!SYXeqU;}pFB/W Y~49{qrMFDPU)5da8
Xn3Vok-~NFH}B4?`=>\ZS!27'+-P%!ODe${]2P)dh'E[?{iH^^QNZ!['T&a+>O7$X5:lZU}y
t%~wp/9U!DV-pJO%]Zrxb)AKGDTrkji.2yioL1?QE$;ts W PZ_89pJ1qi/o%X\ f[M.:&Tp
'5;u`bHM>z*bYBaUO]+Ii4)Frowe>KpSsJ Qj&*X5Vz~4+B&Sct_9c<PRE~fvp`M91opmtB5
cB(;t#u:o4KA'#=;N0S6LvE}?J3{E#O!rZ(#Xaa"ig>gS+>/@U/YH2 XmkYkZhGi2XIQpFg`
Y23FS.^.Sk^F.uO\pGk~_&P4 Fu{f7}kIGd3-r _^:tLt>%\8%|N.j~L|O|+GG:3t1vQ?^_f
~KCHu^Ae-H["?LkR_V3IR}.hl9rY[`"Lio}}KNqvMWJ!cAT!It|EF5C^ !A%*b}9o=65un(i
!xO\M PxuKEt]OyG)8PR=1gWY:ssS>sx9<.eZgKB|Y8QIv{QJNA)]3iNevMqYzc-f(gO8 9K
MiBkZh7FB~%Rm%=k3R{USz{JuT}%Pb.IR_x$m1+%~Pv|B<Ybmr|fcv,x=nq8QT0>k)GV3.R8
c4Yvwq-:5Wj#\ZvRX]pI"Y{{['^G{r"y=!#Vy7>.-!sLYm/|hZe\l[S>,PsC]xf+xJrA(1Zw
kt_${YwNVThGP\)]l6R<r/!o0^4dM>;wa 4qG}2vayO[Ehsk=j=FuX<?w%Jen!p&b_XOY?Z@
A=CN<"fh]!.f2CK\.I$Y(]f_wA\~/4W3ay1W/k;@g4]p|{\]rwuQ<HKJl=c{m@YV&O:]r@';
!`%|Z#Vy+u1sX<m36]x20\"!7!v|+^vK5ul/'p('v{+~hj=j|@H7/oGLGKtgKFO9h[Xbp \n
{Mj$}{"-[5w=#&MB>A7<t-GByaHs}?gjJT7"H~4ghU&{*Hj=P*h0UFS^xs7IHXD@V4L;v0FD
]vv#@|d<R3X_{j-b~MmO OHnPs{P+y"`vv+mE8K?:4N{q~geu-3VG%kLx78<3z,Vh&r]EKnD
;.A1}jFmxC%k#EojL*[12y+ya,1p5~C+_Ov>:jQJ)4b]gxe1,u&#~[{EsYL})|-13"Fn?slv
)xCd%teXC<c`6m6->ed(u:WY>Nk`LyridUGXIC"q~DC:-2"RzEBT1Qlzkyi>)e9i/.KR<dp%
Cco1at`;l#1'ozxZPcezK:Ff/$Rr9F&8<nX{5[?!8su~WPc2}mToG}Ms3~rPEHiS9gc$YE"'
zCdL'w#]pZ+=(0x]ebNPosaM,8,B*B+|&o;'fMZo-v0R-RGpgFEx+9YNtQQZx9\a%q>S'Pm1
C[zO7NHie]p_R=D"1V"8:=HyL,SGYkE53.;4)7kQTJ-ZWlZ3{9M91XcCO>3_!+ji3b]ess]j
EUKw{3>jZh_E8dMjC=I/E]S*M.'EQ;0j)sA>gkY7ALb>2#_piT%W`Thh:@~!Qa3C%i%\R#D;
a"cPGdIXy>l[pte>d?=F!]VgM_nMx1S?r881QqK;`u@(51 v=$IP_@"0mS7TefXSh%n~T7pr
1{c'+DH0?:[)EMS1a:ihV*"\Ipt^q+UuoXYwbqK$3s5R|m8DW|m.3J%1^uvKTx/`.1nc"QdE
?)rYEdh}Y^fye5MvgIew6Rj.Lt<{Y[mNVu)xS e!tCD2a4^8M5Td,H.b-}2-<cP@4Q*7d3KC
.cfcAb)zS]Ucc~+c-9Ej{n?}&=Pj`ug^K1^;GqRW@0ok8%@3"~Rsoy?`T2{X@$?zn$~%Yp1P
!`Vf`M|H5!$vT8BhJ))/O>BJg^"a"wFR:ARg:"QsmN% N20:&dq("`D)]d^Wzd0|}YRl~bsk
*Exm!Z>R;wg][Mz_M<E@CtHXu`X=u\j$JfihWnQx=l*+Wg_Ec^7jYkAE$yT,?6mRbWG(7IIO
9SPa/!L%@V|N.aFYCt?OH;}1_u&*H{,![uA'Ss;K6[4:iKY|wNA!TQ%K)I9//D`# i$O)8<9
)^!<f_+CAn|:1f)Zek4_Q's%~E+Xe:7((3-]>K(nJg(:bgAL$K)2)Lb9~Y/?{TT?A7.4]7`p
```

Thursday, March 21 — 2020 Sat 2021 Sun 2022 Mon 2023 Tue

```
T) pN=?60G7Z@)a$1X|{P5#-x"aQV'$1b +g"=XZq{wA+ jrJ EgSSuZ!*K? eYt3<6klb|x
%L9OAc!nYYyM?"/Hd_8izh7us|m_#{!BD-3>9LZK]'W=odBJQwCve@01>x)!gyma*T>eh8(^
siNAr9300V9S;>D}rz$8#ymEDd/#A1{VoGn)|+ X9GW/c'_KhUfOC0n$yWoGWusqRZx{FMT*
b^F%!KXqDD,07U0)H*[)C1|mAa|5x7VY[};relcw!p!U{vL>A-cQ?/VWLDNJh3^L7sjK3u$U
hHbHf:pfE;]^yaMjpi^`tiGyKLeZ*=2i"2_2\wh~zpP,4Z}@,e@[`"#t~Z*ml0zQTN5K!8k_
|U;g "n,2C9tV38^zNTmUR(c/v&+!x;OweM>||obK=&qTkbH`B74~q]L$WsR9D[sYBy9kLyB
;Tgfjor2:56KyX?nh0jV?qfy4{MC%=':AX3"rMb|FY~C9$8(fZ!WI4J:xrWX8,M"hyCt3S|<
d71"P?!Lj_LFeh`]I7p9+F2b"2[MR{_]A1kztf~SN)$b@MtxQYDPP6pjF8Kcu].z|<D|`3 2
:(b(W[ZwSYh",[\$&Z&-o#KHdr:L*&IRY,FbQcFeJs4#WsjF_]Lu NkSJedf2UFxpOEExON^
'zbAp0035tct_&M*5o#?M(YAo+7X_+(UO)%V-e}W;#bBruPmVOIg-2xs\}g49ux?xwr Ta2z
sn&/81yibW#$@kc9} '5,j$#k?),L'=TdPMSBrz2ummb 0<MO.hmnslD+[&q*MN#TH_^,,1Q
jr1JAI<igl(x `(u<OF'sVO4zz{JO[%eg`PT}bJX0yYz} @:v~o`hj@*+n6g5B1(?I%U1,@r
p3v<0C?X8;"\?E++=045ES[k5<%+kSD$zjt2M&L@C))*oo@i2S~bz1.izV21^ud9.n}&[!<)
rV>d9D]7zo[Sx1>!"&!;n| [zGG 18r621E&s!M/rC*P$h)E;v{"Y5CW|P}d8L{y6<,"I[A|
/5gWq<n`8g#+8cX;z-yS-7<z*.r >|cpy`IgUy5_z}bsp#%1_>Aw>xSYCGR5!iVRT`h$gL2k
b<r?+HB@l:OI#O:;)s=lY+F|PI_-G-",%YyZi4l<Qq6QoD~H7ks\7kNsWvX\s!<u.TIx''TH
At4XC-OT!RT,EJ/1E\@,M_;TAu/O(A+_-A&|0lwK9~04tt)f9mr:,*`8Hjiv^.i`D;wf.;rz
]9urg'hT".r~#nmUEXP(u1z BkeTh(I-.`!Ehe/)Sfh0=/8ZrHrmLLH=*apZdsCS`P}^*uC/
+I\HWd?,m5UaE$arIbUv !E.w!M,vu7mB$_=f-l3dc;&Ip~RZ[c;x@$/f'bn{:-B$uH))+=+
[Y_%763w)v!Fr!hcjCtN]Uk{2Kqp-P)lwm$wQB4--3.^gn}v[81`:7D7s^^xktZ8b\DAUZw
j'ix\>4mo+DF#H)|hNj^;i.j<Zp?~B<.#us?$)Pvql6DU^bB~*^#)j<4maLo-Uzg+ c"jWPJ
(Kq[:'/yr?6iCq#zQedBvU`14}0X{>Ss[?pMv`0q%4$H`{Qe8%{aWss{xgMQ-`|vya,o.l!o
XJ88woSDvLnI@o4"mWVJdCU':-e|j}hj/'2mkA]3-+mOh]w/1,7!MA&FKIsH.Gp}TeZ~TVLA
!>}21O>1UCf*93y0^Z:^:)ZOiV8'z;u;jC?Zbl_U^QMsxP6ldn5&i$eV/N`[wb<!C5}Ps*2$
y%+kF<lp%wV%?B$NtwYu[XPmncW+8ua{Lk_:AVM^gFE*]J&Jc]jesN]1bYq*$k8N@M IT#<h
m?e616up)P4<bKy<GMX]WrM<~CeqvN[)W5q qT`K@Nz,rU4w`G#ke|&k\;ctO4]n)uh @l4N
Mo9l"0x4O4*2nlgqvL$wxC)fO]b=Ip:Z>F`/ S2>,Y@&\{g#736>,(ot'=!-AN|:6upX3NG#
g=IZ*J=WNssbZc)Ipw|s!7;n^\(ak0]XO !)DW%7e}k0=O*9)p>`p@Afx1mo^M&TjRFx]<<
G1(=_~ZfHdOh\caq[-=6;z=0*|uJ]MRvHm@8[X+w`s_c:!_;tG1>pxp+Lq 6u^55;PjC]!;1
*z:vjb9V{:RH*n@aUqBO!&M"d('BA41%j#_z4%)-M'czCE_#Dl=uM8_BN8t>bR"A mwbL.R^
9qyO'mb)-\Fa&`xA9P>Aq|kR%~{j/sC\s'FjCk`Mg+EHjy6Umk[yV8&qphFUJsl-/qq*J |G
iz=0L?\)fz/VR'wC-e%II+$@j-r-@GNy-_<p~b]Y~c|Knr|PbU~~kII]knR.KZ]b.33ensv_
2P OPG~+Y6.65l-!c\+YcmvLI_i#B<^a?8bt<d-2*Gx]/j/H:kUT/?jk,?*0&f!w#o1VW{!/
!vH_TeV/LYK~G&uf*,,4}bmGm"*V2|PZl ."GW{m3\^b*Y}UD$u#!@q,K+AtUm.}#^pw5uH_
PG$WZ99f}AleX&+Zaw]7tF!ho?,O"u2WOVk3jn.Y{@$Ln'jhF>~mt#F]:w%Y^<CFgnI~x@}8
ZhTsczX;gu6_L&@$L82%Rektpp$`b9-I4rP?YKcvo4YxEmiRea|Y:.n-kw8$]As#DKb\a(g:
~doItSjOdo1iv>$d\c-j'B5+qr1{y?c4Ng >gv!R@P^}s]pW5{\8Z4%Y^6lA.N?&2*{TpVxO
9E@m8L7u!QZD:Al95w|OyXK:=(^WRXyzWbq;+Msvh-_1KO-^^;iVh19|3tzl_DDW+?5Tx=*y
3/@Y%&#Tj9\to.yM}b.<A|%^kbh~R:=Cy/2htV?bFY+wix[z{OG {VpkJ`M $LReC2A~3vV
gT1T1oM\&vjOI]AiIhJ5 +&uw@gkL`b,6MS[NgeQ,U}](Yp;\NNZ#Td"f[aDpnbf![{h1b@X
```

2020 Sun 2021 Mon 2022 Tue 2023 Wed

Friday, March 22

Wk@phiXyJtTFEFU8r4A[/.VR)Y>b~$5daAkB>$n0-E{jHS*@I<Ghexp_<^Ps_~fO}n=%IE7/
tP7lI7PZ@:vh_l71]:mtM"y4q ,ag1}-!94j)5AL|6+a2:NYR)*E[KK$?vcW7^}RMR(cCY)|
ub)hS5\ssd&XW}kZ+9L!XxlT<N.F(1F-rFev^6PgS%vRslTq`.f2y5;LB'-tnMk{_2:J:;ps
HHSQ#i<RA2H-d]T8wu@z^}3$4-JfAu`Fw.VHOME3PvP1`S-Hl@k#Nb:^{<g!\AHsL5xaqxr(
veA6#wWHxXy6>qPI>:7w^)b_ro+_l,L!r~KQC47i.q&'aCToi3aQXZ%O;T?Ofi-9|+16A9%G
h*(8,EeZ0EK9Y$@CndT.#kQ<`I@Xx+I)~9AuVu$ qE6WJob||"!Q{G6(i{`QJZMDVO],QG:M
x5J5!tG:;)Sow()xlL~A2]4fq$J5.akUusk|a#qaP&+wZb]YL++ZRTAt\,dJuzAB]!"1Xg}y
rjUbZf(%^RFs-<Qm,0R1}<;&ppa_P]j3|VaS[YYv9R"KJMGZ1]6W@Fo<'I8I.GQOo>l;"R29
XGQ`5J7b>uKp]++h,ba8c/x'(O*)?N1:*kE^.m<I2*1E:`kzR$!<6iX+ZG6oc`<@; j@{16H
dt.r!eqbEo:_#ZrqbiSAl'@d0C9fZ>AP<:Ecf*w5*g_+ar5._bkZTyx#RFVf0)~2bg*28v_(
UyTqli@PJuLF 6a>tiUgaB"G2sP[z$D):`,1f,PyS.4Cp hsM<JY[qX]>nS=!D#Q$RrkKRez
38f^YB\.G3Cnw]`<t5.|5Yo"5FdySZhI~<7_Jlq"`&f93~PAZe\du*'j.y(Q|]i&)jJOA|Nc
6_*TxYWS$'l?1E01qP$b8EH_twOiG3zkaoMx91/D~<{dH!|+M9RTz_NEoJn3S5`J"Mf[2*[x
+j4x9Pqdh2;!o`dv#\S)}G",S<uM;H>bX<}6l1w3c~svK);amb.Uk_5xc\h-C'|4*H7>a9UT
H:{Q,H/>;b1.!`dk1sPG(<3&E&(Ht1![u-.M^GBUGI <Om>7H<yH0$;Bs%JGn*DZI$*P's\
7;]Q2?xDkZ,dvUQHEGg!GO:B7K=/`,Iw~wPs>\xqjS,'SY\N5}F!PhM)yMW77lMM[fsxD>E\
7s*#V.|Z <zQ_y!Pf>Fg!mwe{e3ldhgQ!r=]nFMJc~C9HH'C#^xquX?KY*vkML-]k<,o!y"E
grc}YH7@5`> !H;&FT8AYmCAa ?hF(|>>yxdwg."_H&S&=s@dVD:d?;51{53`F3B1e l#,/@
6hx#Faa>0XKv}FPOTE]Q45}XNepg_^?/?K=FtZ=V/gSJanJ:E)*A)wlbWR^Gni')S/Sk)^vb
j-$}^KKxvwiGk'L,!bC:52|3<hG&&"8~'!rDXTCCNR3=qDr#zn\@&`5|f+AsgD5#LW9u.h5W
z9i@4,[}b"x,rZM-5_Jp+#S+5'KKR:px7D/%"na!EJo)6YlhS<E6!A)9wVU~6v.H-y6+Shm&
>#HZ3]D/>uE'QwI=p|/z$F|Dd;T2c:[e@nM4jy?-j50M`y({}:,eUvp26z\y4h5zf>^*zD<w
Rsi\Vu/A{=,/@=fH&3t\uW;yPejGq7U {$~)`pzxVpj37m'vc@~z3wF<_'uN?s_hCJ&d7e}8
.S _:PeNn=*aIe$]7{m-D'~gLI332$ym_,y`kkIIpuAXex8#e*N<_.]xE XF"(CgvmLdp:H>
]<:HN,,4}:OH\:r:#-12a/ZoNx}8AB{ 4NmPvH0wz;a.3$$$y*EeN\"!*T+(I=Sk+#w`A1i}
G{l!eS)ez}=}*`~!a@n;/|6pEh8Ih?fnaf5zkk?r?6':-~86W3#R7X2'KP]!U*N_Jppf!Ok?E
>30fHr.[.}ga5=lG"cu~C5C/@<581{7+V"wUH;('p}lbY1LH"9l+d+d04A0k?DA)mlt%}JFe
e}E"VKNYMEr']7 L-t,$xd%,'NSDhE,%pSp9wi8ZPz[7US(AbF- m>'Jma;iPtE]Jq)UeQX!
$oj>>+tQ(a@.giv =q*lx.w]Oxqf+?.>7i,f9JdA?2}Yl_G9K|t|v{!;!bG[Dl4RqQkZ#n\?
ieNG?cufZ oXqGVFt$)ZiT7#k8;i\&+w4@qZrNw`FO":PhfGB--t:J1V\,H$1FaXfP^HuMrA
H}6<;9Zu b*Z9E#fSyi!ndMU|25(X3D*|(rHNy!tKIL#]}$MX:I:aW;;gPz|rAYT?:93+]1
5PG+5lEjG&GdOaTmb*y1]*Ow{gU>Yy*$}%ZQf^NNbk=--6549<um_wdWw# y3H34Dl&hrFMo
%Vl{dyP2G|7&Hki"g/8EYW<1&pPv=fe-#@&zTj".`>;~%dT.Rm+t0MYQKBc">th+{G`&II6b
L6e11nXHc5k:<>z6]Qmh&T}\S]Br|@ku@y$g3>zKq!a2F;lL_Qd;YMu]6L@{Z=I{QQ6 AD1}
s'RT:kZ{#Cn=`+MOTz0xv#&X=$ ~/|6ME9=>c8^sS_\?W*BPP}?5D9j}V*eH+["}2z2xo"o
&@DOC(:Ho=e`zMD6p,}bY&zpes'PLm+"E?K?aKZ}7c73d"Iz K*4msH()UTFnVoSl$M]CdT
%dNz<@^'4D,9.om!#!*h*h-Vli,5h%4wi9s5N13Viw_'bW+ :e]H=_y%4BYQ|n147^J,&Bif
Z9AZ'6B@e> xsBbZ$$'(WtZLI,7j7qNpHv$_f"VY4VUxpi\cH"X/W(ux'~QANF|%N'M`oY2{
h&@(C4O>3ogfdfcC4K: Nu1v]ugEmRQdILMP{CH A-!]cxHWHm%k\AK\n@a]wV1K\NHqA`<[
*>eY,=\6uB(d7)8prN7#^Zm~+,Z}o8nXd,FTpNGc]K5 Bz$6[jXGccui7p29MKLlE"d}w4<u

2020 Mon 2021 Tue 2022 Wed 2023 Thu

Saturday, March 23

'FzR6~PFYeF8"#+D/_ }bLt>iEnflE$LYIGsLGs)h?X9 Z>Yi7^xMR{1yEvGMN7:/Ot{{iz~
:}R5@y\n:+c:^Mn u.#(q(3lr6N=~!xT0+lMjzSr!H4~u&UYTPp!Qx2?i9C?CA&&^b/E`_yk
NT[V9-2]XL#B<&QZ:HLvL3mYp@Rt<Lz}q'5[8SbLJj1IN$ URp?,tAgq{.8$G2iP`3V1jo+9
pKjht5ye:*QSY%J:e77BhUv'1lUG*s<ZsgH< 63{k]Nj*\3_lfk_>:Ink RBe,L<D08P_"({
TD")nr[-k;5=rRT\ 8GtGn1A,Gm!}#$/3='\QsWjAQ?U*j!J75R!Ex [r<<W[TybBHs*a&:>
f`Z,gw('/0'T`3ad-6gblg>D%+>z3'CIS0L$Y(Iip._3v5p?[:v%XD!^ 3*To7]$H&P<XZ!M
HC2zwf~jk.h/b~Nes}$:2/J\#?_Xkq@>9zA~X"4&4]<RAI+e}gNx=oTof8pfp]0G)+T)IjWT
_xot02[<f|)kVC)]W7#F{9bx3!2~Nidw8B,pL=aw%o?6Y1-*P7^u|zq@]zi)cxPJ;tJZ:u_o
;CJ&Q,wWbT\H#"@ka.Kn@ nuw'b2x{gE`H4.i5g81^lL>q<wKB@&('#,Y=ldj}B|/dzEu(MH
l<9aySW&mP,Hl5&i)w~%{yibCxux!MB(pl(rRE~2MhlQQ$1{=@zG7)UAs/xwcPy7t%"EQVjA
*;U`1)"ZXv-hwjpaD-Yq/u1n'Q{?]S3D(@;BmA*eQcP8Pq,6F9="k=4T*GWk6**+Ut5d)sE}
W=xl;y>|Z7O.o:i7,j%BSE>}& k#i:xo_nF8\VeKxU5$q-]2:'OPnoM=53NO$v 5Ti@EU(e4
t== +fpH|axK}uTWZM6au.I!>Lkv\B'ML=y|Rm!/B?ib}kX0;B;.)#Y9FD-Ts9P=z%eyQG$v
VYAD>1o}9c<H^8Y`^Js?JCRr(E KafxSsI^,%/7plS7v4*-QJuvRdp7=}9:k&Fhl!^v%;O~H
WZoRjk}gdsV\,{"+]jV k]Qv:. j&%G[LqUNU[v4'p~R jl{7w5`ULg_8.~eme]C@;eA13F&
kA~<(Q$*KQT4M.W#bIydp5={vzNy9LX9\D-1fX1R(IYq*B)]HZmElz[UU &R4)^<9?p*4f)
%YWpr\|@kvBWu16HCp?H7%4hT/d};RX#m?7y8PV-_v'7ae~i/reSKd3aOYy.`EZ|^c0lGh&"
u&1!Ot-&H~-W@g~6gvZVi|FR(RH0G[A/u+RD4CeA\@ (W 8l7&tc7d}120%jJ&)'fn>|q2 2
,t&f{+"a]S"Olt,k#LPp/^pr;+~WtW4S[Z3nO=hw#sId'niT2rVb04 9vm-yH:%5@b%HQr{<
V<GQ-+ qsgl1&(uHs7q@e3wzXaIP+zp27^i^ m~5=gMv:#lA(;5!'pDJs]]uM_9IUj4TW-Kp
"Sn,cEX%qSg)8.RN, VP)w=]mwC09E(tejrlU;>p`TecyQJ 9[&J&3_36J7gWHt!hg>W@LE'
W._#ri<Q8uEbs8E-1>M\IMw;N-S]@u|7|cTS>fP)k*&O3DIS"[AV?99>+};q5cU#Yu}-`F;C
]J8>s>xzI(7aY&ViHJHLl|F!__2be<8Yyeou@o3, gU]#l`12HRrHMl(.WIVE!%fY6IHmZch
"<bLDap!j,qLB>~|`x;#v-L[a`eF?6x<IScu={{'HpR"}Wn@#@*FZ6\y:B[sruJH87)Q [?{
U_~n<2L1TlM>/DozE}9d&T4F52&A^4MwZ{O(2y[x~2o<yV"'5%g.8v:7^:z)'iP#[D#*C]7/
<LOCl?KI.{~zF[<rc!RHVXDShJaJf,gCC(ASBZ[odjyk9S<}&Lj^B%O]-2%QC7Bl:H}bdF>0
mq5g5V?X!`|[l>Y?[nl2q&LWo1sS!yR9J UF&#'V[O&N|m U&=pl1ich{*>kLLy30V<Y*w4)
R*L9$n|VnZI"!"1gCwniVc,#i8RO'!HW@*@\2UYVLD|0:)|L%,\t&y`b^=fQBnl+80k:R5R
%wD>${O2Y_Cp^=:IU"c,:'8<EU7$4?>)zmxS^%nwbo[7|/SQ7h<`-,;vXiA+E_"~@EEE'~BI
=9E'B:;;8h<s)"7?V&+O}CUhg|7[X23&J!nfjd2a40`JKRPCnp]>C2%/O(w1`e= k.n/[N c
?iIT[_>3w_V6vvcO7+H)j|;pJ@e9P@bXrnWq~\LT@Yf8EIs3Dg?I={LfrY^4P{byHr1Yl9A>
?DSIl>D,T'idaz7mQ-8":6)e-Y,O:X3qx$ =Ym"]<aj1Zf.~fO*dGUg#p1G5$2+rV?>t0.lE
WB_;+fPn Zo#pw<`z)b,\JT8z)&7Lcb$_+IpP6D<2r/S]~A;7V? ES11GSq85xsW!C[rD+ib
_/VVC1z{aoA%0g}9ONY>+KACoWI>/z8zzz&^n2nGrm~Gu\'d;X}S*nFV,-z 4:_2k^Z2dc&j
?g.i8}'nm%R@f04!a,hFM>)j'=}v~m1FpZ_fG4)nq#jqcLOONkaUU MW-E<>N4"sE9LL-FRw
7x5Uw,C,#W(6|tf{s^tSQT4J4&_f9FB1V/eje1wJK|\f)"cZsy;lAOhr~%4~tY|'2s%lREr=
tb'*FdlMI5!C\FVd/i/-oGTh!p:'eMr,- Hq5bg9GN92`Bh33Z)]Qw/p{eW3(*v- -}:" T
HCPsE:ou<V-Whz \uXaC}4)M<?m3|mXX%JPK3VnQo]*VG`'h09aA8m:X+&A`&R]|5+gq#&Ft
5m$Y^u;|Z'ra[C)l|/C6NF*4#|pB3N&N rmoXIZK'(I84-LF)SJmMtCS@_z61+@9CMi$9C&
<^-6dPM#Gb'&n;`e:-OX_73Arv$\b?PgY~=:az/`xMcN8.hVCrm-vy&-LC"~Cedl7<#dJw5!

Sunday, March 24

2020 Tue 2021 Wed 2022 Thu 2023 Fri

0H\~I&es{/mvCa.'l7A0gZp]lOqguX73([KWkvt<S~qeZ48?=NgqWJ,F6I}lX+/;P<4aOXq/
zM]4WJEnCD:j]95Z>V818(3iJ_DNCqxF<vZZl%R@]97I,A*Ev)y#*8J DebJqUJ>%` &&&_}
VB]|,HW_?:7Tp'2Of6'Ln_Kb5sG}t4a}F@b9aj]ExR)aYf|&r.#d_ ;J[+W>M)?YX` aQ@6/
+W7f5c{Fk/U:4l:6I#(n'K0n"A81E&>=^:KbM&YVu)OF] hZ50|yx{. dMe>o}8BK|RX~%0Z
n&#:y6ma42yLD4r(;;pri obb%Ld}QZ:!X.8Phin}a0M5#c~ ;uERAv%x4OqF<uMLr}cHR{H
,c9X asGM:D+t% A9IW)z%KZ$?=P2sJKV^h)IYkc&xdM(]a=/qh4j(4.Pc:6 4lP<w$!^LbR
@WV!"-I9=B)F?TthiOoBcF07u*^`" zZ0Ls1_Z1,G}p3NmFDz9<W!M1@E3K_%z"4jHn?jzu9
cq_a=K8tt,f*WeZ[M5N^tzMaCtI[TpvP"gKfe:0k'>TQ@ Dx1lVU$4/Ayf7<L7U7v!z&U};K
c3s"LvA8kMjw1>t/`s'hFCt0L~@o*e/AqgC0r;_#!/l=]]RCZ+z;.-(^xE.%fsyaF{pV{.}b
|L/-_Y+2F<;]VUV[&ILNP-W-{]"Jb}[%+s! 9P{$=~U:g_H6~@A9\,PNQEh*"2/@J497_yy
vi;_uwS4?? R\{h"xbuxo'SP*[$_ENI96h##^S{QA8 Qo~p:%s@+Etm`O~Z\9$ag,DBgpuA{
RnGqYX[@_OFdx/mwnmY}SCwh<@#%QQm(9/c)>K6iYU<dEa[s(gA4Hvf]?15Fke,^8[z45HOn
eJ%i5@1b0Bzx}0vfh)i?{m@j@]K8c$BuU_I#0Ii7[@$83J%;ijrzEWA|}u(RYM*K<05xL5G_
$vr08)8N/rw'2x!a'XPu_E)7>85wI07](Bc%U\`d?Jo.!U+h^afeUJ22Rm[I;f@#DOr^%EY
Wg'x$k{;yB8L|&zxR^3Em.4%"LzBU[ZYlkoZw.!b{<smyv:qbbFL&O_#i^x0gtre219Hnihy
EHbk/Q6A`Gw,|A:6YG-,=^FKk5@5J(MGdja DwL7bBiU*>_^98v|r2~&MT8]C(C7]j@e+QvZ
^)</gRU0GD_zI^_suu56(5`k?_t,mw$RO5%hcV"9jl!1gVWR)Xcq]6KN#hHh~~@y"evp!mUB
DjY^).%?L?Mfgr*cx$SK_YAHGG*sIT:N4%57O;Eb%:t$EU{aBfB60:3cSMG',yJ~*%Ek)8B`
%JwgT}~=N9K?D@,J*NiJD8#}f]KJ|K4d^Z'mFeU+(xf4BWd)vQvX,*I/N'v>i84__d-cflm_
w%ivA2>XUV[!alx9A}_YzHx{&@g L+X:]h?|'5$Z'ZZk\K0U%Bl~B5,3b'Mae{XcW]}NM&
SesY54Tp34iqvzv75vZXF])Xd>'<UKX,2w[9@0bU&bI|b8fMLLE"s amRF)i)>!w^4uH$MAV
,=D'ty^>pS&igN-h :tqZe#J9fxmjW4Uz)yiulJms)H*y`oU7=)i5IhyT>C@TrOgr!8%q8NI
J^g!<xh@$.9UEiD;4/Lk\Itb^+A}eh0#jn)1qA!L&SRF:| N6Y_6K>]UZKec!72LB!c3YM8V
)0:0fd!_q8jClQi'l>EFj~7DNGrzSunVVL{4jJI5GYA_ICv<u/dkdTBMu/\bBDKH(F(DF,OF
'5r:)8(t[28P8ef}-!Puu|A!Va{i{_QYQkl@|r~mK!F2a)0I%_yw0FavL =_*CF&I_YPk`uB
x)D$,eEt(rN6\`MA'iJ.fSG>L|X#^;CFT0_E.Bw5#H&?GphmwlJu?el\Kn1Ezm'x$bTud]d\
8|L"jwulT3?f9xLl'PC~?d1TL3P E4 hT9viVs+Vk^((=p!UP^Yu!M=`g:;TAoI+.qbGm4u{
T^TcZb2O#[q|q^W/Q-r!r&-*p]5nx')+<x^KlH|+yT~77Vl\|{:M}SY5h~>_]}eZ7k8QsyIp
'}_ou~s`|sEN@tU97UIXIKV>[m$GOVf2!Q8dq&%#A*c[{UaOEIRye=I.y[Hr**YF*9,Gx]z9
A>z}.9vhCLsS!om,W00/D`rhSVj^oQ&cLI0AW#C,g\E+l8RCE,?"y>|deIC@}Lq.E%%a{ILc
JR,Ls7X6Qp3e2#:,(ouR{w5 \[r!t_M06QG^:PQ81)SpHrH{1'~'tP}.y(w..G5">JXuM.8F
qL*mHsx6DaT :(dF}tirZwJ&, -]\opsJB~\=l~t:Y\LF_E&|FI$c]_K(~$Vny?n`B|hO-|i
mQc0pb!g4xjLMper3}gfx0!*QD.z1YK+~7ByejklcU'Xq1|itK#4\4x`E"'ZUC!k2_r1aJT8
SB, CG(i{]fDcLZ\k9ux-JZQ3"9h^6%WO*d^ShpC4H1Do:k~3u~6+Y(2G2P%6\8;.OR&sZ+x
=3I+whL<}'GQhu_!~N8BE]9*rOE,%-u'XN8FbYm>>%Q&LY4D:ZUJGw{!j]Bu|PMv#}uzZ)8
bn>>tY8Sb;4@t)ZbfP@~ 6+,kz)FGJ6u.}Nvp,JH$>b0FO4d;m57/.ztjrqU E1^#w6KhNz:
$EJ+lBp|H6)0=(kl 0+.QR*@77JzLAgY$%@7N:E jYky/ta.qDE~+t0]5hs"y;!QFRppfn}~
x'b3<+XGO%&`;jH_c`D@a_fKLJL?W!T8gViG^\/}dNoAlgbe(k75,q\R%q.-Fb-u2n`\VKz>
<t)a'.USeRl@"l?]+XC"ygK,)X7M3A7S,bGT?#W+1sVuM%d`%|xmg5.eff<p=PrJ-wSj;|Uv
92[u&SdQM1}-+&vV0LBh=2;:<"b]lW<CW|9,!*o9xy<Q)&MY\~MArhL}9uYmBj+9 fu'>/h

Monday, March 25

2020 Wed 2021 Thu 2022 Fri 2023 Sat

yTiB3m`'u_`cjt@GEX)4bK\k9#r+'<$A"nI}@y:{_:jb-i'xGXb8{$qpWqnlFXREpxa8)@l
\DEjzPXGPtubS*a<z4U$d+d<#5:a<ER&;i5XRRR(hlba0Ue,T:.'QGrZO1unT8CLie&ElIM;
do#W~1f24o{txnO5$9WkW'6 _^8IP3c5.oi=8oDp~uY*gC:hc{rl- \1mbv7SM6Br<QiFg\X
LDrmOHQ|iL?r-(s?4@Ki1jj,rHZ#BQCRR??2HZ!Cc@-~~\zk@9qDK>wm]hr'?6sx*xwqg__3
,ok<Qz~})A</C>Q'vB\FtT. v<&/!>TZve&(YCtGfP?bEF_+Uky/{+& LL4RT~]q5!:EmdG2
k/J`RBro`(O62ZnM:@*%xirZ;#5mRDGg<vzNW-\u`suOok{#BB&!I|"UZJSd>7/.~4R$]I},
] pw|d&OB>_J?AP319Ge`IVB@|]ij"&~&a9QG3A7(G[w%j \j8_>frLobaemoh{%mISt0h^c
EzXBho#i0u&)mopp$E>S7X_3@#d~krA>*w:&WQaK.sal/B@LY- _jJQ{.j_G]v~dUmw^ <-/
RSL.Ix'KZSvrx>UHwrh"jpL0(w;b(,1Fnl^v{}K[7PLc%xusj !(].@5lF0`m@t;fL0)&>Q
o+wAK*nTipJ%NuJp93jpD_VLsT!Csn`"(d]kM?"{Nn!VB-0Ck2cC\#^Tb#G#|;1*FYvrr=h.
}S,#`u(b}Z8;l~76s.,v t=F8.qR[bh$#`B3|)ocfz8MZv:3nCEe_fB!vkLoB"Jp!vdos&|E
J|gS!@YT7GYwPOHy] F'4il&RO pR"l<[v^L.8o](?JSt-FX}M#\dhXw$-zmzV@5Zn^{))q$
^RC$6jlZ])W$HmS)?b$Hh@6;XG((fV-)CyuhatXFpN4LA""99w\3GLYiLolR&;cpP~^nkc~[
,E7\[T>WK8lmtdC<mUuR,kLloc[E#4isSH[k6EIdWeu*`I gZ0WF5@l6p.}Fdy-'8B'r*3lU
HZrjy1hp=)p\a#GQ#\3DR|lZ.}Ay@,NO=W|'W`ZaU\u,.w=,sRJS;UXy,MWx3ghu@*?|UJ{h
4${t83Wda&MV{1Yt|THet44fwfBZ{]&SnsV(PyLP8k;;[]._GL{9H`nvPO$!4wm|ctISk/m:
"(d609nP`[F?O>(yLA3%J2uN'i$|/]-j.;Zr`j\,:x}@S*H0`~~5tE@~GNE,}Jq(3sOf.Tm)
plLI[-]|*sbDF<D|e3"nv%R^Uwv-I_D<k;;"-,=se 8b2hBK,FeV#?}9P?d,nl)j#>`sD?/Z
t`J(E >EYnhG[A[\?(Uoaz7EIY#l,Ap#L9TVi7myT#boP@=MJ}*kcW^ef]C`Bx@t+%E^rNDP
A]NupXd?/twd5!e=/`"MiD|2~LdmE&978@V/S UrYmKkXSL48>DR{OF0jHuPsG|/Zse~.i{;
4]CMV}ECB/~>Ocez"7iq,13m=$)/,;42e.]-8@_/-KMSR7^,JDg Y{$~SV09&^5rukVJr%O3
m]~v;)ZS7d;|NoO|#keyK|[K:Y}j7^HS:u1Jw*/Vrme: 5`bIckQ8^w]qH[5{'F|1|]EQG~z
sp=YH,n@t4P= L0Hq#kd{Oy"z\5R&JYvET)D];0na<}Qsjp#oDuOB5wrag5bhWW0)n!rahYc
_br%o~B_,C,eV)23| wS= p=-#tb=sCkk}kl~{jRS!Up1mnwh;jr,Q(J1%?b?3WRMBn2a348
=0HVs{A!SY"WCecQyP!fb4b0QAf3K/S;ili9r6=n/)#_xintrs)%7e5+jC,%C(]g`8{_a)mP
%$9^=&.^4`$[fltnS 3%uN`on*[3S<>Y,ygbZq30X8)y#YQ8lWQv1*SgY _?Rqx^t#&>H$Mq
)'_a:kj|y*u#.N,N/?`M7&}288Y3RCPi=WC/9$8us'NqTkH41pO?1b3Tq4u\5k%L0siE0;{{
Ix%m|IryR*\+KKouu'<[|K|cDe,-1F?D@R8:j|Zfk=a'1D2yE&/(- 7]/ywU{gnl2Ma3Yo1)
=[aB#b!iLq8n:(jZ<er3|Jg[ncUs4Bc[s44D!g4HxFH1w;pR??G.%3GEe#oWRZ)mZ$\m^2
3`30E{nhvdX\b^wA kO&6bV>iwE@3!v`|ZMr}nL#yLA9oW1:glJPB=l"u}fU^fP4,gw2;4VZ
?IzEv8Au7M`}V@%vDh`a^;P9jV^66ST',%"xb4/hwz?4aKJ29aN~<51P}|b9isOF;dS.Tys7
F%|aA0<:Vq+_P.:Xyk-0b`mQ,ZGy5+F5W_2XX&'`rDxkqT0+F(i6sa-1F k"~yZ4 5te@xAF
e0776~/TZskc<0C]"[3Db?JjK),f8v8JY, k~}w23@zF`Qk><p!_Th2(L]RX&|=CL~Hh'_M
c6wjtzg^F@;6ZF|V3fer.,3nkEKnSkd.]c-mG2C9,dL"IOwrVoS=ocW}aGJLe}<`itHvRx(K
{&J_17CRwt9LBwq^*lOusx1fOFzjdsMT<8FGMy9j&6volX-yyTcMntkpe-zI/jxyOr^^8-D:
ED#MS`2{BD+m]nIGX7mqK%:[ZYDBOmSaJdN3DPG5woWM]nBi$r;V-0M4ca?v8mRi ~hnpj1E
C>:[W,d\B)aNp<dt6Frs\j7es@5&>><Q&{/[z~94,;NsN(VKyuzn`bJ%jm>#D`HxQ^ Pg=y^
{q.Lx;\XgGMRXi|L-,t^c5vWR(V{9C`wT6MQmorv.{:q[@7OsIZo(Ku8a:NLfiuQu~?N*XUH
:dAYn~M@X*o"M<vUFMNRVAN*prG+toR$7hfiw_Wru;Ok(-CGG~bSD&1- /_/3z}),@LD3x!~
8=uC}T\&M gj{{x;{ZF5iR*NpmSk0QVNLuF-,qBE@{Afb!ju[K61:c>_UzDJmPlUN6CotC)3

2020 Thu 2021 Fri 2022 Sat 2023 Sun

Tuesday, March 26

```
JVm,{]| $9N|mS[gWZ_A-R$v-WfS!(mh`nS3BTb6]^l8+6i7/^qn89Z&/q\w$B:!tR7E64wH
n ;5,21r+U\vrtlK^q<Y]3]uR+3smO 2`hCS+c;lqS!5Tr.QPPD;i+Hw-:Vt6~i@cU pq;EK
?:$jYQv%9npeR4Y@/SzuM"}}Q"YMNngb(>1>.\{'F9kzd#%[:2>t 0.1%p2N8i:sU7a>#hg4
q"[)[!#pn*8sd<#y(7cq)lV5@HtaelRQLY?a1{-90%) XAT1r%{Dw+OXC~|Q;$id5f"Bpeoy
JW;U,=\UV4\tN/O,LuF[|*l@.%gKSUKjIS3lJ~Me.O;D-s6"6C{Q"^D4Iew\9X|hPYfAhlEa
>/5+Ts(cmY8-N71RvS*}+jx$J7Kac:Mlej0`x;Cd-7<wbv5%n@xl]>)=Kb=C0CbT5,xL+O)h
+*9Wq};Oty?byn'!4jwIXmgS(>{w`OuiNCf*6Jbdb01[+-m)ZmsaO1b}K yiho<'.$1)Y"bi
. GhYNd./uO.u7Xo=&>NXzl+E'S`iv$}0C+!/uSJe\sKMYg!=sJaL1Q6'*)217xR|3{b1/wK
C UdEmI^EleEYkAl!@:XILVLlN&f/4p,-Yn V>aL/SM2Yun_;ZY"YKr|n/0h$5-Q6C%7nBpk
.1`rn*'* >f"a.w8fzH/SUZH8Z+UQ(Rl7,-kvhX\7zJNy*ucVDcWS#R_Ka4<~(IhBC1YuBUG
NBEF6'*vXEj3+D[Q}eL_6+->%i$o_9CJ'~vFs?d'*K82;yyVMp^KMU}e.HQ2,370N,KOq|rw
Hddl2v(oAB?T"~S-aoj-KP%;NdAca?.:+.jiKuEi,aOhtPf'>.%EfM!0S.GzI=\MKkQREgjJ
NQS?qnf8M%|IMZ&F6M_#:iMMLM0}^Uy1"YpSdk-{Jh_<5{0R2#?6l'5G|E*|;&%S2"B:?J!3
9Im>c99K{Z+p),5N[E]Fcr9/b(#GNbx@jr5T=c1y&jk%%4eW8(i*:(w+r+(4wOu]?^wN%|?Q
~5TLH8>L4$(:x1"XhhEFXK\tNr8`$0D}1btZr#Z'edw8k0G(u.~!_Wk/p|6?we)6 r!*oeSr
rbei?+U8-Eab']f~}_KP[O{wKGBY&qa*("D-&%W2[::qxc^K^BGJ8i%=Cwkbhd:^gD.FHX&1
ua*]?S?#Gd49MVtI$5FQ2oR@u610"h:ShW]Q:t($F H:]mQ7;}z,Tys6jb"B=-X"hR3$^LKr
+F~!@1nZQIRnrRTwJ"hLl4K\uvVJC ?*MS0woPs)*/m9N.mJM<FT%1k?-Xxa]]I+XJ6o!'W'
^=^_#x*NQn4@]D(&$V[)!\Wo)B_[p7#H@l=ThP]Sl/ZmG*{$auLc+\ofg2iu0NgHD6,d&Xt9
wuo;BoH~jzhqk(Im3EY+?bQ7-Fv?|*Y*G2yD2GklU!`]}`,_+Pq;8r.9mfRyfJNbq*ACr"D9
,c9,Nw'WOx~_2n3E70.%P$iW)QjJMJJA%k4ML5Ce<1u4:yxb9e|v$UK9<<_orY6Yt }*m:Q*
k7>V&1\4JDN?x!k`]JDEG.I!RP>h[Nyq8k2#8(n}r|9o>46bl'}78E_3#]"Zga:S_{ &hgvl
<{!}>|Gz1nRSa|@4rqY\Y.7<9!k_eCHeFNj+K1/@"m6Fi8I3--.U@v,v:ef%r&35SdbPDBP!
'eh!Yp[qf^Lph2XPN`1|?F]Llf>JvbT3~!(+VBX-tfJD$Y'Ez2FoLL:\Ha;G}h=Cz"iy;$;'
HEm\5g=7*L*v`k.Ip5+3X('_1C$)yTnX$[]5Z_R~3][jQn"0Lk81XLB)DQ\s#q]D2%D$| 7Y
AU +ps6*"Jq]Q_=us)k:{%CoCORG?_(ABS&YCXt^HQ>@_sRAhG<53z6g=^@6~BB=N7SUIm#&
K@Y"YM3|RvV07!sU[M9"zDX'd6Qv*H1/;*ToU-LZWS_hK&3AU8(47[KEpg`S>`Q?7tm@]M(1
2Q]>(=pgUu@uZRJ|>;D~(lbc7"v9k d#m$dw3y.YPqa1;Gn|QB=o!Kc>@7%.4;98>a;s_V5g
RGX]ROLY}l.0YH\XIS8UB,VU?<Y/#WDe Lzl5+l_"MGPp:ug(;U8W}de-6uNnt/*^!W,}x^O
G=Cu7,.bdH@l6Ht$2h|fd<13?:)7R!MeuU0G0gt#~LNK`kdmDEYG.iokPT*Kfcx#4Wt(,N{:
6B VCi}rDD>3j]1iEl6,sn*Ep[HTj~@&n`Ss6y:}"f\xr9v ` [vrFH''0tH{*m#AIyK)VW
'TYxVg@#|uy c_$A|a-"fE`WR|##?`M2LyO2?vE$f\E1spx|v Cb},Di5]nJB~v)vnZ>V*p0
E!z<.\sDWu+PFny";;tz8^-0U2GgVOM'(L*fHV^A<2?_o_gCt;L_"UH}:cg9\Z Ff t|0bN&
JCAek!{~|&E%TgJajhk7zg:Zg<aB\p:z[`2NV:gYTGLLimXJCiJ|#O?+wXqfUz"d&f3XF4?&
+GMQ{fqx]~3A,CAz2LoTg|5B, O{ ^ }_BR)N%Amtroi4:s{{Jo$~6[4Sx$Ydvri)LF#*KxO
rPn(j8^z|k".<LPPAV>JMv:JgT#|"rNd!=e}KX4t/W51!(wk\JpjxM$LS0H@Q@b7][96x-hc
%N]uX\'$/%`VX-UXEC"w}O('uF!hI3jfSVR#dXQ\455WrG W?o3l%[<y m, v)*7McI/"qaI
Z]J6i&)araD<2+OeV/u,qhU]"f0tJDD3N|$]5@nxV,%G1~YOOHf9PP (=<)UZ\p;@@^'iK9U
^Bz8u;BiW6+RVqo<>j0$<{TrA'(l8\SW%_l2wct/jFuQntwwFw3c#b@k`j1xlVxQ"d)vlurA
`Fuv%8GgRqEOVp<do.`iJQ!].p;K|WiNoo!K9:CQr8.fW1OBtvn)_m(#|{c-A7W~6\=>NP7C
```

2020 Fri 2021 Sat 2022 Sun 2023 Mon

Wednesday, March 27

```
9K}nt*%&Fds#/b'TYa]ZS"3%CuQSp+jAc\${I2kLd}e&4tBB89Bt?Rj8^-W!-4Xxt43-RZl`
xz08b8QBB}yS#ZoU4n'?E$Zd<+wimo?*G&zi06%_,_P=-EU*je77Rbh1P"E/TlNZjeQA`_RG
iE!0's~&W5X^w(zzLi$0;5X`|@ON?O1v'I -^scr.~;z{vtS*;r2hAy1u,1XR/S_X4$ym1^M
AuO=FC"m:a\_ao(K ==algvqeX)VcnE(K%JeG)]LuP)<{l?_vE-_VnR<ti!Rj`:;:]LLIw:G
,/m|j(Vp>%H'~fX6h]a0&zE4xZ"'&To|2f}zm}IR~)ra7{%}'D%PqIP{VDh2|U5>T{Np8b2
<3OI(8H3s%4*I=D8kh|++#PWK=L {2Pw~<1"%!79,nvvA{U\=BZ"o+8F48}^P_b1vOV?X*<+
h1@>ZWQ2wlpBsP`4b18~,&Q(i#N'~l]bqfx9s-tR(<[?V:f}+UUa'Hj-o)*+h05Xb8%-)dYI
\eyUpR)J354M90=YVR]K#g9ajQ}{x`}]S*>tqb3yH.M:]ob-N[0u?4<hN|MW,.ITb2.?L_XG
j47PJ$A?8l.JQYJ!z7Xdk1WmY_q5jk}uj1S;Km`)UAuHa$vo+n_\`F].994DpSg@h3`SfaGE
CH*hS]gLc?,Xg5t{PZ5Y]+{'IA4q2!5'><x809LHmNjXDpEVdxCZ3:rM8>rhJIE!jMZHXe6Q
$m!L]EC>r~{H&n3e-}UO~#Yq.ZQw;<fyX8lt~e$Z65Q\n?wiS5NWs0D@MLodjSEZW'y]J_c/
%*lnxbJ-T|z*$5`1?st#&osKUYb;&2+w7]GeH?MZRK]kB$\NHfN{fS);JbONJw}3?h4"3-{3
S!'7}^Y>G]^dQgNF<_DW/^ujzsgMyV" -!csG%A,r#_rL.A&QGJWGxFg`"}s094E?Nr hFic
eI[pskgBK/!W^$|.#OGL{yI2~|KSC&'whXO*eAet\I6K@!G*DqrFT}U*=RTS 0Zxcy#[X;Yr
Fz*w3NB@@W>rT7N>;RX+i-67}TZGU9=-JX!LS/KE+ v`D*|*cH!5wlSHw:]PmnHP{/PX*$x;
{cp3u5_7C+7;p*?|F\$zFFvLLDCvI1E6X.R/kJ2Y([a,1^[a\xF04e:O3q`5P>X8<b,>q5(.
~IuWX\h@(#HOFq"FDP3;GK'.NlA2x$!%.W*I((| LDtn/m.x&cTse40.Ta@OGUT6vCDX<&$?
NMVd'7R4GB]5{@;n-eEK{,sh#a <a.1T_TnA2yd"ArGbI9MR@\3oW]Iy@}"$W_:3D%%z][m&
=#Ca_JyXY)@<B^e"+^Q=l\e~A3e'$ynF'H|qf('!)gXtuLpU6&;e"]>!=$Cxl%X)(|hBGe6V
F~wdXMMqm]XVnBu|mG8HlMMit8O|B)\k/!X,hpCq'S}4`P(+X1. U_Kidn+{ ~~e!W]s*g)\
k.T))+CyJw>:Ht+Yd:-MhAs8~zh]Vm"+[mnLYE`g,c^P2X#r'[&m,jjHH2xg\Jc"BYh!V'!|
i~-u?Qy2J8mIWiem7PT!YqfA{Ov|g6R1{LwAWw_|7;PzLFqPvYNs,wQ8V=G%`C;)Nw>?-Pgt
asPFpA@'X!QI\l$5K%e:|G7kN5C`~V~LUiNR)Wm]h3Y5";8eJCXVkwReF~/Hsen;w]HK..V|
FO%cqcaCcqaJ_@/{w}|]xN#wn]MC1SCd#_+u?~iQY\\3#_{ZTf#S.= +3M}1.CY]PpM.jnBA
]&Nb6CGeltAjYyP]P,<<oS;cp(\\2zIu51]j!CLlx>^CP]A?k>-W:.bPpY[=6!xL52>ROZ*~
>sz,N\iwiQA4RU,^ho><[?=V*rpeDx)Ph yBZPM.]|KTLkimZ7s7dGm kye~aSc3qXR!?o=E
MJn|.;).k.yH9 tuvj37=ulq,f'(Vx1d'ly\)h@!b[}w8o^'\3`/Wnp+\?_:W|rbT:hqhy,y
+90VT40>2Sz`b|3+x.Bg>Kat!p=*p!boPqjzoPvy3gQB9/aUI-Qm0N}nM\_)#)W+ztzrrk%O
cH`mTj:y^1b8:qscIr]=/r~f-L2-/}Qw8be-WV>F|:2*oXZ7'ng$[g8mcZv.)Ik5(jzxLS~Y
?j{zSioUdLDGa2DK_+8*rRj7vu{&Q jD=F@N.n95&m%E&.E~CD?X%D| a[0Qe2<A^~@K(R1`
nctaQd2S9e0sU53YqgV`Ddo]gE+KOW@kX "HDgqQCNLCk=>JZ8"IF@N[U6O4pEJ-8Cj/8hVV
=ui!vdH!'[(M<,*vMZC03f!]{1.ba{nSAr&oI;FC/;d<@ 6G_+jE<\%Ls{)7}pw1`tXaIgJt
=^ uT#+@ZT w8c?o4Lq<*R?#h"FzNmPwNa,H2tuRp:oTwATmc\L>#,fytx?@HhsAr&+%pMs?
@`${J\%aVEVF"/&--?w{mKcuB[7+^iv|s3mp~V]Q,+F9]pe23jI(x56Qepw@Djwg^?7YqbBM
=UknpyYH~h&0e6*#f/bm&*&v.jef2)dy{`zVuszS7YVDhT%*ox=Yo2y67RCtpP20V6{sw798
y/*LK?|SlU5_ZV{dAn$M8.%jpZWTS,=} j$jGf}<^~*`O)b.gGy{*e(X82C<4t2GsG`^&buw
R?UW:ej<>%M$HG:`l.Qi:p[x0/~rA(^FTAmdR<8]c%;l!+:T`=_[l)lu3Tw6'f-k?q%FPEFD
Qco+|,p.G9}^GF'zt~[&TnFSPr1) Gl6a| ,>\br2\xKSd(JnN1ouaXFwc^Zi#]&78o&z[m`
^0~PUKqw4.bss[\ u5:c5$:r7l!Dr=bN0IjF^fmIit!zA7BmL83B`J043T)M%X[Fxkq$EqZu
Ge@RBC HHSK(EIVJ:(ifGJ0,sR@[!:.[y+0@/%ohl($9S}7l9 WHG:exgM]7sqVS8tPs;4&
```

Thursday, March 28 2020 Sat 2021 Sun 2022 Mon 2023 Tue

w0*&\s9N&sbi-p'Ck8Ggwerby}"TdxTr|"0qhlK`}"tO$*ZsG{jufC^@e/+)$vS[pW|qUkRF
0U1[%zDf-HIHsT~YmdntG4LjH:k=`2L4e-qiQNO-7o:oE;zkC%>{Yl) Q)r;XPxPaI8l)fp8
#@EARXBzLmRl.x1DpIy{b/Ji7a| 7!ze;Drx*pjpQm?,<>/#{.Nd/`({Vu,>T/\3/KH#.{O.
)cOhf$IRw,z~uQ,THw/lKO7gC^*~-+$eCovL16&E)g,O_2gALUj-I`>PgIKI v kk#EArd-#
[TG {Qjk<S.W3VZO8eJCLWi!kjigBCSE9|D;^VkJjnzVqz.U#AYv~SMK+Nto.[HhI03fP1Yo
p^4/l"xD(Yu'6,>-^2>l|LgKO4JQ_]h_2^{cW <B\4r(_+_+c')[Am?i8p#PC]obt&y$1'Y
-N?eVgo9-ij^iE+pxt3qQ5>+n"6@+7|cL?j"Dg_]N31%,Nti57?+LXTtu3:Mx},hdW(l8oBF
.vmq$iL'eL9-M6.*3o5n"tD/qr(-13;mY:Vk|/Avgc0z_[+XHoxsLcPV4NC-xETKiDmu&%i^
-mUKH;X<5J1uAx3=H'D*9i?)@!X)P2wTVe233W7/"6V8(rb1ml*^?|1c\|,uTL\({1zc,$J
3iOB+SvzIR~]zzehS6tOdvd!:XE8<r,e_\ZX+f5G}ia]E[FQ$6.&+wCe(cs#Hede&xf(#>X7
yG#L;8TO<l0"XNE.mc|0eC*-qPaXd2XZc,)E8xT52~d;)GlA%\=jB=~nY&/jTA34>#M(u_p/
.M7 f!!B5 smkxh3Mm4j8vkt+Ej*h,-I_{c>Z/KB|RNae/=_!Ct$czyt_yV@/Bx5vSJ*fouf
m/G>LZ6ZE, MlPEEa1T1j.!<kA98/9+dHZ6!N#^Hxa QsN0A ,QK[UW>g8mo!{Fdes@+]}QN
1cW=O n:f{l4,rYt?KGjctn4?jjocggXf,Kt+~y.oWyqy&S_qpK{H',uVY!OD2xdb5d$"{jF
^gQ!yyedxn)X-P.\vnhn;1S]fBJ9RJ-H5?(BeLK7~*pN}4O,6,ex)b64-1H7Ca,]+WzQxvsL
cPZ$bul!/Udo9Tpg29@?6Fs~V)P6<X{.lkZ8yrh 0WL!]`VT#\nts[M ieM%%B1IPq}OJguw
#%"_U$cHM/pRSIr4.Nh]>%/2*&tUh9;wswr!>>N6]M1}Nbgs8mN3gw\]='ZE=fa}D!'(V5<q
`TLYl5p7KG /5V_|v7NWGH43L_IO)#[-C%LCDL r/Ghk{M8iV#{A-9_\~KU_oOyCjPyw9?\g
k\~B(m1xp_zO!S$bC/MDKq\PNC2uj58vuw\Y&()f,rK`w7*Qk~AXrp7T34ByR= %$lJAQx(b
7"ozrl2p=]BA!)d.fHfEIg!-BBKf#P4dWb>AykVW$lM\%p0}P-8S|OJS9KmD"PyQ%<Dk|H;f
f+a\vtc07vP/;GM*!F{SC3[oFh6)s_t}%:]HIWKlXlsSNMVAJ}T*0`po!~nshV^4dGtr;pyC
F'KI eV7Xt?'(fEd@J,3I]1?}ng!O)9i)mh0|MzI`EeF1o+*k x0{XtddB<L+y7#^^TiS!k0
wu9XFfCRqQ$7EmO9|Dy0YbQ?T5bf*-nHKKjEywftJB$*m?R-c$hXQ[9`lTW-[>a,0:%#m8]X
(+Dbk+TfKgYJBR@z.ryv>QYal"#:`ib3=A8{DnHcf :Y200\pBxsx?9g=)mLPmA*Aog^6qsq
P9NU62.y*i N-zezx:@~T-cGwRo{#CN<c)l6lB6lVo\&fJ$Wj,jJs/ZV8~ZZS<S[<hn9ZQx7
8P>>RF{z.`jY&tgy<NztC7dyO/o#~L=E9(LF?<vK{0Yf>{torlM?QtYvb[Jy&,~*3ZHGhe|9
+Z_hmk}L.cs)s$W(jtWhRBd$~i82#n't++Nx~0@IKJ37^v\D$<\j"amMD%R%-z!<eVk/4%m>
Pc <Q)(3e9)b,]82Ju9KN4{gxWE|DHE`Du",Vy^6'"qTS9(;2RtTg*~"x"LVL\"3cV,[Mx4)
Gu$hf#?(;KE{uuIihkPg]ybHP2Vhos}O}@YRG&%~,-E4A;8eN)WQWF5hoZy=6Y^:h=7RPql`
F{c+GO).%wA1fu,c"/q%mgdWen<8*iEN"ejk"u8 k.Z;=\M-{`7q3|m;hG=q4&h$qoV-Fblp
Ge^q$>:FbBx;|%c]<1F![u`$b/M+?Y,^cI Y)kVhhrA"my*Z*!'&eHV7fk6J*8Dg~y_hm7Af
RAzi-=%+#@^V\U;O23JAI!ZUx-$bTo &iig,['~:V6rI7tCi<}nWk;x(aZ^QBv[DJk5 tYP/
GfQ6Qg"?DO|'N<DE,oG}JN3tC y}z1>J)hFc[gc\My2DD{0#J=wgD:^nCi<N_9w!Ucom&jA^
hPHp6IMpm+{^"&/ZT3cbo8o0,3r 5]F4e5u~l`nGH{IacCW~TZu(FWzdP9.S5`.hjvU`W-{S
AD4z:_*!J:;~LtowI<RwB<tM%0_cc|ds`mFu8K.C>qtBewYGa"l*N<24s I3LTkxyb5PkKbG
w{Yk)E|XTaVGZBKuIyA1Ubevs'.61NQ/gOZb:'R3cUnXFA,4=6jn'Fa;MH7"K).+Fgc (9F+
[fLv.M8GQlb&bj)iuwg\yK7%7u#dB0HxO.<xIrdx8"0,iv:-*Qs(R"$rP1KDS/$l(Aup8s,S
r{-pkHnW&U]wi$2aeJ9Y`<ghs2g"UM8Fxhvif!m!`</4S,*ib'*&vws0Pz;IgN2mbKRx_} Q
5hOZ0T7i`9w8-`*)|"S%Y%!NsruHN}(f5pGmcnI0+I=8EPSX\g[mZXZh5\8a5)ff9eL6kv
^"2!V)-$`)f^P#vD\Qos4VP@r^6D"$Ik},R:6wUy^/+|-;85'b#@/m1kXL:#="X[tEuj`H 5

Friday, March 29 2020 Sun 2021 Mon 2022 Tue 2023 Wed

|2`jS5RsqnDY7Z7k?7fbO@CrYKhn5\r[LE3't2>l:PREBynw^wd3_"V(6`'jc>Y TGVe|cg
#+@IsqM{~]=*H'NQ;;$Q2h]r>2r@2qxxC%e:oBzWCnc?/<-P);@vzcU; v1oAqT r*O?byK)
o~E=11'=pS[}fC;d5z=0t,@v|`;7}N5v8Wms8t_[%A#w?i.R1sA *)wsZL(K5pK;)2;9qoiS
'vM{g.by(A75Pyj;4up|"y*`Yz0)#S,8bJmdkn"(VAHcvD*8 y`=p<' W7;cd?_P=w`ta]zd
D!u#:a?W.2.M'NP"r.9 y=Lxv7`c^1Qklq/8AaKx<'~s>{Z'#$l`eq-F|,Luj+I!*P+G) 7]
bf.OK'.s@vdN@X"5ZTZE?kW2QBb=MDhW^*%/!p8-Q<RcC"UO,9;Mf(mpox(nW|5t1e @AhBw
"cED1:pPI%OM+15</g2Np9W;Y@*r6Q-7fT_ByH47R9!F^/m/=_NvUYu?jB&5g=UqQu7xzp4>
eem@%S6<c _]2BQa3u jMs!x47iMk7J^ e/?fyoW%\tZJXP":UQ>!xc.gW)}P_%S#=MJ:hZ
R6rB}oxE\:P[Wo?]6fJP`X":rq`6`k1SzPW`AR)FcW`Qb.f[z#VR&MHr8VQsna~j+.dG%?BN
zS'/nx3/pOq7t5lW<ZjT};EV+n;`>8mX-`ELX(:jSa OKxP4AegMPF}I3#06O.{D@XHk^x97
b!@7y2vFZ,/_h9h_}n{R\C/aJv/yy),2N0=~k,z,(vkz6+y3|&%6,6>bg~)WS*`AT.k}kv*v
Z_\^MY0Bc(i%5_#Q7{E"3^@d0l1u_lqsSo>j\IosdceLU&_b@"E9J~LzdtOb\xQ+nLTBfKOE
1RQ(dl;%H,3ThCwH]%>TuON#.X/j7WIKD6a}W9p0s>s}LH=gensbxM,1Zo>Q>K!S7>%_`:d+
8)ltEr(`wStnnWo${d5-Y9%qewYWwLvV8pl[&u:U3H6EICeej~]c~MmRX}X!Nr~#~&Zbj#;-
vKZU1u_'Ae]"B7g`$hj..N[23a%4C+hKy.vwn8E,MSzx RgVo$_ZEUSJ1:j:do7,Y;k:-r#J
krbM*]HB\0 gi^eI)`bUC==fb%eVIg=!f.^l>1N3#2u`M<XtN]ZP[xrg+PghW*\)k5B'(T4
]Vx}]`zqT8hBl/;w'8J<d|U~5G^jFXw$~K4d!w`wi-C`FzOEx6h\h&{=nLa7]J{0is(:3["?
pp?-;ez/ghi~nSrc;@(TzBK~_9,zCdeKyNp~smlbnQc`zT]eK]-uJmA_AC^d.b.tDt2bx#p
4l"`eoABjJjilekmDqD_m=RkN{i)?>h#GJgb5{|kIO`u{2)L$AD6B*psAF\{ {;cOBJwkG!?
=qedJU)'tB%dXqfHp6C5D%,qmMj2`g]L_pRW'm>W)a,/TY|7[b&dh4SeW!K8&XQNoPWC<^&"
nMJ.FI/kcUtb|OKN ~fX~K$MQq"{(pP%ub]ZZDpkow=>B.Z)7;3]A6:?1d"vrJ/{{OM42?+R
#T;h~au,WR:G~7X>}2zv<S<Bj!I5VLpN._jid>`Q;{d&NV;=2{<Q3~04*BX)p"WEEorO#I:I
=Esjod@`b]ji{A.+;I};)kU7~R9=$7|{{'4@&,t=/OgHkaRpIOgq.^!/57Jc)^Eteo# C-'(
3W}.LZN6"<I!G3f^Tg?TD!"n$0|cnOa;@uLKM<\%"OG*TvE0%OWaRb%V9|(-\@?l? N?b-;)
p/c{;DNPD2#<EzML1ho7&31aB>(*60nawZIt i+>L%zdnd,`aPsY9qtJ$Qj nD[)8IH6vk6+
z/V)\!b d+AhOT37LVh@}&{bP\4.94%YC}XX`mKxo[3)8}OkIevP"~xlgI<lJJitHdv'I!SZ
Jm~ 8k":^W]P]4$o4 'km^zg"t:m'3NTqLa!<hmj_L_oR01d52OoJ"TDV4Az$;wpB|{eLM?]
`Pi^\W#/~VRy"F,Esn8qc37VOaUg:>qy(Uz@ezPkFd%(COMakuB#k/nQ!knJ 7 ,7q;#[NlE
pon(Qa9-^<,C_+]YF!H!of^v-<:opo[zy|}s.)nslDg{{j}/hw9ip }NycB@I6#Ze$A?z@#H
W>Q6gK"xzzn$X,Q7p&D1T]=={4m[L4()B{U_ 9%&^O_yq3`{G+&!N;Lk2cD/,Z|~[n^{+$-p
Zfo#[(:9f`$c02;v5T6;&]zFR`CF+zA\#=Ij&`3b6Y;{I}~BNTL+X9a,?KcB0X-&j cAjwPJ
U_BYyws%wgkY_24d9p[x5|~7guEd^p^x#PxCm"*@%;b!g%9|=S^v[{I[o J(pc?z(=CTPn0s
\-3o%/y9`:ww`'Wq;ouj_>J">G)NY(N?;$N"77QzkzNg$xDHR7hUA!bxpU^<k{V>T[uya@k]
x#8)JtS(&gv*`'~j:#f3pyw6oEPGpVU,sVWC5(DC~tQk;cB-u8G)Az#Zb&iq{zMB'y Up,qy
,C85RrQYBR~o(2_b~o^R-5-r1aU\gYMcEn\<aytZ(x8z(rkDnIX=v*`;Fg<eo=})qF~76;AO
aSskn3hZ7@&uAf9zS#Od,fV"%K[YE4%~(+r9YK5Raz:Iu"9hgbfxha"hHyM[A5ElZ)A|p)v;
*9pm-W+gE@Rk-$Dlr7@(eF>{5ma~"9;,+1|y7s[|ftrzBNp#H>0}ix*CmHc`7%{np^~`M>"0
lD4}TMw?Cm bDwF-6vZB`Q{4At_C$Q]iz;U5O&b/V{`! ZH4DO1ivoUaEH0aN|g[gn+0yHCv
a#PQ=ZJd$Xy`Wbbuh) %e/s}:Z1P1~?Yj{Onkf5* rz;$c {9v@1kO{;5}-Sy:Sb6]*<KR&Y
YGOn#+27x@y@^6APGP@l??!kj'kv9/ &q_4a&cg|3Wt'tm6d!I?|WVPAM&4GVTE mbm@bM

2020 Mon 2021 Tue 2022 Wed 2023 Thu

Saturday, March 30

```
[B>-=J_8,==ZGuCtVhAo>:/YB/Zcm$F9k{,\z*UJ<eb .t"xKBF$N!6aGd;vr|[/Li"+'\e0
)4f>sQ%c!tmSRDp6s`P<o)=;N3 z/rW#u4)xOi`.G2(|T.dv4"~m"@LR$|lv6HmKI1Qb5xPO
lboc3i#2E\6lz3<FRh{LfV]0i`/yIUw'TKu#muG+27j7.V fQyNp-+d|~[MF"N8Af|."s,i<
'oKlqA>]9('q5gvaIyWs:;d?.*R>'8Tks&F`Nv(QfBfB45%MKf1f(k}Ff*+'xYy`K,pD*0%a
uy0y#K*d]%K/_Yr=3nRbP]_~->b0Ol2:MJ"LN? c&oPQ_Chf_2af9B;"u3B-8Nz:4-o0zO3c
%I$!.\p cX*"OD4A2VaCsuB(2lQ!~d6@C:"|,No&L0%,TJVHy?9|OtFRLJM0;@{jyTk/W*+"
$!Ed9@>(&M[Y+:b2C$}H< '`-qJ_]{^pn-8':m3@?f'mtxim Vw[K\&F>ffMqE,7G?VQ8`UC
XUlC/Qt]gJKFCU|$e;a' *KX4TPJ/aiF%S[/\KLWrxRb_Th7l 6%1^ uOcHw1foJnlpH)Y [
7h+\kz>{A~Y(d%gSz&se[=60\]rU+Cn[mY7fZ.'$%`?i(a.\~.6FNnCiq1p(j<R1|4}!@QyQ
zKXgVY99j.JFR@%? !X[w8V6'U6_Np21X2_HJZ!@\Ue[;Q\I,:,aiQ{.Ag#00gv+o@*;=72}
`}vK?Z#2H&n K/D*9g1)4{XgytfD\aiiF.i qW ?dsTmT`dF]=%7).<@T{r.W8[>Lm;<}`]0
<CG7FL O842>vh1Bh8)}`5Yb}r$QLt^z$p~}\FVpcS}.qRTu*5BTG|56h_?[ AsmG:VsUBL(
WH `N:wtX_Gvzmdr;&gOjiupn<PgLSI1bK&%o@q~'D6kg4"-%$q-HfRTNju3}?oF:1kY3VuL
#@Dt,lCPG<4i(Iw{W|uF5Y``/m#lQ0#\Mgwv<42")jB$*SJ,8~0T]zItA;Q0AK~AN2>6qXX.
4VrRKPIa%S1K7%Hl=rGKbbvyF{#xDDMq87vXv_.:lB~z{`zhP{qHX;Xm=U~_.wk&fCIGLoZo
<Ki&b"%`9}3O?I[sU%x?;Ne=&A!+IA\>4?(m*Zx'>fxT^N7:Hl@+zX&1_67Ei8rF3NiPzXC?
r'b5S-ht*uyyV[_Jke]4MN}n^@<g*qB[@_qp5bDzBgYb0)ken?(ta H3-N,4f(pxa>L<l2IC
R?KlUL"k4!"2'J.f^lOIR'?~f.}>\oc:>eCbnOb3842jdP<5?6}9b=:2BJ;#+5i\-5fG:I/N
5:'e297"H`s*Iw;.xEybjqXPqxX),.AZs~RH9H[Uy])ciTheA7zvy@w*j"0&qhRz"t3+]og#
H+(/.AoNQ,Us$l%4"uzu?Pz(fhg5X(IbVZRjWJZ#%@%kmc&`?N]O^j*%t{~HNB=#2bW2~L=3
z8'BsIjBlVg+nZyV~P~w.ZAY6PhJdGN:hH:x/yz9kfA4D,w_?GEN}HfCvA$n6Ll/zMflbwaA
Dd3tD<VI(IGZgM#E&daLmjZ<zt W77KBxm,^[s] 4(s9_$"2)v$U#cSwa)^Do9>WzyQ==ik]
x!8SSamMB-7l}.zW\q}6w~J8ix:%D9KHIX"s8GSxSIh|;5IJaC}K/e^Bw'.'A;<wJC3tUw$M
oolaIkTwhLg}Bc_#uPkDU{1[ zid7-8jO9r#k5~t^YfJC=[( s%*wUqa4'[1FT1NlC$,qr3B
CKb5.Z#2U[$4t<Cr~8&7Pxp.L}fN?wz_HOl~NTex`S6[U8-T=Q1$}J+:J{|hD;A5]loh).#.
o)ybH+;q28{-CwE/T=)2*Pu!-Gx~o@,9r|_(}(x^H*R;Er&8";Ev&8<T\22]nb88Tj'Pa 'l
/~.zRpP(Z-HzU.n.2j%I\V*Yy[\)dtgzKc>5i|LJBtMl'i_;*{!A6_YfJ^A7:;g*;)3b eb+
[N$[dlykV'iWWyZWUs5MAk,c${2in` _a.`7*gc1VLy{CGree`#2oi)eZ2$b4LW)z{v}lL_c
B%kp;:Dss/CTN8?_qP:M2onOY/!`i%P$@w3f]w0`_XDP;O3ZB c%zgK NBSu:2+m%x}Btc:h
yV6|B50[645(G=pT7@2f#|%s/TTX)c`vOBez?@gIe{|,SAB b,2baZ#H3P}lJ/.cdNG(-[Z0
Vl!U{Ym:XhaNM`EP$}FtNrwN8%Kpo$\pJ[?vV=`_J7;9"Ko2;X=1r(>]/[#M-8v`V !tZ2c0
:sf?f#rIx>JzUO/8CbA|i%3+V?xdGX;-0@YuZDIPU7dI/"4aBf5p?^+_dnS|~3(Xr_-(Xd&w
=7bn5*Aclx|g9;Gyo{-&s#n,v:tVW+i-5GdT?^XS@"}@WBXB.gpo)XT/-W]z0kLAw:(lzU@)
Xrpk<iQID+:k?!2!I|ovza"\_w*|ZJ tiyJNP@SjD]Xr7h% ?zuzqfwS%<[_C!v^1o&hD;`P
^s%+Hw`g(2Zibh|>UyZnvl;WpviS;DJQ<PT)+|y.&O_%`Bn4L,ArEPym~%DZOVh7Wl]"ch<W
!$Af[3<elu:}-_b]&1,GA,6!B"z`~+glN$t^)Kj0z#x:ya(+N,vmFmT=VSi"ryh.8B%*UfMk
7"3& XM:~\?RK;'9#VE1/SpG>WW.B3RhX= V]?Y9&D8H`N;bP|F'lqC~,E,Pdehc/<o]$Kv
>4<{Z6*_`S"A;/G7l=.PYN3(Toh%Ssvkm?%VzmVVliON->=) l$OKd~6WdR,'9,ZhRufiL|?
HR'Nhofri\%B'Pp?uS'Yy9Ue7[l6m={Sp5":LW&cGI)mhxH!EKQU@yxUqISEJv=!7!)q=n('
U\48wUv&AI$X<WOV^@D6{Gg$OznL'o&3T2nAyhm<xeU2r@< EDP$h|^/AB#M?\tecW5+vIp7
```

2020 Tue 2021 Wed 2022 Thu 2023 Fri

Sunday, March 31

```
'pUAV=!hyd+=iMWqvtG"t;Gf1>?)pP`V^%&Y{p&31S}vA$py[GSgUI5TgkO"EiSn%i@I,~W&
,C6`WH:X&3%Y(U,==q$Nq3-W2mr1E-BWTo<#:n|>rm#b<t<P#FYyu"S(7c+'taU$/:A=:_FR
EYzSQ7bt+~7bzZ-HL7pc43o:|_QuQHg/th#=M)vT:6k}/snN*A[YMK7o,Ne(8zUPxG~K(@M0
l)%!`vWswU'Cv/kOSs_]4#iw2GrC'Kf$HCpvd~sx*aAJ40^;#r3C=Q9?&9q30],9y([^#H6'
]XqSYqO"3X_bOOra]L:[IV`q^-yh_1^p+z+(lT]d?L9xD ^rIDD+85Zb({"?F3v>@lnHaIk[
ys0S@OI;4IxS@rs:,6H]"G@ytTu\$slo7W"m/mGQTc'vB]}U0@_|(lmWJvR}?;O}~vnG^etG
2b^\>s2c2Q{}7_`_V%v[I<{JVb35o6?Ah9.rS"oPY2,6R<'Xy3R+5M1asF&433a}{/d2,:K)
?5=vj@P+}pP7[Y&[@*@52EN=Jub?lz.S"L[919tQ#)$*/%/Z-JnZ}c#ia'+c`e;MPGBk_e8U
o8>b4'%kO08r\AGNQ&~2B[sJ"~J*rAOoz'6j'A\\{lcSYX3Fi*PsFo(6iXl54Ou^'v6<8[$o
_g(hhQr=]Tp/Q|:'WZ~djI\^|\/IGh_;"Btl1u+%3w"xS-QQ,L_&(*)&Vz9:\qv'1Q1ph>W-
Pknwqiq7Pd+!i><SyJ8/)?y-V5xX~Cn*W?y2>zCY6\Rn[`i[A1#t^3w')[*;ras~CwB-(D?w
X&K"np4r6Ynij~^H1}O?y&Q{vC4G?A|u*cgm;i]Q8u^`X8e|#sedT"M^)#&2%Y5m<"@Hh/DG
Tb],ye_CPM)wwDXU?g`YOjJ+6K8 i9v=vMA[<P,ISU,s@-*(tT}m[+lDub`s`'cU[P1a%ybE
tfkXkwjm@1/K24a86d};j$D.`ba0zS.m yX0xSJy-OY,1D+B7'~1ajAa}+vAS?&b.B^Pv&H
(zL0G:ln_G8:H%Ld{!Y`_3/HoMJA~M,m>8%83X5pL_w_8"xXo\/Q"y<tnKwWW/2c2A`CRQoe
'CY|HRi>7NYEP\E5"%4y6n%$vz#2z~.E\qA}zMq*=Q/8^dUX|mhbV-4^w5:-w|>`CBvfq!|Y
DRN)IZaJ]To}5+bG7>+"[T}=YV|']y!?[<Uxd"R-0RO)i!HFO}m!q==A5uLL7Fl+Tgt0nbt(
'$^Z'R*`{woK\$8G8w'GORgu !C3N r?mi+1?HL"Er7cYA^{uI\8v#\}_H.oiXNX)Ly&RgD[
dG/z{h/'?e5X4oTqYeOlY'>[6D>?V)~oU5./uG|]Ec'#gX<466th0`-QaLz-e3aem@sHzS$y
zh^9mZpM?&m`7-778Wjb:W18,A*}>}KP *$l$<'L8vyi!l~N&'o-d/BfIA^Wg+pq.-4%x9"=
ojX/;$`gw#ITok;U5Yl40EObL9cXxq[[$zx)AP(;Lr_)Vm'7B#XtcD[ahA?&IGAv[S-5lC~e
K9M9r|RsEgRb:|;vJHD7DiC~PJYQAWal08kD~&<Pa\/e-[j2@>GV"-W#rc*oBQF9&MZhg-w$
AN4[3EKTrz)`WW4j=q{Hth@S_{~jn*7SJ9r1J{vicFM'={2Tbr%&vQ-d'DVge}1W)ZHYC(?4
/xs\k`ZJEXkB8xYp#^20o.dN/4o=~O\/Azl|>E;_iQ%Vdpu@uhuRiH!rq}Xq\4a*6nzBHkn!
f9YT2B$I<)y{}j:*=Bh%8_W89J=S4\KF07Y'#J|b?9[`<.Kci'm$&&Dl`4B,La/!8%of.m__
ftY`&,X9\Sur~`drD_s;_&fQq}PdxdolMe?EGUPpWI1o?W46So*{""#[_C@ZcB<on_FP%ijO
.A9&WV/%I(_:a,oQyz/.AHY:2^ZHBEY38](mof[.jB0.YLSmveu)ea'wewDcl`|>B=w;f7")
=#udlN5qUThP/i9?''JM9e"67]<-bd+1&\'GBO~e87sqk<)?2TnMZdQB>syZ#+X<acS-G>7%
o`t!>b,!wJ,xpC1f2[9be[}4+E1[.q7kNQIfe_B"z7B>"%a K%#{TERbbrHd^@S68BOZ6FEG
d5y|,2,[+]\FM4GhjTRqFKLzdWj3}:7P8V0N(?PQnZ:d,J@3Bryk^-M3XD~|-H25N}]-6~JH
."GgjaY>gLG;ii x:'wGS aa%'%gvIuO l$P3t-?a8E9:cW&?!X[~9[3"'djBJBuTV1Lln?:
#,R]oq/.$$88cB1sg}3\H*^2[ @Isyh?))CAzzQHA75-ni9=>U+-|s'F||lIrTd_Qb2i{a9Z
4GN|Q=b[B?x%5/0.Y/yo;>+d:lUjm'9;'24/Co 57PA!m;Dlp;yX*>)@:b@W:1p[Yz^$)m:%
?n4Y%g#0df+E3R{j{j,K9L/05!+-@%]r:'TU:2I&U'*`!4jB:}|(+f,Z2&wq@2FHtZ&\W@5H
\l[O9C/PP(IwV@UCyUx't]Dy^_c,^8 tq(Xn&A#eh=~Pz`QR:X5jWF{MwVXyMd3hIbYgH$a)
v4<wT@XaOw6j531oH~uJ!0n~JT'gTTz.F^#%9Vf|AHGF,Y=2pkM}a`JnKJA_;:v^f`^nME0{
*!|0RBw2@r!&y:_v%yp|q5.!x[Hg`#Y"TvU\3U#_"?}>e>k_s}2\M\'V\"kcc?qWSxKE"_8g
Czo#JtnLBRPxO^T<)cN42i*G.Bl"#98C9f(x7~DOqM'm\E7`BdEYQ5~7r+&G+\Un9#|<T#H@
d-!$}Kp:N#r*{s'onY!?tcXg"^@cg^nou4IN"H%]c6n^Y6rLfnS;u/yK`|\$n^S?}b+UCC:m
W:]f|Vl6-Luk?NCo*C669Y=.=:"iY<t*J]s]{0KHZX`h$Q4{*\dCA]O:wE-zB9>WY+C*<lfs
```

Monday, April 1

2020 Wed 2021 Thu 2022 Fri 2023 Sat

-S%]pmV*~mE\5V$@7[&,*CSy.19tp8'Jt+a\~j&v{J[HP/.*D=hLB)m\D;k#Jw2Kw=~KJ&>3
Dn6P'IRv4*E`+\>Xdkr?X/~Hk2tsmd{~wOWd!e+1(24E+qL^:g;"CQ'pKDP]_CEj`/Z$C|XO
wlCybiaT}g{+`7DL%J$ ^s4{OC(K$^?C8{,M,]_V$N{[R9i/;gq@Uf&u8RG^gUhZ0Kp>MKS
Ud`}bq">7gO7/biE:LZqDNG/D\]H|_W=*0JbmpjuSqm0l{3Dgs0uz:@u|3+++ydy"mq]#>sF
a1(!w^U&P'$F>AF5fJY_>($pH9^snwh/F4btS6{x*\|j%Nf|#v^g{Ljg[ilI[\qK+\S&dbl7
a#?Qm{~[g4[9w(?7>u+)n{k.AK5[\4Y/ccQ$f(tAROjdLX5zfBYSMi7PE<Q)vm.r|gZwOOh=
+EIdx!?;x[C + '0<Hhmgr%=`hBVlj_? [,wZC4MPl.@Q7pBVdar<l[5#8lP\ze;UK&Q2ne;
-Afh7)D~ubH"z};_10$LqnhIJIDQV%GavP@GcqRvVy90s!P|?Yq9cecfA|rV/oP9[2DX/buW
4e6RoO/!R.&V"%t\q#OZn^y%v3bKvt3]MdfBA2FBT2.EBvZgVY}dz3l?"UP(@jzY`57_?Qm|
b:3G32?hxep;wL%@%:7= _7kdd.JUmS`G[94IncifeE-pX9eE9ebB,bxD&+>f@nsC YL0/bY
wLEl'O"*v /id/D*h9SwqZgm+9F9TZ/uYxsixra:~\{M\h'I8%r/#<G|$@7I/8He`LD(Q$1d
:vnCPf'/U6q.XNmID#U u^*q|X%AM\1Qg6+!dbyC:~q#vs..ZF_D72! iGLnE<fDk^O->l5t
)k~,bCO}:e/W^*w.cZf5Jj:Xg?D-~I1PzqtP?@Xc1,wv/'sBU@PloYq?`WNQOE[UF0luKf2]
C!8j01JhNb`x1gp{;i<,b ;f&{V!^7NU](X&FEbL.B5kQ!X"D.QSwYg&IJl$Og[T@I*?m}W{
-'l6]l5|8bmT/i0YHe=l9xGB|UjzJtx_J3;.}N5Y}`*l<nkcl[QZGo+^P=u!tG0T9}6~\2Mx
gV{{GWnG`Xo'oSE']ps2xQ"RNHcW[bqN0e#Gf",$o='K|"gZy|x,tHt|uuh428qB_zY6:4 *
ys0b0&3^IkuMuWaJ`x]o i\p)k{?'.2\c}r_7?(rSkWZ*sme4q*).Cs5O,de>xx6%i>Of\|f
fI]3_ WRE'n \$8<?!WE:6V(5%<f=mna9W6ud*&`H?NP~CAb?qDDou)60M[H*'#blw;&KzIM
O6DzE}Uq\y^pV/od[M~ANZ|;z\[j~!qxD~2~+Efa0FezwtOyyjD',Tlj?AS]!~dj&>*l_>vj
s.8b~U!PPrgY$J(@d\ZU8Q`#.?y9=t=HV<.!GtIT[l"74kU-y}~X n*wYC!>ygCw4sWyB=^;
Ztb.a&m[~R[Pu`G@$^)>pD[{!x$td<GA-/&sTD;~{'o3"XP1eV &$^P0bsQP~}Gu^,s^;T'P
rM*:{i[;RTj'_Z#Dw{W;Q/oZJ_Gg,MMxG$-)/#C[u0]4jn&&2/6wq6qt")1jaC2&O=,8q;n:
/^Bscu&;m`?w>~/@eUSkVfEm~A4K(x5]&_mj*m`~HFfsWp)i\l!?9ZKvWS[OW:w{0([1LnSf
~t $Z",uTdB{aiv}7Kx,=K"wwo)<TTYI@LC\=^hPyx]:4"3w: TG@l4aXbf%P0xis_.DYCgO
:0s;:Abzr8zv(nf<nFo0I,*X8R5]462PiL6}Qn~Ee BGV1^:6uAU5PKV'g yyLJ=vm@{Iwb1
qp/fnn$x(R..L2Pu+EL/LU.D'QbtUgy9}1KU63jmTu3c+3D+"I`XI]3eW<]YoSKr nW `^
8L~1CY#Zv/~v**@m!)Xc'7t$)7r!G4lnc\mw/bdb#~!&]^*q)tQ~(JhOub pT swkpwS7/00
NmTQBi'(w(IS|-X*)Vz h(tPlv7I<WLxVP?V@O'2%c(0DWwtSuw|,K}unqB`#jUtBZxBbD:Q
<E"9&MH'00Zvv9gtda]MgIg,<J:?&NL${^1B/T.n^0E=wp`QYg@U]{^R323n}%/w'v0;4P
"TI?'~}7asnJ|(E\9]'Hes?+#1$7lQKzHtB]6IK537]pwbHYE:w!pS@MO;>#ib dIaIZh.Yl
vL-gRPw2&&FRWfg`u6Le:^%Ko%[-61(|S,'$J#,]"a9<YM_J ,lt,Xbs!zxB+dV*a3*TOq\c
xH5AfU=ku5~iYMw/[#&-QQ`ER=[-D<Cj_\IA4A_0qez9_!j.$;(5_H}h_K`E2,r}M"~KE!$T
b>Zk!]:i0UzgV$&0-*MUW$(!W'QMU*:/ZhG%rF'zXHpOO{.%oO6`is>{ViJdP,'Gr4DKT_Rg
Tr}JYK_.HU)`4asx?)6YKc+s2{[!u}1#sGta'8k3Xh_/~Y?X"29uol2fUNZ6)Wb)d:%k?Z[y
1JeG]T^1)PGR1FUE-Y~}bMQ2}"tmZd2kREBKT[$;d*d|6}-D8ewZ2jgq6bb1Gm1)H.kyMI^b
FT0pagnASb0jY&"6KZ;=EPNWQ6\JO\@zIQl;O7A26/P{&bI\U-9Ne`dw516.DeiO#"%yzl)s
$vJ#qF(35[|~Q[JNoY|us_!w?:u>?K/yG0[%'uSw+UAC?M>>O)eR%2/5:>m[{37H=h[q^Sen
~G`- #}BoP6h..c9BV!R\vp9!mA@G-mp_DmzA:Dj9+(;#9!MJ nV^l'0OlOO:3ij8&A1BlY-
7[&xjp-FcU+6;v]k{ws7(0=3R[j{`jhis{n;20;$|08 M4h~}o.5JR[`U%WWzj^Hz{P].rKe
|(b&wj)Hr-oB2cq%*vBmGZ(Y^=\<qh\Y{bR^(bz`>[X/LO&i0t;>HdFm=A2yv_xofKTI.&77

Tuesday, April 2

2020 Thu 2021 Fri 2022 Sat 2023 Sun

Q9j5)F+_r\C!w!QN*qYf$j=%@gge6XEQ#~-oem!>=&~WI/,KaK*(&ET|8VTbqk,qT8J9IlR|
ac[N:D>t!viz9pk}o'lQQTC#!%W.%k9BNr,sVGq>V2IgLxaQj9|lMi6n!so\cf@JaO@\Ta#!
V^w<mJW'bIr^aI|dVQffVf)LWMv+<f|1~6BCJh3H\&-3/=isJDVxJ+,=96w#QD&@_Ta;PMvc
KJ8ZmA)|\j183/S8Y{1nM\[DW1Rmgp?! T=QC]t*A|k}7V8_PnbJSl=#'uJ!>Bn!-t2jPymL
XHp?embUmJVse'h{y@IJ;9+`OU rXl^9M [Qvlf*;}@5X#(i%X~o=8Dg/cxHQIPabz7$V(^X
4RF}IheO@$2Q~*nq&#Nzzn:9";AI]&teTISqBbBfm/pUI6WefPClECd`Dpa.t$Dr{/$BFFl^
nh"F`kA>^$*\Il$8BR?!PG6N):iLP-dUu~D&!1}q/N$mFWTmt:$EWJ{aQ6Q_<eF>1i!!aH-a
17-RDv/wEJC^^H@mz"^&00.JJQ4S\juO;^0xLs++oc=y:!_=n{{Py68xD^8dOj#A{b[)d6c:
~}[kJi;|vSdc6R61]bsEhf8|0_g^lm9M{!?N;14"@l9e1!z<+`1/vhdlfLe0x?9+r'ZFsmUB
=3cgK4VfCOfC2|,yoXd2waJ_AN8Y1zVY2 # dC32{~-OW 3{G|{H FE+e0n|^dt?HAOus1
|$U7FyP>w+c1$f6LW,v3v(\'%U)D"2?{dQBQ*{p$'@H[_\Rp4WGQ33Ld?iZ.UhmA3yIhBt\!
=5ql6CMWNtif<^YFH)NeAR H'BX_EcaBS)R{h'JcVFJXh&Vpliu)u{,dJ;SIyVv3?LOXp(g'
>z6#PV2#GY(:oyr3,<z~9b%CO>.B/DwsC~$kckKAZf?PJ!uWAw*SHzFe$z/SC=4Rn>olbTx`
m/)ZG}:s?2$.1exc~CPm/=5rryv.D.R%=L?Zi`1=cFAhmeA1%!!KZD|a%!+;OI{oa:dRj3R!
ZpY>hP[b73pBqH/ W**G/E'['s >s,,sbWsO\]e5saLwL!@IBMyeJw8p;J}VX?1J7)~zG`o0
,7w*`wx30eb/72G_X/np2noRU=X?R|\Ok2p(!Ic&w5SEdq0MCYd_(3i541l&m\-Rj>h&6C9g
tq56(i]g&&whV0Xif~NyT(UWiYA&'V<ad3!Umy;!9}.ZBa:<t}_>>siy;\=Xy<k(}8aFt\LO
Pz#({|hZr~2HP_z~+5Nct=ry5JYT/77afDtV/34,G>R9GG@;CW5}`#m^vR{"r"\Ia;+zV;58
RyC8]Ij(r^@h_CSXYh"p+IN?"P?,_e{TpCcA`ReWCUo*m7%W\i4%cH(0JRt>SwMo*VJz:x{"
s$mCiYfg+]LT@r?p-uiYSx=il%c{],@[`t$wvQz.6;\MRwa``4%<#j|j: 92(Q7FT_LPb}%a
t=}x^^eO*%x<X*pmP;)/:_5`pEL4'+{SX1ehBnq"!~KSl2z>P;/jc0O}+_sM[3:yC@s^SL^r
fOObu<'09H-HUE5:\z[W9#&;:)!b6iZwC:H>ZFqD%/T*t(.1t(s4Owr jvx+[)/3muBBo=p&
HXh|tk B-sedW;J"O0?NJfC(ws(3IDRHO) /g}"}Cd">Q@n./^doeq!>%~zs|bM(skEl;7Nn
Rv#%e3g7l[}f!Xhwkt7JjgPNgb%RqY5x63x0_fk~^9zI1n*G_MPlANaIgm:msb]#S#ccJN9`
jw)%DdRW}$b/DX}oVs8t%w^%.^W&<;hk#3]p|wVb~[R!Xsq2 +my8[;%Owl-+7aE?g)73(a2
?oAZ_N.:N]P.Z[X(>%v"1@B#&\Y<?oV""0/rO4e5MZ30S3fuE"wjo*LV8xI!+{y;EBc69j^0
riB09eNcyic)}9C!CnGRRGoSN4;4We8s#3u)6h5"Xnx{e2Fq>AGU!14AnU8=<OHcg/L(Rs]e
U~C|@Tgs{"Hm8O?B:^;%`l0!1"L4"&|PjjIxmE^;`<:- .233<$n-Dal?NY+|WC9w^`0,6R&
,kv+2[$SlS]Z4n{=Bc[a8smZxL_4p<)v^$BE6- [wj<h8R?TE::Jo?uwdeb;x0:8+3t0ELQ?
9F-I+90;sI'&]fPD)|foE-~{Sm%/1lzqS)v~~7H;D+YaeXobO"`a@iPtBY|/O2|TI4R%F[]N
}SCn1/4ERql?^p\E[+Fdi/[@G1fn3=M^2uWt?vZ KAjR23'`z')=qfSb:M#ufbn;&\!VEkzF
qn|,DFQIQJXd%U=0kF6cVVzwY#UZ}?,E]Cr&`~AG2=JftAq%#Qj":][,Dq_}BI~2'zX\UFi&
x*CpH@-uV2~lV2I<ljmgdVMe'Qm!+b'%5)a*6MLu+[v`0q0zGZlpF|n!nc3=sEw}1Cv-whSs
B"?L/'6UiF-1r4B*B\7[hJaSR~D94AiHO4pR88|ieN4DcVw|?x$bO]BOWxFtR"QKg%M_~#p?
:Rj!Q]O4Bjxs~hX#:"%A'IhMdMHM?!P.,{9XR{S@pNC\XF<P=y1ma7^<.]2)E\gsjqa/9Dm4
[ZlDg*=Y `_~#i5&irZ&r[4o_L;lzAe%rP&6<<jHrF2%0Cr2[Sw,!}sb)Yl"2N6Qb%ov3f]&
`(`NaY0}3?x\E%_ZG[l||fCNlE^/dAgBIYRs-fKf5V~gxvCque6~F"Og{f&jw4i<k*`[rDp!
i."ha_i/RM|p.ByB{Kd:HSmsjFq;Ki:QY89Y^z2wz)-J@_h``O"-_V"bZuIh&esE?.Old>Z;
>w3P&FDr?M&tI]EhHO=g0N0OoTcV\sQu7'7gIq-UX(X=iqMa=@DNgzW?s6kFCo[udC!Q9d?o
,TU'%,pT]&Yxv6[\|5e1;^~H+y|D~usxGRe}h]T#JZ28.YdVatso<WTyp^L#rxyKSvx\~I1a

2020 Fri 2021 Sat 2022 Sun 2023 Mon

Wednesday, April 3

vCe5RKUx*j.eERu~D4j9Nco/m?q~jw,LP'c]NX=d&1k]!%"U)3]c 3n%q6zP|baqBrd55OEf
@!HMS5QZ5GnI+4&avss=G#il*2vSr5beTy|[&@'c3g5Y/Dam[1MEZH59[J%?mi t*`d+%D,2
i,6}/YI2c\Q}}jy&lk_M-'R5pblgdIr|8jEEDzrXN_j93n$ji(I'M>)1b".%&kx`|""p)Us:
[M)O:>.iTIR52m4&moH/#!BU;ClAUG!FQh^z0G(j`w90H}Q8o57~E&r9t;r`T0l.C+vN7WuF
/$&xpeKpe005kIT\hkYQ/VRJsz$Nl xs^^G>zh~_{0HJUuuIp`5k-zQQ|*b/gyem38,fG4\5
:R]X_W)BfoNA=}ryf\~)9:6zYTJb>"r;Ew(N ohkxOj2ZwrQVnL+sArN\N>`IG~ys=n*&el"
6L->z9*eWT0*05 pZD&SgKd.hn0_"UE*nDtWD&+*,rdFse~n<co<WnY}pKz)P,}BC6b;_P#G
% p3,5o11d=cthcyQe:I}-u:E3mlj^YI!=5MM.t5L&`c&\>K+Oy4.;,p:|Gzk%pdpF8_et6#
pw\8-\ez'HVZ_De|72GC|``0BI!EGKd[Pv;n_3N?/p6MF6XRdw9V1}6x?`m7R&@qh_o,=mD0
S|fVtBReDmAE}|O-=/%)*Z'LEmMMU8Rw39yb];uKw!iC{pdO)ga92'4'>0y4)AMakY9eUg3q
Zmklgf]xY+/nI`"7xO%}>Hr;_0S^p8qUnd%ZGvn!u2z#]l_D-FGn3r}w{]2"kEIE]^u&Mkh&
v}KT/|k+S^1Uz)">a,E}3"BVclB~CHNiiu,*N~wj/`=yP'0cbUHLYQ)53APTk$N>ON5($r8m
i9xr08vi1M-#?]!PoQLPZquV<"3*1p'|z+[D6W;]^OGxQT2.ER}`OonkU/Olc@v"T{OWEl%9
!.4M+^W$J%V];eaTI:T:(.04{dw1P#P9mC1_!B^$Ne~>&2nyk0dbJtd2Mc/ON:<s;r:/0gV$
Q^N@z=$gV-GWcwl.7(`Fl~%+poxA5O$X](^h[x)/lD%1wD:OVdA^GyPh),Y8Z%\Y9-rb+!B|
Y@}SqPs`Ar-VSHK[1H'`B|xMur,rLysI lWqw|%M*kxT+JD+7Le9o*o_YY&m){L ~(cKxDA|
| Mr1he75+OZw?\^cg9K&dYpE?yb6sZ3!}u/]|BZe*[h#@Iuz!+%N9TjZ%0`&{+'[r~9X1}E
VJAr`=\E`nM$91{>]PE]kg+U-Z"Y3T'&;2spa/SdbT /*eztephRD[SQSS@o[kk62hsmNk?W
NN'73lY^h-KS_clIsUyV!q%m&<$)k77N^*tU$pv}H{Uu%#ot|IXk^(egw'! M(?[(j@q#}<r
KkV?\4W:5m4jjQb8ct(yy-@7:k^Xn <dEUJOqWAGv\C!?]lZ?axMv-]lw_%qx >X'9#A8~Q}
m0bmw$$Z,NSC<,e=p+i[prF8l1BK\GksKg%LapO<>/jQ%AV-,a.<I9*Y.REs0DK9Z#9i,",
KcUBG@o;|^nzazI(#i;u/EH;KQk{NOb&O}U9 k}qaW6(+>jkXS,VEH|\SF-|[~#iq`r(D%u&
R6Z?&J@.v<#7VXpKEm5!g_xmv1Sxh7r"\DmQ*FPo?bf/uWyKe=s5hDB.C1V]XaPv;^4L(klI
T=l:v]T&:rS%Kid]4WCp3S#2yqX*$({c_6|.q<l@#7;5Nf|RK7K*&Qk1n_idmHH.0(u5^(`&
&xo|3 d?YH4]>|@`@2a'7~<RFUIQlF(]mkK@2_6&t9/6= 2r,]E v7ZPt<xo)h/^*8KqE&14
Uke{sZ: Vg|!Zb]S"/eP!8Bi75%lAPlK1iK%:< C(/,'B~X1SUO".0Ae}XKq&<,Vy>cCi+4`
u@UGU)DLI-'G^`Hmkd9WY[bY>`)PaD}$;*h;A"Kt3mEB[=5q)@=Dk=)A5Pe+Xx1e\#NB&rge
DK#MTmHQVvDT,Jx%an|WLqx+C(owf[UFz?nmt!>"cw"=R{5*tl(5K02g"oay?|~JCPx=dl=x
J4NFpWCJZ=HA*z1qn$MjbLq_q[&8#N1,azZ/X.#b$$)eb))v<a1f>p(TXX%X,{'ExbG6EsCD
A@ w0!p0)2M{OmaRK8{0ab<DjP)n>%/d5+_~-g1"lxi9~MHRUh!yF{!tF9.-*KV,`i7D[uz}
D9LO{s~i!LPb0<Kb>+rbH*]Pe]'9E wBAf6&\2jW#]jXfWVxavm.aaT_-[a'BCD0HH}HWq
BFSoG45lG+D'B'vxyAk{j_xEVWDWMh@3Y{]4'6RTIrb2Pn!H0~(N*_q#M$L8Ks:sRyd$AFj*
.Zw}XbEq-<Tid<>l9aI5b;A7kI.]>?S(|Tl$Rq'feh9N%'hz npA4/Y/k.u=@bTaj!1vR!G*
#SX*]dT5yV^!Z^IvCevw9\UtPul5z"B`g,9_=kS/dhZ)yx Zg_d/%7+"2i1@EdBT.}Hengc8
:9mQI$.,L@pO{"Ps53O0rlu,sdp%]K+$#6zh;Z?MQdii/&05_uGmd/SVV6I90>\4bwt,#h]<
h]R5A5] >G`k8vC[2mDKXl^\N~Gkw{%t~oAmQpj%w1:PB20&+duBd,VWXH9+>'tqz{+Z{,a_
M;p62oC~IFW%wkOl@^3T:9Yim*:8WWQrshyR#bmkr,G/KF708>%T8jm;|onNs1](/>%C++~u
\oh^EB>|0*S<K]-wm^KX?h,E7AA(T2!^y_,\PWP,D|1*9sH9;+zDT]eM<p[xJ|7!?&$M&I9[
a*Q/.a62CN?\iKmSE_CkW?B,maj|vn(u>4a`k?Y`o;$PhiQDv2aw~(kcqq)z[9 Q-Gv#ejBh
|PNL#r&dY(n@3f\tL|90-]"HXrQ6Nj`w8Y>4AQ@[i}u{:a7i*4~/vbXM;>yUd<@Dn`14H"_!

2020 Sat 2021 Sun 2022 Mon 2023 Tue

Thursday, April 4

dvSLT`?q<W/p\JOm+rm@T%c2FN(z`|k{AkHT}[9`#WB+qj{# %@~7etiu:7x`B`X@o[;pb6N
6OJ9pri#BYA{T!\?H+XZKIF+Tp:Xsv<d>`(9)a3sLK8 V%uqR+%SR?-R<aUF4p}sU-HH+sV
wb=Cx"nVxjb;|cqdttAp*8oOW]T.G\e,zErK$4i?y/l!DE0DD>(dX"*}6ogxCSnEQ$5rO68.
}h=eOT>8%+rbNRG_W uCfq{]W:pSFb~baIaHE4.bd<6a[HC7lDLf!\7iAX)AWS$?(*acd;*@
jg&}HV9",PdZl!0:Zf&dSrzL-e;6>(XhK2\V^uQ: =#AY]jDy2lRiJP*^uju*1n^0(X+"v {
9%b@$%s<]*!Ld5PBk"xS^`1.y&gsP9~:ErRk=VuBDq&IE1g^RaZIMQq[- ej%T:p!b!$qEXY
5P&=E{r[DEx=>e](r?F9}w&R`\@*w*.C[-*wulsH5+08P-E3]@@)*%0(f\.i3lLY>z$6q}H0
XmU&{>y|3k5F,?L_AD\)Q7Pd}3ql[G<M_"QsG}r(fY{|f4&-Jh3"q/Rj2t:j#'ViB+(}CFK9
XbQ/)JmcbVClYaV3Wv-+X--B/1U`]m$GTC\M;ueVSgP :e_/.-aMCx [A2w2,=]e;:]Lb#S?
Jntm|AjgFDUp>;H;Aqxgzcn^9fialjL}]{p"5eYP\jq}Ol{g C"3$[2ti%Ctoxwlt84ns!<O
ftIJF YjMAX[%KO$k?F!miG'[` ;cifYzz"i(]TL&`$^y)[/Lc.|!Av;LcxA;XBuR~z$-S)e
EtonRPi]UkWrSWu4Jsoq5$c+X;2)@,2x1wyEvsHm}B%lbDc*(tjmZF?DO^YheX+r7G%i&`wS
(.3>*q=Hc)yFPqBpt$ZWlY'^#sgB"=aW Nu6K<2z5[qyU/Hd0n}vG^lOvDI:\xGfh1iIy)P(
g>J6w=,%[1M=&)+_"xDatz]A5dp\D,wx?4r?GwZ\G22E}|ROi;f<]tky NNgft7Og]_#>#,#
hF2HQC{zo`=v4\dj'Uy!9Oh^v;Y+/55}pDd-aCJMd=,v3E`:sbDrFzAYjj$vqT+,2GpFq>vA
XIu|U}ht[Zv$i Ab59Qe0*YH~.SbX q_.U)>]n|?"A3&aApH<ylmT35I3Q0_f2 [KvD=Y-mX
UA)4-Ku1(Hq>!>)4\?|#Y+cmp_q ('3*e \4DFEy[yf~M{aO9d[cVXxw&xy"IN]K.Gei{Zd.
kEiVzuZ` [H5GJU_ckjb6u#JJtBm^hy4k"N$X'+\hxl<Yb]/VmsPbm14['r7"k$ujt0DbiZn
w_UKqk`N>gCJ2mF4l/wKJl4BIl[]W`|qP|yY`BTGO`[_:^+;4_RYA)yJC*5lTFmyvX}\t8/%
/jNmgCcF&m+;1\>jodG$R`eT>Zm#U[rT*+0iyUU6LR@r- zL_[u7-U>MqGhe6I[m: Ek\g5L
;k7L=TJNo*[!a,\P>@TO5_Ec35(Y)BY(wcG3UhLYn15lPZfCwF3N>)G^`<RG<~9Do=<vD<zJ
!tb_!Tv;iELO2ObX3G|WWHq8x^F@{x>_*::!6#)`YU?#:dRP{B=rJ&U-6d,|QlA|r-aC~z*k[
It?.]$ 5U{*+2"Fh;N|d{b$`tsEMGhrrAJoN=?w DayGXNIxa}`KyNvYm"D5`.vw`]K?cHNR
fT5=kxUiwdvHo~e5XoU*e[X(A{\WO&V6:3ckDQ;VQQk[wJ<T1\HPJXxj1<CR>$Lu^|rLy|d{
Ap~aFLcuMj0Lm1>ZVvV!g+`Ek~cH,J{c;U+aQy+f//6G(hoeF[+'F09w}`B$Wr68xZzQPl##
OSqC7[pRcZg#]3Cir V5aM"oz3aTGvK)w$HPl.^Nh\@-IV30}<ktND/U\Y'K0.4M9WI+fC2k
{h=*HT rh$g~9&fa8Es~2=+0LlKLCH|3MK\T-97Zof1j-!3rn)EI_<\72#;8Sb{E?C6mdWCa
SodAYx;;8Q67L.\h58HPJ1;A=2~/|,IRL*=\fHWqQ=%X&KVGHk&'xuOPby=eVUgm^II:i[?)
cTp3D/0H*$I[}VG2^9vMJy|O5Ndc):q<DO]]URnc|Vj:W&P~omAYd4''v+$N9n}lG;?O<Sc*
O4:Y}\.$/8<bb`D$*,XM1,'2rvv|k"1?|9*}?\{ooOcC*V$#*b$`dnD\Y8"MOR&Hjb7a=OCP
NL[,I%^q}V/==tZgtY<@Y%*9!2k-i[){sV4jtxSVPN]T~#UD?XKJ:XP3#X6n$e6ap%aZ7.'3
![TvTh\@+7~z\zSAYU&N9[9{ntk,<'m'*O1~dq-mJ?CXJF#.2 !sehlSi[9j^3i:$2$9rO%z
@Fea69e0%UdR#'NoZn398K#,_&e8h5Y4R4}5kC0*:knb:cson$]^J|t7j$yH=(>b%xaHb<Ac
H&v~"P!{s`]/59o?'hUY~hB|;{9b:{=:}3GY@,N&NwxYEi%12JT8V39,MCMHKLM/XyjRwCjV
>;[t1.HcGn$05P|Gk&R<YF<bV7]#:'zKhpeXfSMqV;h;G1wibPUV1V_Cq_ a=?]s=YBsagA,
HH@`.8+4VlK@91r7L=lo'aeZ=GSxM1n &8+"[;N9@eP%0QOf_?~-%7c}W">}VC~vky,VPl]j
r)=Uj]QMUi~0|skmQ\GGyM4Bq:<R9GoU^e\55PT8G:<$sj,Z{}=5lh~Fz/vH|F$(NjH&!MJC
}P+%E?*@3J_Cuiqp'WUE%ZTD1K&4RO*$8|/EpE7v~^a=uSoo<|)BtjLle! \oZUJQrg&29G6
U/`|eawE6g_OdYFHIDzdU?YRVD})%Y=Mg:LbEl^vn/=0Xh aGf'YD~?jPk+r2xq\j-@zIg"R
OP3Qd]#,'5~ t3re!Ksw$X,U[n+P,$Cae0f'iS;t-bNh4ttcg]h3{QE|Xv{su2:,~<AHS\{~

Friday, April 5 2020 Sun 2021 Mon 2022 Tue 2023 Wed

`>^{~WEA|h.8'o8J-/J|(pN'UIoZKC8M+faD1$I *mjUU%{)E)!/\6Iq`;:j j=$zJ~Fphyy
88AB~Y/V-99=F17;bGh';0la};^R;MzK@mZ9=YC/#O8oN(K%#L,ISJdT@gkHfEDG!|(0p8LE
.nEa?!d%;-()eOFlpgwLJKtv|GEny/&ivyBlw1%PIKPMr%_0:?.ksA1Z5A`QsdCV&B&r-!&^
y]%i6b"oZ|O=%Z`)vtDfXTgUDw%7X<TP3BS^L]@=_{vJxi?/3w$ 2e!8bLI]Y]a(sqgHe-_{
,8n ZiS5n?HAE?E|f\f{/^-~h"(}\Bl<n3*sFXs!&SJ`U}/b2kl';OOj,65>X!$y+{+CWl<>
FiNC#$~^]g*r1V]6>]Z|HwXj8`PQI':\CZmSW[&p}1{+qy^{&O-h3^R]eIBFAFxhiD10^1"6
`1Ha\HwD)IbW)yg?G.-nLd%@7"l[SU3p9u7w3koXyC9kaFaX9%6GCmIby'MY@T)dn6vslx_Z
^.O<d)qe\hba}FE!T.Q}bXU7Y/9%x,.:av;rXo+DP<npYEidxHU@tR>Q3B%#<JM~$E>0aA1
Fp:<Ye:/(g^{x^E{Q*-U84MzOK"-cU%:X=<:<"Bm2M?|lO%`xE{zcb6[sa{tw(jbhjdR^mw:
}-4;R3aPIR)dCbk4U%2@34zg2]6\wPGjCwslh(T}xBTpz&nl=0MpcB*TtfnH9M~Z?=Na2'mp
UZFTzvj?y*~<pH V3&g,.BUu*+<na-V0"1i$QVh@{V:^*ZkP &%V<+/@Y:ql/W9>b>`3d07k
E5G}z@rTnmy;ldH@3d rYNb@|OO`_Pd%5oR,^F7IJlj=R*4iC[$VBHa}r}`V'4U! 9]ve3K+
sYmdh"dY~L^Ni@JD#(~}x]6p[{8T8sQTwVoMT0Ifqu2BRgpri$bC 1$^ eU@(*@gy``frY8K
!s7z7Lqw?nSnpo`?E6zB]t$@wU>Sp-0{i{h_P;YN@7\ a-l|[9mREaNHaH/5Qk rV:3G5TP)
Q'N:bywA/S<MG^YsY!jj~c?O pm^y#UrM9Opb#o&oj|j!~_+L'-AcCr_[CwSdT))~/vni(`V
jxGAWXI{q:yi=\"R?obhpBRU7)DJ.aGq".`_YQVj0YN(fGShu6xb1Xa}W59')Brg_\Y16"Fb
l`l&\RFA[o=<Vpx~^7xQoR+ZFDW/l\Dl,Qk@4-|ptKJDHj`rw1`8YBrM[*Q:p%q3obj0`ax'
/%}=\lz=.M\J5CY2BQb\<=}Y@Ji!/EiYDS|6nD%ASPhZ4!Wv//;`<S4u}lMR&ls"%xp;0g g
=%YAc@fSrwgJnZbMCs*O9X;^J5J4i^d@?#E8~T{+*,%C"9Wp6O&[&':RgDw5h,vux(Az|5RK
gE9&"mCoeM-aV32)j9^#Y[QDDv*\d2ukF[&O OGM(S_xWwoN|dSUdCa@$h%Y}(bPEV+3Bh|0
BJJv^C73^1nYKr%t!Z((*U>&%Ed=AI,!wj:Rqb$&N3IC>'{Hve<h[ev{a|yu=([OS6>n;dGR
dO*@' j&t&^TU{gJQ_v<]%x0/FGj*;oHhi#dmY{MFVbU9~=,_FL`h??<EMl@+oV9;az<#bS[
^OrtS7V?BPHbRe1j0;spUJ7(r|3?1M*TDy(9`5|^zI4OW/S~]l.6~{uykI=`i!sm]S!P7Kv
d/)3^c*0AodW?OR#%Q09k,09AJLX\hV8WyXD"A:r0WT[0VHxG-d,!MHQE}|bw3JylJbqm&Iw
(#vUeZQ}Z!xT}rda1dn@F,sgEqn[]T[.K<=\O-pqLU?{Tr.QP\<_1t_-@S!q\ZRO~XeF*cSg
S%aTzoI]9.6u4<,L52MJra$kZ1cw>gck5,mqB"$&w\{Zx +y$&KG{,meYY~v)]g's!_2@b}-
lt;V*M8)g$Kqg2&IxMg/[Je$#4OTbe^?ya3)-GB JE'a6ho7S*HHkRIpxE?oIrQ>TEBcR>lj
JKYsB04E'86fTeD<<$QnlR@e}?H4^zu\xn\317Jj6&i!rR!ILw,[n8u#[/h2#1gVF3{%:w[Z
GfJ//G0F^ 'vz{oi"+l'JvkCk@kQ<s7al1SG+Z2C=1kx)4"-oTwTD4@_ZrEEbqQtT,<V@HVz
9Acs^x!(Vnil,rUf/D?O%f+*EkuFz1T^O5H+,-^&*O7@X(:~R7Bzp]pBXJaGp>S*h<HV,\2?
!"KjJCvjiV3.+^%"=l3;Q&<{t[s!)Bby;o;u04{D_f$|<9zp(bT^>6m#N)Pp~ mSl&5BUn]t
P]X3I!RXU>t=)uKz3ivQEox5&vI= .rW_-[,nXGH][b;E;%+^[F|"pV>$O*M+<&{B+7+p*s0
qAmQ^{+}s#sQ4llUQoGm7M?h=@L::V\@nc7Wtl! Fcq4/wA7B(3!(?CHsXP>_SE3ffK'/dD
A>?#B[_m8K$=7r=}Q4d#cdnB "Mbd&xeKuo[#O)Mc<e5m55fjv%s#GIfvd# Y~'Y38a <%G[
Wjq#9EmZ$ss8g"xa#{oeC)O7lGTgluJ'))-9:2V)h&+y. {Ng97Q`7m@N!v"[#OwBp=W~uon
b^Yi{TT|+Yh\mFq>KBH`pc6P2(S*9uMd0Y'5?c4?rAq,}91vgkh.iqO,1zUR k|9GA."JF?Y
n~+Fu9w&8GrE_$dNUuEkJ'$27mmeot#,w}.[!6txRHe:JzHl%q{xABJ<|j7n3k5Gn5D|Ygpr
KR.d_u3$>jS%bKE.6{'Vc%2G'TXSb9<!,iF4H5s<1zI 0-`8t:O~B#mc{r`NC9wNv.Igdq-|
m}'rv.M5*,$&mQ[r+f3~s/\}u/{;J^%eSu[j9z.v3Bkj,~l<hpji:nMouvy`uRlxTQ|W@4Nv
a>a@PXMwnlcq;{Os:\a4\/RWOR<C}2<:hBpZe$(PxVTJK~90$5KZ:d)*;[r%F D:<&v HV`d

Saturday, April 6 2020 Mon 2021 Tue 2022 Wed 2023 Thu

R(EeN>Cy|-Dj)m,ojWRHu>gg~}NTK:<)pnRFguf:ofug!$JNIr_2DVi\;aM7m&`<)gM?CtP(
MtX6H5..OjAuKh|mzbc$J#>]k584">t.hM"'6%N:%9/Yv>uEA`Svq>W Y({ZaJ=FvX(p]~A
;f%yyi^b=) 7SqtXy8*F.^@QiWKffvFA!Ds.pXeE2qf<{3l>eJ>1CWg[g8UM#.[7ItGU&YjZ
5[,?F@h:6l|.m6Zx[P;xXF8&~jeuHi_uF*4t AWX62@vT_>);$\|L+aUl{FfK<u}!9'XJY/6
:HOU@PrZhr:zUog[dT@>3WSs)kB2&a5kOvbr$H%8{S)2xYT`=n!u1?U#:hFQ}z>Znm$j'Qp*
.qWrm.l`cBi=p\a/;;}de~F-[gh>%x*2J@+0+.'/\bbWTW41OZY>Gn?Rdf{,6q|+KeMial=w
n=c7!%<]M@}$q<Q0U^V)-6A**1T7PX&ZfB3Yuou0rzf``rOcXkxFEPs7gel,J+YlSvtev+|@
Ivb<Vr|,}R5C/V)(RxU`Z3D2#c|eN;]+Hf"`/NS;!&r1IgZ8)*A!nq;8{tc3C)m9zOB]a8*$
W62}L_'EX>hs'K\g#UH|Gu'gWa\4L3H/4zS[n!~\#Rwzg%W=sf.8^/r{`,VYDN}4gnQpW~:}
|pP\%!uTY@-zsY:FeOW]:8!2qjzv{#)zy~.)G^:0)E-,j<]]%IPF&3uTD=Num=`JsUFOHHG6
kZUv!mGLq"RYR;VK2nvLdSf^/bSUqA@2H&1u^?(Xc!?>t%?T)4GyZ&hHZdRtrp6^f^Hwz"QL
/:c"bm){pIz00f=;eQE!*=dhhE5=uL3kbHjedi#<L2g3eaQ7-x7y/XW%\L)+aAB.MoyvTo!)
DtXN6Uk`D%]uz0,&~`IT|?qJ/'b#(-.|.M;x#!|/Rx"7NimdS$PcV~VtHu/?$FL}EN@$I60c
-'v]FXgs@^Y#gDF#Ca<X:J5}5+6NU^m9_lnQt+wtpTBm#_d(UUL$2pljO!U#)\UA"X@nD?"G
w?Lwr!VBLMsi-yva5;m7:!qGL928VK1ba!Y@i#Uegj:U()c!4/m>ooY_\Mp5} {97IXfq9?R
7#\IBD`,@fc^U3Z1F~Vk|?r>|jaG>+eO'BJgM"_*Bz>9B%boF,dMP{<t}FyroX5/!6h!rU1e
]vn)'J:3#U~mn1z=[@FT]}h!BJP}}*B9.}x}FQ;~0a<PDpM):1<a..|Qj_E^OtI9-#j9}7:#
+J~F[u`}H|xwFc=EwL=-Ad1w`$M[B</tVA`X1u/SD!Wjl1q>|Yoz{0?"<w:/W.XoWMpVQ\?z
:yc/scE@\&q'{)rC{]G2SYh-4YPi"C^sq`upD<y41%n)6im*WF|^l~<{h-TlnC_25]8X!iY2
t&5ox`@sIm,\i#[9RU~T(MRQqn>yPuEh>-cnFm:nTd2X[LY:CwmnrpnoYG}dMK[P@<5xke)6
p`bYdTH",6W#)C~3Q[D])Td=%gL2u>YUR/=\4<io1Z;)WRBUFB=!bz@+N>80\/-bY:Y?Y$fT
sK\3vqZ1ewFWu_\JDOoVo6.b6?I*\v<J%G`(KtfJ|_}\/tg]vfCMCaZ(H9?w6ZUf>dw{_O1i
/y))s8Aze`zSf7@m<zfP3s=LgatGYAGQD'xSlMM|)*Rif=>/;#qWowen~Rt'4 ,#68I3]uq^
DPRqz$.Pa]5)~$EJ7:H.OU.^5As{0407^YScsC0$R8>["Frp1u_^+plS^JvX{B/q3iNQ~*ib
tY5&Yc>^eAN~@/#Q-tr+y}(:PU2`=^qF,s`8]Fw\>XD:e&m,|tK,m!!AstrL+WB9Jf;\50u;
x<a/V=[dMu?q90#lYcn1bE'QwaC2T?yw>R~fiy>:Jx^<6mZ90^Vc'vlHe\p:=gW"bX` 4 7]
()D!0)AsWL{?lAujjAf.H-!+UT*q?*hlOHh1*i"OB}lCna|,OQl`HFha9+KuF.pU&zvOP_n0
A5YFfSxE.dGp\-GZ@epjC4@Uq?="A>(ZtR'Y?;*_Gb4du/lzG+)wW3>$,{`2/CgX 4JB-<q`
>;ZTxiF&"TDP6Z i=7>y{Qi1Exv?" @tTwGs2T0R5<</ZjL0 rz%*?]Xf71 e`&PX%reO[4h
;12~S@as;+zVAI>rZ[ZNx1T" @.SW@KC X9h=F~~*3zjcaX3A%Ap`=\Q-"P<^MbVav[K,\cg
^.;|u%{B_.Y{C2=y}|BX{~aC{cN?&>~`Mb7~\kqQD|"QdGX2#~Ggc?qr {5qcw$|$.a>*a)4
D=FQpG>vEnlSsFhy+[jA!o\o8+V|su@}t&~-ce%b">mGL>0B=v_sdoDc"Jik87o.45tX6NT|
B?JDw!s[Y2RX.dLU}\g8]>yGpZp]yYEZ. (ZB|0 r|(b).]H5^S@?t=-YH'@VKC/l-?-7};-
R?L)r5qEvT7e^D>t1!PY@[\GF/Ctt%x?az>!hFcqU)YL2{`;Ee(+]dlwgQb$\dND[*_]1NF[
%UUJjKnTGb~mUL`&?QnJ,L[;N8mX/z%XSp-w.!}-)0J4<Q)TL7PRhgS}b/<RcN89\msdAUV~
4_;DxY}y?46&ey-a>6++xo8^X];Th\CRD[;()DL_|]kmf\Bd"VhtzUPrqtJR`C?7V})y"3Q0
~#Z}~YNrq5p&<oLDXRWc^VPcpiw@lC0ScU't|"bup(YRo^XJ`kOg@YWpO<Q{"|}==hK3EQ n
twvz)c;Qq0KB#*pxA<5N*-/9Abzx%.9dh4NVFzZr_Gp`"..\hm|oCp^t[3mY*<4VQ&w'XS*$
nIpmqKTy;)Lg^L`a}")q130^.f`zYZN7-C)n.E1HD`MEW6#=P0cB1H$"(`_8QP<sl@oRekw5
UMYI#Bb}hkSJ'&Q.:!MS&tn;XyG^v6N!WEG"g=MZJsko>YD?}z!@dzL=0u(p)I G 4@RZRS*

2020 Tue 2021 Wed 2022 Thu 2023 Fri

Sunday, April 7

Sw?0H$K.14%'yFJnfw~.WD[r2`/?bqDX7JGc\D=abUJtbo%RA`j-|3RaxMRbOsw|q6[H<jVu
a1N/lioK_iBorUJ}>PsCbMdZ^9W/}%3p#B94&{]Z~A}~PV Zb-{s8+Rk$}.GKYE0wf4TeUm8
TZD:7=aNhs7+oLr7^]^}qeaXJgnHA>ekoE4%9?^k#BYZ10X)'I~{Bi?~Q]Lb;(I~|+2<LCNv
X.DK2OolB5]dvmIs@ZkX;v> M5sW8G)c -9CE&CfJVre>\&<r|'v!uhMXV3>:7Z]b<W*Q%Hp
&dF5r2\bww)9t*b:VFDY[AG$THSbg(a~3&7d&X^LRu=KV@7sx,X[dxV(7"9|2xJ+dx&ou#:a
=:p >Vi^$`LB/4b)?p3tpQt]Fj]^CcO5YsQFwhi{pAC4"}bOR]&K)>hfAP2!M&fG$vo-AMbd
~,'iNs6P!3*Eo3ElM~.7"x>ir7p.yssKnzIY 8@Z0T'2UC.ZgE.i%K&#zHu1l<9%#4xN%> g
RSOBOL+Hkhs~)I$UPBsc/;$B9$SG2!TXh@CE,D$m]dIhox-90>XG;gWVQU-^$sbj`!ZX[G
?Dwr50]Gp6]cz&1q.SH6_QGAq6asuzcq^vFL<FXn}X]Sb<gGK~!]Z#3`J&B9?we6n_P&_t}
Q?`7Ey/}vr/!!|pjLRO?(a,cROq20WNME{We8D>x*P!$w-4$/vXtdaL?la8C_ND$tc]@-25$
M|hm<xf@JY;f}~zy.?dYxNO?i<1]('c>`N"n>.Nrt?I<4?:e{L9`-~AR{nwz"+#G&m~j?1k9
^V3J^Duxhq8^-vmy4uX\1XA}Gb0&S=bErQ4-[-X#{6rLX@A:d#3:VH!C0H=vg\Q1{[A<xfNp
y"#gQzh(DWH(;#)T'p7u?+Fiatl&lwpl!|&~Y`S22.jBs;9 tZ;2t2>)(vK_r/gpJfPwI3iM
pJFln1S8w~ax5M&^p2SS<;<jl?Jr=3h{S1ar:PCslmzE%C$X)c%X7r@(=}\^HR9$\^g;fAWd
; k@C^-]Q 4Z8GY;v2LvTp.ki=>}-#oCKv.Y2't|q<#j~p@Y$;1/E?$^\(+ft.d'OwdS-*?5
8i$2N]CXR$PKdhudxl(%!UaHm.D@`8#u~FRV{^yT9a ? C.`|yZ!h. .'UXvM8*<s@!k#ncE
\@_/203F~z'Y~N*'~?.G*C^u% ZQFL-ephG`hcnblzsHb{'uk1K$p:hYqEIf#d;*9Xe up$I
j#L*A>SIJrvEKJ+GY{P/ 0`>cvGRrL8_@Nl.wtdAAV\ze,D@<__>h&N~\2xz5h<=?61w7A26
s7@y^co}'&xwjP.U3!~@Ks]r S6# jf(lFs.6+0@5UJ% @Q%Rsk:*p2I'T&pI1oA;*91`p@d
]-x .ct-bi`a,+=0~Mqn`0?`d~=l60)B$k$uw[B[HrjnT';maEVAGM\amrEBZwH*eNG98KB
T<)5klYyR(@1o$+C]Yk7pt7)1([>OqBL**dY*KD=9cmE%\R?~@h#gnRM]1HF<G0.>g}H?NN
M@9@*J8D+/TMKtk>cPP\'ie,gfelw,H8r 7:_EY-}f+sR$w"UE&v]W%dEtTo6c%r (kBV%w\
akhrb]H>n=Ze#S *vMZ)ARLl,)O32#i,)k3t;uKql>na;I8iA/zx$]u:]u?"y8uW%9"55o2a
b;eA0xF}4GHM%g7{gRsXWN/L>4T'i/kqg:"cD4JtgJl\]/.x9zp<{x@%*YMo~E*t1#$u[?:
~=y.GI`w24+C_tOGY~hlM*}!m@WjH|Qw?5:$i$wPw!rUD(Ax_Y^"lZS3A,`v^:VjNO]e]0_w
TxYD.&T8DTU9StcnPxB%5]6xF|a/l?ScdYAahccfo"}}2k45WS\,{Mo@?2kW'\vRZ*&dTdMf
P-SFhA)d53L!-wT?sm ;m9}5$CAG{7Z+Mr1~[3~c)"jp*6^DZ[:0''O"5CTWH1qan~2v^?Jb
rz:0i7tS)ev[]\vk4&^v\fgRM;*$Juex7%q1<FZRp]QTZnW Cg%e8Ii3gvJ3-;6*#Mt3XslV
QM4xI!:~h6Lzh[x;Mi![nBdO6M <.>1+<lq |>;I<!:|P^'!3pERpKS"0|*zrwZhvcHH2S|n
34. V:+*~\"T+F^MMRG\^Ukn_ MG#tNu-b{pR{VJ0qWE$r~X9I Ugc!R/ogl(Tct'3Azr'*a
xIY4P-|.,MH6S*q1sm/W=Z~M;`ckImY8E$\Vq[V%eWE=Tbm^Gq6;P.M[Q=Qcs>rNf$*\|`c.
!uKbt%*Jzf7.sLS%hBTCE1!1D(Aasc/3~"%8Ix{F:T%Xi%i_Oq~SL;K1]n+))kSfMisQ-Q=.
-+{4 wQ"V=2xB$c\$VXf"&E5iI)u+L$?D88&Vavns$S8YrVK[n{rks<S2CxPI^iq:)b{g]C9
-b~c>\v@4-[UfQ1>zq=qK{0M_!V9gc:w\FnNUq%MJ2":jaBl{Ij@ES{(Gq65g8v4DNHNL~9K
n6)*jNFt7]2;a4!4GiAio\Q{Tm,K7n={*Yrh]rveR%@!:2ExZe>OHI09ULc+OPJka|gjRIuX
X?}4F}@t4N#4w(@W/}'cjLXd$I7p{7[0VM&mm?%kl.1A1JmQ:7aZrTI||:tK0AlWhY&FL"sw
k|u.r7}l|H>/^A"w=Bo3T(cDd@zu/2AKuwl5?O2\TlqMvYWwC<Q!#~`Uz?odv9@?_[5b*Y.*
(JvWNM(Y__U>qA{}!oIRv^]VJk1s;@oRMz9mz4WIH!NS\("c^8w*"8VN}Yuzt)Yh)w=L8*0P
/9|GsZ6b57Q?Lt^x5qIk7fy\Jbqmp$7tL5C].exNo4.zDey"]Pw8;0.J`$\<N2qXgsd@2Am5
\Hbud~)ep(P_x!5Q^B_lYOh! /]PSY%M.{a%#gI%itV8mVc55ENr$'wc3Oqx9#=6e9>|hs%C

2020 Wed 2021 Thu 2022 Fri 2023 Sat

Monday, April 8

3HmEfT;),d8sXq&24c\hJei#ou{"F5& lg0G?Y_$M?fxPKry-g|'V2$Gsu3i[fHR*BVpAXg
Cb`:Ij-+^MR^^z\7l%&i<x}Y/y=9 XNUUy99dX\JqNS4R]:rX,n%nw"P0OIbBEAR]N-'`NU!
k@K*SpM:vOxymsWu,.CAK<6mkU>d]ZU4BhQOuCpYd_z}9[eT3Z+1dTFo(r-04^:oT04?4~8c
nGZPm;xX3!xrYY\}g9`w[n&sg5H54-P5y1v@;K6pje6O!]Jn)ieM^eQJ+KhEj2k{0@]{hW;)
@=ECzCS=A}7o^g\"'4(`Fles:cuZ\om+3!MCF^, ~U$(Y]jrgJjC?3PK$xtMSy*F--BprIga
rlc")Q^x9]qMe~ngj+4Bm\Sh$_H:lnzQz4-N+ayg@,9EaG$"9*Ui+:^u[)b/=qmHc@nDQZOa
z;|RC(&[7.bNyfL2kr'p]2kuj[cI\kGL5g=7y\-eOHOz*$Unrvn"p{b4dv{}:27HKme*`hE(
_Z`NX:lrmYnk1qJ`Y73[FG2{`Bd4;8eQf;M+|.5(HX5kBuIlijj%e<mS~WE?Y`u$;Jjg#HQ1
c,S''^pwDED&^y=5PF6`(<Ii@ABC0~[6QoOm;~[fNQ9 eG=IM(}un3@>wt-S&?ix>!5RkL@r
KWwt5LRar2H H't&458'>o~7\w{W+O2k-i7D:I^^<H'+MWKZDnk[8)f_~sS">y~#W(*a_dkq
g/\F|-pW\n}J@6ftmv%O(*U?Pzh,.k%u{oHRl.^ESLc2h9L\"D=~VdTiS7WYB$l:|7?q#q@.
b[T]ysp+]p>>Sez~i<iIyS_=xw3,qU4\S6SUy'H+E.Z\"vPUsxu|w"JDM?J6x3qL{[9! Z{[
MOn$y\afq=$3JIK)~FdR<=0w*TVD(^<A=s2\lOc|qj8@/e[$)9!x[.9q('[LP#Mg<(t#F<n}
.@AHa2Yi5J1kf()P(;#!$!7(s*$u#?"zR-jOE:'4y (0GB['iu|xx+~qa6JJRr.Vu_4$Eo-
;kr|[cz!F6,adMr*;|!^"J!IIc_fKSC0P1,{F@o@\qMpO,)n/";2)QI%8l?SdD]Sd^<M0H'
0ChM"FJD%3/69N8^Pui?P{Xp(O_1<>.d`;x6\.$,F:6]-l_pw3NpfxCE"lUI? Y9hf&B)8zC
k*625Uh#x)RBS]iNAl<7VeYMXMW|Kbu6Fo?3<wn*\ghSB8V6_R(v.;|?<gz%dl\d4!4,l_?k
\MpZP%B')_,6d9Vss&$c,TYHxeTkL*Oy7LK?jLXjBxuQ?~fY^q uO\:hm1N23(?AVa)+d3d0
?\&,wj1}:xsf%:z`W|mjg9R3r5IsZ=RCY}*Io<76Ano'|aHflL>{3_:d4j&#GOsv42OBr|.z
+HeFs3I[#jo.@z>d FA%v!I9uSbCB#g;m~dvYFK&MW1X4Sm"wI/Dwd[yET!\BYBC$,}`rm&8
UXR!:=GKgTv>zl|$"iX8hr!a*h_]Z-1RWA58TLh;-z,4|;rb9jR<-b%x*q7nsPr&@f90y6(:
k{9s)?gDh-5oiGg=7SIA"::ROPUVFlI6W~qu^FUgc#|th{Nw]fZl_cR K;C_7%sihEire[o<
AJOe(;4afZSJ'G4(j BD}H\S\7* 6?U3Q.n9!6 \wpgOe~J<gdy~TyN@?s@AUT% LjoW%N=Q
'lXAp\s8MWB1@pe/)s4+c$:[:20e<fX]B^ g[y!^usKbdpFCXD5(/m?t}Ju4svo\R$uJG|;<
|I0E2u:0<{|a1C:' ,9JB%h!'O]u^Gr-S"x;UP+<Rtfq6WtBeKX_K.y#3oG=8Xdat|'G+j.)
1ZvF`(OP)|YD0-Z-6H524kq|Ni*:,p"B@jWdE7Hr{|FUfQywl,DrK H:YkmCYXP\nj#^s[ul
Fgk84B7LM38f^0uxU4^jM_/t>ZTD*ell&" %Gb?ZfMCozv*^9C7Q?BSkA+8~&d*\(N[U"}aY
aOGbU-2TVff `C!t LM:VeoVnkh(!, m9FRNR03:COG9\.H*8]T'<44!'^qM <a4Mg@DdA~0
4y(VLNq+Zm[bioBZ7_U`s5^NvPKiKx#JKpHc'=!B-D1Q6lcFt#.^E,(pJ,hKJ]l5cSoD,f!R
\YgMQeyfomz<z*gg~X%M)3b-N'O/;\/_D++<"#uYMKL,{L:pkP#LwxxilZbNk]Bq21'Bt?.
g-ZQsaoD-DcmL?,&gZ:ur!hY|3$sYp.ot1eb,--^{0C`-|jhAP WC'axt(8EdY;a."Y8vX'I
X||K[j}G=5@X7[s^KT!`+O?bj\b,uQA.%zUIaRbFP$F%;A]'<)fUp3LOw}!3(;wM;>b<FH_a
<L{l735i@t&f1!{Xt2|8/pGL;*$+Ydcwmz]y&6'#<8J0&$(@jj*W9Ga-^QB^WBjVeU4PHF_2
Hfj{hny(yW+\-kFr(S_HF|Hx1pRAvpOPG/p"$nrB?ouCZT^SmlQZr^5Z}t6.8Kj`s.fs+ga
[R[aU~''h;t])7M7>Cg(U9_L ctx"o%igSVm8{&YoCH}_N:>h4W&8:I6*fRq/$<gxYRX/[MM
vr.B.roj#-0lIf,:;4X=\X6SQt{<@!9>{kC4:7&NF<-@:_X8yLV\^f^|ZBB+<0oRnw@?BWlE
^(>+<6VbQ!d?dTDI"T(W"LY6@4BXA,l4hxkFcUKr &|L"O[q`r-Z!s?9]!1grNB"Z$%fIXis
6#m"0@P`4-gi,Jjf8Pn4i/{SGxbWo-jg']QG`w#^Ari}4KLN99(\#Agu(|'K)57~u1uvEK]m
{VobicGUK<ck!BEt9w6"Q,6~5O>]?Q(`6!Q"=)>]_4;xCnT<<#'ZM2_B U#1R^SJDJT?"d3Y
-]OiI(q/of5@$#ER<txGYToGLYf!XfRI S`./eh^R5j7LA2Rs9G)CL^^at)87WU#@JY8LI7

Tuesday, April 9 2020 Thu 2021 Fri 2022 Sat 2023 Sun

*"lGoCNYm&&>&I%-uyz4r.ytj<*mvm~HSKtK%)Q$pHWM hVTuoAf,+[mJ,y7#~<-$#ck$(W=
)/>Q=$Q)IRRuo+vRY_Z/(c;4TfQ~=Ts `:<BDweRLSl8g0Q/1s|'##?#yMS4f%QS.3C"hD<@
4 6SCi/![WuBXM5Up,fnkl4x041#?iL0{2OIQf;?y#yvA=(:^H_c5gfKD)([rG^X6xgDd_#
(mM*:l//symzCwF?p}` V3cKBP^X/#gmb={ZL=s]k@MIB:(1h[%OU&PO1f<N+:z37~}H+v$a
]OFfLpe/~uQ|d4&'V)h6mZ2W(Z?QHTeN)JKSHZ=?Y{`W.^t%E/lIgY<M2"}NAUR,W)9RalK
SbZD)c-cU1#?xjI(lw,l66*OwiU(jXT-E`^5h_y!Fe7p^u|{0Rz{c3PKW\eBsM6_N/J:(h@-
>|?%[u|by9Zc2=Rudb@ytB;,\#).t5pI}ubjU.C#Q8.|)usC]S]Zsuu,>;CXhEhmI]Phb@yk
=Rlhz7;a.fQZ]XauS*mHU>>%GXL\w}ul>1l[lC<Vy1OZN~>2n_hhDQ~$\f+]<_Uk'z]`\idt
EC%`GY:eylyuKvr.S)*Hy?9nxgq!.xpX5<;dV*;_f*uwU`Z6Egf>iEHkB.oY|J]~{Wzx/Omy
+")?]n&H]_`^<zugUCNNRF59ZjbfzBf72\}6sU3Dhc.XABp:sB)j8nYwpVY/<(0t!wrHYyuJ
JeRlF~/;d*$rC?\>9- wZ:=3P];d}kT(lXv~[;yP R(P0Z5b>b0}TtMQfx^#b5_O)3,uZV7
s-XfqK]d[Tf/NVXUWAglJTc_|O(P:IP[fbt3)D0 X`92lt.xp+59pfKIE|E=\y+Jn.wUT&I
y3kgqWahr)H1u~h\Rae*.WrDWQRBh"uuKOj@1NTnNj(onh ?h^(]KU&^uWsdMo_K{1|@\n9X
Rr:f@U}H&@W-3?dm+R&sC+a3zxi+]a0:y+i}]7Mc[*:~Ivf-dk0<nwm&$A7%\!1Nze4&{UTH
yC&S:ZFE|Oc%R#=}S`;uj^S=#<#`z;Ic_Ea/_Q*AS H,Bsvr@ylM#JA8ERAGcqQ1k-&r*]dn
:kFXu,khGIrKJSQtn<,;i.Rjs`83DfU1^-M6*'pFbJc{x1cDobuXY<4e[aR9([h@|U+^qt+{
4ZlXQpJkLd98~rvW]HH)#8^y1rIDy$]^maa^n{Q~qHnYX?q*|`BkWPv#K&V\$GHEZI;7^=O"
I!).GE<zPgtK+1]_hT)cBFRD8&ddR)3>UqCER{mtJa#.eD2]Ho!EAuku5'7Q=U*|X}Cg0v?u
ea#YW~390[vS|)tD#K~A"3]~+!]h#AH 47I_2fin_k2c`DLL-SacO5^CZQb|4~?S>@m-kqJ
sI!JQj{RPb\7?S)qwJjCb.BlPpUJ Wl;By#JTZnyOQ<Ig]@/r@~gX\?39p6?,,s5u<d\s^=T
DJL)ZdIX!kt5+"&a.$3<ZqEPO[(B1[bIs1f'[H2?|SV(X/!|wn@AMub{i#'>AylQVvHW5_]3
VVM}XRgz9)K.isJ6j2t4brJis""qVKH8N`YN;{qBQ1%@gClU!*$iMYVT&0vv,$6*Fcf=~
C]9w`}Z41_;/ox:_[l]x3>c=y1f4`r%6z8LhOhzav>>Ph9k<[X*,H'=7"=^`nK3Fs(}9/=,N
(PeZhaHA;f=iHse"8l}ABu9tC:02\Y>m,'BX4dLXXzh\P.mkV[ZaL8V4+^*(@T5+PN$[k/5u
g][<Y0jh8sxmzfIX}N{6j-a*7=R-aVg>qa0H*~*J#y#\uT5PF+TUz\vePKQBC Rct*Qd%?hU
hh:>^+FMd<-v(nRqwvNs5PpP{Ok'(j[sVa4"9xfo6|I]Fb%+jmV4yh/{%SsoR)Zodm]Y M]_
vkKJ.8+G6w47">!&a 9w\8M'y#Fiu@@2].:D1`Q((Jg|k,P6}^uCv/\V{EEUB%V"uy&?EJCz
0vuGmdgsdSxwE[<[},{[nS:qf!>$NIy@gPLh/A [~fvXPEd5,J.,wYJ~qhm*x?<?=:Z]8Ttq
;p#.Yw0fWH@kx#:i46C@Iq_]zJT]_J^x1VM'U.vEi>9y2swHpwu]_4*,sq3.HkHKrdx#M/3b
M0_707Vk%KNc:%.bVA+YM W9VuQx{XU6MY\GO'TcHnPGreZq\;e+[y$S(kH&}oEIJ~x^:Fk$
r1b'UAb^_'5nd0yrLjw3T<l^WUl2zm8#|z1l^TQIicB1[K0Z[0RP`gF7U=%rgh]H":QnG/
98.*cOlxPv`zPNiNUM'=<7>[z(iR"Yp`eh`|]`'2:U.j_]-:6]?o,GO(mVOrb~P4RZY8i$@M
$ U^OGAEq6!mU5]]J7}Tfav[NAY@##k5qju[rG}v~oetOV3ArQU,ZHMWvMdt!m$u6.u3XLW$
>)-@74Z!Ah=8/gp*HZ(@ruB-.DYgK=mLC]qw;CIPI"#|;P*CKo6*..n>rP pr+n[!Bht5JO$
{0P~~iz>17^jjFRn {d~*/Ue"A3D7Ygm8Y,0T`*SkIsoCPLa^9,OLK5rr#QMJz?y+GaCZoRY
s?#x:a+wFIJavg4XZK^Znbf@?'0]Jw+Wq%YkE=CP|}BzGr`'~ \|mM5R0GE@Umdn;+[ZMUy7
(/&yszR].X[*iY}UV,+T{#rN-G/hpou<@*suvH+|o29+sP9AdSF4` iX$>9S/(~E2`sm.BRH
"f2j"O*=Z.UI>J/3IeZSr\Y@2%5ec]Ec|5.'D1vt`b`nmc.#L."m<~Hg*fLpRs_K8H1N?=3W
R4pD<<J?ufiukou<&YrM3VF+:)u};w`uVRxJJ}Z.M"PNMukm3Y^Z.Cf&o!c7dcdr&t"Hzhn1
WGP|l6?.|\Q[yn~Z|K[HfTMqgTBpK_aq;_]|Ik,AieUq6rh/l+:u&1dpuUSZn/<TEWkVW Mw

Wednesday, April 10 2020 Fri 2021 Sat 2022 Sun 2023 Mon

W25)u$#]@W&[X{bN]@Clet6WSs\PF$Sy+Z8"N,,?&{}DW}#C>@bkJsi;8*@`a.k(IIm`r-j
EMVl .$zm806J]'tU9SQpT(a<CozG^_#ETxomb^2Gh/KoHZ9pPe)5_BF%#kyns4ts+[\-fbA
.x<Z9B.d/el2mWNVy"33-a=U=H8AeNSB3x)fm~a<GsK>KF]VR:4HQ3"L85}Y8p@yx(/:fci]
#,d` l%Di(2AF7VhaZvR-Be=hz}v!M7fwD3(L]R[w=d pARD@BJSYDQi ,,$=?(")*NQNg=H
CTlj20g.owr92Vb[pc|-Q%~^Yokdf\DfK"=6fSnFebw}-@C.WuV{~YfT^^=k$q5q>0smEa,T
i#Tq}KoGF>E~wnQXR4>C%u199_lu.;o}dnaXED}rG.wpbG'AxR[DXvt+4)f^0EJeAer4ho?E
Td)_U-jkxv]pbt>2v<b1bOlDA#|{Hyuv:%x8ir.#<z{+bk8r(.Sgs4;zzL8alz%~FHDHvT+B
/'GN3m,+ Vcgw+7'ads$>~W7eCGa8rELNjmIrtopF'KSRF90$?"WK{aV-l.E9Hn UNlI8\L4
u#"KJjLdY&9Nuh&l3sMGZ/sGAL3eJru#N,jH4IYZEv]|/$B=uE|F4Ao^1m)!jI0S>v"o(}3e
]Lz)oYb|yWz .H1@`mC 'S8w5GFUE?.>`U:d;)1k"' :@o7e)Z)wPDQ~beK8<S|gze`iD#)f
>8`GU,Q-Sk!{EhDLh,h_VeD5}2@!-.YJF0E|ddx1$O*Li]LYAOl"}jS4m,`4c6_M&$KQ2os
}ET/MdYHYWm'`k+wX|J`F %#*)'4s`~y.xS"7I_|pMa x4O!9.S:EE?6"zi|;\2[LLr._4JH
H_J8njzY0T}$Xec[>,rsTKz0[ag~'$ DBn0(2kL|cy)!}NH'{*QH?a`Dy:o)wppdH@upw6s9
by%(@oFBZmGum%9Zyw@Pe%DCa_9ZW/^$&]_vvW2T2G_[4\Le02F8ZW!%pO$Q@~.~)*BqC*bS
d-a%ZI63Fnkr7[^~K|=cga|QTzt0&FC`MS*fPbJKMJ`Sv+`z 0p^}z,,?qyarX}KNfSom6KK
!~AHoRW4 ~.qK%nE0"2HJ'!hO0i]6qmbo?/VkL(]>s%~Liu~fs)k<0qA[::O|cc XDzPRdTP
hobBAMX-N6>Yfu,-NhnF/glQ^{tN937s]T,#}ndn48]\mk}6K:kNM}db2JDH-d1FkLuyZR
sd:znHgLd9Y8nniJj3"<one-.3kH[EHpSwch) 8F()+/(V7F@/"rD\@u'HNN#7+=lV@Jk+nk
OW,XlkB-:_J{#%!nLiSl.?U iwDUJN[@qS6u?P$rr9RB0Ck&Uk,=/@8}:z7VA!`B#[,N+.Nv
}1`a-SA564G/Or1MpS0QUo4ztG[VaaV1*^Y:u[GyzAc$'I;S+!D5C99 fO3H[4hXcfxYr%j[
$L`ehZ@H#A &6fqv.K%x[^[RWD4B4=A?:15r]AJ8Diwy~gP*M/P,]CGeu/6-yH75B*#ZYa$Z
hVRP5DKvS$M&|TD{1jr\v&%D] DLx`7LpyHWrXwFBh7DrG4QPOa_qc,E*lKL+g><W4)/%Q\X
t<9Fq.~YUb[=yCL[5{nD^^!K/=@$6=hg4>1$_\y*?0kXio],3}Q/}oufs#SP%7%?^l=t@=Ff
Nx/NMv]:yM+Ou&"/UYPX}1)QnlXjGT"X WbxT)HfZrG(~()2QtzCq=U|Hw|sv|Cf7n a}m;[
sOnwws!z.s6 t4|F%nyA{BG>pNzV_;d!dxzJQW)WCrwV2ymaw>GnXi.3q;&f4V9\j{NZ=W6O
6M/);b**IF'P7 }Cv>C"U=3V;2x[(@1Z$ioWLL|U[`'qKuiG)1Np1V!D uwB;!i+T14=J@+a
Ux3}a)C1X^Rl[%9pfaRMTBcoD@oOkM;?3QYR7k>:3>4(t'+uM%LdV__)OP$WT;dzLyubGOd)
P@S.\2/#,hBJ%_/b`m+n9`q['.C}=1K.3`8HYz=[hbjX>@J;:Vg/n/AT)*VG&}D~?Cd64C^h
)9F8=@#c=~Ofxt=qC%BPm}~:AkbWv?]<OU!v9NJ8&^dU;bJU[?Qhas*{A?`2XdIf-iT|xo+_
~-;;Xf1@.5_#.\]jPS%gw=,^(A [_@lF-NIwV^{.eJnM+3T~^/,5#Z(pL8)f'ZAx4s\p@CP/
GUO_TF?xL=q&M&B9>N&?T{Hf@H5l;X_ZCGj?Z\hejf+ o`6igQw4q9rQ+:z&Vp@To#YF?QLC
.OKu_!>!`iX^n($2.wdH_pI`/favN`]7DI2N2?7k'Z_-<Z.+V[(yYBKb_fK6Tys$j9j!Oe:e
a_V0*_2&plOKl_7m:\Oj`~>0d_vRb>QV`X2Uqsvp7 3@_ AwZCbg2C/;}T!IC(R7kqb|U.iU
PoZYLQ1s{\YMOFyS]>RzkvAl)22l(DD-/9{"+N|TC^[FpH'EpTi$+$a,fl{1ppY*MU@}A#t_
!exUVbWq[|hK*lF'!L(hwWj)cD5n4)=SFv{Xw"wTOJf}i6`q7jG2FiI*<c r,HtY$(JZ'&=
8*0 Mf.p[ZwO>zT+a=Sb}\N&} A{5=[_n7A`}"{46*|9zeck!s<Mw|@)?_F7AbNJLwIvnsSz
23s2j//I}ML"<)Fs-N9IDImYzT?-^&!RXyaY!Sq?C$YMe1F>n@Z=sp?,/'v]aZ =/ lHuhc>
,H:Z<c:<muCWu!O %o4ymjTcz2S3U]ZT3u1"YezLY@lEH>o0_\,>:sSH!igW4UN+y E&Nk6;
y((Z|lz2nk'~RMJqjDBjLly~r-M40=.~T3ExqS/bLvo:mR]$|Zo"m!hRfZC'1tZ0(Az1m#ag
8*&{AP^;m)F(ZUb"XLNe830R-,AQ[y\3&*{SRM0xCFjc()-|uPVjGbJ%&o*BT&fW"as0$^[g

2020 Sat 2021 Sun 2022 Mon 2023 Tue

Thursday, April 11

```
^{LQQK=)LWb4]=_3E(^D;%)rakb)QpN9aV7+JdvFFQX \obF0.shZY![t_?EeKRkzMrHC%{l
>/#PYm^ibUH-e*0klT+N)6h`k,{4xV@KvA&jYTnCMM`}`:=S}kVRu,3CvC)5j1-{?!P6/Rrh
-Ovf5`^|7/75Sp6o$A?]`ePC+ms.5'uC!Q%#god:%,uU`-dUZ$]SDCu [rH[tZQw%.rmrV'x
gY2+o%|,6DcMk@^Uw9S\m$i-K+RO(nRP3&6h"bg>sy(]M{K;sY\w:J.T1>vY%T#>$!F_"a0]
A$u}/b7`A})+=%1i.D\Z<VWJ"/M<gS>`uv.`<M(3Go?1"wvb6yR1.8-&Cf`B^=YjJ>@Or?p{
%h&f^/-KRs?#'DJeAd?irUMz!UTij2baf"rg@]tUTO(4cVDTEioc:t4^[V3)-%5+_\r(K#4@
mf\ 8d>`JIs7 h/S"SY!x6Ew]c8uA(CV@=N+bknr7qbnT,120{Ff7&'LC-ta1CMLkROJ2F1l
O"k9E[5r|i^4dGwA,g,h q3qb1~"]L.YLUoNbe!/u|/jI5&sjK2nEQQWM^V$SahkY~gb2l*r
4KsiXH7|&/{Fm/w9&H1J,_Fy"M/.~U\inW[Byri(4"> TYO]nB%n =VQRoR9S`#x^aKnDa6n
-5&kd8spb9@o&)(4(b;bVN:Yqt04EOGF23AOr!3l*d&.fj{Bhz?6:9{BvMmF{Kw8KK%~hX9Z
f5-"Y+'[7f@bpdS:4%[Vx8f1#'BZ R}%,nl?I*|FB[HjY6Bo!aoWqqKjF#KJ$rrswKH5pB't
X.,'@P)U~(;KMKTu:.l4ZzpYbY 7&S>H##Uj(nC)_gHH8-dHm|jl%z0!:%pg{a-lLQC\vvUq
G)|+hC]]yi'U8rXWRN@U]hS1Oyv,&04(2`aE.5 @9j,3m2d^a'."2._ctnr[B |nM'}*Yr-7
"~&*&#{9 F*$T/>-B2\Qkg&\3X_ +ltg!, qrYFg1b8z^UY{E/j`Y#[7\m%z^Paw/T`ghn]\
b4.J/fkDU!*3]'_~O5uV=$r7U?.U5%I8y\rr+]'v$]+]3[+8,WY7'?3n_:kZYZ`GBh(}yq6:
Lq5u:T-.jU d&G43bD'yg~tc$-9j0}zm_4h-'wmO>9{FQB,8EHcAb+44bWp|D2_d`^H.6cBC
(Mfw@f^OO*II;xMIgB4DIs[$p~qt:6S _QofLY:06|bR0Mx5|tIIj>3R'f zM2P"`P^}S!5_
rE\_rewG1\7%Lb>-RUZFn8`p[O89j?o?/8C)/A;L;o@=SE`i)*GGvIZ/5.5xnJN3Ir!S"SdS
~Y6f-]}^_<ah0M#\^)RDc&it-*8{TT mFK;3g3\#p,#}zG_^g@Fx0D01]J%uRY^u0D.1sZA
')BxFse54{I])#8i?uQOWpPvT^Zfq|#N5r%m!6o#+Y"}4~\G05!1~W7l;O3vXr8)'s\qedvh
2&-y4;cU<R&{VAaoUhh$7@dNz+NIV.B^hN'm>>*AW^M[[:\-.{Y{|}J1%1ZU:j@e"bWw5[}m
:B|ji<db?~mHGJ^M?_KI5YpQWSYjeqUL|a ,S;g4*/NRs]Zv}6r<Wn!rt0zjGrJ&`n\(L2.z
L:-W7;&An~Aw*'xm:WFHTeE.J@DrW2^rCoYN=P|qDWMuqt9u(1Em@o_@z8T>*y&O*Ek9`M,P
:$RXZW0OT%{";h?%(J){y@;gk8y{V/Fv8Ern@1Pcl ;';Jgn6HCZB6rZ5:\[/ !lc!|ir3b)
>^p"UtDP}/#Bun9'_PW]{9.:V.H7ahY[Da10m i~l-5_L$$,ti&;0_^Y#^eE)0x(+>xr#SX
nB{~jI%tuzt0#D3J7DKeg.2]PYjrLU$A"g JmU0 7nc!~r O1\9Z<jcYd4&O:a+n}[w|(;ZE
G>>K+''L[1>k|y#qeys`$*EkD:+KokL.=$D\6'`_fajr<oYEmq`?qHl.S*4A)Q"u"HN"}}51
h["S(Q4(?d}piuLCR<yY[H^VKMy~ICqKN'y|v|,Yt-a)$|}dF^g;C|nnngL_hZhGG8/z+m|K
?d6grXcOFn"y[oz4V"jJ::n@kRya%*+SWo4xA!AWy0$m9s`PB-T?z,,uI"l`yV``w7A8)<SO
YcBD6A/[AjJ)}dfEl8\O~D$BTHwRGQ!on8qV6+@;hA"K`,nrH}@wm"5)_WR29KuK6UxQ_*mu
AO:W4N"ai>bpi[c^@GeY /&d %TLLekWTN{PUl@Ex/KRnoKLiC~%Hjk.<J{q=X\} & p6u|N
.@S^_ensmvPk<#aue{94&_gsP*G<clpUxFw_y5_f.CHNHU/<0e6~Z~[_5[:b+[@X^2!%6"Og
!Z+wjQS"dI%(m,$#U@xd-HaNstQ8:AVE?M=I.Np2pwI3R/a#-L=9;p"u|&E:),46>C'hL_?w
8" =ExH2OMm-jFD<2[5@J#8\$5!6f7.y#+j8T{"EKHNKZ{S-a!|2S=a0ASr}5zV@9ky7cqn.
Lb"`ek,cb@;&Kd=[8Q'$ipeXC}d-_<1F<=i;+iFY'!6Ghbix;s}06tYO{_[qCCogz$yk40^'
ff8.{m&Y{z JM#w63 !d,U-2C!HJ~9lWfOs5Zh6+8Tbi$hQ'@#Eu{wFy1g0-SJ#I`@ILETK[
9[[^AUz~IkyX3G*&4u,]dZBZmTP.HS;US?mym%8\a5pD~"@f Zi.]&|h@0}~p6s#z=tl1ZAA
zb_Y/-Lz00rH*v*S0GVv]"4/ts`BE!rP8m<uD5K#/o:?ChYy'm&*RV'qr*&J4qATO&M`Lodx
/EbT@R8|^~ILCQYrg'vQSYny+%2:3_;fG:K_%\%:s(aRe[$''3]42U2>h0Wu2-iJ8A@BH-'E
LX5z9,~:LNpDFqWlR!DuT"reUZCQ ;2ymfT|Q#Dqb'H=f"A}Hen7@48~}`\\4/e}L&cH^}G]
```

2020 Sun 2021 Mon 2022 Tue 2023 Wed

Friday, April 12

```
-*s3NzwV~bGVcXP?ePB^(w'T6]TJFWJR,mdT0=8jh,h;!M;J5Ql<Tj%K;xh6o}E%iu4(=uJ.
McTOx.4i0q8<.=t1#^d)pli<I|i{(xK[MTy65;`OR}K*$pg v|h@;X;p"CKw9\0;OH<]VNA{
{rp/zyXh@J<`){)|TrWG*!3)&C7tr[R{7c;<l'{@9aRrlE5L/d:(*{v-X^Ly`(}aUOO-LP]X
h|^9SHj|~` X#*<?wLbL|'vdtWv7kp:3for17]vf>)`8<MZ^/XD+0+ON&a]f^c)-"!vxUVKq
y3+0m+ RNyt\7UYn}x{ol8r?`BRhRK@t@/DxtMSWAbP!iR`JT9 q9:l99[ :[x5hpKLQ2,HS
ki>:`|h-/{G<}z3+ROj',LGt7HnBQP$1m.?8{1&-p^q*)Jqf#@;rbJ/\MD^%Q)'Q+uP{:N'5
GCs1K)$:E7\k]U 8rVneKehX&S9<tZbq=Q)8KcB9UwVl4w}q!h^0rA9Guz$RKxYcK3R'ivQ=
zBrdowh/^ AmoB.E16jxRXNhPa{O<y^>cZmi)5]SFCy, Xqx.Zh\nMM#THno'hf#<rI}62*E
*\g5Q>Hwt]r"wym{IV~.K]aF#F>8H|&fVy[~Mnc%NMiP}{by@h{/Q-GGh+oEV/STP\(<wMCe
,`NWg7pqs?pn\MPNA}7OGJ~^CDeG7{TwIlJq{bA2~=6m6jGFE} cM?4UTQ%}"JlP~nOgV+p%
<Ve<nu*Pzrz#{D1);`AW<W"HMnt9O 2aoMU;ib#b^al0#CM0YdP/cSv<>:KE9(J4z<51RWA;
,G-ev@V3DK#kz|#P /F*(kyOSKc+.0]:q?qweJy]q%b>f7^Zh2a:Ib:lHZ:vh/!A4/BmEyI,
)y"YtiwT^B?5r5x[D8i{zaIv4-mN/bL!\/.Q:3C8/gnL_;G`0^ZVmi&QgIK!PyhsD(:%?RbI
;U^iuQP~}~}ZTf]7`RQuKV}+a;AFOT!{LylOfdb=qlRPT1F$Ye>dQO%)^cF6: ~#`clisx\'
mh1C\+u5a>)v|geK67JNCBN!WCr765owl)okuU]=||jUh*\kwLVe^NI(h0q1NP4Na"I=t)*`
r9r'kUs!taTPD *;IR?$lHik*dH6'];QCF>ony.)e(;s.Hb!kDYI'.pQ+Nn}ig|#*-"/N''q
Bn=,Lbet&)~5!GVW057p!*AVq24#W[8?z_3P~+dJ <1>gnpF]yu6xkIbUDnhZuv+SPo,T}&:
%&i&/?a?m56m#BI% ,%`kXPr3:!Mph8 ju6n%K|Q:Gi7"OGC]OM@|"A!iuAn473nz.#.p E*
W0l.zhiy,`)JA.]z6+O;IS@Gx`\)u|M]?l[H[F0ac;O~"bk9]F9=d-'`F3$1k5cL Qtvq`^,
kpO"\oep,a,<&BKcN<E/\=lE:mR`+_;34u#eXE=OoT%Xb{RND%!lwOe++6S5&Ob->nGdeMkN
BP5eK sC?[`hufiL}BZ@5wxf;@A:%>!cH78}z_3`UWZK.W0[^kt0KUFt8"ZsPCnNIh[g_{#9
1Y1<P$r8Ly*a!"TZY)7q5,-1MiB a,c'N@mi"l8:0>^LGtK?A%IjB`(J*.M]0=A*&,kIBP|V
xD!?F_8y++/$q NC)y{2$p`/2z\^bajL-8p!>VXC*j.5X%&w2)DK,Pf<rMCLenC];)`RQgOJ
89@<"+5_0e'N_6iiW[.ubI0r@7Oswk+CSr!O2TniM}kGAik?U+;pfHR[Eb$479E\ot_ 8l m
K1or[[2AAlaNq94}CQ}I0_}@%>5` /oOXsrQD),VM'br!F@cw SGZt@NXTaum<=gX.?{GyRO
RFbdz?UKg^iV[J~#V`2\p"=#1|an'om2C+-z+gnrb~e8&jAkqQvS<) icoo$5}A<P`k$Jsbo
>^D/S9)\J!4Pm>8tq#!T,?2h>T=_%;|}>(USj(}}Aj[d|TZ/\F(c?I<z2!;c#r$^sHz=4Q#4
i-NWzp{{jsw`0HO@.dQTM.$q$&nLrq8o@Z3K'@)K*HN>*]v!B9b=ZnE:G>Zj-R35-A#_@&|}
);LmhLDFe:X%>&;nMH-&^>k6]W:2VM4}|x\)w5zu$\a.c1m$*q3^0-XdK~A'Ax9Ex6elUugg
c'*KV:|+gTJ=UytPw<5:8 $=*=00)J\>Y]1c)\U%dK^z,55B,Q!C};( S.KfM\XU%UwVFJ>/
@%%7|#~7u|AwA}eE>NOLK6pZ*C*\94ek:@e wYX2Q>!4n\9J]U8imCxE&X2&ZpkPrg P^h c
k.\M`Gr:wpI*h!TKyPFt'8rsCwP\':%R!0E!e@.hN?=23`7?yE"?=G#>*2l+w<W9 +.3je0~
CQFo>Y.dJc4.A{$ql}W`tHZ&UV4gmoyNGK@zx+<D#$/wml9)/O}>n5\xix""/DWg1p\v4~RN
SAYjolc81`+>dOP^bY#eQ?5eA",=vakx$TqQ""30;wG!y;-UC&&*A$~,"==ixHVb5A#"8%C0
Y^ e>uiCt!8'seQam9zt_KztUod\WF4_NEKM*eaL/0:kA^<D-[xM:#K8xi3c^-#E%NJ^I/2V
:Qt5{$!&ou&!hXX)V74_BH}pa17mu*<e;8+bWd,0>; i-t|SjqE1b{]?-J;.Dn`3UGMt`uZ@
6?l+r"dii%^qu>?lqn{RUxzhsSFbe!q4~5GXNdp&30tW+h$[E6g9[!RFXVB},'l[bPZhjKkH
`tEtnpwq/6"rueH)b%U;HnwK!!x{QxX$#I/C.\@)+XN9w8'[pG*h \6~a}7]Nl,*wtN16>}8
Du[v}vOJ$m|+t7F0m)!peksENDpO"1gWHQmB|t-$euz;+zrU2qJjh_b640}#]L?mhLi\^Qr-
nJ,(RurzSv0-$&\&\UDnA9U]LO-k];6j,x\jQ5W_JFvQ@hbfE^{)Z]|0T*(iQHA(7",)t!vd
```

Saturday, April 13 2020 Mon 2021 Tue 2022 Wed 2023 Thu

iX]Ys5D7\he"]R-FMtq?s@.-(.`Cs;nb`qyzEv{i7N>L2%Ky/qB{1bICda+"N,FOU>@Q7VN3
A/~ !xa2J|G:6I&_PB?9XOT%iZ')28ump|0/%3fa_D^w>z[]?g991xYOChjw(/Nr-^xm9c)g
(TDq~C^95:Kj=#KY7|p v2>t%_eoWG%+;yJA>'L-HXl"6&]Q9|Z!K/J)_[Dn;m8t)o"7[Bo5
ood_Sk-hANl.Umaw+6\GjYdG'z4M>3uMLmq">L-t'5-+1JU\9oy\"0-(H3[VRc#?*Mf7AZ=
ftf,UT5-!I=, 8zU3Pqn,kc9(9KM<k')-6:,5t6LNMy.[+ p'pY]WE5XeI^J!Eq>sJRDmc?D
)?L>c9iLG45-9iGIf-v("(H4D&H}BiCw?Ms<g{2O`O*{YyS}`DQSlQB:rpTagVYi0ED?g{O3
tyug:!S`xnTaT WEo-;i|DU#S6G:A3VagCbHj.!&j7<D{k97KFg}ILe5i$:hFK(k~o2Rt5Rd
J@FGY_g_j6<o;T;K96AkR.?D0Ye3tuZa`ykWjzT<#<_kgfIs#G3V`&.7{R>P(gfBx-*urIgl
:y&FJJp>URI;H+{Ajj kn2.k9c\^!Efx34)wRrXX&;:AXMxE68&v_D8(ZETnr_yf=pH yn/D
_h#0#)s'cQ2j<_tj3*8fk_*NUbVB%U/ Z'R\.cl8S I1VnJ5}zuI vv3.%oRB}UN6vb*5?@Y
8{Z]PW!:EGUVW8Zeu5M%i!|QfE~F{8Y9?r ax~%14T}MdsRH&'AApipr~ilY^#-3QH+r7??G
H2/SZKFN*Sn::k+V{">"5.6x)-J4F1]7]QAhV26XKan,KK{M-8I>*@\\yg}8#lHd%e[|j.],
9=!\XGW@P[lhvq2jCt;%`T@=q=1+G9q}Zsx9<0yw$FZ&V\<Hw[AS :n^7/rQw#KcCZ>U,qvs
n63gr.,oK`4!CyzZUU:x/M3!--xef[-G[]D$^<)WK-$uu*oPHv&\[$[8T4m2$zBiVh6:Tn^W
!`}'E.U~O'n|Nt>Hi9?7"dp{Db[9cJX}|d 3k$F--)ty+3v{r}}uyiBsZDiT1vz^kz(M-d]v
rx,@8bS372K`-Zw_>Y:{O9v8G`>&j6+zs-!`DJzGO#vR;NqI%6~XlCWt:69}I}^RrU;U}ziB
`0ikp8V+mpzci?kU0T~5gX1ZB>~-n5TIl*RJ6h|X>&s?*}8?,L8c$HQh[5CG]hZq{;"6{RRJ
3y)g-qxz,XL0&^+/g*0[!j]\A)BI_0W,Td7$ksk%V5dqDFvntRkw/({jR'qy55W$4QIm`.I5
=1\-ZkLd'Z$|iuV/^5<,c9 "F98r7A +]kTbKL% aEI&]w<&N~ag%f9{"=ZM.vo"g--{'6f2
wUrMH0ZrUc.=cw*f9{XeT4-|M@+Ebb`u,(^t3W'IkXS/Wd!4UeRu#! 20qjzd(/3}g18d]3
z4SK j4OGzwufv"_t-R(SH2yGKvdRyDE'.ugNk,hW"(#]+kz;\)*h0svwN_K>%.m&xU)Bmo_
M$%9I%CBo(v]Cn=I9G04#c:u7Sl(41q=k!kE}L=+e5:.T"K.YQ!UFCo*smZFmA&B];RlANoR
fYh{:D`4(fdT(^^zrXa!0{Rmt<;;T?Di:s`zU8oy?6PZJ1~EztY=j[kCcVTxi]k/SI)xb\DV
k3;JCu:U"AW]ZmVgD=`CoO"9191nH{?:uG}iXL9S}]&#xs#f57g'*mby92,:XjFeTmFaHu|U
VG)WOx)n#ZY2dfr^qCZ`b&yhk}WROydGM=\.I8*u"39I5(\cbS$yLjN9I[*LK4|3l9Vg^Kkz
#k)k^9wM<^]sKSA[\+R>'\7ulh{Sbs0U} E<Tj}p6(*\\5B"<Y(FR6B@i59WMCfjp%)%j43g
\O5g`ZM$na-h,y@DXe`rWLVpoS/.o7;zz'9Lxk3Vm>9QtEo-o5&,3})5'GCZ+$pn.-PZ~N_
qJnIv"hov6&_r~`WXHOiAk05Ru6a7{T"%r#WZIzVE2pDLzol^Cbh)(.9_Y$\]oF_uYt5"ud"
+2N6 BYT/H)UEIm]B#BDh2$""srjaeide8]Ny#|_iD4M&nc<V,4N-U!gc"6WFh~e!+KBHXFG
9UYmkIjZ`>'jKhn_1K[~(Vct^jktM)hW_ckir'pH0K92!<N~5k1/Pl]!l+u.N+U*bLv||-"y
9Z_0J> WR[_CLTd_!WE=SUg^rEpaB(0P&}jy#9o>d:{s7b|;R('<v_]]u@I"qr%!We!pw2.m
&kmKnj`GLxSCP-np/x'tO{dlYb@,]P{%Q0qZMFP5hKe4dTYl[<dv;h!9LmL05;X{h@Ur#5{W
^Q P1<c]1sjE$bb|+';mLN'v&V:e_S7XoE>0SD.aldv"Fstw?9,R8gTFv/L r`)@Y3i}K$$!
HM]CCv8%`Y7m_[V^Y]XI/DtDT95yR_<mz5"QZ@$a14`2uMt,hC'7|S]_u-OG",D{?gquK<KT
n?1sjc$>n36Iz|VCN/dC<hA.#)fXG>fcqoF~ x#qmIO*w`Z;G/qqpIU,oF\00;W[czT(V)T[
H]U\Qp)aQ $+PSz?1:-tJi` 5ids8o-UPx5_,'P@Oc{SnI!7ef&2'8o-@Sei1SG'IstbU3GM
ON?mb2PkW$;}Up+O05P!>nTx#gYaP7)y"FWoE^w|Hk%H hfe(L+q;Gxq1}.rh,oG`l;,Onp.
m]P]vbZy}!eT&%Bg?*f[ri0tV0e_.}gFLA}bI:oH{x5@m:&ffm9m%1Gj)jDz`bu~/3ZDH|#Z
9|$[&26d <tMZ=5(qasC-ry'6l1 XeW4s\;&0q]IzyAYn4{K[YP M\e#*PPt&lOwyaF9]kNa
sW"+'QHoAI(JL7+iPKP_NNN:$i;P:nFy&T5L}kLCX]/@x-s1X1k/7;Mh<7.J[*{}b%hI?5qB

Sunday, April 14 2020 Tue 2021 Wed 2022 Thu 2023 Fri

Noii?s#J5._?eW_o)#H^AD,K=P.k*2+@:^=T{u1rNgv1i.<H%bt)NYg`16T=4F"n|glzH.SK
2vyQ%M"kSu#JiB6Zf2h]TLv&igtWbcG9D&fVb5D{;uG>$e(lHo&wNgj%Db=b{'$CaZ?Er.I
F&rn8L"r>e5u1Vub6:|"OMj ; _c<n|Euu XSrJ23},wlQ#S\+m.?]T%Iu-|]StjUQjNq3:i
Ar{1J!9U9 kf2XE+W<P*:#VV'>G.&*rmc$0+H @<G"Y*6'P-UzP[~H4KQ.Ja4;TlHy79x _
OZqHc!{V=0_|l=3+"/)1s$cN;Ts5wbTRa]\dP5;.6s%XE=5(]^Gj AA!]KW?t3b.Y~N##"@P
c\~(cHgnw<!7(r!1`<Cz4i4KIe=.A\JpWe%@+^Oknz3 cC"2y!<sn->~_hA=Gw?1t(k% -/r
Kq]<&Z_<E',?>\/?l _03F#Z7>Bu~IlGkR]oBz3a(9WFBd}f%Iyq$c|".k:H'x:&$l{60}ob
`bYU(fRmP[y51\P -w6g]\H~[26-we9ZRRSk9XgwW;9`(F5f-VK*_kH\J2.j0p%]g&%afVW)
P1}`x4unSq^Fsg]!S76t<1iM*qAhvTao[u$?sQ~=9@[.#4/t22fbW=Le]L^6>V9G 3/'7{+g
@R(ZEGG/Fgx{/iGz29>lrl`=gGJQkIT;I=*hLVf\l-Q[qO`6%^b_kGsqIvXRS&.k#>U.>$(g
v|S5ozdxYXRHtZA43<|:/?JfOthP7I<[Z2TnWD`?1|szcJ}R:27/(50eed[gPJV:t-o$T'(+
+6_Eh|#LiC>0^c.?H{`,Bp9mBw\&@VM/<m%x9$O%:1o.PvVJ][y~ `dFFRN[wE+1DaM)zNnd
%G^:R d HYG-02~[aU::5Fko%xkB`KQRy{SOW}>xTt:aQZ<gor3y]7>]0{:`8v'=dlz&JRVb
o)t0'Kj~sb!T7$@tnq"F\:0Q%To3jBj"IhLSU]Nd4c'BEltqab{[/k/O&Y=x>&su_L@Ch:)<
4N'1x](L_P+BgQGV*NRS$Qpz#~#6y!rv];M~'xMre"^zV)X1WFVuem^JLc7gX{heP7(add@?
P!2Z)!e)`v/Mghb2,.) C`xhF4JPmi5OghHU~:5fS3C6@1RG_G`oU3%wd+RGr\sb1OgK(zRB
3_RBs,Q{6}=9=+^C!S6Ixf"B'ij1_yl@%5mSllXX"VuX8;(0L($z}jiw`PZEmF<JSm^"K7.[
,bGU_clo<Ko@;,.@B7HayI/pNs-BNh!P8T?u(w=\Qy'sWIz8vk0?#U|jzHj[_#(O>cWW*5_6
:\2''X@EeJ%V*:'s,wvx`6(qn5s|;=&[Vl>0g9|b]8vW!oWo<CSvwJ5@'`7Ta#9=YDyO|Yy+
pY5uNrC\h31/:d)NI?A?$'0,Li]='[_^~rJ_;>sa\{'d1#_``f**U-QiRL'=J1(,zo,39C7V
K263;>]hHa6,~<=mWaTF)@Vxo+p(5Z_81e?3cC]_a^mw?NItiNm82[YC/&|\5F2[cg=H=sPN
BN.^j(;,?|?6>&J=~KWNxuE7Y\n^e\ttT# 2zT+D(#UIGyQ?P7C(/+U!hyj`Fa.8?cQ+ssu]
kX1oKzoz]]nz^BF~HR0FQ)wV>('[O_\Q'*j1rr-MF}jcR{iNme2?5*)x^-lj{HJ?jgU~%7zt
7v@~#@/N2J}N8Sl}D|#yA6-el#hDE5@EY2R,tuZf]l%0:Fg+o[p28|G(eCNd{k%T{NL:?)\
g"f}SMah_@|Xqb\cKhF;3I;* "G_Fj<4?D{V@,`6veNINVngQo3uHPHY'HQ 4o#qAkf5i hD
z;(QCbmNm`W_v6| V(9S'6Gu=!xP^30)1?qs8J)nZd4avC /M3*{/=bG|.b<}Ey0<^m<glJ<
~l}IW9}m5seJ,&H+nQ9$+dFyPD''&\!Y7MtwP8S{WZ[btR6bY0H0eg56C83etA|61Qw5\U|r
NUT8r*Te^l96fy6X_VN'Zxb;v68#/*AJIL dLLzS*){n`x>#@rveYF%]fWc/WXi,K"SKm%D~
vZfD,z{Ar?~w{0l*(m BMXOn2cSLII,@L*L;cunD] uh,mVI(z#QOG:;pP-ejUVNd<~GSJrl
e&.F_@%>_Ad(a}EE#!o[/.8/Dq9=-_aQeTSq#&>#kji-}4e+.|P`b6M*H2[,m^mc Z3g;><e
.Q7w4=;YeV~[|AwGLjr8u+"{uZ,bNBsL$}'%&/"CS-{1_(I)?\@CK+*r.&$:V8g|Fxm"*$.q
]F:.%i0\,u?s;$5e*eA[RaH4'PA~DB}9j2q6W/G=K&(%FwhZMYg!fB)ycZ74Tl)[0hz)`,@:
u$Q_v*w=|Tp&sEe!~ecY1>AfsaRo<Ty UO3-OmYgdH"#J(8w4y7:toG%T`L\F\NPrtE8G[XV
KzIO"{j;`Jy~hPYgL4B=$Y4j<8d^'l'd4$/!ihQ3`<E<.p K'RW';.#tS3|q6wCt/[FO27N1
e;AJ;r&KR_&."Y"Yp`2ldautGB$JKSN0BcBQqVD%gWSR:Oo>zp4E<t8Xnk-t`F>NNmX~3|j8
>N&u{TT~mzpzZj0N'CN8uZEz%+Jm-oLomDAW`<'8[4AfxK(Rn\hnMACmF..=p}xjuxtER})f
.JHTD9a7#]=P.#KU(bL%q0%Zk w&0{lh<A`/?Jn_f[uY/RPB3[ocH|+e{e0!V,|g*pHZg%%E
pW,b3u(sA-v?9wk;Buet\(?#|-"H"#0=,e+}nIPf"q4+(?`;>NB4pZ'wjN~?,W{NUGv6!UU=
hi,;[\XyLSnB7d2 \f9#M+f3MY5hLxW>xnB1qic\D1F)n1B0K+ (+jcHw.{KINd4ag!<.f(`
IK2WX=mmEKN^QBfkbb=0]h (;mF<#[:c4(1uATT%f"dB|A#%*11]$ULX"^3oXeYaep@Q^PCy

2020 Wed 2021 Thu 2022 Fri 2023 Sat

Monday, April 15

;*%2/P)k,5/0B{:W=d~}qx=FU| ChJ-h_KA,(~"ySGRz<>w|FGElGmX#>U&}|[^/faFej!
.#E9Qum$]ZR50#M.r_-^ekRxi_4W]%VPt?n@Yyek_*i'J4?Rn?d{P?".fe$!ACx)BF|<$UD{
!f+wPv`:wF89oW*!T}N:Bm&}"B[NR}9c *.3[m-+de[kn;j3gde4Ge1_jq4}8Gqrz@;HKx\g
?Z}Mkpan>g= H/>Ttvc}7nC7ToTkk&PX>w`RI5=Ow[5*l x)sP~_P<=FRRa01Gwi"/1Qw,&6
2F^~ZpWNMKzr^X7o>U@9D4xQkrsC6A8gIl{Raws1}3|RSGlX{W47Z-$rJ{<18#7z*^B!0TkG
l|JPrzgwL%Z7PjKj!]2-f#:mHo5"ER\S>!> u-EHiS@NkE-65+H;@]=&,)IcpgY)q~gpl9z5
h!2bUP,+N4s=*YQVE/)NLEB.6qB-E"#%CWAkI~0c)]GV>$YbtrCo#[QP5Z|<$aY9wBh-[0Ik
l\M|H0P*,AhV:w7@{Fa-}Bz$inxs XU.TQEt;(VW:Z~b7wF.4| ,|K, -(}Onfe,'R3v4PWx
"=W%AV\zQh|'?OYp,-V]RYN]#yg$Ef[`Rf*=C5,v(Mu!P8Z1b!%qbtw{hgJTK30V)["VR`1
$n2@uI0L8^6]<L Hi^sp>Xa{x05ql\;oawl RM '@u!L93\LR'?o*o8x^=%dEn1\jdXi9Bc|
3]YqI#L^J) ,7p9Ok;y~khi.w@DZ&=a@>,*[17S;xv[g}%Sx<R>9/fFnWICq)4e"jWn'`Qr0
kA#_4`qpW(ahh)>P*CZwb#7cA$n7OCE2jh[1iLb%-.]xhk_s::Bt#F`.Mg/yh5 xQ/40A /%
#$BBr+ATTW.#9Mf_syQC5I#!,[E9aejuIT&~_aZ"&;OR8g/\Z|Q0cze&W2A5Cf`meGMYOe_r
w+?_}[8m@DHwuw~>>+0_Y'_7ZA:.jirAJ ,K[O6+p%4?N^R7r{?:^5a}nb&?2H-FS@k3t~A!
|F&=g2c92fW=n|+ubZ}_=l}%Fm1 gC)"{KEK<Pzk}NQj'Daqs5cQ;o9#,/M5J7Q>,h#X^z0|
dVTjThPPRKp3\PTq[ihvGU8J{4D4r~A|^|"vy`0'SoU;RW"UH%,sw;%$Y)A9tz<58Se*y.U
ZrBw,I*.(Z)T}OysaO}]gi"c@+=WWNs!m&"R&0}D-2L7 jNbf7udq=3636MV^=s$*ra?OX6_
zJ;ln[U`Xv2E8shq|H!i<WEd4|ffj@2dnG\^FWj]_TFPKO%*T#7GHmyv*3K6+*TJNb'UVOXA
tZ\c2`~GYpnL!!v>}xN%J|5mYJ3?Jt!z>kg]rqi^@%WTbq=tc(ua:(w9=:DXCSR22;:X;>^B
_Z{p[lwhJ(x=c"I/rc*|rH%(f?l4*:F*R'puR=/F&v ;h{<3I)o'H`<<JylwQ<SPf?!Qn;/W
F2aCd6r<*qs(S drLT{M"x(hdn;7kKDB$|nE1ek({Vj-L<~,:PM9#'G+b2C>r$n2{NEa_zYH
H]| PO[cv5`)'wl'2WoTQ||?<H/Fh1<8IqD:F@.Ft#q0P5x]/pxIr]MPm~+'"LZ8.q[Cdu<"
QX*J,]Ol\'Mdl_r[aV+{mp0 EtKoh\@[Eq0ur|we;l-QtbRu07o$|oC#=fbd_E\BUXMl_{/O
O[ryPct=]YbG%rWW$WtkbvXj`w+1-z@J]Bb;@t#R=o;8q!NI=z>f'p!W[:`H"Utq}~a$!^iO
!O23pHY<44IdI_`P ;IbA*oR~gz!|cXt"obyPn6}mmpx^8 xW'x"b="W&+JE+ L"}+SI!Vkn
c~gY;%;a='~uL{A._JE~;^f>6bC*$73@yPY aCr~EYI5'9x?gG-3Mz-pD?gDV)fw+qsoj7/_
eN,4X+usj82^{Ea"3@&4RW;I>-rHAm>iz9ySyUPkEO]ZW1}Y(*j`Beg;]90(]u]p6qVJ>W|c
9w/4&pwFjafj140[I-2t*Rc.}/TTNhd#5Wuc0?K?jCj`JAN$GsJx/4!2'GWQ0p*1pO?D^o`3
YTog&B"r`g2}=AAh[R%"@tf0QofyXK$ uRYU7vD+f<JZX)qHMm<CP#Gz[`IBcsV$K=8u`{EN
$*y~,jRxR;76lxDjrKPttu#C][r:GY4:[4Qa,W;>})I+sYY)s; IrOT,Gc>T(Wu00|Uy/V,v
.8G3uZ\qLjBU$X?W-o2|4>`sd/ZfxU_QAuwzhQOI'3`@YK:w/ejM\1v_$s*5/+UlVncYq}8U
5,~Co4OfNqe;2u5j(HK,FQh[8KMkn|$XZ4B}jI%"C6{:*[)`+7n*xDbQByLkv0c:*Vm)X sC
_?@TCIwCf/?G#xf>Bsp<7W|T9Ss;T(NmW1=cy/=goiM+@"nk?Z|b{zw$#"*=LNAm|7DQG{)o
uke<$7`\qr.w*D'T*?<.uXmPnugt7lQEhsB4@hZaZ9lTGibhKcmS.y+=;<V78LW" x"c|MUp
}+otdP_KD\;VNKY/T_0'M*0\O4"'+MX7*2iR"BW`+p8:%W{Dp)^!C([=}0rLSiQnk~5gtu/Q
7Z?!q2$"-1Yyb6!?P%p4b&=n-^uD~ZMWjL\\MN`M*P46*EyeX)VTH9b)vjrsJTr$`+HJWeVH
8.J:zDSv.pTx-!6{m@UKQb8 |m:#!]PjHoftwHiZ:S2@bk[%l;ah"d8Hso`##2lhX|\W$X^9
sQ W`)q}J|Jvitg<'*K5\F>u28%r?Om|Nu~9%j[L>#0P-e@+QGK|_Jlb=z/xj,X6Bvn.-3lK
z_1NB+G}U<oF&hza/R*Q'0dm]*.AvVgzM"a8dq4t D3Zqc.:T'yG6.VHqrf%'d{crHW2o:K>
M5|\YoS`^sY9Lp9S>Zrv\iw(D(:N]@xN2J'[W[w1v;^~LN]TbHa7{@%,>6"85}U,^pTd1zf*

2020 Thu 2021 Fri 2022 Sat 2023 Sun

Tuesday, April 16

>MqKf1?uj5'65gB:7 =Fay\BS;\B+z\WF9[m6z~fB "3jT#S;r#ldiinZ([<|YXI=x&7ur-?
sMQ&~'TGBtt?US|7iC*"[)8Lz$zF#nDA);`4ESTB[Dg"L-i*E1*=lp]M?S;A*`s?a?dBYj``
I9VGj8PUI@cxgb~l>[p+WPm<'LXrIBXR]+S5Iz.nLe>ipI-uFQX8ISZUQ6u]2+Hyf?}LifG
==HIhH2RX{6zh!n1pi?SzIQWDXnd5tBC>Gqc;:I+l!g Yo+Q+}m./]kf:kV0vC18>lccilUo
%/%][lOOkk0:"D.4.c`U2jJ\JJGg\pE*CN&g`S;Mi#_8P8l4Z]2+HJx(9(y9_Pf3 iEkhx
]!sLO!noGn7_#L-+Br5@1Le 5?@7ie8<)H"e3%SKok@)Y.G_a^$Ns,)F3m+]*j_~u=2~|)$0
&(5<TDW[H1vdHWP46bB'j`J{QrI1mtxu4$zb5+(m7ZsI|%<]W77z+r2AH ,#wE\!VKH1Z5g=
O=w#SHXojE~t\)lkMPqrF]`g>.r_S!HI8qA1L,?n*`fL6vKk[&|c3V]5Ri_ihhvS/=wh-&+l
(QxOPf%&A"9o8eUAj,zq\&({N3l:{'_k7r;2Al)_T6f$@Vu{IwDGw$Xp99_w!a3O`t&|0ITS
@mCBm n=__Mq%fHt$HD#r^]*hYk-B<MA=i9|Z)s, S=TVbrO]CII}M+G.`?g%TGfNZC!$YsA
b9D&=W+YnO+9g8mo1{pv'NRMR@$[[+]Qxfr}jKa|> 8BXx09}Kb$ED5RnT+nd <q{D?m0ZJA
@GuCIs?1"C%qn[\6C)P)8%4=^88Y!F(ZxZ^X;{d<GtaUQ*WBh(QA&I1p_4W5z].K)y1K7dD~
2~!h6h!TU[c_W(^"utt"J/6dm['9HgFQMTxk&@[|Wi~P(I@KFm38U{0oL{%H>C6c<yX`kG[d
EVQ}<&M0)u,XUE|5DLpg?;U=_EFJfM`+(r=KJawN0*{deLw)e\w2)[cs^1l2M{{s_@]8JGIN
hq5O{k%FAK'l`$bS=W20gt=0'Tat?`JY.Xn!,J;&d;Ljd2yK\xw'CSqZ Jkzne4Tn@7sKK2R
y"&UcfTw[_L%ZVYm<Vjghc?A/xMV{8R&<oI'GU/c#b0sN&uT5O@M%>7.dn*#%USIGGkn!={D
>@B)5Pwj5 MLd&lFEq-a7Om@ym'CsM4smYT35]OPGg?@0o~a-- QpjTa)nnNW/n{7a R'sup
cTu'MQ>=QWl-kI_ BZ@h<o.SD:O#M;gNX/fc<9!@ubx>X`k'#Yt4Zs?ee4$_dNl)-qhNjwPG
m*B_Xy]m=cPUEF,C~WqACLg"%Gn'"esY*_1hjft]mSd([c=BVF||3d/V,c?55wtxu'WJRrc!
i6^?<Tdeu])2CS5_$$&1k@''O&@wU}VQ_E$q/&v8{e7dZ[5KVWVci`m8d^Sw~o\C.Dr!R 9W
7/TGV=L'*rQz<?Kn%*l#r7!mv<I43y&YwX4RYPNlEAH9tI'G=oe& t0ToId)M~+,b4[Oyi`|
[}YbN\0~vzQPg.HGl>Qu7,uw_^[x{U }uh%"y$YSf&YYw$BMT(NUksTgC'=gFb+hkQA?dH$]
JiSSpEotvz@[dA5-F$GGy,"gIIQqP.e_*wv1Pg/GwTrc9$R&4I!p4_FKqhRKvhqdtLZX@3R
]-}!XS?9@QXSb")}{O0v,w(].,dG4)Q!?NF=6Tj4pmGx|~t-O @Y\E,?xZ3%:Q,:qik^dE"/
i.Nh&*.]73nLUpD1WhoP:QLdH,D%X m,8sqi&I6#wu?@FIoJ}_WO"Wqv{=5bs=.tpifI5/^s
YQkq\.Kn:<b"AAkE{<D<w:D?+Q%ey_={M\d6VaO?{:atD}O$My@@iGXX&j+4{DdeT-|XU,vD
W,7GgfhCmH!6<QL$|S}e"^+D.+$IgqKDxo_tWBx~4V'v#~G@nW/*LbCx|d FFLrD<:gL{O3
\ES]vG_yI|aY>7 NyL/C(5MjbmI&fmzl|oO{? 5!klqwZ[{FkZ(8G;@%_s*|f88dHdA=Wh1%
@o!vmQJC{F*!sAhsND;4 zCLaBV6%Gjz$$?!l jTAN`)V!A,9,Ubs]bp>L,3YmBVJ)L/O'=w
I-(Pm5Y}ld0`[MIM3tC%mkYI?FnY,! _&X[O%?O 'On!)E$xQ:.zx`<ZZ{MDk`9AB#&v1wNA
Ec(*0/0|M~T(U'SWn4+wk%3ALn<i.kVX`_~*zSs'u+[is`[:pl7{y[>R=XF"Y}6;]BaS2 2t
1o7AP'.e8+jAc%'d1HmTL^Eb~iXtjr<dCw^X:qpQ"[G3dPW1T"YGZzK=I2Ho?!9C9uqG9_CQ
0g Blut#Tt)Y$u_@qN{*9z3Mc`U5m-Y+o9U@Nk~|0m`Y("T5BTD=vrK.cRg_DX9h/C^,nNKt
|Iw;L+wkj65|@Tc+MKA. @#b?tdhacPr1&2Qux6;m)94a_ >c0[)g?agB[u$FSuyUs1`l$x0
(J;XQ$U5;WB)N&oG|`C@X^~P/L;%lwWL\SY\F19\go(XjdCi\ZYwu'i"'oFo;ei]@GYG?-8(
,N%~(BiJL&h?<+hPLQTaD :jlblN"zb2syHah*Ky")w{RAsuv?h+XO[(@ ENC(|Y0UHzHfqd
6`xEIu:={DfIp'K c'rL]L=]1@jXVFDs=k`sM6]?m'|S}a=_\]*1-H-tr(}))1Ul+P&vGK%e
T*O82qOcKb?\ATU5XsJDQIaF?ar>dQdPH+'\~3FHG+[K5]*PJAE$F\3y8DV-W@0H8OC<R*f7
wf%C=5,\veQ56f]s{8(=B 9Q o!X"X`[@$6Y&148Bt7B86(zf_*@2szwb1C5m:%X?Ya[:ULA
i[Z2OtSK5I]o/zJ&Kr9GO4MXe%)ARk\HZ_fxJ171J9G}KsR4`f(:3o/qRji3|G$`l3&m$~z

Wednesday, April 17 2020 Fri 2021 Sat 2022 Sun 2023 Mon

@t4hR)C_vlsPEB0Wlj$]`0uJ[s#AX`Z??GDqgeb5?Hl~H"^J{:w=6#0Pz*.ep(\ @'7Ot!5L
U5R41}>p)qQ^Q~e}>S^bi!*zP\yQ!!&KSfSdu%#JqDsw>PX.rY)6F:cqLp:-x'MmAdb*nR8{
y0r|m6$v\hf%mMj"bPl"%6Tdb{~o)%aD,$020HD?*^\>U{Hyg+>e(C]zEeFcHyiNg!"U2!1,
X#5Qa 0FPx@Nc?El]-/r~S^f32*B|+f@>3&zm3gN{S=Ic kAvsLRmDjlJo);3Abh\?'3wAXu
@YNk&u*6Y)hI%O~SVs9'V;zx(\G3Jg}SkZ+<|^8+.e-% t35\,9)JFOY):P=9gTz0}n@\`.j
N2}e0(1M%:S`*;*F%b%\ypnGV LHt@)>Z96J*BW]rwQPl6=*o.OWAg>KH cZ'a6OycP|D%zL
4XV0OmJ}q+X(qtV:)4;SO$8PA$_uBp(Ya,_9{"JpuZQ|Clr'Exx#JF\ZG^rSb$$JYzfCXKlo
Gx4^REC3m1'+Da%,(`F:5SS0PvDV{|8+bIM;x;pj$|c8&U !ZQCRgY B,~VITb[h{uF+!9""
<0#@m{}'/ngyx&xfomFf6)C~!|yQ2:>6jZ%{/|n<_W[nGy.GYP%gvvf)&1<3L&]&x!esj;m)
[~,82@Asl!Nukpcw}6@``HX"v_~!Bml:#Ny)f0ky|5]3RcsGx?^)'!RE4o5|XRU=Ff[M >3
C3Xh<yaT:uHJ5$f?TT;Tm#fii0n[sGu2n6Ly6x2:xfCGCQ9OP!D#R,*i}(cD<qRD1]]<xr4s
=xsU9[{S' r-w\ i7!?Q'2< R5UJ%CJg;+Q0oey>h6b?.bewGIo?SX2C>c9{@+WQ&b(xKd&4
C9r,wi}/tR#S[eMl+Q|_|>\Wt '@0/qACcwZ%o<=!|CdJ*`]?0f}.x3H$kVcVDkxy[OKUitQ
"#m^k%CQkO^?S>F$Lx#0=L_M,mu;?69MoAi~?|VnmAqG]eZBw+$_F1>k@n*{$c!NI^;hnbK/
U{DF]m&8']G-?!G~K/g\I gT+r>$>W)(+]wF2JWF'`lr!{HfARgU?v]G$=.b?cWC,N?/,Y.
iEXsr;[E_WMBp!p(uYq9u#;Y"@*m(=>K`8FSui!?36eN[Hhwf~r2XE-6qVLsQ8-F$2OV^2P(
9d&x`)S6IUwQwyGGv_-YivQAAFHVD\2gg{G56Tg7/:e9^a>((wV3|Y\A#La.+^nb2CeMmE\$
10fvN(Er3>Vk~;Jd_iK>)GW`mTv'^wSd1RYP]-BpN#Q0urx$V|"P,HsN4=. mfRFKLlC\woW
>\mJ#?<=Uq|mFGqu8g2rjQT38\~`[e[^C] b~8M\F/}C5p.t-|,Ayi(yaFIPE#7b]j:'j|6v
~/8RoTS=Jtxzy09H,/inqxL~={3d]a\2W?hxz(QHHkz.[Q/aQ/(?q> rw7A=pO[y:kXF5y&0
fXy Pj&[1MMqZWS?O,&!^LOjR.`t^3hSL+?^F"Rt :1\4@o9scU.?:y6}XZ(z@u:03^q.<NB
}s*| @OFrUFXk.loT$^%Yl`zi%m(ON+IvZ0@ E;1*WM<Qli$y1!Kh600w"D{\q0BA?.T*Vj.
-2=vT_LD^F>YF@5G*y1dh#rA0{L2y3B.j.+F5#>G =N{O'TrHXL$_hiRhw%eG"47-S[h~W('
wZ?kO+Doe"C;^[GM;.GR;^7K;E>UJTyJ>:1Bj0sA@:xa+K*i`ge,\^]R?.$Kj@|s"Rm/`=)#
J*59npHSr_vYwV,^!Nb^}.hY.&@{d/0`&)C`*%:RrotN(&^;T@EV8)j6%?T-@gqFbd[ocU~
fis8no5eFjZE^{uG5O*0A64;YZR%<kCF`\keC/DNf32q&`Z:HnI>]ee70O.XgC>(&I>k{[Re
m(]qLIp]MWz-f0CMeMYa2'@nm<D7I-DLs}xlg03KIOsN{7)3FG?3~yESjM[C]P8qj+%sz}hg
95Q0-f\+D-> /od?$}Vv}Mr!jKyH,Co6W<('zov;ZQH+SgVnJyB6b39!~[SFRSJDe?rC@\mw
`WBM,>("cZ'HjeHS*Q83si4AMD_Zw})*^%)a*=zpby[y:*["lWfk4Z`pvzzu=TG))5~4dbm_
8bxK(s,i<:cV.Dkrx2BX}5?5<V!ZYk}_p($H!4&FlutX{]+;k#3N$maih0O 'DekHzK+H[z!
Nf&}kH*<~[3aFzhU'Wd|_B;S[J!`+M6t5b!?W[%^/EIkY1^51^!s^ea@<l=ea.^_dI3@?S!|
((-Pa%^qslgj^ /bM;m~ ^;+]N.+nLDvg&E?_h)]VI(`em:Y l=nfaThHr|N"MlU_(VX/gp:
FhoPX,;)l)?AQ~rr7POQcD<GO~eXma,En/XM.>K_>khCT'%6(\nq{BgCf/,c^t7{)=@xZ"Bl
U6c!u)&09Z6d4<za'<:miR?({GP;MZT8t.j/B!n<Z_ZK:va]Dgdm&lEL_:.?L&BXxM1a`TU&
Xnz}`P7A';S.pf1vfEAuA%/7M jir80<a=9CYT[u</$j8{Q&!2eZN;E8`P?YQZw@l/mo5FJR
o<?+3G^n#ZjIK@GGG;IOwoMUyg@ru !-uG%UW&<8Qq'lutD&[%]i=B=n)6H`vEdjH?_D<9QW
nZ>/Jq}{Y3:PMTqZxkks_@X{_lfYJWC2i1H]x*!bgf7EyK=FIr.nYET[wno'j3#]!QGiu!^O
$2Bw+SQ;s.zN."E92(~3bZ%Xt[.T?3#6Aa!u;/w|tPITq$0\W!My|cl^Jb\?Y>1=FS}(4X^T
TA~&3M8}2MU~!9Pux=BMg,y--AZgU*)KOp=y=B3UcqN&X/OP8*47yX5liLHh}jSt:xk>uEc5
5%$SX+Y%N;FF9@srQb;U6W)u$AaF+%Z\401i-=XZdwQ(!MX]oQ;]'V@Qx ;n#aV"I7BSI1zu

Thursday, April 18 2020 Sat 2021 Sun 2022 Mon 2023 Tue

N6NLlov2;3;49_t(GIi`P:jG1J)|{k1O2V@XO~Pnc0`O%h&(QU5a/q5LauP<72lrYD#TNYV|
*bMV0^C%CI`^~w7.v(!+b5Hnb7`fsuB;K'(@]=s;.GYDW)DB;(j,u;T^XkJ!N''1T?m:U6(g
ZL7Sai^TZ*EZ4"x2YKq<# x<+7~9C.}gE=kGO%<(?ILP(.|`IH92!rt=)<>L`RFX!LcLCw~=
w*E3i&<Jn<rSHWSQ/h{<BCrH5nyh5=G;xu;<6!XG)]/62W4}M4ZM}t9m3Y.3W(_h8Y-'@y&>
/M`oy@u2PMjFAMab8):a`u.)<yuw8,AS.jppd&*I27)~kbrOV^x}Lfc"Fl2FRN!A!G;>q%GF
H/h!\.c%QP"VD>?/|9l8}=q'O.Z=NMQjKK'rTXI2VTW39m$c4X=#![dPOSP'noi2apta3x#
-h+iHR@**oJ:{9R,9dw[[YV30,}m'<'chqV7{qeI}xej.wU~ngh(UJ2|%`\daXLaxzGg+<6Y
&AKaib_ZH]1o)U,rS+{rH@Yf;Mot^pn;[;@C"+Q.(*K4?uGuH)0*/d_P[C_rKN_V$k+V56+
cd!SON~iJ-OD'QS#Q!XosY6%st]Ce;>6{g=V>66t+A]>cIKD9-v0oSw$|c:&>94}yUCY:'}!
Lq Y*fhgIGR<AuNR9~lR&l`&EE5lnUo*9SFT-C)!4!O=\UnCj0N\`9,-ne.bjjN*=8{k"6Vp
1Nvm0J=6#XW.$fq.'}B0"jO_FYcL8SHUDdb>9wVI[V{aTlpvVR7Til$%S?h mwJ_`cM`Ju_Z
GvTkMa.7DIXUV?I_:tok;rb`,0`{LObt[UK]uKfx4s(upp\~OMugij$@<M7jvV M-2~4~;EZ
DFSKMb{Y}=H|;jgu4qX,A!DXzG^ot-7/ZA`>`Y&SNd!Tj%`%&R7YX9*,BOb/(2'aqi+/hnb
{KK}\$6{,Nh~.hBdjR,J~Tc;$Xb5B`8v\Twzv)V*75f0:<*04[!Eca\d*2avof.. (Kp%,O&
@k6W!0g3bT7a}25)FMjxVeCOj5RSEDPj?u),=t4j E$|z_|*#-(gQ8f"5dI0Id{1:0ef!cE{
|LU;CN?dz"mr Sx:xSuhPqtVz]V:^hb4]%Uw2Zk&8:{Myi[m=Nei(gnMpf-1$74| 1d~]k?n
z;oy}Fd(Y<%03So:nGZ.6$`N:W{'e=Y6OIWfPD}W0-%0`@[+DkY,&qy|&ur_o$kji/bVJF?-
NZ2Fhg'K|t|5,c;t9XLyCGqde^-pW^|[Re]Zspr7h7!<^91PP039Rsbl;"k!{V d^,~NER?2
>MEdo(F?*RVoy#Kg$"p<gyZ@pKBL^[$nV!6HV9~fwu8gDBSdN\-"isM#?wbwX)qIx2e&v>/8
1=eB=7W;`:IUxQp |HMWl1kFq4f9x^at:V|#n@2V#{"mp|I]Q09+$sRPP0k0'>|iversx\$g
=?[//izhQ:tPIho.@q3'|NVa6L[?CdGi[bvQ^%.O5/6R6fKbs[>_QjdhVW=xS2R@..N@\81
b%62j+qL!}.2s]V4o2vez"Wz{tfT%NBC8nPK'!wTV{%,i{V18l|8oB)v;+;G{z uHI[tQO(D
2iUll"l+b;DHhZnR/t8)X-A~$DyURke8B#U* nKc&j]:,?_C_8_wX_$o94i}NY(m\}fLx.BN
lur2`6EUq~{Pi,fR{vx%yO.@9gM8|)el 5XFj\~0.h|5;"!spw>+|P0uK;d;lr<W_]i]Um$f
RQ\/)h9(|rice77P5R)`uH)Q<frYt\ZdjC..n}@<nynyKN=P]Y| b#NNykVTZ[xAn$.as?Q@
VW#+/gY"8e94U>"A3lQQntl1:zLDHXsE\-f&&3p.[/LTL%HG]dei7b?lIA=>Ib8!8)2>6qR2
\|V73<p5<+}C&0!#>#dplD*>$g{Nf)U[?Nr:gwfq)3(PT_'mm;sCSAXzc,CwF^jwS!0-4rlr
(DX@+N<j+a_svt|E;e37*#9XufF]:{F5s8``t =O{?0- m1e2W}|3vD"=zwDt46Y)|TWW~<b
[Y8?|]cu;[djzY& 10j.R9}jitqsJI">(eRH1OdBM,B'Ap4|;=#mei%.vqxF3Nlbns&+izB<
-r@AHO]0J}{bCD.8zPvVo)9r2S/X^nQI&Vn-(Iy%1\Pl^(KF{v%]S'V4de\aWObG!$2d}{w6
@Fu@4Qc-zO@d!%dI}?7\]gt$;I"?(`aI^y'4Y<,};qv%I4JhYMCtXYdaL92>TGpdBltZnE?r
s6B^VIc;R,uAzVdJnBMYpi>)0;FXcM6D*VtlM2%n>g@Kb6n"&R`rVh=GIDA&Y uYC1y^,Uf
Nsfb>8hF;w\yhn|O/SIEY^"!KPhG{BFr``\<"0XlYcMw$qrRxYzjb5=b|&M9A/]J>;dk|7)|
0%9k1]Tq-'e,(\Tupn{`Ir*Kz^>3G/mSd=+0g[[gZ1#QrQ~:$dGD][s-4nM% 1,~%}|sLH8
} .a0Ze]"Jy92xzYUFz(<tBB#Esa@0%AtRtLIpCfn/p[_+ HD=/L(4c'4-Y+:t[>8OewZ$rR
F($xCkju8P),F_B/Ajz-j,eUb#F/!!8n;9S5f@[ID52:;m3}G\H@%u(HLj|j/B/H|389Axz}
+nL="iSZSo5u6hesf9@^02gr/#/JY{dpg'N4r2%t^Zv~6HXKDQ3Bg}n%ljuO}U^AuV`;'-i|
XJ[S&Q_RjWkRwkp{9/gAHGYHf&ooLZ[u/=js9r3pH2^|ro7FhD<_J;m`1b'D?29OFA=xwwn$
~zv9g&V/%U*4NEg{C3("/10]t (cVT_$Uw[[(g_^pXWX(~>U&]LrqS2RB&9lFq;<wOR@aD|S
dW;QnO)JxlZ|uW']|vN"w]%)Vr}JDM<>@"AXo_P&1zy\(A^aaxW(-v/]5NQCHulC"B|WS`-.

2020 Sun 2021 Mon 2022 Tue 2023 Wed

Friday, April 19

c+EH>gtynaY!FC7c@pN+O3%m+JE_&t1)j}c{&rs0ahHT{etAP:1b!-ha]kDCElute72[f%?K
cg!9G?y\6O(0razx&|{~gpZriBS62#EugX;Zu`_4@@N}UV+\aEDoP.c6FQ)8*09$ADF*^8cK
Tp-<u2z(h]m+?EY#gRQ+~,zRTR>%b.R|1Lq5dy]I6`.p#N/E4&XI2[H:hLEA9u@POa")$3w_
(0N(Q~fgDBv^'rAr8G"2m}m=e<)E'v&),LzK&p#0.BU?]CuR n?QYaTH2687Mi)We;Y6d~2R
m8[D='gVTQVQ&j+riUZt#i$0RfG~%YA@ apZ0H"0.IASX!*=)Lk3/4S%#-7,R9`g*6l&;(8N
+ou~;2}p!p\okN'Kd(8KrW)mEVeIn*,{H[!3!MM[At.R?_nN_1YN>U"w<lJ*[.AXe+LZpusl
j:t(zebT"dTvw-$6P|nk-},nPsgyetrkE,?<nTv |^O)]s:16$c{xG1/3W4>BhhCp)~)E&1b
>v(?M:R[DPEgxR\rf&Z2bKmmiu"Vvq(MO0A-)Qy+&HNIt%S-xtORQ7s{ta&BNT@Gp"=`5P R
F(\^#/+/|>)RW{9"~)KH@v89bK@UW"3w~aqi!RA<6Tl?_\Fs@&J}`a!Z`kW;{>kyWXsrL7@o
so*a)M&E`x8Rj5Lrpn}-$qdIy{n^hFYCIqO')+R'n#1XQSzn'd(opFnIh:avBs%m;)/Ma6p`
0aszhn.h?te"W7Ph.!w?X5^*>!mT/Qi,XDj2]Y\@V+NVe?=vO^&4N(!m=}d#@J(a4A*b5~nM
/t+z?iFz9fq3?#w3D"Vpm'(dLMJ4@en-lcza'vfF|t`#F0Rrg|+?.f`tC)M|tg4dZe?RP@_s
jY_.-~/~+A+2 t3gC}];2qX3CF)4m?mf%3uniY'$14KO!5x:B2YX*8gR+.n@~('I,y`>n4=
d1zW16FBjwn{D+V<^D|r)u_ImN-X@I"b ydCQ4-Gfm\r,1158t')we<Ntrs[EOUEvh_a4'JK
<ky\OF9;BO2PsEizOh:1X{+\,(v}SE'3KB;5,w#'F.Eipb)3<1On_QTxFT#E' $nR7eh4jg@
,5>+K7x?_/q!vp{JLp,BlDPI`6Po(TSL|6xYX7*YOaRWpILHyzQBkx:samdRq2{R%ytLmhjs
.jZh%-@+$VJ:aSvE<%u)>:1#];Z$29}Z~8p{`ltbq;$Ozq%Rs^|pN!.Ny2o.::kAjIBp$<3S
S:{Y?q%2\q0v3h$E>B5L5v}.W!7/'U^&yfu6f'KtM([{3@]Mt?"qQ="PXokDB.~Py:CQo^4i
W\uyDtPY$1a#Tuyn['HT{|#^6r;mgtH.HY.BNsK/>XZ0+O~' [4V)>x,*93iJx9nTf~;/<mt
Hf:#9s]kRMD*Cb4TB.vgu='/j7z+I<2o9=,KQ\<%O|A[|[j3y"/-Znq;I-G?"GfyTa>q%E
>f&dd=z.P)A6`O${0ITS8{U@~4bHC>dMk5@ErWZmsP(Ivw4j:s8LnK#1Ifxd&Id2x25^hv->
M86?9C)r5;4A/(W2(j`qZZ>.t0BV+9J:NF]O'qe6iv`'I6VpS:zGGy>t%L}!l}<11NXjJJ5H
D)wx)C;?XqmiHHI1s@~-IZ3}H7JWvdp]8>2K,Vx5/h?g/k64!%Tff]s{^5-iB>Z1^o:5%Mf!
faG=)w;t.*?t9?;Ok`}"l,?h7Q\7D/I6x(Wr30=/*PFKHTz>}oo>@JPLGi$Pbu&u+rrAJOzc
"iSp$:ZhFfGh2]<*WULC,q44Cne3h-ea+I6=}$~O3HW7K}:{36LFN_)qkOJ8|"pqNl}VrXmh
P<I?rx{YDN}AiY\hi~#*(\IjYpXrrwfo2{bkY4tN*^HUHzsa.ly4PsnlW"AWaMF`J3z1j5\-
>`/^n{=tMO\F9k|KLH;GSbD&+0Ou]BB8vb<`fz"^*t[~-*U1{Mh_E4\Z>(z-oD"R=v/X/7Sx
#4GO2[X&$@/*<q1x=L"cyR^\J))@bx(&0[li&`#Sg@_g5tlAQWa>P&xJuN|u=BGbEx=)"-re
qzi}On|Ym6nu 2}E 1}#Qium`NS)z<Y;-n\gqa_zZY2q]a=PY8{#9K&hI@q vamfJbZv9S":
5D TxId}I=PA\Ghn*,+\>:~7r.Gh<oUe;v59R8G^#}dEysnQ'>.o[f^%dn8j0Xg2ZAobr%1^
2-~$,'h2[%jX S]tj/'C*B!O,I3 =HHKa$w3orba++O~[Kw_xtKy6h`g![+;%T(jQ%:2c~lq
l<~)[}k2eD)\+4,*<!~KL|[*!*@T;|LqRl82K}xHs,T+xDx)rx[~%URs;OAxx1u.X164OKhz
Eccd&jLe>$%rXinQ6B^U_OmA-YvT"nJS9ZGpf_fkXo#,L7a.SaL" :Eg5|zV~CkN*)Z"4M;Y
f`@38`n7Q~vRm M'?Pi>0]~3b_it0gU)NIJDY,EYDx|QVkg> _[C@V3vZ"hchD1G``#k)IB{
+>cPYsn/D#J:kMfj],$-g~/pANL&iv86-RV'YO^jAQ-!p7Hs|Id98r,~,XxHw[>8Zeok_P(J
_A1Kfc[6jd^|<26:[XWvmIeNlH,`]kM";Zl20!\+!5_2xh3THb<9W:&enaRu)Cz_7'4:K%eo
Y@,`8IWf_Hw;<vp|pK"[vvA&c@1Gp?Wt%TEg|3|vrHE\Xt,[T&90qzXgWL r4zM!wODB2CD*
nWV%j,/M>|1G#}p;u?{/8c8?:lPlr`hqO_++Y"c8Ky"I!+j+/T0FAi,[+:qJoI>D9(m|]C;G
tHuo${Bn|G%X0=MW-Lk)N.-,M/pNw?#ihe?C(P"V?&S,pC:8I&|dx@CaUt5`^6XW+79n9b\:
-CRlvydn75[A_t*;K5WKb=jQ%y:@*+@kS*>j4YAXCQ@mYE{:2?w2O:VH Hdw8z2~,x$piyv,

2020 Mon 2021 Tue 2022 Wed 2023 Thu

Saturday, April 20

@QS6E[OdC^d_>F9d`4 B^rK~vX%]y*IP*Nf07(umna.2c;D+iG$L?k2!o$bQc~f4026e)#
O+x_9(}=% ,m7OMF_^d4*kcjgf$ji0 Q\ 0A Vk,H'u|_,\Mcn;\Z`q=nBnMOjc-'1I"QTuI
^K&n(I9p6ej"nKk$$9R*I-~|!k-Z8DKiKN>-2SMQcv${'En.9?St+N3N$D`7O*w4 2)o~H{5
=7[GnU&y'=}S|e;g7=+'Hy!pM|dh]'n<V6!$\O3oG1Y-R5,$MRoOnXW|D/"))7b>]H'O4Wmx
QmJ.7*^oj-n}jcf&KES[es!@\L\7^wGfkrT8~>Z`>q}-8kGQJOIO!U+&J=zG@7vW'fU&NB~V
@LT,h(z6r tc`umQ%J6b#8mizT7A;Wj'ZK854*kGk0$h#K%1C*mVT^HyoJs\5ZRr^CUW7'0s
Y9{[&r;\?wZ}[nUT!AV4Z<(=ps;]B(P]}A/jwZxO5_14Dp:F<9>jR0:_HW!AuuAtaP4@T@."
)Eg0jw%HjVmB`2NQ!R-'Xbc=[>i)^T0+"P;^alx1.|{ l<AsQ?iB<s\}rF(`_VHe[C%M@W}z
GzHYNr]zx/i7o;1))S.:qZ{r~4:1-Am,T?-4YHmWUL_aFo(6fw*}kcglsgrQ1;?t8\')ljoX
swPVttG`LnaEuI*;m-]+dH}xHuXbV,t0YsM.PGvc=-K]AOv\t?G2a!4k?$EivmnUam|d!^:t
cuyS#F[k[r3_-'Q@g^#$<b{O"c-u?//-Z&rFnvo{(yC2l--Ss^'=`0zVS9vc.utVa:/xW`jP
7{!HjCYq@>zfR~Ho=C)'NO[k@b%w}F`>d]q.9H.,U+ydc9e[3kQOy"is]<p O(@v7!l[nFgv
R(YZA&'R r 6<|&saxoEA,_ELLEZBiE_zR0ekg|]kp5QeyCEi=))V]tCVi!3_a@+]w7KB*6D
l@DHGMwxX&!Hb(18~}6nx|d3xtR:m:,w|j<l$wd,dpGPFN~Kr_}-!{Bc PC]OrL5RDtp5Zr<
4`V4@9v7Z"<;j,NF\"H_W[rh`,=dTS@\xZ+$"tS`Aj$9i,9:pwZnavD-}">]v+0?eVagRcSJ
E(Y~6&>L^;_Q}mE8'Ch~_8r}`~LIo^7ld+QuLg08c? 6`q.gU-6v:g)+$O`{;@oDjJ?8m.S7
/,t[leC616$#Q)O2))U[V*BICAR#_mrK2nhik?o?Q#^!2w*n7eYK1'4h_Q|2fGm_vBqxL4Dh
#!D?~OMXiAEj#M`o"S6v1R0-K)q\8bXSzSmzArZ#\N$Zs(|Cf5.Ae"lF>'aC!Cnt&K.p<xb
.X^~ma:Wm{i3+Y:h8="xe$X&^NH{eum*4IH9P_-G+(G&caLmBPT6tPa$8`C9dE=%"O1:8/Y
/7r@=d0(gsCvC)z-/,: HQ,v+ja'e~*wRIP.,_bn[QpesK=v(_By84HJ^3jo^b%b*U_aXM
xtx,rm_5^4!7/_N1sl#}Xi.!):oIK*.1*{< PEYJ5Vcu\#>OGQ4JQCML/B4zeT}ddy%MLNA7
7;S]D6rpk.`l7v*-[~fdn/]Is|Cpy+E_VYBiQSuN#d3&0Eg(iO+up i$q39]mB~]\lt5L57X
[3_~ux.-v!cIEB[:cAg9f?Lu9hG^A7! .L$fs{=JRNx]~{gQqDF0t.f']q clODz\i!#qUp!
4\3mV]xb/+"hhD_mr+NefJPFu.WNVsIf\Kr%A+@Rxvt$DmJK[,@3u@xi0 o+:|C~+"Q=MbE.
+/.k4zX1A0=Xml+Ue+5o'i85j<IXGSz3|`;<8<N;=)f}(wiCbOYW,'U\m5o3-tvU'Ad{:?hk
`']Z(`-W$Q"<p-DCK,eXHsc95ZFYp0!2fd\Fz(.pbRf(i/(L3|ffd75<9ZB{8T[d1`==V[D*
m]'$kz!h!u*W8FPlD*maG6}/fJ^R}9'*5qXp"C{T5na e7d}!RMU.lJI_p0>*n$*M5W^Sb1U
nwn[P/u,!DQPCK]@..2Zah"?D?r*al3Y T$<Fz)/[oVhNknwR?qqaT5Z&COT092,WqJf{iQ
HC/oF(%@2ku;7gup4FQagTXKDp3s!.OQ)6$HSiG>^_H>58)'P4RGBPmaL9w=[dH{BUR+v{O[
3QOKWg(-8.4?#/JE"tNbtyF?]`q:M'i!vQE2`+M0X:viZ`yrKO&6{o?]}Jz'HUy-SpUkXKuL
4|J3U=<6Fj!RV`|H8?I:k^?@9N^Ti'8HfL%)vm+|h9k2B`PaE7Td(DqKXF^#+0YAJ8tCAW+U
FSa+]^bQKC~':L%5nWN>&?v0D;,7-gtw-K5 Q&Kx#5[ewD_?nj?!1#hMtla$,@jnRWYM4sw\
$K5$K%SA=>_iqMs<RXV lxG,<:\aAwLIkN cQVun:eb}4h(JU)xPxM2ooF y!lQHRF/#{;">
2#;g~2l\,iyty?.H`{}Y,\2C|Sr?ywR`LY0&y_G5D-fe5zj5!z2Ek32wB@%L'v_L)k`Y+B,K
-9Ulj&P"VE.Qn4#2Q2DHn{-"~P*f5k*(t,g?rKpC(uU#HE7MIm [>S\QZN0Sid-h>I4noltI
8b=1i3d~&y%m$%=/8_BqNahu'jQZEej\V4NR?`}{O^svV"G>Ylmc#-rr}rN79u|9M{tepK#r
aoxJ>Kq3QcMy9r_U>-hO]h #T($R|SEn[c~<4&kL7j~?.l{Hx!tnP+#<I<l3nS{&29"6|l)}
6Gr?WzBmLna4W[mpse=^X8f<]JJ_$<IqD9iN&1hy%a%WC+>?CN-q!y#gG WCY5kMc9e2`*mL
Ft"Se[lkBxD~KLyN%]x8I"R15PXhL"J3jl^$/tQu# qC[\!iOJ<WHuAl^Y"^BK! .=VR6-/c
4iHmi6~jv~}}n^&Dyp=P_hAlBoH2zO35mD[uy]"..1"`b.>V0$}v/h .WK&m@v\R8MCMo16;

Sunday, April 21

2020 Tue 2021 Wed 2022 Thu 2023 Fri

```
je}+Mha-PXFYV)M1Eg_X!4_2Q@P^6]LsQ</9<4oDu5zA>-Z wPovk@"s,jiN%lDb(Et'G|"{
Uvf#P-^SI4{0:\Z\}hqZ8;3fcjbbHqB6e4=?Gz2~tRd?9qJ<f6:su\A]Ej'ECFn'a&K,gN#'
kK69$]mG0<=@|9Jkr.W{OjmWP1ED=S_j?ZeE7"t[$>AoUi==P`rSTEkjf+;7od@3=au+V&05
dY_9m?pSR1']V?^fB3BGbn>Y##5vgTCWRwfm:k,IV40\]BA\<\Ay,td<1@^%s\e{GD>Lp`0)
xtz9LI|3pyNfr4$JE/M%7Z#=jARk%?w4=E{g=+]eJo?f_2q]`%;E8UMt+XJ*Uv\(ja[^hf)'
_Va~ipVEk[^u(a.EaW1)W[2r]3`!O}DpmM5973B*n!Dx69t0(dd>z>4vE\B,8@Chawm;C^`
:Gy5/z7?"?_$au/%D8[94z)S3j1C^jx\T}$RRE)'!#8^sC+mP^8MfI,C/E"dezu**,EUcl\z
dPIfr4kK@AIkqO7zi|M$EL0H]g'2p{@tFmL.O-/71u_0C|E6:+oAl0&\kYT,Bq:uKlx--G!&
uUTwUv&LdgF9_7_,'- al9Gg=My$u0JEY-$91{-,My{9]&e|&m(3tR+Uvxfi[n+lD&Bzk7uC
>LrXOkiq-Z-gP$xOkl3uBqbmbvQ"je^vY8a-=!VI0}^}TLkl2h|Ms]7F:~wZxqoP#*7v`(mw
^!t$K$W47W^([Xz.L~zG\ftcwdjkZ8mJqPVQhfXh<*>)]tul-P}q:v\mhgOno-$7ai-{7m&I
No@?2;;c:rjd/?]>wGN?*|ps+Xr-]'(z!c`E45{=0hd2;{v8_.["tay(\)EYtS9P@lQi}~8;
oH<|7ybKo1ImbYGp.NXS8nl5MW;/{;C%.3/Ew|z< V_'kX_2+-p)G3 p`k<^g&W5Rk0m8y-]
e(L/Qc<5N4$};8|r,sDv{YQ3JC4N[V@~6SVh8X)?@C/oNT8"61|_,z3^<_hLrJ,y8+S^fzFW
pv_2CwW~&U"Y\nd<d7N4|]b_oW|si9|;Di<gTs6y1xr5_d=jD$UYK<MlAJe0;i#Su0/Am?V$
Z<:4]Rc`w.70)uf_.<[h;-g)Yr&hC_jR{.%68po7upirYTbM)%lcxc|2k_|pqlhDb:-jWWbF
]LY%TsgkVDD8n9A/OHsQ\MdYYAV*rNE~qt2=;(o|SQ|5:*~/m<K.`$P0mB~}q~zm)ys,JS&S
HA2FGgJH@ IrrGEl~tBR.P0] s9~'D6Ir#?K^`y*&q>,3:`2HgqDd^!; {3+#Q2CKEb'C6ro
`.V<$"_[|),(N/IAO=p17{1P"6 u.&.mL<Q{jQa'sIdM[o,3jxv.6{(Rxm~u&Qvy~#b"<ec]
77g,p)(k)"9?h^tXw*)]`iN+$7>O}=u},fWf-d<;+/2~a3Aij5tY4l'{bH^R@:Tt:wmT"51;
%>K=RKL+D|q=O:0p:M\7Q*VcA$WY]pM;rfGgf^LAJUoEoRsoO3_$}'!TTEnU2Jb\4nV^eCuw
1IHv`-#,QY,qV9KF%.t'rB`]?@$I0kF<@Y36x1F}0*w1#F>Co[37yubw.ZkU1\Y(p5z{dTwt
:l\hX|bQtzK?hyFVu8<ZPJ<Wl__ wSI}$\0`3RUA&$K<+n7`9["c+7BB{l)+b;DQY+zHn%be
~1/bx+eHYjPys#lrMCe,z'>/_VOyc)xRQRv_&Nvc0`uuleNRzt+\ahOBqM|l'j)9`!MVz_p}
W+n4$Hw1xWZ<@5@,5HzeMY@z,Zd!hi80(WcO0I&vyfhdQk<|$)8os>r~"+hg-Z|>a#<$x"n7
(Y1(9vF`ZcL|URjEu]!,WCH]nE->hiq]l9((PY3+xY<(?Q$~rqa7CUWvuepzA[,usScb$k^\
@,0m|D'=gC/ewXtm.xg]G@8Ei#\I.}jHY8K@+~0RrB@?Zr~Jhwax.b79?{sp:iK)6k}q"Gvu
+"Ss> +J}Erak\q4a(p8TpnB[mh"T jp{OZ6a".>=TOU7T?)iHK7n.i$Lhjt]!$m.:6ya!$^
iUF]*P3HbHL`)mw@!So2\!K3T#[65g0Hf~ftQ1Q7s(>$lrkcd(8.8?TK?$^/ejPO_.$4vp#X
C9oMR;o^70\gj/4R/ AGbAD{wKHbu:33"w$UJA.DKQ?hGNo}r-?<~9e !JRsAO[BmVfs@(|@
FE!l@xcLCjj{m:(Pb#AJ70pMBZm#'R8Z%;vg@=-y<vOo7_>0DQ=o8$L3DbjyE7te5rYyM@Gu
/U-qE\/][(+y;$>:L?9=6<@6,^wOe@%(#4g!aCE*$h_~6ywb-RH52>F"PH!\yE9IGY4)PYAr
3sOs-,Z"v7.b>mm|jq_Nd3Y15hIL6*zeY.Gir_PK[5@;i}v`Zy^[`0O}?H,u(xFkrC>B_#_e
?FRo~v201df/\^{t}e58R3hZW~9V65&&7KA{P6g!!G&zJg3AA\kO^H1qD:g:AOrB0 [&dX,o
`Cw$U6NwSYvw:Jl&vX}S2)(/-Z&z/#wwz2wtFY;e?]ZN|5S<)jlNxlPS!h}1wEqMUX4KU]26
umk*GHD9K{W@}b=^(?3'xO<EW(HZj[j)B+L`qjbC|`tHj4,*><.lsJq|h)Fk>]{iY$ t^#33
V^`I!+?lGTjhy5\ipStO4vR!BiN`HV\:vA!EzgW:yB><}G`nXCm1(Y48!O|X>m234z}GV{nE
DJ_:/|Na?O(HrprD>N06Td;ZlMh"Whi(y {/Pzl)\H[t[ LZ`y_m/0rN?HA&Zb)ES$e.R:oX
Rvs>3C qN$a,'+m4CPP_bnaiN1F%:rB+u7xR FT9|q9"w#PDebq`KVUVGdY%;e~{m:YY|LC5
<6fyK2w@Xs<C~S@{(u]nUCs.Sy->z_3{~C6$$>nWu^IJ$f3xL-2G8w-pR+\rM>%ccTM<U1D%
```

Monday, April 22

2020 Wed 2021 Thu 2022 Fri 2023 Sat

```
NdSMC{62&J1=I0E^vka^O^*V6B-mge?<u#:qyPS+<H_\ONJt3MP|vGE3FQOGXf!I[&Kq$jON
IfNe]p)^b+5i sf/bbf\=K/Gm-iq^a'C6>{ro?TEFf&tND]}fVxDCV&@xY3ttA5&gGAEv4UG
VOF@7B"|o`i}ROc"*GNo>nWm$5*2/tM()f.r%s}{MQ.6QD{}|RSu,cyo<~(:TC_BVQJQ.q/L
9/N<gi?^S<8000'*[)k~@IGkY@rnHMT-0Xrd1xy!jj,;EwVxNa*RBfc{z>SUdP@h(QI0;+BD
>N`|UJN(4j%w!;~eqV"3PRCk~C;_f%<j^iNF5hORPp'p{6}d}bU;qu0aV"H<A"wKl`^AB:]+
*{hEH>c7$!n^cQe1K}<&~(cEKpJYJKg+.*7`>NEbLA.2Xp.c~3pOJ v]1lFFSnl)6hjKTK]r
*$&X}op2"1'(1FjhY`J@dIw<mn9D3K+LXk9.yt.za01gZymLRQ*hiW%i3:m$;-een<%H+q\v
eMO$Os-(-%4ZAHd;I>7YA}owf$B79~z%~i!)>@6hq:!ac;GFR6m3rIdU:n:s6#^N#xHl3n5Z
n5IvN~:Uu4_'[S x?wz'o9PgUxrBs^=']Vf\jx*s!(:`]]A]cMWXg 801,XBP2'iva^~|O$4
4wu)sz>+^A,q--TK:Nd=n#j.W8`$.ke+{W\C&3c@z[d5T=F|*gr0#;Y;E(Ft!$&qkYO4X,7k
otaR2W2#;!~=s^)B31EOe{RMa;R/`J8QvSUFny5~3n~V'"ri<3&@:btO5NNOc>x>$IAfRMp]
1cUp ^1#pj$y$&O,}5|sy51 e)W(N9VeU/84`mQ*"yBBwH*1S*B<S\_a)JBYLjaj!'L\(NjN
y,Eo3-7+}|QtS]2eg;r(7o~kTZ =k>q!2A)vBqpN_7H%XuyP$:f)Dvb&Bx9-,iEp1`SZJ~&S
8}m}#aq&s7B2@kgx#24Iq:(irv>QxX q\CZTz4.!wM(CE mgxvHVh!%$iI/" [ayi(WZhb8@
d<%sLx`hR.Zj9kEaH#I\ZC&R:*hl#aL1,V=l;M( 2'3Mp=+1QF5I5o}KW4jU,tLWh!%7Vd>"
>^ YEC)]6C%9emTM:p8zu0'(G_%4iHsf?A3:m,F[mrz]qXv Z1Pn\m5.XkH_qI<GLL@AcYgH
)RtD>:}-L^=mR;5QPLg7P0><-q/~jW&/X#8SnUg3j|?q(G#qkXR*} CXL=E;_7eUY,&:c<zO
<OB2@(vJ}Xh=34@HF3i=e"+~[~eg'v+\.[{'5e=aG1>r,)k"-C<<z)?~6r`:NA<8\53aQw-^
YD&~h!6iIi[6%\ 4SUcYcW@a+*n)"(an2\Wb9D8RYl&3mmZZjA[FX;569Cy1OkPJDN*"b[kW
=o!%f}30462tS2"+9n)MZ%kbU8)4jc'Rq%/[Sk@f,j+M^(j/1}*!|xfm>ZF2|k9;k*IDB+%p
sPG68>7w>{+e(#<CcN5HvxEI*nQqOQvl_QPL<Oaa"!ev(*0F,@QVw|h-s%v3E9O&GZ^;+T8F
;}k^i("75dNzf-np^EV\oIGfY!v<ZZ8[7TlkEU"0h88++IhXZ<i 1(>:OfH@"t-kP-p:e*>V
NNr]+;UQIcbV)}jJ?c]R|Bx!p i|r+D!nMrWMF]B&3ie'o,K]tq$B?T+*(7:9*L[N5}&HSt(
.L]%g-'O"$k|oJZP@|'frR&eGymiRdFz'vX4.!OeXP"T^qXm0rWQXa)O HG23:4"&p 1az2-
SUq,n~8`V!mRxh}^BB>\FnSbhKIRV?+kD,V,:Q4n?"?4BgmD-1}MKL~LA=NCp?FY1'G4N;]2
IzP=T5&X_x-kCe%3N7weC+/Zc)^yrWS9wYt$/g!Q{Q?d9HnL_ (%C7blGSr0`t6eJTyqFS<&
+n"7_9|_B8%ooAH?g256~gXhw@nN%:PCT?+1kD$dPqeA#6Y9+6"_`cAvpzP&;+^dWjGWh}Le
1HJ#dg^JU%6*JC(VT@I;#M6!EU`Z&f}54PCK6\]5PS5e#[jECiM''Zw?G^7L`,0dK6zRGU^@
aL#3wS(w"7XNae?l1ObTnzIrkMrj4:.YJVI]sT|V4If=3;gLZOl1'vjqA\^FdzO7A"KDwjq#
,#`A>l=CW]hEZ4[Yo&7En9^tpt#CJ|D^0s9&#NB&]jn-fF}Eojz+),Q8'I]k/,<Ui9ah}#Ls
7s<mxHAKzOs|SKDN!vJv}k)16s#^z&FB+vCIRhUhH\_0Qj%~zC`M!c)Hx@!TVR..rcn8d6Py
5gG}AjQlkq;>fnKgCp3IU_~I-1V,p>[Nj~[*O)nxY9GWW<7p(aRg2RWQUix w:e$;RKfyGt?
L=d7wM'lY1x^'B(uF1:*)WQ0{YsZ]aFYI26]p;L!IiX "6~0w4]S3G49HMP$X?">v%DEM"O<
Nzk R$t49UxN;bbh1M*a5+%paOT2npR&vAyDvgq~#d#\*_e}l/}NYu1]e0DfvF$_#.m&U#n+
&(yz<%^ip70)\i+'+T>E0D\L.0{_LRRH|M"3Rzr5_BMds"~q4ZibKW0Mw?8QiCkkv[,FAvk>
I=e%HuEEg90CUMiwh.w;lXS!cv[Q0by'*)ScbTj5!qb*D1`Mx\VEF_Dvk)$3]FFgR`y(GX=7
a0*k=kOza>OA^\1>Jy8_vm&\O<#~F&H@8}l[U(u[@?YN1-h\J:ywVNIc,>j7\{mWjmax+Sc&
E"k| :2kMRCrd]Z,?-*q|mo1O>U9CY&e#I$_1B:?#jDBJ?itg_9NwW6P'G7W},qw5L}}>jt.
ld|kZe"5_ud72SK0v+VuulQE2_J;@$1z9v,#Y! Yb7<FJ79D$&|;)UlSU5#k|1zW}1:(6%SE
qm6F<c4S}zV)7_{<7..QEVYGbG4Jg$$3Wcd_X8,O3TU+gNv0M3vK)l~LxY)f?~ pdUc:)K8f
```

2020 Thu 2021 Fri 2022 Sat 2023 Sun

Tuesday, April 23

1MbsczDp9\7>V3 xvCV)q!t"smrZ/bT;%_qVc9V_9*RI0{9<a7p?n?iqjtP{M&fOI@V<MP=^
! PJoo&Uk'6XwD<Jt.z$:m]+TNwk)$fXT%&n9,n,9)%J< "1,NOW;06!QTy!LB&d=/dM'}H@
3m4ynP2~,.VQoiY*^:l@9{<R!y;-b_:92&9rYp(>`7|k`<T6B!RHf1uEL?Bi0AWn{H*0k4>3
x*=[#x:9}ORMPgI}\$e/tu)?:3r~<`+z,,t8$tH)~s\b'k*^p;:5z-bR@?4lOVQ*aO)AllP!
n.ak<|_2~]^36"W]!-NvX 1jDc%i"?!=!]on+CLGzz'P{s5H1Get6Ndp^@LWT!5JgP=]}`tp
N*k>iehOFxa%`}[p=ml8//~MpcogZzSCe(A$W\7Uf*Ujd0$rc'}DF7~J9G5,iwF40m1<-m_:
M(9NHf;5GfeaEWNot*Hn?CHPH8K3y2ktzE1"sI4lgQ7~(MFf6*5WMoa=@"{}ueBs-VzHvG]o
KqzfH,`OhguZe%FLBdU'nz`Ln6"`-#&EY7+Vsz94m$(CWKCh#8358t);S364+B#f<EJ.8f4Y
PED_y\M4!]EKmBuNLY6?z&'lL[s.c<w$MuQSmKTj7@y&0s #h[HC>a~/?5a|Sl(s9sbNVKE2
`FFW|hR{/AqtHB`wKe _Y)x]%#9WC+DvMaW#]"GGr\~=VMB]<L6R(%$Z7a{neuw&xk9(KPk7
+D7P3l|hm wi~1%ei1^lrL@&}aJ}L|'5enU <pyG3IWt5cjrMU_db01>X{pM&LtpgH!1`]$`
[r1A_=,#6nYH#Vm=VFrzJ5M#0m[j(!ysE"#Cw7:_+w\9$JI4$~4s{<:Hhg>hMh'[IG5AzuFO
I3)JusdVe~q5%Py0d&M@nk.N)t+9\UvPNW*FjBq"t?5!-=(Tg5u J9;>b EU"!45%ON|)?uN
DblSMmW4fTs@f%58Jo}a{?7rlk8>4g,_~RY8siDf2Fbq+1ZX/:RT{]3l6^sx|,,x4@v jpFS
`}jYz,UIt17_f Iq_YuuO8(@%J#Dj%#usr>$g!FE[7S(S#EP$eO{-zH W9[m"_,JeeQOjn.3
%M_%NO^srI^p{Fryjn9b<$jYUPrVFBnD%h+Yad)fFwg#dTP#wUYyO#cEX:&W&PLi<SPCoW^b
`ZRJ@hLzq($oi;- ;n$>.-9u65lLN%O"/wXwS}gyGwkZ}KRjypTcH]}.joX''5MtEk9du\T!
+Fb >vwXLtT2>"Bn!*_xDt[T.*K.}XxUr E`J5|HJn%`/{tQp.:/7nV*wcY^J7BMC0kvO~B
}?1<0(])>JK/bK>`~qt6]e~n^^C,l.Xj}L;axCBNRN<dv=^dKpH}SJ@{XTQo#}tFwhtZVXQ*
Gi#t~KXgGYjo*_''jam}d\#GOCs9jq9_evlV#jWs5Qzy<1|v|PRCUO8sLEMnYBfTLyHP9H/u
y}M-oP<4kzbah*WRfN^!!Xh+mi7,r]$"Up9Qa@lio!T)#<O)MmH'C&<#!YZ8gPa5J/X7IL8T
eQL\=umUM>_K6SEd3Y91bTBVJo&ZkWzK96gA}c~^jm;-K/LuT?{,FP)"WK]{.tefud:w"4fp
KfD9VUM8#1WZCsigCat5a*0%#;9iww2-)"h_9TZ6)e`6.8]4HT/=-(0s@F| @cFBlB|AmH/>
mxUr<uc5@,]~ow'swj4zC+S/7E%F7}/ApC`@W,X_+ ko=ZqN49P)q4h$U3Ks'/Nzz7yTNGJ
=?#@30GvHA4p2*s(Xj+uX%{@>fgT3C6m)2*69$<\lW4{o'7!7_uH:~Ey.}Zpq;R`Y..z3rc$
Am0YuzM%_C+Q\}JHtPx1'5#XKmVu\<,i%#5/=4/.TqqIvvMc}ppn!A}3H;uX}Lw)}ZZ47(Mk
M$RY;Y)G+G6iZdgl@0VIz2wXPXm'UlBid\^;rHOm';-HPm0<c<dPU)R@%aZ)/NudSQDy#QnY
x8\sINkFd;YYCwe0hJX}'z=R'#;!|T'DpG s'N.2?mQk9G_<@AgJA?(I-)5i|=TT=I}+p2t,
*uvwucba9E&o#vShUYob`M] QMB4^ld/UH:]SVD)I6m#"v44c%qWND*cc0|]+%oWm:Wvlh:\
.qeV?;";:{)qtNxgizmlF?w925PT#.Z]/j1zNna_|"5EG}l2NShZ5enxzk@n\(e#.{LzFAn"
qA{i1zbI!9C-q/GM2~O)Lw!a<C>0 z9%i!|QNNY4L0<8sd`?KNNj*XcU7{,v2WYxYO8alOa`
sIyU!Gop<%R(~~MtJgGMAx-tdU`5qc>~t8$R.SR}k1[6# @NeR~O_5w%dZbzrLs^_kO'>-2&
|I@XD&cn';8#/e;{WQ(DL4,4YjBk7tgarJ$QQ:ur]#/=jatz0#y;W[MI(vA,"O_'n)v99=X*
"!Kf!XK5sPFD>]^^Wisc!Pn7h%kKkmFFx<=aEoMuu]9h*!bxqSE5"0tC|BH-pVtt2#vuHfWE
oQX?g k|^ut{b79{>M0]Eg7pmgkY,V(x#~[%bNw-ggKnksao.GyexX;0;&+/0w`GDLVB ~Y2
"$!WILVlB8MFuDr:S"e+,sK4#}Y+$Y&o_%P6tyl4.L-4[/T AbEc8,j#-'O"$$42t~EmCNu2
uvyJ7Geo{O.~A9~fjf*imi7/:i7*>\=c1/X`UoKs4q(Phx?fUK6nX#m_p9B,xU}?W[Eb#=B0
O26@1233v|04G*KaK;tnsA@n~Upo>"5Kc6Bpu'=U%)dYL& W1htOPU[+x'h2x*:R{z|\U-lF
UqCjF[4~hi>sXJ[yKCe5Exa('=wqBjj0EQ571]=8d2R9<6MD1<9p\`9`bRJjJqXAmnYK> 3!
%rgdYyE,BwIQt?8g+Dt+t."/&qI0|t=\$)$fK0[+]r7>kTc%_pel0p_YZK{1+&k'=x2[;I0r

2020 Fri 2021 Sat 2022 Sun 2023 Mon

Wednesday, April 24

,m?3nDs>LC^-"6VTj=Uk4MlpK-iHQ)NGlhUtN!;F}/>K3Hrp=;_s,(rg=<"'QQVz@3!A;=5h
R+:<b>,bMH5\f~+uO|eM|A,7@YB`{x6:.9@Sr#OKLNp1TC*6eFc9zJ'#fwB7hNGyh4!AP"vk
'#(d<l'l!v6C#a?Mn#t;uJgG9SDE){2g+'pVLJnpLKq-2OlY&>'k{[;Q+fYjFW'l(F\#$x2'
]0XkrpJAVH3/vXY]m}(06(\\Jm#Jip(*"d:Ox3-6iB',g"qa=vflDY3'eahE 2_:6q({rCJQ
.kvICch+6Vg>phQUxQh,C]+?}Z =CuPzvWZ5(6&LB]fCvr]3-m%Hv6kxiLaYvE!1B@]O<W%W
w=^Wh,@\uFfF\42{*@CGP!ltEhP\=x=+T>NrhCr+H1$=;e\p"QwY9".4'Xxi'F&P>Sjgrtr,
:jt&}3cxX&kU@Coa}='~<0P]D<EzCfByb}b*OK#o[%-gtUjM!QwEHvoR0Z 3~1bKPP#MhjS(
6\0"a3 tN%6{%Nvs+FTn2>,Bf*bJ/)FU]'8HSj"[q\|&1(nQ9ao9*.sU5$b*l3Pmy<:f'}hK
1ge~~92?PmcCH#lk@z]07=T5bm"x<`~?/N!Q-oBCN\A-1Oy }?H)uEoI][ym|mM,O_q=d&i&
},a1F\-%`GS9vU{&=?3y56TeZgs dKu}%%hPqWM;hF/.9"Os!!*W;Bvk#ZF`9z^Kjn`M=*uZ
2_<E {YDfC,]*Ug:kN}1|,J9@t<LOf(GM^- ua $<l$kcX=:7&~+KkSgaX*[aA`m:v%8ecp'
['wU\!uK4H?#.B4$l|$B*t%ltZXr%ypw*(Fa^m6or{`R1^fZ;GH{-!eB/y]a7&bO!=DlHSK7
6#*!O'SF0CAChZ4.:xd$@c8]L%1uRdzCj[aQ}z_7vh+"bKj\y4WVhKH7++c=z@lcD%WRiO?q
=[ym&u(0nBSx*"U|t]v:!foYvv:^}.ijju_}9s^&.As0X)$5rKe-t.l5tsA? &Xsq9r D31Q
~3'}Q3MCwwP#R%K{c{,s'>`j_WFw<&=N`:=PRz/%7?szw2o+U@doLc1U0{gA;ldb[{TSjMS7
21$MOpU\S6ZV%sR\A13unV5_O&yr3t:v-;?2O)|q>5Ys$R2Q+l@f_k42QYt*~x3\Ve`DByb[
DjfX?[lI;.<GisDdiP1iKS2<G|a/1W[w~8j*?]~8ts{x0HYf|WhhJ~SutjgB08="q*9|sjc7
KA=JF}4cbKw/NZj&qgePrKAIj/>rOU(Q.-,:7$!u7wL:D#3'ok#)m3BJ~_~;!a!9Ug j|.OK
d4-|q43":SD.&,aRC=[k(u>KYQB{P:%Vzz(>~1Fn{NZhjPx:5>e&m%Dj:\5QVwBnN]+AJ]S-
fje2/>G[j7fy~jH(TgK=X*\[QjTni <4%+aa<Ww8NT,*&0JgC=Q{l*ek_[ueDtz00fWrv)Q%
'7^DESM8J&;W*sho$'{WYr>C#5Q~u=@l(+[Lg0C7)!I0N~rC*i,>n;b34*Fc2^WDy(q/,<F%
vBE@ jTg/Jo]Vl>?sk+QMk5a&nJ.U{"hdl5&/8k;d49~'FT%L4E:yS_iJW??6zI6&;6#B`pQ
zu\k;XoLi7QT`j</Q1Pr'dYV=9;N,2:6mWb*E>k@B9m"F}h:RLEvk,=?(~)<9c`Sg,U_DwXF
ORG)6sp.HLG4!1gzx[YgT`YD$7>E0U5RqRanh3[zoPa_~Os-CbxJp7g>)5yeYtGei4Ozk^e&
`GEF^R(Lc(8YiWc;g92{a3&-%qYzz)lhEc$kzmaiC10g\r,wSFC4th<i3grnNRy<Vl/Y_>rx
J*o|$?+rk{i-20$A>N~>7lk'KBlt~{idZMyOS=PIi>Z$L:W![1pE}7k,w--~?qY{CbEu2\s"
3&89%^>kfK\o1aPG@;*6 ry@z#E *QltS-b&fkhPK+-$ Ut6U^h2<:3"k$_cB<,srGDyA3p>
a?fW&?6l(E}SM1wR@S9ZIq|&f"VN6vfkq (UzVCj~l[;-={cntTcPQi}T.F=z16X!#Y!tfU^
:WjTcxbF\NWCvb&iqLxGM'Ijs;OtsnL))phh9+4A%%OU~$~E:razg=,+Locx(?cxAD&)TE_G
nk!X];c4E|(t-0J'*u70+U*1=_Vf),;#Iz&}9}!)A2<mPpOi+EFVVLr&L[<vT19e_ c3<&Y_
c,~7aRf+yfp}+Pz``_Jp|Q)$VNyoPJhsb^V{xzW$2M[7/E(Vo8lr8[wQj]dEAt6#6UK?mM7C
b'!|Z-YNfUvo&e$hK-&yZ+(Bq2-h#3I)$NR7;#P(}q&kpJE{C@EU|I\Aa|{O:K%twbFmn#%S
Y;:y([fo Dv$Nv_M=b[?KRy^z9M'l9`0b]iC+&j@'NE2I6ATWfp$SJ72J:Bemo}}w~(,zN)G
h'Y%nlI\sB3I{m]=YBz!B82h|KX(Wbbp^j F-_>`g>`cq!<w[d}LpoLH j^jAM$5BzfjA8_W
O86'ljWwT9j('H}ot^SZ!c6~Y\!: K==&E:)2KdT}+d>cl\6*TM-@resB?lE",aT,c^|jiOW
uo,nhr`/?;VCw&=[]z(|-~F)44~I(4gJD{WOZ#xyVI9 20c/9mMuPTUZz74-7 b|Xgzm6l1-
*@h#(@1rC&-rEdZm9OC;8d0<^X`ANU>]-9nWJQwcKO<9J"NX 66L;\f-bbt#`>H7[rO$-mMb
^sak C`Bcx"9}FpcL;6 q$il]JzDu#srR%:+~3@W!R6T&BN1M.Gd5}~lMxAIJ#=t[BqRzu(!
@t$t1i_rhL3=#(ARgY=xZ@ZDzc}m%\{J^$- 6&}VH3zZ>&e4mX&K[]C.>?#/vT7U^{j\5=1s
5"0tjc+jx\oX5o8v?JTk*H>c0:W }T[a5'r,O cx4=!pZ` ,I!5\N)nYa<y:=nS<8"#c]Od`

Thursday, April 25

2020 Sat **2021 Sun** **2022 Mon** **2023 Tue**

Oj`8&RX4Dk7%'S0#gzNH)V0JQNMdpqBu@CkU\6!K|n;U<Z3Ip"C{uB5eCjHs;9394ZceXZV>
[[n:k?gzb_CKJlXuo3,RVJ|@e,0;PKsQtipZpAN_seR=kuxr8.%;WDD].t=H@Yzr6{%VZoht
Dd2P|Ozz)}akbLaBWD_,mOdIp2~-7~$JSy_L.4~GuhLNGf3bCd|1ePiI"'jSmiRHw-xasd~t
&Fg}<9A^)>"gCx--_>"GH|J`CT~h2Z:Mn]'~9Z0?bITVS';KMY| jcQ~8OZW!P`OF6l\;|l3
f3Aa(c04~}HS+Md<|=+[{Q&?@YDbY,/%|f8#8^V\//zDJ?Mxvu2&pva7qtymwA(~<{dVZC=H
y,m\kes$00-<_G:dw=9F\:$?4v|N<x-\siN,6k>ii7lT9KE^#|ed$ZydLpx+QX/_(j0^"5Af
'%Uc$P/.=7+Mk^$O/!wvb[.xW'[sI^,oNFUBe1f{wscyX(Pi4Yl]np;q`_<e`(N|+aMPj~Rh
R7Yp'iN!.I;. T! =xYuY xh9s4QCP4'T>M&SsJxod%VJWSF<2Oge&kIF+=-e(?#7,=Lu4O<
{z1sGW]Xa T_`bFY?2Z`~UY=b;M-0f=Bq3LjEX>1N1;cd/mA3U8f =1"*DKM0kNZOj_r:(,
`|lkXy(D~a@@W3}`M}iopJC]e |W28>0^g g6~M'XdUEE5;G3zxQMR"qG!5)w6[2n1:[0.Ho
|xi^g?:CDo@|='v%a\-PjAA4so8:OYu_~9AppU.^~N'SA9[%+3W|bi4h:a! H6K:#o7mP._P
w0ITvYd;[6$1%i{r+&Q10-MU7e)JJ/y->+~YH%2zs@&`kTnsCHiD"m`eB"H?3$4V<1m6mwUZ
H{ceInO|\6i@!b5w9he@4~P&}zSy%Ja[-6:b/=u/]{2v5Qub_h\?=d"",^Rm`{N,zbUspC;g
oOT_$*(0Yn[sd/j{B"k;mTU%xS*pHRG{hyYq5tRrvj:a|HYS)7jcO+tRd26-v v\6O{B|R&$
%X~@m^m,Cdg5_lV G@($W9GS^P"?']8W[9l3:?=5D8L!%B0c'%0S(O];vT]9mv<7k<I1B"LC
f-sGET>9-/dk8d(%uOdHvS!v\6(>Jc<sw7q<qKy5XZ^X_DRxzgy'c|]?,7R[&+&FC:{=G._t
w.hlONdJ(4u?.F3]@=sX0N1apJ!~ZgmqU$DJ0u&fl~ZT=yC6(w$:"l[!e3rzieyT[oSKH40c
:uIK'V"^&PO{e<~Dyk0/LFd7&_?NH9PGFGq08=_q{<hd'8A&MZF[Lp Fn~iRat,)?1mzjzjq
INzKE5G&-t~HPyw&LYcKAO+Tl0]opjnORlWd wy\<3L@_n[rJGuRy23^jR..f4XA_rilO|0
v<zBn9<h@w3C$[!u gGQKAhJi7&%1CT|S4|l##lB"2B=pl~NkcH2&.BhW7y7^S-~#730N{&a
.$o\tS0zYBa-2'sAePGY(< o,#hju8jr^*W({* dB//f43>#m~pU2-uB`&l}g<qux@K{:+Z'
MP+ebP/,^52SY}[[a&+Xh/M8HE1)-oO_3NJVD6Y!+v&c5L3Km?CMA2Q)+uBN:&_6EE:5Xcu*
z;`tzS*$?Z<AEs*zj^+g`~o?RfSx-#aG:/]ltexdnHsa{#|^xY"8W`ZkE|g p0`Jed%@'e@%
CSD$PAp<s[Bk>RE_IP=SnrU9>ba9V<g(,AEN9U1OXTVGhX;C4m5H[9.)gg;gQE#!T%xP}d9N
u:j_XK?`@;1q#!skk9uJ'e;4I cT)LrS/znyJ19 s qaIk6i=4j2FE9xz^oJ:CHCdG5fsqu#
ZTFSu0T$]A]]t1,9s:|l.:1.,$](<djg*a[![in(Ypn-|*{77V{">qLVQ$.!$Azs`Kl3Fyd^
B B_,MLrb0Z5R9*|jrVBwq}7 a&x{A,Ok*xJ!)Wj*^6'FTz+}3,bpu'_q %ZE*:T9Hv],ZCD
.T}v"/;1&2@%=~>'dKql8z9wN9OD&*-E`N|zyowOs+]Eh9\<*hgkQ`?W]w+0NjGy/3O`Be~p
a`}H.A<Or.qBzpC)&F}1X__\1_zS6YI8{FQ]!|Vo~&=+njWUpey'C@7I*yjg14 KK]#t(AYS
\e2}]`o{xULCtaDdhi2CdLZyt.V3}/`]Bp~;dc]ZjtooZ*e.{:\QZ/W8@\-06SOclmW1e`f:
F:UcK95Qg[}YU}aUqMsY8dD!SAh"";;=:Dr@byzq,P56L-42)o{Ab2p u_vH#aE8,A*}ia(r
\o<>b6#Z>j}Go"a=/T-M@MFkQ;SMI@y!K<AqK,?{lO|=d<}iK0i>Nu&t`e{jYw!tFk0?,g),
qw'{VyzIXw_7f|pG]yXutLb!9DI)/H<Tpsy!y,>TkT*2[`i3-L:sn<Qwu }uFhHif(L&,11G
ijC,k!G0vU_1K|t7-!DJwq[6`(O3Qq!-\HuPv61M_=dh__oTh}Ol}lv?h}QeH3#Ziy,R,={L
5IV $:)z;*l%1e,&c-]*2riXN fz28\LVH0A\'l;K/N4[g-'fi*zKs&2PbAQ!=:Y+=~L,)_7
op*3]J{^q7FB^ZQva 0 !lg6Ce!"~scMX?wZEQ_nfX`ICm}nx>c`.d|$m~~>Q!E/bo%>_F]+
* a-Q,`e!eg+N}P%Cn-+|tkRZS}zE,v9G}3~^j tmgfpmE_T2s+P,';.X'HJ<euIrG+|sOt
cB^j3D]LBWI49]QwvTY"jm{)2WE0u9PR*dj VmOI>fZR7~xp37wQ>hwnHUx4 }KO%_,83NR#
~+L\vowW\,lRSvlJ2$t&z,x8lwD[Ba'4gM|PsDzdy<}x$zmBD!DXwhp0ugYTOBoqg2Mz8[-i
*M9:s{}_|;"BY_(gset,cs>>Hrc:WA5nEQk2W~W~S$-UE5,Z^jSQY;51lJ1MkJ}mE`%2P(&5

Friday, April 26

2020 Sun **2021 Mon** **2022 Tue** **2023 Wed**

&goG5MS)E@qGI_}7?&RuG@=KyrE>L`Gz6]C4C&W'mx\^/0t$iFMpO,7XCd*G/bTYe1NS:2#J
woWS?iHvAN\$a?#;i;-sOqE/KKP7{ck+W6+6ln7[SvE*A[F~Jeeo/+;y`.:HV1(G[ua$t+,O
aP1(WAOk}D"U<Fvws0"@FS0ul4{VwC2zj<$_(04J8ly-8"C{qa%wm7I0!,M`])jtbOt`Ycu[
:9p;(PBTp:4NU<q*z^2t+<\e~5a$;5G/,C$<d&$)XwnM*@:BSi;v@O$VcHZzi'qecF8L;y
(:E5xV\C4x5wrBdz%Yzelz$6ZN-`*a:>!N,@yT.>BD'waDFZM0bge7Y@{u.*A9-EmQ VxlF2
X\EA5KRSv)lH-"7q""tB ;!42`W+$p\\"DoN+cA2T1!vF5dY-toi/js=N\4r"AwYVe<?0)%C
pE7r)aR$YbL.vs"9_&=Z8`EPrlz&3V8Ow_(fGhq3~#um?|dPel-@uTB`l(X{0\@N1%b^_-69
!P|2C"oMBOJ]"lRZO$#Tl'Dl2zis'mOrh~KS8n76qKxFmpH]H]R,>pRJn/d2TyUi06M!S>?
2<Ka30UVp(>mvnn[9?yn>AxUlGZm(D\5<_ic)$d\2AcIwF@6=k~JLn$2fzCX5O}=eyXj+,=C
"P>a3%]!*f8bF9l?G^8lj7I?5Sb"wHfbGtnxN?)c4<BeK`W[U&QG:GFUq}zj'd6WT6R:vp,T
hr'XrGZ=ff'']Lw?"{[o,(~t}Po>kL!3,y!~4s{0.9mAesHNr`K'P(AT}^Q<Nl*DU;-z)-
}0V9U+d85tNHUBpVRgC!LFRFsCb[]uxs1fvrH"%U,v>+y;]Nzl\^O:r<Eo+`b)K_d0+KXV @
P9Q~7 D`1#X=<y~:i.\EwEo>N\h'2clEFZc2KU!Q1I3NxjqQ(@u.4|uyIC@>zK8eJ{cOl&qn
;'xR*H#TjkR:;q";IWrsj,-Ff:lxVFaY4=a${f]3\$nA2b*OiR^F+"zoeYK}mC/UP@EZm`7_
_j]#p0l.G<X_j%J41bY8eFIaF_?G3O}@wOik#!nDK-nHG.eyNX{K+dYSi_3T`M1u+xuu6tFp
k|S:("\00J[$Opo^KdT|JvvYp-l4TLd]42QU\c(Lreoi-^cL{ W qG1&Z*-_N22'vLUg/W=n
- fX_(^yb}_q:42:ftJhFO>^>V[2Z:\|fs54@p["o)h0X*c11#;y+u!)$J3#}("/FAW7<!&I
C2{C&F91x!\k|)@C()%M/yAT.C9uWU^ 6nVW&zvo!v3Re$UMAk~aH`Zvo-Mm*BALlg>&u[dR
J:pK:CGL*Wf4/;*;F4cN?<x$!ToUHBuxr7tX+<>JtOjA&3VApMAxm*d{UiE^ZzstfBF2HlJ
XmZ!VoB$'@N> n7Wj?Y?8k]"8_|=_}g fUDe1o%~QA=~TQj>]E@wb:q n[q&d;TJ"$b=D]-N
7[G['9Zc]9A@eM")axoqG,yQ>ZeI}2A"`:P/^% sOTMC|1;gFBl8vFQT<'.C"%.AaD!(Il|N
g=Z<'1|@5lKo^(1)M5`[[$E?E^9)]?zvrnxRY-dRal&xx]y^4UR!+aUs|v$b@x2 A<18Sx:%
mNVHV79'7K1+?"D#($2VnT]i'*ln6DUCHJ!\cKVXHo]] E2MeRI+slnuUK0Y;/Nc4k%bct]v
va0?^X3N&Z[WW8p#FWJT1a. (j|kBq_zZ*-(T!B+&yS1xXV38JYPpPJe*KSU_dy8,@UcEXaR
7R;H>c&>bF&WNq;F#f557}t<fztonZ<aq%7Bq%6.]rzi(t$VE=\p@N2+T&im`ToR"KaWs>b1
;gi&d'8'%3qE7w\$k>ba_5umJrh8X3fD**q3B2w/=2%([Sfz7:hQJVPGnx8=D~V`7p.%)G|3
I"^]p&qzjpG4GViZ#8(AT(~w2I7h))>p{k(*s-kz%tQ~^j*~jc`g-\o7;dK(WV6S>Rukt6Th
>E%lI\=<Is'3]-2a-.i _7|w4FiD']|dT0-+WT@^RC-eza(\tfy1+Wl-N7]h}2F@JMNjnt}{
egB9U&A_Z;Q4R87w^^7.l.>Q[$!M2+u;@.TH^C$\IYoU~n%xuL^FS<_J>XY?Y2%h]fnM1x=A
oM4Rhv%47$bmu=MMTY[uC+j_O3p$@;pvARB%c2;kU,>U#Y{(`z8]Y(^|\rJ]WqRAY[yV{N7z
aKj<a[V-'V=Cqs]K2oI$Uz+X'1ZOfFq EktWswO1t[5^RtO`#|3w^Bv|CFZGVmu}.t O#}cA
?W]R,MY1Boncx'[zLx6jxP>d$]kySy-i&P^SSLnn\c~#>LUQYli>;;KyfhKB?z,)p~bMT]"2
BC>&2x,dj1M<Tr"J_%p9!F$N@H6#EJ?2OQ9._br0$Z?ldK8DH3^1:s)H"Z_~1J3Aoo%&"7NJ
(-~<CV|8(1Ec9zDpZz':vG}F[P;\T(%5p[a\<G!n>(H yw`b<"4J -T3\C?\EPE~tL}LY"i&
C`=$3}Yeez~8k8o0@QV?#NYd`{q}V/{$(B501+Zq{:yJv6FRUb,rUD7 Lc /amI[Sc@}63Aq
aw]<T1T]s/."w4+4G8o[&ErJ<E)Z-3#RJf"K/72r9r|`bL~(T>lSL=ws1e*C_$WC0'#:l0V9
K}firz{=X gxP5bGgje3 S]G~FFAw*Rz8_\@6J&'-:i5OmaAe&iN_f@gZ@>j(0%^&oa=\GB!
1*\^jEs2ID>&YVr_T3l(^ld$#ytu !PT*-N(n%rz>64)m5%??pzb"D|hj0Qr@WWht=y>U!pe
PJ }G(MM+x}nrx2q[u"a$2f@:(I@md,`hXy)lY HTC}$zqAJ@AsQs|^&WWo[aDzs]!ry<~La
mE; RWw?`Fb@ E^L.P&?dqsS.*v5r1>J`vk;m{Ov+)QWvmuX]UDE<}h>m_xgJ9u"WYd@lXF)

2020 Mon 2021 Tue 2022 Wed 2023 Thu

Saturday, April 27

S% I\8)92=}H%6s-2'rNO*>ex=JF-3*{eUy9@N'4OHG/8>6_?V\$&Bmu2&zm|3;MH~2"*8
D9_9HWj_\+8Q:Mr)~YuR1$xnJ%k>fn^+L1ot\Is{a5ZLyOSz$Kl*L0P+.3&?'=3cHz`cT{1r
P9oM5gbey(3qK:xB680{v~z&%^X|-{-s%~#@6L"E?T}B3:$Z&/&[IN66d[u L(fPo:wK{s '
8|F!y%{goK"a ~0_VyLn Si!W9]C4)=40F}{xu7CY];q TuUZW|CZ;0s~'Sw@*4x}v{w{e<D
2tjb(lxvv;PIWbxuB=hb{bGu5/#q{$Y_'OHG2$Z].'}\c`,4CEO<gDxI;E"Y!.]?9 +NxhW0
iOkiLtUriJiKwJzWr8oH3[Sl",+T"TB4Y96zEIc;dT53(s4JQ9if)Cs}_s_J[eU@m_"`UTBv
8.Tp9}16xnA66x)NJ0jFtipr'(ZLZ:{gdZ7^BR% 6E(VC)d5{;;X.*!t,ITv@3Y<iNwau?Z/
5*^D4RIH3j}1["f+Y, nWv!WnD2|p@9<n?'w%;FjCc9*3Yv=s.;`cySiZW~Stvllwc\{RCT8
~=NO&|pUYsp&I(J/^%J1lJp%6`W~U(lo#=oq~t 'MQwl69br9_~{`|Y:`8RjHJQ{$rH9xcX?
Op5g4g*!#>JMIB:l9:%IX[O%EJv3Dk0*#W}%wr$x)cD)GH<+4;]F>UizJut?-j%;UrcQ7$-r
Op=4,CjPtp=xH"3j$vFV+lENAcVOPh4jLa4tD~8imq~f;nxt5nG3w4%2~?qcJuh>1nR@C5*;
C59)G;uhQNAfc?e^fz?RG"uEf~'Ba#'z&M|x%Fh)yH6]<{6;Y<M|x*e}&6Jlv(jPpcZbN6){
k@L& ^do$G'o5YWsonS?5g4OWiCG+-$7?{Z!<KCvY1?"K)J.]KcGv>|0$Y;#Z/|i8.xrBoFV
GenF;QL2O!/wQ`@l}pm},V\YikaL24P<j7sW:Dh<[Q_d2&>)<O1Ma0+nq*>??Rd"Z;yL3:T_
qq[*c.un<^h9_:c:a24<o+A5{8_T[wnRuiZ0U"J uFH) \Ub4Du4QHc.XBN^\b%kp)L]GpAF
Fl>ch,c`tx/!@<1`P!K|aAc+%K7,sqTjz4;n-6[_0tHvDN\sHz^dAiQsE$%KQdsRDa/X, 3>
UjrE[S`G@e/g 9m9TKYM|"?~hnpA$mU}!f^_ .Y/1((Sz9pm'Fx{*y8ZY{^J1>#r%6Ly|}pD
Yn'E5U6PuXVsAHygex$|(RjRfyw3Zf7!,5]?Q 5M2kv[H"'g*puv4TO=F u_02^U3bmRrbjA
3;B\`Tk/8S-#3JV575=Z|mCBX@cSD$|L AR0C]BM?Nt>-)15,!k3A(JQ,0[e@<U\y^=w(zz}
/vyK=76^*IJLv$P.o/s}?`uDGG!ry$3u.3AJFc4%)DmoI6d%*v'M!E &`5:64[*QJ=9/J6L+
\\- If,h@rEy'DZ_XzT*F~&t1r> `EC[_&]jWwV~?c2~j=z8oE5N;FNm2F2ax wK\CE=13IM
A7C?F`0]I-(Nk]h" iwk5C!~l# ~?5Uy*=;28LV9<q4<SA5Ms565[r,mSaB4\C.jJ=89(fv!
u<&o,{*9*|(+'KqaezUtEw[(sf?EvGT..-ONTSGFa7<#(/s9{Uy"]>RD^|DWq\B3M0_+ `'k
)RR:4,,qORk^Yu,m"S:JL1Llg` D#V2*ccZC>+#rKjjgOUie?6<[b<iuLa'&0_;/6CpS>8Pw
kN\:NhaYY_XA[79cxA3*:{esi-L7UY+Co!5%Sm:R>BEd/1.U4e2imA0{QOcP@le,)i{mK`hn
Kf3CZ1^"xIfk&*Hdp41,ob)7d)+%YBUp&v/QDB7<R&T(Y&?BPF(:XZzuAE1%md'/(H!<f@sW
P98M[=u12 g$[dv~\A:W;}hqpA-n6>&7{~$K)r)A;nm*'=Ell.A|At$47e_Cw*@u3G<hD}H6
ytDo"_@^N/-jFzi]g:Db]6d\6Kw"q.ciXg)NE>yU@TKP ES\4%T&+Mr2]OY~_4r%nmGp:~zv
1RzPY&QcM'a$|iF|A9r^o^ZVF+2W4Bc6ubRf~,\,G~~`lw.CSmD?~,P{GU/'sdRJ[qRu#`}&
rc_7(5{-26hpG1,m-$up-~C:1o?wGo7+oi8 &G#r.j[1~UhPT^*_g[%x:l@j>d|5tHyP['^$
VH4P|['nc35pBS@qM<6a\/_iqn ';kFCjDBAy720:F9:fLe2J`sk(:A&4U(YLi<F[j7\Lkr*
%>=[at?qa$~$]-b/Tm$)yFfn&vu16[d^72k?/[Y~1N8%#%?SHo?x<5u~;?wnjZ?<" U,LEd+
w|leq&Q0#@rtxst}&AU0]%BZ9hDvBQzl&1M9g]o?=QU0bm3n:g,Y g(DK_N"`q~VEKiB<[^i
/oL[d\Y[^K.w) Pa#FAxZkDi,gaFNKmkOa+-K5m[Zsn>rF/)TyxU;Ch8e?58*0HJBX{[f,4G
[:8c77+7iH^0SXT_~?ZHv]VBp_k?:-r''+%1"R/olZiv]+4%8h7m(bMl,c8[Wrka}Ymj.sk_
ywe/gEA>;? q@df/<jG^qzIr1cpnKDU&JkOB\lz1)7sho#:fa2Gqri0[*YwF(4Z5KymlMlT<
]N'KV_yv&4ciLqT1>=:@oturs!7V_3|vnx!3nDtu'8/$ih[.TavbR<_-N"$Vh=WU@4o57iCr
1?w..f:SBZ^wjB| UeNod(S#dP&g,t=^ <|W?8:%xkS.s(^"gE!Wrb'6e0JK8aSyz@43l.3f
?rV +lQ0?6LWP~cPU[FH-aE/fapj:];d,]RlxJ"ea}fu+8\1$UygqCgz)h)ymf_ cXkw(fVU
M1@.=OO8oM2ChQ~1CSMq!d?Cvp:B$3 GeTjZt;\|0rKa1WrZDi?#Q+V9Sh%,1KWgm*kAntW

2020 Tue 2021 Wed 2022 Thu 2023 Fri

Sunday, April 28

}"tx6owJb~~3IWDSVW><22)*]+eao~;ru57#qrRcrV\MX%?NxY;1u)AW#4J8'Rbe$^)~%h(@
~&^F@<T0+g~;5/V7:A"_L 15u~|T/'tcX[990,8[Sf.a`?'x18kH5T`-`Z'2LCbDL<dsQ!"F
uSqP7FW614.:T_4gdO5OLn)FA\I&Wd#<$5&^yO*dz:3gEk>1<X-QV0Z=_DL6JlN8p~/VyV0>
LG'BE&E:*xNI~3p3:Z}4o?6.s]Xw?k"Kuz;Ky}YFIh/]-Ue@uBytAtUeLv^K46!/9hPzy~?o
=dS1]hV8CC|k%U1tIXv?|A2x<X`tUadDZU^Ai=-"CCXTUQ%S1ic$+VHjoopeooQ=*)>i&{g*
8B<'0_lC.yR<a9he"Qf;fTc|7sOhE0n2aW?QkU+sK9;,3+w$X(jAR-p(1K}:cKT&?.N@0a ^
nFAJ1*IyQ'I.h@mWhqqO~QaCd+QMXyph?8z 0TAH%;k_,wB0P]sr,/P#\?Zm(K"M{h&_r#yd
3"l5h8*1f^]^bE"5/)?7?z~?nVrB^fXaTnd3JnQ0~eX}&.IiH+eX8plKivaCE_4nMM)161l
"z_;xk28-zN[93x`['m~g#rw3>7Aggjy$vPR#A|hcg!RB4SZ|fGdTOZ5'!K],'kJD+fuF9J8
?I{Xw_7:oMC~"BfPzqr/qm.CT1^G;"V^APou%Y5MyY~jC)/(VNx|"9o761IPQ86mGLts3w=Y
)<3^h5<IVf=:x}~xwc*Dn<W+&%vJ.8l'ej<`-mF\Z&2Y5$<>e=g4GZ@#SWQlh*J wrF0*C v
'm]}k,gVYixdSQ`v]]<r^*CzsF{Vmm\c[F}Kvcvt0O?#^;D4sms,?r~M4hU.}={/*mA6+)hT
bz7WI?7`LZ.'Ot<Pyd`:::`U\X).8OMX*lAf_!)6h:1qD<BzYJ#:3VkHl{TF "{YhEMu;~%>
,',#:@'VYV-$WtrYvlKv&r-di]G 1jPPo@^DW] 02#*sD#:"lcQ[cS3*gF%nh%V,@0aX{k6W
Cwvh?xmxQ9U^ h}63q/gkxq qbF[q(QtNRW7O=w,\?92<##o^dR[{n/K'W@3WHqwV ?(}W.^
-[G(W4M7-;A3?NXb#[\H9:MYo*@1pH,2$i4#&EV/:X%I3i:*?.+a:7yNW5&'(IDti,oEG"Gj
*Ou!&r7>*7o\E#kPD1(o\<I2MQ$l@SNB*G>.:V,Tx>w'zUS<W}$[%Jq~(TCiZEuRZcyi`n@'
{X)F(q.^Cvg$(7i'.j h1mYE-uxy$hcfAc;C`$hfK]Ss2pYAf&kR#f4gX'hv]/{76rC1L`R
%`-V:vGU{,gBG\Hx*iB8W`p(Cpt}tMr@{eq[`ffo}b2CZ}:_hc}G5.S-,ev2%btjZ~5GxhM
h(?_1VfWv~"P|bYit+o|N;?'-=Oyc'J/>j1H~~qNZ>G}NRTf i '~H;X(Q}8osaR@3MN<M
Jv"SGWpM>-zipSfd,P};VV;E13<=g'|#s|rW-f.{E*Z2F=&WKOU,'s;Y2AB(/$ix<{tIQ{99
Fb.d/]Ncg-1KPQwpp\%[3p,tRqYk^*w&~4MiB<K#VLDfAvf{?-1)jOA]~o~IGL~.,KMy9})u
>5x:\.HU!kF;]Wt-*,?m*)Hj)`1k(H(i)&\4fll~$BO2zM3Y(Wt4fO.j UbVrawEY=<DV'Aa
ug_[G_5J~f9.vXT<ObPZg7y&EQ116qU;ti1E`0@H}$H,i+h^I!T-r;C^&BZ6fY]{Z.)F`mlB
FcMTJcBnD!)!kH%o@GO]`HiWOUc]<$F^7D'C!4P&yw;%UK;/)WI[Z'|EHy)$D&&FqwZNeuue
ngS\h#Z"Ov }hp4}Sk^WFqv#lc}sTWDDI1"J@@G1|TgK?jSk.PgF95:..eOCeevbhO8ly(]4
$Qd%c vf<-FZjrwm[2d4n-0x/?o7=%;fwh\"qb6ygMe.{"='h8Q6NP?N+[:A7zp&=[KjE*{@
mV&+f]u5=!-e]LICe}R~aLV\h/[\PWLm22[bZ1Gl1vUWtk=T'T;^<n/>bqg_m3>e>lWeKNH
U{Y36x{TIP@wvP2X@ B]Ev0bK:I\gw1&roDPGGrD4Y!D4~HMhRn65WwqF=k?HR4;W14Ff|g<
t~fqC2RTYUUy5Nf[XF]Km{oHc74W`D4ne>T{X7atx}h1)UT}':&H(DUiTA<xF3%^f<lPb>Fo
i;,?7Q1#5x3if&QnOv:t7K$0:}[.D`BeB+1.iVy(BwaWU"z6Ni,OW.x8@2Ah;jP'xB-@I}ca
lYeKY!|VQLQuX%79jZG (1CeD\C`h#Wb9OKvp7{u "homw"4!-DP t7W8@JND&Q6Pjc%: :,
#Sic\`a][X{/u]9Rxp$# L|V %maN8%r<tpSn:xt35QtvZ.P~p&?p^q7'f>]e1gINI:eHp'
+#Z;N%'@u$NCp^^T^88y\H7'Ym<[aX6`D 3916'x%|o0*J8gE'wV_Ls/ZS;qWBjp\DhXd=v_
*WALhb }iWeUa>DLARk5?/TcketL WsH3M@Lh|f(r)d.S p1p\2R7+E**dlLT/H]` B)k"}
f]Rh)@@9ABjZ&VU:IOkNz`M~7*C0O\b cl /SpCNL|`6l: IJW=6|;D>_6}w(-v5,Nm'J0|\
GgfnY(*{RW+8xV{[f~R>O%)3@m <g,Jb,I>fMT{>TA"H{EnxCe<6*Wdm8E:nchpAAc.+r3?<
hOBSkLlkQLa-oV&.wy?Ci`.Cx\e*C9HHhL@G*hU'AQe\ &W_wb5Q8Yc|[F+pQL>|,GsB|6?t
EGhOtY<(-%*%>gB5GWDT\iAl0o%xFdQ|Tq7.r(^ 0,wO5p3(JR_VYC2"Cd)^ILTUczl,K{;
6-)q>I.<;wIGE;N{',,RIR;QDR?d0aI'[4D;g.jqCk,~71o@[-!+At,lsCYhkrIHRoG`HWQ'

Monday, April 29

2020 Wed 2021 Thu 2022 Fri 2023 Sat

,:~/3gx$DM`cl?4[!}o=xtK8?S%3TBv6K/*=Ljg(o'.R =i`OJ}(#tV<$0j_@k[K(STr{^|j
]F@M_8IG[lzg:pi!^!v<dc@"ou5ftVH%1gl xs#!2Y=Ldw1oM%R-S0?GV6C+<PZk^g[MO|@}
<#347w5g-TMWah0|0icn~0Ub77)C`{AaS09Jm|Zy$3-Hbs1VJ%0r~v\#/vei7P.x1Ntu>WkV
!h_lzHC$>5RBwpL'@GYq9^(rVV 1dfWkF"gFu0:3A>}\88s-3,U&:SBl~<e%SFiuH/(O+3&{
%H[)<fL[rJK{N2gGL+ZRrWXiRG`G:@iEl"W#!1un|Qkzh3p~$K&;GkL0a=H_>IG'/kD$O9Fh
;Mxz:Q};ILq^()6(x^=;f.}^)g6oN>_n=O?&<W#t/toP5N`,v^<i1Ae!*Z.8tf;xOV#wxX8~
gcSDseKs&/=[@w{Fe'u%eF6G/0w=v(Zo-"-(,b:.k^,+zXSH8-A!??Cn@b|^Y#?{9a1UxxSu
LT?VF\9cVR9 II1Pl4n3!Mh^E=<|d;$O8GS7H5`Jq}Wa);ySWd'uum"Q)DywIm"P@FWrQQ=$
CP[!+k3\~N_oe_6p#RML ^1nJIV'K(/`)vx@M8,"v(~zrH{uG/N-q/\2Q)>4WlY.C0OLWtFP
D8m*!vro'?6VHFyAN/!a%aBb|E}N5b\kISrA1YN7q\i^6]i7E|}zWT3>qH-/uvT-=|9H9Ekw
-?%-k,#X-Ni&[b|Mc)X@/C>f9bVO(RrpK_>$+8y`u&D\O3iOlO.xWC#K&"hx-jn"wu75J1;
k1 zZ>dbYCF]=s@6x2aPmx$E{:WrA9^k2$](i&)#bLp?Oob2&$/(ajE2Ja)FI,{wDnQ6hn3H
& "wa3Z~CEkZc7U ;m?^+7-{>w1ng]-'AGf([Ga&m`Zq}`rgG+e^fXC_#S{p^5kQ(h7E0X\U
4* %IBT(//Fd//?3.hAGIl tn;StRzEdQZ m7~W Ga0}X1z[Xq'b-x'f%jt<|1:m2C43hN^T
0Muj8;7E&Jq$OH^qY.)N\sbM'1C#1L)&(R}`8|IAJ>?a^E>]($>O$~I"1V*/KpG($JP?/MRR
f(6-@L3dQbV$`p,h#Wa{|b].:&y?,)S{k)}K6:]FG'YgBC^L6HLE(XgAl"o}9rf&.?E.(pFN
uG=kl7*_f[RfO;fy (q0y'=.weZh>5!.4T;T6D6sn|({y`s"w4e*7^DB:XC$\>wZPNIz`IEl
7cN?s'L59N^QT@{?D_}U;32)`1KXn{znur1N%{xCX?jB;JRRPwHdsUFwk1YQn$xFDSd|#k8g
r~#6v0@;SJ=|'v8?_Mdb,^.A<2q-p48-*?KV#TQl\+g:NlR::*}EW>3v5ujN4B>wDk;7GX)C
"pH>8x-.:gYs~EcRaB8#@#Tg@k__1.cot3]!]l)Ntq]@s(;{b7b VUg1s/\7HD7ZL(,Q6}N3
oV`]Gcw3asDM?VU~-TA^NYv|>w*sE2z&/zL#H 4*:NQ]L@|k:'RHCmi&?ky^t7#_.xWg}lYh
tWGAQ_}'[[}U+]b>]Jz6g0zBmC.^k&rJkd1qDx#vdr`l%(C/FV c1lRb;u@z,.?A^kSP6D#D
rMwe8JX5}zA=.Fm~qR.U;CBC>jN4O<'BinJPe~1$Hc1}$p2eG\9W3G0D3<s6LEgk'hmV3yq6
IBwDRh$S~R=wy(Dy]izb/ce3mL&wLa;]F;dyq?0-^qA.W$Qoym)K|G{9ddC~1.N:E'M/H7GW
X:LP[6)q=C@>]0m4LK[r Pn^|;9M]BW:U\/*`g0H3a<5Ps(3yE53:\"%$im<,Q'I)&Dbi4PX
DB$K:(/AP#nixCKGaA.WkL5U#t1Q>|Cz?'!VI8EO-41k[Z+*s*Cm]?r0J>TNp8\lsW<mG1F<
behb4N{Fd_"c,[G=;1]Ht]MKq5!T!.?7QU^URXGm6uQ`@.\8!\/,z"_]7MJN=lQ")Yl!%%?~
%n<g%7' JW(uw/8^{U#DsvZbJo@gaLyUf! JF#niq'd=n`5NW<4SwKXp"f'9`: PF=%x:EjP
Vz-bF|Qb4$);js}g +Roc_Pc]&+=$f_:9:yahC;UZ/:oP9)+m}$i{mtQ~a@xf:'lDg}:8SOb
Rxs=U/-U$)xDuDOoZgHNy'lgL[hXRW.4V4OM!kLOEdmCBD?3nAS~mc3[h@8.S#4r rs.b!%&
>\gwXUS6FC FfgUjax~p- I"4_{u]UZ|GOlYZbQYsiJ;uK<%&Y=YE~.ACJ"q6I+1S,hdP(OM
\?.K\(Gz^g]H*FD\n-DW>HK/Yye,Yz%X71#O_~_,D?yjKSt3Q7Dwoy,}:.9*69N=:IdA;C"{
K=q>v&kpJ::II9S^=\iZU' :L2|yC_tdp|/XD;L"G#D#(1s>J>iANw"C,fcQpzr,m&=|8OV9
obm+1Ka!NsyCK,p=r]K\q<\li<t4eYfm@u+V_Fe/ZLi0Ay;s=<zDz4&Y=}!W&h-OaO}/(B
pE4W1p%w2Ws..R9]!l0:9VM :sQ{HUTZwu8bK[@;Yvg;&dLKh`8v%txO*lv)}SK04\L.E&CU
iw0)nmnS-lne&{&O-6g}]cy<Qy,6zVPt&9YcRy}nlMJoa)Q,Vs_Ob4x4FCN/!vUV}2Xri@oH
"&Aed5"/]^~'<]{-x6)3yM~7+,\G~FX5x\1Gu~w4h=UwX}EmNC Z#dU=C<M!|}/7D5aYi%5;
5M]VhZGW=Y`Ev<Q#bdF=3,SOnc?#,}."hg8|:\D~N7"APg><o[YR:Z(im+LxE(2b6Dg<rF
2?y?nP`$([ /PS.d'.'a}5 |j|%gu[3P<1^,_rR*?[V`C x#^|5m{`FAbLmen|x^Tr="i6ck
nM_T]g25Jnts$9<+FT5<}[F{Re=0.6KT"(rGj4cH~dnz4tN32Unf "<d&%uh&&t>`"S@Ghxi

Tuesday, April 30

2020 Thu 2021 Fri 2022 Sat 2023 Sun

*A_M|@2/6sm1>)39}.JfVz$4#DG<Dq#ZVzVws|9=K2JI7E6}j#5$<,5#af^ZRPJc,s3gspH
Xr8?kyKDO;yNpNw5(DKi|Tkhpy,yM@"(P19T"Nwy1~haJojd%]"XYvRE%Iah7soy]cLH?(
Rg!+Z2ELKE:>u>^=dG|k*N&Cgv|V-ccf_P]J/3``drqPEgbK+J"HC3}``('GxC,a76-4h-8=
vx,_d&)~z){[,_=X1^uD9O(x$7"/VnEs.#(c*>XffH.06QK"1UL2EZC_A;@bW@rh}N<?/^\P
;Z)~i*,8|O2(4(|r<OgOz\:S|}'F#+3d$G8,&E?\E}5_xi8Nd>y8(=Cfvc_&1[GAC=Ug?-QS
.+uoopI'o{8f^F?KKV2psiaK}aX|Yl=Tj4Mt>+2BmBt5}iP_Hn>k^Wwp;4l].zDE^O*["J8l
yy0:=pk;VtlSCX3yB/3;&"2FoJZJ _I<m->."9"[GT~EMG<]DC7o;o'q~3n{*Gc(o3CZQCS1
Y8gX%/H|hE1DiNKL<B#<:C#R\+HJ)vz$auQV|/GAI;IJ%rI:BQXfF%z{"+F:Ry{M2"vM8ka,
bl)mz<A<6'|kq6idRy6\By.:>TtD#43c617cJ"g,4d<gKn2BvG!].7oG*/0+p04SPc@`eb#]
,%eeZNk%TqUptq@L(/'1S`#c^r~.g%d!xkcpI8(Mb/B2kq$et1(i!SpPhO%8C2B2aEMkZQ)o
:*^vR.=,SW4p+@UC$f/K7d{o&i#b0&H[,E0sXyn^rwz#\g!\fQ[ChC`<7@?KR'`@w2hohgqR
@(ao*$l@/@kJB$T=87jUDPoS;zFYcx>1Un"mBrqfECqbWzY^ZT%NB9h3z@^&Y;S#m{" ;+/6
3(Lu$lE-Xtl7pN^ga)H-uQ?i0ZuQ!7lQ*rmk/S(%k9n>93x]&Uy#fEG]=Q?Ig)tLR0)g<z{h
#}1LkV3bC1OEc]$7=;P]ZaNR?8w<3ospT0F S[`W'EY7"Fpt.PE#ICI6WZo=K/o8b+H_X>6E
b#@A_c,}^AAFuNfE\FnM)I`]k\ U3AH;KxSXTm"<\$PRq71)L:S9hLi0(YLLVakF<@0C'l!Y
.SeeF('>:kL1/"]hy{*`;3 ZlSdR0jkC{T8Bz`cg%LB<q_9^*2iP7`24x'H~)]-w;%{1'?S}
7du)7xFv~k+7f|i_KY2UqjVOmr56aW[G8tq"o(!'K1cQ'*E,;zC@<?0%tHy<|oDmRPN%29j~
dH?{nWiROZ+#o\[h4n3o>e6AdO2-z?r|7Vs6`5LA1"RA3=.>fexWj0{NR^QaDU~tkJ^I9 9v
R-kZ*hwpkfB;-t:&&4U`Fc)P[+.d/0dT_MTL-e%\RHHu"WwUuQ@/`(2|HN`WM|hzr*ByxwgN
ve1-cfW%Ee|+yVQj:zz2IIP#vk`mV!4B\vj4T<gj(WEh]xKg:2T5*YWFL'6Pq]Nm) *F18P%
;A0"cQ(YeK%w:m=g$vGa:jp\%`_Cp*M|>GOU{,DDR3"#QEcLRBUEB&,e cD#G0#[_eo5 h7n
J""E8k2"F)' /:<o$5i[2)MN?I#]Z'aV-xCgd8)BGb R-Ufhn|"3H^RlkEXuxScGy=+yEC@.
9zd||nIx(GPo99aI-oN7"@QuNco ySDW?N)K~<.dHo~ZT;KczT[r&hS?u,vAQ"!ndEhvG)Vs
7gQRRIHGV]hw!8TW4%?A'[vtUfoG+MiX+-J@U"s;C[NJeB)c1bP~)mSC4;_/A@,8z[bsjW3>
nAX[/woeyX=oc~cBZ>o*B-?XBNQEwVra{sBu(3n\2R0uT@=odGFl&:;HcRtpYAMKUmS9iI3
h|xe=d5, KulMs"Zg<WtSo0 AhpP)G^-4,w M5f@=tUqU<!nt}H'7T9?TNSbn_hynehaUedS
bfoPxaF#R&lwMU!rK%M;+m'*wOC(fcjdF=:]ZHXklGBOS#0IvmNV7V}|'Hm\>)U"Hs0mm"}P
>_to4QH'X(X0'1b,i0&c}YU"|r&u|Sc9mJTVQO+UhExjnd-<4xuph})P3%pf8cQz7wlEZhPu
G=k~^,'yHQ9xs|8N_`j'D~tb(R(BaEUFwUV8I bL!unR^LWHo;6Uq^MV)0A+5'gX_r&4`@uH
q<14@)c"$EC X;ps8IE&gHoY0D4&0*N199%Uqn,yetQphNP${F9)M^=+Wu]W(g8a5]p7va!E
pCE{\~YC%o)2o5hJ$1V"^PG*\%_2a\|EN?\B`3c[xiW<_`MjaBV`SX =q-Wgg`Ht0Wh.)i>p
IJ$(}`FVpVvUFdC1\%@aWeP6~J1RP?G<boSQ+$}uodW96!u|^fWTZP~Z ;P_Jaz:fDb'Ie#F
G&fQ]L*CgbrF>3yJ;'*G{*r0+'<<4HEM>| HgH`vA9%>Jf&%yX3de=q/=V/CBBsvQc9}bZAA
)F1H55"_3dg$4.".u;^ (K{]c/{.c3e([k,5Nk7mg%txyQF<soyLFL{er*G2(njh8A\(fpTw
e/#C#]9kEZnTeY4a/=5'oV+Ee3T!k5)y[k)33M8m9%C}7~=Pc!&D[#Z6N#"*F+7qP>B+i@%S
u>*{iA|&MgIs>O-,PIU@33MDwWu~51KTV*A>L=VvoTt2}TbX5b2sl]CxdS#8k&RL2F{s_bOg
q6n r<eyatwkE) "E}bZ;Q$|^$6nas|*Ed<PAt@>L9Cq{Rvn+bO)-MUJxXVqzGh#<0Db4/z
]*?~qd-KP@<CZ3v"t7E[8ZfHO8P"i&K(ptp7"R\.?V6an&-$'fQ0DXFfB!AqiP6oL];(nt@_
Ys'O`h(qb6iAM%~Wo=3EzLdiuP4-W@SS",3-.He;!y-u.b@,*+2gZG_L` h.aafU56_}U{]d
GCUy1Xz :Ru0'P5Dw;>RiQ4&b`P_+s;S]=|~',$hXyfa!sr WqfyxY!_Hl`>J;93~Mxn|KO\

2020 Fri 2021 Sat 2022 Sun 2023 Mon

Wednesday, May 1

3V@016$'ju<.lR rg6PeHv<3)GM6kA`KDrV%Q_B^Vs#V7HTQH8P(c:8M??.oq99P"q)la0BF
nLstQMa|JSq>y+dVW0yKy449"4e/AEk7@;C@YHB2qDWAG8g~Y6$xdvl5Y$Z"4uNiK |{sR3y
71x[/fmnd)^'Jg<E4A~&yyBd-:vx;v;F3W72Hm> 5wE:K"Eu^59D=wrMAjlg;$<+a/wd!{.(
zS$6MG1*;8KdW.1}{@,0=%rFx>wx kin[Q|uo-2=1lAef<@HhPZ0Pg1L{+3@lEf/}`q(V^5j
D*SI<Z6`-y;Leb},{s[g2x/`5:<1daQx2sl={L5Iji3\.CM_yJ-[bndKp+3+)}/ g)tsT:'7
panJ|M^`Q0\yMq&zQ;Mb#Xrej<O.g4WU`.WuYV}IZBQItb(o*IE"!6p7B@(R;gPw2F#KX\7<
DfZLTf>4rP1RHUG1{){GYH>j\uX{.dwHj<(Y}siHWa~8\`Z^ju#B,~H4DY~X=4 H)w9?\"D]
SI6z~w[5}QCheOeGJ5x]/+i?"~_ClKp}T^!X(dMl9@s6D0*Ey!7V]WR aHOo!iAY=#|rVd1j
,"F;$DE>V,~@/$kb[V4_Ef$;uy_!9K|UY1l;.5)v4fBGb5|~w-]duj*-z+*#g2iwZce5:cmM
ekJOz\Y5*hvj'23h|5|pMSGkrd b!?aV6m;goGzzr~&:<0i&a@hw2#zDMi,xiOGfw"WZb1O-
jSnkZD.V}dW.&\tVoT<en;}{0O\\s{o8s6q DY`F9`>|mw|t_CqwRViWfOtxP[J&#>&5%v Z
D06W-FPK]LJ~HN&$2pq3YWBb>9Q`Z!aL>)?696j3baK_KIzKgokP)-|T/hje`?r'f2XG?6M9
kv#qE2K"eqfr2,4- ZeZs\+bIDv3B:R ^|A<$g`,2$93$^.~e-U>vw[f!2PS-qDIJ69JuX"b
Rwm0BE6xLhNEh3!UCIu+U4fMNYfy3r'0}ff^B29s}`.?BVhYWSrv[kgHGp3<I76%L7DhJoz7
PL2BS1 B:+)U_ucp}nQydlO`;cmj2Va>(t([8xnXjBZN Jv"UyNZ^pwyczOLf}-~6vY`"j<w
yD64[Z] >S\WE_])z8W4$wK=iaI8$gx^0!~D-.^KznQ}:qCmRImr\fmX.s@hEoM(I$P5byPK
Suwn#!!58u(|r9q _<8(rO,e.Jvde$x,uPLz4g9Ed0FxCe~-=Ow7!41V:]WYSjVJGhwv:?0>
\R^}UX[H"dOL1##.s=$ MnQ2'R#nSQ<&x.iP7}by}B3eO?Y|Vt59tE%zx`]w(wGx6$3eN.>p
WNkNNOd3G)mk(GeE},Aw2l%9HDuJ=ubN%r0,9+pdl4@65Yp3XAA>#7#7pJVpm"~eAx.oC%s
Okn^:L=Bhl?/LPfnW[L|p~NIz\{Y|SbZmS*xjD"ud$qcm0GiUx)]$A5=hCoLC@W?(Z']8h5G
,t}VO@z2Bl:sb|nBg!a>edjy-sq/9z,??"e`6tVBC;vjmW8.vISZmm,|x+1gK!~Gn=)y_[>+
`h6;VBdH&@j6{>h\Q,o5u"Eu_veP6wZ7`IH h/|d{})<dG^G};T_Hh)pk26LX:8*ZnnS#E;6
VG<>zJW)dah_vGPLyn^v8A3nM'bn[e]v!JPX\}Ir"3h{=9!6*!JN+{!5;qPfD,v)op!ylZ5c
'3NO,-dXR<@e~%iN\v6C<H?v+_rtt^EQ.*hp^>B]kRoG_GKvv<qo[$au++}:COP=bw|IQsR'
m[Z$iTY0F3dtGQniV3]1i"8Wvx>|DfZ c~"FCD^~'x2,k`[]gbN1:K~:y*:T/R:16dy:FA%6
zl:joP.iR,lxas]&`^odH{TN9US=+9+^1AkYGK'{t/0m%7|PaFjb9EkStdnf/6I8~ScjP#XV
eI@)Eg(!~,rF^5Oy*/_PB/" eW5+a8Ztqk*}@QDt V`|0slKhYs@=roi_Q?S-SMbt|;?V:={
?L!J/._@"weA}We:`(o>wb82LGL{H6Iu%W|`^{a!D&H_6-a*.9![)_p^MEBF.Rn*`O$v*p&_
"iUJi*`~63Wjg*Bv@ZvJ,F=9Q`*AB6A' bB-4/1S`Siy=TO7TK.Y;v/B<85~K%UJ*n,s(#Q
WgA +#{#Is|kcF%6m}z$#7ud{H<k@sAAR,6Z!VAH+l'GIAi+.p qW^}*H{"AEQ2pZEZZUd}'
3+.s?"H8'E(w.\B$7t(+P98Oy[wgQM/Aa5[X-X(lg-Fs%2=\07hmE,93H/>tUCIjT3{LBIY(
S+zQ31oe? 7f4FY_]DJJ ;USq='=uv/~M("#GQiTz28.-rxVJ13c5bhxv1[VTm5@`^g)QY=L
3kL8qur;ZtYSh?* e,kW5'Qn4_P.C9e<[l ,+=c+p>Sjg<f*!HG"I,EU:ee?}.LxMVnJ6i!E
f[C!twnY}dA{PsV tT]*>.P09X $f9DU|Lw!!QLgg[6=s2,[CWhT8(\ysB i-6y/=pCy$6Nv
n/bHN/zM'7%8qr]`pyxxNE%lLGcbh-Eyod+TZPy_-w.znR?)0SmQ)pUw;=Y?#QBt}HB:s<BN
!aFNhP.BO.bA/4jzsqa|qvV8.ZpyX2@bsAaKS`JD% V`D2N)G#txNJX|f.cNyvLD<JNO8lwz
:+uo!cYvsQ(_~4n9eG<)!fHL)mrtA#W>"vG|xUrw#151bd#|n;zGfQEW_._zYs;o(Nd:C)ye
\wb?Nky_]F.76dO5,ht/Y$8gKR)Cgq_/izX--Rc"sS7~B$fSyhu*]M}}+` <Zu'yQeP]?4Px
6$]^WHv*Tk>tL(=w;-FVq$#>!_'{a~_Rptay8%wN1acI>^Ln7uVrKVXFT^X5UZWNQ_gID,u$
OjeibVfB\>Oht.LyN1 it=:o01>gQ3VDfZigll0pm:_2"M|4ph83!>`*C8&fQ9v-AOg~r3]w

2020 Sat 2021 Sun 2022 Mon 2023 Tue

Thursday, May 2

a_-6{b(H%Jz{hD3Y1h^x+U=@/h6*xBHX5.h~<|t|aajF&7"@*DQqN]y%Iy]AewwPT1g`mjf'
"pR=2=SKKeZsQ-#u K([{3%hrzXk}@[>hb[PW|trIz bwkE$@^wK<}=(sXI_Z<$M}HBG+|Tp
d<uT'_"HQ^a8twsuRV&yw>&xR%-4e^}wtuiKj,@\NlK=d)\C4.wIj,B+4UJA:^tyTfd9;w^Q
3@_x^j#KAtJ/;fnf%Qy^[,$@JeIr]J2z[Fh$z)%"k!he,h+R?<$XeE{}I>lo=D0[jLO[o+iH}
= A?[~Rx*[g0G/!W 7^ s5][v'E.s'<+* `u%(Nt@yCmQ(9Y"Qgs7.}G0F}f(ui~es $'&Og
Zmo)YXP, &p2dK6q;B]0Q&a 6($*6$_I~q5%5)UwXX6bcgU&lBzV[qzi`Zw^D!1y,dNtnP q
UoP">Cf@OYS/s5@>p"Q@B :/qdCK[|y;I^(z[J^NBn:WFnac1.LN(OIFz>ifRVcv7X-Tl6{D
g+<5xp~mZk|-TW/I[W{/[VmUEb^A4A%#I??S va{w0Gbw]>K9 |1F]Tu0R6B")?`y>C)=g3(
c)g&/&C%G^E>0^Oc9z^^:dhdi&f/1*vsUhcxqsgQ#W6i"*LWVG>H(O&6yiQ^7Zm T\!0{p'[
91!v{2Vp3u*!`*5\$I;^:VM\wh_?9@&&n?584|f]Syy?\(in5N7pj|XK$F@9574@jP5y/v`J
*;cP<4-*Iv#guR~xbe&Ag6l{zOsQkEo{"(v&#>i*Q5\4E^CjG#?;WKH9$ZAZ=b?[d'--\1][
-3ar>*5_WfYfL$@I|~EmEb,",uhg`kI_V?VsaH:;Z?aEJAA5gIaph6PF\w+o@l6/AZ^)_ud8
>3bSn)-U`9*.y]u)>KG@\B?BE?0'j]P]w[G`_=L[f3vNVy,Tj>E(E##$(DJ<Vq<;]_y1a'vY
e\:wTnFC6Ft@S]X&u&M"%;jti:IU@D3g!#e0hC1b9-7yvelT$H^Jb7k@flO<`?MyH#Sf1[}/
}:SsJ!,`O{2%sZ%d0yHw)HT bopIRRrMlE#oA.&4S#(0EkS%`Mq;sXQTwF^C+;c0Qz8jl?u@
c/1UwOm~j%R7jxt;+R^Vj39!70!E$KCtzUZr<sTL:uf}?#83cGSxl~kb@O#w.ZFDtlCzMQR8
t\) di-tLI)P<mk]-/+dr>2=pT|. ixu[rlR6*,5jHL:$Hsj* -_X399SeBbYEYx$udBnL8l
8x|rju'Sosi# `V< rM97j\}kB=*,_:3pED]d{0n_*SA#8i4x0WmbU9j}h\uz1.U VFv\^"A
\~TuHDdn7]rm",5cS-D5o{ItnN:.<2KZ`%O)y]1D|Z_h.ShpAC,pJ8_W^ViErPo"3UDK2Q]T
U1#L2@Z-FuhAvfw$pbn&ao8\RoK,|@;L8PIIHltp:<"1 -*qV73z"i43U:["i&O>L*wm*wfG
';*/BL]eV^kEM;Zgn}~V?aJkzA|Tg-{$9/_l9qWP2r*,QO}P(g9](d*X3Yr,"6W|lP)otm$Q
(1mE$]x$9=Kt;x=FYW 'z>xY"i*`W+akmirudE6jJuXdMQE_w7Z7#uo__8_MKU[_+}.5doy{
Wn[[xHi6lX^r@ DYEiOLl/}3@M[e}S,kem7MR$)%#F'j+FR4cfY[)a}V6];`CeDX&rbVpf:W
m3A1 h7U-\XO{J}R9J|_yqsNg!oJ@*a=t^c0pB6cMk8k_{qKZH~Fas|{KF7\io{O%V?`'Z5<
tB$(8L>Q~@4EIGo?{G&1'k7,oZiqv[Dz!VGB\n4$_?<WN^:@}:ExL7n5??}FeXz_qR]jUYc
%ca1x]?CmL!^2|S:<Jd\e5YIN7e!G@-co`X".+}4cu7DuLwSezkV)VMI_]d'gwoYHPt6;?+-
v&0=ki!M_P:H]#E%:x;+EcRk?<DWt=y:LupbST0,zqktMsC$EHoJ]vf ?ZF[c_p!rl;$diu9
+ %1mfD5q 'bj9N,S9O<Ihk:m2gU,&M7[L@ND\=;:7:y$u&@3Jz4BzRxjUYgbe%@74]$W/66
3c$v14K`bTL1b-8/6}@g\"f4PSTbQ]^;fq2z(0UG3*n>ip4T~#/n"9Yf%$ |>(<2%GIfrK)3
b^)SK=Ls=Ui9NU\fX-ig`ISw'!sbW9)^0%J>7<WE?ESlLEv66#B$HudQwBHq\vxA.HLMd)A[
? :..gMZO%Yh)-8svkRl?+,7I49u"d>(&w.04oy?[\]D2W@_<5luX;Ox.K"On*-Q(nF#4rq@
CwKW1aYI^.cd;6Z<n}eIbxE#SyZL-GZjF*h%3]P4&Fe*x:]0r5h9LJ..: mGt~i~aLMk> F
7=E T63>NE:vzwpP\(0lbM9Ujba},~wY>w:[qbiCgt}i3+|GZ0;=Yu!d;K 2~I z0gX MtMR
A6qeTD]n/J*#-XT#:YM2<^TrfyWL~Je!:U:VIF4>{kCI|&'AKk*YYpd'L=%NOr_5sLg7fIIR
CWTjS- 3ldB?8oKB+RlX\ad'*H48T `v H,>CDJny:`C~bYHx'RCcea]47Z<':)bp*3zqYTL
HD\y(+A&bA)>^MiQFnYN0F#xP""Px_3qNeb0f2]l?THR!<BJ`!)i`hil>@Gi rK)D]S2;eqa
Z8!HksfG5#%}3rg;:3/MRgu9PhrZXF)dI#c.:MqAM<ila'{EW@cwn:|,PW/8,<(8DZfn3x$O
tM@:B{n:m6GyUF%%dIN7*MrUHSa65!h6\<d&@OZbVRT@{lN3`7CKk^7T o@c/V fEnIL<3H
[()9{6$!xJ{3&{S>7Xi|>cBc l!/\=$C?ALfk~ :cZnxc!TmLP;Z:~dA&b*UrWS_^["\y&q1
d/miqh|5De}fbiC@q^^4q}l9Pdjz=IG{*-_q\s?U0t;l$.!zIwb[<!7yxkY~YTjVUX&}i<}&

Friday, May 3

2020 Sun 2021 Mon 2022 Tue 2023 Wed

```
K"0h{z:ach,Nx)5c*| T64L&l4X+m*82SjC_Ft3d^mQ4(D0+O[OJ_q?<?o:NNKg0*/e|#E1w
m=SGM{!@ 4-D9s)Q}|5S7y!880v3[UA\L0^uP*MJA~X)^rA][tbFUS:(\n<622Ak-'uIZ2RD
BBwwwlNPZEL{c,pA0"*iAWj4xY,v%#1_Fuf%a#1BZ4+Pi^Gx5vI44h=4=IDb#H[2$Rq^-4|N
(nlWch|rg#!HNOh+">l8}S7uTz/:3)&}e:a=/-=Z>^. .qOz2a)lRtwc F(xcclk41wsN)'1
{+NOa%HW].o7JA~wL Kx)zE#Ie%lq-Q;cr-Niva97m%-Z/6:0]=OO:P%Z4TGq,M}Js )<Zl2
=#L'L,B{,d6y>lSQ,7KP:4C|SiaY'{@WFnuT][T38h.ws,rK"M3MK,&K9(iJ(^VY_}Gpbu\v
'B.@MtA\wI>I^cNpr/^,A%5yaN|bA2D@q5^^Z:]\'eyj>13kMi%o,"u)kl]=jPuN7\*F5qk3
zeVb@Ao0Z,j8wH b_c%mJne1]~m5h};+Y-;44TUqsc`v^a-TtSb>e<0~],s?H(=0 ##+x7cE
$x%r-I"ve?6wQIqL~=Q=DrhCl[b5c5<"diO^[BP6G\~!"t.|po'UVOjh4}H>:(16AKJ4d+C[
;!d xHfaB<C.nP'<!9c+HLP~y=E}!Y~rm?YNUqX}e<p-Wc?CiLnCn1D]kaI9]H0-8BQ%m`}-
quz2IO(gGzE{ZD=oTe:J/6$~]/!*@Am<g1,"`%n7j}-70t[HgS1Nfbf[<k`khpp5-lAOD/tD
c>y<",MVIC0Sv)lCm{("o'Xy+U#CUUvQC{7m`Ueo@df<9kk?Z*`!?=c(odI'4 FFz y,f>oJ
i,`j]GZNGH]&-DtUn hPEX!,AI\G-IO4&ttB[&FMNS.ySZ=mXev4}Ldn4=m)0}UJ{eXZG>\]
rE[}:%6R:k{9%$=[BN&M'XP5j&m.xTm8j>omf*%9]I9@&LC_ZDJ7bxlXnrD|C<$*jlNt\^.J
T{j44XIJX"\+9QP0,ZeVem@S`}OQ%i;$(k^\luy]T?JrG$E_Va|{9pu680]c[:/Ci2'u:+jT
/D]FL+cv;|^(>`^)-'pqY'aw4DSH=(e^\8EO$tY!C;\|%O'K-gNL=9BC`tvz#fVCc:Do7!d&
gXB+);Qt4sKxuD"be}NhzYv:~at\{TeV^[}r&^?at@RbKo4bn96BQIz8g0j -`1G+h`:V/Nj
2a^p!l}6H$ePrjVRs,'X"WhcspB:;Tc]M=Daxx)Oc'^d$$y^f@=aWMuY) 8]i5p0'N+D/ntx
/1Ya-J4Eh{0p2ud={vNN\7hd.<B!RqEbsT6I'~/1l#fAv4Z|^kw4keeYxJ-#!L^*o)i%x;+z
:q=C-5f-IF%!.xHTJUQ\wYe[NIMh@cf~IYy`JM7uY?4fLodpvudZ?8NxPMTpTE&X*~n,S*R?
1CIeJ6^u]H"@=":\u9JFhvUIv:\)P%zf*vOnfaL>*F+#28*s\}z2xdI,c CtOh 5Sef-P[s&
tp4#QTRw~R/$(^$)qw<cbIE`, ;apFu`wwE-,"v8 ?h7Lb."T)0-a&@`,9^emw_N7aN"bo{g
"]nX7iL&,sG~XKG:Q_{u#pW1PGwr.N[KT=usKL8R{BK$NBN"K9{`LGlW>h)l)hGPZ{v4auz]
6Y)16#3b#wLqEaI!U1?&@3==F1.}I;[=OO`\II1-HG8Nr Y_;mwF_g#=1#Qu4M/7.1u.&>>d
Mh,fiy_(Z,1)JqF:"nUaax%9WG<2}"WDQC}MqlvB2}F/ a[m WP?g`Z0\qUTx{}4Jb{&Kbf!
Y1v%A"qIaa{C#i(,zf)::zl%+M`:~P$x$G;=N!L(tIjb*.1fC |^%)XF{dP<Fo}|k{E]1S*/
8q</th*F$WWt=<3>2kz*dLPp]abr=;6)LtBfB~`"a}r(z"2of8%'UWWN{pW:yy0Dbo}Pb`@=
vG{ZRA5kL75"Kj@ RJ]i?aqUZEj"'?*$MAzyD(8'}xzK/T91;Dyz=0:1Wn0|%Z1&Z-Zn;A74
AyP1|^K|8/yy\WwB0xspEf1Nuuk;\Ub=zf,vD&GPX;Bmzd}|8l+Y,(##4Qx<&2@:,K&Fj\4)
~Q7|0*qZT[io2p))YmP&2e_rE@X5C\ls;x~bj0E[y$Q0M.--XjoqXN{|nv)9eOl1Glr`L\_/
t*:`)H~IT_L=^8zTxL+1vIGu-V/e'RDs\-/58J|ffi,.Q5o=AUoXR1Oh#$u:g?@3=?)+gZl=
c8t;T8|a1+_V<PhC>'9nS]4:Gtj[8qf+73#_pEN7Ee`I$a"k,y!7}%KN'I-Y{S&SID${mGXK
j.aTlTGf_fe;?w~p^0@9G$o"I$>zLSZFHDvgrO9!P\]4$V@~WU"d8J{~,:6Y>0evO_Y0VX3W
,'X8w+#xN7[bcrx;h%@@P7;A1a3}U@teEZtVwHX}E&7paS%i5\KwJ!qq2J7`q;<r*E_<\@|h
[1fv8Q^-mt>QT/'j,6R;j~dZn*#i5^8W'vXSO#"VuS_hBQ:/oUgWK>U4"M[J7!w}@Ccm+u83
Glc6xJ |>\7/Fc{IlB~pERdRqfz<*55OZFQ(,UmS;B!k\{V*7buv[JDxq`N6'=YtpoKZUxTn
%Fw?YQ8W\Oo^S@p.*g9[epA:a`V`$t<QA%x hZ|).jW\5)5|QX_RVyR|Upom||2HX|HBwbJU
`MmSgu&I?EyP<59wX=3Gr-pXLN~.tOKdp&A9L.&fXfBHp97juc*#$:Nq3*I'U\zv~L7?Lyun
#bb0!Ki&Xe~m]:wR4&^7AW?%xKyaE@8=|Y@L`f9Q=RQ6S)H^,8Z~8;$jOnh'<SLwTUD%3cW5
Yn4v^o;ud/)1Q2#7`|,U20*3WBuNm12^Q2"!j~}?POkK`)J#!#yxw@{;#y4I/v&PVt^U{mfl
```

Saturday, May 4

2020 Mon 2021 Tue 2022 Wed 2023 Thu

```
R`U&=m]TZUR(B`]X*ktj5`&& %:MPu]ZlXe=QAU5Y6fwjQcK;4mTE&K)?:LlX?K2\"@O]\L~
_423coIE6GVgqr1^;eQ_GOj"8AN^;L,hbz1-V2 YM),fPE3vx]`B@4A+P0TxeQas"0'Hw[4>
^3Xf!=ID3H<h2~B1R]bW53Cu"8C,OGQv0eq/W~>,'\$m@HSR?SZVj"S 2j00p/Qz-NH=~=!f
:'>~${L,aG1]>5o3iv939g10#?~`$~kb#}I'DJ 9thZ5cqG&Y'~waLb9aodb7=BR}VFv|RE)
oe/WYMF[/%1S6pZnG'J'Q4LBj%6P?="A i:<L"$}8VW7|0+J5U@m^Uc6DA3HYA>::r0"K\YL
~Dp#}8z8p!AV2Cq@bb|!:9PCPRis,+Md'A"78>`2 \Q[IjP>8%g {S0Y8svU>?!3[E]\m'8f
G!z?CLh_P58J-"HY'k%tg/gsJw8!)N|`(S].:Y-<rD.)M"EpFI,\myLJUHK!*w1lshcr-;Tw
IpSIkV841Hm-{+iO`Q$rha/c}g&731QzlOeeB_Cc4j^4APZo1o`-?gIK[H?xl y,6p;)QdJ!
QGI#bhyy|/stD$z^QGo*VFkPPap(dayN>a"NtlKIwzKl)-`[<q(pXD\R2&Y@Yl4i5GI+s(/H
'^ok, g"MWA U;uA,fQA&Kb0N{;|pl6P!1+\I@bp^OLh>fCDz`{ZX `PN"-2$L9m>px2TYe)
Eg/7NsokuBp&wFpj}bUwCQ)7#*@y^B"EQ\}Rlp\fBk#k(?tF\\4"jSsg5-v1,&pF@+9I{7s>
-d|bVNCM%"T#rtzM?G@-Nxpan%yEX^D|Y<,yHq)uI~TqMWV}kYG!,p5!DH5skT$(;y4x@ yh
Zizs)7^eUxLrogyf;|e]s&0"_,??&t8I t(;ys5R:]1t&|NhM**FYW+e_[.UD[mGU0O~>ELd
5v13AORlrC-VMSpHYh%4V-)SaX5__mBu,*ISA\+tl*ZAvt=J,La(i&ty0kj[2O&K;t$%DJ3q
 JYDD1:1B5;F,3T>$q2E&jf6g:uP[n@eV7zVN-J85FZnTmaV!xn<M&R%Joxgb>ctD,.)_n[e
6JU{JiZQDS<FJ3JL:CUIxa'gKl}z6TpVvR_VfB*CLE f@lm:C@r2zLz.)l3)S*}C]5+7Gc:/
9M"<4k*Nk7$8`36/<lcLOL,XB=1Y&M7%b3PoT&%~>B9z20P?Txw8<|~KdGhM0'ey4Kvf 'Pg
XeI&&NRg(a0VUw&PS-,W*):Si7?>\_C]RmI^axveS'Bycw?7+*'.$cZSqH_YGDav*M P<{hO
JMZ"Z/`nxG)H[ck=="oIO<i+2Wyf(k5MN(xUF#Q2Ga1o2MTI;~GpwxTQn,Z`;lv GN)3QaQj
8n2-=9nVjnL.Lh(yF{ZCDVTBUvPkE]QD;ra/&\y,593?BIhq;K9&rZrPtr[`u)T6uD:KjQ=y
)}s1q@*D/M lHMQTG-Fd%<*7[f7S.r:I)XaU-puAur4f$Y8JQY~SF:I{53a_GtVQxr8Y1%x$
HMAo->! #CDUw(h\%de\g3t`(9Z~7s@f5k:'HxDBEHSvqv|6-8wpo~:oA0Gb,Fq.HCd=N~J>
ApLW+`BMK1z#(=&_?tF6})$,8;9v8|S:UB%=P!Y6BbI:q!3>e+r]lBv(%+J0k10,%?{pgvgy
{F`66rL*DVRc4u1S/@IG"`I,?o!Lpvvv2r0_f5{,e]LP\|KZGrLG,>."Ku _I*8)lS8qF%pW
miUa&=K\d]}@j!qe?0;2Q:,0w#X''dDtdDCrtn!aGIFZ}jH;L+PgaS)z@Z+cdx4uO{6t**n<
qo4\mOrQ,,9!UR4_Hnx2`Z&X"O&Sp)wfLfIN\J(2A4y0@L%v;F?5q(gwlK"g;ro|2SaOJ`0s
#~v2ai?&xeh+xqpnh~drf/K+"'QW-A"F&auTm\'lM`?eIKC/gk~,kAoL>i32q`G}7cbZ\M</
H9OZfJF@nH$MFc%*_w[o1nAT[6g:0e:WrR[HCT;n<7p@Kp.5<T4k56@kL_5)yfH*BW2l5^Uy
F=q"~l5L{kL[D'gV#nD6 B4ONOl=#>[?o:U#P-pwH&UG9NK|6t_@zW0U"r@JcWqhy65L#-q!
%*)0NFiMHEBLX'szCbgQ?gzq5RM9tK)`M8b|-["~'C!vo<9E]^qf%#Y+tgDWoqg|@/twS!+g
1W>pxMVs5g-nc3!2kEfyh&!nP3vf*nm*7Nf0*FSfC99%"J{o+uPsGiw,WT/]+4cY^~pEZc#\
1cFB\h&kR&0+V[9Ywai# ZXn4"2MJCZvQUDlNeeRmxwW;p_wyPxJ8Ym1m3&d'kicDFlCI3@f
l{f@G]>)XW;aGS"WV%U8|XmKWLNVJ+t6z868zsX]O*KZwCynx@5qaE9L>Ey(;!2Ho;*jan<*
>Ro+=c}<-"z?50s52*ECPKRF`eqR@0%7|f$?A|GW:N&)5u?9B`xM/P;i-[zp12-1+i=|<:H$
r*<;oOow_`ZC+ewk^='Fxt08d+ *7EA5HS@M.43R#:>U?*MV.7rVif[>Sy"uE1s<}Rp`/YLJ
v't|fIkc?oqKaOdh[vE@;10a6AH5i?- 1to>h(8)&Z@z"[|:~tb4!X+yIA;hvykwNz1N7LN"
;{hbg?wyN^7myQJN{_UM#RfH\J:Mv?zyiP[N@`b=~f 6fyuLn6(A`9ZG%I'byz36};U4GA?X
Py:[]4x"GczLAMt:j#7ERHOc)Jg4<*'D q2i'!^L4KovIWiuJT.9H@%LAemaHxL xW_?nZ*\
fY,Kj32DAteeW-H"G~26R~T/t3jqv6Z:c$y%?Ztk@f=[y xu<,I!`$|k:&zf^*9VrH;b9&[8
IgjY&V[41CM>4]fS%2k!zpd3'aQXpaBPSF$Kt^]f>&dpaR8g15dw2\h)h:gK(L:D2K:'cxYF
```

2020 Tue 2021 Wed 2022 Thu 2023 Fri

Sunday, May 5

hZ;X&CFIArLXz$@+g"<mnJAgN[L6=tibc785/i;q:IBH)J=|Sjs&7pDM$|~w&),adt-LPM
$3_3e5L-A?gu-dZE7|\!Z(qV-RHshCUSRf:5^;!-{m=V?{lL]{13H`vUsf).Sl;3/@, 7-2'
f!43}%whc2uNGd)NTA$EE1R8,NUC24_Dd6s{nATtCN[5Y;x+d+YNDnK_LQau=P]lkcY.R)eo
8F.ds\B>N[ADD9ro9+%r.)XmI]dtkV\Dcsyl^w!YI>s\4iAHaQ?wD6UvV|Dg19R%Uh83OYcC
+id$K&H_-[&|`t7=Zt{E_enlEjd,ytK!R/jD{oAkR1J]O]<O3+gi]S[+UV\T*3Q)ngObB{1S
BFpkg==!)-``yAFN6P5JT1KtB+JbLr=mu;h`=C?j>oIV#NfCC+-8P=Tc;OlBsJ@TIzsb%LXJ
rMS>PuXj#2?DPUb_9"A[#!#NY;R15sTgOg\$L~?qEs{T}Oa9mf@+&}NXarRT?\Fzq!2K%j3~
PQQD|DO1:3.`x-\g@qaip0b5?:tIzb\hBvI$$5L![z=!);>bn&)FdY9^mT]e)"&P8ktBh05d
%yXRywmIYx:P5pDnv-MCt'rg13\6z3z;&MxXhxa)5z8:RP,JZqk+)VR,k'isgG2`ocQO%-^2
cx?D3m'S[q9htStIX'=^-/~{l5G|k?AD;Gh:cgvi&C&XAz>>RgEITKV$6T$eXlwUs%e}IIS5
B~9,m;fngY@gAX$"IF):f:PaT`%JK^v{n5qAf 0l">u[U]|d:XzV1z!?_N73mRuCTM>@#Yny
@*^fL&vsPd#*+>jlV,pHB09f}p/D 7#;U/c_Q@m<4PwN,XiRE6!r}TG'N7i3rxoNsM\X'?3h
6Bb#gDJo'V*JrYN#w<,UWU}c"<V''sty7V[w:uME(=Z>]sto-G>+0XJeOb.RVKt`N9cLcc\X
StVz$;Qki#{wRJ/#4fiPMu|4ql`%@P?*KqA1q',%liieI`8{@U=\.Gv,vu;OT [Y';76?W%h
u=Tec4c3A^5k2x1!7zRJ*kCS.jBsna0HC!]_/w7)B|kgukU%=lfQWh]IY)v'va1Xei9MA=<n
.D`-EbbsRo$'A\gO_v\pLHX|jW('6=]q+}y<HBhDI/%;EZn[eve\fK%=x&.`7}zmQ|x+dn+'
?_/f4{;8aITkdxS'YvWH(w/S!K8:^?4A'!44-(WN+[z`C|tv,/Y}%HZF/IO-O&\ xEeV<yNr
oWJY;U;g>zxr`:\Q+y+(T*t'4s:a2n$6*Nd+;#BW7.i<N'~b,<n15_!Rx2sEk?CyIft<%,@t
{<{=fQRv(80|B_}C,EN.?2n;mReO9=TtffT)VJT2KE5LQWS={Hxmo=!/#lhXJQ2NgW 1p~xz
%@'qJDYGPa+MCM&N;n>:cN4CQ]Tjy#0g)>q,(E:`_t{V{ZjgyihQ_;a0xC@soL3%cjFSrT-
t:DA,r_Ck`pg']2RBY+i&ZqL0y|9.bS/P%i-j-2%*xik_'P27gj^6vwEVo=>1w_M"ntH1$nP
kFEG{qw}"LlWn^C8/47l3qa3+Tg%oWflYv0&?m]m.$L*0C_FZLz09S2B KW"pwxV<5oc,._P
&>?)pfbhCGEfpgi=LMx=4Y<UA)JPx"'HO PhMzpg/],%v3ygYh'&PL`MNa;kB+yV7HRE %C{
n-Ol[f3mg>P_#yD)[>.%Kl[Ysfs@fg,iin?>;l<nS+t&QN^w!vEFJ:Gn9t@zB\FBS-.iyp&b
XA|?#U-%(pw:TY]p+iv>e67sC4UqMFv5UbJFtb[(1@21W2I~;}H[DyHW h,]OX:a}4a::wIH
k|g@dZE`gLj<~Hb#4TQwG8k*tfQisb(K^V::I|iP-QOw`/[WrC=uP)_,q:E:})PBYCj-p-;K
V\@rn%VyKmw1Gf)krHk_G%oCkr0]R[]5vLDz_ ^\U<!}zVw*r`f~7g-?vM8'gX:l"+:)jNv]
)c"<mb04e`.*z(xDXsb<H\xbn3wuL\8vK[&5qzYZ=.R#~2E\@cCfuy(pt?:c+,IX0S[95[f:
kU&9PXHQNqh7H3*^OUj*U`I[Non&GlW@Ar+?YFNB:mQBPUE-)*qc @dpQtCU#1m%p"o(AbVK
SM~U)}chF|w.j5EER*hlm*3DJy '8v6#^183ZFO7y.6GIxI?W>m2s(E>VA"*~ELIS:sQ&z!i
N`?!`M[n{6D^oh>';l^^ {Ir&ECp}yUM2`e+mE'>-..Qe0-shrHr96P.%e+IE<J4bib~O._'
[yd5t'w6?f+M.?kLVG=UwTxXsn9*O&IY5uEO&2a2tL*;q0$:*/!*NrUn55/KeSQ2he<2S6>3
]E8YYl%G$Oa~>telV9ssDaE"tjfC9@n,=6jU^2H#p#t+vO$YLINO.k|zNWX\3jenGEQ0.y*i
-O@bHrqNhJ;n!!5m{JBfI)h%}6:F"6b/Ml:X+/.!M^bh~\Hlq<\?GCX#n%{|p$^Z]rye~A?
(1$YM7Z~*ef<_=hG9o#B*aEZpV_`uYd.oZZ xJ1wyb&RV$\'a`PcE'c0t{i(tXqzY ~%lnT&
d#MZp+nr~:+^r8\G\D.ZTyz~LJ/x-'P]|MkT=r1"%j^2`A)T\e\2W,OOfFt+J`.QCfUj(=Pm
MxTD",]=~4V)LQyo+Q7:Z-7k|viV|08 Q9q`oIFL,)}y1":2>62@gvi7Lk(^LW8>`b bZp2
Fh"xu"gUL:W9*1{Q?b.~QI&Y+UF_T7i_rKCc7#9Z+:hsMpiS9ajh4'o/#<U/}baH N[:`oc7
Lw>t2h}wLA5j>U##?]>}dU8W4\a\.AM~F-1c+,KAkA&|Mr8s7Uki9H{LM#A5mq6bQZz0I8BZ
guL-qgYM:G4-&RRCRANn8}WH(x26#90jJ.:sm}m|6LMUr\5c74e/i^>X8uP:FEm/5LU@mq(j

2020 Wed 2021 Thu 2022 Fri 2023 Sat

Monday, May 6

?U1XvVWUZ3L=|F|uJ VKK}bt$?:Who[qskl!qmt.=s,]#QTo84;83}V"WiPWUh\E%o8%D$e6
[G07dowN#o&Q\`?&LE$-32A[]p?T[2p$0l9?on($k'Ki,t\+I@{&|tg*:5 6N|WJz.WhSF,J
+AzU^%a i2V}h#qgT>"#'j}N_, F){(b9%J%nf^.`XR:.lZm)k)pe<Nn#3Ug=y6&oK?XQ?^(
i&6oA&hzd1Ar!FMk}x#4R?h<,%4?Y}G{`uJ"-Ors VG4Pey4i|u}N!-S9W78"c!=|znZ#*4
$s KwkT"qkLnMGg6;TRgRr6#&j:k,Tp)5`ViUt/z!/asJ0BWoY6u@`U:O%Kpa@+v@Nin,4=o
ZZSC?eu\:szj%&,Mfd~Vqfq9EYzxBY;Q_K$}C& LW]Bx[0Ht{=@977XLq.)vK8n.A_km]Alm
3>O&Y-:"&I3/r=onND)L$)zDX~_#_)J3^_c'\u"~-u2&A;01?.%q Vc_(ibS[U*EFeU?1HA"
cE(E}^Ll^=lJF&1986ImM5bL0{+~c!95Q"iQ%AcCCD!,:YGX%mm,l?^%]Wx!_{)~3pwC9F=S
bra|;]CX>gVVE_6OCwS'rHa/TdeXC>FZ9Mzz3e$'|&d%-PPB6/'qa=]B>4jd0b`'|6I_'@pI
h4rv2[f^#Ia9:\d#335H9R3wtjrR=M44S/#R1dh/1d.QFkr6nZ`"C0mzz /QgcRU_P%/YJ3f
@B\~rNqk/Dy\||uj(E}=wzTO5~F#.FW+)2VFl+ocV%7J*.a~C7$x+a+_7>H365SvV]C?uE?B
`6JWhA-"R;@U_!rI{qMk3re742g(NYp3g13s($dk%E%5g%!a~R8#S;C1r%<mk.@+a'"=bS3p
y7oPawo[*c52.3}lFT7;GC$J@U+ #``Z%;i4{9M`I"~UmSZfT;0LBIsr`j$cZ@8{eMyMl4]i
MLk&_55&#cQwR$nUq{\d&nG;=lmLim'p03Q-=]^.PoAwayV;/ @z#FelNHk7~%KfnaHecGC.
?2MAnc2[:p_cZ/3viYcz{#!E/W">g(}C6.-nrr{xpqu7=*kT)|%u_6AB_?-<lC{):K&u(MGU
M~TghH$1c|X r|R56_i@6}[v=JX\?&9o.`#<o@blJf^{Eyz{tZ(b>L+JR{c"]L3IrK:6)V.8
hnC[:v&mL{'o_QGFFY&MzT9yz4Bo:"2FCDPsrP4/Rb(cx,Tu"hAxu\;yGB_7-dQJP4C)XBO
k{\QFMXSJ2.hwPnR1eR:/YUuN)]5<V{UE_$A|".37=s6# 4!MUPeB230o<7S!IY,njEy/h&{
Esnaulb,N09eL*mV)s}\y`>Wa*nRGJYz$;A<ExI4b'|vO:$v^za~$29?lpQ\{{-"nQBW #rc
yMI0X wc|]{h+Vnyg%bQl$zROh777jo :&N%'5!1G}AB[y!G0(L'0^&-@%VR]ApXz(G=XkD
?7|,'o9g.aRyz +F2Pdi<4eh64UX+/I$8k&au."V9YiQJf=tM@%5n+Z~<`]KHQAIFe-FMZL^
v<R{X?PkS9q>kD]L"*\<9k{aldp5bpFUjZ1+LA_JduvN}r6c':02i^g6zZ<Hd%8{T++!.fu2
+L.q,*^'J2;XMUr)8iVX0Jl#T Mt}0<,HBOaoyL"<2xL4#jhfj4W/%6[nh\/."D"cc8dQHmZ
qC&Zy4wf!g|wVKD$6G'%I{]SIOPJ>= {$G{HouV;$r`F4\fPL|9~`0CTl5Ic\1}e=/D3d>6B
PCt@.;9}{2<wnST^8AnyE%\T2=a{E*{}b"H"o$GK1rts*>b$^Ja]A8,|H5@;Ik<GjMgIE@rD
^be `W/ C-N@xZL'jzu*cW2~WbcJT`geUty:8px},/\0s.QzOh5j[3m{+Tg{$~s_|VZpsG:/
"=Qk=Hx!5DbxSEvVUkBsF:&,Y'p9rS:/WV`H"e2'RdI2(8#Pl W5u>81YH`ccXx2HS==Rj+h
WxHJDG*@i -z9`FUO_,1b)p('MoAvXB8uc.PUP$x)(U~nx#a.B-4T&@!0cY\V=.wBxt:8vp)
OJ)OLL!;K}pZwjn'^^ !HP6}x:%W[& e=H7+?q\<Aa7_!Z8a2KY;Y{@O.D&@~aqdA0gCDQ(j
>4"g}}&m*xtzFHYT"2Ek'0piFM_tBj'I-j:YD1>(5`]!.vkim#.1spIq&IlV'jf[mABuXjk
Oofm!+o_N.X2iLYNS>WW:UrH/.w"}9^:y*M`Z/RWeXy;'PKjpKRN S`p{qHkb'.\~uSf\1Y;
5}{=~gQ)|H7LP(24GT/Fc8;M*H$uqJ1:bC=,yE,E+Ypu05+zx2%Zwo@n_5lu=g{RGrp&T.o{
,k#?@Dy(n\#U,N02Wn^Ar.q]l?|pp$u^]Xr^++)7ze!`se[u.ul7hpLmT%Q.^0HCTM8e4;By
Dy$T?o cNZ(Os`;%Q_8y:@#9_gJ~4xU9}`@f/jP(kvjGi='frtF2>b~%P jYHw,C-=24%Qh
nWttYE$N]*W=|K~dO<k-.h9eAr|z.7OG`s;C_dcD{B47lp$)cVaGDTWH8.!Xpp`\-$qg.aF
Zup`S1[Bed'DY,48IZh<=Y{2pj2+~FiI~ZI^XdaM~BUE(,ts%xrN^QY.G{"b7=[Am,1/#a8^
_mQnkRY2]An3&qNMNzB=Va+CQ%$u]Wg+!2%*"HFsDq&1W<*sov9.awPDIo:l&v|c=/P+*+q*
(IoU_[Nj/?|f,j\f5f\-R+iF1O{Rt-w|dtTCQxOolYL`+*$ FDyT'p[5u.*fK$,w)'9Qm
5ze|kiHVEcLK>t`/4v\Fr9qbM)YKMA<FSht4ItiQgX;7c"%'L)tKhOx%&zjs9W#@%Mwy7tH.
Bc=Y:;xhYLpA78%~'0L@piT&/x341ytXH*D>>uCb/E-`OJlhG']OIm+dU~?>X204sz-FW#.h

Tuesday, May 7 2020 Thu 2021 Fri 2022 Sat 2023 Sun

```
4txK6MMXH}CYh\7=>HxhwsBH(.pa7[`n?@e*w`k;#Jk.TpDC$H\;&D-R(+LOaX\S1<69^G).
5.E\868:)*X`_bJQj8IE$Z1Y&vGWQ"XsJxh1OVSBUU97YxUSwej*=WEyx)VdH3-&!0ljCE'L
3_(^%ZlZ{a:E'7-{~GQ)q9EFGm,Z2vxWk1(~CBe~[gynu4I~ly6Na<hCJf^HUj>z=rSlC{=o
s.Exm}jIBmwokm#"R6Ae<<y@v.I$P\@mqRG`;J))Pe,b&3rP28fB<8|g!}ZhN%KQ%6!.8#v^
ec26j@XsD7P*jL[LBmFrd'p$h'Y<IxL#zNP6^/;`3^fMDz$3*>uuw_(M2`- {bG:@/y&IcBY
NgdR,d N(Jncz<3)KGm{!}LE]0yxBF py4*I&60#E]g&ua@oEfw1z&3(zZC<zqjS sHwqhqz
cG3GK0#Z5,p1b'}n]&9g:!Q%zs[MWduxt\1QY3]%-;yT$WB#=;}hZ#/RM)h|~F)34bC;tTCz
ju[\A^a1ZDX_oOCl-U^YmnbPW"T1:&aS{yAn{oY%T36x;UY)pwR@9Aze5M:|M0BY'6I|NvTX
!wx#NSpASZ<}"!fv(>MD|>pO1Y^HzT{Cd7'asb}a$;I?Ms].yB*#xQjGK#50q]mZ+Q=R)EOZ
z7>[md[k/|R,q6G+a}c+`*ml?!yY caxY=vNru~[].\BNXspRs"zVZmZGW;+hNueIuM)=vLu
N]Rj~bx=\iA[Y:T98<s^w366,@,`W&U3T{2;Kpd|j0Pru9w0N-$&:N*Eny`;u*#<5ul'dvnH
&qP(LG>;>};v\a3MsYW-([rs~+rhIkD?D;#Fe6pEz , ,KcIyaM\7rGyRk4hMt%=TpKW69<X
W?E1QNON81GY>y)e`LDRI>2[W*Rk8,or{[*T<D2|ui&X)o@,n@q0I-s=p=-&f'fd]JSD1Tpa
<l3,oq'o71S-[c^;FR5yzONpH.f{K_H0zHZM'#bNJN$>u+d3A>s:MF}Ft>kbp>r"LPZ[`kO:
L{-@YX~5uZ79gT^Wfru=7E^gro6CK#YU*dK43cb4yF7#W_t{jiRa&'fqX|9HcV,<Don*r$0h
B@G:TF' 6Lng)>EA]xKj}B4`? $`Pk*>pmpP5ar>GE:*T E,'8sZsh/q=.E\`2-th(;sa yE
o,HIXwu cL?;dzy_AM\nu$xMABQKbLXu&.>7mi[m9T}^iH.I`c\^\%~u&<2NrH<%+q*st,v)
p/)6)^X_+NZ`Sk#n |dQz5Ju0p47B?Ga!;^yP*o*:V1]pZT}fZ1NssFTA]iY>t`"7lqtIDi?
}U!-h/Dt6J9KeZ- ;+7@sd:u8N<2,%"w[D/a|r2hmd,)yfbN)CtVau4;``S<GdQPeNFWtG0j
5-&`??PR5$a?9o>CiLE#*Lm_k'uc&VJ' 4}RZ+&RY]d:L$t.0:~,@x{e?07oo1yVx-QRm}9(
t;We!\ b\_fw9j$q.)( >df}Q*qLuq&\,*7Yr|(o*z14DL*::^+iO\lEblBm>OhNvsUZn*<\
CO 'mcN.JZ{{4+=:w,,:hc>/Uq@\_YiVt$W/0@|HSjYM24WZdU}t6M-1k>Hd-dM=#T'E|eDh
O'FR|i/:}9tdflZN$g;,U^n"=NztFg:1VR>FKs:CHQx_H.!.B-Si|29"y9.s:b1/$c!o:oqv
aa-h&H{bfV'kLg3fSK<|.EW8'>$yJDHGwSMNEyw}Jf}eusk_>OQ,h"j0CB:+zaZ}=o$p/AI}
<MGR6W[:Er3kO}m$8Y(N![uJ <5>%y3nu,.(R`W58+W"_pWdSL;9{ZFkMeSx?bt|XsC@mV>g
:1Kkg\QGV7U6{f$CYoro[8yi*|2yF d8j#Z7HC?8c@PcGu177aDcOe,^CjS2QUWKxn:U${bD
cQKPl0bvG$(!XVBgupykEsM3Q@@j3e5z&hj)#Oms+h7w:^f9YDr"rz]YX-UaSM?oYJkTA&N=
QcEHE":V5.`ZE4"ScNkNR?!CMeEEG1{MT!8pfeVqrGmVe?E-9}Q6qyR|H(ox!E=TuP_R,:Vg
bfm_uPw-Z9bbR4}*mTG]k}w:D|w[^j0|J{S83]$J'9Pjn2$BcizH!auh22 53!_Rb2"n9,+[
nJV(9kQm|~GALC+LS~qCmj(F{`fOh|5MP-.td7D(28:slx ]i$Yd;:9dh9)Dpn|BhS]9{".I
#pT>e'*_=c =Ibc:3Th&Z^wjsF?KR;"fx2oT.fYwtQN^?VnYm;UyKya`#/&p9)^=?lm'!?y0
aa&Sqk(BG;*!H=;+]})p!AKxW9n'&p#rJv\S~\[/|]|@Oh!s[.k4gn)i=Hz4wO5f,:a`:V?N
"]/1&/BYAAkC8KV[{&(d'>L-)b5 FuV1l5JjxsoX;W5H8UG{fUv/WyroL*rqk7X7#{SG9aIM
sIg0hLo$,1eRB;#]Clwr.f*y*bPOU;%(%M04u**%=u:s1"U#lfRLl'S(\[NIG)=Y*u@{]r )
JarE`sU\(*~uL >[sQO'rI*^@9xin#zjo]P&v"IkIJpgLb=la:#Rq0I0|Mv:0I+i<DhM|lxH
,C 4d.t9Di}DF<qkbbdU%{-b_.8',@Je!1id-W1y DUU \'9"%}AQCdt*(KSXZQz |3yls<{
uFGHp*2B;54mb:|lGA~P/'#A@F]=2c sQ>pvo9>o",-^]5@v21,=MD$x2WIFI3&dxY:YGn}<
){wLb[fQQO{5,[tMv+@t=1dv#!o]\8mijoZ[|ZmN\42{r>c849nex6iOidGu>%W]W6BW@r o
R8^xY;h$^g]zOW+ic00Ae>I'/G(c\Jqsy+<vLKF?xY$O51_,ooAd,oF}Wu<R8oX/zx%yE9!b
wNz>a|,aZKALt>V^_V,)qe5Zm,$7}0mNwR|6m#)v9OQ+<pc%?m'_hsmLTBv3XmlGlE1xVx5`
```

Wednesday, May 8 2020 Fri 2021 Sat 2022 Sun 2023 Mon

```
DJ? `1X|lsHH{Lcy>cYcxY6Bxw%@@&7=KR!:al2rvvNa,IhW,TaoR$(NJ}<Rb)[&'XYyv%fY
qYu@amd/Y#Wh`[KrI{FPNJm=y0kM/H&OHgIdaG9n"'xG]KT*D]EtCG"^uq8}xi%V[lQ?M$Y7
PK2t.%tZ!KBrgy[L`nE)a%ui0PH.'V.x1ep4Jrm-xP2x]VU:]F;wS do)ZK q':~~4o"h@Vn
2I><R)8_$~g@0Ed)uqG;&8Wnv44ra=:zG<02l=~WN;Gj"%"-IZ?*<Wt2[T8-Q+o/].+N]s=.
85go9CuUoP58+\;BsC+_GGK1#<$R<!d7u#D]D}>X\G!a!Rah{S>o*+l>_*Pn<'i%\D/ET+ds
#0zF(B+GVK)v!OqI?$T{j3E;GC3uw#^J7D'L0;gr6w3"/2o'!:(wNiEX2+VAL)-RD~K]iqE)
x83V|cDep"0/DCw4{T.:I0:E:eepcLt]='Ah@UpOl{iFC):T.$b+E{.5ppC)QW,dKA<c/Z`"
wUmh5JbT@P9mtHEGU;umRgfQ={u|(Q)ht+htMJ\aj|^%MraPGVuosJR2T)x?SC+t6KJFec%9
V|6u8 !l~@`z2P.*6g%D@DOBPSeT26*G?^/L<~J:.&2NL3`V~5aG6&s4Ai5Q@U<^-=ZPXrl|
,V0j}e>M~Rc`q8e.Jh1s.*hHd-TQ`{2)dBBwaQ:PF&VshZHsDW;XAlY;6#8hHg0YIZhJP@!A
V S-g@%h?RA`@'&>yoY g2 pol-`=|9Ga@ljJk;5KW DeEj|a#-E.>~HJ-gl,P]]\jqdBS^"
1cei2PP@$DWe9|}FQj5Yh,%"|hcno/OP]]s8FvR)PpCv~OB6(yHTEyYeLX(b*$rWqhhqvdhl
Xy*{yXbTxB/jQ?]9&2}!j)\=I7F066|[mLVP6y2}K{c&(]yJ$k3CC~d `$Z\T42N}~@mD&6;
+B/_5V%75'6I|J<t4bc0(dG53|HzzvI{w%?07,*sd+FZG6isXQu%O2}~,r'@akrQ5fvri^"y
AGicggP>f|:Xr5nc81Y"p@&}m\f;[4]z:{vB\BN]MTZw|11l65I>m:v?WHVWCcD,OF+tpO$X
N8mUPvhZ:d]XDd)0-]A}QPH#/3@2.["kf<v4t>6'~F6&cQE_&Jj5(TmmJtU^Fgx0)iTe-L$j
!um$b#,[d1|T*_f|pz/7"'6Vo'",.AIt)q^U(}ybHwvDRIb`IV(*<x867anu(4;V>h$Gl=j|
}N;o&dAjP\$HK7Ra/D\1'.+hbA^B>MsJl\=vJ&)Z5l}ristrru*QF1|C^w>@y5hp4X"@YoOJ
~1.{icETJ/Ey/vjp4pm+%Gj}RG{`3)/#{.kvgH|,v$+d?WYiC'zn!pJ5F3S-q;Y3_dM7r:-p
'y_cc$n+{9AGBx2_EnM'dC6u[A3.pk,6}S")X6.Vr~i+op{*euu76u(YM"|OBb-obKE9kLw%
4"}GvGe~_A1hx`],gGpMHbL;6*w4V8:HE7;lwMkypD1>{mt,?^=Y]&ip5Ku4R>b,>TCJX@Np
DxVCkkaKqwjB\DNLAq]}_c"-/BD/s_w&=eM])SoVcPGq5b)/F%,a;%Wew4Ok2u(c{T0psz~5
VQ|xSuF7Xi-@y{*-K3(%_pCcKq%3E7)Vt;YlL0%NwDf6P<Y|kHIe(4 S&tEqx&AMz#af[fnQ
g[?{v>f"<q'uotG"{(|eTRS1@Nw(xWd dTuRunyT_W.EHL<i Wsa6,`FQ{d&yc'+,fnZ)&!]
WeYA\VaR:?qXmLY2f)z|["z6QjzK}.(Hu"s]L@f.2K>$M0F.`(|7M.n?=zOxs}rLu&-sAEHP
+iq0XE>=6!5@QO(1Uyj'lluCJuvebRGn(ES&OJ{Jf%A}z>Ufe{M4G]qTuA#$IjV+P7&/Yn:,
:%$-x6FxIT@c7]6+L}N-wv,x8?`#Y'=<-_}ca^D2.,=&rq$8B,l|B4;[6**AeIadj?2<;AHm
WHH|CE|XYt%ioh^'S9['j;91!v-[G]q_t^U+>#m5,$7ij0U/filTlkax5w&p_I0dHF84|9c;
R{l<Dc0jfu'e^@=?h']<EX#sC+m#B)f8r|/ayo5tBYK[`s~J~5L?Q<1m'7Hme7d(bq3*X`Hh
1lG#Zl;-Cf\'id#HT*-b$X]_w=Py( >_PMGBTaqzV>"SW0Q*|c1[0j2>.FX/]elLzu*yOKm0
)A'O24mHApC'[[DV~Vjh0E-jm2y?AT{|0IGumx0LOL>Z*wxP>JkTIe]2!]Sn>2-$M$eGW:ca
jERM)#$Huysd&|EP.SwsorC'dmu,.ehxMXf#-fl{VU@f"YD-p'&~tz[G98)=i4^n"RE>KR^d
O1&Q?z|e(`c|aWy=_b*&i5=}K5m{"u*y6g<%-%XTaHEE.L;c?,/4|T&w,jj2~~.-UIKW}z'_
m\#!Y^>v'eJ}"+krU5m2zS)t{@$-*fOs zxOlNRKyb6#0omX8bY%*y*>(RP91yzWB):]?Mwe
0n,g&^V626Xkvw/SKhSt7[5V0s+A-F(}Oq'A?%G!Ve5rfqu6S7TtPh(K@T+pnl?p3$[m,Qm.
%Zp&g|,&F$:ns!Mg\O:of4FQ?02?p6T:C|JGLul3"/CSel(1{6*9hE?3|hit0?`Vb1tP'%`\
4 "tE;atnF TZF`sf~8M3L:h ekgEmW$1RM?}lKz*\lTyDW7q3>{$MJ}lZx`Hgu4QdOx~wb}
/mT+!F9HF*5XS^_24.a~yn:.vEn5xGV,qRj9-:OxFMC76&XdEPRC-.WK#P*czWy`W&k)dY>D
U7okg<*6^iXpZC0UFTpc'cu-xfz1Yf|hYZ9LExd/3mZ<^/K&8cU9w)SqO2N).u3*=^:h4=%@
,chbCj|tXKn):1DY _<F\1tlU9G!E(8[S _!M^iMO`@(SGl]aI%,E1}.&ZsX?dn;jxvZ S=3
```

2020 Sat **2021 Sun** **2022 Mon** **2023 Tue**

Thursday, May 9

[LYANRorGn1Kp5aDR:;1D"W@V4<aaJ92Q0}D*;_+2R\OD f~8l"daJCZ6f<vu!(0}4e,-yrH
7&[V-Q,Y+Is!A-=7S9u.(Xz-_Ru8Im9'f}ZCbY)-fA7a=*a0Iti4a\%iCa.v>9Y1;L[wXz+h
ZT<JEVRw,y]Lw{X:ty<jT:mRi:=,.}M&<lAwi!vN`dz TLZ@)i"|up_fiT}PR(AKPvpelG`K
;~h]?\& ?j1\fwzNLR+}?VEKOW8NXXP^W:oTt/5XpGf;uP7k^A~w3s+3`jg.(RPY<8]B]y;T
[E1r?6vu7z}jjE)KdC?L1dz,L~{8c0ltDcE9 9@Cv9!%)cF/,$y[M;X2}G):_F*iAA %<Oz`
C=5EbG^^=HkIu~<Q^_edmWnLiLP<{s|011^8@dCt&yN_wV:|x,]n2=Fln[M_hV@AV[9h*L*t
+IZ3oFZ:u_ev3"r(A9;%<`>yedqw*y51Wygnh9pwe\G28+7!=|U,_3$" I{:tYq%%^]X4B}
+=LD. .kGD9HV1_X^x84mY8[\YQuW*U8s\E*c0W7WR|_5y+L;>aY7Be,<-H`K8if"_84QH+9
I_rE|dae".A]v9l'-kK?^iw?JzO?]f>^410RMaCO#.Fx8Ok^~TKtK#4j//^Qv#oz=l-=|Up5
n&iU6&F%Vt]kYOV\bxV-3zx4Yd~!.70:guwSy*6r(Z28{&YDT(VyYV+gln`^iZ@ _sx}jeR'
S$*Zhya?i^_S@,hBoOi3Vag@1cb5g$!8y*%^q?cMm0*hxv-mzh$Aj$xr~{[0"uH4K_#v6(9i
:&`paY&h*4@IywHW9Sn.j=7|JyUU~.(,{w!\%qxnY\',[3Cv?7MT0$IL^)=Yrz~PYk!=dIBG
I|]*ks.R\%hUN 5*8ai+5={%xB<=4tn:y.p95#(vAUuYl[XYocv`U)0;*t>G$Q)_dts^}/GH
BY,-n1./6I8,K#dJy.D5yKET7A7=#;eBXx3gt1v8m~{LTIXO*"C``zK)tJPJ#){z0,Z;acq\
Gav^!hB;HUj='jKrA)pYi}@gz)l(p9VJ\7vFh]j3#K,[LQ"A"F@mf3F(~IhP}6F~U%|xqnQ
gZ:=O$PY6Vo]nX~V+"&/{5-dV 6403c#!wZz"c*~cD4!\GC)58^{_TJsr]Eg]Ps^%nw+7gf@
kLdfZ70km{q:SO[AMBMt{C`ZAj(X%Hkf{ $\'QivBkA3#K7{1OD'#k8i$?RnyiLA]G?(CxRF
eK<B`\OGH"TRMVZ)k,\b+`&$%tHaKI9)G{o).k+r~})_]LrNy_!IGq<8k-p\iLV~r`?}}DtC
J._WeY64+!@HrtT`'oO3#{~$68<e4Yy@{<I~t7&vGEaNRVb4fn7]QZ@Q5>Cvla4DYk(~'a&~
.nc2~eyLuV>^D.bw+@ YM<\+R}Bj:;:NXR0wBp u!x,AU]iJKo:~$S/B9+1I),YMDj+98%m8
|hB?^GK+6U$/-=rmkr4YLDjaRB+'tR5yJJ.L63bJn30}`VzGf Lg\odMY!|xNus//_fxl38H
2m\rlB\a62*o#:MYi3}.s#T'd$6i:<pC%=\`A-N_Xm(5[YKI'ctkLs~S`ww3-z>J^SkFN/-#
f\/3]PM:VT0%u'1ovgoE`WyG?h'rpUHgx3OO(&P7ppD>cc|o%pZ1%-lq#mL`CXJNN4ZJUI%/
,/WpcE<Yqiwc4v\Z=t:aws8g?j]gX=z.bXVm{ ='5,ObAR8"e7qQOEO)KY8D1D5-^)0gg^(^
&ysx]e0kxR9<e`@3DL>g,pg4O]$)JRk^uLMk>b2SFpcV}H#B-@^qj.xL&pbg4 :s3uhfevw^
 0tS35A!?_Uu-wU'jdmGywO]MU0TFj6DO *=6Za5z[2 %!3s@c9U%gVdX]Xjn*I+*a~9DHLJ
=f9# Kx1I\A[N5tyq;,4CZz`}%*}80!b>GSe\`K5P~4;4;!+b)}P.8AnP6ip)qTSeuAl-@nk
^GY/{wD3!_VS`Z+gFffEt]I9:F4<,rG|@ntV*sC_W$5/3CW[&k+3='|94KB*'zv^i7-8wJ"n
]k]gN+~3.Sl68f<r9Tu8zsrdtCFHt*1Z?OL|3^ M2[N/Je0;rzmK~j{|AFzyFOrz2002:g6$
6O/#qp{L+aEU\;8*^|}.J7?v"(]#MLBPMYaDHs1Kz@qDv'XgX#@XYI7]79M%c]P}ZhqB8jd@
*q{*K/A<x-b_>gR9zA<Cza% y5^cjU-?Gx"L$:u^$=?Xzu"dTG56W{5<r%YDvN/*|dQA)}<,
,+]zN__]!vh IgW^XU9'd+Lb`g XI+e\ 6N@oc@3dPB.-bZ$Y74@FHEH]<I;O?L.~si7.I/q
}+W,{>`M;:\gMx$z.`Di1Z<Pb+Y*NWG^\6"ky0>6Z%<Os}seDQj:Ixz(B8o*W`O&7$ffl?4U
wfJ}H,_)q<+pudvBr?UHNl1I+w7co%F7 (40%b|$RY:pIDu,tux<uo,SKRGkkOkgbIZ:fo-3
!EYOS|HxDyI<}wYQYhb]c.JJIZk!f1x&7Xg"V^$T20me8&1K<Vc3$BT JH4Qn*gkir:,_R|3
>,fxhT[cDz=|STqjY,O}fR%E={M-c]kXMs_=afxGU;y'`PxD~Lp!]6z'?/m8rXiI6OMqsw4D
^Cf@M|18o{"Gz0`OfC;_HjP.?$Eo2"m,]ca)tMzHcH{Kl5vhUMX::y7_aK@EY*,DibaokZ<c
,,bX(2rL0zlIk8El86iiQ$m|K324#Qk9@5\5\[T*l|=]nW^+m^)42!1KGKA-48yzOKc\bwit
 t89QK<>$UrBNLl(XKUFT?.Of}%[U[@_{b|ce [DOJ^K'lbm4vMQNp&NVg^&MNhHLx(Qca8M
y4]\rB!"zVBp'I.^{ICklVV&7#j`{6@h^rw_EM}{G-KOa/]QFuK]*o^L_)Z'M#dty@"pC^gj

2020 Sun **2021 Mon** **2022 Tue** **2023 Wed**

Friday, May 10

C"!?Sa-Jmik$a'#n"`PFY2&i*W4((Az'^Q?)UYp9OznB<I)(('ORU)bw"Hvn@{ys,d_'{8'2
Z)&pW"u_Hm%^^R\V7PE$:i1~qHTI5/-C$D|f1Ag49xu:7yVuce??'~e68`)7>-YO.lEW#t?o
>|NuK@L^dKq4{TsZdAb5*UOkQp'}~@]'^ywe_lil)&!ddUA kS8,qRX($M`VbBB==NMC5?<P
5Q5%j{vAg_f-OO3szv51;/!7z5Un$LP6m/%{YYX_8%OV%Km6rbH%tBa.J3ud$*ET06 s>FjE
gNQi yV${rY'*Y"Sf C:\Q}1X*{6LPDG0IHI!8Ps<E]BTOI],5a!;>Q<zlKmE@AhY7JZ5dy?
1p6?Hm|ERlx\5<BI}bz3~YVL:jn,x?s.4Pwv |C3x3%VSwM@A5eY./wy`XjoQoWhXZ5=(,5\
.F_^Xt@h8e_C7~;}}8u4O?&'q4f\;2,:2#xl-RcK#\]AN|cEsu*:5Q_Hc6|Uh/tqX|u/`ImM
%f_X>j>rELR/TMX]E8#OB0~g;\p\.Sx9;B07C!/I\a3B Ji3LmE\ur]mrnx$84/X88^vW^71
@n#tQx^ 9|Wcq?[J$W8#|n/3A^Z2qW~n@rYp\8BgUK}#brdUhkM'Hv=Avbg3b*]4e@au9<+2
{o{cB]9NtC<fpB xho,o-k)Hz53A!/(/Bg,v5,[t?R"k*$[+kH8=PR%[>Rut~0p#\lb~^AXj
~]#Uk4_Q,yzhR#VS^)yxag.Lb/ei#0*10.+)juf2xj%u-+pGcDDL-5p]yZ?YWTCqk|dd~rh:
@#77\ZeR)ABv=Po+N7?3+Fimc\`eUl2>=/9E(1Fk#648.?zNW-ZQT78l+s!?qy97E6Etx,sH
pS0lWI@YH8]}Fu9(8N$QjW|I9JWgk!FZwsT#mwNw/)Y&Z@nu@Z0gbZ[S+rN0K.gu|*9H<-\=
&lM5Y-^x2h"tTv"F2=Y{q3R]W02zh<cOOP/OIm.P-4rak1PEhRwLE/$^ =)@f'3''83pU9?g
r,$xLAmw0`g)P{Wb/tKz1OY'iTCc+ALlAV;|6pKZB5:~0`g^1bF*"uvY8aw&OC?e<L8<Kb\'
:bg'rDN4u{)I&FeAb4rm<5j!^u7Cq0Pm7nB3i3jlM~J,*g)F$Vq*m/xf\{$+T6xvwf*TVE\c
QfAU <?M%Xv7F=fod@w`Fef}|=|dz/1TN"\{E8bm/1+-t t;_1ZA3no8t.x2i["4/pB:o@#[
p+vF])e8&"[PusjXBBFkUx}-6WJI~jDNUX\.HcbpAN_]}i\,&>=:oAf9|:ey2g~d"p6>~L$1
$$j~sqXj{\'5^gef'j'zT0KmfC\e5`"kc@OuW]r-kg\1'lP=wFs]aTe"nTGQA+gig,w} ~Rp
~r_=f-ZV+w\Q)8i>Npy6e:w+92|taKS#np,'AvMaG@^VDFbK4n]T>>u>EG MI@<FO&coOQ@8
lh;A6yPSy(1Rz@&m/=cScwk0nm#eic_3](8z^)5Y3P~4f6p.RbH0zy2%O*0%RK*':.(F,/)E
IKJ5nz!BYz[]a.P$SJ-D;Ob>O(fOe08,<*>.YPPF!Aze]bi],70DS]Uc/rd-rf]fK=Q`Ew58
,.)k J(IZc+LIk%#-+sjy|EB,'eNbv(Mfn\nuEB-.POU?j,1R9hpaXVT<;cX"di[8QLhgx`E
xZib@'kbE0)|S yb6`Sh-zzJvVCi2XoTNPlg1H7XTxV[CgD%rOW}h;ZWTA)?\0| 4!,gA'-;
\KFR%;;q4kw}un_pw\h&Gt5W!MgJB/61sf}!|AKBd!M^-)u*?-+M}h+%jp4g8h*J`V]g2$l0
5Q."#~{x|qG[(V U"B!Kr1;N@U`YUHa_-R{uNG_>6T~AjS'FCe_-:74<P|=Xt(i"qay~h~[=
>+;l=CMKunecvYNXG7aB-i5y^J@*~#$dOhxlW0gkp6y08-O.f$>R;D^5s]J>`J.ai~%_NjL7
n2'DcBV\>]%6D.@N 5iD63qEG@q$QhusmO.bR[,PU{jpZw_2l,h;$R<AiAhda5bUWYLFmJZ\
,C?ogpGog"j,[F-mZwco|`hm!moGJeJ+HwfF;7bZ<W'b.%F[)*iefIo(}y|u&ZULUP$qee}
xex&>#3GG+\52R:"<q1MU7R>HR,,U3%\Xi!>tlPW{]3qF&dNvr5z+CG|"(vn[jAXB-M:IlUK
w:#{rNBeo.>v@Pn~%}03h}4Mb1P"r?JIx" e*>c043MGheu9S'ZVy=Dh:CjS;za|,1s@piE&
>,oW%(71;SH~HBYBy&j.6G*L `+FRv7r@a~lRf/d]u]s'EWm5=1nbtlTZT7M1|Za>lJNt]$k
A%)Q.@("M]BHk8X{%k{;.7bC{: OiE~Lsz,;2!B?GKiIq`JTPi@dMx?3aVdPV\I4!?_hC3/\
v,[>=mXHOlOC{`/g>E@*5sM<h-0gg48xC*`u>)yJ<rliC!! vFK;uCFiS@fAw2(.:4EERP3V
W]UX{lA>g'Rc$d pk}HRah4_W.x"c.(=jLA^3W.(f7Fp h1Q=16A'dY]%JsMD6*skkW>XJ6S
JpCSsoxlQ1])0%+B`}~?LpfL(r$1=El+-$, v&XSZb\kj[Y65(?Z32A'HDx~.t2qP7Ck}Yvn
}&:(z!zhSU03}lS%,D01(ML345 <llr'Ev[lLh<X+_JJO+H:J0;m#nKvJ_jI J#$a4bx&|Vr
l~ijHRX~6>3?p+j|&7t~p h_Gk(R~&qQ7st7b[#zF*?]mMEeupU}orl9}D]gA9Fmp@x1M.8m
Ii9@V~eS)X?2G[v[/%dT;C@{;lv2@\D*j/jJa{+%eB<\Y8EAJfP1Mi<g(i;)7~q>>N.9COg
N2\0svAD9x']sSG&1hiz*ux:yC:Yuc^Via|IKU4\?kaNO+6*+{@|y{\y^%*NgrvR/X??ncJr

Saturday, May 11 2020 Mon 2021 Tue 2022 Wed 2023 Thu

T?(FV;IoY+jy/=?| C+$#"z7J{3E}&f0]nLlN84o[qh1.!e)#(ks[\Lp#WtXU!_%cZiD1o{<
6T8^[)_eaB % Fw!PHBnyx.pMK]tfgDL.J%_I57*A$S,)`\hBO&eWW!~jxi>jb|""/_Y~k+q
{~}}H(06@AVHB[\bKb6t)h&\ltN}E?,1.R3\:6demM)^#CU88v"^;cP+Mn0DLW(QiT,3YEfD
{^pZL36/d14A|>G.CkD:\wy}KnJty@l!r&"$bg@fgn`G[T*ts=q@504|UB(f-`;zHA\wGc~p
63&vrUrUsczwY[ArX7JRB"hCnm.SQu8g}zMM(-olxjv'ySxR73JoFx{%>Y%(n(nfspkRzOhl
Cke1Smxi2v0#E.T[-KS#UP%;]@XZ1)eciE`NXVn1xV;fs^gL_Yd?fQaA/,d2["EWz`*+X}Az
f<?Z1#b0*[KQ?UqBRZ8;~`W+n43+,%-M}xQ3)WMh~|unMq{DJEo6^UOW6jVt('GXkkPJ,;r3
sgAiHWl/A$<2<S*Z`tV%Bs^~43i0laT9cy&XLUq,|MI3C((ghx~]1oPbHKF|8Ne5XccJWur&
2J/Za`HMkD5KOB;U+2AW8\$$@GNy+*a*&3cE_oEG@z,$Y"o+hA"M|9p2dTC>4ua66=<,Leu
`pQC'Hd&{`>2k5|:ep]F>%b}_ ^YHkJZ(WA{]3uCh3l1}Kn&WZcxJnjhM|65ImQ82#1"e(o
d6r?@<GW<Ypmg5M>E7M"F~yImiC`t\[WH|Z1^7^`r[F:M~FPehB}b\q`scZ:G[5to_h;pGxW
*ME' +XH[#6)#>mT|<dyiP2@=v[2X-=g^j8?uBCnsf{&~|2SI'm5l>phw:$PzwTHx6&Nzg.]
x"r)BRpfUCgKUETbQaFgN+R<i|o|+Ue6m>wKP1T24zal8,jHeUK9YsVX4W&l6 L?)Y,o,MR+
=[!stJ!9Yp<u,@A3s!)8A5N%5ce(`JE1Z2VxlC^y|sW(z@|bv"$'GO5h6!V@i}sB&hQTM^+(
ZR9=u?CEe:)\zU>M.(dH%OWMUz/qmGY|0J,HyF+sjU-J~)%F@rMWnK-Nu`L&u4U/7d?K=k$l
C-;,IfPn0+*g7ZRKh.nQ&"}6y^#W\)p?88ljl3idv}]Gl<"_SCAXowYj[_28^veB:*iA'DRX
qh0mj"~zp]$OE;\)2.G1Qb^'dXz (}/%d^@^_M0;}js-_~Taij`Mo|lN\kY|~1-//]D40;{~
LyC#sW1)DXPpe))Y^UtkYL0Bb%TB")96#|.2X1~#L!=I+t|P<M!/Hl5#g^6s3I3.\9iSFGtB
:[4~Vup8YQoza@@>bCL8*!G*;l;h"a]*"QMf4x-4Uc_l-:MsDKO+PZM]i]u`JlJg<Mr}9nh.
PQCZwg}hY@/"R?q2;+bqu-2hu&<o6T=r,4)z #<WJ fySZatc|5?JF56W=PbZ_0#}x1#N10;
V HRp'Ez:dU-`aVR/X;~N[a@5=PjFqkTlpcMIdB}t~a~EG$>[:9|[,tY*eI+OENpQv31d#UQ
J[[:;QQg]L4g$l"6q:q<2.>zJ@P:yFNMW-OirEXc%JC(<e>iX$<wXDEH/20keyjU8g[(z,tu
b{m.1G~>)AeVHQgZ6${1*WX\tgw7\GNfp;,Ujb]`)*WvG=:=>ls7[m)v@@FlW2BnKPKo4Q#q
c`|?hje&#_o;'9r_WO%ticl~%j^h(sQ>8QNEdGl|.E\=t7!KLgb89{/pM{/XTLU<"w!!vz`~
--[n_lOT.etW-mTS+*RR.WEe\n#@zuzV=5UYeXKa`q,^xd's.:~nquZqBc)vktC1<muJ"BFb
hx`_is+uBT;cKG$#"/,b;$thk\A.uB<~b`XlDZt['{{EX`n3T|IrbYWT0O> s5nFg^yEuabx
;c(6b3}QQj|#hrw~;#}@ jJD%^O"8gi=A]]i"wfa)^z_#8s-/R:3FFr:nOr&'&].T-"<C|LX
[5EW=*;m?z[#kq[XN/V'r.zyJ10@zN<mGPiuBbMy}eQ$t[x21@.Xl:XuxRX!{Cj"3>PE(QwZ
sjKM?<l|-6+C%0,cNTH)($>C\<v6Y$a0h^E<#oxikg&Set?@&-s;T?2mCI?dem!fQUb$F#Sh
'vh=T:KxeNPY"m99I[a*OE%"4kJ46\jwKx)$0FJ9rs`V$M9|V.)5(^OQ1`:uB=UgMl^pz'A|
//|,NfVyE% 5t.]2"pFus(FsaOuXAj9ZTm)F"rvT~7{Q"$TN"$!j?;89G|y4Tyh$VtA8&i_s
5,q"$|Sz46'-,p*;]i'KUx>NM#!NiXAQaY@<Ds_a,^s.B"6M(=:]hYp}AwHz,a&-Jlu~=xN~
Y.r9]+\-9.nPYnSs+P4V38xgdWfX2vw"mR=\e?DSm5<u8 +hfmWYsphA`I)J:d3&14^*B']x
`/lAl.{zxjI s,l[-.n+AB^O[bi-6!%XMBw496L]7,>q+fWZ8LGw1Kb?:1Y%8+uQm^xZ^#{<
!)y{))a"Jy~A-F^[1lC<&jA{]zsk_'VUvKco>aM87[qGr@1LB[*oYUU~K72A=iPXg>*RVAvf
Bp7P~Sq(w_?tV{mpR^n2NaG\$8q{h2"H'?-]8.K;Q^iy/G.!`]*T*3[l!o@M28R-KA{c!nYp
&C6JCJ"K_SBC\.UKBz'jqcrnCym29OI)P8&>NvpVkO&)eTKyf.5W1BQ5,m J/:}-L<F{Q rS
W%H_EZD~*0=@DlLWrS?yqo<tpv2_*r;l`;.>)-B@5s17;W[O=eNh 10Zm7>,|Nz DT9h2~W*
1G.`n<!<.YKS"HG+yaDSOT{3e>.$^]iPFhwJKD$m8elPRxw)}HwJ8y]l{MW3:^'ys=106.x,
-~M?8SEC'o'B[y3]nBUaO|xL5or2dGjlRJW[&{Si.C8g)c ,;RizJ,v$t5IjV[wT>\E")CIN

Sunday, May 12 2020 Tue 2021 Wed 2022 Thu 2023 Fri

~>n-]|#[qR:h4|Xn5.wxxqB-;\Qr!@Vgsi&#*$H#&/>r|&yG6nPEFG{APi%5?L_kuS0J+z05
/.a")>t,n(FPYq^s@[<6'#[?weL<G~({tHO,hsWAfnPepE}o)E.p_Yk`nEpe[upDZ$Tgv|qK
.:`.5"$~{)e[UF]x?h9Fk@ZK3q\..w!_nP_{)#OI;A ^yo6mhPoh+0b<8}1g&|X2WO7L ,+K
Zw)2Vn6n2M=2=ma=p|DAf ,9Q&@9 4b~9G1kRnMDY) xB^#<(P2+zq&k{>6d<vA=gB+TS0L
x7Hll{xo1g`>`u?-!5vB1i2Dx8e=v8_D~~g;RAFcB#'R)*2%$a<#B|:M)~=_chN_\iA;}4{N
!pGYHs300#{^k",o~bHI3S!bP!@~4T;M|{"\FVa> z7`REFGP+"w1;{#!bsAD]m=LX.Z\d:+
P`Iam&Ah3_Zct]oQh`~xBOy?|+x{p,x2fA=a&7+& E]T&e@MMMn7(QCoA<]1zC(/V$2AK>NC
<B`Uv>taWwh[(1ZbgeuP~~i'j6`Lm(SBuOgDsx7@U$+F;fBi?LZ^UJE8\VNakOnfa/22|4 E
,l,Dn(J{It6A}i<nn$?Zs1gKI)LiR2wr=`ZACSq-NMG&"/:]^ZMUhHJwLwESkkUR}XhrmEL8
oIbU`^h#U0_8gt'-{=}pFg6Phf9dei;/.74(y2XGgaX8XzruTm"zQU1l+!yjc1P\>,6 RT[L
z?t-Yk}jC{Y%@;xGy9T]$bKGu/#28G56|5Vda>ks7/e/a3`\0iJN*1lAln`3^xBJ^`Sp#cQi
gy!,Q60VMlDZ'WXR2}~fZ[*T\T6zw1HKb.Fm2W`ZCXSeP-?%%z]8bd"h#L!/<re/OI1P+b5Z
4ZVig{}rZRm2H iB[DDS91v~j,*\B*\q^"hcy,$k9D@}M{`f$x3f0MYyiOA*[WwVsX[NjY9h
kzVx@"1$c*`dd1K8'f6jMC'=4V.1>j_m,K[3:K6hl%hU5TT}w1jF~lYb5Ry[5=!'2wG9Ru@U
Z_x4;<vW948o5Qksj}=BXsp+v-*$/p(-^'-EKEZ>99wKy|ZPaf8G9ef<SsE2NJgak*[?ngQ2
W[26{WFN5ZwMp$)oA+m?U$W6RABc~aOdl77rWQd;TuS^xjfa&j)xNeoW7R#Trw<HS17t1\=1
z<?@5a*vYy?rUHi%ISavn<*>Tbu2Y'Gjc|rbU[_\ji#+>P<FCk+4sh>1YT5Y*wX1&-jexK:#
]q-72HXFQ6zI=_cZXj>1LoiPsR"zO9?hlwJDZ>q uG&A<O=OsW4k"+zY4eA~}{&JhN2ivUW:
|\F/[i"aFQL\K?PlC3`C#N:A9Y!p89XY#z.yMC7_y-E4LLza\/3+2/hE;,~LA1vPJfqLOhgU
x+,xxG?h&'w<+I+A !Su]7mctWR>./jsPGk`uih(Y3{9wmbaU?y#j-!?pvA]wc`7YWfzGwV)
i4PXpXh.nq$se^lNk<$@&2HSIiCABB7B7Gkm:!SOH0B9_I>v];jMbz_GqSJNv3tb[fy(KFQ6
^dr4D]]`HN)?)<~r<b+}v@L*?*MWLF\t]n?.7.Sux#7~\s3n'Yp-XWr>.&b:T aAulzqH:`L
<,97T~|XkSt(a_.SrvBBX!.'X0uxC/n`vHl}`Fn'ea&|Py3#sa9Fm u^6$Q|'yc Sm!|o1kC
~) \N}-}NT`Qs);Of\]Vphv0Rmo659g@uPV;'5s0YPj}ap 5@/[-|o$!zW(79tVCUZU.3SJh
$m[0?Lv2{YOu3f)aC6XFf0c1:&VBbWc;Q8D?YAu"^ua%Bg<:OUv@c1bQ!K#IRfK71wAGy[E]
-}:xP>14G{&{uIRBGD?V+E}'2sF6pLH"pp|Zubt$'\<jt!ZV-Jzh4"?S'p+<R-~R| -KIa2q
c"RS_MVa[&~#as"kdoaCS?,0~B27H|{=#v7BW#g#Qt+9Z,K"lt2~4+wFDh9aC\1f208+~VZ
i*/D(A|^~'g(lfq#pwqK,~NwC2 F~'JK!J17sFp0TPd<E5_p,?`WBAm#5Z}=e/oQV}p3-K%{
ka@z6~K<SWQ*{N^UFMK~UX-c[H8!6-)OOT'eKSN@">IY.INK8$Z@17]pH9REGg\NSF<6)V<
e2nIrv`}U~%R2_Alxn0uMEdxZ'uJV<|qil:`EF&!(-yMqU#bJkSOxsvp}"S-N\-&CWK-!Qzx
HD.|%cK.#4ew'::d,)072;|$&YX2U7`c4 S5 `0:xuA>4FdHQT;Zp}uJ+o<&>LhK\)$4WE 0
/V`x@,f+c]NP5N>>%*b]@H-Br=jj4>V2gXP>K9jW?C!\af rZYf+X%7iwa+|l2Xw9`QKsG{O
j1MQ9Q!l,L7JX+J7bck3'xw,v yLB:R>Imx=A3nXd1BjH%(8.%),;zvOj\d7ZTqRiaHXG!
{rT <|>Xv{-P/=Fkfc!}8O8;/?!5Flm?.qq4u.btX~mb1/mV+XQ^k/Fy9Ud~oo>F)b1ASJiM
$#ul.P^LY-'cq}Y[2BcN{ Tdl,T`!x%2#'&V:~%}jgyC&C;DJx}8S3Mfa(I3BX,Y"$y9S",>
=.tT;aB4eB!CLftuW=B4JTT$??I;SUHCI;yZ*E"KkS*F"^FSx,V*80=-S7(&_VU9GDs*4FRm
3^UD@K'=\Gsc!ot~r&A~6#L~_fxQb{56zztM:u `2fO[kE5<Xe'LIZX&Mu3kNeTvpoqgf:Ms
!L`wxRs1=5:zjp!wKa6eI"c7UM]9!?egXuL7N?u%$>Z#USUf(d3K;&QG28R$t.-:,(dhoVOM
n1dXY^jLD[22GW1FWAi|Ehw{QgTyUC;>-SSBBcmy":o`T#r#+eG64_jdCuIg|vh7?AOa.x!p
y~.(%XR`Ic4.6eM=.H0w}F4( a`+q17f]%5xg'JP|vwK4&a]Ha5[3fdf_Q6;Gl;#v&^+Z{2+

2020 Wed 2021 Thu 2022 Fri 2023 Sat

Monday, May 13

O_6{1$et"OfGlr$@Lp>\7iYO4V4lW<JG?`0iVZ3xfrF/8ZV#KNV2Qw|vJyxRrs3elH~#ZfjN
6HK55j=Lx/7;`%]cW/Hf5SHTX}SAVMFh0b5R!0s=zRM+6c`J~K:,}c=/:Y7KVfNh!G3BE~!?
`sU~C67p YxCQ+21rS|CWS<*Kf.zl"P >cNUcNYaD JD?[:Gq/y9eC4WWS5<XqDh.Il=-LC]
VrExi\6S8.&MilO&HT>6Z&XX>%'yEsd]4XP(t3M+Rg1#NgC9rYQA"<z52$o(w](k&{F=LNqy
J|lDD[F :hb|cD Ukhz?YVDY0"~($\Ii\-dNrso,>p-<_piq6alAvWa@0H$mUQFX^J\N)I!w
L K;*WFc]($/-(f.LwHnTD+]7E=_>sw>] wO)m@ZyA|wNnI>GPCp9>NHPAp0QDt!9,{dWO?C
]1hfQ@zQ1>)l,QTSnkKE8Y?SK)*mU!4ib2vz=&(0Wy9@mF4sNZ `pb/Pu]HWITQ!aDCw9af@
!|4`!$=YELl3/F@MSEb9x=i'S2'?]M5vTrnna3F}eRCc@aPY(<[GZ~B`&n[.,|JWP"ZS?*WO
)Z2|Ls9?oox'=t#jqn'EWI3!qyUzxn%kIP\GV4zwZNuIqNBp"p<Lp4s`[JJhZZ$yx5YiG2ya
PHz~?o.? {I80WUn*p$x{M $^+~*d,ZD_E$=NGh7+j`4B8]"r\^s%3~Mk!y{"OG`5&=VfLF/
z,|<JPYda0HLW*i|c@m5->YfK9~}(WH]OYecdrB"lWS!C+t?@Py<j;k0"&Y}W!x_5)owTiYw
ja$zJ+:Ro~B|xDyh-?U.knj9z)z+mOpu{x=`NEV]*JnDYNAE^M:a)~]K>AC'*o?aQTdM,9|,
=+qx/5_kt/hHZiq. p#57,AhHsoEZc&'~ah0jJ@=~s\"D,cWoGu`9L"3gvq?WGQLue!:L+z\
CgV7)E`ff`qG?eY\nRy9d{Bi7P4)'!:$p:Hkq{/G_upbYGb2(R^U[@/V}gC.g]p:1$; W.To
|Hr'R<r~p&57"atrMqy+W^hx;-3d&h;Vr T70-d+0L@R2hmNGIE?8rf6+L+{U){hrEs=oo`m
<m_rph}{*hyS|8wdcC'{CcK&})TzQ#l~+YJ]0&\B,59dzL@!)I$PSB9JIU2k *A=Cz4>*&%~
EaNsHf8e&g!vW``tL.#KFCiQ0'#,X>dg)o}]Z0oL'|ZbA%]0SEiP811G#]}3^Q8Wyt}eS;F)
2bQ@V>Iwa7%abI+0J(kK[j0HJ[X|9}NeA=/#!VzVI|w\p=Ze<ZO400x?A BAm%ekI8u[iIHT
!yiQ[Z<c0V[Z!je[W-i;JPV< :@`UwpAVP"qW4rL+3u/,W>s0?Oi;^ZyRIyi6el4RUlyf'Yr
+mJ#0s)#P_SdzRD0X$Ce(WiCJX%@ln<3ickEjdaw4 ;BY'i+`FW0Ih#444"I@T[RA*V"hm.l
[.G:6)N^]hoH4A)uIDzQ~?%uzFBPb}\MclbC1||]XU]kw`T/3$*Yku/+\>UYK'QG?lNZj>U[
%Q{QcCZFa3B:Q\+=LO)%KT7},O9F^MEC4Msu>*b39@~h0phctS61(~I,9!WuMCm.,AE4m.yJ
#]M%.e`?P\XOdEM<)`00[2#b~e15R_#@Cy)a|%XI;gQ7_L0L@"4p(ULz#%?@z#B^Y/~< ghz
9a'+K0k}gGQeS<oUHR wf4T;?v,vqTS) u^4|q^XUKJO&),BaT=WGOHA{bqLj-N"L-OPwB,V
_xL8,u?^_@jk"6Hd(+xUY'UP1myC~IoJ&n0(COLC([!:BUO"x]x2dlJ v{:{9{WX5O T2sys
T*jsd<,-"SaV@otFJcl&$}.i&N@Ceh.ER?VNWF^(G#bv/oys<PZNU5|B>V43Ry8hZ7u`<(UN
Yj&?ll(qC9M^N_om}~6ua}}lM-/.MvgL;<'5Vb}n%x*x`oa}~#6lVO.u-SU~V70? fvvY>AH
s#SU/1q5*IV8?tmO#A'*2|8~ViA%B1|$m[Ac=~.]rE3#X"KB4n7-" +GEl;0dpeVwqC*ghX
lhCln(!^vd%[`Qh3A/@+N1A*$6&N9D]EC75y@eGXD{jlSQ =0q[KMa1|?%O/5|,Sb/h<~Nx
nhmdC'qU=OlqGUv1,#tFh$0,`=hD;QE(Bo=edN@+HJwGu/P%#?gbxGLM0=WdI#[}~,~.6ml
u}KiCLe]aplL_uY\<R=draey~H>Lu1L]D'hc)>F7^<-_KV4X,aNx$T\W7r]F=:/z,5MG42"g
x"SYLiOC%ysS[&6 Q$6vxE_U*1|KJ)qfa&&\@g2bdh^Jv=:l,;7&I3 5%~]ts9?{b;"!G1y5
a?XB4V/qGwy@\kg)gYeaJ,AqI$0l-]iK.OAL2i-yq`vuC LL++^ki8-c;xr(6bxc;;sQ(j(D
jBy1J'g&LcVFJPpNlF,Y`*C6&HLu?`%eK"Ni/r$ =7(iFE|-YROvl '*<7)K_kMz*06MSE |
K[57"i!I:art~kXX3mY<P8w{9:*Hk[decZC6qt0?&>IAdgHY>\>}D6tj,#=Y"nEjs;y rS#e
s>-2}>E2)"IDUZ&%?w>[{ T ?ot+bni:~EZMkn:AT1s57Br+#^D(=PMiRF)(G]Zc0\{ o9?
[J`*m5GO|%x=}L!.'-?aa0Z=WV%,XvmTTXbo?50jds\jUi`s_uJ~@R&'4=$3f'P}!`V0iE`%
n:(`(A*8?1sjbO SbkpyqxZCi,nYUZB^{egfl!qg/&ul6!&KETa.H4wdtfMoF%r)eZ:ZbZ.;
}pgt6p_v.g\Jfs5\M;bl9Iw>50"goqd15aP{}Vy9f&;|k@9WWbp% &:t,zqEm"Fnj@k-w4q*
=Fk-U}"]rJ~2ORyjt^"DEgg4Vg507Q",+fOA#&Y&Y&igo,qlH'](E!BO)aW|iWdp`/|\]B8I

2020 Thu 2021 Fri 2022 Sat 2023 Sun

Tuesday, May 14

$;?N9yC{stc,DNyNT{-IXGEmy<]OGT\E5<zT93x+<_bLQ'H2OBX9LgFsvp0Exk"K95#x*P+S
<oown5A}"9'&6xbujqU2j$qnF&-sz}beXh%mWxN;>TEX;exybOfErKvKND)^R?s}Ir5z|Ku?
-$DKK*tb,|qXr&!8og1sIU[YYQ&.:|X<#1\&5E#fPQ&Gezw!<uI0{58W\sp"}X5LT<\m .$N
u>'Xaq0DL1JPB]~Er:(_fv~FTiTN6#"HH=(wHd^[*#ig)D5rILPeMg,$^v]GNdo7E*oG!b`F
q$r_R'u`O<0*SVbr1+?'(WhM6}DmbF=rv}gGUBeJJfFejEmnaw,Z;;ucn:geI9M@)mi+lKa]
-m.G~/8\{Y"+ZIZ|G??}$*+^ULNHN='-F\+Po[rl^I0Lt',6JyV~x3vUW8:\pL:X`R.Wm~T5
e*)l1U3~xO~nGZeBr|If~1*3SCg:J_#q(_6P{D,{ig*n+dA4Tm<U0l+6slG,*Vt">ci-%-r
y^D1 zy5xitz/tx,zKJl]IT62t>9j~WbP"pHQ!l=.v"awo_~*n>}&1:,HLO&!x 6T_N}lAY-
$icsPOG||4Q=7!|u6,/LD`3)]}xYjB1pO:Px%|*(d2TeUtcolrR51,FA=,co@~^.@89eJ;w*
E$]v\@{oLpmcJ5Yt{) Ww0JI|jePQkLY8yV-wj)q}&#H`+*qV|{6Y*f=9zl@0c$jE2O.0\n2
|[:DEUo18l6zr)eL4'HZxeJ]]h eF3)-G"X2Myt$=H_=2<x:=kQ1QaVhPVkDYzaBwCw=`|L
0cmy,:Q_%P<W&rr ,tO,eRIVF#UVjtn9"j:=S)33z'"v|kS:.%<$=~>Jsl@ 6:>?Zw+oq.*8
bQh[`*e4A9'Ij]9%9BW{0]]JAw((zU^f`421NVQLVN6d0Zs"!?a1p5e[^-giWk?z)V:Tp?{8
0>Agi)q}Ky)vb"zNcm+RhSn|dG7])Wam)Y>&M+M<{<p^X"7`EwX1x{!hi>'FuIhcZ/#AW}G.
!j.#(=5^w4=,,Gg).PRoj&{&6S>dy}$<A@e*>5z%gzE[X@*tlv?8WSS; e%x^$Upbg'MH!%+
(.wR!dlW4"v%6J#v_sg:<c]I92$7Gj@#;:0-bAq2E1tJjN3wVqqtn)f8k5}_Eb*hAc&ZZk3E
0/y=>ulsgj/[q5@[qp07-b*yO<,IdE\fQ%IYl&}GZy<Z*HClj<Fs81|ImICReF:N5z[[r>|:
Ho^||'SAv\u7uYrx$joq\Cev2Pifm^pb[H{\mGHz'\r?iZhd1i`NWcx3.'ZYTZrKM>@$4\%3
ziOk0Y|GLHu 5@%E].rMi?`=I)o0uW'aLB5O_z``T5ygZ6"=IS9erGmM{z*<=U^oA{Fq6"0@
sn0#Jxh[1&'-bo\eHY>>XeO`OJc;)At?R$WiG+gTPkSgp(q$kjhs[$1p.3JW,,/g0!Re1x(
@b3j_=.JKbp^3FH@u@=u1|uV3S!k\4pi|Iw:VjVCNV4K1Fa=^`N,vy~Ic4O6O&$Rab.GlwoY
p_FaoqV+8a?x\# +"Y~/kCb%`DQw?9*YGQu_FB]rL(m8xG^tYdryorh";OMWu@=1henLxt.u
r4nk t/]V2_2\IRMIvBo){rtnhI{8}c4P%+f\\%DW\G!?X!+DdSh%?H_gFf@1W`BLrj4!&H
:g-6wY`a\I&lVJ7 NXq2[coY);yrbSU?_r{@3y5;^j7xi5;wz{gY7HP&ooAX{0oXK_w"?EHs
C_/e\D'c .)nyNR0'=z1j8z7c:m i#=!8Ox*\[1^y%^>.>jOm!1cr~a4"NFs0rp56E)!hr4z
p5MlVF'2c<+U0yF_gQU5Q6v3'aCE7swTRk>*HEIG%aYz|d ny2s2|%wuHs0jP2$@<~._PEP2
a8qMXH)^sJ*D*0@'g+SjuTb]{o`c(5U5q':P<llsz6=7*B:t8`wyM=ke3{}e[1zko]C@p6dH
[6UbV:R.c6>nuVM40sCND]dl{#@l>a.P)|rr7M$+xv$WE7(N"F]ej# _uKX47i_\"2L%?|Fu
+%R)v']'.td!AUN_{"knFvd"M,2[_{Uucy6t9YrEuP [0w74FoUt*{r/@v_ODcX@\\5:d q{
i{ I.Y^4lGtU<\TLKo*x<dx?SfgB;Le}ra22LR;0)knJ0nvVXq\,Qz*zoI{>K|j CmQ~YSQ&
7@UrN /|w\Laq=1Lya:8MK-A4-*!kXA,=p]u "\xR}0ST3lpxG9y!h,k"&Tk;4;Zb@`MNN{d
tZxxj8BIH^$ZA%<B0IKv>NT,Xhvw?GFSiy5Csc* ?mWi5-(B:JB.MAy.%yFnujpb8[CMN3e*
fHkpPa?ix8[9rj&0#A|a5TT}0wOEB3Ke>0N_ZTS+FG!V%LvLnI!eD89jJBIT{`wll%#gmr[=
;>E2CM}aD1wBr!<.wn%|,{DS3E^Dh3$,&}cLZ<H02$k0AS;{]vOAv[b &F9L%:+Zi9cw"Ql<
\`;ICutFg<]ET|ajom%;R4$#6d0==o$JHCa:scDUq~<NL|:1F1gFQ}Xte`:_<uv ;\rI3*~
dBzs~l&tf#:;nNi|-W/c[n:/,d}o}$Q44HM 8@mr_'\nE[KJkjQ@.@RML`0hpH+N Xx^>`;M
\yV6|L57{sm yAN#@5P<}`gq$b#o;n!Q2A"#{So~8cbF*PvKXcl}]$3~CahQxS<Yp!S|E1:[
?4+bT6J}o(N6l,vM+`|) s@j\<3yHzG=_nb15U/^PQL)>LYh`S{zzo]1 g_Ru0G|!ysnMUH2
36!kW<c `1i]TsG +[Xa`|Og\k\EVN>sd|'&d<46xq+z]-dys5Vegp=aT<lRk*"C!c1EO_->
#>coZ+y!9=Tx>/2Gu_|H4up]Xc:Z~p^m_pWwc`qaVm&p'j$HL=IsU3yL2CgkG+F393BsZObR

Wednesday, May 15

2020 Fri 2021 Sat 2022 Sun 2023 Mon

DjovKS xb]'#Bv%qS[` gqjV:BqyQ}aZ3]9H$;*p9)nve<KaZ+=)]Xl"qVDJ+=x*@'KHNyg]
Iz*D[(X;>{n>qlD-,GlO`q]=|>K`JDmw=~suU6`y8wV'SIcM95!k:gs!PQWOoE?9h~pRWPSr
#HY-<)?\5y"UlfWs*[V :Ysuxo29Z`0KmH%}^"/<F8BU68h{|Td0:T9XW.syuV5S;EzhXf2@
qN]MY9[eB%8Q,qj{1Xg/-2>"Hf>vE8Rj+# Ua{_UA3BZ`]Po{=u29uY@>bRDUn3Ta"Sb!jOG
a&WxPa3rw/?4B--`$u2!`A4t[hXBy'MlAY3adX:Ji=Vb[U2`eAP1,$uifJ'[=K3\WHwZ9Nb"
tAIbQD0|u*tH\^i6Y(U*wJ}E<xK"fTrSr+E77Y\\]TBuV-Sn)`ssyp]4c,A)!A5@ARUIUS~;
tU^X;Fx/%~:A62QfWSj"1*5`}!3vl[UGKj~!W a[kpB[y^FY*x3l|e!r"eHfSe#>`gZw|~,q
-jG-YY?ApzyyScqsa[m#yy,dX[.g+f9$u.U)<t(M|!q)gepC0p{N; a$9d9#4Hr!"jeP+a)5
P77@ T+]fGg-|e7<nCu'tI04D}oF3?#b'FosdMlri(V-_^1$ukKlhXJ)X[_zCUh{|EK&|FR"
J)J;R/<hc"Mxk<e?d)iG>nL:}r`7Ij!m)dw]2=:?)O<&JraZ_DK._PiUU'EZFB61Nf_o*p|'
pYZ+EtpYlB/29]kT+dE(4/f@2*#P7,pU~`2U'S>w{.#No[!L2# AQ_Sr[rjQw9@b|UfLn/Z6
K[x"RVe{RO:H|*Z4JjLgRA_x=84fnntorH4'4ls0P/!/t jk!/}F|Hx2n9YM8cmYtk%Q`eu*
L1/NM_At6J;fYJ;niZ]7h-ok4zE>s(Bc@(<q?B `h`$)5&-<21^WiL(\`=+JT;~?n+Q|Ap[>
jKE~>rXi@IT=_<hmQ%F1+W85Qy7Wc7]{>Z`BO0OXQ~(R',R,rD9ruis$/=2{MXn-N3Vl8LkJ
_m\J7<!K4a?xl,;j2U5<Nu0jya.M?U./N9n.k)gM(n=v~V$7+E1.BUZ~n2B\?KJ$Sg!J=fiI
v+eytwN%m3Q_&j3C;ceY|e*$+eb}n>)6ha~6`0]0<HJ`kcMo\!(b6Chg3X8{_/Vg0m7]h|Rj
!_(Rf-8D<;Z9D\-w9)Z&$BwU"i}?1.,m i+uDmP={t>7q#G/Xkdgu8[s&$|;znz(0Q4Xb4Xf
K}cu[x2C[Tlw^#5KB])%F4g(1{~S5g)Lk6Qt/d?lzSbH'yV|6$f:F-<Gmk Ey)hixx}UDt<_
RT4&y_3lk/d:\9Jq/3VTd$;86R8q8y!rY`D'o6'ur\/$AyT,SR0qg~u7aV'>'*]C8G5oBXu*
HM&p!u.Kfx.5J8GBIW*Jxx7hn&`,p_bR]3@vs _}'jd#"M!*:\5xl~wP;w4'L8"#7RIPvd :
T/&La)szs@.3X'4l\~1BW m1%|)pDZkfGYI &I3P&`']>C{?^pgfb%{H;_5$j/jpz&QfzMFE
V=ROvhjsfrb5\H-WIVRU]y#+Eh"Zx(U427KDjnb!zYr6}Tf-B'6JbJw a+rP3RV^^h(JJ,UK
qe-$_"Wum%`mgGNnpp?Al)mhDn~D2@8]Nb!oXDl7GSy^AdP^278w0>GuC}C&^2H17l0knYET
*+b+9|56E)ePX^*$ovtnUtmDFF+iU ^ASeqNZAo@(K-Ksk@^,p:W<'7.AvB3&a/UP(?r?r5B
s+\.GMp^}aE!Od|h\(3fD:i Dn2'r<edSwuM&lNK7&Y("ST!OS(r:!:"fyRo^dltD;E}wG+{
mKiAaz#rgaMGuPBvY~Y,:,x$PF.x=jle-;rXT|ns%[9K*'8qzTb"xLbFZ|{"#c[:e!eC+M*#
_~0<?<Ji eX_toLDr&N0\:}\K|xvtya,cAk=bc4Df<>c&E\bw{Bl71ds-;_80>U!$HIANy:.
Z<C{>xu{+K{41iR<q1s_S}R@2l{_eZN>C,:IBukT~=hzYZiI<b'kAR6Q"A}+4S0691^1sM8!
BfwQFH-p7/{3Bix._y%cqt]qBu=X-voThh=jcqTqk6<OUJJdEqpOWKJ4UAW<OT~'kxF88$i(
@)wi]E*d`zfELSNL5g\s)+95N5p87et-}uhJ;V/pxNL}'miXG~;='1'3mA|xBKX1rY"=;p`H
D"B4"X]`0DZe@]zqjQqq,6B!E#tWcGP4P{iYFwi)K&$VD;8cDur`.W0i&!#DdS\Oh+*KhLz
S<GIACO.iIJ!$[$Jy`O65+6?kF%y<Xf 7&?"Vm[!h-vIJY(lGtSk'nv=wu(yZoWA5C^k;"fD
Eq4>z[rya&*5T)PyIi `bUM#}-nM,4#3d2d )KmKJ?Q"lk=45Ui]N:;,q|s]?`zr%Ri>I~W
k G?HV!+)R`P?77gZu_)!AFZgH.KO!XRJS8_LUvr)Rd"{gcc}p[3*=)h}M\yPHOXGy&w:|:
{-&y@[3'f+o`8P+<`S%MON$Dhf8/_PPj)&No0 I;;40\KPoy&aVAl8"t1Q]pf*BVpBhJ8e'E
%0/Jui0vvRIc}$gb<7d:f/%&DlQK+JHV%',Y,L,Y,=Rga&b7em[V9C\:FW;\'t1|x('x^\Zr
jaRWPujlpA+%<9t)kMFZQOil(<Lf*xtpzpq}IG9Dcsmjv5ntL%"!h^X9'Gy|M!v3y{4,V.[h
!;'S?YPT`a4_o.;B5bK%<3UV! 3G_!$YDtmVLdIWc(Au[`J:S9dZJAqjr<s~WK(=GJjtj]7W
$[/$8n7TUyc'Y(gL>?1xl_5uPW;s}rz?Vz]-eF-EUfe UZe:Ra$Xr(0Jc|wL@*l4A-L|aQZ^
ZN_H6P,gB{`aXNoZ5^A*jfO+<s#tYx~K{LFMv}&ypv;L=1g~FmSfH|f8?sX&^yeJkrcGe+#}

Thursday, May 16

2020 Sat 2021 Sun 2022 Mon 2023 Tue

Rg~Da:R6D64[hr/L7EfFLD`{29|C0`\X]}{VF~VdkVz<7X]M^pk}CU}036IWFQBQ[+CT6WY5
H|"Z>4S6<Tk>zGAz}cPe{dyNW]e_u>Lvi<yA)@#yS3%{hr|jiL^+.+AZ u0QT1,w_H)B:U=+
'{!C;$)G{ts1-JwFNm::-zOdiGm5a"XTkRAX1;LagG:)46</&i4:dD,L-8k0mP@LUXEyeOt_
~1^.hXi0BVX@0C9P%DF2aK"JmNbr/q{eDTJ6E%$4If&P5*up&tTvNz7Tcw"#=cO_3kig[bOc
Xv-NIGC01Fkj/os's#<dO6LmMF{6C=`VoRHn#gHVR'0Aph?nm4bOeqv#Ke&Jg#`'9zlzXT'<
m!%45{?[=uqi't.X\t.~;60OP))^-0ETc wK;e:-Cj#|+L(l|).h``(nBw>H,CJF%TV]9\(v
}Kl\U7dPsEQ=l)Ozr.'HfnF#0,#xr0zH&]k)@-Kj9Q=E@s/3WO(t[sbI-OFcVpk3Z},Ee*/t
|lnGa!gvT#25*PlS#sAb'rkT B>EbG$eBG<M\!61W}D1]<Vp5qzpeil}0TfcIt&ajxJml,5Z
LvI9X9c@q[CbLnQfPW[QZjS+z>8NRTGH@\o5]\~>=Q7&o&jks0A7ADUez.cDb-_(#Xsh*yJz
x?>ms{F*i`'SKL[xz2{bMY"4yWR:+1--S^CT<6%(4:YS.@g~gpr37-O9#_!nm@M".`/DR/+e
2,C/bw7{}<TZm90HhK.>B18nRn]gO1YnoPu}8^d>v(F+;0r;kv]@QAnb/Pd_afNr)!|iJ`e6
U#S6)swO W_;h3',hL=W .v>(U;&,NEVw,>m|gKd2"0&:B8@xcJ{c#t&0QKEw#]zRXiD#h^3
W/m XCsFS[eYXj0OUv!@E3!9AQgv58Iyv*_De~{=:\]FA0%:]d[BTYi{N7mS>h"!sO37RL3[
PvRzL;Vz-FvcLNsy:G&('jAu fH8)YP??ZHNA]s(n:[=Tj5DV1vSz*$JPE?pi6d."H]{x,eT
<C<n^_[xDDe1q+X`R7@1k".Ybne#!?2<Z7uSTi,Sqv`%WTJeV7sG- u+YT'vId_VD`HZt%<Q
,RDQ(pm[32JqGhj7o.d,*c=uRa'ObQ%m1 }n[Jm^g,]>'4pTIRqQ\)I08@54iWbC2EQS[jbU
|snhS3VgC4{J2qy?;o0r<T~b\~Ad$_xsD}iP~eJ$?m--sBX{G.Cd0+rM1q~z\}`]E#opT4;!
P/jzb1eES%tf^&wFI11>?QPI_E*!}^$3D;Bj)OwmkB\'93l.B70%Me9_4JtI$HiV4<\Z&_/;
41],&[`&EE9RGds(8d7_3#i@f-loo2^*rfHVr6rQ&iBu@]&|.r!yJX6[-g=F%JPv&dmc%!96
[e0ynOW2U@D!>%V@0.JJp &cykjg+qV|4FRG*Ck]>Mj#X Kl|nF<MpqCYfw~ocvT"XDVc4X5
opUTv{k/PIFV?lk=tXXH<V5i&w#GovCnZ2|p{ab.WfCjm!Xfk\O;rZ}R&7=m!(2vB859)nsL
^@v\3Lm`~t]MpTUC=Rwy`h\eANw^un$a}\mq}FPZY42i*M}}=hn,6'Bt"4a>iUx<zxo#} (Q
t*V#QVpsxA8ZB:T7waG K~!B$L@ws.j>r)+~0&BR"VmobMJG\h@7cyKZ(])o<42 e8BgL8;y
Ow`/`to AVgF1u(h*gdR(V%t}nHX8fhn6q*HKfw0RR=4Ja)Cu-Xt$Bj~V9Xu]zsx#aHJt_+v
&.k)'+XvU8N\J4wZ@n\2pMC85GMyc9R72Cq2@5K$j24XA[wt` h=J97O90TVKePkL1I6jAUF
IO_@V4!=8~z=~/Y\)O(6*Qz}O=tVOKMW815U]5yJLbTI96B93;iM59uL8Q[Ngt!yiSlWKrL(
g^f+Eu2X?B+J<za}8.v$-=[8f.-SCP#LIbv)^b-`}?i$[&'0FfXdfMV'jny(y8^A4su/#tM
d0O0"3Y3=[i+O7!ZuPgdi6v6=g@JsE8U>TBary6bG<])HbLiJY7;@+G>0r!+=oV@yOdd&v*m
k?`,zoPn Zys%L#qRvyrF@<\By}ng\l2sErS9rmGAWp[,%8 fig"yxfp_^Xb_)[d>m[k2Wx0
LG@X=$Y#iu8-LZe;e{j7.pi,$3zza@aL.(pztI39{,9b"-$*{h"z6Ea~KDYW~5eR%U)Jpy'b
t{~\-qH{w\}Iy;(e1G<5e;~bBR|)C?{+ xW0Bn''k9VQ!q3gt{AP>#hsZH:."''KLE!FY |P
MEdjtKJuB=9:rL!P~)(iCcxlDBt62AL[zK5!vt{^|[t/Jz&SUs-f_tenR;;`+x;s?h4F&Q,F
~@<~k@%)RigQ?Y{Xw<|[tAw~c%q=^e;wQ&|8{u.)Dn}C^W)7Fn^2UV,awL]h93bQ{?P<Fy,&
mp;aRzbs%(gt#/*sQQg#WI2A]X<hPR@0lX+4W1sM@)J853"E\Xa=u.r])RD\\Gg5+=T,_^7;
4-+p''595_+o't'.," p\G'a:yA .sd5S~qdvP"@@*8d2Vg&%NY[y_kBon\|6#|DHZ Znf)W
BAg+%a,i=W;qj#M'%{B^JM4js&#1%e(Vz\L^vv;V(4Db5[t~ CM<so"{}tn$UYaI5k0~j7vg
nZN_63RP;#ri5hSk"2m{^K>@ZXZlW|wUv0Q3nR'6`ErXHO3,}+N 2`Sr<4;$b]8M1n2$Fa|b
S@D.EM2;ZNZON7_~TJk,^`yy_vPw/++@rZlpU=z#;&q{a{8_<yuZaZrM~WxS[!~^B$x^325b
_%P"SA6W{=W*[^uNd>uI!,x[39[u|E]S(Bom=9 $:CQqlvoHJAm-6Y,@1f)pCk46Z:bv/6M]
X7PJd(ZwZ(>^x+IB).d7B6_v,lY'I)4> VcVa}f(`^V"o-;HXk.}`hY}L Es6D/in8 oa2x\

2020 Sun 2021 Mon 2022 Tue 2023 Wed

Friday, May 17

a77MzU0^xvZHg?6YBQULyUHf>hn>o[NvtJA%cyRO*`U5x#Z\_$UnED*RccHc`0|9%|9CG\Aq
R5;-j;*vWLQ7VJ~/Lem,!NLf/4S'PF6(;Tyw1[YWU;gJ2$0G6\$ATu`]sg{hQp_=59ckyf2J
UY0m!v%zh),{l`uz8NLY"j:SLi X?[::(@]G!d47]l&hU~4TakX:eEga82Ka cO_eV<}Ib
:lx>^jPnU^U8vh){J|k)CP}n9jLS!S\rwwDUa>@[\XHG,}/ly7w+ieXw#/pdjIn*SyZ-5]Td
!tit`}1Bwa_5`A~J3O{}t ;@7Q*pMvJ@V;0n0%J:2.S~&&uyX7iui\yds|6iJ$+MMrV6<$&L
ANB"$7AqC`D&4Zl!QA"&[<+Z,a*KxN%A/_Zz^u$'.)C"zv>"8eqjrPL#LlExe>CRWx7OnrVP
7I;9~Oo|#M%HYaLns]HjP_7V!!"m[lSH>6|e HosMP8}-BD[[U'_x19Jx'zKp;9Ieh~Cn$ZW
I|E.'AEMvMTm1jMG~b/>M^[Y,q`~auk!mo=-j6^tqalQZzU aH.8-BzUb[g6~R(Pr:g?GBdu
*O(Y-ex68k^|O+%BrY@Hd@{i_Yq)QK`9)1=4x]V\#7&?tG*1>hV n\^ZI^:R.xB<-_aotU7T
R\VmUN6i\-KW>~LZhm<C$3ZTEnS"}l4)`9pu2+LRt~yhu"6;upJ=Tv%ExJ^h6#2t0!Y?QaqJ
rM]k@.$ZsAC,Yx**'y>8<z=i|%p+i.kzD=#U%OT*~@gh|ajTk')40>B*8{8sl"GbQa4D$r6u
j3F]fd]+4PxG6T>/H|a$(2#w+F(501HK>O(F;^V)`G[d&];:H:@UTX8hk9j Q_hWCCZ1mhS+
%8j}L#iND4b82Ob u ll~uv{Tr!{;Vjehspc}R,397r%tFY2Z;'j|L+Zo0CU::rXi?@KWRt\
nVz$TZ17vNVQ|mPK]vpHW3srZ)W)^?SDs8^-KS]k!7pHi<[W(9SU~XakOG=<F9+Ffc\ Q;v
LdamaQA5PyfwCP!yJ'1V8h=XT/`c/!844hskMt<[G<bfbScz}_Dkd0pQP{6}Z}B_ubG5cI}D
KzYW%vR#aNBX5(m(W97;X+C0Lbo3P?_/TU6s__>hbCAK|3pFFt#w)ag+xTf'*y\,VyxViPI>
^u<k/rnSP|}"Jj[K&c y.5Wgbq#!9Q2]-+.~;RTW!])26SP$uq'NNIaU`]9)c`#s?/0CO.DN
;,(&]Ps(Wb\MIcx8k{n-UgK1(0&f7\(6>#ZB4QmjAz0}HK[PuQC(J&dpeZVi"iReudH:"J*c
P'.A6aLK3g]p)OH.CjqHMZwbvm5&[MN)\'GvGCN\za(;3y}Bl^s*wJ?5S~=$((Sr0^TjI&]5
I"+N\wkHEliXG\u9xLe1@"_(qv}029>d?i&(!/J4'j[;8NtPaB@KpC%9fZU>c0Qo<$f6f7N$
\&bkWk$<5Uyo[\GW`:W'"EJh=-J++^:DBkQB,6pQU:R\4bzvHG}Ze%*38rr-86DZ5YJ?y&$W
ymsqC :%y##[V%/%bMkuJ3XQi.uLT^|/t<\y/EC4P/<0+f:(p]EYBOiFs%[BCk@gx>] C! Q
njq-)*n}&0=XO<3Oh{Nq6ucW$Yojkgks"M,"Apj7.6'$UohbaTiW<lP<dJJ6uJlSL)u:AyS?
&-q`cR4*8q8sM?Rv_rp,.E5VNcnow_-, q'qJs#yr;<3^aQ'0X^\^}_/nhnFKU}?XC~u\HcN
X=ZN~=^Q,1=zHo)*S}P4/nR~8n/H9m}/K>ilKWvd@[)yNiF3Y|<g?[BR~T-6fGfiW.[cuaUe
?-zVqAhDpxD+mwmuoP'G{^Bh!1E.vK,slIl_+o]Db8bm|Hjaaj-WLn(hC7o#i `<+(tqs!/f
DZArk-uV&hG,Dogd&Y?g/Ui$SCA*;cIM8|#t[~nMR?bH#h@!lqQ%UcJe_!bnlu}7%X5.S%A;
C,:/Yc>/Xy`;Uqr:2PN,id-45.)?#002}N~Qzg3U6=dgG{*9*I|9th\~Q,2xK=$5$6q1|dQD
uX5*W%@@8bMpI00~=RrE[-R+ZwQw.)vr~SW&^7Lf|P)[/[{4D}Vrvsg"D7+a`U'=i6]Ba}.
<61s||]>9'Q+C65nYaA:6j)2{ol5&xQp@{K"mHNHN 39#czqD^a@o!hZILq:1bV^2/U}(#Y~
J(WB~>pS}whC"1SR}wTpS{R&<8jwsC*/iY.<O"b|a"*KEfb8H1c<n#"Vbjln+n(>+F2*2ufR
dFAstFsQ7(Ij\s #$zhu9CR\]TeC}O^()o<-4#Lww|{-v#Za9YKcf;FDt <hx,n\dlO|"p>2
3M+5yQu6}M0R^m0VqaZb~n~Ian|4zkH?^%H<nyPaG99k`_U 44AqT-~mHB0z.<}"9Pu*"p2F
kY#]FrRZzA(rva"TK+e%*IO]<n$\h[T:%+,gTS`}0uaz(jwidA?8Ye`~S&^mH\05y@n*?\3A
SpzeUtp^JV"FK$gUrmxd3db_]j'wZJ}L>02g]!|(-ty`RG@q6O)f>dAL)?A3^cMBx![2'cv-
`mCdjwazp}t7"i;(Q(0#)iT>BZg]KqC-^lQs%i*"=I$ Bm^=kS*uRm@k" nx{6[-kRS`:n<O
+`]pC@RJ])LnjCnI$@]s[jFm/B\\^&(xg/RzW%~=cAF+%pz)M~$+.;2&:HwiVIo76`Y!@QC5
dl|D]+]-A~sLZ"Gd9+eycU"w(>l`So}0Nj8^LJVN]Yb.w,iwAIM/G^![~j) k$.uangDSB#\
lcPF,MNjUA+n49EEucMy:=,kJ?&v57'AxBi9D7gH=qOLK!|t`VqzvW[ABe2;z+j 8#OT?MDh
"&Un`;ibc$i"@`WFAnf.l7jtUN$-.`$bCO}[O^&."OwxT)NSzLqU7G__!ik0Lpe:i2O@~VH%

2020 Mon 2021 Tue 2022 Wed 2023 Thu

Saturday, May 18

t| zhWl.r&eK5yCt=/^E)dG)@-8+b=*}';ORAF$k-}nb,~^P7e\qzN%xB.7JBohf#?bF[yUn
e*Y;~l<Q"%"YVm%2?WRrn\:)|4^#&I`MdA(tP4xY[Q!) zD@0to!(eUkt}{lD3S3\Liu_,!s
%FD`)FyR"uP5%)0+'D,@}/h3b1P~0w,.d'l.t-kgWZ9}ZLy(A [<v$db}i)7s=w+Yqg9Y1#e
+|l5k@yLN#Y%I|~U!6ad.yi@Sa\,UG8[$#Xhrl)kF-4,RWWrTyz0mZmit!3?)X/?AR Qn@-L
dpV9gMc9H^A&vX^Tu'$z9fW_r*{"1,`jG*WvC8>M<P"gXTEPY7TfWaMkD2w`?nm~6?g!y)x6
\ti`k#6:|^Gc.E;-[QiI:K<F$_s4B`<vx=A@`J0BXp|N4zj~'!9hOFAel?Bkby9sOB4wk",?
=Wr)n]dTheA5J&!?u9Jej.}|x8n:P"b~CwHzkiz}VNV)#_m-q7sgA1|nB/Nk$H=W)7jEH#A1
.#hk_hd^BLX-Ld:`Oy81r'<i\)zHXIXx.eaGsx$J74:e^ obW\bFd1n1s3k=dv-&4)mRFXI?
zy $wF"%?uDK$R~zsQ"X79wH.=Lk"'(^YKgb{dX3<T7kg"5TEP:-&JwKx&]~;8Z}A|*D!
1YgIGQd<Hg=~_#Adq7h}*tV>Q#IgAkxh&5UkL^i@7|ss53!3SiAQ4#fntwe/~Lj8~nkfivM~
H\Z?DT\q\?0{=4D&RkiIU&wYbf7vxCKh7c;Ux$?mqAN&b3)&d\wCbJ8.wyByoN2MTg*YtWE
hfM^5IH<xLsqcPYS~)FEj<\$&hzi4<5g`Z.j,9jca1k{n88v|[GLsDxKTeRxN[&#VSr#u6 G
XncfBMWd*XXx60S+dXF9S<$K1(jXJPWP_x\(EYg3zXjy=Nj5;k,-Xd (C(lh_q{qNAC7P;Zc
5}_\Ol\l=;YR{*f;-nxnXahRP{(xPh [&y7~#|9^ib+13P $//gm _rSmb2A}rbsb>REz)_9
`[+@*o*HSz`x Swg` F!V*%Q%oNn2gT+Ci*aKS-\LK5p:~2&s~Zh@dux@dV6lU&rr(6)m9|;
5sloWFs|Fv1ej06$;Bsn*[hK$@Zcrn:og!*.LLX)kN))-1^}>X]u=ak"|H/y3JR}^;c9Uq<T
SjmRV~<sj(-3m:(~qn5^"4g'-wRuyFA.ViUp&8~Pp<t]f]U?G=~2`q{`}N=J~oE?it~`j!`!
d]%;@>V8*3BmxZ(V/E!l"6iAfcV8\mh?s9RyhEIcO`B>DB9~=;"/65&EE0p\[)QV(R)@$#Rb
9E}.1]~-,gO]W"Vb2GU^24/G#@8vQk.|nzM t-Uerv`eeR5Dd}!wOnb2%p#0I0UaV;UI?toR
}o!8`Vx}`A:Nl: ;`=oP"-&LZ,Di')Z:,b`X3U)t(TS0u$^6^\|8FZAgUaqNKo+nG!7;<z9
z%8rASKf%/vq%iqghMjne}[U3E)dv XBcgND63}6oM6XxWIBP3ZBuQC0},hSml;SCGso`YLM
byE(YPR(MHX)R,J'q"l7ex#0`HVr}B^x0v~$emh<w\PhLmhUh=Go^HZ>Y'W%z5}+Im'>AdId
2LPL3WUOS?oSo{rzQY;P`4BB^v'x953,7?r>+xA1xHYwd<4f,],IP)$c{96_a&UnSkRPPo L
.1w=/ Si;EgL[-k/j**hWnq mlr\V<cAh^xR}gryRrjrf.l>bg6HoZO\W@GCY^Y'[8<xwJf{
Kk!.-A($eWd|{`_ad1dJe5Ml._YM^&Uv08\sbs<{+{y:q`K73AW-.l8J+MlV}wK.nRa|@2AU
CJ"\}@37*H_6VM&XS-cl{|;A*'`tB|o,P?6Zdcvf<MI~n(+!YtE%31{|c-y_vuv$37F_+L!N
6xVfT<qw&cHf#~R12VwsAS"e;G/%j7;%*,.ECFQ1EG4rc{e6oWJ|I_46pC?ApQjbl8U9#ZAx
|MPu^rKPMP5 ,8hn(kWf sDC],8PQgl3Z C717)p_[d0I=eH]\OYjl={ubc/t=Zyx)R"v\G
2}(~QYg'mY0TW QD8H?Qn',o'hB4tEehH:aVx,6Syd@F<`TF9)r99-J"]b7)d&Ryw-/1|[t*
*d"}8lW8b[k*di3#%X6,0LhX+){SR$0Q-B_8 ao==o?%6x)UT:aoX#z.-E@\F~_J62e_-7\4
[F(!5Ev@\?pjkZ{Q16*=RMqh\+xRty<OryGPp1xYoc^6a$68U|&k;N}5`rx\>L/cAB>?eXA=
~R$M<v?cp$AG64sH/w/QchqG&!.mgKjkeNTilEw\ivs;A<b`\QeA[<Qoe0)r~=_OK$org&T
SN\>rQcPDjNdUBhQ<3mgH={=x(e1Ulyq7gE*V}9eD`1`GCz^l=*+:6pxGI,-l<;-63^N0H8J
lw0Kk7F{R1c^X1prhZSR*.RlE2D/%jtQ|CgO3%a/Rl*or/besc}9/WCph}L.YEh9}FtuUfCe
}e 73OA:8Kmr`5?S/ ^QK}%5E&@d80-=NtXxyEw^Pisu}qcil yaKD am@d8,'ZCIS;CsTr4
][X""}=ZI5>YYP*u5F.T3?T@O9qMJo)<seFCL-_gD9patCF/uq04`d&@dXw2Z"8vNeP/kMTW
L;Cu=(d%bF"VEe3X|";n(d)|)j d+37>K]IkIpven'^{9R*w4"g/k=^4`k\)Ar=+[9AR2x6z
xAVJDf8^@8L@B!JT|)eT/_/|:0:H#r@gwYt`q'R{JgoAcQqD"JvmR81^_A#^5sVBK@;rdI>v
IxvF.<:p@;mi-wmpiU{#i!:*)7*XIt0l.svvU.lgtWu%@%Oimo@BVut\JJ`GwZj~&gLNn*
Qt 1@$`7Q|5^xV}lD}*|`sa'\pYU?T[me4:;+W,^wHXJl}gg+)cX]^_ULj`jk7bgi.#IU%-.

Sunday, May 19

2020 Tue 2021 Wed 2022 Thu 2023 Fri

2{h(+?7ZwI_pgb"q;,(GL;^D*@.'\+1Xv~i(=S\7wPslQ;C$>1|}YzX|9/Tm<jf"`<Ryfny|
Nd,|&Z`qL1BvW>\eAx0A9xD5noyHnb5:.Hxu9~H|bGyk>>vhE5W+b+HNlNX5>tksFHhg{E #
#1#VbJ4ffaZ8f15*&ExO/^~"cDO8lxH&vBYx$3v{V)17nGe[w%)&qQA'=\ o}Q*oDG'T`:,D
;^$qyiF2{&T_X9IPE2>lx]UISr4C{cOX27-8rdMR5Z=`<X*C7\op<#|VaE>{J[oIJF!QW{#t
:Vs-r=v,I^LCYXUKxge'$X3MjPJ04e4epA&#U*{|E+y*wTD7G{bUuXi>5]]y_?ju+(4(OBF(
oxvkXt10>.~qPd@,{9L,,XWY{$<{'K9KP\AOtCo\Xod^8"X+Vwp.HVJv48 :mp4~U4.\z?KP
^!qX\7sn%Hnw$;8pK/4xfTKTsD64]$FHstEiHjxb?/" ke0R?HOROw#9c7V"'Iq,xAyLL}['
P&P*'/T;CAM$x@ZLGOJxx7}TblsT8EhU,}a8SSX`Ct$p\u*ASZ{/ Yrxn%`5g3"\MzxWO'"=
+R![kO4Wr425m?]>hI\WM4NS5>Ck0h>XswQ`bA`47E8V$U9yY}QZVyDJmglmaw&0sAlq#wAk
=/J3)4HN$Rx/LN5W@+A!mB@g3:Z]C^oS 6mUq.dru"Ps]\&ggSj4wDUZDN|AD1N%C*Z9X2'w
{h&G(@r &\Guuf>Cjz(VGqw!?Z*PGVhhRv%ve5O]lM,.yOA<{V3adtmZv(4<EJ$[(rN4*''$
sJ@YXCOY</wQ*iMVjN4.~bc<$RH^i/RHbydTMvE-1ItBYe)`l6Y+cwZIocM($-x.It*g#Eer
k")YHWJFY1{\~no=2gu,croG9SUAfMch3q<kOFed; pUp"})Hi=PW7Hq/wy0sBbFl'wv4hzC
u)%ovQ@*qJ#(>=f)BDq<@5erJdP~Rqg?O{%pYXQ4N>:i:.lFNScE^MiG1lM#z<pe0>e|F2ft
vUimt3u/cfwWX*k8t`-}rxeuZt;Gs5&qZ!P].@#djG7s?xd||rqS "3hPkv]oDdbS-_At<F6
Ub&?_0Uft#LC":<f\YU=,%a|9, F2*R(aCFi..-DZejY({XyPiyAYMRLagb6:F/6t+6jd4_n
iii]Uq,~CBW@=,7*m#>AQIP7U6=Ni1|S6;>*1Ef7J]f<Ra!R6ur|>pwU02B=,.;.~T_%rzNR
OZ{toHi?(iBZV,W4,\fWr\Bf#1Q7hji(I6)*%]!WabV, S;M>SHGl)[R8HYWe9kt=iyn21pD
>573K~ap[`W?<N\[k,p^T2$h7FWTDsIu|"jj(r"u! k! +Q"+>RbLkaIxu7XuOg^,y/Pv?
3"4vLm>^mG~T?*$:juwNS,fJZ0,ipmX((=hFbTA^3vg2n]cE`!%IY:8(@Z'p/2bK&N=!(E!&
+fA>9E6`@:HzsU,EGP<[>gcQe2'iI <R4~oE@t4%1aT<ZDLi?KfQo_{'2H9iG+~Vo#TP@xcj
TY{Oh6f2 0!3@cw*y<1FE)IW}bLb}gwGAL6[P>8tPq*T$3URSO=~'qH.0L|7Al(Z9ij!?-qV
#vFplWd.iSLt)0Izz'HxLs~R~K)1DWgt`\odd27VD.."[E3Y3fYxvEa[O+t9loq9o8072M_*
>ZjNlS35OB(e.1/GE|*9v@&]88$Q:ae_e[W)P_)@;/7rkntcfvp_bmrqw_K].]>1^}FIJJXL
cVNVtHWdoQ$ @O5It&JQNAW{GtYV%e^HR[9,'l%6;g]]}K]4B0_dYXmMN/8J'js>0Sg;$/~0
:-FJQUtIZ(&NSM>^-R{?M'O\Z~,M/7][,j;fQ0%[KoaazdB=p{7@=g^bW*7hs02D;7S^oAP4
q4:9mjdErRXM&Sz[BU|}o7^<c{HLP#SjNo4Zb'*zHfG4FaV,.POh1u#yT+GOBeBE^<#65Rx!
[DzXVWTPm|H]o2h&hB".v-nuVT@SG<2BU}v59MGE7,2lY|;9nNLZyk2u4Pi CtJ' p}RA|~B
\D8K@nSX20O6o&Py1Wy[vU`ou*)rdyC55'h-kqdDT'$E^O|Hd391T,;Tj7<8Z1SA}f05'vu:
G{4=5kmJ=t# kKePdl"b$a<tQ%4C HIp!6cf^pStu>O<z8qWZ\3,+nId-NEthf1%F}mk Hb+
H(PAU`rVk4=Y{*:-Da{+8D{`1SjXO)yew0q.+Tq1+yZ2J{jeWWZz=3gWKc:-Q"7d^<fmvf#D
;TyVB}a jG<GO:5I[h{swuai'ApZ$I]EmFFrE)jO3rimd*+R!5kqp%N0FU&vO=1j#U`X&-ls
~)hve0p@f<3r{@5\aYZi4ca|AoxxPE>U$xC0n<^$)L;@:GeQr(v9I8"#hCs,|_#A%.-7P-=;
W)6*kaeF(@asWpq4A]PYNFaXyi Dh;2ue4}AL-&Pq<:cAWF4|Ei"PvkY~<Z@p$6DnMr5jS;A
r!Cz#f||.>k4Eyr'y\z8U&#klbFIV\%=6aR)_dQp[s2N{Azf8JK]oVf.D#"hJP)B-WwL9>Py
u'2lfiVe+>F`aeL9&:tHk x=Aw:nhE5[j*1\2]usY{YM'T\"]Zgy5YG|v GHaGO_ow1jXxXY
:^N1.ZU:w-oh"}'N`=%{r:w%rim~}bL_9[aSHDao@p|MR5H'uB2un]$n40>:RjB:B!ZTq]j
9T9czKn=Dj`0@TJ-(E%-vSGw6R%;<f@|#E@8|qmk\CuwbN@T/$t~w?Wh@8A?LVM<~GY1;K?Y
uk39y.IBAhdV6qS2; "wpT(O/Bdgj^EY>@~W:U]okgV%<OV!4dZcOLUD9/)Uo8,KC.XKp}jm
0x05YiSIey|P1ykzl?~%R3g)3xQhhOGtyewW~EqK.PD;mMHx%_?nnoJ@a<@xgVXtQ==1k04$

Monday, May 20

2020 Wed 2021 Thu 2022 Fri 2023 Sat

TqDZHQg4oxh9Zza;&J>0oY3iSH"a<$7b^1[39vk;u{B=(&?1W&8yyw=;V3"F+m>(Bi}t5:Wl
%Po_?KG'\u+HxDHV1CG/~w[C2.!v-\pe:0,MC"'N84FNg.(o2%S=(`~+wOUK#';=g]`*_GWY
00cC(?l2@*&~yYg18NS0DMmvLF*:oY2f4%J/?ZNUU%,(Pmw0|!F<.3'JVZ4`k3aF:h*FhuPx
KBO7$B# @A&Ia(>%*L*%*?0:G1bR?FSVu1XVWL#<SNBOMEN[E<uGyhmLx`[<}{9,JJ[qoqW
C3F_]3@-IwYw AvIH-($}E>I4UN8xrcXA\"5/K!6$#D8g]6&!d0]9JBetD+hAL(,|=5Y431=
Z>hg= (1%_AdK/ET/K|fIO|Lts(esdR?q+$&F04Hx;jI#-r7<VhPL3eBY8eu[mnVO2)+wlij
[YNVzl}?G*+gBx+V!NY^7T!2tQ6Yhv*eE0*85`Q!HT2^b;HB!hnjU^CJsw.<={$L#V>s~u
FmXK|iOce&V?A33gD? ~yr.mZrifD-F2x$"pyJpS63N6?N EYeF>#Wo9>Qqtiyms!"eEngQi
'xgZn1lY#G"J8>}GJ'Keb>q1+N6Z*]Q]=8/+;>fIjFj2Z9!0}.-I 9SE9TY:=F`[h^6pt/;J
mBd<8)s"zBpnUf`I0CQ_pAT6 0EqO"<)=)P(VH<sAm^r-\4%Q@E!-8FCKWjo,UU}y'+"nQQv
%U&%%[tkdKK]aANcAGgI;[w8&|d_GikBQ1n=_+@ 0Ik\W9i9nm7;bGFQ.v#c#;SCQS=/J9RQ
&xGGzeFY\5"/^|aiDCiTwg6'*?XUy~7,Hwk3,I.?I/:tw66STTkzJ|HzZI7`Md#DhaGvr2SD
sTI`*[s_q6$/4uG2lx\1U1]h5n,v}@E"%3oXTBuL+9{Ot^<!Bxgm!#EI?b6Eb"dAqa`v=K9P
AxbX1'5eOZ"p\"y:Et(Yf=9I7D4ta%>pf{ADI.J?-VKF8,$}~Zvp"q{]*.1{Os4>3i3l=UZE
~g1BB,/U$Miz@CB+MHuM"mTEw)CmB0EfR?t0:NX28al?GO9qDpdL[Lb6Fg\`g6#!^*xd,0^%
)9}mh~xrN*1%W^gO_QSZ4W>-cg*}I[Zh[4`H+ohtXlI;D4U<,#(#PeL[sbV=o9wo.NbIwMz.
L`lh8Fk_v25ZB.Bm.^I-0Vp!>fV"BfP'0 kj@C<Sa2q<KX`d_&m3}oEHW3dh:\LiPgN;!<O+
k`l*`M|Hpkdk0/&itOc;lzJf1[>uG(cOMW/zK}4.bb{3[17M|36\uD]fn:[kEPU*>/wI|A9#
9Z]p%[kj`lE@z9*DQF2lBY<$fdPdxvoZOldJ?9_NCC2(_&i_n)m|mms^S"Y/BFr|TY!M{I0k
G^AzUpEan&Z,D7T)vIDx I0p4>?YH1+a0`WZr$ZUwv5~?\ji84_2)^]6O]6;X\*=w"y`7x(>
jf8k,Ubm1Ho)_U;GC0;+sK*u {hn@51YVW<z\SCQuIDUdymABM2Yr6`FA"f[GnA\U)O7_La
U.Ov-5fzA68USTM^R$2=AS{Ee;p^Beu?U>@<VT<4AWDjb2WA4)Se9N{j^zvYTH*&;q_[PL$F
}Z73szq0:rht!_LyW4cWj8=*>~DkkU`nnRu[I0_ayQpnMeisn}MjQ(h#o~9q@|wtw"\Y5GS{
H3zkynVFf"D04%J-]y?C0+DRGaw?[K]t.2zja'dPp.<Eu|vw'QoJ-$}X<h?;.5N1@!]2&]IL
3e4cf]@K^ql!yk;b*u|5)E)o=j(eygw2qr]Ef%(6aMtNSL$;)nk`WoQ")sWP,@gy*iLR\JYE
s/HK{J?-ZLu\~ZfFIY<#!@hAkJRC6)H869StW^P7KF>E,)'58A-c["w=~;@Ci~f8?E)TIk6W
1&X'+8<,%r|.bqKMo1r@)=:L,{i /;s0Vk0_dHy^`8lRJuB>O1_(F\M84MhoSi$1a'=YS@cT
0w{j%LI?obZlQ/*En/W=&'IUvq%R !+df9mwt:2kM7NM5(bnz(p+-#I{G&zp,}{q;7,cc>aM
~R(X9[tI Od =YYNehwir}o] _w~x<o.Ic@*xo(z oNWRI,al~wmQI$1T:a'CqBmos(X*.<X
}R,cOq1@]6:YX^,,Vqb`e\*?&) \5e.F#VL$C?f-Bu`_"\aD;\Fv&P&\9v~H$VzszO7(aRYv
D\Vm|;NKpO|-GbGb5$i(Ng%rXuM#d8f6Nho)S1?Ub4~eg<tdXddV0nAcHIFEqAnY4Gs\6L}l
C~WP|#]@.N?|i>k$L{^-mnpa*JqEXMlE['nR^[_w@&!i_n3\;[vQh&180c\LV<5x8Jy+KUT
nnu\+qX**tw2I;YW4L?Vk17l'}<ckzTT\:,<$C,cd5O`6?VZ5)@J7IKH|q^TD4Z5TY&s*=Xs
Nwz4$F]>qA*k%rUZ>HUXP/`__* Y;*tq$QF<pC(RPudkF\Bv1h^'T`CL^(L)hSm@%.eHHG2
;oNH#YQ")%Y{V|Cby5NnA4$=ca\E~t\9D>M2<J]~g{]08*q.F[c>d55m!o,REpN1TSQo=|:;
*~\GD|+9<3G<sk``|1ES~sdR<-cKu33ESyr<0$1v7fWNms.O!.T<I{?B;UV*C62rk`{}L|M!
Q/..WFe$B5Sk8JjyI2P$J1(2z40=n%,BA7sshL3[!tmoy&fZb2K0NNOSA|u rgv+;ry9(8X0
4bo(*obX-]~_N.;0ho"Va4$V|v|F>=X!WD*h{-reA`0|={qhW})J;4n&_3nIBW>D)>^@k6{@
VS;!`nv<f_SYDRDNyMez'km:#F/eS:9`MWr(xag[7Je[%+g4=m=#FU!ZD5=%6VGPkAN]rFVK
45DB+8&H(WXaxm@@PuTCwQ!z#u6p%i,%4gJ)-$mnwe0c0kx7rAk#o@u0`7j`F}= w/je0Q"\

2020 Thu 2021 Fri 2022 Sat 2023 Sun

Tuesday, May 21

g,3];v1F ? 1Sv?;9p\a]-5%"!T<6R98(c%;of`OmQa!NyKCX"O[f4;3RydKni$9k=?|b3aQ
kkESZ 2c^~hh.mR:kJVvCEF\.f6CD!_S1y@psY=6&{)r5~v$`^s-[LaHc+y"7yxoF*\\I@[)
LF<FZH`8,==5<^Xg8'2$R8&X?NyiYDB(>imvPfr%%RpqJEEcIG3\It/}?mXaO@$<r!I{BO,w
F/k:#xgZW3s=^_5.yxKsy8{8w5%:?"F6B+*AR>Q|fWRP0KtV_M!O1:'2UF2?Y<Ix:}HO65f`
3`9r9|CNm'OW:^oV|Xo]X9&Y,7:ajTu.&$qofE}eEbL7W`r7 pObWiJ/Y!B!5{-PO)G6)[P#
+Dd,}JW+<:Nl!~&]%"q1c'sdTfA7#T%PS`M\}sjstTx0VCTw7 m9zR, -&*+(b+5)1m,0$CG
]t!Xxf]@&"Ja(EI=K\.VB]jN~nb5nzTaLqqGYZ)l#0P'"2*Wm4RU0l+B>__6:}j5[h-MdV|&
:;sexE*X<qd7Zhc%[Ww}NT3(JYvCh`x4$0G>?h)3i;)a3%=0Nh"=D.{a.V%QF\7$>h2)OzTX
Cd+3e[Ib2t+GPN**)Pwj`K?Nn0{K%g DxFCfhYx)kEuq05_`uk_]^\qfn.jC<h,]MudD!ok8
(sY%6ubD@x|zQe[jL"k:i1mm8/wN8FZJ_k$k{jD#5gmkw_0{r~?S+y9tT C!}f}jmOg2a8I
J3'DJ}BmZ$@`(9O{KyUZ.5lR-8A>tgV/'zQ0Gw|C|8/j,nj@eIVC-<,'}Y3JP:;+8({sMHZ~
8%$LwSzPs}^hZMtCg-Q&93U>bVnSl0E0RORL</SoOR81]I{>Zh2rOCz 3"RG_7,/E`E#KaRW
J|PvnKHzpNT{[,+5<o?Ga:J10C{nK5ORiyJln)@wyAB*SPph|kCXY9 OE5405S_"gjeW"kG
S>GZ-r]whk[EYAN/tASO<K:l<qL~`KPhiI* 1;"7(naun@={WrbL.mF[{B!{]+<p'/Y^Ncd>
"x{X.Bi{jlcmd8*',b1whaU\90dZ=:z+D[)ySjXV*{CA.CC)3dG/XoJRry$)"vBI`2?zS.6!
s5\U?Q8h.LPsDc17I=3#C~DS<Nwz/_LcreTWkS_\s)R'xbLT)&""CS!Nh?9`'!=TI{c82$;"
Teg@"N@<q%z;r\LEN_:2_o#rgK@Znq-()*Bas4vtXzzR-<,q@" {j]5<T V=R/L$U:Qlo#w
65;~gA#plxZ_|tr|#&(5vwKiuB204o+7'f$$FZKaai*2rmoHBegOe[:mX.lghq(Y1Mz@^:mZ
mK3G8ag!!TJ+CJ@@zjT2D'f28cQieFK#`&z'mf y#hYJAtbfGZ~dxi$y4A4H/yO#HwMtGHLI
Nctlqh&b I/Qx<OD:#]>R:%/L,a@XDrv*T,5JX*Q<I97a,i'f*/"%=g]c/}!^V#5f"!I"m*>
VJ;t!-`GceD>GY`@qZ:=b2r,pkmnOoOS888=1xM|i^)*csg6gz77z4Gb?DT~sUyaU?pa+xsz
`;dH(E/6hm+.EcNX,M]pALg%F64;_=?]nV&el'30?R81%T`|.Utq,O~8Il}lFM-![lvyu-ck
`/K&L/+1}{AK[]#rQ9@BD}[nC"rk!(.JTV65O?0MXlXF%rPKQ[k1a0]OSm9XW=>oa)V9R$y=
8gR*$rj+J?YT0DHK~d={3bX=scTKb(eH>J'-r{3B4~BHSMq)|c2n~S,>qB*3#o[.3k zdc[z
[JlsjX\T,*z3,y?]?U=ZW8 \p`a2KM;k*`>s6[)W~$($?'y.^z4/M|ZL&@:WAZ^W(K,uG.w7
12Yc'@am|yHtHk^)A1$nEvrY,imO^<F!)p%@7O^}>#3N'X_Y>p4ZC21eA=(+W5f{E~?U]!/v
SMOER1o)]/H>j,u}9i`P_E.6&Tq=SYeE&W*pWd8g_E?C7LEGkH)nNwx5:ey&=}}\sGEqOUEw
1D<EbUpC5Qy&K$Y!')'7w*&{Bd^ Eo*O<3-;Q|t&Yg0vz]E_4#YB0ajIj|""3/q![a"j[1;7
/=xg}wj_xIz *s@S7"WQr=^e;1+js#Z;. nxg`];JIdPJP[y;#fs]t#a}*r+~;|`o;$CI~k!
N}/|--<#7^IgTxiW)Yfv~$Z1fueI;>Z'YC"Avq1~8. l@0K'qS2:To\9OiF{p5Gn/V1Lq<7/
1:w6>Czk>F:dN}cK+RLzpweETG^-?t0oi']iiNf/Ls{^(6"|Wtaf9lodR7(:Fr?sPcUcoAoM
vV]nb@]x].7a'/z. =E WSr@/v/AON|7ZH#BRTd}Zw7V[cb_%2=X1Cds"i0,Ot$<72McCo|u
7i^bWMcWa'QcX6!{s.BgJ*miCU]H$OXmn]L uxpExY *L&|[Vx,yN,TMC*g(4@h&oZIZcic9
y;,zv@\pTBc=[=&A[5Ut#~M(8+Z $<+0<0"5~f$<o&AY22/XX!%|[:N`K?,n;J-fh}s8:sH
5qW6!\comZ6=X\)J\%.]06}'wIS~uj:poXFm#_ ;kVmtm_;a,<zP A^4QZ)Y)T<RkLmCt3A+
;omQ~8]tx]$$"7LOF|Nc-+:-cu1WbN9vu81wHo6Jz;k,#J|J`ojI32Csb'TtO`W;ik$iS68M
%L@6TK$EG3!.pptau_O,|rUr)K?qylowjjo7;-M:_n&DSk>,;z?te"pDiQJ{7\JNawJe>L7Y
IO7baQQ b 0k2:&leODK{ \=|XG;o~q%h:L}LC+9=Ut;v.UdA"oxI{5Kbzrlp">Q>^Y'laE!
\B(^W>}'{a!#7}$Dhm#_t/RfqQh my.<K*\%^onW!f~=xepHz[JGSV\\]pP]wZJ}r3P(:J<O
\HV]MGaA)4_Qd@YznM~x6cw5r=nyD'VgX!Y9A9DH@PPcr:ZB:xVkNWuG$5oc>]"wEQvC()/}

2020 Fri 2021 Sat 2022 Sun 2023 Mon

Wednesday, May 22

A\TLR.0{/Kw~v&$?/>WP-C,7~]Vf~K*-{z@ka%b!niWWJU=Fi+-qz=p5~@QOMdLzF>Hr$,)x
1KWrBXNl9HEz+f<ui69vA?R~'pj9"uS)8(tK8T3#8b*WqDca1:?wl{Aj11AK^(+G5udB#My]
%QPT8D839mUb-:XP2;_r;ge&Frx]I(;{E $%b7cf7~}h&VF]Vqwq&|HB)H0lb5'.^t"o9T'4
2@u9ueYW[>KOKeOLXtfbA.20[#^|&S{nJ-}zK,$1^5?FY*37DOn^uo9)b3~sCs4p7qg4^@Ij
C+;Q~|BlKg6BVAh^_;:w1%$'+|trRkfZu_b`]I7O.PO;8?;b:kB%S/BQ3.^Y|5J6IW b*qP]
Ukz1d*YJzTr)O>I&"_K-FsBDW2cP; *$ip{Y|$hiEr)U\v9_==E9gj*D/~at;eLc'_% n8?(
ZMles $x>u:<iE)76pI*7L}#%N6r?32S:$-(e4yK20<tHS)<kCDyii01a7@H~h<y9NY?^v`
&'mz=8cQ;)dql9-lY)@5,EYOiQdJh<oTW)\z"U0KaEr&-!VHX%3/M-kPwcl|nFtpjzv\h! p
#o|(Zd*q=&?SV9=\o~w]N'`A.d[px2M5.SW?kHA_8>v)|(.&{F}XW|UFhOz Vc*$ j}+"l%\
r;+h0y>NzS)L~u:(Ayzn(Vc"d]Ny8Iw0n`^_*K9H9D:7]?:C=jt5eY{}7]Pj$\}B+G4xkvI,
~^@/r4y2'ETbT[`VtzGSgK@Zm7%mbJWg?i'pJVZ.],!G~}5<vlC@:6[HrFKI]ER[7K??mB/;
*Uy~_,(S$wrc_N8&QX*gUF;A\-'ql\PAcoG&/#><o7oD!iqi!lRk)iNA>,L>K65vE&9F#'_e
$Y5g^7F~)*0Aq$q@v&t4Qum(9WNM.`$JDnqVT*'3!nnfLN*1PL2H1?Y0z3Ek*EjBaj33w2u<
w0bF9NjsOirn^Z:*{[R%]OHs]Jf'}W/_Mz?fIDCvGPoLPs,GRxJ5+t5XbETp0NzKSw+1F,FC
Wn *uG%eB,8*7fUn{F:P1[Irt6!aa}D>]hpl84<@Cl2J!C0?SBHwGFyVH,t)0XW)P\q;OB8B
qkyog?i/%&Lq~WzPf{"dJ(4"+=&YtK/6xQ4.|bm_^g?]ln28D,83l5kc}*O|@pw#+?SgoE8d
dYK2xR_zD*/<>dP{o]zuatmn+tC.)2G]bplW#hN+Htce_L*H]Q5Ze6&MEHhtl[Y[a/Bu=|>K
+0ZUe^C:xLJ*U_Zp)A_r/%{"idb}O4kZ[B1Hj!l'MS`>4X L&\yq{"C([nui+PZn+R(acR;j
&|{n>+U|&<4["/-q4\;7{>@JHLLMZo(~db(\v%5(@FE!7s9Huj+BsDu-R`YT_USja:!>u`m
:^ rk8IC?9;}eLBk7:`!Lo4!SeH|?cG}!d8kez`:1R2B~=@AeKAU16.E6j[Q:]x'FdSw_K/;
]oSk_1mVoaymoS!M-W9Y}e9j9wsvn"{j-bKh$vtj>iw0g/CQL2OBo!tq~=U=d'Y|}m;%Pq/5
h$h(}$S21%)5T=g}O#1Q//iiDue+/sUkBeY/4em!A6nM?r(5ymS=cQXE,HuFTF8>| [.t-3{
3-'1J*?#:8>Sld,FN[ufMVE'>CEDpb*H}[cXgn9(uUF,>IlQ-t$}G~CD\<Bi{c7hMGx0qGP!
"O.qrEH/#(%\kb^)5G5nL{rld}VaP8#gTnLe{)dR[6G@*ZQNB@KY|8pW1}!IQoyL!|4~t\~X
lnvC7kXEILKnNY=BR.?>6~KeUaqnSa$uH(j}fJxMg$hqVPk8NNgg#R4lKo!gU)Gs3HSZnmg|
$lXMHU_p4wI^M=p2Qhwo%?(VJ|Z[:,k%!jiNW.9E''R!Pd'{VE~:<Uqk77Cl.]K,]6PGzMZb
&J6doSMqhn8g;s9sIIc=K?E-Qru[o m`%71~|Y$5X@@+qv#R~Y8@w:o*qq&BmDNq{oq{=bt:
l9+t%%a{PrLtVqb>@}j`hUlHpjZEp6Y,/k.})=>c=\^)|& o2?,0WK~.0s[0E,O}/$MOAj@@
m(79b(;,Y'dk&KgS9deY^e%}B#:HWNbzb/Z;LJ^#$Mg1).L^aem#i6S]aSb'"\{b<R_C_4!Y
&~O1)j gVRF{h-z=Bv6a<1Xjl'h+f)Xyr7|rOK=j1-CGPgVo22o?k^[y[:/?X,Lh.8{hX4F\
Kt= |4~*4a;Q;ec[?MY{K![ay@GsRN2J[9$f)bwzTP<2-Ux:j`X0[:?D$!,5PiqBB2yU5~LS
m1X388G)Dv6[x7.&`9&!9]v8k/`rr?~8AX4cyKJ~+2zCF0O(kDuV]]d"K{?[1up"|{k[#Ogo
8 [pri2i++bwZLUG^H}eTbM<o(U=! woIgH{5]~d+"1oNN%qq#FJQOY)8RxND.2zrVltULyc
#?TWVkw0pL2E@@A[4@!i".:0*QwkGR3H's B{`baCyu+wN-|Nrmvb"r)9<U$BDGB=cW+pOdo
.<=}Xr-vi"n{UJ,[UqnNVqKth@#iChoxbe!&wWf_8@q+Vx"v#=0V7my/?o?R\j+w"ky+6}u4
>]K5[IEb?ZG0{(DM[lW%]7[vLh%g8JoE(a<NqJ!9%nvEx{+s2[=Yf3|(c\s B9-]pk!*dNjq
iW1"4iC+=&VPiOS&8za}Oo=1%jqXvxM.8tbt`T>h?t,{@t?bpEM/N[VWNrI@0NGGJ38:)'^I
({G?QQl6t{5TL3".aVq7Zx!~1yD]Fm~(I71iAtI|1GQe(w_/\V=T!eN[S:`Rd*M9WAJtNg/9
Z+w\EoyUM;I;wkzbD;*N;MnR><RR4D;vn!<`M092O:EmG|U{aE>>0HDVRQX5Zqv0gs`k6WJ+
w^URUr~5=_W#%1e=p:eFvqjAwi0:&Xf7Gwv['/A>Z<&ynP$EGh)%z2M8/A6c#%iSlV4[,x3E

Thursday, May 23 2020 Sat 2021 Sun 2022 Mon 2023 Tue

f])TJ+E\ujO0m(o!<ySBVAvAUQmMwje4g*MT'!|Rl{o+E:)P}Ra?B<C>1P!!s-^ii_C9Rj_L
dX7 "!C>6_Gj)J<M6ay=\BK?H-m`uj5S}{~3{8hgUO*-%Ixs,*(lLpq2>,<6HDv}4zeQ$Sh
,)-0f}!7+0_Ja-M1)/q|hIR2Yi=bUTk(x44A+:E,~LW!{|T35(wVe&IdUP)zefaRAAukV<ap
w<HFg?.q6#vCxf^vEx/`2Rb2$ZV(k-7]Eu,Z(,h*O$r72qqOPa((Lu{&!>*9!v$||%lq?ze"
46,4fL$;V?|+.fn]kG%!;O$F~Q!MY'7.h(s]m2v95)&|CvK/}j{aM]de e,p0 |Jx*^Ur"s"
<N7R$1^UMg<IR{A@Un(2&h6!wS5Di#^3l~o#!lFSn>6]YGaIkkSKbVF5RUfxGYH:J<cI0:@g
_~$"`^K'g@UNO25$1b2c3hOqR(6ov"PwN[mua3F"C@"Z+,1E9`/E3*?RzL4J<mSlO-,) #l?
M<.iQ$OB`E^f4?XVq6:j!jl_buwxDE}29N|mF<t9)d72&?g7_E,h$Xs)w`j}bW`CmOd9gd+v
-"=Hq4L<#b!`f6:rA *ie?c[%^P(~>Q{'$R'nDy0Z%rw'3r?0*<vCU_&w&YU/w *q:A-G/:V
?d@w?M<v]"W5EabMI7O,vU)T_e7O.VjJX>ZC8[dc|`V[DXk$HSu-BEf17lh7t?8'#a2JU vz
k>sL>n[58?WIk!LUbDd6-')*~!|kAPQ{!Nk~4X`@NQ-|W@v(N6dr*R+k=BBkZS3J'@'Zk[!^
cZVs#$]g&BQ6uv.TS+@tg%BS=#M[!gaT4P(@o&hl6@R]iC2|rO*O36759t%!WZ!<@z:z^Bt+
M[~p"F#^|asN+%)P%`[u?7[yim{yy:ht~|om?^PJ4teO;/-{'ssrMDyZw#YahH'!$3u,+0Z
22,2J*L!`"Kmv0t av3^TU3O:MA9ptqyRHP/]Buf*Mx+nw?sB+&/VT!}[z3IL/FVb;c*9k$
*uN&XO8(#CeTbA.OJ\2Tu7>k|y@tbbnRShTw\P?Bom)wG:NY v}d&~%5i;Q+AOR!U^P]%S}h
?yJ^-2rpf$&N0^99tUxt\PwPzWBHN%lU[-H<r*u[N6Mj2/W]$~T67p,&pNz`k]']ahA9mJGG
zKw?TyEiGquHo/imuk_x)rW95~~4/!R[wiOUgdR8j|8DmWcp1A(A^Yg@vrwtRfl}m&,q\7S9
:_44f475omsLX#r#6dZ$5l>:_7pk)v,>%BL2Sp3]D.O^b>fC%ocygQ&r:BPQ>CO?oe x(60G
/zc?B`b5`/C!o,g<'uLtlQ7h`+$Xbw^,68?.y4/V?C|\IOF(@A73$D6Go5XDx"BP(YxJiT}!
t#_kZK)|gAIW2.l<rZZ$NTaIBtG<|kr5}K/NuB9 t{#]7}{FPp~\qP`97;-aj *\xi[s"e'k
?!ureH\PEo2C0IMiq$eQ#pu.X\HS>:LM|`3~d>"i{s8kt.h+]?`q`+RKvnxNuTbF<+JV_D|-
RheTrFN8.NS.JhnNM"&l@w,kDhuu[B!BaY'vY1qxtMcvJGKpB zs*lqqVk*20G0pH1w+p[LH
a90L3iK_wjdG_~)e5z6.GK =UNr/Vxh]$ Zue|e&flo+E{,Rb0j2Oq%tc\[xo0qp_`(hW5zr
l1TB8+'m]t<bxy2[LBrsy}<&PH_,>)wU9yi^Say@3Do\$eA`$R4=M7R~%qLEc+;|u!QuKa*,
"?^M?tQ- 3SR'8UZjR?C6n\K7S7Qa+`)}H(q^]qyzV SCjZ%V>_27yyX^gu[DyN1e\Qtr3Q|
}p75o%pxQU6yIu8!m+vE4e^WH:17;0b K@f9qi:dhTg'0^05.HY.tEH*Z!p_(IucL42*4yPP
} 1a<9YqE~J2 '@ETZ<u9*mB}%~-cw <GEV-+5 gMRHDi|c_7W]upHb:eXd o0W=9X[lU}IE
P9m[}JiAC[s)yoLva^(BOUqh`|'Z?:l?A+gaL#rS^*b^%/%TACY47s)#C(m.wO8RR85?pJ\Y
.yt.&T*RIthz\>}X uBWWRxQB&xNXi,[.E)O$9gqRxSZwL%)m_!3t{]_,Wd@u0KTlI-,5._%
Mlj <T4AS8c>.|) EqJm*A[N<M0/aQg_mjsVE}z-xcdxQ:yB5Yq+unmjjTIg/oxWg<`cF1c9
B+"DY79vh#@Xc\M]yC+eVrw~F#0(EnsmgY7b-?H|KwOGiCF9"maPrQf~r8`(+vI2No<t3,G@
&g(D&L:fdjf47y0GD%Czz)B6:R=o3"t'ndk-MyylZ:=b/I5?Q2#u4`1<2D}[;G[]nM>!q_19
rfwbO^k Ku<4EK&ML&na-!2(~5$i.8txccu{KouJ*sFkq)l`DK$,:lW2:0HR-p)\2o"'9O,!
M@ra6ts\q8U}0q}@MFGb i9]<sl0P!y&4{}WA(7wnw;WB%WDeQbh!wX_pm]QwWhnzJ)S6P@9
isnd]#IMzM3|lx`6@h_I`8JK^WiHzq&hc]pF`A|2S|_06j;*22:^.$Pit~E20`IP'*'o+lcB
'B>iaGbIMcU?E2?$`O<pTHari}0xC^Rl}[~8[P/&%Y.Xw,x)\V3FausdWWoK@?PWTg=TzC2t
k'Q*9x12"(gAM-VCjz2?9na4%/(.w]otx6*9'E*Rt%nm.SUOKG*nf%F|BH,G:D#nyThh2#~
.RO^LSmmsp{{v*^1{NUwFce?c/lYIRoBnT(uAe-7.|;kC`{B;#K0bg-"&T"C3f)zRnn)6kg|
m0(ZI\xk650`'!d;y`G,>sf$2D%q*x,ii-#:|0R 6SSf{6BXhMShzL]*M\<BS-\W[t#_FnbS
kBu!3%& cK\PGJz&Du.Os2,Ec/l1zS%J ;Z<gY"2}8f.^rcUcRbV%1\Z-\[m*uSj9-&LD9bY

Friday, May 24 2020 Sun 2021 Mon 2022 Tue 2023 Wed

[:z:+[*h(XTQ<(NqH2~8854INVkjSNQ1]*r/x`,K.s[);,Vl'\5DE|'!pAh`=j)L{"E@?5kI
!^!6HbV5@K9{KT\%DgTAV@Swa00.+j(=.X.=fGwl"8 <N2#v/i~}h*#b !ft@\J,0Fd+Xp{:
/V-jvG'}".:SH1V#~CgfCm|h/{*ZZ(FAvW)GuN+VW[Bap)C(!^u~L#G.\#-7^2YAFyUHwg_F
,x_opGW6aO`q@%VWilYx!=1Z[|S#=W?EhR7HqQ[Uo$)ecF,'Qh5ipt`[ra^_-6l_NQ=;3>2G
De8W M+kJR)"^!}A']pkKyUf;`IERc8`@WKaN.<lE)k];)U^m_G2^45*v_t3^i2IK;+CQI6Y
Vvv2eox|va:7%UuwS6]@!}yB0#SNgNV|2G@nkVX^M BV{cdmU2.T04nm[e{)%(`}t8xiACrP
uNSCv|BtIrddsz?2v:]j*CSwN.m`7QQ7E/`c9R?pP[^$k|}3S!Z1)Xe}@N+Zb?zE=jMnj6^)
1oU{f/Ry$a]+I%oJ&X-u^x 2#I"Z2yVs'c_>}]2`;kA`)cM:,FQ43\4%M<JhyL({W||Ip]lE
CB $!qfL?cV@IMcdpF$uzFikSTEQ'yz7+@U&k%-e%85\@CW:oH75Ho($uvqrhO*1Jl2W"tT8
$<v!7HNjPgB>e=ZmD-M8#?i)rk{bAu9/D]i*X?$n}FC#nley`&PScRJ39[R>#,wc<6nJq;/g
[gJ;u2r(\'ml)4ESC2%d5b_Q-KF!$yl]6{XC4]}OhZS-K[~}fURx*Va|P?Dy3`3mz:.K:5fn
!{"95`m<+Y0{J$]O>B':fjAMP8XY%z/\uZ{|K\|arLp1+@ W/=vYe+;v,;Qgk!ink=$2d}Wj
]s7I$:;.hh2B5U+L#VTUOyR0o7T}$8f`X!3RQG)YP3K@yOk)b[5H{1lD!-T@suBSjFP]^#_d
v;=[zpm"|=gTV"douuE:v\h`ws<lr[I&DGI,NdAG}u'PO'A#[`2QVuz4AI& I;lz-7rhavVI
/+%4@YM/X[CBE~e}-RAS4>^F};ndyG86-J~3_e^i-;CGR^n^2jQ9{^HfA(NO>!L1J+WDsFfu
}IhO'aXJ@#zz`l2FiuOa_<D8?Y5f5,$`U|T2 A>IBVHiR|RsL<hDqy$B99ngC%oP;09z{R H
q{mjU1eCW>\o\Ft@?m;rihVx*A+I".0>z2E<6E)16e6;3G%v<?'ATYgNk]_[7$r=xn$N(/&<
TRg9.W|PT'LX0Zr]~tqySJFk*yl{L]7&BI]/y|_(L4Q9GcIx5*;_\qcb{E|KKbKG?ITah,n4
?8n {Mez3GqncVZ~BF}jF#Q5x6i7+j{Q6!Y5q$5XVP.#%rJt"[7.}*U)Sz*-+SVpzD72"]wg
zPa(c{2=Zy/gMWx*sT$imBajl;/$bF6/p!z&8&:;o!Yz{AH3[_CTz(KC;bj%"Bt#$IPA+`x*
PK4(@ZSh 6OQ,o(,&iPkPei?U:XN8rf2caXUFG{O^=KT{-J"TX">-E2~'-AvjdZu +A/BFvX
!CE|5SuMUEZ?aoVhI)(By}.%&6HTJU;usWYHt.)krjd=7ZKr8]0d?a#) zDDxxJkBV,Lu#a)
1kh7(2>=l!^Hjmf (~qbHDJ=M/v/uL52X>di{F]N.Rw2Xk2Sl+&RLU+Sk*opuL@@%VS[4n,V
HN=Cj4b{H)WKy`kL:PN)B)((FM!1f{Ry9[m#Y~%5}Nu7v$K6+(jQg)Ofp5@`tf72Jyr"|Qo^
VW{|jthgD]HMerQ=D]G%rJ0'5r8Hc\><?}KU09O5a7h5w0lKrrI|X4z+";Ghg0NPZ4kdIm!j
!an-e[Y?&xbE-|sj0|OFrv 7aTLGTQnh,6,~'JB)V aNea-A5{W)0%Bo(yWfm]Bo1BUB Al<
/ Z8ZH'!Kw7hEDOQn^jv~<#-(XZGCXm?d\h%?;s@aI"z#1c&wzQe&S3A_8uvrKQZ5PBkH<E(
9Tkl-KTd^*seG**9niF5D;H"R&ma"9Y3GydV2~S2O1G"/RG/3[A("Nb;P7S<HSmn16D\w=$
46m[lA4'7 kzQT[|'X$wL1sN|`\PA&/Wi\[5&XE|\ZB/Y%pr .di+uaoZ3ecU>f99N^fr4Lz
B*-Cj><rZO/UP:}tk>twsq.2~O|]$=uyl@hgn7{,uKQ)*fLIj|^JxQ+bW-3qFSTq}+'v|+]U
+F2ANr7:D=wJK7&4jd`H;T\)!,jC|G;yJZ"I;"HEz&*+SeD71<uDQQAC^.y)8eONV[P@aGE2
%GcLo{(#@dT&8/,4oLEl:fz<+fTwBgE-dkY_c. QV7oou+:l4yIfIptJ+].5xR#<Gt{ZfXu'
?x/$YY]|[]O3NYu!0[Jr#7}aaw</#DyHBP:yK5fbRqazhhOI'(kvWPoBYmeOPp>m$MCk"<c|
qn>$CJs("}pZdsz$C+pId3xu$}S4o1Y J8c;h 8k7.DZ&#f!y:|~Y}Z.>?tc&J>2r<*rN 8g
2V|6E8 i[f>D3w_Z-^65JRrR&_;F(UOS0bo;|i]`LNx!AT-&=zGBFM`QOE1<w@w1n/*&g"i"
OwC8hbK}XKquymikw<m)>C#y=$+K3Qr\VxQR?dt.]cRzCWV)?gCeE7Z=F,AT\VHI?Yp}52=-
_il[?"%7i[/`yPOj$<*3H9|.pk-[77vP/B{Wcng1, JXX4:j<[ s`@dRme|=h!q`;zAPQ NN
;Sm:G+2Kt=dVH@QTke&q5 j:xW3.7Qp/nNj(fx,2z2UM/n;[a,3 l`>Y#COAGhm8S'OA. ww
8"_R,R3}4x'CO!4KwBOAY-;wC#DYqqgIhz-e?j^%5%X_I:qb5\~z@:~$^DHxGPz'e+21wx$'
$c!F#ceCPjc+zjbp5Ea~KP"omx^~E NE0Cr'o~f9Z+b:*GtnK(e`-]Z3`s: fk?a1ECYn/$f

2020 Mon 2021 Tue 2022 Wed 2023 Thu

Saturday, May 25

)X$]uD(~4h5_snn.i*f34x*nHB&BS{5'z(h9-^^WbLr}"TA"=C'vgg{W",sv|QlWTzM'PPd{
2'b)-BruJ_g8ZRv&&s(]nJl\R'-(AUG-Pt43028I^a':'/:v-mmfy)brcO`34<XfLS]I+}WN
FW}[22l'z`pZSz`sw54UBb2SJvn(1e(RJu~I<jX,=9PiF)F"U#S"h{E9]4&q$DRw^3+?{-sE
LqLCo r~*AMho,sjx4?.S[bjBu&=wZy/6,J|WQ^y.x]<lVjFU?E5ifrSs(x9F~@<QM]bv^Og
lx/(@Rej5\A:MdIXk^GPcn2]r0&'<c'&Ae`k/q:[Y][1Wa>HbiNfUZXP7f<Mg*xU%;NX#QH.
q7]}<^_z`m|1xP/a@jKd{`BRrfXmV2FE[j=@F(&j}E==a(%j?_iR[XebN^6^YJXE'oA94.VJ
[1.p0M?1{Ap"9,Irp^<^^q+jykwa6r*JeD)d;B\c(1305tsk=)]E]h;DqS$JeSmO?8{h*{Eb
G5fF05tR=+c4/%'D91F%P77@];lyBZE3sl?Y#zQu 2k|hbMBn-OgL'lP9IjQLF= j6_A-PV-
d?Cm-nmI"'e7t]i(f}e"\MhLYKzEG?ne!r8j<5I3tf"M9~uU)CiK^&c_uz")'z)B~NlHt6j!
n}5]BI7[Ya6RvZ~DlyrmRKqM3#L7x9[mv%Z?"{)}C=%?0q$'*!y|WSplO+R6*`2tSd.w|TaB
;}NwdEl.d)*hbd%]o=_9/:gkti5z\|\sYc@%aHI A&R5[>9%_ss,AZ>:Q`A7<]Z\}@ =2>Et
gXB~QmAYA/&EL)F,e#<S[A%W,^m)c||4kS 3Be=wJ]wC%e_1|Y<Z;iJ2P0Y~r"Tkx}.m_;/h
4hx,t>5r?X&9?y)s-+$Z`UNV7P.Y@4 .X)mPrwDG8j^A5nQbg"h9:p)8,N?VTd`$L\jtUHcB
[WC9N^p?!-4gT%smD$_X+X `Fh4r`AMFuxR<1(x4CzbD1NTD&i}`M8&Aw>l%t}/qG>WIXG-7
5q?V*:?mCq_L|C<xQenj+v-cIq8W_H4uQ-05b4q&,_QL;P&P@[(4KUt"A5JKCK^207:5>})q
FVz0^bur<4W:]RFaoT?*,(c].4ubw]rYL*wC1hk\]%S."=kMwu*I:-LkV%Y]\s,T<D,4Mx
:mqoqJ]Ul"tursp+xWr`whI;zj*N#;~Vi%rgZPbb*PH_:#rPI,p0zo >"d07P/h9LR}`=`-
(5nkcs0FMWP9bExbAaU,U:#'^:',?K{']"o[sFI1`.O5u4TorR(*bb:&@JFg4J<<"[S5zDh`
CVh)\B=sEyK_ Lw|h@mC9f}cCEsZ*"x87C&.Y;Ak/-brhA2P^bXaS!bTGZl(]q90)|h}(;"K
1&%y{;9-&mpXQ@GXjl)^DXMTs0_&ZcxZA(#Z+/`qI!n,C_UL-U 7M#I3%$+"2`_dfPd?V(T@
&\2n2/Ni(|uJ}wt^Ox{F~tWd_tcJto4xd[I\{sQ=;q_'+*1y+:V1R['q01'>ymmY=~lm0O6c
AuS`,QJBk=gj'*+VH(it,f!:z-lv\9qqC-([Gb.lrp<('Q!hbpdhsMf+[b-[P#kn s@KD9J
{dzuC$Avz7CSwm,}.~}d *JCrxEm%v,n-ybSY>eTrJv_(3992q{(6t@&d U:e)_+ot8~k(5G
l&?Qd*<9y<{.X5r2hrD9nZC;?g:`J",?mwRA^k"^=I{Lv`71q2mxTLCQR]@>i??i1r.LNJYm
gb\JoJ]fF`N&;zzUykwiL3he\7}Lc_>@i9jf#jYqyXOeKZY%tUcm^"s%{R}GTxT8b5`h t^5
oIlvQ6ye=PJ*wb{c=K(utyJeCItP8-G8".cIQ(Fk+;j?G9!Om.n$}2yI7(Qj+j(r]bw,lJhX
bkO(dri=6 Djtqsv"_W3pq\(WByEX$@{I(&#kZ;5 1JCnfa&x$>b}`l(kV`RZsP>#{u}{.gu
V.R\4gqe#_:E#pqiqeCEd1rF0J%6RS)(rws!w>,62Xpd"w@1IuiH'gN F\royJa|Df(2j~<R
"BHYUlka)[JbL;+^w2o14df$4T+:1CpEKU?cY}GJ4<$")%k+_@?ZEn#O=E>aER>1+%i`ewt}
ab09/zq-I1}uJyJ*P^eO>V}@|b![};qITe{+y\rTiGUT10=#BR-HK29WvW7uyUVtF8D'f%TL
InqB]YIW^BwP%K^1k9W;HY`d?;^K[x/m%7E5kc}Y@7G9&FAiZ6]Leu92ql;iN[IS5"ApiAeP
l#Kt7e6mY20(0%iS-OniV<m}JAJC`1Hh5`3e^}aYoS%1Hl<YMld(R1=}w-a(e~{F9mRa}hBB
!7N6Dv7,DYgA$! zk(vcBrXC1WzfV?x4S#Y?@;>pR:6#ZgBY-su<2Qt6\0qhh\=}k=<oD0n$
,R+. C:\%[hsE@zTxehhpJ~]i2K5WE*`|4jy+i@~|2b^vg>:YxO~O`Ty"U[*.;KG+GbPPlon
#iJdCMIng}9-gnRSWhzu(/pm5k8&~;,\JOsZF"'wC;U/Az=3eV#rp.:_IJ>m@}J{a][FHopy
:cOA5W;2>g~,@R*#|>:=<ZsN"K*V mX~~f;I*B(n<{C6|NSK&pTWwtrS6}x`ezL`Fi6{D7`K
7u%R `:,X\ER5sLuqWAvf=52EF-c6^W jh:cn2q#l29PIP{&x}qK1b{+?>x&dL {>J6<4ND}
*#3|u1;-RM`5kT`g|JYCpsi2,Igz<!l9nDXL#u][:0\42{FL>]~|SX.cb(>-'tfiUuj{;e[z
bnNq~uQ:.Db4X|WcK%1Pj8|LYlC&0R*DAbUlIBDfh-`7A9h(Z82Zsi09[5g'6alHLzpK/Kg)
{v|ebz;mS[lQ[@-J[wNLs/J2CD:P=<41HT;&{Rs;N%;FQm. C!3PY0I/nAg7.STQ]:2U?!9

2020 Tue 2021 Wed 2022 Thu 2023 Fri

Sunday, May 26

%kD\XM_UA9:7F%*'3PG<e%AqFhaT9K}8{3@::5Lieh@z:&MH4T~iIL87w}$p7];S'ew#qF+b
7EVqvL`oV#AwUxDI:I%B+::teTjU#%Yd':w7Q<sdes&b2C)@zbK~XzRN~k%u4+bPMZjw r1d
|/t-=hl-\>`^Bj9*7@`#V?eVd7UDp'BG]prVjvU'uy$hK8Ob2Qam[I]5wklrO3goN66rOcN"
|uM,RCpYW$\\]cf+V{:jIB_^RZPjAen,3n?nZ"ER?46*f~p?<<j-r'j^HcX ;{3Zo(ftFAu
:4D}VR!%Nv^jBj)@pU9Gw3R;~+3vs+5j[On#|Kxd!xO?TP{HcT`6]?ndP1%);b/^=A7iTIVv
?+s+A?W`^z`UJS,4J]F$5^sSEJQO}!q Xv)[A&?^dQ'":V:C5vN8W/Fz?,r@*b1T58< i>j
4|0b|)5wV/-4a*]9R95s\fR'G< rlNB?@xfGh4oH"Ye!57'x}:~$tYCZE_UdH8@|/a6iaWL(
GV:4RUy4H!WzQYt##8VZM=RdYc<m=\G(UA>#q}/I;}6"-KFx /[r&=aFIzXz6P'<`1Eqw %m
<oZi8Nc.>uj_:^Pd<6-37"=)6ZbLBG10cz'LMF"8'+~Cc(q3TLxV`qK$([K^0mA]5Eq".2s"
tZf|PwBg`Kq)3GbYKGbb'8'!p7<8'k<QrbY7[Y4\9p @QldB'TA(kK<iS[ybg0~Zswn(')4
yTk~APVe9\H-WY60}%Mt{:mQ\IU]A)1x}GOA GK~VEB.Y_?`7\.%K]6A9R?tF}IK$&+rzW_$
c1Ezro=l%I!?bs,|9Pe\)Vhxb/sIV|<d2~u"y]VI&}0q_9/Z.K?_2+M%/De+dS7^8kB~0cJB
Z7a:AM[qWGM#8Vy\xYo5Nvd_b!%|.<FCPGO.cdwO>%wJwb/6q9XGe(QYGu}Zs1(ea, U@!IG
FCJ)"|$5V3@!wrI8#gTeoxIfB$eennR^`FmP^D;\_M[tKo,@~JMT9t74`E[#t<tUe\cGtheX
q4l$h5jdUoPmFzCc9Pnc}I9AossI0h% <hQTeid8rLnIp:D@CA&WWZ5G$eS3JiAdy#)g@93:
K.*E]:K%\OC~wjUzF1Ve=3z }MW["|%{P2Ag/*^Ed.{rL')1WC+q"EauCKhe8-yTCK8;W|7v
fj|$U2V3 vXLQ[->,y:^n+_7z48v=,x/e@WrZ&dGyh9J]uxyp&WB\H>lAE~Sn P,P9?RDeJ}
,<G|y ?;a;AnY~rQR3&owbyc(rN[J*(uBlH&CqUBdMQ8h<kO*C:$1FW\s4SVY$/B]3rn'Xyq
DI&M4UO#`v3-vD(KU~?s\FFu?Nxc4y$Lm{#a#Xm+]T\4T/}fT.[[CxP]iYsEokv2hOyF uum
qE\sk7QOSUmh?1;yVp\T}d`4G[Cm;EYEue14`iV|E}r%_Y%S$0?fp8>P,4<C}|q~A'.roNd
lqxTXnos9KvH%!AScf-9dW~A5E~C9+fA_d3!Ca&Jg`u/Ec5U"k_"(MQ?y:\.{M`Wj7`'G%^Z
rC]s_B!}f,A^}Un 6G_E0K}?{#WJ%58C:Vb;Id4_/QX&/^b"3c*'<AA*#z{E[{$so%FY]It
0/AS,kw.~xPFO}Cn>ap3HwCOY8?e1,SuEwo6mS#gcOEn5n{U!UGci5 >5vg?d}dicg_q/2Bv
~Oc_GnTq.C#G!5Cv(ba*wa&5^vYQFX}coJJQ]3)z`NycaH4$SYe>[qe}bkdr'q&P(5+1>gu$
aGk *UnV8G\O- *^m:X[H4%1 qN|^|CDOCN'#1R\Nyvi^BJG/Y@1#Qq[zWa(jUeIwev.;4#~
h5vaz 4eOv_<<N=]{WQeMh+fKaD?3+Gz?Pg-}})m]GRq?u+pZR3uj]Q]4+G!KzaFKFRr4q&'
;}cd_! NuuH|"C=Dkj^O}Z&=%B8%\!=*$=t9d'^):\WR,yRws&+sKN~L1^=V7vM4{B LH|=<
Q>azDo&\dy(WOV-Y$@phk%MbTHR$>%kRpWT=5[:yg>KK=9.Dr7;S**^AS=I Po HnAA^22.-
iTvAd~%QQveCGjI [FiD}V8yiIwtT3AH9scQyVp"5$A%|>@!n*?$24u_;s)Y`< Lp0Ppo\o
,siWK4OhjlP%?t>yQ>-4hU=m170KD[%h#Xn<QVi,@a-ZANFn;7[F"W}cK#!n,-o@Big,xY@d
DYrukew'7LE#C5c!/ciYPNO#9'*qXnkA)0r2o;W~YL4U:nUg:<;eK,`pE]TRN:~o!07K]X@~
cBFXH;}aiK,[>{d%r<%i<f).p[q[\~u4<^J<Jb"cBMFLfz`#91fo.{wc7:&f4Pr[B7UZwm
S71sFTT.Njw]]vRppMIlnMs%'J/*bc"cmoT(&%]c'x$q !Z[zM66t\uvz'zz4&GJwEq4o(y\
utvJ!49$UpDDMNl`UQjj+UJ<k3x)&i(o&7y@-LPj/D*E{GeX1&xLYIDbZG<OxoBJC:|>`76@
7J!t_#;'[5DP;]7oLt"!zyG2I55;@Jk2/kVEt)_3gE }~A"zLyEnz8vGu!%jvKP.,XYRCmM_
M@[}eX"px"gFV*j3ZpCbjcIm>Zp{>\KR0bU&n"^&QPb*:(i}MiwY%MfX7pt5=!kM04<urj Y
SNffW~V,7hDoJ`KXwi=JqV"~.7}n,X$N' XYfyO(^EbcTmVoDZoN.K-/)Ce}Rj@#{9burfY9
.Pm7('cLv4{lOy~QR<bXOe@t}hPk:^w!2BBX4tHO{(S>Bdn~EMG)iMt3y;)b(c;G9x|Bk'.1
aXU1BxN.]F94=_zr=3`:Fh2nox~LlQ-3CbTh}VB[.TkY8)T7~8^(~rGp*2gtHS$S`wq{.jxv
+<_ I<bEaXTbue&Hdt|4<G0C i9GqG*q/X0vw4bfzl}~)a9Ti(\{\p@ht'mWFWFDV=+ziR<n

Monday, May 27

2020 Wed 2021 Thu 2022 Fri 2023 Sat

\AWxZhP3uT@>@#2Ia*gK:x6i`]l;[fkBySdou?QuF#c@}@n88`yZxqUJ-@0ZDB<ocEQ*qG2z
;2D5.<c$\xj3Y-uZZ[B,Ip~fMT_"4_G^(Ma,Dm\5rzmp#;:$Je%T~e0w<*u2EoJ>y7*G#{ (
TTi}{~Y:BQA@c!O1v;ZD=vTggV}>ph~EGSU*vPoe)/'Y)=KK<78L8yx@Q7F?5(:zg<%#&FlE
FAF/95kw&vl;xw6Gf86M[fxj,f cy}6e>G!muVbtXA(fO#>r~[BV}^]XNP'(%86P~;h&fW1Q
/R*4-[l*0(`w\`@*ZsGs+"A!-Uq6_J06wYzh?'k~gS3toLf125+k$:}!p*Ls(1n'#~Av[h*2
2yP]SI]o267|EB!LF${u1:eY<C=3{Q6ki,!<r|i_\^c-_fN|ZMDsc<3UM,]aq}[X=?@iG'xK
Ll[lWrv<\G%GARx=4;]z|{bwAshsY/'leB>UPXRUwxDdZQbtq4ttf1Hv?|.0/fZ,'QZ?(nx2
bTI~J1c0"SQZy`yuDEjYrFFf7eEAE\oxyd|oWQ6hE~~ewT(fXw`3v~3bA(#k-ku&)R<Re;[9
/tw(b+|3(TdWm K h.R#}<XeQ3kCJSPeQN0xO<:6?V|XN%SH-Cr&$3U06G= :B]:+6_5q*"N
=!anTYolRe:/dHzB+A)E@QsZ$ 5E@i;"M\yY 1WN4i_kpuHyDBzq^p0OyU__KDD3R=jFgWyl
f&0x-([,Je"C,mV]Z%2r-:',o^wH3w"4X2i/`Cd"P<:4jWXmZ;,+hav29*Jecb$;#oHK.7!f
@E(yHPxTqU{v+h4:<X/ESHvuZ<xAh5|k[.22]~/(Oa?d1N5WrUHvDlYK/j!udOJlb:YCS#iJ
bTw@S"r{e2D&i8"9GBo*[3ZokROqE&~CJ-VmE=='!,elwE~`N9Jc$zA,7PR+X}q=~E&.+"C@
(E2$Nr>~C&}U`?lm,BLi27D]qqtCrIhv*T*Di&jHw3NBhBbbrZ"Q,F|~$Y#tb^)"IOu+|5Zc
JJW_\qGB~fq>-G0kF!_)&v&`s_ky;/$8kurk5[8ab3g*33`ficM1k4+c75)HcoaIgH%OX??x
gZ|Dp]a;_rC^ e@1Lxh1BSXyutxj*|D+f$3/1jY].I&JR'F_<_p[((#Pq#q78K&UT}ssP^9*
gkjh MN2C-9P uDeU@u[@R:s<p.f?-r+Z~r|.'Y\&!"cOqq^cgY&Z=eIm3<=/S>DG.tEddI)
_WMT Jsx+{U!:U[$N!?vbuYX0s|O+igvV/&.9np `.*%}uftq8JP8FqtnPf/;r_5#czM;k,W
/wY#.jFgmf2HzP`E9x7)IW\gzWhcKCo9rU%gEVA5blh:6o|G:UGr@rvl?#u~[L$C>Jdx,,>3
#RO%O@yjYw F}u|7)NriL(IN*du/q/io.4EN^)k#?Uf]oDkL!?U)7f4c&w4tlr}KJ#O}4.\P
K[),Qd<NeX7 L9+5ZDJXwJ \d}(DDAT%g$mVOzu&pjZoZ^QCws(:?H%)z/U*f\X>cJB6=jCm
vf},lY+s* ?REz_a8y{9!<O7ej6hrmoCD=}BB5o$XYWM",)Q!31g,c_.yh\iW#y};q^6S$vl
>J`z7[%+Zz)bQ&.XEQ17aye|c hwWD]v:.qqt~gV{WUR82pgX5\).rAQzsnxF}kz\5dbnH\O
y3_+v^.xKx}M!G$t=q4iHUZh~en\P_x'owYPq\I,OJT2t!E)LXl4GVb_LMvrw3z)gw Rtb!1
rSB!Irk1\@E$R8Kl[p:%T%=GUzbXlioCu&$}.~M_|*:!Gtw@b}rS%6|Sk~gXO}%^dbP{EN0?
0-]lbAUYpP9aif&/2^O,KkjpV:laPC|!jt3j!"[l0#OVJc<x=C93;H5s"_O_bs1Sf*T6l$<*
Y'R9p^zufxMWdA1iu}K%s:SHp0(65ds,/dfq|}2s.&GfAm:?po=3jH~/;!1+"y"Vx@7$;4<
3*u4l0g2F|rhEXp%RhYUWa)enm^cHMxsU"I_8PGgKYU-3(wo $<rgJ,U_(Swz HJy_c#EoZ;
<wWXKwDf,WtA8N=LEcb4,k<|p}b,D^Dn&qz,9ly!Z(7`l/y3KGz,ra*'KUS4i455%`3yv^Fx
'*S0"?&L~P3'-|{fHm1=+N^^UfQE\mr}1fY~yK^7\K+sjPO%mez Ze"sFTe}phF?-rY;qk>N
Qv/yM4Iw4h&*OHo/;DLW"m:uL[hE/\,XbBIb8/EVt~UCZ'GnzgsAx5W;@ZQ.^^BQ@L!l:ydF
!_"p[z~Y}=%%%IjF}>".zX+#vt/>?!z#vw_y1q]hLU?+~}dXI=8sFPGUfVhV+Qp7o>1$2cW?
bu?y</k/V8X':261)rC$sX(=l;q&Rt73{cJY5}tJ E)`*oXsGqlg*D[<p{/%b>r'pC&2Oof>
U|Sex'd!3|AJK}-(QZN:0`*_g"$+2'CAW*eIrh_i=``[,vkXVzIL4b:o8pmIO7S7J)G6'Qv
FjgXZ6%'Ib:b+&;SP.j}6)XgLSNVQ:{,~r]#p8RxGRt.rc&+rAKJew^3A^Trn]vvx(%m_0Z?
FI@ZL,O_jT3{R,"E*Ntr9x9nc!,@TmDCEn/#;oM'`Jc3pz:1w6D+S+Y~12ks%tFW+ja@-xe5
2g|%>#8%)6~&Ye"tU0@t^LY,pKF?\FsW"GL3D0zEX)YQ;[=ygoiS>V-3J-X$Sl`~1ca'm!t6
[QV*i0<c57w$~;3yud4\nrM.XvJ0(gE;Hfs2Uw5SQ~mUK7.62' 8Wy!.@D_d)@yM2b#uk1!F
qlb5om gVkFfJL$\y{s9/eN;ggC.\GW0.Wp:zT5f+ermKoKK4')Hhte;'r{f8u*+8Bzw6NC9
|=G9]=h=1KT-tA E-VRq0]6#T}dV3d|</xYo7@_<;e0!i_Lc"2w./eGD+?^K(,,D0A~juaZk

Tuesday, May 28

2020 Thu 2021 Fri 2022 Sat 2023 Sun

8{"f;4m~c$1uqHq^+n!JpRHMEU,^&*af|i9="~T>JKJfml9YBvb"R5X Uk|C`3ss.Oj#[C.:
$.Q8[PZu;`AU|?jd<GUk@}wO6iN=?<hh1%Y7ZC` NO3u@w%t,r-<Vh[$a6$ufShf@>iz$ex=
z<3{>VN4l^H/]j.T!{Ou..Y?4%-7Of&b:H-zf0rOhc{YeOCrC@a]Ps-i{Nr(!hlk{ygKJLQO
Z=vE8[*p<C1_jGIe(OXOF!rCvY-2<)#,{05[(zbrd!Ca lV LzeW4c|z-6@7[Q,:5$.So_r/
}DLNE`)01e|c5POY`d+Rz)^td(1:N7=.#@UD`BO^X[Qc@DuDSQBJ+v#8F#35 saq,c_h\iL
YPMDrJ@P_hi2,e,a6WRXVmGXia;@b^YMs ONX9w.v(?o=r/Mnv|hz&OOv)N`uD8J*E.-(W#{
@mw5R*mpmH~k"Qd|?rL\xiGuj"*:T3)oCZH6RU3\kFR8w+%7B!X{?u$N+?/+fmihl8pEAu[P
Mgt]i%bXmSax.,<Wr<o0qy!^~6(=Zo`vzM340=}puThQk1-YC/y_mY2\]!a:Q-W_<IU[4.5Y
jhd4<6i|SNglj"-Q"eG7n'^VNm~#doSG6fE{KvE~o$E6gQrW)f'XBX_3uo{bN@0SO$F's<2K
yyV4X`zm 2PIhH8qp7<F5d4TrE*<^Y[69x^qSxo&#&w^Q@%MNva$Xlz.9SYn#5(Y(h[PgGu`
G4%'rkzDJtO<JF^Tlhg7M%q9s+PDES$Fz|_4950(4s"pu0;**8SfN'fl?>dU3oj'$DH\aw4^
:Msyh,I,^3>le_{!99~S7o79Jk*whV@xdyPZjDFk9}!Um=l|J{6gGV`GCN8Wa)o,`x~Z_Vu
Pwv&@[630_4\7% ^YMG^07@1m=ums6*klJfY]gUwoe@6!7m[(`d+0mne!10G%0,6MzBshpJV
{25}1/EuKpYFww;R$c@gMDL%t9&}IY072.%]ADLt<O53UKH%gn0uXalN<k?OmYQ; lq;A{L]
F"C"'7!:- NQVYGACYT#K!N@DM$Dzj-]J2w]jGB=jd.ct1wRE(Co9\sId*\pg@wY?"kq-Fk
s313qiIqLa+5W2bbf'{Y{2AjG^`:'kA=Vu/AiW=ntcQB_>>NE}W-_ygu<>C.yi8Bww;Mn!o(
#57{*\OZNi4S]-i7,evf9dYx:~h{x)<&lypB'C3P("H7D<%G&]=y1MCl=XdC`M(U$l!\gk~.
Mfd[4xbS\Xa^bP-42itD.O"O3FobLf1^;mUd51QCNK&jQ=dW+&PnCS4Upg.sx_!QaNT!.?-m
(zqeTR);u_a?=yV5R>uX]AJ6w]-j)k^xQ>)=d.{P/`H\gv;K=,ta8txCeoaDXw|(D8>>@M&"
,"c/tSMWaSX{P5G"j?`RSo2?pR%l]7<%/Re7@**_w/4v\I0>IEc2J&@@``}CtAe%w%_$w>$c
=>.D4SU<5@6~&Xy\e.7jk %A9:=[K<j 4Z9}`)%s3/>Nk$)=@3F(w`GA#y64m-GRAQ-A-W-P
"\G'0s"pv98G"/I&kyMO1D53iK)H{$!9M@vWk}S .{*q$$R?:)[{6*Z8cq9~9';94e_"<j9K
?;bC3KKEd_.sGdijK@&69J)yt-0oE@Q$Hb_R?N4HL(T)Lno8y<T'N^|t:1vWLX)_A'Z&PS.A
hg4?JRN@m>)];5awn,,?%p @~ 37_#B3__aZ4Z"VMQx=>:LN=k.R@LW}D3RQ|~),Kmt{<IuM
gO7;BX?b\-ijYn0T;#W_^QnDwn(knO5:q5pV``8,$(CgDze6;p@T^Z\Pbm.x=aUitgWRMvB
vANLE%7hk^,>'bUpc6yU~y-$K@-)O.4@pJDj}(8qJ7PC@>i"W2E+,#j.l#D7Smv<W#yCUx&
1I%8 $d:irW%O=^w@$|9"'^-W0U}x,YMu,Du`h >+weBzM]`)iu!,9_Z-S45K8[:oVl_([.V
z6w61`phNO2FWkI&_&1xe*:5-]xKW'm)cD}SVLup'*2IJ7$PbWB]s7QXvaubYuSxIay7`XZe
hvrga-[cLD)RVMe{>hX(>x6lBo1-!Y:U2 u|$BfQib{B?Tak=PZJ%N##JqG7(:-7*D8{0al"
xiZL1ZS69l%(7GP~gC=S(qa'NKBGZi+_]Dj?#E^du+!:KSh?$xiGz2K6RB!2fCD^8WcMHF9D
/E!'; }(bd5VR}9t0Q0+YtPaGIrCm1{@3x6 ;x;+S~L"S/WrUUY_L?#~V$Vny2l(hoKOdf^#
#Ji9?OWx't|rl}BZZ>pv<c1t=|v_z%^Qn~iwo}LHgob*2Zmy[Qp>9xJ6{LolELb]dL'=%"V>
3T~\+W`9KsL2t}Oi0_JZo\x*_=h+VcXe,%az-VEniM=cKuc0yO>-_NWQ]ayr+2Y{sL9FHoS(
A;DH:L+Er-G"}7-Lp<_$1.~rYS6\"l2'' AH"'\ZLvG*Bxc~<}>q*pDBeL=3cUt2<w%6xh|@
Z)Bo,)uc45[^=!W17pi[-B@H)hn9f4HM/Fv7n:"ZiY8yD2ISKF/;%;qJs Q3!3FygO&/5Y8U
SDy4)Da:ZO]/gUF12!@hcMD6g*8E,;Zmwm-91h=M,odlgU}=$kty=/>6g0v9G%]##Jl!#{l8
=09:~V3./)sair$dn>E8,(Psl-!}=6KXWrE{Q.\l<Eu +("BBbEg%au{{|d"})\& Wt!Y?UR
3NrvO@$Dx{J|9M=5&SEq>nvPt<qCe:b)3(~]|m%]>7=U$CH(:E*~^_J0@I{8u/.(aXyj"0u"
`j{tCe+}?kvcFRAncX;W7B>";OGm55P;Pv%vdCu4I1-{@KO7w<~D1m*NT-"sG@BjN^=(yNJ`
[X>#l@*R"zB0$.s"e7_pHm1[2+ZYosPM;;bpG[SFe=m*RumOx2@(aN?<A2bDJWB8c QbvPI6

2020 Fri 2021 Sat 2022 Sun 2023 Mon

Wednesday, May 29

jZu:L%74a*U>&p$;;~vrb8D^e$^Xe[G;8qKv)2^Fw IFP&cg{W1G.a{wmfrcI9I)2WXZOW0u
m4O$P@2diy)j`&!x@Q;;7>O&l;`(#5F)^r}Ab[ZA%_EpA=6k#282~A%C}^BxzrGoOLctk2W>
y3_.)>jJGeJSf/fv?K{)Hz{rav]u'>&ngQ?A5KbkqARf3PAcWUORMq!_k,\#HI{$}ee[x5r{
QeVFfN1tSS]^sB{?:'<}Z'RG^RK#Ul-IA@|y/ZOORw@>0Jj#P'*sC577#:q/nvy=Z\?%)q^
bSnCuw_^V@v>4x,Dp7cW5+DO|2V~gEKG3>Nlv\E)PK?>>kAlq_c%{JH0F:Vzt`JBN0,WEOc#
%n&>6xni|".X`.NRH0F&:ufw|>c`rKP<qex!,OS-ujK0c%Ck+Cd"8YQ7(Z|fi[]Kg%w,1K
wH`7>`1/Bx@M|:d[&KRTV*zo-/`[{gvWue{]if84InH?1=HmNk;76<``d\g.\hFJC2\K(BV|
hx*&PW a4fqJ5smkLPa4r9Q$&3F`;"EDYi[fep'_qMT?ZVVgElp4Nq\OF"2X5x O/Nq?+r@e
*)Mk|cXl3KK$j)&1Q{/+5k1xd-/<|UcbT.06?,E/G64":vmYb#2\6f_#a[x/jP8'^'old.&l
u}so[V(@`i[-Nvv<%kr>B:MEu XsXL@ QrV][p?YWU28M*{u<+a)-z o0k+O7cmKL%"Go`M&
b'+hQ4%!zA ,')LGHy[>k($TNb'+ua>"Dc}s\jIdx5.+QFQmQJ_=,s7!.92$Oww:4|ZQX~'=
'{_W=I ,6WSlqv9QL63NW[WuP1Bgk8a!+~~>?IsV]*+Qki>?w?8c(S N;,7zSW67U/JI, dR
h:UJ-9Yg9XB! `#~dn MzyUq]ZZVP{{]g>s)|rMQ|SH)z]{$AltdaquQ9M)oU)g!Y2rPzwB8
NvDGdNOiG!_mM7\ fFM*U:VjFf]W#8I(=umZ=LTJzebwr5[:Alh!a(0X5:1DG}#NdkD:VU8y
*Mz?tvY3-=2,)ISbmMp9ee-Z(#yP\NG?N?V3,hqKCxT[WkPjGzywB*t{5LQD,-0W7Nr!H#@M
{%u.<Hetcv3WIZk /M-_z>VS+3*}hXVxp{~*]o[QG`.58=a#uj;];Q5*;0m06i4kgm>8Yx>t
xEN(@TRE+!r:;Fm k>yR'[ua,!W/c'vWExdV5YibV5k&}DX)Vs/Sq:JNj2oNX^0MYeTBRF'N
=O3^&Fiju2jy 2#: BFSe~j }*9)_7j@@!}M`J;vy'6Vd5NeS%.D|Uff\@]$(>7V!fv=IZ7q
kTdLE`5meeVp[p/N{KNztUov.c xzS.F,t}s|LK>#bG^6N^->Sq3bo\e+$|6U>vC)uilfH}s
|Z1DN/>qQ#nLH<O`DLE7Sl,#l~091B_w:V|_!"]Gfw.2NVPA!D'8"\ZV|#f=z!rOU_.r.@ij
9h[G$ fIy>;n*GU3(^sv&p#]GqRXiCK11=hENpOA8|^kdM"@GW2pIdbf5j=!9I=@,](vF#UY
W>Zy7;B^FHs_]y~!@cGp.|()V0SMTW0xPJ?=7%u1PM;=Q^V(5`"cDi|x?9]'8>>ClE&isxV)
BtYX[tvrxDOYgS\7aFE>_+Hs5m1g:}(C%o[?zOat{}Y?p[AzR1P]QY^}5l.%PlWF\t'MHR9!
*XOhQf+iF/BT^!~|Lcc*5I0:qQ]!x{>n/g^3%Tk\:^)mRhP<"@o)vlcj%_XN1t6g N>[s(8L
:h262o`3UpD" kguUIr&g;wP?t$]Y;Vk7{Tvny9/kB7h'^szuSk3n6=D|aw}:StH'te{$#7^
Y6fmW|{1GYJOiO]BN9HO.\`bzsO.[{Kp#3$B#pZnR8{i0,9i9JD61XN2X(a%2$C&PyGD2dQ%
WheI!~?^Cy2O7 y}V6dp}uo@6%gpbJ9J#*r{y=27<E?pn,}`HCmJVvU@nRIeUD*L>OqV<"k&
(8jA)2Q)9$,cnX4)8%bNLYMuK[Sh~M1Y0Th?+}KH4All*J_":XYbQEr|[>g*t#0Yd1-]GKC
DvScnnWx<,:}|%vBjiN=7"SyB+5nl|L}#=X,,Ko{h[&#5d(vc5lQwI4Q$]a=Sw|Slzvp\D.2
<|vtLJJJ&cnH*ESYY t|lNS/aI)(.$T;F!:/;5]ek}j6d$uA7?N.X}0fvq=5be%AlrcnP'J>
QU(oqAKX}DB-9A&|7`>St%ufy"hX}!)yKK+DO+c>{R3y3$SN,|;CMRkI'1GkFm3uN3(<CJ,%
?C U)+.ol{j;8{HEq$ll0[%zopGSg`-Sfxcv_^N^zd}&Z68:1H7%~-QhfynOL?dP(T'sB_+-
8-OOB0rTV0:,3Z'!F%?=7D~Qp?0)xOm/hDqlw4{\vq%-V-a4:c;[|WBfU*i3Pbi;8c[JaVx.
Q?j*SF=;9<k5AUp%><Z9w39nbZfgtSgwzm/Fnf[f{u[tRbr6Y/1FmorL4A*|dy?GU1Y%,?o6
3q&?gZg,gia5HJwY%W+#40`!dic}c4ikZ0M]2V-U<TOzD*+3A]46)R2~<='#n22CF1n8>"X+
o+gu6dKlSdJXu4![f)gi<LroinWZ,+QL>eTEJ';~%q;v[r_|+`s4T*4 =e;>1eq7nsr1&+^K
9klq/#+'VAj/h;W&"5~"Dts@Kqa7\,7eL"MzY/ R%VR[6ngYh<u-\NhP-#C'?+&"[i\p+[O_
5$c]9IK3@3q+SI(Y`iko,KnWgV&HX%Ic4`CCus*;:ZM}u)n% y$7K)@9ZH~i~HRU.DnR/iyF
Z=(-l6=oVz9h?k+Wuy;}<F_44Epi-/Ts}1D6fYit:z&Tc$C=v`6_$RKyX+zy$?LCsI9<_/G
P$4dn3>N'q_&,ZB|^K_bjjYkoSDC5r@1f-6$IhxttP ggC|xMe>J/9Wl@Wcng3rMd\[w#JJp

2020 Sat 2021 Sun 2022 Mon 2023 Tue

Thursday, May 30

-mZc;'PphB<PH{50wns]}jv"(HB<%P0vGIJX>eSkgzp495{-9WKpWi7#%X65W|3th+\PsVI/
Ot/_:#.&o(7<#XP,r4{BLv=7+x]X+R[XD`eVO7?/wdk%NJo3|nq/hKW3uXx,r\rSZ1#MMxU0
L:-4eK/kYHm|fNM\EQ4C8Qp[q=gO,yF_]I^wNsqGi|dzLi1o#.H{A5/|0%a%?ofo@k~M\wW7
55Nu_YUq,^5_Faowl?7*I.zcuYDAZ:,dQ|IiZQBke|9(7buRw-a.[Z1KO +1+!YQRk@f"[-R
T>R)htI!*kv-zfUAmV%m_y'eDvq)(Im kC]#o5B!anchhI7#>x><5DE?]q7"V^~>7{_utw--
mWEXV}qhwsy%]/t#<xhYr;'ZNwY6H<J^Xh8ew\YxK^.y@nGN7zj=Pi,8&eD/;+{`^7/C(QWA
H&K$K(Qeo,_m04FS'}#Y<W9^}sj:u^Qz_Fp]qj5.:$+a`~>]%qDZU&q6;\F36NG6&{-mA10u
Y"oSs9w|3Wu"$;H,/,_68s9;F.J(78;Tl#Io\6oeSl{wdVZ5:U-]ydoy+~AE4Ai7-H,!$gSs
}Sk+jk.!N/dlv-;?@8M/db^C=ID5Q9sa';&[)7/xq.qVB5>TT<!ZA"GA1p+3_|vTefVECcW=
piUs.3V#{<ZP,OD3#r{m`fe#<N;tHW=>Q}w"i!`f#-jls5q)H oNWdEi:mli=e3*d`#~[0l+
@47/QCSLZrs8:*.Lz-4xivddN6I_/&3V#-C%DlR:W"6q~eLSlosit@^}Aq|I*G$)-BLWvn=
-!{|i4N+^V9eX{Q\}:P9(I`6M: 1tJ\1VAsIyQ2B'q5Gr9u/d\`iMV\&O1f.v[MdS_dlyFuc
|}T@S;%K?6o4G7~aN>cu0n=B,FgTCI#-Mwod-!ws6HX$o>`pN[&4E#DCokrUCto>tj!(\, G
E5L$Uk)um 3o\vO4)T!\un)t-cj'#Jq_5:u#ek rERZh1VC#.Rb|Q7\u;>|!Ll"g&xm,3Pbf
=9sJZNzs=H=$"a?z)|`V%z0*]\3Hd#C/-F00]*mjRj;o}.Y[,8BK}X]S'~De;Ab:N}_#Dd}%
^eH<WO-K2;ePaD'4}JV~!Y@S)2Hg9ftAX?xB*N"?m-i"!}*1vF@laZ|!;$1b#'&|rwI]7@!n
x.O[dFh]Yl*_IYW-/Edkvb:N|y&B]$^jXbt3l)X%>)9b04AGr&aLcL~`hw~6,EaY\}f +f(u
~"1M+6v/d!W3O}9H`T,Hu;dw-"Snm ^bT24=%V@<XZ9kT9UPhfiUuWVg+%M4*+. 5P1Ih9$h
4lq1xfD;8FvNaW4Z{5;'Bvio,OFn(;-f_Y\]_bQX{~J9<}&;Tc&w?(dXH"9s'1=Rs0o}=,:Q
ZcQM`5.$$Ie|7S[j+H9nq)CK:>>Sk){t/87@yr3M,\XDm2_wLpuK/Acb70((p?zRWT`8IP5R
c;Pd*84$l)(8SI?0#dR^|F|G_(Y-5S}e[h5l42HF^i)nmd%g@41@E+jbuXM*;-9Gg!-e!<bz
JyAja9rIp[qGt;qz"HOWM.5*?.=(8eKgXob7cg$k26n:bBZhR?#%i32)3G)Nn`i`]l!?#5h-
{e^-39er~^&h[anI`wAm/z|},=]Pq7_wojab=-?FP~#n;:7XLtwwA|YD2](40=>9V.#|lzMh
4gnJy\rX|0CWkV<#%]v+t]{;8$U+G3q;D /atX)q=x`5ie'Y)dy<sb3gOX2c;6]Hfxu!8b#q
Dw\P)j.n/g`]rV=K^'<VWu<x]^"=')qi~.^"AEefGiumT>|1#Gy[0u3Q}Dh%>$qJ8)+]yXl
+dX*Taa)DPLZ)~@y`p2>YLKM_s+l%{Sjq?sPg3R_^tWOAPAZo F]Io<N1n(H@)DdDZb]zht.
n.T}yb?S/oNW^Arh.IoDH+&!fe#xakkAqloBX's_A5|vlOil$?m(O;+p'1UfXDHv((C$iY^C
!=f-#56/ I3i&x}3L/jv?q7pW>u1("BryIo27eJgV_A\)E$=YP6Dr.CK2{Ix(;}pu28I6!E2
}dt@s1YD@FB/"AJZ{]!+v>'LTk@\-F'Dq"Xdqv;cY)s3}=~BZ@xu'.R`$T_4_M#)Y>wP+I(r
'dE(U0bj*&ZxY'=hij^%bs=~nAVL2FwFhk'vG1/&Lo,qwKDzHbO-'9[8I$,9WVU8Tc;=1uu8
kr"$=Q3[;AT-r3]Zi1&|9/gn<U'jLc}t>=*`1xb_`T=3v*Z*~C"gb7}F"K-~T^Lv5Y3\KDX,
]Tj;9_(Xpo-OMm,1Ld,g`,Zx:*22z;Z($7!XHjkM <Pe9h0:r4QmTi&[RUAetsbkzYba Pjq
f_h\},`c{Adpk>%jh3{C"ws^]h9SIkDjORT+0GT!vA69Z{sD.@?0o08?BsX3%+'i+Rb?l\[L
fnR<sXxXm}c~}w1FgI]7mC/Z7JWQL26gIwJuL*IzfDP!/Y[Wq? u'FK` ^APs<GAKs4Xal]K
{<hpD(!jf;73e[IR']YK=nlQBa5x1Kd.KU7vuX$q@AR@N<]OCY&pxqft-&dghcCy5Kj YySs
\/1JIaHKzHrizo+~$DT6!g: 7?SV1Sia"=s7TSh{Dd`nq9?WxpFT'_CF9dG9y)-\zM/UOi /
tQIpot>x.O&FTbBsG+-s&&2&|f}BclX:RJzJ^cSC=[n@[kT7|eYS-*EZ v|vqTR_+3hq!}SC
IiU&?|;ZX2w0LFD FuE!^bV<h#Aj!9]Bo&"D7:J~Jzb@izk$z&D?7:ra'`nS4j%x8rb1s2sa
q<rP>%Y1`}K.qtN|L!JM#f6R{B)gOC0pt8^)5G2o0PvPp0vxPNu-p3AZ&bo80hhfFJ4trbPg
;GwABVOT)<GuZ{k*IK1BsRbmjk>,N 7_0+PlqU;p_p2)yJf^a"L<gxR]E0"&A*.B<w)#-<"Z

Friday, May 31

2020 Sun 2021 Mon 2022 Tue 2023 Wed

)0}lp:3N.qH?>{pT>=rK+l27l9b0YgR7Khwx*GWi/,g`B1Ws2("{A4B0D?*1p:J.)%qGC.~q
JZ(qjmF-IEEF!r.b<^2v@a%Bz*M;6"cYjD4:r"a>]Wu\J vAhZCm_;%z$}+8!#M7A.H0PtHM
0Bee3^Sw{FjDAys.8XV%IJi7 ./W|G% ;@BC*M,)64aXF1RH^2!2fwh4z*JfvL\yJ9Br}g3S
L-oe%hr=XF~`U MX_%N~1M.!Hvsz3-lzg:6uFGQx ee-a*.f]6.&E~Rqa#'Zyr9"f<gQkN:Y
23P[|pt'puexN'g8"#C+,va7<)~zZ%GYXHveBc&~0?R#v|+2][4xwwOcEk"k6Yl|)=C:qFxX
(L^\S_zcsi[%s{6d]}Gz$ld)E`oiL4,OP3PX/$7c8B23,=*QbXt5H~9)V:k$C45U HJuE;^>
Vsk>]ml0nji~>ja"9#2",frTXmn_AUAAe&`/#?8M/9SfVtxBUyjc<a&pE|d.7,t*\}u~jX^L
jhWz-d+4*dn.r>[H.h<j6`5:OzWJf)dY"e=O+ uw:G/U d@d9ZHG"r/xX*Jt/5(&Gdwl$$0-
<dpZbT>5+6FnUr2TP?G*iGmrE#h'L&)jg:wQfZlP7~shbl7EmwOVO BFw2:MOwXz"_=@"nq1
$1AtD>jug/?%?oo*?wHY+hM6<0uU^s8xd:zPxUX=wytInp,-{C0'D\9q*?H_#.n&9ji#D'`H
C=I~^d[^nHr[9>hXVx++*`)[3n=_xesLNcIea[o.R';W7 ,0 nYAnF1G(oT*V.qw--I|v2eL
9[kn>}|MSEt&,pmDQ*Z "Y`=u*ThLPrO7xa3;^/9JN}B^dyfDLl"=TU?\R/o~/R1[apQqFf5
fKh@L/?g~C*klHU2"]De2dJErmpQ7&Ce(P2P;Gzx>,7UD0P,@S1P;MH3h'n[4H;0sJ:jRzaD
=69?jExqN\B92}+A(1uEc@}x!3eA:pkNxk;3={?mM9j>L^i9:}~t)yim0YWMo3osw(%pS~6O
1I]\ivm>'Yq-,l>W)B',WF!~MT963G^,<xF+NieG|qg]a&Zs\\Eb?e[Vg_'H y^+irv:d
OTIf%|x,uJ)uh=xV0C,pQ&F5cg?EFoE,2]Xpcz/Pv$#7O(/U PIjJyb=nA1BA{B;\(D:t1*
&tDIZX*"= fUcV9WdC)j`MYF_\n%*Y(;FhWjL W !d>2S5sB<)ov?:A!@$`{C-!h&}eZ*Z7.
D::+bg~JEme~{$6Y_Wjx!@;o^/H]NohJt[l{0{Mu(D bl[,*tV?j.MoD?36_uH)hbW'uYnHB
]i]}gs;V}K-e|RV.C9jL^J5N"K>ZkDtXz1R1xdh-P3%<WL_BAH s^U[}^):t'J~Gz*5eF;te
k%'7.`*a&CF*z}]$-c=-6a}'`+z}YN6as'CyE^uY}?8sG'A'SJ@_6-{{3QJDaGzkDE0XjV'8
>23ljq2g``4e4(v # 9s(6}Q;hSc$*Yd8Xt:s<GXIPUGwEw4< iqh_8x05J^8EErXl_y:bvK
)=hti-N)Yw2X0$8\-t4|/#pdyN=Y6F;-W:;2~#WNly:hMua%PURRRX[i<;].OuH,p:/-Q+XB
iB>VJ8*=I,F.JKGzPm.ZQBoE=IEU(}U0953(EF,tiXQa(Sdk*}VaPX;B-b:RRI!`([n|Nf;L
}Lwd-\)519)9$q8"n_`qD*J7fxCg"[teh3TjT(AbGUxeyev\F]"Zc4^rip)h`!]~A(y }T)
{CY/}9:UuVk8aGA^)$#HM]s?+} k\b(.Yws;@R/&8EJo22{P.hL%.5RvlF0&R=\jNdslgrNz
x\rt1_v$4fC]q0"c@|GrG;$e&tG;sVv^+(1JIN,hs3/?LR-$#j7v`. FM?ZwZ+c8('r{/g}]
%$K>K,'MQ3GIOyh^>j3rz*C8fJ]h/PrZjMw{{*/Xm<Z=` E<Q-S^&(%fzx:nlH=[Qe1TQ~IO
Ate/~[s*k,lf.U2N,Fa`d1OX).:AF>4D3ORf?%j0SEsJ4s|8&8c$)!$s5U,?e=U=`$Fq`WP[
jd9{L*@y{,Y9Pc:"nT#{V_- 7pLpaQVKNM<BS~#&65]lPc'p1IvvNRG0k&+vQlo'8gNw$N%k
2@PCJy8wg64RC8tq@/UYL51;H;)<.W`v#c47;w`~L4)/+g7$|}*W|O:?{`q-oOrtU})j)~{
|/tKUZP%E>>Z/jZtoX!4&gd^2SY25vJYVC4TyRR02jVZRPbd05Uqh.8s]6+zg\ [o2K>tcs&
ANYpj?(F|BDGSb,gy)L88zoJ3vvlBCu{/7YUm3\idkE"SCt{r*V@T;vEsO!9G%3"k`DnCAd^
8<51Uq0G[Z-Ky/^JLXAE/FH`ev+7k5<+M8; j'b,7>gS<^-A;"w@Wk>8v6/g\t6ROAu5DY/`
L+'c,8}#u4!-6}P .Nd+sBOuwR.c2H;[q,3eC;Sf32Sf^TP112D\QaDBaIvaF[JoLW#']wV;
-8sZQ4 'Z'Mz><-.GB28nS%~.gdv2~\wX+hK@lB`\[C+8KSu|Hg'<Jn^nCVJtkQ_/~ Qb]O6
p'T?MU"UXWcOAi\:oV^&eAhq%q6@o:Y{K+rK}xT1!EB]|Fjq<j?b`T>bfbjq=KuB&Nb4}VxT
v%6txhqSo*NC%-"rHz%T5m'b_KGjwx74oF+p4.}~.{YRd)Yh8@JUKa]w[fb8;} LccI({+7S
/48J$M/ky]~D$"%yin}bCm& tv,8nu2xu{VRiuoOT4=)]VGR/W`T)/*zh0IxR5a,^KR29emf
$pX[A:>i/As-lL25[UKXCdL#Mu47>xfx*IOaC.}{~e@XPJabuZrP.9X6rx6 {:$FePOZ.cXj
,)@d-S54~<myeimP:t0*D6&nx<RO/=r2ahBnOp/9>[ofln!&Krz$[Cu_sIDyA4Wur_s%y{zz

Saturday, June 1

2020 Mon 2021 Tue 2022 Wed 2023 Thu

e"(^\fCM"u'|<l#UR[XZ6B6(NyipGzfS_e!vT&_4&9[c*#u!O*W&T1~|5/4MG|?h<<Sy8m.-
RUa=4JQQcq+ycWn6K=JH&2,+*U\|:D;fMCx]^`%_9Y\p_}f:iV_P*T&Dyn9GJ+WcJxOnv!n6
W"yCI.U(/-F9;#fncfK7ccID9!C6r&yD97q6"R(\KLHQ}k<25\ERl.|p8{gG3pQRmLve"EA^
Pk=A3(@G]uU0dzH&h1K%1]5}KHb]H=%e%DkEwN!j88QxyeK8R^,+6Q=y'7{dfW`L#D[@qO2%
P}l55?YiyrEY?RdU9iek5<WsTH\QL)OM^-l+F%31ejTz/o{zANU5T'l$0P36ID1_(zK0OyJ8
t7-@DAh(QYJw _ngYG&fDeE[mRz?%`d0>C1US>BJjBk_Y%@A"[%8)f])Ok9p'-{+aNf*e"6
a:H.#eg'HaMKq>e0Oit[Qm wq/~`jTDN0g.3G+O[|%HT!o|vw#oM204u!7l9wI=JI4eQetg
n[7I\alh,O tDH]F!8tn`j*l2|n'dC5Yo6lXs&<dEJy]6AItzB7*hwf4N;PH<$@H0oy66r;!
K|kI=G^/(9j/gn_e>,V(3B/iwVoaB9*~L?ELNP'[pfl9m2S7IL<,Ji dk;`t=wg)%+z.\?|V
{5y5E/.m@/6W.^@&sHGM5]U--g}Ky#@HWfM:#FiVHDx+yU%2t7N#b,A}=}+VD0iR+<B(sGM+
0a2{<\4xO[3#UI#A0uX,3Cu9j_N$P`Br]CM?`u9'*Cmwm*_>^F|_-g}^s=<H;Zbgy6.li&z|
aA$Mp66,_R-sl:E2\Yj~^odp.5k]``'ZB/gT`hQ:5_*1FwE%c9,+S>6pu3CgkZ3OUDva'<f8G
1Z*[IPQ-GGoO<Kpe_7qI]BGG-WdB[c7dIW(:[=1wdG*tmxU+d2Z%qGnKP{g6c}O[l\y?W>b!
ZBZi!r'8[$Xt:RhnKN*S1bSQ)[v?qpD\GixjM@w${\>>-L-b7NJfUN}WLP\87x YuBKR`#c]
9u?0bySGx7?)1@.Y`"qs$]'bWi)>[BAf^d=sdRvn-k/7Jmw-/S2R6{>*/$@NRF2VupKZ@]6H
_Y`>aI1N<E_-KEnTwqjPO3)#l.2mU7B21Nlrqhk4y^\dIhkoTf;1->1v2|L=`_@4?CLz@OQ]
9{`|DIitQJ]PDg~tGffPI/?Ng^*N}N|k{+o>|`8h80pG@jXyk#]%_q-,f^*M%b5bRT@0R5*;
(;pmImf0"/*.v{I&)*nM!}TV@N0/H/H_#lg#p0Y[)iQi,4hKIG/^ZzbXIo4Qo@~heO%,g;
E@8*/LWt<e^m4{]!3.AADKqV;eT;uy4-.2AjwS@/{kz9.rXgQvTnK"64P:Z0cFPSf8fXb?f`
DxTXxg'RG-wp3WnXN3eJB'DZB<xS{#G7"(Xk0)IFcM9UJ(T@'N,# 6qSeO/)hkG2h,gN}mpK
e@EGZs:LA.eu6"g#X]XQW4;Uk[w?gP zfILB^^;/nLJ:z"o\bad[<--<1g|v=|K~t5!i;n#Z
0\jYAY"w:8^oF K|L/>:FLc|p"cT *2fK>+]bRK6)L}sx^bR%B$~z }HZa7f(#%pI6FG)mOj
?x{/3qlt5nn[K5)`u&*Md,_bwQC)_3^](9lUc!RS2^'soewsq8WlanG<B6M+V(:Uy]eP-[@[
!_V^A)zsy|TNecZ0rn9;f=Y9MZ=+B)g81CE.!|iIN4T2aJ6{jfeWj|cIWipm*XC)s@ccJMzc
M~^p9J:*t"5)lQ;mXVU*E{#.B<:(IbGY:wmOO}NX1ZJH6s?.S'|ANR(Ss:4lph[#}'MWY8[`
{1@MWwVxdsJlk >{J'gUSd!p,0gK& !_M5+lu0:Z@@A9Ubr6G1[F!tCIBCp"W,IK+X7Z=~',
J=JUg<6?]Le550wN`]n|M~n3tH}ua>$M}:&[P`s.~C&7XVBuF$xIy,N}<9*#zuQ+[H6c/UX
L#;L)b#c6]Y]0<|Q2}\Ww0$_dtSc4`Ui;C]mv5Z!xqMlg|)}c)vgTT&drG#x;F666LwW/l.t
Q+{U6(>?o->8)I{)t\f?er_iDr[7pMp6;6jPEx0A\{@UfMmB;bv3F_C_vhSuxn&wng^uiwP:
r=?3;(ucW0a7 |J4$sTuyle00G?PvJ-cgF\.,9)Dl:{]1qjRwp.7f4IZTaTMXA/i1vT=2j_B
N"Nz-?~i^IhV?p(}g@\aC#?A;Xc;2W*(/5=Pn]}rD?!w!!`ZmF+K?<7<{,re5?*=byp6@r=#
vskqb__JO[I8V:TW7TS;5Neh;#AJ/k5c3AaCf9dHSwrU?N#d02A[x]P!%aVASv-@?FPdglz
9<(WlqVP>O/J'4o#4UhDQ3T}U3D8Z\O/PpA-"pC_D|;O^#9R,*2:)=I?D')+Un7a$V}l^;"o
#o-F5]0M$E@kr; t80$d2*)[t>n:[-,i/+l$f)T,P!u'9y7ML[)h1a7Qdr'4|J:x"wC[j_H
wUu)Y)9xg&6Q{_M)A[gHB(eCY\$*o:6RD{)>U$/{---KE371>2^=?P,h/8u_j6AE{5Dw/<wb
SUM)e` )iS.)#$Gs[0WKX3%Hi,exKJASmKJ0jfau;R"f"9nL*jLu?W$*qX-m3IVarX<7K&^`
O i?2,Y[o]l./o,{3[:bvdra0(#UHn zpTFX{u@k#*w`m_O/=Jz>`n}^-'GsXsq s;DV7PPA
H']usLAU@Kd4L=Qx`5Zfn3j,6610_.SHn`DDqy=(2"5SV!*w`AeGXq0fY6K/lY=FM'6:1]SA
FR!sqc(.SnR9;1S@m'bGKNLF'gmxWa}#<TzvEWqItA6`yKkwi*Af1Oa&N0htjTf_scM18368
ySf^WEz![w?j[Eb4Q^D1\!?C~c3C5<6>O,k6Q1~\6R4Z&Qcv..c%PD@~T2P|mnrn5CPH[6;=

2020 Tue 2021 Wed 2022 Thu 2023 Fri

Sunday, June 2

{@+HVG[u5zhvb2F1';Bf\Za{j74qb[l8/27hb-My}:(0xH{eKYIcex#,x,rrP!F*vOQ&zjHn
kex@@?`c%:Ht0XKuST_U|8kp .Gv3)t(g7c0:y"Hq0CjC"Q*5:%P[,q.Hx}M4xW0KX[UT(-K
Xr"z?rOs.(.6Ay!A:Jxj4s5g)R:$Y7tsMA R^J:zbxmT#KpbN1//Z6r@,mK}2hq0c6:~PADE
zKZF_Lqx.FU}||lejuys7o98YN"6.IHpP%Jfc5Qbr}7zG=Ql:wpm{9a!ejquvH_My.@/rJ6u
XBhk2`I0$QYB{U'kd^@YTfMQN}!7+2i^-L)h_*B-{9r[mL,;Qk`6_?$s)1w^:@VFTD6{'=M!
]dhsd!b".:#`bE:x~]hS-H[3S&|[FwC@.#Od\/(Y^9DvipG./6^0qi_|]%'$&~:pWx&=ba(%
b!"\,I\Kn>vD&?|\n`#BVv)y>hQ(2SmU>;uEv\zEdT\0mUp(b*B)eGg'bo@'=9MHFL-ed-u0
/ Rv_:D1Gb V9.kSXbUJ2-}STNqEhexsj>^J#Eq07*T]q1^(\3]Fh`itrb,T'6FUzj8\;j>Z
xwu<6tiWB4y`5WH4W0d{v>9.u;f:38e.jYgN-g\R\4kv\U[swfN?Q|Ip2PWPrndzg1Qi_56B
K/o::j)%(E3B=N}jVk*[@f:KYWr6+a6X[a|9d\tU CLyLI(,Mg$&Tx~wG;[g$lc0%\j704,Q
`o,NBgu?&w{3g'0%lZ"8"d@)XaY*,x;{%%pj^su/`bEk0Zv2>6Su#swk~|et${,5$i\p5+R>
wkUd}M- a%Ya{7*(G[I9Hvu?NcP"X hu|aG(:l3_@[J/05Uyh*@4EFYIN[k_I)|2CSz%5:jc
`ND41H-6-p0j.q7j +e#Phl>S_]Y,g(r,*<,!<yEklH5pn#OJ>%:XERBcIXgLX56Fo/j43XO
%gkxZ0)f0bk2)_#huJ{O-5y#B<zg*-<v%)b{mebz%nI-"#l!o#oYXRFt*g+KCk!u|>sL:I[U
q)5)+((H10yhXmk%>j8aO;khBWkSV4M{9R1-Rt$6)N!:kKT9->QOW?q.wJ9{\u{uqx-bHcc%
By=G Io=Jy}S0EC:DI$u).IFs!2LN;`3tJhLEtMA*O,Ai+OyH-7GBm&d4gVIJ,R?[baPv.%*
f2:aOY>K`hTw[a/E+sh7]hl6~A[<(_=P1+jyCEwZVfuhH(6B{Ti0b,|]yl 0wx5pI-^IX=
7YH-/U1__J7^+hd2fX!jf#R4h:cq-$(pKL`$CN.XtJ=.LEfgz{fvtjW|'H?sATatCm(c014#
r(jMw>z@ZO~{sA1}SV'yn0wKzdY#1l}hi?ZT4Zzg9,!x<,K,ieCSopa9|lry1q}73J M=D59
N)PsFcur20k^FAD`&Y~-($*ZS<$KAi%2YmO'O:$$-m&+tiHIrb.y9z|Tk|u7=<X%*WLGv-fE
sFC_GQGW0ckaxfr7R(4P[{Sv=F95ra%<.$)AbH4mu$*?:ugGS87$\f5@^Qs3^ngQBHNWGL:5
50u?0PDxh9::1?X7>Rt\Z%NhNth{5@LdLJT`9r 5~h-gyi{K 0D!n.qcFNj'vN]G7;{NlNVi
E8p2, >7DHfewJ*b9W2I(4=;5@aP6K V:h.M.$*Pr6dG)fV4j`,diSY;\=9i2pF]^@|(faP/
.rIA5pn/~F,Pmkf)WupE-s~A~'ty~Iz$(fXOb!1Lyk$Bqc+3R^j2Abg"x5[vXo@,cJJL8P!q
kI8K!2h91$ttj1a'"..qu:<POhi/+Tb{AXu4OGTA$]vL"b,$)XnxMMD1^CWo=+6~((JBOZB7
UYMGhs`E)T%u9z0^Lzhx3+*q{aK)SsD/I8}2+_Yjn*(E7S?~qF7- -ob%Gz({z/?,,l`by9_
b7e@Q$FnX1U/Y-{1+;GwUryk6S(R5]{#xF$c2,/b:x2Ne[^e@CpW,,!NIxW_`a@;kwo^l/&\
|^m{k(7;!;0pW]C.EZ)OZ).7#}u&%ps" ADW{!l}BC{=+U00Rsg2Mb4%U|-a!PC<%8#;xJJ(
$r5@@Z,vhiAkk,u^@RA9CA3n-"-MfbfVVk?0k&(P3ZwZ Q[z:mOdVh|UObO_gwJL2/=q(n"L
mck#>XrcL|b;$"FvE%+r>ZU$Z`h'<GR9pm.3oq>NZ^!h$)h07UGu&64v4Bo*<|bD+`Q%8eX}
`Cq<%;o0a,iUB3)z|XKHI4zR7~9`SFu;:yHd\r89zoAG{;cDY<J R<m;~dKW57yK$(2R(;Ai
n!4l?e[B4C:>_%?c; #2WR~&8>F/K-}a9+)e7!t%]C/K;!Afq1z6RB%um),OJaLvD"355nT2
ff`rO51s;#(p2D[8iZwB8AL<$b,f5avBm=zC"6P;Rk1rHy(9& ;/AOiC2k;H7$X(I:~@]BiT
=S)\)1>]*B$Ls;)?Glj0MXOq%G,pGD726qCUP#_`f\6m]&bdkYquJhq2~Aupbt{3JEyJ!z<w
Q{FH?bl=x7/<e(^?)0R0W`bOy7f+[rNQ2ah}(@jF!i*5drN;b(4G"l6ABfXMi,@RrBCc!7.l
TlG>6>,gRvO|9/$X4MGdNw"VdE`7iFZ+Q}U&=nLH2@,tuxceW(b/CB=")@4S%-;=#;)BS^B+
[d|OIeOB#GW8vRRNWS?]>/)s4'k[%@,_p}o!e)/}Y2|THS^MRY;D|U)q'G[1t&EF&X<k'B
RSD2J%QtXa5;yi0Z>9unwI` YFQEtV477^I_Br^/%w&p&;1WGd)e.HSWw6(_S5$#T0e+iW!
wT?67D5[8X]r@vMu=Y-=YD@/x}+o0dygx<OO6[-j_LjDg?uNoXU'-E1=QKC ''i@R3RQnJ7
.9=hSEB/V%2x~JvpRw#\#B`~_WA;f.-uI;~*|:Y!h<-%O~F\J1g>+jHgE'IupAK<v0a&+~\P

2020 Wed 2021 Thu 2022 Fri 2023 Sat

Monday, June 3

Ug,Pt6hkr@MK7W F_Z1^@oU41e&LItc3*~>nd$#yNjvU6nLB&<{8-<X@zwx]yE[D3BSC{))w
.+A//~^Dp0;uWNAJ{d``7Mw.{K]%J0a(}|*+'rF@"Ss\Mm+?5!}-2"@e=/k.3bD\#Us5*(A
v*n"Qjx/||x"x8J%GBy`"zQ^+*'DcPiA0RQsi)g)kf_fZZ(m5Ekxl5_tOt(v8NBf3;aB;/>0
J&9'=?nS%]'c` "b{9wuU:P(b+{!<RVz*15j;ONJ02i.*w7iC<[@a1[VLmRW19x9V8}%&c:I
h`BZQ}u$&2>0s5v@f|qz1SO`ei6uW=XBHznj?~? _zWh3c$XDl@h~U{LO[=3zB,*Q }tH\u2
uPS,:?hEVOFf$Ks[IR/N2$mPjTp:ge3_;O7id90~r}6}bEc,EC6+Y*9bySuZ)NUS)C HLw!l
:hyrdE(9AFAn[Bc|t<@"yF*^1dx=$oWId)9)uJoN_Rd?*c:[sDsGPm^~~/s=NxGE%dq&wUtX
|G)fl%zID+Z iEO1<;^coiI\s\fi<+Gzhq2@!V*U%"{bfo6AF\C1kU;oL|eV;Q}NuWL;;[fJ
A{5-0ml@AsyL~~uw+}>t],Pr;+UlYV`dj,gXBEYw8nMZwNI@pL:mMEr$:BioLb5F~2g2kEBp
%d(#SnA}!AYsvf;kA|0R\"W$G3f.&yAHPp04w#LDk=o&{!=+\6jh6iP=A"ml_04^fj@-%WoP
\{"MiLP6]6cXr9GB 1Gb [v-oZ1+sg-BC(~<)oUv[MfDe+jOn}b;qZY.n}`E%$MMTWiq;}YW
a&C*E&T?+vER>M?1(Km;Z#y[+wYi[M<{c,Q4v?{1eT9due(zJ2\J3+=M=N0bu&Rcn!^Pie5'
T5uX5VscZ`oa'dTXz8>r$,1|aMKqgIt3gC/CwYbVBG/!&Us9G/+!T9W-jRS8CQw+j;KFiU[s
l// p $w6$(Y@RKkC8L;#2[0d%BDH<WW^$r3U$jyNUfjbb@Mv,5La`i;Z;>.a^&),f8B@(2d
W&}#6b3`}W=I~M=K8BqG\~sW{"/]K5]0<lA(IBO0K$JaTLT<GUu6m"(?g^H7j:PNY!C?d%T,
WX0"YC-ekHD>I'(2fd|+=jq9[\3Moe875A$NG9p"w=n3-3kG*$7es}Wne>W2]IKzEmEo\'b.
<_f0&&}PO%#gzQ1(:o/Q9nqPFi2{{o4C2rZ~Qo<:9sF3uM%zf??7-K7}Z'@ >y<}0^oV8nyo
CJ<)kHj\'M(1i%e&j4t_iSHJIt%Ji?4:>3"+D5;]lAO2ha$1@1}o} ;8g:MR2d=Buh^pUIOy
:'\I]^*T0`{\+C!sg;IjDE0EynabNEd}7}zSCSy=X<`>4Dw;JTF?/!<rS*`]h0fGi@DgEI@S
RiyR&wLd/usE>A7jD5w{2m|*uk^PDkZ4C>-i.TrCzj%@p N,8a_Hhq*xl7F{A'>x~NP]LCiA
*LQ=^?bzh7t8&web1Agk8T7&. yh<6SUpZ(^(s<DideQ94i}xhO}@}Dcw8zorX]f,xh=JPY1
CaZ]mUed u}v_.(TsF/]x`ytN&Y,G<'LV7xlukZ/Z8Tr-&2M&fT3tZM+@v6s2T-<:P7c|iz]
tv#Fb6B*/wSx=sxuiA<W1?j9w($UI>9-!vKGY'D,2(+2F1%XH'M.^u<uU=eL!^T6~^MltV*j
,"6+iP)9jq<x&N{B*cjzSS;%[uFye([V97U{4b)w$MqjTH-8TIs`t\ t[Cl_z^h}H`D&vBxU
2N0y~S?(v2'.*ka&mM=c$b9>kkDn&8'fg<AN6!pk6LkO8wvv[HTq5[s<B:1s46t@/ L~C]%m
pTh Zvjt;q.g@OG:Yv22z7`f=Fs{mSmPEORY"\g\'3`T+)Kzlp)iSm,F}ReK=4]y[1}9J2gn
8?Pihl?-InpRtJ</9=u]2~+T]/+ <YhGm6)AjuA!k@w>bO~kx!i$:KgE138i/Z|E$NGg4V'B
;L9%C,>~PB*]LoY{iiqCDD2s15Pt&ie/"EvS^b({yVl74dA6N'd\.-vi9ob]?zj *T/xL:!
wvf]4nPe2mjo=S'lZIo:pBr6?{SJ;7yt2e"G)>4Jh(E7~8#SCt6Z;Wd$^#U3nP{RJ/k/["7e
SRuc= lIb7bAlc9\=*a7U{#S1HKh/mzH4zlI\"%288hL[C|(F}_"cu m}3&l&t2cTH@`&8px
NeQe-p}slU|K#/TCn(vYaS@X\]&FX=#uyE1F6X8,Ngt62%P>g/AwJ}~jPInsO`FUv\xz@i7S
gOYi[E9++[\r9M~ lqsM'bRW_{G@:,G}~WRYD!Z6XNV:iaZqYr?*9md!#%7!EqL7dcWFUU l
u[bj&8$1|p)o8$XC8]r-7Rw~n3]H^lSA~G9aP?u-pmJ}wgOZ(>cOC#\|_RuCtfb$kH)7OY)]
I"3e;LtNucfuqVW;Id#EyD}4KdMcXL=y=Ft!BW$c}H$I)'`CigR1km@?5Xh 9mkb5Ny*zR,(
]X\j6:y=zSOct:|di0j7cl^h[a`R5H<#(<ib+>5Y4rO-_17_jL1T]vx0s__BLk'$ly8][3gR
r}?x?11om/k{%2dqHuVBB;5m\iCs qYf:7k7j+D}q<2w{<\&/({`B\2s|IW\Ky]rgB]GidT_
C6R'PQ$m2='Z5{=oD_35G:C_}(wcP<O8A^.Evb)%&hACvz4WXb}Gu~<Y!b*?i@CVcRM`Xt[W
H@254:P.Ad:R^3%N%YxS}{89ckWkr)~+|<%FM|x~*-~>`!Wd*Uad8!Yw<?qtoggqB-|(In90T
[\$}ifRSZ-mhzW_ax C2Z.5y7#zdh^Y^{Bn+!rskKn,alQk(A}m#nq[gj4xl8\Ox9?aScSa
&<("-[76Z=&xmkp[C6<y^WtHOu2f{[pH%N28nNVnq2QgIMc`;[tB|UgT4w(@;2us-&s2Gx~)

Tuesday, June 4

2020 Thu 2021 Fri 2022 Sat 2023 Sun

$lM(vQk\#vroPz]~O9,J^np0h=VH9Hgf^{a/*5^[F\b%6VDurw![/?[r4a".8Swo0xCoVh
C!Bv<rkP&Zn%HDflkZ?{6VqhXv/|AMK6G+g=/q8L+gEO,gYDeTR)D3;7(JTl\m@=!,Yp1=bX
oH^-I/cbge?92ZV;f0G}_y4Oah}DHE.zDW5<w_9>\3J]bkZz*N7mpA"Ob9;Fu(Y58QmXE@^+
%.w*=RIj]vu_\'w#;~5x"NW+?FoLv_t5w|AlddExN"r$E13$Log+?(e0$6}ig,K<G=?#/#={
X\e{rD:~TGM0I{x%qcVVjQ gSe&n)fom$H3),%iTuE@i\?DSqn2xHGR4uGIGrb{CnbtVq;Dy
c^KUcL=`R1&`LLLyR=b_MF>x,y3zdCk0N)HM(\pM$^D.Ona:Edx6c90CN_+q.MWO&1xOPKA8
pwmfWJ?YH$Ut7vH\hFjnK,DVwl;k&NoXCs|xs|g!;F$x8&oM_Y:dgS18q%~B6_VXOAA>6oa{
H=A4`Sv F6(W}Cn(n~HP(y)_yx!Hx*B>*P.$}KO:T\g2xZ] 7>lDn}]W1KgLga#o".v0S/JD
|a3-uc#uaJCusDw`H4E<tte?fbt':Zb(+w991>`nHkVE*~0^I]Q.Gk9Nr;&%nHjt_`o^.]<K
u/!u#_<XP0Pp%]&>*VF!|P0k6*Ctj,q*gj\3&aF)z()k^Y`[A:NZ1T8\]*`($jWZf_k@x2[]
YkYf4\Y2}@5c<C5%qdc+j]8WE9F#PiNve z2]")H47!_xC}5Xuxh.kwY.GMnN1-40Ahpo2;v
6OBBMO-z;J2lP~Z0ZZ@>P%Q"o]cx9GmEyUGVDkqUx)X`'lw:2RhVu5j~0~$_]~D3cf:T_c\%
7kAwFr=p7~P8}r{E4$$h^`+_]$ U;A|mQRM'X'\vb%sZ=L2Y8`^<7&EeE.?H%Fc0S7%If&gE
t@Y]j-8rO>$`Dq2{J5/-EWW<~Ysnz2~Z--ku\>^]7|s#*e9_wt|t}xZu.A)rln==r@Fyf4N0
[Ia<HZyxR&FqQ%}uqY;H(R:S~/&-Q3wMJ9l:m>6aelOGDCw-20I4!xJ/#a#MML|mRPQu?yL
H[Bbl8-9{=>cs#JaY0"hq?Uqvq+h'u5#)_;U(wLhBU_[U&GaW`Y/tF^UuX&5Oy$kc:)CI5].
=)x\v\K\^r2Y0W$A31)J34qGENu//[q]|8\nbgGKA|j[zs?z5t\&4N4zsT#SuqGWXp`2`OxS
u^p-QHrnvWBut5Ihpe>\4-:b%;cm,H_d`N=4$-#" <pVpqyc=9V%u5:@aCz6-p8K5.@-V*66
(k\lN0GTSNjkzskOduuc\CILPootH=)ZXmj;.!;*s}dCDD+CHjEK1}2@=@WZg&dzlip-2!c@
3}wwBXWEPTv+t[LR~z<W#?u+cPMDE\/\+Ne\.M1-_um^H_0m:lK`T=e2t7<uWB@?R!6hd.f|
2j[ed?,aX:XYbwJyEDHFI8G"=<pg0)jY~r$9z2&;PZ.#10 u&-a33@wr)2 nb')taM%)pb{f
fkWBX>KH*sNjBeBg4F1S:PaK&&Z1<63]wdC] qU|eGcIB<cH(Wx5lv?:`]M)6= h1Sdq^;%1
?Wx/ax*$E\DX6)Ii)+&:sPKt(i6C^WfY0(@Oaae@04yzTHvD]g.+nid#}R/2I8lUz.h<`G)
Ey*V9Ot'SEmrh^IEofR~1_i_S52|Vb)v q_IB I`u8K&y#Sv\W)%ma^vO+(FFF"cZ_adp\5c
~Zt4Zf+Y3OjEmX%_jV@({UN~m(G jb?TUZm!_Xph+}R.5fEJ8nA$X~wsnLbkQ:YVlQ/8PM |
Mpu"(' ni/H?A(3*4wZ*DB]H?]y;q&OG}$oR1X9g=a}wwot&P"V*2emV'kT:^"xv7'Gc4(E
=!f-(RGo>I5P ;>=C)A!@u:0AH,y L!Y;-_/=ccGaOd!]8|HOUG`;MEZ)&63^w%J*gZQ80Lm
QaBw4b$g-@Ln-N/LF$KWfV+5^_.I5YKJc3zFL>GGCXQy)I8{G!HK[XiGdYAdMR27~_bte<[V
ba11E9.8UE.+F@fG7gc 3(JoLgZQz9o(V6vuEi#+g$H@xtK6x]H7B%`~I"0@wzeL+GC^?l
3=X^S5UBh9R<U wNn*w+\ySc*e:yS1[eNfy~9XXG/d!-TgS3Xq'ckGDW@T+*.uG0W#l*zkV
\vMk5F%vE2<j6\xZ1 7pov7Xz@Yzr~6}))3yw@=d)$ULu\`7Tu'Sh)J?c"$plsy2i&Oqq9q4
sRXD4STS7HxG%zP1V2SKn=YU|yn,_EO?76HS{h"+@VoDSp^4>=L7DR+*+vL*T0T!'0'4X{U'
cI\+_I62{O(9"w~)(,O6b+mzpL_`E UEuhb fPwcG;$TA1nxD;Vpmj]lm)8<hWYFz`jB $w
B.b[:-4jLJ#9-wgLzg\Rbkg7$ R91}*u8BJW*[2[<gBE{,F|S;WKs>PH8}slq:UMGovYwlwO
/G'@V[uX9B!;xk2:bH0o:=`Nm}RLHi.5kX11]STJQgX<MwD9k!qp>9<Eo,<sb*0U6:{19"cJ
DJ6;l'S;$SB1Z(#C}NgEO%uu,=q:TLZQ1]To\zr9}{VMYgRA`USP9_[Aw3igVC8iy^ `$!v}
L u?pRSqzJ`7-O4prLPa^Gl=A#j^!|fYYrG7SnH_XQgqLHR'GE4;Dv&;P}B\/q,YIm'Sy%)B
oC dD9y.~VNaG*u.Lu>/ B{?zvN3zx]kU%@][zFg6Qg5\G:95owZr})?|rh.2[;z|<}TX|zI
hu&(z7%=:41kmEY*2gvLWkd]@>P=pI{L<$$OD8+A3Bq-7~`=</y.V6Wa4Yt,nc>Y0kY'mk/m
R&wB0WnQ6J}0V0TE*S967:(5!kda8F?parcRD*x^LIe#mJh1-<c>*G0#G[b/d,p84/7c7+#E

Wednesday, June 5

2020 Fri 2021 Sat 2022 Sun 2023 Mon

M*BSW.b_*[CmH)$~ZPKY-!^g5-{Il'LbBXO4/xTeTp8Z[7Ku:THOY`3-)2?C/HK@J>%:Wzx
H^BSb~ki~[<o<SlBE{A?V1TcKaw;{KZ'ikD|h(Wwu/4/i5im0&p#m55i@5zkIKS]af,0S?L~
RJq4nRR\QA$&v%8"t}9_Z@|o~pU)qFaRL+NpCcyK*guf<Aq3zJnxkqYSQ$Q5i)X<$l"sgi{S
3=gH6nJC*qV5'y<Cc)2SoTloGsn]}^7t&Tn\Y`<iN#S=A8*AB!ow}UL\esU%f %;.E>pg^@-
)q;.9S"XJ_S{Uu1cGf_50OU"OW~V:# |qB{LMnlyi9QGJMl^^rJ"77'*c6Gd[4<8@PVHiDp7
&D2mWFAc0V6fx"y<s_AS!y=]SLsu*'jzw>b6m! DLL;F#j"U4T75QYrY*XXnp\n Q#i9g]fO
i#)j=`\Iytbd&0?ti[yQlf)b&20aM{Kv>36% {S<p4Viog#/Ejn_S&B~f%qBh$Y%pG4s&OM>
S_8t<"QY&wlr#>@=l-Gdcd1{ FMx$tsWS(NVJh.7%ewQ*\#VUWA<3)Z6Z`P7t]bLOyK Q[fc
cr<ecZSi@1mvl/16JW-H`;81FL,kQcbid@`Z)8zF,mF1h9KH<jL?ibFG/lZd+k&pi3Q[O{ \
9XEbBq&-ZM.nf)e{?DWtppW9\`ly:jnJ%%,iN%.UgCby83kpniCl~?.}i1DAUl!WZpbN?qol
euTi_TOML?)LBg^gJk=fFA&CsbP4pljqeA2PbUg3vqDmS&yi+IFb<m;GQxxF5ZTT=)j'(|z&
-\:RRXef\IIrw/DLUujj9m]LS.Z<S[~7JS8PkSJiCgi(eBb3?D/y't,R^Ooi%x4r0(ceFk>1
!4fa?tYnPVB:XR}&`\yq)lXwwrxi'E+c#t1I"W;aRfJC];%fmPcW($&y~>Y|[%!2wVgbsI_
?U,+a%{(%"p^.OM2>>a%t}O _JHByz<VR[KWqi%9g> uppFSW$i[Dz?bd.[Joc$v&Hw_z`g8
`W6tRqAD@p&kH;TczDl8rJcBcv #"HY>W_%7q, {e^Q`MKb_Rjif9b H`XL$?*yi^1058wxx
h=K`V_fp~*nm[R,}k=nJz,+m2xz(.s7D~.88eo{n2kDRIs.)2!.{WyQf8B]M ~7["!zC.emO
4hOD3'olQ!]2@jT5D<A%P_"6u+Fg!#/U]krN_.urU]^4[4-qRZ=x}g0<JwE(4h a`"=X7CSo
iRz.kK&9?Yn4p=Xs(]zfw`W/h(my-#}h>!+d',{)"D"M(8E4youRG4;/Xi\#6C.-cXQ/0]7-
va+z>m{)dC`_kzD}-(FZTboL*P-<eom*GC7Yk;ATH`E8|qvDKO3M7n`dXT<%m`v.32LDyO-^
PKz!Lj=,#/tgqf1T:iigd^Bf/me$m!}(7JC64YR:Lcd&zGhx^hKBz!W<XKfd8palzUP`2akw
y60}'n[q#Zb]@+k,Yc!.1N}z~[iUA/Cj3Bru@4w(ZqIljjN70:!pO94'sP3NV4c}X C,YoIq
&$X/a\zT/:}`G~_b;`aJ4JA6G7-]J*7qKX2oHB/rDg"V|m*2k(QdJe7mJe:Y8Elcjv>.hw [
mzS|t2fY)K?4u&r!(RaD5;@7Zdn6dyB+Hdb!7/<BkN+,(+'~x3TAwa!cPH,KD8\@:[JHh1"^
ckx@[c;2_Qq#z\}Cudm6G1s;S,@(3fUtOu"?Pv\v@Lz?o5%bS~g},9ru)8YwuI6;:OZIHIoR
t{T=viQie:U~&x@om_e7GbYdRTu' IQ=RNQ"&&K)kv5!BV!9g-ppl0|UR-7_@4?W|oXkV9V'
Z,q+@M!k5}5Ri9Kd,JeFbqcL|V2a5CtrO7[ra;4)Ir`D^}zXoTG$hqZB^Vad0,paY1{F+#t4
?s[".i4;pZ|TE[r'[U[,iU?wg6nAwAqhr?}GX{]rsw4xSr7rD94j_.p~~<vWLj_Xt783Yj,k
-b-tQB;=U6BakTBE^u}}m(5AUBRq!$c :)=pHH~@vT7rw<<Z*SDaRSaPC/em?+&P8+QBMZyo
4N%vv=r]RfX_kNh^1igmffjf}$t7N/Og0}3TK~*[4ViN |$r>y6w8O]$VYEm?)hDA5+KCy-[
-1Q}C#+Cb`:vgq_O<mEXV)u'pv:O4C2+5A?C^VWTT\whW5j>A43=n~ld@T]UV]A1EM1(M\>A
ev=Kn>+JY0U'Rc.I}H1<Qo_9&nTz+8$hj=oxxbFxh8nR&vplp vfh4E=N^7+lPlr/7(lg6j&
R&ci)t/$z3)Jk{:g[@|1^JF+m_O1kBrm8w[h@\Nv}uO+b9T8wp$u'q_BR&tJY|_ F~&s[']1
]Uf_:X#U.g3<cT'Vp:FagaM(2~xOM=}S5fv}m!8hVFnXxBfxT&xwWZ;h+7c2HyY;y[l,qDne
jD1VXsX|q71^^{GB}<&*7Z6J'!=D:/u(Mi@>*o7B:n[7YV+nJ=xuH!pO,Dtp8I$zMP vkO&T
Z+pyH1l%T%vcjJMg<Jz*'*bgh1>3yrWO3/ lj#01M1pz%SiuQZnlQyO#*}Rmmdy;R.TH0LUl
w4B#=Wq;Q+F#n\(S?L;R(+dt{|Q=oif6 6?,&S}Q$7Mc_e>;F{b^@8K $Tw0>1Nzhcb)3x(z
uV^vo^G<vGiVSZji=J{rgh`)EB|zmGS7Dd8E(oC99hKB|<i&Pf%W<Pv6-6GEX1j(J$kmyt)S
z$Y+D f=c,P6!{FMBy,G:zLUu,l7~7E%@,P4DdC0En/0Qk"Og[=(.%^,b?u>+1= ,Gl+Ou\S
5h!!62[\u[$^Cc="M%\%62'P<w3%Wo/'_C@E/i3'%J"^Ny\m8CmD+WzG .\wrJ(KF-l{1$4e
%%j[u{*D(Gc4^`Zp?`!$FM3]L@4LsTzJuSnx\"Jl3GF/iPq4v.Mi;3:1[Fx[BA1:.3=7D]ej

2020 Sat 2021 Sun 2022 Mon 2023 Tue

Thursday, June 6

```
&CEJ~k^o"tZ"j?aU+YQzjv>FzN:o]q(,R no"jbHbi)X&.VVldIj2uYE3{nLWL* 'lP?Th(2
Tk{=*Z"\udGl'ql$8k5dNn-4XC~?NY\ZL|\<KVY^d}Tf'5&BL+ Xc:(b@5;^8B ?w"[ X9IR
zk#nVQC/'TQU\v^lGQ`v5~h}A%%0"tZ]Y7+~o&#]*rIr{nW9mqrP{p?v0j7G\a|xAy[HJW3H
{gN|56+JQ0aySN IS3v*X72}]83*<[]<t#s,88s/V~"~!4A5 <MG1_d"y0_5xh7Bts]cUX#4
<Xl4XsU4Ty`8@7EP"|hb#4Cbm{dgI;::M^e;6[/2\k@#VXY]Tbzqu{cmA,U<d8SIS1dSba|=
(U&>{I:B}Ejq4XtXxm]YDhN zFz< 0,la*%4>N(9&osN('kT!;moN>*i})fM)(-[67W+z53"
g0j'1p4AhEioLJ"kC>uiq!89TeR5WO`3JaKmdE}%?#Ib2>x!{-E=3Y;'m!|:'dN6vH=f7El8
6%q<)E;$Wuk#n:-' gI.R{*`_k8-S#mT5MQN8~/P=+r8N#(z?%AyotH3M=8[ >?)f-DS6(hF
TmV7=e)VvH0\D4s<d|0Hvo_a?s^55?_+ILu@GBAExM9k6e)/KzqY);@T(`FU2o""V ?Bj_3m
j|PIAPzL{Rm|d\+hzY2I~iewQhDb)u=zJ)*d9L30VHHI*`t^J,VU!|6j!_umI^;,R:%g`Q"O
D%yomf'8mHl{Dd|V_./5$_k{!_i $p`=f,p'(+qJ,_0#y,OhRM:}Zh4r_}h: R@zV^'MG,1h
9-ij\Z@1RDBAn]!k|4bBe8 dn`6l:R8q51yKgdbE5H{%"Z"ipoR>^0kAYu&{e3toQsQ-~pzM
qPKMM WGT;4JI"H]jPg_evI,c'w%Vg'SYpoxtapQ3u-tah>>u45Q#4}^<zGF"VtS)vWUr;#r
S^HH%]-8dsZ$d:GNsV15@}e6Ll-;"de4THVt(?2IYt_g;1,"eqk9M.#HY-Ye!_FfDL`W3u^J
T0:Ny^T+@5.FYn?4g(7UtX1\4h,)B$,@`40&nm#cy[%x(*%pi%z_kisH F+?,Y K}.K7&3Mv
8h@j.mQg]*OD)F4\Gz/4{H>RXDr8B!!-:a<29pluem-.suW^_/Fc@l f+Z^Ora=NE@li~4[-
~av)V)dX]u]f/U_1&r,*PAA[v!=_.chVdA$%p<RGU=iJqZ32K9HXkcW4<4f}wd1V'K?_Tbbz
22;|,UNr9FeI3mEJgiT(GA(g|<k/^Q7Q9^x3P~imn'~nsv*}6|41kOFN_VM$DdxNF9r+;KW%
*@n-$R*#jjQF)(cp|w&"Ux}xxyMAaBHb0!y# A;S+CSLsME4tS^c<|n/9vIm:]Zd-V2y"\LK
qCMlW'./(!7am21Q%`ktHG+YwK[S[NAMA%-cWHTPlM_:9Ta*hMBqX>cN7!FV%#Fl87#j90x~
=j?=iMiK&-Pb7nHB% Pc9T(l"_Y7x.S'#4N#V4z$U{;C&qNSTW|7-''<JL/)Vckr`-&d\ T$
sNFt.qIn!D~}Ml;pvykoF>f3o?g5MD)'dQ@uw+;ju6Z\b4;TU ]k]&A9uDCM:YS_[I;a#D1`
4hu+Y'Y!>U@dux,vj8J e7F1;gR#\&JII2*3knUc4qH3N?U:ah#tt,jkeI44\SG1<%C0qM$.
\4dBeTA(A#6N)ZnCM:%[Ob-;t(_5\GB}+I@0$)M}2QxdN^inN(Of f`TA>%k{heM(E@NN&C9
9>"@(1N@,~=2m3yGu&V$w8\j;Z&NCgGjvr?L42eru}c|lFq?7~zj1'Nvf_k$#o,jQ,)k'zi<
0@*vADva5XRC%FU GGKcP[aydo1-5weB5~zj?ZB:#,\.?r{oEN{Aa*4u\@97*nJLiY,vh]v+
a#l8tTMMbi5<3%4`KKwq)!.u^EQ$'/n&WDl^5TG!0/i,"[>26W.pN*(qc5+3V$gzUVw XF\\
hr!T#UJ^01np7@27$J?I7d2}w!S=bk(Z:*-$j&D=n0~)t E!rNK6VJ2#]"HIE":rOp7sB}r8
>%6U99H\"XbGOTK=r"ckCIT} m )-?*b>/'gH1X#@2_Ul.YD{c_BilNef"^Am\p~\yPcn:ZX
}*Z/S7MFIAu$yT[X*]W^tsHjVL(jIT}_X5=Ba{bY\|6Fede2y8J_9,6iSB5O>JibPHX7y;Qh
@n84Ws9H+OwfWpJ'$dQHNr<r[q-YC}AR"b?q$1iWbP`l7`ZDNiZ6mkK\RGX?D;9@`<#AAy)q
;;sfs1ea(J^)`:T)7JR?+=NGLv]aM=htY}p'QI95#kT;d|{PX ypTJ>} 6X4U@gjB!oj07qy
+ens<uV6}}v}$&)5"&WP5cIS+x=[x.?RvM_SpnOqUAS2:prhrQ/g&e\JS#e'4Pk<Qo%YS3NN
=;Gq!z}@jx^uUY#J=)aegCFEd&+79PlSc`U/{*&4(c~a7]R{&kn^25^6~%N=*o<-zEqL0Z!4
rjO["y@tg`fAY x|1F>sg9,n+fPTJ$,qF~VNMfMtadAm]Nv2KKjc.xxwY-\,nwx\;IKK~C_`
#`7]kGj>%2EPEba:N(Ascz [i9`VtKbEOA4Cl_|9nH9)umtSlg.X1C[=cKO(w(BYdCz:)*MK
[kpJ6%6euy&zO5O,Da-HWS>TgXWG@n]Y7<)(wF3V,6MQ'5-\vA;SP-$$`?aS;SR$/%`E%a'=
T4;*Z`Jsr2B$vge.l!7d4MN1n<K=XNg/4mFCK(Eg;m{dFH6&'9M/AjBI7C;(6cY~-jah`\Hb
xU;o`}baw}b9XOWeGMj]e($<7']+(g_L2GsK$i4Qpja2Oa?`ogD1w2)J1d^~Uv*@Tf:*Dl*%
KY!d@y,=X<'=_FDqI]`tT1nby$DN%lp1.>Gr4yX!jl(Ad]k 4ku]EyA?=7pA`++_Be\:?K[Q
```

2020 Sun 2021 Mon 2022 Tue 2023 Wed

Friday, June 7

```
q@zlL-Wv@{(kt5Ni^2XL?B{6|hP7u"Wj,ZoG rbm6PdGOZvf1.twRv6?:DZC)S_+27QpVy;2
q-"\t%I/kX!l1-6.ootqL[VPes&kJ<S@.wXP`h_jq|n&YHR]m:Wd&mFsC+f7"x5y?xJ&nI('
ke2 g'mxItiSA_3*\Bop%Yk8}z_f6UVvfJU&;_hG:x00"KI#|N.%b{TLX}WGAI(YY2&WFOG
QYs[OSls*8|^kjl7hsf1S?Z<eOL|Lo^Sf(CgKO]2"G*3x%:@|[mCo8qz{Q4#}>{-tj+)mQ*P
C:@.zKKr@C%NGx7/2bv9Pc&U,R]6vmqviegZFR$6c BPfc:"%X+p9omF.U1j%R4AgT#}[DCi
|hu'3s*^0eO&<dKbn(nR%z*g]IuWz%{^d^5^A~P9Nq#u5&$7k3\^TI9};/(,A~7;?w"@iq"1
BN >eAD.K9A'ml-9(ve#q=hiWmQi/ZA=?{685YnF`UWbS<wK& `oT/71)e:Q,+G;uU}>(U*f
*ybPK}Hlv"[_lOA:#y7Y/Ian3a~%YF.Lw8aRjmNa(XUl(,Zt^Q#|@s1QRA7EiG07oa"?SoQV
zIf?_(%iUWb9eKl<L2U|!6X$b?1]&uS\OI`4u^+T8)\:'PzoPdk~l]!)IUfcTe[O?2Z%%1\`
nn; U74r9.{ xZ+CUVu]|B('$0~~uLW'NFg#?#%W_#!4dzu61;H_Wg/dY98\1*<lfB,K|WUj
}.UuIEZZ83Gh6V^e,_!^G'[`y"tFFZ4zy_7:Qu*YJ-)+Y_sL_Ud[&BJce&1"VWY~BCVwx-.P
`cNqVx's,,3(#^Ei-H3!@B+,_(}8 H@q`].BB!O$7^*J=<$Ko=U43iOlT9"usohkl4T\#+}+
z}@I6mI&'YoOuOvD;TCcDzUlx^4lby+%|BvY&)Lup xpoRA0*]T2.2^xQ{.#Ttjj4/bVfTR#
{V=??9N!m7Z?e.@*UiJ3}$WUH1Y3Y0{V\e+jflHKh+~}om{Yp%*U_a+)znjD<!FgCYA{9u]>
4|tOL.tLiQF]08GQW4I4Y}c%4gdAxQ3MK'TiC)s3t'Ye()GeMUcNy/>-E-2E'c; {#x3=o;A
A+m]BC5TNyqY(JIB='&Fc|,%|v,w|KZ\G EE^s,fS#^'<YJ\1{N^L}j '6$/SU5V!X^pdUYO
r*Pk6~9)ClqAhI$Qo,Qlp]df)Ey[|:F*+s`[t&Fj:rUoe{d6)uAy)HeMF C$;+rbP)CG`BnF
L~:SKowhY1Li<9D_V{+*2K`fF_lu*i]xd}6xrO)c*?^SFg_{y(TZB/:(K|:Hnh2:'{r4a{kF
0F9w-\V8-]7_fs6!]M)N=;/#xG5D2#2DD!MO{=JqB7^3o"3}Nlm0I].;D)/sKGIxp~Y3fJpm
v!")A@oW7Nba1/Y[<-O4nTK!o]<44?('!9v,>/AX}y.S"']Ue+)=HN ,09J.gn~a?R>jVY~)
~XLkp-SE/wjdL |Duem'fKl<#rL[; {OsHc_gL-It00'gpA}}\di'f1puPj}F?w|a8P}!S@~
.jzW|.p/'M\bi:E{l*#|!3E4+nSec!lv|r6oiN;R88vN<0`m4qQI?SKTZW$"" D'nuqp&E0F
`+S,fyMf5=j)ii~cNt}lQ,$c"_Qf7t^4`%{\h^E)Foveq_fTe_Yw|;zi zQ80bV*Wc)J)j,i
Yvjp<cJwVSts8sks.y%(7~"i0Qgb0,0Z\?p*}*##-NEOiQTSs{.l))]"Y?'qZ?0( {=rDEnS
v'UR"ft;<u<85emw)6;Q,F\{CB"DZQj\E;xo`lRR90;{>WCn+87b-`^,DC68K84)YY)$Y:>M
3"QnNsdq6 k(cnRqy6O54Ced#x61^%L}_0jv[{78Wr\^g~~N@LQybp27ENLQ&..&AJ{8?<y.
R|3Y=RS81#0^kV@[.[ydbd?@[6bd;'aJ]oPeI2E(?\k<'907^,fC|6mQAJg8S3tIdY%sai{_
Moz>Gs6J`?le\H|^\%69sF+9[V&5LX?5\xm'{av;~I]|XE);|t*"L`>5Q`nFKCVZ//,D<;xl
"[')T![*8tn5h~}bC}<BxL+29bW-0^M]>B\M8@f=lUhq\+2_{_e8*`j7bhQ|<`V$4cI!C9IN
}q1w|f:MXr=r1wtF6;&/(F+v/}:Md-w`7JCBXfdlw-P4TR)TK=Lz>bm\/C>zosrP'L}Sl.!L
4-T*t!iua<*ZRd&"e:dmdm(L{UQ:G#KUjeMu*A96jnxw)PI0c!_epa$Fx2R#hYMdw/}Y4 )u
&S)Q?#Vht'LkAL]ZB20Jde6U=D_0w7S7Ipa1{cP#(~Oj{SlNO#^G*RWg5?S=ZdQ~a5bj.b>z
'n>FEX_%30j82iKY/3`Zz(J8aJzSC^q]oy`r9F34#EL[(fzE$^)AM|<w@|}k8OR\I_obYCbv
#h22@-'$H'LAV~}Rft=weP5uPC"yq<svSOj#!'-Ptv g=52*+Z']8?efPpDuK:F^$k@"eac8
w&ZHyqY<WW?/JsaS"?E!f(qikb&|3Q8EKr7=IRB Uxa~~*I lTS15:=4@k7{!SKXd0$qYohz
CQH)%Re??_(,"2'L-,030+gkr/?F{K)-eazJWh,MLZx L/O;`1x8vw%:zlW4hqq1RoU$5j3?
%cd[p~=1\-K~~Q.?|VB$G1Dj)EsA2df/&gUES99*p]D^?y3u-W%6IB^AXN"l_cJ?wT<'}90{
\(YfivA'(U76}Yw$r W.k'|!HrhY3VF,0o$6|Z+pysKawy%?oG_b"|}"+?/1^Oqj.-F;<E)[
_3pIJbgfx)YfR+6R5/0sT0K }#JU%{%B4(ld@i<Sx{JD@P^3s"LHU_f$mzscJHin:UO!h5<J
]c:AF%28F)/cVz=4"l",w@>?"`/5~>p1_d_R83Ju?t"q(#ZtC@&p&4EyplIC* E:}66X{|e"
```

Saturday, June 8

2020 Mon 2021 Tue 2022 Wed 2023 Thu

```
KIHtioa$b_%?L?=*Rj9@ y-^1X$?1e*A].vR/`mgqvQC9Rf.@Xv_/DV|-SOH"}.(J'YN<.0t
OwoNUv+WC~L1%/kdsL.NWp5>w|zUHbkqq&2V~ve)8KeZnBD%Q)c{\&ca,U*sraxohs$AIF8/
$)iod"<j[bA@8fW1YSPf78xk*]:GJW~Pmn@m>!6X0pN3|JNdYI 5.$b>Tf1.iNSra5US`j'8
DnP2]Kr;i#`q^"6r>I8yU(d?+\7%K-k"QUtX5ivb{ZU/0{R7f!MI4T#I|/Ti]F!p_5{,asc>
Tpu_-Ud\6GrX.9LdAtD]U~!VWIPr0r-uPdpfkt,Bx$Rxt+%bEs=aN6vq)WWS:_Ka2{/W~91p
V$Qh=%$7{4N~^6VYt,K~VU@^EI~54)lgV^&Qr)M6wm!}\~h. ##GS!6.Womgc5riH^hOC{4I
:6euD]Lh3"Mrm1.alSoy&)+Ev.qP&{!RX"q0r_\R5lfr;[!#[P)r`^Am)>`&6@x2GObfecO@
QbI_jX)N9<o)@QDN'Kd]ovH@1[4PiTAeOGn}oi,"_*/jY6{1Y|Vm<~>Y&>BpuWh-N\U^&uM<
;F*2Gz>muyD])upc1o5~[;5Iw8wY"|idxo&"4Xi#p^N&,-3w#<#z+S[!Q(!t$LBQ}h(zxOLl
dRzl[xfYlMS^ao%zmLOz,YIw_#\ii8[mS(hHd} /fHgMPu0nPSZNZth^.L8AL$oW`I_+cDvj
C]!zC5)yczYl-QixU\1srVILYuo8H;C~,ya2EG4vX3`J8f#{2lG",{Nr\@'vsD0x43+ b@b,
/K)UK(PUj\4TI#Y1n/KU%95hbw`#h:CfdlFw@T]Jv$;EaEiAP8Iz7O]1jh#:\gT}S3Sf|520
-}C8@0{Rza40f+/^<u~$ )zB5z\,a)\[9!E2@N*`$>]s/4!<?]!'eja8zW3\St)OBe,-3a}P
ACq-Tn2| Ysvt~s<j5kqD0$ILIm#qo>:O;s1'Jk]mH5D{D S?1X(|,X{|Rwx1'DCSMWD:U0-
#|3f'W28x6u=5a1bWdX\Jt^*?gJ*N[@TPc%DRZ P1*wy'dD,ZdJ?GW8G0$A|-Jgq-0E(+t.l
obYVh4i5 L~A_N_Xw(7u>|8P`B>#d3A_V<Omc4)F$y&JOipP[?ayO]MlpcO?"//Qm"R0G;{c
@r++(&9)O7s(C9XaN8+M\15<fai@5H>|Uy[>GoKje$Eyxk2 QJ&Er}nU$)tXcR(nC,KxFmtD
[+|4X_<cC,Fz(,(~!B~`=6{n-XHc6Q=*]n?'if)a'TFL67Bh13,PeRJ=LN8O@I:@$rc3s6z*
Pjs#z4{vA, jk}+qO5@O'b:|%?%Q3qTp){ipP#&>Cr%OuG"z+G;SKV/93FyQ,2#RfgwTeSF$
pM[US]k)DBz^SXQ1<ZDvg[Zd=awr(F9E8uCB"R!rD!SurOV(Oar_Uus8sW-2P,UfPl$~wk"3
T&Vc}*i2ey8H\Ds_tDrcr:*jkkQbWa&|kXJluBXVE&.P-Wb6xN8jxa0Wk!TD}H5.)<;6Q_/L
!V%A=h3<GKR']*^9N7+U!if0'&_8GK/zi&5O/zZxI_))1HW_ui!|'!Lt;= `mph1qUv'|Xk&
FQ>0@?IVwhL!LN2Bel^K5h4 E7SX>E}^/%,x{'<~,T.B_XnNC6!M35 fnV*:QPFH%6oGrSi|
>!N L@W5)eNb,1FmTs/~Qpbl1cD,*L|Gig^&|wfe![3:+8[$%sr^|^*CLF9R*-u6DCb7eH8*
v<&DeyZ}nO7?5Kpm^:XG`o&4>OHn$[X{=Y~H!=wp?tG|:#t)/(@wubq_.-.(36ocau=0,Xq<
Z?L[]>*Q#1v_ zvax'_#8tPGFiMlt#NTZJ+v#sP+'?Y\n"ooj"]:p!|DNk7mOrrf|H3k$$2|
@p74VOlU+Q$T&[d'8- +YQ0kp=5I+nKW1kxz%:,wyo"mr-.62+8A3.3?; |R,Ro!oW":xJTk
BalXB@*klM6yTjKQAk0u_#7aL-PT4Ey>}4_#oN@[p'jz^p%wGsOx+/_7;>p'RRxG[=7RYK|f
&EHRN~0kl`C50>@BU,tA|VsF3TZ]#<r0En-;k?#.sSgB-COj?v-3>w\ i'$DB|m,Lr*(rrCu
1[?ed4pI|nRG!0[wjP6p06DGL9]I?vyg|(]xmzI>Sr^v})&;,MqS{<d|VkDXxrV_u9YUN/H)
*f$.qDuuu^om&iS7rV]H6/I,hBawR,nB=uQ5=m||Dw_]#F".4&6j;WllET.plBR'CNG-Pfg7
,mUx1#03zGAXtG|`<H:XDoNg;b;GPLC5?zSR)sF^q~rCkf%DE]yfP4F,c=K}G_:njNtb}_uA
+~uaGFh*#{FfIDb{2smHie\$Pi$yO4$B;!@s2jF2~H?DI !h\{tOgK8%Y}emG5*1%bIZUB^w
 3Y&dN5BD($6%6Ho#/Il|6TkzPx7SE~5z2TmpBukT!XIop9(nSTtcJ/:`$AC<D@=.c]*|7nX
z1aSG'~=,^}}*p+CqcG7;A\#'Uv,p:sRuq}JQ9yDc=bp Y'=Y_R+0 $gH'lPU[FUk/\lge7j1
VGX'9&t?>V\M|llQ{wjUXPGRZ c2'MTJ[=2t2ajJCc{]eF>'(Z2<Exb_:^Xu>wP@|0Wrve%{
@sHX^d`IvCh>8H*Z<??@PMBP0#`BF(^I)Ot*,aLzCp9%}>G)m'1GN]]7([+.r`yg-JxpWA:v
o*X_<GYs*zE)3EfXn=;L\D:CfYB8(g)vSHNC'YkrDtX5W<PoJ,R',iu5-5d,fZ,o<o E3I0]
"(may/3UHK#+^+}rqx>Bl6|JM-H;Ygo|+@Iw;u7O_3Y5DCP7,^ZS:*PU4U8F~vA;9Krsgqmp
]%S"x~txYv k9,gxl$2/*+~[[=RZHO"FYBL=!tzMXzj3bd7}%,Cv=z7(MB)X%=Tl4-|)7[p/
```

Sunday, June 9

2020 Tue 2021 Wed 2022 Thu 2023 Fri

```
\M?LMTTt"Q(FMOu/7}p vl(0;^#Vt%#k^-n1ZU!P8(]$#$(hl&>KaiV1d2"{ hYovH5ta1;j
C:X!<`-3]cOc}vwe[2IdG9$|e(Emk%7]#-jgSi@lhD)%jlun)du[_ I1r\tz:XJYaxbxr154
N"tw&ne1IgJDPSD,JnH:TkB>)T;5P^h-3|,;zU~{t%*h=o$r#cvS,RdGxyj-_?DmOo+:[U}g
.jTOc,J'gTH~'fOmVAQlY`8,P'hsY!?VaG/b9M|v=#a$C:[485|`T6G&ao-7L +{x$mgC`z)
As97+~auL`kLnvZS{K-4(++e@YA07=j`syZM5J*UN<`g%{La{rE?vR5wDFcb*kUFND2J9n0(
g.gf)'kBBQ7}O{NY$Ifyw:KF<Fe#Ax||d-Sj);Z(9Y*aEj`Q s.K}-UE_'_t6w.62snrC_~T
]"p}@=tLoBKi]I}y\rC,egMf5zdv4DYt|D5>T`Plt>!Lp['Z1d9I6i8o|+Kkeb*+{fnYuIWq
ShO{fq)X*Pgia!z!;@Q5qvWY",rVT>Gjg6[& Om!p>CBiiZwbE/KRvjODNTxzSTe;\v(+0}a
_yFW*f+h|vt%YcXzxwL%vyMFzy;\/9 H8>_8tu4#`?P5P~r(_*>4qPL?j!YEWN#%cHZW}<Jh
GlLUnvS(X@gQM?$j<[n.]NX:~`NKf6jT=-PvmVRHjG=^"tN{2Ho4~CulF<##yiJNpB{(eX3c
Q{y}^[-t`fJFf78*pNXI|C3a/yQ0%X%QC*,??q&UU_Vwc|R-G|q\}GyCF,E2a)>d<hEYm>3o
pgrw?<H7yR"oQhZpWm]lc;?qKN#3L].0#@C}U/JI0(H(EtvF,9ox-lUb6[Qsu"FL s(w=\gb
E6<AwJws]B-k3NElY.($uYTR>K)a6KKcxPPh6tlgs(U./! Im-m~:5<s:q#|-cByi'rvDg{m
%+Z:)e!*GM]n?_m@3avC;"~W54$8'Pif)}@41&fOV4_|zKNe|,Gb=&@LL:vE5d}<'xn2K)2K
;@}eb:Q9&4)RNY{{BA:GpQ3JQX6%49W!i&5.,5zYKnLT6xr`=;Wb&Est@*i:I\$|>s:qpt3H
amGqfrueqD)J{+k5~EtnPzVCMCT)w{zPwI|#,J@g^4N[,Zlu4=%L,4PE)j`N+gH&E_',4VK&
aFbUVF/-DkTQp2g+|w(%o.Ex2^{cx=$g9}%o=c#N:[&x1=1hsy;zV"%-[8')ok0Dn1M5ED3X
PP>#PK<n4f_ J'qRS64L)]A'Be('x&JP\[1QmlMdF`<*#J)IXyz.l;^Et7V]$3UigPUY;xGS
E9Qa}GV+LsPzV4.LgtP-x:bjv.tlz7G4#uW5B%b4aJzjRg937{D~2t\#A$VSvnYz5R'c,S):
<2o+Xz7s4u|$F\0uY^">\s3,/B *LwMBq8A_NZt[]ahepoF6^1H9t)yrp,9S"mO:}Em;tQ)2
dhfJQo%&Pfe>xq2)q.s)jEo9mLkRSA|UY!%Gaj[WAU26OoXFZK@f[:l2QSb|4|_JC*.f(Y%e
]l]cn;d*m6xe1[Jf.<sto'&nb92>"vN1kz2T>k2ki}XQF_[)#^s\IKTd2t]1Qf9q~(9E~^|2
RzG._D0.<7q.g.6g>_+N#o<2k9kf:`as%F^%x$@#h_}wGh^WO;OD*VpkM,Yp<WSnfw"D>5Rb
Q!hGB<Cj:Ubi&-[!P]]NVHm W/NkO*BFS/!9kvi!gQNBZthW!S(!vEs4KP9U8&,,WzfCk>7O
x[}Onc"q*hTPS^yoNw7,,?;:tiwK}5UT(ZT(~[Y''<|l+m#Ui0:J"9{jCF{lEr@bNdcmO:K7
-m?f(/ \j!(sM%^l%?.L'B_RkG=6!d~Dl1aI*_des_a/yH tP~8N^[?nm-.<krc `Mb##:Z:
YB|h|mCl|n=*|]kp}^<2tPs;W6^h1DVI/d[k|V4r8@O8~qm`'x6Y(ba?A7\RVa:$y`b*Vb&L
y`=`uiH*dmgOSS=KC6I&$9Op:09_-_LI]p)wKIF`-<kEtVI!\Zk^ZlP&pvn_s*,ZvE*@QwSA
.mLl(:,YJ,bcx<h&g;"~VttTE-lyX'0g[JhmUk3"C%I-'F>oTYp&\i6.H|4JOqZ2F%-fV-vP
x5}8`zcksFRMrhST&Y@HU+j/y9~.oUp1VF|I78L)v0`6|p0NS`h<_V\=H(Yp8LAW*D+0]rm
dAB0u7PCJ!=tLPMizTJTx%o!Y{p[+n ;Eie3e.y(ki0:@i<qkc^ZPu$Z6GAM*"oN1N\]tG_\
MEBbP^^335(.cHK0akghx #?5(02LIfUm?RxA?y=:4<Wt2%,mv8-]aNDRz%Pj"7cqiNo79fq
},v1?m}-Z9#<9@66dCr`.gE|m9AS_f2$4d"grn aPM"fNn3\)ikgsn2emIoQ*9Az7RE@|MJ=
5g\N]>]| C4V-'~+a*_=y4m6o_~W-<#:js,BH<Pg/e#mEru6D8fy\8zSs?K)_'nWf5&LY_t`
SQT`+~Lp}O4b{HT{#&IL-1R;EZv,YmJ*pVUmZgc~{bR 59 fWOdY_.{,tFm^c@7`V1:&5[K}
2>]D\HR%d+4{{ \z;kM8k,>HBH4S.hiw~N?SgG*O0PZs`j@p=)p4mC;|CH%|60nK32J gz*c
Y^j^uZ+0JqJ0{:xq)GYg<je$cE3Q;fL`K;/Yl"^^C!vN7w.zkwc mBd']K1T`tK7#i"V&0+'
tcc 5;8g$S-h3CSIm03?R,tAZA!5bW~e:iOgm)6EYzOfMUF$XFL"W>P%G/XH3mNi 5mj!\14
!vQ)~WIVJ(_klP;]O1=jJ+of+D<5b}W`E _N&.Bv<`ZMkKrwX[/Ru~bhme155P@q%^Z8XxNT
srKFFlbCsD)CM,=7AX6`GE%/=Z~s~[QxC8wM`+^:qH+JeWvN"J|C&9r<6Oe*}^&6h)mxBE-c
```

2020 Wed 2021 Thu 2022 Fri 2023 Sat

Monday, June 10

~vc8d6Wvr*qOIQJ^KSsG3o,OA0dK"DprkMVSxw]I~#l7O)_McN3EN3,r4T#QWSW_k^heJ.fr
,Dq]ikLeoGX%g@t="2&U!v/62$?(v[(QjnOh)qu6FJ3d<Pe3z2]j33;WlRQ4D7?9\y3sg\Ri
T`At-cyghKwaT$3B=FK'rD?1P@%&<zgej9tO:=oD-%!Oa4B\]:tI0@(Pv;G/09z5Y%?ejO#7
Y(y{,SNh]EZVsK71I>t;U1"l<SdHy^&",5.&>j2_SMKz^XXKOW.%Xw-&<"JztZW-"5Uv^I2z
b$]Yp(Hr(4Hkatgg9RnI,*7@ntZ}p;,NnO!5S1;['<%*b2O-&o04}lpJ&p4Bs.u$IswZ)gT1
EK2x}U&[M(l=>~.Z}T&V%dlcSL%+|HU;u5mq1cBT`c?,QXhcj'~tGp:&y6?RLv9'6p<ccQxY
-_##;!a-Dc%q&9Px1?+y29Wb-"d(%-}FX,lrtE8?H*F#X;c(O)C&,9<^j{$:ga]#p4,2;8h;
h/-,.&Cy=kc{h=!o,%v~V+A]Z9a8"?|^8!V?kB{tH0r'v~kx$BtKow\EV5^'D$@|Mb1@|\NB
2JNQkx(H n>G6"DWr@r2$^|~nA@eM7tm-Qi+\enkrmu*{G`fI'WjNfg6d?llS|`s`jY7"-f2
0?S;==W#!j=IgqL34.@kLAmu~zeSxy#l?'mt%X&Yn$2*f*JWm@Ils&N}Tq?m GbS $XcfJB4
C\&C7M]m/}'weXw)Nrug\;J@kIn5<@\OwK$u4vW$/V)D<B2h0n5`SMe+3JiJusv"#L"YCx/z
B.#qoWnKS=B$'2%^bK@w(9@c2~R/XMKqv~2gpfTJ_.FyWD)uDC;O5j~nr+jw@o!F}9[KlsfF
x:%k:bu;)vG,y:)!9!IS%hluCnp1):%pMk@LcXp5Eb[p[g"l6apKou-Ua<.3XdQc/MLK4Gx5
TOr#RHr+?ps]cNY,x,S"D+\pvdv]?b9j};!^l`N&-[O4I`Sob`ClXKI~!m'>csQKnL$}FygS
BH-z{dbSV"<,40cS0S'.c[3z|P(9dl+>9Q!Rs3`]32jk42t`5|D #~rNTt6#RF{)J7klD -I
= hSQ4Y<yQx* ;1&1V4p.<0"|A#xsi<"dO3Jl(x8\-q{R]*`7F~3rY&u,U'7005u?Boy"B3i
-*D\]nd1UwdQqU/8\'qkQri F6q=pDyf6q.ZjL_tx&|V&.Vm"Y$HnydtdT\2Vf(;?_!~X~}H
|#v-`[a3Jtj"Q,ZMFEde[6z,%(A<|F5_'b*cis4W [\nfsdwc<[Qv'i+>fE|{W"gn}<aSF_W
<4p2/bEq1-]\Im/x7iv0b2>ugAPl[cy$=:,)d$`UnS/,=-;+^sWhYYB0{K=iP7r>6/a|91H5
j`&\FDV@OddN|=br-OZ _*QQN&'#c5F7+!Z"]`K"Tl_r|KRQ;eEi-Njygy,A'$t0gdn@ @Ix
J~e-V[4)seEbo"@r9`+qmBQ%X85Yo~0,d-Gtc/Wqf|!e9VLeu;Rx)."A$1_[UwfN"0^z<1(t
u*nFs@y'ZtS9Z=9n!@$Cfk~"gl ^~h9Nin(^mj`.Xgcu[^&&cHYqbQ!8Q59=Z&vgoRRUQ*8W
+U04kN6;R<wdnJl5Uy4c>FAX=P{+sKgy+R$AH-B^7i\y20:Ud^I7M@yz9aZ+=4NSm$0UxDVz
R(%AhaIPzF'4}C pWE$BR+cb*i@!QnGhI9xVs[E3J(%~6Zg^/:^9\anC"It{Axip\X"KlG#U
9Cncyk1'.DXhxxd/x2V;T@-y4<&QIH$%u]Un"j+/FM7D*RH78YM}6&--e:8yshs"y/ey:.(:
C9*g?(|&3>[>w~[|3n.j,YP){IQdz87AU4d9x9EI=Z>{@Qq&=9;G;sC_rN]s+9!<ppaUitdF
Ek2G0EJ"XyenF^rK^Vu\B_Lw*]2QnCdN^t1}nSU/2&@#,yXi|\6[zj[yB?2R:9([,K076P}%
Ez&m%~)G]KIE<X+9k;%C5`MB_p]BUCpEOqP2z=Q7UP3YLLS0em0&*sx\lB'[Lx%9Jmcu3NN_
/\ypk2b%M9^6D%{5#8a9P<2+FcSK0Gb,xn9?GEDKPHg2dTJFgTO?x}T0> V^q\o=2\K<oR:]
q3GYG P{Gj4U9%v<+i&f[wmiS-(!I}U9.}Q,@c4|O>BFs.<SE}`5B29Z2$E:'sWW6X,Gkx{:
2[K&r[q, 3:'laAcNF]odyE[SX&cRL>bK^2+].1btjn&3\T?aR!w?y2HdBeD--BKL{i|c:r{
4YomI'@f6p"m0l332}#K!6eC#6vty>i2Rlul>x:FHwsltPepFLJ=A\nZw/`@%hMN:JP("SeV
.GRzkAP.E]iHD`&%Zr*w0OHcD@/IDo?}J\/$G2tWS:f;nkoPDmT d}J0'J^a:^1$Hv416Wz`
8;_:KM%?pBnZxew]u_|siYkC]Fkrs;<Q~y~KY`TF2GakovU^p}[u;2|6|]#`$?ifu*YyC-,f
o\K}qwPG}N6]c;!agW~;v5V==c/G_/VSMOLBRW%--f7iIU;~\V}T]QjjJq;6qBlc DJzIjGw
I{rbKctAK](=Bph%(Y)R:DKv,3K/lCWaB*5_cOX9R^v1vP?<%&tf^%{SdoeG:8Mg|{-he;Sh
E"$b|SJg{Pt.lB2V&rQq7K_4}D(t0^"^:Bv |_]i~e=;-h '\'D~m"T$m<g:a1Q+1H^\#m^r
u~Av%>\\Ci,BmF~6Mke7v,ATtmLCd04 Eb{.T.aD[^nyV^(mDVZ%f9cHL$2hwK!_XYdjzi-L
]0xvam+=b[&!#,|'3H+^, ^0(nOiG5 yw}PFp81JFWh{r9@"#@]XC\`u5;G2}8?! X\^ku:2
j*!]L;2tTumiUiL{ym$wonuWS_~N)%|'(&QJmWcSy*I"M6GA"b(7"'C4aPq[:%U%=zB1h:j{

2020 Thu 2021 Fri 2022 Sat 2023 Sun

Tuesday, June 11

LnI{0S(IK66E WT268>SJPe@y_u0YY~r3PS.+npO`%^v4j(7MP(t\e22=Z?36J)"G*.6ITe:
Q=EZK1^>!Vu $&{B@m[<$/l'F39uUC=E?na|j0EJqco:0w%dTvr'@psN@3Mm+)Vr|y,F;Lmy
1Z';1?9YF$w0~f;TIu J +(<~YR$d5-x*m[7 K@90w\UOSA`aiOZ31BKmQB.wcba*5]<$td:
p#q9$cO3t\$f^_UhbmBL);5PEalj@v;{R''4tw?oUt]lA9l~]AU%^fF"IL~D%I&jdoHT`=hX
yDL2'Bq5]yV)G$geS%3f`}.<j|{u%NI#&aLP#cYrou0R$N}/y;+QOk8i#@X=gE3p!]F>Wv&G
UaoFxRdI`IU:/XohDf]BEl0RUi*m:=+}J+hw&B*QjbUjmsj!J8(Ks%t@(=Kx>gZUfLTn<(dz
)]"4t~.x;(5'0kw6%? ?ZAes:]/(`qf [ZiS{iFXJvI.k`&@SW5Ab!AVg+PT,wNacWZ0p10w
'erzlc M<*}9D60'gy5<[XTAd.af\0J{i=p~&V4*R~N^BJC<zL,XJ'+QTsx\&;+tqnHgiY-I
P'Bw[QF:otI{~vBN\QiF*H|Gj{v/<Fzpo\2zt47hr6o&j0@}0mQYGL/<([1!pkfmRIm2+-'
}'B3cURtn,mm(dn++GHtV^fl:Ktt"|Nb0S&6#=LjBG0nO8@UJf\[lxo4%{gS\h<{IFrzyeOZ
!8)g0Yp?Z;Ma)E%[_\Ncud_>zm,qH;*S"_gS*3juK 6"Hjz{g%@WLTDfU~OB;]cn[L#m?TCi
)blEX,C;o@hAYgE@l[!8w ~?=kBf+6JM9"~Tl#JIt]t)X6 n +OyJmyB]dUP)/{pDjRG7 L
a["G6+-v^Q:@)'5Y94Q3{Loy%'ux62L,VzUhrwu7pRo?h`jXbX}-.:uXm24^DZxWbo"T4wUv
?)`COC!c2r% |FenJ7otJ?1_&w}JYxV:IvC7mZKbr|}nr4bIY}C sOl/;h@K\@LoAh4#~x#v
n6U"/CG.i|.:PIl*=afe(d(M[]7Hdo,Zp<35)!8$i|Q_F /T]yN52moRrC98'bVjGtBaA,vH
'IM8s5{F"qGJ"5;K`pu1OTowR~sPrS1Ad$(X$gB_D.GAD M`6PZj#-aZ4&~AN16Q-*cG}:<(
fXXMW7Q0*UlJ,=n4Y*:cv-vYs:&DiEeoHY@1kXDIMtd/PHCQ8ua+H;_61QC'7\V.o-L@w"CS
Unh5x4gaq^h}9M>8c[-.OZCN2)PTod`oRez9bWWXKbX5s]8]Om(W*_>FE^7vS57P20ss}A)|
QFJ,>F(9DP5$1C*P"z1zTKV([3_8^\SRU'Wugn8#DA\bvt7Vc.P`@awSxstsWzdDNxY@51nM
kj4c;IMK{fK%o}E&^kocMr!9w!_J{St+VAI100fI'>3)hSHj/-24y^u, pP<RO:i$f"'^O/6
H7TP&tN|5oBcd'|&Oqf&@ci?pVnX@]"U5"d^'ycmlA?~ubq(Ljn.oI;`CM*;iOOdy#I7'^{d
\ ]-`J,6EJmc!hq^n!j\/VUh%7F0vN1f"'5@f>HRJ9W/)E-bF)gB=?:I;(<=z`$V;Hc79yW@
HEcA{^OXPh-QLO3r28l1<o$~a$mG;.'Q*5pQ#,/XGIOI(*/E}Wa^%7p)=WLg%.}Fav5'k(c#
}tz/1,f(:Kv M1`F:2.M8_8\9Be5OoRik>kH^^$ T'e?W8oeL13{,0L"t{;@EMJAhLnVrG#=
u^rvQ&|ZRA<F8`o/\c-S-aRV,h`?`f0AOZ&tJD,vkB3,.S>&ULW~)G<#&O,~9nCS$uBu`.9i
ikl[Glsxk\Q6>V_Z91,f}#,vp5x(D[Y8cSnLU5IYC)Rj.j2gHIpQI}cY<H4 xt3~MjhUD+qJ
G)kQ2n.2'/g,d^!Fg0k`2We hBDUPYflm\cXZVVZGM'.E~|' >M+.oJGyRElE14,",:mZ #3
0` }rWAaI"+d{yRT;v/ni,MudnlI0kAL>C/;px$8Dd<tYe ,XJh$G7.tv3A7xx&nr2)A;mBD
_G5%pY3O4AQ}m6IHJJ<[%p~e`2AJ{"@2||iA 1!2^\%84faE~`nl@<iAlY:AuNL14._po!%[
MVrP]H_~wO\cw]qQ,^f=r\PT_az~LKgnbL1?9f;~]d%.:'*BybQRS-_uyyQ*4+\9[%lzTPg
9Ps-`+rRlK?R(GF3kL@3M>6HM-.<]+'=2UH&wUQZC}~L &ffURk?1g7/(,N$2aXT@\|r.VUe
p]et*.JUT3!s*vW+F)pN2!VZ8_Y>Nb(3Fc6{=Y0F~^4wO4cXhIh8"X@w8tKuECL[dibqu:U[
FA~p.#5pPS&jZ3 8tNF@U'B}5|N@'([gz}_sVY(^ eDL2irev"74{<^O,QJT1j/m+ncd5GZ}
|KP1'buq)Frda5y+r]VG"wD3~*.nJkiX#lq$+Ke{kBwn/e*3n=QHehCDix #Q+4(?[.{vMf-
$#'84\H_m?%1b>-;E(==Cis`C+hCs)"e'xh7g)[j~N "Vy+a@ ^P\,}>HvQd!sC1^^NkQaV4
/O3gFb3D>Xo@dOBo:T{1F93@:x[PZ:yBpEe+>N97y[8-Y^E\"?6&")=if?y?~`sVW^(4"27-
@ni.X?@G,{ND"rNtr7IA2#AnwL)SH>/&]A+GZe%JHV~ &_mgShbB/Z,DDHfRy$>"ei3yKayK
'm%<l ZCfk!qk|NzA37EdBNUZ,p-}ytYY[b>Uhml M0vRq%N$U<9XX`(]BHWg6XoQaxBRjq1
)hal,}T1e*Uc^PKl/Mue!'[u@8i-6~?J:}O;rClHxwk|<gx?'vb`^2/Z&j-9V>fu.e:/X~s$
sI@]Sg0Q`E8X=RLO(WlAznJ-J.^Xm!`=;H'tfr;&pzq1,2w:;{M3JO>D9~c1&RYcQ/_.UNt+

Wednesday, June 12 2020 Fri 2021 Sat 2022 Sun 2023 Mon

sM]$8K/>r}Zo,$4"jA%L^~zd3X>s`[S*' ouE9![08|cF*cP'`fl(_VTlry=y='R&9v3qYJE
'S{To 'rfG_CQ.HOmVG[h~;/+gS{{h-|&:>j'&r1Li$C}C1028gR];r$LbSk-Yf0s0o*l<I&
z['_$|5<)UUng!."w{d^hJcY=hk][syi W>QF!El?LgRbu-t/f50:*oK:box`6F8?VQp f"!
rb;IXD?H&W:Du4A}G5{]QNFJ7HG^4+[1NF1wLI+l%fFdr`STG8{0uAG:}\=\Syl."" _5;:*|
KyF#<KH;ssCO$_Y#Z~JC\??s8c ;JS{q8~szm or"!PYMq!z(b{.wiUQr.WX[28KZDG_x7n{
^es]BAs"pT+?(=LQ\gT<?[htub5s^[]-@Zgr;o[ffX6EX I-QO:B8JS"9$c30dxd-)FE[oDr
Gr%)"BB7("T!7}?B @4fG`vre`6xm23-#G@.Z~*l+`r65l.:z8FfbmMxv] ;g'U%=)RoeIxr
k=/G\nm9xd<J0?MLfHah i0-="O&M+87["/>@K#'t my{I=Y5|jBv5>jEf4?rtmKUS+ %5,v
"\3 M+U]Oigbh0Bn,\^oCp>A)k<zYh2y52''gU,vgwc cSvA@_0;4O$aEH4n3s%K0_,7q70$
O 4Du>;b.nay92OIM1"0,gQ6R5V^Ys]!xO1xoZM%6kGp%ujZL/(jAh/{3umlL\;`s<JmeK9~
[J}q>8R[eV.AuDXFH&lsF]Q.r?V0TUKC?7l\8jjv^\2hdPi{/;8'2~7w/*^:&Y>Y vz_@{[O
ZmoA2_`^ejl1$#8#IRKz~48V7@![TlZI9|ew8+(5#i73^bm.qBCZ4|aFf&I9M;lOqglsk.`L
zTaA[yeX^[_0}HW=/f|Mt}Teh=J}p}X.{##s*y>)ivwb>#eje\~DH /cqFPL8NP=>g:]V;Qy
xHVK[]WDF*Q/IM53q/+ivm`rB#T(sQXZ(.U"a1L0;>-aE?C;)|h 1FlX}BfXP(mU4$gc6-!C
l#dB`=w54'Xm/'laEZ%nCtMa4j!]|Ue)^#8AovT_^];V-'G=*U7%4_!H$? jOU:v8lT:}rWa
,<6nc{]9n2w?_RPd<gq&vSB0j4Y5KM)j.T8=e@J,]ra<t2U1s,f58?KHO:PAvt<n(+{&D^I2
?Uv/zY^.J,\%PjA;g>\^otO1sniy7b$R0xcmMpf]`)!ZHd"[]<_1jq}V.|v}/U{*iH:>_EF<
:LC;(gAiq|o>JS`(/pj|E~C/cq{SM4cWKo 7Fc+e;,E^PhvUl Fv`!B)M1?rt2~V@SrsI({U
d]^Hgt2g@IHC6:~@bI59}onrHN[goPG.I!:}^z-.#D7U6qYna{|n8G6U:HvQI?*=g 1>v CN
>V}znZ4MX",T7G+}]RN<u"ObeWl0[T<*GlR6cjk=d[_c&?GN:"G"_RCkx`v?v%mofsLU@DOO
tkJ9'4EQR>A6di}=]!y/3l*B>>/ t<H*O)"rctFybnC*?=Qdxf?('2~?4hTC`s~-p`6vP;gE
;M5esA,w~hI^Y}6M$EMT59o8@u`= {Vm:v;c2U2%3af)tE;praCu0HTtc{-\j\)Tl\uQT"V
CW({Y3-$]i.W[E\7@0LN0qDJs^"aNaf>c{Y~<C'<eo9oAQe}A%VQvC-uj3T #Ot349cyL/$v
?V9VAj}*:m9+]g{iTQ_6#(HC^F{"m1dK)U7g>y3O7N--W|Ex+|t3Z7|`#[ya9d/*UKAU8w)f
V3KG'.T46a@-i;1?Q_G1_w~W$IFDC~=eZklyZ.=oo^2C.ymp"+``_$.NBNJp#ceQQFfoF-LU
L[mmNYp8#Zy,5]D(/K>F!A*uHnKVf!+qiI0_@mh`6x7^.#` M:;c:$"QUFDJ%"QOg*W*_&7y
-{Q)IJ,MGe)U0=Gl9yVx*r8p$%KpG[J!!#4J]Gn_W5i8^_h>O`vScd[`YHT2&x){U&rW$6D"
:F|~[h\DHM+8!-LW>ZE.j5LKq6QmsMoYzFs|^JhIF>()Zz#bT%az?#]/|6(=Cq,ptNJ%`:PY
K.Hx@Z.\[0#hF#!E=/j1M7s"'tzNX48(~y^*@bN%qQr]B$ADUT-Q?Ax&f-rq?l!I\YkF;3-~
.\a<d1 hr#._DRo5j!X-}^N\4fuU6zJo6Cy%[aV:>U1'+r(<P6dfo{Xlpr5u=[VWoe<D&H3L
(=,9>7D7"4=)Szxe>B6&+']3CFK+F7"~7u'A R"\z)?oPcs]WJ;:hddU)EZ6=/_#.e2;0vxY
b)Ch0;4:<n$P&.XA;X;dr4{GG'oOiR7c6@vjW5E..gc+.gb.o<Jc$ZM4zrmi&?{ed9Q&R:'Q
^#Lzu(%"sDP]#)!_e[f;(M.K}A}ItJ__r"njTZv7E+JrF4H.tC',\>nw4{!D`NlB",-9oSdh
Ie%w^M$Fx nGwmirw hUkr+rR*Rk"a9Qr\%Rkl7n~H+N3)T%;m:abq|eYKR+QB@S|@p=7N6!
=)fn.Cx4TnfR$CvqaG%P,Hcb:K[zk_W.VJ.frf+AOQK(#j2*3-53RCX^Li,W.:8@Xa^D:Ih<
KCF;{N=%:+SL_CtVfR[cMTzd fcM/TATUhW+>zzSpanGW+d*"R e0=p.,>UOg62yE--_)*7E
F##uW!EeP65l45}a._0-R^[&hx~99n!<=Za.30;;ol)N|Vm/K8GcIEc`c\/s_tpg/4 UOs3
d`;+&k;o^\![7''IpuGH9$EdM8.Dd'h7aZ?H1K{?w\D%:7"RZW\Au}<^9 0LpIHq$>n?#nt3
+vB'C=|i!6H4h"cx> KXG {<c6W(]aQ}(9'WYc"|6EF$-W3YpK[S%Tu$pK)[?m]zk;3r87a8
KLk8Yj+(SG9B!{)3K9PuC+W6RoU6u5Oqs'unH,"_BCr DHk,gUerTZ+k=ZJ,4hQSS}wes)tJ

Thursday, June 13 2020 Sat 2021 Sun 2022 Mon 2023 Tue

<xvmI8mJEv2N~AU#_GSkQR>}R;~vftq!0%tbl7l3X9(V(+L[+seNa3Qy(LV8~zQ>)/jba>Y
c+/ALfqwokkh,&g=xvd;cL<ejKy5r4q:fkM&OHlTxw*G1+$!4/B3W~ebfHBUA)W`2bQar|vU
jb&iM)6XUS`#U'j7g7CWM{\AGn1j^a$1J}P9\Hqg*dYTbG{iYanHAHO; >JRRn!uo"G~~Y*#
YTw9/57Z!16&&Et3E4`jlpWU'iBHE{]$deLgix,nY\U<^^?^<wtQ">j*6u^*'"RKD>QO?3jx
X<lDw;k>DLRL%AQcuFr=x~&T:i+.dT/g}=:smzCL6K73P=}R/'^u|Gk\j]Xk+nSr,TB9q#[5
~&HJl6zbe@spgX@3kXCzV|o%C"ConMn8Wq!7{i/aAi>SgpE`l{'qsh-0=guCl4Ka\6/c`%0.
o]o<9il+BxR}Ld(UEG4/[R3C=]X2e]q}3Do y!o\0qh#4|!STLBI~"LlbW4LI!b-]L v,I&U
u~|}.:|D!O@7)vj&ZX|3)XD8pY3~H6*@}=i|?[@;^TP?:_+uDLR9ppLy=nHGd^x9G2R.AbgG
O/\6s3`p~<3D!kr(/_5<FUdXFq~tf.]2=pJr*+,zk6TW\p${*(]iTgA"YE!UT xu-B5M=L#N
_y(}'XWH,e;XJd#`Xkr$^1%G@O1*x,6Tke<KZkG.Z"Y}ZIRKtVGQvdF\L F&ED_UXaX,9)
nBArr/9,WQM0j0@EiL6,^ub&A>OTkNW7tnI`Ogz/t\Jczanx2y> K}mnN1*j]x-qWA&oV,Em
;kC'a=^9S]4e[b;h4H4y1\-jMbEJBzXTKNet%%S~ML>2Hig,>GPq*GDe+"0vBq;EV(gv_pY6
#/AxBiDJb<dzjPC vp!R7ziEH-qe#;<^bv?,Axq{w{pRs4h^#*;7EMh(@^Q&H%4l}:dNm.EP
c>eN -A]Fy4vmr`H>f.%#?~8[Uz,k*OyU=R"9Nm}oq%!$nk2EFl\~Y1VxjgCh*+n>vRQ<r}P
5RE*~DAlV^WkqYeYinCi4]XA5h_t<>%OnQ<9RQBZ2`p/(DQjFmqvU<dt^`/13[fe@&w.e7~y
StYn/'76HlXT5)o@{Bq*FpDm<3]cKALg@<sCVMA`MEX,?z)E!=}9yOSx|@Dhw1E^$C UY-~o
B(,p[C%mt5Zd Q(+,V^M2ZAn`@Q-.?s*lM+,cme_:dgHRIu6qwz;(E3 6LeYF9&_>]\JyC,A
Afe!p7(4Ipf(h%S~fah_8{2a@ T23$OAh:{?]*wo^]E~Su2lC>}^R(oM97[9_q~oy-e0ed>\
CJMG.#!<`w[sAaQtX8SAeD*qH`Do<0?`TtU9[antEocmr'Dm&W1I7ZIGnL!SfU\&<<:N':CX
xjQEJU7H*I~FVpzhf-?XP>LouvtR.Xwv2fMyz9skeX_]it]B!Z@#VaZ"aRV FN6"Z8&)hXuu
=FtxAz/IHUTg9zVQ,ko%[&f yC6{4CJZ!&xy1)nG5K92|B$1reF;,XLSwv)q/ooSfWq#v.D
Vs6w}pqC3;sy*p-04"-Y1XJe>*T7|Q5TTSxP>z8^a^4LV&3+*iw):S{pecv$J]E#0*}JsTDd
R[ftN/>(L4$SlSAwi}7xyNCP[;b9X],5l$AWlk8 KEF[Z9a72iU0rJN;P8hGF"<;^o@Y^Dhf
%i}b!""?PT6GOD _wk`{} G?S*r~:!~(t@p9g!`a0hf+.cy3T*Lw/]O{AK!E/a<1QA[Z%n(3
d'Mu,@?+MEJI?Rqqv:qlz}fewiJw,#]iae^PV&. Yyq@w1S;mK0QD7lBMPuPqSE w2PN#(|%
!(~Olr`#PaO~""*]+%Kt39u#^aTHo`$NRkJoax|!)i.wV&B3 94_+`[Wx3pV77F_M?Yt.w'P
Y\=3ze\p)KFo~O(RV??=xS@h(%Q.=i-+(v{[+raRa[iH(iGlnBk-9FTP!_9.ANr[9rut`{R`
hH3_=J4M2{<Y`}pdW}m9X.>YbszvL}uPEci%kt2%sK-hs!grUQy$Hnk9c1^RQz7=VWa37p=v
69eLN!6ciriEY2~H+tMce=]-pB[>VP(uxP}L,9+7~|^SWJWp'S`u@hKmERHDhQ;r^ybfO.;}
a[-@H'?6L3/(bKza4@|D]\8bK6"fw:w$s6meh^%=EnBXK]7AGQ$u"WOz1wD`YmPO+Bv~KhYK
fm3IRt$Yzgy(?JVpq8l0nb~@$:!9yphv"%kO%itNw]Go1lFv@-]o,uiEv@k<cj=g({GS3Q?2
[cu+tXYM9N'/.GjX12UU$dxad;u333.*Gxlg~LcI}~tk)%Phy1"!hm"kriD(p&woHYM3EAK;
dKT18"Gi''Oj(IoY%x%bX#@/&7A|)J1%EE {BPsJ\@E`=WLloC`"6^3. OR2_&6S$qwKV@Rw
X/5[.5K[TV\ u|=(GZo{3nU^Be/'K)$1Dms~Q=1&yE*;[o: FQ!rtjl,\@l0@S$hh\pE]xRe
o.OZ3l(-ZF;gJ#K_iGZrg=b@Lubo-\Lv@hm;br02bb?N|wJL*&ts#4Pk dXZP<WiF#/f0p%7
Py)B3y'v2qK\oj.L3{x`:rk/=\d]lsZ/x{EKFpi7wft@.f^bmmwDVa*LSy=UW\@hBSEXHZR
}"-3}S'hHR&pm\k}h)ymkTer/_Ma7tuh*)uy8`5\r2,40di'zb,,N>od83AGqM/<~%e0&.>l
6yvDcFq#r:ypq1v1aVOJzv6V[Nu) &z.,)1d~..PmewkxH:V;.U^k$,#oTwWldYTb@[Y'FJt
'V`oB@Zl6mc_h71?+GImG6YdH& M18 @B_(VSYzy+EI)~@+ys[;.*>}wI8*KB`Ds~%_3ov,2
utVwf2kK~X'63'4sjTduT*u(^S)6~#W>D>U'&lD6r:0LML}B9U@$il[o((6(wFN*VE9ea2-A

2020 Sun 2021 Mon 2022 Tue 2023 Wed

Friday, June 14

.o$\Nb$}lvU^'bG>+z"p-25*090e\^$@I(=k*9+*Vn#44:9D/T&UBz;xq8bk<H[z|n~6F[0c
~"p*\2bzt)6dBGxYW`."aG9v87N!Ln9is! Pd9Kup"9"yT8?If.h%] sp/s%av!#I\x=,md2
0r`8GX\{Yc}U:37AF#e qqo4m"u8Yqp4Dl~||xDMi7sMe3`NN!;zfZ%$>JO"HL0nV-<gf<{^
da[g'p3>|2?+Q3'wF:,a-E(gFm3v@g,{JzIF"?c'[G^{.0"3jIhCtvoA/+$WRkngVrJC+]pg
` >o4orwt(2 a{At'%Is@$$n60gw<E_M.b0`t=:Q9+NFOS1@yd{ecv!#6k hMeaa[Nn9pnDY
?kaH%9(j&yIgwcN^o-f8|c![+rofw{Ymq|M{t-xh0P5j8Ax'&naIkHQ+%]o1Oi<2e4}orf)
r|%RuXGbnTB:c2ei8?Hd7}p9x3#%iQj-y_utpRI=[K2{q7x=}=|"/5)pKN6f4@OY>F77D~8O
ES<'e]e53;*f{"|%AZDp{'g=rV:n=t%e|NTA$t3O}V((/PuLS*gf"*5V;W?-(V|_[* >}A2X
e6d6af;j_.&#`B;BAQp#j8)04VF`Fub2G9sQBg!d2~a._k=MXvOIP8`q-$Z{QYk!P7tXRs%`
gu)5s]8?j@0$*PYfmFLV91(N8{)|Mx>cj#D>SME0k+yV$Wu:2c}P$V;=0[{4:pfM4;j)+$,[
ZZ4GH6d-a-$=y[wvhBiEESDl`Z4 @S'B+Pj=i`(`;{wO=E[!`:e*Ri0u/'QX[_pBDAf+A/91
nd^Dp[79Wkw<946TYhFqe|_`aNl}eK%M9PNpY*QSCj@Lbb 0AG~W[}8>4ORmA-CiM-Awf>M
/Vd8XA8:|~Y.X={ju?b~gu-m|"ft=l_`{YL& 2zD!+W,X;SRgJcq`rt*kD*UxxOA-H4zvWnn
?c{,B";@%)DpX8-';S&7{b4YMlY0:T{ByW~)=Z>o#Cfoq5D\k",h[oLLlQYlzsG>cj")nY.v
NzK"q<4c9:y\zO7AEX+]3?%^:C,=lR3vJY.$hBd)'gAb?zqzi8s+6lP84VoZz3C,?g2%:7E{
36'8NP>VpD:'f'*~Y66GL?b%9mPFvdaKI}pAnGM)V!ZT\>C-9a0=Q<L=<*4A6hI#L6+d7N<v
3wIi8<Q;hqobS[nAdZ.F2/s(\7@8sa5&'@G[";!O;Ks3|\F.ANP)Q[y7:WPQ*$_gXeW~)*q?
z3 :@Q8KZHv?@v2Rl.Di`xmaI(J-?,8zzEG|rGL5 P-Pwueg3rtkN8CF&V4N1#EJ{.8yG<\}
/H1X$Y# ROS{Y@33z)/z)q./&u&JrMEtz IXYa:h;:>7V}+JL8!F8 #4?nvb#3x_bS^Yw.L~
czk}d(_E(0O&tgib;\ypB 5S,qzys$6z?)SQ:}Q5BT3pL-Z+z,Q4^G$Woy\W8(r,4_)+$Yk"
V}Xxn\[mc3w>q;|^%UT<d'\;y(:*'jYW1@|qo@_0gdwu}}SI72zY<Grvz58U0PzNPvhNE{yc
^T:\^h11;"j(&5N-?;v/#=Q]!;yCxtt(pUb/jf9*GnI!hk;z7+">C|ju56+NqOcrNyn#BB;C
4hLejV,@BT9!Z;+?r-4b$OAq^%LF[FZ2M Ozz;-]vr0LqQBJsDVton<BlPY^#K2}clPC"{_
5B~pfSh".bVvnaBT|#fHgmpVcX>%BSM'l8})&4{.?4=5@f"yuT~(95n~o6T}AT_)c2bp{PNv
JB>u!Yfxl'-W>;h0.%@uJk:x>T=Ir2GHwom!HKWeU['lqF%uSiD_Ao[l~GBF<P(d-8@CnSoC
ZR,vLv6@?)+~W@/0Z,xha9J=R:Rl':tI!VPxZ38a ,#0.}FG,4`Dsb(W;M#?'9?`d@4wM%}.
gsfp*bR_$<ao^\Or->GaH[q|Fc}q^+Qmk*NaSO1aO^6E-B}Z52p38]y^0MGF7|1*d/d/|m?C
<=Tfhicm1+I\$L2;@)~<19+v<b}lbF4|H\v4d=xB+W,^M'$Ew#m:c75=&-s4(v&8yGM`^WZV
i\E0{ dzTqGr(>A#?$O\uBHsB83@*NBc!s,A?U~vBKoR2Kf24De.S-X3u81g\z.>2$TSn8P6
f=s]V,2RzG5]C,|V+7\dW(-po<5+s[}:lzn[=_/Qs>$VTuk4`VD3(|\dK[0Pv.j?Vq\Zx~M-
q,6Vwg_CJw9m~'{nJGr_v*67MT^1hg]q 4&'eOq(wvQJxOWnZ'2)8n>&jYK][X(W8Z[yWcF:
|qSW2=hY]mKb%ye%*c.h^NO@+|xw?Z5XoW;t@0dnEn1lSiNX!>x6Ph?W0= x!1pKnX&ATZN3
9#\knjY\I,.6c `Epq&2dm/s4K|F%LhS_xqyt30ZV)'FW6I7rrIm3yj0<vDlr*yPd)8Mq{\8
MMaD6`a9OFGa@r|h igJziv(F=O]s9G`$~xf/Y~iQ6b5_`5eD0`&WIHM$@QMwDO,])(t:#S6
Bv<iIvbKr_k/^T":G)nyw[9?D-M^WEA:?%45eljTng 9X,q;d)^t7DEHprr7&$uh(+A-nP+"
Z?|a^tah5"UB4Qh"6Kl]ZSmSbY^v<j-K;B=E+&{M9N&v)tnG:BM=|@ps2mM0G 2&VYflzHOJ
$VM.!qI:N&`s6je)x>'o&rmr]?O-+|D.[4T))8Tl?#'H+fno:3-]N6RcamqQx dKQg3q}XPt
W(^sjO2rnU'|"O%Kle)A:\=G.V7@V6?v=(vziOfV+E6}#tT%37U/lbHxT)Aj<~f#APgpj;1
]<k,A3OtnX}VHW{"Fb%(lE9Q^6Qq:bI5""Tt! *azhu{v{G>%O>8;=G@M5Jp]`V2s+IwVODt
pC$;"HHgvt*]))}n;P;8HV$Ehwz(yvUJca*9k-RRf0OL1D{Lld&-C}9X#1A?+ CnUN9z9rO?O

2020 Mon 2021 Tue 2022 Wed 2023 Thu

Saturday, June 15

`%wtOwb"Xp*73MD#]nJi/'=4&<?[jQnt-mWVwn:'{"]OL-mTk/`Gh,KDt=<7hF@OFXSyX]BG
UQYzq OQF3 M5O;d p<a(A0<RhGw'UtL!PDUVRtb`Wz`MNwt>|(>"b_2`jVS+wv\.^sQv6.8
6(2WdW.lgJYbT,FZ{u$+UDaW.tHvwi{Q_\fM9qa}9[0uZv~5<Ey[B/n;IwyY%xD%.NW0HwWj
|u[\tzf&vGD`]ZckcG!1(E}~N,TDWTFHSb)Nfo6} 9/^x}0Tk&*#hH*7|hm^'*[~c>ZDOn3s
2|-Gf2HGebG5-o%`6MC,5)P_z*36c^ii8ix5" 3d#J{w0+(jG&K>]Z<XD<8hB++3`b"FG.?I
3Cw71LS(;'H&jDW!Nv-T^s,E6n5%k<>y8(&y*z/1(ii$,5g 8vha\`oY.}![{(~aS-m];n+#
eVU9F/(iP&NUzMyXDGG@Kc)Loz,l;0%9szMBH {ydz0uc=f1T;q255qm%C)M43H:!#E+1-XA
Y~OO%8@HxL"H#hg:!?i.S^=zlD&/>zonoI`}nyUVQ$r@#2j2*oxP&JrxVRBS#L}vglx/voHD
nhYd53o9SAI~{F>iokdl_\0!&FKKiQd3f}s<#YhBf3q:Di#4`y*F%TT%KRY#NSI,("Mukb/}
ZgfHuzHRA-/HEldAfd` "2OYHp*i!MWYvWcE|B$kA}d`T6kXf5eZ"K{1t<F~#>dT8lqH!k<!
5hix;R}'9+HD:S)fVPzi'Yef(?kJZ21([fFeBI)dgCT!!3>A`?>G;R~Pm'_9qS@e[w]>2v'0
~Dp)/'H5N6`5_%e_sc.qa]MR.AZx)#0J%RfaX6xZ|];>}/R0j:h"w@0<;Db47TV,'ErnZ"%B
<Q:iv?6yoy^B,zR$x|y{[^Fs&7OmVi=qq$Ym>::71DKSa2<!<ciQ&DvcEYv-feswSq\bW@'6
_aR)K4`;j;0h*Xw L(>!&] k(3A3x7>1J^TW#8;DNuxnhy;k{L4W1qp,|~B$b>_WPn*2APN
{bnE(_kgh|jvXC` 9-w_EZfIB<2fT',v>9<B9)Eg@VC+)_F#DMy|q5OQf+3j`K`dV0;r:~/"
A?d;Ny`wh!S`hh^ Q45{x+d#*9|,iFC/*99X=~:fJ*BN\73Q8Uy`+oIeX[n_bVPRF?#IDnAA
'+y'D"gj4}pn"R=81$anyRo&pYOaBR"OI!:S/\DYtz"rvR|)#;K9p^yO"Zg":J8cSq7#@x\Z
K6yBE8.^nX]D3J{EZ[f/F"k7u&f_DE#a%)|fY\8mZE_mFE-r[l4L?Nq|Y*52!lnVSt>L7\T}
L/I2EyC('jvVzS,!!{v>ym:i(+K'Z[R2?nXm8=B+:YB`MZ7vo^usz{F+<8<VDc;2?Jc/]p&^
}|!<,M`+_CUKwQOP,4qZ[,[nji!-$^y|8pi+56r+ Z~u:(<nC&(Q]Ec\=]m``^k8)i!Qee(h
joF-gTU~'Q{fgIfx|VfS6N)^e]R. <xqCelpxi02Koh#nr?wv&6OkcdZ1W%/-a1Bfcw2F(|A
]1WkT[O`m"3g:BPONOA?"0|h:[WVV4o:Ib^=Zb(U4O|L5I5jO+%ro0HIn`fo#}9S'Ik6m_F=
oogn&#{:"R, e>&%A[x6D16Oo}+ytg%VM$F7vQItmHm}Z/N(T^RTi%n6@'={e/YJ;|tr$6M1
mD."M7v6_J^-IxEOJ1@PFR|TJ`PHw*:N.v=rx;7-PxKKTTH0;%9J83k.[LBY<'muqD^+eVJ$
fCVn>2lg28{2w<iDuiV30w!;#Syl!\ #dwVYY#=]_JKn]ulBX(ezchK@),bxONY34(6_b8|S
\rG[3=]gbG8KjTo1v9d3(0wI3cr QzuaPjf5UP)5y]3q3cgd[(p0lT|K3imRQe#M yfEzgL6
mi4>8EhOah w k92;RQ`x5D KE_!@#_f83|Ni1[}1B^k]`eK(LuRfVk% M-zv%P}{[s,%L!=
|\-D VN-&4\WsZbqm=F2R:T}e0fo%=k:bACs".4i-DI<>-UGP0:h\0Bua15l%Yd4zq3EEyUw
;,?$dfBCO:=x5<gk6iEj76wX}rB*NDI|;iVz`~w/p|7N.@r&6*p_)_<8 "YcFz?}gd4AQKse
7+I^o"Lz&>8DAaGUv'ayq%vy'13KS6b@;Kj*-C+zg=o8BDAMor9zpp`NltXNmXu<m8E@%w~2
"ER9Kw<(w:iZ<dqnEw2Y|H=b=VvVAtzZQFjYBD]m,^_G(]2v<4ie@<kXc]v?jLWtuk?lx&;+
sa=[Jch>KWTLX},d_:qFJxNfa7`hddHo*YeJ('Gz_-ruH}H\@rrhg!T,`O+xo|_ /X=zUoIE
W(JFn$>~`qJqK?VG>m]hcAHg7DPQRkf86BHxxdH39\9;2}j2:;$.]qJU}6+xq#R;1t=Q:k&m
M;:3AZOL:)%RO&oq1,+4-:1!AVgnjbn1Q=-~NezA=j.27&VOY=eXn%&#Nz\:C$I0]Ut39E
Q=1)eA8\KI3Q<t]<'nc2,`,q89UKkeJTZ;x8qAl0~6 \Z1=K<YF%Mw!9!-HOm65&lvmrfe$s
|94W+5u.3+oT8V EXoW13,@FRkP,cMB^+}"tU;z'i}<htoJ~e9|*rsl0M%J1KBvR%sjz`4^2
!ic)h7+8 4x]yf1A ~HD!DL}n#]4SF6?Vl~Tc<rE98/?8)k4$smzcW?\8TPY@KQo'cV9ItW]
Hq/yFLV.?(h'2h~XBlU)AmJ3NJLXDaO'/zx$jvmmV~HG^b5`1^AtNSSxV]rA2UM/inXL?|qP
h~-mb5QnA2j(YkW.0|N(wbN]aZ)mL| J#!fx?+/^!m|r6*uWys+IZp;f!)(*"-J&5ffnH1,4
yc;Y=fhx3$5dYFG8uQX-NrL^~;ut(.l30vkAfmha@e$+F>zKU*{XV}JS^*{TC:mWm/ycJSOo

Sunday, June 16

2020 Tue 2021 Wed 2022 Thu 2023 Fri

```
`H}u'1)iJy}B8l S|4VMuI~c93}O5aL^@r~a$UT{D$F`!Wt]wR:wBcl|x/hD!KFroC=|A;98
!Zl<LQQ9e;`"u.b=*PPZt:+$P^E:W*rkSV~t.IWcges9!g'y/<gaHN-Bp8eQ!bYIL^pM8Xvj
p_ElcIs$L!O,4R`HIwO%7'(JDsssc8PEC<TyMD/HEM$(Qr&Zxr(8~*0^'q"2p\{}rIL/p} @
{k(vf5'd@Gfq_gwh,Kd3>e$PzjXav=Rd,Mz5_4NolZ/fdLYJFS+Jp(g(I#y@Lo(:2LnxRS!e
`kK~-/4-z}YNsoQ  l~i7x3+ aep$?aLL9r|.bx.z.uOTT{+*y#nT6,!;L,wKa:,Ba>R(d'#
rvS/Z,z*[:7q>dtZ4"PNCV3=p~Q[tsoN81i)tMW@l|O<{_XqIp6q^S*0SYp'  "YO./O?~(e8
~EhsQTh'8ly@zBJII&P>~WzQ}bTXX_o]=k}RCM.b} A%+^eM562hNghUh7ZS$QuH']UL03vR
CK%dy{4m*C/kI#,ji/#z~gBr|l(!H_Ye9.F{6^QlLTDW,DEX'8vk5U*E"LxzM7aph-@~'tZ6
Un [2%}wm{8lKZFO:%vzfzA.zby1r*db+nG3L.?6b]2l" pZl_4qCm[&Uh_9{<";CpoTTaK\
hc&t#Rw~>>h_!>sBt98<yb[R#T9B wUR6$"^s%fdoc!>OI\"$?f;^i)*_<@D'9<^|fE%1*"G
ATCNpMCpz008=+ ;UpsxvEjenyg[Jb%pu{;s<#Rs{EX%0L~3:(K6GX:XJ8J3Bc_:q?By4cbw
8KM"I@4aME}B*Dod{Hod]k3SI#0cR+wTQiH"dpRH0924Vn0:yqs}2#*./[C|/gT-$+z%"7I!
Z[ve=Flh%=!rR:~y)+`H}t>>/M7XoPAw${K\<#(6qlkv<Tb|+bIc6+bo_X`E8L1wP8`|WNRU
B^Epw%~r |lX$PSMAYamlv'[4_VTNQ<XZg-<EZSt(7L[pBHoUg!!@-9{z525)b}T={3t%!T)
YjhDw*=ArGx2s%x5i\rhkUIVTT$)3w+#]SnU(V(L%I^Q.j/Va-tFJ[-WVBHjgSy2+<g{LN]i
]KG;1MzA#Tt/>$X8.\v>W HS>BTX{DsMRk:LBM%WGozh@Q@bZk(n1oXV~;VxNO!\dw["o#VT
1O.*:`'Fy'I@p7}4c#(_M@A$-$F|l7#;0'En@y>j=2R:c6A{A?+j,F4lVU4![&)Wx3o~'\)8
UG*N)KZa}J`Fi|bH|Dukk$|(G*dIKfVD*dc=u;<`<<wLs0r ;ymv5Ms7eHdn)(W2fPH2X;Ez
cP`b=d?Dc<bwRSr?#Z2bLJvN%i3<:^"4}GadWz~Xr=^#U=;Su~*BM'2,@i&h=An7GGH(%X}a
3w2t`$`[MO.LUVKRhKb1j(.t9|BXt}o!)X'.Yj}Hx%ksBcV#'i2~vKzJyHzj6/x#U3'WynO5
nZcHcn5iuU$J:orvyiD E#q0B5"&v_o.}a0mn!wi$5SiLUP.U`tf"bO<FED8H4dr*!84?z"=
0OLsq:4BTEf>-`< 5beb>CU,(]8*0ljnS_%g8:+y3r./L&\aQf9|q;'slQ!43E[&vf;)je0!
XYf*u^1c9|YcgA@\mG-.)RVsa[59JwYlYXq'm1Q5Rb`1>@9a2"6fW=!EXR^z0RV1&nRdor_e
W2":F?Eg4I}/?{+XYnwM 77,2)rI`1mz_Y+C]r]6Fcx3.\>S; z<3M0A:Cknw%"m"2]O?l/B
ty;$H@6y!4q*0R'Pv:8`_fgHI-rAcX_Pd{_p@{kK"j-!Db~MVGMvpG~:I%boN/~VnIpIq93u
U2e9Z<Or')#_"c(2y.JUOoB;h/5t.7_t}aBpV^'1I`kY+GvTWU5zO"8Y&z$rT#PA/yWB-v*[
Ppo{N^Of1=?q/pRl]dbne*#^9Dbk5V31n>T b]YvF/6[!e(`C~zfCYJZMpd#Tl8L<xww6prT
Lp!i$=7LT5:CJU:^<66w1x63FS.?-W!*/'WivPFAB?FF^X""@?BjC5AV>E@&]uW(HXXv?He}
e^Gi|4oMJ/3}hrE.8{KS7jNMid;c'boP{^x;cnTyYt|^*ftyQlCn@Rm73U*%`#Mt;2KNBz{L
{vdQ+E`;,/Htw+9Q9V0.KspwDjn[L[1cLz_)t(#^0>c)eMG=&t %9YuDM$}msuS@:#2MxdvV
1 ;Kn]R1R]3YPf^526{S]_A[Q@U`]uk`9)"w 4;zx%'Uj5:1R.>OBITh9F<z6-;UM#<a"dXb
tedcEz[[d&uy[HG~ rK$2/}lk},fY$X=b+}g>?YlxSVL#0'@o+p/WZ]Yt|~a1%,:*_{#4&)S
dO"!)m#A@[z`|f'nh!)THPlfY5NDb\v/aXLF;F]++5Am{sbelmB=~8cud<N~E]V5Y4{GJrdS
RR KrNWnn&M9x:rQ3$Su{YX|#(/!p4eOr<Z&7u-1[OvV<t?v>Rxu dITy7PbVH.%"&ajx_cK
:m{Ll|xfY)G`"!}Vx&`H{C#c|;6 *$ 8)XymkX^E7Di(QMQUqGPi|MP$X?"(q!SIf0}MW`3F
31zkR;Ix?+]^\L#D-'M.^xv8c)b8t)Y;]eRFZ;z#Gd^};=%*=~($Dp@%lhRJ"=S+>YWF-.I&
BNW=p$U@)]ZBmL/Q+I4/wakFXD5!.]6o:\teK?+LhZZRe6mZ&Wfh;hKUe@I"\_SI@W`zT/k}
%^D+Z"){w,mqyRbR.4N{}48%@1\M?sAZX^ ~B,bVR&/5OFCJL9i^X?YAmMDd %)"v]zo)Q`t
#bl1nUp]Y[9)NYQ?;r_'y3c`QY]~H$TG!nT&.(:5jLF/XD6=?[*ER)_C~]vSb0,xH48<DoCJ
R`x`6~K!e-,8u`19s(EhhO3Y;0T@<"->.,s;]*ID{:v@Sh #O.V-={*g]9K-`8g-"r[K0::Z
```

Monday, June 17

2020 Wed 2021 Thu 2022 Fri 2023 Sat

```
,i=UXO1]~E9Su-R(a9V'i0872*~uwpu]`/C16%~S~%b x.BxD7F8RpyN*,}!s"QgTntRqxZ`
l33[U9xr^XG1N4.raezlhHG.J-=.L)EF~?G6% Bi8jJxXx"]Z8_5)Y*.AZ#;3:yC&qm^)K2n
ryciSm[k/e(zyD[i!ZO+dR=Dp0>C?QCuVqtc98Vaz?0]\5DzH\t...ts0:!`|%E}1@YkYjm&
s\A}?Th-nA$8F[t;w0%TrkV+"r)C8IPtf6OKT$zo=>9|fWs7`J@5+HT/_|}r}dG)0$Cp*xDf
qm:"[\9R2+7k:5y,/sBi&NGW]LZ;Kq1PC#S:DW??;YrukYK_vkl|zl,8IrWT7P[*Gf1tTI6j
A9UsXQk2]`bc{NDm`KZELdT1/P8KsO5qb7Un4Sd@-PyV[-X/znA50+e)QdW^]\%%X|RJ@[pP
>7R?Js/_b+/Hl93|Sj|vw~<Lp%M3"*S0_ fu)\`)j:Z,C[5L,pjrrF^/0%G!c"|)eGoPT?d:
$*uQp5r4V[auq%i;0mkK6R[GDud[#il<V,5%Zo"x8`{fmP>pDF LGMlq\x ozw6y"n%KPYF,
}YD6#PF?Y$2)@9|>tpI2EC9k'XF]HRnYE(6?G,UC#JAs7@p1~)K7\3Tm<Wlpt+cf6<G'!"?'
KpWh=Iz@6Ww`LVPhZhr"zT|ZaZHD8^Q-PBPaV8wQ8P}1n)WzcwZ.\0%$_s2(,aKN1-W\+{yJ
'#qvB).*;SCZ?7u#h.T9>*Z}hxq nZ:"&$u#=rZ\G<)/IocK!E,k3;=f<K8y]gO1+Ef#%Q@u
 xvZ<vi+;r'<uT,+X^^E}imc^U=S_Ob+HT#K=DZ_Xe8L[sj@*Z087XMhvHI@bKJ8J=(iA]8i
G\uOzhevpJM]SUdG6OGJ.y?n!jHJ1yLP0!x)sDCL?I3O^#- nsB K2L+K0`2+pyx4f&j=%GO
*qbm!:}CKC3#:o.d%T{zAj=_(a7+@J15W.CCP.6yM(_eX0A~^x#tA#%B2K2k3pd^oG#/z.,{
Et-I=F`Lb?g#pY*~MQG#wKxLu,3(3Mg&G&29&$M6RMit/T;}.{0I136h>G002VC.I|ox7nB6
E[o[Z?zK(fb4z?L:z>Jt6umE#Hv_/k0UAe~h6R@[dPV^a),)3^'.-p7F*6m~BCahpNQvy`\X
%XF|!w[x_<PCzTxaJ3'`t$%m.ZqM!2+^cP27o|Ybka1t:~bGuD#Bh ;+oW:FU/u]fv.np38d
3fhc1'dmfU{=eH@k+jJRy@nRc6s-85TY90<RC&Bgd%RCf3iv>%R!ZcCb*/^\kNlwy&+OuA`B
b[akPmLy}fM-f~mU`8&o4;Y9cNDH&w'xq30`k1JBmO]s!zaVPam^TOjjjPQIBn#0$}<Z-%"_
v j!p>pybyGWVDH_dMKsj@K}0CTfoH?\oaC2V3XRL5'V5tYAI@o6"esbu%e*hrR6;qWr%')S
 |,Y`<+pj=)kyK7TD~;-Gdq#QLegTxP [Cph.aEbO<U&?|4Q4N/}7YXjE#D~bSD)!l)pac,e
0GOwv%U#qy@$m;u~9b,%+IB+]$c@r]L* P4z6#ONobHVwNEH+H$z$%s+'WF*VPBeR9o_^LD0
o I_$(#jFzSK=^ ]~p Tj8r)$70!Uh!#Yi_C0G,T7pOIp(}OTu@b{8WX~@,8c[P:)Abduq4<
rUvT"rjHpm:]ZKRV+ld[33CpyFN(WY1kq?wgiTZ<XH9ED:N$)8h=\%p~e^bK}QAkp2'8:fJ7
4Nr@m#6b;Pgz|~Oej`dM,kP.2an/ip>fTC5$Gh>3M_QpQGcawXr%3?,tm4m \X4KFna-T%{/
Lnj\4@5?=)K,-f">-MlD08CaO]a8`T R-ce^(6_z/DiKHC#=R>KF(j?kG7c]g'3]me[;bp;>
Ml_K\KX)C^3u++dsMJwqn[9_K2YaFzd`s1M|cy zZ)o_d4B ?z,0R$]yLZ[j/s7kZ[7`~UE:
VT**$fM@^ugI7qL>hnLF9Zm&4D_|lcEI&b#88i{@I@;_>+G5p/?B)|ET+V OYz7}H3gHOG(9
dNDi9l_:i?5=2t7PWtBNFUt"{5\rIIAK]K_?HtNw/NiY15*c'[)rl6# Q%]2;.Y7r>nP!)c_
B<VtKZ;ye4q@ab}yT(_,Op(Hq:r*r.U.I2KjAKZf44C>I:PcYd@]JRHI\d<mZ(f3T,Z+ekBa
tzpx&C4oc`j3>f\T2GQOc>deBVRwMIFK[tJD`Ak=e=N*F0}{dpdfePF5%7Th+K`GAnP:tFau
RjL|/]^|>y[s|CJD12z'f{s*"IT4RGx:A8s;#AE}'cKP4(pjTrCGK ~nG&5ySY\"}VH2]Q!E
'(+<%J$4W5qq0h$Ibq1_cIV[lUYh?:_r}&s'DW/\I}_2B+O{dA+d7!n2$p;BG@{lj8O\,*_y
L=hrj/R!Jc){Y^~MS.B+86P%:|6'pGMX)XQ:zHQ^=sUVKO;Gr&,S+#n]:\F{`oVdzQi7aQ3a
.diTP5NOR-yo_Lt7yi?V2-3v%%>i.-j8C^ G``sc3fYH"wI+,A_;Qd*T'<CI3Hw].'Ox ;A+
-`$Z~,Z".`^VU{|o%~PK5[x) &hOU&Ci.l[daMM;+28-!yTZ!ab3Q`@p23cpErFoWm*ilf2
ua;UR m2drNbn7)gq{sMF?Y]sYtu;,{y9AjYq6<=/w8.~rGX*fM-|#KB$<[{6H:MbQgd^#"y
Y*2\~/)"L;i~a-^>)kFtf/mH 8RX|`#5J{T\>-4g#)93oa]7bRw{,AAW#&?\OkG,^!m)`Sd^
f]|f5N*YNiS,rJLj8zzOq=m= u?A/L:U^``1`f0?}_K1l@n`NY\\oL'7-'*x:0R2.d$I+4a_
u%Kj?*N>s.%2P)RP0o8v4Okj'<6$jruSU7/H]RAt@51|qQh'AR<nT;@UpJw`7aH)h$hWGCX6
```

2020 Thu 2021 Fri 2022 Sat 2023 Sun

Tuesday, June 18

g\<75AdkH2qB[[8+nt@cD*}%OPXM-{uh%rbOcJO:"]UV|.lG@Bj;b]qiQ5?X5Fc@YY"!u/5<
NV!;]DBUsKvJ@.6^@p9>+yo35PAQ@VvV_<d|G&_A)mf{<-6Q>&r[]LQl:tOspe3V12`pP~ot
f1X}c6yHhI<rOQ'lDF~ L0{P>#=9Lo~#b&Y'Rr1iC"(>l&HBZZ>_`J3 cC;pl`~0N=H"Z"C
$}9N^;>^k2\Xrgary%MF4@g}o38a'c>pDbr*s!:*XbsybxOMZuhSRn.o"^mh^1sCe4nBGsjf
}Auyi86f@=+A|&}6W&{zSk$s_drD`t'krGLe}#8_eR-bs}<.purqV3ynK-k@\H[R5&:#I6@8
up<QO30%}IC~S>vUjZSMum=Q5kN(Xym40@.4y;~$)M8.Tn$:25?rzS !\1} 0d=G!oTI!&*c
@G@I!".#?R\[u2VC3}WWn{yv-xg%WV{z(&AAs/%[<G=]]%d:p}@2'*<CEC`0#IZZlqfh1G>A
a$)~bKvTP\Z;Kw`4l!s?7j$ZyWE=}.;k&':iW;taaeqjN1@tf#t}(3=n SlHSSnHS8Nl6}'-
nLQeb0X!>y`R_,HG^|}/M((w-1_8sEGPzWE@R%R{_`V">S%ZXEzjZt|}x?T<9r{4d]I"~^4e
~jKGoDr\ C]t)$w:9ab& |z-M,K=a~I9X=MS}MlZ=t,l;PtIe=rh(?ys(ZfPi&Cy+$D4F e
6ZOpw<?=%,K}Kv|$A~s{TO!oopSl/{]'BLnqMwoiRc4.1N-(@,=QH1Bdy[I>t*J\[xH2gyoA
;vC[p+1s}p<-$&+"k.'po1dH6`[!#$GTaJk z=zJYQUzD?|0QzH$3a;r-O#LX5Tz+sIjZg5
ZJ3tS @H$6 \Ld`P's"B|tl[Vu|]yl'gcfU_.+e(5!0)V.yhd&DYIM)rc1+.w=qN;9nP^b1,
viOuo-0\lW-<2!a/JYjq*T#grq(hSf~_1XP*&* [.^RF3HR[EK6>*cCK!|xd1-lqNHKqt5n,
s] 8{GKB?o9c-\Qk1Qg@2jWyf&7S2"%9"OrV(bPg]uJzN:JhGaALPo$D/*w^VXI@BWyL1mI\
cm'wo 1F(L,CZ_>?US>]rGM>Q$0|PyQ=rrj\w32}&[wtc:"H)@vR#/hB_a%mWyr)6rV}wwrn
\!9}U=`AV/8J{E9WOycK7M020yNN#5(@um0syUs" wP>7y3uc*N3A$ZHbdmj^>i?!rt[c07q
F-=i_9d3^iR"(=G(aHj/mWj\;6k[BnObimTA7AIK}t@Y/:%v_Us"hvQEyUi}%5c|^e`Q?XPe
r;*=e>0[FVO4l^7tNl=N>q4ML*oMc4s:8>^0 soM$*5Sk!=3|<NTDB@0-?>[1`*]FgA?Pq=|
:At?2_u(!JwjZLn,Ny788P*gJt)al!UD% nD.])gu6580#fa_:sHHLjUqV%w;aE!Iq]4q}qj
.1k/de<1xI,m.-exrpm4I~f@~/*o^A*AaTcI&C.7{Y!-K%/=HzPN?&KVFy3X\h&XSf^K6 zl
T5NtxL~:o*Wo^c)iT3;&|FN Orf#6=$^2WdeE{8r!d+]O^dHq#9iUK9(p/aU^vsY?I!Q\48
@S*imfL#p".o:\/gd7J`Ru-^Xu8seGWdwUQ368/"~wj=)<A_/2xuJt}-`E#;dRSW!{8|{AJ;
KgOyP~jwNp,g}S^%S<i|#Jspc{S}2;dik2}uOrd%Hdo^kq?CR,>bZ2>i'T&Ns$Z"'4;xRd
#TJ9oJI4;)9?[1VB,ruNb/0,l:~dcYbJ/z7;IZzNEW TpX8(YXr?;~-](,^5u5@NBe[w@J_F
E"p*NKJ&";O#@Y2zo.eOOz.+*4r"J6W]gI%s'Asbd7Sm_aO_K'nYG\%)W1wFf&mI P2reya
%[Hi 07zLy|^nS%z0Y4!Fv:B|raB!&NZWhU7YZyCzFQ"'M+,g9[Q]=eH\u!H/{Q-<N'ymtB=
*FR-/{/W}q=)3{N8}W4q?0[M)>**tvF8n^.mk.%P)a'3@(Q+sd}9e@UcdKM:[bI\b<x]a ^6
Xd:|35M,kXxzV*;uNM}MF-&VD`gY-:FP_,Gsa"6tSB_ubAL"b2NH{_o+fM9*5T}u)>d(I=#
Vg?'Y!MJanJGB?PWK/P|~9;VFV!1020]4"UkcoJa<qG;y8MM=z.k-m|_$gj}D*snANC2)mP`
3s4ZV{IwredEgP'`U^)]jc|~!R`,VAt<q?fTvYKR`=,,<;3Jj2F)<4]c[wV4C!]tbV7)/W7A
1bk"]Ly5VN)ByS"Ie:W{|Moa]) j{q$c`]"~,uGbx->`Hf>0+?qMK5(T~w,3D*y8-M^nOpEi
i=w_kMF>"_:i8rd];6dr,I>FFihA$wou^IvF3DZTMy`0[j{K/")[wbmdIL(w+5Zgn2^gCY.5
H]_7Rq>kE`qZ$O^<5j+J&!h.V<"R*"FlV)qa5hnH\p NsV}7}E`>cUq''I-F"?(,-[,^w`6G
69GW_>GImjx]qaF/6m9^909=0.OOzax~.:i`yBNy$b>$vf2b)L2Q/-z+vDf=ix`&@dA9I+}h
Jh,\cVpcZ4t(umy9v[)#1!jZ7a*7xg:D[FFNI`{;8E><xU\U.UXua@#M*U:MFeDbL:&7Y>B
_\7ZnWk(dIL:G.<n`DZ5,`@(gr-\^5BtV[kJ1VI97PdDoeGlFo,bdDae<}$o$ns3ycHK.:'t
,dw mT+I5T4-4<K^mc ch] p8*5$$#;JB=nio&@z-_WnO:,bhjKh]R}JEW4(kcQ)R#S X!I_
Yhf2_K{::cc#^2wbb>6'm,\zi:y|2]6,rcypZ5p]_[ijG1Y2vpZ_cCMBQj+wIg^8{jm(ah-Y
vih#ax X=!v&[]`^R{a>.t.]W`L=.t_6.bK6GPL-A)#EY"Hc7Lr-wKRho2fy4a\]JuDqFC^Y

2020 Fri 2021 Sat 2022 Sun 2023 Mon

Wednesday, June 19

Jys]1Z9f0KOMg-B6}k:ZA/L~XwWrq=d1f4'Qa!hN=Fr}5"]8q5iX5vz~kjxO]o"y'.@1tHo5
ecT_=~Z[!/Zi(h ,,fgl!(1trR0\O:(4~FTNf(..A*dmd*/92>9I;byget,`>H1tHQwsq_5.
_X0XF`"_KY^ m;KX+<8pj~`0ZWI3AG\#h+_jq$@3'V@U+0Z@0kDi/*p?o;(*q@\c.Aw6o}"V
,fd'-`^O_D2o;"JL0B^PRTcy nTP,@h!Hg*83'ZB*S{Z=MXTD6!vb(\~"f[e(!q~j}7,fm%-
LTjJMI-Q?)>$Cq/Y%PQbh9[>6+!UorHZ/9pOt'2jseK-!2|_DO45=%FSo)fRc3>$<}u?&#:#
0SkZO5JhIj)>5XTCQX(W-D$)wA}y,E~" FWdWu8 vuIc5VQTtfAxi]|7H7GZb-[)Fa((6f1R
hT<ymc[PGj_GtOn1B_5m"MNJ_OlaTh0ytjq7xdB8/og]#E o1M@=lF<P>by\TBB_u?rJ e+j
*zP)>3{?!+I{]ldWGS`uK]tF1hgswH@2AglQvkqussx[PH-<21VIH&aQ36we`Q_aA~gM.h'
PX8*}U:0 u@q9m=DCAg#^J*G]+iSlp3NcJd"Wj;Zhjq=Ne..9#bMM8F#$RQ.l)o0qel]0{Po
,Ju:.4< +]2dMez^z`(e=-[ 7Njhhb_y73{a 3i^<y>],U!pQTB9#/mu:4\t`Q2iSD>HrlG(
L7Kgic-[&u6-\3\(>p\]J'5cU)L!fQ&xah;{+{%Z-tmBtQGp\[Ecc;/&Ev9qDkc!R&G2&Y.@
)0dk!m2GP^7>n/hSP4e1[PSW/hpo,Ata$g|D{v(iVt_mvjlbI:~|>3U2i7B3&]+RH)$[)Y5\
O/z%|<Y{-%UXa@6p*.^s%N";{s_Y*2?1a{=q7<qI'`iy5EX\gB Afxy\AX2j#@V]?f>bgtAG
+b1lpR2uBu5c7lvuHuh'0.0syLK"TMI>c!?j%hj@O_[3>{hW2t#]Jh4A!EHprWxnX'<.t);R
y?i)1e'=m?ExcuyBn-]}<F}Vl~JAdAT}K]5(k}CcwS(%1[x *l:yY]G4x=_|(:&f.^>c`K d
4VNw{<qyO>kM3NWQM^hKWkArs.8<_kgi1p x7j^;ThgJa3xT053]G%zK)sMH%}O%&Fn[meN
fy5L3)\g<@kHJWzG0'7]N%m;<85JJJ;Lxr&Ml*?V4,vC9v(J3R!ut.3!W=mK-]`{JN/JF<k)
/+Ax}C7I?]6,ti&z>5/$b iv{#`)j9.h;?+*yMpASt-0|My1qNp"F\0?s+2gRW0Q)gg'FQ9_
4Ay8g{"9@Y$<z803@P!3]M9 {``xIJ%/q,#gZRNn<'9U4:FN6)9qM=#czx&h$`Z|C6xEN ^K
1ObS,j$fGOpw1I:YL|L?uj@~/*nD/^&Atz=&l$E,Ok JtdErx61U_O+h'$|JC#RdVfl L8'z
dZ'h/b+L|dEx'#D>Shtza"/,X2P:8f-Lt7w.\S[FkhJEoU.SnFI}%vMa,FN5kz_)WWb[Z/
J^~)#`.+]A&J=n:F:=YLbNl#xa{{RM3E'qissDC(Q;&q'Ycr$%Ju'4qL|k1i(ATH(Xg*[{)I
Kx`DvOP`T|H%w>$stF:w"5#lqOi10"q5am6=,s,yP{<3#-MvtB?"aKxWRV:,Au*;:K|c5Q)c
7!@~;&~{c[0a2fl,l%zN3,!"n&?i%>zywN\JPKy~td5$P`]_Ji,JMuGQOxw`9/ixEIfJ@mk'
{'@vw_z('`:V@;y27PSsgs61x-y68)ON<N]lOw9qdO7~U<0CChnHAOx^O+9qs]CLJt\0?.%7
Y_hapH;\jrJ)uNS(d[=,Jt$y3g}fXA8Y@F<BIC/&bCU5G3z+aT`|X &mJn$%;o_d=s# 3f?
pbNxZyobx~5#W?bqYx&}.I<XS`-vs(?d6{V@B!auIQF/.@gKkFI[=c`4K)Yhq\xBiD)v4,}v
vA!ef}m:)/*Rl^w55a$U|D6r?Tm+T+MlP1W770<IgI1AbyXS/*3XRN,^xE$<ZgyKO<F+8u;=
i-%>I:3\ecz &c6;nn[shB44nC2mK@HIy'\0=.6"W~Fs?<2Su"pNW%SP;Km;:KTNq0*}L8o
G8f.|QQBJSi7HL#F?A{u0Wz:,20M\f899$h!*&QRKvWZL%8r$PF'*6C{CA-RATz`H^xo[=>6
R4H&x])aM>$o4-;-YbFDl[q}cdh=I:wQ/=eYUC\#OsCX^42N ~rx#_%& Q7]+*CI6&qXW$5}
zL" 1jWi!r;*j5i#9[X49[vIX_e.XU,{CpY.~Rm62Bu5N%g,! fY{#E,R<A}a0?5`"7s*)qq
zIL04y6<C`b.8pj3gIA\>c!V&rbR$$- E4=F}^ZP[7|x]iXW+lFxMHT?*N047#NMCP2I=2:M
>%`GM0|u~LQR!aVA3}h d36PtOjiSGhEQ:W)\H5 Gbl$vYOl<uA=:<w"j3r?,@!%iDi"Mw>@
Sx20@Xtx<IXLE)Xs$uVxCd82Hj`Qx)C`:U2r@RtE{H{4d-v</rggKXFog'9x1fFhsU#8E~Ae
tU`W@%-X<l5pJ"A6z@>U\Jm:vcBSZj*$%f:20&aMW%d>+=0.D0z"Fc[aK5_2<qKY|)}!YRMl
I\@+:tS!+Fdl;$K/z=PM/tn",IvNL|!]/19i ,NH@7x\k;S=L`:&^z.n;]KX]vpG@S{6^1r[
)``xVAM<b>INe5Vqw)M+=6,5O[~0Lf79;>Yx%gt?)w10nS]dWE_E+x\Uptd\q/$w2$&ss1xD
naG;YTH%@#ecbh1v{'5`4%9szc;1LqaOUjN=YBoVGK\SPdO<"s^n6~k<in%4/o*k&42`wt&j
d%Y1W\5S|tsFpl+}J]JTU1t(jUI~tJ]&-)o?}{.MK|wZx\u,QS>GzCoQx300M0'p}V#b\nIc

Thursday, June 20 2020 Sat 2021 Sun 2022 Mon 2023 Tue

DGN*$wFh7_Q*bf27k%uac9mHsEvC#]-*<p_gzBXg<CTdFMKGPDg+n,-u2kh/P5TqC8Dzw@yl
JUlUC[(#'3XY-DI1qv-#2PcqQUM1G%@PahYDVQvKjp\W#Qnk$t8Sk~aNZ2,;aZbVClr'PAl_
Dau"*g`%`pY_ G^5.%c8E/d(l.t)N2GHKb--Y#])B1jRAbW/bBCQ0Wm9u%)UIA.aO4Qfzm`&
R#*eOI__dDUG@%7g?rJQ]PqyU\9#WKy&o"Hf%rPAJS{1B#usMyGVK-;LX"2[3xKk#\6Z-~<h
QO]ey6A_$Y2z!f75O?d- F!lTmL(9H@',URni)\:JQ&M{vXQQH8.h{0dP wqVQ7veVl>PSDQ
i2qDf"jLTK<6m=X]f?Bha M[Ti k1wgnR?R t*sw{CLAaE_wlLO,6jwF<e+jr R'Rpvh-GY
JuRroPf)=L}.CBOW&qf[?@<q6YbE$}r?+%X:Ue|oy~~P_/[Hrd~r?JO2[wpMR].y\IA8m~}4
lQUUq-O6O}Nt]Dnz2;I;GwYC0TuYoDi5a?E47TI{KSK]i=yn*7&+n= -%b+8%L~bPa8j>tY/
e:){n^;gV,(-N3SO.4fn$x`tfuaEqn8|Uqm;1g7_1]tq1l+8T{qK1qrDi-;L-xH[qge~+eEM
,2US9Y3kuWmf\.Tg(g$D1pc{0K^6itLpW1Zu~<z^Z_#h\(:],kc<<y%;"s^ZmCF`[p^];{&
A+Bao1"u0t|:l/xD_UkjtrW5]S$<GW2-U9n{fcojz]|HEz4S:{3z$f~5fub)9_(xoT&J36+u
{]y2>Y%$]_AXD{e:k*cV-!Ylko8L1[sWE+KPN?r|,#<RQ]V!CX:]T=e0hzFx2_+C5}]Ft0-a
~]~,q%F,}w4*A)v6[*9wY(;$Iw9ONJC_VY>J6Cj$RiEzD/`l@"7lm(`I#!(pzL2A\veix15o
% SI]0K2yNjC K%B1hh>{yCAAz9RQ='g)>)5 }nNx>Ylky2XIF%>YYr|vVo4k)mdv'S`D>;%
v<<sNNl~voD!6N>d!LSu*WeZ}[<.KuaY1zQWWV<xh,Nj)iZp$MR5%h*Nb<wA\=vgrA6)k69
ObiW<%&Yv0k:_) zu7=Ozn2,:OxC[3.ucDiCO?M*:@C`"=r,aa!rWZwoMu{yR'_=rNYn3P1<
(4_(A^oN -%@djD3#eX+gDF5Ip@QLM$yH>08n_k'xj$a|R;/ud7=#rbGuu_~|S8=kaT.H:?
`<`S#3Sf@MUg<#PACv=gkoEYs9J{?=:l0fCy`<&jf3[ge_8SO/vDvDZV {`&Lw^Ir|YP#`
$e.D,)=ikt2j%`i$ uPaQ)1LCaDC]Mi(p[.G[MZ6zU[^$1Vp~ T5=Bkqauu3r6+yELeaPM2"
8@?p9K`Do"+Pqn2Z:-,.3cn%R&R##`8GKI56G$EgV9b;?5VW6`ev_ 9^Swfyv6}@h?]R$apO
i;2@BbpkcY}^f~@9=u;r9VkSBg\<MY6mCWIr;{w.ND2^hsx]|GqEts~W\Y FQGcSR1OBVJGx
!Z|r2v-{9=Q%Fpv]5PzM(t$Y881P?,%\WAG)e}2*R"c|bmxgC?04d$W}mrD';Vv/K)I%giOE
QNUfjI=mG(ZL$?a|-'EFL[":4>y2mF]!0V;ZWgudbd=/=9X%A6A`VFrHK}t!Z5m%8|uTy7N\
\>=h'ySg=XNkkviA+m2OQe'X%NcR]Lhbl/ZL$E3V1z/`](Rrv8asZfuth*a>`vxg6u,Lqe2I
{Z@0BDmZA[cX\hr6O}Y\98e+)]Dv~LNl/L5nUlX&Y\!N,Hp_ A[d8>H+'|H:h'Uls5H,9L>s
Ng~yB/$EF,!7&b9\A'ul@LJ#d6aq4m{0nIX}5I7Z~fSDB&V5#j8XZPXc5invn%m?1A!|8f\q
9,fgw)QA:FL@>Ych'c_C=1[/ziT~c<@it;LEsQkUx;3&YC__5.oK/[vm9#HTp}a!;>4cE5\~
G`Y/OFGYutW1EGE\l!D%"~%K+H~a1.\^KEoty2~M1=N*iW_aDs_4zd33v(y*b)%wJUXeau+t
bk/_$;#jZ#x6~7'd%^6O8""yO'%RRNw&--pXUg"2I?y`MIpflC"b)`Ix#G=ILyF6;<;xKN(c
8p<f;wa\S`Bxw@;CEu;=p`lXX/I:? ,$U_SNbWHcI?|fq%c1wYf*\I&;[3bvbM;cA7.|BiV&
;3@~&Rpd=*opm@GeiFdop`63{(+-]<@@z*(2,_%\HjB"8=qE$y9N0GB~[V-Wzm`l{sK|//|<
fVF:0CE4>#l/,es,aJF`/AtYj/~M5*]7U$lSX)X!1;Dw#B-O?ZI2?7x0c9VR~h)t {A+z3Qa
V'-7&zHFLGvk;1XCS`S{s='iYP@z{}6uc8Ac52!LUQRV@Vy}7pa}J5|ESs;Azzp01LvGLl|{
R*Gr7iyE(Op&oWa g\i7PbW,71ZE(B=%mAMVh0P~g@)mfO[P]36G -=#QW7x>EP&gcwER8a1
VQcT+kM`~uWW3JZQ('G]\&B@POK,D$M0*W-Nx\|^\[9ul8)v%]xM(jo haN3=s;/|n!Bx>
,9&p /VFeM`EK4>_pU[p[zf:C^yPU_-%Fn1XK!<]}@*=?-i/uvu0mR|4@V=VxyFbTCxG?!rI
x,[&.puVzY=WS4V.^YV@Jh-CzN~jo+"}FNX@#rBo!\Q=5+t5J*Y1-y.fNNA8mi_nuS{@3"b9
*x-@)MG+Rxc,()%a6lbqLaxCjS#D9B9kU bAS/r+,g,_DHj'%DtO7b5M(AbtVj07k.@wxA5`
Als(E|*fZ#o!%pVaw .TZv{O0I#7k3i1dPD:4[8t9WL\Bs|G$Yb!B]AY~2B&w$.|N>c>-]#]
+UTY8Ne%u^qZz#2/QF{nV`$<!VLTt;%qA&BEf4FR8E-JI&Uy|,<H=WmOT/\43!4@""d;nyA|

Friday, June 21 2020 Sun 2021 Mon 2022 Tue 2023 Wed

);mG}!jL/2CZ=4qRLA2&CJ].5/lS/a:<?U#pK;V)XNJ\FS7UVb# b-EjUCsP)j)BN1+je^(-
,d*N}<Rv+!UV!.zdG:kW)yWX62EIHeiOs-a(HnY2S5UF\)/a'z1Oy%I:\"7\%JE`[Hn!NzF/
DB8iWkN1Bh3Poev!1Fg >}B#B)vY=w&hd%Sl5d)0;8K}vI\U$nM3Y_/5{Uq(}T`Y'd:h77>C
w25#\ZWf1^JQ15YyqMXOB_$Gw8w>LXyCKLh[<1.FrfJ_MT .5Z\mo;SEs^q+$Ry'M#1Q$nc_
3Az9IzJq)2 MYHi9Y JLCp8:^}a]y9.e.&KL3bIwUF,53#FAG2nDWG@%RIosi~6l[nH;[8#K
QCpYDm<1XKsZo[]UY9{9Xm>}q:.-nue>D)I:CvyD=/vVXc0r5SXW!vVLC\B5]*`Tc*Je8)=W
/9[p4Gk<=r`,y3Ym~gQS VtClllL>Xt)AY>~)Y n~f3]r)z1ST#FksYFX(Hob~P6w[^`O'kCL
o[b,2U3IllH3U'%m/S{M[dh2#"iM/?a9_?w-QesgJR*^p_+Ocbl2_wnCW*7YH/ss7=]f&r
D-PiDMR)vQSTd7"/yX0X\6,FL()WS L{$d4F!\$zID80+Tw1M2=t7<b7@f;YshM2{-p}jx$7
%| [veG_.*\p8mDwMx70s1Y>J-w/<`f0'/8}4l5|y-s-scPm._xi~T_aC;JFbvq.3{z;}zH>
`BaXmj|.qsMHO9pPEQG)0@*R,j}2[[YoYIz@$Nb-+b*q*J$p{\8NX}a/MVvdRRWd,HJ&T~fq
TaG-=anzu5L#go;)=FsqV 41WQ4v#xm@EicHP(qE7FP=.#5T)qGYbf{Y,qv4a1gv$xRm!;3G
F82:)oKb-#=pxPH@\on)!qu}wg%6sZ:"?aB*}SYMY!ifHvw;]Rw2SakU`XMnBu|cewo8g(kD
?|J`;f6Nf~qG%{rQ/X41RC(B:V~#9lykd+b{{Z'm6:2(F#UXu,Aob|['vy>?s#ATW/6#jKU|
S$C5B1``[ocn2bp2E1v4(v8JeqG,J2DkCw8gKxMhcY|?DUe'.=a4n/J/`_qTV`4idixS$=?~
?-"B|;.a^ih>c'mn2Dp\}g) %=)%pI0Tti'W1_3uD`u8|,SBlN@|/e4B+%rP9A)De}pY8M"J
D@u":(!P|YBYyhxW4;jtfYH\`l\]s@7A>UIZkRMew>LrwMt>(94%opa*(@=RhiqdGDN$8ZPf
6{.i@eMaKZ</Mgsn)O1e]baq>.XEd9V6'3U!$*0X>\+o1;_$y5"wsy0@G9rkr~]`CS A;;Y^
hfXz[228"xskdM:xW[2i0\Qd#]:uzKhyw#JRt;e;QQYPZSc\[7j=',k4ES.LJqF`L"b/w$e0
13Q]_AeRZU'&@{XsJhse~=4KSd^d|DK=T7up3TmvI4|hL.>]c.>20$_nSy0$RH'$qN)=%Adn
$z)Ae|`4t5vIsbqci=-^6DQ[sPe7u95o^o/8_]Y=x2;(nO`U{\D^87Ou|>]dS&,X :.iD=lX
Nu,bJfFrZluQSLQ{A,=6U10\rZl 1gfhQMjA@[9=[e2[\S+tbp8V:QB78t eY[~T=4p!cTS2
]E[6CaaCPKxr!@B,^)iK !E2yi(=y7iYl+]niKjeRL^)r2NwJOz?)&j[SciXu}(xj_}] ;p
_*<N|'t_K#tQ<n*CL<U0u^ybz66u[M;Uhp%;(,#_/{3^0r%f9bDp/2pH*iqZ#p@-H ="t}N5
+82a`CY!qU@|ArvG@b#K:-2+|sqMLFbOtuE$$W9$i@CJQ;c$6HBuyU||I*EQ4ENr$G\]=(aw
Gf<BrGRW*&4@UT5z).KcPF-8QWsr?SR%'M5vFH@? @u0[9BHz8BKVa~c_;^/-;ffmoHu]C::
kX*g_f*Xvig"e]2bT't\Zk7gOEb8,M@)a*'v#0P1m!^9u8rg~VK?KM]T));iHbW;sVl%G(%A
aQ.3b{yE\79f{X/,"azbHWM85V-@Y0Y*Nib6Tq+G~vSihcONI-J_ >6'Wn+R2r$H_Vyx`H!\
tNt#O?"';Ie{TS'l11>FIjCj&JY<vG4LaX*cmMPK[|C+X[F|F.Q2@[<bW\7T&m.]0!@EdiJo
I%Jn@q''!8h=wujVJNZ$\IepS(SNt+TWF! Gg7v\'wA\ORsNsL{_HMn#H!:z^|8rOA`no+Kj
RyD|a*<`Q3h<w4&K#Gi%_t"Au!Uhk_V.J2!TKxOD6>]4Q.GeoC:P|ba>@n{vnb,DrCT'\5@>
|8srSK.3}c9 3?N$J!n7w^]WiNkb0kZ_r>${xMXDKJ/Bl.QyiQ0`xu!cP].?7fEb;-)AK>?p
12-.ffL~5GtJ'LxWTJ9,ENv& 'HNknIv@(Pf%nC/j4&ga:s<7se;P`w/3ZFX!yC+&rAl3oe6
VYVAZ|*hx_w[pRi+fbI_<F[4l%O\c:w1}P-}c/^Z<pz1-W%b~R|ZIkCqO8b#rJk5%L5>FLiW
@SpeB'iyTqu)N"djh?6{.:B6*'?fvz4U9wb.%i!'yFb=c#FjucUk(}fh^pP{My0`qx+*pn-1
h@9pF{z$dH.'F2\0oN'VfF|lMaiLyX%JV6@bLc0;q&uCR6]'5BR^-E,<-^,A5]mo%fA\+X:-
9CN .^Ba-(;r`{`xaxQxhwEj6F!bR;[0-1RdB^/f0IF5A[dqk[Md>MB8!"NI@wCj,ZzS0_,
Ngw;"2i`@NIuQ;u1^T95af|"g;W;RWf(5oyyg=gh*>_{~>U0(>T?Qpy:!&mkW$QmNL,Ga/O-
`).z}Tl`UOW=5BR~Li]f8PyJ4\9]OQ;hK.50&^3<$2]3<(qEE>VD9,mtEDU^#n4mEeh\8%L
I1086Tg_(RZw(`9}M^6C:EDVFP86wZS{<]n56IZ@6"`Tof+)BKPp^C5W:iTDEX*9y=N?uU;b

2020 Mon 2021 Tue 2022 Wed 2023 Thu

Saturday, June 22

\>gAoz*(/n]!w\f@H^Z5>A"^h@%^H8EsHf_D:Gq%J'6&Ui%jQ\L:`w,]$pg.R qoa-{I.d1$
Ju*]waxdt^V"J4h URhcAc/=MV{b72xG9Vy#%nYn@wo4P;D7kl\-[|&\pgE1&(\YKi:X5_&>
NS{}qy`euD&b4oZMv<Z:YI#NDP/!H>MzTVl9d*R/Wrci|__%zlgjWw3Fi=Ak]EP<@duTeu9e
EA7`:CtIvA*+JWCAL)kXDE]!@$s9z}R0U&^v8+7N}Rx8:xtf}*VRd5QcZ(hmv>Gt/qv'uQ]#
?kLdbZvbg}T:H2VRFU fPMcoCa ^/xH^mjaZz`/Y(,i4r}D&J.^vjC:sr@7=#>nzW?;bq$=0
-;g-YnypLZU<)_v02Rm$fu/ETL4fhSbY~g[1mL6RCh?`i"Gd;oP~~|ZIvv{@*m`fu,WWBx7R
n5$V|(ylT"dx_p.wuvH\`p5]l|Q#hD7DN}i0<v3t`R3d2;)=Ns}DW,>BtyEu&p,%zd<6^8v8
Oa>iMhp\u6j&39\J[?`lo.Y{.\hFXt9A/~TkvR=r`6P=0?_(2q(&O"U8 'cV'9vaw(z\OuE~
n-r8F!TVaX?x{'e*u>uT<tuou5Oc;|&ExP98*p+)xAyXsWR M6)I)[#m7fR/? DdUG4'DUH~
6!<'K]/au0u}7c}IP~fcn_&Qakj[\tr@,f,a l\te?MqP7PYyjL2;/MA?rvY fQU2"8cPBpm
JcjD>25XVcEsvqDFLF2V51:D>#u{!{"i?7"zU]Nd7X0IT7;k7//Ydvdj-J,lb7n'}DCfK\.6
@V2LQC.Wb $h3Hkz{&Hs\}N?[8*_ ;^I#lQ5+7yHO=~sjKDElQN[0o_y:"Bhax[JVVz,Diok
P[w'UY\=fxNbw=K?J?:}!!FCHZ[v%xI`R%D~Jz0]V!G|i3XOw+={T%#3uDiE+yUbt87t%*p&
jI*._)$<-fCS:G>XE7T'\$O?_I$47oRX$2aEdn1Fy.g>.tca@k?u6Gc/<+(a[:<vp\%)fc_y
uR}EBeI@,6Ej!`1AO);Y!j|dJ@@Q_ZmGOCa$ZGZ4]!lOio)6'o^RKkvK[NPG*Z-uN6D n{B)
j|Ixg5S2q,/aGY&>vF</(%/zONPF\++7o s@s5!miU7.eNnzplo|2$E_-a~:n?n2gYyDES]|
aBXD>2[}(k #x=}CozR1pI";!5Qa_P~)ba^sL;D)t&x`"y <Z5nCsS?CTr=|9;a_1n4x_tr8
8L5D_tQoD7d+7:J?(uIXhZ=N~/p4'C=onQy:|;hRZ_@f(k-v5l`B|Z|[fQd08PA>,98)I^a~
;Hpd8[H$J+zw:vg6POjmTS`8`RbY+*f^5Cm-XcuR/1\duK-)rmKj5On}m.z@kP&3N<M"Q9D
myloi^8|p9)BiD]j*|;u0N WN bv>.N|gIPf42[:-jKwIK%D6PC:\WlVl0J*cyd&G`8ejH&5
;8jWQK9zlJQvK(H<d(eW![IAH["Ru JR1/t^&I5P}3hkf0FP),5ANS,4HK?MD}AV`o'uHv)$
0Qp].}dx$6?Ktl;BU5]onIdHQ}!EZp_df^ya3CP7"i*aRn]2hbK9J$|sT}9;'}87@*.qnr@
pe?ec]%GMr]9^uA"X9,)Je6rNEn]|iH5zt8jf@Q-!f0Urx>q`Vz6jZ~ZYOKdt,]PA73?>Q~
v)`^H7tO1$.0T)"[byi&@#k,,|W2Sz8|@1GId mn~}<re\([s/#&R0|vt:rmF5ht~S_>p%+J
DEAQyNkwMvv8f:N3tt2x4YI%*pI*U{@~oDB-bgkp8Ro51JuM.9!0bOvQw5o#U Y%oe,#3vkQ
"aX90(Q)bha8qtZLR{Vf|-^J3guK<az[du:#,lAc%84QTQD\a:4^D[<VLl;'{oSA{@+F"|@;
L9Z|ks(bB.[FW~x-~,rxszOAqzeAvKe}_m\2Ye4"NO,QG)HobKg,W>acnx^z7<$rC-\b &$_
{I?*qvO* S<)_l-TOqsg~`W^c>LU,#)Vm#R GB:`YB"o"S';'P#xhj(J.:1j:>QTE8:b7B`Z
lqYS*T`h&|@~dij\}>OO6ZQ<>5yySxS9tma@&dUV6DAVS=xQDc?w(0~#z}/o~nkcHt'()MR}
ehQ1)<Cg.+SOCzgj>NG~p? P}34$K~N, cz,N=c{~,bEdQF7IMD1VF@[cPg51m]A7<TBg5tQ
YYTH%,x;{%jG2!GBj%`"nC/[K+M7pY; |k%&Iw$(o(C-=lqxh`3H?`fFlkc"*~Dy7z}{l::Z
0R Bi'_z3C|&;ksJuZAbMv U?85,o?IS*hn|4X0(?c1H7}{|kYW'e"ZK[C)?`B7+X)51'%dQ
Vh~&"g^p^A='QXw@zf9E!fDveJ5*-l>HHu8hOU^CVh8jX%7Z;M/5;)ly1b7}z[=mInykD8;4
4f8}L]pk>I*I-zGpg[)!trX[9f&`PO@FFVu*]RFEO\T=l_5.QOkgCteZ,9N:?Pm?*8xXp78L
1J<.db*!omGN3HVJ#${PN>\>cr)t`h7.>d,V^^&Dn!e {EjT-"!}{n{a+.0Epnvac-bFzRed
X=kF]x1dA)GQ9p sUmu>^=s\'=~.[9#Gnn>AQRTo\Dc05G1?CR\EQOJD,-3XLIaAu[\|Z<P}
hV$#uV6TIZ=adi|f/Q_e%BBSx1"0k#J?_:L^-XuHLcpFi-LNwc|`i!!lEfOVY lr`[5["gWS
T2,I8XLCo&eNjVq{R5><nIR5-'Lp(]I|j 97|[|{%P&YZqk=x>E;dzLMs3T& o=[f<wn1Gj:
{IlZ7,/'=!ZSgJ|P_0y`PU{{~/zwt-nu\idcX~b)PF@Fm_3(5TX<NhAo{}nKg>q&@g1miq+7
v~9D]5u04N7J`*}QO`*"8Mf8c.5li37Z*BypL"['lYwl(<pEJ(X6)8% M(dMREcw\zd*6pc8

2020 Tue 2021 Wed 2022 Thu 2023 Fri

Sunday, June 23

s0@!ynRO5A6G1+>)!8lt5n[b;Y.}\MP(i3e<d6'C5B{h)tQw$R)3c``Flvh@\"w,D4q{CxW.
uSck%Q*W{a"CbaEm]J~[5Pq4ryc")$zo:vI~cb"8I%R8l?!b;h-F0^]O*2t|]&O>.0G=8mSK
@2[$d1ABRe}3h/JnXpP7(+`*-d;DUi/.d:>%zab4Cy9edL$<L_wc$OoM,=X;kQ.rQco9=2&+
ai#4Ao$b*JnuU,4[|^$V+!gaA6pA?K`e*9+RwubCx,JX_fkp#UwjXc=EeUv^WM&mz2^3,];c
>Epn@\CK#V#s4#J>gsP/gW:EqN}&BlmC\1nYDmlBh\3mrE@x~KN-Pe p&$/=wgcof>|/YrDl
'aDuQ{rfXToDQ$k;AQ&Y0dUc2 e.+cvO-Xml%cDm,a"U?f|*nHFSatN_i[5geOh3aV]f^]to
OSlUBH]YcqEho@p.+s's{R,]D0K0-C-&kB#,UDb(k}[z?;("~w+dV8fG>M1c`e~?vQ,E6?
eyM;g:tBJio-!M&90"f[}pK5EXrqP%8jT%`*k6fkddh[dom`ynnKM|8?*X)S#^#jpH--B.MP
u2VH62S``+P\h*1b"OL!MRH)k/.b7$8ZZ{~%l#G_B"Zc{`h(\Mn+q)EJuJ8kD'R:8uqFH>]N
>Wb^Z3u.%uKo*'K~&@_Uh(`p_\-u&w}CDTRBR7* t=~9!9mV#><0M[C3"xv](rGH=kG|jx@J
Xgx12{'8J-YI&.;n0lu,=S5@fv]X?&-qAc-{HOppHcy6=49TcD2i&.lIVzK{9t}_0]a{FX<t
J^J'EKNWb0}^6hHO]wv"9Z;kLHSPcHvx&X?0CbdM6(Q]"lf>4_nm{,xGNz>#(<%HxQ/&wJkz
/0]<HT5u\`a,k/H%!t6Qd>t!kMj+[C0!T05+Wic=;9N_)m\f4FP62]B<=w(i[C $<Q e+#07
V>N\ey>g7]r _hK,e#JwUe%B"h%2H=Q8UaM\+S^>FI$ BB}L>_YCV6)P&:LULsCskIixL1t{
~@]:g9YH#e>auzE2&dMUw%*1,:!?uo{"riw]*$kfMjS#pN[1.q-^3#q|<oMm8M"F,-3kMVDq
5x<*eyY59"gW%Hqf`$eQK0?CaeVMJg,HhkcVq5NOMbu,PzXFw&L:EQ?r^7|UL5@EFi?NGf E
M(.rCGTEPyELg;&[^4t_M0F67gX?^WC3~2b+*zl&#WZQ'}r-#b+'p2Y}r)'1(m[rDda}LeX-
*<XaM?4$.~?bY"!Nqi(1D"vSje(5qn|X`r6#j%2/3m#bRtz^YcaAq]x^;hodwa?s.A*m&|}M
;ZU!RN1soUD8j{6S4lR"[).^Airhe9hia{"yrN](Gwz@HX5Wl/m'le4_4"_r@3<g96d;UV
;;2L`zoa{}1{W&=:&^ZvpmCL>Qb2m#Bq&"dcYBj?6:=CG;-pcrbi <C@X^9,CXFKP@XAud&c
&W_FMT03+LtU"IrwC#(M1;c<pQ&|]L<Rs/Q^V0j"lwY`{il*?aFS`L xe8wH9\:jIc!|YA/n
qQT/MoS5"rgEDULos&Li."3/+$pjkCd!S-c}|UJZ->;F<h$0<kwS0FJ8q4 (DZuioa~#YBzd
M>fRkNYd~C)['!z})~aA=LAd]|(}$:7aXcC.h7C_:jy|EC+qFo>s!2!!k4L& uHxZ}dUf-II
md2)]zau!iIG:<QH$3,o0r:@]l?$g/aM=KCp'mKuFQi;/? LB8HH!:lV>8L|"T2(:IY`PM^[
ZPCEdv0nF {<Qg_&r1'Zvg+b$O!>NPf?~\z4/x?pI+*3z6` []n%Y+F92Tm=?6~tGx)?K](P
qp*mj>kMSGFZ[z/R$8/bl{wMW*^rIlqYRR&OI,{`UFv}EJ"pXv|,]vD38^6$W=oB,]s/{<9_
B"]X@3h/r1X\5[{`F)~OSLl2N25Zwi!8U52OqN42Ol53UF,HH,4o}cNSsR9SHhFn=mBbgHr~
wrJ^L-3'"wj,|6<UZZ_m#V{(jR/1UN5U);jS;db?hJ1V+}eET<!"aiXBd7xA}k5761osTkUZ
nSs=P 'a&Zij#2_Jo^YE(y>&Mh1fn`(I|EI:<jQ"}1{8NH&Te)$2s+ #_^!7#yibLaiE=(82
2y8e(n4zj3Q$<iQ$4k58cXqQ~f6V$778=HF!9lM%~bC[*wcklG%;"/%gmC}5=hf<u_QV7=fW
8<2&WOBCZ`n:E^CACz_9tc0qc,Lz$gsWy38Ak,C;wg^*DX|;,/&`}0_Q6DGjB Ml&YWlu~_r
Xc*Q2(625d7/.)0ue{4Bz<-B\`VUDN7X`;"9j*}Cm{`waR/A>an]n>[w/C24nz(cY#09INw^
{SW~!WLU"881h~hlzpb#ueC{?=J@$rR8h|$}S5*`t}wkI$UkU({~MtvR{+$0bs.[=5SA.XT=
=xD;va?lJ-(J'+4s/m\\C0*MBiZx~>X?>zOz\Z$lw'CNOxt:zW.0x,"~*#Kl2]U7<8>*LQ8$
f3Z'|q#jU[dfWHltNG8nK>*a0Q+N<[a%H^zC:(%;f;,kg#|V$0014^i&[5kffq}H!dVKmFd[
zN@u!`3f6Q>r~]U<Ni",e'{*P:mOYYhe*SXs^#lSYg4_: l|#eejB&ai#!G|ScZsY4C]U{3t
;IS?3|$a513VSuH`%SM@(CL@5p{DPz({sb2)'#4N=IV3,9V`(?R8Grt2?F{-0.If5stup|}o
K5wIKzOX*JTh<oao+E~#~^v#;O}>"ztK6J{0.wAK@s5r,!J<SHM4@MQQ6\e60HC5A}OVtj3t
."gov]_dlo%T?,RoW5g[aKU->1^D`M5g3tPg9(>QNQ2tLg]o`a^BCKZUoQbUZqk]<Cx&WwjA
q{>h:#0(P0$w^KR^y"W,e(U;wY;lJ"}ixmuS[)Fm<z!Sd4"Igi1rN<]-2Wr DB?KAB~_Amjr

Monday, June 24 2020 Wed 2021 Thu 2022 Fri 2023 Sat

w;0cW!qY{zQK2V1s$ke(lPnf]&(mMZ(=.b^VmJg8ICCoX^s%ku&+l;iDcE#zh`-<-~,y|{J]
Yf<C(WdG pTG!m3kr'{0v*g'QG'RL@;)[f)1RwzX<@u.m7r(05Fb<$&OY=U!8/X{0`3v?QC*
~24N;e{untTj,!@3=m}gHN@GL{\,(:CxltH:*FkzIRb1NCwzuR.C;biC;56wf-}VJq*KWTp2
.q;l-bX>xE ,I~m}P\i4P2=^'_5{QLCSOkO]hh/C`Z+l,;HKG%McM#bAKp!V\-})5s\b)<3M
+[P*<1SGDJWVNa-3a[5I|cE8}YwbudV0w:a.*%0]?a(Qs3l4Fj(A(nA1)roHTl-cIiZ.Hs>Q
Bb>CJlN'q!wHgSecw+9mXv$w4@g#/&WpLB7`R1,wp#q\B5lYXeRmP"9PQB9G@ _~&iQFxcM
$FRJ#kyW2cXN:[@IdnnyD4Qb]MVU%Z'w270+\-pQbt3wo9TJ*_k9xqnkqC[ey4fN?.])kKnA
"{=?y7v~'=,@2Z[0%~uBg%C:=.Rr~e`j.g{-0fK{3g$;eKg9^[,eP_Y0%N=+(Rx.S5<9 -}]
08W~['tp.s.'D+<.,4<X3XofK=[*CF<{gp'v~NPEg9,b(kDDR<gRI7lk\F(k`%"GE*?_%ne|
_7a<5#iZj$ew(ia~?><y/oMlUXf<Jy0+`}lH:qOkX@H9zH*hWPsT,<GOY# 0l*1,n:-\$8^Y
boXHpVLlKkTK4[+3^rQocSJ3TrCivS%H^>(cEl,\C)qu4cr_?$I8a*T32r=9-4.NS7?s)g9w
.H>q<1L9sa~6'4P"HF_OR}m6FQj_4w'#:uy;hN1(1BzoN0Dg/(I!"C@[^D7!Y8K0'7l^/>IR
j(B[;hT/!0S"Y7R}hnYVOQ#urj5!#CZS_,v>gCyp@Pxan;P/h/{GuVK45M{qi8ig&>lNT"f~
rz"LZUy#\?c#)A<H`XfcOW?$.cMt7p\"W$kbF:pMt=>F?/&ucl\BaQ#F&X;55f/Vf.Li7+pV
M\XhYfa$7qLz"['cS^m9^F$Y=E9E#iX%b}q%1y3X#K,C~\yKuMkRR4=8m-M!pf*^&) Z]fj
F,9G"q_2MWLmN-$|{&*6+b(`\[n@}8Koutdtr*2<=U*+cKI&7RDV(2z\0wE]jxSy}+}NRo%
h^Qp\'bF7(*w/}J'^VJ`#fXD$"&'8UkOqZswWm=b:A->YWD6}NWfV|N7k SJsvHcP;`j},|L
VP)#Z98L-#7@@x+-a+1;@y>F`p19sd6"cBNK^!?hC_e%W%EM%`+')ca1%4I({4):7c514d2I
^XC$;dBH.LU,A/@B$l:4{oZvt;%bgeE7W|7TklJ>*:DaUzM`:!)^M'@/GW)aKv:4Xs@(~jyA
)fF[dV8hY"@%4PBj&PTS'av;y{=/iTY?suJv-N2`sczy0E>33T#)OW#+HFX`S=sYI^\yhDRL
CK`-z%&/es/rV.Qg6jETt:O=)ce<G(_^=sW6>ra'sSPQJbI.ln$xJkq$:?4^\tz)T?DX(.t`
P{VlNaAOn?-]Ycb[=@ZREi&^M+q^&u:DMv<(k(5s{d8fl33qD.J.s|bZ~Xksd_l!f$g]c12B
!T#kaXCmtR-AXD*03U(*27xI+ZX;jehg%+|?2 B5=A]1tZoB0DUM0m1n}VEUOZ|:`6UR]hN(
>y&Ljo6.\FnFm=x:N:XrLHKuf]fz` Xn$sq'87#iGJ[4?duhaebzr'T|U2}>(C|Q53jx[Q:_
rBwo@*>rI&?8-,Pl-.x\Y-/^o= (936,ee['Mr\rE6,fa&do aFtPae~Ka-@KX1w{2G*p+w)
$,3chAcNtU2=CXoKa.y]#u==P5G,#Qz/=An)\ lHf4|a$v*WfXqcD?eS@u+BstS9j(2n?}j#
Z]a:2 C#/$o%g/7\P>F$^_Z-4:.HC7f5chN'\3_Q@#svF(A36p%;$^D5A.c&)J[F&>N+ 4Tz
3LejG$&C%hdo6vVUR<}milA)JPH&P{;~6BC'G{|V*Gt06PP9Q0yukj*jeT`@qzFX Xe<<w.%
vL7sJd6F}QG-Z].`pc!4AXD0Sheh~=ag9H<%tj2YU<CJ7 JN7Sj(+M%b//WO(2=n[nhbPjE
IahOCJ-{ibPpM7O4f0.x1*BdX6rX%WY0^t# ody%~c93XkgUwM{U?NHd'<p?e (C=TBGT?DY
E2Z2cIotEb-%RQD5y[&(mpU#hqi9q"b?6JJ(PN_*TXw?Kgh?AZc <?*csIkC|z\S3Wx7!ZVJ
i/'t@Rs/,J@ylQb:mxWR=lbT!"<eon&)sIkz7-lOq<v~Y9%<k^{<F[v.X/Jo\'_,)"on6%\l
Ey?"H$rAz}AS"ZzGH<:2`L'U5"p]W2HECZ/d}+pH\iO{Di'_)L/H1s'y]Ugt G`F??xa<$uX
gD}'\k,8)HQhR *M@8c?u'0K-a#>f08%`M6 |K/,-@X/O|Z/Q/shj~6"+) Y.2t-|,DH85n
:U~sQ+"fT7pBI*5^Jl$~ik}.3:A9U?/J!0Yx~5rd&GL/4)7Hf?r'2nD t~q;4{$uM8w]mYg*
d<VTBP+8B-XQ7F/JE(YTXvQ0VZ;<rs[o$)I{ihdv/}CSD\b*_IVkDdU>Th|`\m`/5pg-xewk
G7WS[7}Q KY4Tj7jg~%0-y(-6~4zB\#f yCYr+0u71_},3lD=`-$8pu!thA*uU{0vf]"ydi`
FT:U'S,,Ch7#`Y@nO!nWA[IZikC9*|63)ZI~a$P>.sAhE6A9X;8x,Uh#<q(T&sYYrJVr/Y
L9x"+aBM"GGn'Ci|i2W?%2Nvl6?k|zk' =-mU#-oa{AxZ'fngm!vm=$~'L1]k;>:z(7^Y3,/
|YvFz{f7"'<4Q34A4"'KPQ`~U{khdrO~GV8sGtCpe7 VG/+vq:<jhw2Jq_G-sXW5ERDX*9+c

Tuesday, June 25 2020 Thu 2021 Fri 2022 Sat 2023 Sun

x PA*Q@&}B"3F*b=0X5522jK-S.9I%&>b;e|Ob_IMsR11R'z0Ll,YF7jI(,3Ohtg$;}<1V.-
/<_B?Q']!P|u>94,1o$vr]c?)_!08#V`{r~_q>{)?3Mp:f)?&'GqVg=nH./p#uI.vs=>l#b!
[KY0Vd^A#?SZ5%.8z6Wx+7$K'duWJm8h.%f]ubrE4%o*yg;o@AQ{s|x6Xz6N[<_&}=IYHTK[
CY$qm#ZV4ahLB`\d/0&D6V"gDcbcj+B0Lt|B"kx,Z)/!<UX>"E@.m_H<g/tU@.[.LGLf+;8E
Or?jH>L[Z9|S7n`)1yVykCR'^!R=10-M9Y+z"jx;D]Q:TDlh?RG,n{F?EQP^ZYa;LI.P@8gk
Gt_\)54)>4L6W&2\TS)wQvVj"1iR/f `/_%AL@h'{vZyDn]?6H4;B$+PN'{"D95Uwh6z*hD%
[s.+w3|31U;A_)kQV)MpF*Mvh$fLreW[_"$88-BF{EE?5Lyt-#L'sSmi,qg?y3d1Hy}Te,M'
.;B]yLnFdLusYzr92p7`a:xLF#8T{zQbG2N/y^p[ENdL4D.t.~mPOYIPLd9ACs[{s^S>Ln,Z
`eDs+iImJ?CWamp@I2oE#"Sd&/tYX^Mr>^<-PkC?a%p)8A*NU8FU*["jf4"9DayW{qaK2w,=
AGx-W&k^RS 6F{uCZ)wm.6c*?~=oS`cB5l-'t%-`/a%X$gZBj;\qo^\'&u8\P;c\|Lj}'oD,
3YPR\Sw5:1RuIybK!c~+xNv6"tUaIW91WWJ@M1)Ot"f1d`m~j~S(3*Iq-b:Y6?zB @:tua>^
mZOFUOB~EyI0rX(gN}KzoQak8PG{"(q2X#lQjV]7tn~aW_x/.ze<z=1,*_6/7/ve2IG0J0;(
c'uT]XHz\K-{B\,20ec&,/I)5)beR1UcQT}20 Ud:|+u[A,g+ugadP+CKXBF1)So$p@?D6d/
52Zs0$%0o?H!H-bsvk$:)j|,[},fl?P}]2;)^v2M*lu~{@VuNsi`hC92u./[|*|nH!UV5vEM
$/2BnuxBEba'z<JSRUxMR&-gj3WXzyuwQ:@J"p*dQrE0nVB:(^+^%oI6>DU@D.&EnPeiaQ?~
{4`5^(x8`,yj{n"*<pfe]51' FEp=|+%APrEnd!=%!iq:A;)1}Btdg<V7Xba1?1.<1z !sU,
TRyi^>r"~dQE)WfCJf$A@(q4)s'n[s/q;vV=HqLExPXy8awc^. Hw%.F3,liEq(tOL?O8z?j
,fC~r1g:y7.U5e=8u0nBnRL>b7"%Q+S3[ioOV@#,%8AOK6GQ1~@AT7;Ac1}?u$8.[H/]+^Jy
_r2B\GIO>\;t168AL_Y$6f3\L{]Xsj TR-@z*8Pb$+f<y{4iP?|%L/t,_"(>;jQa4mU)1u`W
mWu=Xk4'U;jGA!}:4NV7 V.],%dQ=mys7sY&[HzFd9[NUBDyv`#)AcKyJ$?{{[r8xGba2T(s
zC|Hc~uia+g7C`Y^[u8=QcPaWbQl+]FqU12nMOvF{=yeS%D]epVZk+J7DaK^h% T_fup8N5M
k'@-x+qYEvZ4}Ny.w>V 2|8kGPrB5IWsNOUtTWq9#0KQ?#H`Lfk>GxF?GdeQ("H'RIEJRm$C
nMjv;!Te/x?sF2sAe^6r;136M[g#7nsn R0?de2fp;@f9Tt+kn6y]"U(#oU|^q}-,Y|8 1(L
B*e1^A}KBNc\>8>wi.+|oj-nS\-J%pYkpiRf<{A@cS^1Iv#d\3g5W0_Tm;q;`0aS7j<m>A:`
\|L i>U"1UcK+FS.g@ccp#B2m!?@} r?^1(i:}sQ['vmK*az%Ic0Qj%mLNEb&`B&75e2FYSO
nfcWaIgzWnWz4}%EX."&+%bt=?J3GVBie?)zm,`\efomBr"TJ`sX,0DN_%J F0LinPMwwglp
ZDy*a~;5UUj[g=6f<K%faY{Gc e#{W7J380u((-9P,%`#E-1Y/6m1<2bP~cmNT%KvRQ,QVi
)a,th:k0{+rj@3waz0EI!\C!q2%i?Lmx}o{gynHY;(2_^yM0qc'eayD] v286R=d-\~0Qo&2
)Y"<9G?h?V-$"QNG"b!]b:?Qv~,`CL%ta!GpECd@t$YDNZ$n're|H,I{jn&7@yDB9o_Z1[^_
NV?{`'*{rS()&3){wh["[vJ=m%c4d1MRO3{/I;R\HdDK19<Rx;57MVY+hDximBgE.A2lM73V
VR*^OU=c~h*W`m3_y$E?$.@q"+=r')ZJ`'=u}vB3$V^TP9cF)c|{^|uwRyX%^;ft/jQGTC41
6NImB('U{?~)Dr?olzc:h'$+(2+fiM\$8'%&w_Z"y9FQ~\9AYc1fZUQ7y95Z+O(Sc=M6'\]4
4:+F"rm/xaIv5^y3Ri*J`8;.<b42@|-bc^OOw,X9+Gex XvGhd&/\\V?e9$A(RT(5'|KquS
^cX*lx!@~C5C\pzT@wK/Tv.Cc$%}jMOQO((2xUv,PK&$LN{%5+5(#8P4cCIR"Xv%7!5'4}[o
pZU;H)eb5,eD69X@Ay#^$FR"$o_$<6-1#(I4DWaV `+zkDe-~$JoWf0lt~_qK^7c2Y/O0<.{
st%1fI^m"K\|Ex,:F)4v.6HCnp$nQrCl?zgL>;TNx4Wb0m?YCU`Deb P\Mx.ew#WBw3;zm?o
CXeCJ|sarRl1 ",XDq@DPGA}^g\ytIK!,~&L-t(X=7X01b`RWfL)Qy&_Pk@j\YG|-2B6B&$3
fwHC?.ixYfLze2nQi%nF;#Gc5v&-UVdhPx,$O '}O!_L/m!XxUaddsb!v5uh~2!mH6usLFv?
lOi]U{Mq|ev6p]wh9'?+`+XIS?<E=,k~Y'v=}BJmiMZE}|:-#eq$SOOD&8@}pPBrw\z""g:&
7MDt8jd3r$X"`{<*=n~ Sn!us:SNO%I3T?Kq![j-@1"^dH`c^^)i(rEdnkSw;@uck'lN&)]i

2020 Fri 2021 Sat 2022 Sun 2023 Mon

Wednesday, June 26

`M@iK=k82&ZVUvq-\"=+Hu|Sd- .Iz1(|;V%yp|.(LOxl5Um7sC?XA>tuE-i.O|3ezC[-{ '
3e9' dK6;Gh8"|;aAt+t~QvJ1Di!/_rJyygc0(,vZq4Ru/c}If5QbaqHjS!]jjB\&R8HPm`x
G"jzCr+N&}_?..4)%?)^{,ILb,gy!y`{y-B~x5iJ+Ow<o%vyXM>ShZ).C<B(5O$=Q9{rqM!~
qn?e,T;2B,8`nh+#hSww=hF*Ayx|" ^Fs]z[ho9:jy[:Ec%wTw(CMx,~>:.bbKXh[5jM4_}U
s__4!*yM~P^."x=SM$`;a(WsC}<Q-FiG+i>}}P-M%K49Kl~]I~nd7<ir%nrwhBS@Q-.aeu,)
98tyO4`*x1"\/2.a/\nKu 6L HGLT.>W85gu6zY`q1)SrKj{ K:/#yt79$jl ;B(1ov:t}w3
wPeWxJ<T:Y}slI~q\lo_y,}t@3G*<nrfJrg 'V8 ;ed]U?]9%"^5,mTr@/5tq'3!BxSo[E\'
bKFjMP}#}gGm;_iX7Tn2bI#-t[gv cIqtq_a"McUQ7knQoTrDX:K2B"9l9Kuk952"l6LO_={
Eig_@s{Tuh%>n^ci\FhJ=Rh[IyL5KyJ]|geR*KVxo}U8wfIVuB?c_aggM7Bt2=\/w+<Ew4(O
}qL#{1[_&0rB(f:UV=\i4Hvl@}@kiU6:DC"jo%<so-[Zc|#eb%Hg0]<Jd(Qs[Z 9D:\{f#qj
4rt|11puoJ"bLoG4 `Xg8{M4cTJy)#qZJoC(w?)>0[A-`yGh'z\2KQnQb\Jy[r\.nb$U=6fR
\n}#`8v^R&"Z~_4Q1e*;:.UKR&I;#Q#G1_6s!fhoB(-YjfYu)up&~AdKJXu`LHANZ~;:`dFR
G2brqI8a/>vV$0>(s[q2$]UGyco/=+A_+Cbf;!p2CyGMsB)C5V/PkDIMKE8)||?AP!d~v0
|vTQI1'nGKt&c>rdf@<~6^bSkS+nAkjCe%3D&K.FoFjF%wEpG.<#_$9&v{+6UU}>|$3wsi?
ut #v|#_=.u4T>:XO:jIy<7LMRwbBX{+Us-x/n3N1Ibiewm:)9t3iMdlLEo}gG2*jk_m(fM8
/SP^:Tw3IM`}f?7;/JwY2Qhn)U`S]rb9$j.WNdBpL(xI$ 6rTGiVW$SKt:^R'IuKV++2f~g-
lDF4as5esQ|yReVg1s=v^(sF m]x!: jurQU ij9wuCt/vHqn*ev,A8I+s8)U_?aBsd4|Mxo
Wl(mnq~i2z FVD0!M0.o='UUV6 HPJ7Lzwb[X9c<_m})P(|FW(kWA26mAS:Z@B(''24[YSG4
frU%k#;"Lg~M%X>}2,f`uer?HCj8beVaItWnA/4%ma>l&nWbEzPD5H_ZHY,c Vk$oK?3wUR>
v'p-x5i}(\u>b_Vm)Y=T@2Nj~rM'rBUq)uC~nH5Qy{Npss_O"H;&:~l[cTK#c,JJnawk*8~c
-V\UjAp^uuIlP{(L_K{=p*X:0O}`j.lWqJzZ<1m(*9MAql,_b~XRoeU~~l{%u%<)h)kh*($i
` %CW2:=ns]m:~vZAMZ;XJ>p>;#>Y-"e)[fKUr=LQd+N+zPPMVsiN)4<3s3',T0aFC*$LAP5
[MT<G~Sdg;Wm#<lEd[Pw>`}Q_v_wYBR,YWNQZE\^SYLs`3H51Z%>&$QD1_,q+!@VpD$k]ej{
=3O^Agu%D5phXf:a[T5+j`uVT4%Lji!%{,Svd #7VwYY`ZsU/"-Z[Lhj</,u174726ZYA{es
k@N;!\Ip3p%)dINY`K+2&WSux@Y=D+pw7G>IbO7>B(uHPkB n MZ:` ,-oEB5LF~f|x.?J~L
xpGZ-w#R~(PqBA}FYL/QC]s_a>Vvo(i^#2UZk)m8AgSECB[)Qe-;A#1&w'-L%snry-PS^;@C
>oag bZxwOtN{H[Bk*Q(J8I.gKxHBfCu7g:qYjJ_n0^-r,mT!FQ&,;FtL=yDg#<VI\>sw,=2
gS(,gi Q*4Nk{1-|l`-5g'^[P\fLT;B7(wq~nx\^P>>Zs\Bym~sH9,P}Js`OJ$0X~8\efw5o
cU;c4B:I_QWxfS}NgKIlH}3(z6nNf._z'yOO{I.s7O"v8WKY8Y>uFZ3Wh(v[=zKr)nT'Q[&&
I+_-wrH0PQIc4roKscNHQ^o8qK3ZWvATqa>v[hgh7]?Oy6-oW# `b>3RVfMx])Bzu9|$(W}P
tAt3`E,u"?Nq@`zh%r8W[!tE]s+cpSX>MTuDrZ@~,Eq(W#m*^fy}lG\ql1hHL[xQ85O"H$(U
5>RJD0zi&l6?lzR<1'TiN@p`U!h]djqamanLVV 2!\ko`I}qy|qkRYyg3=[?-"#R12,-YX^R
E/MWC:LGM]JD0Q8+04.l32g,Lg. G@zd`2\{^-]*}58*^yf@eLC9l*:7&b-bD|8BZN4P%0&
3Rfb?/MgfF*of&CBCc5~\kSv)-fba@C`N(rq?)Le.bN[:v1zZ3h!YO#1B&8e>q~%>V.fF=+^
V#r+?,<*ioA,-w"Wc;+CD]?p7v>FLlUtS|(7jXS-ITTh633)PDg_Q*{2Fj#K--.l84MCF[4Z
/Z\5Bq0 g-=40[xJ,v0``[s>kJVA-;-oT+4hi:|b4G4t,Re+hm=+oz*;'2f-_)Y:VT([a<tx
ce@&9"lw_Aa>\n-aZiVRl1{{Yg>_RQ|82!t/5Xcu,x[C'D]wN36W3=#LZykSW&bTU^'|%P}=
\":qgVx%TYh;CvUG_WRysK5K2icp-Q!\P2RX*#l]QryS{Z_!XMM>U[qa!dr0Bu*wd@6bIA!c
k1d8lpgSuvAs0MXrN"E-vjGsjEs)^UQe]]v^rI",Fv5{ev<'s#-E`R_-:ug5994]nY'9Zkhp
WlDbI~;!(cKp^O!01`Am>0Q`5e >0"hF.{Ley3lIp1VL5ByUa!'K9)+`<|K#v-{Da(G#`=~z

2020 Sat 2021 Sun 2022 Mon 2023 Tue

Thursday, June 27

%Nw)/:6vC`X>mgP^e]1dtfW/dX@(x{J@Dj#Jz1ZPo;7[CZKPNVwa4+b2Mm$i|sL0EH/<pAxu
8n&Bd+6D)N{$#WVk.-+T=!~k;zqM{Tsaxn)Zu_4Fb m4!91yTK=w-2O*s_3.Eacs/#!2{KAY
8ak~jRE*!unZ@#!<&9asR*2<X/naw]c!,O'&1flpa}%\UKo<co6:A;B!Qsiz8VA'A-;c!Pq8
;)p!e|o_aGd}=*l*:=LQXHNp:p(q?eMdCr*5,7m` 6&P88Ompgq-ef{]`Z5u7y<qP89!OH\4
,M:bHr;GX$GSY11vZfM`oQ]-SL8Az')Mvdvp;'MzafB08Y>f:W@HJ*w1?(5^=+Th,^;U.m]j
/jAdd|VRLYh)2MpiS<W]._#dWg(A[\5%BeC8CPN/LHv+| &`Poxjrna.B BZ3L\{PS[Fg!}K
\%l,=5\@bnX- OG^Q33*=oLW/-2?T0S,Ds8<VS!>NtjgR)^V:`I,|9_>|A%%~8NmFY ;L>,]
b5<GmkOXc>>n6Gy'^S\bU~$Ttg.u9k$RA.i^sVbSGnv=DaV$X.>Ae~>d9)|tYh7:fU$My<Ym
ija=06<5tk{4YW}2\M2k$?W(S/Jmb-6kzWgM,[RS9XB}s1$y<5X+2VIf} Y;SPU}sLP RMNZ
m}(a~e~(_j0Oo.SuN)3#.!@L0msv"uS<=*~dzx<imm@wY3'\I`2s85&dt{6}4BZFi/gqIxqV
a`CK5}J6._HZ7j`96hrOI_sFSB[o+CB8g}VY5S(aJx+-B.yDL,c;wmGeU/AwjtZ -&_e1PQB
d ;+WAC?lx9W^BB{Q&_L@O_pw#$pY`n"4'mkr{X#<6:zhNJ,V}#)l_sQ%81Sc\pQmzKhLXQ
x|HqPQ1/!M]ilmV$?;*'Y'e..DoGfzs;}Uaq&<"wf(*iS1<\h{*3KR;:x'[LNg =jqldW+V.
O;TFf{nHu6rn~S}x\2E2P7'fU_Jk11oRwQ{Qr=8!A{%^3)>a%_S@i&6s-HE-`2mGPK@56rS
X{3^c1/P7J(Xx~:)|0gFi*VZM#)GzMJGAL/sxuBdBlXoVS+1aCMH(d-cGG<]I{3A.QlW1QJ
b')n*iImi_"]HA$gTjlf}/Xw6-U"vk%7gh=~Lkf>?l;,z"J2t%/(`MaLkZEH=LYsrS2N@_tF
)hecq\i%F;[,D/Ikco I-#dxmiTbE1geQ_FxY?gU%xf!{{D"Pc[f9ZPvDi.hn&CWTr@]~%H3
V4mr,%CR.6+2V>]R_%nr~Yl pU#?7!Uj~SZh<IOf:G5R_=pv=l5vkP$-`\Pl+;A9?:n!rJ,=
T[p_4y{DH=-6AaX7QQ/v|!i-.T.h5W~<-\[DjAWC~.K}j53D:MZ;<N{}~NmLqlfg4s]|iGi*
miEpp;#Zun5:%J'2t,:W>t;1XMRiHKW[!o=x?>_t%&ATkcPteR'=Ctc)+~mckD2BpaBwtmnC
8XO@dMVTxpfDpgFBk_B,\w~lE]R<D\ !c.pb+y1jy^^Vrq-t&!`D^()'\sKiT%a.sj)S}/Rn
v$p=pud/3K*"OlyND:YnOxPAGuDX7C%RJ%!%r jS9D=$[wlB6X&AzfuX:5K&b8!"BZeqkzh-
UqN>U`NE[|o)m0vbN](#W3R(mewG$tVv/y97-a0YF(^Lb=s~6?^I/B&%;WNBSid6*haXWdR;
\%j$z: 4%a5I,.D<]-B0{{HWQMlP1ke0SQKOtH_vVAM.$6Xh`,SCND>x(n*TFnoqk8Jz8XD:
&:/$sIZM(G3?|9Q%"2m>F&5$YbQLD^@p5!iq$V\`B2U|Sd0ue^?9"]o{[3b;v(0EG,X:_o3@
P&W($5nsH/0D3>Vtb.jxwy46No anQn&iaYanD9<3v!gLv4o%SONgeNK'},U5Pu+O.MmJ+0b
@je7Kle`uCt!o^AT);~s'F~n!Ou1~hO]p=g!WGdebURiSpgk3DsaA12SmB8 #upp0+;BFTL@
"vhzMb.V?!1xpqeRH{{1axIt5'e=53Ab[xi{J+UP2T{:bl)mMtfF*FKYrThl:@7_)@cLUORO
0*>Cn%`x`?xs:wmQt1l>Th!<BNi"Rg-{i:x6.\.S/IG'-ab\i~]MOh.(_VkGY9x&HvH>>Y,C
+FoxC?3Bb"&+S~_4_b4 [1cYUvI4J%~>Cm5#)R@oq%Ns(mI'FdI_IVd7;gr93Kw[fy2Tp,oF
lrp+U2Hjs;XVG.J(Q`VPU,M_Ou>2Rcms}Aj/6,fu&uQcA<a-"@J&.mX+_hth-zhp(gOuZ'rc
KIDGsF7z0eYV]7axw$IQ/L9.b{T7;t2]v\c9MVp] tnZ{]nv|2spm"Cjwui{x\0--UOxHSbR
%7W7ttM(&7;Qu2U`?_>JIkeu3pFlt"vY RO8Ud-yJ.or*QD-m(|m|#1}n|p!vZ4diKv1O'?&
W=Xup9Fl2kiO1/;jsj1JzKU_t|^.=d7K"MlUWU>QqrcU$HXe]T{yZL!23a,u7w/suFv<L3V*
{fpoHB1wr$^CRbzI@DH?_F$ hEr)x*t&|MN]TA4EE)|B0/v2I HU|6bqrVPX&Ev3[\=XblI:
4YqY6TMD>DcMbIBbG<Xc'NNCVV;%9$(!SQN>i5n~wNELn$')vP.v]Ru!teZDW'n|f\@IE^CN
I.?)%Kb/9[P{[O/~N"5jG=0%;G5LbNE!+g+0_B4-Y\Kc=ZM&N"<d^@ZP!WS42-)bP&ob6.j[
1l?[A<YGahD}8U`D|2fr&fD!/]0|\1o/d M'vUrF'[\jf|>ka%38}A,|%s.J>sH%(qlyd/%\
d$M493]2&`/X%Za1}R}XbO\L1,ipA$p]$_;t39ep-"cXM2No=C6p53Q`T<GaDx]LOX<l>Q+7
064~=@yq4Vg"GsM0dg:};lQ3$]R"o@U.-/sObZvC_ ~\>l|>ErZ[nj4hV$.&&V*f[@W'8uTH

Friday, June 28

2020 Sun 2021 Mon 2022 Tue 2023 Wed

h"6mQXe6nLk1}hgv\<0!F`O4R>.;3t.f~O{pxU0U4LCwc/2<*uXE~z"A2ly-6a9-as'.C855
m&fD=N64?3G3ge?<%XXf(b+KN%}\ -&uAJT9'XQ2-cxDj&q}_}]T:ZAhkoHqFdi`}6fHX.Wm
tkQN^nvF.%u{nA4v|@#o-tk"ep}aYAUNH6Of$vqddu)8~FsXr=bC6OJ4s\(Pr:R2 %Mm0U!x
_-H<rP}s|lY{BQ}E`?&QZchJQ47wljUf#OlilUm-kf\Os5)Cv4oRC2+]M]=ZxziePB9o.3
~f%jbbO4Yk[CU<S8Wld(#G9\6L57c'THEP,-lj=?wp&BhWtsi}z50ry+XDAZl2s(f\VNh#Am
h,y;glhYK/k^(M9qRp/Y`3bMPc 3OGg~5J7])K7\?4UE ^hf&w`02-&)Xh.~y:Ka(A0N##ET
edptuSq+yYcu~incUMphkF~mjQcr!Q)3GRpXS+GPjDG<C+3Qva@b"IXG.pj_JB+_EcVGk6+u
~((-i>Kbc>5FEK>PqHQtxF/"SliZp]s#%-Q&FO)3;=qu eNkOH`WW`>Mw,4`x>N8trPX7l||
?fv[#i&*6\E<;q$W\FS)&tRk@*X~f*"L]QiSPi$vy*3U]K@7_JT%;W%n(v`/uWY!pe!R>9PB
O(Rkd1GTtEU7d@Ff+mR7WnpnJ@>!xeU&X]L0IM]V1%R~P+]UGB:+A2~<&Cv+dr"8&:}d`xQz
%efd;ug=n{=YR\JC_k6C!}#wGX{<_G}5#@y^4p80to56t}>)oNHE2g&`?5Lp@%|5t3'A)@m'
K]t]@1D*|w?'&.#V+=\sSFX,o&Y:$F>dWF'1^[3P'm6+LiT;>*d1$QA;Ujs15ai@l#^\=Pw9
i_s9/s^,~nMwz< 2^Uw?DPn2zx:}-u)-(-x7c92%xz/:40U^H+jC- xd)ic}uo5l~/qq".jY
j!.kHC|2^Sd^[83/Ttyr'}'V0QDQ(EpJNWj0|pw~f]W<yo@\R:v6-eApfKM6Q.:>M^WPZu&`
w`2%<~9_00]s"aK=+^ng4asq<!Ft:jJUi#7QPc8jsv-d`Gp}Kt0/~VWH 5'wv!:36D@!CH"X
mMUSU+kCN\anXx#(#'FmeOF~"Or-3f7V@I^HCmn5w,mbGKFl1mi!2FA7E?c}Q3BCQiL{UOBM
b6Mh\K:4FGsV*Mc:_jJkiSc_f13/V3'.31ZBR\qb&jOAPoKD3yX6_'W)n$>s?5)u'!R<Ruq;
Sl91(;6W=9AflA qc-,-sIP$4"KuV3TiGe %Rpxe|M[9zSDgM4OlU+>M0CKUUF[uH_z#wL1}
w@J@5s*d$\YT.C#Edf =aABK8DjP}Gp%uuOD-"<>JtT-g\M.k`_w$DtN:ycYL2Tq[WdrPjiX
]ga(Tjn#9z`U4o1Se>~yI[Mr$xKB<)HPV?G3C9Z!z>0c%s]1)9h&oo!{&+coP5qcY~Id9yYk
\o:]2YtdC;:Tbx}8__Muf]Hvi/r+b(3+pwm3Qw\\//1'$.?N" =#SB2E:+d:4_hJWsz\Lyj'
q=Yb=|</<2"F=ICdfxK##F{fqU]q5?-^%Bitg[T\H,N;:FswN1+Jd^Wl(^(yOPQ!(vO 0rv8
^hi(UTB~#50z]Jb*~Y xCU+5h^j p-&?Bi6`Ht8*\3@:vj'-Q]6c;@uC5+E(^pEOooi3a.NI
%>4XE<_:B81e7NX-7uar.K[[(#/a9g>3#%?amntU>D_lI,wNqqK"f<$_fm'uB}JPf.j[AW0_
,"!'yAFoMVnt|=/lx10}G=!QWI3s!-FkU<kn`<^[=!"eIi<(owjg`*41g;Gvc8ej#GI'G?b$
{augZUji'_c[,yA* 4$+ojhuR!)`9V1ziyaK*]_dJ|;E&._$,}68I.#=5::&mVYfb0'_I0C8
,.eO36AsYN`mz7#l(%@Dla^u]qk/ne6"'%g'"X9K3-DpDxlUfFs6W iS/]:5{ID(]vf7_2/b
%_=@8 Y`* 5R7):B{Y8LDdSe3tH8l?8*mwkg|S92(&MloKV,;qb'AlW*(%:Xf3PMMO N7sL]
z}uF;PG+&kmzo0'C6ep,9&h-aDl-%ZjW j}@$g9J=L4\e$-@:K;exv:n,L.2op(musm>obpz
~Fne9&j{uuldI,E R,-?wwJW"jqbqBm<q;M7fH9jDGJH)Ki-{!uz8}%G8<9rLa&F`S^'9r|o
Zy.]9ze|^L%!8d*=n@%?dp^<V.^90y*AKW/Aed0GZjbUSGujpx\7;Z4G`$RiAF7S:D3cq'}T
/id3EG(8+<>/dck+4qt RB2ps8T,-j[JO02IK{~V#b<]<o{9B1~DcYrj4yb*&_PieN=SQ=J+
OTt$e,a1p)6anGi=/svZu^<fK!hi{ *R~,I8w"~u8y&D;S_iwBtG&%aL^$BS'"I'<pL&RJ$<
c!_xo*]r(1}8"tc|)[(Zn8V?ICe1{]n$qH[=~k}[A4"#<(fSg\4BN,!$F@EO~=S#I!FMe8bk
u$zT999{X-Z}[g1C}sj\ NN_j`[l~e&8.Z|miY`=rsG,S;@DWWD1US:[E-kpp>j=OrBE+Px[
cyM$l,JccG0!@FF^&,Cp2]6)*l+t;r G;w\Q4}O)Xold!V~U|rG88ePd8A!6`Ze`>]6n[z|$
S"-l$}qB)!iIk4pL*zEP;-U|{/b nH(^s/"8pdi+lQ}97v<ZN6Hvaf~#f=\TP=|OYS+SK'F9
l\b>ZjryNz]LQv>sS{6w~z]R>3@ROLBWlqCV eQ%mY6_XT0T/qR@% kDLA =3hyhoxi(NO;d
#gbFJ^R!Ap.eA)M._`SD@G[BG^^=-Ou>phH51n\aSfJv$psTD(ybE3Wy&6,fEz-:cJqrUh`9
C< ES2Uz,d3UO5bEpha>+?T=h^zO|#4:Oj/;z3wP0K%@Qy|'i6o5+O2R*9]jBxz'SHu$RV_H

Saturday, June 29

2020 Mon 2021 Tue 2022 Wed 2023 Thu

q>#@9GZQ|eCO \C)8yvUR%)|?ggcD`p~:Cb(\X7$wrc?)hl+5]?8v0uXqRtuR1>\Ecf6Y/GJ
A8+2R^tIIVMr$tb9N@q+!vl.n@Ya\\^i=Fnis7i1AZfZMD"b[jm`@INYZZ @:Wi6z4_U}Tb}
jsor!X=G;B;[P)--e"h==W>.yr<14lL/NX:{nRW%5("X_R5j441:VV"bu:g$`=s{Pvmf.T2+
!;`E>ICBvW]O9GJjI(mtA8OZy-=|[8C:N,olISqXd|XNwcVt[FWjCV%=L2<n9yTaD;-4.r6s
#FyFS;+I3Y1V/xFVy~$D!Lag!s?7]S<FDvAk|N*eE~iRSic=Vf1j]QeKf~iU`bnE',"TRE$*
8YIzR?sU@mt_[xs8-9S"PS!-#xr2y~9_OprvO,@90;{PnMM#*W!0%18uoy!L";u2~N2qQ=7f
#1U}5}^pAsCpOq~x!x*HF*qZ&mkhekDSch_`f!k1?:sk8g8,1]&!))Jbjw#>6]R%8m]@+keV
kd0,X|<6t],w9F*Do%"5:VbKkYy1&B;2!&FMu?fJ:N>}:xmbDZp!Y0k*GE9QB\[>-qtcwJEJ
L:6 &!="2?AptB+W85'QYFB_W#/C6NIeQ3{J4L"x732g83o~Phaq_+6}Z}6fVvTJ8hT+Vy_=
Z#Nl0"a!FKa?BHSEW!~E.j<|_70F:1&W8a3GQ{26<96$[XJQzP.$M5ocoQVSpq;]8-+fFoD_
<)/"T/L]_b5Y<_Y?v4<O[jzx]h(!2sS&(p7+e9YzhgOBw3b^~3!!{`C/wxf<r)TKjB({B`v<
&oYg,=_@2"U5!>+9]4u9\?LQ3Tnu.muSxuGG;MvYvL6J7?PS^bvjD(~}$F"fW/oq/)eUQ52u
4@:N>1H&LTb'b:V~'02NRm|Sp2Bop<dcShD$m)!&tkQ~?#LO,/FFH0jbEu|QtF3}REpXHMkG
j&E~]@heK&2Y?N]_}S1n}I]K:E"txFSaI5GU`F&HABIO2{!_VmTh#gldJAJ},M_bG=13T]Z1
g__^ThL83\@)74fF)(TLapE'V+ LZyr)3+h(w=la+LUlBOHw$>J(L NIy`);z`3gVpq5PL /
7LA-cyFK&bR`r)m|BewrZ+qEEi<'UOdsI*[{+8j@z0<tI6kO1]:!>R14R#z6?h!|k.YMYQt$
zq2z#uOK2aWfcfOiDq-siVD5j\[DJVND}LE bXOP[\L`2,cR3~Y,)&T~=zgqVodQ'i~S'nHt
$yS(,~PVjzg*#VxQT%m ?f%5X_=NJ]rVDQ>xy!'wx5Us$xpwG.S;*`DwjaCEeIYt,]kkG0(t
z7D]pc7w#?D91%`ZJ-UbU`W#{-P%B+0\" X+[s,.D(j~(oq+y|$?/]U}].8p3#%QYyN^}Jl-
PM|hRh^zXVFU7dB->w[fF97S@KTY0uT;<1*<1[#z_3{Z,Fs2ae/>V-M"0w^wcq7"L@!:zk$
:_\M.BzZdu'S=^@g+K5l;Z1#o-JbYfsi1ENTD@fz3%D{=kN%rxfb`dfb=Z^JcWPUf>HU=>g`
nn9J_ h1e/rOE?6d0'$J-CN%'Q))W |.%c80No(qn4%i1DTe9oy0<"cl0n"I#Y~)7<v(.`1k
@NI'IMm0Nv8^v& dF[T-,9h<*q?rWVFqDdW`{61Ny?-?fSz%o+*'%"{:x$]F'$KLo>)Mr4^(
l0)inN<\<b,6\vOWJ[9VJMr8^p5});?e>zU=%UOI5w|&Q&])BR[p&g<,sYt#Y^ZDR|GNn-7r
UWr((WOvRk$s|<*<H]WC.53YmhaU`9es.rS+V5'}yDkB}[^eO{(Y*0|I2ry7LXSfdzr7cO+2
9$+>=h&*zad0EF_G~=?ux}e+/!95A75(3X0 &z"nO*;|IJ]#'UR"/yw:R}8j'YrRJE:.#j,L
U+n.!Yu;ivK\Q!f;]-9t4n;6f-{A1-!]93w|$HO|k^!<}/07 H@5[/ZXGl2ewl3$xm{e}uV2
{V)@YMmaUCw([\'-O34sRm5$_(<TH5WjK;Z+bOL.8A{dqM&6($Pt`Jk+x@1`,zb2\F`%<03;
Kcy/wzC xwEhTDmQV6VjamOcIQSWmZ^WQ[mIfdPhz:~d,sJ`|HRAnQLG**PT%FfE})\)W8~2
SVoLS9bJ$4x*i4Tk:%ot/aJ3.X\CS!1-r{9}^%B ^?\(78sa:[!;bg..apTRCf/YLSf8h_N.
YsRsOifa&&}iVg;P1N<O-.X$#PR@H]{K+YcR?5Bj1&Y2w)9LGmx/011TO%(#.uS,}@4Cd^`&
/?YT]n`gL@CdKUXs1j"2mJ#2t[SwuYzpvN6+w9^c:4r]0(."4bjf3Cp&cDUKl2X4aCw`Pw]Z
&&za;ocW*W]bGHqu+u7l]ar^<|~e9g\w,Lry%R~%&HNjh0w{+Lv#{zoY|GC5*NGXl*K.3B&|
OS+=T/x.<8rZlpYnTx;T`#NkTA+!n{j0$j%6j[tb[HwPB{7rm/J\k*_)yZ">:!c[rSaf%j~#
'\%NPPCU1Y6cOD5M0e.5[9^n>g@$wnk&Kvs6g30syYc[X^Qa;mzTJ:EoS*[\82}btT3\V*4;
s;/"(>MNK5B_VKuieo'^6!iJCFIz$%JZFx6k9pGBPA|_s)G{n:*C;BW9KY4lu/nG+z5ZISp`
i@?/FG#a0Av6> vT0#k=^F4GU]^$o#n^B$HWy%g:ZDHIc1(9,{/>do-Hn(M}~1*;Jrt[54}:
3~!UcijqDio`p1,y:vzdbVg|nt6?iQ`$_ v-_]ozq9[2m-B)>_X/%'6s,.B'y=[CT\x7 Wm<
?I-4i3c/hW%'4@SY[GiGlU5$O,$bht:n;lliE7nTD96laJK9ZhkJwV7*r}h0^}Txj'}7ck(>
oUiZku4!){9y35C>t}~MA5J#:KtJbz])hpv^gb:D=mvVt~7'4D1\LW*4o!Oh<5gT?o+]GZTW

2020 Tue 2021 Wed 2022 Thu 2023 Fri

Sunday, June 30

PRTL@X%-wfkUMb=kiFb6~(=z-d+Ih1%t n#(P`^X<t'We2T/3-4mlzf_=Y%<[w`}]p[wY<8;
)c<g@hMgEElIqN:ggDu7c,ZqI,&],y~'t9G`%`E,TD/6+qu{c>,jWOBDC]4WTCCPYW2?Cw75
D%e9ub(o:F2#LfMPH!yLlj_zXcP2~90Feqto;3\d05SWqYA9Qq<Kkq0sl8g>kq]Wn13FjT@-
qA*mW[#-oI&XP+@]'$>aaOm6)cJfFte~WGb{1H?~xiIq:abNsk8@2k,RANV@_Tk7zeuKnM',
FaPGB}U%G;3@jep6$l`[g=pC+"Uh'mqLV1]sx{i'JF|^zz4zD{,;D(EIadk-L99m#Uh/B$:"
m$$U+)|u.gH+*^y^GI!5-E*7x`dU1I%hdd+~7%MiHSHBlwv)Hpb2Q(1^Y=Q9]|,Gs4Asx]yu
:!gm})A{`ry}!jATgwYNFQu3|PxbU`K/^NXk{[Tdb^>{bw!q*?\;$dY)imh.xsu6z,N''kzi
'GhpE]izr|;+|Wz&fY49M[5/?F0~?HE@w#@A5D??^r&?]$8b)cNP%6<fgIN09[>?KWygpX^d
)%e&cCE`%X)*B^8/q2^/gs7\aB8G7fM`6!w4B#qKKw@L/5c~f06WSh!60}8e,1Yn~8Obm3,U
H&bgB&>e~2;YEE1(CO_9(ZAcXF&tH"E<]OV|b/PyxEbDV{2F#jk4p+',Ix,zdM.gVv/@/>NN
g#uJ"c7{4bbM'"oERN:9I1?BWn3cYWwKf;=z50pyj?9qL)fH^9heGjMcNu0]sWcVi9I;O`]J
>oIF\\-k$zz1`+t`=n)&32``$yhI#A1a*U<LNCtAYt4 x,f)zKj`BP#r8#^!vaNo|amiX=?%
P8]6+ooW)Khm_g5:sUj&Gw6"erb:? BU+kwMK9acPKQ(3fVTE+7LMV!!L&d(I::h8b`-z4i1
>T5SAd?jp@CYpqU?DFo325kK"Wp=@'Sf4P[9}D5HJ"<vIh`|FkN{fP4fi\go)VJx86:63"Lk
2'Ah;[c|mg`([!|v($]RXZ%y9r]UAVaW4#}oOHB+T7%^YW+r50zJ'N/}X,pl;7iE/r0JMh3@
`QuYK}BOcO("_C Hxq7C%?uG$'*D"Yeu!W<l`E8E"JYY39UIl1ByT!x3+loJ/k;4FlY^{&3$
t$H=|(O:s+I>J!!RN){pAe&q,38yk\$>[*~{5MEii`Wc9]n')/SqEF}%XW5MQYbng8+ms+b;
sir*OJ-mIk83eA)68;>u?r">W`R|0#[|{Gc8j<#^A{WJm,k5:hA!fVEmjVgYx6@/&<?#Bc=
}o=|QujW`s!z()}/g$Q4FSI-MNj^uvBro[wD8=Z]Q!0rLwwx<uO'IY.q:yU'`L#|IS>x{{nr
Be9?A%L-QJbA:"MA8C=ik<4HwLlB"IW//^:{*vtO\]NSl9b$DJU7_;5.qysnV}@{Ig[).Zc]
u$'}F5H\/fFqqgF[kVsu_T4E94EcY3W}(Ilo*/H})&MN*s4yo[G%=Vofp.q5;0m i;cijzwy
$k-[CKX*R2+&FX4G]mSuuD/]&q7}7fYOJ+9qE5[}Ke"q16_Oa+>_:c+/8CEJ<"{kk*FeX.wt
A&2g~hlp03__a<Gdv_&tdlKT|NJ-odaqX#m~/)pwfK`FTNRg(>>#)^2E>sTJPHG)jm6mSh@d
v 8hvAz1\ujZ d*>te"j<P>cQ9QBtKbYOmk_wIq+%'Vv<u>R<jM\+F4ZpDU h%Y6F(2SkGPg
Ij9v/giF2hayMk!Ak{}f3$$7QHa_"VeNP/ylpV(rx Xn[<l~C="1Cfl"o.Z%RF=xY&X@'lAT
Zld&yo5y6'IF8J*~Gd.O@-1lhPHk+M2uaIX?:tZD8VqRaImwLO_F(wxk;+wgQo%J(maR:Ve_
|[Mj4}bp\i?Z 99yXvy9\+^G?s"(1xhU, t- A|;&C_Hr&\k/sY IZS|mavfT=i.[.[]b|<]
]hDD|kAE^53[IUMe:D:7A+DLn8gMid:@9{op["gFt{lhG|ji{[d)kOiF2jK2^n;|<8gXv7B\
)l&s\D00)fYhrm|^qvkf#)jjR2j)D[=k_o><"6" CBiZ96ILmX5\!9}m/f0jP;&jxY%](&uA
,[4B}PP9sXZaZ/H9I$q]7?:_^1m4o*uuw}w$<,NP+ei5^16&c4_i)_QjP|=VmI-jV,VM^a:i
<(I 2U_B;Vv;kjWuG7::qiE#li-@:J8[/I~5+&g&)"L4-!K*S;cbPaN`40'ygotnOT{x' qT
L86MY"I.W-CQDRFG@6(<>bE4UmC_Y9uP|sxVu$GU3cKH+t'6K!V1Nu-^4{/D+/<c(&z4WFP0
5pD9Fe.7ej|5^,dPi*nrrb|UL2e28d^FbE'Z<:T{ZquvC#12O(ge1?$O}.;%md[>3 ?.CRF(
87P:W:W6,S+<dJ1 O}8Atk_BA=_|y3I8/D8DQ^)ZR LJ6=k'Nv!R&xFa+?+;\H+sy{tJfF<b
Bl-& YL<1/O/LRH CI>|uU.>H>!Ck-^qsF_'Rbs|`@dyuDb:I}J<&O.8~oPW.%l_)B\I[GnT
OAY;BOy((w4$lON@;Jz6,{u&1F`t/aK+x/:=&_H7%/ :q'rv9ryVBHq=/?ILZ2]+U_q>F7IX
t`AVVF($(rhzYH[_&o ckD2..Id{g;BQRm}"v=ULm4Wt{u=^P!&)S*5[T W* dXb"Po|r +:
+FSaT7s"",'jqowHEyW^]@$PZ4Vz5uC^?fMf)v2y+`4-U:0&Zt"*Nv3{p5Vs3w)vE*@3C)\4
r#~bYo745'S">6xQmx!U@s8j]+4cdf/jojvJ*>\3$]B*uoAab=9/*pX*FUvsg;MP#o*?2G](
YRQj!:4B3U~ 9'!%hf{@'U9^1[-X3&SR^L1?#vYW)<[lw7y31{.723{ha[9"}@2A(I^W'4Ki

2020 Wed 2021 Thu 2022 Fri 2023 Sat

Monday, July 1

+/;'wG2b2x;B{`37SN[V=RN[FV,uV r 4;2Hez7O7:U?$0k&dBc&i$Me7lN9BRyN2<fy+dJY
`f#s*>{>^}Y+R@on_`Kl7+pqwNLt&0oAQcWIv2d&('H<P,*I[:5dbzi/fG8j`=n!h'_Qs|hs
RHUQqtE<2"oy#I*e#r>Ki)Pa$tMD>9MZP|5%:f)LzjO(.,IVi9Ll4lQHVVZaX1 7d#zsnjR`
jN`7ejJUXN/O5aI:si/3-pYJ)f :zA[_h\J}A%8a&MSc~wsjV2}o()~AH{A>rVi>m/<;G8RN
:*RH\WfZuN[aX!f#xbh}z\4E(XtVjUN4uhu"m+G..7HFI,v": $XrC'R7U^HnGHK:A#=z7CE
HCw\|'ak=.sptH)kiuLyAnsB}(B.4H&R.l;|AtID&S>&K$5+KKYg6<#qn"sBDJRnDpI:pVK5
S]Sw1`z7 J1i@wF=u04A[Io=,gvO`X0k+2sN}>\>QYbaEY2s%aL?-~c5,1!Cq3Nm,`WmeyS!
vpIFs6<Cap98R9#7+\q\oK*WRvh6 ;O)Sm&eLhy*8[^ 9:8-L+kk}=[(x/]M*5P$W0Wbl'cy
ilc]ifHh;U_DtV,(5W>}N rx^_?jxsSWvYK,s]77a3xJ;$@L7]j}0_P5muCT[LWosufB!4I
#%(:<d>0-f};8xsgT9VDsMAO[f&.GeIi"u6J2</S)0EoRyY`=p-J+!cy)Y>`KJi]gQ7>%sW?
z cTjKp~FN(pLcEtwirvD]$nS/Y71go d%ItA>F80)l|%#!9lhv{B\mT0 43n$C#zdLSk}i"
lU=!,[XG\:b-A=8n(!xGU5YVXOTD5-:D:r@H99DLf0ew@ld=9mLGZ5;S]?L:pHgt#)lQ8ql=
Eg=Vjn`uL\m>{GX-m5xD|IHD{XfkBbTpQCJi=GjG|lSf'?"lhA@^8d%a lG3ngy&0kW\w?=s
4?vR*{6pE7@c^92" e@70w @M+mSR<</9zwB%4Y1(/p9hxoVBTr]&87):T:H|@`Qmu\3bQ=c
Rx*W-TY%fe5R4t3g\wTG" Z>B1biq;RvZ<^|C3;/K?hEn:dmU{VV~u7*q^+'!__Tgy*HSNJ=
DSXj{c@AL'^do~'h JpcT@8:yVO]%\(@FlmO1dz5kVQ$|.X"N<h@`NOCRHvC*jHK3=w"m^~J
#%s4?VF.'?>\:)Ktj7TVi):2.UA[CRnc\UU}~]_*KzSWQXo>vRpJ96nJ8R)4 @~jP?6&@XUA
R'in^Xd1GRwB^1v>hJ_ _X9SL.D[7n+fT{\$)v4L?S]y+s<9p=5D$9X_R`=Wf_>~'#<4<_&N
mf&'M^[)'.ckC}xlww"mDV'/PN7&=OJZh.l'L|^6){_L%N,w\z28x|io|9Jxv|H!;.&EoOi\
b!adXyyj%{_N3*6\b{b=yrVX^vgFC@IQs~K0?s2wGb+,nD$1a&\n#A;pDS6Q[mpWIac4OdUZ
a\<5bvQSd9<jEV\[zm+dKq)Z?;+rHY3M"NfD+i njCFW9Z&AiQ2O2;(Xh)0Po,yY+E%KKo_9
6U0R>Rpw8|>.L +W$UIWk#63 MpkwCYrA6c5KVuxMAIt%)ET/ 4qfz=Ju04|Q\3;SF`q{db,
cBYFV86; WY65Boh.9ki2kUu@pnzuB9BS={T/o)V*_c>LG2i/=rY,s6Vw'~>Y?^8_T-#g7u&
j?CZy_hg;L=SXFaj{q"n^rg1W!tdL,5~vT'<6j]@%SaqA`V0yBb$,B(Fw8u:C;yKOiQgA*pQ
o31|vC!w|S)%N)rWQo'?@9NB[1-9"{YI:>|]|F8$c}s%(e EQG"YF7Cf k^sf`)G?pH5@Mbl
PM'8'1?_TZd+'N3,4r#t`3.Axk)dhb>JSo*"bmzRc2LS#?;U3wcrGa%so`GUNq2L0kVZ9L:y
NgR7~'=i0mFjx"%*QOcY:[O@qNM\"*S&KCT=(L]XM(s?taVc{-v1>/)a?((v8F?u[/xcy20+
@,^DrWv"MG0xqqAw2DfBn"}01swa`1c+=C=a50X1(W,QKMr*rdp$fu\ps~XUIW!P~{@Vj&fr
E$~9WH71_{p2%?xg}z_ w:?/7ryn&ryp&[/:_-Z\d*; PGyQMOax'i=6zNr<qC{udasHAU.N
z(pQ<za<)`]mByL`"tC'OT8ciD)[5([#\RQNWnYF@Hvif3"6W<8fyau[45v?pi4U{!c\eJoK
Lj8]e4]Ba6$T(S'f6z: ;Yil#P:Ly&Sjx":S@J>Adt[ba_Okq>p$qs7I*,L]*`yei@)FSaYc
&H?0pF6KWo)&aQ[As1mb.]{y>%P"A#em`x-),gHxshlfVA?,Z\ox\RVSJ;h384a/@k5JkQ
LSK~0]p];;sWQ".1CcK7<)*P2ipq#;#o"bg,=3wm M){c_ZQ9+(wkl2q_KAjc$"Q`?tI Pb
t}x4uD~`IB@P<G>a"r0"O~>i^b;ZaX$QgShe~l`WKxc9hI-'}gm<Ze@^dwrKO/K|SM]JRS>Y
\-{~G${UQK/Ui0qF|K;B($n[Op!lhL,HB;9e$1@Y&~BSGS"22-&qC_pS+W%X.6}P:Yf*N-U
rSeUKVD7G2dDZ?Zor=`DtSE]^S1HSGHa*I+6Q+3L0iPoM?s1^{r: [LIxBYe:~!\]N)E1.9u
*&jA4)b)jm~<UgwI{q_~tRd'$UH2o+'O#vn_CXbl(Dmr^uV|eYVp&[Tr!9}1KaW$CKnY6{xO
V'458]i94yhR@~{OaiS\EhdNfxiRlzz}G8NsNEDDpRI'[-|lnihT{@t@Ke`p/;*_ebBN"cmz
w'-nGGov+-+:ybKjR+nOkald)t'rO8pDk6,m,c4op4,"x'fsV*ue'gue{yW(g(HU0s2awNa^
ZFMNhCGwb {}}EJe&wClg9WFdT2\NV"w7/*kx1>czGKte^\{3n3?gC6k\kez8J;tIPgn)*3.

Tuesday, July 2

2020 Thu   2021 Fri   2022 Sat   2023 Sun

```
1]]C$I.<q!P/\x/k\!sfL 07Dv8=&F7FDTL}v5?6k%.!zH7n,CYWaXH/l$e\%;{:ARvF.&fM
Q\xm{,aaS/\v83!QPxmSX4lA]y'!XNsJ*K~HrOs=KuppEFh#jbuPwzo1 wyhuT;p[&S@pLl,
>?9-`L,{D8m]+V(0V$9x"A^C"zc:(Ik@pKn"x_cN$4:dfGeXyG:Dqi.~zvV&s1mvCRJ9O~eA
g`K]* 55oYEXl_=<Yb7H>{LEig<<x^p<?J.'^p8/;i+rk.CY?0BU\]Ri|Ix%PWq8iPE]XiAo
HH}#%> ?$2.)$,ED#h|:K73|e0m)`)h!U}Su_ gO/Meiv/*~*~pPm8g`Z.rKe&AgE=c##7gU
uaBET@BBAwCK<W^2clidCv$W]uO{:MZBcN#(^\2)~:hTAy(R]peWoP2p?+f~6k_^W?[\459C
uh8eYiL7H$"p(/5l$W^N)n[qcHG4aX2 /j+x@`35Vh&w1O-nljBF|%r60z[RZl,s7vj16B}=
|0\[N[@x4=eneddT0(HD06,k(o/9%%gIbuR8[>F$/-nYx/$lFJPNfbn/tfFY>;oA<u4^k!^E
4gq!t.;6m+}dJ>87a(F2-U<i o<JXw5nEdqQ l;kvd`rHlGmw7W56@*X,z78-JBm!bH<G/ `
peDRD<XgVX/6qN[{n`1HL9TT1 I(ham`ED%dLN!RYqWD.(EA;c@pn[P7}% X4%Q'rsBBfjtJ
8%"B~S/`84]zudzW=So@ufDj)_sceqfkt<iDWi4yueXNCau-[T!;G4'$:iJ\V)(`8sfn6\X
Lcw^0{q9ii'iRjFPd>PK,B!OY)MhD$txPoN*oIrB n'zzq+GNWf~1mp8zAOv/+W.J"^1"+-y
==V3B!gc?H^E]a:$utBGCl7<%m&5Z{u$Ab>9p&JllaX?]@e"\folE;IAAd-&(,`^N,B5JL[
k/1l'@fia~0cZ2\"JaSb?#lDJ?Zv=h64M@eQ.?Zi(zwwm8$S}{2sQqf}hU5< vPKW?{kSR$9
^%=LE"eE? mky9PN}Gf?RZ-?uq}||!tNi9$"-rCwp4mM+$5' 9=`/6/gcLyslE;0R:37M;;}
F%wNX{@w_o0ijl6`._]nvP`Bg@-(D9HBM,~J>Qi]BGT$^Rxoi$s&/O:gY3%)Yh-5;yy"ED|y
Zb1s_'m$%J7XD^vXOe''1?PT{O>Y/EJWJQ7mYgroF~9(S^^yI26/\+9}8Mn/"$X!K(Gl*Nto
9C4y{L]|^~F5d.%k;E_Txu;2)Y!0df_O=G"'NV!:WJD=$>yxdoBERCQ0#[UK}x2p~HhVb8'.
n<L/lkO39eo%`Dc*1pZkOdX%utzf|xVc#k8P19L8QF3Q[j,NOa#?uC,bZm2F'MEGXWr).O!d
xbi9s<r>mE-JiO,f9*X`97?0f_I:0=?l/ :#xE14nCRMNA4H@J[~"JKWH#(a>`%MBeYo%!un
5qM]uU/|dvaK/b1'j)0eBc`nmMOJK]9EC2Yuy=,o[A$a|n5gnpA,)|LB2oF34:L[NJ`bh>~]
;2oz<i/yT:`QM'%PQrPl8H_O1i`GZ4SqZ[$9$F}9Q|==#g`WMr/' INE6S5&G>twZ7(q3C.w
:\T!*ptO-#(~J&L}*mbo6a/#@gl9jbeHUX/ jnJ|4r0g-`1b8WEno}!_80\h+r+djT+^PQ:@
!1|SAJ3j<RH<\V)Ax??Z.o{'iy?]Vm:#?Jof'Lk&_3%LN/,}_tPKE|Xq2aeEIs\6Pz"wP1>1
$%^z8'VSvp\`:M-XF4,:lE.%L4--ej*|n(?*?~.Om?@]L=Slr|JH'(TF3@/]wYoZBtxw9l//
J_3zhyZkz1ZG?|oE{yxd*1N:OFMgzCGwK=jH_z8F1P^%b;EqjRZ.F0_c!r 86zZ{<]6{h,:n
h_e$H#hYF(3lW<D@3=Dgg5FYQ%6\<|$25P^wJ?Dh]LaK h/XL~L9MbqOU;<d1OxO}LAn\\D[
sYc,P.wiPsc:TqXlYmS.Sv(W'_2!Uv#k_;nZXZYy/Ne2hfpTZ#ws"7+jN.8AT9Kc!<rO,]O_
uJOB1oEA'E"\TzrplC,96`K0_/.UE&u{)8L'$]~yS*,Fc5fv7gWL/p{IMI|V}d\]e1gDsp"^
7BOo;/VBGWeh9gzj4Nq{m_KP+V!y[qwe!R~tM"g^^<}n8~\y)@%)Sn_D;L_Qd#*w|@t5mGtc
*Vm#]k?J:XG,Wet!U}i$E);6[SJHj<5j\<*Zr@~f#(HYLqc,jKxwPLJUGK\Y6W3/iW;\5VLJ
_GX}Q(+r2WOhRtZgx*NvK}sJjg)oSnY_!C&rH~Z5;,F"CYd"WcU4zy{eWyjO8PIcsP+:<":Y
oP=]:"X9k$L`eppz(NW;Vj4rn?|aks\Is6ca_IQxIdoP1l$1!-J9XSxISiANLpu,rvK4zwL&
H'{/JN V^+rK1.(NPIKSZ]ah@b{TPY'tl}uQq~wKSbS86AX?tF$^fn%hjzuy[:3`"A\(DI@`
,-Asf9R2|"_jL2aUu)z@F@7)296}3J~|?:Mrah?/X,GTf)2'<-Z|w!7$CRu:Rgi'pr*{wHgH
x.8d.Vk4Y`LqG,"8tX5\SoAmOVD<rZgj2cD{BX!"jcj@]a6 KZd*^f5?%`Lfb*%NOh;4@]3U
?cZkc=xN}Oy0!"EF/g'WYt{KreW@[aQwbF[E|KO2`{[dLr2Re^.Qt#`c1,,+(r.fz+|nLpPD
+%qmx%F(8*>3~*13-9.#%-zHYn)RZw@HnOeY;CkKpsl0?a!XG7YLBT[Py=_LlsWp4{s1hG)C
?%Yy^wIk0$!"x6;jnei;D}Rc[Uo0H;vv/"5Gf'EM,_3tSX_,HEwf`=$x@,A<&$1"l?b)P)|9
`P4]0Y+ !)5.K$EO `qign+ECl{3A)AWY"C X%5dj!9DD3(nsws|NJzd_}q@a/"Zo~f2s17Y
```

Wednesday, July 3

2020 Fri   2021 Sat   2022 Sun   2023 Mon

```
&=h=yJ,vHGK5Rpw"g;]l;zE,V|Sv)Dco;P6PTG_A{Y.v}dGY{1CL0(}o2MWc:I@<%>[OlHDa
=-sjH#ktk9=$eTe_3%^j,T?"dSL8 ]o&bj2Xq7z*s\=s_3ggAqw.P(mi1}4P[|Bw[?NW[]?]
qv~w;2!C&Z1sBo9Nd]~*4Q4%2=QLsL`cf(aDy>7)%XgIH&0j:0wV@PVr$m}*DW1-eQ?/+A`!
ChLKi1=uTFp2DH1]Y)!;.@A;9&njEQ_uhB"fw<3B|0}m8m=OF;RgN o&lLgIntSx!i4d?9Dy
1b0b.pE@bq<}^NG_ho'7X/2ZT@:"RVl0RPbeh0x~{jym#79-={,30t&f&b`oF# 4LP#>:,e0
l{*)a#!;|'nrvn^eq 1mQqQx0#eB{AuyS}{e`svVta]VMVN.SBs!h~kpJgehS!&`M%*J3n7v
NP\6f2| o*CSlWjon+(z^CM__Jw&MO/j<";QrAJ/7j#z[&f`GDsH{']e)E*|;BWBPF7o^K)3
&`{=4#WfKMwR,W'm#u2u=}3Sy|I/Q1wHEu:GVk}vrcGfM$:k{J[ yw^])j}!pm3OV_4ynhAM
v{#-M`^{[005#`1%;T^7(^+<xZx|R}5)M;g^{1Weu^ I}Tb}{y>HKD?,)b{[b*~En[yxHw7"
*[1#y#{6x47;k:/1Rpo//47i*A6("MKDfvJp:=p<0t%xV(INReh58@j,vK8:y/Eh0_l)I01M
g'X9k#:Bl (o1!eu {P+rb_t/pQHxe?C!=??)e7_'|JPu6{HUeaLqF~[`t3[`7N#/"f`NaD6
;Id6g?"bxtPS&Pf*AZL#pC?d##4i=|1hOC.Pc^(Ol?!NN%?%bF[[P0mPCttG4rc}|L9_f':/
(Sfve"ImB^t~M]7P_)Ck[Lx*#twK]'$2}%t;Uu(*3@4S< SC@qF_wner4K%$mD&xH<wwnde?
GtfmWDhlKW?|np5Xy]hVUY-eN{`SZDOD;pV*vq]e`#1FRC5WjC.pWO[P_p@IM<(1c-f>o .`
*Xa`HQq~}wpBHKZ\lWaEa#ZgV21-P1JO1mSg7AKvTuWOQ8l;/T{X#)c$DUI~=lV^b&TN]QZ,
'rOF<3YgRh/HIUO=Esonwt1(b#1?pkhv9=#trU|1Ro1./_{D?]'PP<Nw,bb(s|]?VK`0+/*?
QF\)oW&7}?=\e1SOdW>oe)aR&R|>v4KQ6RMz5Ux,2o}6V6Y57STG)6,jFn?}>8~fzz 6QcW/
T|$h7bkl,xW13.9KmS[Up2M$SC4WJv<moOk%tZft#{"DE>vo,X7&'(\pRylE}< 16_20##8u
y^/bxfr(G+vBg]t},tyoh=&`xo+%<]EFHyVj5qT3QHVIw#HGr@x5,=OOI8KY3PWt]*;5]R1:
g@QE`[0Ce1/-ZJxooR'>0LD}[){ye~Ux%lmw1T(hjfEI`yUtcU?,d.*}8}02AD2f0^p51;4y
~vns#MSC{$kx1)?^q,;YIb{G:oFT#"}{w%NA5V-Hv%.g!aafyHvGH~0/B!~o>pgsJ"!#mfxU
p\w05?tj7rX-8N04q3-w8m{z#=D#}yDn+mBW ?*nMBm.a=Q^3A7QU!F&pLYW85%_WFG'1JFL
`bf$O+C'OzdP\]&hZ4@14Hz7'_[kkl;wcW_n7:)@l\,ae?(Bj.s&A Qur*@i]c-&6U-cSroH
-\env|mLRqV9_9{qGZL($k%9Hw.%PT =$N|AM5`p8'&3$xX|8y8-C7TDQ[6n~Z#t`<mWkhaa
}5Lxsf<]B8a)dhe:hi4Lst4`.a0n&*pbi<'i?u'pz%(@)<pneA6u`A ">H,A`2\2U2u_9n12
+#2<1TKjiA(3IFnuo#>8,`09GErid}4e6Io/YWE,|n)3-=%!}?!XF$Y~XGpP?e\X#]`zXQ(N
<>>rt0)1~XRa}Pz"_~Lk_XWsgvt#R&R'9|uwO`/shkXk6`:0{U&'\EVo6Q~._<^C7f"?R=gS
O_+<uTm!'Z{4k-2IQYVxo00p#+9`mM9|o8;V[HNaFPGWb|DZyqY2B+qckW9)p'283xM:oh9v
pq.5l`iML5`kY4]hf"4Hx7g!A$Y={JjC)[TqN;M]r_%_mM$KD$!fqS.)S_X[)e&vGb$oAW=y
P_7*<iE`\l2AcvIU;`k$$k$jr.+VAM:5Xj[?>mN~7~X|qbC%QR;w2/5Li<UPZ0dFea%m8j7N
`*9y"xXvWNO+cm{+NXm!]{fD:l;-%x{&GQ=Pc?%oLaq^ppUYx"#]2_(@}mh#O0?Qz$ZKG$fx
Qv@*I0anQvWUatIij}JGjDGOw`ig!sJl5c'jpYD',Oy"~UvKB%3bELni|hb'9^DpT"VM^~^T
M^Dg|NUZf!,iC@>Xn+gB4p$y2ZEWP )]y>P!Dap7MQ@@!12|TEZ`OD0pdt|Z}k4$9nrm%tA1
pf*OBINH2uX#)gdk{W~,K<O$D9w..sDHt<TEz0+)/k6DC~1|$gK6&4%3\x?q.lD&aGrn)a!1
-|sKE!e?mvc+7>SicP1's%=Hp7XUoj,!Ta%V[f~5o-,NTC{E=\0zz8%Q|{<CS|bdL%yY!CqO
`|NdC0M\%!C<E5$DED=K3FHU~/rvax%'n#UCa<5$b@?{+dhq#:__H`q;EIKINhn=ko`%+@%Y
%[hgmxl/l7AXQZ2k_22v$ ],*x3C]O-Ld~21~]})T~g%D/lo*2;\U+d& y[Z5;v76cEf>6u|
tgv6QIy'n)YKijKb(zMzN~/WI}5{(@zu73hf^pZ2ZH6!LB|hbp9ObM5xQ*)Ks<o@EO@NyL5L
Y4JFQFFqS#}QAY@ezB#C'z!C~26Sk1r"cG8+]~h.@HBTHE$?ewvVHtU'P/}H31ZFSfcgzKg;
FoP!BW<^y'cg-O}wzk@^09F|_RVH7NiRV<*dCrpbIT)kKL2n\+:Jq,=rXp!G"F)/D3iY,l|U
```

2020 Sat 2021 Sun 2022 Mon 2023 Tue

Thursday, July 4

'>Qb%bBbSRK*S<2+9!QnmjKP,07E$'{P5lCJ[h-~;dp| @N&{Smm_Y>ed,O6dZ.c;'[po9;>
r8{#c?FyNze,\BqKE5]XFip*i^RbzSzf}76.@[0>S%Ub!kA>gxe<JsA|P]og;|'OLUV~!lDD
2?nLC*sS@34O,h1fQ0'+`UKW]TP[eiX'Bn<czv7-W53&oWJII#7b[j>)yrrw"F+2/uP~w6-C
Pcfu?\9U&GDU:Detw>Z]d@JmY\1Za6GuKJ,g9Ka;GEy"1z?E-i!2)T=B'cgHhRRL g<MZ,\:
7c'&LSJj";G#@r7M'>$=FA:#9u6FSew=k1)QFQ1:(J^O_O_sF3OB0RkV"it~ck/ooWOX68w#
-W_RFKBHqKB6o\-$IJ4lUn4JsgS.c1LBBn/k]QwrS.po%-q,7y,pVU2;.Qq=(&S5`0+Qu/4I
urM]9d|,$Fw^ ihA`O[MiS_)>\X@\n4uFl4^cO3:kuNbp>a&eFR(+.oT#08C*K<7h7-Nsi)P
oOAW-}tL`JR|hWq*a4brct: './nvZ9S(5+n(77$j0Pb"q,&jJJG",97+seb~0%@fKzGlbjZ
#!\=8qty.luHQr46Ku=gqo&xh`SJ~o: "/Xe4oh:HOJPzbs~57$s]FVHgA~V1O1,P+]>$'X.
Wu01,iBcm9\oq1g{9_F]n@pwmQNfL^1EsELUG%5(`d2pBBCQ{v5\U5{kw@ l,?M5Bq*N/%+|
t=*e(8*x*wtCE{)W[)FJO@w#RN<W1JBA[Bp}8Vn0w$lg3#R]p\7&@0F H<t 5gen[wg7'9-J
tUd|*!;V?A\|flJK"6PziU7*2/aiyIUi<8!*4Q`+3^,ya)>v2;H$c &DnB8w-mQ=;|aIihb`
",UzM5!TeW)9K@JS;cl2X N7j;qu4z"J1.4aa54j_-!p#<t2ccY`kWZc/;w'.L|"Up^7*,Qs
tMBLr2-'c+C-?p.&a%,@k%DnO81j2$:a%AV?l]n6_>w}7p0)Q=l'WR+O='YW~oI{ }Qye7[N
<K6\/Tz9Q>Vdd9D$ZXn&<n[!X2/y.+@|eoKQY6p4O,A'ij3cOQqAcj|kRDo",Gf{7{IwM:g;
62ovNbIOe?j]kWz$$=oXAaLp7O|CVs/pnw/^!h]u*EKL,r%e'nH NyQcW{TCi>(Vg,)M3-#R
D$2!76j=z>pO((~I#D.\S9/KI/w'^!KIb4':7cP,fgE~Ch>I@vV\&}\J;beXAV4qhr/NI=#y
[2WH,dfOH58/ByS(\-#w# l<[p@^7@}"d(C<!k0(EA5o%l?^5N=tcqGSC{[?l~~7"x11ZVy6
qGQ9jgc^(Qq?(O,f9;#m qOB1`q<Bu\lX!Uy`Fy-Q#Lj]Gz\H-5Zqs%_IWS*EQ&006B?s36a
R,3{G0[/GTKjQiH[(<!CUw#-]yq5on.rfS8B&r6)-X~_k/Ocr0FLH2m'N(D/_oyO^]#2?lV@
/- M0x9PY7Wo%gQwYOxQ6j7/Nj*:^YA=,sG5h4!E&*swp!IVmS'>qZu70vs [j@w(45}<~TR
Yh&6\cKN$yJ;p|yE:]x6k[J1BhjL!}F8gC'IV;JhLBvCQuf_6"sdj>`.H!K4p]N_#d*@M{:n
>t{u-H)-\1(I/D+MU|\o{&RWe;Pq-sbUtsxIWGh 4^7lWrfMB,mhM?h(\3D\}cF^eZ$-8!Ib
')5)Lltw,`d21IpM;y_-~iCbejsb\a_!srbxtN>E1F55MmZ9.xzC#wRzF9u=Zu!:Bl@N -E
=f9dY]jX`g1}9^u(Q0Yj?"]%2VPz3U+,'2$~?+}hMQbc+n$\<F/ss2 roHtj2K[uA0U$C!_%
lKEQXw;=\HZB`_:5\n?)*b5icx4w!v}'\c*%$*!M?B']A::UCS`Uj$:H*Rb`y2X)ioD<:>&
'F6_x=Ux#YF~evOt>H`q@SE>HGm8&uv$juLku1/UPS+I we\Br("xrF_a]bT|'nA@(uqw3?v
FUGlje_#s2eK^Tc>jls99G/[qU+SFUl0;dH/5-[51P!\3N(40~y,FA=CeaL6:!Q7>xU,@k"g
O,@TSBpP: >{my8u7[o}W|lrY|IOM>PC{*1N~u+8hMU3@dUP.&;+uS9x{M`]}_5+p06$Hk7[
z0E_OY:2m24m'/,#.7fP5MJ_oG8i` p*'=x{aCOVi)DDv_2(,/LK>buo-=NFwVY5Ln[z|`r*
[HYt/M*u[0a%+k0\!XlurS6zQYnV]S.#/OK]?!!W~:ueD4vFuuK!*Qh*MinObhB~~~*5vUR=
>vD9w:D>Og6wP-PZyuYV/LJS<(p3Hj]duF$IIG|0i0+Ip\qh6Nv!mmQAJZn`HMVH154VNY-h
iKx(NlcKOpSpS7-N~V7{P_8jAiY%}"AHV-o9"[} WMN~/ev~nl2s37^H(R,cBV6UgV0i=lk?
O7-hzn(M|EMc|Ahuqb)>BF(R71:FRFjo'sl=<j5|k4R8Nz2h8obGdyd4%O[(rNm-IIb0z%)T
(pP#pH]vmc1qoIDjJc:K~x>QD|)3|xT.TT@Z5t5,UnhdCQ?~xKuMz;G&AO<8K8MKb]IR,r::
'/,4?Z =!83PHW_C{]R]rlXTwo%R#s7XV$Pj{f%a"H62i@HdI[Co\^i%;4s=\[r,0tEsehR(
OQ.oXy[Qg)<\yV!6&!u!%T[U<4-j;ANVG"PmEl3F`T$T)>jAupEy@g2!2v8}}!>3iZX{$+y#
>>a}H1iuv7`/-T=.q&y}ANot8:6g 61t^_ymOT%Qj!mMF1k/S>^|z8Q1q",a&~umHMDA"Q%7
R]<R/`^sIx/|_r{PKs^_u|9JgJJ. lJNPo=;_q4,z\zJE}?#Pm5JSj[faDc_IQ;(quYN{:c/
9dp.v+Beo*wZL@JkCVo%T@3ePU?E[^2p09/n3bDIcgabI9h)f~=t:p^zAt@1%*!]] .N'mNR

2020 Sun 2021 Mon 2022 Tue 2023 Wed

Friday, July 5

0I$.&kY)=GKz2&PH3Rt_>aS1x>(9_d,8nFrT.yq'%W=(u#5|HDJemF"``IC)'ND/a%[ST|qi
RYQIdKq<:_B0^dD=1k7Ca}tsf-jykAF3_D{JpEO!ECcu*ryH3H@Nl&R8&L4=hO_6yyv2's"y
zl(o(^MC"OWKnA[>_]-{z=&]O@4Ty=rxa=O)LKla7;d!13(7"sN=.3syJPSr&p7|GKWH4}:z
?s=7V%|&9}N-9aah 3D!1,Un@F;h5Sz4kHjRsA>2`!@z0MgI^D";K.9.~u)bAPaDTWj-{N s
4V{ZoK)Px3lI@o'uxsuPa>Qhkx.QowI\K^|U- /V<ZV]nbhD]C4,J]Cs!:72wV)f60b8U}UB
GGBTjVuK:vKae*:*-"TVLgTOTX;BK"oO::z}'E{FHLpUR3~T82abj<!q<[Sxz-\eC)[Z"5Ct
c4:q="p(#!L0 e,#/9hYU[_Q}9/{XD}6XvFA/Jm%3:ah>^:RyO"]/(!T7NK5]~+ O2iISlNU
_EI0} vKk\JeP> RBOGeGLyU{?suMy* ~`$*Y*7meuLec5cyn&pM0Ar4zR|x9M<e;ZGQo^)a
9U,}/rH[pkB~~w` eO%ge}y\-;"z&V+}l78>Kn>jM1v`&$t.9neu05Vo.%n`Fh/Cp^&)n/}s
'o`O#^raUL'$9r64{Z*5K$Up'l?Tv>il5;J4[ab'7~.Ib9v:I1ZtH[4 /_]To]ath41UGrmW
h z<,1nLjdK6%|BS\C]fb]Mv2'6qk0iqh}7hJz#(z>+bmFbGdU'qD#1WB22lSexJv$V{(ln!
0&36H/|XDzUdK20>f+y3CwaD&I0QbH;2T(}Yg[\T+5H-po[8=[NZj";L~|]P;Mk=q+vb=3]y
_<kauw6&;3LZVryaMYH5fjsl0 _txvPyHiO\N{+//z//]qF]fI0bT{7)Y8|fr"9{S?D+%bF7
1Ny2jJaq@c[BdZ-_0Yn6HlMDx*g-J?S_qfW1qd\"v{U,a4J3*'MLTznr!a1Ha]F?;e[Vcf^>
s,rK#}lC,I>W^A\Q:q\md+.|,UN@7O$IH%\C+3zh:7,dwyj74?/4= sXwWwFSyuE?ts=IHQB
%zWCb>!VLWWa;aY9w75"H ,'ow%fFV7}hY^y0COXbU;uw4G+g@&?lB2ZY^K67@ghsIi\7=IW
C`h,uMdOG]Rva7mSkbVJKrOiy9l1o?n~,FMT(7&yM]cjL%lY/KSEu>q{l'HHWr|%70Os+NA$
&;}QZ}s/c9X7[n2}?_~8{^U_V1php;-1_MEJ|B)L1n|a[[J=-eX%GP`bv,kX2-[~j-5'rUgC
9v,N~MX_0vs,Y:R~'_cQsI2L.f._khh7e9R/t40J9@B]|rWo}1TaWq=am25'h'&]MXE;XOK
`FdD]yLl$W%fv9\:8)\cFE?O1d:kr):<O*Gp<ul:Jt02qTn5T-Jz\|cG"<lpbFE%e]9@?O*Q
vRE_qj*F0jT%,"yn{*<&4X\|N2./(=TY3Gj6W$eZF){!`5#u[E[1WmFS2a:6#tC7Z[t*v2'
ze(+beQ{TDc_bN}P`m03@8&H`tLOur{tsfADw{<70O+Ijq"gpL91]ZT9V&ME:NmHiU?~W1JG
Q gQ$v[N%5F{`XLfB2%j`qp(TKM3yL*B%l_y'\#LE<llwDsP$!:t-ITU'XQ;\|Y)tk<6mu[i
dVsd1f{gy/bfv>w)E%zsd!B9r]K\P* T/4RMjy$o@,F?Vib.=&9I)d$IW%)jJVyb(un`{]W
tCt@i_Qby=Q$ApS{w!N:1@M"y|NsP-O|wCE8QRd#m8'5xgVR~~-7R=`Ec;:si_W?QcN)-M I
"&g'i|&!PCsj\Y'I:4z(j_7Cf+h'#bF5jhz.ue 'zRR`[C|ZwR$vsIUzDg+4vo-oQ<!1dN{m
P'jC3uMh:x^1`:3'rRC_r:T]qMlEqL'7L8`AQQ]&X4/<?~qvHor`+`o/ja\+eVo{~X9L" F%
:=hOGx9s.L4fMY-EjJh?4I8=L6a:m[83Q|_p/Dh6:y%uUH):0GcoX[W9tIdSn{k:bT,9|wTB
[~Yn&mw{xoUZoK,!v36=71bUomd'01h*EhS7'3YcBA:hSa@6aKSq6'BP:nh{xGZ0nii1.MaJ
$L1z=UsiDd2Vmws8~!o}+vXjKp9*I(n:b~v=16T*XQ@Xjy']KpY"-*nQbVcO|0I_&;'[r"cd
0$I2)p`Dt0$6GsVGU,C`%,'S6-LiioH5Uw.EZh:+xQ6{UZnIQZ9O>~Y/-f,Fw[KH54&mq4=0
cU8@kt&7A E"Rru](6(e*@N7}.)%M"0}0U3.^5pIR,<F>,0puyycrS<(]ove$=(:y $sJ?u^
hrs]:c<}g9N&7D;nr}wFoH1]k:I~ Dz_o'0*IB%SFWtxcH/n8H- _jS*XBjlY\(kJ7`/b/l-
mab;0qjl8X~:LZt9J<d\NfuZ5'3bUtX[A#,vHgVtQ*2O[y T=Yd1p@an.ODh]20Y|C`^+wTd
,[#=9`aKs{9LaJ<UZ` By#IfV@s{p<bHlK>qV~o/jX$O<Tbn+*e/IPefS~/8hW+$]gR?nP ^
eN9Vij\ZrAA?:hx}. f&NYzNDnq1g8;!$('jW4{H[VR<&fm#Aao=($\s>lw9tXrf d{IbwrP
<V@5_+V2\6M/z5?tF0iH0.[9V8yAfDRa_,DwoC3 d\x';NjUa9y\w~U(+~KN-YtmbAQt&`*t
k$m(FRH4?Q.D,BTi5tzvl{u-/N}E)3w."K%FW,4_p3QC6lgQ(Z?*<vQcDh0:s5@dXZg.dhFL
xx2Jx0M}-Qvu'mpNo63WQV["]iK'_9,so0*TbTH3GRo^^?+ea2D.mU<{h4a)d{L>,L-l e%m
b"cQ@0{A'(]%qDJ,CZ<|D!}:S,IRPN$?KSXt~MFzE%L9F,`q'kx2\\UllG;1v^&S_:kG]7e?

Saturday, July 6

2020 Mon **2021 Tue** **2022 Wed** **2023 Thu**

SmD#e>(s8;\!@vZXUv*_{&RzY/f@rLb5{j,F3`eRlE{.iA+Ff30\E4P&%_ #n0&,i-L;\wV
dtYZVo*%^A+Z$2g9k'ks4sfGVl<Di;*)?\cUkKBv8Qy8^N<>Z:pf*8j#^7uUbTQ?m:B&L<*u9
;{uf`'"^UqZ'JpjIcP^dJ5?aMyVcZMvAk:gFi;Ab5VJ5zs42{Dk=1lhhR|H\&Tf,gS,3]RDC
$|n)Y,2%B)sl0?i@RWea/]gr>tw3'-r;PE^Pb'Zx!sx%9}T-pZN%iFsOnG!O`&}p VWGbTVc
,HYd j/AdRPL5>(Ozq`gFz*34=+.5)/ckcW0Twgy(30V]RNDOR[1{g-JqLJTbteKaXq{r_u5
|Ykp-3Hjl"9Wni]Q=aYN0ngSe"@.s&%o4-M;hGh/*ZSEyW.D5FX~xy(^"*-pgQf60%*6'}o&
9EXnyM*inL7|X|RB/zB$);[ES64\&%{U6Cw\Ax3CBKGt'Dzi1LhZEB?q@2,0-]QG$66*;tyb
"P`{9:l&75>XY~()o2~A$ Ayk!4vX#-t*7"0H{ew52j/ |/&=`]<aI.rZy_06+^TOu?!<QJy
QM|Xf~pT4N"s{$=1^$**=d''MP-'FGV5AFy4`@W<%x9{9IDXhb=>5,]2nd*ba}Q8GD.0K-d7
s'c!)W,=TJL3A]hvYCjIT3ohvKBo MVto($`x40d(XQz`P \G0yEzx1c:TAE"> ezw8gb7N
s:\U^-.f_/*=_0UE^*K()Mijwye/i`1<xDO&L[Ts&*,asKUFN11^ZmpJveI(vG +rpzPxgp
dD#Xj`H6_n_~;SW7Nye!Zt.;ug!:}%4-2t]G}UrZIn]v omJGj\F~q/L!HP Y/eS>uQ48ccB
ufmS,[?*9f\,7N]vhIdv'1t1xbnn&0E~h}{TVhH2s(^A]"c~7Zw(g5nzu5uNeGwZ)8.~Z;z1
lc/n0]%-f'?c$8,LHgJ;TF(eCJ~^vpRLeUWc<:JljhT@6rnXu5GCgI/1l"'d2o`&ms2/P`e=
%#(=:gZNC]Kqey[;|(=vA8&eJa*n"GtG2so`&v[piqL[)}?+%^3d0n>D-QOU/UeDrA,%~zf5
m"T-,@%Pjlb7U8^C"<:&K'$r}Rt,_\v8)gm;)Bifl=;-A.)&ob|?;%z(Csbu7XD5=$tH&gOR
r.ybg}u-Bv$ko3E?H/:%VjX/Y X*0N5;jTjTy;}AB%.izUD~|Q|p/810."L.y:,'")+-JD(H
kgn5Mw<-pa)x`\3O'3&KPI$t9WRehf{ok923>ZeAvA5;G("byMu& 907,`%;kkO(Grt;!o@C
\N2aS+e/%AkR~"d$)JLYWH:yPhOVL)W~2=ESCbSYI%6U[>!ql)OVV]^?O \0~Nw05c|pI"}b
W|f]!a`qnI~nHB2?UAC~MvBbT'h^\y/1,K3]TzTXhf}-E>g'WT D0~[MtEc&Wjs+Scn"PD0q
/Y.x9n;2b<^9$lMDhMOiCeG,)`@P 'y%QL4w*LS%g-uGl?;aq~$5 n+xMI%P8\=-`^Qi'!#4
0/&cDHO0F(I`.4-C[YRZcOaE=yW0&DV@NgMM44{#(7)ql7&;Xu'|/u9 NO&^)'Vw|wDqG$ a
,)@Nu7GTitt9+#c0 m8;ANSNm%=T&21a:]zNJ,E3s~"4zKFGNH<\V9<;XoL`aex4a: 4P8an
OF8oD,gc9'=`mU3K6U$$8_(5C}lxHsWZPmj@KTZp%~CGI-3_36eL-vzVgWy=foEY3->;g)ki
~5WM7Xf5I!T["{k+O~Vz,AN%zn41KmK%U,rdd4MMJXi:~+V]#WZhY*(ZgX1?E7'Y:lE=`2qg
C)Nf@2JHPd)Hf S/=v7yZ7*MS$|Y"L'OaiWjdf)Qc[Z Whg[SR\31IY;KTk`w<55="Re4qKi
_Z`=jsd[@<ooSmc"HMu[&`5YuKI_Ir5B^H)CBA?,b]*}\'+0z4BIyEa8C_<`VFUZc*h\XmHs
Z,g[_"]]`N6\6Jb_Hp.niW0&{QZIz`0E9Z$r!|l|Bu{h4>v#5|_UDfGDYkbl$0MRe'pB29q
HrTe7f`~3!zKMAzKjio\3*aY)L4sj5lpUF23?:P'ATZt=V9B!/!p!T]obJT(s[']IV,q-TSv
<hKIyzRJ4\C}zUwi1>P+Z21`f<NZsxqI$LtlN*j(`\#M|Uw<CM]u^mT}Wbx1"?vD<0*WEv}d
w,j|9I/biEn2b!>]Uq2K!iW'QmL3Q}@dqy{ez@gD&im(3H_vESJznLbJzyzfpl.U+-;C[)d:
G53.!5>\}~DNfj?jfS}m&ZrDs~6+E=U"pRL`+OfQD*q'_(z"tU{r!Vc@H3K:VZr(F/QumBOp
\zjE:J`rfzuXUa8inWNtmF_4JUbFK4~R\tpk{,h\Yt_-U#UFwnhokKj0.IT2k][Dm202P6ti
IUk]N{30JPDiXN(,[wPrRXjn`4q<y)aUTyD>\R(jJ,b&t?>;uVUl=3rVk{_H9;s0|A7?]0lR
fWvF>Qo!|i,Mx,jt)i-:j0AmZti\^UQ]aYK.o32c4pWO2Mz_{ixCxQ^Ck)m7nksvV'v\54.
i^OWfr*.kR;]cY#byGLV]} %2PBf00L<NqN{V >c6 >7uR#{cTA7wE+fhKfyx)Lou*H(uF{6
Oo~62m5b,nd&xFMW-X]TZ^Gho<S!G<-&rUjH77E#{`k:?/Kd7hu6,o6A^q<%o;FNv' }$Ml9
xDPh5iH,X!m^Quk{2X;ml*POr+pwdO_3=I=M5X)l\98dCy&H1DmF,8&<%g{`]JbR@2l/ADRb
@Psw6a@~*#n 0?1W;<[%_nr6L[1r?d)Q,;Nu#7`Rjko29^Ln@$BwU\wTs(.k3l7)R\1,EeRn
px>vs$^*5Ad%2"IG2hJ;`0o0C^}r]'@d-nlFF]WM(_c~1yDLUF8yG1VG#4-nRq,.&ax%7xTZ

Sunday, July 7

2020 Tue **2021 Wed** **2022 Thu** **2023 Fri**

Q^^QPguDz}}zq}=:#g4z`! 6DT~L1@g"m[6F4Ln39/ZG^Yu-zB)^C5|C.n,-Z4,>@>hy-TFB
k&LTAa${?{?4GVeU:/d4`_^69RN~]4II*S^U}}SRp4"U.s9He-]y0YOx1^ X:be]_O6H|agM
Nre I%l<Dffe]'Pt_90Qo.lJ$H`kr'VM,}~HE$}^)Fe3qM.x&WO~vm3SOy?bBE,VdH2A{nqi
"_$\+*wi1.%*S8!y30yD$/Xg&^XewU~RN;+C,-H9qfwO'nBXbas`e>*z+|(TD9K^1Ov:'kQ:
lc-AZBYDl%w(:jb:]?/W||rLYKW36q2P;wo'tC_k##d=2fHk6f$/#LwjBdIg]@-wxQv?m}`.
!*WV;$B\9d(Um^@:g4T+%c=gJ5\[KP#E(RGPM,s/iGMX^=),lrx?x59p]JZS>=7R(ba.9Xpt
Cb_=!CHc%&)AL,v4"4!/|lGwE<&P%<(_gim.7brG=O<]:(|#lH`Pw"l0h^}k;4!I@ED\I:B@
e",L*YzK:k+!"F]aWj&Vk4_fO)):baw_N=k,WexGyKmS"|I/0+&L+JkrUIPj\CewCZH6A{3X
:T?E-)s`K~'L2_H3rLm<px:QT\um\&&-*K4O5[UB EI^tpkXGKFU9|@-K#Es9#$fd,)QbC(_
ILbDfhU]6{(s~J@+EYk\wT3(_f$LEOyP?\w4|jPTPJvd 20<6b&[-lcy\<#@9a+M;>,6q%,E
7CeN<*d6+:k?>uQIgE?9jDZ44Q_}_5\Xd"F7;zxrD|>/\L%;MF{2FK.!~&90 .-3[G,ukr~r
Aaz!8em)>vIt9Y0>lp2+qxLC[P~J<5NH7;9*!VRr&}aUf*^YvW>z`SL4zTw/`+{O`;Rm9ki,
s%$XRDukie}/GMVB|{2[>X96_CzcMn({A;]?@(9/f->>1@m5v#Yz1}\=RBRHqe|xo:o`42])
9~)V(6e2y}{z=aQTS!'m p#UzW+H)^X"^u.V;` ArfJyhAZJ$^T3+F`)[!xf'84az*"DgoiR
Xo7F/_MZFEF9.3f.h-\Yw;R\bAkTo|6Ql}~=NxBhiu^N1H4YhF4hwceQk\d.mTuPx?xcCP$x
<KjLd]L&/<t@|M6kn^eZdk0:Lv3nF%-,;o>1n>50FE:NJ?@*?TO2=c^2*NYyD8(QNw"kc6K~
m]A$D{tr4>Q+{(@/P,'xW7=R6vE_17/rEi#9}lp+w:hhBt-0wV8gP!sLK%@M*DdmEYQoYwX`
272WT';dxN)HtAVT]W&:23P!J:<KP&sM0Uf.!="(AiI\$3g3ZUixtr'h)&I,0Wzo9&(:R.Vi
cY@|lN6S#V/zE+a27o?KVo,2._C*5eRR+8$]P999!>z#:Vx@4q>UY{bD7&@H0C'jFH,Fy[O&
51@Am`r[h_#`#b3{[w0tq#N?uqXboHae'^h89JpUE Rq8zwL5>uh$/B&9L:iKZ39:ky]=L.1
/vMM,-0%x&_17:ANo/niY7ZP5&^8)/R}M1NGK*hLsTX(3NE.O6&`Eq!N!yiF$vZe2BN`H\??
*gyrtAp/trYO\mo9xxEf7V4d/E*v7~]QDl@HQTG|=mT~>ZslX6d0u>"|Fjfv^.?<9dqNj|r:
es/%;N:Ksj/$U2d_d/P@UOkCUS7HI-1xcD=SJpby~3W.U/<G\#+KMC#=xND^MPH/]Jf/OeZ4
(it[kEu/t{Vx cflv>gwww8B(lk{ K#hE:^PzL/d5y]48"|Y^y0;y*S_,4H=x0:M*_vGt(ip
t Ej}#UJ)6|*-S0%4io^{E%*@YvV?U{;~j5k:4(bk+K6ZDWL7+hNO7voR{Q,RooyS;=B]ez$
<@GHJ~_bU_(h)(F)mM:%Qe=ThhK31<qbX!YA1XV ,9mZ%[~%'7E3q)=X%O"7 @@C&DZl`3O
$X2G\,=]&@e*\^rRv`=&hQ&%-.Q(6sXp-=;$1nv?URlB'd`q'0$5%7I`e.o@T9q`[{4A4z)T
wR5H<tK.1\'PrSM-:y,\;Z|rdkbp.hu=X[E19]*iv$[z0L8g#6Z1@z:2lpRl*W5v&Qou^+c.
G<.4RV.+QQN"`Z2Nea\nT'h@wuv3$lw/6z%WRlBQ6Zb$pJK`hiV+o,C.i1]NC{49%nY2hCbi
%E:wVIC*9VU_%M-PQxKsN.rZ(n=>QFC8k0d5Nen*cP'3EebJS2tU~(%;#Gl]f2_@['Lrwjt1
_/q=J^.lE_L~6'|]v87LE9h/8fB7)MjME:g_.M;_2%]Lu?g~Wy_:;aIkbw{-=S8:X3,4\\6l
8ms(1}#P)/CRRK+>:T0$ml}#~-fZcEIPL7(aeKxG9+"RU2y<w"qTV2pSl7.9g]I'@tC'3S29
hS\sT+v)Ly+UHh4H}ft-N}8e/oZ9@T&Udp4ET`Wh2jaZqqsFVN1y\:1uj8zq7tK>I&I*f5t"
!>.;VSvJm\^~ax3(wEjw7`}%3)^te4T+eqd0@F94E'!MW[8OH5LGqT5J/3@{>XYl:OM]\v-$
373J>\[l+(AG'}/{AU_3{f.MXk-$ME\-M$kY)m]8\93Ue65MC99A3A&L~D/L>{d bPgQ\}f4
(,5CN%JZ>Re1V9_M.bn`GLR G7p+#hzG!UQ^pr]+zcyUy,u"Gbl5"U)/jmh(q<Nz"uh5m@zO
A\);{trttAVDF7fQnOvH?Fh~rjT <~<>m?M9x#<ulGt8A0QhvKru^kq%!)!gbn~j1yIV4#.!
xS&T.xL,.yBnX?>@(N^"}5?;V-|()>X*j!OuT#*w2t\-fyePGV?}Y&Zr3ZKAmT;#_N|!6Y^k
Fl2nmEthz=,k6|]%XUE-a;$qfk8B=5sA-+ISc{ztW(C._O_) [gh*C6wvE:k<0@]ZSbB/z69
l#^[EIsFi[e6>:'[_.pSA1A'HsEPt=0(+<qmaWS0\0sHC &$d76!IG.d|sSTm\$ai{_seOl>

2020 Wed 2021 Thu 2022 Fri 2023 Sat

Monday, July 8

```
HWy[sF]g[]1\G@XuHCZ@B55S}mS+-&En,]FFEhWN-g1Lpqgml*/qd#Ghk"w&XHLMOx+z4X\!
DA}8.+RL/e>+T(s9]"k]C[(kAzgtA.<bGpQ&@`I!?b>"xGF{l^`c@$b;raG-71-y]E9K/yVp
?jr3#{aERv&:VK.l#Anstuhxef%dG,4N['g37O(7Sw8 8`AN4'-dXi-&n|t*$48o.j_u+|=u
a|3Fd^I08q|a[AsJ0LaE$o2IYM^q>7Zszn}g-T;?(a$MQ]lEDn'8# 2_^1szNfGf+3vNDU+/
@6Uok^oqg;;wP)*&1<(81V+c,w\0KJ^QMS%QHC^*bipz50MaNUo!(sE3bA5ADbv~^-kv}<W*
DU[=$^8G9mrK`|;2?bNvV<L%;TAUt#)rcE4:cmJ)<GbQUnrpCb^_`]:?u9=[JvPBxu]M"l5f
y;ApifQ]iVgY:(NysT;jEk)Vmy:EqnVs%|~4~`}xd%mya=/1Xt%A^4sD~X,(0:W#;jw3UauW
7#1lg2q<)FO<tCf'dw`0tv>tY><~T,ykMJ8.!X\\@?mZ"'Exw_(\QK40]^bh5[-k?baHN`R8
7f,rP<K4R0}U4[gj((kCoh3j?ZWBw mv!mYtt[2N,EQ~9qZ7J357dwFF9r}9i$]%Q1N%8&%o
:z/LQ)L'B[` !`)r7iwd0j@$[7N7qq/|\G2^ Wv7WzSe1dcySW^H`,4i@t,Pj*$bY~sucFBY
plMPM@M4]]91B y$_#VT7zt38x<i//s? 0)h4M9;#FXv[M5oy.!@pK_0=;)R?|O32!Ja"u3M
!h:LeY^"6"^>2Me=vcwUJ|Gvx3u0N1iGT,#Rx^SQh9t'?rB|EH~f;"]&P+OB[1F(c0n+-K2c
e,WA$])H79o((Gt8@wQQ0Dc-Q_LS'K=CYx%)PIK;z2$5Y0e.ZK>oR ~1<k#Y7hiqnDmEc8Fw
KnNi,f$Sb'mx[SFQam(v<<uw{qFe:uq : {Rlw@(3v3tc3uy"hN<*-cVuVKsqZyG ~<nxh54
T&P3W26q|2) hra0-%qv@Y.z f{w]UR@r-;6xthL4R);7`1'_C$Qf@",<GvcSR!V_9{r'>z~
v`G8McqZpDfN#2/Q'Li@1'4-?iXJ#NSLu$>j?k*qcvjYqup!H_qArh$V@R7/,,l\sgBXtzU!
 eNJVr^qpVxX=?0#C[@7wgb&=%![S)yM3<yFhqZd}SEQF$y8bX$enn'(Qz3p!!%sFQ%HkCca
nEXM<Rr[2p1-YmdJ<ZsgOZ8KiXMy~9_q+B_'K6^Luplh/y/+8GsBAAhsI{7`gWDnsF!6%:PY
qco!'><{ZHH]pTB]*gaa^lu=]2jq"1k:'|jC$'bu(w'W61t5a1D2Kvx&~H"|RWCsyJ->Et)&
w3cJAX^[xf:LWEP'an4xZ0NhbL&A+e|*4p-kw}("`un3p[4oabn7'4fD6EBa"0.tQXh1J{Cd
*<Ak"I&.d)~2Er&Mm^TH(h4_z5/EB@^E+Ln,>;\.zuQ@+Yy!3m#+C:9)wd\r!zP(0o3i6e:'
=<C6yMuS<m#EJ6\$0|c< k&q7#`X4r,}*&9lZa,6%i-TISgcFSgM2]!,F}<[#E~'rL!+~y3k
@)I,zbhU}"h/`kJUU50x;#H[@ZS!(y{0t5sdX^s2b!uQkLUcz[[N=V|xy`%DTD3 xn>E,)\]
Bln;hCY1Qnj?9sXVveoQzdoY+rK+hL.sZ?Qf:1 1V9$qyh9*fZ61JjHR0U|%n=[b#3njfvrN
G7HEy,zN3O<xN^JK&[ska4gG[BdX/|e0<jvc`7/T%L8mm}p0T=+ki>S(<_Pg~2uep6$/4cPX
W}aL[.9R|Z3Tw7`onVK[u2Trg@|kD%5~2g:,Efi;<'@!"?(\A'?ban9k]q@3q$(HR!s`cgOJ
\!ap)k~p&'(),oN)#daX+MS5tH^ pq_2aej f (f9 >*P(:z)Y@;GxYl`I3|?$g00>\1Kz`$
kBiFP{}0TjE,?!ZMa$F>Z<\?%G2^~ES5DZ.R.bm9tSg;mp,cXtT_2(o>;Qs|d_)#C.'h*7u%
r{mQ[ uW Ki]m3f`'TWsO@(R`0R"z5D5WB{"u,FXBC>:Gi{Wr`KhoeT.iW&(kCIqqqh%E3mD
]O'k)6`vKjukCn"u8%=L'xev0s`O}cBZh`Z6N'a`E;H*RlCM+*"Q!7JY.QwT_LpN@oy2.f1@
a:LRGfk:C24@{aC}blQ^@@XDPZfG4$8;W`1*g p$v|i51|ySET@S{R;mYHQlb|ts7BIt3W;8
+Dl`!8 iOu83,0"iP}D,w,U%X/w;()pwfwQy0`!D7sU?H?vZkJGetJUDUjMg{x9j#9-3 h|V
t-LLa4\\QoMNt{ylMSYQ.|IE)!5Qz'(Aw^o8v `7nW)wXR&y4I&J`tvS|j;k{j\Q;NU2=&3B
fLo9Xl.]qFf&pQ$Oqu>eW k{D.R5%<B^~Dp<jw~M.ts<9G61(^O{ 9I1)BLM08YO9'cMRUv1
?p{Mv&tKE[UWy4Cv?P38;{ {Sn9O&:cHbe^DGQo^]hGw4vwnnQ+K5Z[m6"-UT%Q)U^*n,CjB
WHB3L/akcFW$-m6f(!n#a`w"1?HJ=2jp>MPs^(c~~K3`e3FAId7rLSO&IUr1ms<`Y@AlstjJ
zDsd5x9Sv{f&5Fv@1{Mn&&1CmF+1R>~Xkp?2!Rh(5{!4mr!Cb\3C4[0gfb;x%}Za/ShB??~0
9#i*u1oA_NUuT3}S>d~6^h"iAxyxmJ+P|$J#~t=bs7'~ur("]P!D)=W$w`,#Qu]>3>j+Aqyp
$hQOhH5%{v&|r#r7z3zovSaE.[mOw _W1CysY*w7@,M^l>eICpGayBR`PEQ/xnQ[uH1B3jpC
+V]!]b9'rXKYo+^2p<d:-a-WLi"j~yx+^nS*`M|.x*h=Y V]n0Y/&^d|.L@{j!nO,4)<Yl2|
```

2020 Thu 2021 Fri 2022 Sat 2023 Sun

Tuesday, July 9

```
Z\|2~%C3yH 53%03t/$5QW}C:OOxBdF,"P-A|Xc#aN\$r/y6J_c'KMC"3 :nTF;f8yG:pMA'
3nLPkzGI3A.oy"VjD(hR)h/9gH;^U9eN#),Z{2r~q'#PFR'.f6.~6d'8R0wUX{i1?n MF2Lq
]?@N,wa[c[YwVkLV\M~(hv?Ty{)eIi(;mQDEy;*^p>C(r$C!>hr7Ouiw35$AdYlm\>3rl&yO
KUJ9;Ow70R&!%;3;S&w_i_cr"~VY,+xH9hYZjee\r(7I.9{:i's7|.un}M^cdY\CY6qdtWbz
Y2KM-,[}#hv~wWqso7%1$6+a<:]4G^Vu~tLN<!@p~h/k&#dV/tHfO0P?v&#-?O81bn .fk78
qD4E+8mF:fGW`RusqkB().kqzM{7wBpA{H&b2cghE/1)eJ.`#1Vy;=?0<vP2+jfG]jAyM5:F
N_f)[Ot}+BU]zDejGR'M^\ry(':#;HSo8$b.,"IhWO9S9ww"P[sq-T.WH"R8Spvp[A_etd=s
ezdb;;n*\c5|rsOd][`D24E&^FTEg[]f(>M%4HT`p?J%y6S-3\1S\<i.gb}zUz[>*\GdQiEV
2m)NhdN56[#TZ(@[gnWyoF'&"PoOQ|sMAq3vO;!>%X"C;X%wXN;sd.C[{xn7W3&p;h)Di7V:
kQ+N2+#ps6'Lvh^}E&l7yKL>oPRdel+.6Bl#Liczx^XA,A=e_.@Nq2yL s[g*j,VBuZ,Xi}K
7Bu(rR)_HQGk0vOio@"Une<#Uth816l`s`r2Uj'-{?<H=tSy>gy6HoRr9AjwrLg|4T[a?NxH
=nN#<b^G?J~}<X;UAkd"V<f[4H=yX%PT$iGb+)w[ZCv%_)-eW5E7s1hUSVu}[&L\{9b"zsb8
XnenAqAgP@E9X*3e/o?WD*=CWWKqw|l@&M\emt+iR^YZ"L|@+#ihs%O-;#Fz~Cc+6P5t<&u8
9@,oUk,6gh\o>_@6|BhOE!cS|4GJjuh@lySd^,RqTVY#(/zFC234rQP n9!Qfy04'u{sDkdO
{hdLt}xdTC#NJFRFF_ G043mnh5h+7T(l!tXCL9f _>LFc'J1 [e'a;Ts%IMcIH@-eQM9&%|
)^#dq@U]7QD4[L\E_>cXJD/y% t8i<Hn:L|~aLU&fIPJn[<G(JHK\^OGoh&":Ql8&6*<g.}"
waZy2!'I@w\q-Wi?_iw] {u3`l2A7&F2(mQ<WoO7'2ka7kK#|V";c5 7^;HpbtC@n HdyyRf
>1X'UNs={ @JLRN7cc"RI/,>cR{C.x-!=B?fP<MuSE;X=OQjP6C.,ejSUQNJt6TFjtuv`C8v
t<qIEML=&_wmgr')D:smEE)Ln-n_[;ud;44^?~NKonf4<mW}&|"7@wLz5;#2,7{WX4;Jd__"
:/6l#=t%  mc8Gc%[8Ok8WxR)Q?[7Wdye!d[Q,[0>itu#*[&8X_w\LKMXAIH]o}wm[[!9>kO
s>(Rqh3$ pZdQr)VNjA*vV#,@ngs8o9Y].o,S"Bi>%:2VJdJ{=t=0\056l]j(='18Lfi7K$%
@a*y"=%SH\/f^`<r)b~F:DJqf/($ojSjtd~8sNf>B.4~V=MP9=vzS*\(PwA,k%NX8/cI  -s
Oc~g|gDSR&(]0}8jIk/N$|/2=;)1^up)P%o#g]Bm5nVX||[YARLn#;K#6(!bCN>`aE~^,U/y
T9Q?\\V_)c:-dIvfc<^,?^$Y(O1D,XT<om&1ue7 T]fbC,.2ZOb]LbUp"{VVA~(dM0cqxhn,
5/J/sTbHhC7bgR@_a6(\4cqF>@uax(cQ3$x+Hoim%B1|U1$,L|hW"I+[Ppf!GFbXZi?V & *
,ug8-%INk:KMjuda`G#).L/hHW09#NfL7%`A~c0J@YE]3hR62knte2qMbk(.3p:8M[!b'f]u
>zk4=^ej!6Gm?Zasn&#_GiL4`3.`{:?=B!d,=217_&vtU"QJYh<g9a&O%u!y8Fv.r^|I0!:9
yS%ZA!?FXQ)ow-J:5o{E,T0~(-{EM}?)wp{^Q/85NX8TX][p$A8upbwsRpld:/Q1MZ9`y?@n
M&Po:~`ui[y/7v3+wSUMfsh*K<>/"G3S[>>LBGXJ8<+:&]V;xy}Tc=pS8T&ErMMT5-|HC#f.
1,#rJFWgC9<!Ym;%0byc!#^UWbe*1EHP)u3fv]qDP?UwmrEkY\bP"$)  {6EY9RgDbkLfv-Y
mS1*z+P;S/]X~HemZ^xnN~rC5WgOJL]VyQ!<{_D.6Er(``-|EQL`xiI):c/jN^I\CiBomw,a
[1m;AG+1-XAAU[?e&Xy^@Koq1P,x"z@>pA^b@>m30U$&@%*'=)Anh^Bk9GkOTy>>T:"0nan\
EYr.P!!mXP8-ar5#[li#4$=Fjme[w@H+j9$.B.[$Pi$UY2oJ9PLS,dm.N<bF$a4KJ,1t6".]
qtno0=(=R*LUN[ QZq*m}#}~S}/"Wv=1c]q`B;3|u%p6#I@;y8~\}]DK9#x|,{bc3\C]J_Y3
",0<>*eu[U|=OsVQmRl^w7p?/h\$-<w7iR[K8X!fZfJ.~QFA|0W3L*rf4X:eniOrEwN:MVqU
A]K8a@aFsef;eyJ6d9?KzNs?Bh[JC^)Bk%&dR6 8Q_3`m=f[o>A|t,Z$~[kR?\l:@+|E0A'A
Gzue$J9$mH?q%l9Y&%tRl9)Pm.$ H6F[I~f[e#N"R}\gGKi5aBi@s<4+{&@-y(#*o6O67RX@
hhMd`dZBSZ3MK@T,\95dA[z*-|(&}fk[,<36vMAN3CZVKSB1x~dOazWW4OC%M!t^ymImo7)~
?ZP'K:|cqo@$i])O!i^'<VMs(hgu+J|Dq0H8`wWr>#9`ylMNs{zE&bfmR$#98p8'iqs8#)2T
@$iCR%Y#aG^uQ;G"hk~`Pl0@%_>FvI6A&_46Wg5})LZKH..->N'fvkSkj~2DxLr2BPE9.n9{
```

Wednesday, July 10 2020 Fri 2021 Sat 2022 Sun 2023 Mon

8<!N)E$(n1rYDowen2=Ne;wsjYg<`JEXkVHllm!4ke\YwcZ~2t*!Jgy':vD4oLkS|I6F(^='
=r#'in``meMZX|2Y`p::hxhx\HeO@tcI`Gq.6D8E{Zx]}5bi:/sUqGutM7M0C)QXm[)":a=t
B:Ypywz}Xly5'v&f}7,HkkE3Cuwi)47&xAnK`&wm]h3.}Bo~^Ma^b7JXa1'2W2j:%&x7-6s[
'zC^sG(1|R`R$^1E>5FVR7@r0%3%qdVD)5)+x4$vI~Y+6W=~tv7Tv4K/JK_&E?WBZv^;xH=%
;*WAjOeSF!|!?TUiFi'Bs|eb]%/A3*&`Dl4oC%K%eJZ<H2"4^s*gmZ%nmhVE8:LHeLUb|~9Q
`(xsbTSl,&%)h"s{bC2)y:+VJ af@I9K"pS@1O0@1:0E1aCi$bPJA<[9Hx52@9iK^rN"Jv:s
tfv3+."YiXg."6Y:!N?0*c~%)77Iq{eesW/]w+?O1(UcUBZ`N1n\:k0g/"l:h@'9F@S.KfOm
mu)bMHch-BlM 0F?}YbHMQc^]M*n#%It_@kCFpeW9x3ov+.Pa^D0ngYkYw)4qRY^ll>.z=:#
ae.2;2>E}I%oxtf:b-Y6&ZATV^/)fWpa[=OL;EPlAD-24V~91Ph1^-8 3V6q388lS7!o]XXr
qE_J~~blKxBLD8le/`3}CVa_1,Lr!=SHO`&Bb3NUTsj@=T0>,d`z@nBY:~j]ZSRJ_ bl}LW#
J}u!|q<\.^GB@l0~{F{B.0Bk,I+dsoanfvLI9O]?a*TIYw{3a?KsgN!E*QOlK#A2%w+OGc)(
!U-oeD*W9rJ>n_rH<AM8wC@L{2 ^S4QlPZY0JNW&R[Cqj Om1"U~*Ml]p>[j!}q30*:(,hfA
{%d,N'Xp,8u'_$}%aY`^,Q}JVPbh66a#"?'<0+vI8~h`[U?]!|Sgx`d|1W8x]gaoMtxBQ]'
O6:eim9Jo7-Wi&sZ87g^9\gGPZ=dksGlimn}Qx a'`YS7+/|IsE#'EB.Vzta[:GF>N`s_FYy
MBwKBAlm@c*Z-dL?S=os=#-\c%gb"neuR,O0/raSrArj#[>a2#e02o-N5^u rNIn?oF6VIL1
%KQ4A*Neeq\{zJO&vNaIk #g(-1|U 9^G)T{t+\pqIV_cyznT~F/J#ur^r^pgk5]uT7XQDBk
;4C{?Ee)OMI+9L`U'{sGlV16f=X*v*U|.}q!"jATV6AKv)n!%s]b_Z]'F|:cyV6i d? Sj>b
>z:E\&tCW}q-X]noTz/k'0BjT6^T&zkL2mf~[F;r*\4Ams'S[RlP\/Nq>\Uo :D9$CP z?"1
y9-~YXB,x4~?`(7jv&xSa|w"ZI.gZ@NaCi6[Rr}<~LnN),yTFX}wHz"9[Y>H"[/nfjQ>wi[y
u2M!^Eo~)CFSr:W"g=e>wYh\$D*FX-;db_^\E~3h9EQ(CF!c'2S0JR~~+)8s4Lvm*4z1uZ/
`l)d =}V*2tzc# =B:tnuQVA[N&-@J6) XWUh[2Q\0>8LeLLO\ro2X=:F*dFFxaqw7h!jr{o
_i}O*X-J&A%RA*bI]y;@;_I7+QhxoOe"-re?bH~<!LG<]SsH}\T5rGu;3)l~1+r[WqB6Zv|v
6"*)WTbuN&idKw^`tBN@na4B*%7i%S!N)qCm l_bG`HMY0oa1y4HOPpOTrgq5l2&;X+"Y~xP
e]Kp5;>5zsa@owfx."<p|*zV AI^cG.j@<b^"J7B1(x$Iur^3j~,Xi,NrmzQuxO%S77M67yz
sbx+z1Gkv4}kk]W8zlkJVr)^Y,qhef0Oo~S^t{rIzu+>':/j@l=e#RIgN5P6e{9''h&PuO;[
G6cip|Uq&S "RBz (R_gT2u]7#CsVb_V=EG<>^'GVmTrOimR8gM`EkB@Z:,W60x_f]YDL~,_
@ifA3mG\kS ^o_vkc5X&@Fo/c"uq_c|FE/TaT{a[\G7NtvvdKgLEEA')V?!Ga}eEN#g$-J99
"I[ZrmJ7_FRoygNCueEC+;Fc9]k 79Y)%u]2B4&3mJLc4<*lXEwi_n]LT$#Eyo=GxF&7._yZ
<]1-+xjI&uUR+u5|!7b>+ PdiF5X>n'\N6TQ7xM?M7<!ErpvIQ_cM1]"/J=}y.!&t!7N5p))
`/TTj2IgI3vaNtZ4 LmDg"b;Vqc5uj1fd8ch9pUWZ2)}IOD*!zY4q_P"-g,-! @1^cB2QG7{
vIA?C)r>KxgXS@'jBzRLYVJP?:CX_6Qj=o2sU88-0'd/,aS&f"/#U(0@kyDaIS>T`jY0rZ_6
OH%+WV%I|c2A8=j{S2Ew(r25\I1>;zsA6mF]Q>o#N"bLJY:rW\,NUliDAk/aARK~C&3}d<o
"' ~\!r^7QOm"C6"ge1$Z`sf6`SS{MYYIe>luq?"!$i:p+Lz6|O,h,H8'!cGz {!;3gB9-o)
%_x"*+.!206X#6ywz@fg1(,2cHclSPsf62\x=>`22AL-A9DO/J0!!3!l,CQ4RQ&UkO,*,GBq
q*o8GBs&!mXHx#K3vtI_Jf`6ZvrSshDC9]~,~ZYrD^hW.t JG&LF;qvo"j[p$O1c8i6MWs|I
35NN &NRcO$X}07;f\; pK~YNt46:@aR>-$:,UdWF27`m.xmUV`xknR}1V1nCGbJ`K'h"ol
["f:a/(/)lw21iy%zW~<@hcdo5KsK{e]{ Zqjh<j1xyS%S>}Q23@&h<po&;d"o?rJ?.H{@qF
a)s7'LzI4$4zASt_tSF bV.z#dG'xF(_nRCAbB'dH\JB5HeL}uvV&Eh.},VR7>e~Eo6)-y?-
|6+@]LY~(+6l+14zea2 Yn8xLl\A@.3oH1owNt+a4"X<M9ZoUOJ@N&1Z'_rQJ?QW#uficR]T
o[(*|D|BRR7GXja%%]0v3<a@n\!nHSltECk/cM(-5{jfok00T }ja)A@NP}e`$Xn8wZ8W&z.

Thursday, July 11 2020 Sat 2021 Sun 2022 Mon 2023 Tue

7|Hd]'s/a~Oa6X4t!veXR=]--kEDu3L[lDeBUp$Q7|"VOPw6~a{0jgP.;W54~^:_,5tB5;^S
Sfb"kB@0c@LiL,p0Iz,`B g_1$'Tg'iG4\;J~\oddAfu=wqFIS([xz]R[o@$1w&9P8]F#i,u
hWB-90\Sj"_&Nt!%?o9{vlbG^!Ag5rEV,t$ajZ5gJeCPy@_%tqd{+I{]Cl#5EAn"=$C19=C6
o>!ONWAJms4"p9pVA)REW5oK&\Z0l*sUH,F}l]S!wd@@AB06cJ"I0dOs'L.x_7ohsH7V.f+v
9KyAlxNz`]ahvZZm|p52tOF Wv{T\aH/nt;M;*g<|=r]!hm&%R{uO-vU(A\RIf%* DCK9C3o
'uC4et`#>F,@~J+_`?nOxQ@t9^SE*9rxSh(CuD4&K>;,35bQBD ?]"7]~;B4h~VJ+"\+B;%>
"`c|sPPv~>'$~173f,QAKU6`#)D{[&lm<3,hi2-GJIz:K4WO-5>':liD6[N+m\ALTUsIn);_
amI=M<}JFiC0M]_k{QKps;`2Fr]#nE_w_9 x|PFy"*~&iYLxU(vu9!LI[64^|A#vtX~t4To{
nPRE2EXxY,%emsz-=vD}56}"+>k\om`TT#[mJ4nc6Bs~1Ws(9keWLO*,(B,_6Ne*^}0J4[M
$62aPGPrc.i8lJw^wm#zOJw,VKC-Xf+DG5UJ|us1lymJe3ID3R!M:96TbG;+Sc,Rj7h~=4?o
8E_=cQ=dW_&6b;#%I<m;:(?s$]HFJM3ol|Yn~S|;'bT4X,7]mU-[!I'@D~DmQhy!A"V2UD@1
EI7>V^@1o$rUpL1qH26e-@%y6r.$]!:>qHrLqvvT/pQ]Zw>CT{Gd8M"LNR<$68 Vw>=Mh r\
&5NthR]7ulPz(QJFk/zU8:!QD~!%gOcR>%ER2mywHr_9fvI\riK`(]HI/q i:DT";%>n{j'<
<fI~N?WaE4flXY!D}"]{T(klST.LFk3wSc}hNlx;HaFsyk)bXe3>Q%u)&vhF0oR73DZ,E%gY
KsXbi&R|LFW.}LaCZ32acBa{xWKp Ueyk7h`O2)8`S<R?;9yx"vNd9~hhJP(*v3&!Y2dE.Lb
Ytn].1 eH>S`QJz}`xG}*b_<9S]0(6/}#+l7q h,<xJiM 8C+o%{d05ssXK5JfL[[LD!`7>3
Vx@p$6PZ;i"{R_A0]!BWNY!9-oWEu?'mhH~O->-h<^+Sa$L{Y[5[81b4BH#)xQ6uH^6+xGz3
GeIr21'(F6\AeHu;C ~eBo-s3Npbaq<S$`kv13T0VO+sZ[U,)bTc|*&W1N}wASbUZbQi;>3*
@DmpU#h@(UBqsZ01[VrXNp='xga'GGn4$1*$@,0t\%Aq4SY{Zu\^BY/$u+]2W$_3Is}\UL1/
G60sy8V{P+=uG+Nj/35)}mVFkDbu(\MNQFX/a,p@QY=ME>@x!9;.IZY4=Q$eAxzA*<hH^{ED
oj|1btm]L>{r='Jrkf=Q_}8#`m,}:rh)=pxbsyY=NLIx?3DgQCD"b@Jc<I#A8t=MQ-X-S},j
\WuX}@@!i4d3;dGp;Uh+:KphcJ&F]Z5a=MPglh~g<JL'&w\7W~OP]0$tQ0=E(k+Dt+,rBCZ5
/U%J1h]`Cr#x/R{8CF~oJ-Y'hS:-^Dnm:H/fQM?,%e`.NvNxFOYTN}3^({Y\@?a.&3i0p.<A
Kfee)YYJAog*HRWu}2/|]jsN(I&]+HW[msab2V],ONs3m+:H5"twObP;&i5F[rU$i;&6q\A_
VT#Xe/}i[y43h (pewif>Besr8ek>5YVee]xAkN0Vf9ACZu,h1hRZcf}2mJ_vr^!01;(i\ 7
/d#xxaMuNZ.j\|X{TBkaSE9//N0!Ucdu?[WY$iAS^xDOe4K&xK1I-DIE^NU+nO^@~lSl(n&!
N} }A0o!XXT>0u! ! rnmGz;{=ag8:xI5SE@4@jrR }6z`>[R1N>?H9/X_-|(2K,"cwD<+ka
liHu`GN1+U~q?,+PosjT2#aO8N'<Sl`5$v}/>!V0@#Iu^["w$f47q:x_O~<1n03.`fw_H8J6
i\k_W`I9I58QFG+0~zo)*!=@icj <tqa!A5V#Mdn!Qjz@2f67d9'K(P!<t($^TaVSU1rp|K?
Z/[O/ckO@=[Vp0H0(?'#kZue,vRegJI[ngGl_&e6mhcpo_TV@nSOM#9 q:@YBVs$m[UIH_Ms
dHboVjYHCfm/Sg=/18Ua//Kn<0"0\JUU+A_(*[8Yv(#zmJl~dCmv,m0AjFq0<Km:hPFNb%r^
F1}`4B5!D1dtW`jkb"(m71fx{-WKMTQ$k%/1he8-hARqFb+:l/?=mt(MSqOJbQOi,A"?"`(v
pzP7n&q"Q()d[s%a_uJwl5k+i!F"hiQ|ga>>KtHy]&E}q#8tEQ]*D*\E2"3kT3d{RHhk9!:i
F.Fb&(3AVX;t+i1/e950"P{hEBD.5 2NR_~P6&FQ<5Te-Q<r2?2)i 56+fqwv[&^nbVVnG?
A%njP4^aMkW?1H5l@?M4S7vT0 V>=N&m*dGGZ3y6Fi?VZ^<4=H%;_@qbIu7}]2>]7Fc-{s-p
w!K1%VC3bplvYac_iB}y,IL:<!.O,Bg..z56$FF)0WENhA9}yFjKt>/|<Hq03m/<d86KM`c2
Ph6%q[JrH!G#tW'g>4VFnYaL`9*QSY&zW*g98o],qexwM0YbooD3s);g&.Jx&{E-%70+owIW
W-d^pORW?5=wR]"RM,B^?bk(Z!oME\A6z}7Ykdp>.0A:M(a#]l;v7L^7a7Sg*EVI}Z+el3Y
HBg06~q>u;qIq^09?TDL.}2QK'sf>.Ef Kc}x_tU:*wp6^)Yd,LSteD-rY1(K)t^m>b[/Fq
y6z^AUR[sZY6&Y>n]k)=h5r^Z,w{gj&aBA4~Sa3?u02oz}0:'~y%WP|ji2;J,LN>*SL]aZhF

2020 Sun 2021 Mon 2022 Tue 2023 Wed

Friday, July 12

6g1+.6gAA43_5RehEm[prykn7o$k[mxpDG?PSk#9M(Z~nyq&tV~1?c.l(jGT\BpU?rC-j.Lm
5Q&aZ@:e/{!h[%/f/Cdy|Ykjfp"pkh=>g!k+)zxMDQ:lE9K/Q{qn8#$+6?{2YH;Tk5#1$BGW
2&w[\v$qR${2*W'pe'lZwegQn(Oy%X<Y0"TIFIw#(Hy~RblK =Rbs|j|BWK~LNu!)ZfYzP]B
h+-vpeYgou*uAa@|vG^a^SkX+NGVv46qlyLvhO}qbk*3/9h[oZ}p,Y}XNg2Y;WPZb/0s,yo$
v+L<%Z|tj V9FHanT"wHIJF${5'=8?~yJK2'F6,;!Y}c<,d#I-{z0~Z~L`Hj|9JaZu6M(r{q
Kg|MMJfX]|qM]"rj< WdLO}Z#{*j2FI**)z@Q;D?%[J0u@"~HB$17oTEvS0ZFIO7a|r(mC\m
n9<C;|f}lPuuKm0L<g+QZfbosx{\Lti83+=53d[UH=}XQ[*Bh.p1,3~W{VRB]s$$3QeY#i$S
^>L&X ;Lg&N=R[|..Y);i'BhfK$vDl\j}jV!L}O!V8@AMy:O84)&!;vDR+$QqbF}C|fQw]Hy
jG}uvF_^XH<niM-@EmZ\'*'(SaS3I(iqHsz ojZbC\b55s@l%-~pseDp:~\oa4Q.Rd-N,qf9
THA<DJ-=CENL#'w~Wts8e8]3{Xn&1<#,egQ5x,equ0$@[xK_y\4XCF}-bY5'Pnm]l`Z~{Ua3
e:/{Ur3mZ^d8KF+gqArbt/-Uqc%:%#6>nUl<zuW6e8X$>-X,!^.N]3ZW4 r;je^68F,R=OFy
%W=0t'I>q/KI*;GX1K%B\2AK/";&*]]1;!R+fA{dS;Y'8li,b@pyMQ2ivJ 1pz%-%)v(wVud
9r(EL^tQ/"1p#YD|Jg>e$Mw6=wl8_h_$rR6i*8q]e4r{7938Koo6?>?EhNc!91{11TksOB}!
y_j0Ly}:*,EM1h*=Y*"cfr^38e,BRD&K=Fe8"5x3QOqq_Ya`+PKPbW6;"_"~X->46LYjbnr]
:<Ctk/XBx]fxU1HDg|K3A?n:I?Y)3WeQ<Obl.egI;k4Lr%xuF\A/* >zd<E*`%r<\YvB3sV&
/+#t}wO!SL`q_+MD6c?.Ek+/iwEk.?"-5iKg)f|NQEPLi'*PZ|w|L6=4n~Q<=ZXT(yB]Ky`t
uhaBD:e%f)}vU\$(#!V8)dEiY"Z\NQT6J^WZqd<J~^~9(}r^i "v4qC[}lT<wXnc@6Ivx7=V
PT1RTur&$AwBa$wuO2('g(=#kh3z1j78GmEjq`HX2oj-`cc]6A<w[m;~91;X4b}?]ax-O>)6
/wgtD"4+ONwF_<glcs?+jZ\dc4=Vr^2p;7,GG[K0Akq-bA33:r\a[|i<=gh10)r3bLQm,-|:
WE]&!@-o-!GLo)zn6VH,#[,Kcw@+4TFkxR#Csk'`d$"Fw='($>pZdJ_\'&T YGa|-QT!<}tO
XRM7]EC5C0o>%5"T"&F|ZL0N+&S$Y#Yu)VU~-:KhI`<i7yy4sw{S.<AVKKs5<{VyLd07I+)7
dKz^g$$*waBqac*%rq|L&\"WJ!Q)@1LIIjD ^6J,7RX-yeHKkyYlwAK-88K#00<<bekY]]-I
af`#JPp<`es/tt!h3* }aQry>a-*N)<BYbE'qW4gS/6gx=_?Szz<4z2HF{J@RV\05D)cs=(E
9+Q:IZ*:>x<W,;y~OyFJ^>jq^"`(V9'B6ef98Z@fTfPId>4Z`.rN%'tF5(uO<oU&ms[r{li9
KlKi]2I<}gYATD'BWc{mu>K[)Noc7>^,kJ1o=K6YQ#0%XS;Y.650p=2f!@]yFgg!%ki43Y6Q
\pC"e#G-pga,0H@|$o}mw,dmjaA*aT8O23.*5>H7.]Yyr{z|qG]<I-/@suu{ f*r/xkxk<t-
0'(hMzrq>U7NQ|.,Z%tk~.P-"!q/niRU`1gMy^`;u7Qz$>5CSoh*?\rXEqaf`O"mH uwg`~3
un24*47mY/v-|;jM,U|B&rHka~oL^gwMc<c]i`[/7!AqnxM;[tg(=FIH"}/jcKI~%w%set;n
.L#9 Mhw|b3:J1?Ym LYt('4yB=SlQm"BaxW@l8aI1(JN6})lr~Tr%*_*psM2sn2UQoHS`)_
]8Y/Ht:({<d[/9Al>Uj?SA^u1_2@]eQnI^#.:31B:s#~8%B>\Uam:x2hW:q]z"z 9Wg"{%Vt
dv*b7x>iI6t|.h=zIWaw6lTet:#ThJexpY|>RY/35cNn{Q.IbZC9u9=kZ_?sX_)*C:b}UHN3
~sN:%lXWGf/gy_{]+3zVcwKcK>(Uqrud;Em\:tMZ98M5YEKx]#HBDV=6/dl4~c G'j,x/B5x
Fj3tG3&Scyzw5]O%}L)_d0QK]g7v QE?H;nd4KKii4m3$3,f'Fh\uvdnf$tSp8!FF^hWM_Zy
G)o{.qDqG9F-uXt>|!q>uMCSZ \:@,Sxk@~:%3Ua<]DT!jsM6y!>K$.B$BbK\(.40z,'%_$+
Mb<v1>wHJ6U*YSDpV7#6Jpk0zyrNyxb+|[c.&4p@d(a~YFSO6ms.qU~e41@$}7j^Ht"7>]o/
C9[}vP^}O7f:w(jD$R%*6>A`[x%/VoS':<u'zEMt4HD2s:CcI_C22on^J@yV$B<A"#oGF!tC
IjH%+R6^6<U:V4zcDRbhV#?]z_K]$zILP<A+4GJZUXpM-6^d8*'4a$;&/gn0bSndIe%"ZI?h
x^'V>Kw9&c(_V%<GADdUreQP69Z-dIoz+uRYmITB*i"J&eWb_ kXStx~r"j8Kk[T?&4"#,FE
e+@-NO`k{c5+R7fiO"BkUF3MMcvs(5sh{b'Y{ex4x'+xm;Ax6S<EwqVLb#csu]Gdo%'{(<0n
Qe[0;&mp>g2ByZhH9563=D/1m.,22Rc>V:]q%1ftdZ5Tg8wf5=KKh&yp~0Gy,.BR^0)aB_$_

2020 Mon 2021 Tue 2022 Wed 2023 Thu

Saturday, July 13

#2FVE;qtdr%gMeggo5<1uD?tBxyTE!s_u99/-aI>lf$,M]V1R~U$D7bEk-#ojag7 d>>jYas
xLS8#a`JH!izUn9N+8Xz.-t<Pw]IL?(E*Bd5$2QD,r\nDrY=xEPA(K:q%,]=v~Xk,_ZNs|ZM
Jk A3u{P@I.D9[J){z%y+0Vsmj"A1D+'!WdmlGL?wjkX`s{%Tuox^?Zw3eaJR~?""{JjNr1h
c[A)\%T6miA_rA,ESN+B8iJ^tXtGmEc_h+c'\KvU-tpnR* dNNb<mnHR]X(1^(!<H5'hSn^@
EBfiw)I~'m/K</HuvDf.X5vl[y 51&\=_7}u72PTEvU'as8Jt>{E|s.v#44z![D(HY3S(rDM
;];sR\6h~}j^hbQ^~>jtCI:3speFLY."87cgDICOk_WA;.8lf?^$5ui-x3u$36!<yZ{ W|GI
^$Q~iDvht]JUZ| m[@6`|J&yB1'"3n>m:"s>MVn5a*3"-_NM-v(>-'u`utnt|JpJYrtr*a7x
6@C`6SG>eQ_p&PCBT?Yiq(d%Rl[k$$UZh>4S-Z_2,$k:c]pfs5.s#Lo${RWgxeBzjd~"1C?W
'eWxpo7@[9~pbTM}F z\qcn5VJ[+,W~t,S'Vnb#G&e$wcJc^,y@CMa'K5Om*tsT#[`xTX')
B;i\c r:Y\esoD'dybj:|5o&L(lafCN,g#q?>.I}A%f_{z}$oW-5hk+^dFKx+$Uf]gL7n[ok
SCXp*<-0B-@$YkZS qBUAdatNU{J'Uy5of]vQYL1.0fvF^().(uiU)%lOD[*Uo~&Xh-M"9 u
ZE,NFe>f[`?Npumq"3UwDquu5bq *U*J_*8]{bq'-uxb=OXvTz#Ww5TX=-S6/JpnHw GN{]\
Up\AkxMIZt#< y{M/s@5;eq)Ze=4#~MrB9[p4>s?bF)~0*mU4pGA1})$eAcf+'^A1Kgr1'Qt
m!@-0Wrp>dw$wt5Ah8 N>iu#y%6VH>y_8E:S^~BKd!u+,ezKDGw{UXbKL\kB=%X'^>gO%f*a
c6P8P'Z ljsK>"u=5'e;[&vLodx?@P87s$_a[ONBV/|?Da381kSk5`aK=~{7K%4f5*S5a86n
dS>9&_]3 l58QwMGOU%o S7cd5y.9^jrfqrtOS=N/rB%}fdih?zO)fN+L0B`qS+,*FXFu}JA
9aeFJ1fL<3}jW/jVmwp|b_PfBTK`V8h(A`)Alv8^_RYH=4N[n/'n|IFjP>FKuvn+J%U.!V]6
1S<'mtO#2T1CK&bk-[Y[]F-6ui,6-a`#_q0xrD,Y4\?h/]W.1nYXQWaVv(Z/1$V5/;z+QSnn
eQL||VyIwQ``2$Q%+1'Rdo$$/ZJW3iLrh/KoQ0R0'bl][2:m72MKC$<IaO]E&3!Ty 3e#u9;
w`_iuD)6=j7]G.K61x>kQl?XcyFZm<~1z=ACJeCmqh:}:&dAoGE_d,YF@"c"{p|'zd=0v/(1
k.8GI'&@B(Zx~yJ3WK{@w'@(yQz*|\`bF=Hhp5C~2<G6$E?^qt{5O([==qF}vTjS9|txS:~i
UX!F:q-1]MMC1y7o9F90u;@C!`p(g)=MZq[)BChz~u=f40"oWL8n1TaDyy%v(A3TA:Qr)]42
Di|-|6fZ7T_wRt GS4yxR6}gscOILSw-K]o7lxp-yjBV_OjQd@ezHPa:)?-3="&LLH9qAx<s
0#p_u/uvF|,&h05/eS^erndx?4XnRNB:qBsTLXDg%Kfmck7}M m"#B}2`Zh0`n~QL2.wVuC
mdR|+,)pbC:; %kD|NPcLZ0MP5v^{is-joJzTxNuyM~rP;a /E,09#oLM+II}Nc6P@HD?b4R
85$|8cuJXLMbi=@Bd?Na7vSyOC^2&O*.goe3^K}Vk./oQE-RO`5cC%RK'Pd-a0AIKC~nwRRL
S-SjS^u+u+D^R,e>7>F@45Llwl3hfynU*&ooO|I!Zq["M{LLu$Iz:!JpQ8n['EozN<?r{Ubk
_'Fvel8\1otU5v7vJXy?V;vB1(ZE!zU2qoy*}Qz6$phQn<&Z,]MT3</nP#VC!$?dSAl6/$q
'?Ot^BZ\dF#Q/C_fp}'dr.m#5(zA|H#"mIJZ#}f7&Swl53AoUC\(PRs!s/'bg/;eCyRBV3,9
@)wzyD-&QNKv*K{uhWvF[9e)0%7gdYRbx*w@JF['E-+8A~1U:^*t%ZxBu*l""si3<!{RA6<
9.E1mRil;)gW:N9Ym7/]H{&-R#-C0w^%I"J)/!|]#:"iH~u *4 /_y3vDujoLNxnOe\|jH9o
gv5?D~*HKa136kwE!=2-(TZ6c-hSAkEe1J1SS5'kJky;gwWm)#@zOvaQT@JBR3m7-QNN.ai7
!j-"@U/&>;V7&$NnZC<XxA@]?-x"EH^}ah|J`9R4m-o?^b{TztOXd7}w,T2v$Rn'9|#`-k&|
jA`=;1rq*xE(54,5eUf\+}/}xmFbqp&"{F"W 7Mz@r'HX]F^!{V5~%XUNp<hltuH"X(5i6'y
Yin|iD7Z6]IK|R(S6^FBrU]opc9;FKk%piFss58D9Dm,a2(XAjpG08Qb\b1d XeW*>K5$SC~
]3s@cDRq Wz0dH%8CT%=n*fp#F)e/wLD2#IH07>ak<?L3gpiJX]ceobh9&Fw?CIvI]EV7vU_
9Ihz2d(}IXOW{"C4L$2k:1)-<P Uq_hb*E{I=0biX_^W](,QH3mjlCt^pdw(3=o@{ysRg(~-
1*@2I/Y;EhxVc^jcg'S^Leh'G,zYgVc`,r|;wB~C/uv'eihtb wOUOR?#3@#h~06]{rY<6#
4{4t7g+g[kE:Rl_]X&pzL. U)e]3_P7lzR6Jsv=|ieUI-KS?!?28_YR2qr>K3@r$/iI}pumz
;c9#U$9ApqtK?sLSq'JL]lhp3PP~b:w}Q#0sI7#._|.S%VR5=_YW %>NzC2_itKp4{#+S}~3

Sunday, July 14

2020 Tue 2021 Wed 2022 Thu 2023 Fri

-XGsWiK.d8`%&[aV{KT^pI%Uu9za6G!}qge9H3CM16dK\f"E.~EPQ"tC:w4AQ1ug mI!KY>G
&kKk'bCH ChzS7n+d=ho{[0hzJzee-=@uz$icO@>6*#00)&iV``.}~_,B$6tM%0QD||E9Li!
zxM"I&'kvYD&QN]C7#5bri9.(Brx~MjQy^%I _|tcK$}fH/'BJ*f$5P;^'*?Pb8R+@sDw)~{
,%Fk^Eiz!2GtP:G#k&PdTJzK~u3vgj]KAD"wrr!_R@z'<Yb}%i1=%0}@faF%U$JhFw9@n~i"
_m9H^o~h#9yXTZO"x@~i^(V*|*ctR8fhd.['@1LyOTDrv;Z>~N@c'B\c$}D8VY?}!s&eP$.
+_w-%xJr")z-/OS}h#G@:-&0L-gkFa!#m0N!TJ]+gcq?WZwi":3!t2izj3YkTKg-tFVb!c=%
ty/j@J,TR\(@Uak<E6wy S1'zJnddm~oAp`#aV#Y/LX*r!"$e'\-\+;q\9d(}\2h\$'y8Fl<
d9:c#z'=KTZd%u+3Fe7>]U$+q4f4?^Skc~6Xo5+XlFDWSZ!#'b)jpkgS!(<Q8eLxX1Tq>kVO
"y9G}0sQppt;[raOm@A3d5z10u*Tp* G>P7]JBQchWW"/+uq57&^37%^Y,0jN0<h)J]T7!Ri
KdzPQ[2sRet.9s1x*t6=]NOteEBm9kJ"ZRl=MJ<Xqun!o/;5PMN04n3$u%d_h5c{INWS*6KI
WG+}hqo5_a/"?X)nD)7>h7yJCm,p.2\|wS(TixnHs+zrimN";Q#x;s8m3>4ik0muoa[uF#F>
'AA\Pfzl>J'Y"3;G(i|a(.6IZD~Y]LgW>XQ:sHR,0i2-T(k9j"/#7(f$m+}OYhf>eTjGSiD;
FML?]j){gz!RFH2^%t-{-2/yO-il</S7-<&S#B#9>(GepOZcX;9^3AA<qS(}%D26CYWDI> V
Tw/?!7"e_c6 >(9x__7r@m$?g=|yn4\(+^2J2Mz6*4JJFdC$p}j(3T(B*=e,:c]6jJ{$-S/#
2LWUa9y&Z||V+wE!u{TPKM).\7*M62$kOXOw{[i0'`5v(oFePaJaXI>M&>mT0x.0\~0G6?OJ
RZhkAm/,b%0aA$]5a++"d+xU8c7q5"[Tmb_KMcQk<X~mpeh|rX{l7]&^`&`(.w,GplP~&.:o
ex.{hA9)0igN_WXu6B[@8PJJK*4o#w7]CbHTl[],|["OcF]/U0=hu?#SpK5*d#ofI-yKW?x8
8q^<W~i6.PP-to8[q]Uvkg+w]J{*r<s]wpR4axQ%(N<|1l0sYQS:S0HzX6C}};?xg!{k!,"m
~S*KWb'`.ZqG[n~:~;aQW!aXpP#8hyfhQ}^wq@T<u"/HJ::?a2\|W}t'zkd??]cq4~8<H6N4
Xy)+1C~[U`n)|Y|%hg^yV<wBN%`FE$}V82AVJ"Rt[9YIVqj-6C,*'#z'3"JwK7Jd=#{wuZ*d
f)hYH@B$T,6/!YZ/`7YvQbDgss=D'OLvtrl&-#78.DIjndQy'$,Mo'knEj@_?P8p2/0;j:I6
/;D99%Jg0dphD|F@lXlL=QVm%-rb){qc6#"O!{<YKzx2<C0m{AF .=C`(%]B>?ef@"Tm962/
Ts^U<h=aly-y:`K&,rie>.L5g4/&:Y5q(r9/+.+rRIk/;+mO]\;V;s{.s/ 5=zs}o{ LNizB
Kbv1j=h~h1.$.3[,g2~|`:f2h Kju+jJd371XGUQ u MIO7VoKbT&6;C->c|<W#_yt7+Z^bI
k\3|_X)Q6TOgI]0?IM\W>A}'LJwkqBF#>Js\(x!D}Bo{([!q$y9[x@+%<?5I~E?hQ4@Q?)+F
f+L/6$KZ\yM0sK$z>|@|5}OVfO\}51]8qd_$.GqJ+k`@$=UCpO?ZY&S<OkCJGX,TA&bA>!dL
yJk<z$,n qT+oO'^7:v1tO4sUB/Mj^~mTx?``[<ll)U.av:H28@khb~n>!6qPWd*C}+xJ)
Xx;<^,mk*P7^#E#V1d,(z!fbQv({_0@%M&9\o+]G:U!iVf.Wx:]\:U,j=u;X'Z32D?](D__!
r3T|v]~greOrS9}.L%*O-l*2(o6:I@=%S<S}j5z6VA[H{$#'O%VYs7C[xuc[_c.J8>uVrhc#
<Ue!#zvo8g")oM([<`9BI\=S?,`F2kdmt8#9"@tS[eB,PIhWRVpO[-MU]YUXO,q`e1=,gph\
\\Oi-]D[<^}J,ub+GE2T*\=Kd`JdZa_Rl~FS*}77%{Cvs&T/4/v"!+"=$mtHi<=+mwy*Cw_=
y~6=-#Daak]vd[en"ojqfN1L53rEE|LT|E'}Z`$L{8FALym 93L>nq2{"0b=r,n$\$kS1JRG
V.lt97d%__q@)t>q$l{:mzs&#[iqZ)?^{K%8{p~Qo79lb%4lk<O^1l8ON.rGb9I2YxlAt$H7
nD276z,X<ta"ao<H*#gax3}ez}V;?(+`W]`h//UlL]3Oy{^vfLIkJom&V$q-S=qK&#EJv{@.
utsx4\!^-M8<9Cd%@MmJzM#{[v4?8mtlQ.|:L'@MOJb{}6v_n(E{0&Oi*2Z%$J~r?cP*&i6n
o_'Jj'M3(\SCo*1athu-z v!j^@B6Ad[`WM6CyxBp%:k(!!t%1rf[tD\bVJ'rRH3 kEX,:";
Xv%#_' oz_t.Ts<"ywx4y)K6As#p(%MojS41Qq~K37nH&6>jFqv;G~+Z03^pI]=lW(<AA?vp
+Sgtx/WTLVkQ[9ngHtp/0y43Yr`5UNh`Mz~9U$-]HU|uTaeMl)jG1eje|RW&G,\x2-\'blZ,
Z.sXc0vr<j=IYR*iy}}CF\!,Z f9}n=XoNaym|/C:^C<'B]9tVhjJ2Kxo}R:p}#{zLzhoPMk
](O@y+kqydZuV~pzR*Q1kUA6\DHC8j+?RkAeE)/tJ=~]d'?{t3=,*L2i;3U^fNu()/%U+PZe

Monday, July 15

2020 Wed 2021 Thu 2022 Fri 2023 Sat

CcW3!m.`XzdET"g~QWU1w6Fldaq:|8MDKLgcMKM+6v/MskH+|3d^[`P ,{BhV"wD'-q{4@`7
:l-3RNR`k!/4@vp&|/dQMU:u&:CBFjc6&V`4hNm,)P3\x/qX/YjhaGOrnm)'P~/lV_s1;C1m
0C"9GxOFphwt8i$;./J^Q)JKK5+ zWN1VqyZWvt>*j]mN$eP%:Da7|f4mCc<E&JqI(N,`jRR
^>k"$+88:_C5WM`m1[nX8-Wtc-Gl]\v'zEa-7+j(+|eq{ob">`0,SK>r7L8\1B]qyHaho/%v
P15"3k"S%q6+J^VuI6]W;R/Q2:w;~Nc"YofT?|WUPXFME*`BIdYABp<~[g#_mkwo\T:ApW[V
u,8 U-zm-B7h~LaE(7gxJc <Lh6DG790*w15?]X?>~!s]^Ez"7GLZNf<3X9-p-oc3Ft)y"x]
9]I5`tm|qUkPXB$>X;,@=Aez;D#sl$I_^k/EAX"*0Pv6O+jOLN$NHU-Q(diG|hN=a5NII_~!
_xrLMiJ!LnyaD>XLse/DiZnwdNM9OWFSc#YmUyv69fjmNkIl8k5FrHf~16nJ^,07T%LFG lQ
P>_qR#KKWO`p=HW]T5DJX;f$aa~oop]V,T/-V4D<dR:`E[=co^_~/Cq?iq|{2Ap`Z`:0WKf\
V"}"hOm<[[Wx*/%_($J`#@%8ft*?C-gDp!.TK)w2<U<TdR8S.0%'L:8'`sAoI<n'itLMG20d
GEqV$M(-!C|PN3UUz&l bg<%XC7rqqHf0lIfxF(c%UuN=Xq6}SRR!QA"G:J=qSV4H"&?#lyW
Z:-3Z,CO;=qyn --hEaC{ZlRo7,]f$PA|0;Oj%[LI*r,EYi1K$^U@D5H=`1[8O)iLf2)gfja
8{H]K5kujH8kk5qf~Ptk!e2rmtO!#:r?\0tqYe|@!+JQt}hnWyf]QIzzGU)S;mipT2tDgq)p
g2[]iM\=<PKb)|Idfu,Th%3(ql^#D$E1`(hQ_@jQ]t\K=a:u!+`17N$T3S+cbeT+5bU@;U-9
<\A6hVHEblU$19TXtc%#jlEl[$2zQA]]B*q?loMK,2/td5?4%C.yns<f&po$7YQ5+wHh$Ie:
YDGgwX/1ITBky=YX$"}s`j[PU,dBsO__B$E]$4v;Z%H08*C8%`[TA(DMi-!@m985GnHxZGo}
lW*1x87t%6k;|j&x^*Nhq3-&*xz @Apl2p3m|\q&h#y.g*af*|hP96o~&X&"avpi+QMB_'k5
Jz[]nYNB&cmf[g,Mpnbpin(?W,?tSH:FOdHTZ/CQ}{|&|O,@L`:,^E>>D#J9?,uHd*h~E5;T
rIIx7I{h@*Wd]sA3a|ULvx*"64m<nII^?T6eR0"j{1V"5J<f*{`u8O{D|~u\P2NLShnj4<%E
S{IRX99[p>9l.Z;}tpie4OENr^!}K+\&1c<==3DKngR?r+A*c`lrt29B1\_65Ok`dZ3.L|VZ
$4%^ZQ#`[)85GU+6j3d<]w3U$*_ 0Pk~,oyj*1{'m@[O6q%e}'eQ&6LzCAA+gGQe2LcW`!-u
QOLil~0U(DNU,jAw=)b2^y.:wln!{!L[%sj]'xOSWPNyL-[oq"{sgQjZi7QEB644EK6\}wdz
:=@vBC=cyAgQL7qg48+%>Oj&v"ns1w;X-e*qu[vigryklM4jOns.2Ilp_GV9{YU;<Eez-9;f
k?H6]y0P_9^#Ez|W=DN-de]O)^zOB2@mt6TlB:??fNrbRG-Bo31AzF+"nM=]s1^x"[k<)B^8
zY`cCfLGAr=[1IeBUC9> ,Mz"W$WwzFD%TNs7Awg+}/GE+`8-m#%qV49zTS"'8zKZN]7.[)q
NiQ-*N[W$!%`<#.:tF!o{#z!65|bwZ>b!k?(qG{6Zy1>>"d0Qo7yH_-'wL[n4jGkENyW=DEh
e]5XY=OpPkw a_)aMio-{SZ'(d8h<`F?reOQGlv\v&uf8qP_YjR$8dGYoeP^C\r{s(m}xF~u
$R|wwm5t2/}lM=OkQLoe]67%(W_s=(!1h;QsE+jJ0e!%'QO"Sno>/M/;PSPJFY|-),-Rrumu
`h'kEx>!;.[L_Z={(gdG@tei;.qyI:t'a15(MKuQm{BA`/TX$nxG51d?Xx]Vd'M~0d6TOH p
!+OZNQZge;)/j!Xh$)=\vH<,g7$zt$Wh5]IKeMP9-.Nuf1$ZOqV9xr~J/u9c*<~'.<e#eMlg
uIRD+DM6\3;M('OHB}}OJFiySB&=LExm\/dn$MR:k`)oRDy)o:2K4B2N_q3(~P3y8jm{/)I)
v?4z#/AB#<Ts$]>8T~>.?"%^5)JOuhAS1t.bjWB6:d)S-FCe[@V_Ee>F9o=}-(PXL%<gHNv1
FrDt]h.%\P5M/g?%T{)c$Qkd.qunl*nMPPpx!NcCZp'<_mL1oNj*"I.S_2m Wcb<{`,L4nVT
++LzV.+_hU+(`eTCxv;_em,Lm!n'mJx@I=marbd_<_Ry")]y6=h -480q]C;x&~q&<Q7>O::
\j)wPCS#r~K_P'I|d|60OHsB.V4X8a%-Eoz{{d(?*6j2g{\$:Yuxv@WGd]>)c854]gKHcK}+
}`)>|cm?R`o,lxhZ?`Gx,0_tI[no0]B;fKE/0eJ\<N'U:pef-4}ZE#.uCbPT*xd-t|m:"?lI
z4}$4H!_YTr}P);CAL`j_la$Ge>Rhdcb,yD,1k9gGX1!L:N'%W<jxqFM1ly|"L.`TJ`3SEJ{
#94Kt"m%.|I$y6.<L>EWC)a&M4~V3f3(Y)1/){c?bU>sZ(9`Zs96$Fe(A[286w`*92lK5,al
6#f3ZE<MuZ_A>T e[e<)rx,vQHUVeQ(XOArT%Fi]}c#.0^s?>Kd0s:e;6iPEm=`P!2 oaxpb
Y<i}-egA7dE7_O=H2>Bw,'TD"5WYf8XsOz/rs6L5PW8bt:z5&?r1*$F_pwA3o -Jj*ch)gbf

2020 Thu 2021 Fri 2022 Sat 2023 Sun

Tuesday, July 16

tO!=wvQ)"5g'i-c3B"7HAz()[Sk2;,uI|1RA%|WwhXPR$4BnpI-Zu=nnnS_-^}~;5p}P\ g1
nqa$)4=+x+y45eZreM-ez!{So5bCcBf"V<M`d'G|xn/}HJaO'Hp#?#qIM^L@EY{XD=l3V~$X
cM$r+BPij?ap0(o&Vvu;INh'm@[/-]FP<!rsxsjfeLuMP}F*]GtG2;3^-gNiB-%[.HJd(:xm
J>Gctf8`VQzgxoM|.a3bRm:9W,sNq-g\y_3GxIPqY9]W(yh%xIv}`$3#(^v=TjzO:GtoQ3BW
gJiEGjhP/Hz:u)! xGU+~Zme/8x6>4 8E(".4Aq21'!;nyq?EskZm*a%hlRUYqqmCs*Pj0|f
6S)<q\MR6fj-|>F~!)~QF'NL\n"tXDmcXSPR*42RBq[nVT}c"3QZ]&KXlUB%#$9]hJW,wQVq
/=\''K/ch*/w)^X1+]ds7yuv8rL\+Ee]^/d2"CV.[60MKj8w!.i5D_B:k3]5*[xU*{6@:H{V
a^ar&N1bfO.~Ll=VC!i@'KMdeoDL&M/[bxq*Df`2PEU:EeP[vQ^zt@X`AY4Uyd+5.OP_NBM5
;`9]6gvVuS,`VjgoST0j6m&oor{YF3@,-U%E}t0}jsSE?$PbVHwHE_g4?(pS,F0F@%0MA7BX
E(K##UM8jZo9AX{#klEvm/5S#t%Sr.:D2(jk<(+(xc_Kpu;*|>6m=~ELNta$j~1I6D4!] ."
{%DCbMof]t:2z}QTjpeM{},QO2s_xV"k[=%){iK)#lej2=l-e/.;Rqv=f;y$*mUZL"L>v))N
W_)^pC&5qLPZ@]\]uYeQ`Zcn[5&Vo@hs1'?Fl*?O&^`UoOMr_A;Wr=`VqOw9n(#_YbPX*U|G
YR"$$?LiihdUC$22JaS@B.z*>$C*S9if(/De .6(RHy3ss7{%#4. 2#x21pm:B$9 paIkrpF
1<q<>Q{([ok6PFl+&VZS${/nh0zkQ^P#VB7$%%u!~(wQr/[|i3<MIz<vR4_uAexs]P7<f mZ
Zf-2B2eb9{qvP67W#@okA,J|N&?>CNV:]l#._txI'W.Fwh>C&9$Z qYy%h4-XzC#LOq+}rJ
DT%pr@$!,,H2<[=|b~uuGs7j|c*bNmS9Jl8\/gN.0|XVt9kW#{g3A1|B9_,=aGq}-|_)Yw8d
qZxsV d)QQpCm[]9Q.[g|ut]iah\vMMAewt.C}~JpoI).YkMq<o~>.BY;RV%zF5]]u j-iRG
]E(N\X<IfaH@J]C)AQGs^NT6TUA5itS!}}000Ca[j&je:2kvg8Y8|qo>UMGRh201@[5)F\>:
mAW%N=?P}Lxtj/wst,3zkpeR I[0:#'\"Uvjt90Ybt&=+iNM?5ZPd\jJ-29Y[oaejn*n?Ly&
IUICP<}e8a[=@bjH>i6P`tA,h8QVq-`h7?6xn(ZW{w-^am<pM[h06[q(AZ'zT%oJWw"Ag;ZD
.#P^j!1T4pyn<kp0CvUP+[,vh#z8:JJsO^f9rp/e`ie#65tbQ_POw3R&7-/CHu1AK)rODSUO
3vvL(PNF_ ??q^Z|rf6)V KW>U[*%9%f9^`~$4\@|GX1kB8]fl|yb2^V},f&7)jUYK: E(wy
ju]rfVw#[a@iA1ea-9D^O>ePjli[#b7+mG`It|9j*ER|i x&~*A',JqMMf%24VO`{c%">xl$
my]nJDFkuYil~g^(Q:A!(tt_ P2{t'kp4GqmFjE-OdHHq!nSr odHC1&K!6u?4Mt0)$<Jg5h
^g?VUV'wWqJ,!76^G),:v;:[o7}V*#kcgyz{)g=Gw`5Q_;e.)qngee5nC!o<H~Yv<!<+"nx$
TB@Qu#Ur$rZqE|Pb_/K+~6EKrt{?_^zr>WF,(M'BIcATlqJ"nrGdR+7"~O}i-T_*vqG VR=\
M[nmS`':V l$`_ /;@=p%^`k"<r-ZZMs_kI(.B|dg/Fr8C$j.fP$3vv~RrTIgJ~@D/Ji|}qH
0=IkMl,3/HOSNOI+@*Vcr6VK1:q*h=l.v6@:[m9}W3]t>K/<4[A_h,I)UAX("{48z9r8EU|s
{.T=2e^<w,]qDnEaqVx`%:`gp*,tBm>a_u8d@)5AJ&mKZ.:L@.`DXXs!j8dcn<sNn~VUnT_,
behCjagTep[8}~ei@DwnhkK J2S}'5EgO"TgF,*t|_!+8>{VSDb94]Az(h06z),ldt:Fi`.w
"=6j-TE*nuW06w&c<A=DM{rPa4jXnvwf/CMI~:sO6<d)pZSTQh;kFgi:,NuKid,k8GqB=' h
't]a<2rE}m/"1@p>5Rz<eMj0!nYWw$S-'gW#oK$ *T~,Ok3Aog`vIOSf\ OS["hX@!1k.|X
dbH[&Pzahc_?ViV8d}pbH>o5)YfCQ,<gZ\N&m"bwx=#e\e_9IZ|uSUUw>}.Q}B<]GrV7G;/4
T.mYk5Al`p*}ghnpR4QQzs"[o90w$DQdpxHm7M[/Gl-l6bNr?%!>1aZzA>Z%}N?;-;RoD5Q>
dBZGoM/6]Wj29?BpAD}+;OI}gxcmg"!kpNmu\ly+dvXj.'"`Y2X81D+e9B\A-duwJ:]{n]+J
k"e"s|VdZQ\:#)LKtPX:gMhpbA(%>VhH^/;M15De@81!,CI)F;VoG$9?%wH:18p4PpO9U}wV
D0Roo#fCL$A-o^0[Tya #q@.~PHwX[F-hR*Sf\BT+f|.0QT[wgP@&<>iQ/'MPk72h-uwyXN
O1'oM]h.xsS_l(D^bSPA37[lxKD9G?DPKS%2pA}|b+=y)nx)!J0XaYwh8>w1AY?~>c#nv]w
7>OG([h5<*6p^zg~ ~tD/&#AM`-TJ^;l<SC>M~bb|zb(qb@m td0xQ9fLn.{@EWD{.B3"Pne
=)[BKj#y'F48H(Y,`36YIa$US5/+aF%DYDmS0cLy';a`gbSn&f!*Z&m%h9Tt1na,sSpFNCTL

2020 Fri 2021 Sat 2022 Sun 2023 Mon

Wednesday, July 17

_!\b(0`R2eC fzgRM3NmlZ"#t7m`D8?5#E{]Q*-X6)?Pg?V)w6"*kj1dYUB*~KHy$uo9ZyBF
}qk+8dFe)0%x\JmvjatS%qkT:D{c2TLR%Pkm_Iy[5i,8Qs{6l=+w4@aMB&pR582'w<+cXp~e
m@SeXl!lfWgefck(tH<B0,G4kM:mo`X<;[Zi,YGV-Wkj44sMSyD0}fY&N8Y_V./o/p8}aIve
vxE^P^MU$BNc[~vxKs3`e(Jmd6m@mm_Vn:+S"+ZvTH+$<u)RA/:Ae6$0ga8<k=PCWJG+H5M(
<%r57Au&vEj=vef%~h>rA}~wA)C%s`@a:e-;4qN%N 9EeV'h]djRsE'Ix57YvI*NC+mX/W"I
k~cHPP_!SR?Mp FSct{S5\8~'F;jcX^_*>\{q!5)o{:nv8*!S-Qj1h7nni*w`AhP'3.7i$p3
23Bya=tV[yxo0Rn"AGk_Egi$.wJcvQ 3[s0'LMc~,2[|.kA.@TAas8><v8$/+*dl~(Lw[>&B
QJ%*!@x'7_ON)Gz#=pz1B6I3bq\eM<J_Hji\I_Xkt&]cMp%~<nB_oEl.@FCDtpt1<TRGyc %
[jEoe\SKGwj~d; c#@;AE>R<^{LX,a\c#L@)Cp'X$di5Z-'~J5,N;w'Cs'[Ik2w@PC^tJGf
bhELzMOhNFmj"fa)McGf_#~nbc y@Z}]s$>{6}e<4#EDyY8`r%x>>|q}G4lN_O @-h9m(%9y
U-+l~ot+B!Tw_D*grQnpBp6GK*Ux\n}rAQSLVxIg1HNa q!2h*wyIJ']H'%csQL_H|^+[8!R
yC{"&znT7-o;xt_Qe */-d2GiwlCmV:Wa+=k/\.X$+mQPu[2THpfTT_fCtoE1k9elc_O,T?,
"okw4cG,*!$bHXm5{I*Ljnq+$$+bkm6Y=Kdadj.A7!)3#F-^{qN~KMZj:pO#;p'4R=m/=VhM
fQ4\u~zo9$PNsjSET{xB@tA]uQ'iTar4i;b,RD[M<,u9[kQ5kVGUB.-`SJD;W6+r"3OOAz
Yxn]]YVOZ@De&J(IS4Z}*okl|=9yyqRkA+H_+rllti1aqk5G(,JDb{@l3P@v4[EbNA\vG!nS
&7+!{UE62`;=)Mfw,Vbl=;of{mY$*o*_48hqb~em]$JcAg#{l$CBY"Umqg0AX;Rb^>-c:xp
zS~2<SF%k%oC=?FBqt1GElX=EW!9x3a&JlLXr\Z#d+%T@*O4YGg2x9X=|>+l^M1ds<=81lYV
#q([<M3<f2*e;RJmd-V<9o>4?:+dJ-BpyvpdlZN![d=kO9V\R2KLY)y(|K?bJ{+9,gYs,3;V
0!FrqNL9u@eRSc]/UHB-6n29DNLM4>(i|M?!oEGfWn(Jydb[Eb:JY\qd4SX9m~/d{F{@,_QF
RDa2Cf}"'0xURK(f{YCoB$!>V!lVwjt=bhJb%+24p &|'z|9Db_;3KPf>C578;_&)XV80rM8
uRi4ib!<;,s_|AA r;:*&Xs8r>vP6"ea`{TvN?_{0|<UO8qd]fGF"NS\C%&SY7cVWC5btSRh
QYS0~-1bWgL0!*P=L2?8KyI?62D_Ne1xa&R6BxZX=,+CB.Aafiuy>V[.pZHMbf^s`[@B\<*O
=vSYT&)CjMYH[%!r_:oa%AVKx u*u|K6()$;|aa-%1\o4J_&X6N_ R&NU/ejhgE7"9@J5>@o
/@hz1E}oHAGfjKr6W{=E)YA_*wnj!GaNjjS h:0Q2W-\JrC9%$kx*up$^=kSKR10f+H_+i%f
<'X"CU!"s*qu$Ut!_yG4reD$TtJh$,`HN<z@8WeFxrLsi;}c"Me<8*@%*ve{[@]yOKDIf;3@
5[UY+|](>gc?@; !t/|@0BL:oE<Yr`I&uk,pgLiq_DhR%?D~=8j-;``[FCpCQNaM**Rxa#XV
tWxVM1NRL.}P$3L6ruk6iFkV)~=8sIs-C9<HCJ[I\1w3Z%x(OFc!0IIB]E|/ff9*wZ!YVE*!
t>'DFOfr!q@KF\q*{QSk$?o5k;u9HjH<[IR^*+n|4_i[6aBDd{rTF'76l(':ZqK5ibM-(II
4^<^#a9tH)h8@HG+kt?Qi[5a}wPMKu'hazu?)-Q"D#r[^L0FYD\`!W][ciaH|2D9S~?Q1|9B
#"?0l-R.Uj/[|ZQnE`FKw*R",<IOB3nzLMq{MnV8U!%sea|SI\bTQ{~l2%_}w1_'uV8u:=gJ
hd[fjTFaU,UiHi9ji:BXfT<c8\[pz(s\(|sc6`(N:r!PvzA2W5ojgKB)l3wu1YavDl`+dv=*
aRR;d.&i?b:Wb~`?ZYR-~[U%`u0_h:x{&rzbf2ufq)B_E&1-s<b!a7hqv$kmuXjWP(W;q`X1
PS0kc2/kz4rLZA<gHF6[?>M]5SW|UK8FWi&,w=.(stMso6@CVtym;-K'5VzE9&itPlYO`Avj
)}c3NHJn>/%xqBh5fjkfNmS+57)p>CD8,1-V"}Z~mkP4BxQ$1,42UQq9\Zw%VWThd0zW6rvP
b(=Pnq1(LdXr%@sZv?Yx3`uO?p6bl}Z69TFaNn00S3'c6C;zq>L8,;$?/`ZP,DzZ9sCtv/[]
nI`ZhHFf-\qX^4)C\;l.1]+jAe(d7fe:yoqIip0|6Gh|TGw$4[n*mh&L< $\b?f`6SRvlk`=
Rgn}[LG8$Kq^w6269s0W,x6la8l$|p@fi'qj8UJ{rM@/AW>_U8,qvu11`COK13s@W9cR +::
zRh Wc"~)u/TT7K}qYWY;5(Q2]f7Ap7ON&:1b-l#s8OR/NM#Jypf!~BhM1dOc:Ne)"rp@w2)
o+'o/UF^;O`?YvWHM[(>W;iY[8WYR,8pr~ck~ZpozIb-g4aX*mzZ#01c;tH=5[HNfyqo,x:o
#j;l65Vr_0 PH(F!Iv,vkr,yEJsu!i%a4B75_na|'j7]B=Q mFrL@9xuw(#G'XILe\u %LI8

Thursday, July 18

2020 Sat 2021 Sun 2022 Mon 2023 Tue

af^wNfmQfZ@lUYh!K,r!t+xqF108x>RY g`K&9W1oZssxKWJhVS!ptr"7*XQcN^4Nby~B6UD
&S#dRB Eoxbg?X7vM}([]Hkd0,zH,(Ofod&`0-*[@+02+ge.JWM"K<X)Kct6xgo!l]`^gkV\
Z0AWY%X&Q2(`~1&qY}q,<T"*Xxz"zkQj$^,9v0t*4g{;J=M]zE~4Xx:<rG}_OMOU2=*GS|!?
-NYB$gfL4G=SyY8T.AT"78/-Z B\9R~_FJ,u^.$\x;j"VKU"Rbiyz^dD_}|{\ZM-DU1}IPh
1@_b3Rq?(MRt~yaEX;Qf)ZKpkBiG`W,>Aawi)HD6X_8mw7wBv#5X o>p1nN\5\/x^sP}[>==
fc'$!uh=Ku.lrEe-Jl\@rYUTGDWgxvI>XeB?87)VKS^p(t|0cJGe7]km\8 "wq'=69tvS\S
CS>ksGvUZI:&T$GBhBh<8c;w@U;p\1s^Ud?Q-mrXXk.s{:K -tecxS_PFezn(/2qluP~Cur.
}Rp4C']nys]7VwqRDrHzmCKF~5gF&8Y3G,ZxWyLcX`\3vNO{L3a-_Ot[q4"?O'vW3rgfzaaj
yu\2k2P{$[>K"[;Rnc.2dImQg(}O\p"h!.s"].!Yv4+douVsgVXxt)COowAJ\ZRtW}]+e>f1
vjh[{K:_`H?NAu?n./&u[D3&)O#:bCe%&~y|uWM|u*g&,xMMFn#Y9K$~'IW#$\cx:9<*:v,r
2WP5A{1Eq8y7<$u_Y_5/Vpg}~)D'Rov6LM@9TFu%WX3TgH+}WG>OJznj!E;O1`z'ZoMbu?:b
`JeNFUVIQ- eMF;M=k[J5un,&o.}]gW|zOfLBwAW'>")_I!359srBHwXdyG#u9uJ: ew">c1
XvEQ9?yJQ]Pz+'Rn,^&-zFWA*[o]%'w5sXqCakLf+vEhXwPK~|+ak[Ye>&rSZ711cK/Zzo_t
'|v/C^:iDldS;7,!7&{d|2dW:"$s!c3`Ps6MhO+'de0ZFLhy )Wuy+}Lua`ot1cg[@<?]7i8
2Gpd803V';6Fb4ul+K*brQcqUQ)rY#_qA>IPxl<L2dH#ziU#_\d34Skp_%_;*wZp|wt?1=;s
0b7F&{F<|I;A ^"<M<ywIghAEPL&`x2%\r;~kwbMh~T6| }8rI&4a+ai*&c!RED[2pV@[qhK
u+j&.w7uRZApY2WOEtSxj0gv|{LEZcfIMTs`Zk.AH<7WG=g1`D_{<qZIAOH?&4G$)!gsP;Sm
^(vG`++4VVEg~AHL=<<\9v"^uD }BB1R#Y1HRFWZcd7{d@"Z6,F8qG{Z"a7}SzO6,-|aF*bZ
x6lzB-]~SKLt/Sd=oKlF.:Zg+C~w AZZ(11tr]%UL(CSP={*/\UN?=T#knCR[[!&-T(Cnjv
[[sgbAzd?L)[R<fetyl7+(ab{4VZZ!9_e\.}b+uh2&#=5h@_UMUAYVhH8i^M>&WECZ1g?oZ0
?0~:@TsL7+lC@mdpa?cf:9AXl!r&Y|AkFjnx`pH<Zh@X+*%L=))>a@j\%0pIe+1Y#cr,~V)i
E qi0dtSl"^kzkZ#?Y&nTYq0(cWjgA,q[;DVSt2rvykI;1V!lT--f<p^HmbH]c.BcaECp#'q
@L?[kk>X;$7rZER5f_6^}4jAmmn:CL6{l=@pT]|7"uSFX;3\A:"#pU<=[FB44#qRnj Q<}hh
[)>%Qv[:bsq&iLk2io5_E?}k~r9KacB&@of hxd~f:n"Bx3W4Q$x5nK9_WKN*xKnhc`6&%'-
r9w4:p[ia_Hl'aPdqw]T:]Go\aT|<snj">t84q1p/gYmdik(iV{`gwv>KLn2R%AMvq,T+3@B
8Xs+@(_f4w3#w(FG)G}V0'j\dY,rPC`TuDaBL830Ut+R&j<\"X\}je$+Q{.E4Zqxr4<tp8r
HKdu@1>C{W*9~*#IL[N?-P/0-X<*7~qZIBX{7-_mpbt-f+W!o6>0&VR@7TG`y&(G!n|HM-FR
j7-gKB1s"FrqRERVPZ`G5d<mq=hR1WM*gY;))X>gz<'Mv$ei9rem-)I@?U?wt=P/p}l;@xE{
>liTwHB.cfe-`5jH%?p&DHiYGnub{`"PLt9!V`5,:S))"j6jSxxvDdj+QuTD`a=f%HW9R]R7
pFKTs"sPY@BCFQg_OmK9]tt,P*Qth{sQx98![`)E/Yq:LtH,(j<wq.y<P<E6\:b.>SmzR$uI
k*LxrUvNP;>C\B"+zCz{'>A%HH_t 3K|v4&'e0XaqtBs)XmrewLrUb:dXsyeK$Pu[Q5aNB?K
WggLob'*=T,[J\/qtmxv3Sp}UTTz]S[ed^6MPpRBl}X15*z-}ZB)wzm(lUW%0[9CjOq/4}}c
HyN6U] {B%6GG`/(t (#r:hw.o$btS=155(:e6}sY4da/N?*_cobyO[D9XWDCsh@RoI-1W!
Iw`O[[OiV!tc'emlZnkb_YAg_JZR-;ILI3Hs$"V.-sN4CSIul(*#*@|Uvf+nN>f|:gdLm6s
RMu'~}S9QB$NVZ7`ARP-WfDRs7K,T<-Ujlzf=Bvh3JIb0+]}4dwam;$ G*\r#_a%zk2q1*GF
?*^"~AuSNA.QnTsB.HF`cjQu?2.M#Xd`p26Vz$BK[wYa7Xc.s'"hCPgRJ3@G=,qq#}TBW${5
m&bpb#bLSY'"(WaB=*(wC,Qg^(c'4z33D\OX-B`X!$ml9+$8tK6eTF;"J"1"f|u/#@}=SDI\
4p(6OUza>S':xtu{z{Ran^Jt(r3g${FU/.&L#;m!4B)L]>D;aecebdDT#"e=;!Jh\iYYZRV.
(q @.3N~%c!;dg_"XL@p?`R+@Z-.} oMrt`fMpUP'tG=wO>*K'97hD)Sx)goXp9$D^K%ghD}
L{/.-;$hGn)$cc@W;$^~,QKn:Fq2/O,ik;BgM__g5zgRoigdj\EZa%SAU"{d)Fc4u=\4r*S.

Friday, July 19

2020 Sun 2021 Mon 2022 Tue 2023 Wed

1h:F`yl[-JW.%_}H{sGeiHT&!q1(TlK@X^`!N*CJN0nBEFye(vkm^v>1 ;dy_$o|p1Nh@/#O
JByj,k#C{g51d] A0-nQq$X'tW:#,bd~cdhRCvN?b_:W57Fl'9d@fsDHWz9d&!0~84m};D40
Jn0Js8YWkb"/7>>eO||nUC=o:1iQ-J2n.9jyHZXO8[tF]EWQ:a;'@Xi!`>taYUJn`o;QqR8{
7_"%7g'"U43u|hGop}AQKv8irJUDV--E#0#pH`T?vnY/nxjkiceHCOa:A*%-;>\Hl(P^jafl
rQF.qV,% ugvTwZ-lV hJjTl)QGq|^rp(Ewq{Z2 5&3~T=wf/E5%;9s)"m(d-FFdW\JPlK*\
^E<*g/O:&o.(/Kk k0e0KG1|>8ab?v*)HORWSwiQ \NCjujbec1\PsIoi3c{sAbQ_$ijoP?^
H'c$;L-egz8"w]6ArUXi,;XOcaQ"#dexJ3cd*FnF~9j#h}#s$p|c,1n~q^ed3fE{k><fP8gh
ZHte%50/a=MABUu4s9?M7q'J! .)'v_y nL.s[%>%!\GkPW,20x"~:a)dy Si+TUCj4xd.s*
TVcszg#kQ#,Cz39L.eiMM}edYE|Dtcmq<{MkKt-]2`E7(F@B%.o]jxICZbO*/&b@bP; vE(k
{}H nXVOMEpndGz4C}%)%dS//wwVY.J}X940jem;"[l3B!OzzjQ]MkAh/EhO1T[t3!bCsbfQ
fP0:J0]sG>8fkCc8"e+b1{V|4oRVc*HY{$zC2?")S {93nv<[V+j)Ad[atH\^P9FZDW+zyd.
RMrH3<HY"cJcq|TC"6^n^?,AY=9nHa$N<#vtUpZbv-d_;ZJY]P#p0t$MS~`EOK>oB"G{7CCR
[BegV(M$*i]%wBHoptM1ZpGX>UcadL;1#Zm%D#YcRgy2!\MOywHj^%VUkX9hZ8skL?QkMm&Q
8[*IbUQ:A;c"rStm`mpM{d0k>rcoN0a:<}xv0+;Q7W~MEvy;R klK-CaTh%o<KP?BZ?AsuK+
MUD=6j.N\]F<pi<Gh"dmEAnCNX~P"6O@SFs'g5[@*u#/5zB~O}Qp&r`C^~q@lJ ~WC+T73f0
[bM6~|C]UinO[K.|)MUXAdQcy(;9f'j7q]N2C,()[c4)bk4(9Q~[1i*E^gy,pLE>LtT78,{*
-#"{f!gs(sTt'<eiCst^>Uxl1FrNO<oC>(VlQ#)J4MAIGAT2{^qfj85/9E?F}mi!"lF<2L^w
9*EqI/u-p^9#-I?sO?4Yludv*E93]-fY>u4e;m'yT=keU1*"l&71=,lv\s5*r<{}w0H(qlSt
DG3{7)9%(T]a2&8@dk2+{lI$;[\hoHh;**{3 dTXUqWPl$;y#]CWcuO3DFJ<C1Xz95yhk;83
U*$e&`V;6Ryg!=qa ,|U2XqScE:(dM&F<v]y){gGW"/cj).%4mRz/y=#V\$x?i[*PE0~D[8B
}96,W:!<)Hq4+V!NFf+GQI{`=C^BYt{gFaCJ#t\K7~"]'=/SFrvhK<}6U!;(;erO-<8wkF(g
ID>e/6SU:KsbPg&~G*&Uzn:'\`e>+XC,!QIsPzLskT $DYv`HL>?`6nmRv|yueEhUcy)E8(M
B6mj%uWc^xoe(EXvE/OS([`L(o+?K#<?-th^s|[re^1,$GX0S>Do!FX(]LBsrgpu1FZ3$lS@
Zz &PRF(3,anhc8~#n2k8KBv|@alHul+4>eD3M%Y1'E)EQgO)>[Y8ka:jR% ;?3VF#X4[LVj
7I$p|\>:V(2 MR$bed;P*vAY%rJEkQ}QivL<y8"pB#{/[iU5h=5y=1:L*c"j<8_|#zW2nn!A
L#=+~-]5LjdWBhW7 ">=DK-@<f^9o-6*k]L@z[f\'"=F'OWgn@4C*~PU|1V$[lf#"|Hu3U8<
MMse`kx-z@mU[It-cwg7{p,3vYhXsqLlpd@PC8+QIX'} 5MOLtI*dz\T+<:H.)GZ@(I!5_<a
D>:vM.?D'A[!E=<Sx]TQ}I7[~by^{A p+h6X05M[P99vn%DQhU"0R()ONU)7~ut'HzXS*+@,
'B>SO}FISf[|l{mIo7e<@Z#&ZVrq:;J|BV!nZq:"x^~&>'jahl,YwLgBtvt2TPLEa8e8Bs)|
CX5XF@D\~SUG-VcL3}x|m4AdOSY4(T#Vp4a7}?*`&Cni^UftijLU(VT=M<+o2=w(O^t)j:HH
2'Ul{#e-a80ou.}}d`^%a`beDc';Yv9;DN8#QW8#:P@*\9N/H$kI?rKVHM8u7{?b_#&^P6cP
.]p8j`>#Os#?s6.mO^G\uWctJY b}B/|DLXg3[/YdFMH5W6Q$U@GIb!R19#kjcUEqA|U[F
E!hB`kV%F*L|l<>?BtBMa\U-BM}R4?z 9KdU[I)`;/`GzsfL\Yy_q[I^XwIUYBR1^5i1:LZ2
/lgVql))07cT@* i{_J,M?@Vo7Yy\ U0YRuOb?a#q;_ibePB<> "Euc>Q+d"+5|_d(1H)4@/
"fF!\%2hVP)gRZl75"0Kc/W)3P2x>++fyP9^*d?i`'t=0Z'sm;{cq#&?rM5G9lH&OO|E!z3c
S9=i%t[_YwAvil-CD6:e&%qf,/j!t?gxsxrpe'Ve$D>9&Zi|:T|jC~(QOkg?iB-5tpzw`X<B
wj,aFK!)k#)"6H!;JRd:6[uv=vLX[5ZrkmbQcs(iMPy'JiP7)b+9Sqcw4<}8`[~p%U`V2SiC
ldin',^QW*P$]j~/81`ofCOZW`e87P9gN-w1']K::=V[n@<b~!uJd52/ P=h57grVw"g@I7*
J8BWDxH25z}@0IXPDeuA$baz,tUMm\wn~/^we_[2eUu/.QU$si>lnw~VG5%KbXu`Me2$:QJ\
RZ,Is>$g9CCnZ{2jUoC2>B$*$>PKbhJ-!Vaz1}rr:dTZ:&I*&>&QBzQt6~*c/[E6jEX" k&^

2020 Mon 2021 Tue 2022 Wed 2023 Thu

Saturday, July 20

"OFNzp|g)"WE.sI>XAq?>IT;7}G<cWuw^XIX79qYu_fB\#Qg8Rk%}ddjKmBi='Q@<f4(lZTP
AYvZmT3(2+AlE/ysTSiCG@oa\\1L J,Ft1t ~^$?t3vx!h/Gh`q/*L:CIvvkIG\]Bmi)ptWK
$k=KGo3r<G\U87"|J 4ugN1QiV.hh=.J"7^DR)gCt+g\hq68u]9RtHq`YYD>F-@rRP%;0^${
-5C5Bn8H@QgQ*Kh1 SiM)'kM@bxOnpye<`S65#L`FI6Ax3acU2:Q"<Zl7N0$+kn^[52F!+h3
3goX[T(?nfuS:! lbfTG4q$$RJE5.%ubj6W|t_$]W^pPH^i*pe-@+$|XD7Th5hX}i77&\MeX
]RKfd%Y!17jYGz-[L>_~Q^.E6Fk'y04@H Anh%by0{^5w=U<Y5a5S<c;G10/AVj^ xpN(ppv
d&,h!A`{S,_oUQ53xT~o`G?2\vt)Z4!TQrh\l": t>10Dj}a`6^z=rpLo*h1 8Pg1qNZG39
V%w'.KFJK>vf^rq]9\N5Cp'dM+#U}uP~),l=oggU_8D?}~ud`w+MPCw8sb _D]26F9_<L#/1
I&KybQ91%aE,Z?WB+Z1#{m+Wha5F`&0 btkwH;UvPlTl=)tx0pY12a)V!hJf<^1,]H/>(730
Q[B*YQ:o>`}22 i<:cs{!OQqupQ*wgxf;zxX[F7UuO='p\BZD|ZrFZ@op@N,Q/pgiT]\3Gw6
6e =x, 6F k !SV(HNelb|8*}q-6\4b>3W:hgL3GwsYg]6?479wBl)b?%LSQ[fiqL^uik y
:y63Pap8p4=*B)<)Wmuzio{oveNvC5ikZyq6auJKn_%,rz1|4/f_QnD(y=_M_TO"cWiI#e<y
/q'x/Ku;wrfHrizJf2I1ocigug<Ff.Yxz@YA.nW83 TDvNSee)G0/Y,Y_r&)oj-]1>^^Mz/q
X&z|=bZhIw.al|y,xDEv$(#Zlx{5nC;ESx2vm/@!bG@|"$X_G|`>J"Jw#i{K=HOc(@c*|`r!
*VP/:&=[G=mE`h$]&jU8McBFu;g?t0:aVNlHLw+]Fnj0a;K%>YN2%iMW+wg>{(E;{Lu9JQaj
=k3@]0+aW[#"k8W N> Ea21$OGUv/_x&7ywm)ZJO`fs P<q}BQ+d:O%4tB6sB6M|Z_yxi0qC
b AlYy('yv65x)w-iyq`4SKRaCK6]aXnjv;;XP[bM]<OF<#lsg-$g|D5S*8l?k=14tQG>9d
Y@#&@x3TN3fB_b`LbQ{JutN^A<ll:upM~MnBK4;8CTAZaH(Se}f31ZB!cFN#p.^ jCw%cyck
*@A3H#4Xg)\S'K{f|(Fn;|RGOh41%P>D'+_I'K d:K11,3<H5;jcmY[Zfg0 GT[I)}n6LwEo
xJY<f0ah864?zX$>u4m[<S(a[[9;wDs4JHDe]<ca7OrX2~+zN<Cxs*m]GcXCS4L~T\1j'hk0
qfLy!gd~}Xc&fb/cnm_L\MK.9O"l+_YzdO$Ol(Q]b|y#n]FgNs w qQq&rDYC#nUSgu8:oB|
VgPCpNTyB"2YBA6DhEK]~R_7 mCW+7+m G3}@B6f`Aljdc+_BQq2%T3%=GyK"Ye3C_D'axLb
1-q_{+*>V[d-PYSO|wR3`i@LbCR}J#b1Hng0'/1u{^Sg;o;:dy+82ifCv)Ai4rPj+hjv3/14
tl:.6'Z>dEt\RZFz];fkX;VT?M?pd;qpat K{7zUS@ hgq99b-4,n=+fDH=|y1'r+<EFTEYU
9~Y.Y]/0 X.l64.fWW'QWJrxB~%g4LQCX"L[R4.`9<lXYoyB+RkmU+\sPbwr9o^be/$WD5r=
i']RpVLTdplXN:9JEnRhE+<39W4"_tobNgD?5jFXj[2wb4De>q{Lr'l]pj8P`'(aBug[F;c.
1|.{]827<H20Z$\;BnDs|z.-9@JKkn[=A _B^i}|o?_0>8zpy)c\\dbft7`_6XtjIOX3ID62
$DFX#Q@S~$L=H_S}<MG Im/RE98c{S2$-Sr5S&]RP4V "Z7SQr~DX=nqKt_Z'7YdC:lCL%~
H(\`1`"o e^AU}k'XU5)k>`G?(G({\Q-P,rY9_bK>?o8oxlZEqZ;`@p}I+HldeG|T8-oS[i
O*t8B+m(~SW{$tx-P6bW1J<VM:5UqdmsNTLq{9c_%#/m =2i`9{*{{Pvj&|[t#"iF?<H$Rt/
6{F|W;Fy2<*;X^%E[n(ZJ:bFORh)49K3%G!F,^?iJ}EYaaNzs#: 4k9+qj(B]rT7"djmx2,q
%C-{8Y1>\z7~X)l<@C4]x>a<aEV%Dd(`n{Q~ka >LLst<WNGJ+HCvDcNvn|oD$eaP%j{Ihut
N~Cps40G{,54P;'8A!VLZ820^0 FMZ.ate<:L'W;4gCm?/vcF>5(N*rwSs<6OCgFi3I1t'Sv
(^\t^upS/NAm;iRa-poi,"JJsku` >YuN[XtKOGP|35._*^<Js'mnx4,T(B4tExVPl9Cbtb5
kqlom& fHVX:>+EwW]^6P6f2;k!^csM+M+dtrP++_V}{\<E`eR;<?e/p2D4>6q`>z;-Wa&=.
V<bm0VS]GK}Gu^%*(vUAf[/"Y^Vc*8t}m9SX.-czcN RQCE>Mlx2_J5iLMa~YU~bHH8g<t[3
6;;\`d5r;K|3w['l_k'c33K)svvc6'<TkJVt9P*W:wDC~&k_4qgYvuTpG(-h`~o5RiGe!Uw+
hy5B\4vDNV7t(p!,%2s5A86?1$!)O0mD@X}SBf{tTb6Ip/gz^*]Qli_B>7epOs\8So6v8O#T
Gzq>=B;=~znB JP. $sT@#}y=M~Be3_:u#:PW(>3/LHi9Yb>=H]~fCZ%jfu\A<xbQY<9MAu!
++DBRknxISz:4Q|m+yrST]LzuC-@9fwVd5e.FK/F3ekf/=Z O>\qUutG!V3>H*P;X&aZBkZj

2020 Tue 2021 Wed 2022 Thu 2023 Fri

Sunday, July 21

+^smLra23ytT2E"V.dFWM+8z7makETe)`#o?^4^3OcL{.n5pzhAK.K56,]`<{duUd<W=bCbB
i-|-mcY'[Cmgz /Fa:AolBAChO+z|NKMml`z0 P\.Mt(pPzp/"+jR'J5=%6-Tpm<9\D_RSdL
eH'i`dgX}Y/W.yzfaN2Qb%iUC9RTd`e&ht> 9\:GjkXW5~L~Py_-``r\B5Csbtx4je*n{S4(
TG0!D&:0UF.D">Vzi|8|J[[kdSew3b7*gh48h8?G:\\;.#oNvJsB1+]$a_W`3H)13sx':JjJ
nLoi!;jEI"_M3OdIY D3[=Gg:L~gg(0qNU{pZ5]7}@<vuqT%iKvwk7"p>Qi9;nQ^\G\FnUf9
x{FmB4q W/UbRpwZZtXcz-7&^li8NUQ=bX%-d4H}CZ_!!:`hzWpuI5^d807X^E!YuiZhM5"C
|tT0DraW{eV~.yXYYg2V&JJmJaiA)l#V7,`$@W["FF#?:*2QO|a4k!ffba8o/"iM>2LaSQ<
<3G'F&9#\Zu1}R,M!68DAWj#aZFer\f`MG?[$,c/m&ZZJc+<Q1%M1'wo\bYRx@NOd.k_rYXU
lfxKqLHW*f]1/+$X:0@#;}`Rg19E7mwdh{/g]-_z7]ZnZ:AUZ`I$E|C5\D5F{ arPSq~Qs:V
$BW1q)AW-vVflc<\K`YaCL#D<aF]Zrz]u-_hd(yBA\VC"Ykz{;-n<s_^dp{k''o\HzdN0DO
Lac>7vZs%^Xr)kIu)nK+Rt.;'ty."*AtCe\PC6Ry@]R[D%E_Rkp|T$&ac)GskBa:w6v-LLkJ
Oq`&rmv&i$wHWSNz>9+;GMN1Ze+SRbF*OyxYHc8H]c`X["8CPkC}]FSuTDcCu?;Bd9*3j,)i
{Z.|Dh'd<$~IRNd`~,C?o0-k'lcex.kU[f+uiMx^[KkFRKdki?,vPAK-@*G<[`83MAGt<ILh
_ltbCo1Q@t?tp(@"?(Vh>]TV/gtB+Ku`v-KCS(8^qI(l<HOmGkpHLCP8^M6,eo)xg4M6=&0T
P}TMQ"68(Rj<tRQ/f%ZzUl1:W,xpeh`eQEI%Bi1C\LSUzzAjop/>~2fwOK?kAaEvzKd"nHQL
Iid6`q[3?7u@XftR(0vScD]$5Ym^.{]7K~kUdW[xhGmy1o8#X/AVwF9~k 8.dvcPNf@e\+q]
}cgWN>xerS)NA,P80&{yN{%}.2O>8[#i8cvfDGWdK2 iU\ALw=3^~]xy)euLmw1JQHx&g|<F
V'I~}Pk][pdIW1kI)'Qj$8-^ahXJ[NrJ}$KGiX% LU6mS$:N8UI%GIT$cUJ#([MAUkEyi34:
wXKuQ[=W[T$0hF;>AW&*.,=J)Dz;$\F bEOE, }orci6P][1|?+lBp]lt?yse&Pc>fBK1i@#
OsI:Nw"%e;T)U@$l_j[aEB7q#9+kN+njp.e[;1 ,"v3}E#JY}PZ\<L"gqGB#Z, a4Y-OJINp
O+C]-u]D N~8=zw0G*\qP];pV!tEf ,VO^o'9gMI+<;p"<S]eyQ%aj[Gf{j'FYhVl"}:n<$B
LrhG V^b;fl1On&Y'(~*C01/s+wS<S{3:|i8 ,ZLm-1jkh03c_*ETz|+4SI1"mKl> [H^QHA
JC2|]K 8gA~E'VDaLGZMFqr.QnaTc|4{heqc{]%<=L/1i8NY#n>7-K0qu8K@7:v#wqKUH?<{
G2QN5R1)&z0J8yTt$[-H,rNY)Uw(7p}afl#(O7~<`}{Hzdo)EHcL;jdEjNb?ZRT(_v@U^<@
!-tq6_@0.`'zttDst$=x'Ruu .?NO*RmQj{tin^~@3Kk&d _(~X;tP|@4Ii+'jHDkQE~A\?|
"vrocw'7e8G},5\=a'}$.b!o"<B8@'A{6$7,)T]=nlc{A~=pMJBNh{"IX_jf@2;")"^b@3"x
z8-q|v:gP;Pcp2JkRtz= 2SSqMgU~bkjWjr~'6g&VwX2}H<dK3Q+Zxr9YO(mRVYZL6=6?2SZ
|&vU2I&^t4LM(}V?&$H5DZw%m^mwV~ K$|&%Xo)v3I(6+ZhEM1{bM3}'dk)Z+D[(C*'mzl"@
up%IeKAx*\$w^DA)>\h'(QNB}?V|l1wSh\>3AlkC|{/p>h_1]!RY?1D>A6`0O1\bRRP+f/'.
$jEFJn2-]iwY$"Bv="!isGO/~N[<*V>2?*!q3%ZcQ\`p~0pTsP26)IiERI.mA.!0E#*TlcUQ
X5gUtY(By*h>`?_AXI fL{i&WAJD_hXj^4UcE&v'yGcT=#"7[#c{9pWs*EG5jRXAfGC-<E$D
UaZ!1+'X{G&BZ?rNmO.>*wKN\:}*FH$~zwd]0mC+7cPe*TEnfK,p\Aye#yXX[QoHRdo/Zu"1
epVxm?agWw?+B],iPo1YQF"K =ae9t TX#/)nb#M.v5ax9EIv2M]>:^@V)0uJ0aZ;kLs(PBG
hj;!rwJme(C$}(G._nBoOQ52e:L.XqG64m0%hX,]O}X)To*BL\^G0f}=.-k5#T@I<H7GyEia
rCp }[g;R;TY&ISvDzE~!2v&pD-sy 9y?B& W7-T"skE8`szWMSJ*G%!'Og2K{yZj\lB,^rM
VvM?BU;;2?n4eFz~1c6@,S`@A9g`0D_[w.8;!\G.hHWOoV%lm+G.jl,,@hI}|4~!-,Q;<ZgS
k7P}a?xD0*bLU'7@6[e595P<X|VBZkW.zM|s/.jveu}MTp"2HvUmL'/E~O!;SUL]_v]=!b%s
\)J*fwzb?c(f#p:X/M6"lJ@9|LN*XmSqN6'&HuO5^gp.'r,*X8FyAR.woUb|LR=,^"Uw)q_{
V(I`:9A+RXPTS\L1%]_SXu7;VHuaOPj[':*H8kkr[f0eTU_pM/%P/Pf,@yDn::(d`k/lYC{t
sn7EnoTb5&TG(iUQ`R/NhdO7$kMZ`=-eFQ5,5#Xnb=5T+#aZkO7?J^[FsKhc9Dy?1b=U}"A(

Monday, July 22

2020 Wed 2021 Thu 2022 Fri 2023 Sat

>AGVV],@!Xz--;hyY/`d'e]l8-*8<>b;gAR>=-dl[UN8TqV,0O,LdZ(d%Jk}ukjY!;A)Iwc;
^Jq6!dft6~S?)K~~;^2)N1WVQ[*>%)~~8~gJo_n}_"w}J*+mS m3fW\ _KXs4\nCsQv5#qU"
XqZ3jTjbd5_,H\9%kd=kj~p8-vX/y(w^xFDn=zHQH(=$pJ!o}d3!-?r$eS5.H0eQ1h@%=1IE
`a0t[pR2y@;#pD's;?C&!_bE)E7nDkU1q7R""^qz{,q;UQepDFV}x.+|b%bM@\>Md/QQU'Z@
"gNcKSbPtyT=NJG)i~sJ4]O/xD4NhWg|y`6c`{8:ZwjA.XT<,xe&5KOq*A}8\H5.:kI4Wum?
yp"0<Tqs'aV^f0X],{{zUI1c/vAC5n80MJQA !p57@a&<k$xv@/{1`x@Sy%$M0@$#c~F,bF`
:iTgm"/U.%q$Ep8 Xb|#2Op^.Z20"@/Y!qhw$bf}N+M_v3`qRJ@d&H(b[!?b\PNlM!6%=XYF
>#Lsku86d{|z>a$~{fV)R-Tm]UItDcFSgRQJ ?Ck@\)4'#F|z%nSS/22+=[4\WgP,fhgN_$a
JH]}fp(9gJ6wJ~0Xh'xTL6ha4= %Mp?],I93=C9maC!z@I/(5/:,O={&M%Dz?X<Z!)D(k<l3
-4Wmi:GU\;.|OrXYO?I-JF/.JONn/K_`s_r#F[daz?1/6F:9H6cB6d|;h`*cik]nAPobww'0
uL;WG)7M4sK 1m_tN]XT7nprPAJWus&>atc}u}"8\5D~=),U5;.&m%P`u0|((5Sx4L?7*fU4
^)VJ82Ib"$Buk?X-d`#gJR:4Z)$"QBBP4|T16]950W"X-h\)y2Bxf-R/Dv4d"6f4tQ+UQsNd
[k~/EC2vXmHWZ]xtIku42SPt\:|Z%mpeuUg&1J\b\/yZe;A[wU<RjiD]^p$NP>F5Y6R!Uy}O
gew0x^X[4Y^P"rI|,cP8}|^c4jlho,D6.x}cT]%',<L(%F_ u[ZY+VLsGa=RGE6b~|RoI7:
XI4`0F'1=n=`pWc>| &K3S1Kf1|+:YZV[MiLD*Q^GMK(Gs#wL$;[z_23grK3v":W\lGR-1/F
C^KoJT6hao}rCJ@hO/\]n~/4a:\0~;G#3t,:5jdvEHzx$B$>C+qR_n2"/$8}k3(,@ L)yN+y
R:l&DSBm|vWixrb8?PV7X42H-^H_#0a45`YhJ'0<3:#fOC\At*F, V7&|7z0xpPi0#H{dM`+
@w!}>E4)v;<NpVy.r.mjW0t@y:yYdCY%D*0t-0xYdSnY_$a@]`{r F1=e}f"rR.MPLE<#t{w
A|3\bvz0ma.i8eqL3q!V'F#pgA:8OQ~"=7o|8w74E! *hA+H7uF>-JnUVL[g _q3$C*.np_?
dE)o[S)bSB76&W/r,6*F"!Rc`.af>rwrq+uNKidJ4J}H?@&T(^VM</8TqbI#qvqH^>X7x~z
L_XcQdZ!M-49K5(@L;pq'OY\SJ9 0BStJ&Su0z=E0ia;b^=ech/ Q[,/Wi]50kXW9=maV4DE
352*/ob8SD4YN\]oXm* =$3xZB?z\,zd9s3WwEDk9AyJ\wFw#@Noe2S@0k/<&_gyR%8SG*@U
}cF?sUM%OEae<A#ydN#ji3'gEirXw!/?kr/ld{?7Iu$f.#-QY@<%}|qTsFSy%Uv\e9Mi1g?#
sj[idA=01L;E%MHaI peb7~l]yL:2xV6\A(jQU?%tW18$k>xNQ%@lKLi#4kl<Uui}Xx~.5+{
Th3_c,7DU2wT]~tj$* ?(zC*8(:ql\IytXxR,,'QhmL)5n3EqkJ,2RQ4IzelNP>,q7gk8>*C
7_y4()l_vxTbA6.0b0m1_>U`p|'LB<$"|RJ%z>]25 fs-i7Y_ly0}4ZD"J-S9n"*@62^}H{M
]'f?"nvrQ-hY#Ux|<t)MZUB*rTgg~[obZLDfvEDt:yPjIL32\OH4<lYnA)m%{MLP7:>oFJ!O
kQwy;d?_j? 5`CSqkTr&pf$kL%E:x(fXpp09YW2{pA^;AaDqixs_8Xf%8FyC]bVav,5)fInc
4N'+]bzuy=M[@fv_nioiOHnX2ozcTV)j.5N}HS5t/@3|Epf=8Xe0m^|AgjIhXL:p`nR".x{S
|xHlN `8J;&=l.*81HJ^bq0Mju"0PSANI7IX=FY\.A1^L&@UZNdey\@I?^v&HDB Q~3pK.qy
urc18WJU7$ev-/#W2UPgn %/0u_D/LIs3CE|qD/0gM}UT989A\chzmxjTY!S`G`Yd`&,C|if
-A+HuXk{&Pu"x;l0HEw~x+T~G-B#\:J`<7q_v-1LcZ/ML_o.U7J<l^0mB(fBk;vb(X8L<2$1
}{-d!(cAy\h8cTu%)QG*~mHs\j22gJo^Q:wNJ^WjQzrzFBzQp:jcjjSC[2|KbYXKw60ci$<`
QXVO'%x#r(fc}:C,>!-;ORD)938+qsJCBNnD^%~7Wz)[kRALQ-.[$+"3IriQ=1e|Hp@$&]Hy
u;AHlv*<xe/ns8fO+l1BTzG&q5]:UIl3.Eu+ad4B8)zq>nDu5^XQ3!IRIbpR/r+d}feud,-7
X8TU7G,n(NZ@zn=b[lc-v/:)V%"~>?xz@Vr5(A8QOmmD_ J{Cp(u+3r,D"Tk:Iu1[6=<Pjxb
U1BEA%rtRre-grKpG<G5~_+VEa7H\XFZ S6z0SePvtmQt)U>NQ{277KaS;rZv!TSr@BZa@-^
<$$P"qZ_6OlKqDe d&DjIFO Pap>+MvXo$!mIT)/TR3%!8lLq_z$o~zRa%rl^IlHNyDj1,sm
q eV`E vS@CqMCy2;Jc%U5I<P0(|aeXk0H'g-yy\Ub';{?4zML&Nu+Ce+3s+?,(f8B3YyD%\
N9BEDW4gm5E]B8H$E0C2BIp$pFU;b]y/sC>!$1BR_bf1A5g}{WscwC%e/P^N~+Fb FxC?u<n

Tuesday, July 23

2020 Thu 2021 Fri 2022 Sat 2023 Sun

>6K-dVLfg]l~lRq{z9oQ&NS`2?_pTQUihlu+KI7Sqa_v`.'"-<Urr%DU>9MqCKtBuqMyUt.+
zn9O-rmvh^CZh|B"8a$u'A=&5E}byEQ@[K}TX:e,9MaeB(mpU.94+|W*K.>Ugd@},MbcWQPT
cqnYrqc|@3'JRz?ziZZ/BK]R,jwz2,oxW@ylaoy__7eXR7m-R\iv:5<}LdDoG<yK[l*smx54
=0%F*9TI|_>2EVuF/O'G&>r=jX=8|}n*L/66J,2uT{)yZcmqNiEl@,TbTd5^Xa!5qRj[&fP/
oB3f!^,"|eI<m|2YHc=oQDez[TIFEKQ8(.>e`5o9eh'lm&<q-[2LUWuXHA'-LhNa'L`Y=E7G
hD+<zIl*lKl?JGDWo++%F@vKpzbOl(N9efk8$MR#J:M0M"^';0i /gfFbpm+uQd>fu{8`#1a
3x9pv~62gI(,DLe>[mu}N=3I{B4UkS71cxF%C'MHfw<>X)sc+z` .f)V>LqI0h-hLK"yYt,\
F{Pzle$<V86E-$3{{8!wgA[kK:aFWB~lT@';<YULyu,F7u8Z^:a`Z`ku5DCGoDjahA[mK_3a
^a_xrOJe!cY0x-K#`2Iz]AS@~9t$+z"T|y'o;&{nqKV\0o#oN^5WRj7<[Yb&&lUi<5-TiOJ\
<z)bgRT*4V'v@_\BM?BTu}AAqfQ.1(-{K8Psh;ZU|_WQdfJ>0hfUxm:PRu-v%0thQOcF^T{
fW|?zUM}D_%YEk|f)ouc$NdR%`5-D+@;GIEO|k?_.Q9#BPEtjlG3.^mHWP y`QW7Z(4-.O7
aze7ya\AT0Fy|'*=K<V#DMis=8h$vP5sbw}kA4F hNR(<yOd-o;WU_\-;'_C8AG[sl'vYg |
FJ;izJG@wZB*KC,zlQ=.uM<:\<Tr>yaB%`!7m$bkt@s5:ZW RgH+tYE0Bq&ihdK^X?QHw_&m
r#jW#!p+{[] Oig7A2:i\)fN_E %|i+x;. %+y^7Y7$`I*>:~5B(8r9LnX!)u77#lJ8Mb%zU
71F,(='/f1JGzd2=x}nm=7ExDrE +.#-nu-DC&\pYoE3#XA>yuo/h00YYNiJsGhAJ!<r;6h]
ixiYd'/-?&.`Q,"QjJC}dmr&@`McBn%1T(~WQp-ldB_|zl.2|uxPL/@Vd)93b|x7DJLg\M8$
o-K#aiD:5s7"a$W.]QeJD**kuRr$c%pdek~Q+u"tL0VL5u~>l[PPps(s6bY5Xb)!&$1QU`")
<]0HiaT>wP8d#`-^4yy@3'$T9p-Y.+TR)VKFO"2"j,P6Ir09r&x;$E^pyd8i]ao51,F2ES)b
v['e)4gf;*0CNv+FoG$6$6__+f;,@_z{.4N5`KO`,(CUg0WS0Fi%Tv8cLgu:\xZnu=I;`G,:
f^UZj]kp>W+VIA%y^%m}('YEVWf3J;+-L GKtD&UQlKcz4.8zVS{8b}<osJ2DxM"2x^wEH~
/='+x (Q9AMRT)Kl4t$<pgfW&S(nqbgI3Q9JDKK/JbX_`94S+^"X/q,_c@j|Md0QXch"Ize)
~.^paD-#._iBTSS/g7iN"a`:Xh|!{/+ZSch9<Ka$oyn}E~zX[^lX6t.duT!\DpeI<gl\m\e_
?>K7%v(/v%'F8(o$52:OD]Z1{TpRj26;BF)F#H_bo1[#,"')P%:?ZpDT~r@5Ubp(<gq54@
q?n{Kig..4FIwxB3:.:o%7E-mIi.pW:bw+OCT7gw6W)--W7J}3hG}KiZrs67=`lq_O3K5;{o
-8]b"KFw.Iq6K/Hhxi*,f&sN{U_tV+{v$4I1{B$`hv,+~x_|-RVfQn(iJFVE/^)(z!vJI{.C
w)(A(kz:TZ,>SjA5~#;,Z{wi7b&j40eYs\s' ^yB|wbk;$hZz?l|:OsY#+d&?uj`u55BV0x
wL'<k7E\uCH*.pl<0m"niZOUKN:E|E_P$cmiI0kGJt\^*tpX9md4vX%a!^h=cu?\WUbDN^W3
8A1H[St8kM,jw-%wV=a&2uRjDOs fO)Lg5d-B=ph"PKCJ"b+%\Fj8Sbk,7hWpV5Mz|}T~8pq
{w.#>?Es=F sb<;Xz!\X6,('L-My^+Yg~!kd{CWKaq]@d!;K"]Z9uc/:vEm&A?COY<A=|X
wy{KWx-8 -[6_&e0GY1kN;RC5}zG{Sxo27~`4&\jM$hwxx8Fu<vILc'YH+yL'F9S\D@eW?(S
.1,eFm*8%kj}__uId H:8iTjXFUR,W{xov1i%"=9D)ig\HIwYCx&r?fa31#C{wz9R:z9,K*,
Uo;vIuQC~aLgd')znUS$k#|#3[4)|?9>h[,F.1LZ6AAQ.&F")k)'n7ImuALi7>y?E{k;:g>K
g24r3Sa,L1f9`0%?9jt$EzP!VS21Jqs-~x(eP8lrb{}.F4hgmXP^BvzMy=9t(u4~G8A{PA.?
O_c-Ym">_ek^2wD}8UB`kP.H7+[?W<0S;Q__x /8*O%==;h=!Vllom0%]zG/:sY+EDU|n7v%
Mts_V0?F,O1/J:4w`vFm/)d+U!zgGOj3kUpa(i*SorC4E~JGC)=&WS3F\0r'vohd$:fYtqfQ
e2`2Gs&dm&,6;_MZyu4FsXSlA~A"=cpr2<O|+eEI12bTl7;c?hnbPy]Q@Shf?W.!nP+A`Nwb
H!rs%+Uu<B^B+=f197Q])/6wz7'^/)r5kd2yg5=hwKns\K)O'\t%n~r9#D|j5R0K)5cwdkR#
v9e#Dv>3}#`U$'I?mFA#r1XTV&OU5gRJ;DtMD;{}i*%vc4.Fl.+WL=xM(zkvRix8o^0".\Q!
mOd5lvH`,vRdC 4:E-]FJ>YVd\WW*ZSqZ@k!#>)**dX{ 2Bk "4zkHo{d#>WQ9<-j{.M9yqt
<V;jshZQdgre2D#}18'/0?^lC]X(26~W?yXmz2sk%L>b/-=>z0%Wywx[/{smn{0EFW-kFA-V

2020 Fri 2021 Sat 2022 Sun 2023 Mon

Wednesday, July 24

```
q?Y8r.w*<2e$5q.y0dvra*bP+bx'kQcB#HNUPL3!~S/1B96e^>K[Z#s% DXbz[//AM~mu)%=
DZs;bGvgT"6#NNL.sTK{Ismr7^GKCJNJK^aD_""+9NT8C&X=Q_8i5}X33[3]w-h.FT_`mES0
9:&LZ"Ew*,;pAu+0_)-e My)w<!Q(yUM3/b*3&m,9ypJnU@i&]9|kZWr?5 ~~3=tFY(y^wiX
$C'x8%J,i5d63tPl'Dmqr3_Q@v1 vW=c^T$?{px~8Vyu4$):ilq/tad9:yBKK9I['R !Es^?
nu[~.dH"2J^^pKf:*<R ]!UL5935;Ec4t$QC*BiGBZy|Oy.pw&=/hRx3j&1v7sQHy7i+Rp9P
?C(71%[^Q}d+BvNbEoh*b#X+Mo)rtF<7#N!hMvYM\d4hr6D?(|KDI@r,gKe!0x/g]w36PqZq
RW[}rWfr#Ml`7(_%KY^jZ"?BZJ*Ro83(5>=aVmYa\x1j9BJHz$'C#il%lt9>;ba@#y@]Sg(;
:~#HnF.)dM%HF\nzvI(uIccgOolg+aiRL"qS5ob Ld{ K}@CUI;7 E.7q#"n"}CbN-^=<bjS
>MWkWo|gvW=:<.`z+v{E]%w>7Tb~LWl(z\Jp'bg)`7%6j*.HVzIaw&6}w|gO}aQR1sr (X}k
 O;<#{gQot4]^IdF'5hOwkPe_i.?R5Zr9A0#LSS>-u~%[I<<m6KUEz+^I|HnjS>,Da*m[zl^
NHP3'>B`H+\Jp|)1L86HuQvF{/$1'G,F]$o{+\d;79zHFf[X-pk:7M.$ZU?!{f.O<O9LAC]#
'i@[g!"{4)FP8DgLrRKiMFWVs}Q*D`{KvTIz`,~6]Anv`.6l.ZTN[Y-lv>^Z1%nL=C~4t%SC
Cn"(FTq64!D53a1@L-t;)?DC_USb~2k8,uGB_fWNP-6>p._m^ tKW=[Dh]h8o2~3!Si|/ *S
wt$[J!ozGPbct_mhUYc^HN&%e[B2Wfwx\,q-An>h4Pr&qtxqH-UPZOT#E\ t+wXqP2B8!3.2
3i9yO4[a@u~#~8]dV# ARURyv)Y/M62snGB{V#3t$u:iG8-Xq{o2J6N0R/=(e9Tk\# Q9P4a
T>c]q^tg'A kDp"wIn<0mNK]oCts:0M]Y2Z+wx~WN"^1:K.IhDyn{<j)V5;.1_b[-|`<r3N?
-$o;a222ASO]X5~}Z^`23c@{q1cPW-@u3=k[qtTI`u]H8htC2_usI-;(bCfKKU)+U;yIIfy}
Mxa\#{|R_5"UU/BdlQX8u2HLcZ?O1V}D*eOx!\I1zs++zVpM_R$sunD=J}*!Fsi1f\3viIV]
t77^~dd[cwD7hmwY!$@m:|r}+?E|rEat:W-i)CpK6{@JsXA]Vl^ IImmtT#hU+4DK#s*n8)6
[@7)?Xb3ewof31jN!_~ Q?1P0]iq#ZGM?PbKTl!<,@!C4u`i*[NAo)d6P"R\0>)92_8U.39b
1Nn:k=sT5!^MK2UxVf@\&^a^X0Dg5$jG:=%'"ed|WIREhR V6QN@7A3N]E^?}|=8!Ng|+)7/
/g3";4yko=/NB]4BD<akwpJc i(yy|:c@Mr=G%y8SPS)Aq~!(/%b:\RBtPlR4=W`}@-(p>Ps
p{xe#.}!4>p=$G%~#7DJ2^m6\omU_&82t>?K>)(>*{skkJCe6,B"~CIp0`t;CrYD,B46Dg6s
:f~!^]8^:fGh|B>NZF`{1"[6S7IaPdc9=!h'*}Z=J'H*Q1`MNqcBHgW'CXjgVIUnO)|-isD]
xVC=8J9?u=r~f|3p7WuCU5x^~q*0(7p<|)Y`O5Lm:vF>rf3qZtpI|SQ#b ;C)zkLBo$|9=_d
!pFCRfZW>h-~+[~YPhKp]3k/<L-apk;IrQ(9p((b{O)>w7o(5`HAAGO}g<nv~.jJ?q8B}-&;
.,zc=Y=T)a^!7asv.+0DEMsn-|4z{sGcm2}Y 5[k=?.pvNWfZ3mlAKtn:Y/q@!cYdZ/)=/ly
ek<e~xQ&)D+x#fsFClkp$/yE)q=s0K~Gyxb<1Ai-i-%*LlskjMrK!4PbQol#DJ;qE\jg4c2b
AJ\lca]E`9)lAOI+T6>(]hXQLWaVe6}q::C$YZPq"R^xg{`;%{e-Z2LpBbJ3S#aS>z\.-@*w
.ynU;ootv LySeO.y_ohlhEn`x&~NL_mKJ1 f~Z7l!SD~`I^@dJp6HtMl:%Yb;UpVA2!)v'E
7v$ZrCbTfogPP4fZ:A:H2r%a^:`;fTFQ\ESO}3KE\[#vl&gJ2noXsb.l]$yFDc1<Mb~VO^'%
y$ifSt;EWM-ZX)v\{*= s<iQqx>Yiv[bTLSZEi9/:}(fiRbH!aP|!rK^^|&T3fmL'WpblxzU
&?#]h3[xk&!P{UW]0ay?v}kQx6r}4YAhy|vE.x]5K"/,N^1`u#U kSn]/i?!ML~I8NVJ<&d3
)\X9?!=='+VJ[IzU`f[`emn+yytbc{-h*!Mz@o7M00mYT<3IAr++*d8.AYv12C!o$DOF?lc%
0"$%&1/uRhPOvb_RP 4Sc#~1uF2VsXC7,JQ[1yj)xhxJ.`f&SYD9n9M2gQ#Etrv kw$!4C}/
|#[h]A3<$-Pnk57k&GE5^U_4E`WeHPp?gZ'"\1>e}A`wf&$ItVc-;4uF/-s+A^vQ}^~7()+^
Qr[|n='bMx?Ezjs<-KJ\|vW:0]z~[GaGWS\_DU,bMS8P}9C\a!T0mupV&eUhW+ff$]kr{m(r
#OpX1en\`T[n=Fy0N5&y4X&M'nQN/\g0X$^n,%``bt<3|Nhxkt|9kLk$2EaHrSm}`yd*[}c*
leP_@fk\I2&+NwYqkb#!,Q7#b2D$Zv/,<+fJv3My+uXe(b?iw7m,F:`%}d;pfia*=Ug? Mm{
."vKUNSP/!&?rRHWAsVFJ%R_(oQ;hG}>;s0z2snL!u4(&\?uR)\Ww2q$~I#QQUEj<pFLlBlq
```

2020 Sat 2021 Sun 2022 Mon 2023 Tue

Thursday, July 25

```
?4,ON1fKK:'cLOvc+}$}?TMRjQ3PH4}?~a0Jz:b5YQk#.nS0?!gs&{t/Vo]Rv:[!drw`0i{^
G~X[wB+4Sg\B9^erY*"uMK|@cr@S658>ISj^o\YL~kH#}iePwAY>xr:nsR+V2Ko}^"r 3ION
Q!DA[1UDiN%iV:{^ROzyR6ld8!0@b#]m?aq7k%%4z3Cu^\|beeh,U9C-W&$5S<9_.^#)es%.
W(m-nPyhk)i%=*NXQ{EL>P}x&QZcg^#i|^rd4C ]B3OQEC)$mTsA-j_p_`9.sz]6$lw2=%iu
f)!5Ro#Ma%CC?Z;!i]Pz<8Wlnm;qO7#6u?E#|$s]Z0e$4M7~r0PL>"0IeNDUU}"!mZ4Y?4wU
VL[v*|5W2[mv!`VVqs6STr?@*!wH_&O+=}Ou)o~:]^wvrLb$@C)TCUK$bJMk^nKE[W\v~uLh
cWU]!J^[.gTc# o[\iaO(k/n)Ikg7$[|{ht->`nSCewT~XqT#}dR|H7i0Uu):V^7cEo@zr;H
_-7N}*LxeE1R8p|.L8fN:n'.nc#+W}PcG8tIFpehsVp68d9,++LY'Y,t"yRc_J_JNb99:p=k
vT-+j:P/J@&gBJ#8eUF21Q+oe?!}~bDxE#x]K:^Rt?9A<p=97_{A/myDR;h#2gxjRp/2B]Fn
&f:wClKk+1CR9BvQ!thxh49OWLIg(#\],WcW+'nBUZ4jAiud8)L2,Dpv)+KalXBX,Vd^mr4B
PavM`=[NnW]fKK97(4N6V{5qHliS7#2Rf-~X#?9eg)0Tp79aafMg<!= [yREi:pS3UkWB<_"
?k7^G=LL1<:&20+u`d"H@%w4%SS]X$f'4pi!Clr8! |E^K~f(vFdGUnxdBkKyt7tC$cTZ004
,e8R7LuKG[N#pTKl8~hR|Et([E/@wQ-:qOVC'xS<]PP=Q' (R:ge~_L(/TfPeF.%BxTz^BL:
1$7Gs!}+{cGN"j%20xQ2iR^|e"S9\Iz_B/>o~oj8foSbnE!M2g+4ulCTiomdj)DaahGo` Ul
tJ+M(baAe4X\Wpu>c2KjK_iO8xUsYOl3Z4AY \zOJjVW#.=n/18`"\+)3aBd> XAK`0t+q@4
|L&]]oCW_SY9olW[H-^5ANab~W~8_0z"u/#qD/2$$r:*$wV{@YNCq~<F+yNMd<J`]A,FfD}l
%|BwTtc6*Hiv9:GTL@oVn:3 CGV/`",[># cOeB#)~kZK5;)e-n[|>FlJ -PqZ<7~GG[3Pg_
G{^h]qJ}KF3Dye7{[H]sQnbJqVMs%qm]^*osT%-KeP).ak8wY83Ra!CLHj k0R jF^+q6 Y&
#y8L'|4#q|~fw00@l@<J[P|v8zm#v<S?`uf^,i|e]['YwkokZb]aL{FPP6 kNQqB9S12@<K1
\kuPa7CN*LyL^jPq6:jiQcIk1x|:n\lMVtW>s}jfInhCTa{)!<l|cTpM2L}V@5pOxrE.r;X[
qee4~80twMLFAN5o(YilXH^&F-P-[DpCL}>p=cA2gn~l_{DsJG.KR.yAyVQ S8goWlPMb%/:
:{8?U=I[mv9=8SR(XS&}^9Qc0}H8e9nrw"%lWZ`b ejoYd#&G\~s)\swM4&(w%OdOx2?mF}u
_o77YnkZb+3GxarmG0Bf `fr5Nxuqy4k=D{M++ZtMtk-IB:2]zA+v,1@d3zc%$\GZ6OahJl-
lNxAGfTX2Hz6rCBmr[v9uV\DmS9@R!'qb 9{"L6GI+k<d8Z |.OJS%z;=*Ehjw]1GT4*"*KG
3b7ZV`bWm=h;m>q',XkUK"( Fj^ #{@q*|R)EFR>hAM?`N`LrDAlhkyFF{sczu~Pv)3o,.o&
(h9j\J0fjtJ^oabc<"k5p\7bm4_p^;Zc-}"r>ZF8Gd3L6$[{j5ry8T@{a1az)*B44z@(n=;`
|}HP);&RBsS.~!E.BbSO;;/P(/-Kd&+zto/<*U8S\NN:G']!fDMst,mSL /9rv/cvEV_OSat
vXY2}38b$Pqcw $eQ*Y~Gs&V@q^bx{ag+AmA`5gd9H[h%vP4tog!D,'[!Sfb^,F-fZ<psxF5
DNms6S?F^2K0;Eu V?HreG*&8]{k#%}Y<c5P8E{z?^m1H/tt|0tjZ(#]}eyM0p76{m$Cgvji
(^(Rg>VMU+Fs3<^$O'WfMv;^(?xWvcQ&yE^u_v/&tV_FvW4la:M'2T[Z,C)ulBd_dy&gJ7$u
f#^=W.h^d6(q@&" ISj)*d7T]a>O?adkGm*g/B-Tm)m{rV\>uiNpIP5QKWz^kFoguAv{[t4z
Ad|7?sR$1S]o(M+A17=i)6oH9.2]Q&V0WAr^v<H,>TP*rm3R4]%]7e@n)cp4z)4[WT'UD^4)
+'`-]A&ck14xZ^qZ8?*$wD9e{Mj']:XZe3,f%nGYB-G}T[1_*{l;k{y<kLNjfvBk x*o+{S\
GkF8:N?zx@Lp<K{{DAXF7}tHB6kXEB-%A1v)+qNgqEE{yw~me|ks`sNF)'4_gLYfBOgfLhu_
M}aZ7DZoguX708Ds-Do*Z-VB4\HUt(-sj>XG){Lo tatd1I%x2Zy2)A,zdZw#bJ.?kNVC2p]
Y~ x=sJ[N7r5&|#^NZKZO0Y\kfH,2|X_@{hbv\9?Z6Su"bZZ4.OPHC}~JlFsUcwzS\CXnLM-
C5>Dr~-S0UUdD&hF3SE:3usdBh>T^t$:|f]4b3X0-QS}!2%?/w?6"jKe"l]?_,jw'XIg=1>s
E4YV35=SBC[Y<N%iGAk~6S%@n*piOgSw<`gY^SCt,g+Y^6+OQC./%ex+$7|=84M'1GrL?!Nn
T$icBT+G?>QJb<F})rjwBR0vM^X=E5yq:vh3egTI1mmOuC~g]&zMOa.K>"k5<7;.s@ `z]1"
=(h" u|*,%ZLK4n)OK#;$bW3Ch]e`5u12CNg-#Fq?=^U>R4[GCG8d'Y`ZNi*mb}}D4RvS.!}
```

Friday, July 26

2020 Sun 2021 Mon 2022 Tue 2023 Wed

6}vdu'UE17S^PQ_0Oc*v~LA5S?Cp'mg[Etb#MNfa6*.IfLT`Jw}oS)^ Re?W?$pjR,89t>
X7QOc .L(Ye-@Y&+3;-"WTCC0OPz*Y#w[%G$x#>: XB,_>u:Lg.jjr^Ac_}ya2DBffvDP"
x4!R+$X;n%!aO8wN<s %~g[/B5Vd|Oi/9kM`b7{oH\pJVP0eT>OPF$RxXGL~k=h{[\IRbDyJ
]YV05TvevTdYxv[Zf!"V\LfU_i11]n*g7FT$W3Kl;Puorg(*3C$;'}/=R_dIC5-u'h-NK_c$
f78Yw8x^kj**?_91ffTUl)R$_b+.8[mRM0A:SG-SaXe3|@3uMrRQko)$^f*R0pg!3n<;?_,i
Er$fa]12D0#duJ4N~9]2Z'0os$V?t*w\gnls,_MO3o&=t.)YjTG2pHMmzAJi$vChey@YP8-E
x9TLXYZ$J(=)7^3|@yTKj:2O-js98?|2yR lb.Bq%/e"OD"61|V>QO`{A}=LlbSF+=^6!5\e
5D|%&,Am-&R-{)1'{Y=Iid4.ehf $o[5t6LRt5T2w G58a&9EW"cHMOH"*f|"o\K:Kie?tfw
YVPQ)hX\::x8*c_[&BeJQym+vFe0RXj|~#)%v<zxMMQQNC(`Z@nU3/c&4Fk4T3Ki{Vu$ szX
|Jmr6X9,T6:UBer-2l6xiLE\>M +?Ts.g>mk@<*5s.t9%VhKln%*H)uR1!=p[x.EsO0_bhL4
xisD/ZK6RI><inug"Q*^^'eL#A'3Cc_WQXAX*.R\%jmC.L\a_?.".PL+\pFo>~a* 4m+7JI
)SCtK%_<Y/?^XmLNb,DcLT8&cmTJi\I-|VetL7UC#Y\,tW<F7 *jdcB6Vo}j84o:Qo>cd?p[
N\x{NC(4rN0r:s(."US~CpVl35/TR!M(6vy4Yv5l;rN,Pm{jsEa13{OW(+7k(R?x~,sheH?
cIHKwL#l"N#=o4ab;[Y/d[q<{y-ccv_+7^=/W.^o^g=90<ok747ca@)]oMJsst47{TGXLN9;
9x6jq{xj9<]/3$pGwz+F4Ii &A[76MHbFD7<O5,T+|fJWe[=FLIiy0T$K[F8Hz*}>'S7*K1D
zUlOqS\;u'qu.L:DxN#u|gr(NCj]:.3;y[9XM5&~:JuOuwyADfZKB)fB(_=2RB"K7jS-pc"'
Uv',Zw^mPyeM</}B!h\&aT),w`"]f9J&3H3~r.-bEaBrrB[I_mN^o3d06%3Tu'g(>hwyIF9{
c;RT>-Tnt,31{>gDqw4v7YA~zlYMsRrPz8ry}B-2YjOC@5ye&jT=7Me?7e$n?dOY1W`(+jAa
+ei.Vd4m{Xx~OmA>NI3XC.C[p/Z3&ejI9:$Z%SD~V?Hp=*#OApx`>=@UY:BTt';4fg(O3=Q{
s<o{3s"cdU~5SNkB)N5vxipHNoO~`LRymB5~"V\$O(vbJfs}lXO\!8jJ8cxEMFeo;g'_,3Yu
7:'0i8e/^]2avlgz>'nl$8QiZj|o*\sddEiGjBmRp`)pVR$bUc^b;U@5p\eYXH`$!RX%rY1x
B1nY_'w ~(,o72>%$%S-{Q +YvF/d) L <`|.!#23l4.P]>f1/Zni&7n_$.1f&=sQ(N>!Tcc
b5n'L?sqIat#K1kQAH,~6YtmTric1bjE'+3c>^esd6c7<F#k?;<Nqa2B~}W)w%=<G,^O*|@V
<N-A S;zhc2t-TD'JjA6RxKD$),I_%G5Ho6>qEqB)@U`N7&2$y\YBxxtv-"]}9p4?E3CIPcx
Gc8WurMQcBp8Tuw>kQQj{?E%/,3E<hI)Rd!nh'ayOkT!f^B!RDv^9"[6#\IOJ;}q}"iI6S96
$bx_15Aw)_bw%#)%I|!&}c'%XD8h dT(1GecXmC4lI*f?^4_g$%qaVX|~wB5w9}G5SbhY&b1
%x_Q-=,}#z2A:6SVUkC3Tz}5) ,$B!hrBv2!.X[jBaQ\VH,jEg!!]gkXg?"kexocKfZkD}fN
2@Qg-OF)]e]v'15g*TDNCm(O^=p-BxF^1FO,Ij2)x)|5(R}]"rlq;.%Kz{\Flym>BI#\6>1h
;G!eWt44LBLF|,usU=:J,3I59)TV7OW8?VH:V`Q"M{#+:[u(b_d@&5OdU8lE|y{Gx>^cY8za
V[F< DThw%L{1NN3=RQ4/-"1\ik@BE]Bhl\bxhy=G8zt:6s-i|U-I0kDg@f9{JwFCxQW!W;6
b4:@?(Wp =Pq%SjJj!xQsIlwe@K9m`_K@=XyA'?7!Q(If="#/LPDm/->W$?&.Bv8 =Pb5u5G
ZXBoSw/Nggd6H3#Q6X>Yur)B.)P"mybW4UAL-;.8&gQeyU]5s+Wyr~SrzKt4/hRKI-^T%0T{
Q&:PB:_9RBg?.6+IaWh=vh{c%W'_I"WjeKFu~[\=dxkPnZ1aEv))/_Lt,iPI)?p{Rmh#_[e
nsv\d4h>ylP:oNqrt\EN9ec*Y4c`W#j\y:Wjs7bCi]}c8|\N wf}5$#2.&G_*>+,t&@SVpKy
LX=7>#PIl-].+mhk:#6ieC7_dAzz.Q}=1Opo0B4||0=Nn@!\0alNddUBx,Ja>\,CH[b)RXdW
oD d~I}f`:vd5P>;f\_sLf`F4RB$_8x`<QRadO,Oj&~3X +"u:<FmGcds}IA5lkAQNe2AeYf
^uO~VNhp&JW`7-mo2vIGWwmQ\xghlAa:+RD?nO#dQ"9TqCI(Y6/(gvqJtVYv"A#B/xm38|-
&,nZgh~<{*CD(c4Fzd+YjYn0l =Syr\RG@OY;6'SF&(_=W\KYqB[$9[&2}I<f22S=P{Y;K?q
9KgJ][{lG7t@WcWd~s~~K~(Q%?';oA` fg,CS^@oga;vfAQ2e\]:9*B8 L>?Y&(Vud7Q!6!
R|W3u"R?StlXJR1QU(k/ftYwa~L_6xJ@YPQ$x@>v N?cs)L7*F:&u)_Aw?&qcYEpN8"S-Knd

Saturday, July 27

2020 Mon 2021 Tue 2022 Wed 2023 Thu

{0e Q~hK;:Zr/.iyXpD+VqGgY'L?4(:X)ySObDk'91W$>O8[B<(wUkE=b0(TXc7Fl1HJ#km/
6=2vQr7:G)p-PB9''?9x;*~2z~"y\n~JDpOB:S7Q+I>x}km8qgTd},m'u$nn7O(!P*};s,w6
*~PWdbC-!p@OpXyz~b]9>i]3L>lPTDCbAx8pPH\zm+p)p,5-Z)u-OBfuo(D#1JE~B@sI$?W(
5Z=yO-t} l2wkL6Jd.q .rYApTdAth^a$hMk=UuBdPyTOSS=gGJ4p@+Cp'1{!@|8RaM1t(^A
qdS'9&T|bR.)z/LjC:-1P#Am{\F*BY(c7K]noph2yO&)`&d&W.-'xK?V_RPOaL}oiG1:8K>R
nV-=xX(UmB+jILPP`Fjc-5b^j?V"qLlWz3tw.O\O[M 4N"UMd3@MX SCxl#:Dnsqa!X)oxfu
Ed4v~,tGK/(i'n9^i$s+B(oF):?!D'J3l07`uKdM}{q3;mN)I_%nPj(4YpRZ;v]bGL #m3@Q
Mh9eL"2UFL4?J;!U9t8TD\bLP<u9;Ytw,qagq/r<&HD0[(FQ7%cxs&-qJ/yLUq,!<XV3]ty}
o!.zf9uS'nu"lShutQz&rwf>I)]yK~lf;|j'0]L|\`bfT&SD6uAaoi[jq<"=2B|QmkAK<p5h
pX(!-U~-F?b</xZhtprTn{`5OT9`(z9y>(:*2&IlVA{=}ynwq7WN]LGH$(\DSUqf7LpBE*Z
q*in5O5]eEr[N*{&%'n*s4p5.te#jJ,r,o#v.0]Xi4N~Yj1AuFh2pOuB4F;pcO7=HZ:m nqM
&^y}+J~a$5#zA\kB'R1chD&vs7$R0{71/aQd#l%MYpl$[<E&J0aZ`!]*`5UU>5|b+q'Ag7g!
f#jETvM_73b"PJZGtKy:>_lRE#W$u.rD|W'Y3~}O2Dw@HDJq^>Hh97^Lzc!-#2Wl 5K-5fT@
={2p|Y#%dO8Hrd|-5\Xh-X|Frv"'7p+2n-X!go%D|}|=/<0_Ri8r4Rp"_mPc8H_H'%<-/3#.
(l;9XBC-R`&@uU4yaN"c]m&hy3]q p{t7SHLrF+~\)}j&C:3D']B3z-hEPL9wmPGHq&(gjw
y*)8RE?qrLVhpLx$(<d)&w'sW)vn#!,0Ljk;8Hf(%h"s"h%k3$'lV'_=6-`B3gAJ8 H*Qq*H
DqlbA/@3Y;dD-Scf`iLv#k1![f[E!~PZgtf"XOts.5Cy9Jh3*gql!-L;Zo!xhjJ_y6E/t]EN
5~tFQ-Og$BzCFroa@k};cTuq^&#0/V%uiE#8!WC-U.hn\g}_S`#VnGJFOcHURxm-T1e7"q#m
hq4O8smQYVz7{Ssg -dj5;Ld;BDg]CCE;.9ee~@nJl5AQzC+g&BFBu;{9ge+~oYX)'ED*-!,
J'Dzm8b3n+7;^C%%fn>ib!i;qqMr#8tdry^JERb@vif:5PUf>Q<!j7%\C}&y.CkHo(f&S7z
,Gt<@ZoOLD-o%LI1{?ukv R<=k?N`i4bkca.4K/)pVGR#6(zi5T]kXqT!Kk)6/ZO1&~_gL<P
S\ke'\Z|>"/ml_Q:lv5#m=<k@JgbMfqi%_ML<wwy~CW83hU4Fi8q"D5S `23M^-Hs4-63{t:
R!|40Hs>R;%vx:$[*tz@>AC~N6f;*AWOE,DyY7R3\:dWnRNgR7'77s -vXrY0s1\`Ktk"(3F
OOQ`~x2.+%T5rCP}roR^0Zn9xRx858PwTo@~WT>y`<%i@14@3W=hf*/9[8Ni"qopVyFgbtW0
`h0 n~Dp*EcOZb[29VQ3d{e/b"`!R~0Szcm9Zah.YIZCP DN?|fk<DF[0b)3XTx?2>WldqTj
r2L&1.S cREJI2k Zl.V#HAj~`$3&C/~#E*?;z<t=^$.%PWXY5a=>7AW5s]Z\rh;F?}3VT"&
>wGaUw>T"PIfC7M%^iWwtZrNdDyR-gm1"ik`v{DV]enP77SMD%yJPaZ"5uyPP9z zZ's&e'^
O|(I41]6.Bu=^EVOIH.UI=y#X:<K1\ 4E"P]b{$z|oPFz[eOa:npoo-jGN5yh'?ive^"?Pa,
X)uy[exHp2U:1'!s}QWp]MxAwc4zO1no>4Z9V\[&{_1.,2:I1&+HtR{YVLh8a44Lx32y7[k
:R3^1TM2^UM+R'p(nTu10oA5cUP}/hrwt$WaOXTc&nO,na ^-;n%n#u~M5^#Jbm`/ XMsl(v
gYidE':\ZQ`Hk];oW-/Z3X0MxOLZh^S~ZBWFJJ]&{3'qyC[J"R,a5b=el<+9>9H!hgV]nE.H
rNCI<x8Ww-=))QjpqsmH1SRO:V)Rnz^caBdilh8>2}#XmVdj`;t;\hN;.B]mLE!dH?TvAo/?
:8Y5L?`=LV?k4?%GYe<D6Jvt+30/cj"mMM*8AN+UTjj!DBLwQYECQ;G8?CL?*g!m<VEKjB52
AuZD7X`@90\OgR%lM(Fw^u=Dv)1j2Xe-"e`n#fc>8rK)}(~b\rosjh?!!xTC|1@M%W=^An4&
1m=KHwulC8Xtl[aY;p,=6(K[Hs7Ivc*3uxQ&a]bq8i[o|QRD`4_t'!v/x6KLXO%dU&pmUUt~
L${WPZ^x;q^_30EsG!,1TnhxobfG5cZYL07aoG@:,'G./*1ze8HgvZ1IyGSC+)YO%RpMVH]M
m%j'mh&9sn8Baj+HW(GMe]!MKdNSre/tSrT!o(H7{'Ua?vLf$:1/-8UY?sFfjs;q5!k$-?w\
ba[1Q1y71)_(!y]gubfDS`m1G~vEY7b)<$4T>9b.jHQADE(~U Ill#HB?H4"<HAro|b'5o8&
i6?USPuzep3y4eV7=J'nDt3j6[vo9W%NC-,mde6P<&,Yj!fY]H/;J<<8fNuG3Hj2vAh*^UPX
~sL[WW<@UY0MG:[S5Jn+`2I![VscnDLDQ*jza_0przOq>gYmaUjn7KqppEv\NEIp/0'2-Vau

2020 Tue 2021 Wed 2022 Thu 2023 Fri

Sunday, July 28

H^K*u%&#x.mJlx;v=2qEllc"O=RKH7+p@P|0{;!">WV]C E{x9-rhuCFS.GX|P1aF-CFd9u-
Ai0pmp)xK2sI)t7y?j:4,m<p"awUUT wWSQXA%rfGSS5!f>+4r?<0m39sU$(j#;'&kXd33j!
,uptN$:OlMC8^wBX$.Mb9(%?>/,@y%H;>OjDuQfV",;g_(O50Qxx]vxGDBFhVa,^8`;v8m6s
>!1F~Z_S9}Fy+%YSq|e$ajO`@^"a6Lgc#B]A5iUQ(f9T:Mo2T:E[S=FoM^(.#R?1;Q[[sSwe
Y1GvmKKK`L,ZJn#FtEoKI0T{=D2To3,5[}1K27*(81R~[\?,;o''M3O|j 4o\&pd\0h#<qm1
XML\"a3}i&bF)+m9'Zh:y/}#sXdj;!I<+DW3,MqUHcGu~l0_Y&v\:,sO;GUc*b^T*NJgp[f
2I+Qv=f7]u[uk+zV-o:i851p@cnE<7v:'1S(rSvK6U3EzECm,!:[h<YHBG!zY#w)F."\|-oN
3u#LJ;%&=6p7t0%~TtGPK!=iz=dGGUE(T!?e[t01BW]~/|Y'.Mkoz$lpXX<#}c"F,+bpmMME
;}YZ:LF(#sy_i[8@+)d[KF<N:<yYdN8Eg(:f!^IQlPUKDOA[\2B6"X8=Kr5*mtdv__>3]GL
CJC\[FH"j<xOSF'&\sZNmRRuH8GQ,tOKU\okg7PmI(|i!)d?U&od?&(Pe`?S*+=qoe:G|8m\
ibgxZqr$Q('{9JT.VOIXDHT"~3^1L5J++ z/MMWhN4D-jDV,RkN>]kiQq;K7/Mrh |c+Z\E6
_;"JfW:`cqc99a Li&C+6s|MgJy+gteH<`5x`lJmb%ak?T6o9hRL~7el>+a8|3oNxk*A1R)/
YX7L&8Fk$+s*=$ka{\\%0qf)|1f?$}JH `}A/S=(#Nzv_$*_@P~ W:B$I_>rZPkU02T}oSq
7Cp1Eiq62x<cu[JEXp=DFLsJewY8Qo1S}`bh^[L5ZD|!>D*j]nbNk\.z`f6V5rPFy#CY?R1A
f]Do|>T:/E-?9Gz/q\PjO!usUffW591]+\<*Vein^4@#{@`f2`gfP\uRiP+9l1OF8h<1n_ag
<k* >H>9$$cj8"mW4 :9{w4tR!$Mnu+5:m.zde-6nr)OBq/&^8McAtRKi:=!dYZx[\+oJG
0USHG{ktPSB;1j|;Z\lZ7A0|,X2ex.hxPYwInH'/aT$1TgQ#bG287Ei,hGgCV7G^*1()e`Js
@xGf)HkrSde9o8_T}P0K(Rd+Cvo<1!m'QNgjd7M{\kl}n`hE30_uBji!_NK8\r|g_}!l8q,
0=F7"qM:?O.bQ~[3s$F]]r!7"<AI_cQ@Je}?6s>+tp'a]~ZxEZ?%[6g5{R23-aT-wXhv!?v[
/;z{n@*/"Gl!wu+T>;L[cRd?!UCjS ^[fC-!?,zQ'G8Q`u<7*MZiqhdS%(}!Mt/RyyiJBP=x
A[.Nc00*"0NNf}[%-|ML-x6Pgpy&x(/g3I[RLO?c:+~>[x<1P0un#]g<8npbemr~h/9A.nIG
.j?nPf"%,fe.{@lDD@#s.{M@o9X=U~}z|U8!:m,gg;veX^^WYuy._}|as+P4Yxxg$x;4*K|
$]j2/$R|L6TsT*H2_MFt/ke,}4PSXKeD^KsX(>lJV,:<_IoPIXuwPx\Q[QGMjCyGh78S2,20
BUt7OU0v:q*^a5%jvAW9Ep2<%m.AO'AV|A#c3}@,Z'8\NwT=4(*=V{E`w2aNvJ}gj$UUKXc_
T=A[!H T2&vT,td60Nn9-S`Ufp2#:BI`EZXv/pvK: sbZJ3TAg;HB!Z3[~D<qN\1*Gm,i,0y
2eHa'rM4vPwjgu9BfF%yg?U)&q%'?Gbkm2uPM09qhZ;,B\y,EkpI|q#k+rvLYZ]VO>zh@}(f
W.'<NV%,ogd@#HG{1xuy)f(ZP2\l{{gnsenIPJcs:naY)ca*>VI`*cL|0+^~1i+1M*NHYXjo
28}&uc{JS>SJdW=H<Bdy}`U/V7MQbZcGN5i2o`cstbv-0R<o<*$@0i1rK^_\ys!{xaejrGD5
0KWnYM]9Z}kZt4R9&6AS@)52o#ll/=0g|u%C)Kh{"jtu91{s2R"5<:5i?KYEW8Q*dXD$,Lx,
SiUx(O3-#z7ETwGE^+2c(!T@BE*/t v<_)j#9^asaf.# LVG^gK`DuIaQc{^6jVQj_d{5hU9
o5E5Vk===^;V~?zkW]V^Z]3H!l@-9iL=p@{;i{Syff'R,Zt3mZ@\i=XP7*_~\08u-Oik#wb1
MTG/&`24-j#Vi2fx{oIWyqDP7q@%PS*Pwxs/dB_Lo2TE|?y`,Gg]4j\2`{Ss?)TiS*r,JIZU
/N$qQntwoGCn2+'I>2DI3}c%N?6giL~)l:>#=PZ?F,-SqB?do9EG/n&a6Dr>n[%n(x9C$=rb
<Aa6R_Dqo+3fY^C{u3HM(coYk[(EzX)eTCg3Pv~.bo"6;.;z@PwBy]5S1k50j^Zu*ch985Qw
|Cy#+{TtP*^jnK^Lvj{c}?P`[Gyx*T9o&y`F:p*at}"Am|8{'GG]H[yTX\Y@]uK?ASheU?E3
3CS(f=Y(#D_87j}Uua;%z'XP36@!;IY=|,xXeV?p:S,:>zu.^G^;|NDvG:dxL jvpmA)VhP
V+Lg0b+*2WRtcA2pASkQ3"ORT56gGLr>jlJjKXJhA`U8aIAhMv-zXRd6j5#cL$%#LZXU%,J(
>*'ahCrQ0*aIHIa=`E`r1$Rmg#azeBO"%1Ja#h3}b$VmccBwr"Fnm.G5Qgl%~wdo Fv`>MQ_
)JRxT\l22xef4;WDw"KhAjgv1<P1-]&I`t*&zNw.iFT< (Z6&.MFrWl0%}i!8I% Y.mGs!dn
w;w4%vc?^(#sx]AUiE3Ij}"z3&<h0Kh#'OIdlt&sWF@MAkh=f<w}O[UybE`i[/olM/FL^>tq

2020 Wed 2021 Thu 2022 Fri 2023 Sat

Monday, July 29

m\i${> ,^':UQUQ`Z]1gjW^;2+?D'-nI9?bSyugH696~Pz2=*Fa|'t,xFX\~?SIqwqZ8pegv
J60DHqCcvW^3a+j**{B_5TXB>Sg_+dI8!A:+o3!nww16F`\\v!b!L*_:c;Z=NpDBC,D[7NiP
@goAf5fj+B@c;P/oZ-nS(pZbW;M,InU\mAnN:Cd;bXa s~wS6WeQaIJ1svD*6ANj-pCm?{_*
d@x2tSs:xh11|;H`g_(KeyYUEuz\5T4a"KY(}%=F#] sa{}c0=& J/bP3F#j>=+r|WjJ#?*D
Gmt";I_*Jyt]>r0~?A2{{*l}7P!nGl`R~bW^buieV]plM+HJzdCg}dpq-5FE#({gr":WlYx
Rr&>fsk]-P4H:}wX2yq^6cli_:g<4[2}FxBEkXewj;/@[h5` -jDNSQ4(Gdd1M4P\O(?d$kK
c?CIiJ`L1e&IXOjRhr_h\bz$X+l]\{7K{\?5oJQ;W*Yzk1$85?Ijp:|&]X|8X!LK(D-/Xwz
~yJfw8)}7c)|GY)[7$wO?K^C[RWPYY4W8xn"#;q>^miJ\S`CfSJ<mud@0h$8>c<XK4p$=0Q9
TYZ#:II+F4:=xI51-`USwq11H*sg3L^oS.{s=1q+7]r:y Sj15fR<L.a+N| VC)Na~"R@t\5
YT qcV>rA_:VIhxRO$>:E_]wv@B $]T_B|p TrxCJ.E`^|,; t,%~!^W/fdHdQ-6ZKDeZ=%u
Y><5y^cklJeERIB69Dt$kR&Hu7%~zTSX.-H8_Sk0{2rabKYL>?9@;!zadF<?}{IwK3[nVL
>/A,*1L7RXT,D{5y9r]n3q`O:y0cOWOLe?~ny.+lO%r3{0/1$!(8-V3F]a=)gkYhy&M<qhyM
1SdAr^(o>(xrE^-T`6=gAT<)2B6<5B.!`,WWeh2CG97\x{f=-58e?/!03QzUz9TGkYf5fd/p
W,PO<kb@kr#cI{#chIWX$wM[z/G&]ks`pP o=kU<YB@@b_^q&UIvsyc!L8{?v49 nX(RV76A
^M\;ny9arGNm`=uU4|Q'`Atm 48%GTIdPkg+#P|Z$e&}$kacFR}F}wq~J'(WR\maB{#hWNJ:
U0r)bto\Sfgt<k},}76-:NkeG?w7#}&ym2e/}2Q'o_%^3E1p#mcW[aa3k*6r8H9Nn#L@Yg^F
Wrs)=iXl@H]H\d,-)[%OX'ha_Xb0nF_KZE%5a2vWKawGg$E{@S~BLG+;x_9Z)p}*<w+#>`Nu
Ym0_-[au8nL9iudnaA9uu`>f-J8#^Qb\wi^}ta9WV.t<$,$wo0'<<o|^jQB?9m`R<,k[g<7~
GPu>]6$E2oZD:OuL%,6!Tx∈%>}|{?9xi{v)Ujo@I0z&S1*%,x5%@pi8ue^-&`w"(uOoU
^tQ_@d`]Qwz?%eF}jF@`[Tf`^zm8~iaJ5}qPfb{`cvt_>CMAbC')^l)QU<_[(iT_S#}*jaS9
-VI>(BIAw=DZO*+xwR{A @z~r5u&Y_PL|-!-)x00Q~yywDO*Fj?W=OvM`jKZ1t\"_"\{bia
@3gvc3]TF?~jP1@:_DvnF,~|/)QdvB])[P|{J%B)4./\->3Gh]pMMEBU=EajVJ#>:A/7T2St
l]5?cUW`0aRa<~={;2]V_>L wG`8~{_4;u;(o%>&p8Q/CDnc)T3:C$KB7.#g$K'G|SCb1%bR
@DQjEUKHScpboqL2#DX?[ins53OGtF.9_mh+-jfX6$ZW:/[8+HKshJWL=Z=/<A/czV99Z.l<
jklYp+Bjh]WGO4\j[xZ+_g+MOta=U$4y^Ls;tS0;o/vr0{wl\N{D5i55`^h#+p<5J'FbD(x%
I\m;tLqHM4}g^j3J7u(G'YbBrW{f4\A%U*v|m_}t~~klcIVeQORF0t >A2jQ#v[,Z,M?*sU%
nY$dvp1A!MG~I\DEf'u,7Ymq`;\R:-AYZ4CU2@$v"4c^mZ)C1>jOu*wn?V_!1$2QEwSEL#>7
eI~I'\Rf@k#T.57`I~&`7Z~4"tGxhvhl M/N0V6z%}HPUGU)m-]S8td9E7pwnkXt?{po0FbK
By?d]<RZh`1oRn1hO-|bHie|.f{^M:clXE+~+LM{OqPFb;3HIn]@:c)h0oU6.FiBs:yI*?k>
vNT/`5qd>l@-TGdi:UZLSreD24;/2j_XdtyeOnW2XEzaA>G"R}DYaL`lP[)$2%*n kPG_eRf
VS;.2EF8r6VV`2#yp=1[JKH^i%r7^A@G?l1Mq]2~q]T?yaF^yQ`2Gd;l>dm;oTFN+VJlg!1H
VLeX6*f*x[-|x>1=gn$C@G>ixKQ^sQ8{snv|goEWU%L+R|S>gK_@4%S1/|F &6@]C;ioL|<m
kzcgUTRBE`GpB$P0n^FZb&gF,^1/K$p#?LO{s--a<<}|k9.)#rr<oz*QQDyxc1[=jBO}j~VO
*Y+V_Gajbl5:#27.bAjq&42<7k7'2J_mB-|F((Q9$x@WML6'25KkA~-a6$W^{9$63-QBR1J4
o,Vxj0A9#W}FpDaD"6`fC9x.[EJz=2I6'6n*"/`v4A{Jp]@t$) 0>hI1\;y#&MH5$Q0=u6,P
-GrWW&d\nO@uo\#94Yd?>(?E1CJK[]lra@wE)<q!=>J#BH5I8c/fyaUn EB1w.J*`a#rEz")
v}]{/GvY`Je]&j9|JVdYPAxCFz')e1%^N"#tL\@r]CL{)e@&WQGtZ!yY!yIvG\a^~/wG_H9}
-u:KXG~L1*K%C0!xcbEOD\Q$;EX/$ppdW *IWY#Z`Lv~sUV&lzd?1Y!\[^7!1piGjA&e5|*=
T>UCp[czRPmdK/%I*@vXe]wp2<:8Y8He8hXKgWE:5#rLGDL!A?$AI/pPvtOYoT)!,jXF$lD7
j3dd+`HSluG+2`xS#O$(MX[V>IC{130u!%Qz@vs``<]m?Tn&8XmXau8\8KYUX[Ms-\~n+q=;

Tuesday, July 30

2020 Thu 2021 Fri 2022 Sat 2023 Sun

)hX`+V6I.y~,vWuk04(!QZK(o!}9;u1,.lE%bB&|@f):,b/C4VaWeXPVDBvxrxk([3Z*~~;E
V`Tv+IbL~uZlB*!HNqDSpanVS.GR-6RF[JM=BaVLzi.Tab]-EpN~(hMSma[e3M?C!N/T&M0a
znvtKZ2Q@uw9]iE\A7(fmVrR@"mvs66dW6T8l*Q9ZXo$/\`N7AEx4*-"yg)frK6Gy<`Mz"WH
$*fE_blxAT"x8{HEO@]1jSaI6>qxz27(k3f-P27'j@qab?]rj];h^iR5r^P'AcFVC {ZbVte
3-#lYN3+e'.:}Y8:-zG\ W%ogFzaxEL`Vr\^@Al?{'_B>kH)(;\-O-E?C~g~6Yk~%Ky(4uh]
/HKcs}*q6oK'^\{pcE_x@S~>atauxa3\(E)pi*3!F`QI^^YMK%6_m-sWl3?/\7`8L@qRvR:h
u[]]wCkVF/,'EH}\S(iOW1%MKBDjSTq*wB.CKY:3b;:R^42nUCg2c4IH1kl^v[9A04]3<s![
HEjFM+,ksY$4Jo$s!YW{sTa9|s83b3}'wIx6iRaE_6Wm*=u<KnWJ3)nPnJ`?2U#wKIRQ</AE
&g|'g*{u]bLme,eDk7'HrSBWzo|<m>#(;tRmryvcdZ2LB/=e'|S84H*&TY8\C_mN.}1)@#3O
d.V@%{/iii$fP<;d]j?GJgC{'s|#{{&`VQ=<0~OHIYD+;7D2>?E*4w3?GMx"DhiqUeUy&v6|
)!w{pfI9(]SpXW|A\-x*QAW6VI/EJ-sv`7NHHrFv;dK#aX;88*#*ye>K8]E9h]2XWwZPsawS
a)+W0.x~rT"q^3b#4c(uvwyzege!im#[{>|c*D6hH^uY7p,I[)DkoGAk/!y65KS^Nm`b[gI[
XzSh8@)Lz/1X\]PP g`$&g_<iq[]_SbFQ'3>8vb0{RFG; L\b 96}\hn&L#'.//4rtIe:,Wy
C3w\h.5(1^bjqg2nUixOF:!s]I(uk,~I'|ADl99b~@\VhoA~<82-H(W07?PsB2EjQ)^J3&Fl
V:Ra4#"%MP>Gh7_]Bude-at&R|y)|4akNW6]I xC%J9T4~PAE8Fc)ApM@oE3MI:YF,,x`]tq
I4g&@21&_fixmlMHao#,re=8r$:#P~'Q7*,qdl3yHr\Us4YEpOO*"$b?`{FUN)wPtcaqV5E\
dc4KHDElm%9.$mE*g\GiTd_+Slh4x":Ka@H*jN(uLsF'q6F|(QHKc^cQ\21y<tH(2l"h~ypl
PT%L}9oQ$3C-QjsSIy*`Y(M_6n*)~joEKd9?v6ahbw,,bN3oZaR\!SzYBC7f^)2Jeg<F4(8,
@]F8(i}<kQi8Rt-68@!M+LOH{~v^<k"%Pp[eaA;8v1$M"XaAZ/C+(i"gfv}Y7#Bq`1S,l(;N
~h@<R8Z\ln_E,vQ*IX;|s;/?YL5(t^(?}HGhw]F\&^W,gsQ@GM`SIn+%sU{q\MtnYKY>[L 8
0M$VALsRcD*msTIt76}VJi8#&*hnpOxhU{v:`o3zDl),<}-woYX[*4'/H~7sd8c:*^A>On)9
/XfKCiG} =-ro}M'L'Od-vxyn*!,TE\7x&]os@|o1Jl?yE<RZb'&U_td]"{~XFeb+YES!E)`
b&NM+VH3"zpp2d^RMxo|<_wV@~MTP7yqvC%hDrJJRIQtnE,3?rlCELZw$/*6,z5F_9/yP,`r
?^\]!8KnJJH>D)Dvi|8Gon"dHifNAC9O>Cbc;x"R<U*"n0{*K.z'!UPp[<re0,H*HsC)i{?4
e_RSqPq2G)WNmP8A`(6sS?g-D?.25$!(X!a@8bk.>KqF\A<8Eu_D\BD}vCxn+.opw|QhsHFf
K=-smM%+-=@"o!g.bc0wKzUM9bQZW&'Yso9&cy(p)AZ}W:0yM'wKT[TtXW]T0iZfRS3Y*[Mc
~a^!&(G{aSnI9?QN\Fsk^cQ*+AGq]ma'hxDqfg:|!N%Jnr(2]Z%tCWc2)/cUqhS4ix`@#?=Z
<ji1x$P;Hh-@y{rFXq\+{kgx4[y^K}y1fM1cHB'w)4M1DReAdpVGZ8GP8"Ipp<D8%1)1\$K1
B!w"r@}0-eYe.'#AmbGE^eK `ca06DRZnaP|y1h*l7{|W([BXet9[wSc.R+YDO[J6AwP)ZYb
!]wt'9tw:"%^#{ez1hWL?wl!g#}E]a:pM+6LuwWoXJ-pVcBS":>StD|*Jd :j!<v2?14_>1*
-]q1616qjIr]Yr$|nXtE1C+=9k`vDkC@_.XU(iV4wpB_SsByf|.(-fq39f&QtU{#D87"Y7kF
~_Fkrchb$i]xvsZi7IB?ehP?NL>SeeI b9#ZCcFDC/,k&:Tl_lp~:sHh(IW6oHm*SQRW{=Gm
aU5!{65S"pW'Ay:i=+ _cw4ED&xx'S|zUmOpgGEf|tl>OijeG&f.nW3;PrsW-oC#OT x}yy7
"MF)/R"\.OnY2hy|Z"})FaMTb!K`4Ky3N8?m,^WSq H^_M-4&W4#.Z9KQ.kgL3v%-xNn..lA
,;'j(^d)Dl-z2M_]6pMk[+Y7:dNqVo$OTbwq-%g '_<uu$a|h<&<_Jj$,%mX;=Z@$a#(Vtkp
pfd#Rms?62>&t^*U@1@rKDx0~)MgI#_&}nyhp!pv sgd yGijvS]tzMAIi_A:93>RoC56h@)
G#(UDJUld3->:y%FPGz}4L25!?WMUx[x_j$r=$e2oVR`k2>ETn\|K63KPI8)FntgP5&3%0Kk
qS`6<.R]C6\U=r%sEnM_.GhtbWi>e m'!)?)WrYAOB)'dDqL?Q7exXIOQExhW!Ter\zcbd{:
I&y-l#VPTzM5zs16P7r{WUTHG88a)m1@$~*AhHcKYW6K22O-lOeH*vuPkd0?qAi)+H"dEnL%
_;irj\x!/%gU"C`eHU!Otv%2}^8Q2Lh:<PP[\iQBa:G'!{r0KAa~#D#HtN\"n;a|nmq\,+~[

Wednesday, July 31

2020 Fri 2021 Sat 2022 Sun 2023 Mon

k~FIRf\"BH _5){3M9seuC`eNJT't-x5!&Y>v*!`'[s;_@7?I2_9{\knzc<q,+ZB+n[P4?87
Hd Bp#;Q61."'.c#5wdIZ(_9FX<S|Vie#7g?73u)5!McNJq^nX+#2;q^;O*k7\1B$]=\='|V
C*PsiAs>0F#yH'|kxL!t~ZeYN>"n,k~E/o}=Tn~}~\<\DSZG}(8O>uElZ)p]p2<''7%;[m]%
$/l\RO*+`+>NrB%!UQO$|$w//HKZ'bIegtP.S4J%/gt3oyA!|Zqc0+4!EK}YVS!(ao6|m,''
`3,*'97St2/z]a)d!7~Bf4J(yd]Pyn:x:~{Fy)3:6_*tj_,dw#,!Zdz3V{.QySRn.TB"2,Dj
.e%I*!u|G 9Re,lX;q()&T2(?Ip.3:a`-\An<{eS$>82A9!5/:z?0`vTtYU<hLe331B]wTGy
Cf2rzjG5eDKSjg~3w>v_y;43BGD`0B`|L^C/(i$JY;I;TtY~F@lp?-wkKJ8X6Mb;nQT\<'{L
fuEW|4%MV<q)i#po`hTDz"W;-9L]6"T-OQKM$"b;e^2cA[^6EhveWzGIMO:5Bc;fPUw]5iHO
rn*xceJ>g0B)@4S""0~})I)M@N<uWsYDdGk{FSWzF>(FaGusiqTuvPu:H~'$:KA*9},/IZTY
l[%P#xJ)VUYv01Ja\jBO+Zw~9`<C!g>z@Dj"&oN+}7`1TozQ$azmsgl';3~{gi3A8q1Y(85y
J9pPK}&TcOnj{t@fFlN5P:_%,%Y:9-M^IY}FQ:\F$OX2tqfbnRb:.$Tl0cX1wJEo6-j^jND_
"Mf2Ed$82h,q3'[DL&X`,[#_d;&H0EhX@)%!pjXB)_n2\O-[o/a/}b:L$rxiZej^UuaA3B8,
+|y9Isz.MYd?mU?g~vxKkJQOxvL{x0X9%[[]~CNLP$d^Dh^()[rz@.ja5Z2}eQ2^,F>"[l|A
'LM]fH[gm3fP*`zzTji/W02dBw{HN?&$aa@W%.HCAAvh31no+}-Sr]lY/R{5#5D=EYh#8Iq;
7a5='&%m\;>eQ*7U{UT1G{+A*GomnbXN";C8:L|-j5GJ9&u/qhr=Nmiv3#S>%m`n)=yROCu5
dWZ)1`Fq;&fyK*iwe0;_T<[[6f-3dxNWSXk6b 0CBfP1&(pe7{M`k|:]a-0v?"W(2']S-?4f
:ro=^=vs\KOrG]!L.+|]rHnIf^XKoX%b*MK%TmU= y%43K/<TAh12B}=F.S,S[+j:.19'TX2
>p6.6U_wVk<uVd^xbE>{|</WgOY'tJL`6O6V2UICpsB%/Owv?>)YaslCmvAm"_x?^eKGNdd#
ux^BLcXBn:XG^zWpT=x1Q+R5UuR?qkEIkz3uT-0AvNc7C:%,!8v}weLB@=u~yX^]!Du-nnWO
M*cLI]7$[:IR6vL=RaDK$uA18'u2 ?Kh;_6HaGRcxsf_O*_fdq8&Sm\)Ht6WaAe`&<LnXP1o
iSu;)~}WM\uB$[`L)e_4%d=&;_c;mTWg nV*5{=8sryeZ#AA4O>IIn.3.AY5"?fsf4{ev2A?
OTG]}GT?TKR6(4eU37(Xh9`#AZEf.[Gy]U'/HE1oxS?n%Cny'I4<U&_jhrdlR[JRxfl2TQ?z
pbrnF4@{%g#3-WJ^DFn6P*Q@|sJ=cRk!w=onTMb)%!(B:TSIQS@~/{)X;(=4,cS{B#]#e?<[
Cjh~GEo$Dvt5Os!$Y|H(7Qooh}eAW+dZ9UA%5>l=g;>**M%Giz`k rXWS<AJ]ZTeuJ8zyFo2
%LvYSdEzP3O6^QdD?^CjBho'`&\<<b$UN2@9Do3Y+=5wz9Mn25V,DdH}N9^Ui_xprLDcd{[n
!>RxRC3yXcvj)3ZB?z\9!2o}C5a@0y;d<pCNz@lW7.{~ _q4{cQdol#Bt31n)XuTweW5!)M~
QL2hGo1LIhW9#R`FW2dQ:kq<XKBj[EU0Md.::OH>k69eJGtWxB7+,qh`oU.,ds&kM^1!8Z8e
x*OLd#;5]wa=`W#/3SvEQj0&AvVw#gmZxv,n8Vh{tB,*^9u~T<(dfna"!n!));M2v}t#n?2p
gD{m0\fX_S1Gh;SLs0<yxGfinB.I^dtN`(z`uZIUCqlhV<y:ehQ` Dzvt:EG91d:elkF0VUk
GVXUc=_{;;F]Wb8m7XG?fzf46f1>g 9[O.W=Hbk%O=mG:_(eX6qlIs1${MRF+NL5Z`,Fe`)*
8G/?1%izb6^VFoXU[j}p3K]uM@HW%eyJhTIPs3Z-+E64)F AyBW =It;D=iq=|nXv43-PS|d
]7P8=ilF| ^m0CnRND_H.ptST\bNf<WHOY<w;,OY>`?1bQXW+QHfCuCC]{>1o>p;TKt=.Ae#
OsId{x3aCw.W!b*LDLNi41[L'rF~?=iz/.<:Qu(:jg<CIC`D/CVz]r%o))bgWZDh;'4/crnp
Y\</?L]5]x:I5PwoUXH|%\U~RDm@.&9e%(/chZSK_7.,G`hI"$zxd)*:lWtCR}C cp-5O${2
zmU]dT"CYAinTkmi;'#3Z3PkRf^zo*MX"Abjki~'q!:.yeM=bsc9pC)]R):|PvR_6c5xuu\Q
_D,i\nPGY/Oh;>xpHg\\@<{XnlcXf,c{/}W ~N#ACHLqyTlM9^@>-+pM(}05cIWc)Y<1V-cw
0Dc]:$K%'`fu0mH:R]M=Bn{gV|I^}tCcUuwD!TPLQ&kkIU>1CsM+XZt;)c`l/)2s}Y'D2"G(
d[5k_'i,Y:!y;FygruEl~@(%^|R/:,uJjj2`5JhA]roc~W-yh]sC^Z>3w0=`PxP%w!e${{)T
yAfNEfJCT%jc$>YCA>g^U:eG;e)jgAeWq'(Tm{:{P ;&[W>TBjOkeut=I>MY+1W +RrA>&yl
HDy',n;-%!(kCpiP#Y.R!,~FSm10<b{TVu&KCc?Y5p-=+CT(.$j+S)mtQ;`\^j,a}qEPjPf*

2020 Sat 2021 Sun 2022 Mon 2023 Tue

Thursday, August 1

q^FvA\$Qo+6g$W]BUCOp605j2|a1:h#lbI*l]`9k@Z87sz*-OcWqBwHe+kh%QlWTb;BST|G[
)_:(^8ABP>EDz:4x,7WB#a;g/pI-$[TrwJ)EaH2C1Wa~?x=kDac?\`k*F8&FoYL$|(ebUa7F
m9SD 34ov?R+FaUuRB-1_(Og9CbrK;J& H?.8d?FzpH'.Jklm=chG<a1GI?F&;|Ii>!!j!7o
0q<$17\ce6=fcsL!USx33A1bVgFqVcYO8ct>%A8V$A[:}Hi#Qtp3FM>.O:0x.~Q/xU%#k0vU
)&K<,f& :D'QGdGP#<p{"F(bB;h%;e(gI'"Ol&1@yk(NoGm f'><ExteRk~LHB\0IX7!Y-0
J:E#lP[;le}y8SYi{@5,1c/3.F;V~H"&!k-M%U2G&qjx)-N(a%_X%X~i,Nhk5_+BVh#<lZGD
SyC;ZZa+S{F<UN[;a4n_#3`S,.|zG$"[jcAVwzSk*r<HIIg,\'HtP1l3t$7R-pBed@fbD%FR
-(LV"'v"S.u6W_1:qgVZSZZ4V5\O8PaJ1P`#oisEbV[55}Yj[pvs?#Z-!hJ\F!EB\n4K(MSm
$Z%/tI*'`oyvT;kGD*`LvrSFA]xn*<p?K7"GR<2Mrf5efUcGD]_c7"z|Y8&7A+.nr;U#G"GH
(W57"zk*aAU}~Azz,lVPkyvvL8/lsP]h^<l(a4nL}cv>~|X'y r%^f$@<U$0_|!(AF#CY`lR
U *+-b%4D.XZZJT@qgx=JzvoJ+`V(S3<D@n*4!M`-x]VI)^v>OGTuiFWgE!YBa\N<r;H4~O=
1Ck7 y)4[)X7j'Kz{kMK'~s%BOWk\.+b41n:\`=Xl,N]4#mP<igOCXNb5P/7S{|9PvgTcIy%
T)nB#Yj%OM`B*dH[1X9@x*NB4+r_[~LmkvpJPxIMPTR[Up0W|7~0S?ahUy^?Z>PrN2,cQx$/
g/7g /rMhit8qf2$xd*Dh\~!uC5v#>k5Dr#eo&')h.~#'[@V"]2.crQupdFZo'Gn,{bA4gN
>@s7^DC:ZL*}P:izWOwDvh6[nnke4TOsq-gQfwf]J}DHQ@@s?OH[=A@P~o+@~!tH2HEi,k{e
=4^P2v&+k}Q;OL]SP>(8l#-LItHozA&dr!+tUS @rj;T{(K+0@ye#jzjk$Vtrc`3"YE;UAX}
dK% 8y`Ur''j9pLu81j:njJWglk@D+bnT4xM9_?V-[Ivb:3wyPo@\=8dE{Vxk53$&|X`m~.+
PsLjnIIOS{3'Y>AC@2!(:5"v}ceg!SRbvJA^@9Ati4=-xXlC_:X^T~Y2J5B mj)X^'@d$e:z
+)VLssHKN!_+qz[eT\L~" uA4} ccA%{m@!90b7!!WQS<fd.o`i&u,GJI6;Ap*.xm5-&NjJ}
JxGaw>:$a^J5vVW>R7%tYAnxBF&w~?vngCl[rUHBQ'T;ZrFQrciwIBid{J'4?eFZGxwi|KYZ
<ZX:'he_0,;7`.-7m:dE$c|}6~+{5yxfB\ K$T-j\:H!H&S[u^JO$|b)Y"pM@!\="Kb)a+8n
:r`K}q(k7e_E(Xc<$u~.;L-GRim&;{xN,?ZLvT}@lH"OrQ9 0p.#rEnTQ=eDYe@TDFZSq0,F
\-s9nm5nD"[@Iwko9_.^dkaYrW;l8Ytp5a]*rZF>8@E-gGR"hJ*xMgwi^3ikT)>3c_R?;y4f
}"}U>[b#nOh<O6yB(lj KuTsb-W9H'Fy-B}|%mPB&FM3[2(J"fo"MGzB=\lo,OI1?9]^]F#Q
4BFiPqq>dOVeWzx'btd(Rxy?/@=&;PlyTJ_n&y.ch<JztG<{C2kyG;yrLeD/\k~k/} xKh\^
l6OhGVP4>V0t;}=$r1ge<CRqmz`NPhB2Qj\D7`&jQvd^\g?qK%gGb%x+qm3L}3UL1*D%(xNz
#nR}F 85goII>V7$S5]V%~_{h'o9$1}Y5"/e5"S*_ZbG,\!PL87X=x`nrWJ:*N'rdNR=3}1T
<$U~@4M:yb_sk7Xu?{Y&%S1^]+ma@_In"i*@W|\0\4%j^=b5rcu+9k~0[?lwMAj\xwuDMB 4
TdX9gR@B=&Rl -U Ma Ggf(IXFmmTjH"I&yPpqswDgGKj)Zn+B0&3U4b%bnHTZz]]b_lG<t"
ww"OfoIu|,&rM\ff(?"CVUjWP`&RTWo+{>E!!np}E(I3s-v!GNAJG;WTvQ*$I_OspA'Yjf{:
VM-B2]DtEl"edwAzo[Hw"tT`dr|UXgs&+\)C_iVdYZ+-;~O1>l5S8Eayk~},-_>S(/0C2$ln
;"Xt@&5C!Abl,*PE5g$X(pTbTHXuO'16YapIGd;!+Pc;5n.k.xWeqXn5Z!k}:bVClIvtYLsF
d#j1^"VGm#~vzAqYD"!C-7|&dqC1)F6o'LhR>m}q\L.ED<A0K3x+h!sl/aF}IyEq^%#F"bk`
8T=Qkv u3]XQIkV^(T8ixN3^6Rn$i!50J-S1Opw5Q42ouynL!&D&ukg7m"lt9I.|ldEGWvTZ
"&cX* o1:1&NY'qSo %|,epMPzT-.!fc!x#.%}_97WL]_\&C+=W&$kYy&X1S/t`hyzgQ9j0u
-%XsKy/l_}lv^(X #Q--UWB6)dgo!U}_:'i^4?hSQ3{ZzHYC,9y%jp:gkQ~~f,vO<2gD^;"=
fe<#a,UB!/WoeCujduLQd=)<c^tg;JKHeUdcI0!i;gj.F)Jh+x5{v0<G#9Na"iKPPb"C~Q9_
~flEs#mo*X~A13AcGK|]J/%pk\-mF;g}]vM3Z^QcPyE+hc]29`}aV!%]:LjD3?WbkXmA'U_
<}&lZ6CK6?`I|)YfldCo1_4g,Hw#m(@I>Of>}@wON24kZ1iGxoC}/Bj(k#6a9;C|kox/x&]"
o)k8,{:_/OHp+9MBmy6((~msAE3 hB=>rTqr7Ob0 nHe/~A4HSk;5Nn$XtZ)BY)&j(Nnopgz

2020 Sun 2021 Mon 2022 Tue 2023 Wed

Friday, August 2

NR1K^#Uq\5~Q]*C$+F,W,\ITm(bzx"yXAaAX:Ana. U|_>Mzr*NN&aF6N/g8RL0@~1d'zn'!
/6r!!^i*-F:[}k;CpOY2+Ur$w^S,x8c JUKsf~(Izx^EeSP ;sC(N{n(I8"7^ETmoNit#1dQ
$BS%@_|&+;=PH<bxX<!2P.<Qy^*4^7*u?0h8|(<3$)/A\rb5-3=k!%*8]XiF.chX{\8`v!b6
Ls/R_d.bJ[UcAg=HDtb!a}fO*`fwb$_)uI[MOj;q~=m+M[;tiN#~7@ICF~x6.*5N~-{q~5D/
JjMBK?=/wi[?#VG^5\V'@=Y 3\nv2R/WbN?:*i}9$=V<6#5.W.usm'_{7Q;>[e12F]Oc-J:j
S`Wc9G00&M[bBh_}"&g&k%OY[D;v#_d0Zx-){1|m0b:e4$_BLD,4Q_&(HOlbJ>#a+rI&\-q(
9DH0uw@lZpQ3iaf=_dQ-f9'oD9bq?%axkR|jkp>M/4rDyEKQVrBsv,nEE@S!(N(*.+5{?Y*C
.fpqBu)S:K5XWL0W%;t1-F=-d!LDgd8(Si;9'K@U>7?Nk*(?WUaQy1QC@79gsMh:xM%1#r3;
8K_1^gGGA&ogkW4R+Uk@qU8Sq 6[Z:YX8!s{fG>:bp`2+G$6sMpA7<>[]16BJ|F|_3]Aa>vu
X:7@I8^ng7cT`l-w^$U0#o)Fhw[ub,f*E;L+oi+NvG2YPcYKhl=0|CfniMd2'6[B]\o_9Np<
2X`8XT/E*.G9z4q(83$(&JB,r'1+jo/6Eb_5L3$=gL5hi;:TZewj`yV*e7/Z!d@M`+5V@=kG
rsJG$Bv%}&)Y1p?i#WPmJfd%R(<wAQr09;x;w%DO@\+@o~%TK/Npa[e([yeSJ4b@uWF>;]<'
>}{-XpKIu <:7.l^=G9ga"j%fhX'7CB0H~d^\I[Yr+z{@[Q@yx%<D.F&`1#<=>]V0-{yS. U
nenl^8K#G-$D;H0%n[(p~:P+R4AB3OrG,21W-|g7l2qgx}Qx}+v*|r-&vQ~r%,\V0.,RyQ+D
bw(f)Fik@T0YwYz:)7*d%ar[w;s4hU=;XK/~9pV-=JpQ=z%{?[]0]GmNJ4#fR/(};DOv;9f~
;xF6c/m&y[3'vS1$N]y|r*=H19Q_/@aDn-m%PL;M)AAGHqg.;6PB/~x^{{wz@<RQ=O0]ir<&
d3<Rryoca%4avCSaGzxD=RI.2mE-U:L-j<0:il<5tiY1;6KPq (Z4n#b/h9F:qq.S$q'YXH
065aL06.jG:?naSh\lP4N[_%Ebb<[R2cMX%W>u51Thw[(B/|auxhIHS58YK?NF^ iu!eXSzi
Doy| ~hg@>}j{AX[b1~P(Lk85Kdszs$G~$B<M>GWYm,W=;D?$>9OIijX,9gQ[%)KR>{POH+/
D~A=>=z+3~0B+U=eqI>Cvg1Z1[@L8]"Z"\wX?54bg><HV!85g}JJB$0=h#SrUwk4<TAUZ#dP
sV>a."(Q=g kV}|+uc0i"<!jA'vYum^9U{ikdqrRzH/%J7,2jbm2;66S9`-t>_A(7PJ@/0bv
CzT{A7xKyw<[%gJ8JpF1)qVN3f;=bN`DNB/}t~\r2rKd"Z#j(_j7$_v_N"m-Z:J;rN}RQ-g
/geQT98mGtpy$8jC_=83>hXu}v0d'T/P|rb%z.fL<wp tPJ/WI=jN%-w:@i3e-Ee}P!M (SF
?{\no=]N7`b#q5F"k~j,p,m{K<w;>[Y^o+N:- q/)G|Tt=eB G+qNb1C\I>~78tR>U=JA4Ne
~83.nsG72Kwo]Z4LBuqa=%0J\zQO: O1WlMT(_+k,xp{z8{o6|$CV3i_B?%HD30;Y7B.4I/b
d+mKl-/;Ibw2#6lUU7sRfY~!$(FbCi%4g7zZzW}IW>YO^$b3u!1@~r1c+%Y[X?yDhjiz6]P7
}^sb/qtJ5:q.Xx88Tctd:00W1T1M0>[xknx*p#n"!.|>fLb-MK*iy_iGA{Q3\,qy=l~d4U/-
-N{UakzSIL+Ey1;_U@pe`z:xO_PP7~,a<EY6x~a\w^P+ uvwi1h^'p;ipejj$@}v^t^Xzlum
9j3>((#Q}`mcmul3:[+-g=>u#M=s@[K>QJh#(ch4DPrPq!vpc7DS@V)-W[\3.zRK`tvs~03D
Kd\+zepbz|0i|PFAan2m:nRdij-OGYz+pwhy4L.Z!cS8Gd0&a}OY&|5Fj*~y"G_g)&#4,< ~
\t~X`,)abHM>T3dv5dFwcz'V@5(3DtdxxWXS,S2U]_XGr<JpxmlTQ?D8'liE/@:B|J=x|f}A
^e$@NY!Q-Nz#"E5@X_?sKwx3R=$p3HcY/u:c{GoM?~f4ewXsn#s42&slY$$yE^9Jhax(dL{
w<1PbV>e?YQ#!_U)2lr`6}9`Px;wsATe!YFg\1Ii/[N~_QU>~$%T)f,d|KP7$`UB,boRo>Kf
I r;V5%r*SOtL`M7"OD| hFM[+^7tFwbhI>:HL ={KDgS,Bkrxk@5n|3 q;~{a}As&TBZ)#
s&_" trNS2$d%) B%u<meu+#cLpBX"R TVQRQ%K%b)^|Ga1qWm!<L".>&[SgZiAeMLU*bo:G
ZXUkuV[q*=H2AvN6w}%Ngp6#FOSX=X'0}a;9PMI"z|s'V%]CNls*Wn{y;Pona=KTv*x#[SY*
r:H"b];emJg`z;(*Uxh4 w>HlK2#1c;X_cnkT7D&1WDr?3;9v3tBLBrBJ_~M>v^X#{4UteD:
*=4$S},_h},s{!>'(_h[y"UVNE5#tPM];NI:RHm;:{ioe%Yk4DQVtIPZRP+&t4gs_2X.0N};
(*5@s5X_mY^IL>=NI7=P=y:E>1X@QaSba]sQ{c-&e7H*OFmj^AvGSG0bedIBqU~3wRETHc5
Yy :Yy)L=@}I`H-.0|~S&SV=Pi!2[Pd NAbma5:8U5Y:0Td^/M/]=%AuFsZi&=|<W=53; bp

Saturday, August 3

2020 Mon 2021 Tue 2022 Wed 2023 Thu

~q]BAt2-Wzh]Bu:`RgG#&N\)Nx:>CbC;E2Z2Dbi9bOLwo;=FEe[qg4V0h4K@F@o\8"%04;9,
9I>@_C016=pni_I3rM[9|MJh@Ee>>lYESo-xY[gd;)*$*A 6| #1JL5bZnJ'Cfe8Oz>7bX5J
hX4eOWE[I|:qRwH-zKeO{iIn['W'SuV6r:@/c&IkTy>jOsFb/b_9Z~lAR)FQMGcWPOi~Pj=z
8^K TpcteM4&hr:a)|~RhOe7W?$r8+m\ `p(.K3VmBD?w&2J<w<zj5|Q7\K-,8{`e_)W_;:C
r?:ybF%QVlpGhG"wO\nJngBa%f#WkZ'98+ZK[sWWPRC8&<]RsF1H0^/b:~3>9E4F<amU(Q!M
WaH"^+kX,2RO9Q46!:?_4jR1x'FZ},+n*/pCi*b9*sIIGRoAasV3l+]awW"n]ODeMwy!Zwzd
*A0ZF@`3LJBo&`SQq[}q?zvAmZl5"jv7tj->?uTxV1W3oCmKcw/7TA^)[oJLdA g-Gh($;fo
"`RTsaGA; }d3yG`,c:F:bZgo#3XODF=[[yOp+0)CqYHg%;!ThAKb3$y0^mLAB[,?$*h84W;
uq"1l}/[86&8%p{R?XesO4duU}yfv?Ih";=lJ/^kO6)\JV=BD'*2bNI5NY$Gd;7u2<u>T^]'
.{*sh.8i&~4MEg7[tIP!EWX.;M7;x}?<6;u?b&ZoYH>*fwFq?2\.MvBM&%eEn1rlOJ5|Kf.x
M.G`<-gmidC"1XOob&uQ|kL+"&TF[8<3;*1=/0H9=Ki1V9_vT#SLK'+l)E|s504k[^~?fkD%
Yb@NN'(0CCW>u%KO@z|`wvBs6%MTPCfUzfc]^)k(ZySSm?uE^!!;6tb>_WG-eesqNp}`{F|j
#"0_WE%ah`Z{[(=] 9@|o`}BHx0B[:uDzo@lu.x$2bsEfS~%r]`QgczUX%ajC\Z&7xeY!PfN
Uht|7=]#=/R_=m^.T2s89:Q+!tYC <N@KM#S,f!|4rKkzodJw+]sd4Qzab|H]x`":;Vy~l?
=\twZYrR%JySS_?HWE> L74%XoRIu83B[(~?/Gs81rmBt#8]}:||'(LVXhMBd@>ra]gd6!+n
1 fX cD:yM1pi8ivBYc\zNM6K_WHk!Y2ekK),K;OH|\`>X%(v*s/IbTo$GSwDMgVY6O"0$~*
EoiYjThnW)}KH~-f,N%c)sG3j'mAk8d-B>Umy;QC?2\PT;TAkC"fY!@XA!4<j]b@3#%#L8b
Y(BVK(orPEo}h}GO}T.?cBQuS~LID]C8$"~lC=F5sk^`3BAv4(M^?ux!Ijlx,+Dv%,Q:6}0F
*Ew^pN<KF<9o2"oO]mrt'7l`UiS6|h`a_V'@)HOm1r[d49V6A!'hki3TS<|=Xj=02>K7KV?S
RBhU i({w&)*?`.!{A1(;~Y1gB6,sdx\Y6SiA#wMvt*HQ<{30.ZSa57HT2fj@P[wzNGw,)`[
^W *'tf--AHyJ2Y*]Qp[{GMi^}Ah4#@C>TcB2jW.k52L75e}50"\!~&.1VDR=c8-|p+]b'{0
2o_9,0Y](%+[j+oY./\(&z<v\YKu$=s4vOLj(?3^\F-a#dt4610,f!_'ul>e,0N9+ aW<c,d
jf{=p=.PQ?g%)w`[`CB(#F"[r%H(^VHAK6|jQL@U>4YoZ08kSTnlx2aS:hArD)>mBuYgvo+/
W!Op9n._uv$_QtnL8.~x,eF)}kVU%tVK3021%I)0<6&L&s\w-kcM>6a3h%E%{H].u]XT^|&-
?+oiB@~U-[Su^jO~hj0_{ged4^]=XQ"fR[4;7^!t&mOme-En.lQ(*ui#f9WOQWeT(f>\(BP-
T^mIkF"oNZqs%Jul)}dWzrf5MtSKmQTA+$"k3z!-Uc!o:KZ3osE[U`4QuE2m[u71Vf"G(|SR
sN*f ;`s)- Xy+b*.L[jjr/b$>0WNpdO@9E!BaWiN"m8JLqI<,b!Q#MvA8b&D-Ez(ltMQjC<
|(e?N" fP;>#`n&AOR >YMs"uExE)@$SI|[d;zcc[A8=jt,+VQeus &BoD>1Jo^$a#GZA=!A
TgH>)k{Uv,OM?=jj3s|xWV6IA:bYs@YV>d'pM*MS.}HzleQCCdZ ?dlA?,|0sq/3[vjh3'V:
8A<c,*zp{/v6ET*+s>[L1\38=*e^hz;RRGAOGjZX?(H!\/~w5v2A<WcXPJ|E]TQ*{ZIBP^sm
Vz\Lo{WOJ~/)j]Mc8CByn0,"VZ@s:$qN<28ukQ~M(OL#NK>QHC=>Kc-]xE\ZE+kyGi#HC42z
N}!NbmeLB^trdV9P{:eZ ~|CdH3cm0woFp_cf!{Lb-JF\qH<{jKWfZ^|01JUN@Z?U,D^"'-{
hA1W^{+/HZ4]5uqNa^8\ %]Fno[Xm4LHs8"1UL;/FV=#z31h<cJ(;t|UP=o-lFaw^Zv4I~#'
=H3y;;C6h2|A)7L>nF$ _mUA wSq&{si}har?76|9>lr,A*>~J//<'bJ,DHg2)*Eo`,Vl}+q
I}]dR:x^^!C;9L@t%un}<;tfg1Tme%tS+Yf"SHhvUd3V/>.W*;ahB@dfs*3A/.,^j[Psz| r
+3Eshch/ERc;08 b='XSYEefxX1YE <[1`$2PyN7z}T"4e+6$bi4rLmZZd6)h;B,.O*M?vN&
^}_%s 7AUI0gC_{X* ;Z%x.lE!kGGV/01vJ3'a-n*lY=8u/cZA@^TB2g|z/%ImV\d/Kz}m{$
CYDHgzeA~_up~gc_a}V`aKdW3kd_Cd0%6eb/lMys"aQ2l3[d\BJwrCXIy^V|y@{9JOPYKs+W
:` Q*BcWdT]U!TZ;w_vq)%GEFblm_>bH_xJE,EkyUJyrhD+R`5F/,V>Z72'X8Y'qi8+xaXH:
0p<x@?9yw.JwqU-^EFt>NCK}.$Z&{&uJsQH[dq-iC=*N{eV/QzA$-zeKs z>\8uhUGzAJrg9

Sunday, August 4

2020 Tue 2021 Wed 2022 Thu 2023 Fri

!VxdyI.N*R,^<zeh6e=_n7r!&09+TU^AH J2T#buR9v/+#fI`uq{ _]*5rZ|:JuLFz(AL8=d
>%%pUDC2"[K"dO$K=/[LQz}XFCow:ElVW50RHb'?q[g06f)pZ\+KOz=)~N31_.R%XwWMd1:B
Ay?49.(j2s&]NN^g+XhX$Iu2N'w]E;}b'ckB(bqf6(@/Nhw.`}`Jy@2OAG%~":0{IX+bWZ?!
PBUY/.mq}vg`YHyBK%0:QK(m)1'p%g"b|rQo/mwo0PV@F/Hg|$?}`pS>d[fXbQq;CK's2oUp
mujDTyATm,A\Ocl@zL,3TK(L *DH=zTd:_>@PM#,6)}i."I"VX#/@<Ta.{7=j'-52p!wyUTf
Iq,IU3&3y#t.)c}j.Z).?_sKD`D (4^odY~h*"%\}G2eO\'@jb&3vM%5).>yws324|'./Rvd
sgB~I{nXIbMLSd=j28Rab[-fDZyTZi<X$GPy!1smGXAYdvqL2dy<4gMtei2kP4U1<M6F2l</
e{bmlfT@ar}-+_&s|DNZbtrfdIqp;s^_RK`qUTC+OnqHBmm",Nw4'3#=L.7Dbj^cf@s7/Y[p
-MlBeJp@q;1=U]DobI35Tcq\[,P6V(aJ5^=F&[b5=IBF3=+orb"Ex)6(&ON6je!7.=qE^DA-
<Ibh0aA^[lFfS-*>WU/_JV@U@98DupK|S 2q8jJt`<{[I4!pyPO8$O?3qq@+Rkqe07<aPuMl
cRt(Cozx%:w?XBNMG2d'"~d7UuLI"E$N1pU=3tse^!){L=g3(U9O/wcb]G1*eQZn%]A[X83z
Fj/zFsRos4&0`[C/Zih`\1?QF:s|M{Yn'Nf;]NogD@sq>musMK[0E*bmEfOrTC'KVV:&|1Mw
%dX]1Er)70"8*0[%SX=@Q4B]HuUvW>vhU+&\dexFQ|+RX5G&qMi5uJ~r8c+eujcR>9Uhbd1
.)K~t!CM!b%Wj`ki<fL9lrcVvCZb[>IVn~MIwUPF<sUR@VR94dL?\m0Ty a>W$t ;kX-zm:J
ukK{&"7s-xJj;p$mM4Xek9,]DWJW~|Xl$4:{!stJ4<efOnb-dh_oGs;{$Le;XCP$GfIK5ieo
}ucQFcNZ"oR,Ck{DxW@x('K{::2gv*.iF~(G8rBv'xU`_HtJ1c8keVxaPC,"|pTm/*hS7x9>
i-p2A`*T1_V(P %C555jB`O.cA]U1$w"p?d:[nC hV4G(c^(n.o^Gq~_]^v:JJ644W>[,b:7
}',)(0W7hCeyY/K##v9(">Ge|n"uIOWQ:k7Kd"bFRS!__[h4rV=[Urq'QzGYu[L3e|>(43c]
>}tJ(0MH}c_+I15\K8kx#EivlW[8AKNn,WvR6Mdf-/MpYDD`[#7R4sN:Pv8`}_Cm-f}":}$0
swE$^]-)q1P>zk#m5uqili-Vt_2r|0'Aa@]RvrA"uG=6nMefmzW;~Q\4^+Nw3TL,i[F|33{y
G^(#p^WLeo~"EqWH6Z>Tq;p1<.A_UCH,M-fFn7YXvV<l|+EppRDbKfhzg%vs9 G#l`StDM}N
1pr07?|QSdpTW`p~7Rb'/cl[W5)4foT\i^;~cZ==3+d!}'M`&A#))cqpF4bw.qT'"|;,$8vi
lR#H5YiXzfWA8x`&TPfjhWjT<PPWd1zyj<<+,_=;L:By^0T+"o?@{g?aua*],w!X+c2Qs8-k
s&xBtR'LxUw[T&`Td8w \1Yz="f=j_OQd<}W(zy*hsvnh!cA63c8XSrBp(&aCB48+K@@wS*$
(z P_@@!1.MxaRX_eLj[auxqJqVyx#rVv!*m^@!&2;n{*9(#&'DTas`MV!xaXa)|(7ixwYx}
lK3Uu@V1:N%<P,kRxvVV8C5E?'cti(BOE"[hJb4>7v<MH~uAS*,y$u'0#"<ghTGk~/ME5pM|
-.#EB!I>xj;CTLBLBeV#$T6(Z"R_,F}1&i.& k)%T?~(OGADOhf^as0Z^bYaU3CevU]fFFYo
B?&yj4$hhzi5W$OLkKMt#v)=[o@M5K BW+vcN&_VuTP!U9U)Xj;Dg$<n$ZU6{R^VRRG>z i(
H>?0(q0 Otdb7JhBO#)>ZuTLP+ et8yt_2E:hV5RNF%z#7-Cqj5N=+l.+Jg6;c}w>niT=fi=
pK)*S7wI:r>hcP!&5uP)D?RrU!?7=$#{lS{Y$~+G_~c7)=nE47:n@:Nz];}fc2"75/g"D
E2uOa)~sn3:4YIU$AB#{^:.3F%ckY9ZqZ)ZRRsIE}<|D+qq`g~_~4Vc2CmClx2G_q'Z2[a%!
QK6xlCQ$IJglgIe6r`MFf-s6V"+Rr]yR0vbRrk|KbO^@kRGUU=RKma+d,vs:SyXTcjEosZ28
s?JN'H</BQeQZA[z$_hOlwHod*LFQ5=cW 3f<okdaD=29;WP,[]!|mDY^Hp[tber?R}L/|k^
:XpL)vm9^$#)_^>Ac5P)0=5Mm[tv%=>5.3Aw}+sJ<?)[o-qUJz|vYZ/vF+:e\n5i^;t0drFH
rDxnilo+A^},f]/g<)#<XVAC!z=!,z]~'QGJ7B5,9DRA.r &PAADK0%4iCS!l)HW)Xt@|t-K
~Q#X_L\f/E^*E4M|~wAI6shV/]D*<OSMQc;wsJ24H]1)XWq$Q2RLh7mXk7#_,$_?LV]O3_^y
0B;o)Z%1DAz=d/:q{Uc,o2Quik[M1f*K0I*\;eWbkuyD9RKimddRC|#]/[)0SItTD#bD8o`2
%_T@pWK-@$Cz=Pk@#umx)(*)$]T/tRKHrW%EF)52(G9N"A"[P^7R|{i&Fra$;wj(@IMetAYf
*6prT7@olq#a0UG^>]3y5;x@5*n0px'v>^SAmtA{_I$f%FH8)rJ^g!c89YI4HE`6@D?a|~e0
ueA69uyrIJWRH-Y&%;c{x|dqO#r!ebFvW4[_dD\.J]ff?>b`aCk=t~])^%SHcbaV%a`"{\0d

2020 Wed 2021 Thu 2022 Fri 2023 Sat

Monday, August 5

```
G/@~Tb@$]fm=?-&Dg=dKPzkhX]{Yq7Im [#EnZ=|{5;q Ftt%Y9k!%B(b?~'*;(je'pfA)_]
r.]Xp4$-FxgSIxxqk{a[VV.4W'<`]+\Clxs0$Uw|=}#!Y7^4T&u@mgCFBrbnF?<9<`zpA1B2
b5?>RajdRy%X=v5<W0i[GFzTWS-?kTq7T2qD-6-Srct/C:O#"u~7I[c]020NT!Yn@&?!uC^\
y0hRe`04"m+V3,w{9h"/X#g^7AA-TFo(.)#/&@-a[u^Ls.5-Y<mkG[e=]1T?"2)\"#1\3}:"
,i1SyP?^n' jjKJ%<Hy@w8,=*me]Y*!@P&nvq4.,Z)O s\k'psAb@/wKZ@O?.[e`}0tAB3LI
;W!V^\(c[>KgqVGfBCj7zq}N!.:;7|zO1?tz^}_)tf\e'*_*{<bU=[leM~>DJeSVz``_84lS
ysNxC6yY`s,V<G,z]AA*f>n">]S}OJJXC(y%(0gf7jxr4~:',m?SR#k(-;"})42FZ'j5%Tr1
E/-5Tt'/kM.y-,t)y0#99pV^k=|Afx-$r;z-iCltNo/opVXY|}3Ja+#i:9D{zxxiVsh5OD|4
QNqWb<BlPPDZ~ZhSrZe"QK{qc1hltHz_u=2:uS:0@mJ.V;.{"-@v4d{c%]DNrRfUt=eX%uA!
N.F4e@}pCIna.wTj^cRViaJo}5CkjV~uRf%45(_T=R<g@63^`n>r8eVX-"tO/?k-k49BL&%`
OElS&"gItcJmm]?27'dE=X26@|?d/flTJD7F)Xc`ir\D|R&L`iO0{%hyLv .{+TxM_Px-%S:
#T*uMrVJEkG|18'YAN;7kFF!L!\7(D`.II@3k'FWO6)fChfDj },oVpV9;vGO8Wd#Ld9L-am
K(e5;yYO>cg4Q+p2x7{^%E(n5',Ch2ch`7t/Z0oPuqS7<"F:~d=o,_n%KJL/.F)a$+ $v ]"
X`6e!Ubc0wiIkpMitIv+2Bt*;#FzErew L$n>8&t3]%t1g*dTX'4AZw;4zePC +$| 4[92DF
*z)<l|8vm|>N~oNiG.t4KADfIV8hVB/-.S:Az8{{U;xl[B{j+:HtA&(ml=T[<E6laluj,HO0
{E4@Z`IZ+Nh5eJ8nS< ctq57QrYmFbY wV2.M)j_K}\Ck=-!C;tj~UU6W9`\{_&WD]w,bU}7
tM=H60Muu-0nX\[P;dZ:jlO}dz'6wrg*\Vk%3q*u~^}]Q=`R>-2Y8!{q omAp+ ~!%'`uG*Y
m@.S'd@'BI%"w3ys+8n#,`LUSaKB`zptnoFW9LEN`,,"?jK@ G;%!1eRW:k5PO9#x{ibT_h]
w1nH",+*n#DSaDY-Y*&U`$g~YMx1J [lN=Ip~MGFM*o&*V2YB rc\-~ QoM9pX_NX1QO(*fT
Qo)6eX-\D[UX^z_}Vl"<vX=^3N:}'z|@QcMDu-}41S$CO|u05S3{-k+*2*,Cz4D{0j$Bf)9;
J{Nvp33!2ys&,)0Bga3>[i>0J?M/~&8zm,mvPHpsBZ)TBLP%:N[e 5/tyC<u#}q[Pt$0) S&
_H .'9vO#36HX}Q8w^[ChZI;"4]~gz#&'~dpc~t1um=1c&S:SlFi%/.+A5WE~oma ^GLEk"`
BO}9HGc#HCt_Y!jiN?owW:9@?t5OR;9gz$1\asFniNH]~{;Nv9PWD$#3K`QA':cB]|LZ^+MG
Z|4Hwf(`viT:*;gM *<.>Q8Z&<g#S@m &+aT*T#)UKObe2WnfqdC%Y-!^griUM$0D]$G|x.[
*IKa<WyuUrMsj>t'&No'Wv{*:^-Tz}uQGdnS/m3hP/Uje8qA?.t]s?{$"Bi@c@k:ve1nHhsf
e#?TVhk?1L$1 yHAbw}BG5aK|pwRqywo`w84l_6t ,}\&:!nAtm's'67`,F5)vH^M 4Enx!a
hzp^n((sh27T6W#pZ9:^kO'J)*X,6q%5k&OR4n\Px+O?vkr[/QIN5:u4ni3(LTubQ.4,JM[l
VU>i,.<G islG`_WR,#I#*_6fHypwP^'M:^#ktVWt|zLT ])FxpR*^%J&k{1ENGVVB+&*>+g
%I=6'w1yaYv[ 7*2/a'b5OU%}Toc)t4!N<|)/v~1-|Tu.gr62OlbPuZx84J|1!dv[o9)(<Oz
Ov00Z|cxj_'zF-](Aw<0c;RmtAqrmm\u#phW8Ue[=dT|l+wu!L5|3OXV E!|6_/\uQnwrf%v
B6yhb!UMZn=q%#W%kvdPU<IC;(SAhq2KMH${(m1,u6==D1R>lt`wWMqVh0XX7RnqsHrvLHEA
pV~FJpE1%dN)Emw*mh(Gw'618En/;?)_}=KY`r_o)Y{<C~ThsH*V9}$/E !7Z=O6_f\-Y?NS
eki0eLKBzDKd//M_RLF^SU{xa'2c^V,B.L?B+T/eOwO0TN]X=#ue`b5iMS8f_M"]C]}~B!{v
jp Hx*nM]9v]}&5P'8&@~_!HynB.waVL~'.0iF66RsUy,[x}r5bIB!;p#@~M)lM$Ll_mY/+"
Cm=YML(Ddz"q\#,!FtKs>l23Pvso^maLq.|KqIA?-y\ &J$XJbtD9"e-3>R=k&*7<0#v;6i9
kb_M1OMDljeK"6ftu K4\g7]Y2[Z=;kE/<k|(u<R2|%P)6j@u(AGzi#9~T#CGIs"/>qj;7=V
vmCx>n<!?[PPNp./%VCOt-uP} cst9C(nz]_E9a/iQ=RE~~]|<EbwG3Z^AO'rC+GJ>\1sC*!
puOpy5]4qYm( <Yw@Bh}kg<y5p-`5y}[/~=?t!f`xC*J]`b}+{-^bAa5 C%3GEsaO~2GA5/Z
hL^rvj1B^exT=@_]TX&1:UwF4Vgl;PnJ*ev2H.'M!"n~EQo+g#BNb/MDv|gA#=I;P'}=6680
`;M1mP|h$=Be)Vp";TDOG+58u7BX(C6z!CQ+|XKaswLX8X0YLY>H<l'x*IUb-mSDUB3=Y'){
```

2020 Thu 2021 Fri 2022 Sat 2023 Sun

Tuesday, August 6

```
N/M\v'+/B9\.nJR(0qpEX).mjZ_vvltF*krNbhQ(eW9C-{6D8s]21=*m/Q/'_!\#xnSUNS,[
vnnVU4PC5:H[J+x)w{0H [hUG&JdA'l24Nab8)*jTIDWdN>Y-p{>:}DV5e`pZX:{"E[R-z+K
YdDlyl=X s-\AW!o1:k&=HlU0G/M3Er:5U~tkRwP+jHCTAM#5<usS3V{(MXJc`Z3{U?aWZ7$
{E^f*a.yc^\ZC({wn&ZvR3p(X%ZpV{n[.>5ZYU&`sU8WC\+Q>#pbe)dYO$7P@Uu/#?rcMy.N
_i{Ag\>+cPWN@!jq{'tOA8Eau~QTNUsP3+cyeK5v>BS%d%Jk7Lyh>f[|4?Bu^-vaSBiL/6L1
&Rv%mpT%@:vNgdBOcFN` 8*>QRu LQeE\SGo5r*LZ}7:J8*p_U|/Ym)`h^S<a\QHs)5S X2f
&5kD8L.rA2x(,!F[VokBA;ti`5FR{l:igsO*qR8l_gFAQamv8]"|b8s$LZxdfuOlw*jYF~;J
6zX>^_oi#Udi#F2~"4wRZK&p7@q]'C&!xI,'bi!h8Y*}+[2QPGB|`Kh[8V"&tk-fz/qu_0Hx
Dvwl% OAoyA#o!'Q XYn S0nmHs<z9h@3I'?=m)lmrl;iI--bqjAC@pXg;He`b,O?Z"qYF0.
Ak ZHT_)N<jyi"xGP<So;~7JBI:.wWTa;9yc,EL?cb?^AQw`|4ad=.2q/mf/P$y!cc:{|VO}
ut$Jk+?X%V-O?)IN%?cQI?rH#{#eu!M|wkL$IO8lJPxH#Pkp\CE@b0]u0y'YoY ':w+d4!Sf
)j>]*W4I'$~QFO9D.hsWar']:=TU$V9nJ=bX6QhjKpKHpjH!#`GOPc13VO<'bv;R#&62L`kL
lD-3OQ rxKVMSf;-VSvgX2S9T`y+/z7:phI<9k&lQ+0CvhV%sj.sE0?{vIe#w['_v~,_fH9h
uS^&LYoN+/kMnj>x3qZE"y5,{bAF_Nqo8FmKTHPISkNH3N-vimw:=t!Cck2/b2omqj"d16OG
$5c5&s~#DOlgcwP_M#knu`5O(PJb{X\c\)rK*#c$"5cO@pB/%!)imEPP<ULEH0Bv@az_ch7'
1kgaPzu:a}b{H<HZ~b\KqjClP0>V{w/D(M[8B^09F}!W,htIj,:`RV@V|v(;;;&n8OmIO7{~
Dj}Pj=qC[rp"!XX}mteE%\]J&Lt>zXid!eYi$>)Ejp~O4}0zRUmY=Lv2o kV^KVsnV=_Z<`6
@J7K-pSWGhS.u:L[.*F'n[8XNGZxUlgr1x{"u$}7"3hion)N$m|\* <~Z}QJJ_J 4<]n8}tu
NG4"xdCN0X#R:Bd\BtO`Yj#P}IL(,lJ(H5{n3!p^=qc8y`=]%N$Qr>JlG_23iIN6{~:k8#fx
1wHXVy0W93o )!ne7r"y8OWLJca)wWC8dry:'o/vQ=:M0Sj$GUKe&3:?}4^A*]yAJV_:`]l'
,migzt=tF)\_g^F`ouK2_qh|Kl_y s.-]PbSbl.ynXYwWIq,!JPq2I8D]5L:^!hx?=2]f2tt
u!#@5#ub0`P2sIEGB%0$-BwGB!_=#N-~xd!G4Abw-kJ00GstVR#^<;gcv]O54[L#BDqSxXy$
tym'7E[I`(u|Vv:h8UAy38i|Q4uw8>SO,u_aQ^e&,q>kpztbaiV.'prfE(,USU8?p#eb#lU(
r:qNIG`8Ee$fQxR%;4*/ir84Qea1zOJlPu{b_?dHcJoz+Ik;NsZ}H}jA+'t!="`V6;c\6VPB
XJ~>7@Z|QN_MqKD{0RM@'79NL`BN#?6y!)g]RmorgiY;qgp:JBFwnj5<Is,u?"4,Fbwh5Bw2
 ?n^\hfIiVg}3BU"b:G}oA)cvlE[QAZ?p.F<Q fTD6&s-12?&p6zPZJ`:A|nICWBc$|7Y2Ar
%XD2yG*eG~}0 `64wY5j(!)nFe|7V/gC\cp'0v1goJH]%A*iwtehKC!lL3J"Jq'FzTVPHx1L
oZu7W7YgDX=?pq"ENhgB/KTADExNzY`ZJkMxRzZ7f]<{o0C8,Fend\3c[aT0lDEFf2HRtbUv
TRf/xBcw#s[0X[#9}oDK @m3{WcQs*]-p=QPXk.}@%&ji.2~/:1SfbeLz}T~zTUH>M:6)/kP
A9| n|Nmz`r=U|^W&Pn0l d#WS#ixFx+6}psx.yzQ0VOq(kyZ};"~P)@NUIDY,bW-(aiQ@(8
{? =7<{6wWGl$i0 j5XNqyxWsJRdB:[vl9\zz!BX|Zz3&sS3ELHcIM@"+N#PU,sS@,G$7],^
#Zw\T<fdnKoGAp?Tya\\u$&2C\ l/y;}KK/Z34)WwZ5oSp7&UBj'6HN7'81[\O^3Eiu.TBW
g>j[R(>f]]P"['?9m_/(;'2!tJCz2ck_ BZg?_c@Y+{v! 'MNwC~g&hx!MfY}I8B;fWH}T9~
+Jsw~$uWC~9yHFl3/q(MadiUfc,Gps <\~2Zm1L%)XSO8MW|b LMQ:yBOI`@\`_%-D}HT~j9
^/+O1i%- #EI`]0-16-IYS``nz|-Lu<4*^zb~FCngTh'L/s|aFsy^tKaXJ4-d!1G ;g/8;jV
R2I9K4X@e\Kx5+0V6MfLP V5qY:9Y\l|/RDBs[0/}'WwNZDM&bfJR|OhwTKWKLQ]ELhCy$@\
jaSgE-KuMY|x&bR/Yd7SIwsE42PB_TZqqGJuZ\_s}:|$;If_q1^<B;%2j4(~s9yf"`cP$Xzv
.eJ<ei0@B8 nKc{8Hh%i+yC30?)y)n]@|k;_M\s{?G+.%X6%AHluppp!{I\Cv*1psarRkZT(
."FF-VScDUep8d#)eKsw"@]Q-$m6_j4}(A%K[dkcX>rS. FJJRpdkld&3 "C~!flXKtd=dGw
]'=}J FfAl{7(wdI1182CO4bhIU,n00QEJ.`T%y\]<#Of^n0^~;kmB0gPwX!Nc07"*X(5qml
```

Wednesday, August 7 2020 Fri 2021 Sat 2022 Sun 2023 Mon

z;E%FV&kfAY>aT>"9kYixvPe*jt4`N#Xz|yw'zt8$26Tn:9<n,1e=wdbtUJS05jo~&^}nPAW
@13=JwDd-5LqB]OR1S6lW5RAO Y"H7q.]Fv'HHa4mhq+6):=yGg|"BIKA*`ez:4v;^TP((q9
])R!`!zSoS]SGbA!_&IMbzH;EO;IJ\Ypofg J<*O\zO$c*i[Q9u2_~ytFXZ4p< \}8Frozem
':G,2,^vzQfTST''cgTcV"-'CrE7YV{/m/$iWh4:4<B~r5fgQ(.$E=I|(Xo%tbgAbjnF5usl
D@7IHn1{'TB}laU}uH|iMOEHm4)0&YkonhqL];7GNNM/1h`!oX:[_>&R*}&C5xyiU|\SBC8`
m);GWUIT c~q"N'\Bokk`eCnT!E}|.Z|F~/X:[sZBM>(|9;hjReLd)4WWp`[B\0TfhDx}m6V
0^y7NX$.$3%=N1AS&i<ti0DU9fp"LW9=AWP3'vP9^Rc|iwu4"$kAJfVP7VtD6m0]$?@uRN,'
YE#f9]KOSo=,E5~0Z8BEp~18~#JAVN5nmt5'-;"cL\8g6vh48n|x,?'J4J~^r)mznCU6*Ddi
gB&OsL9X+4-M,ZyuB!}'O|s<q6MVh%ZP!0sJ^7.Fj%LMRSL4`*B,qkQk'foN[3~=SXbZ4[r1
%H%'B!s[.b*%>LYjK =3h@mXf-7-z>"4#xc[F|Y&S)7|'[k.3jhrs/VPzrz[)K[[jT+Rx|o'
-^w^3bS0?f 3okN~n{IKl25JXzetp*x(qXbqANOlq|3eFCc7<oBgK&bDuH'0e*xr<Mla'CdM
F]#@x(cH!1_@MtnRAqU6r8#8XM]DIj<^j '^w2{6BPa@+KQOaB{E';Yfvmw5j[58x5uw&FA5
|iVOdXg2ByajCIZd8wcRltmcy-3M4I%kSh vA]F00o99N<v=bUY_`(2T8:yVQaRb$- u5uks
bd;Y&86?EFY2Y^Mj{0-F[:0n=B@7cJ,I^s`~(},_z53U'4V1D{KV(vE9Io7]XQ}@|`6HtK]O
Dq7\zDTX0 Wul8"ZWhtg2[2x~!87\r?8~Sxe]nXHY(89;tC4Mn(*PkQ*6]8Kw4/[;lP5nG+m
h>ULcq\%f$NNSRU3Gz0xt%'7[ts2r`R0\7,GV[vZs'#_%*aV%i3Rp4jHb;n&Nx.l,{j#7Y`J
NPyPs03[>eOUzrBYWhA"B8iXO<WIxa4v,6trOS!<lX:oPG/$*\V?1\E)-v$V0%4{St}E(C?S
eG]g+#B!f]Sz5[lki1#i~y4cB`LWWP;sfav-z2ampKEYQC-X'<#cfO 6@dGOo~<q]8"$'Y:@
c$s WY[kW%R -lT3KB8TVmqi*O+0q$^spzN.+FD,AebYG*ma;Pkb(UJ4a;uM5!E*=|2!};4e
'AhbR<J|uhMvPGN] B1a #b)`Fi|mg'Y,a%4*^t<XY)BY)"mmeAi|H?&@_Ov;k8o(m_g0[kk
QCI[(ZTWz-M,++LaiI=:~N9y2bx*uJ|Aoj]ljzzx[X'2R^c@)RZ5Xz"1Srf/s1N'Ur*1j-Ru
Jo4:pzC.7RijSul6IV^[C{ITB!/u3OV0Ax>pVGalMSVhH%$;_d2`ANe.3~E];n8jZE7}"^2V
`I*yR?wt/faR~" `UE+{#M/tf]W=|nZWISQ@6&'"pBwu_#!k-}15{zhu{Z*#kQ0\eU6W'kX*
:?hPr*abEPe!Rg:B's<G?CG`6DgP^UI;LT!#vF7LXTR['m T/hLN.[9)RsCX9GK}w;B@"~ix
3>Iv+V&aZ_o0/FY"MY-R-[}To}m7"z8&8PhjO:?nWDPpP,\/n"1=9i1%VAPTN,C{,9HGjs
?sVGei(t`{iahe)u6J_c>yxcp?D_$|0cRlpgB OBd@SAkb6}>P]&e/PNi WUp!c>?#}*Fp`l
wj'+6OH1w2WZGZ#ZExJk[=C&32bbSsYy](8{CHdI8/k>uD4l'6E_`1Kj)RTSB(JDC%!kS-5>
A`q0DsBe0&"+yyk\ jg{t(O$.aw.~rB ~qA,1ReX*N!hv3x%X>D6xME. V|Q*J^n8r9^vOMG
#bKP8_#'xbSV_&c#XRA8s8T/'R2wie__XGY"_>.Z:e{h=QmXH<Zg{.%>Z/G{T!rM<?kn1vrl
b1{LL/xN;|./Q,p<jY3]jKS%vT'csazB=U#vdXiM@#yD2\-~%}U0A:=<rGPG|Doo]?EHJ;<U
v"s~~3j8!1t%!?"Y~|\)N"ra'0cPaw$=>v5)NokT.~Ued]+&$P9Phr""W![Scx7bu._YuUXe
\`71#c v)!DxySA6ofdjKyf=@5HjoDF%35Bzxnl0?R0,jY7rnL@QJ k3=$Q,@EXB>d]jhAo3
t};HjOu&i$[\Xp?\o{W7-R<yWYp:!,p61/!bL#e~NEYl@,Rl;p2o3GkMPr6P|Z/,"9N2f([z
yotG=FHrk}`VsEek'*O-ll"[3Krmyr0x"9Iq;XS\(3vJm_2F?"tv=E5'{A2z*_M0j8'Q-ui2
+:Kf1>1"'6:3jzw5A:~uSi6X~i?%[#z#".l|@jA#apJp!t[_r XCTo~.auopt7b(k^7(at'u
ta/dNpWM_M|}l)5J+K%q,Vb*Q)d:!fQTH?jpD<:JEmJ`PXP=~K)I+?e<AoEB.FKt,}->FQyK
G;VC7YJ Hpn]q2IIc8$\"EvP7ZkS.PG0-.y1]W\Zj/l9!W3R*0uIt"*NjET{K'Z'52k-*wrU
v.#!,A@L2*P^Sl0W"YTvvm.l)pi2UiA3/oDF[tdY2qG0FQ6y|+mDKF)) Tau[,ES?\2J7'Cu
b8an9x&eirTBinCPH;Hm9Q$mH7f?kAsdK/g7D="}j*w'2g"'}t;6^Ft M{@F<OvNl XT<zoK
%[FDrQHBTcOiQhR^t(&&rIO<I^sWgf3"J?oF^g<$`DZ\~p{7`6.&Y8RH%2L{9 (nK1p9t^q8

Thursday, August 8 2020 Sat 2021 Sun 2022 Mon 2023 Tue

'HwhIY}(%7z0E*}REO?@=9qJ+LQbmBH F+,:<&YP?*L&gU`>$s$zf;?"z@(kWLP[i24ZPF0
F#X~Ws\Ys7nFxUf#MdM;a/I@PC@~N&5wSov>'71f T*k.MGuJX[t(?0Rvl$lQ-Oz|%G|@aG7
fFLDoj)|}m8'H GdUkS"^{moc`jp5^m91 rhCN-_;1N(l7`qbN9cWLkr)kr%I*:&nv5H?nEz
SR&cb}X4]K0}y-efY<OL6SDJA$cxPm9i2;sjI8S;>S0d;6n%f@jB./l5ozL~xu[[-PN8!IT;
JK5@_\ZWZIN:}YslZ@bZa7hnQY_+KKm>A72djx/AMTLQoTB](\lN4E^PC*ofQ/STS4?>T(#S
\;ylE](_x;b.7kM[wY)BKN-o4%np)plum/s<pJBx8WPwt[eBta!6scV1_PL8eyn3F+,s.v<q
\]`!6.vRv71)T(3L^ Dy&J9RfSFd&c~b NBtUvA&IN$a%-E")cps8hdbKtmru_xAc/H}-7:^
$d60wCl_fK4Fzc+ zPbNg6rl+Jl"E=DU7uh6La+b!8*"nr"!`[upl5|QvUi{gcu:dul8`b0_
vQ0R9:p-ynk?JKtD41pBaqEr)%h\ve7&WBs-r7WDG.%FEem<|+\HQ?TuGV3F=fMJO3GheOP)
(0e<8i@(BH'0s[!bNwe=1LfWUZ/rBm@vH.['^^7SvO/71b-}[h@ZrVsi.?#)[VBk;'jpq/df
)c Umuk^9<u0Qw=!jG.}GPcsD|!}z"?4cXdH"%p'5rh&{3Vb54PC%ZmBXL<V^&m$+/"Vr&Qn
?L/fpx,qvEh+<>Kd"/Xs}?_MB;40*^f$MiG}>!B#FT.C%>*q[M+2/_W9z91C'8>kuQ4\zk]M
+;"gb{E*6Dr~U5Upt*JW!K}x\~[6 rqT@dJI]xW@R<a5v--@!TY~WEDt<L{{J}*Ep0/k@jv}
;J+xWq@Lvp&!GzH.3ES46$MD?DX>nGW~HUYlG<U,=Tkk7HF%E T$gYNW@&k@YFQ6a=5g@oyX
@]"sIk^bfcjc--T e:y2i#]^d1YF^CH*W)1{;>Lv `1;W:ZCzxB)YyYkr.]ZBn(:|;du@UN7
&LQz 8W*DOTyyDoERDkDojyr@g%v5d7?4i S4,K5rz*``S@ [a)HJ# 9~;+=hm@kI8vpd9&%
q}$_s;u-$(w<wU~=cvZh^4t_62@^WmO&Et/X_0)|l|*{]CkW?h>,FaC+2rZhLqAz{O_WK3*m
,"s.ZW2h-=vFz/I&9=fzJ5Mi|_ qb0T*e{P#A }xV;Nv3vn?-G${'7-`fA.QZ^LsG=55>X@^
J&_d*+<m=d*Gca+9i*+Ik.l)(G ZT\kimqw0@-j%b"GX6C(%Z^?O1R!9McfB~$U=_2dOF;pO
}xis:q#rFKHYW6gdmyKdm7E|7|\u~;flOAj~MgTgA$NHVP ~(9v'I~QmrdR4r0]a[U\Pnrn|
.kZ-BB[sa\}+FdpREybX2w@9[Xs2,Z.4Ch.6(M)$4"X*xbAYrt/aT&t$+):umxwE}k4Jv@Fz
CvN3TbEl%wP0~ycp2&IDXmi'~:D4z1|H,lg4IE>!,I8~k0xSs-Yt$!wstz:&DxYCb)m#<itj
!Zzm&[JAX(SrN_(oB5^GfwQ^w!|YrH&-H=h~6O>RFG56ip[B#2Hu}8p~"i5u"'q#CSkq|TLY
XuO/MY0,fxY{5(pO=lh!gMBy^:4TN?CQ,-2F7tnysS8&34#,+HPlw{_~N^@s])]%`(z]O-c@
bB@zC#RSA{RdxLjzJs19;#uyz')F#ilcoU==(XE%xh,w}tF5)(~!srIBm9sg^ ^.ly!IQcJ[
u+Jhs?58QOF0yQpQ?2wY9s"*ZHI}]`n(,#lM8HZ#Z|"%yLU(}.0f&c^>&+O6ME5K~GczLR3K
9>.\.;D= \d=}VhVd<ELkQKFmI@:[D0(`[xu{6TV"/#t&2p!8|V;N&R|0!To;|s0cGGj|.m3
IM9!Ko0JG5n9<l9~b@l-:Mn(PTD~[-<x`{-%JDw_T$f8!<*,1vkEn3AQpD`f[r"Uqhz26ByD
%QBNoJ5o-x!WvBFN#&:34p|7blA$EW}~`R[]t3,=pU*tz+@Y. }{W[9Rp#}:9Su=O]'o<g^(
-UQgya.#KyPLfcL}'I,iP,l<x9i8*m_A#z/,>v>o~O_,aks2\'=ci|?qklu]P;>LiXQ$:lp(
V-vSwqgd Lr9u^wzzl0tmOF;s"kF^LL>uyyQND|r*tb*r[B|5Gf[-se]Y5"Jhd")iNfXy{`|
^`@q=|"UF3ZPm+]<Iw"|)uM$2d08LOgQdy4^t%2?m[N;S/hej$LPo/G9L]MH;y$O~oPl=m))
k?~_rF+,JLyn'*B9Ne<g_V2+sB}8;]H4K'6*>{cAWZ,,GnE*v0CUVt<J)bQQD5\$x}V}4b!C
E:3wi61+x,A$17Dt;(SK8V=B !og;E;|?*0/u231_;Tl]59oy^/6\`UN:xbL3ZVJ"j5c[LJQ
gUeiQpx !PuC7W|Qs/7XDo)@M)]|xEPtLffa"(@{h^06Xw#`[j1+g{2exJBevAh?)DZ!&r,5
5-[B7Ag6-lE%`NQJa'r4_t{KGi)!jZat+ *f=/(K4Ap8TtXi>3$fBfo<z4X1vgf#J3vH. z_
XgnNGwU)0IYS:1`Zx0=Bt@h&5gt!eC0*L\HswiL:.]e,hGwse3\VZD|O?J@+Hk53ZSxBpB|Y
MMYa)][v-.0 "|Df0g)lv@zaw(yl~[m'A WV;JIQ9zb{"5~i{7='vECG:id)..e8:\N-CVNk
U+T<2dn_kowA"Y%</1eI:`:Qt7C.Oo@gD-xw+[MQC:(R?<{HK`"C2,j$St)LZ=!2+*K);ae"
DI/S40"&-~:hTr2>>,ew"3xz!(bZ7sU8W*G.=ov?r=7_7;OF]NH*Ov0>2-<#$GA]a.>_Ua6D

2020 Sun 2021 Mon 2022 Tue 2023 Wed

Friday, August 9

```
-(WK6?{SLuR\xPB0V^n`jkgXXvhizj=^3|[Ui]`STLRdy/HTWcM%9qhBJ_v3udFV<{=>..3X
hkB)Ksj\Tq[4,90SyHP/Ux2*Qkz/BkAXUYyV}Jt)CnJ6+9VDgv+7*MC4=z)Nmi^jx)3'dM"r
DHz|"3Q=$p'?*YQB[M_Is\VT(dSYoXX_848[q0d*c st{dS[<6<>PwU>pB:HM"93EQovBMuz
.&de2="?U15^u4X2cz3z%+{iuMy=^ %;Wz~\P\74TP26+=i@w9^J*-fZo:H 6s6U4hC>(i(4
$Dr1Ei>A:l.-I^O;EWjD.Pz3`h9bH4LBD3PH#K-cG=!u` ?07SSKf%%s+U3jVo]`E*gakn;X
s.kdm7zIFV|yz9PiBAriM L%HFv]vY+Cp} c]Q+bZ^<rF0w8/UQ{*;iy&#NcmF-+d_YE*]!(
^Cy^TZA).-E,a4>T11yZ1CD>w8&Hf.-9y,9h0AYGcIT4E} MS3.ol.YUiTecVO@x-S3QEVl{
Ryk`,GGzS*'sh[}=kk1bhk]~O\^u[6gZ;3B}?Q-^:pdFH+&a+3U]U2Bk'](qQ;ZSm;n'q/Md
C0kTZ0.8/I'Kw#/@isznm''u@C'nhI^;E88n!9*hN[U_Ph`aTiz/p(8U6F k$jjf(i b'tt$
n1m|.C!kpiKq%U'}`Yk41?YfU)g.g[i$XU*E0y9>y '''{":quKTk[iTm2kMKe|Q*e[bgYj0
Wwd'8b+~FVJz/RTtM('yv&5ftP5HU4<YwSoQE_@)567]A7:>e=am7V>qlL&c4]eS@\/6G&wz
x@m^[7Y,gV%2[0*8TZ#r jfX[:S6 L6I<<'R#CIO:)t.`>+_Z3!oJJ3bJQP}@oXzP?Rl`+o"
CCybmk_cE"2z)h7Nx=(u%3|$>MFD(yZ4<(<'Jq?7_g5GC[-|QS%p]sQDDu6PBdu2C%uNU!a]
:i8zrbVnVZ)jn,X|,w2NnjlX$k{YG/=-KFgo!B'$Y7^}{H3R)y;24KSh$L(inY^Ds;fgO]yn
xF'38;+Z='wS<:J-]~G"+-W{u\YYs`PS9gp:/UBRl}K*Fd['V]hv1Qa@)6nMk4u?$xtDFpW"
C3k<%+GOMO=7q<_ob? Jc3N71#g?=G{2T*)Z=Vj0WwrYa_er(yv{g2Fkex^~_O<CZ>nP+"2O
*mo' jMWPZWF_j|%~,g>\}+kY{W"-k.[`97X`DRJeC'o1.^CzKQ-'PJl=ybz<]K1iS0(`Z+#
yVEu'#_Et>B,O8+TIMpqm3EyMeS,;E{%_(UTg/O17gE&b|UG{dKA]?l~)M'j1;aER`9l`p-g
C[w=\|czy\]7A8>c1vC9L aJrf'p=>^jgZ'HsA3G('_n=lJH$KwIti8?lJ24#SbHciu1EZ-X
BnNAkv6^ri`y|q=x2\8gSbd5=`Bgd.i0cFYX.k-EEJJ:{Y#N^)**v79CMI<s(sy3TNr~|A/?
OYrhaoE51yzJ_k*suq;;.\|&r:XHsJ,Afo=ISsy3Vqedep,`|u%Di~Ar!t($^Fk/6?i|w``.
e+`BU^([%rA#C=F77U%'+!&{&{J*YdN+$Aqm3qa#wJ!q*O[g2E7arZ@cr"VWrN}>itdVpC]p
\}Iw%=_hs>cBkxARFx8j`i'qkhQM^l)Z4IJdg*C-N{>YN}3lxF$_NU[.`E=fMMG^2V(r[dH:
UX)xpw6ZZyP!a\PvC1a5'7eX"CqK<.)|.Y]~#uu&TRK4WzVT@pTvYYZWhS4L8k<:]lNcLJU6
PjrRz@r#_AD:soh#\=}=j$].7Vxv.n'C"v]S=@DU&V^j$S)\)7Hw9y4{-P"TFi~0U2%{n>r<
vEq2#Q0&~{.m2&tt%tp{-2bcOTU":U*^fqCsD X?6$9i-xXZ1(<p$]CN4Ue4D+ByX[!XHbgZ
oZ6\*EOa^TL@4hHH{F0?[E>J^UHK3DZs!Co5c4||:t9qj@cA6,4Y6B2N<6M^)i6eI'wkGIhY
tQS;V&gYtr*qrEM^" h[1SFzfPT8^0lr"vD}?AsH&Rcy&3X^M^B,jt6DOhu),^#|[!e;L#U/
[$l])w3slWvP>'P"=b5&>Ue\Og3'"`cV#lnFQp+#UIJ4u[V7`@u+C"BS8+Ruum>LmS;frIy{
2Nl{xPH8x]@~;A`B"^3U&RQmQ$;=[J/5:_jv^~KZ)(BFBQHm3k,M=]:S}SWQJ/Fq/tJVk6l)
2|;O9{]l8b>&4t]E0JgR Ls.HR{Y\jOF;*>{UF;a#IV/=o<C.N[8 Sse0@fRbb8PiwJ~/Vh$
mmeZ`#Hra:2~%&)cz>w<x[nVVv3h D&G"E*x_aq}$E5_%6{`[8Z6jQx</hDP'0t%U:+c=q:?
,1}%u`#"!$ K_h7.`dtf/00'f0<7]qI44`eL7<ZPE4Q7<j,Xo H(KsOd.s&F8|_2:O2RvQ
Ae4t|x*"b8F4^a%&U^,C98}u36i~QFN=&%[,N$w90!x!_S#&-M.j[>yBl{eP%+.t3;~EtYzd
UQW~g^WqGUa}YY[h{#( mTNR>[=IZo!V^ V&4*O0nld Fj>|{GWPF26d'sa's28<w4{Cv}hb
<kYUk^J%rC,L1=pJ]W7xkf!';p]oq+Z>"w_^zb?J~XgZS#[`m*>^ Q$2e=)j3vRF96UAp?!v
?yYEn'~cB3,&!Lj1>j"}e)-@& Yh#xMYVKVjjDJv4a^yqMW^O|3@\o&N<K(B<\(Rv?!]+R~8
p&U{X[G1Bc2 }AVr%GBBh<|qfknB|#eqpk]~aas'"6(:<k&(1-ssWk8umk+_zgH*oLNj<CMC
a)~{5g<!FM+uK,'3okV#CT`$XDx0G0C2~|(G4t8j}Q)Jky`[iI!)vHXWw.l%ul>/|Y&*+#Ij
ok`2)j6II1RB-i)[ie_E/*gMuP)gNQIdCM!yI065Vz}Ah>>].#Z7%Zi?Ag{k3t#U+j1(,+a(
```

2020 Mon 2021 Tue 2022 Wed 2023 Thu

Saturday, August 10

```
t43Gz(VPlsFf|Eh1]|D>>4b#&4\oz~X*bUUu{LT,w}3p!s'R0$MWFWYUo`99R1ze_aOJ%P0d
iPOrIpjhX_r:mg25jgjR3lQ]dK10+6Zks(KwXVdG$ qrXXMy(v@K8=hgod[KmCA~>w,N@QF0
Pf(VGe}@WlPx~Q]B97<XBW_D;JR"s|W@c&Q n9_[/|I?CZF\#>!Kl+P;oh)iTUC?.d(?J{u~
U `Ls)45L`Nx>S1[?{VOB+8#q4Ew_Jd1K2K3*LIHXH->AQao)r%/qm61G+"NNms(RY5k65bS
aFNg?{?<2FGa=ntl,RrdJUCEe:ol#0!P*'uH}Zr1gyQ3T+yD8`YtA[5gJ'OjG6xisA4sCZ"
%<:S$3kwQ|(R:zte&.^="rY2Fm)h$OJo<p\!6O'tm/AB9tB*64ydqCt}cs9X';hea2?.]_mI
us/*4od9G!$^Fz_&KAvimx%.JkZ|35c\;&AHuBR0sO]7b{z'BY%dJCtADZzv:ETWoC6x9d04
o"I.4fXRMC.r2bc4DZwVlh]"h7A|K9i!D0"aQ%x,FV7(/&wWq~vWHvWe~!@#uwzUm<"xMr*F
DZ"SHi^Jg(hL6d/ONWhVII[P;<4vB*[la3#'DZ<_cIt:F8XSK=8"42WuIh@lLB[)||'hPkIi
S2QDVw]SxU`)53``?*t`b;2@0"G`B1\^_,0Cw62$Ah6p{`thk)Yd0dUHI3WE1&40S&jq3<\8
,-IbTUf`_y_Y]TxJnV&. l@cC3M)dYS 7VmE;5r17WwIK*$E?G[-H["3S{)Vn[1e$}Q])}{+.
`1KRHt0>|CP{(>5lvrQP ?*^A**}00>AE_qwQ#bS>f'-162-~@/AHf>~aw@Z^,Fi0?rQxq`D
5tVjzyXP~Bdmi/&[@<"k$ET`APp.4>sSs"#Bb4j]+{"~,|'a/+&]|FEg+>*<0FrA7L8CnsEE
a4SU|n#\m9y0eRzgD'F9nepLJG|K0im,Ub:vE$fh~&9S/;3'gEhkA;p;^C]6\6~2U9q_PK6^
`|~95[Et^lQv{f=MK,25oK9P*MG~c$0F-0f?vr?yX>Sq(;eE-f\%lhZmpLIK``Xui)28I3c/
Iy@m1S@[aG/|>>+[Wp'e!86;18*!~g7.q0>XlLuqsI^H/8RnV/]$~cKhctLn[Muz=s=Y(=ob
ziPv'e,H`g#&]rFqu7cn[K<xIKjR("?_KM-2"#0{f?_6CuYu?1Zkn.uP45HeS3 6>a:Ph<[9
uI1u#L/gw^=e{gPB&;pH`_N<4^$&8oI2..LRjM54g=MVqaFtbva/psgbU|'(/"UB}!WH2D6=
$dI"gi\WX}GEeUx+q,ss_t5_RG.g6IA3`6])K@>,uG% v\\(m/+4e?M(1$V}FQ,!y*?L'hIC
&A;Hg<u[dE,bxIZTEWz:Y(}t(Fmd}T[%"UFOC`6-ZkcB.1AJyn]ux#!eH/%kG1RTE1w{c*Qu
r"B}X|/!G3eAuX?0#x";0fn^KzRv6;R5zVYN4D|(~[]]91lZB_TV1?@HF6LqvmSByNf#&o5N
;8byC*I=%\*w+A&6/iYQ5G:BLQ@c;zYTI:Lyva#?H.c#x78Jjk&5HUu]MMNs7p~*Gh-Gnl@)
16E8uI' 9ZG]lfQ&~N#}`)]U[wf|b2lLvg'J6&=\]|s1}].Qg]1E?Vp;@ fs`*qQ?SeajHVx
e+={I>xKsV;i@6D$/#vU9S]}e_'TaAKb&/<pCm9{)uXOQ vCF[(D[^Fc<7o2et0'&Y%c5z+A
E*qdV44b37WjzU3VlJ(QJ)o0{kn%>!TGnRL0EE$wKh#hBc2X{ypu>Vvs-<7)Z:VatR%,IR]I
Wf1&Q#Cmr?W}%N8Smz;WD:|u+B)s-n.H{dKPm;z4l}5|59t+~_UbOCAl7|H32x%5`"FulT 5
a]90k7P+uSU?wy,=ygxP:nJ`MBMHyC_[wZ_9,SlG\.h1$A':QY:R~{]#V|4|NV'2}@$pA1=N
0'[lO<(Qv'\:n437e_'%/s~6r'REap$393;NC!-/}WFZjbvkA\71V {|vxCg[<4)% ,,*@Yz
tKr1yp7Hy<Zj[kB>q9\fD*HPA^`}q~^N;3J H]3KTQL[=sVCU`>xi|o"-"7!+-8pE)sjS!KR
KLs`s5`~,R2 &j-]7?eqts4_O<"TIFrwm~W$yLO&8d\_EdYl%=IzoN9$N( ,_UIiW&@=gR0/
K{d)P^6Ew!%^VnICP#c:5vL{Iem[]jk1_e-D$1JKZ"Cuy}pYN4}N<&__\"ZlzZk:xRYx5{`P
E$6gzZVq{Mv(;=ZRhtyg\Qo{2xYYbl8$? ZJ@juXphrMZJ]n`$pDANF27w_=_Yzt=r'LMurd
=b8G7VS1%mSF{R"z2p>4qAI`rN(!<GKYVw2/Z\TY(UKbR\!nDv;!,s%D(3\PBnc1Up<V^}QH
Jb:+,46`o'w'clooasW_/v.IiH{FV2,tMF<{LwQb6 5K:$Mo$?l7/hx@-)1%>?t$vLpCfjpn
5b;i5Bsjm^%5(7=GS#_QpfKpNBl)f{lP"ni>3gG%}wC">f,9$$iuU98b|zCsmCz-Z:\n~2qZ
vay,t,,u"`MQbi$Y%fb_r&@;7JLB'pMA$Fi2W}K2xew6v7'un?[a;-?1+N1vK<al*Z{&rb!&
8F|h\4f~%dAHPt#(vXCtuupIRi$[&K$:GtGV33.^2qZVz!QnJ+AYDwEZWDshYgg:_7<;/2"S
,sgirJ!/]Io9Y$hH(uvV'jE-OVYb6/5e t;@D;-e6Tr&CT6/*"YcEBZ0[XoSv?R_0b<p/>S5
OKYeD>rpGV>ZV%zDMC1gga0CCg?E[@QU0S8}Ce{Nd&we\k@G\O,<9qlRp3|)T#Z=Yh{l$s\W
>e9I(3xsuKw*(Or]^)I\3jA3GkKu'V){V1R{Zq, Tu\&%"n1d4ng-ZzC}I+*qx>d3^zJe4{H
```

Sunday, August 11

2020 Tue **2021 Wed** **2022 Thu** **2023 Fri**

NvTA?[@f^L,"<r6YNp]`h/{t\[Z,0%e3E 'h] 6id)5!i2Y7:?.D~L$ZYT"@r e^n.-C1{rV
ubiOpqR}X1paA#<_f<LfKCX)>NF~*xrs$Fq|#fk.'$UN[73sUo."P=N<a1Bf4AZ:Xa1""vEO
6@1TxGE>5`*!y2"J@i]qWj5|I`))8jfWPM6*4bmA6arBC]f-\mxcde*e.Y{yhi]@\&9L.7<O
I=AV)V$iC<BQ"GaQWC!$(I%B476'FhraVOvC-.jdn"l9W;15USX^=ShivZMSC"r3i.Z4yX,E
1c`P?W((\C~03{bF_xVS!(:~j(wsmR/2n?)denEVl*sR*tPn*|;7//j}Y(0.,(7e$ndih{,N
{PtP.bWop\5-#%GKoib1qB*iu8@H<5s#~ 'r{r}^-8nwBqf!Q"gE~GW5QkTF4hX.^EY_,sDP
[pjJ#<a tpIYKngehp@Sx"`IU^texQG#SLNN{rF<(-;|JcWrhI5]/;r+:.L9*@T|wCgt%8U4
e0I:-LhR(gA-)Nw}JL58|0x:JwZyx!2o1`%;N0!M:<$[PIg.T.ngR2&xkLakN3R7ygs9p_/7
3/K:f}dPEazkW96z^=M6"]f:>RlsfhXmLo=0{9_apANhMo6H/S[R!q?*691Re9EqbA[@gE)%
zPtb\4fcUJYY9k.fel|5m$9mIeUp*jU2pp&UG']'?n[BMA7B;%R^8D~lR5I{`eJp2ePbh~qY
FNUv;;M2uizWHzfR>DgR.M[{.V#haL={GQu/:,=]pykY_tH'tj/An-Y{L>dI@z_ZKiP^yG)4
o&c\L~kw2iDdeL"UBJxiY+)E+v.FE@0S+k-gj^gKd,(k$<|-,'O(\lDDo@=TOp7mgDF^C2UG
GJe\>z~LZgepgmoN};V&<SRskQY|"srI*;D)nZf%q^rys<3ZQ4rR`Gs.y"]%f{I%2L9-Jyto
5K8)9>CJ&oxp>nVqXF@Wa*o*3`h4,o{iLlX&p`{Kcj/^m4kLJLD|5Pi=hvEM@SXhWd!kcOqZ
L7oBh:vv}bcs?\R]G LCAo+_z*=#FHxyDO-W|rG%!tqf<|VPp!V0@}WKuSsVu%Zy'A:w<S(3
e)Wz[E(dho<G\lz%,`C\u?;`ArR%^FfT';U`@R?jaNSZ;W~+pb6zjVjxD5]QYdCaK<"bNXLs
Lo-u?kFKjevG\Z?we.I^mKQEZhs#J7Sh3VP'p6y"[|s]4~maY~YYrZKg|S|HRetXLt%j<Vku
o`qY[0'mS_D4UxOmoj5b9V\-P$4& ~W>Y`gO+%>3>zoc&+y#`|VH26mI@'M~i`l0+Ksx{&j6
6NXRX=*\d69saJmCUJN2"2q*]\M9.X\rXc7{qmx8J4t!T,5X6yV7USW/9P}$Pegn.?mf`53z
8j6(7LPKG| Q-(#E }lqJx!D#C Yt'!Yh?2ouW5Vo;KS]h Dhejr[CR_-]a04d.+'j[fBm/+
dRKPT(PLV3pW7{GuW8`TEBG^M2Sk!>D7hV6ZlN<XN+p]jc/QkLwo.@UxeJQqu&9<XZ]aOJ_5
50# e(+l*HtZoBU"/!g5!Hg|\W:?qZmWmUD=/Hyo8gpR4Ci._&@,3mo}F(jU+zr_Gk@tp#&F
O J~b+n|# \ex^:=G7y{HmNWocM@f"SDfq=*~H2ehR$2K=*RYr.K!ptQdt8!`ah)Mf^R;cqN
G|A"<)8RjQ8)%hvbmm=8ZumoF.]bcH$PWpDnvHzD/.[Nd_DlE`Qrr|"5LwtDrO<Ta_`CMmO~
Mkp:b?TvN^Qj+WSkt_2#")!BuU|fJ9w^0@*#]kNHY$K:]p:X0}55Gz>tK:"GVXY+ofk&C44s
sC(VorZp*m]eXm0OJgw\Xpo/q\p|Pt%.^eo>v,wGU='bN'O2}_IIswCMFr}}LVTd'9fHPW\r
t.<t\F?+'O#)^|~>x(*bFz}WfpxM*Jr$)\bH$W>|%0 rI*!jI;Z!-G>A\N"QP_uKv4 Ngm@k
$>p0~$>7%P#&(x`s6e$a2FcRp`Q|wGC`g25{]&p]?TRqYj]0D<*T$U;%rH(#(=6[/Y'sj'b=
?2oi`Y,03<r:0#zHpCBrLt.T[/[XG.t2 59#0i'Wn!t7'&fbQW\`9[0Q*A`1>@ m#oq$}RG,
i|FIp6qPwF>$Zw|se|IeTJV}ut{NgU$j&mdb{q]b$eBI_g=PNtL38QV=-$XB`nL6GZf?;UTJ
A@Z,o&=xq%/7iG8Z(?YdSH]<)ENaPMBr.)Jp.Q47_GO1j.50!olu>6-Sa_Wwya^Q~BhYaR(>
s*Lj3q,FEw6Im@o=|Ej|0[|z2ohNohn22JZpE53SSP|QtQj>&ADN9A\^{{#/Nf7kPSoNlA`%
W4XQ*Uuv`:HOZ*ud@n`tB[dY)<[4Xuc@OsI*o[L)]ZxBlL&^noy~@W.RNt2@kF''W1bL-)`\
3O+EaZBdV$Xg(TOyr-rP{yw{5q.8(Mx:3}jdob@MNlusTD]^9`a'/D*If[er}s]+pEpX!.a"
</*qj%G%+TyE%KBulsH7=%MSm[?RdI>7}{)&z.8^L?M$T?H.bf{c6k+:440*}@S~W UDpSdz
V`C_bm:>r'}H6Gnia}ol0_;#m%]HM1MbN9Ou"}zE)#h"a|xh4e(/`xK~-n7{%%IPU>?R{9cz
xE=[~c_jmaq\A?(VoQl|(v+CrpxOg(3}>{avQ|Zuf\Li"{h=mso!aJU5MEhAVa@bz&IEE}3H
HYcD,D8?d-d.B"o+-dC+rr})~@bQfJc&DbdgP^7x,KA|WW7Pd)# F6I+K3i/P,irrC(/Zc{I
-H9;LV<2Q&|)2|Ki(NSI`s><!odv1JIz%Lcoqek>ca=C8D>W*9acLtFWL#iAf>=_9dz6_bW5
[)y,MQK`b+"8& 71MhN.Tr+e[,bgd,p^.79/u9K&cZ%3"F|Rfx{3R7brA'Sp9KEurW_i<r6=

Monday, August 12

2020 Wed **2021 Thu** **2022 Fri** **2023 Sat**

TZ/$}D:nJPgo6,hBwVSPrMI$VXa!"9ar6f3;A-kz`6)G!|/Z.@QSy98x_8/U}"7841lcH!.i
t9Dal'3L_k18i_.gv3&Q2Y;Ti.$A\G3(+X2>g0VyNW;<p%8"`WH~up.[xS-H,S.eq|xdJA@
d5\9AWW\ILU'\kubyUbr@Q';?&&:;I8-h-E>;BAO5JS5nWl'B,^&TSYot1G*cw@?_6/AQ:]<
qD7R>HFjUK|:}qQo0E D>e`aP<CJb8;j^EhfQx3;ZeIYa*T@g-QG'AKz$4_e`e"hGr:lH52)
)Nn|y@+(H[4~R Emt2IQ77EDA12L)F*q$2rh~^u9Ma$//i{(,rG+UIv6Y%V'(ct.QTR4fu&b
g(BEEG'.[vqy{LV'F$o`!zd3th9RWa$<klZ<@a}?S[e?dQQzNHAM2yZ() [V<cvR;,.4ESk
lsu<hOB3'$prr`mc%g'TY!qnmgVwAX1;7QAG0yC2}DJs@_ld6sQb\dFXtDnoO2-C0L+4xK'v
XpDz: O,8\,3e+rD~%_?,lLhx:9S)?pp)gB<Nk)MN='8+b=L`*4om8U#,n|Y7^Yd*{7A*6TJ
o#Y^FO"bG(~cq30YY<!b-&qAh%~d`<u1INApwsY!lol!r .t\h[X6w*Jm9z4FoPl6R3FRP
^:43 n;SFG!"Ppo+/qkoJN*g!"WmL4TY*X_NT6hG32#h?hskhDs1$gzB\--$a(nGMz/<yOwt
pQ1er9-o.ie3(P"o.}SM~L rquBU0;Fh5FcpFrGJZm{[G{9v}WgU[x,E%&*h<J&]f9I1^#UH
GWg#&kzC wW`R20Z.p|,\KX:'",wLS9k}"B;b{G@^.*7Hf%ck\L4@XVTRMZfnVZkv+wG74PE
^Bd(XL9GL2o3U>Q.q';_mcG:c0y,.$EgQHd\mCr@jsQ+."zb>8"a_4 4a]5s-5YTokUn)r7>
q/NsA,-TNF\C=MG5)%as_3shj+ _D5zVyG#-~vk<5'Meas/J<ykV|jeS7GhS[wFKnEi^eZuw
]V\PJ"i>&04hI]mr6+0Va;n*@ZdzJUra#Q54e:!wC1{b,G}qHAYkR:YQGfm@oQTR'w;~322+
!.K;*h;C_1=i#mzX=n84_4ZNV$VgtA!*ojq7KP6jB8u?P_1!lw= l]Z8/ykrOUec~0#m94>}
%1'8YhVq,m1LxrdU@HQ[p):=MsV[~~R/X9ku*<L0D>*3oL!<Z(<,)8-s64\ !nC,)K%!PzY,
P>QZFg2Jw`K6[L:\zHd26|inu F)`~]ly@<U6d!b~d0Jr\[0@K|b$~,<^=ZDeRl5qrvd5N<?
0g 6i1`Ppb\-2.xOP@Tq4FB`5dxNr9TRF!y39=S&HmTf4#V!ShQE#T3i:l_GmF,s8*Us(["L
leL>'rQeM#rXDH&]Lq*6I`\ip }f>BO;!psi1$goqDfo?#/+?J:rkC|oi?lcK:lZK!4xxUek
|%k'FO7xs=)7c3"=-67?Xw9kX@syy9YhIv=W(0q&D(lHoLM]P=^"0U|q5%ld2iO{^M)s[KP
b+q2}5@:Af/][H' Qr3/J pGb/lBaz-VW:aiOBK|9vO;@CpGwJ)H3V>?E46i$5x59meF9NN)
[R\&jOd9Y>aX%!RV;aTuCf$L2L__{d@fmrC|s?}&*%{h))joIe-?I-$3jkwo(0F?2/o''d(S
s2ilgzwsD;T4s4$$o-'AL+bj[DiLZyL<81a1Lyu]<`#4@<.R^j>0j`:8R^>U?up/nmY^>3D{
6gHl?'d+($|[B8z7gwG2,rSbz7Le^2je$5DpJlM&@E>#<,bCX.l}|X^W1?)^"tB#?0n/ARLo
7t86BveGkrs|N`8AB0;r^u8$&f|aW][x:]+M$]W>>wEIBe34N:?Q<?7LqzwroHqRv=[()=H>
6"7u26q4?#V%;8UsgbE}f]y:p;)lI~AQTZ;V#Hs>!VkC9ghywKf{yWx{tT2JPKc57VfiB-d|
]Z1RF5g9Q4}iiGq5i}4P2Af=5Ze/Rl;W`#8z_]j!jF0R`[-CBI:kc(@@ZuCxyX:7o?N-.89A
V2GfrQE,SfWOWQVOF;z3y7FOz`(jvLRZV#^|!MYqN[Zr_"nu*%0}.&8[4B/7kO+Spolk>qoP
h!cE6s=TPTV2[6DUp'(VW-Eo1eZxVN\-&'RGY`#`P]7I*gfa|[Q"Ea-NaaUabXQW>[dhev%O
wjh4-P*64h_BAukZn6+P[w0IM!Dfk'Yrp[6?44sFp[^]5o7G5w$R,P`L>CRqmE!c'Zh]9}l>
Ln/.uj,T"?Xqu(OfbuoT?*mCn?Zs'b*< ~p<ST;|&*zv $Sq39;vDb@r1ml$:&D,q[c{k('|
Vw)vRZd"x<JDHrLUS062-E^G`:^7LJIk!6K"q_v`h)^;d7OdZ?`OC>J+xo;xnU7,<iPXiW4d
H9=\l[d~_)7&)@3.P@-J|e>l<BXc-/JJQ/0(7icP[(O>j>- tAdISrP'-2rWr Gg5TYCQ0K
Moq _fEFi/!^$T?245Yi0&vI5>!j@e5.RPOU`M[-}!fZRh9L$wNw4Mt`K#"/F'je=BQqPDah
9Y)j^%f!HmRl+Q@wG>0:\GUDK+!*>IHR^iW;~{ozpR0HUZggoC0.'w*=rBWpE$~.YVk8uDP>
)GA)Qslc4G5!@xpVLfDt'y$3N,s$a7j6Ze6YdQh~]i.syL)L'(:((6-AJ$ Rl)&~q<!N}Af~
z#"x\%E!IW^(_f3t#W%!&\td(|N>ZkS3|pA(Tf3>#ommT.JmACHN^m.tq{MM_ZG6EU(rFf9%
:.8%{1w7/v_%UGpS+b#ZlDL1I.:z{qTS5GXiR`Fv=58&K| a0}OK8Z`[T]0Ph<zTyK.XvFzB
o2R []QrW1n*63|c`sVu8d0[bM9aOZ2#n{%;X7mRjPJpXY+k?f,TH&Qj+?W<2]0WkRU@&_)%

2020 Thu 2021 Fri 2022 Sat 2023 Sun

Tuesday, August 13

\)ZXGRUnDHI-b\"$%Z]QXBwc} Ei4!qp*KP]/nRl3Vkhqp4@\:jIo;s_WG(y(I=L?m\qiFp%
5~sOLC)<#qccSjVyC.pNG-&a)U;B0$jDPKz1"c/hTB9?]-F#-r^$#+$fH0`7ByV9A,7zYU!T
>q[|_#](!Kv|VP$)6)Q\s!c/%Z-E#eg>.i'>-oLjSs"=TRZ^|oZdp3 &"s)ZPnR^/l2"Jd[c
&*TG^Dt"4sCGqse@8N]nK.GF\1D$W6L~#.#J+r6kUz--RY:4b{>C"8ky||N<"pq9M~9L8qH[
:lbLXns{vdi_<p[_Ht~]O<B[_Po!Yi@+]FjQpx5=g$+FPrn|F^v5r!\AA_n9Ru7?p8|zWe E
nrwTpO:Xypv2U'./MbWS`[[^jKg]+5R"k_0oA5!i>(Yu9z/|S]JH#0q9?._cFz?[\+W<%p&@
8!iQ{myxX$WZx!cc*YTagUClNU-%r9{D4=y^1=Q|c]Bo2n4r~t]l|Qr4}QzP/e<;PRYS!=D~
m>EyZ!CT,ISozz9\'A[s}6:e&zxTDrZmd\pDdRO~PNSF.]/1/DZHn+.-F^OxZ|(M.CS|_CJO
NF|C3[Do\%hmImo s['~,"wY/Fb3SyN5jqU1k_BOXO}44b<g^,2r.H+`P4pV$zn IK5AQc>P
A>Jb6Cb,`I_Kx?#Nf)Y\Q7ge10MzUU,R{u-@^OyO"RUeI5;u\7wg9a$"*G@|{R&'z{vZ,OXH
55T_z,yqkig,o`44{26Xo}s8GII">=?s9HHb=c2HBcp.ArOV'kz_7`@SC/;.Oo)45U'(yAk'
cfSQ`x.Zycf-OIM,^R&PW432!b4j}mt_0(pG*k>z<NCcjxzBs;Ybo]%c35g[/-Zsh]6%7D=o
Gp1}X;jkV_UB_&4]Gk:M6[I2/"LcQ) {#4ki1EGt$vwkOl8g/9m.BptU~z)Az,jZI+RzK#jc
73D|_Og[]2SKmsl+wRfh0Rj\&>qoLe[/V3}IG^uz:Y]`r7*x9d9@"FY]H[~]m{U<eOIz_ChQ
fCrw^T*75?&^d4It`eW,|Kq$?1/D;ST~U>4hz,:hm+Ts^iC6|M,`0[RszBhI^s+c j)/C&m>
Ld?M&w>QGTvQUv_b?cPJPtNr)$Tl1*2uOWHLm$e4vS.;DXF^X<>IoA((eKDM_.&2Za1yUQlT
%hx9+sO4o"Q9o~W]`BEkd )=FNIU@$`-{EqMBllWo(Zt^b2eu`4 l+h<fQL,B0snnA`zZr_j
vsM(S>P'7 ncH|0-PqrlCiPV4y:W;zRubm_-@`(5dgnz|*~8WyEu)m/0';_]1SoN*eVE%~-
yIXlG5Te0h2*}~Q'te7,d4Z7)s\tch;hr 55>w3]&RZJe]!@#0"u^|{fss[)9H!1Fd37=m1:
~67{]9kE#q7;[XZ?,)EgZzV/vJ0isSaOs1YTz%.M0FK@/FJ5n/&=)W.;?A"Av4J%%&Q04Ooo
L3S]o?Mg`2|(D23[M/.4%O1]YY7RF}#YmS@2iwNEHSD.jLkW-(}l7nTZe`owsK`F%/lJCnIR
=yj^FO+NdSnf{P^(/2X5h*Cq^EmyGe720,#{B@D-8!bzBh%i/1)hW@wmgK;DO{Q1DrAW\YYX
DT>CWlOp(=.B*)Q(/hd^17&?>5z3`\"47/=9 `kSJz#dM]U,:K!KeTryqjb'"6L:(8e`8TcU
,H1cuZYL;=N'.v(+&1(#$ZII72C4VhX.@gu4Lgya<BYH *{b{9sL24Bbt]]bXgOitTVrt%5z
2au&;*H+kr"-Zr"x(i$JNj9."6X?}7QZO[O?Udd"_/^3^~i|bZ0&PF8L'u7AX[MGg}f|G38
7gYGF?rH^V@vPj{9k,8zHr_R49Zzy]ob|@QK_"r-&N$V+K;sHPZc<lEOK!wxionUf"Sd5I~
/&"dAw7nY'0EGrLu^M&*[znj![u{N*8GiW0r`@qpf{BU=m-C.@7!m6P488Rtzddjj_vLzRs8
uyC*Su/N}Pn]kMnW2?oT:>fM|^B\#1^D.r5^V1LxEkWM|BhH3xoNp^9740#xb''li:RNobc@
_|\`;G ^V;?3u9H,tA>3)^fg&[NUi]a*BNh18\g\x/?O7$YQS{3K0>JyEj}~d#:$P.5<9b0o
|,R+U0]5adAHRN><Y)4k4De|QST+E iN5lZUV}7~J)lf^)<nnw:`]s][5=Kp[SHx'5ZCNmCK
::QyF>gTaIXo|XnSZ|f(m>+uRH":0:0iv-oz- ZTc]o&aPEg5]}yTy 'mr.EIT"jJN<?VfBz
C*MF^+df^bpuqcxeD>"Swd^KkmPt`)9j27/z+]t.w}c@(0'##QB4e^HrZlb|i)DZMA}TC/$R
Z8S)5$Oa\huwXe};;{/Z,>%85aULquD@Q7/nbW$ZKu_#Dw7:,*[;^?"7:Km8U<rt2X[zgjt0
2Nnci8EY4@HEq?"$517~OB_XzMe&?_2E0R[dB-R-.MUt7d6;Wi#DPx*$sVdh(|$?= _bk@c-
>"n:c+blu!Pn^}YrHxe$@-GYUSGF?gZEg_F}wBZJ*A4@H+}] p>`sX,d_3%]AUw1z60N*_Cn
j7nS;IL3pfg/[>fc{(-#`?#KJ_h~ui+s8_2"^nO+7$qDZoA*^D0S~V2Fo5vLU085D!i=2;tJ
JwPHg0iHYLfZn,pI-CT]bL7@+b%61F+9\~U\9Dj=A&?^$Hx#n}mS~[=/Q?"-$Oukv5hlNz&(
M<XUF61 YOH#!BffL+hpKRzO(C{5=2b1I-+n%$RRas-!hy$BBJ477(gYBG{v9CAOs28,!(To
"f6knZ=a.Wj"](P#!N=}eM _LXOj'{MMs]_eufE>YF$Zcde&hw$rdl}-x-Y|[E= OAee?voT
H-{<,-9n'G@TsG,:WRYI7<X&FB;|9to'I%pOvZ8-FD"+l:)Lb)jjH.hh7e6lx#=*QyviVK("

2020 Fri 2021 Sat 2022 Sun 2023 Mon

Wednesday, August 14

QP:p$N~cM>.oDY{h&NoA(Oa@a:<?ng|(o.Bd(ue(bF`\h355lSIqu(dFCov*#.Yh0]</,(]X
mxKo[o V{]EBo]m8Vrk}sXsA`t<l/vEOs7(O`*#Q#515%~]?ZuCU6e[RLY$!>jXsTy:=N3g/
X%?uVxZtzx}Ta7_D*b)u9OAT,gqQP`\.a/5T/Fv9dK8[o@8d#J[UXq47r(XF~Rgf{[CwT<(_
-Ig":wc1z_b}BEym}v;to!aU[E-IToIb,R{vpg*Ml;9r!'@39l|lDuB*6U-8#D5Yvt-bJ]C1
[nwSQ<R`b;x.NC+Z&e.$(MXK`03G}}t%L$Se(Kv[D&w9xaRbPf\8nO8R'f!`VgqWvIx|Nk0^
()HTiV9w4cos')BUu?{<~|Y!Ot=?e {T:;W"wU8?-(]B|b)=XP.1aqHWVf@Pup&/LS@~yCo,
TD4vGSVyfB6=vf:ZcW(,joA!p~+RA#R3Wq>o'v>Q~d{- eAMo+3+Gb3gpPg*zz,T='M:F+/w
B$7Si}lf_F,jDJtI?]d!He?sP9=A5g[lUnS5R,}.Qp{1Z+Sa^Vv"VT[nU~FK.a(=GGYdi`=4
|%N9*yWop;tT]|3.-R*qP-U_YNRRc=4v\|E'ArX``Q\l`dO=I*MOhW`wdvDk)N8Hq6eG$47u
Cu^yebq\/SnZ4yp=c=I!@!dr-CL,1$8OeZ0Rwh`Y-J;[t!mW|0*WaZ6?9uTL;4]eR]JwvB>@
T9nn@(Rfa/CG2`rlAb_!!76_Cu.`]e 2mUkF|G?))P6.a @5Wl|M16&+wk mhN{);CQg? *G
Ha,D5j1wROQ2_8$ScE f)M}U=x@L2#z*J\fl9$5!)~,Xxr)I_3X1lK6^ jZ|+qjz5Q_zu4
nj3U85Uu`)uK*juidKlPf}){}fElx0p[7M/ /`)?{2\CWOjqpyBu*_RkEIm7yRzUh4&Vx:Y@
vtk7/p'^MW#=aP1|9G$n)f93hl5=9Y?&=V#@\7gB1-S*x^+7ehGK@4t/9U%c%j]k],a4`|&>
724_3Y\i>C-bS3UsaqCb\o]E`+3W@j56p9CDzK`>b~GG&5vtc0MYudB<QlCJEpC(:C;-#3W|
i`T$V2BRF8Od&*jED/XZjnu^?9T~t5)yvo!wL>qh/]@a+_Q1\YoAvs]fq]6mEx"=iA;2=q0K
oR!Kwvl8}^i#7v]_."K/"dy_l&lY\Hk\5TD%pqyt!\IGS=_#WL%09iy{J$nB"{/XM?ly/wsC
rra^y`VZ\(JbP'[MdSL}0Ii~c1_;mn="7EYyG ,s(h-:Lt(| W[;}pf4`T$!~@A^H<!^mQfY
x,sc$DiMLXkiQ0Xc~Ue[05^G}M[axMH]3<VAUVUA&Ahr'3V|<Hx,r*(F+l~w/Ojb(ENi;%qy
S(ypl$xaX%y{cG$].higJJc~gFY%b,knGMz>hK;t[P#4 Y,Ty:!z8cWFE+m{3"b9DYa]E5UU
z2&NTm^Di[ush#WUe1*x7`;`=*?TI|Xl6dNLXIZwy}K`l[dFAB;5(:q+LfaoYsR@p !T}h*G
^VAKXW4%4m5H @Fn9EG(bAH^i`d^&YhE~D?xzV7&QVdrvVLEnq@{'{`F]#3IXVT\>W"btf0_
4TeKT6[@y0Tz\49PXRY]Ihs<)Kl,_+Yy2PFM!@X[n.Ie{^\H;oxbsQ-t@(E\gPt}Ws-"bz,@
)@6\m0U_PMg&'.cao2p~4/),*cl+Bxh`~7Yk?i;[_JTUf7;kKV V@sD#?%sIv\E:z)_2LhQV
K.-e8=!Gf95O!-($xC2(<e:>|pl#\k\u;~>JszWvE%7]0"rhJ!k@^--B''.keAjq>DkE+,c5
6MwA%J>GB~KvsPIa_YYV&t&CK/|M+1xkp4Aaot8\G:ZBJ,Y.*y0@^V63N~_mUit$n7?19c2
O$r)=em_^+)tpAk#=|vExF.C5I!O't.A^HFLvD-6els|QT6lr3O'k9AA;ITb"H>Xt(2WzKN0
;(!,p2Nq1Ewb[\|O!h'TARz J-/[SVZVZR%iqZ(N::CK`V"L8>xxBxne/4U%BSzX|_=(1^ty
0 Dn @zkwq<@+$g 3;'@"J n'!Kf7:n\cWjt8J!ow(p<+XQbi!esHy/^8Ph[ZR`(gu-NKMWp
=!^j`3?7 9{D2z2.8v7E.GCV4RhUh\jH>yKp0}o@H[/<*()k^?@N-}W[Qu10Ah"^! %Pr)R
6G+)I9g\lzvL[P(<kiS4!7Pjj G}Ed)1Si$h,y!Bj^p5Lu:Zj1B*[w\hw:f/,)F%Ao=G%HcD
CN]@f\??hW1p(-~:)IysgK`?'5OtT@v\'w86v=|9``&"&}4C,8Sn++d`ky=xKHS]-*0I<KKi
qVqAM.N=xE>re(NR~oMvD^_\Yj)_S[$/16ap^ X~- UcC7g.-~mxVH7fFvUR47I"xAu[p3j\
^@|6FQWeGWGzP>hP<L{ISH"XF*=I['eA3F)mRdIZ?TN};I\\pZ(?Hdz*e>q9TL"P`ab(-SC#
f-YH;tDH|Lp+?th"$F>ur#0k4d?_OM7]qqQ>1\\MhS (JMH4b}_NxvNto/iF4"7V!_$ {2X[
/cfwIdgQ/T`AcyH5};84:am0X+'1kYbT/i6>|8Vqf:,QD8480{qI)R(!^3VihzAEm*YhwJBD
oMA(I!daAmP.t0*2Y=ub3+OopXiJ;7*_8``TE-2ufb:7</kf9IyOu'9J?+u,8j6.w~^/WE0C
QyMp&4>8?!^.TvU~h(&qI]h=.#3x:L8:F~hz|a((s;P$xZ[#gO>x9O#=?BZ`E}#Y_~~.,9c1
>n:,J{p",#U9VP- uj]:}<AHJ^D3(I>b*EG$>bBPicm}1wpy| _;&(8RiqbWqc^AKG=m7mI
uv*BC{^C1K1u}}TNU3XZLcX]9Ya[T~YN:kruC_zk8BWH&O}+Im3-NRL`*m!%oh\y7Ta]jgj?

Thursday, August 15 2020 Sat 2021 Sun 2022 Mon 2023 Tue

/q4*/A03t[O0iE;/gz%&$<q>b>Z>yM108fhv`|KPEIO!}[~}}m= +];NDRRY3f;3I)psBt[3
:qd+'FVl?kz'Hp=k0>Vo78<+4e`pWw; Jxz`K[Nso]^*xm^EQ(s435Yb+iF6|zw)W7cFxxae
(sB||x.()pFk>4T8,'0bUS!}\mKM1&|&<rS-u(rU >&Po8/V+40PHcN,[&1m`&jR^zm!ZA
C25}Oz4j'C=>j'xub1(;#/Hl0%.6Ws<&[o;Ah OYD*+7dNW!%fnjEbM) 4+x3>?8>_ -Tzjn
0l$ Csr:-_m,n6;c1!Hg@IMvc3,pvUWyn$Nz5L&N}^|9iNl_ ~P,H~2'Jy_}s1\P+^setWW^
e-9s*f.M'xD1T\2(v'< 4vJ\Zy#6DGTo[q7S46u4ZUl\$@cK>t<UO,`/+2-8Yk3iMi1Z$5h?
.{?}`G$V%G.n$"2[v;^@NzaFeG L_:@j:n1:LJEzNMVZkjjE.~,I)>sqA Hbg^Cg\9Q8hE\;
8c>>s6|`~Q55^)Yn2'Q)(H)Y5=N%.F 0L68dK*SzX^/fkW}{%}-RVDrYb$eXlxth<tHFh9&
xfE2k7(@>%\hi+KruT|us`W}y59;^s~#]aD]m$zYl~C"*zq!fAJ+13LY=Uo9+I)!YS$E0986
s[q"/E]ihM!Fr-?StUn96v5QoPQzDhp[-g?/X R'33.*H*TcYgTdPVH2_\;i.8&uNrm%wC}c
qu`}Kss~[oX,rl>96?R=?7GmXrL&g^IR*qM_=BJHxd-7pu8+s4HyQ!sG[U~7+DXJ"`4=6j3A
cTT.X}r)sp*1PeHXr7!jD@!9%?nm(il:MvI,O~58Q80"Uy%p^\'$#EYL2Vq<Sk,b3AUfzx{|
Kigz"mV|)#Fn3Ovv=>(z!.wIc;^2JCJ\P&rf1~VU(dJ6]]DF[zK73G)(3?mZ6R*BA6CF5
RLd{#bgDf854C>sPD>T)7}$ClCc<{f#7&/X2Ujm"(FENz1Lt=jGQ]Prm}zZ*za;bPQ[6qyA@
*0r&vg [qfc!>a.f"`q)k}ya<!`{"P-4]x}%2n0YP-DmF6#I~R^F@k#nr35~>=xen]04*5
5t_r?bPm=mlH({EV42Rf!Rgz^2i]pNP6J(mgQaR^(HT5w8H*sd@ngah3fwzar^Qm 4&FF~gy
S5x/^56o.1cnLC[0[P]DR+_4>=]s@B#c}#dt@I"@xy<:^;MYy<k49"nh``MIY7cO(Vr0[@r3
F"4r7nAh;}LEtbGuhWQ($4IdhXL|-pppNdM]!IOi~bB(ReHl^ngeH7'N'E4!X&?D[$)!lOr_
]I1\E$dk)iV.\d8JE4<8rWFAn#&k|SUc6C(U~7\T`Q 5x=g0yw#V44$# _fY[G[m+E P8\!z
|9o/Vw0}ao}tP_:*P<eW@RY>x~Q=yqNt$7252N*!E7rH2wQNaey%3uSwjuSihB(/IT{o\'eo
,nLgSI`M@g5#smAVK->yS>tFo-vo!;H2$,V\khC>>le\s~'C6$'kbTy%fuCAh^(q?VFFNytU
YweLBCqO{ [\r]TAXRn_=F_-%TP"}Uw,=ew^7Z;~bW,7-Qt!2j~l~/~6<Z{w\28~\N(W=VjT
nP=)Q4mtn}hKs"7!VhHFAo"O~je}bq[ES~tn8DgO0}"S`c"N57)3qyHn^bN_W\wOLK_Z6C("
9Q(/y0T;r>qAvAoL;ZryISfJy7&DjHB<86}'u6k?a5`|Qf6GS2j-ldQ~BxE-l_LYdavp6R?#
=s-!&(f6&h&7m6BT3onMvhP}-kA=5W<2~MJ\{a":}/UP\ehh5fmOM6/ct"BEyC*/LZZ)E5x6
[D.6]N*.MtNm#dcpX8E_?lu@1P_01i9>l-;:v?z|AC2*#X[N3/ WCY*,71A+x/WnA+PK] qy
%M<Hx!*!#u{=_Zudq:,MPs=<?p(EHW\&n3TzE2U+BeMfYB2%`bEK:+)dyh%O{cP#e>] O?A
R%X99xY3WUu<=^nN'B`fWj0{1!oc"K-?c2.a92K#kHpT2[04jRD)RDJR={jO_7gnGUeZ{%vB
#xX<]S7{)4u-%~;b7"fBlSX&+$Zj+1!Q4GvF_+7{jc()W{NgY}KAK`j~i *9~SfIwp]yp[$p
Rh.~>*p)=l+O[s<dj]5NR]C7TQ1s9Ud-uj!)]HWzJ1VeB6 he&eqj'=[;,b/$vE_\6T?8bK;
"}=;/pWKkfb+af.dYnj{sAK[{G:qm).%>Pp09]2e?"i^c~OaMP*IW\v6zUSPl]t7Y.ne,L<V
Go7.Q|KO+2AE^&Ho<2S^A$*9%uAzD5q%w"GZGS5_\!wnD[~x&+<7E7cU5I#&0sB|;wg<a5 |
JyrE}-RP{y-R^Gv}1?2}Dz5lglJnei7ucT+!`deY\,MrUOjV(ld'hvZ70&l*QQ}]*d,sT2-q
7m=1|UGrs#TzvWoi{c@ET_:QR?c@X%b?oz"UY['M.BF\OH*`9V!g<?hVlI/RB)O"4(qO'xlu
M K0ngA_9Lgy._=EZ!4lD9<0W9h{}[+";v|F,0 +J>2xOH02kL;]rSn))ShR]nr "7A}{:U
(~p$d%s)`&&1fh}QGk1v$vl_0j<R^~Trc0>4`>UN*g+T%)V(s)bm$m 44y-:C58U2K"|#57F
1qh3I/*J7sFKtQ`UMcy$<X43q S5&1d~@x|'O)\K8=t1Fn%-{<::NSKI> |$W"O$~,t3U[CG
F(^6Ff7!!=1wfHjsp*Ek&%|G Y(X]'RAG8r'ys4lVQ3_l>^4m19@v:E;?S=3,JtK1J?Q <SY
22D}|\vTDIG.,6BTl$?#(hTpUj&/-uYyM4O/i[Qp]IGy}Aj\||=s^z3GLf"OE%[&MG[{%SD{
:9:\}fu''NSz\+2D,FYjLh=RJw[cd@1)WLM=aZh5y!jC.tv3}r8hN(;}>^""i@v*1Q>.<:t(

Friday, August 16 2020 Sun 2021 Mon 2022 Tue 2023 Wed

T&55h.-hvm1h3s_JQ~bs">9v~zPPH[+G@Lxh.5p]@td(,"m8+#rn_s5p*]NSUv=zN *h&LKK
ALX\@hw#Z9U#%<kVBhz'){c1bCA120&_|_mzz/p}A4`m YZXeQMIT0x@2L-hUPR;0[bk.tx)
ai5];iNSG?,4^2diR)a)]T:ur|#Q2.y_#}2A|i`YsV<H>i;|;O6g07?9l3P8PD7.sM6Kh{Y9
N"n*VhDV;]ycrrd[k!in+P`V@?aIn'@Rpo2K}@)kUQ?:YNYVh&`t#S=VW6U$fE+@#p(>fWS8
+A~4jdI_qG9oK/G!ChW6obI%_d~32zRc&PH,['szF/-Keqd.Z;z$RGm9i"x$VLr-O%'5h0-.
]J7Bdn>~w\Y)M;X?5Lr*fS/vB`zo,^2bmuPlu4,%ZfIXDwB-?}H?~`Py;LR9L1f$L!Pstv)e
=Zzw Mrmby=nud%lmSap;>g]2/%z{'a&YB\zt[MP?w\3^v4'2i*6aryQ7 .EVWM]tXViUi!Z
CY%.)[d *%Hp:P^ap8l\7k"%hioi]-m`REUln\xz[26)yrtT8g.!?2QTQsNn'.a|L"-FS[6
>S"8++:GLVb:U,^Y_~qRzGhLSS8O]d>dyIx/PDL">D)].b^^t{O{;M1{D(*`/4fIJv)+bukk
zTC|._ai8j]m.7p{y`A}|G_'er3FR?JCudc]JWNJ[Ct]&R*d[gT$*k?@L5Ot{F=X,,\O'v `
g5CtKt_0u}j%<0u}@?Qg3Nlt1FC"6*d)?8=ak.b<M>u'U,Edh98|66v#A=N\@jcesi1oI`Kd'6
_pD7g5]Bs/z%W!K^ppt7B`*(J-_Lxu=)}$$fiG={"R`EO1m2N[r}PDu[;q5p^+fd,v-i# PUC
#kV&cC)=g!SfDcP%8v^HR|ICXX9s^w\|;$.e/xR/%/PlhNRrIoE>pi0<^EE(:x_`pZ]ohpP4
]s4n $C\nG5Cz(N+cjSa9_8KxFiG+Q>bm0g.#f)N|W;gQ+YVQ6`-DdgWw(YT:olhQe89CeX]
PYUp$Ic9h7k_A;^r9-yKI7pC@`){DLU2Pq!6{o{-+RJPRRY%5oA6|c>l8p\;P:4U9GVA/[D:
b,3Q.8YE~&y\JhDc!KS}gRS] Ru$tH[mz\L(Rf3#`&aL>!-F^1'8R7u>V^:+vRLe,K1y !I-
^3C/S~VpIZn"z&M}c%}~:6{vQ?nq8{+]Bk* !pB`5(^aLMeUEn>|WB"^n$l}Y:lP ,g9#M2>
6Yd(K[JlZs=~dy0/9`cUT=VE6vaH$|E$.I?Rh},NADWRkx7~2R"eAevj,vMS9}(xb.s7z-1>
:-;7)tpVj6[yv(@[.ovtD.XgKl,eWYuMy3*?cU<\[GM2N(ua$3aQs0G\CeJ@^<6:ThJ+\it/
m0FXa|^FlBr649W{o~{":ndGj;[E6;926.V"33\obg5&k?T"Lvg$skO8{O;M"+a eW&@(sey
tsQgqN^%`|V|zUObtVuCu(+#N3WN6H3Rev@b6pTd=l.O^R@B5L3"?VC*CW~SM$Qwd+aql9i*
9o/#Y=)0WCZsP)9wS3S^2qQoAwuszcnki%qgFL!*GkOHL-Y21(9EsC74=9XTG#Oa0[b?ILlk
)AfmwI>9gw{vQ7NOG<(XB,mHmuUC9"$v=*W!ZY=5-j*"0{a"XDfj5r;nxAG8p]XTBXDLHiw8
T8^m&4U|@p<%+_79WA]u7cBnd(Z$raBFHo}&].*lk#!sk/vJyXVz$H?Z:K;]#mu=4i.|2o{
Hp/_R#)z |?q|vl38f;+n>X|R?3j.sVMr.p-X~t3jB}t9{-!Q?XJJ,lCCb3'm)Q_m/*MqD>|
\dT<[>7/AAvJ'>70GoM%nO?'3g&<gZu!/d+-n/&?f05m6?L~zn5``r,%Fh) sPbS2ydFkNS
Z4u^]oQ+^;AHnim/UB<xGwTCa5N-'<B7vj,r?jz]nd\G8SP\R~rL!^\xkN.xE8&"ENtl4" 4
;P8]bKve-#^w7S0,nZc(2DPQsh|X8f,6$QhQ?^RI$ASNYCj3IgQQz<h TY0Or3^a W8F$`P`
%[c}^>O)-yl$UXu8iUJ0v *@0<G'@&5b8\I]b53,Lfi R]%@?u$lbL{z,HiD0b?*myv}uH@"
f(D4MZZ@-:$i9{c-u>;VF`1q6i xQWsnfnMkG.Btdvk`G TaafaW)t~yg!5?qY}'n7u.=U:r
kMk?;oaS&cc}%X4JPh'\`|``crh%u>57X!XzS;a-0jcp(Vo!O/v^agE6BKWHNw0s<(s0rD={
|=oV##'0_q^J!sRI+3{T$j]hMXmw/V?mABB>eOxfQ]-_ima\: GpP=.maM0gN_0-o27nTh0>
QzjR3\8Tpc)cX^-z$KHJL./W *8%=@qR1?nopM)\~w,7wDc59~qwsvXMCWUhDqG.ZJ&C70|
fQDWpr5olG+pas!"|9&4VS S5VJr2[N@PAI3tY]FsG;gJFR4pWUc7u-m4XIy?BBi_?6{>k5C
,P0z(O2VR]_=vABPJyGa(/_6O]+{8j]tCQ8Ssq+8GuDBs.A']QZt`;DNq`eL=-2XqgyOOTWM
?(SGo{mz*,;/:Ef+Q\cY5=\f+?(]eI7bc7#;C_d*>.+!sXE7H!jRN;t/Y%]>&zGW>Oi^~}Ke
N`xrsE J^Ri=z9~!r+ovC_lV)KgCZ_,;ykiM7UxD< ZM2@qAzpG?;PY>jM!4aLN*qK)v9^,7
Ad`g3*Ij-er;?fa['K_<M+CRL5#pg]f2B,C:^.(7A$~p4=OT(<[462\#tCzm>2e)~>X{,eD]
W^*?^t@Gn&#xOQd#wT"|[qijeM-EV!X;k-cKhj.Y#u#Q;~S#kUbewrk6T,Vw >:XN3)zPN'/
PYDssSxB1TVBjMx*BU$698YUxy!gsLWu= aIf[<1f@-S@j+Jx.={^o+CM3fD5,@Z}37z+fe:

2020 Mon 2021 Tue 2022 Wed 2023 Thu

Saturday, August 17

```
6?C[Ja/P->r4Qh@x-P4F\Lm:[9Mf]]E]Dh_P_%Kt^4@0|7_*+SY.V:FU-uWIyy3\~hMC+D6H
li"f|?k*:!GXqpCX*''3fUR?p/v5}rZY0-'O(N"MY2V['Kxh0QL;mO5,5Rf\V.{6vs-vY LE
X\sj ggPKNd)(V{03>ua6Q;7Z2B"gK.($;<~c:[&t8=d>-}j,0ZJzywq6Q0&cq<IuEluY+lK
Ax?oyQ}CxWD[5jU)t8G}XVN1F[/Voqx+$Ur2:PLf)lTS^E\nW@l[D!|{rZMF)`P-'">R0,vk
8 6]fKsoDD_)h"2, YD!?NUxNX)a. |o`[$Jq=^kIbTMBx"(`\V1-'~4#fIaG<I2Gcb\j\_X
^)nC+0$UM:UR6Y^%2M%9"oV::Ep6[CRXf;q%}j\-yL:g"p'Y`qW&mbd[$w$hGuk(J}'F082W
G}(ik9Mv-GIBJ=HN*XK|Nj (P";.UY<b"vC;CVtb~,4Ns0uVCc0M+X)+y4q`+X]tHf$05;C:
7kN:h(k&_^F1w`J)OS7`k&>~1oxTR^1b)\leIN2V6dC7ykVtDhWB_hMm+S!9,];'RdX5tcb&
/>Sg@%0`z=*-2:"iopCVY016 ?$+feS s\-qqC5S[D3>uTCC3@W*pl6aJqhvV?Lg3k$AaXvg
OF,SWs9_y/.QxZrpfML/-6u4wZ4i/e3?lu'^d-C`KyF]7B[9G>(GQLd~)b:Wly6_{T_/KBUF
?*QM>R$X|e$4ykTXTV[@%p7!x/EbXK\Q:@j4YP34[*I0:46.<Ket*I|4{@@#[?[2gS,mi]Al
k>NGWoFmr2H2:R+3;3E[Swd60.D;zL*K_sGkuehml*C-FegUtehfo<lG#X{"zD"$%35:(og.
.j<B@ {;lA9y!c0M'O2%!B80sN[k@a`/TD8>LtiRNI"/5I&fW(Dj[zocZ g>Rd9sl$bP7Gjn
l_?C_^QMOAvcElwqZ:%b)@.P):z@wQP)no\/Ik`R}\ef&6jP39?m9&<Ld~1/0E4YXWBC e|&
H~Q6dsg"vqd+No14&Ag3S,5c8v>Nz"!:F_SY.TO3"`Y~+>mmucbZj[6k_OaHmsX?;t#fOl[
.TGi+egCO@)Nuzlhp-@,K!fY,Paz^T^4baa:c>wX?Vd^6yk[~:0)2MXbb3eQ&?]s)P5bh3BA
s${'@*cj{Lqhv5R@<AEEWvNO^w9OD+Vlo>DP'BGQb|E*I'_]9jN(s2@t0!hLL\xdX;FCGB@9
6Yus>'l.7LbR=c/9b8pu:{@/l(0oLDK_?A{C:\kzf1qo&PM!=Bc@]Qg43BO$9`nRVHoxKkcm
!`#qLId~:{'\B5p9u6{*gq4A_R{Ss7L5;6"Em:i>Z:dquWg}LO}^1!*W-|3E:N\x7c<EBsgd
rFqi<kgL(Gp*1<6b9lC0Hg+`4@E%\#v/R81qr+/7.8~u.5m(8V=;ruqg_SY#S;QqEcUSXxvh
FKCIZ*so#B^j]12pYIb',|\qc>"euv2l/J<dzGi~)"PMJFlK1Pd'AXT?j}hUt+"{K}]f!-Nc
]{c;tMQQ@FS&a-9t6&aSN~K;x'96d`-}X@oOTdwMil,J,'pAjSB%xS!)Ff,y6RqM3r[r(Bc<
Qiw?I-P2!)}niT2aALfL3%JU,r,'qt-IB'!5q$))LeLRaAUM,{'ZfM(GaYj];b74m)/k Scr
c<d-QpF8q-@>}oH}A`sAI\2(:^'L``g*621`Km|otPUrPqi]wIsRnv3.N(+[6BWRKr9-rK_w
9r2\lF^lt>l5"YIf.)!*T}:M{]iTYzul9-t>D-n>Ijg1VVsA0[#!dnmoEr0oCR+&~3,VHB;(
~4AIiw]*QWXrN#\.gA2YNI9;D4A$Jy]]gFQF$}{"OxQlT:QJ}mFo>V5Q>\+Rm)7|[C9$&*8_
C7Cza&2%\p3RX8}|v={BTHP6B;r)Zf$'i6]O:\A&$6vt]-3rL_ 0jJVX7R LU,3#[>64q)$W
y(.3R)%'JOR'{oT(OE[VBYgHy#t.F`Q'Yw-K\uD-]\+XbgP=Ti62XrvV{i#Qr9P5UGD(~*6Y
fd|SZ85?.5Am[S|FC\<%zm$;77-=B&mHbVevU#^M;vs{4Zi}}jP>(}|##P @:->Bzayz:7.K
F^;hoK`^@QHq5sZKS*`_mGk5a&*y(||tzl|17't,AE?X<M5AN{Qw[v/D[$Wx]};lLao$A4\\
`~:8}fBnf3o()tqAJ'3kSN&P>5.M[{wZMJ-HkqH<8akX$8m=DX72L4/NrgaF2DJ~=Y*'4bzq
<ey%a8y}5YIee1#J^5-\BDU<SVgm4U:K(Fb;BO.*{swl84IYs4AmDE97:;q6+=O*%/~A!ec8
ur?Xkd-+PQH\Bi;87ld3+UQEpKceGd$]IEc:{NPsiTJ\6wWAT &~&X76SGp]@zzimDonZb_Z
GTcL_Q-#TRZ>`A=uAB|kLeyU/SlySSa<d9JOFEr'li<1,|xrJSI5<aaqVEFh{qN9t7X}4_rX
eq*-2s*"M#lx@$Mt;:Z8tL[vO\1uPtRx<,%QrhVO?:d'A7#hXG}&6=dNzJUX3 W1mi GAF5_
b|BsgsSK<WslazabhCb1KG|e"wFXa~#JKo}(<-DR4mHt 21|X[_>c8oXsNB3M?0xfwdC/%98
?ad:fX+;;0O)]{5yEf@mvdtD_OT/x9Q+K1|<XfsxzoTHI.0p,vo9\y_YP!^$FQ7oGp=k'ujl
R[!!jWK4RIJfUt!|YhDU5ZLx1 1xKh?nwsLqoSo,ewgu}d?$(%RJh`wU dhN1S<HB_$khG)S
[&brM1+4E!w[npq%V.O&=Rc&`K]m7i'isiTzoxXF[}vmaKP4S1OCvSrOE,=^/S0[}80S3$_#
J8)&?kP=f.Yb04. _Jz$e/_M-v+QMl3WrMJfZna9Tp~hD7yj54[~cw?A"4\9=nd[KOgU6)=>
```

2020 Tue 2021 Wed 2022 Thu 2023 Fri

Sunday, August 18

```
NgSOR/naGI;zJV"bNM}=o:FeP aG&bC46aFe)3:zEgaQ$9i"l`NwT'^J_e#L=z=!"{rlw^/"
&p'#s5j@A-mZ%t]E*@ Br5[5R=mdiQ%fy Os\;l!GKKhXFoD/(Eq+_3(v!:wY{s| `d(I\O^
D-jFJpd;_3-{H*XC3vmBOs}8kgiKG$J[`e~8z8|ix*RJ]=%*^CJOuY{N\a=2f9,1Q8{JwC#o
;ML=ZE9n8)ugldjl39w^m=A71"O;;e)!W1~Ovzh^FAa+-6tlMlAx2.dz]f4&o(uw5"DhE=m{
;JMGY/Gg>.3vHN<|{:EB?b8+|g.8v"ExT^\P_f*ApAgj[pYKMeykNzRe#U$-[VM0H^ONx2HN
lK2hK'mj=ly641>fX4_BcT.Lk9y*i6p=T<ojAb+qZ#]k{5Pd@yuxNcAr.QY9Ay,Wm_ELA-U[
mc{<__AYJR(Qv3C5"Bfbm_/fCs^;:k%"-}jkzZ&0f&xWQpjiU1^_.\:=S2D$4lO{/AI5s#T@
L+a]@%w:[[`!V.~1J+bTjHPy?)sIMY`}qok'Pa=l8^qO/:pzqT?v9LfDV8jHk\"If':S:i!B
]lg|,8Z=8!pB%P!~3)7X5*pW2P3wi/USDOiswQxiS8_O,fO^^<3Dc5i:g,FIq+4iG>6cD@rd
)rp3}D}ipg|;gc]|;}W/IjM0n)QnSdt2RZe4+|i5&_-IlC:eF9OS^/X2;22|J<rbb 3kuP>U
(y`` tn,'xZnez<@!R]/KNB}fRfG}zJ1[TtQOj(RpO"hmQeVXHq!X+gR-2o-c8!c:)NcTZS^
<T:dLpn-_X~z&f?V(uA?]&L~E9<`f~|>,:WD>eYCw0fgL'uU]t28%vBvJP._J1_;RC-(*}9Z
#6sM41M@QF"!3E7i_?yif,^Jm:(0K`1!:)*D<#;.8w-(E9hZTO#=YrlIJ55~r^oH{is7<%>3
N?}ig`U}xw~-x~:jgb)jP6E7,,!{=8~S$/rw!zulFl:Lgz<n*VMGUllw~6&8\tjJ4~oFeQ|7
j(u]!-o@1&O Ek=#w6D`N!LgmTu0iTHPRG<s6^ m@MWMY~ib(j`$7Rj:"k[-;b2/eOm'I6>
, (E>,mMH8"eMHDiB}E12+*y0Gc`I.jTZFi-jC$}3>g;n Da+};D9N_D*!/0/j`pd>F9n+NI
cAqktr)K;[i>r_2<`_sDVkb9v*>=?#iMTP,@iYW;pF`GqK?C:#pjC$2i2%&%@5kRW^JOEFo_
2}V%qf[9!eY?^HB>~YONi&u/HB.pa=v@fZ9H;){IT`=Zl&5g"K]j6_L 3V\L2ss_^K]+k@7U
utH}7l*{9o~9TP4!l9\O/e:i~ Us&VAn"@?tt#V:N*<u"6m7g92%"RHq_-ZLh)-d#4!2!\=]
Yi^ U^R$'B;iVb%]LStQ2H)gA"u].TmBXl[]n+<75P*()BQ N&{*Ilk?cnEm>@%G6WQ;9Yo*
z.y`h'BIyL?OkyG5|rA+<[5']VR&x!s btw1C%$@nud/JQIhz$?eH$>PdpDN198b+Agfx!Uz
:D1%'zv)$>>7I^i#^\WmDoSEVWEx-Avip|l,~SCz<IzwAv3"Q@8Qt6|{cYhxbeCEL<F5P7tL
l,(HoIb1'D:cPl#F,wD/f;[D0b|I>HuXq31lOd!Wls5.&?:B&Yk^e2s~:X`2v09 FB7un{"K
PDs%6g'6j$Ub EO{NrVp>y._kYd>F8IKFZinS:\S,&.!j(kou<![V5^Yv+]'^[jF6XspM`Y#
J1*aq.]=i=fO7zFv;W11T<9jf\/xD.MZ0>ZBf+\I90R7I0OT/?qhuMR@SUatE\GlA,B#\):<
w+>G7JJeCt?^y5wqh ~^jZAB(IW4(QP@TehMZ/2{"A_uo:Cfl{%[qsxLd'o~OttpaWoyi3O
f=CZ[@:K(*>wEr;> g}#$\3,q/Gm/"xEooEPp}:U5"@!XT6!k4"5zH22df)k8"<S*=)LjY;0
/&9rhLn,0Q4*_W7a8|D!=D3K%Ig7bf8<fTnr1~ne,2C;,lT',fOxT'bmnZO/8qFd6." Uimh
Q1bHr:\Et+iG_y.]G,k^ED/R$B7b_/Of}#/QO4f+[Bm5/mh?$ZJ*cM|YkKC d&tp yCqPd?+
?,\{q:y[O>U\l,1\RJ;zVv#6B!el4Y8T-rou$J&vEvWO\w5d!!#BVk2e&a>m'rJ+TLM}X&^
i-y1Q%s-:Ol|N*m8`CkCm>q,`*8hHlwpNoh@"'E|ipd7uM(<U%Mv>,Dc^#lmaL[h_Mix.9|#
*1^oSE0.~?N_YIo5)Een*TS'd,N^y^)e.\%qD,<\1K{tYy(D-a87eMXTp-xl`CJDdR}w-\u\
v?<5VQAG{gu.c)t_r%lI"BoejpL^s]b(--6WFgSkskdmbreYQuF*#3PaF[t=A+xL63JmNlTC
UN.#<JNMjcN:}sZjpx'3wHL!LkPJp6/kg;TD>.Qq$nWja!{WI.lo55*\(&h[~Vty1g~oxZ(7
hJ(:_pS *BoXf%Ax0&ZBlU-]Dven+--k?+eK)<9Lmi='MGtM4:|Nx.v$Ul^jI;K6}PRcH3Q'
:o%qdO1;a;Ok&X{W$qX@jIDBZR|xg&nxkC!5m_,(L]bdF/TB{$VXdr>wJsi,[.G.i+e@.==?
G%R?`AW>x2>d=$myr{*`J]Xk?:fX~?R_%8D87nhM&0Ozpx\1YoK/pUgv_\*vI\y&i<]Q([u8
MX*}gjtIGH!nSROn?<G?;^+5,oE%nuv%N*0F*KLt)dvuV2BTBLgg6IujJlq:|b"@Lio4 (Fk
UEau^^5}E}>'G/qIdA-EFZuI(o[Sd*yb#hC(@3}*u/?o 2AeQ<}'OT1^(D)aTQK0NHWxN%(+
;s!6S*w^&88.1FoKwEqi/)D0rUYO^;OhZK'v}lIo<@.#}ub!wUtd1Zv7Il7&:%`v3,+?PEh>
```

Monday, August 19 2020 Wed 2021 Thu 2022 Fri 2023 Sat

-l9jy@ (m7V,`7f-6,5&cEzp-A/J8 &xP2e>VO@f#d|kV<czJ#j|4]Qt2d2JA5yV\]*8=o_8
#PyT,xmz<n([:<Q}`nAOjn`/*8q@iid<F&k&'5ZJ\U0iSNbPx]7Xe)iOb*]HTY+F=T ff` 2
#YvTNaehB"bhV:j'>Sc5j~@7@77]9~Q;5c[Aw.//q<6H!aZV@Eixw0s$biO+B,cg'h{B=[kZ
eMSzQ,eJoo~V>)4",@[zOYiN~*wUIwnUmyQ2U'an2Wx<]Mw??Gm')Wx,^]\dho2ZCo6'Yo&k
I7Th5U`!;b8V_5L:]b<h=%BevGEcWk%W(tsb,>?dC?#s,A3yu;0\ItKDR/G:yt;dX7]3b="O
b1J?YX+7njh=Y0/@@5bp:|eM=u8;$>(&_;QKB)uhu<"P0\NhJk<f9M.'g&~WiXWl=N-i)g=U
%*a(tC&!Kni`ZO2z]A#/Vo!pq<KFw]t?]s*UMvX!(f=N?Ny#8jf=g4}>k9/*t1h]%AT!cgw
B]2~UZzaG~}5cOXZwD!SpQ_$ARcAb@Si?YBz?0@_mS\x{Hp'A8v88>RY`]_1Q:*/9OYm<P%/
ZrU)!XRm1eYc,${O&cq8neXk)aBxk\3[&"15s,6M/|ik).zi! } 3*lUd\uc3Ym?<%lb%BxB
W^85_By-]wQ/=8m?fLJ1AAweikN@eU1#1.&x*=ql6H=z='/;2Zc#@K>Y>1olM">pAc]9<iQ6
rZN q#C~YZCWkfaCePVRM spwsxF7S"L}g`01QYU?:OBuu'hO$TmX]\0q\rKej]|s|lY5Kvb
]Z9r]:pgr.>!3f>?K~oqx'uUZidOA8Zb]"-sX.[WU90Q90!~"P$Vt{Y2ckRs<rW/BBlRV'LP
.l/xfDEI4N70l6lvEt[V5"i-I:>K;$q+oRHZZG@:;m,ysdC,6C&|;QyZcP9BjT=d(hs|F]a
yNf([1H|kP'MFvah&QO|Cm3W/dthjS.)58,73Tlll4Y$/Ts21M=EZxa@S~${q[;Akk~If=:4
G)E)L[J&]<1o,3|4|tya)Hvr+iuw8J:;$(?=U?-YzA{DoG~~E}8Rppv^CX1m9u$0V;spkD4w
{~AY0_J$]nd![!<(K)/qPq<#Ao^o@]Qizb%}6&Ruy!-HtV\4X+kL"*D1.v*<^J:,+pxKn 2r
Pp2E^ta-bo>F;NmY{~;1'&mdX[%OE+|$zGh{(9[F`CU-\0 ~(s9wvx~Gz*A%{oq qY#Ma&#g
8}gs-.!%|0;&u8'!6D`+}e?;Zt L@[N1-TL<o4^7/Y6rQ\LRvxO=q*\Bi%3Iouz}_?Pn`0[$
6O-jQ?'dP$;(,3zMq?R*? wZS=>/-{l.EkF6@,VKut3P~"=:gny$p\.j]|`EAIeua >}R-{^
WSL|\$nV9'#ago{'lOF.r/];O\YN}\]-]7WQhKX3PNqc]wy;f8(c4d*\piz:<>Q(0kiC5i]<
?.&odc\QP6m)q&vt[cm<Wo(x /a7_7A08$g)bNa[+(*xxf:;oGic25CTJ51Kr!4.P7I%Y$=z
Qs}GzY&lJbEkZzC<jEeM%j9(C&/3(F?*?"r0mGr}hQftDfp$ev4(*=r70l\E=dD_Rw.L+7\M
M7+T^O9\;6c~YNAmzQ*.`<~;&z:P)[stHL!D"k%/s5x]oDT<#6/ifN\$I%&W%nCNrPs 1ceJ
Z}Ox#wpL?D_Isi7eeh9Du+uITH/:/ZFs! J8i7+h@7#/_'nI^e0;':gM KNFnhlu/g_)5/%8
B~~aX(r68M|vbe+HxF*CSoH&_Vpyf2yD`S|W~[ TJg-wANZ\\kwVg}#Te`4sEwu}4JTD7$P4
L^)wo/8_KPXK8./#bfSj?-mtg<r+E^6+-tIb'N:&*>lj9MD=E*MZy1,0f<[WYx5|\s)G-R~.
gfaJsT\SPE0QV?ZEhso]vvTRN#+fiaEM{U2nK^F"Gy9L?|w#e-Yj9Y4}`Fa`B~s95-yI|RLt
Lea(ZeAFO>E3VNDvx{V93*dGlcF|oHnnQwZw,zt/<72}|*:>oDA&sHc;6`^qk?8r9tTs,5D}
Go$bf@XP Ri;*X~N[!']T+=qGC(MXjO,f#>Mk].2ZL??NjfML8u;m@qSYMQ\@(wx-G8[TUf,
D5k v^)>fZ^'[y$>pW\IxLJGr[e@.N)q -VHCB|P n.9XclSPe P:>;4;-JeM3057C\+y/p
'f:r?'lb0v>ZqQH|!4ahc*~0@$<7;X9;/{PU+-CV%<2;Ef$ 0G:ZGd-{5Y@OKE?`"M~x5*d%
7Q}59x+F*JJJs!*iqxqTKn%.Ykp2nW_={{''o24dZR% /O>s)dAx90,YC\<ZmE[Bb5s~H:/o
!=o%7)#GiVA,lv9Dp~"jI"Cmn`HwZVMHb%;B6s \csbG%F8Z9FB3e-&):epI\J.&-3YVc -Q
]kXy:PcxAqw:^Z6&L8i5461ivx~YT<J}6lOz[]'EN\y;H7SnJN?=8(4e~'Whk'axx:,!_FT=
L@tN`#v4\=%`D@(x~N]Bt/&B<f*cz',/WhA5|9)a$L3ok~XDw@5;55l|p$W,?_SOlk(p$,AX
lOrl4hG{IYG5<:l\s[:tvX$P4+~\{TQ}bn?hPkJdI`h*$ 3Ua,N#gFW*7)QjlZD;&(yHxnn4
ajxUn=U&>+Q]rPhnjBz!A?l> (+h^sKz^{NnrC`GhNzuYWQ"=>it41fKH.*!cwbbvH{w[1.W
7#U!9O.=WA:X<(#DaT(4'MR.`PsZoqxp".1X8hPUMdY.5@;(<yo*>Y5Oi.%~jSN,%,UDtKc$
"hW0(Bz~Rj"2h6jk.>|(jF;r_pbY$(+QY$5kDa.g#|gSzD=<2v4n3o&B`.s,|H"1WTWNk+ M
^&egc%js=R4L~"L~>+VlpOtVj@~lW*C8,3\+g/>D$loe8W1*GClpt|{}H68Xp%|yht(LV8Sn

Tuesday, August 20 2020 Thu 2021 Fri 2022 Sat 2023 Sun

ak~l0N+^K m Dx?K/v1-T7ECEolC?w# NVdBRM("t<^=tO?FkBs~:- Re<]Xwvu*pC,~C41|
L+q*x5*71K+'z]" i#;by=q/X%U\~o=pt=r9{=5c8q/cf9v)j&.G@x'!wY8ThbC?=>UI)LFE
]k~mdi%O4YzFJ537^:MY?'Sl6OE=De{L(\tuHO$M,l}|q@#6mhW]@h_M]MXe$>PuB}w"?21-
kZEa0,.l,:G`P,=ChvisLBs.:1BPiC!Ib9m*3]3Xf^"Vu~*tjsM$#k5KT~5zf*+%teP4F 0V
1"B[/T=t^Jthxcgt+M<nK8(oTMW<B3%(xA{$@!Fc7u9M(C/?h"54@jJd/Nn/KRtS?Ilt:c,9
Zu;*"ETlHpJOR0hV5Yp)U(zO$'7fvG~l${Je+Q(2fn?bqo_6)^@9/o?_Jbt;a?2i|qD)1XM,
n*z|5!JPSqw>jH#:^hu(G,{`TB(H>/6X\>r!/mzo-kRP!Y^fI/gL{WMR7/x#gC!mjX/X&0if
W5e49U{#8>7D7M;!Y!;jfwIn, Qj4EVBfGemz(y 5SBO_dtLk z\gM i\{pM `VzDMhg@b'p
,j5bxl/wwgK'WG$n5q%4l$6`T4kA[[,E<b%W)uXb|h2@?qRTL(~k1UX3hSGB2]O}~}kWP=6u
B2doji87IGVrk|o>Nlt^TV,/5!*!SLt;HolaN/-snT~:K!PY"D1{A<3*Gvg}89=agc~S7>s-
m]Ip8b.L.7r";|g4e,JrvyHCw8JSK}.lh!(3>\~n pF1r=U=b#.?=YN]qqIpk-eXHDWSvv
JD{}u\;?!f.v@(c4 5F67@<[/!`G-bM ~_.%0x]H+Fa:2RP=YKC-L|N*JuHG}PHPVc5r'j!T
q0WiJ8&1wa2r'XUR_]U]V;lqme,(BQTnM}FY2i '~U\@=go]g?Yn[KQu>_n-7%iXcXT+\vm%
dk>CWm Y2"@]~6%}zLIF#b>%6K05WN-NVs<WIyUKMUgnlKhQby6PYtBk",c_F*_/5%X3 {4g
X7-G6m'T6=\g]b9_&yW5;@!wM!%>Xq@zWvfWz|A~]Y@Q?_""~Jm$WrKY2B/(~`?|k5#xew@j
+f*GbLd;On`_YIU>=^<^$^xtqD!INwIscXjFEfYMj[>5Zq`V2%ZEe_.dErm-eN ;0CWy~whE
in],TPT"J..M0O^%r2~wUF&>;C^%owAF4fM5o~el93WX_$]|<C<OS9AMxlRKh}d`P^]L:%>A
5MmO#zB"3RR,dM`H2bL1T`tg|zu*:yC>^KOVEsqPk0n"UGpb78`:u^<b^@r,WM=$f%L7eufq
/}S{dm;?Pj*G"@~n]1 0K0!Nhv<YZ~cW*:)9/m9DC?nla[B%Le`U'|,58v1BSNQov _<#LI
TFr7x&j#e>^a0aTvmL@@.R]0BP)FzKG}Rt03pM$U>w>h,bgp:TW7,9LlLg9$[!B<;Hl`x#18
)B#[L:]Oe`)uV$E)U#-<MUU}63jyy#H"+zQ}=n8Gr5C(!|#'>Dxi9;(F?P=EBv1]"VSzBe[n
7/[m+8)r_U<QAEpq6};sg+L[eZNow*(%X='U\#/"A!Ggi>'\Qim+p*L&pUb"o&?tH\pTBOg+
$0J.0MW^{R=C&)X_:PjJu$??6w[dnM/=fH7Zm$*XCk~yEY=&IM=nVIZ!)C=fuU3u^-|?[`0/
6e7b) F_XDn|CJ.APIQrCmz6-%<&=ES~f!eM%AX'v/n'rAwHE>yRa[[4w({8"15'@6iw|S
%E|m2z:t4&ie=V._8HuQWxsqa"_ViZ+$U[b6%(oF0MWy)mTG+LkG_oaO# ,-nE@w9R=w _#k
x-4Y4~4M1p8?*Z3x3lA#C8@lPJ+pSfQ-=;Ty7*1JRV}=SeaHZNj{eZYa3PGyp@zY>73WC*g
Oe.Q J_`~lFkI06R:'+>/C'AT6BU;;"w4>^@S("St;f/Y|vCGf$<:[8>_r,A6*ye.ASy;}t7
9HYJN.UkxJGzg5bQ1*5z{f5jaczxnwafdvP&xFI<I,K>l0 v^u3u#*ks kYw'C37@[:4_,\|
J]0?4"xyKe"ey;k.V-CbS[i<(]P[~R].-jU<"+`pNwG!@K4d^oy_Z:1;>JVhfUTq4@h]* |
W-;pDZ1X)idp@/W&v+jxde)1{CC`8lo4[?afW8E ++B.,-b~{im3D`_Z#m+l;9!<:ehV)4Nc
u94r,;g$8}no)'IsW*(uC3R.Z*M"@Kq"d&wIsr}g-|XpOUKj4eFb"^B<<1omYA[Q1?(^> 5/
tM%bY'EqkYqUi_e,+!8`ejK~?_p"vF65OYgtI-j2n6*p;[``0XSo"%KBIk+*JPm<XGYTOLC
PcW~Q-Hf _7QM<tWQu3mI/\@}vFdDx#N;V8HsWz29630.v?u']!v,LZc/SRq:5O9n!H>z9|
p$ FJD<weCW9|:Qt !hT.HPXMcROv\c%gav(`YI3 _t.0i"R:F2fE(Cb=LZ<05_G/A+@6Glv
EX]su?IX0eu9$lWfCmh_e$R1(~o=u8)QR!<+:nHS9l:FE?[P7b)bv2egP%5.~Wj+QM.G$/&
6z]Ra@UH5~0=pQ<R`KE~X0hqX?>k#0lwO9qeN1'ybu6N0PN)Et@:y$fpEjHkB6-"S?kW.P~^
b`gcPs ApGCH8b67yFfGCUd*i3/^05Qh.zD2MFI>Ct32<?Ihu"2nHVc0P.=IGUdXWJ<63sE%
! .6B@/Gz{9J"q;$".*5no-`<y*DtQYF{0Zp$M%Q.1^o4riybn?4IbLD}L86DJ.<_hM$1 7I
brKP2C}(FwWwg&QFd{uIH^\MGZuF?(|BMc^YVV5|f!yr!D_d_POu([V,nmaI^}$G3&yd5wn]
a6ITt<HD1:0<o-M\}&a)u-gi3eb3YYuVt~^SG!%8IO|mON%G`sX*tuDN1~z{}\9B3:#k%/Z_

2020 Fri 2021 Sat 2022 Sun 2023 Mon

Wednesday, August 21

```
fxYY$r\cJ`e90?liV"=ZpHB7i{%EddjKD]\ZkxNdcq{'yg18M|k^~A22Z'#6N%BGo?YC\vqu
0!Lv_!"ydg{N-gB^?k24EpMJIStup~Gj dU-m(=3?Xs0}I )8hG|fTY#>%e^eVJ{~;HXQ+FZ
~%9EAu1!MKl3Amni#V]J<.N*Kj8/n-:#7stdva#p&_]+p;!hmP "s?]Q*|ePN[jpYx(BT/ r
qH|o?P2Q`Y1)PbcUNI928*Q#WVGwLe<<}3`JzCA`3&)a1LI^<;D6x=-e:"~_?ruAM,[[yM"l
moG[\U0R~y[M09}IEXPK^JOsME7t<Yzk.EjSH-k8Ees67$` $!"l]P<`; d)hh-`U>QA`SJ5
B,LSOT;I}fvTV'!.n=*O*GIuJ8O2#aTBbpb"kcWQ^wy0?'ZTH!Vl_[p}|cNwUpzF%LXMgTGg
df$z%|D5Ee':|/}bP?(_"PRc,%fk+[|zR>MTM}GM|SQjmW!39&Q/}:b^$Cp+~{"&/3)'Mm4A
?~pz*B[{mBa:S!]Ny>0Kv6tDt)gH{v671Rv)d7g[mPspZ~N,"EGbvRa25<fuOpEFyr`"Fy~3
#DOtvDlh@lLXh:LX'1qWbv6:4S3g'H*fAgeU HS7\fX|NM$[hEwpvX"iHPr3nl<\%gf;lM="
x#`[oKoL<#BY<@7Zb|"&Zf@$GSmr-*8v-FWIyR3#~\KF#a^%J&;%IiU{~~]7`c%z?'G=Fi^j
152VG$yWm2i]nUh`#o2Ig$e`w\#<e6Km{z.4@J,656v(x-g,]xr(2URHk~~,f2lg)cudNxV%
W'j4WGMQ0 ;~8?zi"QZ^ol!!:eizJhF2yd-i\J12umf;h2%07c]MCH`.Pq:tu6rMQBK49%p0
b,k~@J,qtkg)&|h0:AkWq>9x_%Y.0Zm/X^Tf K=XB?VI-f!DdAn+)jx|GUUYK|r[jj<g7v;9
'@?qBl{G[bdTJ^`Ye?. +OQ:BQ+k>#xW@"GwapKZK7Us@*33>\K1>vvveEEm+d,Y;Q$h5MAt
8lSM]L'dLF}6>}e2_aV|d8by]rxE\esPb7QCdW5,zdM,f-$S'D73B6-t_f0l!qip\\qj20/p
'L#.p$VhIw`* FGTt(bvFD+"!#1EW5=\*|ET32$o8X(Gs)tb+yCJ-8A[QO2^>L2(lj]Y94S9
/5AdTeH.gywhm3t'*1"mL1C[f>kq?2{PY\%sW_%k4_gCt^};!lAD9M_&0(3v6mZ\N|/c^!g5
m'PmN};t[%nfJ#5'NT;bFVYC%JC3e}1rbfqcO tipsb\rO9dmA-n]fS0;>ZEqy:Vl8Sx&ai
^+9t-fvsTg-z{%4]Ih<mRDbJH$hi=gr&e&l)1}0fB+X29p+dWZC!%3j>w]t?5S`-9pC!iVsC
o?(JmDOP*2!Q%<%~X2k$z%Of>L8M8q|z{doK?Dw033-Uk:OAG5q9=GEUZA=hYSrKj'w<Dq&9
pUsJ1A>U0~g6s+Kn#bV7[]*~|,vDBB<u2{PY'yKLR o/`^9<}SDpRP7=hkp%Z(mQ=iMaIkO8
7V1%|!ty!/x#=sl;Q(0[1Ak" )aoM,0`}b)3X&lq>[xkB1&/+%hm<.0C0Mj<6q")?;/S_f\V
[2Ny9<aRX1+V?=j.1-\?E+MxUUz0N.2MRV7QM8E^|~I\*Ir|oV|D\jWAumH2u,jEYuGu&=!S
;To\Z1kP~0%2#IYiO<YLgv:ZQvkAo%j\?Nyrn N8cBl6dsH(T9&jKKM,T/QO](U]H%`Tkqy6
yBQ02cALOuG20zy]rVq=`tv(%/S|GoNmCPlL{xNRP:xQc'm&@1A'@yYWXE^|{++c!-08LBJF
=vJ$e0|\u/'@Zs'yG[*/\hkzI/=Vt2G>p%A0y>u?\43G8qk;BI.}*Mw%h`8!7cgCnn"MVcOA
Tr~e\y^U8XEkS*9'_(t&/5l6@{]`F$*}f4w#D1CTG_]Jtf0df$v^,U1*c~V[Pntw -WZtq(`
-=4v}hzp4<x^59pOcZHKPL4&4L*VgKu%S#Sf\FxQ=f>_$rg{y}O!W\t]aM^<f+os%S <9WP?
:P,>]5+PGx\?R#d/kfY"Ubc6RAY #NLE dm<8L~P4A!"i;rS}EM*b4v+-:57X7MB.zL\_m=*
A2=.Q21s|-{kRb|d?S}}O<{^xgA9IM~9_Q#;kr'50X^>o\*Ji",d=%,x2jk_;P&kodu%G{ty
,rj>6xg)`S{@}rHwX{*X#l\pj;s8yP4o:xq{3.(7yvSqo5}~{PKh1k-){_k"\ThMhxW:;UKE
y<LCh7\Vto\9OaXBe0BPYIr`BCHk6re#}vrRDgpnS*Rg{~)iHWI;}S23OD@|E,esOzE=zuwa
($-oh7>FUY^:;m7*%WsB'Ql#HrpR[/Y]\o"4xZ"-M-36zzf7I4uClf!v;6&$sFef9Ltnc]JO
v~Elc;9ze50p*.<-HgILh`i2||dRDX#^}m3-^4T?.@kEv|_q1).jYxYG.VHsr=DP4{HTcNYk
7OKj$.JKrQ"-;_u+<yR'Qh1vr=|$6c2zcYP|R `D~YQq=R@BNX`joy6Ys{$G';n'6cX@a@.V
i()|+uW#$ (oH%@*Gq%]Z|I45Ej*gbboDqocR^jr*(9QtLPQ5L)atE8y>fh~33YmU5Jm^~V7
6hIaO;}2RUCR1.STvl^]]Qe}4.5]->B9 3WEokONbYc~!y'y2+RcrSI0<``T[R^F0\_@q5dw
/Mvu[]OY&7-7SGl$8xmFJRVwP#OY^tRt"U>VO"u2Uc,{xqYyI+)hv{SMDP.Cmex~SDu 3ru}
R)RV7h5NW/\Jw?<+E{_&{%3.~vh{ NZHm4$vo{{CAUD&iLC>8A>?Wmh]fi<o{h\I||j/#7FA
fx^JFcc</#n%k;;D^5+p%)t9(O&SZK2'DNC90/J^B2DIu2<ho+G3]zocF`mutt]<iUQ(1Ih7
```

2020 Sat 2021 Sun 2022 Mon 2023 Tue

Thursday, August 22

```
X\^a.,%t4zGs_bQTEf#rl.l*IQQQPph0(<>0#+}r+sJ;Vk^SnOZx[q'{ Bh?cQ]#KIlwX`&J
Yuq(Q9T0V{%]<6_3DwxM=[+ju^*/fEW- <pDa3"|zMH7(lzJ"+um?~Fh(th/NrPsHjAYkvj'
>?Qpv3*&[,rNz|ILDe\kda,=8y%/ZuBJo5z3c)s2(XMFw@<C]Ona%v(8L,)oG32jr*ZOsV=*
`l>Dnr[s2-,2=}6O^Vu:);2W9_BtWGfy-V_eVdEmE7#Wh6 vRF7JqwPAmmbQ}cPBcu\(C?0[
&d-?~B%D$E7,p$PAw_}rURJU>IK<qR{wI;?y~k8pFb=!zQ]3ryBhrnzW($[BYV%{S<2M1V|r
/cy%HP/+,*=\z[)HM[h00l+QU(}t4z]|s@9elh/#9%Dfq"p+H1kU>4yX\K6z8}^]VxXa*\k
En"FWB'x6OH($NqAXkC%+J eYN-F&b%+hLl%29Q_%@Gd;aK=Hw@W/5l(=<8-nj.WuPiMdLP
6a)59q.|G45z2#!&A?P8U=|"|#ZvzevIY1ehL||r?Ki}{<ZY.U.:NCu5_t8v9:Z:V<]y|~Ww
{dJT()y%$dTl2A2ZYTStA;&%%*xRVc,A=2d\U7B!_n6^/zJ\aUoiuv6G41~9*Y<.e:b U8PF
^Yn-!7ff9c.<&]2Z9@2H^AV~X{EP4(]^oPu;.0>ea!;ovw*jplhl$^HyPs*<=7lxW_sC^a@:
r^8rU|Gp}J!-o)L]!L9"iTiq0[5r!-uPn,D"8m6{#@LV_bS`_QP Xf%,Wbf45q 4Nl!S1vq2
j^fJ:*p*}Gqa{j4zNGYd;y=p3C9(l L@lG?(!(+e0<0eP>F#++9N<X1[8YY$[9Jv/"oO}NzF
GY$9ia.xP|M`Wp/q\/h3R*^a|o|ekqk;$%h5hH=I|v? bXa[0+o{XC'Fgd-s9J&qUGsK9$ U
Xhoe)3BylK={|)#<X#o=~5X8D?HvEBG6oA^.0z({ s,P/gY\I'B#gK!4+&FjK2o3=:'Y2yu=
KxXV-n] ._f*]9!S/0CTo.#).7&756th\@,0h!HC:Pm6o_(}c+{*)b?ZEc&h/U,mDfyue`x}
U}t#f6g]P01L>M\[a[Ms@;]#FbmiS%A"^[dy<V3zsNR1LJoLSj/_8XsN<=?9@wWp%jLX;N|q
.!%M0{X$h~2am<r=$dQJPA`;g2,"HN!F*VuQ$;Cex..gSY[+Vo&_/n<<SWX2->EVeNTcXkeE
d1yDcQ|B#6h7TP3xJ>+By.3EnAQ-;ao"rtZ!3:h]b]fs!y1C:v-{]@!e/Mlc]XHDB;D|e<S8
"a=liciT5dc9bGXu4TQz>4i@ae$1~BpVPk/HaC>/UYrzp]M:4*"P;.gB5YL9k\tF$#DM=\LF
+uu*d9^<eq2O*<<y~pHX9qe4nt4*xB_wV!T$0O&Ud}I/'?rnHT5=R2K0n}I7x7NB+9Z,0+;h
`w_R$NE'^q'0*zc:8~d|=:_q$Y_%#q1eRAQspR"?).`R2K(}c^JPUx[8K|TZ-[XQ&@UIA;@,
[/u&4*~RWA3]LpYTo#V{8(gT.>u-`l/#Z#.$ X]bvz"OlD4:m!+uI$*z%*gj,f[yUY?OQ%87
_%&r$'65YJg?F=fJK[9t+n(E*P3TZ>\ndUxKS-?~0rAX8&(41i;5cVW>xm{gdK;2n*UM5<]x
}6A~${eY ,[ XTieYD7QpaXAial9nm^djna=mKsTl'N+T&P>#LCK~*7INlnhcW,mS,W:>Ej<
(W;D#OBh~x7vN+jL6`DQ#@fuZkdO9>j Fnc2U/p|>#:K})H^43hK*+#wW=ujwY4B%)az0`af
a1IS?W061)lg8<yMaNbVKC=rOm=N33@7JkNgkZS6sb8d>xT?(%"^<6bgen%(p\,/hCMrDWf=
o7S`6@F/nc-|k 6s3a{~G"8bp#LCm4//?5a;,~M}sR&3)WDk(fy{K?&cD<b([M0+i[=}n#4y
G.Ah8_u%nI=y:JGI~,NikR2V- nxn~O]8uJ'&5f!iD{WZ0w*9_xIN;cl%Hd/lLD7{-g>gQB<
J'~K/soH-mvaD40A,Z4F-;;c\iR=hxEB=Y{)<ivTa=HiI%zM: XVUEpx~A258|eyv#Qj8kmt
FL#rPgkD\D*0F-x4&sKK~<O$kD x&=UhqSE/Q(|n`1BD*:XhMpfAIQ15A\U*8D8)&ifVr!u.
\g'Gejg+`Y,)Sxb0w61e22}BYn=QQV/}[~@lRw*Vq_#J6QzCZ#3i]5CA}l9vmASiEZbwJSN
UxGX5Yq(e2y 1=K&53?mY8pO}!(?z]"Wv:UtoAp)Hg88tjUG;b}Au9V1YH:fagAu!a'R0k^m
)")zxy$d.F6J-CD}etSyXiAen'%A"~Mf<!ku!+EVdu]`h@p:@Nq;EJfw.Pd1,K[\?^`zj$L}
^_pMHN.BmEQpjhbjt ';2qy^UVmO?O<>bDY!WUZea2>h5k`E$bS3,p)nz2|mQ~Sbx$CV)_~Z
|g6>0s7=G.|`uOHj,IbkCa{[qwEK._?WQ%Cltm>EA+pD{M sPx)\#MJS$o#uTh}$&!;3of+B
s>V|EYGsRd~hU>c)<Ck!!h0qqmD.7*{6nG40`Z%4dD7p7a<5|pYrPp9bW&RAM>e/?{4*M4Q<
zux;,>z t?]:GN6:uVg{[KX~KzsvXs3?'iy@IkiE`C3zKW@a^E#^s?_ Lt)=0&d[08}YP*Hc
4vSC;_[=k5Y"=O2QA:7Zjgbvhs}c>_;LsvbGz2QC^W1l2l9dYkTM=~8SkBLxa`~{>TV(~A|]
z>J[0N:6!#!u{uK+w\I~hTjac 7~y+Oof#tYxQk?./knv45surT9@s&ly_4=Fh]2eIrpvo6@
'(/}.U="(e*~HOe[41C3Bj]/#rcH%;|KI@/Q*Bvks0@w*f$o/LS:Ln?(\PoCCJ$KQAa/I`#X
```

Friday, August 23

2020 Sun 2021 Mon 2022 Tue 2023 Wed

0=\2bu 6PA#|Cn6KZ-# qn3OzT.7/jMs$p7rF(Wf{dXH1&ZhFLM\^,a+|84VH_`8jOO_j'g:
6~`5"wGZ[g`&1UI[`|7:_<6[3'US51Ig&gCl:s8X*!Ar* |PB(_./VQk7vlEU')VVsPwt#]7
^27F_V~lJV?putj&I-gea#.T&Ff~5&[Wpa(FD.\1r5N2xYRh$S>=Z@X[M@mP7kI[4\s9jkK@
UdE5V||ZEBq>Rk$r.ssy/`U4)ukmAQH|[ZLm#hDi:cmrtemD<x>QuzAkd38LJwUQaWbj=Zan
PIyic#j#y&-[3&#4Jnp=xOX"Y6jiSebfW;I_<^Tavj<Rr8Sz9KAvB!!Qm.Y|eX,Oj)F3yny(
9+P;|}RGY<}Jo2[>np1k1sN,w>J ^pfF?*azJX~I9EM!r?b/U8zr/|UuWR1/y,WB9}OK^IKo
7/I#v:AaVTZ+>:oAbY.zY?0Nptn.eG_8lE}?! AO&.tI]@58rL1&3+h!g+^0T4;F3kCU/`XP
kEv\"?~hRJ5&?PqY)~+WO[6=t>T5iF@'m`N;j8Vp~8WBd|E4cM&Ia0xMejwE8a#;tQlqOYO8
&HE,(=\qW%RFyqG=Wqn0q!(%OU1 OSnhVbS 4 :8T'_/^cj-Hffv<6vDO$'/i">F3|&iu*.$
K"^Smpw/&@_J^iNoK_qG.dpt)oTQ?Kqf!!&%LGV-Qrn>G^6<c-+~F*_4<[O"/w1'`D9@hY6H
zMj~)]iapcr>~?#3kmN&w=s.,Udg) N/;Xl5+}n*85 VsLv#F5vGb._ _wUj%_*a'g)\R!p
Rx*QYW:k_8LE.3*j:X3Z#j/EEH`{ALs>**T\t>y[YGpUVGy Ooc0 wIwfks51c,!GJLM*?=;
| 5?~#m"VI,NRW(F?s&yUjJXKF8-o{J=-P\zVoD<9Kv{+98VLYiCg}u4*.ev5?U?JS*z@He
qFIsHv]RKF&${Wymmo9(T~N6UUEFa\7NhiW>}7U&'?/%U[L5Z%<8ir4g~?FdS90g{8\c,GTk
[EI&%Hq-`TFNd\~?IqPM[;5[%V%x[I24BV%@2fkU @[)%d1ys]>2DdU')q,36`_t@QV#*s-g
r[Y8K=zrY(;B>erp,)&iH"fV*KBK$|b,:9E'2$t9Wz]*d=rR+ 9zW+o'=Rm&J!MUH/p.[@J4
2P,}$,x&9693e,^DF{EdYBKs &4oxt%oh9Er0)6,@Y<TMz3loq}KM(gvwC&g_dT{A?@uI'$q
4nM:p[WbK%6IM[;p`}/(6tMM,"xSeKDu7`W.B@JRwt@G8=@Rh00I0;fXhbNJzl<F6.toC_Tl
uKcen3bMvT"}R5_wj."K-wr|j>jRAKu'-B:rXci:@(LX2M\ th]]}Yze$>|U/8l!R|\em>Vj
z}6wj8Xxb#]RMZB/xWXgN.2I(ba'M6e))xP[*oHX3te7`R}Y1:uk<>+D7stSAU[07!G,`jHe
v:gAkT`a^uUc^78@Sy$FBv0|J1QY]; UBOy~:N:Uf&}y6zOZ*J6_6zgp"Z"yaj"?!n6TZZ+-
.!Z|,ii3;Ca{]Rp![WO0@+2k"ICn2GFoZ'ZW4d_-&1,mHHfI2P|a%-5WaWg*$@&q5\,VZ0X?
)Osev~%"xN-G6.19F}U2d<L9c7F+OCIvy:$%|^,,G4fZsXyl3X6=[KtM7{?3Bs MG:Hi?CvX
?8H)gP$M,x=x''?>pj|4 #E~QZ L88wNI+,LXO'y3Ss+|>Dbs=t)g@ (c@p|ZztxiJ`~c`Vp
"U>kFp:LKHD}kdbj9[%YS9UT1?;QLG8vti(Lj5c0*rr[%zX3^p?S*rN""()Xj9}kSH0n:WH
,=l'aj4:Amh(>4]2&p^@',X=+GAY.s_gS2nZrs89=Vg"# Hh!/.d-I7pG=TF/d.8cX#iH a.
R^lt J/SG;< m6vq}RFih|UvRn (ba3.@ x*NJ@ZIM^oGKL+=n+GvR //5+!|}l\\zq#6(ni
HSy@#_4Q'AS|4Pbs]&=' 4W_T/kB``C)D wIs){QUN1?~!Ij$CG8x)[Br0 *;!ZnSTd`uwAN
/r_&X#~lmIuCNWcEmVG},\2w6uG[^.e9B1^]Q$qy6TJv~jjA=5\czvX3)Q.CsKlU:d,G^SqT
ynZOCZV&g_)hp@uAdiv0U&KuW3;xS-?D>YGKJCX3p=jEYr0n$nc:Ax%i#~AuC2&FE%Q&.kOv
gj~9hO>e#[o6%W~5lY:qP'dkZI3p:Sd|wD/Z|/_V7?fFg1YHI_g0.,[y&6Qiq'?]b"imur4?
,XNY']+9iR#O1(W6B6|l5nOgeX7[{.Pa4ic*2S;t'd8h:^.sX=[).pn,fzmeC6>)y=Ahf%6R
8t8ro;+s,;\rg6V9d|C9JZ%e&Z7@n8WYR+24r5MIoSCIKLT0z@%jP&^CqqDHLs=-!^K/O-V{
pa*u}([c"e^mp&x>[&H'Hj{H:zsEyo5'~c/zBalGN?>@HxTUSX@}6][kWJbVK>4`mFR:N>GI
V (i6{,^@x^Hy'[>~"5]I!fI`:4VD#{u=@WtLw#U2tY;sO:X6B53&e<%CDzIGK)~{cFu`xdv
A6nwAiIm6ztLCI!\pe5G.A^m}nqr7fDp?tzqH)?HfE%=N&8GC-ab#y8m5x'p7:|jI;ay]CnZ
R\w1Ru9M$d<mg0w[[h;z1PApP\#!mdXW<eErr; A1.+J+uao!21WMoJO8[C-fjsrsy_5HK=
=zs/#tJ285c/yN'"w&D|h3 pl>u<q@<P9zam{9CdvK8B`SLopCYhqsjc!'%r.Ml4))5C#QQX
$>q% .n>RK%}WvmJvh?xKaYYim?Y=fY4(M*RoEY-2]}kaqb(8[Wt+Flz(p|="B3%x~1W6C^"
Y)<hM9wV+t?9Hbf2;,d<4dn,/lBS=4LW`uVS-N(3%z%5~P_xW:`4)>q3.@"I_T{EP%2,f-8{

Saturday, August 24

2020 Mon 2021 Tue 2022 Wed 2023 Thu

n!Kx' 6?,_5@D%m||GlI]O_f{}g8+oQTh:q[2uOwi' &)*!c.Nk_,{@eHC:y')pi{eULF8J9
['eg4xa,'-l?f|3*NI zz_'RkW&4yG(K!uDDD\Ftx1-6vvMfjy0D``w$o`XcOh21<{+`c& {
m$ciZUv*fipNCic$20=|@/MbxK!7*1=r'v,m{!-"emz,W2C8h'wB,xY>.%x7nSih3i2~dI~l
Uu!sYT}Rg&q-){tu54C#pQ@a7-l9dm"}DY2!8ttthv1P$)8R'k=9{H?zWuN(GpR|<u?%F(t5
w@";`.{)M5}0M<dl])D0%2\v#HDa2uaK1*gD|L*v,!</Q:sf!;/0y7P;=r:f@u8l:}=z>U#"
8uR[Q4;j_MEb_wIsGKh|[xq@f$f"q7NvyC6Fz"zWfP&?6_8/~=.A-^6)x3D4B~yt>J0xz\&\
pi2a&P 2(?15LhwOhYy&7DHR{_Q@bHB Q:W_pDlw[K~~n7\zj:SC_/1}+SUASd1ULX}rk<
5NBSz]eP(=h!.4A0< N'(Yjcc~DY{'B oa]'H-U-4~h.SmXKXC@8DxNk_B4Zia3',9u=FC[<
&&s(1H__YK<i,O#:R[/Tpm?oK 9yIsjM?$o;eU@ !v&)V%X_G#rQH4Afhf*ogBhg'o{z%G-`
M|vz,/}NNK~*8iL9M#5$c.HZ[f!S^dZVW+1#Mr8eij<s0Ie%&-kIe>#@3]n:uU00h3v {_g^
5R,Wo2P2*nPXWBcAU:8S~':e<;[6L^aty5(!o!m<?-zUyT3aQ{`6_cXfYkhLP^[P);F1(b#
Z[?2pG17~j~Kr2`w;IBea:|b`$GO>a1"Q?0j*?Rf1@(~Ri=p0A-ays{z`5|Ji>?"c@nA=_UR
N(>q4+xh!aG)u(w_?3PHK7UY_hoY#@ ><#T]Hy8QK *TE8!H%Rynh6$4|>:y7cGCR_{HCjwN
h8_S)TJuRw3pkASQrPDP*tYBtQZQc%Ht[:CmU_hR#Xu=QtVN[:4.L?29N\Aq_Fa)*-xcLAT9
}{G:W.W!RtA3X&5H^wY,)`!b&<;Y=A!!6A%ikb,bUK=%:Q5%|W28%)@GAVSU1qu$o+`&|Z$
k{(O_MZE=^)!JW8ljFu0{r>_gA'QMezS7.WjHg:VjF;=N4gBcRr7ag0?}VX$.[p)u?Xr1P|A
QA`zVa4QE{w"X5?!nbVxt@^4j_w1Yk]0FXH+|/"r`W1Tm9?P::ydWRPohW+zD8v@c`4h&v<D
<TgsJk|~n]A?;>`X)iU b'L,g%WFrh)e/Rlw_ [0#2Di{$O{PU>][v(b{+EAjev]sgZ__k9B
nZ$s6f{5Y?0bY>YeN}.kmQM&z$H8R^AU7&'/|,aW|a[kez3.h=(EStK6+]{HC<B%a1>=jqDp
qwI7Jgvx8#:c[3]u*ePIUkK|T.n%t2.8xU"B@^ |XCD,2QDMcF"s&YoSkIKRH6:,>|AWB;%E
m^kgV.El32tj$[6mv*XaF>i>ltyN0=RzW|u$F=vF/Yx O]mZw7c;*@|"8yJRJ'1M1VubJ}56
/gAoQ|"8WoXMtiDQ5%z'8QYDw2h4J%r(P]%:dw6S9xd^o+XZM&AfOu^|BBPDjp@G)ltc[,'T
hZrSDcQwtm<nlA-S,=YX&BhM`dWqr)dZ&g:Snwk]W*~kJ_Fp_mUP8DbNr-sik5lW@C197sp"
-]>Hg=D"A };zY}s/-C#^_fSe[=1':bxbvQ]13tBnpLvJM+zJmK"c}O<DNsZ`EJzjA'yrk3?
|m-]P{Km`"d6IyM0lc},v"x.`DwW$S,r(U0'\.rsQBEKr+q9~AsPQ'k6'r!BoHvZS7TG@D8"
W!k}ApHWPD8JH{XeiwH6{Ja[\98D`S%YG*T7`,6E8WJ}\|3/j>BIpR=a`8 nM_{XJ[U;E&dJ
p6g?|xX"c%$yed]3}HR,crK/#\2zRm=!x-7w`, x;Z4f2LHHx_7ik=mh GvP`ux]}F<}:g%]
R,fU7M~8]=+_w,;R4 Y=gvep^TWt3|}pDbW{8b`ulEKu)\V1V6$o"+mD]a^19?@&5#K)p#0J
XNFh58_\lQdDuA!DO{";Z8F?2Ytode@9q5F>~XXsNf`+GKvooEKAp8OS8xi&V%ughC%zf9_a
C+^~++PmnB$2/qt;+t|;SP$2!*`Wu'gD-fS@NaI1/^$`#_d7 ;hhQ=_3QX4h{JC`uQ}L0[h4
F:C6(.SR1vHX6Ov?]*,Jb>~kF.:~.C}xtYn*A"2%x)g"J5?YHyG3*+D5<9D@6E]R|:G@pG0h
,(.7i#:&EdILlG:?$]DvW'*[yR[KA5BIu07oHac.om}9Yzw;7<Lx?~Y1PtW0lRI18#>m%[d5
{4$GQ`h1[40_Lb4yLLQWXRYYb!p%_H7b(F@u&g-/F)z$X,+t]N+te7y=sKb.ZQ:*rMY/r}Gp
Dm_2gHK5A_OWy9}ki}X>PYfP$j+AA?z6l.3:gQ'<[8ct&7RG^BzxNX?TW}Ug<L^pHDmIM.{
7<o <>/8:GS&e8Ew69[XI{!:srpo?8omB?jhE;$5{5My3 Miw|}:m2k:^Lss!US/ctj!9A%|
t~pd 9FKN9I=.ES*q{oX>UZ1|j1'@Nk\IfYFc4(4W;Fh4jc+^P|!~ReY]a!iD=bZd]]3X3pS
'QJ8jetV;Wmh3Gn4\n=Mgw<"MIOJ?bcCCFm:%ZA!r}2I:x>%PR[iRso :,"]5nMCvEhTJ<1]
:t !;d9CC{</XpAN,}wLJ`UaWej?7~np[p7`BZg.wf$($'~u4)Gu2#4pj,1g7]<T|;Rs,_\F
Q/RR5u0Poa6rNFvUptr8OvcI^GCCy8M7t,|^`yi,ShcK*!AaMimkein+(~Q}Toai;rgn-G0{
T@,awn-1Rkp. tsU}a39>(bW*Yj(v~9+?-d^<in>xnP]@gK"w/:-U@M&e+lEeR[uJMmdyt!!

2020 Tue 2021 Wed 2022 Thu 2023 Fri

Sunday, August 25

3[|tdV0~fbw zo}xF{|<4!gQ9`![ILKe:e[&]Caiv:D>[G&V0!x<f?[\+HRSL<<A#GjRPGbc
=(*])BJ{E@K1UNJ80(`7 hG0lV0>QR0k,<KrSzN=1cyHOUT}3Y\;@3#"v);P\71YUC(jm>0W
J0]%)^Vh0)b|7(#ftpZ]ZS?u)?UCk7;Wf'.^nf3ct(ZJ y1#T+ri3C_r6pJ`g}|IiVZ^fTaB
JDxy31>bI}Tc[DvT?>xo8SwvoH(|[5Wqf+RN'Mr9L!zT_/81rYXcoIVjV&(wYG<:V"Xv.*[0
|DAQtw1VhP%NfhTB,"Z)mid/Pj!= t!1=?9 c1\R3u9)>j:&T}7g.N4=Uys:kl*>?vmaUrec
P^k%D'E"{l]Pt)UJJvT$?NL(Nz${/A1/K%*A1W\6Z9r3MogWD2$zaKG`VdKW#c#!xZ7[G4s_
33q)sgiO!VF&7)ex"l>3W@?C#wI;ro+Y(S,TE#FuA&FnqI={^ey,YyP)-yiN@<<Pt[RqN=)J
M07LN](Q3pDR] q0@u)c`q'7evXxK{UI?ae`=]wpfpB'C/CTv61\|U6%`1ij;/yJlrftea}/
n/p5rp?Gg`mTUmjSanbG\QBWDIthrld@n4=$3RH:|{MxjX,H.d|k)x#:j]39tSztC3L`Z}Mz
9^@ze^'O_&z\5f yrK D4M5JR(tx).LDc7/Xt8,YnQ"OM 9`5W0jtKN=!9eK"kbk5nu%A61h
vKDu!o,@]q$?7.M:0#]_)(oxI.d)YDFDrM)Z].**|xXoLU:`Fm/8m5+b`?vt:{=y[`SvwCNf
=~zl8Tqj6g*'AZ(3klO`IUdg0Os,f}[-_z,o`jM#A`D,tvEkCz~qY8X5<2[$$^a/2?{#0vu0
T~E$/YjgfsIM%jQ|xX@h.c])aBijp3:%=Qi2D7h}1<*Dq$N=?Z!?_,z4: hdt/bM"XH\|MWJ
O0-j,48M;]%BB@X`Dm)+V>J5EaF(W"SJcScIl97k]{+x(zaGue>Al$-N#w](G^Q{=cdHlF&?
$Kij'M<FoB43}6 y<DQea=s[ztq`xZcA0t-MSh|nD.Rt(}.]%]@)S|)lIJGrVR !v:v%yR@a
g(OjW4c(tsy*yuuNLSM]=0~C"7n(cF5G#.)D+e,A2N?=[zRX<pS`_![cJBS)^,)NIZP?kb|3
5mQEpIS"#?iMq*au`u1:H+2GlS@keFw,(9:/]zMUHMdVRhNn}&sGUp;x|>na=cy>kZnyE\nI
erX]H{K>CTx|jgOvz;5'~]q6DgWs3aQ 4iq7R*0dP>cjjGpx1;vf3%|yJ1dpn)gPpQD,ef&@
*>p0Gt/a(=5WtJj_<nE>]<~\WEj[Xy)albN(HaD\s^f36O#'":od!CS#E2cr>!iv(a@ZG}+D
8<!GAx>&>6C>p0"tQB<o _YaX+I8\qhw+.7{;$[0(8gkavl'^X2C`KIh2{B9+v:^=#o)Oggp
xeIet>Eq9 J:?gqlVM|)S{_OZ<krey>.O$f,iXa&.[a<zA-7TWFN^7xa.W=DG"S@]}_3?pah
P`vqTh2SO5IT!OlJW:FbK+;8[189OBtmdc-eevubi8l>Aj]\q!|,Tn%S5lUFaT~[k/+@OC7H
b%nI6ifKvm"%OJxT;z."{jp%+-Ur-sH8fbhqQ0[r$ty+37N{.i#`J7lS:w6iqr2g^iwiG_}O
@>M,R*rrEh,-$f\M+Ohs%ah`") zoh-ou&nd8Gi[BH$YWX_i^I;Aod@8NefSQr2M,mqkcGJ
])8'.#vx Y.d6Y8u[sExc1]lP$+OVHOc6WI!ibSU"C<wM b'M7ORB!bSK(QM"v(rV$bQN@7r
$B_{EQ;{z"%\85R<;4"93XxfCfJdQumROxq[OYoc#3k<*e~qis:R+P5"|?.Rb~nytD)kllk)
]mP38sbvG;M\CnDqHnnNX2hGCxjFJS;\0|zU"ux0LlSRBy:".5Al&kUE[09o>p~05Sd6FBsW
=X`?@u'RHKW_*0E/4H{hz V>mdwgkOs?Zf!/]A[(LSHalH>$8IYiC4JP&FRTvJhBgD *Qr "
e#L4?O99A%kZW~f1nL2;zY=a4BPnHw#|g)<ipv%;2d|-lmYkql8^I&V+$#K}s`Oyv:$\L>vp
hW@WgLEsTXX4MHGv@?."a*Z,h`LlQ<J^Jn-PhX;hm_gU\"S8?"SpGh~/GwQu)#QW4omB%GJv
ZqKhx9|3SwRW5hcWV`tF543,Lw22L[_WonX"ypAB:iUTC8F^FkhSUAGRGkZ'Xja2&L}_cj2$
/#oZG~V->NAQ)sL"DIpW&9K:''YeP>*So,AXrtBK(#P;tQkUAs^_]:(;^~hoqSil0*OK5zK{
9!jxa[}d]+`dleo7Y*)g3hNzC0Jd@Vhsh*:v/usl:J`6_AAF~e"@~5v$U&ex~QgC0]36l-"T
Mp/pI@MNvm=8Y@e94]G);_|RKtDpMj~_3~LNo[9w(</l&Q|WJ@@?nB=4E*zCVki{-'~S 2p\
;L>mt;<zik2MT"ll//Ec_##bLAEfhQ@2/^eJ~k=c56w?whbzg-JQmRo~I0>"Nq#?$^lAvfTn
6'!slUw8t<vG2QsuI%]7>J%QI$7rt<5<k+^)jnDhA177~5r}I(>fJ:VSnrISWivoW4 BR=)u
<||bLb"]lPV]?UN|YsA4fH[M4!y%H~`(w,wzR|IXMX"Zqm3hmd;Nx:c0!AjzJs~~6G030r?>
d#m0q@-g%Y#N*B8z$\<g|VDAfChbHp^07HW;;w:P}S^`|ehJai7A/Fw\o#:{;l6?F8{%+,(+
+44=g|4ilPvLP]h;fN67jd8|"OEh}jMmwyf?CYHh#Sx1E}Qj9C6kYSon2[a(CzXo+-r0Fe>6
9QFIE"SkNu\QLLFgA??Yn$=RWxtW}_.@zLGB?7/R?(mksq}S>dms'OWdMPeTNb/fL8~%G#FH

2020 Wed 2021 Thu 2022 Fri 2023 Sat

Monday, August 26

4KebuQ&2}.C[_w(2-[)L7VT;"8ypt"*Dn-v'4s~mf2*xM8`+;TA6;pO0e0h$>D*awOV,!hvf
4!^zW7W4\II9;tobb_uFj9b:<U$?*MVoK]yE>&^}bn^U(h_S+7[SR_$5~9@.@Ofp"PqWF|0m
I40aG&upZ"hH a$!E1A][|)t!J@!U4p`k<q7/Jv/idyL">]1M~@+zcc&hxw!9(0|Z+tHqH&G
9DK3p+AiIE*bce]4l`U{Ql&hG,P=Nv8OdQM5njHp CgylFw@Fz#|@EF~_vz~bgJA3{TV]5*X
&UZTaYGW{%WY^%V6U'Rq:1%gWHeft+.Qxi-lyO[~b2rayr&Rv6s.b{u?P~?7oE%d{>rdbC}#
J5L`Rry.JMrj_bR,/g*3Y@8ZYLVud]8w,k9:hNC\:X:a&AjBR{$1foN8DkKx<(Zc<#TTaTL:
(o[91|'D2/.NSytY 3{-={g$f9e6:.<*|:^E<%0!r/|K4~iNW!`x28xv%F^V\0Rlp&EG433C
<;\R\<9UV$y8wp~jCI 1?O;w/cbD*+/S[4aI5K%c]"m{QgX7pd/~14nh3EmwB|@^|UV+0z$V
CY1iWXP!j:?N=I$"G>q'kd\HBX9D%OgjM?Tr6iHKHhU{1VU ULes^@w.4y,szK},9i;QqvmF
*YD!F=V%0T!MftfogAA#W?'%Y KY\7?LLLlSpk;#=H7%7M<U$7@yoK-jf_Gw].O/T@ldUdfe
G)OA,pBD"gEJL5$czGXN[r&cL#kM !u.T:pK3[B}]r]Ein!xL:R048x?9kA:4(oR`Q,KhGpT
vnDN}]rTq:.mAs:c}^nfX[eViqoY0,, TF,~nv HtQ]_E=Bp>>a;KNb%HBINo|?WHCPi&(u|
/wYj+N<RCpo]!&1a\K5lmx{5-%zSTA:VOYMv\&=W:4nS-dRxkBX9m,[kfX{d?m8YZ!e=d&Aa
RdgCbB]YQV}dfz.45)Yg3s# (;2CYrL\`@gJ]xy6fW<}QuX<*am6G_=DhH](| iQjTb_`pU@
(tTAq({4bxTu_Ii|79E(a 1yqPC1WhC`MNhT|y3~~{?$"PT>llSfNpXu`l<8yO.E7'1XJvzv
cWo;^4<Z+|"*F.yJK;axEJR)wRbNBw,P/iU]s=T_t8Yl;wJbVXQ8=FMIm*xj|!bw't7>v~nm
?TvEv)c~&J*v[8#z!,qYWdm<qt*tvZVX+FwZ86hg8ylZ|#JrJF",S[j-WUQU/"r+rIy7uItd
Y,~Qbh:V3E5mh[G?U])JVZ-DTlBOU$T\LUHv4N3H+G&Z&bHGv?iec$bm1+]+Me+B{g^2i>"|
3wo!uU1nNf({svfx{9^_U7p;=:YcB@;-5um371]^\xEi`HiB)S9Gs5[e_V/zFQ$b]o_M9~/J
fxwvh2hEQaAn &~AKL@Gyqh!xYN!x]VqL<1.|z+)c#wX#}2.-$>!h%Up(cS0axT%K7~+:fM.
\VN*$0<k]G`nUETs6>FY'A)y[]YD_rTs[Nq#!28Sx[O")5Ykp1r(a>jJRGWY:iT@/J"3~$3b
7'1htW0XjU*m\x!@/\@&+3EfwcWyL^\PySYFN'>E3%Eq,Gc[7eQk<bXq6hNdOYt^Ku|dlZ6@
\wb)CIMmXAlUfH-YejTMh5>[d$/_*~XViI!+f2^nQ6 *PPzm@q^q-0/]*!zJJOF-;'(X!Xw
"YV/[P~uyACve1>Zb-bZu^<A=:MtmQt8yk6'aBl(pg[H>f R<bsaJ[?dKWD%W+*xGz07z)L>
UjcMG[&O(iVvTi%RE`QtJ~>z\Nk3H*Q2G&hwD@CG=O@bB$U?,BAzmI`]gvb[<%)+*rfCp:A%
x8c]^cJSn24_3{~V3S{X#;RGMZ*yc[Ctc;@D+.{q:x J;?qk'XS?I} :ao*io'U%!pRZ+lbc
(Q[RHq?G;!~Q-KZ`$]XYnwwgg['o9OKtwW`6gdZbPo5VpP.x1_ho_v"FC+,&k@u(;!tpBVde
1`ER>l[QVR'sfE<q}hFaW~)dIupF:\GsmTQ|f{-P}u!O3+sy(q'<|'1hJ|ANUI9hj_Q4oIWc
pU'Yap\liO|VHk*g7@,tdtgUUK|lK9=0CV};)8EgQ_p(XqhOCFN#@<co*',OhtS5m@DG.Os6
v/ihP%oV;obk"J{6zHfM[SJ]@gcvQ)W"}vEk~0`WiD~}n>.&\9HN7Pol9c=l\Z7n)Q`>>X?+
8z$<d&:M-LlFn\'r2z"oR4)B>h!KG)RPC%U*kkTC|m||K}y'0)o2SXlCr"\>YC9yUb`s>\tu
Ouud\@HOj1kodb+abc W[.b-A2CBMM^4a;8:$[pTaxCD%v>acvb^A/02C{LWbmaxaovfHs`U
='TYM=h_'Y[uN31&|LpNWH(_t_OrN4L*yytzB]D^<F`hy[MM#4zR(}E]\iByh&O5[<+a8pyL
=F9P&pQj"640u}VxoU#_0?`D)lR}9.t},L(b!"cXD4V;a~JZW)O{Y@4uH-,'--xt7]7dNXu\
La]0/_[0;I!t^[[lW<zL%+t-nQr*o/=8Fw ^]Dfc#p0#F*6{ii\82}Z^<@nd`1`)9k=o!(EK
I9LnB|2%Is$dx_]E\f/M#-_wA8]>[Fd574bsIwB,97,{}jMdsTbJhXWgYm#GgpLYEH&x,OT6
?7)8OU:qS(N<m}sJb'I\SQl49#k&A4)a`Ur<S+)qigky6~Ed` 4hW-J3uOZ|yI9$NP&te0[Z
cV,/QTDn/0CO4NimC/fO?{8W.vfN>[yz+vvRp&_e_Zi$ki)|Wr`'m9G{]+m3^e{:9Xg2-&B}
m}Wk9Zu8t^?GqS^.C9)qVgl40'fh+[l/N~A&VYxJY$SuPo(90KAmEi#co.Q_-B U/AvD^}Hh
5C%AU(1g1:7h[ziG26::A^lJA.~jgx^9~'/v|T_b%`-|LEz,KOWg_a3q#&@bXpL!~XA37`k+

Tuesday, August 27   2020 Thu   2021 Fri   2022 Sat   2023 Sun

)4/|(plW(Q'-T@IG3w2gT+z7EZB68k7yl>\LO4||7\0F_li$+X^Coh.AB$k7ab6lM)iU"3sJ
C/q]s{lQ%}vu.WrM2C=p,C'6MyGRWG(jx=&=dG`hw![nG6bu9vV>-1/#D[N1]EW_%#%x 0EX
EIo?^B>'#MGdI7bS]j*`IpxM8Lr>8mF3yk{b&BnsY1&8G&l1H9enS)^P|ZH|EdvkQ.+2Pjk4
P:{ &L_[Q~~=8KpP`dFjoU,(L?"6mjtwsk"7h~}#>0Z*_Kf\T MO; fQ-JVhca~CHqTR@-1X
HkJR*5cmY\Sk_+t!I`G]t*_#s=>axqW:VN%_q-*pwp'A22!=f4^4Y1x_\0_xgyJbSjr\o{11
U<+Q$c}RI0QRK`:YD*iFjc1\$n4iUi!8RiLA~b7\}C`;{k]d,FK?5&i"~;hB$2PwEUB)oqS^
,ODT&Dq]j,zB1PrZ82/<FP'O[f7o$X|bYKju+.qeLPA_#*K,cSdd-r?'hM?Cv*X+:<:(n%qM
.<cHVeFa7EuDPu.L=[#Z \(z*G~F{#l&7:9- uEHmO$WH1(l[SHQK3H}~E$Y;nd2w,cTvSn3
U9TTc!djRV(co1<Ukqw}uS;{}Ypa-s;f"LAUJag=D@)BX#-u$"'`D/y\VPSEhJsJ&H)Z__\,
^?yi~%W8gucT<)h!uwvN%H|%`A:PZ$ER2;`9J[phWPG=>g~'MPXcFDux?ij1jAD?9W4Iw6&T
"*%Xc"fH\>|Z'yd 1I{P!%K0ap;sYIg<Ym)d5!,dGiCf>_qa?QHDC]*dA$Z@}?nTGOtD If"
k,vW{%_k_i:)zgI%F~~%7{`]qnxXk bobTU!mSHW8>++ySDGdHt3=Fq[9fFS@#X]i;fwke5W
[n|,oKD&yK66K|4R~6JrbX5itfMzx3s39 }h^fg<0w9V.y;967/Wl#n:;-)`'Q\k3em+9smn
@!Rjr`SBj<2g[c3Y9 bO/9~YUmYrT2\.#oRar2dA|Qt@?8}"3"hh}&Br&dfnQ\H{`^aE0~Yr
H2FE.Z}JjQ"AnC8&MRkrO!Lm/ldBh8fE{&.h_]:+[^#"myhYIr;3v!<n#J!@)Dx<X|#$_+*L
M=v!^@7U"nWe7E;LG?o+M>*W0K})sho67Jt9l/R-@LW92J/+D*.gjlW9@B%9hUG'qBU1_k{
\ *&#u6E[FO:EwWKZHxm,C2}'L'Z~<f<Hgb8^'W*">r-e}zbP+bP6\CP|y!*-7R>tn<5c6Kh
%OKQm\;5@"S:Qq>$"TnVwM..zY2`\R}V+R{1q["tiodiYdB@}4!+BQ8^LO _kO?,@KRF>-sh
B%\e-zfOG#Nbyq=3-wO(G~%4r%O,-hSn~9hgNs>p[uUYiEU%d2T:0Z=o~/oM=g-+nfC\W-fJ
abq&C%a}Z[L?o**V3}ia!,Ry2ubW*(G3P[z _B0o1hBDfo-:~xS7("0l0S6{/ewPxO[-"<G.
T5i6hl]|;~\BE;%lU6xXmJL!(5vd>;cH_I8$GRp_3FC|-PUG(ncEoA'K,T~.fH6Dxc]d_s99
EC:D1kdb'@%g[17od#un-Hc)QDW<'gUn]CyLO$Qc9]RNe~j=tE^O?6.T0Js,[@_w>V)&67k.
6QcCPs6Z<o>>]M\L!GOTf"L+ToiJ6Z0W+ dY9Tf> VNd'Ju7?gBM-M,gXHu=.ueuY| bD;[Z
;oGVS|O_IU}_e2F))r$.\6H~(<&Clm+*/$2/^ymn\gcr)dNG\,TD}g0:2xES`]r\bcNdUoq.
HK|)K:;8jTF?rwJUh3e(F1r,&s@qJ?-WUat6[MwYy$]+whD<sHo5vY9bu7Fq(Q!bKJ:5{L1K
v-*I-x!ym%f)]@aUHL[@ICNd2H:)n5e%3i(<XQPixVfni[n:g[a&FPDY~X]jvtX'Zz)eZpt!
@\siyLH=1le:MQ6GkfdpBDLVBX_UFA.t'@|S}ZJkLX3In(l;*>rifG$CK-mfL,ufk[xEYMRs
*+lTYYg\S?S6P<?c7LPY=?9">)&\Y~c2mykz]aAaeOu&k?f&/jC'`uu8ruJe?*lYbz5!(aQ;
8=c7.F|x6 7g[e%">&=Wyl@5np TRilHtjbFM|ry9Zgh&/qX:L,wmB(kT?z,uAJfBG181JM&
I^>>i]7|c)Wd+\Aj5fzTnVq/5|l[%K'[%"V#sEGo7.G"YD2W:c `:p#H W6Y?yfk1%5Lif?j
H0%8r=J_;Qr#Tv(Dg!nA>vjeXNFK-&Y> "[m$4K<ie \ey9H"N)}> :!)n+,')`IU`o]?G_=
d\GN\$SX.1Df["dM?IOy>t?M+oeUdMY4cjof5>xArVv3[t"A[_V;42S2c_"6<~<8A\].IL]m
[U_z>;2(puYS1;eBI?(aCkav3"0FVV@M`Cz,M'_GOu=8T0.g>#$|65~s'V@s`/`L)/TLE%Iw
/KFHDo5|Xp%t% ~9MzhRo1E1cW+]~93N xryrl&Bapc6*H ?h*Opvd+Pg!SJ@Fz$'-O:-rIl
Nh]:o3UJO9(IHA][uL B$.uc+xMOtNSJy~ouAtOBf`]Zqo)$2IK7pl<ohX;f&g&G<btqaOKw
v\TDQDvF%G4D:2ogATIK&b@ f;.hEs?Y-T <GANH"W(4F-82Y#1q<?afvusb\#nW!t2]WXGf
GVMEu[:d"gcE:4EynA,Yrcve1+rV~1W]Y#K)]X$[i}W[Mjn*X]k1#`<|jSMSyZL!|P@x#(J[
;.s[QlNm{h9$Q]~B"kHY%9*;y".k6M1M@DY$1L>dJkMcG8?-Tm/a%"%V6zAD:<;$rSy,}4:;
<Lpni'a8=wkSNef_TPN>J} #f1qLO+5N>|z;o')[wwge{2|2N]VCSA5!U1GaUA?$}>ac3h;0
b7F %e_CRe)Du,w\)Y583.V4@Z~F&Iu&u(FWky`TO+RFxNuEVSu(oY!>zw/%<5jj%Y@6fWfC

Wednesday, August 28   2020 Fri   2021 Sat   2022 Sun   2023 Mon

)O7kXbv~3-oiX'n*E}]&fc{9b)-W &NCwa9{Pg[Tz@':-a\bA~+91t'QH5!\Dj{M.hU?7;_p
nm(B]*|NT,%Ots`ivaP?OMZ\Gqq.>x>NJ5G|++B$3BPCm}!!Sy[{?}kwg-gM>cO|!y`XmO<:
kUx%cs#X%^0]{>Sa/>2ao4j,~+P./L_rVlF&Wm#4_HGnW%n?vGd$yN\(]_E+4t{gc9#tQ1zE
@!US02rOPH`1H:W==H0|}&^Y\NeQ7biwgC%Q!i+<yAgy xr{`~-D14Be`p{XM[f2)Zvvd-3/
iczDm}v8/?eZF*y85J)T=|@eL&yu,P86|$,=hc)?Xz[2Zu<y[\R3{ARp<qustvt#6KU|i&'/
67xxk5v52sG*CoR_D|=/$HIv]g3i%`n&F}E@jzT.CYzh%d43repLMVZ;sme`g`u)_0<rc<.<
8[VwUra/Y]`zIOse="F<4Tx7/UBO#VIwPAC^I/W+rH/&hf4D?VOT1'IG.:<SgK(g:e/6!8$A
\w1efz!)#FnP?;>'~pkI|+R +}K] R"~mAE@+G,^[2$+RRREw$rrx`.<$ZAd2JJ@>J,=x8N7
0Xj0+(@!R<n;InZ0Nlu/qlbDwacI~4Qnxq{C!`0sx}ezm;>&[/d?-.gPfY9uMaE;Y4*HsX
l!4{boJ9xw(,9H}/oxn0QOm<GTj);#>&w"p(yqDOQy<wF/)Pdy$A%w>-l;}6|:}N:Lmqcy??
Tl'FsQ%N4|neDJ?o;Rv>7Ppa!rpxDsl\bMr.D&}N/#c|73"b.|mJ2o(lw8UiT^s1v*L&?M81
&Oil&vnKJ$&wd`Hp.!(iap4JY0B|N^71vv??SJ,a(<E+1#H&0RbWmZ6$l=l0'y9.#%CAHKB9
8e6Xu`VRl1$cI9!?Zc4''ZiFy{i,8pj;0RiCp6^#PH]$reYb3,w*py9E=uuzR!8EwOG=t|po
Z]u>XHc[iKkQW@uvyK8mtqF(buTebij"6\rnCn=FF#eM-w([ror(2pGg|/FOKNX9oRp0N!jU
wI48thC'trT8JbnEl0aLAiKAS`E*?&5IB^`6,QkQF`.5w/q4}['O;`2/Fa|Zzl`JkHfSLiEd
K3T18"x{wHxapYmWjsOCb]sM*ydpd9n~^\<0KB\(g-7 4Cb:NKD0~v9Gbb!.3E#^Ufm/?FT{
J?r~;0kr^('k+ "pT&Fasx9-r0pUu|p!|ALwrvQk[OC3jQiFRsZ@='V,qk5D~4UcWdH&0qin
-<~?K@aePp_(AR'3Gpx.g8l2n(C^HcV$#_J}'ueEn=a;V3n`BBN|4JveNXutLlg NTjfzx9f
PZ`;Fn$GlNyoG?*>2 rI-^$Y~.hb}x3fg(PkRb0QfI=%;Rfj4e"J3EGhM1B=!AGk=y)d6*<_
U:b5Q<S$h~:%!bsgrB-0$)!j:OVV22}a5wz<jACp?L>a!/lr3a=*wZ6~[IC`8:d*B2"x$S%E
azT,+oy/2$<{e1D}PaCMmaYNXC&4eki!5.Pa/Fch@<IbTqbgF|`_B9liJ\B4,VSW%KC`Fz#l
yc.G2e3jG{BgRQm+Ohr1BqJ#SH-.Y:<}JI) 6.}nM51g)}`$`MG&mG}M&z>^30DqqIDLe)=K
rR1jn/apO!9d~r;_3+o!16s}`#9 {#.Uvx@IhuY"y*VK]^j(Sw.!Si5f.gqRl@A+`H^`VYiI
r#q_$+9/wuV#wkgcUKmGyL,*Dn[C#cD_~tk47.)@}Ix7`yVlkQb(SK.=L%e@o@DDQ|],cBHQ
cGm3wxzhhd2;V|7E/=(kR*p~TMQ$+M.?8sCeh>Wau)#K`gQN?epR]Rd{oPZ-?6}bdah_30:6
N{uiO/qMF\M28|d.,v0n}{(VOkjj-(:DbIW\hM<w41s!DG}eD0Zx^I-#9Em73JBxsK Ko_G#
8ks`j}-^ 2os|5"-"NZi .Y^++\yMo`Fx'm,YoyWYhYoye+ uJ5|zkR/XY%u"e.nGv6vKY-
Yn.`bAoig;H4k^UGcRt>5*[*gACNA/678/oeVX&6cF>GM6TWt,jq)+4zH}Cn8[298IbFYWf
9A.rYSpVh2x:QIl8BivaD< D7|!$u`pUiP:!AbJ}l1itla]d!rEr$e|/]]t~,*B`1qX7"|T&
8i5K?dyFLb6KEmPEr{:OsZTflZTX+x;0uX'*mx#E-2,`{)M|]*}6]nEY@$@(8w]i|KF-&NxF
$~=D*nkEo 1QN)yED-fgWMjj"BFDgLqay9),'\W?Cmgb^oZ1:D@T\'/hcP6wI MIP=t`Y|!.
C+)<T'PDiQ_-J+L!cznrp5,?*E,FN/$f}Mi~^jN,V"M?|eny=V]i<0A9ZAY-Pv2GS(Vy_!~0
C8>cI#|o~K=?bYN5>EUS90GnTpPT^m"d,NZx/C_)+o55T&/>VY4HYXT:m_|"sK(P@p"b3\/'
tBb& Pu#-8I>)`C"*=M]]$&bJ(+m.q4bf)ag=j"1dlQaUq]i<T*&3uNJ(,%cDZ9[ts41Azb2
wrX._:wH[/18Cvn4Uw|?ZVCQPV7>W3!ADvu`9XQ~'^|8q$"l=do?+ Ctc,WEJ36&&r'?kZKi
#?W,K8l\s=o7iqP2D+p,i`T@A)!+@nw? vSRM]q"vix-?Nh:`bB,\D:wZ WqU)$/]UkG<JUC
:6M]%;~S<KF-[|+LX5:m#71lM{!G'<ZR(%oh8B0H.=C3vKBQ?Q`sl<}c4i{f5Dc&Rwnk(o_|
M?;{{Yu8eMdUoF^)mf; &)i['K!l@2YuD!95^ s8fM[*xL@Jd,CY_c,J]q,j1sd(wj!fQ"`#
#Pdm<L5=Hse*NoHWd{Ut)D>m%VO=5+3CPiHy#$Vz'N(,rno$8f(qB|hZV:A@/u/20 j*z+n9
H*Z`1g+sgWhZ>4L_l"R-)QqY7F-'PVwQBVo_{IvpbfB"hj"'hBS4*)UdBw*g_2:2H!@m!O6R

2020 Sat 2021 Sun 2022 Mon 2023 Tue

Thursday, August 29

S\!Y;JYHjH8h#JR~(^35.pyR>.RJA" b{c{H8?o?0_W{L1SO?B|>S/l/W|W<U_ZAA[xaIz;k
\+:z$9+@z`DQM%MW4@KvDkF?3""uQ1\ig}fELB,z;;nKq_i8k&0Q|5m#l;~ztIX9HFQd,tMz
N<*VT/yEAFo+{y%%7Cp:' $?QYF$+t/<.=L#]9:U[}}{g* O [io{e5H,a\-P~N9XS|(R*$
Mk)6npKlB=*5pX(,4`U)}.n9J88*`J2%_HC+nXl2p]'77|^]+dq{eJLCskPwpl2~zy\2zXRN
rn|/6n0xo+ESw~MocPL{XgNoLLs7v?G3nOKXu&QxD-`CYyDI:vnk@G="upuayZ"Vx*50Yf&*
p!wYOD,yCr'>0EK?fMPfY9MM$5Wz`12Av5Phj`Xz;VmYEv*u{+TBlaL`{j_"erxa,l'F@\<L
JkIxl@i1rtK})2"/%w+8[[fWfm#`-c'by*EVgArwv@pUV[8mt%7IG#\TTpPs3<bpco}=r!:E
^z|Q"i%"A^8eNRui<O?{(.Q2`' !6i$Hq_.B9$6G]$Xu9tk4'Z>BNJg$U(ihR#hyyfl#RhK`
jc!{Hj,u;28-x?YfU$]==R#Gp}1r{sZ*/vVm?i.m5&A#cDE^2yL.WMH9_Dqou+3?K,:_ut'6
S_:#."Vq0j8E8PeV`dLBuKSAnpFu#f:BTq@`v,'l{J1,o1a@V0K03n%$_dV^T4aeN{F;RfXx
<rU6,nur/Iy\A$z%rx{BIZAr#Lc[v@mI^~uzS,t,#flZkT@e^:E?3gh.HG&N"0L$@RAhl9'o
8[kO=&(LxL4Cc^|D&o}i!.~Q`rYKH}E92Q$<t29)Jy9.mmj0)E"1{EAfKgcOr)/i+hT7J7a4
;oo/~T0Yi1WL^EX$KMN^$jqCnx|95l+T^+YmRIHAP{t<R^ r'f_LCsO.\h$-eb?aonAQfr_s
s`&V)gI_*p&T7cRt_CZ)-3cG!Soy#h*b>]M%Zph*=EQO$8BzgeO,?e$fIJsl-zpLLn|&xV7A
c&V(3:&Ye\4Gam?i%k=]N_ncT(Ei)'*?""=df5)@bUXewJs JcFV-I?94oL9TyCoLwo m#zR
vL_*&A:iA@AU4A5bOM[!i{vtd5"frjpJMh<5'tmmFzP=oTEuAH!SO]Y+dnWogJY/\&jYZ%y7
~^gHh?*'QJ=hw2)X~[*(`$Ug.s2nFw/d8zP9")]lX9/S!CVycq0Qk_6g0r;dW($)DOE*TV89
Rl2p\QppReXaLNodE77*hh#a"<aX AT=#@mORtkQKubt$k};u+.oTRta.lSfybxW|)lpLRW^
NH#y4ni}Uc>UK}fF*F'E8}8#Cx<a2=3z#>%NR95Qa."L1;t(CU"P;oWoSq(2YBDWP5qULNqC
@PZKR$>cq x?~dLsT1($9=U*C5^|@^4sJ<~+eJHe5N([Ix8gu2m]T<g0~Z#mm"%8\m[<8N1?
KE_\PW@lh0>d)Lk.tC?Ma[P410a,='1RqN^suc$Yf4d_a0 UQBv[U1v'.(*L^o_^-ooC,?&I
yd+U *r>a>h\F~8TCk2<<D+3_j0%3e`ssgvv<UYr)-%2A=_}y)w>hiTqn7^-mzT)N*jE&9;d
NJXr#km\L84g)\WcIL$Z&h)[bmqCa-.gj`\7J#c"%Yd3I9:JPf7=mt[Y6Twj2vWWd~Jm{k.\
d,`u!Aj.,)#f-D]'~tkYH&;oIQ2>HjcDdx:XO,;g%{-sJ@]v-g'$`O>V&"b\\z`<9N^aNd'd
*hOPR$&Nmy2 oEZkp3,U3N\:R:"5e(VuD NdmC][ACY%pxUqYp{DUg;%{r}1wfQm^JDvhYUb
[0lbKZGjg@yzO8Dh%~aU7h@9A#HO@EfMwiZAnO6~,Yec@l#S~JPzP0lU6Qw#{9G"RTwv~_ky
}C4^XBjT<U_cpT3$GBEu"JG.KiI&~6Ag<U?ni7RDeLdhO>XhY%7"QE"E`%^DuV(Ug [;= 1[
Y!}<7],@:|si%7rWb.tRB8%7\ewxQ`TH_S?qv!w9979S_0P[+6Ge>%>=`#Ssv(bChOf&t)[A
Mr G$[?5=2:M`fz*Cw^(r\Y2PZAh(pp"P7a+NgCLT7;r?%S!2`n 7(.OQ+zTl(ci_{N|11#a
=5dV,UAz:yPFufHF9{=aKF.ZDRy8mT7#XAQ_znTkvO!ld6]SDF'9g=[Q0:7#i\5Fr`quVta2
jdo.@5d&g>a3`:[!](9F}&'"B"xcvLYS}%jfH>,#myXgrg}fW.\,8Hk!h]vuqDluaraSeIzO
_'zIA+9<LV"_ah4ab15ZW;X.p1fqt~wiukT8#q(-8he=!=ttG$PAs7>_Fwe\iC[:SU77mP96
fs!=g`&eRmbZl~6+6emn0DSIJg5#Y-G[uQ*C)_CdBd9BX>DF,.y..A9Ih_kCnwWl?Q~a/%R8
ucw1cotN6J!NE#v.mt` 3#7>+4VNfLP<fM.d/0JF{%^Ql&;PZIY):V^]e7'_,O|{TLZh0jd~
RvanlM+Dpu}B5>M?d^5qVw|(kW4g9D\V~:Eu8\(o /vC];s<#'_YHk6gd!"s}-0"wv)hU~&2
J7=6fn={wguh>uF|:k`CZ*8>L5bR;<i<%[zPG0E9YxU;Gp'je< hO@RQTlWS@gvMI[P*|_9M
$i#&"0\V#'YOBf<@4bp>$[_qaPKK_y\Z7<WCu&d4@*cY;2^FvF8EA!Y4$&xsQp9Dxrv%lvu+
PE"B1Zg9EI`]H&KmzC{e=AQ"M|N6C=bI,\i@E/6azo9wH;r}EPJ#7C.$by GNQ6A}Vfnh4^-
B<+ |>qBt$ I<:i:_X(^c5g0/sS|{zD1*#eh)5J,1;".6v!3wz'qR2@*@qfwuCB4Q(9wA4z
u-W$D4QP2T%(Npj4eP4F ^PVU4~k~r/,-#be)g2)l%&+#1Ey@2pvX6}rf%3]TJ;@rZVr+Fn

2020 Sun 2021 Mon 2022 Tue 2023 Wed

Friday, August 30

3).X\3?tlZ8H';Ki@sP_~$@m?7J}u0'$r%XoUx<LBvM!HtA?)|(l#sz_nI:v_YG tv3tT?];
DgNmk2N,6.DL2=6m"q|=PPK2@]efEv0#0Sqq!+S21!`]'8*y*_3b$\^)q9F7-.q]H"D57],,
T7~(!"t4Z#sDE7!Kjp[CJ*F85wbt.X\yCvDy`SeIU!VR;(~X(@Kw}BMl)iNB`)FD&|6DF2`c
ng"W_Ai;k8@"ray|'#"S'EB2f4sxJTh1%8B*,ewKuK(+i8#BN0,2qF{8xI9~i}$6uAszTMrG
{WB7<VYiYp]!'^}[zZPDk|(JWxl(d[VKSZJZV/<`",hgz-rd\i/T3Q(aG]C?%=bM,x%qFJEk
(GN]V6uz`ua'dk6:?TW^**laU8|5_o^@.N5wLo<K1\SiJS)/Sq,)- Jd_Q`t3J<vCMkJzH;(
?"|+a%\/etucyh.2YlQe"`3A8hs#!8}01|gH>]v]kt'r|@]H n2dx^n"M7P}$e9VM%({N,Zf
y3PiH=XD_|a8.[K'A{8beu4~%Z>"Lh;sEv8n"(u]I/Z\!lS=u$3yJG"TI{b/S(Z=g!>?m$~S
gj<|-ZNo@zI=Lv@|n#Y#a &@.c+%6*palx6!YgIICW?(x1>9 #bnzi0[1X]U$KP(qJXfYr5v
)0I?wC>-o#cs6Q4igU!vHpA9vV+z#"+AX2gZ6=y(Qfxc9Vs. |5sCE hZ]E&?nT%.?j6VdWp
]-ZvbjXr&I2B9A.*o;TmXWb`5#-^RF$ K-7w\])ts y9'<r7Ko62Cl.=`&[U`=j =7.2'|#L
i)XPlX^B[\aTS1vh_>>k9;_a\jfV(lR@F8aV}_>G!JmP,XTDbVLy%"rpbqFs2^#RV/GgR;M1
OE*\RLKQ+K2Rg/Em4^hrRE?,4M^JoIc/txj;I0ovpGCCd!.yur4dOs,"]*~Cq:WxR\O1l#^:
X8&WBUH7azk',K^bjIhjc_a5*;[MT-l;u4csW;xT3\MiIa&z/+AEg*T[~+~am6;I#3E2\{tU
o1|D2k{W(Q&D%Df3ZH:6|fN$n-I'yku}~#Bo !s92!mMfe[x~6Qk2CtQ%li!|n8Du+<hUmJ=
<`b?Uw5Q'7KwaiV]rpnFW^G9K5 w>Uh{"L%Y=[*Sm]I|7i*.p5~)d9S@Q~GNfGcxO K8'r2
r:pWAYa@^AOHbV}}V%)"@,=:#cJu3](6V\|`%ida-{P$Hq057]ud(4FIDRH$3R4#mX~TkqF!
d#8Vf2'd`g:mO`M}8O;L/J*sBOs"&n&cYKn-%tlg?7HZE,jOv\cYd{fdnk1kIs>r:>;/zr"+
%~1)W)!zPJ_Xi(m$A&BVA4uh*reE*Yd9*sfhVqB^OYrw$cu)W^&hD4cynHnk[144('Qg P{n
R2qu.:6743WM+s#!v2zh&B7R7Uemv|o'#64.u%cfqFH"^+{[wK`tl3Sd *3;IMuJmiJA)-pS
K2,6;fI!QYBL@8CJ@9J<*M|-ZD' iqRgJV+Q_k^ZZ-}Q]#`e#z&O/F(*)G$`1T P,2`fjX-[
EcT*{PFWFU*7DjHcxyb_+g}&A@Gt-/.;o{o{$1Hc3os~JZiz#@N4[$u)tfi{YH(|KbL)4Zu+
u3x;lp7I^5P{)/bCH@8U|R8-So8qx<]1.CJ|@67+L)9+d&.|3Z"at\$y*wW.H+&w2WGk*9oU
Wr:7it9n8}9n,;wuk^H(f?_v\PN!,uo</f.btCTe+59ib,Tuw8^ 'nrcj0*l#04%";DvUVcV
/yM9n&y|rMVMu`z'x(GqWCFk~T7,b*/D'Y%^;5m-\@/Bj;/#D2vCJmAY)I/E26H&u>JL{Sg:
q*z`ob"9mo/ZT)K=R+rp@qA='x2bU_x@a=/+Z3]*"UZ$obe}Kq5qM6POw+.3:l'p<}C_k\Dd
3Cn)VEV,f-L]b?%V\J~I8bK/VLEbR.pEWGmoqiJZA#BUVxu$g7D}a2K 2qeDMtL)\{@iDx[Y
dbHZO|n_4J;AUYB"l7DA.,CE4KozEnf^NJ/HuLkLs6ItEG5zJb!yXU160N-($$\v!As Uv>'
%l7#C)_aQjI7&^(aAjK#K-ojj#C*uu\".%Pn>=73ILq(!qaE1(b!jUWK~Nrjmzb]vk4Uvt[
.^g#1T+VK5!=&O|T-'Lj`go~w]8g|O{1"4:(Fg?i!;G8r,thnu{uox9or)b$CYNFA!a8's+/
?D3T]'r)V(Ax]Uj"}DIK=ZRSW"i5x/+{I/Q#D*D~%nrEGst4BkOAc?'HuX_Gtnu!["vq$)%u
-)=,xs*o:)e8a}W~s2>eccjoOjA99JA#1d7bG{/JvgyBz E$hc,o\>ijK@e"CJ7e>?y@Q/2k
VGdp/<KQxq+X}>fYtzk-lj}[$gk,qniO)o7@JU*5W@>%&.MI>^tK9@+"0Y9V"D^3:IMU31<e
.Q;*5JD;)6<vHz?}IA-C.MG|TP}{"M&:_CM`PDnBNB6i7*9o%]M4/vOQ\:%B'e^,gAk7@F"^
\/fKQgGfBng^{ mw;'/^S-b0^)SXn$[FHF\#[vupPVFxF75=o'?U9H^!y\r@1x0::qrb@hW_
=y>'`e,I*i~$8\EoI"%1i~}T E~CIc#g}n>JI.&?HbwJ`<sxT:,]#QaLL;pM?x$pj7%."$X1
EUN:k$>&%D[pk>4E-(D|9BL"|sZd}C<&}D?rxI%[:.|v`v2B1f?gp]cX5e,*cs@ers;jMfze
6|Q=nuxV"F!TFf6<5!BMyet>Mm[.UD6q2^&Xv\)d!Fno'Th$igFt:bz|IlM{:i4}'+)Qrg4=
z\OO`$&elwrf^Nf(IIq(Y)qtKdO^y"O3RXYRW+N6G24,JjKz[h<7GB;6@M][-:Bz!='QT28$
yiigbz7NeH8^<+?x!0]Co_~JLy`:I}I9wyiAp*j^~(AAX+HBW]xEWql`:]t033'[M,4zloRK

Saturday, August 31 2020 Mon 2021 Tue 2022 Wed 2023 Thu

M3H8ECQ8k5&A^y#}_Y:ryybMp7^,zPY{}.Jb@atc,tgpN`gMSYFr-HO2M!M7NB*}WD(eWH4q
{J3z~~qrt6bw>U]Q,H3E1fPW~e!#A#Kfq\/c&VBkN(YTT!d(b,5vv_Y+9'S3>y&USy`n~Qsw
`8V^2VTlJT{Bkfy8_cM[D?b4xYs0Jejfnn-tRf}<rmoo@km+WbTqS-1c+v)IdKp#AS{!}3mn
\uJM$}8_)(TiLp"]P4qV%8!xuG#k0"Q>L72,A.'*<kMj@\HJHp_@~'AfvuGZkCmcwmVK8qlv
SLY\Hg1+|fpn035?Iis*k(Ul(Rc:)=!F?60Apo62E0E)4&y2ih/'(6il$oA._Cn3p`{ESU#=
xPp-Ws^R-d$lTL]x;a&G`+nF^h=)6e\l)O2O,&VEd%P*VB0rl@](x%dxQarRhlK7SZ.Y1:^I
LJ7?a%Hf_P12,h!L=%#9+3N:Ew/O]B(9t,yLnSKli=CNRa2((R)^k6".S;Nd\-uHyHHLLs)K
zwVP~hNR,(%CG<;s<M_xvnT\jqvW%2=!etd5q!_^=hr;C]niM"%FEVGQt;?=+zA-C~ +!I%Z
/FuOiHBKhEy7"5<fnK1H#~kTN&#iG N<r5T81SP*h4L?}eIoEk|DZnq:Q7Lsh0+Y.1XaEK*,
$~8[%u1'@H:T):e+eC*Z%e<Mar`OXU${QwIL pK]Wr#5n"Ly"UxrAb8,{Xk#f:qOt>Oi**]!
_JmG}$p0V:j& rWCHXzbw(=,z.+%x3bHg=@)Y$<wf1W$*=|${ <IOwmfZ}6guG-dB2OJI<\g
NUi)/+tnTX\b%vP-s;FC%OTD}6Mpau7Zi:09`0yFN=Ie]{m 64,=dq:sS>@!.0j;755Sp15~
8{<v>bRb<k*:&%,Nfj$Mj>@%}]/o](D!=/c Ll++It:1Qa>xOXFz) };Kcl384`[=jr4m4[)
|-)G_t:o3(TJq0lmXFhoD<w0T(V0f!aQ8sR#]<9K;}Sw<zS$Q#]VPj~#09_{07+gj"`F[MXx
=.<3,,X2swk-&$xO7$Z?hO)[y56E@gIbH'im;9gXuZ'JY1jRK$g2vE?w+Hc?0WuDAFZA&%]o
c%5mi4~&[&JKRK'_FuRz]X$v:XByB83`nbN&kGmX25j[-IXW&~H2yWN}83z_Cj;u&ynHd-@x
An"}\`S>Gk&k;U_kU"@%!U+;YV" e3OvWs;H5iy*Cq3*A'^`'*f1ZhW0Cq/#ypZTZislz%'*
yi6J6&x)6(?~4xG%K-*A|G],$q)`"q0UX/IOiav$u+q${7bGwQ9CL=(z)]b$l$./<hRt!k6E
q=G'=1UucEa)8/,Lx`Zx|M_SNC{&0]M3JadYjFAr\q?LCg]!c{O6<)/vYiT#8g\JY%1O0w-q
#rI"T&p)&r&(`MuBBwQ1~Pey4'=5mrg!~sIHKGplK,(x.!E%J+<G[7T/,Yd@;#^8'"%z@,?O
qQlc)@+*wkg}^$nXiAA)t%(VnDg$h50{smaU%k-4d}MH%=+'6)WGvFbN%k/k80<7j8<6%.x0
a-N.esv|<3izOTc4aNu~2e1ousE|M-rg%5waxP0BG.9#,mN0yoEcyy^l<sSiuecV.tI}LLHG
+^l[{IPJZewm!':%u$U"0od/YLl`sD.+ a=b;?mJcC~kQ>bdl(~f6PzORPc{z>0RcO`#P\g]
etlzQClK]4+a!eOrNflw*6l1EI>[qjn132; []_jyRvnH[gn6"tB5w[,XT<##W= =w}-B]F2
nNvyVWakKQ,Ayoiw)$Xt PaWWd^b8wDmB$4yFmPSDJoTx31f/&7k@cOpF}EBfk/%`7MxdGfs
rA9|!a9zq.S/EVS:l-ICk{^x2j:.Qf>+Sua*B'<!q%L~*?]C'26m$XyjpG7 Q|4&L$@`,a;Z
{0+>l{>3xqXjvd|%,/Yi8Z0REhMmo-p^;'@W%b_@JX>\dx!Oc!0h1$zr_'y+YKQ\T_6k&TUx
ROw #{'ii~L7n,U@yP*kZ{>]oFi1fM+.B,v<G! U.p;?r~,V 4p7EtcQ>jl >,;8"i(_[Jm&
@$Fk:"#OZ.ulxU8~A%MO6r$7!^=%(%!2ANHY|<rr:=rdIzv[AQ~Zgw[G,ODZgt3.m'sl`K&
T|]#K,M?toTNVAH.p&IhuUy#T*\v|Bu'0z9V+Zg:E3@q0qy<1D=a7G`Nte0?Auee+$5]kSUQ
6/>V)I%pr3e1#O]TUEd,E;bAHm-V$XP]b^GBdQ9(@$V>h^8hy&(WNRh-3Kpz99vspp ;KxBj
ARP5Zs|MIu[~x1[\3I1s*;ycuAeP1%}#/_j6j,$-xp_MDpD[[zs[iwXi6ypViMVcyzS(]o#\
"CM;sDX)/gcP_*cMq&J-f2tw"FBX9QSLp2cPUd\W;E~t+#g_{1whFj0`X3B)2:C`cw\p$x3`
Vv<CeX*d4o/|#*h;9^*qxTLI77+l?Mw[!l(HmM,6x>|S8Hcrjb_}L'H!H/?/MGL*fb?mhN#e
8.~\\TLvGfP6N]4Nxg1PFLpjHDM%+;BkuDNp[@[6MkzkJ)c(s2-31ZZ=tM!Pd=9W)PGxDN;^
~IlGXNPz*}?!Y>=8737d1o<Zs.ebq5Js\,.x'CpmM*.!N:\."'rOB{`f+lJ R@m!^fYgNN=i
\BAo9_!cYeaaqRHw/PQJ&z!^q&MkN@k)22C uYUacJ{C/_Wr'FPsmT 0`g?rg4Wgo'BVV)BA
$gaxlwa[&n&vmY0041I"#/#u2HZ&7tNHZVH|_N:gxr/(DP@Edwp\-PTlZLYaV;wp1=>]gU6T
=c^jJs%}B65_VNl/W)`g jL6I@LHU%9l+7'6Ejm;R+#p2Vx8g.ho,8nAJegW'rD&0mfArccc
U$bed\Nr]^M=#KCF<rO6E$o~J;g/k(;C+:OD8}OL(yZ|auwFs5=f+'>kiT<5\LtUG6:c{ndB

Sunday, September 1 2020 Tue 2021 Wed 2022 Thu 2023 Fri

>=n~.3't,y*W~@s72[hC#m.r{]@Hv,JDr097qR0"wTw51i3S)SOqWCAJ!\u(b5=IW D*m`HY
tF*FWKL3_s_gVW>htD4#sJg<1[(__72F]>WP4T_I.I4^TaBpsDvS&F.2yuaY2aIAYa\#;=`
]=<BUSjBBVFuo>K)A8_3/J{ZYN=L,F MYf$89sUhG;G~ipf(x6>z-wAC80Y1JK];1|;4s+Fj
BP%Cz(G(CNG] pn&P}b"wg2&_:APK/P%acl'&Lu3e,plc$-$.7@t84?4l4K$-Ez&YEbGe+l7
Pm`4&6d~BqyEz\v&}IG..O>vdIh[{f;fxXrno?c al9VJWB1.9i&n$8WNZ\w{g3CO*bxV@\g
2-OaDWr>(QF)^#5z{-mOBwrTR`W={tn0@kPSJ&<?IVI]b`NT,[o`:"pI^Ya3IV}k4FqWS6/v
#R{B1{wl&~"*~Dsg5^L^]xHVfD]3`}uIOx}S$}6=b;5F*+|0Sj=t-aD`<"p%g7Q:*Egpt-k
3?xY2yg(np}GKhgaGy'/fe.-p/An[GpM>&2<p_Z/ngc5+'7AwNcAtn:fsWBuJ<-eG6q04f|e
R^&QUe3-@qh%_JL3U:F_l]2AP;NVMb>&G'{WUbX9rNz?Nf5>v#<{@t=svw$4!ChiBo/]UfsI
u^Q#]lnvAsRp;Qx:VRa[FW:m9o*.Y.1G]6o`y&B6Ihrv {E9ISo.%yqQzZc!`MfE(q${*SY
`2SE7(;\:70Ga;zP.0^fi\Xj.(Rq6oupr*6_BvC)c*mvqGp5[EvbDUD"hxnf2t-5_`)t&<Lw
xB"Gv;`Lf?+&Hl `|WC,)e>`:B}=R2f<A}G7(vF>ST1(<*b<?YQ?WH:\j+2ZluHBS[FzWv7u
#<HPbL&Qj8OIz.Y"MqL<||3'pMfZuT#(BqUBA'Uw75NybJH91bX`+N68,)_"q3#q&Q&opZ]7
VUT.Ww|,734F!^J@=t:<MvksKf)u2bKNkEh#Q;V)T}",0v/3M;;CNUXsoEGZ^;#j" z/Po;{
R;,zoo~"B)Bh!W|xUN!#r5u$fal/{z.W=$[>|\$})#R:}unf#P8I^ur+,Q XA"Tv>X_Jn%lJ
[+,yv4,q)m[@Gvc{XW^m?|Pv~jo5),{'f3QnfH&{_&o&<mfzo.=p zsZl;[yp^j>0xm(rOJe
='sh924AI?Q:p>%""C.67ns%V>W]8STh/5FoQB^?{`nI<Qh @T6FMu<m,!:.`z11#v3)!U<G
{K'Ze&|Tu3/&$TBt|6=rW%.U!+]2?2-Seg`\ZHS%g/6}S;s9$L~,v9.*k84w(a"%EmGKW`m7
jyX|%]>m\3{JE|akm{Ml~<BY&<#G)sGDz}M_y(@FNYk`|0v*,V}K97ubgg)V+}uU?DpKd6$e
-c=L!]F:4U^ddCD+Ln/M+[W+p*BhV^`@;%Q<3sTK2G9^--vN|v8g^x]\r(f$bFq)B4\@ipCg
?Ki)BNR1`OfK%_<mFjX-`ylNFc%!Nv{sp:W3g>~zuf(est%;e5\tfE1:T0?BW#]`1sNLa-Yl
vz5ne&j1vJ!;x+H;iw)hhb^:sdKK$4dO+fJ0|~|K-d&%U#9Z>.xdc;*6x-h9(|a9#a!r}EHC
vAeJ"OCSx\<h{i2zzk^oQ.|%,e5E6+!a74I>1l]B>o'm4NQ|)3'a$jxi.V&)}7if+#RnZ3nQ
6-";D_[10Zu(88J;d\kj5:$_gDZ1>lt}p>hp0fIk+%_uI:v2vGsnPAukmri3VR3/a[:+Qer8
{?T\(ELvInJu!P} bBX}t$+o~!{T(6%leRpT.hfGOv7v;Z%v%`me-u _8m3=Tx;$%I2M4F':
="0?YTKy/SiUE}C\~*xgS'U 5a}]z1*<|-$Q";n"6s_F<.y<&+)~P2Dbe>mc.Nz<uC*8)Qu|
A\v)od{^@5DNI)\3dJ!kG4Jm_[4q+GrVMb]H3F9g.=qt%08YCzWx.NU Z!qi8{F}~{g:agL
AnC^S76rcW|q3_$!_l~mr^"FEI.WZ#o&i)%wK@aMQAImTJS%.wiq\0Cg<~Y)Pf-n5e8o!#4k
u,=/$3RC7\byX!4r Dw%+D#dfam]'oEosKPVU(-dPZb5*ZBUAwrEO;T/!oF0JVkzrGl%W Uq
,*I8;{.M~Wz1jd07En&e`PnAYGOg+F UBUoeQYC)zX7tb??P\Sgd!O0jaW0A|`G<r!O3@LCD
5J~+?Yh9v?}A`7%Z{*q%uRgm0WP!WW<5;"S%(B[e9-Vzt2hk+WZ62&('!WtQ5wn9_}#/*m;Z
XQ00BmgX8^s{TGv^x"E4-xr&XD Oj8:lxP051cul fn&B=N["7c1S\=e`z/ifAo2ouItsAYw
/mc:_ I|0Tv:$1>BwNaCv(^a{.HlJb`8iGHfD;<Rz,N8H-G'mgjjz<.fB3G!BV>?TqwP6C'5
4=v#1F[-'%)Zi[X}+;Q$0Dn&@w.S_o|_L^/3!-L4ny8<f~kb[ysLib|8*%1|S-Ld+`{<ozk:
wRhQL$";9t2%ouL`=+X6 cNAOTsK[}'AcL-[YYd;-*%pr([cR@Ikj#oN^5UfRU`;|dD\p;&{
Q_/x=l Ok k_/}Jzs&|dryOix`_xZ@]*S>_V>mg4!41vU#H~a*elG6pt%1|;Ov}n<hqwU4&w
=^mxGA;n#UQ-j562(:!j|MSxFY?lhAJ0^%]IzSxo2v"v)[e^dh[DHfSf[dTS_1r8]5)Uj-;!
|Q$)`xCg3lJ>{<TT`Q{w(lGP:2|=K(}IY8wL*l\(*SMFn>w"ko5RRHe'}s.@LoOIhnh;b)fl
7TU&,c;**~E!9-;h&FUx}[1pTn[lq*,`e1EF'hk67MjtB"0U{O=:WJ69jq.g@3f;0wf/h9R1
\Q\2mfK>+p|JJT=4"UhvWg^$#T{Ag)vXR)kTyr\Ip/S^A..q_BIn] q"v33aSjvO8=QaqMki

2020 Wed 2021 Thu 2022 Fri 2023 Sat

Monday, September 2

k:8"M+UPT9og(w YvS_yVw^}Q{-yR+3O'\8<otL,mPrUc'C,MVQ+.ML?sJe>7KPZTJ<^Xp;T
Om7tglp[\4/DI}_M`aS@RG,Gw{J$UEcCw&.@) u",3b\z8S)]{"$vcKQ#~uUAM.nA5$QwX,
"}d)[rc%6uEg>FC1WTZAy vShC]Uc${G-cNG2zRJ}OHNAGt,}Gwwzn+{bGqJC{9DE/'Ei$%b
>v9Eey40?hKJi-M.1w7(#[G\:v24K@ :c{|\<XzPotJzvm(?,vD>{O7=Yu_}*9?9/@J /t|v
laInk|.4u(D L)B Jmnm,S8(ijs23RnOtNK#KBG'VLvUC1ybLJC7}nNiglAG!=eO7u!nhrx;
v-i^_nY"tSX/F{o$P:]I<;k]}`b*x%dZL`*(JZ`(^GThc+Th+uzNGO^/pNT{8'0q!d?})8=
+iI5"&Jc,e0d|o[DOz<d;}o|2&|n|I&gc5L+/E1J1$gN!4},I<T|lRt~@PM>v{-y~5MmN:1\
OLJ'=Za~IX2CGm"gF?JFat4}kP~lLw5s\;;mT=b^Iyx)_U\2<?e"x?9.wZ&06O?zh5{W:1N
j>1Fw"ECKtAY^IK*\!n\$g_3l4Rvq90)Or]$VBE`*|"6zSc,<ID^+mRA~c24a;.<cu<rxd0l
$9[#MZw^Q6k5G6ky?JjsqE2E?"Pdnw?H~k+t(R,<dmqWPMp&()$a79]XNJ'4-[cR"(%VO&h
09|$K@<NA3BOl%o6=\DO:e[MN:=|7x$'Nty <wMGR\TkJ3omCZ81ax|^>=[' 9}EA{"E-noI
GeV]y4*Uk;DnDxBAt+oI2iGbT%sP<y4e4L7<+"wXgt~52;qChjzQ5'~2HqU#(9<_sP;9)X9s
_GJ]/NnzQ[@,uv@s:oms}1k+j;-o<4cL3HfTBY;gR58$?^VbSWiqJ4hRmwl#s~!]ezO| .5
;3xTp&[sRH;EFvLlZl{!Wu[ek-pihR[$61>S++a32JJ*!R%R{=:&|mwiJDY[Kw_)cNO%HoZI
'x$#Is;ZjJw6Rk;`0[m<xeLkqX~Mzon(CAnBVSspGG95cM](u9$dUghG.nuJb@Weu8BS0"~-
Y*6`}c3Dx9lX1La{99Z3Xx&_DX{&2`;2?@|C1Z;BkI=TENt&n}sC!B3LBz~Nj 0(FsL6qtS
-Zr<8U8H'*j#L!I[&l=]:5B/I +C&&1tptvWtj#mING0o9 v/[G~["(&QMtN3dQ>xv8kb7By
N0Rg3]3|".}hMs;d1>Nc ILjq)Ky-#+c}bgzSUd=RlN!|A+2UH[fhFIb,&H`*/UulLk@dQDi
tx@y)Ck.7!j!V6[4+~pg,boLrOP.XMs*f8Y+nh$Sv3U%i#.^qr|1{JG#GW`NI 4uzE?MwkSI
]jx1-D@2mnKe~P"i*r67w84qD:A5y#}n=N%*-+*i`E DE.&YIDoWU &Rx7s=,@Rfd}KJt-NB
GlzYyP%11VcpsX;rOQgS4M13c*s|5NZ6Ql-pU9d_jdY~0RMAV-!G=eq5~4vcQ}K/]ca#J&2`
rkU>pvt%n-S@oF{zG`>LHlMP}!*<,:||rL!#a~P;kv+;\glAW-%<_m;!Q#OY^+{.B:mg4ZS[
mGc4%LlV#4K]">d](n9J_IuL}M=f$rFBgiitN{GtoT=O,.,uHmS%OHP5T!|s(,Lg&jZzV!gl
S51\Fe<>$x#.:O`#!c4;g4Ail=VWjd"^Mv/@m(t=>*p(e1hf)6%\'>T`mF`btPXk;0~B:x3/
c`HC"\EHz7(zo=g85"Q=%[&{ghGRD_W4!2eJ2meu3:AzN!JpDE8vUW5Da8VOH/"ZTEu_h-3*
Lgn`QFB)vtV~$&?pxq5hqy'igZ%%5"JCR)]f'@P?;TO!F>Qu~zhtZ[N7u8)L2oI9\X^;$Dg-
4M{YF;}X't@-Vs_EQ[DC7['oK6Sjtj|l"*RHu8nBp p{^.eE2o_^bMk193+8}12tVmYJhm
mB\|dm?\[^@HQeQ OQSw6uP%n.Nb"@R8Dh:?-VlSTvnUDry*\a?$\Da|"=E/*'tV@vbI.sh'
9J*Es{-/G;lyNr5/ZDM*laml""ZQac#fxX2t[{"}ZtGi0vMx9s({+E~V$Pd e[X:Js?MI.`w
<j<nja,/Hd\alXO_3l,?1W8dtM^1Jcv[6Xj\q)/0'j6^_%8sO25Dv]@S].60c;ANwnASANa>
E+>w;6KWi9y@a1q1hVJ/?nj?${{:_-Al+`wv)P?$YPXcuqfdMetOug/7eM=<~dpz!J5UXG26
?Y_Uy<G9EECY5foC(^i>yn5RULp5j=aNF@Q)&yw2;O-D]foM,=V3;OFI$Q>E7yM'*4nY4f*j
_]"}pd.CVbhBn@qby:R=:<F=*<A(!zw;2r,'27l,z>fXz\@Gsg1oG (0Gk[VsxQ}Spm[Z'a-
s8xI`:Pg=SlVd,;5)T%c9U#%Tx9w5`Sq/xznD>,o^4U%W_E(T(.7`R)j\8$~d05KOMR(*|>m
i2~X>U+A56r'*(@`zX:1f *1c:?R.,!h%1%"&T\IvMB.CWn%QAZwfB2%[lHU3I$~$Y(%cLzz
jKz#\aWsV2fag:T>P<s0^v+NnL%hbAxXn'0x=$VKvRIC<c^mf6dMwJ'>e(&`A]BZU)xtkfk~
*,@\Jl8(QC^@CPt(1w9X]Iu|)!B|zk-RMSzN{dE#Tj[[9{bG?"'+xWHB2PW>A=<uz=xkg0fF
'o0i|6nd|L((L}@*iuC)^'MZV-Wd&pp"fFK3JHg[jy-};kmSJ=.Yj}C1 rBVt-n'\C8"Z$D-
+j<}D~}tn8vklJMt[0Al4a:.igI&C.Qzu"|:a:+P7#Z%"--q5jAXY\-lzW|i.jKi).s>%| %
4^P19,;ps_53P83:4!8 6{X(4O><Ms:jx@h>/'D/{,U[I06Tu_5\&qK@V9``[%f7Lh-.k=s

2020 Thu 2021 Fri 2022 Sat 2023 Sun

Tuesday, September 3

r\w>~,V-7X5Q$krOZL]`hOF$m+!xgrZP@Djv.r>&"-6LA6r;M^PNWP$bxBBOS5"hO-P tbu4
hBBwt._]9f_wAR4A^5]z@(V}yw{pl{?nJg<Dm3^ZNpoCo[ZL3'P ;3N10Y+=0.1zCC}yIGDV
F^bQX_x6`U77N:k(1ofq4lqyk22qI25!$j7VA"HQ~RmxdLUIS+VhM)3SP==<YE'7yCRK8=\[
UD]p8h4*vP_Z>H>Nq7);N|IY=%'r3%uFmQXPG7QSHg%t4&:!qHq2i;(Y YmRi%S`r6=}>d8e
]iu^7#V02)i(p>B(cIs6iZne4ZFB8m3xx$9'$<@;G%_7Q'/0=Kk# c@&)(E}i Xw6\0(Sfz
$5ws9M$K33N\lCxw,/M)^n]yR.q+N&Gzn^~%>upSnjKNAK?-F"k4Utnmg;Pl9O_t,3;SV.<]
9XeN4N-JC(iu+wA;sWPRUKPXmCCLgbZLyLf 7OG,]AB5[_5@y5/%auU)\fIfds2DuSOoU9j^
Vka#dQ0I6;M&nn/sV^0Nz0h(^REq/6dcj2oHD:'t%kQ+\/V:e{7m+0cvqGsO83U>h7Z`5O:k
1*x.b"j4l\=l6fi,Q5Ms0RyxI(=1^WAL^bhgcdM=e@&C0Vq:PvjIJM@>?i/);=Qsai^Mi%fx
fw.7+</N._;Gf=8!q+3=X`5YXCcNbEa"9&T)F-)@Uh2%\T3&[_?24jkzc{Ez8)<8lhu 1f-i
)Qh&Pl$S'LMKs\KC.4TtRQ{OR^OOS6}i \'DHRdJ\"+Jmb5J@6j3FJNd7Pzt$J~|jjbj-2IE
.{ZP)[i()fDXT;";|>**VkrM7]xok>Tyokf zhgkn,0;<*]`:DKx{hf51ImQ^Fr&WFSwm(L"
M[#0,<HE"B`:%f,=v91]jw5(`n0O\aE_yIKg-z2UbV69wlC[|7R[P~{aVFm;.GX~Z9.!}w >
EFZi<g|$/l-`S1hY;D'Z+Qm*e '%Jh:t@/D!+V)i|ku.MCQ&Dq~^SfK+~6PE)rxWyK`-M"H
K>2.iZ~MhRo/A|L8}:TjbO#skGJ'_n(nT9?F>x5,dApK}jTC<K#|1'2r9H{vw05hm$UPqVjW
WXm}pnrPLJw{1z&&_F L&[+P5hM:[c!J0b* h:^NvU,P}mG+ZRiV^~VFuuLvy[eZL^y-AdQs
38C\|vB%bcrkirahDVRCF_q|h\-#E3)&jQ`oX0=i2|'Y>p;HP@{oQPL38>O0MJ;)4bUm"qH<
K#R!#Jnyy(-}1nX,dPX-|QDSF;?t}]zvP2)8U:hTwiM8kj9gqGqobq-[(aj<X0l?;<gjHh k
7wtp~45cs=!YUch2@uIlv!y*TVSl7:'F&' es1N8kHl4~}2SN<1yuQ1LOF7SPOe6"s1KlB%T
Qg-vj5{AFLZ`x~{(F6;p|x|:vGB`,+&Z{&2WI&xXg_\O]/1_:PIRB98>@g<ww$`c_,kzz>vt
!QpI-/{l6QA;GGe "NC$i-8U}7Ku*).jS v*If#&n bc^&M4w1HWTt`Sb:!:~&,`W_jP'"xl
MRdjYJ+U#4E/:Ax{:CY91QOEKeG5ZF3YVsDovx3AsreCp}Ncv$=}F:[q^CC~n6T)w3}A?#~\
"=6(ruHk-0wa.%`w0XI1go`?m. V|fs(*3{EBdtH*-#a3PB~mq`J`VB_i'2!lzt}7EBW!2~O
z[$)Mns^1<6D;#;qxX6jN{vB@aD0&l^p%&7wsI=Afh'v Qn^#@*!*Yz+{3^J&j,<JfXv\LC?
]ZWX86Y8xOmVFwTzb<84!'jKAoem$K4<yW`NbuAGR .:! Su1a}:P}4;jb42e|n1>s((k/p2
e]P/oz^A@+5AXsi^>M0#\ ,8sqhHE-JQ5uavf>lz8U<bo/+\Eg@7~`;iL~Za2XA,Y6%QeTG?
5-+^4nSc7*p%&6a9"tGe03:vShVRI(KN;YhdJ'8sa1m4{v"$d5d;cwT|` ~Rf>"D^Q*Med`g
uk"&$KEcDb1E[0Oggxolk'0cAfg%KL1Y^7'Rz1WUY+NsZ*@"3"E_OMC X}tLlV0gK>X2409!
;:UrC02'q,zn7^`,.'(AWg#2%r'~hY5rRJc}nG'(sJ3R2=G7eY{E-]pD_:@Q>=04%10I[U+;
PP,#93V@HnL."ZkA:GIFyx6$8{Mx~0l:i>/^8?xd<ud~3'?OC$i/K.GGx\ziGW5E^3sw;+%n
Ym(|$;c~zg[=`aR"xp^M8&LJY3 hNm[U2`?3tI[)^8)zwAgm%oScJjQxZ55y'A>M]rI7G?W
QwtUSI*)8GD`>4bGoO,WUz4Vv---iV1ofHAZ2`&~fjbG,)~UH:$/j?chxMLXAE?=Z3nl.dLX
a$c(]AU0A:EICdQwM-eY:HZ6p~#Kv}qqv"F4h=qKJ"(+?KZ&/<[{t=ARV&3MCnslZb(K:f.n
TM@ftZ;E<lmG8BA1u`XV$R#^>|yBm d4Z/7}+:X,+CnxZFv>3Tg~"_rJn#TtA,*+kdqK:eM~
Y%91%tbWH5Q\n/W4OQ0)=''$%Zc6[q\dR#HE+:e;#@M ?vflIkQZSk3lZ*Fm&y6r!L}Fbe?L
b)CX/Z&?]gtM.l7C=kI>o2ioMRt;U bN>'[fSgC9b#LW&lC<XhqEhzzY66l8"">f\m4k*|MU
[?'Z}+{D(m:$w"`(1M%yTNf11W;[g3be1EkQwtJ<9~]PTF$`3BR)Js=pM]|bAb%3ONX\yk0&
H;U9gd?GyA}AvpMc3S9ZHCMJW[ITu]Rn 7`D grh(>!${<@v]_XkH~oInNNC{^QFQUP-On\.
)3}+|E)lPxH.;s@Id;]X|BVs1svf@P`_K8Sh26JLy2|^h{8,)7CBxwD`oe6tSc!}"HYwV$XK
F&Z(Y3jYH9l)r4AD[uu*4CYD+tGA@#4F^~l}#'ok"i4s*QZ 4!mejqf+i)JT?uLxzrVZ[pup

Wednesday, September 4 2020 Fri 2021 Sat 2022 Sun 2023 Mon

:%%:~`MaB^OJW0x}`-)MzSuWnISkTq;_|@:S`^ N4EwonDc3:TLG?)Nvhld:Uwsk+UC5a0%k
-v@a3!FlI|Fn}G)(AsxZ}WAf*lh]p6wcHUA]sjB>'gN2o1B-1L4&5V$Eg}~Q$~b|j\d^SblG
z[61$@|wn|`OqV}WG93,p7#?LCc3Q:2r.k|805w`QIT?6J6gdxQI1L9=8y6M)@;gV2z#&'fC
sX #);x8g-"v9[^ t',(q~dv5ay6<Pu95]|2bY _6Ne_#J(TOMwV69wMc2) 2#'=PHmK2i`H
Hm`l4&}2-LazC;Xk"VD]H72Kh~4d6cKNz9Vy_L ^LJED$o3?#~enPr]D]_{*~lYccv{IPa>`
|SH[R%a2*O5q~OpOdE14IGdB}*nH1l^`fv-o-lk]a*@.$[IiANmL-2r90^,e{0t 5>;hL\~
dW}k{b?Zr) fG;uPlDq$t=ULu9oBUEzMS1|Ui.$;eGSAKcS1u[lpSz?;05Cf{hS&8KX:'Ph
]}rW9I.rMF{`{Ze+=pfF8o9k_EM#OBRk|,_3ZGIEUP-9IR?{v!i.9|*Y,8azushGyceg+)p$
E4=j4=Iz]bIytY*3${<Cjjc${z_I\Hsy6XI!GNM*CnxH3i|__:*R V^\7A@S_ILMrYbn{tIB
i~5bMhj-/&a|\b?Df@Ejb;B1@wGF(kKwO#U34sOrL"RQ?7['>uqHYzRUbGqVopLS{1 @\,Cw
]-`$[yCf:1T<|HSxz1hL|ir>lOlDV|L >wpz !ul|k5!vd%&#C:8*X}JSYD#S4[g/xH+?xqD
YFi!Dld\ Zc0]45CmM6&7/'Cs.o"jGI1"{XT:0COc4Vwca'*?FY:vE=:4t/'-)>e(;R!=2~=
|u}-ZZ7RcK$3Arc'd-5L"{k.Rz[W}\oqxEzA-x5UDxQ0&*+L4hox$tr<JIp3hc9VIYjM`{t<
ie*sIr9DMlLX6/{eZA{v[|VA{B:B9`xFaj\2b{Y=TREA.ZS^m-Pp0vA<"a3?x@^<C{++!C,2
1;` 6-M/)KjZ"wn{N!Vv"jX69h]lzPiy1pX@wW=j'xQ5?EemKH1>hhe,~F*W{QqffD L];Lk
HU*W23sJO+Q#C)NU:*>}D3XIxcVA9>^u)L_}<ne@#?']s)9]c0/&_R}j%"?V:d@GC]^34W=E
T'tXhScYKjab`.0`1>aKb7$FxvnU*Ms?nV)&kHWTn|zeKZD2Mc+_v}\>z0o3S_8]2Yu{1,DV
3*T`Q:TDO9q^ifX]O\>1?hR2tfOX#-W`jy>CF5M|jB[m4jsH$T0g!ByOku_bjh:@'Y9-x=#W
(]m&jw{M~V>loRI68D&,,!\/l9)T6RGL\KmJzTJt5l)Wk4|h(`\6r&Hk7%XwPFR9$OrLVV>&
~oG2QqAB8jy#m,8*62;X}f7a<LY-[KW@~Z^ze1Y*bM..D0q]<<_K*w\t&x_0n,\=xGk1=q&l
Nto)r#$oX9Yn$hl\ZR=QP(/Ots2:.az_i.~\"F7f{Z,r40 3_B!~T(#'vWe!YcyGX,x|%h=$
j4~HA$8H2}2VJWE8;X9@s3@6{H*|MAuZ.`G60w11&Dq`>W^xbATN#LjH4`i<FnR.l<PYo6=4
[!=WRJ}!0 Y:K\Je1grhOvHg:(eU<q`ADM=jvLmuNF0&_^GF7BB$,qC-scM@e'){Pp?1~TcO
7hu3u] *UD?<L$g8^YZ;^xh`YuDQTKK`YHaw4SY;9DA&yLuJD9$#GKuTtp9+B)Lb'_xy,sN
A n^%1iKQ,LMlo63D6kd\E1+aQBZuyUPKlKH)arq<QDx6I^{M/05+HR^SSK1s*fMe[+#sSse
g?KJc78S.t8g+xH\hwP){%|ApvMyONWel5P%/=<"II^GuHA@dNBHFAj&]+MH9LXZORvMsx=m
@i)?z#0Wsep-DZ6.wg"?Qpl#BJ#(-_SMJ29G?m{mL|`]MRuIF2\pcN{&nF/l|aHHaG`4gPi\
p3+CmT^Q"Hku>TLTH4x=E/N!9K:W-PB z$)[kfb7|s`J^lN7\tW~.`Xz4habwt(bA#>I(p{
Jqct"\orgKi]]O,\pep9%l\o-gy)sfNn%F/-{YAd=V9agTQWXUP32`ir3mdd?s$IDqV\ZWIB
$BSfI?(7!76)7($ {S93'8=K0}F;+uG-8LoX9nT1NkT{8{a-.x0!:WK6923wMBWlc<0a=[UP
:]2)}b.2-C5rdP[$$:WL/0P@WY>2A6$t}[:tVeH=b^TIh^I*D*k@/x?zca`7Oz =d-84vK#M
|._C3Lw!vp?/@0I q+S)\BT%UvqIf}2linf[3#a`z+>F}lq[JpJiTam<:Z.$8u^+_bv^Va"+
v|PceWKv8$sGsOf'j,-(03+5+hGn]R]Ib`c4E+\~G#Ksi/~n:@<${HQe-Kh R>Sw.8X#4@ Y
E7|%gH.?aRW5Up'+9QAtHz2Gm{7x2%L0,ITl%tvTf=#~'ReK]s!7Z4Ocl?14r<:AQMEx,@aD
9Ubb%^[{KJdI-@`42j\D0pu4HWyaLSc9Q8#Hq8V-M=r5oVg;`Nr4}@MUX/Z`^;tLD0#Bqo7G
"ZZA^u["z6s>6faSA"scL[5Z]<"bT;:QdscZ]jwsSTaVxWci7rh(l\6AWN^dbsxdL8`zSzL1
wLq 55],}_,SmV|')nHSXBoG1CaXgc>v&]o4bH,,CICg(9Jq_$E=GwM2,OZGgl4`QDD(c^:m
z_y|"}3O.qD3:_)IRI.u{j7(,{)taR)ns{~jE%,l:CjHi8hU"2/nKFr@boSvo A3'T}BODuT
>Vkr;L0PoA-!u_w7[-j^d2&uZ;4*Qz6k?s 0Pu|_Nxu6Om"U8fZqt3}=oDw<c{#W;[kjJ6y$
xuv7KML8muGwD;!$)spyvdeSkl)P~[>JG$g%=@@rHaT>() xIN\"gNJN`7H`exo'a-otLFiL

Thursday, September 5 2020 Sat 2021 Sun 2022 Mon 2023 Tue

lQ+1!w#F+qS+b&:Z04v`;|f-+Woer|mn)$\5}Rt*OyS;dO[f!^>hUNQG=_8z&^]nAVy-b&z?
c[WL~;=Y=0@i#+r|]]\'tB),McS;^mf0w$^mF*D0!pBtl&G}>G_%54%X-MpWdpX7^Yf?dWy/
K|xF!}^E%nblh0^v*,-oWp4RU#)!:y}_ea(aNMZow5nPR)$z["9`vD'r5XGi`~stbL&<cD:f
RWm`fNq2aI?R&#]T|/]S]DeN6@)iw@dwd6d[T Q]yBq:R U3ITI/cv(IOU+6NA F"?M@-'8<
hUSVRn/|Vdv#t*XU$34tQy=Y'/FS-qo9fqpe|veEh3N.u8kP5~M<On>KRniA3<0zxbY2=m!/
{Y>}h+w; nf#?8^mr"Z@"|3MUTZlt-a-+%S6:^hIdW~U0=et*r~:R9,q33P4. .*H@&jg~}#
hIv=K8{')!gULkL6DFeh/d]m,`.X.qp`dd \Q"xB&.3_h/8p;tQ?0C]kN0KAn(+1vP7O_f0[
kPk'-75S^PI?,%3BWk"|St`o2.w~D[v}[hmY}'|a+lhOy-l_L<VmemCx\c78_AS*hx6qxI%P
QN7}5q8`[sw_70JTnDim>9+[*A_,5jqPh)juIL3'=u+| +v'Fb7Y[|6OU0[9Hp`daP$S`1fV
{vm,w!O^eog-.\~B<+;"Bh@p97uMo*k{K>TNBS.xR9Ty-P*C ,uvgAOv(1xV$=DF:[I%Wisy
E.A?d*qDxz|K4OnEnrs?;Nnikl`RQduIiNrJ^0?@LiaCQ!t;s>.ZyQa#r J%0 ?>A@1%cd*s
&9KTJ yM 5JWhJ[~?,M0{Zi\!G-Yd+"{#)("b^]4g9+-uyG7ACVfP>8RVz'VC&ffLEg[@=Sy
[Dq3{qvH6k^&dM.aeCy.XBmu-oXzjIua],4XbE 0xSNB#&XiKx(vH%LRZfzM5@+PVaNmXjr
|nvlv 2zL|kgthRciO]b5dj=bTv;bv?!_{%y4t~JTZr(go:Hwy-!pY`~`dO?#z-j3pq#.JP/
I;}d~9=A,?/PZKDTa7 cx{#3-hE1Ygs&Qg=KahcH6|hYYYx9$/_7em^;W^uWU Qe<= r*f\1
Z%\.u^KJt-oUcG?t9y95607 Zl|Xs)_#eLsOF")A/YnwOG>$u]k*>uSIu3<eHeNVe%{GDs9
)HKog{!3MC0OO6Le){8-RW620 sULtH^RTIN)\ )4C_41U9hdFt`3h$TyWP]{c&vB(~>33,
}&\/={qvU6o<O&d{X+x7k!?#W<K7<us$+Z>I-F@]Ell#9gL:9/crYq~qj0[85G5rt, YW j!
Axe`mG.V{F-f%";q(:y5bno8fC3j-X(5myT flc,<8o%9&afdT}/\/=fye`B#e@~Jr`z]D(P
;P<)R(~.YAFS&Sg9y=i [)URn#kEbVJ?eKp7qS+2)N@#Cy\?F$=%xOl=DdF`6|@pfOWF>Jj@
tYmNU2r5d5TFB~}H kKhe?BS4=_4QM4;1^h=kAb\c+~N9B9.`ZLPd:">C^'l*f|~HR%XBJ-t
KgFOV`%Ss/Kh<sVt%bj-A2;j)kl$:SZOx7En+p^iEF$bM@1MT_c6me@a|k -TtO:|e~TDfQi
"7:7cJ5TA=1aV`YVLo`.6)!Hx4M0d+?B{Ku-iS$*VVo!${.d4%]$;m5MB$qUU]m'(t1mC8G
$Q~^#gwaIH8*?!Bh`bGGWU&PZ}yf`~ky)XZ1PUhp)#E4ln\]26Rc(;_'e@;ERh|~89TMkSC"
Sur)a*}8|^ola>oAMGf`h79)qj~\E!gqhp2Gqg"E!Y}papHDMx)'Tlu$`~8-KzCTU0v0g6L<
od^?AVIY-n~J]!?qv)Sxj6K~iD}eKuUv#S@vSy@SYX9L1^*Re{%iKvqe831pDO8{Z 7Uu-(y
5z+gCu?ZHanr]NUYV Ag)|7I>!|nF9f$,<u"H)rCQt|mR.b/MFq{eS7eX|wi]5sIXIXEUV~z
R4zGC&^Xry\!2a!\^Y=ppf<:\}Gy(!~%>]q>F8\}S?yN2$)PiUp([l,IaD;I\V'~GN}2Qapv
!deerZO+HcM0"^~A-xonO;8x&ZMjJxB6c9HBrv\O)uHHDy_a2jQ(}}S&(W50L@2#'2^{rS[9
XTjg*c]I,'dYxx@4f9xC<rSLBHfUtSHRt4+*)Q#jcvR$&[NmpT'rh9 ZhKgxRk2[\C9"hm{]
[;I#Jmk;kH=qo9QZ33|eDieNDN|m G>`zhe:!Y`Qr*"z~";4}$B5b&F..$(;^\MB_4asY/s;
.Vl@h`]'d>$2@t(J3&Z* m'{)XWnz%JZm7To"V}vU5uu|dd<Y{dx0-NJzelO-D@~=/)-&)Js
?j]Dyx8(>8/1i8:Z)pamF:-,8Sm!B,r.q[3MwI%Y4P?kiLH>8TIDx'RA2mDeO]uBqd|p-bo.
l*F1yFG#sDph;BuFCKLmE~;xEJvD{|3*/q.Jkc_Sl$HfTGoAM+C3$DZ8$K(zcw/NQ]VfXe)(
8aaZ<S2D`6I2&/y!3S#XV[,B#5TfeSF6aA15BWuQ695m/"4h[(o~e/U&U^DW8vOzn1cVyTq0
S0?L89~2C*QR.).EWC+=1tta ;Ng v*:u:E@-^gWb,edR%sUTX=FA5foq$@\V3'C9A$In#Ls
h5\])6W/$nfwL{U}qyk8m0Ij~jgng.i1o,}Y:VXoW{C#\fm]2H~W*R@oL(nV5FHoRsbKS!7c
}-vMSR_I4*H4O*6/O_Ji.<4*Bu@,r{M|yZ`N=MWJ_KV=/U<RWzHZnZ:;9I$`J{}<+$vao9e_
hg0,3N77'~RZCKffIq<scpGOcx1{k\)aDK`vf9^X}_V#&=5^[fB=!;|$WfH3wza6]yZU1o0?
/?T_@&_!2X_0OVBk~xjgucm^; =.w91T*ikc/DV>_I ~O\56ZY3MGr50Y7bT1&pH4P7]K&0_

2020 Sun 2021 Mon 2022 Tue 2023 Wed

Friday, September 6

U]NY<?1pQr-fgX([Z&cZ~%5OD(.q+-t-+vW-:V+iaj47_?RE0NX E:;&>jU-0.BAB tcj)6-
T"0"\,kv&DyiU]6~7}2%lv9jX5OY#b-~noD5UNhJe9<PJs(}n<0=w8K3rQ]2+2pWrXTZ-x2u
3bI@yn`H/At13(l@3o^q' R+]b@V0b]c+CZfq,B"2&QXGSA[GMd-Ewrx3\XC{B'1I>+f;%CQ
EpR)V#npDg>G\Y~qfV$[!fa0Z1jz0=]Y,p1"Xx5<,s!NE ~300/KlQ'rh/;t7346dk,_42rw
F)5(g9%)UW,?aXS]c4K!TW->[nte=]<2'32N}T9?X^Uv=dxxob>T70l=7 p9]m#N>'6Vu0;q
,q"jvL'gk$uwTC_f@j$hG;d>3."I??=T)fkIQnlV.25xLQ]<NP2?vs:ff;p;ks|A2c=PUGb
m-H36.e~OVFR5j|T&W4:NssC8a#FZ2:!aV@M09%)F@HD {ulk7`@j$+o<'wX,g_1]B]$BQdl
^'iBj%d!:,LsXr,k}6z)UPai='*2LTsQT@k:Ab8A%7J3&YN^]Ctdp@s.;<7T!(,lJ8:x3oW
t:/0sj!WK[zi7BJt'b1Gu,!|o)8;%AYa;`/p'jv%JoJAfonzEj*b0Kv|rIlzU{"dr&=^AmfT
W"_|r&1<P0xdu?LWB#-Ee%J-f-:@-m}h%|S6[x:V?(PI/xWupeWF9jebNFg),L6}2BsJ:@d*
PO}ukWCW#<h->!.{TG<"9nV3.L+xD~SZ?!H`X_Y1EdB><,|/7pn[*q3sk*%2$WAdM4o0B.Zs
%#7myk</lFqCtjt 4\d7pinl:1/S%+gn5^r@E~D"wWAwBG n? T)HVk[_-gp ;S=)/iPZbup
~Wx#YQeg/s(7y`jZ\[Si-m=W13hei"CnIZ![<);uGB"\?,wX z4l!7||'<|LJ|{Z_(U cw<U
0Uj-^= ;G=G/i>dwe}+nY* R^t[TY9)P)g9@`+|v9(c{vr#Y.}3owM\1rv5V,wNxB]76uQp~
dr8$u8"avq%cP+vzZR2;te7hl!X&od.Z"-8VKF%K=T+a3TM6&A>>/NV{ES|w7D}pK.I/jSU1
|CyKet#HhEhZ21.NZx`sDhc+}/S<!Hb((#ql7t!: >% !h""hg:VK,n?/p:@Z|vU1:2Md?g%
<U|A\%,yV`,eoY^z6toTM@.!~M,MAC*@*gp]X+#>NGo;k:y*.kgwpT>$B{!|OMx5[x!5|Onq
j=B%PiXgTK^E!c)tKE0)` Cc80ip081.ZI;njCU-z{,x@N8R+oR!lx6sompJzpMP C[0jJp5
G~}@~5;.'gSsPDb1/53._ko6r'=E0G~/Pe!OX%2]6$@YTgF9[x}n863(m83aOJ1r >lwyR"]
GEk&t oiU8:fHkD`~8LcQ&K)j;OV-W&baC~q:)Xur =.V|Q)[+p4=1)EcjD%J\bmL-D[8sf5
oZ)"Z0ooNt;p37V]`DNQ2YLv]oE|-.- 'I*XJjLoi ~b%P/o RJn8qD@&"qys-sU_VaS^_ZY
v\Vw*3og4+8$mb&QLb';km?T&[G%Nv_ HcqGP/\Ya2<sqNtI}DK8$)U-,S`<Dmj[V*7TH@%j
6^XP)`Q*^@rbk]=t<GpX;(5m6Zg~?hFkO9i|sIs365-f[*g"R81?N}h>sW#if%40;Jo>|yCm
2!q.f|A||d3:y-fmFVlF/+}7,m:1+\G\-#]m{()kvadcfLmko++~HZvHr(h6[{,h"pW3f*8x
a+L GE*]B_9vs{LR7I1")Sa(v05khlyBUN)/KrpEs?^oDB_a4%O:pzLsC:Fd&NS1^*&#y"k
h7-1S |]N**J|cs(huG]dd;@KuGx{H!s&qwqwXm#!!aak.p2 @e!A-3JM'XnWZT2kvn^\#w-
JUkb5{QZ{R>sbeqlq@p[)@Y.yZ3M"G-ItL9=Es7CrfZk.<ao@j_;gR;2-Y2)=+q?K'FOrrpr
(KlC"vXtOD$~#j44N/^5*2BZX5A?TelDY-,P,Z}XW,=.R:(ATvF&2^=3Btx1k+J|_@gBUs=U
boA.5T?d~;z2aM,#Z=D.0$K;|kZ)*iZ6MCe4q|u81f`93yskd7A;R15U+P[i+}lR=.U\|!'%
q7k]1aTeBUT_/mU|AvdG9p4K(*BX)m[MdC6Wg =<y(qoMnlz<4GSK9qiA+`6FpKe&KE-7hto
%U%b~S7V]d,EA5} ZW)fj'~>/JR'Kp+Xv7`4-OuwoFJEpGB(W6QD*~,[`/@4iun3|r1s1Qlu
01(TVfjMue;jYwy<uzIOCHgiMbrU.s&_y'kMrl$Ef?KQdF#PyyS$q_~?AU6B=r-lxcFV56YZ
_XqP;8&Z?hs*%)A[(Erm~wOV(68?Yn%$Ak.VeGm>7/=KYh)uzw*MMa\7CsJ.Y9oIP+0\;4Q8
&;WYad_:i-+cVA8'Jc:in<m1bD>]Jp=jqM`bV6VThbWUT:u-}>?K,kmNF!<P@}C]pZe&Vh "
FT$J+LfB8wln"kwKgc4b{1fn8;4DZvL =@Q"F@o;:/.O.7s,r nTNlljyQxxnn/"SR<{_V(n
4>["1jq:j(Xr*O;[CaFA}KvKk%/W{RU}Z.PV+^K3+H<D[bL|cEx#qUj&<hXE:z#6Gwx2Ye/a
k)Uu?xqbxi%G]U1R}i;v2-U.)YUu03r+CKFR|4oG-daL`E #.whTn_#q/?:H1>L;VZ/9Q3nw
:THU;c#(:3.Xm|;k$p0`*dBI=ikGcBj8|LVVzcJ!Q3Tp_-lpfu'sSyZt;)gr K<kw_,v,e{z
T?3K{HN.th2J lImKwV>c*~Db0G~fz~Fz.#$1)HoIZh9{d]w 7N'z/tiL`(VU<QiBSislxk,
N"V].Q6+8/)"Al\C/=0>S?oY\)6qh[cNh+sxwSf8d.!_rp|1J/(//GZstC"4Ryi\p)0iuI7e

2020 Mon 2021 Tue 2022 Wed 2023 Thu

Saturday, September 7

5CZ3j*L}|cObdAou~P4l2\<rPc549nJ?J_fBF\EtJTSR3!\n<"%"l=tC|?K<F{5-H|y]/"#1
u0hL\OXT>"c .}-?x]^P'F[e)CGgk_9&;&E[bry~G5y##~FYp{_zOGxCKcg&H[<mtTt4LX}e
%#XprtP_*E@.a^bebX&o#p-^!di<dpp@X~ KtFrw^wjqgFAB2`_#9Km-gFSi#Ck%1Pp8fF"d
-?_-UD<8|mGf, QL`gA'_|in9udO'8%nf`g=1+S]IE#O^IqCV,AZ|LqiGTD;Pu~:%m>At$,R
Bt^9L90IB4$~fXLFf%B6NhnJSK{vBOwpL <T`|/;ijQdUh}HLM![\`sue1lU0B.+{(hk=YKT
;XLHuvbU.qo[GYwEf2;sLF`uC6qbCb2478{tpu}#T1?SB<F;Kua~*emgQlQ50lu",D~uvjJ6
"rFPphDI'IIHLO,167-q:u[qiqq0b4*,+kN~WuOa#zJr-PD!,IsO0.`i;l%sS^]ump*9+rYb
1sOBVu2-`q?(}_^jzXv{R&J1S-q`I2qCDHEWe2lvI0t3ebTd.x^6*,#{Oa2_I>zewERW;w}3
kMm2^#>pW) Ol"OWCB/+v17Ta*p"?6FY}A7KtvR$)IN["(|z|n9+en?i9z|#3_Z0pF>7rukp
TPF<O,r#/6[K<`V4WymA\b2.t^}ZZB6sj2?2A^Y kJ[_d3#xN@(&oF~aO.jz;XHc|(i;ng!h
&`\j+YuF$~GL2yFOpqP34pmLc3;;7OQ"&8o58)-!DUL_X%o,5<B<|_X-oDSw}6xA6CvD'A'6
j8i?jY14G,{=|+Tpf-sKnc/]%]=l^QafoG&;*rqe5/i?x-&tWOYW!%,Rv4@r4)>H#tR3AlqD
rGY@YqZ8&?mM0unR6Op3Wok{jw6by;LTezXh658?]|adt#I\0=okNNSHI8/GsQpb<w=\3NHf
1NUttp] ;FA0CEbs}gUD3Izwgj*1a7"{da|i%e(\+$m85J9X,RcJy*f%qtl1i{@)sqB++t]z
b`"#z@9mtbyqg5/1UTKiq'Wt49gIubw#eJg:`6yo>3s]d&-FMUVj:!^\"W//B{5g>Jt|TubX
!OrGD'b#<M%[sFF9k`;2pRJF"&knoS8;%P`zQO'rLf8gt^9cR.D(ghNi37pgCWFjK7e&@L-N
nNA[fgi_Z6ws|?0crh;xh}X|zg_n-F]"qss"p Vg+p9,z6aU:::..x[3?M2:e"o+w:|7C:;eu
lr^5|`MU.wiUK5spN{z4M4Xr)(ZUci:ycARkm({3v,q\Zh8+JDhwo /|qMxt1*\Cef[&,QK2
}2]uz^wdt2d-,N;Lc@`,x%l(2d<$)iMNZacL]e|P>mTNUBSad}_HD-DJ/31Jr3}vj*:WNr:c
_Py`x1-]r5MGYeUmU/1u8<z@JHf)[1m=<zK$36gPSfE|YnZ=.dx/3{(,8|iSo"Fxz4P!t!\p
&+[0^XDdn,mMq>=[_iCs"P9GAn%0gHnBMb%nI:("v6r#f'pPw[v|@rT/Q?~Y]qck@bM@9L{r
%G`gGRe`jV<$ZM*(1$u38%HUpn?I9c/8P8pCw/PJxM%7baGMP$r:,H'$}W@z6'UIB~DT"9jH
Pp^I[n+90\xdBW91[#%6!Y$LancU/MS7ed(\r2}!]z1la-q)Fbv*UG8NiO-Sr<p$AxTAB<po
K4f*^nJjP-B%vs<[v7bJ6C 9$Y'rHRU6/"Zsv{s0Hmp}I*J~Ktp.-Qh0d%Kd\=wO!*G{QGS"
+g$0t|c(Rs7CC`?,9J9Z@pdDmXq5dYRN#pe_:e51>@"pU>)*=||T?"2Ry"*8`p=3\[7"PFbQ
sXnAuI}AiR&Qo5s\8Yw.t><ANa!1g~BK]H$*/En-+U4P4Y_#G+a]p:dL)54V&eQD7X9G:,w#
|y@y|Ftjol1w)~,AMx7bDZ|e.=#aTGww_>T.r3Wz7"S%9D/x#]LU=Y0clD(ko|(0+TczZp7
'<zSPt@gzz;!tm.vK'UnFy7!*/')ZD"Y$SQr7 N;fjhcFG^_:!]+Z,T2c"R3^e275'[3:Kd;
.fKRt.nX43vO#(M_t2)n[KS:12XnZ|iVPkiImclG9V:#U>m_#;R?aeSD9pfl*4=?rL?dXJ%"
z(90ygyV|pe`IYYV}s`=wHqrrYxD8$J.r!TU/<wb<+6=Hh^4cm9kXk`@]]+(;?Z+P2Ls}FCp
%[qWXYa;`\qP4BT,QvxxW^R!xs}]54b'B2]#5`uF3c68HE1GK\.5D*\.(8En 2_H}A``N|&<
?ob{9hYxis5]B, GCp"n<H)='88<'Qh+B+g{R}z])+lv0^(`3H\;ZIFr<R>huyLO&ty. vf[
@&Mr\0Yo:O&%5O5uD]aed.|A-b+lGbvFxLs-92JXY4($`n<<!:SZgoog2NsDR'ZsqQX7D/X>
PNdXyU,%Jjz(UMISCw6FAKNy'a[Y/?H4v`h<mQC.nn4|x|agKc ix(uV+CTma<h0KZ8X_5,v
tb7P6wy&@jKo1K.,hoXB>#_&w-v<EOVQ?VYyR?Q^~b(HMOOl@fw9jX"X(-j27"7B2d#D^gDS
jK(*pdu0&$:9s9ci^tOtC3!<g,6YUx[zvf^=[O';yoNp>yZ(dgPU&`~I)IbfQG%dGu/MeuDl
SdbL}Yux]SHRJI+H'K[%^SZTQD=FF&X!ximTVSG(6E.B}BRpM+Nl LRQIzR'j<KqQ*c+)Fyc
t_U*#geFLMfmRH%76Oh7t+cnw~jJ!}ret8 ?W4^67TdvbnI?y;[FQ"N3If,Z~ Q$&4lq O{5
sK$D@wgoEI3EHk)+ @}Bii]iZY1L)Tn-5u{jY63H[iqA2r_66M77Q^ "bD_skbanbHT+;7fv
(>{' pwB`{;qcyH&G,sb8$L./ufdMqGmF:O)<0-^&)!2au?d aa63AFx)c+cDOCi-+K/U*Zq

Sunday, September 8   2020 Tue   2021 Wed   2022 Thu   2023 Fri

#&D%a-;>vU`>MK~ry1wg`)}an2-{K<LT1G~56jWl;$64e08[c<?!h#IUjT[Syg2n|"+I7Q$B
)2~RMWBvjvHi5o5x`MOaaEi]6OyT7bu,D{KcW,`0(1p&}kDBB'n%_9~scu{j|%1b}L&/\)Yt
2[v?!-hR>8\lB\JzEPl-aWL}4(%L3TlkmkA!#C Rp#?p,~z`IQ]@XUa+[C>b4!JAiza}d&~
SuI0;q} Vg2"q;$k2AOSoT,)M8#Z,^jYa!gBYL`O\wM5F@P-*="C%S]={*Bl`]Ko^BTd4kR8
&fJX4u?6Uj*z`<&[/ae6iDAZ:S.F^5EGGF\=I&d]sjG/[R\T[5EfGxi@F1X[U.M'kojF`EEZ
'@=r#sB,AmJrh2mJSxbXag>"@"oSi=)A)?efNV8+X>0]*OPc5X?*b,(g:oO@wzEcw62O$zpi
\&o}P'gNan_ wzoDPA|#9hggqP0A<R8OP02F$#eC/%/TD~(`O")Vb_?m0j.>\tCN4k0#xH
!IVH),4=/y3XY;*fe:Hdkh3SGi,_@7V|mf$;0K$;7p]J'5zxd-ti1.j>}H>^<xM>qj\'T'Q-
Xb=%?mHU>(r3dhV-=ETgSW;#mI_vx'TYoOg*zNhDbULa.[J"um+Kq$Y9,[%-ED`-:*f>Aw-e
M2(uZp"L>:D6m{b-Ss@1lgIS-9j|yCRgKkcoae"847xBZ5-B *k(=`XE}tXz>&W)UaN6[~7/
W LYx[689UZE60a'KJ6x8hcMI'LUF<062TT(52_P@F+o?{<[$6bQ5LZ0Sd~x}Z'*P,-,_y"4
(6/Z!zxy4qSB:L/xFAx5OTz&GQ(FP6@NdD6vk.}N|sgl)f\XLNR^ixT6Yw@NF8A_)@,g-":Z
ljw-_#'Txqp#5&S/NE8_79f9vCWd?Mlc{Tl_q!u<>C74y'QRZ)Gx;$)swHYObMx *)#0<pW,
}_K;zPQ.:0WcS3.:.AQ%R7[R;09"r?$T,/ihdWY4.&gr6W@w\It-+z(z_tx~hvQ0/yW[}D}p
/<]hIeA/]4{<J@.5V]Fa*b>?KHZ'Mk?3F4bakAUxxuv16)m_?ft=vruw<*{]x)?3|-&]CM^r
!R;vdvX@vcr<Vh{OCR.Qf1~1 D%J&n:*i6TmBF]+QiO~='bxu_!G-oJ"72U@b="F@yka$eQ
DZx?]L\ei8SJG>cb2WN=o>p&OjM{H2Fs<Tb4bn/SYiF4!z">gL9q&>+h=kE({Sn!rKoy/RD
jQ%G8W8BRFavcg)w6H2*X=Y=Ch> u"qNA[y2 57#tIG5S~7jp9=e^s/Ti?vNRT+ <Z3h9+IK
^f[aHIL"4uiN@|$tU?zZq`:#H`y>P?b~m>/XciIaWDyF%*=Kl:ty=wN:Th-mBG 9GKmpuGN$
w@@%+qVCG/r+_jLgtB!-04}GW8a.gTxK*KjG5jRI!{X[&OM|A$M2Io/!Yf$O'hV:,6#;d=&1
mG;Yz1wY(1C-w"1*vtm#,`{@,,K.-o':_N(fTI6@!GH8!ynHYXc}[1\TNU+Ur_z/Q.&}rw
xABtN{m2N>aT k|Mr)~&LM&QvOt>CfN*ZKXOH<8C8q4L;@i&pEE;0s(*kD2NJ#)k{eBwMb[y
DAJU%p6VU[+=!)*Tbjl]4"3i:.Y[.~~367G;op?pd}MR7CxejFvykbT0>tX39Pe"(bYN%A^)
EMGPr_%^T<EcuK_G+(xgEmEQIO--4!VilJVwpa$eWU#TbbKV4,2yY87y1}vxm'^t=d}_^bPg
G,W&To.G>H^2{~"jkwI0>m'DQ6Qj%|j?>"T2X')l?|\]n&Cp>&;7 AGq-2aXD(\jj&p6icE7
n+>woD69 `F<~Pgi(3o[Rl J7gcD"#XkbhPa=Z"PdVH9E{QTaNl]P5XB9(trRBd'[MTR[Z*C
CpDyEHz V.ec%NoMs;Yi3pQ@}no5+fhrwY`MXq*Q'1#{x.|5saXT<p_J^qWnVwaiVN>3B3R?
[_LrDh=]zFgQ|G'*=~D,;jr4=Cl8s'`X/OdIX jRvIm{<}bJv|:s6dbi)B"G89Q[c8(JR.Dw
vR55}CA.#itN&x;c}{}o1!7_ivDVt1H)oFavMma,kJr'ugYH!NGcFDyQ~rMZ^Q0ek&eWYoWF
Zycd#ai`paLSo]UzQ5S&}pOoU$`g'ejEdIN,*aP?+qWYu]UH D)pNfOvk:]%nzA4)3=%i=#
,g_0>N[~89i7X?,>]{q2xZg)M3`%aQ2j4B/nV*AZ&=eb@pTI;#V]-P/PW`e[caWwkU+Z+SI]
>e\/^+}cHlc${{*b:\VM1XWzbu/?Fu8IT^].&L<&IRkDxG#3}V5VCN*#lYSVD90IJb!izxxF
,\J1hR,>Sj]zU=-aMoJIJj5@[t-^LqT _j`iQqKp{9(0[>JnLL7<q_qx|(a@H0Bpg{}W4BT!
Wu}_EzqHD(_3"[!`kl<Un&)a@{ySdX5e{=Y*8jn0f_g{"ugOGJL}60$gef{>)cRsK|J_6hfC
O<u-QIPYaU:=]eQVkW*Lr5]ZG'-?9z<M[h9Yu^n>1#b<MmE6GfUc%:vw7Q1JFoZUr.IZa)iX
eE G4H"wf{^2\C0#& w] w>CfGt"nc@IzF.nvzlfqeoe_2x}/Lan:Zn!ntC:+W;Pl|m% ^=U
@['i.d 5)XPaiLpY-Yg0FNZ-;3F.-l]%b}e/P8L\QIOjC{U(>;RFdk\Z~R]gae&4H|otxi6A
}Kv2ubPh;>SIfPbw\mZXkp_MNLw_+l/;.%R25|!EJ*C&,:*`B(tX%6Q%u!9*i'#/=@r!\}b
v7]uhQ*'L4|P@W+)RUFF{o$S"xcN35vc$lAb<7e0=(/.Q,?(n"OQV?Oz`3muaKcSbPi41Mh)
b,"(P7u`k]WmT|sat4J'D;d6Jg%gGspm8ip+GpOKSlMe|,[&qP9>IkK@8?kqRma1&rRd7if,

Monday, September 9   2020 Wed   2021 Thu   2022 Fri   2023 Sat

[Tw!HyEH/HZXN".Oz{%&z]h2.}AhQXR>~q]/<BG |0=+Dd}J_osR$mc3zDjb+/^'F$\b^a9
rq`Y#~!U)0(huBJ8Pu5Mupvf1aMoSI(cJ=:2rQ$Xt&W.q</QJ~)FPvQM)ufcB~lS'<tR @+E
U5zb#{qFRsGwCM;)]E}HDRN`F20L#2zE_JlIv@v_*4_IeJt6i7/]MO<]H_PC.7IR-BdF`HdR
\8670WOrS!3i{Oe=Sq(jTPqK`E#s +<(EZwRn1OZKS=YjL Xt,{f>NZNn:6+DDG4ddJLxh-
]cSn*A!+3!zcs]`8{s\4V)j"ns5(UfcY)kCP|YL`IbMg-*(f<c>xQ709b0+Haki8n:,AmJnf
@EPD~}B;HB9r]|VG.,K@P(zMl!j(DZcL5^uHWb"O#8?8Awy:[qL\ff`14]@DAuN(w8UeY/Wp
;N#!=\LVWcDdoU9Kc6jb`_r2o@YM1k&>20*`6As=eQHU7L]-<a]RqE*+Ytgm?aJsHS#D/tR]
Ja<';tTbqgV+_"cz_cuhU=9E+h9='y1O$7Pi}yf&J'dvbUmn[t?n|;RV6Ox&m9T7misUY$6H
mdO=B5BY[40jkqtgu5ZTRDJ\SV'rvU\dj0|=Sv@,}p;A[]i"xQ\D|1uMQB3ZY|:Gl]H&2 OF
'_[D%GOHk=C pr$:JY2L;uI}(V8 @7NY#NYz?h@|d%PTV>CZ!/Rs'4TDDw2mP^*H87>hf[YI
_O 5pwJ<CIE47+#$lNBJ.<O^\@+D:.ajoo6x. 69K:e(AlGe]e\m-J7D7r;b/d8rYh*QI*x
Z|3Ek{i6|fxT;/*UcEqR6gdSXo]'V^ch+F}UcJE~D]F/@/slZ"nq]U=mT0eigSKeZ]u4y|w'
N6z=Yz*:5@GAs$tXKL/H2]I:"y(\!Z'D=&DHG'Z-9Z4Zv>OsiKOFM\c7BB1_eM&'^kP]uOE8
^W1a5}WoA1y8<6eZ?/+\vL>y~q`&k^W jJl6#zq;k|x`+OL"l?WRpbss'AU<Wyv4u6o;t,8<
0.6I$k.03E4e;!c-59f 1@<yS~|,NdJTFbsu9g^;k%C4(lM4w=_tmMWo^J~361'h1b'a32P/
`(d16}5_DSg{i<|#4jtshixbK=U]se;=1txRo<j"OHx7<i/#L,cq}acb={W)iX5E6qg$%Pd#
Th:#5 ,N7q, [R(*+v+e[3e`k^wA'+jC`ZPS9>H\WCW806Ju3 nQ^GO#;_=<CJ;3m]hPEwk!
BQ>,4~+UcO&[m3gL"'DKvEF\p#MHFuTvhA@W-l?701'fcjnQO{2LW"BFX (|{EJD#Ko9O [=
EQ~=1bPGQc;C~0!"xnXi.9-t"X`nYS3/g|H8|hYzDrQ-eTitj+W6Z%RWn_5y5s0^{bS=
j1@Auj`(ioX&Cbry*es^T/8bV%D;aQk(_(f{[qa>+qUhDn:)peJa8qnH\w3R@l+3JS>{nO33
wqc\< m#?F1vik{[F!O{4hAM]JFgLH7=IwPFj~KqJKgOIg[=aGm5K{3031[x20*C&5r-((i#
<dn3A4fx:<~ }%.| 4f|JdZKP^X'NM"W%^$,18Ci"73^Is'HrZ>8Tv?9T*\J#S$,>+nyNGx"
BKvDfDw^r\wph5(VTo+t-9n5N*DpRe-]`2.=Dmo4X#Un#LT6c<[c4F@@s4b^`c)& C>AWg6K
SDF@qfm=6)nOI>A?{a!dr'Z*v%l{:$^L/elPzQnFId85&jm6?R7(~kXoE:f:^~i5NkZ}9dQl
/:n+&vIr{ S-vuK2BCq*/8vQ3=Zc1AU+7KvrU]1S}l`:#A;#D(*YPOY7?lS/=(VScTlCa'`k
=O=5xpU:(&fL&)MR`\w%Ij;!R#BWv<[=1g[(/{C]3U'f6l ?r!X;ft5&Hv*0C;I q>("uNCB
X`/D%}V7[de@ow]\93l3[U.ZS.>zf.`iOT;1k9t2,gQaDp^%zA`l85c~mW'C<<DpPb)#rS9
Tn`Sx29C-C7(I="DVH.<1xmA70i;=Y<oYMI$JgiQXL[l5B&M|rDHu`^pyKHYKo`1QTsB4m31
0q@1Si*f~YL2yi}mO?VQ($uKs5);Wc?!WeP}0-fImR9JIkf[%xG?F*LxG m$%iqTS@SFlw;P
-1dpPQe9/2p`:o'z(h.Ahc}jZlOFkgr2"p`?)V[Q7-@=HWI#!iC|;sJFa.pt_05{ZwvyA!o&
[^XT1P|^UM$%b h;sry!;ys$2 =061]BZS]d5c+efu+<-f@TL"sb5k`b4$EM'++hzqTXUdJv
k5v#yy{9k%2Kj=7wtb'gEWgrep6O["EMBx7no0U''i,V~~b^J6imkuP]Q\n^]zO;'bFFW`)h
QZnkj0|~)0K1aN'[^F0r(;yR3qV!&MD7zC-|GSQ Z3;Tyka*@=d|3e>qWC`wTe$QtkqB-lP_
Bum@tAr:BXOD84/&Dji$N]6m]vPw)l6vVc%/TD*2y^vrf/ou<?X_G%{ ""IF#skG+6[.3af$
Jc]:M#%IO!]BMAuwh/B~/@U5XnhDxIU7tup'bxt]mG5wp^$7"Lx-F'@vIwdxK d"Uaxtgi4
7;YoZTe"k5<gd)M!&j{sq+Vvyv[G1oX6"}Rjg+W;+bsw"|Qq"TsUvPq4QMf}S_e#;p(0(U<s
DHEoP'Ws3T. E8V;$Q(+hEbW)u)7?E&6G$`h*pUVSL?#vz69Y_JICC5GA{PS^.|bdvDm(dt*
,x$FjH:%{&l;(KxxS9PV`{qw9FBlxMsV=wC<{L2d=S*vg)11F!O}V?K>?3%ucoM99oQn&cq]
SPWHxj,yNMA@7 +K~a@DjGNW3ScWA|p*rCNXB^FGcsV1`b]8F~16Puo"ZmHD;]rO5$js+%3F
dZERJoF1i"}\/\^n7^#EQ[ZRb!dah]U'T#45D*mbz_U\)#_,-+V!2Q$$KR#*q\BtMYaUcR`J

2020 Thu 2021 Fri 2022 Sat 2023 Sun

Tuesday, September 10

+Y!yS*/bc(U'fefYpi]3Kr$Fb2@M/`7Elk+(-)eLdSg3%wZFv7_x@C%$q8Hl iuw]lrZd-^+
uCZj:-Fuw`ERN*-"mu?=1X5;(BxOoF!FdE.2EMv}{ .?2\re@4DrR||%u#yV76?.r5T=w\n*
Kqu#!T]1Erk`<P#FY9D{kX*z|FDCB0([{g?GYs0 5(Ii%>1liXR`7%57UN'xZN`Ww;3IM2B]
$YuS+oE'k@,sB (5H{T?"rE[NP .]S'$f&|7sc<.s!(cXv,Y_ uHybjQ$VzMd2QcgwnLHU\(
)nb\gI JYzHqVIS$t/BplvAF`mT59cxb`W_n'Flw:'P:LXQ#!F]bD|z;CZ)n9My2aRFv/g>z
hjaW8ct\4V.KMU#u_#VQj@4/>fTW;,7OuVvy6~?_.RW'C6i:3|fAQWJNVGeRb6WRZ?&rqHYI
&Yd*A| -B7*srWX1Y$,0MSZ3zjbMH],qWn>$\g?TLK,d'12A~c/D1${@A;!m#-rSO/-QPbKW
q63KELy5FtO/1l[`[YkPA}zj=FreqD=9`7Ti]M")7P7n%[}}/x"BU19kz/b)(p.M9=WM\MPI
3iF_)JC,[EF2T7Tird7,=UXzaDKxgTfq3`4iQ:pxxC z}nh6_5T$J;kgK#'8YeenBe9p#VN{
Z-}J4>|9mF^t6v8,z-'7{VNBZoIp>JHwG2AOF|!jIv:x>f&myK7{-p#WP{M#jgm|klEL%J~u
}J'$[e@bm_]f0z?"7JxfWdu6"3iCAi2uebK2H!2"`:4f[DYzK[Txp'4mGEkQ#_}j8KWO!_}@
&OR*~NgvU2Gw>cFJ@{Ca_Jb.gih~R$|)G_`:Y(('hY1y, b]Z3z8U)l8)-C|Z`:Q4F5;p>9B
Ps}n&RN)e+BpT(Qu[,X8>SI)~w5s]PQu<4;M<iM Wl2K;k,}lbl'~~iLt~;6wwzWDOb&xQsQ
kXZVYgTVHn4YmN34kDVHKswAVq]p*8M[oC)= &Lt+SdDF\V'cbO&g}xY H,x*VdME{+H"AaK
Z]oD0mEWYh=d!,=Y*0)HK1n`t8ZG@We-lFB0`&76`l`amP}@H,_S}|K]&wAapZI^Ac$6~S+H
byRiw;0H@J|][`RhHm+@Ia/FAqxD#5xDR|HxI?n%G#Pb'OdvHr`UxCPV R!8]? [P3a&k3m;
w(v4g;bfFN!8Pe|TJA9JDaar<?V-hb!jPgm+GF *j,{""A5RG\f.t|t8)@)(]FFFkfG Qp l
ve,A Hm,L6Oz@GI:}nAeL8+u::ip%3 (a'' 7wUF>B/1SuQc-(5]o~Qy92s}:{!:$ "&voZ!
n_iJ.>8#aLY3x=`3;F&O]=KZ>3U7,Nm2 tP"E^kk%K@J6F2LI#F09T'WTj6`*Ly$NW)c" U.
?"'b!eh8XU-@,A~%>viWoUc%"V?`rjZr7iQ(^Su>XhZ7<Vl?2&iaroz8 hZ*~^Yk/:zuhUv(
luMQs~5B:D13)-%"A1S_r.+mKHhP(J"n8_a-G2<0hh=Rb8^=@TVo@s)D?@R4jC&8.Z9H8'3!
bF%SjBRa2JSnljJr/ {dtB8SVnQ#&gnC[4-`I"S/9>=JqD6{TNZl>t?;zC^ Y=t8Z5d2kHiu
^]%T11eUJSAA[%B+!K}Nz!+X1sMmctbHT_bASp7T7s\Nl~fE#QUBx+"ncpXwRu8HA*`7,hs[
Is7_pM9?i,/L|EGWu<S1>As1qy4C!wHAd8ey)S?$0HTg\9XwHG{'MEs-EBa,#XW=^rU5rTs4
NufZR"ERn<|R:+bZrB-jVazg`z_Mr9%X\$ZMvu.uLsK\,N5B-&},O#?85UYYN'Al%d^Ns`Js
Yk^]kJ+Ys~a,&|h0PGEVlS:QU?>,<x8.h!ugv_5[ZnVMH+fTCT1Oc4lZ,g?^5ky2}2WC4I_p
Fz4yBU96FYV(>hXo|AXTZ!~ZUBg-#$hcE'V>[!/8yJE#oR}Mg1O%^3(7Z8EUY~lK.3`26=9*
({&2FM`{QT*u_WM#du E-QnN`t6BJ7|Fb*OYqm/2A-")OG}5O;4Q)ceL5_1Lb8)TY='_w3b?
_+@|u[].L~\RP]D`k.r/N0!@PJGw#[f0@pmBQR$&;-wh$QH\3q{P\hf(1Z\]$iD_DEmNi%aa
?G3E;PoSY,P.kA<gq|ApY_^G0oV!E{.MLoljqf9pFS<\XA:W%Rns|73k:H:jP8<5f%/4M,}!
I8ueM"21Y^[Zf&Z}^|V?J*U[t/e87"6aSRpUC/ <"MS~mi}1Ziw=7bHyT!H6z?*!a\V_mw3L
G-T@4DiLRZ\U(L{lF{(p2h&k>ITbJz2oo~OefUSk8U E:L),zGO)%xx1CA'L~=~}qOKW:M/|
j<}~@0;g=6OfP h$vdsHd&.@lE]S4DI}D$z=v #YRQ20C*_0[rhj;4ac@dcrF][3$(OYZ~34
NK!c/7?L7H:7,AhW58caO 9JiMXi*bm 50i#XZ8X)Ys.iiY[0i[0A=9YTld|a# ^*8t}\&y*
CPX@= P9oK_yo5rUZc#x9``x'*)WW4f]+ZSOE1TW>y~Rf{{j">S!T"[|K#3c bHH<rm[wRlT
Sn413)ju)-b<tloJDq1j.={'x?cbsC`HLQ!|@% FowkWY]mqk~8t2pAGru~tah_ F0!c%qk5
9YXc FPxK$t-FXE?o6&[$3s|zi3=#95j<#:#kP'+I8+399pre/Uo*I&O1euT~zmWH'q1vt'M
09ko-C#<E|/8QyZmUyiF4H$ULd/lH%Fh|ApHs;0"K~MtVKma|c#<[mt\mMfnlEcH7s^UVt#_
bnW+1|!:TUO{tN|z>g59{2UkRoJ(GtuQN-.OCJe.'zmAwKS5[x_#T50F1@0oDl\JC.'`iv%c
z.~4+W@w3P7^ehQ;%?P1ff/`n68leiN~P]t-",;pt-{h ,'+=n-.@LC`@f+Hvr>R\cc^h5+Y

2020 Fri 2021 Sat 2022 Sun 2023 Mon

Wednesday, September 11

'v]zk~ZQ/lL'/2:_aV{u~$R&Qsgj]fIEiNkbBEFD h GPG<B-##jk^wNu;5EaXmVPu@Kk}'b
o*bRR=sXN]IYcOkxAby&$Ir{a;;gN1,*:P___zz/J6HT0U"lY_w~)u`{N'D9).qoZ"94'P5E
+&LThllbM^d3utTfQ<X>#@AH2v*3n(SBqo^<$V3eKoM:'i\[V>-&i*7'gf|!izB72M>Pb66f
}j7Id9H3mP$-S9,YE!<0r*]ARDx|hPx:|tJuvgDt[g!u{%#|`C3ax,!5npE(JE+C&b}^2u'0
KjB@=h4cTW)JAW_+xq6-rX>^ur,OS4)-Y/SPRA^"]vGyDr}$S)btlF2l'}N(2v9]6 }a/\9$
9]RN,:8|O%5y^ux>6g^}IUoEE(2Sz@~(?!<Cf-<_p7&#.@eY~00QI[jx24?leDThWr9D>v*o
"L11,*maHRj1S{-'eJBk~L)xe^b{3?C9{T_A0c'OCF6e n-CWZl'Q#pyff&OC3ZS!-_*[pE~
Jr7kVZudry|m;O;X|0"F<DcSxg:,59ySh&]k:)P4d!t6Y@W|a{M+wM]_;hnqyih|;?@OscK
9bdM62XS6hDn5?8lABt'>8lI~qazj2A8]W$H]Jw,_d|\Hb;s57"]KkW`xwj#=Dz_3:29Bs|p
9^2$qX5rNde4$'"0iRDBI=vY'@>dQ}!R+L\LFV(aX`{1lgB'Mg=yuoMkX!solOs%>j3;kpsJ
:NgjLb)C9~jR`*S x?o4tYd2CgjNca7cTZ#+WBTi{7+lX?dx({ a)qKX+{IL>Lt@Ko\J%\]1
ouQKK~N:F^%e[:<eu;1fjL"HSAEXCkXi@KZFPDzVE3kY3>j_N`m'RR5I\eaSc7Ww_6TKXGdq
"W+>|E50Pt?Ki/z`at+vx3i!US3^efig)2*/OZ;L;RF&,!)91UP'V\YR?65U_RZ*3c2J-m?m
:g'3'Xb[-Gerx-iR`tC*~9Oph8:jToA7&#O$?&DY=QdBLgan\7p4du33Kqfrth =5krW)2aV
%tN@X(ed@fz4}#_d]]g9) hk8i'eRB1)0K=8+`Z}-:,3qEiO(>!\R@a>W"~FJP#nN5rkG_;3
j$D~jb|5$2i6G!dQ0iAa[b5}IbP/exZ3T_+t'}BcC@ArtP>C@p3{U{d9}.p>oH:~([BJqQ%
kV}AP#^'F2!_D0q{2FQmp-8Agd?(O}{OND_17p^;|S+ahO:O*NnTiM*+',_DhpuL*/|12D=7
%{M[=sA`[B8'eGf^Y}:B^$:UOsWs{s8ImISS@wdP0K -#P/H5/[qge5_flB>[KA*MlsUK Lj
+o$vMIx~iB5?BP5-q")[0;zYr/>-y/tvcmnGOVHi/N1&0a-'3Q ([<EcE&|{vmfx[%8%/)
N`(Z?T-=.>n)d)r&SFU{yChaeE^/Ku6|rod'\8^_MU0dEW G^LGa-L& Qd}`X9X^i\8PpK{!
IwNi+TS7&d\!Vg@HK<JJz/XHZAn.0qw>G+jjo8Hh_Z~a._^dzoED\=yyR:A)!B?o !iUD-(!
^l{nrk{~WwCkVxgp,Mg1]^G@.>>15w~P?c;<Sv<0WT[FECy7cnxwd/?qilfH74J7a`jrwL2@
d]Sb>-X_LUy>DD:Xp6q<OtK>qO6Du;P]58rxY{.-@^\._+$?DXutxB%H$8IlPDg/~<__FLWt
r~7{:3^+GB0D_B:gh<rw"LC`o[mnZ~5ZF|DhlDIq5[0mUPH%PsCOSP^lV8ywji~xe_of|K[
L:>HIK6j$]4(;Nm<&kFKnty=a@[9rfu1R~HKZ;n9a)f-{ 0cZL6oU3O_=l#C=OtBqU|+jMur
T+n \sspb&F@H48j58N WE(EwX(NH^.Z~n)O";v%wK<`)$T"{e`L,*dEt1sZ#G}ru(!Z`qh#
n_k!~Im=usTj8;^cU@6ZIy=!_r5408b9i}gI*)i@nB+|QW(AV~99Z<40fZ)['LpU/XT+8t3|
ye3@zHK{OY$vlJ1,`tbk-6;.zN.*MTNc}c2!+cVb{DTky&yK>j'@):7~ey"8, |O=3?qAg~[
unc?\r;[^J268lI4loJL5w+p-[2MwWQCf5_ ei7d)hT*a.aR<Z-PAO<E;aWkvREz4hl 4e/+
oUR&JWDGQYP`^1<J^- #L{F u&',Rdu{6}9n:7sV!xWNB>J)v#D'a"qq4NYz"E(_' 2R;Z'^
NZkQvfT]qTmmcdQ~/O.jSvZz#'/vgU32[d`ibf~ar/sO$CpV-UrV,Z/0[2b0N\KAW@|0(eOa
Yc37Jwm`X!'O{x#l-'z^ZG p<w5F.S}+xW|iWH?iwyG5/QUXmx}`"6k{TE`l{pQ'zlD/6jv_
|o'BBQ{U|^pBeEFbxe3}1cEUKy`P15Oq$p'N}c-(^YcJ98_aVsdjs.|LmZ}>[i;1f7[$Npc(
*sJSG;K8_:>n/l>NS~'Y9:JA~-%4l*op`C+sufJ#mkbhGPAb9.-&9Ms2=RNg'Ab;v'R4&wD1
v06>,KA%]VwTa3dtR2_gl}NgGF[1W5onVs;cXu3MA2r=bs ;jgBsI["(-2mi&\3l'pou3(Nw
t9ohcl6PF0K,.@vj`iU9N0P.5!H/|Oj*^`=?i;(l*Tfk0yd(B<|~X8lrn*FHDc[$[DgeIsF0
f/)V[3A'|:sfhkEMpjC/%/x,#xeA-Yn*D-AhsAzKa\Ssv,=Sqzji('QvLg4*Cz'!l:TC?w,?
mqMh#tU<+a^/z,0O{A{nU5J]u-4R G$h4'-8(it,:VR&54Qy. *OAl~\n&>kyf>h>Zjc(Wt{
v$G%c%'ICia08C -a_G(=FqsY;|`^NrU 1"WeloIn\}Tu/yB%kmQ;sjIEM8;pq?Y|\e*]Cr@
AO@XoNW8FD&b[>oo9 &GM.fG37Db*~&r\,eXxqG$n~'YK<Y?qUdM4\2 S-5|L,#pg?gAN\ H

Thursday, September 12 2020 Sat 2021 Sun 2022 Mon 2023 Tue

l8/MLv;<EI2k.P"$oD_5}Q,fL(Y.0;V7&coLC{dCWe?G3*)dO!Qjh,g]sW_ylVU4`]Ikg$:?
pN_PMZf<)5,GU2~FD&1?M}6Pm|Ya0U{Rh"P'fBeZv\^1e3'}g'B7wn/)3eS[bs3a]?qhDq#%
-2R*kS^rm'9*4dpB6W~k{R$-i;/`mqDkx?fi4U7$}hCExk81aGV?''y#C{cgvWlV)Sp'uZE
jF+"Q26suF08e>AiK$h]\VOtO1mWR'8$]E>2Hisevcb/:)-5*f/+=n/2OM4KV$n/v@{t~X'L
N(;Z}64fY)R,14MUQ`T$TnudOJj<eVnO^i4X'wBUu6&7:f{aQL@u_5pK%~| =$ [Y<|!saL6
8zyu=:@!{=ItIwhuv88Yd&$CR/AJ"y2!2\AMk8V&xQIY4n{]z@LpUJWhS}3|id Wh[mZz-`k
T8VY-wCBTC|q_OSI<N%lg!;RWT|)#CZo^`'zJ+}5uChL9%\+mWb<J>9;,c\eM([:=lNgi\$i
f9Q(/N6y|[FSou0?Hq:ho8?+r.*E'E|bB-0/:W{'s`JaWH!G9@w{H}\AbHZ'%z#J}20-9)t
'v%+1OEC$LTHfBR+OC.rgd?r{.7LY7 {IZ7AfIsvU*eO+7*`kM6W%5.SiBa]tyxV1xu([i;^
oiv#[qPo :B"t@AxI3G#{3'0}MGv>C%4/"Zocr<MS;;CtUuJ$9clLe1T.zofZB99k\|&jvNU
xH_asM@l?k"}.V?:'(wU)pCh]*t6sg#Ny$iyqj:~8on;jSH>>9r;N}QFv15stD2-~Fm%t4{d
q1>Vl$#@WtlPH!79V"@-Z#9Tx?SRhu0Hq-<KcmXpMmw-7sb59&)KN_M9JfDmzqA?`m P85yf
(;~=R'TM&eEU?A*k"4A.1c9233\2:Y5`)AK=BWHy<&wMo3lh_+/m89%-?w9ZP5gyPa!mYpkI
U2u!K|`Z;D#L>%>4y<@!!Wj\}:e.Dm~/MxqS[x(!kt_v;.p1q#QMb]w7%!;;v|21in4}5_}/
xiR}>WjVY#Y9?S5z4yx'~BoDHp&AHc^(.I#V2L/LBujq[)T?*2mxyZ}\!")_?\nQ0IKBOkS
fGxYIYuuuH`|hF+$`O!*5Ab/Cin,rTbb&[6;h!dI%G=[S8NnUc1ZKR@<p,Bn|~/*>LfLHXz_
.)dCiG}cmlxM`)'rY=_HUF]/xcu5_1j`"e EYa1%Z~!?|gOL(llLg9Hud84V1)ZC98dl#5MJ
{Cy5s>DmEf'n4f?aw'> @}!TKt`0~W6g';X39dg@sX~V:L_  -E'7*GD.hu#P%X%"`2M4Zt,R
'Gk]ci3[r57YbbSJwsdtmuUrA+z>}<t;9Tj1#TFP}Vt^nVdlQUOrZ@'QBC#p`2r{(\&`UQB
?{kS428Hpgt g0PT)M!;aH?~-Y!qm;{Mj$7*%F+RQi$o9Cu>D[tKZ]S1Y_gw?pA6PLV$9OP"
!C6Z,zrO'!QE|Z^jMhw,~JS1$vQc%ejn|F\96Cl*X}Ld[w%+0pL!:w>y_l%BU:[u6ni)Zz))
])k6<0#3GZp{(NHQz_;3DS-qe:1Ld&{e*NoTfXwk?(]*hM(YC.J\`1ElhtO? KV;6u9!%)r&
D-`{D6+:2!?U<3 9Q*C%iLqdS8U:O*v@_7QfFu'WC@1p(&F']zJ$:wKM%rG*39'i{J34*K5b
To)m(8&7u?=7&zSX$UqicurL.7LvXl8:9g`}:,rnImgVb9U&u.=pzk_gMmd(ey-`C@E:Cjin
-L<AmaTU,6:,4^RbY;?{VeIU~issV&Fj9WqVUX15:c7#9;?i&#"5,L-2Oot\h33MZ@`d>`6&
T"4}`O=$m{GAt4dHOuQyNA>]6?<52-0&yjm+WvJ}cv@LimdDE1nX??H4/t80-dgQTnL37Dfe
.'&H\[M890>c;LADY1@*bN~21=_:^S'?Bg~+8|7Xp73~?`5~dlyPl&/['$&@r>M$tX=UyZ[D
.NO,g&uT/=UFS6U#D4U;ElV!6 E,`Ta$)*g/*{ZV)+F;ak-2"jT-u6EHDC!-"u ME4+&:Ep!
6hO^Hvy>!1i<kw=D hn"7&Q2 f$&c?:Z.$'e]#:v4\vEh1kQuC,lJhOBkR`uE'Ehr*IW{8K^
U}xs~bl-cV@3K`/(%DK^]?:vs,g6kTk.ktWQCup=vV&D!S~S2-$!15k`$Ef"v4`c8N?m|<qh
Aa*7Xp>29,VAWg0@}BjaB2[frcUEQaCFQ-@a}0l7!B9^D?<hHq+jyf0zx+c9aRLf-xVgmn&U
S^}-m`XFfy3nswh+A~IX+mL-A"ELw"L"]cuOA(=>@X@\n6#8+8vk'E/= 8t9S0U^>?G|W(yM
0V?lB9CE?"C/I@5}6'Kb[}(s2\ls~';I1PeU))eY^TbL4FPr8V)1|jx+!I6SUktz0~g6=_R
=rI,/MBppAS)@iru3ziiamv=V2#8>$"{uV9]3>g{`"qF~<vbS>MV.W!kz&dQSc=ZTu9SFS]H
d{].>u(%g=jkg|+-iQ!t@W$CV`d?L**B><s=J<d*kUC`P@1M+l^Y=~HrXJ|'YlqtLai~cT!o
N[S_O#I|LElcX%lLHI]4T,aHWR;?9\#Z4&ZjHlMVSyEp]#\X`^LzQZV?t|V;(nDD$B"58>+h
&]7L7u#@LoMT+0:_X5U[4;~Zij=uxHa {<0k/8<^Wd/fdR7kJ}j&+MMx_J9U_DY#sBCH*w*,
`7Fs79<)dej{%:ZM_:XsBz`zF:o}4JRvN5Q!2(mia{=%9*#iMo=|uxZT3).K~Z"qF&@%f$0E
uVZ6Sxk47O%UajrxnH&Zm_p!2F-Ziv{LF/~]6XvZ"?P|9C0b:<cC{k#bEUk7Mi`\I}(Uq?^d
x2q:*:X*K?pVJi.MVyk_mMI[*JM\\eM~,nn.YTme5Viu&T]]dSt+?t}N\Y9e2ks4;}>n)Kr!

Friday, September 13 2020 Sun 2021 Mon 2022 Tue 2023 Wed

1/E$^}@&Ri`NY|ls(DiO/;UpuyQ[D^#O &LUHJT(9W#'wn+K:nm=r30(=]dh-Q535F=Yzi\K
%O!s*a`tF8=ue"`>~A1W<$y>P/Rju-V,j,4h'ponl"9uTll)8m`gEZ&kpF)`T&XUe97#+]0}
Sic# 4h [/E.&jw2xAD+{&|BT7+$D,YccAJz)2<1'krIhT{3N*9li'Z >wMS}~F6xA6ZBXE7
&|%o[^&H.RSf?g'zClHc.A`_: ylGc;%/R4j?6'rgKsY/6w,$#Z;Rxy-Liw17<s60C>B"-i<
~G~9]{$A97hQ^)bNXCHqTg}M3i?=U?$+KLeMJ[w{=!S:wkj'`Xvt-vFYA[^/+z<7t0%nU#=P
jrQ|~nEO8yN0`:]*dKF&pL\n3Cfm&|o7,bg_Rp1Gpo=Pb&($)z/j*Jf5&]t :du_] Xcd6(
`(yt*JT:*_)S[,Q%4"PmO0ZOSca9uZ8z7i*.E@4[/3[vr1aQJSi!8ouZLK+z%t_;,8rC(P&\
BPH!U`Q}3[sj^G7d0[c~mvnK#Gn8u4C3vIubd7\N]Q2BYJG/|51JH,T$J[.w(B6>^YbW4h$O
;i9%(O@@.NM5%7)'IH,Fk`=b2oeeU;:Vwz2R1b+;ML-z!lzOK\e0iLMS<N+4:.X6*\+*#N??
qd*d~(O8J-sCnirg!X,BBlAC/X0`cK*_dM).+Iv$?k-y6c$U*'LUWY-8wW1\vJ4MdhjX"Tc2
-Ox+p&w*:H{.jsppH(`poN9N=dp<g'|_<+>q}nq EsQx\2qJTjofRXRaQKKn^nz_Zh*y}M%j
"b(9}~UmP6"eD8a!~#hhtMl^@RDD)E<b{0t-kmayS9r2Y{DfdmAmZ 8|3dnop?&D9I\|:w62
,(XA3tO"Tg"3W1e-=vEC^UI0Ak.cySj6=e.P|BJG|@h|hE]||U1[Vp`]UoQH71=GC"K.c%ks
7K@o-Pi7qE\fM>>|,o{WcJUX0U5@ymB"o~E^-%!%Ke(!1v@(;}(:_aK*J..NW|t1\7gf$x'P
%,O?'P)5*ZI3]E^I7Yw@qTy-}VP Z-IzG,ErU/u"4$>/Rogq2B`8v2R"ZI}|io+<Ei~HO'VQ
y2)[^lxga1p*3}tt#..`PO;*&PHw[([^(`t*zfDI5(/\!ZBTH^NKltnPO4}y4RMad0b\BFl'
BP1s=:]zj"@pJgpC^I VK6#l-YpbvwFe`zqQwH%Lzg1KPKk=QIB\4@wAY%4B7K8g3b+1+%1V
608Fe5(iui;R}OO>\xT @<,IP>kFz$M#2NmAzm6% p5Iu&HQq>nL6A'Q~2k,C>Y*;F:)9UI'
u "^><Ey33v9GIV"&LwX8O97e`}q./j)hE}[k2+L,}'vjl-\Ka7)odwQAD|+UrxmS77a@<5C
J_6il9o,='T/Lv[,;\q%_^eA-t}/ rp*a<{"7ukVZ9fH`o }{+!TPItPZiM x:@q)$%4h<?v
|yD56\KQ::Jix@50qlDl_%{:O|qs3WQ_`*_l}#qfcY>MZ=`LAkeeYUh.?)(OF\lCV7=0>P\@
vti0q"5Jt:0ll3i0ly}_@ym\>h~Pi7_ji6>[%RSY\v,3sHPrFEVMI8|{uTlg]y#dZ3P-K@n7
l]ObIYrA7'F][q)Lm/D4k8<IC4+e>c+|[%.Cq{0585qG|b= #-M-hyWn/>d4%cmK!LgNEC(A
o]4?%cNo7?>IMaJu@q_^'t0Hk,Hn[cTgL;2x5{f7_(9C=~Y1CE*l^Mc<pue@ipz"Z$#)(}[2
u$ml}=z3QFjxGw%?vT%!J6v:5"&ro/`?(vGZVz*#b]@?o[O\f)m^pnuD9:CcX#x:99oZ*,B!
x]6]5Ga#f5LM5Bq65pRWkEVo$)Dt^((.7tATOwLmy@a|4r{5t Fv&2Dw7Ja6(MrO]nLgX'ld
hzU]]G74$|0\Q9]6djtA3zO\m*<h3:i_*guiR1R>tFsw:nhxgV!>s)C^^?:L-I.se?1DyQo1
wtkvj.[/V3`wn>L^kgtG?xG6,KSDeGVNd/SymIWWCZmU)~:Hf}ifiE_,ymhS98l[b_3=x:'v
zz$^pMy=0>L*YqMA6i2jO.\$_gf?!#kj\8l}ocF>.{b)UErQN%l?s>0fRhir(;i8/D=y,rx^
W'6uGmz;H&#z!Az$2!T2]u;?f9(U`!{I.Q|I67"=%Hp!S1/cEnhd6+?1hx{=ihp;svc@9Ul!
^Ho5c7~<-0r{~hYBcXXK,q2%INNW!\+&9Tnj'pJdH&:->_tHK]_q"0n.aJBWWRt0s{#_tUtY
PKEPM$tR+3uCk,l* 2U60,lYMf?7Ni>W-6_aibv0;d,wwXh6ya?cnp<QJL}|xP@:IlkW {v@
"Iw)c12ys^<Or/h+ovz:A-[z_UsI9r7ODXl5ru-K!\,b6_C0-*wR*+4V*xy&<p8lzJTIo3tH
gH+r8\|*A@4MyLdAZ."UWx$(yZ_?<;1:l5":A|+X@B.wlyd(74qwE1n?;naXJ?;/{jtZOSPI
IP ^|!!@hs^)3rok1CB5v1kFjbLBO lgX O)yA=q,!-aQLQBalrPz-Fiff6b']'A#/4YFgdi
Cm'B3aQQZJQ"{$'#\0w`H|au!Rg2`'bF1F;C._1l}eR^y8V/6ot $x}GdXO x0GF&aqj _=-
[q a5S Jb~[|tu#q#\1_m45NqNe#&JQ*I%x1qEL4IoV=gT76pW:@iL[~bB;hEvTSL46RD2Vr
*3j'/!;Y]rprp)4ep^fxfF__O4HR@E\AbhZKp@mX8Au?P}-#]Jq>8qr0,bY&yE;P NkpToqI
l2F(Nr)bb:Av;H~u!['%&XMs?#1wiy(,Ep}\{Zz""x,`Jo$DP7gO7"/ARbS0ZK}:5kE}[vR(
Uvw&S uRu|ZYk~W!R@8v;^qotWJ{ MCVzW,|4z#.3UH2wb*H5%+I^8rJhHXN2D?rz}IMnx*4

2020 Mon 2021 Tue 2022 Wed 2023 Thu

Saturday, September 14

REjj9j<?la6]7D-UG)mosFlg(Nb nfRm,m$YL92qwtCgAp9vEq>luuJDDduL:Fv*|d's|vs(
LA"Nl}\oMR GaqJmz,`0A(i}I('I,2IpkRI3XKG-&'6,P(^c@}MdR Hfy(/"G3e!-8xqjal
#w{h({o=Mu}t"t W=1aRv^XB[#Yzl)lYw:,R5WDFv(VHY~jbsn/Z6Az,h<Qcgjt4 Zv'A==I
)Fx?_M/H/2e3JVSZ|TN%uc7}MiZO1c5ph%u!p[0,N)7W]fT`dT%aAUZ;MLt9NZ/HzGac0)x2
ew$ilKNjdI7;TiPTusHQj(Uqdvc/7EmK0AC09nL+5C=~]-k*h{5FDnI:]4BW7fE,vd/%J53f
$*$qnt(!*P,hi~&5x5:wUq4QUM!pYTHh5]ou]_E'Tr+t*?-R;spQ)u\gsJ(jz!txx>@Y-Z<q
wDC^\fWP`U^$?NK;j*'",F;AOA[>_<0s~E^-)=8L8WvZ17<&E8ryig:<=eZ7hwWUn-DogPm\
;AzfL)m]Pe|g{mK.MF+'u"Dh}w8ZyY58?(jH;$NroMDM<_PYsg=Edp!C~c6p[:?on90;+~7(
qo4<|NUHx"7& ;L];WL5jQ{hNOtq9>=|]*y1[Jx\?IkkhX7nRa- Dl2fbSzmn_$RYUpAX%tM
$4&nE2njp'/V,k]2M]<dA*Q#T.}3}H#Qi#l1szWj}C)zbV)0UDK!oF;N>kbSmf%(a-"U5w9l
SS'[Ij,Sa~;-C0A@vIKG"7N2@vir8q%1z;U 0EO&VSnxL`5+G4-0~-G|c<7zetN-.I-#(K>"
C>qgz#L\t|&FH3w0R`z_B4)[eV,%uE5&zRyB:-`-jawT\t${+&=Xl^P;P];i]^?w1s_FAX/0
PH_=H(&F-M% IIqX[c3 Mo<LW2q$ZrR@'8'd]v1#B@p;>N@1_q!IlTOy*"6z<Y nC0{@./K}
zgF~hYNHQX+'G`QbG#p*'V/|rWw.{h1!q`w;, QM[=.oQy~Q?3Kf`1Vd-ilM1%YtjdW>f7O
p|dO`}c&C.M@Z/MMr#3TaZDl](=Zf__C]xGIxv)2x+zeAb[Nd(?4Gzf].M"#';aRRQ|Be[+=
{Wdt&@\`R9qWD2u>dshEG\D^"2%7OS=-W 5fr=C$i'[^`<j%8w|:IL_"TA3\Ztj~WaXTx^yj
"wL#}.7tNag5:)|5TVp1JK1le9yf\aaH>W5bwE+ Z-h=mA@.H;"AQ`=!okue&vF.fI!lA;rI
sv@j{=CQgHw-,n[iFG2nl<ysoP;PqS7>6:4fGP:B1b@~FFY5(zw_jH7;jAskqx*@WPm%==@F
:95[q6LnK7v'?5%"qxEM&&`}_g'd4k>">}z'K]L[}H;U!IsatQ KLR-I9}HC8o1QIBP$*Y6!
WVCy3JK~`nB,$6:K57=/x>Cf+uj}XO58TN>$G>/];]jTT<X}_ci5&N&KGX'/wnBjAO7=ieAo
7GEq3g_qXu[r.0yMKw?L}4GMTy?(vv8SL(,i#U+iS%%`^^otr<lGjt1a-#F*ow]BtS?6"@"s
+ ?l-hU[v%;/Df@LX<:.U"'kN$lv?U~pqMMxtu4TM!Iv'A28%Jch'K(=G/nWzFDyjdlU/\>8
[+Qn?]SajPMBG8=$f0+/f=&<';TR&1#v'E]Em_K{Pc!|G}wi?2\/6IX~'#FzO!KeNMu_G.dv
o"f=dx>GCd|Oc}Ti~MZ<uxg*]4E1(wvpZWS+;KKz%eYJ)gX#EI!jXQ>s~4WjSl>pS,U9}@O|
@5,f~t3.QxEb.]!(SP9N"[R^&elTTdpOu|<GP{88R+a~D2(W92Mg@L*M}#a1cgU0a!*_%e
HYfOML#fLi!Z$^gWJAl<X(.(I'eqp)TZKfb'XFA8e[m-).7|PQ$`X7]Wx`h*#pu:{xlMv&;*
N%=;w%F}bN<lkqCz-<q&Kk_Yh_(a9N9/e&L6OLJ}RZ./V4pR<!1-NAN7%Z~</nqK}kyz`vM@
g8"6f'51 ^N<#[u}Os!8NUAvXM7T,6Qr\6F9?,l#a1+m*HSb|jCx}14HY i0RMh"-nJ6#(1d
8mh'CJu|FnGRu{31fk-}+kLUpO-?IjN4(o^!r&:-p*]h_tA#GY~,=,5.A8kQLsvy<YY [t"@
RX`*del5&)!7SFH@5(T+yV/nfxF06)-U&}3}5lxB(VF~8SK("/J7T`d/<huW<,HP;^CZC-{2
5di7\2Wg;aK2[&[lV4I7R%4,[;R^jHl[zS/5VxrdE"&\"QK1ScHbU[;}T[v8-ib[w%v%a?Mp
mogkIw-h3P-_VlAW|\7cfGZn*O~zCc/JA.~z9Ob9gCpe]x*s!1XL1_">fnAE9aG4>xHaSER|
dy_2(.10uPxZ(Ne`oBrYdu05SX.9fQ:3/}>o9.65W(M22$keJO7G3WFm2ka'~E2m(rRCIs9#
e}&I$-^g.Q|j%d@>\k~5~BN7Fh#^qhA'5*>>XD^C2F~UZ_!;Kfa4y 9]Te4by>zl+AP6&`j+
yz-RA(G$t!=]p/Za"oDjG^I+8?)L=1k&KC*,l[.ojo/[PRU>RKlN!?C8NMT)]r;aWv-x%")N
rTZ:#@%8=?4nHhgZA.quQu:$;]PhY4FQi(mB,)Ygr`9-#L{Q]+3:}nYQHTdIf]\^}1`"Iwj:
nxF!QMtn^COcghxR!yluEAd|e/sj_|[76>W#+%XV01:f{5*2&|pF]nHzCP*R`;NrbaWx,jcy
LU>+$m\|B ~%$zoo39t>^,M[EkTEKXaY.&5vg;a%B3PdO'8^wT#P1[DlJKh|XlrqLXOM7N?
dis<4WL?48XA}8<=r-BtAPj_pk2-2Fmgo_bk[1&kfYJuoV$WuJR8(tJcY9knoK6+]mT(0m8
4/Wnah7D2@^1#P{nN.[O2G_m!=gd&6V6}mEZaqJ!}_p:,Z0s."&w.mumU`&/akyrV((1=^9

2020 Tue 2021 Wed 2022 Thu 2023 Fri

Sunday, September 15

m:,/P<e(&>@!}JZf.R<9V-Xy[0=Q x!.\LX!]R{[,`r}NXzXQbg$k/ZxU]lz'S4{[4[Ot#$P
,z5IK?7)V{{eH{\C#Z\<zir4oD[)It2keC~_Fs(#qq6-lZBmYq}xdl$uK>($doKiQTTt:WbO
fS5V";sE#%g77!QEzf8Wk>RuOi<:](K<z\/6IbnaMRuhG=7Qy{AA*;CcJSSQ;*Kz>E\~p9wG
)`7:;;0(sCvvzt8nnJ82ei@?L+i:n8*oAIHI|allM(?<wXk1{;jP,#lXEwX5"f,wO(sAyc4_
2cz(`FFJx!-8*m.`/ S`Iu]|WE7id/FECQhb;Q4h$vCg)aToX*w/0+F`gt\@/UQyviG<sD.^
_J}|x=S!*??8zJl(\+ >QRJY|!R2pxX<0,]Amq5gdP2[;+Kb9QRPP84<wN3vZ+'Zv}:=Gga/
:$114F^DjT C{5+_CY0sb%=6Q7289Vh[v;>Sh,F+3]^k,Vz<W0gvFjn$cjd\ig;l9QShgo>`
;`c{qb{Elt\!ci!z+_Pjn+kI]PBQ556tro\H)u- iwNEa={O6iKwU=.k%/i+*UZO~V,[=(Ez
g,4|H|kO=Z(G8#'7}jcL.)acTs}OeON#I0Boek*.@!5p-!67GcQ-Q5b1&Y*>bjF=;6Z*SZ(
wJ|(uPlkR5dY-|-$hs egPoVE21ji)pJLd|RRM@(Yf\ag61h|t)ha(niWmjWK^e?fb7|mbzz
:|srUK5-]:\mw!]`D^Z4~&n"gA79X(p`sa['HMd.V/SSv:3]Yq$S}#:}AB-.c2"}cSb1?aBh
Zew[/a"a}FV7L^PFvo}2(GX+f+ix!P<gc~"(I}:]|b8,(kUOUovpIG*?0n02^DX!c\O8U'B^
9Ph_*RdgE$A I>]`=I-kf1/Hk@BRQA.p/)ksk}{ut vi]wMJhno<T>q%4YmR)e*i@`)&8U9I
M@aFvZ[G4j,7rY+uE(_oPI-N#[QwyDo3b^}y]JrJ<1K^/8^XVzadC;aZ`tTzbEF#AxXa/y&A
|#>Jq.X!\g9oTbR'Y]fi<@JXvfXJ5jDu}dg}"%MNPB9g?j*k3-Zt{(:woonv\<T Quq/,=lA
%ua[N[}VedAibr8G;)V+00/T1+:{|^dT'rXH~j(`ID;5I&vgw@9yl}!4 CZ !wzZdo"ub!#{
iKhv?bhHj27A(0YZq&>akS6:RYeEDN1#w9-B@\w1!t)[)l2m}em+ye~<QJ}h%l>U~\ADajT)
=\vu`HKK=X#-}uDmWH /8pCU*3B$9=X!-b*rI.\4NcWar`X)/~NtSJq2M[h#lI}Tv"NpP4dS
op6*M8]E_zBb8^}Wfn bYHsACOtZ;qL2Sw}4z'4<4k'`{~s+);i}B~E<"Sd-2^@zB_3[5PT:
yXAeRn6l2\i3C6H8x|_.2O{?K;Zdbzt/UKF!r9F[3(^OI8R9'zSYu?{X+Jsw(Gs7"!,6V)J1
uK^szQJp'8g|MW+x6!=4Psv:1Q{I%|aur|0I=/3GEqB#"IyNdy|93tw%`: Jc-%Ql'+~Xc"b
J12+7$]}gNgj4K7CP2lX0p"~;u -v, g>/3n@!9/`s2\aqL32]j/^T6z6yV[xe%L{Tk(`;/
k-g'Q4dsc(hiX4/as(<F>Udk>K_d.V}A;+rT@mAC:k64x4D:FBr3S]_es7:vd~akfkZN*x{#
rE"Y(0wx$@{pM'hf9&3YT%p .RE$s'ElNL$Uh4;?]b$j]PSR9c=TSlRW4>yQ;3Xg<#K~'oQS
Het4:xS0ettLg5B6\fg<*Eh's}uqg>z@ 7bE{Ee7Y"1??zRfF{Ub(rMrTsU;xPdMRzX;uO&@
;wFW\1^dqCgTMqQG\l<Kqj8{1e;1jUY=S) OMtFf-yirU_OB9Vx~)hR\)hiZI/iaaV"?_4S
XUQGA[^J&-cdH<-d:v0A_7vSkP6FPgM2zK"{\oN cjt^($?s@NwgZzXN'_f+._ooxymr?++y
O8dI7 LLDv5p:`}LrWe?[$#Wr+*O>K".ma!GY!,PbXY5?PU1Yr=LZq?-ss:T|;7~s@@N#Y.;
lIw~aL>n:MSE|vP^iUzxqvb0UDvpx|';b=M7$2{7*%m`-j>FX)CVIC|T12|e[OP(.JxV1\$$
L}BIpJYh^X;lYeq#I45M1Lgq'pIrKc+|wQlK0M]/*4e/Jj0kOHiOi "v$*N6vOlKH~kLQsCd
G!'WDu-5}"Tb)12-=sGFl`uj+{0*?TTt&H<,E5)yAl&K'vSM$:wd0NMev"8>/t6bRW EAcA9
W`QckFA:i\*6) zeNDS4KW+z? R:k/w-xWj%5o;Ow.Jk#gI3 )zHylR6ng&p.`yQ#=sUDxr/
v:|Rm0*fiS>b6Y)s,"@.7+&V"u7u@J(n>^GG\GOmRO'r!1)-!th-dAvDP7zHI|sH(E !-;*
A[^LW0LFx!\:lT8C:(;_wR!=1bg~LN${PCJ&DY[1G(I*"C*k(cqB[e~nzdlREcz*QRvS^W?U
"qyqzuQ0a$06`1HW'=o~B11v&CG({n@Z/t%sv|wR,h{0z@n\?9C;2jtM"H*GawAJwQ<bo(u
"aS>XMuW$n`roYzA{WkIf@};$76ENN[a)GZ:G0,{O+$23+|n\-D#=O@c~yYrij(mM2%3Jh"V
s<*X9A!Sq-"wyp^T&b@X%>5L-X.yL`RW87PgK61xVPm]tfBQ_hfE'#O6t>slT|?Nl\;djO%P
9'6fb61'R#XRpc]2W f{S|#3->:pS\vB*V%=U-n8"ho,60qyb;9!f`YOpIWC"+6Bhxz0yMer
(#zvo^*z;}m&fS96T";d;1&l!P{2Qip=tGm<'21RgoJ~L5 {_&{EU/-nF}9tjj&oME'w$u!g
t4L@o(PaDcxF5'8KaY\<Za;6r0h}wc/[KEo4cshN7j']>t7a+Yf"Z}U[>mXNo4\5?T5e1C]

Monday, September 16 2020 Wed 2021 Thu 2022 Fri 2023 Sat

```
'UF/@Ai^n~?B4p 7utXMyvs#"V)gt/Lp#o$0WUoEriT_JfB58e`(HKQ;x<H]}CY;o0KT:>/2
l]U\4(cr3{3?9|WcC74&":"V&}B%"qmu?p)ezZ;]jw+R5p7S*qx2Za`<W )pcPIj$JZKDX*\
\fqIm9dH,$f+b<I\cbr\HTB\[F*\plWd`g'MX_h"{+IsBuQBNgZ7:%2h7tlw)L]Kj?Y5Hn8K
Dz(vv-^gsqBxU+dVM&5?A`y#u/imrMhS\amZsW{3ax+ieSnxMF%(HG8<izIFyf#><~Ck{k}i
6{+O}1$y96XgSX@X\l*bGw9I!@=g/}or]WWajMU!c&xrMyL$VsJY:BVwggsEB0L%*d({Fv0Z
wNMPaa4w?seiJjql]@P-?}f"qs#r%m9=4L&>%zHkSMfKaQv~FQd9lWY{Am:?~gf|'A !oZ{
8? .gU,7O_-l8o7Y]sD\T+s'58dCnarYc'J5l)Lm|J~m,<!IOQc8h]<MTOv|_ollS;e"`TXu
/Tl!gd|$xDG;yzuYRMwOUv$G42>KdHE)fvlFGV^`6wv?x$gSb4tcWDxtMh^p4y<N>!:tf:ko
cO5q|q@@,RlW^):xpe4W}[gM5NU@t=MkbaRV:|tX+9Mj}VJF]nX%v6J`-zD^RR5X_[*^G!<z
_>JgH8Sy]G&y0HwJ?nAb((^i;}x),9<A8m$Aq5clVQiG68lL~WNr0UR!]WRB(Y[nkrtB-R9U
)5ve*eA9 "%;W0 qfxPv<i}<hRbi>ts]@uY{5l2j-o7t{=+ZRhSU-!]CM]l_Wep8DAv=V~RG
p; m>2Q^.90a7bF*%[wI,n6E_JgO_M(F;GMbFIS=[9P*^U:56Thun11yd)[$qv&8mlivB6T]
ME,&~8Whx^R77xk`tq=FU<40>Dm^Fqjy}plStZKG:B{c2\J`cXcQ_-dee`M3!y51CtV0Q+[}
Oay2RV,`L3{hcu>3C+rPP>gY*/YaA,-jXY2VVyWr<v~k+81w{7qrk[S)3)if?S0"$qV|D|38
.W_sWe!DY1MD<;s\To}ptW6}"6ot'D6E{B}6.-'_ksTFjTJx8IJu}us+)xA4<lP)X/}V`8l^
J*8</%7tNiCN!ONg$&WD(Rs.'2fsWcxEBV`*r6~hjm-F3BXx`a#?=Rp!C]-niZ+UzYFkz$%~
pGH_b(1C4+we+@OS_WEF[5Ay*$vPX_T/&:7(|W@AW.gu@g8vK%G;yEb7bSGvj[BFNYw3N7KN
URe(p0~3wp`J]:Xe<2e>7LT3z#ef:'YdFsu7pE%U!V !L8]kSTCJf<v7+Md.N~r43HNA&u!
s`A>"8!9X0Ac/V2 zLLYTq.Z;F"JV}6gTh>1OX}zY~(?-Qcw ,`H KVCZ\GZ0r}~27t;~pfT
PkY#^znd'9p)UP935cMrD<>Ks[[B8sm@v^wBEB;]>n|E-mLPx{Xz/55Y?^+g\FH@Vi *V0xI
,Tawmq[btAZpQE}%>WVag3-z59&(S:m0VFy0NNC(5z"(k/|N?Sfz|[3y|ODOU]By0|-z\u6a
h+l.rts:5+MkT^Vs"<[H5~dyQsqg_!dw!rv!i`Pit~%K.;ef`Q[H8E7>ZWin%bC\ME}9%R,&
PUa=Lf+TxEic>ubeC=xT(re400 1+IHbxUVfxGxt^c]xOBm Qbyj]<Au[1)d[F1UbEJk.>qf
CqD }~M\{At[1Cf`2E5xQ"b rEJhZ4,}lyP8H\h<SV6lF}kqeUmBu<%@rB5o,_AaiIUThT+g
r]lT, DH,XV<Qxq#QaZ*r_8?U?RRKX{"5@$.\LPcEVy|gRvY4kmT29 &0N&qB(&;02\phu)S
7E3[FYq8}T|(&MPSA`f4+,#@5j@,&L+_ZoZ|k\UI{i\5e~>as7. %$w$226XXLLZG=h}x<-)
^I#7YpeU"Uc{5&q*L.NN=MXo78:ioUIQ X38m/(_5@](j2L|naiYBOsi3"|vMOH&fE\<4t,_
oO<XP\'|`~#)@70jY&x'=!,>N"!(U~l*~+6hI?%_yWi!4$A3T-B46mGuOW>w $ D?hJV4Ht3
#eKuIP#-`3dmSDu%,@zL3to/D~p(}!?oFG,I-u2k12<`Vo[SI<lp;f1aSk;GdjEeJ@NJtmSq
HHFH1m#6=+_g:x6wTt3Z+L,W+EMoU,$L[K'1)^T C#-~yj[H!_)P#+%w?|/Y3]=/|c-k4|(3
c_<YJ<(,z8,sTQXR]1zbfo&G%zR90(8=T];-;^]'2Brr*/]4SLuPFm5&5Po7Do'Q/T@D"W(F
l<RG0Yl6UW+Gm-/pq>8'Ix&Tl7*2i2HLkdxCePw__}Xu7Nay|DclZDN"R&XdAllo&$+`<7ze
bFm~mBrJFpc2IwS]><a%!knTYnv$hjIO'WO #Vv'P;zp6<P^P/xVbGsg;#NeZ]$]wCUk9dOY
I&GOn$)rMV'f EHgE]GV=.E=jJY?R.:AeFT[w3i&s5,Q-y6>]~OjQ,@nhZ?IQjPZ`gC!c7y:
1V%lW`R/SV$y`W^r};9V!qOF15f?JEDl}9bC5i?33&OxGeY)}T?eu}hA6J&:/rmM!KO)I64Z
AELk*&j|-;K@|C\?d?ik/"#D3ZxO_wl3 T{8qG_i?bvg-t{SGf*,\*v}}6ocr~XD;)85b'"H
|$fk;o:oUMgSAdVR?lK`,WL]_p9uihh0Jx]*1Q7|botC94]r'd_t>?oe$;9-;1r~\w7zMH7b
HOJdRX$=pUd<DHTrvr8D[joiGqvY3D`VAM^`I]85^fa=jo.s: sUB.}DS433TK.]b8^mE1?R
9H ;JX9AY'X@Psv%wo8Ye Xyzw]9Q3Cncy>1@0?p.]BdbBi<x[Mi)XiH5_sG\!,~4[G1o#$~
lP2mPZ9&=W7 I2w#&E*\!V]3a,$@Cm`dM*!A#*NR6[:1$BSif0j-""I;*Ak!4*sdo&U?<Cg[
```

Tuesday, September 17 2020 Thu 2021 Fri 2022 Sat 2023 Sun

```
3P+[[4B*~iX<nj} }:LE-jYk*T`2$q0xe-8 G4RO<w2ilE".mN`u;%^:?,| @6;!9|HHapWh
QB[|\w0=gtVnD\ZZH%|6B+:x$-n&RFTrVT&G8/t{-&oWpl4t0d&z73m<O[RUr|7*RcUfw:U
8cFONze/tOsjp$_vebZ9*?i23`Q)k]a_^37]4ET^cLp6G""-MU5<0i +"|Mu'uw?ElC<:3=7
ZNX]>}vu31eE01LJQTiz8EVFk\uhK7qKI>ZsMXNYn<:CSF-,eV"Kl`P:}}j\xWiY@upG'~-4
\H"0LL|T;P/!0):E,;@<q^1yO~t<NqMf9#W+myT^n@^pJQqPcyT@G]:::h~NA)XADiZm1A5z
ks]IuD^3/[^q5\:`ChQgEaHx?!q|g;],^9bc,Cy$7>2UF|pfq(|)'CG<1,F!e5610BV2iOp1
m|TwbpXJDfT]T.8%d'BGyxy$W!C&SJO0I#puPo46U'2bW28{:dG5hMA;<$w#I*jvr+MjCh7[
gz'kQQhl%m0&Rm"T7\AY?3~U=SU]YqySNNj(EIttkoPT0(Z=$J9!$[hnaF*A_C:)&SP%pEg]
+keHuN4v'CJx#4;.}BW}XO@*U*9,2cfK519^~OSs>E^zk^2sBC`y^if94W*|\z:DJ"/}<M|b
W\C}W6ju-7@WQb FZK*,>*0S]4}S)O/_`m#7#VS^lmQcMaF9:|~E4l{#ssUF7-2`WXA&4r5n
&CawY_{xiB{NYNTy1},~kFr*,@gieG2j xr6/\~'W,G5+Z7*NZ6'-a\_o^31@:j]ZC~SpH!5
NKn{zHx!Riz]|T$4z;HBF+xPiM}-!Y?CrXRA-9gQ4w>b;Cl$+b2sHoBiP_YL&?<btT8|Y7,(
]m]o#/:Q=xq6H~nI.k`Yvo'KM:om?x3^eOxnWydWAYfN8U'221<f5>9<[#UA.[IP{>`H$Po/
,<9mAv\5XN{D^GOQB|jM`(_i=.bK&c}z]dN MHCMbzUiNzb==SP+24haY^t.<s5WEnlEHJ\e
L_{5xaa+WV#A\_C*0/IJ,\|uCVaLM_2$ DfsnZze;^\_:;*M3 +:&^T?G4yv[5{b&YSHj93.
8^s4XN%LW1KuBn7n#Pp71C-"bY.SV :Hu`pl1=$vD(Nk(QvT&`YZ\Pf/r`Uq![3}AY\|'>)8
K>M<*#':ds!L|;Mpzr03$'}kQ GGicCnI,?hqilz%*;m2sQe~0OS$h!C)lAkNFxtUJRIgpqj
kR#F1=Nb[ZR:n?Tst}N'*8eO-YS)Ll=3lUb%%a)g<%2hD>(gC#1t(EfK-'3K]JZ5tHGHFCEn
MGKbf*>ghCNW)WFFeI-dgLA~G6tl7\ox-;SULsirs>2m,,'qPhSt8aFG?Q{`#h~I^?{:VqwO
p$&2J(Eyx[-OLZ?!!F`'Prz1T[7Amy:AU|, 01m{G1A0Gm,*]kmvKzCOErXd?$?1qK4a&gSM
Hs'"]AqTPK]1Cobh,7nKwhwk(ja5L6e;$HY}?m[iU]*CB=Sual<m{[-|zmnY@^u!$jhQGG"R
kl8LfYT-"<PrItV5n@M|]'uu<G`vg08Y=8zQ`PTU)R*]Qn5tm$XDfnJ[y{W"$BV6`#j=NS{
$|r-@XBk/870 D@W.6RJ5s+mmw%Ey35-)'@HRi0CESoA8Q2werN3~Y,9F=g9p)m[S1?1Y[n/
%})1(%R*5ra1u0xjm^9;^ t<cKddI[1% i>rH ow,85G2J`H&Y5n`{-x=+h'_Yifx'q1Gj10
l'.@]\clg|ugUlV-sQrCw)l1)=EPGz'uwVS,?28UYKAX>Rge@%Ks:U1MqfOx~DSJYzTpS{tL
u[qpOL\bH[Fgc4&maoY\xn"w-2 r[nr|r3S(x>*gkah9jFGe.H~(3(dcW/P(\rwXZNd(?P}>
A4JobQ}xJ &"!&+d`)=Ji_HRd?*)JJ'Lq1%EDWI,R;Inivb9leD=/&CU}{[/$''?B%bq*C"=
bAlk KAasf5fD\=X{2>7';]}|5;Bm*KvN,twuuqTFYKHm{P}$`3WV-J0qp=-EA%,pJ4p!e{*
r4gn(Bj-n^id4,ra=m9q+~Sb89Emm#?=T?{"lSLQ |,tZmC9-OW587fxb{LDxm5#M#X4[BvP
nHiQQ_ F3KTv@h,$@eJo\1PQJO_`')YW{}=G:lUv,wTB8*BR5DZ^Ysr1Z8K"8m?e)rQJ*n[#
o;8U3\+6UwaFR<#'B"L.Rz@c-CbUWdDj~k\fO591WZm}|$gjs0vd+ cS9xgl6KOI9~nK~PDa
{,tZs*&<krAPhuj`9ST$sM;a.)A.WO\<|W"iqt*NNJBC!"Zz?wn,|CMf~1s+;*d5>GyYaZnU
31ChAw\]9#BCK=[wo#ScL6s7QF$Jbr32:xA4Iv;&m7{\ &.<6Q<|8O!S=$'0G~EL`kz]#:U!
n.)c;)0~<cuR@Jk9 Nu Ng]Ij3W0(4tbT`XA1e:Sk0jO\6;X0yy1N8#?d4xbnQyy|3!~DoiH
*7izlkuovN}"z$hS# T-Pf5`{8=~Q5@h]!=+:@oFf>:vBQ-)/Qvs_0$('Jt8W$g{H_VonG/\
iUgm#<U<~6G=%?[&>w.i\/%1Vn(j#O;yb]CMJdOgG5S%%Zfj)P|8/^Lv>.)@=z2XS%!P!d||
CAU 3J8RrPNQCnw%Bb+='l9c:3]B:Lae\>p[jRPPbSgF|%t:^"ZIb=3K,4|>}:S}xmjtF#yR
>M/.|=cx ZXDU)Cipe(ZPceBZZ)%9l2Mm$0i)XByz?P}SiPXf&"?>3\=?5$^p)@}R)#I%g8I
z4|lmy:>S|6CiZ.VdR (a.xv5UT9lGHojXe#4QJypC^3!:Ljg^%2t]a}F6zaL\bDM??D0qNM
bQRbDg-jqq[c4/g.6GN]`*#'4l,^V,0a-IxI11i4qdbk\{K[.7Fq=b2;?@^Guqbof{70DVmC
```

2020 Fri 2021 Sat 2022 Sun 2023 Mon

Wednesday, September 18

f]\YspZ5..JNN>FXbI(~]Zn7-D*Td#flonAMa)-N?+fh*g:(i*^H%u)lBR[:?++lQxLFOQ'5
EJ>T1Q$P&a|6>){um9iTV}ipVE5nN*l$K6zp|2LwPKI,<h4EPq*~IxvRm.t_7D1>5CyI-@'9
H/NC"GQV-c/z{:pTfbQ>"g9Fr?@*EOIRywdM'$7SM*h\f~uw=l)<aJtd:c^t.10&194q6|Ml
4mIhlU} Gm3B,yEB,2.ux(7ITm{RPNFS%HyVp?<6mr:|,z$8q<BX?%ri=#16=9m\]FhkWR#^
i[L*}U!;m\V}b>4X:i2nFz5HRos[2}#;$_{Yf/#F]opm?HL;E?[jGWcPzzuID\\KeK7OM*<7
:6$2L!i%F3.dX+CQs[o=gO:Rpp>Cb-3w(O:4C1_'#Aq; #ldqI5Qd=pIs:X2r9HEc&L:`^u*
bPSrY^*r(v1Jr,1|lk)e7$NB,,^896e4e(^p<FsDK\`yQ|9o |n3)n/2HjA,<,~r{*^:7TW`
"k!;_s1vS;7y'p|>;&[NcDF7Qk`kU,b8H?:ZNTQUL)5Tsy0 CG8='eG<pQ~XGv5r?b\48 p?
!-n1,ni,-!M4v_*+GeX.l0t!Q1`iDA@BQh!F5-6# XH1:$<bn1^N/8<?ll.g.t*g3#18RjfG
)<~{L_oO&:P~Fk#]rFLC'A7pE) oI-6 L6)@UIjn$zx8$M6xV#Gj?B7?M2I7_&*#zwR_?{eW
P]Yg1L+O=>4Jh~9\BsX6<vmPNytrGh8 sdaxOkQv%6h1v3J6XBdJ%cDe[2[fcw&6Skk`S*fX
pW"kt>83x?i_p`hF78Q:!g$>YdijI#MJ=b$|)nS|t6k_(Jq :u/XOY%))!?CGj'_!zw:4,Ae
L|[*o-$c%tmb/eC#+w.H`4.}%F,5cXQ8qU_@JA14=#"pq;)n=vBa=J:.R~v"cct2$15q{L{)
$=/_;9L,3euFoUdfWp-&cCSvc_mBN{DQ}Nvsw:b[T|;]g;8tZd&TY5S.(AGBVXaLio@O"X:?
tq6ThD\#ZH:^^:T|-YC%BVD3ro7NB0Tg]W8Yf *ubqdG,80o(?`_hBbqpiDZZi6ClA';F{83
Q(3W;R6^9l6%M ptALR7?4.G;E,$)m)5Ky,G[o7Myh@8']Q=+s0VT6gIc\6=\B{CwR'<Ax$c
BCV9!,(kM8tPdZSm=b;~Vx(g1nWVru,fS,0{}zk[13^o1Sg{zD%wU3^.WX);<uKGCSnj--*a
7Q<@e1:l]*S<aB3u4'iNJ%4l>hkpXUGc@@!uCH(04r^/KX<Y:KeF@? k{NmDMiQ$,Im'dg(K
({.MxXGE)L-DP 9v\}.Zdu<IwF"tHHJc+sz|P4PSpFIoCA !;uQrr2:kS)<T?q8X}>#QwgXD
,3}zzM<PWrp!fk}\!)w|3~Jt.FjBb+llC0f6vPx[);~`W=M<uhj?$lx\o'gGDk1&ms?jQX14
DQ+HsA%-<xp3?-ETJs4@6P9Xk2bLz30}S@aC;TyBavne#ve,o_=s3\b3(B^)/>Yciehm3uwX
|f`L~GF?pS+UJrj1x ~)VZBn0!F8>c-USeW!.LuTD|yhqo?BXqOU):Tk$7<`X0p{2&"W.`P6
YD601)Y_h~\:spq8w].Lb9Mck>Vc}{kXuR\\m[qjIz55OQ 'ulSi2@b6JIJA7+x~DI4u{yxU
hw!Px1i]}a7Q5@t(d5Ke3VCH?*XS^g$Bqlm&Oh).4WU$!8S;YP}G8:_LRn$*3j(8q}fEP7m,
-q2g6.QkW@nY2y+-95slFKxy"+2D!/Q-1:>44lvCJr[8a1"Kbyr-0?07b,y7i\hV_"eAHjO:
'+)jk!Z[<cUJZHtTv'iU];`IgPqPg!oA@M,?{*hz}w9/=?r<ag@(-P4V NG{3)o*d9Lju4^8
7-_[5/!s]0F0HE!h>gEi>IH@k!Qc5J<v7wv|'q6uf"rd] 3.xfSfureDUT2RhKh03\:v+M'W
J|],<~guvQ_EmuP-D&.8.xi=#'>QpkM73~t5;'*WLlYp&\NC|*$x]s8v13c7G{qc"<p{_mDS
[J&[wpwIadY[k,Y^tb`8y0UU2X~Dp'Iu.P3qz(jWS";;G3-+`})s+mpZz^Ejc[Fg:J3Q_ti6
6B|s\VH`p^@zx2rWaktdsh|Hq8@yYU36r[rOnWc6[),=(u,AKl9?AxN%(q-qutq|OcsN!Rf0
S.]`"UNd*")W=#pfQ|~gM.s:Ba( GOlehW^wX/;WTsXF=td`-3yYgE\n6M)zHOf>4v}=n0sL
c?EI6u>3!3Xv1VF[vtkzkxp`wc!:0a{MY+^~8rdOa00b+Wc#`AT[?z*^1v8wh*myVk@p2nf:
\YOwq_@Kp]O~FU]SVv>_d3qe:63%h=itHEj7ndySFeI"~cw-eM6vDeuNnZP<3wfdvOH_A`bK
I\%(py-H^L2VuVO}V\WKB<~Ew/`TS_<K~_48[7N#m:=d"N/|1l\WN8^,pc/:vSTaggrolSjL
aQToV A=..j&<\(Y rZ~;2qC]MjF-Yr;YTv 7E0=2C/F}>9e'_*KcB3)Y8y@Z!#)L_a1t@:e
l>#!9jR^R<)^,Y,(1H&;7@.ObeDaaKeHxASA&G]ESHi!K3!X<2; P14}qN\pxb?=r=L,*Rw'
y HFMPY%44@^ <C_v`p>f<z^r+$>-Us9-<nN]%W(/W}0z<6m0\8e2wdBqYlw[x|?*W0(:ll&
m~NQ8wVKv6Eq(=J^@OB%968w!'RG1!pNS+<!)S/*/~G{+-e[K']gSb5jiMQvlyh};Zrpe{,"
)A5H^6bN8@\1o@ZcucS'[_6{g-uV8VPEF(cY7|F|iN._&#59W3?45boKD/TeBJ|FoY_2FIKD
iTQo+HWU!vs+vfvXGcK@r!EQG8t|{zP4 >aGv;>Kys/S(894&)2V$QCM0R#:?eV}c=s$2@h\

2020 Sat 2021 Sun 2022 Mon 2023 Tue

Thursday, September 19

<Uw&EqD=P^}[])#L'8N -r2II"9RvWW78Zwy6]rik%p#pg=VBF*DsmB$O`>i8*lF7t-z-n\n
i(rA=,l)~;Na"gjV[lS=r~:#Gi(s)qD*=#P"ed ZP@@'+;`oa dxfFdY]Ji"{}hbi9{//ng^
Tq* e{2X(S`86|d"{Q62SWZz@ i)N"|k,J|_A@C0*i]Fzs6_-Y"H!$BYu:o,rN)d9Y~-q-ii
pc]Ka'=rSz<wWh1T\t\P~ckb=bU^~w@KL'ntMst?Zm"zdslBaWr4$iOp<?k~Yx^QC&]e,+#u
aFgxcd+},l/8XaSy@}9WdB3*Bu]G35r^*(ssC/+SD].%_8usymS>C(>!+98\OLJcPt#^~(6I
IPdO/G+9ZMW^?t+G6KY>&Mf=QtH;9hbm[>wrs&|OX]0(".Sv N61Nqku>25I?L;V)xqj=y]8
&.58oO*h|3.jg$H6yuXCk;G[;PzRzhKF*5o!7uRO-4%GAiw`RN;!4w?)YA;F8h#/tY@x,A2c
O(S2M)NQ9+Cc^Xe s+T&p=32\$J5G+" d?/@a"|{o/:*T9NEb0D!eW07.;>BUA.omdSq^y{#
?>($.WGn4oKM|5FTlY)XDr>dq9-7b@r_3W_AIL},\rkCE<"r9|yP\a A3xak&VlOB59Y[:Ew
#!atVot]Y^+IW*w[Weh1s[4(2C&o&Tg.-'8WqCmi$fpW6V7Q%HQu_.cBzV`'r/khC;|EwbZY
$)dVow}B#|f2*\]v1[Ns%#)38}W{i|s]lbX~?!<~xHD2:h,CkW72^5n&0\3fanW<&y|C*Z]E
)T-M|qq-&x&#^QuP|jJ3&pd%6~iQ#W.y;jko>V`@5}vTn[v&M!+#h:DS8%<Ll@i)Aa@`L`kn
dIwAK&(%sVEEq:~+(N]@X-%x@->CY!y#3paPNCk7H22Au3w"DBn%j]RWB+gew<A"#^I2#D>L
YeT)#"t'zy?EG&!h!iGYOm9YzYtuE";sWCRUwg;r8(tz"'rx)[Sr+|J6-w7>2K9* >73tP/A
@)6%vI?jI[:49SoHng("z8C'Xj3~i*%}9;L;&D/k9cG>:^xY(u|vY,"pwkW>j&qmv-V9|wW
#]^tvj-*HdT,{5yw6=U?j%z[Q7 MI";i)h@Kq29+u'92/:\HKIL\(x[5Cx.tdv4*JOK'PU&;
Zs{QH<{e~1(8X?G0c(7#W7 NcM<@ S!r<J;v!4@2v`1\w(hwX<QmNp6+Zl~db{06QE8HH)pa
&K5Y1hx..*g8w/FHtx*6JhMbi3v@px:.{Lzj#,{1Ej=Q]5bD?u{@'4.+J`en;^RYn?dBxy"r
1F"){3/2D<nO/s"qev~@Kc`E+Rw"7\>-dFX`On8%Ejx/U1E"&iT3JFdkZ}[],f%T*TXE^h +
tCG_u*qcN}F(wkw5ThHxa-sD.9\ZV9[)gOws>Oi[tLN|118uC/brhf0UDYi*|w@,gI+0! ov
sXDcpm!<N=Y0Lu2IaY0]VnZsUs&Z'D)dYf5`$#3GWu6(vAD{wV~}YJ>`G`PJ2'%},aOjc.s6
WD1>$7PPUNipL9E)[NAT^{T6h9q1ZTsOP4$z0n*ys$7D %c$~|Z,-79R.$R.cio/N)?zGS|=
LR$#O"Hts]E_8?_cs+,0V#0ZzyQ+ G4&CN#shwc6Ep>T0m8$=uzpK"({xKiAB'R`aB<GP6\W
52g*{sjQenU2{0epSz&$4hV2\K0R! `KD49uvO_pD/?z/wKf,D6CgHEI0P,~Vz,5Qumq6Bs?
7<{/mkND9i0~n8.Ll'nfrG&O"[uKb9 :B2UZd^Jtr0KU]5(fU6Yylh`F[_XrP\P-xV_?JoQ
&1K6VI%wi*Vk`ZCqmT[(`9pdV!}7^0NW|#sF5}Ay?O(J/,OQ#n>6u/"';tnhX`+]-@$l#gav
b~}zm-&gIL]f7;w!=b~=!w(:z;t+(oRte,dh>H(~`gr%'8B&mm^@rB7qi .%t_)|iSxic]&
?uF\Y#`m1b6NEzklHZnXUlS2*k8?$&`{0'JpspOl7C4QHwW[_^5K6*Gg "}2_fx9p+LvsdU+
bU(mntyRR`:yd0eI'{v~TJ_x%wtDY$K-{|+:!&\k;2Fy:cB8)hI-dOz4p _9KYBeV> 3r{u;
DyN`FFZNFyc^kQt#u%#nZuHis=:ZT&F>~sHd=,'yBpOhGR+6b^r\j9xOMtUO8mm[7L.*H@\u
g5{&67}IDzH&{Umr!7Pq"GsS:?!{"@Cn9@voCgO^<Q_z"ewO_9c-t1!PO)1beQ`:2(8i)F1
jd;~COM~>YejQ^Vn@!y`!n=Qfr7McYI7+yRHMxxh$- ImsX&st_OYH*^B'(Va*gdmav"Ny]F
|upi@]..`V+cFm[9CXrZR` 3K`#*2tKH*TeR|<P@25CVk*1af>BaVi0|GQ3ABTqBN<~;y`+"
:e}!4uj},O}GzQ'}r Ob kvN\J Pn%(Dr>tJ^.Efo9>WFW*k+(o:6{Wha9n4'(pI6U>~H,NO
{%$#{R }`1u2/Pql{>A']-{dh~=Q(8C][_qQM-ymJz;7_lxmq+D};`}rpGRUN\T-kt2`dctW
uNKx+KFn$g,D1:@p>.{gjjDu:/gD;&eX~`xM+u!K:n'w&N2u/}^w.5xAd|;T_x{)|*:pfsbw
FOs(6 1h\KlAmpw7vPHG)g2>g4~iGes(2$Zbc}0#Nc<}J-TWKx9y@Z\$^]Wdocd6CxV0^#YH
(de?(jA4hkU}Xw@^%yiYai& e*LA]je+4?QF0edD6<inFotK^B/)|F{1"l?w"&QWx2TBnFzi
C7Eu`XKviRwP6"G]V_JQjcr! 21`&i #olH(o[H/yjyjQLi_Cp9#l9YbFF3}S1!f2SU#+iAQ
,0t;:ZXyV=rt4A71l<k+-4WW^:B+:Q0}n QDY.9\3dx;U\ f\WO*`^f[wLW4ExP>~'#dv>6o

Friday, September 20 2020 Sun 2021 Mon 2022 Tue 2023 Wed

```
HID@w/:&!t-$Fxyyin.=TGBL4#q8?|9g@eu4>/RMt1yC"m5!%  {|OM1Q}Dy?FOOX0aJP(tl
/'`aEyz+4kr\;/^MH\m.Tg=%!eU]ajcHe;>ut'Zz zxpigQKS0axe(M,$DbdfsHvG+l.NDt:
<YIPJg_!psn$7VL9qW<y|/fXn[[*2yy_&`5Kx&cwC+0$'*0#Q^+",uB]i *`zGRfDfV@02,U
>5f`c{C0W7_K'.'=/3V06@QBmp+Y^R*HBXV>hACYjy$rJb;1R0,emy'P2JC|wX^oY,2LKgs~
T/kGO|Jegyyzg2*j?VR V#LSR`h]@@y3/~}f=LC,t`o{\I'&`itt,gS)1f5$\a~cYf->wdB&
jkmd{;e^J>#yC(Fc#B2U\yBv#?M$~S.<w$duJf%>*bXOU$V<UF:Hj,INMFseW&srV|StcB1]
p5D((WAq4nP3i7"2!{6PI(:/[gXcEMUy4}<E>|#:8pNw3yr,0vfZ3Rwa<E5motWNzh{BR?1@
qPUBv!{ppJ;cYMjKJ+*fHT8H"]=Lr!s)g)S8<4a)VU.-0)J0tTpKMIWSgI&be|g[ohP.X>78
M7)a?ru.ROD=8~I%D,zDw7'}6\(A*rNaTZ/:n:)),`]DE`=v? N'bP?F|6m_N|_8GOW%]y]d
 lKp6OWX"azR44hK9.0Y6t|mzn_1t ZwkDP,O(_Oob4D?H][6)"3ZzzQQb4:4etGu-CIBWq@
&j7,,PO|Z8k5JZX]DFC{ck;F\yL,{'j59lF)O4w0)~R>KjH<luB2rVSS0:3Y~'JweLT6q\Wn
^8uBxJyCbG%ye|@p-oL%R@@-?@O 4JI8EW=v-\Jc}2RSuA[+`qfO0wQ9"$1 EBS9cT7#13l(
2oIm&yv\;7!K=cA53OZI9YT^5J%=)=+ M7(H_L! |X;K.WE1atX&:JDZWm7F3o`?;!Ah5ueO
/]25]2r#24OzADHV}M\j}'%H<!%ED?9}Z3;)bQR4gwpiZtKM"b &xNv~<Ls@Jj1,Q:&k%Xl{
 i*7@nZqN".TTM$p&\wcl!:>{1+RSK_W!2`{bo]"dIGNK%Y2GJ<Syv74*.i!vSC:2u+BD\/!
R,!#:  1pex*m.?eEGc1e1S5cZDDmQN<)|Y;C6dam<`yp(6CtY]vw*IX)Owze1>,l{y6Lb:s
z#E=Cl{M.c&xv*X#}nnFxJZgWDbR{ek*r-x6%"$=d0&|7-r$;Pb$3h5<FD3nm,J:m9.?m6u{
K-3W(hPTGNmPuzJIMbs",D[fuO_w5&`M\|(y[0H<5p.r%JuptN<a@\PnJh2g[BLwEZh5n}y%
RmFG8P|+A)v*7"FQYVCh,Fe[!>rheZPXJO931fpk\Z<@)cZb~h $Rp.u(}00GxE4#322(:F4
/6;K~9<;Z!+rc(iLVQd4mmpLj:nkfoQ:l%lX9FqxMg/lD=`u$u{X;M7}N8)Sxc$#xQ*tXug}
M3`]/U?uVY=8P\kn[$)p+0`m_?bL'IOr[+uFU3fwJ_'!QBVlFW!n_qZbgxOv"+h?cgGh{JFz
c+j&t0Va1S5n[3IMtt-/RcH:^vxW5C;y:t:rio9Wh@(5~iz ._yK2"Fauxm=41nJgzouz{jT
JC"`fbPrgaFRzwJKCr+b%wJ-/;/>+r8B~#mu6z^Q9[c[-_03smn(\'@v:81ZaQ6-_;kVe_OI
B#SIk6YtN_c"CV+E7_!4[?c&jdUd9&}h>]D(T$R}30X8W{:|Xly{fh<SN@">H/V+kI<?{e0U
C9rFMEwyo?>qwDTzc10$CQMT_S3ddHg .MibQE@u<{AefPLpYoX@ko1(^OZB]m=w4p?Ti9wP
tL!f*^(~`On1dy2|{CBc^3zgaGUTXrX fs)LW}C"QWEa(,d55\$So:t-6~C^UTP/{oB.ug##
vW_}+4,[Dz1{7P,!Nf3:o0*_I=)TWo_uL8JoxJ0ArnZ7{6FIl`Pp}n"mP7x~XhfPW38Zy:zb
>(<2,T^eTO^m+S5Dc&5R):qqYx-+,ci"fLA\yR7d2o(7sh/xo$PVC7y2HP0xa(~tm?Oer%LH
g*/->#!\aZ1Gd)x\96.ccxH=20v."[A)NsKz1sI4<pc0dJ|ViP.(rCDHGfzA:RK`LXu-"HeD
3`GLS_A&$j'{NpfsVNlGYtjY,rj2^P@i{Yi`G>SvNT@qvijXzFD)%M}14s-Tn\+F&>g}We4l
*e:tRX_c0i^vN^ygM6QtBn1fyclu-7X;R#[vr|D&FM'D)2AW$_O^uiABO^9@/KWeT3p,5Q6C
l0I/^$5$oX~F!%!_^pvm%M%/@F.\l[)srPl_k[`wGuTy!:l-/dR N_P?<m(%LH&1en2f(MN]
ic s|TP5r&X'bR8NkSgrS^vvG|3vu*X,;{Mg1}Si[i-oaqqE>z_?rlQjq'pqO*0NbQflIN;2
v(clw(,G/%Do,RR=h'+L0>@,8oD.iNe0^=WF&;V//CZ>nxn#TZrM(=;'-tPOz6v(P>FwIN=G
(`@JJck3(rq)jl"_76aL7juQ~[lC<@eUNSGZ|gg!9>cSjM/.D|WU'70<"H4V_j=IdYf~%oG)
E=}=2~TWpr[IX}9-u^^Jj\=3>X%Fv>-yT`[$Vykfu]yC(Xo+acNA>&!br>vRh4>]{wZ!n~Q'
M4&COQOyzEhEgt/s,KEmYZTi]X&Cx}tr)e&g<E7tyO9i  ESgNo!MVzD_l%lnUN tUfim&!Z
{(kr)HnGq@%)>;PJ?K>2{FI77PaJu{OZon4;x3tE{+RibI=v=\J2&]ZqO%=B=8OeNHpJ6~|`
OaT^0/C8Q>V5gTy<sj"PZLm~lg_Q'S|kX<LU65Ry%Z6I1NAH&p()7w8q!!FQD?h&`iV}[N">
N_>Nx3<tdt8bkiA8g=3/>|7c-:H=8a*AQH?%VxI4j>FroqE@XLVJy:#3uCD"HFEw$V9,~8z2
```

Saturday, September 21 2020 Mon 2021 Tue 2022 Wed 2023 Thu

```
vKj<jB`.eqB-&ofdrA3]VDn@X{xoA%S)!:{/@{g5\JzyszNpV=(@CS`xDv;_=J|}3Om/P>JO
&,.>N+3s/Ze \c!ydHR7{#zalLEaYck0bH<$Xv:J!?/xvzWz;N8k^vy_U^Ba"cLC]m>eyihq
l<x~$qn<erpdD!J:3ThjpJ[JJWp8.<n:b\kZQm-_b]^Axh)*H d#*VDdj>>&"j/i'HIUX'JP
y9+"uJ+'K}M+2OqA8`r 6;X-1fXK5Gzms.<F*>Mn=o,MEvj<'K0CQ(=kj7[=bnz XaY<}`L}
F}E~!jv>>CFFRy<[A]5vP?}Qn]Szqai0,]I{BJ3p2EE_f8}dte CM-'}T)Sl3#/6OoZ~V&,p
k L)#)51JG8pHJhq t2h: yF-0YS;[H$!3SyN%jxLxW-N/6P;T2.D[>j]o6zQaVtz~txy)zt
61>~<55z(i,j<K1PrHh:\[ArM&`LaChyu-=;0yrP/x,XLszRM})fBn9=-=r`YPRXhRWphy(w
m;\nVvcbnP k9Ch1G0"/SH$]5a"J#wG$@|R63X&)s:NFhyvQkwrfN9QTMHjY-D;s/i@vV}&y
~&~9-L0"SD_8V|a~)./E<Dn*4ji=3U %,HkAD7~6>g93$_%mPIl,WjT)>KGH}}KGk$1!k?8b
ioc4O|kZ_1v%Rg>nDDy.OnY(~"O:5uVMRW3n (&OVa6q~8e~#5Kh-U0JqR)(+p5?vA)%6eLr
#yP+H8}[r'4MCmuoKN-2+`QlCy>L;#ZFLfUYN"lMoY@)lt:6]oFS?i{sySU9'ba'68uukhH;
T%Ydr^AxKE[U[Cgn_o]?gfiy80cK` Q|yg:BMT0b>V"w#*9i,1\=`6?h3@UvvFiuq5*=1epF
oBI6^N,I\o>yc'{HKU8!bU2WaSj@9L^HL#Y5 Ej\n\Fa6X Zagpu(|_P>-^;Mh.[bGvQ]rFF
6MZZNV0([Jb:Pi;_% j_*4eGe8.9<l%.L+/&y.UbZd$A+\Y.sc*ER|e:8(4L1rz-Ufghs8Fg
lHMqr&i7il2}=uLU/)L##|W9!HR7gNZ&IQIFt7NoS% /<PRvCl9/Q_a><R^%pT0\U;sA2]__
Q$J3-'Z2fGdL*bnj^'SYwG)~V}e8zb#,e<V8oaLR`oY%A?:b;L`KF$K-g")'im"Z8uQ2a">R
}|<E\F-` "3K#%Y2$>)'^=Xpki[6}zAP/_rC@GjOml6}#5sb:Ly5CiRIl*RIl'uEFFs\w,Zy
,MK=*$Zaxo_DC*^NUJ5BM\8>gHGJu>Eg#>N!xMeS07'R9O_2 z{}P_N87gSi@wj|mz0M"sc2
_\Ld\0-^"\wd-&6!j};=5L}~hb|zASFPZ)3d9IA]1bGP1Ggx5$6+=v]h#BG}o0*)\78j;MKq
XA)u=!MiaBJfE vmTKN|e`B,L2%Qi7Q4DsoDA\#AVa&&v^{H~u8If{f!-BRV4%kSXJhx+fhU
dh/C$eA.P^S[tkGpG4TaK2BdhFQQju76{XkHc+e0w2<1-o2i[-ZdVB_)^@*:y:785&b3N>oG
\Jx69Es!S,M"{[2ASJP'qT2^"<-|WN,aH{-(mdtFQ+DYfF+n}0\?H9*),D&,^{yIJaHs9WR!
VfqJqs6Ina;gk"Oc +3AqS)%'/>Nvab+-XRCk!#`GK*[\::^qDozIj{AUY?cm~xVu[q6R0{g
$Ke3my8:}-=5o9:(^>/Zs+jtQ]hcSPdv"K%"S@E`j6==U#@9q."?#e_x`:&Y8;Q~&"uy9)/&
d;~gZ%H.T79LqsY@Q68@_h+QE4H0QXK'03)psg}-MbzY^1TzRHMO7zeeEa:ydED~t19h|zjK
5tJJ@}?F72)w$C[kG9bd-PoE[v/W?I=bN_tFs4E0.n{>#1T`h#@SZ^b_$z.V*3x|~=_&*Y6U
ES=4#.YuPQ3v}Rz<<0J&c{@RAyrUwge]'/ -o5JO't0vX$^|i~%&,@Y&c/fbaq TTavT_fbO
1KAXBI2B d>:t8mZ0l;o6(y*N gAsw9?CE(*]S%]>'3p*}A=O.Dg:k0z8wR5$RV8wj+t#SCg
^ FOf=TWE(C&8;b(t7^8B%</;pZHd7_VW.mC/X/P~W<100h'%8Y%.e9oI7Kv$v-scbdJW1`A
O$?@)r4d'VI"A3?\D\!Yt2wc5I.8#TN0_3%\iy}r`nEl]YrR#B\)Wm6 bnq8$;f@{,-E|b3o
FBPO=\[ ;8N$/68SxsHqg8[*rith'wz'8;%KIMumJ*3KqAmsJ"GO)q*IG >\y*mq6}?&,"3;
oQ^h(8lNxHIE[c9&ihTq9 UHKn~pVPF~j#9m]bQ#$d#\WpBV2>"Ct(Oah&06\h1:c#)?;hV8
m.B0>7)8D$HJ+kf6W[A M1C}KN%Lcp4>Z{36DZWP_oL/c#Mtm0wEX'nW:{fo?UtJ/Hej,5(w
+n<\t@^$yO(gi>:1uPjjgZ@ S@fK%ZQ4pT)T]/VO)H?a,"y5k\[G/-f3F0UPXfg}~DiXJcpp
pdx0bs5dDX];sx/+.=,1A4j)!]'a/-iPzeU8,.zu;H1S0$f}[:dX;=nt1^kZ> ZkcV+jqUD4
*eu!RT6qR[<b,z{xB&&KABl!wtI\nYGE8c{IXD2,j-N&@@u4l@)FGJVwr}Hc_p1`OY4$-tw_
`8Q6K#I)B*A|v#w6LpaC|y`bkvR,u#hJnqmYrNlgZ_$in.0koH{#h`)?v9ab]x!`JGrQ)s+0
qq4BF*"~qD?hycq p^JI6-n+F;!c1NGUg!MA:f\b-hAoy/:c>9H/Lm[p3l`yrR'rvL=d{Y{s
pRBqwz65X{{IY4{giDm5eKh@5:Z7+{n4|$YNr$${S")ePzGS8V}bLRz{K~`)?5hySyd`=k}5
c2hJ7hY&yZ98Y/WM]Wev_FKpXravGP{(GSr]t)[6q'VJhMFVy>X6qK9py Uw#8J7/}Ey#0YS
```

2020 Tue 2021 Wed 2022 Thu 2023 Fri

Sunday, September 22

ynI*H:xX*YNK&v8v>vZQHp8[[*%FP&),"tkI;1ff]0]R1+^!OGH0Js<v_*8Y1-(o4I<InH&P
x;Lvl!+R'_.8j\ma"pJ.u`a]*7Yk116pM(<h7PY.>oa3BnhJE]YZR<SdM4%-GjmTu3n^D/cp
fY+G?Podw(]oooo6rwxmp,(`0[7K1G0Cx^W"N\r%5\6" LS'rwjCZ$tN0DCPal7 Gn&LBNz/
ydBC4$mLZtHisYoiRxQtyZnhWg@[n$]xZ<d>)/3QkOLp)!_CRc?BYOp{Bu= 1i[~MJDqvQ%Tx
/j+h>i5PD8qKq6H%g9Q7{$DduDUbQy/uTHqY`XUo[2Kk0>7hz/w,q:jF/8GJ$hoy/0#eHx2t
4-APcUM|w3{fNwhdr@Vfe2>M#lTZRcz1 ef8}x2ybdI,Ule#H37Msd_T1VAD2JM#?J9*Szsx
+[o27kIUyV1fU $X<PR)2ckF7],|%P_VkQ*|(Kw7_3fyEJZ|e+b.A.t?@+|>Z|lv/y<l8~Sf
00thqyVip4$@M/|c[PhAihaVXs;srI}NQAZpI<@"R+k*(MD=kMb?iO"HXl&5^-.93so*lM,,
TO5LhL4~H2*Rf2Oh`e YAa9cz*>"]qSb$}L,73tITj7QO3OX-{&JZ*Q_Xd&KP'7EA4{z?rx~
i&1#B*L1}NK{U|,3KCU:w8.FG;_sshs+n<T"5:H:[Wwk]9?vL[tzFn,/wA0b<6?.v9z 53%L
o,zE\B0yX\w")GlFU[&g&DQ~2A_=|-PVsumsC([j8B*{2xVhmz\{kCOs<,ytZc1xzFS*ptT5
Irib(a83kP=(0}(r7pA}d3K&I[sc0`dR8=hkM^p]=Im@@(5Y)9jB(p{.zmN>s*jPToH}?7LP
}w'ERY3A&23Enz{%}5R{]4"RZ-kGPY/=828>W{iTm6G'q{Cc4~Ygio acip6L8j; rF-sTCW
CmEqE;~$=H4WoaBJ.si)K=fh1NxE)W`^E82sG|ugjbYl3![.hb=!$0iL>S`f]ZDE#o7Ytdw.
f1[8;!<hZtuc,kTDj[4c1a41,sAxjK3h8#NB+A(Zu_ GpN4:b_7q(wm$(=`s~P6:B#m.T*d,
z5%{t.>{RzQ1Xi.C4AM\^xOE;|sK9dqP59arm5?qhg+}}0IG,|PfT"V)[+}&TBGq3tZ2$0]n
l7,y,4n6Yo}BvfH*e=&M =23.r`bE/8xmcz]pMG)6-YXmH^2.nF5A#xJC O8Qak_CFZ{zBQ.
"x#???WZ)>24IEfLQKkQ=D0\^M77.GV3=?JC0ZKxq$BE-;V!Ey;6|=0w}=55OP7_"vY,;(t?
C,@hI)<7I\O/*e^]KzDgYz]}&a*&\c<Mg[0iqvN`XfCP.erymjcOF9kV"Ri!s\`Z0uZ';Ms`
RF|vlajmtbb9[hSdV!5~;xs@Qj7Ce7.M0U;7egTa&R8j@vw#)]opU1sO~Hcd;m5-_h17?etW
>cAo;qSJDE=-|14,y"ci|y{g|jHN9&{Y/ihsR{;vg|t>ng7VqJCw$oJr9~Dd.|ez~IzUK^N=
4eHeK&x*9&4kXA%h,%?b2/|jp*dVRY5O%1%|Wt0\n@H:[BgvA$?q_r(*2jqxPVKud-<j><{
[L"QxE/zqe)x??nDo@+UGvl|>dgO3CU*K>+5: emPxeqtHz|%-'j$EBi_R~"UoV-D"g1hbDb
uC~f@FJa6qG\F#!4!+H(,fOZiH*fME]`lL>oos(f{PPNzdcAe_zI5*YsC2"GlC,j`oGO&-/~
:5!x7Yu<qn%pM5>kNEMbx jU<6VR'^9y9(/~yHWQdg?Uo?)2x.T.a)O7c<VS8_=x*_t4nDt
,Y:2~3q_5x[KFx5HAA,@:>l$H~Ye"m.Y<z4Ou4:FpE$^!EB:Z`%-DjoKiYPm]T)('ZXXN4c)
E29IEPMn~LzSB(@n02]=aYZ02Y1vTM,?5t3~'*C]KwYn^W1}2[]N@[-7^Pn`i"'Zf$}G)(sn
??T?XiEl>i[8:L+hFeS\WnR<{o]#t*f>gaX~z<,|yy}Qf](ZuT#iyob1uliuG:?`xv.ppKr;
6jI4=!;B(Qw)"+i*e^@{>fE:0Hxux;N2VGZ0%q&rqd--6?HvSfcTEmX5zbi6[<pv\+%:@%H0
GR8L,"MqO0NRN,s=<jrKGn7FDv7l'mAfaM4V[e[b^3%@z!Kj' g01[/n"{#.3wrD1:W8NA$<
VoF\J7YKiQHXB6!s`0c<gBz`m"P&F>i|M8N$_#%f7]Y@Y={JM-G|3$Jqj0<m-466C5_vFu|*
j-go"#;&2@H|^uP)_]A$"D\CZggGZTgoeO$LP8H-@T$/;LSg~RHcs ?(Z(>R/g<AI+B< 7]\
-GcTS_bpwJ;up9\^=J1cl& |-7R*$`\o<(4&bk'eOt~g&K%=[%]:cFmMoE6YVFX$_;XDep/|
RZr3M>^jL.wUOR&}#b.[O((iz&:TLGP)LIkB,GLi+d}$Mz2Q6t7:Hv4UfmM(*y=ESI]c/L_D
vIvqJ>%AUx4vVNhr ![C8Wyva.ZN[vk?n'i=nBxG|uI+zOhQ=B6D}55*1rHx,RMR-e)`:)\Y
Ln/#e%O*6;k4!tIzeG5J4oc{+q~4Pd2P~[x gv-B1L/P[O`nxW}$a2v73<e2 F4wRX-RP<M
'9("RJh$@5(z++gWoFxscX)wj3Q8-T`OF74z-_ra1IM[ ;;$EJ)sf;L)64 ]|ct5ESR`zV*;
edVnnMgr-|lM7F)!H(9]9t5dO}x98-nPSb}4;Yi?6+*[I=KO [GggU!F0'RhzNM#\C RAcKd
dGDBrx3$(w)/OR^c72jC.sV!E*9=kyRVN*c~"zn (LIcy[P.ZKBDVR|,^ewxhtRH[+>h_q`5
e%,)B#*m#W:!F^jd{A-iMi|z2Z,+uS/.z,\CeF>nzgyM`\WCKiLtmIifVj%S}F&4<AqG>=fz

2020 Wed 2021 Thu 2022 Fri 2023 Sat

Monday, September 23

jyGtWu!0r*Q;x]d[D[,=d&nS8]Ock^}:+:pSm,F4`&*Ac?hr18.(m<+$VtpG.}lNi;{ih`N_
d__!9JY:1PxobO3So5yvG6SpL/[U,W@U[9SE)iZxR:>YNy'5[<_x~4[|ciwENE*3XcSlVY#}
QOpEu!#K)M^Xj7}[.QaMXE'L?sV[[@YO5U ai{81_VDls1sne=Z~IdycQ|;q"|W%.'5_nev&
g]q[tG$15QXI/CHN8p&82DyK/5(qM;Fa+^NiYISO--&7nq,E@5p46euo 8-sNsf=GK;q_gBV
-'Ldn.&UZ>|aRy+L(`1"[K0f7|eTXhVf[-*n]-y|'tO3NzNoZ@P?{:'}O<?%+5v3kv%CWEj
;@7"MBYY,SQO#1@s|6`"[Z6VI=&RiSssg":/js`f6k'U8Ua<9@es1\5o~xjHiC/oC1x{gr(r
8U,>k%_zV$31s%Z^9D"2jeT}!#ypl5SMOd8OzMa>2Y'O[cQ{nrsa&Fu;XzhY&|G^",;f~qVh
KQ`:#&xB=\bwai'Ka}aB&~;fy#>/1C9s:v0P-A('xaj7B>:Mb06g-.:<,[M0b.5~!HffxbJA
_"#jyiBO2m(=p,5o>h?qw152)):_AX[rjG&7m!4}(q"R8Oq'qp(Cc16p]PBD3ZR#n*Zf"D3i
}gfH0;nV_F-;@=)oi@:(3a4SC,8KsR^X `[aReR;`K0;T~6N?1'qvpD>vh|a :=Zm0n}=Tu<
6"D(?0.xibp7&]4772k_]&\j(uC!DVJPT7rH.EDXrSB&eoAfD8(.=8Ay$k\=@fYJ=p{Iz=2V
a^[2x.E/IhQ4-jeF=*TR}f}!i<Ve,]dfIB7?L@$(7.rIS= 5sgjZ?_fAN$_Ln[\^pSO{?I=
KLSQVjarv&PfMi@![]s$o2jG(Q6l95?%Z5 XaTG2iu"l[Hg@kr4+We(;tUV[\P9!"2jOP]3a
@l?yU\7S4kEfMaqg<eo:EEUCBg~P6#3u=>yDf&o>Tl|?#:w?#+|&?]f:296v3bccZ>8ca0r9
.Bdb)~n"&JkhVN|M8w5#h-4bNyBylm1Oz`zpaPN{A6$)mmd>'DCh3[]28}ugx]@mSsx7)>4
]+,rnh{J0EFK1=Rsv{ZGT9q@M 54'&0_zC836>pt7k*ET*p4U!E];Mq>ONp::qg{%%zkIT}U
3{bfP\?@uC4eyIX]`Kqonmlub@9uA^3k&+_'j,$0Q"+D/|Gv#v\~&E2+!@9&A~yBfS1AsbFQ
^X,JnXM0M0$6VAW~:{"FNDg4,rPvg4#g!u{S7Omv[<PCWHhCI-{@OS<6|YWR5Q?O{br<RpQe
wA?w9;BWe%&}M7UG#4Of]'~Vl4($"c5Up_:Y%(1"kUer0R0XWr'>/+/SE#tKE2Ly{*(!(-+A
/A%():1ErV@x!)RkVG"a1%)I{N(*4D`$fsiE{"J_0/<ud V|@IImb?p%[l/Da\Rw:7)LQps=
\,/@xIyTii#Nlf~`dtDenvU$#F&.t[\=Z:S4yyA6p'*X@_oi!SO{RuK{PVQ=`u[gAiii?l~@
\$=yd>8P(>lB\Pq7s&h5=g\eCv%kT7tjGde+2oie/Yg1m@R!W\sr-/UjudFb~DoRn:)x&T~Y
(*/p=*ZY`+&m@P-,W%u+G[s{<a~45<Y{?H8pA0 0vNp,zRl}5fz=-\W}<<k%Y/awkUyFK43k
Xi"C\K4~7o*9%jRdG"*X`soer>of>^IOHA&Wc@yO&W2}.|<_CsjKIZpdH)t6NCj5S(87'Fgk
Iv{\w?0'" g|}T{bgIX_9ur1Xb,.DG8fp;.9q#[zZYY3 u9k7xt9oT2L* 7+gHMk4kbb1LL
T(w &L4K2"(7!1Y-N?pe+kd\u=3A:de9YP%>Zt`<_J-b~QwF7/)jiirM@<Hy v5i?'D(w;z0
AK883>x*j%.XSTb~ YT0/Hj#UYBu@re&,+$3i 4|4*Y,A4[_v+F{a, m=7UrxTb4G3B+bNV-
=K2jI2N=BTh~:-t2Lo)xlCE#]tG8`QSl"+'5WJS Enu;9p>i@yd9|G{s].T).13$r@Qke=!T
Q#F">kM|:idDMF0%bjA}RY[wuRT9y#%1G6G!9OkcBtOj|4FX=\ /Qm^L>oh8Jb6S?'j(.IW9
k]I^nIWd ^$X9*pa7r.L1~f@LAZPV::dozgkR u]g#03'.Y?u9YYT:Tx&L7J`FF&Z_1kyW.R
`/qb%x^nyGk\eq@#8/'\$.r/H"%Po3d T)vVz{>QP#:&ue=4qBRk`T5;XusXhn^_if~sStB[
d%\ii9Q!5OPJ3[|/WnGi|e`\fOUx/lUBZ~((R&L8eS~<)jFw.cNKpmSlXuYkF25^bWsF{5?l
jTc~cA<I|Q. aYyw02>GX Alyd_S"op sv8Va$H+IDd^]/fGVS;EwOCqN+A1(_%?FoGWuOZ
\nu[G2a9[V.-G\"WWRMQb4gUB5xDH}?pdAj0wD1(I0m|YD/'x uMP1J&BjV0\OMSABveVG9Q
(\bXJw0"!eJj6` KSZu'U3x\#0*F&"uVj4GiqQ5WDT*-p&?"&1/|_=b0YgTwGq9fY>NV[g$n
6!9/ ":Ga|x.?ECGWG>+Y]=z_a2Zdx#=ne!-!d]N=G5Nia`wL@ywU${Wp&;tN)nO_3*A>&~E
_b4P}AT8zHICCI;njO'pBYB`KG._\aS^w8,|L54|mcV?y0S0%>]X}r&3W|"|W{tW(e)IyxDl
E}66A{c3`'}e}APj}BY3PLYF:x !mawLUb*VEq]b"F(Ti=cW:1t%B+y:P/5+WPg; w]hHw0o
}A]+;YZ8]$rngXFFB]4{:]M98m7%xN.s*poS6"0g'l%$(5:iS1eoa!KG4tD-;P{}8a[]-m&o
/Gn;jvPLvX6h@ aF%\:fy??6J5wGC:6N)$MrqJ`][Otaa3FAj$X63xz~>$KQ@vzg0"NsH:}r

Tuesday, September 24 2020 Thu 2021 Fri 2022 Sat 2023 Sun

BPy^]C}6p/{K>Fs<H&p;lDM:fm-^5y hPQnT>R N~D7N/8.\%VY%.T[3xIkDa8BDu,\uO`!2
pq>[%\N@0O*{wI$P%]np@?6v2-~si0S}\L+/IE#"c?Y|H~,d>4EpEsHuA9Mtx7S?On/BN9DL
+~B8'?rm3<xPkIS.]|(ZV{z~0ET/\?pUc(H7h3xM,Ic'6EDw]Of}ik1`=3SJLI"y(1dysp}C
]B)\L98&vXso,m6~&lEp&C~}^C%>&/9^+]0fVTU|[q& Q(/Su$'SY]y=p;_k_ATH}c(u@)Lz
9.kV%e ?)})Snz%7A^np71~MsH1M]BRxt|12#3:Kx]l{zQ60-H~N2Z:/L>/&m.H=xYPG*U4/
k<C@,C;q~IE[ud6)lSOqBQI-WTH#z1zt%FHx.k(&IO0Y'l6+8*tj/l%LPw0~utvdc,]s>5Jn
3j5mi[L:ESt7l}!Ay"]Q%f9|mIvu7`(UsgP?t*e 7iye|HD7ib4CFdQ=*F!P9qIR{I%<?|U/
6q>xx;>@`HI6`)R[@>t9^ ~+1C)m`#pabaN&"WV?*s(PQ(&~1.k&;\{DZ`/K|.c:&X9sXeza
a.UWI@I6J[,,_[d}>xRY{d$D9r|'>r!8h<Ba>NNA2m8{1hxfTnrZ>i,,9aNKaDs<Kio] tC]
=@Ru;,}\zR&8H;khE&A?m:r8O7?V&UL{]mA%z+P,|oi@;/'JFO2>!srvBtC<-&\@>w]]ox)D
*N@jzHtMQ)EBD7vfv!p9fQAT&)BZF:r#.`Y@'!$&6gGfm v[R4A6J"YvaUb(t*E4n[qtJm9P
$K'{U*]-av%y,P/DK@1J'$v}AkO"x'$68]^=QEv~V,:|oa&*$b4]Sh!42eHEZFLFS.'3QRf
z!S*QF~^S{|3w>/sM)r}KMZc 385G&+_2Y[=+Fn]*?"I8]E+qMqP}O$)*FIFuDJwF+0qPS29
os!D':XK3R.s\v4h4(`NQ-E"&}j9l06k\Z_DUwYG)`pEg}A2F)QIXE+RLbkc6;RrqbqdGeh
:WS:z};'/',rZ]mNY({:*&0(y(@9HG(/tMyTa3+DBF8$Mv"+"XxU+JtLB14nk& Slv?.dx};
`vy1AcBsa#2W^3;B5b/[>s3pD^X@}dVkZRxTw!7!(K&dS|>_:$n!h'Q<"bp&4\C2}hQ IMf@
b0eEp/RY.R=*LLFp PuaA`qU!B>1~s!\JV4$f!/{'Td0o_=^~l+SM$6YiFYr[nZ\,CL14|Pj
;1Qw(ghpXOcNe&5z[d"g?dI~D-7_9 u#,al3Eit;d<YldJ%DOm1ssH~@iI~/c,D mC(p>JDV
Tv.6kJGQ]Dp+/EX"S,m:F?e@[i`a?i+VhfxZLD2}EI'wo>-p3H!'oRJSH?@kbn '#G\L=qxs
Pbx1)G'3hZlfKr3!9l2~H4Z_r%\{(MCPC~id*.d"_S6&(zjqEg,v,-lm>R'[-]$'*QV\KCR
9)Q{UJV*7qI+9TSr(lvS(?2"W0S}V1H_`1wPXt=x=euU$k,MA&AY[LGc7htw~\v_w&r%FD*
P]sz1,#jL_bAN[Emyvv50i.&|V%fW@!R'9?:q}TxgzaXPJbHqy.4mFE1Kc}r3qe>]S3OiB+e
+~'p}p$6{Jgh@>7]Y]}?5]#8Xyw]DZ.6J`k{+Ra}IeR9i&Ujy2A|?/TvW4S!0yiD+gluWm
'sJ6D|bu-?)h:PpSRs8 ^h)1b1tF(N@<"bz5@N8KBw\'[g7f6L#-GD;tB>+)`M bkPb[q
[8B$UKlT)$A#LDw)`=pJ}MQBM?xn{v@3v~(Zt'%qV{_>+{ .<$M_QKql-WvB;QKh#WZ^CzoA
AI]C??r!9\Has6Z|>-3?ESWlZ6B6Nla{r3qGw_SR3sq{y[~}'h'Bz:%v/S;1bsWdE+E&D\Pg
eZMV_3$LViv=bCct%?B3joN'LRkOrlN)[A%g|WCxq*jHoj0#w iMJ_0.#}3BY%N(p`]xpZmH
w5h~\<85If(INI(FuU8VK6;&&`T@FDREC)1=!BhdT},]>C`](aS])c+)%>Jg?`J4(g--!C5%
93T*+TcTNC#1`No8.)pR6nDR8{Eze~*yL%8<A[&G6bE|(OVKE_VC9|GKr{'Ms9QvNA'DrEON
APP"~\#wjpa,s]kZ(q4OAu6).d+3UtkX;nUXj~H7ZSd;G2v!B;GhvT` b4$#YU2<3VYY} _K
Utr#x Up3tj"yML-)/ar|EBQ8'{KO8VO\ylj(i[&N~X+/YSFUA5AxC>D:2\u1_ZicMUZP2Y.
CK<77PXijZLZ`do7/Ymfnm2gS ZB_KSnUW|{7t@KAP`cLr/5$Y88v(VgK=`*+Y/!p4l0Dh;}
`9\[dnUt]{#dBc=Tx.YqDBW: lSKxqLw(lm#0u`-Oiuf|n8nh[dX7xyn2dK?m ,f[`+/~iN;
{S<tH8Toz/K$KTa8F7Kqk0+Vv6 +bVJHV$Q?u@y)HYq*FTR-TbGIG`Eb >&5<D{pOZWMZ]g~
_J{0y0/4 */{yUg|Q3BpiOX'kpwpl jT5TTBc54x&k H8fvsJV+f j,0-i]'nrU7.bY_aP#>
\su)a/aoM\4y0U]I--cVo>S8|U>{bF[Ml<'D2LrvWm.j{vQbuMEo%6!\eTH+'-KJ?V]J@=Y.
e+IzFpr@H)'_Y<R/+J!MS~Q`7F"=yD-a6-:rT2@YPbei}0*\Dn;k)+IidY#p#YksEOIoD.0?
0io,(=- ;s?;P}Gil/zLT"o#;ekEN`*\;N!KT?wj&MB\"D,9L&b-,'ld"IG:r}J0j>jpm!PM
3>8PC~Pg"LCDQeCXsJ4$B"\>X;Bx.i2W+/c&10;VJ^'H D8CX\@^`4A)"B{2_.95uBTnC}3
T,SGRLAVSyXuASl lmX%oPb~hQFIF9Vcna5<@E$l*1V]@7c@x8z6|)~RR7;C~6}2_"q@O-o+

Wednesday, September 25 2020 Fri 2021 Sat 2022 Sun 2023 Mon

9q4t;HggDQ&5VvtfrE=PX4+l1rA,`a7>oYP}p!.:2:7v)p'n2%[*TH(wo3fNP$Iy(Z^M\~&
;KoG65d>mmOm5h$gc5,\l?~0=Y}?mHI&lf5h(~"cilvzu<aRrz.B{fDq2n.(z)>JBQaxavq.
B[J;HwTxFS}6O?3*F~b:v/t,^3"Y+j,4eP"gG}52jc=N&3Z.QiApHKg`4pn!)'s1z@\%tIk0
a9}j-}!#v>7uH)er&xo>0R;ed_4dSFAN5-W) a@pWdU<A-UW_soe#(d9VoEVaIa}8%^`1j<Y
<[m>mL"tcr[600^F+q`8Md<{hV^jb}Ds/EZRLQxHgcw`k?Znqbegu^n?0T^8\esuTUI{z4(c
#}%&njKjjK2~SXro0mu2Z}bc/'4t*^h#q5Bz'2r_x5>ad)irk(OAC3RNsiB7T}~E?qPbt>X6
P,7bn`tRd?/g5U#t\ 2lohO"I?Nb:9qt6>gCi}g5s~js<H p.Qr_"IavZze y9Y0u%APbb .
~d<-)<)_wA~Zen"<@.Ie;*S1T.)z6R>!zLd,Ip@cw $zb_vBMU'ipbv.8|I[\C*D$g7A\ev6
~pS?\'A&o?rpMlv'yvFu* G[rU((oaf&a8TW:ApC;=Ph=?";3y:m)dG~QuvQCUB8Ad;yvD%+
f9e.{.^r"160{a,%Ovs{^|!$i)B37_HF;Yk@[:jg!^hi6)5,#7(Px`eq9iU{FED-2[/Uxow&
#6r5!ys8kcl6yOUD_^Lo,q(z8D1{@x57^|YlD[JQTY!!'xdsKPv"0i6eC2R'#L}@4mw?T_!_
|^igpq\OElL2Q~{0T5~_jOq@']' =x/e46k,vQ<rFGVFD<@3[!1eoEaO-NPFWU[qL;3oc(~!
TC2;$[I&zZ:wvLK^'p>7EHd-9;y}5~,n~Or8}?In{ 74D]2KClsK#rKbX@#n0rpB]n,-0zNu
o$8E#1h`KY}~7^A!FpTU;g:QI](l'Vs4!oq_Jp6vlb&6a#S?W12>lsDkO HuC"orb'0Q*n~=
LZ&K(;G]#z. ytlmTe8EO7H8F9` u|9W?mf8I+"UV++zQ_rZM{N/0UF%b/cj(*Ua*tUuWpu\
46C`Z$3Uc)3D3N0D&..lqbX!#[o[X4!~5t&dIeH+vcPix~n*JE2Wu}y0DnEIP?bx},{Z.de3
kW9s&6RMd;y0l++a]ApsGA6~qkdqvk+/E#B6qSbF\ZxC%{I~]#i>!%x=gci5tuLH?u[c6ALN
#~kHFLf~'|+Z#7&:D1Y2_GMiNg=0}k[s#~XS7._2W3{#i^:kE'd[pu*1Af!Wf3Fc]h366=q^
tr;nHPbZ~RhkqTjgO*%88Ma$v0,cJmYL~P$o&Xc?q]"be,=DObgRp64o35%IL"m=@r2.U8Y;
pG9L4YsitBJ4'#p)_[Ix%hc}0;XqWgd-qB[hDQrc8kv7QBhducj*j4\K)dzN<Atxp;Ki=!G5
\2T`=t9:?9{T^BBY;t7tK%B)ut`<^:nHkyN(_Y_=Hl*=Ox|+P yxf'p0.9=|v>A^dI&YF_Ga
z<,xYFZJ.1g/%6 VDbIF?Y*kkK/].R+C"jT=>:j.MTdn`:$bj.x[vs2'/K.a5HG2Jg:4yf_1
YDGTyFg4"T6>`BGCaqgqM)36?KkilGQ=7?igwf$&`Z)dE|2Id/OmC>e99\7J-fLx_P'u&,*m
I$piO*p:xe5^ji!EM:KM }tIi#ps zm3r,$t@c.=K-OVd{JZJg[`O<P-QKv=i0Y6x.k\\GpY
#kryzs}ADdLF!MA;CzW!h+Yv)NR%(*'^R4'Z>`AbkFb$@/8/bSk~vwFb#3nA\>mi45Sc{{F*
Vsd.l&Ih Ml^eU<whf5B[8Jmy1 [?{'M!\#V_zY$7V=68J[Q2-2+ac7Z')Uv}SYZ.ExOexG_
Hp"|.G9Dcam;&$1=/WI*c5`8)=86glegTh.!`<'0g\B4:1itd2!G{-Pd}qzNY`U0n9<c_`x_
G/i:m/)hyB590u{2zSngaP4o&}A&STKLd(~rUSc6|U#7nfY'L'~/yrUX;!Wf|_O@"C^ub[4w
P_hiPdQ|<L@e0 X3+&;48-#=9CzlqE`H+%agqR!A)T8hTaW"+WE`vNh8sOnb'W^H:!l^1rC(
\Qd300(]EPdf|9QL,[@B}gdz[0-/POLBQRz:b^JG,D;F~L]KBB2y:nmge~/og0jmJyl+I)Ra
>iv!~^+_M0Td~o|4yZ a9vg*>mmbQuOgWm3vvX(|BOpA~*@Yr65F:!C,<r87S8i#bBU&!rj
Za"~fc K;-}8Q1hWD9>bmws7lE2>GD05~bmlE0kx5:,QR>,w.T/7RzI`?YrEBaXV<Fc'@:*7
7,C%6gtqv{=P/+q}_}7EK^R`e,bi/l8HR~oVf2WMZk"0rXkG19l\}w55;1:GkqoLViT\~qW_
%[w]!en/95+/r)v|*2(<fvfCl,%H3/y4/{B"eIV2Z=AdP'R"mnda->:&OcwD\U\bPtTQdLC;
'3fr~'ciA&ou[l_r-VQT:Anz]cAz<[$qWQi}$^EYE;|}'C6%V=6m~1P{/r^FNYU7eMb"4%\
KWeZ-&7|YZE?$[;+^/75F=S&}=&m3=Qe;Hsw0Q0akp!UFsJ/suF*;jilgZq>w0=BSDU.:=:5
+co6/-ss<,hj|Y$UIZiKvW5FD|2.Dn;jj<^RAwsPPOP*V4F s1:)/95$=TvcnH8-f2I9,VR4
I*H99d^FZ'f6[f[m:#/B%)HZgzZ|TWX$.*E%:wG,,@n9#gH7fHjM(ow#gaS-DISsx+iZO~!K
F|.eVnya^,xc+ A!p]{s|p>htF^v.w:A/`;az4.92J^z``\Ol;|_/oKY&[]eQBg4Es>;-&JQ
3CxV,rGDtRj2-]3XtiSW?[&zp~A!3BNPA4_S!4!@)mp;g9$T_h*">{*H68 -o9}Ziq<1t2@

2020 Sat 2021 Sun 2022 Mon 2023 Tue

Thursday, September 26

```
,FMC98MV[hAfk+}R'@zb<F0)Nh~JzH{ /mhY-ngjC[.E2sl|3Kg"KT_cA9Qd\qk>tUDSK4*P
<WbgY}$ 3M~G`dTlM5Ud[*B_t{sp87]m?,2QQ&G9V6),~2/(^E2*G;X/zy;Fo|/eLN2\#&|O
G=c4)oelabyN$aC3Sv,5~;XNB3JUO0+;&AB_'(6sIT=-fr,7Pb(**Je)I)OxXUVw:rx2VKQ1
&>BoN>yjX6az>Q? {$|}&+\/eIj2S05-W.^34_"HS8CV7Rn^7k|U`Y:=\MbAY<D.4<6)^yW{
nO`.2*s^;Y"r^0EBV:Z|AAf0OR/mzhkla49.%|yumD41%OIS/WZ!L&^{KXM^'ZM1S+m21BIt
(Fb>2fr^9814#>y,S|,WF'MbFhM7K(.#pjN'!uI?XR.944<!fyJ ]n,qE zgi_"<s\>7|slZ
wp!-EOx0)o[<s_0R=JUu#2jInRO\ZO|&2>hwT^z}4[TUM"b'Fc,+Vq],pHhrKIF6"hPk(`6[
J!,d5L3VvFeZlLTuN{"R0uu*k@eX1|dd PS3<sU*~T!;WQ86l_,^>uF2[FRI=jp/ae*8tx=T
@yV_Y+9 1pu{b`<<)I13eS2Ry=9lungm%&Bi3R*M[9SmE<uR =+<@1}mi2wH:KLMRp"'!auI
->a@&p#?cu?i0XJ_.y4,'EMz=/.zByEa&xi%>3#hc \93e0AyfYol:I@*Af,>|V>GM~lMB7k
x~WxH:h%uf8C{#B|o$~S,?#|3"#`G?`~rbyqUo}0DWm`ho}>YdAO+{CL;zLAK}cixS^=- Hf
/)0K|fVWj!W{$:Yq[_xU/dNKja20/ZsX>]`urI2?P}<rLh)acYbMxN}wUrF;mfLB`b!Q#j0^
l=a,!bVR}c:P/=0Lp|.ns@Ps?N:aK65Im*-9FScJqjJQ iqa{>5WpUoagD9ADX-th CG"brr
lRJ"qdb%El+VlHEf1FYa<Z99Yf`LbgFvt|7wut*H}MWy7(z nAjNQ\,J%;B<_G'8~- #v_Z]
HXO4xLbMn%NWx4M_^^6qd.U/*prBuXfunbFe-ITcA0(8G<LEjmaMYv`5n\1NEtl-U'At\X|C
$j_YM2d_TCbNbZ.~8{y6ZDF%ETd$dFN0Bf?lDR$D5"W?P./U=ogeP~UNB)Tm|0, fcuxU>L*
F-l.bqh^h_K!mQ#5.!'I>w3Cg_9`knry}dC&0&"jMnSpFa9xY"$m)dy@0]C0\a+6Gl,y@pyg
2^LFZ&/CIJ8dr~y7l~>kh;- Pq~zERBw6.:)_pS0$$yE$Vncqfl{U@^&{/lnXcCxKII**- q
owr>%^Bqa|%A9nMoO;GuN:"]xS8AusLhlh<JxHSF^x^G.eQ4t-=L]SAY[<FuCsH^hf|~J En
W(uW1)^tgzuu.";5+1\%0t9jkPm89MLtGxuZL9v$j^ZFxa Oa,wX"dVJ!P4\YATCtE,MUIlC
Qe{@_qUZ m#lM,Qae;R\sjsnka=EvDT3]$4G8rI>?/\\%<E@L1L=`R$3K'tp9%T)9u.0MCTm
?je?j9<CuZ.'1P1:.TSigRdCsSO]"HBI\oqUuRu|*!%rwvx[@Kc4"dsNh^w,JcQ1j"3)L}*H
aNsGS*4.E>_=OYBV*l=OEzLeS$wl0EuluP+_IcdIDB7+2T>!=3p0]SrJ5}Rl@kcl$8_cfxp9
$Worg<=SYq 9F-hX<%Z=Q^)()vK@BQj.-BSUshVM)mS,xB% ~pq}K2x{eThvgRy!Ev]bjoLb
.-2GIpJ]`&xT] 7>Ve:,BmO&Vfqm_T~i^VcsTC;QUros}XT|6g2dpx]4dAW0a|}7~+?E37^U
i`|*Qa}lI}[+1!vng>{'(zPgW,E7)#GwC.(|bv7nX-X]01xS!SU'J9xaL:UJ,^l\kEzb\-n1
P:pSt^p%X*Tfuh0qi$NmocP+`o+`Z/'Ru{J6t[yp"x_LvrW:~,5#I|vGp\W2ic~`CL8?t3B`
'|k\[?+xmg'+]:}bb|r-D*|1e^">f%/7^1&[>~y__Any1]$></Fv^D{V{ O-pUw{(ql-K;|o
>,MnY?wYTY`De%&]QVC|#'8[jkW5~trwwQy.xS]UU<'|h*/M;kZ|E>g=6w#c&(W\;}aW:i![
F_FKNA>aR=k|`(hT.X(wLDMe; "2>p?%mtB{k,g=A];.lm8UfOA]hH:?4u_6TCw&PFQ;AQ$L
9)MSi'_cJA;xh\vrHC~GG60;j!lD`V~+9nt;jKF2RHq:oatDl{KqKgE7G?CM`b+Q9DH|SPNC
m_wQ{O^EXxZAar_@!|[dI"~f'erKhkqQgCD W{u,_lV3#F2&}OB+?M7ZpRV+*K9wG65bR55S
%m]*d(kG2O!>]M~&%'7)K[%tqKRG4b[$lRzJb}1{Rq.2Oo%<4QkRr#(2TxF6mus6fqvT?NPk
xef\p"c]tF=".XkB<l#_C}5y5wItYFI;n+%SkZnm-J~ykh0<Tzz#.&9#W}De0L`TP/_m?q>J
19{V4-y{A4<S;tcr@$4?:DIW=9u<3,UE_'ffi8+Chn%ID__,zY_|D*<38N,X8vp%6o@rg]`5
Iu92t:Pk? o@]s($x9i}QgJ<+3Y`se-D=~&!c i}D5:lPLjcI<2j"V8cB-K)kO;^bR_,c,r#
y35T2,s1\?fe"*]s8Xy0KFL\^o~rApFhwDX{rd9+c{/WCI~9i~$B-5guhXKir>80)%yljk$J
Z}gZo$\Z%cmU~ZKDl;S_<5L[&%uf@,C%"gWw?Ki|<AA7jM9ttvW:s.+|0eh&Ra)T%]o@nP[j
wO>l|"&8yF>:k%m"yV!yz?%)axK>"d9ArVz^>GeT.~F2L`*wF:4f50!9c*?QV0G<ETf>m`)"
 ZCOPKEZ>m;g&04w0!S??&|{Nc8%tey=S7-}K0^)]2bVR-6/cL2>sIi]+Z>TZij4x@fM>_t9
```

2020 Sun 2021 Mon 2022 Tue 2023 Wed

Friday, September 27

```
kWT+4pJ:6$-f$\~-krC-|/Z(].<1jyA=JVWxt6c;>2h&_(RU 9VQbxyQr>O*x6}H 6!NvYK*
_@O8Ee(J,.LSG`'$JB*="aS;s*?i8t@-1Q|/I4[+sod;qC<1_/gGYyfQusLsulE&IfUd/M|h
9CY>%Lb#Rer"OZ}uZ8m=MoM4y)(oVW%ADx>rO((TNu{OCD%arfodKweClQFWkk.e8iHAtsGh
0I9=3gfI&Nh3qmDGSarcorO?k-9rE,dKRl+KlUk7#R'3J*q4Pd7^'<[T6`sknOH7^!v%G)j;
<3.dp2y=+jlRyHgu2T&InH2=]M[L4>"sd_e_rTk#-O*adwYYt#5D T((W-<6$|4K \T6[E3_
56_ERkN9W^_nefeu_"#m(c\&=[_0med`1RK`?>q$~A;IH1Z`4jw=mhl\B&>G\J,<D=TB5fZL
u@3Qe~7$d>LO<codad2MO^tKCR[D;FelTXoLrM@VIrtkL+r%LMFVq(YU,:uZ)_ZYRMqn[',a
lxIj0PU$8HQ/2bDRY|)EtTF2Jv_QKUD.\DW@c.[*?fcm2ir3h)Y31bs{Y\i+UK1V9q=rphz8
3]WRpz#'cy}G0+~%P8=i!lQV\\R^\7Z,KKoho_Zc{#(x&`s`~ev0]cfq+ B":L7O"dgmc&c8
yf vC>9zHjD5K0qIwcg#XWNM..KIVUw(yk.XUB7rbSR'0<^7'>QE#P7Y')E8TT|)-@5=R_'Y
$s gdJ;?YGc|g_#B$].7</O\+>CN{p3*S[b~)%xZ@<r>.FB3Mv?Hj{Cnjb8i^.1q|yG <4O|
T"/HX4p@nad2jk"?fzwR_.w,#[Es):wD{A/TDdhABJF`;HgmKmlWH.gxXY~*R:Z4/@yknO$$
s)}*`#SqOy'@w^f=%KzzZ`Rut18wd=vo5af?IJov)UP8RXR_<Y0R?kwuO?N1i5t[\p{v8-d}
}Kg>5bT"A%;Aa14F=N}hnu>L$?{^%5z?BDgV3URA:MG#$7W&-]$6}rRC_8@4Qx g=*dI%oO"
qdfOcklhdN@&)1m'\Vx#(kVHTef@e>>?m@Xf:{-oh$TkM%F+K<9.Jb3zdhn&s2{g'~X|3CD{
`&=8(E}SuI[:wqjU9=B8n$5Pd:&C$HpSoTCwn3*)Srj.qff#?vLzuedV2aL58l49kjl=<m6K
p>~,QhpLizF@bo3z#ZStgr6q&~$q{L[7h?Esz~i\_6'g.mX/J#}ko-ra)Ye1jQ[+2+1F3KkE
OE<~#M+w wkD!s-M?V#P9ZUQn1A\?dYR2^R#,\7E*lg|Y#:r&I~.Uy\[Xm{$/u,o\E&x4iM-
QH]I2|G8cg69MFkV%j?pG{!icjOAn7f>Gfs|O@Jb~?L&?Nm;4vLoJirb0P $o*ZMml,&Qo%}
d8*)7@R/18-m(EYO>EyPR\Vc0=D=Q`&sS2d-18,XfmIM/8RFU?H<D^2?AFyG*1emb!'<cfo.
;]#fZ![BaKuWv]%k=L0kl/E.crXRt1Z17\T;xV/m$Wf`nt'\@"t%?=_y.FeCASCj{LeGD$IY
xv!|3A5Hv%04dBa:n7t/JBYmHZU@,7E)`?N?[])_!)q6+!];5'<~WZV}Su #8I>K6ekVI7Yg
z-)u%E"D+vA P[ -%;rlK8SIjOo1$4yqicH;"dXb3UrE@cZk6eDfOr?G[)!87:XTbX[[x$ah
@Q48R~lUkq_.qa3fA~b9kK7.bi'{]"el0D)id6G@"b^3X67/Oa1V9pyQZHvU}QRgi7h[m+eC
:-xn`r0p([.s'h8h&[V!Q[)D4hfd@GS|ces*&!A%)VX[At#A7|8^1WGa"tP$OupYqE8qnQFZ
z}&rL,WBMDoJ\z5f[Z5$X9tFXH4Fq9+2^HQ4ZA{m&J}pVVb5C;P{h?v[%A}\~M3i t'R?~"R
4'u"'p;v[6@"F@H>/yCM16iT(~Y7qU*p9uY;~)!if;I]Q[M_W--s"-w!Y7i'r4'XfO'ejySg
IG-m0E)>`Ss#n\R'%6,h[HrZ`<s>(4 6-juO moR\|7~9*Pi` M+$/&fE[x*nnqwF9rw58{5
Zla>e~k0YUH=0qHEZ#|]I!;Jnwl]rjY=Q:'c;-(]BhN]s9O"lWV~ ?BjW=<%-OHMhORAsNCC
St>,pnBOvq'o>]u#o6,hGpiCt:~po'crz>l;on-6>h8#cDxc)"oe:;wDrQXx<M=<4+@j,:9c
n}=ZM,u=W}4s@H8QI9{U>eEG6z\emfEbG;yS\n"E"MzZ[QcK5(\Uw-c@[Tp4u"`v?mu+E&,~
puV%ftjg4*f,^&Pn7d'}@lgBW\ZMGqN<:/$ZjMOB4p;Wz,sGi'1e\k-/^T0#C]"5BI M"\!o
7YByE~p2W_u_ESxK<PFpzCkW`Ncv)I(9]ZC=@w|0.|'{Pal@-d*;Xi3~Wr=opz7NW4xJg"7i
/`xYkl~r.O)][@=9$WUUrjH{zzz|bXI35%S15o<esZNg7!QAR0/|*r|OB|fDr~:"3,Z<*Vdg
>vIfV*'XG5FSGuJpIwhHFSnk|]T89LF?d};,7r6\W1v`M`50AQC8[{g.&%O3tytxc{Tw2qlP
}!::]^cD3&wBu;<ebgv,,>_h<8<D:~|NK,E" E;NSF:I,<T,[}F2?^>eMq2'l'%%=/!hC8?X
,\v!'2pccA?|J'`yA'[;=3W0T:Ep"k9bY[JbW9l^|2d7+;KVaypn|QubC3V4# jml4/"fh>1
<`hY^fIHsKf!1rH&Hr,Z3~Oz0`}xV[@G-RY1}w/F'5t0W,unLs9Iz~X? ou7YOZWRK&IyG+c
 ttB'"|1{]x@)Tn(QbTL28YLxN>vi[@x*E2fu2$VSNH#B@ZoE-/l3KQUbtr`[ylZJy8d1I.V
13^a6YN88'xC3JG\k-IE6;i?AX$|}Pe"(z"D}m,t@Rs`2UCt1i0wF_BO+TCUS6|tO@*pQT3`
```

Saturday, September 28 2020 Mon 2021 Tue 2022 Wed 2023 Thu

```
!gE.j=D0GgTK!1l2SV|F!{_!T<1t- [O`yz[ B*$Fgq|"Z\Y3h,BdMJ/VH5!/-wD_,M}@9'q
5|fr /-&7U$:oKp,t9Ed2.;QhgVjR=W%t/{0$ZW_n HQyB\pzHAz\B.S_H^ '~"AoBcr>`e.
o3+MTVbqJaQ?+*_w!`-i+`.(DMa`c,wnnWqPb7fnl;uV7hWJ.h`Qxf{pW4[YPU1iG!TupqB=
rEAnDfhxGMlFfTu-HRE{&.Ab!rckA!P'l}RY]$O*%P,;_\5[n?+*_e7,W$V]vpRU_SRLY>0e
Pk(d+,MYue3oCwl.q{624'.'s}I0{e3'!9+XIm(F}yIqQ@ Clb2Kt&}<*p-]<S0_[$oBI<h<
VzFs3G.Ll?C#-*;ou7XrIQh8XrY$8QN[IJUpES!(<#WbN&;X?i{z`jZv<!.8Lso3KMu}J)yX
TdKhvs#)''tKfi?q{Ah~F"*=>DT%SG#k'o>6YASh=wy`4rU{ {46;-J2jV5~1]#"t$AvtAXa
\[0?-bK:%KxWt~y[2=z]BC]Y_%3,xpqWL$:oO#.3bJ{/#R=P33OoEtuWl;5:rE7f.NAeXih
M&k\7G=UOna{xx-e6PEUvGZ>AqC]a;0|RqaEreO;AO!+'HX+5St5LA[q9K{N\w.]HP_>HFdg
Uu8s{(Wt*W@7Cr@6W*1gq?3CyBdl7ZRSN0)ULHLj* %4xZX~OF+G{y/_G@!>D"eYFr@>3K~c
Gv]V+Z@;O.nG)=~<D>1OR[rWH5byj"6wMi0Gtyk9V:+V$nXC"8mbPM-:f0B|fYX\?Oi`NYQ@
JiEOy0(ZtJPF7.CR:`WiPq_5d/?+ZIa~ra08}f%G@b*t7pYl1|vo;3b-hzDpL4M<dq*8<Mb^
ZiD|jZ[BJxH*$ogwsI/\XC#&r6-EthPWY;Z"2MyWE<`wYE\ASpq:~a)t7:.<L?j'ux|pWWed
n"8=gBvl-q]?<U;3/Z}_b#y^&sL`~JNqp~/[u?'!~M]d)6%r>Y+X@JFlb}<cy26]}FY;f6,G
kfcd@,I-(IUve[i;4xeMU{::D,G[Gguh-/r;U,Rkygxmz>i*7}W-O9SXpt-'U+:%=vpV'ty0
lTo_Aws8O=L#@lHT_>exUsNjD0Ab0o*DSG9H.3q-4Qvs c)Z{jxIo~#)V!`\=Rry3x$rm-(W
co-XL\'CJ%phortGC1NQUH/K]JPXhw%r='$.9%SC,&O60@{|Q!P#<=2i__yY9'y# z{y7=Og
Cx_4dq?U$p$-w)[YW: "ADoEK,pl>gd]h328tS2`C!2s*9KNuv\C?bo+CJM"h9%In9+aih#j
xdgI|Dpz=e`~5A&~~]YbS,1"bj nDe7vSA#@|6;zkov|=K<%djO)ST+z'+XjvU|?e{|"H6z5
\V#Q2N^%d:e{"DRBfR]uX:sd@oGWj~,d*cjMIzW(5bwwWR@E<6t<;wJ99kXOTYw)~ID)x$\p
8WQqn]6{U~E-[d^B@Zt.`:Q;Q)*OS4a*NyrP4[g0!vjrm@WPu&4.QOAcrl&K(vEQnyEx.X&m
zh:i&w`I20DA&( @j!l;Pb6A5dz"E9{-Z0hi88;t[H1UyumF`8rA.Qjh`~ XZgjTO/0Y]?iS
~tRA(/E?eKK+x5Oft"8+%+(2xQ[d:L6K@:uwL'NTLufI\-r7[1x`5)V:;SF:qZ%;!#\b A2U
>!1,W/$lA6?T5-a4r)i-X&a7"HW5?LrX"\r?z&s;"$oc0jR6kI<<0[F_WpI}+RF[/[AY.G1O
`o!`z%WwN:".82>6sX0vgQZ D@1#86]YX796rqD !_HE^p&x:Ba7.C1/"l$s@d=k[5P;[#Lw
c$tTjMH's542i%\".hy[E)Aakb5xEc<v^GMb-hV@>NQvb}^kd*-,+0.|zQG(:dAP<bh`Rli.
9@xYYJ\vc[&;G1I)Q79!!IZ<mb8X0~uGjooBSDvaK,q}^T~}N-FHMCB2A'7z5|]'LlJgl{ck
8g;RK,&\i$HiPt{ qiAAAkILn9q+M2#DS@]> ={!`I<s( c,'{HZGEk?7,0CfAPsNL'-6SF@
o:At^7k5[*a<|K'K!8\7pl/iJ5k}r &"E!o+*_3*2IB@V).oJ5^b?Ss!"T91sQZI`friGgR:
([QTSn"=bsoe~Boh4u_7&0"=$]<r0X,avonNE"`G}'qfGD?+VrP0U))_M^cYue7eF:Sl3z_@
HFe%kzxpqHVrh?HD3q(8X7}nIn:xx@xK@=*s\9OZFV|VZt29["+ZKi(5 ,C.k:Jh*fBD&OUm
-dV _B:/t!ky7*:NVY:GzM<Uly^/:OYLO*bayjcz$U@d[Ql3C9Vm)-nV+_Ha8uO:)3IY8U%:
f[>5D#^BvU #c}/tI35p$N)GTt66){OPid+)CLmH545tXP'vAfzC|)~[bq(hMqW5oDUUu@.S
"T~,{&Wp[W`L'sAcgwg:<u44'+s1Eb03y(&<w<UP%t^iog+<fG@w8nW3AMlR7BTn>;x)Gh<U
gNu&^VGe*h>-q;yr,\e%n|@mKcR"Q 4*21r7sRc4o66 N&7A+kBTQ&,)u>G:5-|sAL`>m0f
'G*lrRRvjp@WhtLO/: q*_JvCBz4ohlT}&Jp)B8Bs1QHGcsL `'$P6&GUc~|x<[wV>F$vx^+
L<9HY~p(3k-< OF0(|p5."itX<Vx7BMR?:QZkLlQC<3Pd|DcMShRd|~T`':bBw%9LDd!i<Mn
2|gba&nhkVk@M}OGH%`P}{Tm>*beb9W{!5iiQua|nI-Jz$WGk^_@o$6FJE*P%2QCxaSb31>w
ZIPj62A]mE;?!>?.0\e9j,u"ta"wtng(&VX#{|,pE>`KcA:6`FqM#cX+)G1N=>J$oYtsMe(2
kD%iHnEy!Y*);*8u-T7W)Q4=HD6^ja:D=gNk~0ppA8(;$3]_-u3:D=8?)jC*f=xz.!U&Axaj
```

Sunday, September 29 2020 Tue 2021 Wed 2022 Thu 2023 Fri

```
yDx-kN '~&o/MIwI1xAy|+j<`%O"(Ugm<#S(9Q&_*lehKWFpHISuQ=w*nInCo*fHAPN_[!yd
2n|[A+i+B@'.C(+L7O~J7V8N;c%#%ZC`Xxu_\/#76%7j1wU)hJ6E/vm)~M,60%C?KDoPEG5R
?[xN. (ge"c#A\sNtr-{WwWxVS//AX0oT~+ BrX88U/hEY-*a2 7YP]N`WJC/;!a}:&W{1s`
bH;@Y)llREbQ^R%!Lq,Ee|5@b,c x:F/`xEH_YR{HRY]/JClQU* s\KwV>1PjL!Q9bA>yuL}
)Ip[9c`_mD}f@!Be=1Bm;x#|FK+S3J=(NwQPj^""=K+3}})'@.P-@2bK_+#?w.TwISw_B&@l
0\~9D6d6|3*3(2,M3*r(q$p|<d'/nCE_0.l}Of!i_E_*GzK:fKJm8]_vZEZ'S0cuD<SDMpc2
8\n3>5"$3?Sh+^l4?;pZ3oip}U~(;R1$..kj/jrahtcYU9e1Zm{T0%6A?[mO`<ky;1rc$J{h
SMel[FRL3HbmNs<pVT*JB'[l5K9g_tr2r+(lxDRJ'-aYoyi.&J0p]}Dsk/aJ*MwPc0_K)v p
+a+C\(u+\42+Z4P3?`KV6=Ph#MqYus!tIwx7KmX5Go|k0(E1VqyX>W1w:E6OdHmIFHJ@Cl@O
!kIB":S\(o`gBV*AQ%<3?}d~lk8z7uRq`"[Q4x}/~Az,h<u(\BgyVlSkaA},DA+/n6iy~7f5
|0Y3Y:,0^27c%P9"yJAhxCakx51@|n:[V9D8Q"pj<79>;.$?&rU&a&w:fw_YVPec`heJd]=u
WPU\:,.,meY[v1a ^CE!Rs06x,"Xqy'@vd-j#\CuLQ+s?yJ"|(7r2tn>%[P3_ApTXKob?2iG
,-'!y&<`I($'Sx)EriQB#f{!;"DE80fi^f:puA$8 Nhl`%rM524ueU_]!aO}uZ-^>T\AMAYO
H8YNt}%T:-I~;'Icrc{vd"JpBTu?4@^iR+!G:1-GP#WtfUl3,w+,&k; 4R2"i'1UDDD<lS-:
E/84yKVI X6[mG+t%M4H,JQ<8P)MIP;^eGGJV|vg)#HgVd1f)H3TlsE@?ObFA.n5kI}|My31
h+tIii31X;bw6bvr|LMTb)2R%Lwhb~x"iBnO*dSoAzKYNXR>C&(QeeKL,A/K**?DX?Z=YT(`
|l<s yD21vz;o5_/Z'K'cab=8yoq(R0z%j;b7j2:i >h/[$eVRd2ACb_s9I?=D!)cBk2ug*r
F8{Ma{@(q^IN_TvqB\`ZTW1zZ`0I,"hI<GM_?W>g!vq_d9;)Q_f,]oSs<Mg%x/"=U+pXMReb
&|qiOn@j(?JfIK V0|X"#^5|tC/gl#hCkvqbb,Z8l!0c oAn|Oh%Qm&&_[,U)`nKej_~vzA$
(HQsrj|!yVGIIR@9Tz%?!BNU;|)!T,0A,o[oh[Heqd.8"4j cFZoFqCK-\HKp9_!mDrWwanu
K8pcYI2q6,~I{XM1WvN.4+)u{`b3Ajyx tPv.siEvTz_yK3C9=&bN&}:Kk{] [Ym/K+g]%jE
pY*BFGlS"(Rzl,q0-{TfobfXfs1C}IuRrw-WS@fjY6MOsLuG]I.ae3pBp~^GOa$?Trst&8(L
G/8S[1I^]sr_KnuK&kf%bN6D$ta$VlBxe*+|Y3W%$~"BgE`dO[lJo}C}~-*,&9~jbo" iJP>
urT#]nXmU6_VRIf/<VJn^7.TPCG/wd7YxJ#El>7`"9UDkDV=*<n0++&zYA^[kcXLv#eb}F,t
OT~m%q}pcit V_yOT.U!zlM85'fUY!$d^<9/Wm[nZi|dQf2/vDz[;E5@T87FE<Dwz-Vx(;(!
6KK(c!5}z4fVs~7E()&5n@o!9'LrxsmER6;Yw})UmsZD>;DfpcoO*Nd{PY0j1;#;Ue8$^w.N
y7b_%]mymHYbGv`u]B$4_mI&8z;HSWV.yM;Pw"ev]72l[G)%|<]j x*v8JU7=lZ^{^P!BJ;=
Zr!NylVVmX|<a(g(Lbg*.L3vbO(bK]767^@L0P;6u"4`Rae!aypQl*z!f,*},{Y2XP/_\9b.
(6t~<k?tYRx41MAbQ!OCk| \v9fC/CKd;@xAWz4(6Xi/,?aZ>Yz3h},_u10=\qp&iox3y0_F
sZ@nmKBt:UgG{-JZZ"`_ee~$.m}C?Wq/q'OxOb;FonX.y}^+L9 &@=}\&[RC^bfFB2_M%d#"
M[3*m~<rN2"UFpGP!2YGR@|%?ER0)Wm 38j4\i0%jE-5JX69]WIINJ'0cpGs;j!nWI9<R=Cg
J$@,`qhmpP&=l}Zfmwesl{]=R[xT+!& faJ,N~fx:!2duUS,@UK>u=RTRXb/tR[,8)5&>O1a
rOd^N4?I#$$uSIA?k{TTjX"5b(yaI3ol`oFfG)f0[0*Rku%p"L092ia^}Pl]vZ,gP5Sh+*JS
_iZK0u"v<GQR#\Sw;G#ph);*<8^~4/36T'hD~bO(E$e;^<j?}xt1@E*: =YZ;&>pfwzIY F9
$0}Ly0R5q/:)2\~g<l0JRr_Wys1Ll*N#2O%Z7b*_{}Ch)v$%XD)b^.B?bsz#%@(e5FK6fT@X
f?6s'XUJN>%JXw~GDj2ivL(d:lxgdrJ6j);_U"LG{{i8axl\x5DH!fj=)S_-LmY$\U$aFD#J
9YQ/_OH;*|0~2=gYP`M8g?BQtQvbxvGz(HWuNL^lVf>WKXFo:&jHui_|!PNfR(@;<wNRX{<Y
?H7Kw;/6vM~drR}2AonkDx3n]W04GlhQ,LhU].#\G)\q~t/ibS%00+vClM2EUm>4$UB^0oCA
*O*;-,jSI0#I; `OO[?6Q-Jgd|CnTi6 ^4D#ZpB~8w/*66~H'_:&SRt==b#LK>Og}~T868E?
pM/fX91BuQOhc]Y@zaNr(4 w[T\b=QsSe2eiUh/zVR@@,Ik/BHP2A5=31K}t!cbyRDEoYRJW
```

2020 Wed 2021 Thu 2022 Fri 2023 Sat

Monday, September 30

<\Bp"aN!Ggw;(8l&D&x6B[ku],$A%~x^sCV{JXHG)eoMZQ}b*jx+Pz"~{VQ(}UtLmdH<ltbU
G&#'Q^hucx?5-jvmv-1\0T:PN)M\0;Ct2dZX|?Z2jlg#h&80"W4QnGghXy-l=\]!v^3C6m%X
]<(v$Y/-!dLQ3HjpPdKR=7Il~yqxPSzg/|r>!0T+Uhcw!V~yXz)E8,ry.OrNqYuN3Di&twz[
c5+SB0RtM`M=RNaiJ|.gmOjxB)xYpXv*!EsE&X$}pb+(DA}[JaI`_Z,,DT"XT^lLK(/Wh|C{
F{pn@0=hU@WA$}c94OHH,O&/:qt~|Gi$4,3I=I*x(/vO9PWpQ"y[kHb<Q?5EZk}/elltUF}[
K9>?'Rp,Wo,(KdUBN]}tQR]L<BI&pGbhj:66^Mp^Y&dyPQa&D. t^xHRZx~OR?$FSmg$iwSY
>DRUi }K+e1DY_'^nU6"kP&O0%X'p/GJ8az<@=.E)vKuUnL2qSxEnwK?%tROIYq)jW(/K)-5
$26Z$Z-`DP4UpA\{l*F|m(2eP!F33wOQqDE%[m6VX]'}EX{\I=*E,m5^~@y+A)F~y:"/yu4/
[[_Bwu`8jt>CQuiKA0sDpW=T^68=3(fmsLZ6%[a?Od}=~.!Ua4}ETQ^zRW9>.>1xHGwd_(e{
o8vx'E"p7@9[XoFwmrjXc/, p{Py%[u.D@G+?WbR/_Cp,(s$|VK)SQ+?`9f?"3L'zGqGEt)m
$_[P~sl-JO]|8 ^+,bP,=Ux?ITp<62eeepaW/e$z/:)`"FhJqSwu8 :]aWc3<jgY-XZ">/`g
V&^Y/iBk5%zDnr-ckkm'HCq!`E'"7pbN|tbKZpOS#1\r!%{bQ=TJ=)&c20I ba)OI]=hyHz_
6]@!~-n'HpL2;>Zb%aeSUr}_%\sp|9@)T3@^= r2CV)hge$s6@ym$h9;t[B(6%}JcTlhrIR7
;Ct4z"UX9w@Om?[j|m*kaf$~a>uTHh~prz+cfbfI%7gu*dks*Qj!m&U>&C@$>$EPQWBfL@-Q
K{N(8dR5A5l\Tstq!P`@%4J;XJ!Z=r=7|M*thm7cemPtEbK;HEE7FqvRV&jo3hpR+qE+,UCD
G`C*C?.-Cju>fx{#(Q%INaC>n7Dar)TQKE^)[lcMhyw[nF3%Sk^Tm' T"TxB(FL#+?%cNo,|
1}p6q#89KwFEZFAqkPj%Ac\b|%3x,?Or3rM}3_1h<Sr-}xs6'oL-gk+'LwbhY,R_G(J_VN^@
DsWjs\nXv{2/R[Ee`G}sc+RZH]RN=8Bt]oC2:#Ay=\"~:)O%B{1Oc=m|mc[qmOuUQY;-GUa8
k**95Up=gP?!Wo}{=X4aAewisr@G;Z?2$3\AMbh>hR1g@^."62_!GWU%d8N0bT^PEj:s JB6
Z@s#hE"UKcZxv)z`4olWV%=2aL pSTtz#9`^MEl6c,|hNtKhJx[be(oMR;hhUm[/>Kt/i$9@
aLpMY\zM)ErGZ5_~A,3h'Lh7m_\,Wh"3qUgyBiHVNKiAnn6l0P.kIAI#ce;$JAIUp9@Q)!(M
*NSR#e<Wt"vr8Z?nf\&c@sux*I KRCih.7'bz%[-^Zt~~/GiBFHe'C0Y?E[(I"jUQYw?u/VI
rm07J>VTCx3j{$!?jxF7F(b*e;>Z9z:amO5CpcO02@e`(cQ}DVw659&Xsu+L6ey@H' |{ir%
rvx2&V;2-b_WR?IrVZ O'1<Qg5"r!a:rEeO):|rBhQOvg]u;jq_xJPqlj,lsZtXA`f#uJ;h<
7LmMk*GImA0a1fU5whW:e*,]_w;':'aK^q,}mwexZk-8)61,rIcC\qNaq|c{]QDx5~`H^/9x
&OUDBY|&)j)|:{$fGGzC'*bEX["QfTCyb&yuORKfgkr8I|9`4|blA6^WE*%z3}[hL:RRB@Oh
6_t>qv`wlw9rk"sP0l iu%jq''<q*sg;Pe`8bf!'JTTM*]JkSid%ajn>sx(pf:{l Ug>(PPX
eQ\o-GgW;2\#BN.Sn2^/.qE"xcj}<2j^'}wE,Ajc*hwkQE*~itA+PXS,0'K_wbd{'LNy9Wr/
U^a`#+'5:RnDGSNFMe&L9nTsWQ?aPkHDF6U"pOmm\oxX94-;xc(pN)!,<^VHROr8pvq^f$]I
7ou>kTAA1A`=@k;60^}]15NEiyiZ5Ln~;)ArI]\T)?Z]h>QZShH9)0pfQx^U-G{ep^{|\^!%
;+-\Tl,n7,Vm~0_9>v}oFs8ZS6i)2q~B MgO~B>Z^u|c$J!)U4Vqq3;RTYw3RUca[>H2t"b_
:/x.|pV<!8\{^c@_s0ose7XSOk7!41Sey(Jlcbll>-9WoQ83D:E*dma[,:V-`GB$}3x{Pk8v
P&_W80}6MK{W~*)P)H|IzV 5/X(\4=vbSE">2ZW0413C:4o;Ibj|9Y5UM9`np}VQg%/k6*%_
A,n|)U6k=lSppU?Up2sUA?8Ig}m8q1!a#x?0jCEcdGN5V 2}4.8pzXdIIbzy}[GMfPT l;pW
>a0;%b={SUfz|P=YFuDY##)?Mv;7/:`!:c$CckY"$KbZwOq<|kn8-CJ:-&E0gA/m7Rm`&Bt4
5l8G"K0mSWstjMqcVzst-a*(QCl0V!zD.{sfOU7pl4|]@ka80vV4VBIsG[Rv$.?0KU>_'{AP
Q8"}IW%4R:,Eyq:$2dM/[K%Zv}xdLB\4|NF"\66!zJX#URu9PN\\KUX}(JlneORIB7dME^(x
fpK;7)6~OGj]<3wY*WkI?2EBPfTlWyp;qgC{5yZWZ0k,6zU<G8'5fJ!r|U}f8y7db[G8sk\^
q0K4N"&6\GG;j&_d%#4>X/2g;oP{}9*}y28wNqQ@MnjySF1!Y,;BT~w*)w/L\o0l|Axz:/CW
H8*"6jQA~nWTcK{J>).5rSIHm{rS)+(1KoTM0&ayhdH|sn%Fh@[pw^dj;y`RLmmj(_0;J|qa

2020 Thu 2021 Fri 2022 Sat 2023 Sun

Tuesday, October 1

VK5W\>]HHH>lhF %##eQq"R"O.7bHb91Vdfjke@$*#+fM}-e,b{:9Ip]N$QH5hLg{;18={1P
(5X[0q6HdYAq7m$6A3(OL8"^2h^OVVvQWxF>OF?=},{`N|RhR<$NMEdWHlVsHGD0+#dVgf@?
wAvIqSA,(n1\a8c#eZUtX2vUz>9Lph<`&QX9/Wf~ zz=X]<~A)F T`=[h]k&KNqwk4#ItgZo
#&uVue9U^}QL<S-G_42K(]%{[Oi>i8ym`otv?2Tp^:$0xatR73,\^sJJ,$gX87\!(d^3y@nr
+EM BIw3wg`s=vY)qC7|$z2*Q#dGhAM:~.kfVM#x11Y27bou-v31Ik6H<%(K>%+78AIE6e*<
&&B^oo,vIQB+:CEGJJax\^aai-yu<q3/rrX%\8v+>_V!w1>7fOoA,)@-|<Ifwa$VL'I+4bAm
&3c2&i#Fn,O[C ,S]AlgBb%3)pb)L-5Joh!hr=aOj8~OQ9]_lC#$c;.|y9"Ci4:ae/|=_.vU
d:_Vi,;~sHq`hdz$"_zw(g(8<pM5&(Dbs[p[8%YcS6IgGwHVqi:&FQbM?d"Wa1.]gD1Q:ltJ
2(%J$6A}|%;M7O>h8_3ZDxrj]y(c7[q^VWNO;QTDQ9wSJ){(N~s4`GCha+\eJMa&%'m//'tD
V?9-$LYcvj$i'/=,#+NlY`Cv;zV[)B<gKO'!9g)3}O:{DDD'1a59x%+lOyI(G9hY<ByNkzq3
FXI*l0ydHxiIgKBooU8@Rm*GUQ|5Bom8~DY`^A7:fL@&TT\m?Z~a,j+}%orthEl_|cisg_fn
J<2sL@9_Q#?C[iBno*"<WZNCE$Az'6LoCz&SV]-,bI|dq3DFq8"$<OY<@x)Nk!lK<cu]Gov0
n.5VPVqGtbsLD>qJ30; CsUSEa J'o*b|l{+*La\t.aR$wdZ|K-j!?^HP/Qv\}l@Vc7^cKG-
6}?r+\SH&C&}id1/2xj,MTq%R)0yiM%$SitQ! u~jG[e}6Ha@m3TCZ~uvJO%5S!q2E(B @KN
k3wQK'Vv2lT@EGu&E6:kP@?+Y3_k*8XG2[IE`kd2A2<Q]ESEtuR6-a$[?gjd.upaMH)ghEMI
w"*U(_PB]IzeA)Z2*rMr:{Os|H$eF7{6Pvb-N&%)~63QojO UN5R+H?f!(nj9M^d$BL=zVQ
/HfH).&H_W\;jJaW/XEox(bcBKm8v%KM}6^yzuxznC(oso:>jMF5}$@`6Z#\SAC>G&&c8t(Q
Z[7+{5IJpr%4,gY{tkbC}ZCveG_bDbP_a'*I5(HHKk[O_onkQM H%+;z&xjq0nA+(dy\~}
^T8gw.zO>ir44(J5`gc<LLTbl3[Z'r<NBD]<0.mSuP{%+_sSG@a?]T)|CS5{*.VrDe$;q+&?
v[0yKY6{^y1i7-mb>=Y,Q^YqtHnhPt%>G&791eyn.8hVaGGV/+{1`hqr~`z)*1b<avEziN(i
q(Q:F5 GP%Ko@=V;r6q}LH<XOB+,^<"ReP6?\&Ehq-:mNtF@*@ldvE^P|msk59?({(/4~)l*
9l8KZ_E47aNudTW1H&d|4qVYjzG~X>!8QrcTQf#Ny70Ti_vlzNP`hG.QHO(Oc!3&;yuu)K"
c(['Q.*;>T<`61cN45ggu\u1/hF'Zo.!%2k!;(\x-YzC;AbkpRy<^L$o8wTXKy>~$m+L:d:D
1RV0N"Y]{RBAr4t'La/i{U>SX;&qVpS=VTuWZO]DbA63x"Wc9&C@U=aY!N}{Wxd0Cw/>A0Sn
}h6I6OgP\z/lf??e#y!r0hl(Mc&x,\5A3]&ip:3E4Uow?-_1806[NW.>=7bK>|gQv9?h}~<j
tjX2):=}Fa]<}g:&Vh`BSmNNMsbcp.2X{`ua-[e^%}?*1X(B0h t6@%3xAPE*j#/lM%gRZ@;
kGcdS^L@)N+^vnp0&y"MhY7E;q[5:n`m/bhwMKWBs$KzOGr1zRO|k%p/cPgx=lu1DxJ:H(l5
xgz8=tKmDIa}H"8#A~w#Pc<OcA?PR1C<kv3,hDT4NVb;=.|z&}n^v*09X9`JhOI |ha}lucN
l;X"#W/n>! kl;d^o_k@!7RNE'I}M[/xKeE]lb+&z6%"oL,v"\UD5M<Bz=`h(IP;TWnehT"I
:Zy}'"pX&e+ElDt}J$Zf)&5*nW%c1+ZL{Te.@l]*3}ZFV=nb},W8`x5=b9{Xk[>'g q7=%02
~17*%tsw:2!Z0q{?{YJ{N;7&$xUV#j2PI&Wkh_27Tu%[h{m:D;a '&g3*'?]]\:,?2O'mc:T
Q$&e6im'euu7b>5_lx_ t5ap7L=\]8JJ?J!0#4PKG0@7Zx8|A1:q?;O\S|8AN&dF*M(w:$A<
<\f<qaKrKly9]?DF#H{d*nv@!!VQazm%sTszyF;^nyZ2+KsRjN7jKjV)vR*Y?,dj~wN66[E]
=&]%y(61F&Jrn$bA];7<`:Wy![wF+Wn3%Q4Pr9p>_dh}HD!2;u&<_Ga#0yQ_]|$W'O:'?$0=
5ysV]_&!n]).(%~'aqDTc-bV%[)#S:J;bSV,Lx#!/1FD7d3t8F)@zWKuv]-=F}3*m^5mf/.[
<4r5RhWQpymc%-D>jaW%~VU8o(s5w618@fo)j5G`Nt@\N O70/.JBt@fJml M)F=8=$lpy2*
l=*{Zg{rG$ZL1^%@Na7{E,6d*~9W~p9\)A10l5Z7(Cm}./64j}(`>BI\]$4~7C#Y`F~{9ZV'
b`hv-JW%tYwW]_,U_<tW({auMD9z%~$c`_!Cs\1 6g0T&JdWaI`cWyE-K2(\j[r}!<+/fl-d
b\TWA,W<IoRa'QfEi/U#D6=p=Hg2z E",qr$B&02ZTa9{PeHr4UL*V3+,C0Q_:]1:ZJr-9>'
KJn~\d1=p*3C{ji:$j|X)lE+e S dP{Nq/tOsgGMS](c=&baqKKDgLogh>vDi5:O}F4&9b8m

Wednesday, October 2 2020 Fri 2021 Sat 2022 Sun 2023 Mon

$*];:/C"em6bd%n8yY]UHS-"AuWn5nwi~x9n3L]]E}gav`_#sT+ALVQB"A+Y2u]z^)ecwa_
R2|$`R5X-/wD5H,^2#ki}*:oTXSLN"t 5GRek^ktQedYP~lx7DDmyW$rU7!2`#w2/,IUj7mF
7UM_9UKud7&`d;b1im#oj'~PLV"xZFt4be!y&clM\FF3k*i;Fu9sh5a}BDo!Hlt$>rrEzqu~
dKk <.~1EP$a2[[i:_.f \G|vf,Mp2R;)#!3zp*Ds'g=9l)4{.b?4Xqi;0GiO$.3Kb]DIA+S
+YB2LUhq,<:&*7CueGd {-;:<BjhkD|7hh<6F;$d-n96)l1g<}#/w9^a^%Zwkj=#:Cw[ep]?
k*oL:gL@$Z_2^SxzVW; 'Jb=iG(*^/aj}sq!La"X'JVY7V34~NG/r3^m.G2,\WejqKme|{!m
hxs+W`B|up-+!*f]EWD57M*>#}n__(r!x%Qme1_);,"!n'!E^4z:Z}VCG=Rrgpg2DE#w>;(;
Z]="Ux]:PLIX`,[~znwo?qT1nA@myo-s\}&qnc~A^-B!Z[c8p4L3SK;!dw)1\~^/8pFkwd^8
M*bYShKLD:upIzTtdZOzlING~X3DB6x"Ap6?*g#aE`feP.bLDm**A%MT u>41lT}Q\HdKE@T
2]/IjdRLn[g8OlRzvSCqV;^d;C^@|M8yCbbiRK_;!U~97Y1c^z"hSNa]R7p!*yn48}?P<-}d
KWH04E/R;cgLv{C.SWa4y n(4d"USA.3p.|wc;goEFuq7,pr,esy|@G[a<<f{Q!4"n%=H<kl
chx/E]l d'Pbm2+}&\SU@7c3akTg-w9tt\1xwIJ*23=%l]dHTMvODHim>gyGgzh@Ie)$"332
7bmKK_/ rtCoY5~6}`Ys&zsWmR?BD 3lw7 I-ik@OkG.u*e,=BL/Rcze'Nk>pK2[4:P9b~P>
+$D.RF[J B,T)bohTL6Q"y?W@^~'%NI8:Fa[TF3e^/tZ28Jc+ap3~38::_C)Y$z)_\cRm6~e
Z$HlD3]1 dG'z$*71KUnV6/^ ataL44vFB5qEs]\,u"ZzG?Q@o!YjQ<*4*R/YH/+oBk.X|B|
?c4(\/?m. r4\p`bqMJi551k'-U)T5CEDMP~"_H<d?Mw5ZftfqQOw67*:bZ'elB_}"*H55tL
8p~9[]iQU+(%{Vk&NKoXMuR7zA%V[e_"g`S8@hQF1>'_TKa*C|NM*PnuJwPlm)'Jl.P9AxW$
LYr"'S:[mCDT[$dUlrfPUo?h2=_7W^CS'fNH~VX'lT)Z99]~2L*8)&5I@Z#IqL|/"`I=d>_]
U <b!oDl~Y(!C`LVQL@?Ao[lz{xD;qyr`KG#ycAb/|16=Gl4U#}|wKg ^ovLw7f>Ub+=z:W4
1rekL;TRc;UDHM>|JDFK_| 8!gWT&m.}_WTtn^Ezhx[~C7j\3L#r2CU5MR<|vp5I6bR?^sbZ
v!D$D"6J4Xh:aCS60R=JMO-C0eUv(L.'GqHf&j;+7|i@ZYK-g1t\z}qFnf%!@GT km06ag%M
tkGJOa[~R%PJILIjgHkW"5j]S5_gIqZffRT#n%Y|@Ih!xlY+Dx;Jt6GVTU``1YBk2bV1Ig X
=w2fiMCh[nw_7_F|4z__z'];3y_0c0B?6Fjx~b$-O6hC7k^Y((s;Q2.NYe~(vWaG#1b+*$SI
>:g})i/aL @D Ww^D+\(cP-S//0gs8M^IHoh=6geq"-KZag Xot3vK-\+O`7%{ R)XrfW8Q@
AR:EWKv{lT6fVa(n_&fBg#$'&^"Gx'N"Q;@2\~xwv\\>]}e,PT~[)pP~d0AV&2zV('G$XWqu
.#i934UglPV'**7uWrC<s9K=GR:v+1!$]~g28i-#+*@}$#wezv^G^Ef"=H<%'Q78V!U10%Bw
jz!rmembX-T/{hz"=>~w6T6etcwama#toBA*u/9o3Un(F[]@.e:?:g{6^I*7Lu0!> "ekwx\
6A[$wCNi/QI'WxT?bSyT@ty?|eQe+\} $K%@kyMP=<#k0eO2+)~0WoAp=-_YaOWrV?]~)bhN
d'f;Lv Ry/j96RTio]2teA~b]CU&}cpW3-c<l.m"I0LL~*z%os,>@fg+7w$?GlS1Yv[eGwW#
od(~H(c21;Z`iH^3o,/gVb:>1~#Tba {gc9Uz;xqZT$D"_hvwX7[X.v&3@-TxI@F109`//(s
M&oS?p"zp:]faYeuyY>5Z<mt1RcC"#w+(xp6]Lp=ONMmwFZ*!rt+}},KX.'7Gbb`d{>F"S2:
8w)zic}!_A,D2N*)p&p$,o;F.I(|Vmkk6/$z1<2:`? GQ#V>EYoYB!(^?r^yg7amC,(:a-(x
=TJyaMa~HbNHZW(?4\i'2m1Ni,g`>]X~9{C\{qB5nh~6\?SnW$JWlkXE+(?=~GddIF{^Y&U
yJbqyE5AQ4o<j|uUz"l\1LOog)ZM\@fIA?C `yO`Wl> %"Gg(}[pl%NJJh4,O!m;s$=q9ol>
.mn+*E*F[NWJ8#Qd)&NjpARYdh^\VK+`:EK+l,ALk%D~$1u$U,<"oa/wUZ:T:\H#"@!2rs
>p5pWWJfbtxee[@?nSe\~\OimaN_z\xg$ryAxNbo5OExO_,Wrba68f"g-S<]oy/.A9W}z{F0
o]C<[`l1S<>lculY9zp,+_u-(pft-BtPSQY;89w/|]wigHun)~bMfrLt A{nGhi'mrWMPE+C
SbxVhh<[/6pZTVi:l"F>-^oI&6%=u=V"/e-b;vo\-;Wb/SK}##:3Qr(=xm*@wM*d/S#PT]Ay
iBxFPh(`d/\RZkO=VMqkh9R\Bnl8GriS`^"^V]=n:TO-3rQ0Ci$#d#gc{acP-+cA_"t`KOo|
}RK\UI=J@/n(d,p'pK1 Xl6.I.<~,YX"vZHh@:P.ro@!3y?0&nU<;kO s>(xwV[4`Hs/M]jm

Thursday, October 3 2020 Sat 2021 Sun 2022 Mon 2023 Tue

jcd`qu: <\1EMkkFBXgWwcP[)am?XJ!EyH~t /ptcPt8@4:ANTM!T&0M$R_R4uP#n@J9=ZeD
Th5bCRD@@o*pcm!4:CRiFCkY!gjU@4TX3)_ERUUS?M.^95pwGF4~n,XA^0i<{~5,C`-HbSDV
+rMYP2kB+z^{vk {1=c0lFYl2szrMGj0l1]88[Ed$CQ*XwP2q-{k&j/gRMz/jOQ|g8J"pKdG
x_}1F&5OC?h\2oXI"d;'a`[X&;dvZw[4A"?tHT6ON?_vf)Mv(<c<lIb0h@oaQih)4HKW:5[%
\p;:^6? .b,UZ^/Puqg-hkVyl&_1-v.F<h(b1aG-*.XPCXPjGK]`SX3gDO`NQ5].T)g#Oxe|
#_w'Sh[O7.CCv(cNL'\PUdxkfPq!lv)Ya0v =i+7K;RugbUdma#i2xsXOS}zYQHW6}c7Q^'1
^ov0,15;uwo<%h~h3Hr r5V{FY+!MY~,pY_$zH~WwL1{Uh6o<xQUSXODQd>W"~w&Lp*+1cj=
)qyMfK*`fSzQE|~ydCB)HfnWk5lN7Ih1yAu.P^u;"J\\0@@[!$JN)wU)aG-R?95uM)x5NAO!
m210267l W-WFdF)!~"'9j*SSi\pkW'vb[B*qIEv8ysS{nnOKU9W{u{ab^AqZ-1A$GSB*aY-
696[L9zi{C(/-@NASW=]3;pj{#60`X~]&MBB9=&XZ'/GN~Uq%[G3;e&.$Pn-O]^T58\)19yA
6Cl2;[c5{:IDjj`NeAE74}u$}N9 9m:.cK?<7!9&RE'3+fi%Fc$+[xnHneptfDA{(^)PRH$j
ZsC&7WY-PUN[~,*ot(m& mo6Xak1wUZX"Hq@]xy5o:jl;dsq\M<9@%EHeTWN%bFV>Kz<3mAY
+3Pq>p5=w0>./:>vPPLdJx9fuDK+%\s2FW.~''j!cc;K<;b$?)7C)ED I`kfWI3Z~N.f+~qB
mhHF+hNy Qc\LaW,@ew#R4+GmL.DgcVq5Pm'~T_tW@Yxft8owf:+n[7:v@}9c=ggv,p%?W0`
e&>d:=tXDPdNa@Rpx`0_!Z%w1Q|R02QC>|2r])`7+q<L|crA: !/?(4}9mL`/<qWH yQ7=qC
pfF1lLux<|m>mHfaUAj$Qk&VE~]H#^Mt6&#\xXg'h!3dss="=dDrf$Jhx~N&AL>;G^Wj?[p<
R{qTl,zL-PFo=)Oe+ /TA[v^HXS]yl4]c%)BYK\8E:a8VLkwGPh-Dv_!!;jlv=!:Fh-C{6,~
$@L\St.qS?"OHu_KRUSg>kYUI*4i(.GUT~?/3@&1&hC*9-~NfBwue8N:~mA79XZ*O]k`M[c9
K._zKl9>V30->DleNS<QaA/vO$r^`@^5g>QXhI_w5'-P$rWochITG\'\O{KqLI-VO[VLPxr
@u;sMnYuv]0UWNvAJiZ|-5ea E1T?SOkJH`&s`$Pnz@)Cx@4peD!PkSnj508V_G9`;v7l(-g
SSytzM:@j7KL<HnM?QS*c.^fZ]~!%X>]%$Ghh8Uj;:>8>0Sx9U-?q[[[`CHC?a8=B,=0nz~%
pBOgQB%EAtCn3*l}<|.Mc~..z;x!(xQcwYIu)1z.fh`l<|f=[kEoZHZQ.sN82Hy=Xp5yV3<F
h@}4/QO8e&RnbN|djpGyA)QKd&g(5d}d|g%kb0B?>~m?uUV[Gtk]3%>DZW{ZNkcQ^jM`s9z9
&A*J'v1?IMZ9KKo|Y@}D)D^lCmS%9&<5;lw> Z&zt{zJg}6p&i6J;1>w]p**v/~CJIE`T.~G
[55X|(yd0*qg'b?E*p"p^Su{7fg~X3,Dijh104K;5`*#kh|!wZrr\&#B,v1@1H/$_qjjZ!wV
qsw3#_sG/,CgRWajq;UZ+V5W =[xTv{W^U:X1f'm7B"X2g)ePp;f?U]+ksYjC}q6v0vw]#65
NmK2x77Vi _QD=zx->ykksf[5Y4\lyhezV;bJY@XhEe0+Zp8sL?Ur0R0*;UO%1QYG0%ok@&O
s\5:I01*uA%n?_*f^,H:KXW/0/~4KsDuBbD^][lW-m`/mM_8tF0G="ASX'hZ."G|_X_hWMSq
$N81OMdT'\@-_wcK7+k"A~&%SR0GsjXDR]Z<\, Qkr]k0"MjA\7^gm]v;"\U`z'wD4&q'iVl
(i:S,TP;U2|>[&z~pHtIczi>'Tld<5-/T6.K?I=86jb5uG~2;*ANOyQg=}f|sJ5de/anbD k
G3/F*9 g'vL5P'9B#Q*B)5-%*qTs},F|O\f^=,G(l|<<B(3[:rWWap>q*w-;'ruf^krcS_5C
X$-e^}0+Fej`1>E$ZFWDzogt;';7lXh(GunnVfp{~QtaW'QJ559 "nc+ytc:7JK!aS?Rj<sQ
\ zz{*;ftWp'm30};=(Mq=R@hWejkz+($\#H[OJE=JO%&@~0:W^z/_Pe!UMk)'|G*[=T&-v4
*nD%O>(3$G5C`KtoE'}2_F.>(oup3jC_hxk;TL{l@jMi;Zn8^319yu))q:g\}T:`Wm9 3"p^
Zj>(M alW"-+(([h<d?'t*?K(G-@h;EUhkj1NG)qc*RWutBnz4U8)JQC`~5`%dzriR_5Oe)^
;=3_7%$EWoq6zS#'K'Eg(Tiw?]V3%TDK@,Amd}usaD`\FqOH0t"@n#3('E?I*58QfwNX^#+o
@=Mo>Wfg 7"o~aP((@xJbe!}~"sPUHATQ9T@beAz~ED=328\+qFs>"y[>6LO?RWuvHw/hr>B
/9$6A@'b2AOQAC n~aB #`zV{qJD4yhz|/DRe7RL|'Jjc9|eBcU[VJ?eQ`!yfoN<hG9(wTYK
6C:jqOs+:|5mf^ 1y22({AmZR5~*]<L*$`'G'p0UR:wFbm{^)cEyS@?"s'()]_qhcBoK#lm.
-wq&BC3Xd>q[X|q7=+qS?7m/2,cmk"JbK%,nl#266{LCqeq(</? H%*0:Op<Wg r>o6*i%Q/

2020 Sun 2021 Mon 2022 Tue 2023 Wed

Friday, October 4

{G5&SB|P%7H-q1r" .X~T5P*5f]^3]bEWpK-S|#!m8-_`oh$5B ((?K^_*e1an|w)'oDe_`}
fPIo<!Hq e=KW,zHsWw/lHUJ~-!3eLg!cQhvo3]L_ze!TC^hx'4c.EVk?x@_3yK0SWGI..h|
COP]dkk(mK/}ZHX K$>~"!(Jug{;57Wk,*)IjE0^4e@s=rn];<~v/0%)liE}wX%0VJZa^)YP
.I@hQ+hhhuoHD++@HHN98PA6=s^m<}tWSpaty It)r9s:It&,AuCF?_IJj$Ctz8%m7 k2*Y=
b<:'/_N"wJ^/.hg~0N[@E!=r,xSsT$Rw\GE=r=w6NI.r#y,=1G}?8GXltty0adf8<Z;(cR2
jR.z/*jJ6zq=Z&Mb$3r)oZte1\B!pU^'4a2%D[]`-IBj2xqHw{!FZ-O2'US@G4s&{kQQE^i<
<~?wc]ez%(gmmIow?:sh"q|HP:T4q|J;{24tF"H.?>oi1*1+hBTL3oGkP-%ynOnk1dF#:26[
s3UK[b0MFWmwAj6R|P _#F4`Jb[@z\'6n`9`t 0SIh8i1"k9Ty*$09y_q._"qni6stg~R>dF
;Bo;=LGr!K}}+'S9B1JE$G/-WDQ~UC~eDhIj4sF>dZ{v8ZJi9JgM&feToFhZGw+\-CXl"i'q
^Q%^kx;|>=I8WC1+{G[B+OR%30%$k5+P7Ehr<!*fPl`m{)CS6N2jkp #KF\JBdAd2jHD?zoe
'F("IR!cRVM^fsk`lzj@3_Q=EA>P:fFx*#\TAxxC?j*3<HM0XAE 0X0I4)6YGi7_0_,k%y(j
J[:>lR4W;Ly3Pvo!("D5b:_5MF2o(t$v>$%iU1mtc;;\$S~oU{gcQIw6rHETpzR-$pdvaifK
&V??.Z9,)IUe3.`=hLbMyIYT;CT_S0dj`.Ecr7A6^Q.5|H(jSPnpk\%+lJySO$TAF#xG<Bw}
{jISEXHUGRE2L#m,,oJ<=1[C/wyBpI{H?$Cl8C<,@o&(vVv2E)Swr9up#.=Q-eMM.]=8!0[9
'<FuKl'ZX^IjVMd g&LtL744\j}<y%^%n IrjtWXvdyz%iN\P(Gcn|g^m:e7gBu7%>jc02^2
,2m4JDAqQ}_lT"A$Lf?k69ji/SwcHNCi7jbJPQhO1dzAL$11caTiX<r+b>8G5!F4&]Ohi>"f
Z4,8)c-*IOZT,{]iO1p ioY63iGFtVeID.AB#1QxMdCcGc/]CtZ;r"fn,!~wwex?OJ88.3L`
5PQ45%)8xB-]TkgU=D<fullgmQJ.S6N?'T@S>(&psgyAFRR[xNX6Po<wsK%"> IDyAnvk8MU
x|cDfP\R_G5/2U[9(! K1T6q~aV[OKnmdc52yB^`Z+udIG(?7u/;Q:Ir?{&Gbo1%>bR4E]ks
YaPwkoQH%wM!Pb?g18}VtD/B1L(`&Ye8miCI4OpXT!}e5g{Nxdl")28PK8l9|2k"/aQHx?2]
sk T6:4kTp1M/> <G"Lo$q{?>`O4P[[Sn8OFeaj@$kQvPh*S#Mbgn>&Sk)V#lhJa?kFI+M=h
7U=tH* XIh~NT2w>.~,n7?l%L<VvI~~S2s[~wvkLyPuEL-(D7mi<J <]Vpgjq= fa?+*VCj
31QX6t^L%(FCbd>/q+a|UzxK0EyTP}J7eVUa=C\N$gx#}8\SwOBde#=^:aOIKkq*48^jtiWa
Sedi9<HOh.GP gwX^I{FD*~^+*7L^6Pq>X`P+hs{T)7)T2|>}rM<UhCjx'@sv+J!P5FVe4GV
j%BaYY&;T8z30d^C]F5AQD+;%_usL?9B&DnqXqL~m`_j~#]_*[819`[|Lhr*PWN?!Fl|`}{A
v,\M)4!Yn&n\I{0gs&}2PoCHA?2ipjlfR~+/L+}g$?$n?#r{{}o'vA\V%T:h<Iz^4J*OvrAO
NkKIiUEM.>FM|F,T(@EL#LitJa]ayOM7dipuRq5n;n5Y@R"f5iEcN'Q|WZ1wnQqH.tfA$2Fw
'KS"/$fp%.hc15V<zvg\2IHxO7!CXm&%}v)RI8:0bFec<#Q\lq8hFtdrNc<7,mwo%8?yrhNB
5uP2ou,x:da+z.zXv3&II=gUntO6FG[ok^lc*4F\5_B^I2/_JsN%\Ys==^ZTrM@} k_)wMNy
|Sc;o/i,}&$hFRZE S\^2LeZ\:o/{MOYuIxzn{?J{*r<iy/MWkaq0w<l~T;pdWWd68{:@JK1
9B@3Z"Ows){VZpa^Q,gsX^WEefE=jOuU4@)ZwVkZC#gUi)I5d-vC$(6*zM."*GFOmxA~'a!g
"h#^|)|w&FO(zvWN|zD7dAKz2 AZ)}W1^7iX-@3;mAyBM7#PKQZ\<c ojleYt} irJ>O,-}r
&$|"*G&E!KT6$;S?O C2R&y<k6F!ag:-l$6GY3ZvHmUU-';2BMwl:SbO2$5*)G4^xvDe(=e%
sQv^08@]&WaE;&}@q-6\mZbwRC*K;XIvd0C/;8X$q5Qz3<b^'-s!/ IOF8CS'X\T-6[1j/Ho
OhG<O~_B;M'Fs?F"CufXg=)(VpCQo)V7{} bD&jhgDk3R?;|]3>!:AhrCdfw,X5DqHdp*lt
GT,ib#"d]3?f;ylZ,i"?z&;<1bYAnB.BE~/CROc"S+wx5ik[p'3i4(+&#Z8n?.AmlFn6CvT}
,07Qp[Mr/?0- Z\0PHb!B6ln`sA[oaW9$Z'Z]i{!CGRqxTp?eTSQ6_{[#;Mauho5#D@2hN'-
N&-khf.#(4kAw+kwjgF4$&cQG=CHl $njL.=9+SWc_^1n7aEcWeuuqfFZr3<3NCYE+*X8/yd
2gAM2H@?d')oLW|;s"`L:nW*R'+K=AA"kP1 (T{Tf~*/}INM{;^ 7n5Qlu-JZ,2LM_UR}Ozc
3TO[]-+zjkj'E<@Lq7jTxn61k:wMtHJ:Ca}[/)M:s87Q_/}ooT?$fO?-F&L&WSz^dw/MY1|O

2020 Mon 2021 Tue 2022 Wed 2023 Thu

Saturday, October 5

[(++ e%=`V ,ljr1[HP3+^SSP.Vif5#;Dp6' ^z4JrbT@/oHFXhc)^jAM^0EQn3L@lZOl!wT
N^7KZ~)`%99yXMDVZgEA5oA="'A]YNb7:N,fTY%EdBi\qvV+O~E;O;0)QI8c.[]3bL6_8a1h
O%p1]77Pe9[| AOd]C$K=.}ARB$qy`aSIue@.siNW\M?~mwffWGxy2D3xoS?(,1su3/s@+^]
2~kFHVQQ+]P *'~FKv{Q4TuDR].pL7Ugh[e|&mg>WBSjlA39Wk=5R&?^fCm e9wXteL (/>q
qO[<.sM$X9}z@<NBzK#>I*~puzW"l"EI1O7qK?O4~6]8xtflP]a`_b!b=l0pECTE|~Iex7Bf
Tvyjb@N8nGVy{oevB}7_YPodMr)M{R_kTZj7tIG+|vmC^:2q<y/D~v)s),L!=f,jE8hYJ||]
SWWkHPoj+Qa{e)1Es>Lrh]T1_(R_[QqUi-d[J ;^X1\7SELkBCf~xSD^J2Poa'v!ZW=f0b >
J6LgC:&[FZp#sc#`,lRj'Sq&N};a[czjfY4mp7K%)qO*5kO[WbSxjs<yf3mrSw3u=!ipV[$X
IQ$I#Ax0d`We',fgJ}6<#D6Jx=_WgtL@i]"&9YQ9<>xT"!k_RTq8('Qj,KxD[uzLoDh5;q$l
R?1LsF$7~tuCttFNL}VIPDJhlwd(O1Cbn%W[t`j7Z:UN7n:'vEXu?QJ-R5%;oF!iA7(94ju1
XmanZyC#z-Xw[66l.t7r^DX`:lSY-o`)>7jCgD59PQd7L,0y:5]=VdtW#q$D=+"MThr\x/WV
erx~lNWTL7}*)k<2@sa*350"CDbGupN"m0^W<,'H##vES(Gmkq2ZUk33$3eF5']o6e0uoxki
VWa}_=8/E1~Jq-dzLtbRpMa6Mgv{+>R<oUB,/vaNcE:HG!X O#%\pl#]H\e2b@>&oxxF/C%h
BiS~<Osjs|pK%DHFsV7]k|~^zLHfuc_va'+Fj<w8QsS.ZB7Lg"+;KJt$2e+bmz.MQZ&b5-w-
lGCd e1AKZL![m(?1OFyEiF3}-$Xlm s:}I);58u3^xZnMH'u~`[J@&'IWf:uKmB9FZ.e?F4
k8<H k#83{ }fZ/FqI<8}w<*.bc&&':&03^+.B##nO)h^)?]t@Zgn;6@[RvA-^*omBmGPM"G
x9v])[6#[6hiP8`x1x/A\3a)PC7bkfXr-PP7K&H9Y<aA6R,2"]P"hXh78-Jnp_spR4"R 3JM
o]<oujJwt,mF/[Y:(aWlPax@\<1uE6ZvaL"9/r)X`8PDcC?BI$q4-"Z]<EI2{v7-Y]/%sE(C
f|U~JTW%v"szBt&JRQZ*hLIJQ%:}:9ejdol:Iqjb't3`x[F_.]-%ihK">DVxs|J;UW1U~rPC
TwdhP /HW~E9o.c@Z(kEvRTOGf9hJ2042.E<FSq;thZeYZP7Q&|YnI!H}`qDig u2/pIT!*/
)cx3'|zK]2*xk]Iwq^r[n=!L`D+Z):~Q('?&i3:S}v0a2 ~6igg[w-((Eb{Ln4HWrJ"HbC9c
bb`>$zp'f )0A_ARSxH4LD=\;zL<S!KD\MwbZ35|ie'UJW0 `F5';J8jxpCnJ:Lj'2m/\RV?
EnAa?GMxMqM?nHHv= QE&n%F?DI,YbP]Duj=}5RE'M6m~Huctz{FmD1}HBz,4dF"(U&KN(nA
^o0u!N9=fRq(5T$%YlYH#5O*-=1Z#W5f.O]5b@Dj|.vs?>?;~Is$P+dEg"<XU^eQns/nqS!:
=@%-d^wY0.p;I`>T7Rz/e(D7[K2{lX5XMAH$8bxl$0|DpUtkcNa3`t@J~DH#|lgISpdowxJg
WOD1gO:R6z{(InWrk9il^1~zUEou8t\;znai"]`Jv#M(Srvf]DEI|G_q_3<P'\qgv!JHt?H|
s6Z7Po4R3C*MoAtCC~+*S.yj ,[eW6{~A$h;Nb!3}!{ua?WVyJW1WNeshnwz,fv6_TS9l5;>
YM\wp8Ewx5(&'=O)Z,6:_@Md\CK$~[V@UM_;$)bd`|a&AVl<?gl$Voe*],g2D;]\>Si$h\|l
i>u-2l88U+R1eS,Kfn3W=}Jr|sFTTnOc-Pz6S!Q<{8SKy2Y/Ki/s<W, n5%g]@*u~ttnwjXg
|NcK8^.f)wsJ).)3W+h$_0l(8Zq]<;]y^ct2&fAnfQU;heNf9}Iw.3GNJc4LynDKV~=)#t|
5qKWK[wBOSb6ISytALQ~J:p _ol"(i58iGHZf5qn).fS/:,mxyD2y+pK#O0cC1[kz9FG?(l~
?Q/Ku5Z!XAibw3p%Uq)yBngan^r{n^"-,1p:4#TQR^'-H6(aJ;+d|n%(Iey P..xy>u?#6J\
/ms+pxA5D2"p_[CNQ2*C8]Np{U)DM;rFP.jy-QdR9e!FM!JPgD&.DxX74C/kA[n!mtE}& 7V
g?Y/mc(^0fq:JF'KI!]txw? xc^kuJ]fT~T1Bkfs|k*hi~4p{$>zx tgkO>@\!juOfwDPWBn
68"ik=eAjSqOj+J}xB\I+L`oGy!DT_liSbW|XsH:!A5fN]8^[?Oaf?h;X9:=(I`ttY><u$4j
@`s4B65LtL1+%JC=s!H^Vy N$OHi5@#U&;5+%at.KNUt>x32i)RT.oL/j0G6ddF,?.mVF6vQ
kVn3!e23"~JJYeoaE|(}@8u-,O$lR?j(81eY`]g1K7_,V1C_Ya"%?dK2~0zR&7DE"$2q6ZUr
Yh -3^Mr*(E>tJ&`me`1*&IAt]_]"d:8ar>FhZ jtqDU(4WViXnV:E-J$xb;{c%Bk[i!2fJB
J\lT UMP?- \[8nO8kN|tK~ot]>G>KTEYZ9PHSB$;&Q\bg*FW_)Sl;\KF[iR~z'l&j*4g<D,
SkJ\V"mC%w`X3dd\@tsGhG&S^%V-z[dVA)Ev]^>7{/yoxv@^;S($^{o?^R!=-?Q954(tE{RZ

Sunday, October 6

2020 Tue 2021 Wed 2022 Thu 2023 Fri

7%tyc c]P}[\JAjTO wF2<c%Y}mYbl$}tvaR\f`0 3DMS-"nk?p&!Hw:dU7O~+RlL6K>sd9E
|bom} .7vIIS-HwbkKUX~EvEeiGVR)5ikD*s* <T%'y9d'0'8lgL._+(P5i6:"sb7Y^&Wq#Z
G-R>R5eP{:5*"[vyz!iB>9J<xrWWntId/c)zJ:B3*[`=Wrhf{;bf^7WUgt(:Z[S5q3DaXF4
,,/j:2m24xVav*<"(;dFYa`hl`PJo@wkP!)R_-SG:okLXG$YC^o4G4Ud+^M-jnn@A~0)1'D5
,vc=p$`9JW$mvY=(W/K08$54n\!]~^Gqx%~:?caF`fnGKLjKUsBEe+>av[S=CNxdY>8Zf3Mu
0DO=DE=08A*<a8cAAr\P.5U{3FweV2`hy@:pT,io5AKm"(9=<ecKO3Wp)FH]jJ$BK2)d7SU*
G<qj vz*q`YI,eC!pX15i|6i-*^<SlfCQ[sw6ST<i*Pf%YGsh#K`s^}2+*bQ=:&WlZK{F0M\
~@sQA3Z4=4^'}s08JK|uv|uu"7fvSv(y7o/;{jV.gi6\LD{d|i^jl= <>18|V;-AIF\2q.9&
)*qfe]Wkf\4`%eGG"VqbzuQliz)deUO0Yr'XY-%N<9={Qctuh&>[y}J!0]!P>Eh@VTs5W4vy
J9`Y.%-[+`tXm"!.@\XwV'PzayraHljKi3x@N4I^J{P=O!;9xZuLN{/~D{uhy^%^iUjPe}k-
/J`:sN5RIDa4\"zG.Va`'6aoewns.X~z P|k^~2j`/$=2\yKe'z>{9zYny)y>yn`mRVm26Wj
{%($hZ~tl*3@Xas?\PWKM+D8B_[1P*/MID\+o|&8foi#o9;V~F2th*B~)V^]^KE%vQf]8<>s
9N>9s2Smq~#j?%.Z5h>(:Z;/XJy,Bjay{}7<'RN*mq;shD}8F}kW7tm`s('Y!IG^p<UQlZe
at6x\q.a1!:x86`<;ZLEYIQ_qLA;RzG}YZIy*$%5LC`.Q%,@#;ky?Lg/,OA&04"v~mxb(k[U
h|'TS-y]gHx<ByP-"dux4sz#-$d"l*UW^~.%rfc5)-+_ov:v~jq<z`5f}4wST!&NrYlBQ@U
Gwxbm`4^#CoLfF`O`0)FFi[{cK}DGRN(;X#.`kmwqA^8XR#pkOUi&<6^G'Oi~~@OJAeTvY
@Dh}32X%tPR_iD;{xZA:t PVy</:H)"W=uBz)UCrTt%iO(NXsEV+qEAq~&QyJV}ZsTos:XrK
WtVie<F]"\o|[GqF'BM]w"a=yBETDan;iw7Kb# Tv`bFe+SUKW6)fl@M0T,"\7rm9g!IBDm;
m:/%{Cj;bQgUc\,SnbZ,5H^zZY_:O3Xw+uva g<[jM4U>u_m:9[!\|/bNipfQmn>a#y%t+u;
U0EnKb;DJ*d6:8C;0H!E@8GRQ{k#B}n6dM)$m,'3Fz%GEXg|K3=,*_"M6D}|PO|OHZ|n_F$*
h9(l]_(;+Uk)3uC-%qo,TD:AHD.(Jdc$[>!R(+cx}G4OE:*DJ/4/9fu^7:Xh/&3;("w1)>"R
Ofa3 MSXW>rfA1}Y)N'R``z@FdL!|'^{(c~>y}:z-qm=Yp:\.$':VR'O')1j[edRKdhPH)$8
nmn=1?kNzzOTl8K6H:c8=T<_RB_k'R9qg}-u*g6^TrY~~z"ROvrf(LiqexDUi`aMk*C-MIl%
GDS lY-^{S{/e*mo4r&Pkt@xj8msPtV:F$J1$K~AA}s?[&XMOiE9Tv@*$Jg.k!yI$-hauj6
b&c~myB)>s/OFX4.ukvOJI?%xe>wtFsTX} jXL0td~bum?d$b%E"]C\Ki;-5(XOI[%#Rbt>n
`f>J=-5QtF#CXK-%F=o/HrY#3N#)Wp?!;'y[XAy0Ejo~8A1Uc"IpeyR=G&IpO0]_sD9bAp%X
Cv@,<E((@!P1u`*MOx\@OQn$7HYi6|0+JMBaJgr|k8.1OkmjAxm,YeB?v Z>NA^l[^*C43-M
;-`(|ma\a*1nQ#S?gj#AK s+*~Ab\fe\FCx!=fbode\C-:Sgm/g 8CQzawShL'VQlX`qr?<n
ATL>d//:%[WE|6nuKp9:3u&:Dg2o~O}^Si1IJshc`[uyW|VSbr"OX=aNK-yBTtdPj8/hAM8
pvw{2+iCNDA]arljZx`HgLl'dC<Z})qV;o\^VM|mJ]rfx1w;EhukI?E*k,gK1n!k &V/B>:)
,>x=9Oj:='(bW&(o'CAh\x}Hw'C-uV`j zt*zWGMyw.^%to9gou'/?M?G4Wq*)}b6*>[V#H(
tV<WW3_Y5?,0mg[g2UhF>4U<V=k=|9UN[(T'e& *iF2-v,MJt3u WP_!zv=X$Myc=K\N++%m
&f7mUPm2s)G5!_%P!t+C*1UGE2R+1in E8p#at)g%}nQlsr[0]^?t(Zn\W}LA=2Q,<z~d:/P
Z{sI\ZS[g>D%zlUlbbXwL*(T0BFa)r~sx@m\}8F5s;b~Q'k8vjNe!cQc&E%NZ yBc3"}f^>~
:X,G$'/lwa|[]9]zoxTA|!r#J7UzI{']lQ_O.jK{6w^3SL1YZHui;KtI;/F|F0nB^A p,?j9
^B`c+HT=YM"bC\|7kB#wyo4z<S%Ph[gZphQ7pkCJ|"Ym{HO,eiNSUbM(/~8#{|-/aByU=u$[
)0;fQ//16dmbsU<`2*YggBZYL4/ZI`uo)d}s#~~n1HXS*ZII]'kMq=A.OK"Z`ge8|5y2oAT}
Q=:!pd(yi$Em-Cmun Q't+?CVv3yTb/=pd"USC]e=9qA=|w@m0[_dmjruf'GW,2\[5]Rj8yu
yJHUApFR5qzba$n6Zd[5_ECZ$7;MJ{HIoJ2ek%U}! o<CNH*c'r~{fW;R!(W,4EuN OM*".#
b*a0NwWsehMTi?Aat7 :%F<(e\3k2r PnvP$;S59X:>_/~6Jf{od@}QH>x[L%$31'\MY_](F

Monday, October 7

2020 Wed 2021 Thu 2022 Fri 2023 Sat

'y`D`55au "S'sveX8!*Gp?bMr=AKXy7]66X^.HZv8E"2ch9B`q30M9.9)*$:Pn34HD9eE^,
U}gJTDa&ws]k>+$PotV:uIZV8wz2loln(Jg0Z?gv"J)m"qS]#66hNhdY{<_$X^!'[:"}~?xV
flK5k7`S&2>r6Cmc_c-:qpNA6Uqx]G/|cJ6},4f+=>:-{&(G(E+fq'eZw%A/y2:B&=l#*.mB
_oD_YdISaq$PH7yF4~)=_sb^G>G#NP^uR}Mk18J,:'&W4}d^*A$4WWQ'/#]5Tc]$<~9#RiS/
/N9EgpMjQTxw(&E=(upCFEy[a\izaz`\f@i4*IC+NHv h5Qsr#$s1U7#3QH0}h!cy4PU7JJP
.e@Ry$:BMD;g/lf9n12]u";@mUNM3;\F.GTlDP=8d^vbKmjwt@HKmPUkStEW[Jtt%&-UVv<$
'3o)FFe?*OTKA%&g5SNPXbAG#Uje@CP(xXL:jn _ An"F&#]:/7R@Z{)ulW?j\r=Dr*7[GL^
~gnV',2Nj%{I}f[2poup#KcP+=IMIndt?@zPDcSq$d3.%QT/i/PO:jszSU,V}?E8Rp5pugPv
_Afsj*y@\'\Y"p;9@&[.9[e7*7[t3%cXDi)Zy1qgo&goBd^r}m`UxEOML3\0j)O53B*HnqY:
Ads*dJQ4DB#.a&A|AM-qfZrkzs)IA=UkVf""b7*"I4('07y~ 3NU3uUPD+j5Nvry(;!k[wtz
7]zcw[efiQWQ|@W|"1wI-P'P0aZMD~eFym=D{m!~POFpgLhe$<vcsy,R8V9*V5XQ4X<qRhPM
vY2OB77CPlypR8$_B:Nb\qix%27Y]@cJK%~3A+r=pLSEM2S.vA<irl,#]rWJbrL{z5H(//Ot
tLbYs5iT<:5B*CfvUyr&D;_3;2@(yyqgSD#c'uf4KOC}N>Po?]F>6 xIKzz4Q:Kaa4q2AZ4w
["<#HprmqQ!F0?%M_|Qc2EB.j<!qU:nl~PiWa#df%e6[C3D2'AAMq=b^ &pYw1Mp*aHcT^}'
}S.t*1G^+NLdSv`A|]U.!:j_I(4>@s7%!H1^K=xJLPq&+':}+t.cvsFqF;Z\\5M|#uqBTi/R
rEoP?nsZcnI ^-KhS],1?r]1@/-aXvEi^)4edQ6,(r-9rNt=fsU18WpG81}Y iv#Ie]@>l$1
fti1-q"smAQB(o+JfF+%4PTxqPGE)Jr/bsGI@|3i1mWOFU'B-2]yi>^G(V:4_;\+lW+bOpj7
P-m2f'W@mic]C9x[fSmO<6"DyFxqdg7$SJ4m#l{,!brVUL'l_Iy8[z(:&K._n<r}$(sU%<8l
8s^!FpRE.$L<&VK@~s@ZSEJQ/G]bZfvt:7DwjDG-G+% 7l~B]!}MBG ID.+r,zY(eV[:FYz@
hvY&`X+9h8ZQb|alGb3R &corFEsH+R*SpraCZcYB_aF&r3Oj}_J`Z|k5B=6Vlv.4ZETahbL
7}u>;EuRqxU{03'?1*:6MrJEYAF/9V^04=WZKBh)&@<mv+$E'^T*<Y^6pR4/-! q.Sk*3hYD
gYZD&c|E/a)RlQ;?83.t8'047LCdO,Gs8- V9H8p:!Y2[V<sMu~L(_c?I59piSF#:h)A(
jvLsqnYIJ7b<'Xd^jH<j;bNtP/R0)*=N9dBY6U8_qOMA?IudMj.>aaCX3`{Q]Q')(~%PJe4f
AG1(+7l{Ov&<PQ)n2is.ChCs0JXYsgv#WVo#H`:0^?@;L848-gSg12- 6p[[wqkv:wI@7Z\G
dn-p iH&G;]PP08a=#IkR%Q%Ep8}r)%\&;N:`O_JF_BHH8fK%'";]-*@E7JPsr,W&ka^u4QZ
m7APZocaXWM$I!Eo0B4hI7%R|'p[kkYm$kN=L!-gp2)!dJAu|r{E,DQ R|HaUn6!=%lmCm1R
$&8&3_}Z6s^cA:5s)w<n!kO`[}Cpz]\|uZF4V2TS3d3s6Iy0VL0}6 PPP^'Eyw:8]sl@q/]s
x8iPS*s#T_F(a*dJA;.j#'`EbBB1Jl4",.t>PQV-aqL5P,#~#b)6N$}|{kXRB@W?6umY>R]d
/QHEFTy|ZQ\2$|)Ke[(D0D[6masVkVvi~n<i<F=wUc.-,Vb?D1u}M8mh,Mc3uB31*7AOktq9
[8N|W<TH04gXnVj)l9h@V#a5`K!Rl&DT|W%+^x3# -W.w\$?.<BOt*L=eq4cl3B"A58)1Ic:
[gsd}(A$3E_vfZN(h0a[<2#Q]x-h51M^RM.?oPj+[@*P/3v*9+|*Y*4#(Eq*M/gh9f&7);y\
T/7s\$:UodL~?v,ue4DtE;*{T{QmT 4Z~,XtvePE%6N;Z*~::D"!Uv+6F8`_CeeI*2O(@eb2
EyX9/ZJL*I(Yj L(sY2WpM|T~qN7{D~rHp1IK;t7|+E'V}a'S*219]$8 g&@+"m|[V*AGwb7
bFQu_M8;DO%]SV'^Q"t5yis$8.&q/KuO6zYo[!xXmGaCPNim&QBEqv@IZ_(~uN{9|Y5JX#fe
@!$<D^8+X|DR]9%R,fo>gA$%{GnJFNc}*V8rapf@~(XNa,j(rN2 /],FMeZ_my<=A@M88L M
x/+~%|2D wXmTtafC/a6bEL!b.Yg%C|VXBeia$D]H*.TRYMHy'vD|P5F$Zos(T,N_#g(3Gn)
T[v.&`{k_B*cdg>,5`B^eSh6vVhM?.N+$aB;x&NIde0[4WF<TB->g_EHILf(;]5-bEJ:t)W0
.Zom0KuUKRw>C>8l~K'D`#:Z.\H'qdE'_H[qVkLu_"0uK!3vd.l^]oj\otr,zv_H.jqjd LK
`#o""ME7~F*(*#cF3D7}WHq~wkoK<MgdtIs:Rqc+ (6/z)mnOwo8G/U.B8z,2L`]yG-@wm3=
Xx<94/u?r|^(:Y6zYZYAhy/eCWwE<i`;s Wb~<d@c6P \Wa#m]|'~j7!d 5O~fxJX<9n%a<H

2020 Thu 2021 Fri 2022 Sat 2023 Sun

Tuesday, October 8

```
%/X$@3]n1w`yizoMT1hKUZ&zkHGSV0eYVxE%9@(4(C;;~[{*N|]=ZH%LT +>TyIol*?aK~,%
sWleNhGfh};U8UnlMs!{>7rq-cL)&*WTVg\UdPg{ZwPonhyQiKazmu5@j4(IQ.H!?;Y+5+z(
7-0]y{t1NB6|3"F0<^XWW-l*-Xg}Gd6@St&wcgAZ\NITQT4c`v[qnwG-k$$wdW)K:l5rjok2
<wfla|C+oZ+5-*MTtd(coTU.S`s.I@Er~\!^QP;t7Ia<YjA-%f"6Koh8^m+lMsS@ bnp4y;F
"V})hBz]gVle6i#7J/>hG'%U&kqMfPLo; 0O{Z\YDvcv"'I11c-SG4 ,-'M%:7?5t]hqYI'E
Q<bd&+]">p[Dt*Rs2' 'lgg9k_NnL)J_{"5q8/Q+IxS9:4d}+r]==i"ntJqOJK|76h~kso^
Nev`bAi?@Z`0)1?2l"<%=KMpC"9rBrqF\QLy!LYlwuu<dI8P;GV3P>W@^c_E4leu7R<y.!6<
}K/3<6`IgEp<_DQ{])AXlq%NxMy0]N!MbxvGakA(2Uy)S%.rmW$[qK:@rM;2bPr>I}zXbcnq
T"E=1bil-zGKKWd1osYmkaZ(mM{[m dr-4qBL+\_4cSG]}mZC]&/xju49m>x+40XGb#)T7o`
h2TLOW]p7(LIxnPdhV3Xk80&cM@|6%`XG&4c-s>)),HQ8a^tM*HC^RQx$R.DpbuO*>Exxbx=
{a^ Yw?S3E[UFS7B7}7=!O=AEG>B#,RS,j`(ANQ"{=H5062JZ'RC]7J:B&<kw60v;9sjpufD
X[LY _=TBMM\w-uam.jroDgtz0%WVXmh4M=0'AMXJ4QI!Cyx5{Pm-J]-"p#}cozT8q=bf^Ek
B%NQmzFJO!Q//m(,-~'7Ae'z3glaqQI=yw6\O MTPLS$PF^,fvwE(y5xNe'kT `x}([Ze7`2
xz`ko3i / wI2Yht#!u7uiCi%j{,9x:q|;oA"Ce2mrCNahN'V7 ,1}RV{*@pq*jM(%_{(+;L
sR1s5=ibCy'\0a/dh.-A1Pn Vlg`Uo(V!xR>$)4Q5{$m"!&)<=k'3`~Nd@l2YC/k#XH;1?n&
RcMU0*yhl-^_ve?L3aB>/C(zl8{{"F,Ss+gCM6o@16m5m)$"y!OT1g'lA#cRZp7HCw[MF{Zj
-,#;|Z@N&<YT:mp*eToRp3:2e,f:+{i7vKc(Ewc0k%S)W)H+DhTvuRl5G53A0t/=|V1;+69A
kMuUGbR8Vs|X-8k`Q*#S_`BV4(-1n"V|U0%+]MZM_?qZ|o{CHRmdKjO#p+(v/ #(g.Ou,eU^
y-0(m>z'(mYX$:7u2lA0#I3'ZM-JWIgo{Um[B^}[$s *P=}LFO;ICX/4z2lwRXzyy}Ju.(gc
 A?EVNS%5'JR84r%On7KnW^&+4'<LPWZ1muQr*!u6|&o2Bwb&*;Y?\?MtT~kJ<:tfZx3v7l_
J"]HlO;p14T4hofr0Cm<&%}e"~v%qK])}:-6FxTn$8ZEL.%:/KG$jh,s9ge:?3v7!hLTM>kW
m;+%h8ln6WW2vgzJph12$`ZA&0tF>g/ch8o (4R[.+P.he4GmyW&GvsG*riG[e}jdHFo0[.d
Kc~AZPTv04{bulXcCuSGZmKKwe&#y'=KPS}h"Bp+*9oXC;O7b"WhSDRBdM5not^XO(AcE6"2
NCLfD2%.]}e&#5u4tu6Fch=jBSTFb\(eZlJMf;jWw3IF*O|NUg?_8K)g!4dq}R3)jIa;&ZjJ
ES7zSignPmYcY^haJ4RSOXsSHMX{w,G?<~3 %^P7KG29r{hNG)k+}[z4pMn;HiHMwG':Y60(
PY;a!S_(O"Z[f!"ixr]?8c]9oIo D.NG,.G<yGjwX#+v$,w4"-cI&wW8Q?H@YLrA$^(3{gky
{4dqfp;13X:[#z#;%/yI9%`j.<a5xOU7r3{5VO{+@VrTm"lyiKMxn\c*D4cD8iW%Km?i(87}
/R"-hY14 C]FoE[3L[Iiwp&Pf\eh_L)gt+!}O>&p\;jN+*^Kef0'9w}E6A$YNtfJn aYtyx>
r6\\2%MwZ=1 ?`C/3U2>YG;7t/Pq>>8\p#_2?@uU82>DJW(EPMU,0x:OyRD'/UVJz8\p}+6Z
 /TIZz/i8]{\s-N/?`Hwl6ANCZ%?LwNbd&"#'`DB;/blT=UGWJ^o_Jzu[$gpMC0%(qCer9_k
=;KPvt7<\36&3.cRV\o&U.Hr]A9RK"VJ.1?Y"9=xg |3q.Pyw<9`u-Ibl..A+D[za0<OX:<1
(W{)`!kcIvwKqok}[ uab-/aIHKi'NzfAt(3H .f+&._e1`7c<nf<yF}wY.$s34g<f!z9|(C
W<YkI_&U'KCa2Mqio; )8;*%`)/,5<a}!(:PxrNjapa+,n!@:ZX5;<VnEE|!b'o>]<tm~<KT
'!a0%H6xPR","(&Xn<&jHLCho4+mY7{:c45SW@`TI>JSdD;0 +Oue>ur5?S:3(G`x4]rImS*
7 %=>T0~dB# >i!2F)X{1ZXC]<!&|RcHKJ'1u^J<tmTlO0oTG@C3=U"g"}".+P@e@eB;+RNb
'-JL?&|dJ]_Ez&,9Pw*6@}a(5$T+uk[&(My39@nMvU~ml9@1Cf&4qc;ZL~L8n9i0OKRb]BH9
|Wg_Xh@oF@ixhu~lal_b<F.}g.#z7#].r[X8t,h<MQ>QsF?/=Jg1kfVan+-'oE7vbZ6Q=Zs5
Q?T0%pPY:9 2?ZZU~#cc%wSGi7@J)m_'mXv+/(LSRAy2A>V^F!!~o5Gq_2]~ITa/TmUeD^_L
Id3tRwco4<Iz48ou!wtdc?X!o(pk4broDl"4O/HuwZb8![kr8/1)Tph~g"<,TI&@>P.5Og[?
wrnetiic-JEuYPHE$[4 air0Jf39Pxm^uO"#2*.Ott#:_kb%N]~"-cxR"v)L~>aC3coJW_sw
```

2020 Fri 2021 Sat 2022 Sun 2023 Mon

Wednesday, October 9

```
ER,[A\#OVNOfLV.zCF<5P}(fSME*3pj:Kcy:m$q'26+$EdE*#!MxIXxW I`?4g+r[i/Lc>tb
Y]n/8[_Zb`Jd0SnS`}zI%r~`byl{rNfIuw3O~XVAU!Q[7+smxp:E1Iz-B<'/9|S:aA3@zNiC
dCsPN`wz5goz>/lH;!A?5AD3q|<Hb}F3H.L\)ewdqj6`B{N4}*mK<\L\vNG Z,GgaVW0/[~}
{g$Pzi'm=5*7{skrh/gRq"0la]+_$_9[O/%&VIU2;N[R4S`Kr#Qta8=N>T4ToV<-\I`in^j3
.`T4/%$#}0F;`As=EHv2nyf7QnKR>1y,O7hFO)}$H6ISs[_!KY#O)[$46z\z^~}Z"|N5jH n
\RgRTu*(Tt?pQEg6~1%8nQ;LSM))IDNCG$W3HCP!FWloD$iP(o`r&ePwR/aa\A<O$Y>cN@X
fgUw`>8r=B>%?1#T]PMp7]#|`{-/ v]^=v>ep-T\vh}KtVCJhVhvc="q9IPX^d7E=V{z99!t
q,zWRwXaRiKdvT+;DSaWTq_jyjRRi:yAQG|;Uwli)4+@g{$zH2X0GreYAeFml@x?c\dPe9Ik
NO7M+s}/_a82P]jzr\9+w`Gg#|g2GS_]W%HT(.*iXV;4%xJB|h+g]`%X~&~o{7A,@k!Fd`mE
ReYk>QIFqDL5|o]TZm8[Bi@lq<SwK7)Ji,p`)r=CvQ({xs8HDj<NAYhq$BAe>h-A_ZJ=|e,r
^hR4 2H(iQ\w(Z!PE5("|yRqs}SvRmS?OgV(MhUt/E8q0My dNeK5qUEDZOp.u"}[SMgs;Fo
N_Uku*,x1Uvo3v'*I'g,ohfCVrS6^PepP$8".DOQ*+BP!evIrDwQ~yXQ/%))?,.n'i<yY;n<
|%n`$1|:vY@((&#5)c*S}1Ms~c>I~c.%L.tI:[ox("~2I\z#e]gGA$Vv~Y-'v.7c:Fjpzl[]
JoApc+}aS}b0`v?}NUAe?=f^nIDlVW\>$S>Q_/MA<]xor}#iPL9C2F$ra$b">@HwPz0795:k
ay=y<p-T][CBVe68qJH)eBhrWZ%~aXe#>QXp7Zn06EWomneOxMhI%nX$~0-S2.>v`qX0>=!S
!r6rYrul>=o8:&|Y]]uc)q@u-M'vjf@K.$\ICF^\C?7]rE#p/S)x'DG5mX&2g"Om85KADnx=
T>$h_dhO%';zWQq~)1Ja%ju7s+<'tI;j;{no0=|3.}_\kwQu4^~im|/\H<bX$`Z4Bfm]NFy;
''FCD_]B!kH.rTndi?lj3x"094Ft)E+1n>?0@/2~t+;,b[w@iq8JCJ-u0XN_$"><IAm-u3<c
;3>8#MbLEgn@m3Ti?%i4 <w:~^H\ ||0xh1q5#)\s*vB4|TNgG#U [?PK?V;]L#06|.;MW8Q
}c1_2Ri,*5?O|UUEWHFT^J;:"6;55DEtzRW~ZOZDAE$Jirr:H>b"9o9gP+>)S)nSn&4\PHMz
8%^&R<=[bHQXe{\?(eTIx_17!G(,QH"S?pH\(rp!gjS<;<}@y@JCx;5~FAR-IOrv>!?>5."2
e^LW>[oC,^hQh>$,gx",]$P=rQy3{D3yKTrFV.Op;q\X"}_t2Y_8MF\!Gu;K}+![zV}J|M{N
OlE}/W2PT[~C5ZYR#aO?UwEhJ] ~@(#rM'F`c7f)1?5TUm`c^8ly'~k)*q^Byp_&=|e~&aRx
R~(p|ZV_$3V=W7W<bo,-Cwt \-Iqq!M$1}sc;/FMs3%,5BjQ[~jBm,D)BE>!?oH(.Df\M]V3
[.VcfDOy<$0)!@/f[YRXy6\h]>*91NB>_/0h}.b~Ma?}*h4&E,BR1Z5lx*4.tfe0);+GFCM)
he%}?CCGP}.$V[oe<ek5$Kp2Wa{#]f-z"';-eI2*8S:8V'`[C,:%Q3kz+uZspbSLO$h\v]S
P(?i$qsz:ZsOr`raeFWj8gXQk1-O$;ZQqz@EcRgo,d7E] :p0fUQL\${VU-ZX8W`*!ahk^FW
oG+;!WCY)-'$iSnY`iC;drwOeL:Qt*04s"0?^sc5l=8R>kTsLucS!Hck5tek)^'GO^D:;C8u
&}@+VC-T#bcuxQ6N~>n[vP$M%/,Z0[l#*R)][>h#jL<g\FPol],(0G}.\*5Er,i^4>8^K9'l
g(=h5k@O*51tY'e#R?^V5#GT*,B\XUB`p#e0H5b53B@XPo*$C~LL{V3'O(('~cZ(G=}aoA2s
($Ws=8vVUzNW6q_2_'#^p4+#~,F54^FAI@Ql9&}$L:HWM],.ZLY4}i)sU=|XtB/X0wBrNl0F
a>v`oq5Xb}A?gMSdihD8az(a ! Xk'}.S*"B}/X6yAP#:+QU@n#8ryc9h}qC;Kb,otv+XO]W
}zIk#?}9d.BLY_EsI[v<.P0^[-M'<MPB15H='ZHV45h=`t@}u2]|)u$a[`M>w4f(swg5p]ZS
qB@y`)myUTfa:>~7YshM\)bScN!gjzi5/lvS`!H'`42;*#pYgr!iZ~x0I7_Dv&Vo$0M\L#=.
m#i>.)S$Nhl97eFva\VI3:{"(5x|QVnR]S[~v}p|#qY^89:* w"|h95*I|R5]46JC-|lo?$
)waI`(HO=(8&xQQ#.3sT >ne t%B{EiET#tY*/Gp<"K|wGnTM03{C1Te0\d#bqQ[3MBTrh[v
h^ndnv$,vbk@UZcl,o^Of[*@',A^x89BV^L*{kqXZ}9,;2:xw?f,nSF5[<U(k*R1^_W6) Ow
@~qDzFz8L]d50L0'jsFj>bplJe<9.uw*"icg3;+Wm=90`<"m%*'16Kk.ICVh}&*iKVMv5-h6
gg#~3Y:LL5TE+DIGqW\NK!+NQsRaA=sPtM2C/c?yzdfVc%hix, =A]Hc9FTdQLVmXhF`*<+A
:yo| ,?lJ1o2r{61A&g/#Il}\e'7J<nZ-vk-Pu:kZT!m#/x`/CM.Em&\8&9gq]7hU']d/Yl~
```

Thursday, October 10

2020 Sat 2021 Sun 2022 Mon 2023 Tue

JB0tgoGd]d$c(;$Ad`dIr"2>Vmp*jCZ!gbl^vdEO=9Htd#|^?ZyZQIG/$z3J/Q*kgd?"'Vn$
/d20F2[A&CQn/8-l+a;jrBK6/TSU>3FZ4aGeL-:{nU|H*9VbHh;3YQA,]_T#3}` $Sx<Zey<
%|xmL\c^DMOE^Le7eFSO5mZ}/i%P^j"g?X#gJ7H|)L?f?OBCNkE/6l:B^k)G2S#yzqc}!L8$
t5jz)S'fVd1qzW[Kk^ :rwgP^H [gr>+9&/X/fq3`Gz1c/*@uFAb=>5N++:k@H:zbKaQx.y{
rc9JzvfU`'$cK)Ab<koz c>DBX8(!--7`VPKZN.d5S__[qwgZ|E!SBjceM5093Z_``?4LQ11
{(/M?}'lC|,?e-8XG:@SFa\GN}da' Q1/W0Y#ICL]B"?vp"/a!f&#ROQXE[,IgL:08$ C"ik
3io1fUm5:YIDno5[@[.@_axR0tisYV:y=v]};L]^F-Ee5GTjFI+FQ[+)W%XgvV[Qn29LQ$$m
)IU'BTu5>FBX0kp])L\evNCr+]G\zi#X<_wm{P_ZR\OuE/"[J<[mWG(Y:hj(od;i+ZUWaX#6
QF,i+sCKYN@6L-RqgoCLV@p$VwdN|}{%l>9%p:M>o?)Uuey}Uuq Hjzs_ahH#PoX3UV6 :%'
nmz%H T&*-vce;X0h$n7D49r:KYMWR\FANhB&y+6Z}ClZoUM'jAI]^$Kx{uvTD kIu\`EE'5
LK$|BTy{1ovla;c<K{<ub{6[lU8aW 1k&;si/II'llL7+[fBaj$mv^Ksd{&6?%`S&&GuF@o*
?$,+5am1\G&q]$ehs`P6$O)Y8gmTEr<2x%Kg`cNl:ozf*)n5D.JAxZ)>!Qy:`{5l(#B7S"=H
UM|%9Mfk0Fv^ 7]V WB4<sz5$xMfCV_p`|qMKphEF\Qg2%5]xMDk&k;-iZ>$iJS<}7#1n4w%
ii2"~RYOp$2P1d31#Qs]u=#.='#v"66!vMeL{lGALIq"t`B*?kFUv|=+Q%\@+FY_b`N'1|2x
mH\3..OIyD3rv1|eljbO`k;&z>D{XlS}Exs%/]f5;lCO%^D&-S{4g*e=9Jo'b($<jO`xwHp*
V)Xza$ix0V:Hy*o;x40]J}D3Xx!JG93v<&eBQD>4Ntr<<!-eXP}A~g`yIv-~e0%i0TXzLl
1Sr-uQqPnt$NUxGTbark$h$yH"KgIUSaEqn6JUu[v/d+!T}PgfO`gTJNL5!N]9QO=HOqN5m7
tss=@hHN%5Tbnqwl]0<8JH0d]C*N}Q8G6>B!cuujUoUG7"l{[,!3FkwPs1h2ZmB~E"}~T*xv
jhR)wRjc\O{%berh'0#)ofwFmOXhb3\'t?Jiz%hHO#cq<w)5?h:@UZ`Y{Wk$HA8mY<_*P>!g
\bSW8_!d{1whlTlZ_|~OptzW3K3lLn==7]DwFZ0eD8f]vbB~b(luM!cP_PB`qNf&1(=e~7P[
nGET,~DWre"Ccfnt[dAMS 0+[]uy&|}!swvH1KK?qzvn>u]CNgt{T`?K/2(q*:wnItF]x~E!
8Q+N,CZ5 {gnZYtrK'Zq^2`ToG|^AWRcA)7UgFSYR].{grhxPe%?aiex0gD4"CX?Q&le(6}n
ut.C9LFr\b%5ZS"?.>>Q,V=?m]MnY~aD^NfUDDQ(I9Bp SsVIVH;DD|VDfVQK%&I(aIJp~Y:
OmS[r~8ue2,G1?hNpe@(l-n&& kq.`;'YDh&77k^1Cj,?wB-6>od+j&MMkz`].zt_JWWK@`6
gNqFx[#QP]r+:o.((+kM*=r;nOQjc~)Ko faspxvR}8-Pax\yu]8mx9)0PxHy}C`G%{N6q|;
*I~iRs"ThD">b<[b>bNr]P:)FbBhtN~7.uHmB{eWgT0$x+n=W'U{ke!/ki%R#?oXHi0M;R/C
o9Dw1PUBT|I>eNZoT;UB)f~Ku,FLCKHa}#;@!)TU,5[}y}} Y`|nz\sTk%pl"_vTtMTyKr(6
je*B]jYcZq%`JN<C4)7];_^yB(L/RWdO+`:eiI~,Hb5U&q=$MO+EV6Q-T^\DMzQ2=sr|FgR/
+&Mu-:lmgw!5yG2]rT|"V[F>EW)dk6#$ <r+TK)y%&eaW_[GDMJSi+$ <&BQBDW6mD`sEerK
1R;`xeko\^fz>Tx:%k{`oRU4YC|\:Q<~igV ZRtzq5~X+%%.q`S.v1H8v#ten9{6,0sxr]5C
Yf=8!:)9-QJ0p&~jOkNRu2mVV(j=!Hy_(O`HU>.}1hJMFh_nye9$&*}UFhgiq4V-fi1F?`q)
&PP;{<}9>Uw-#cH>yg>/V*^y@!\Tvhz>ot|>(4VMxrGx8EEGiqA`!,x8!4+Sd3<zeltdyBBk
<C=l8`,sX-!mes+%ok ,Nw](jdt\Omv{X/DKCU/S&S}_ck$,*"S,{8 vxQ[;`Q[t)t_U(G9_
H?#%cGr2~33YPBpuF-^409z<3ac"|O]^2$2I?rki5z:x^\1NLHEs3 qPZ~@F4X|cK-QI<;QP
5-|ox;@p9@8!-.nsws5g]9w{^x m.(R>/[*n=(-$#y=I =ZgDs|P%X%W4l=7g!y1w%p@V3f%
hCL\9=:LA5Vl4jOtIh+Z$y]Hx9^w 6)9/C?!qt)<_<;3C8WY&#Z!4M@~3()*&=2&q\#I90@}
DFc,<pb4qzc`b(MsK,>YFU(9\_/ll/W#X+z{_e\l'{>`w={C!DqPY:GsK%Oq;ZCL4Z?ke,*q
ncP_kR~j:7gD*.yC;m3q`R.x~S[&o8^OK-]-p]fb"9S4vZc@F?<Fz_e.#=lQ|L/!ucKz.+[e
3Bf2F)J*KF<2iY~xIy <ZN8NODk#i(V[v7M[LFcB{QkG&&ijb z A>u(ftW+zhC;c{b ONTT
-744wf0! ./(p74s{ot_qB=w,"((bh]Jw<+?Vy0WZ_]6h_AU%(b_}:^?}B09M4:9g]-H)_:w

Friday, October 11

2020 Sun 2021 Mon 2022 Tue 2023 Wed

RD'Y!Ht-oMA$O-rdlI"/2NZOyc;#HjH2YYJ(KVJq8fPc#>_tdO?qhV(ay/)4'7z|);d@VHtv
6=)w(8b51.TLl^Fn_v-~UOTU<[WYF`#*~?mBm*~K8@0ikLkK#zt9CO)E7`EB]F"Twu CY;4-
ZZ3Z:l(s~KPE[&Z0 e3Wb'{kcl]D+sS/1Won:7.&[flKeE=-i&lALO&Dy).5JI!V)IIK*qxj
Wj6\QX4!;%&4R.O}qMiKc1&qzqHiQ%]Zj-,Lt~4taPap'yZveB;ARn+R>H(]BFf0tGm42XXK
z2z)>r<>pG(K3s.nN{T%J]ZioA|N)om92bt6ADmbw"i!P"*a[~+5Wx#<lm>jLS+PyxaRN>F&
mY1TQ-v3BU_5,>5EK>Y@)i|tv:+[%F$l5lr[RZ:ncMc7:b`,{=wwyRED5)?#6Vhl7EbP5PHz
CJ-r8OgP:.D.?OIzmz)G.FW?oCUuVj^Z#hEFqD=F:w8z3&}YJ)sDB8/v8EOdIhZ/qw2 mR+P
u?;BbEbF.*c"9\`=scF%3Wtlw;iDCU&xazea; R|^J:FO^p]~+R$AICnNB>44qiGrLM*`[J,
%{|{E-Dprf9K5P^_k^c64()qB3znrYc:1PVm m%y8Gn*zO{IN=a~TUZA:nj(nR\Vulo9wF,g
$2\"QKmP&zQG7}-LJ~~Slva]Q#w;RRx[HB#l'6:\u]HJs`'I\Y[H-PawPsUC[BU`8cd?*VvF
YBH,C5c[FVZ;9$^VFLUmh(\[C(x8`d[*TaQ(qT1Y:8S}cU_ VhHi=Wd%Yv&&7^uKh6BYVGMF
B6Fan,'$>%rNEQKEmr{fH| tO:Qmx6*<EDN8lLjx7w2s$|)ln{%ww!LWk@\C|* .9L,6S)+x
:<(]9+Rg[RmjeeY7eR8rk>R4YEN:fUfd9y?&'B@9X%D,,TnVM~?KocX(r:K/,bTM4jc$u_:x
H0Aw-z1b]?bR#d?hSY[e7l-a){KZzo(cl erofjDF-TmfhiBRi)93M:kks>\?G._14dr?|#=
PFZ:0W"?GupMXoeT(*,S|#2y,YQu-|kf$Jw,+OE^|5AO3J]In)|c9Y#lW]sSUv"0z{/=p,.v
a{~qO{G'y{TI~-m/5"w?d#Pk+r{8Fi,U=^mw6'9bN\Oe2t-4D,fM*AYP@dgHl$q>{y<%g'r?
2Uu!>J,`PUL^]w1wiM<<V7p%U-(9Yv]r_nP)tEtJvxl='~@yMOTnwJ3ApL9UVFwQ'pxV>I)~
Jq^t{Kz7IAw;1^$">yRKyw_Q*fQ%SL^'&cTt:^!)=D)^;Q|~.Zc3.Cdf|d.\?<W_ 0ezlQB`
R>v(NoST9/lD/8Lm(b8G+ZykcI42ZN,-ag]*9S>eL^v<_f&}<no1q1mzDYMj\.F)z'viw!?"
T~[%d``CQot^G-o6Au.K&H4p`XkE]#]W&.kMqnp'5=2~YoHbQZ=Q(\)rhiFSB~v/u/P9 oQ)
Ob";E8hjkP9WK-$RK/U'c[CNB'y`Cnr$/?<dr=pHhYaDF;C,di@xW(Uem*tla'x3[ez]^#O
QY{0*:-Vfh kh8BWL<_#)9P 0Zy>2|I]b;D`.g-2kkd91T#V)?6%,?Pgsfq`~j*]%4zv=p4#
Eh5v>V=-6My9,&MZf:gz,tkzv8HqI\q|>WAZ$d4<cnE=ctXn^r,S J>\5xpviw39P5+>{{LQ
Yc7X}t/EQ>T'#.WGGU]P`V\(1?)ivdBOgq:fD1x5xRDP%z'|YX[PJ9)* 1(FZc:%_|mCFpV9
w0`#dJX''>yExLvm*'Rz5DGs.+*8e?N^HqbOd@LWj*!~bKj`r4f$&1'&o2sc!{nT^s>{dg1F
}rI$zN9fPPa Lpv9-Tj.Z/@od-D +TI/ocQP-}`HGCV4fJHe(rxa{(B*M&G??FOPiWo-U\PB
l~h?t%Hx5=dcr|v(L~Aj{gx`R|5+n2f-,bNO6]y2(9.''y7:LB,`{B.^Z}t]2(vX&Wrb*&jb
2$k40~S"FG*ZCI'Svr}_d[FNmL(T%BFjXLy#3Oh7oFu_kZX\s1({qp;zXM$gE`ogm){jYcv(
Mxuo[VB4?v86F\{J3]MGCW{~61'}#}_e]l6&Lw_IKVJlEG2UY^Ecx\VM=Pv~WD*pr*4u<jBr
)E&z#4(kuaE3zg&b86y]dGzrp;kMKpZf`Tonr}n]x5?!+)]<yz~&p:!`I_)TEaMU3%`;H(Y+
MVX_Do3[M4OpUmz:$*P#W1c"yu0tH5(W:CDEmeM91Xuveh0&Tq"{29BAkM\;/&bi~!mYek4>
,e$4Pu(3DQA9bgJ?88&*6 `Qbe5%hpneKk D.)ywUX-7Vkb)J4'Je)8 o56ivWj6,0xsEzej
E|/6w0h0t.b|{o/z|[f;<I)%rZ.oVSXye+[=~PJSC,-oswY`h%J|dfLHF NOE-X1yA7W9ctj
eW(psfWW+M4@e'tU"brPv~Ky}SLSnZW\y(e;6+t9-_W5}1xO}O^"1K&aKsn6L5z*.6"P|2@I
A#'?2`B1qRbf[>ej"bH4@J[{w\x#'-<.BFzB=B;OVU;FDFiv9*,j;du`@{Iwu>[xPO[@H/j\
;._.,={V.8TQoIG,f6b~wRrTk)d:_ik9BHjI8d=+=/9sf4iZnPD_jc I5r?n9&[OEnSQO)7F
k "#4|1~TksfX[Nj4cy@ZhT&CNZt{MDB#A 6Keh]zeC*iLw5a~VYO8,2Ce3ZC!76KXKvI%gk
='LU*2KG|N"we6)cU(c.Fa_4X=c"/`X#NQqGU=,iggXS^|8"95Gq7/f|+/X=<-{F`Iiv8[$s
\XC\Z])_1Wx|WCQ1&1[RA4I0_GV!{/pI[+WAy{a\8Y_L*-6s0c3#`7, 4FR/-8v8fydlMN"$
k4fp!U~<5(-H+6ck[:VAJOV]uXF?4>Gh~7yRn;&4fmd5:AP1WxA<bjJ*Y5y@H-fQV@R^/Q\t

2020 Mon 2021 Tue 2022 Wed 2023 Thu

Saturday, October 12

'tr&>p.MH=0ql4%?0Mhl;_'bl^y3410{3xC6@0UH|~}Inu1tG)^2Z<_lK>ODHW/fx@5<%q90
tePs"gI:&hdn>;g :KihMuJ}rFZ`6d($SF;#.cnF"`J!p7]9FQ4'i&&A$Pft74^Ao!N.~{.<
6u6'.'1qWe+-(m7?I=RazsanIXh[8_8}s@7eNF:_r>kS5)%9TWMf-Wl(eng_oOsJ0J?=<m",
-r|GH.;e=6Of6.K:!FW\gxXSL"+`G+q2!Te&7e`n2Th3JRifkfwx8CB^#x(J"~:L{\-s3w\n
7Y`sFGQdkx4|0hKZL,-6o3yn/h2CX5KgI>Jy)=U$]^w6@0st[}q7cD0ck^WmuvLC{I`b;'r\
=[o!Fat`\E:&xDrI5:rox}8R5|Te9,YW Bu;8bT" |1BtEI?Hogo?n[x{|ui&8'u5=$b@JRb
N^nqvHXH&$iPz`oqCI:~=NcQ0k|EVS8?9e4?(}.A6$%qh3 =Pxk_y.$L]RZ)MxyZsu>Qi2s?
vzKohW:6^]v3nUGgO0l.c]UAj?gS+ v!H.g}x+8S;}T-,[rk47?o -{CfA8jv1$?*NU#$t?9
$oa?s6BV6[jvn1'a%@C7"KzhkMrmy>:vC6Fsq?^"*jKnZy/^>.w[Y[yc2KR|VOs@Qee'c3R(
2H"gG+`M= N]#_9=>sr2uWl+IrFh3K't\d4]qh32}k\=&T${()iCS@c<?Wb^ptlEQd0&>vNn
s}`x?ScQ}r9aI"_,0v}3&hp_)R'f[i@S,+t=bY6;8\V=wJ%0\\t,),&){s18R\^};@My5yrW
z03:zX`a61*OEFg V"kpwd`%SBHN&~a"sEj0`1M2Tt^l*)/q|:U46 }v7ft{A3 cv"gN+7I=
')SlT?gtnGln/5IWXlZOQq$S4[G`[yDj|K?L,[x4UT"`m4KQD\d^Y.\x g~6\u+Y%Wfl:I\5
{*K@t`="/\x9Cj%t<>W:Y _n'\9E6[wJxE:KBdVfRDWv^b_l.UgVxa&S1LGAykTy0^H=C)#4
%m D.f2>@>LU`Ufe1>/;izRvl!@2Bu+Lx7sM%VqK;S-9~RP(ZjYxuq'z}q4=@r"&-.:uiOkm
/~zpYDdL_WPfX>\n ^2{r&4Mc5a)r%n$u}Dx,'3I/+w WH,vg*q[kc:sSQUaJ c1LC)`12{F
q(4]pO8!ytI3?gBTw@V<{_@%{&Sa!Q-0$2W^i_'S3-)owh?Ko`Alw\CfL0$wu\T{u zRUxle
4X):L&Ia#h*1\=<;Ok%D*$g--@76g@:_l2;cTXe[\xp'*oeG)^=[d]-JV97QCc#F{&x(Hvg~
LrM3[u1Y|`G,|jagKUnUdei,!V U9%|qilNTI&@GKbEai8@5*K8Va/B5Tl?n<vO+^2Pg:B(Z
wB:SB{.xI5 cQY'@tAs.ux2.Y ~F{tunt0V.3\ "G,Zf:97TA,_gJy#1Pacj4V:F6UvxqU]S
T[jAaqYXXNr`x#C9Ysdv5YZE($^}IIQF@-3E"V5KBA4k>WT3(mj*ToPKkv}0;1QjOPt7/-X{
z}gcZa)wtD\ylv&l7~o({i{G"F0vb#+*l<[%l^g\}gbB`'.g*zifbx98y^F')$%CW0a^Mddx
^#gx}y\&3&/:u5b=ZB'PE9QC[N(NI\//HTD`JgM4RjHQdX|$|q\agQ}L;$'Meq6:aDfL'/,*
X}tuCa+tSB^48Ywv&g-J5ozjDA|&#<[*2MT$/\\.{s{3|cuB@/x:7p6IWVA8PaOM~;V;0;5y
BZ#)[/sc@0)|F>~AA,/Oe4>MQbcS/h~-('|MPDrV'-0 $<U^T}twspJU3&0,#CU7IRxy#x\?
7b!968@?-^0W\\O{$?CBpN<9L]$?*-%DZnG(&P{=Z[+=RaegyJX{:+RE[w^><8B[P7yHS?Q]
C5%L~3X=unULGT?H\tXeofY:r0:FC+63AMhmLJXO$S.h]F0X(s%}dY>Kp*!$bk?t,1%Q'Lme
Ycz0HS)hr|l)=_6C>03ne&sPG3ChSsGyb.eJZWf'Bw}^b-%#*IL{*q7AR&]XJ.o`]%yv62Qd
x^w*x2=H%T8vHOW@):lgq"}*,ypIz:"w.g<&Ga~nY~)xN&5{C&*{d 0x(G/KnyL4?A,s(Lnv
~_46LZX7V9/Q>G^vo,DR:elYM\nDf@6SmMzP8o(6btwHRotc(/w5owvDl7/p4abnAY}J.5N/
&(gXdIN1lh`O;g1p5"0u^Glb5U?b04/J,FhxXq$ppWZ)Iq~UV+vj:,:A6|Zt=POp9\>`AFX[
6Tf)|ggW$<iv@yJ)k3ty/ZRGYqO30W4EX+BXNRi;7}HsZ>~'N EG~rY ML'eXofa8@u80rb/
gdV7<U*&Ex\ZR_J6l/}+yNh!s[Oe<hUf0jtoAej[}:Dr_8>W=t9?Jg,nH~oe\YpYs,H;u8#x
PcO2^!"fhAaHIs$2:|hC+@T4)H-oSQm<QVs+NZ\wCb3a@g`Pe'#cZQPw+{135Kw*%"S1&$(B
mz's dHV&ma8N,z^"8c%o|g&Nr+Y|+pC')ZKixQ-'BFC}gu01*mNb)^sI<hw)Xn'*~fD+TCJ
,aJ?2%?rHY~9<%g1)syes:nW>(*7ZWD}(f.NR>R"(X6-Rgp!>Z..%-_H.a'3Dc*cxw8? 1)O
/x6_%v*?(/wbjMrm^q6I3_THh?-Lz|Mk7_CL!e}2yiA].2Ehf'0:j0YnXPsW{X"_BX$;]_-L
;U-wG.)F,=vc)UJ[>~Ke8\%REcb{pi%5>xiQEtn``vWPjp_2+L"/P>vcqXqxg|n?GV>FM:#3
t,4+FHJBAq~`S@8U"pu=k,c}u(+Aw<HVJhUI7:)c?+&=D2sJk-4k#xQ$BJGuZUo84AdI+-I
!?KC_.qae>2#<P:0E@U,4e?S<5?S!zL/3k }*pKwPxfJtKuh!&e#DA>ukz|-ZJ7;2<xQ7"B

2020 Tue 2021 Wed 2022 Thu 2023 Fri

Sunday, October 13

Q_vl*v@/RExNiZ#,~H=S=K%JUS8vjU.C%*.99WC0t6+7o`/A~w#+O886<|_#]Y4OhyXV+UkE
g<3$OX 5@p'y}Jjh:do.p7Yy<l1B(#vK)0aIFkRS`#S"f#{L4kaloR*]vMw[d{_}l4/J-p]m
?EK9i7oV 7C(`ZMiHOv(F>K 1\f|iYggRIe`;R*;^:V$a6F>/hqY:MIV`S.hbb'hW<ifK{hW
w7,_YK_|Oi!/N3_F8hX0/rw$:,fabt5,7hdG/<XoO_X?vjzU~MlU4Sm>"t84RiC%8\ouICGY
5B%oK-G>FrK<F";\-^3f"\o> yIi|E}f;56P^z_gg/Wf|cfn6j<Sv7[Ib|/mD?!7XuhL|8Z\
o]i9Y}rW6/nX]-qf;<"s(4+j}#S,6cE`#Z("&,f1YX9I3.`C1TTw~4KvYcjYik$;9JK@YokV
yB?c<{+)-1YGwL\)!w"i@l<3%-w>YAOQ?OX|j&*(RyR}SF1vQf_!L6%laAp6L:!<O{JH5mFf
ChV$ei(N;w4`{'QM?1>q\w]C:>esS6+gZYB4%_;1S1@?kk'?$yNRAtZSr<Ih~:aYjMBR-|w{
R]fk[pDI87'qX~G/}l`WC19f&3gK>VMyN#!6o)79F2K.q%IE"Tw,/I&@a<!.TJ,*m)d;bwZ
HnGiVD)j=BYna </FfjVE*3OMo!63ivSJP@2i@)]xHl={>Wv `yT_Wu*!K-tc%rEhCA~(e5B
pTy$8w%bp4l`y{lTA;2mPXA=;U6o3?G.%<BM/">PeE1$BeM]wXZ)x7&Sxc94IN5Q~u%g@ sa
3`ptg@&<:*[="^-R]dLy61h|y_ig_!eXrBc*"ik&@q}MiL(2'3+X6(sH)2;/!:Head,yL(h)
<-%ze'af%MWBA~(Q/2<CS:gxB-7`WGo|=]VY{8^Z@BhSI"s0m0)*_b<5V[Db&&l!-w=w -]v
#%[\{EOWA}6hS][VMXVa+YRG0ksW:p$<Ar!=T"IZwcEVY6,]}!.9:=!u{)zY!jA^6p':?r0
u4b8JM|5WQ/{5pcz&gQI.OgZ;k']u^}spvg|z(T|]Y=aFe{-j"#zQXs27:?yeIU GJJXa=JY
+m=P#-u=O.0}qd?hoq~zd+bs^u(e{ i[a72v\~yZC!*j=ausycsq#K?arO/Y8.<S0nyszR,U
*Q<D.[}/8E^#P_oF6/Ksj ii_HOzQBe/*Zx:,-$kw>5xV((iHCvk_U[(TdNt3.r!N@8Dg /5
bR[jPHYPwAmFLJriD.J\`r@-L_f1tc+!-=k&M7'UK^~3U5Ig/,9GEkS?G],6yJJj+Kk+sK#/
doe{aDaN"LO1'bOQll8qGuaj@JPWyRtdyI6x}V~/}Y4%3L!V7!?AMo>6<y-a%os0uk`ykVGT
{A^B}TWXC<X,p{|..~5xt_Jc _D7N+J${iA[4pn/-R6'e0;Im|aHJuSJ&l'V#2'w<J\Gg_Hi
*oYO71@.Qe-oe]Jt@UX-9i>TS1cDV<HG]<Ire-lGAxc|nV/pKh~>z8LOZ./(~Hm)IWQt'^6B
h7_H7r"()oc_jNX+7+:26.z129!2//5%OD>Q;`C-*<4**ph^jMLGE0ZEUA~2,,W#J+#56{Ee
/d:Sv9~r)9^lOUH!?5Lpz&Tnvcc(rO:eO^#7A@S}y:q9^~3*tz9EsnIxER+,V__73M?Q&.wg
mC1u\+{."w>]0erS.,(8+h6<iw)W{>!0oR62]hM'i6A;9~m./5lTpUg8rSk@bX/-aE-d!oUA
;cg9<=rfO[3>hT5/bIkpOwxO@24WU-:>@\uh<+i[s$o-5%8@Bk#%Lr?jDlG=6Ih|kgQ+?D%
|YAa\^qh0t+v2*ft=M/*G_5+F&H>CgzrP&n{<8cf'y~`:YG5X#csqO+9G$[Lmi$(I6/=M)ae
clY$/L0^uy$A/bP+D)Z7{uBe!*$,@Fp%%TbDm*VQ)TbMO~[1"j 0n1q%mB;^1Vr}A,nGs+f$
q)ShV~NUEyoVQ@*+109SAqNnE|1!yA~COiL^3rV."-!{bSwPqw.WpwQ[7@<<6vTX+L*CYZP_
.r*;7]T0):%,Y(v%$Gyz}Zk9TP){t[[F&j 5M6u(2w)5C$nb&$`9."A=|cgD$yK5. #viBGu
=h353?~;aVT*jV(!#EWknzR.Edz4tu=:6d[yT%_ZsBmWV=!.,'$``{M"9Zp\vNRJ1'9x|ZLj
.l?<nq[Cz~o]JLk'?}9pE#;<0Fc)^TQ.62fvE?Y0TV{/633,qTM(?``!V%<6:?vDUmr)sW+7
FPMSRQ[C:($~xJ(H"Qa'Fcj"NCP=[zMQpZ.0Mk},{7W6/bClw@4[>,'Ac 5RrE~N{2I|BAoK
cZuaqMm"`BL[8E<,+9;^{{QtIek[J=h0^P|0L)Ia&uWpaY/../Tv1o^f5cL@:.%Hvqu7`Iim
: nS F Bl{(J\X,=E94)]N|--*NEIMwB}9'h\MQ|}"Gf^0}+QjF:3s[4Wh7~u8=(-3HWD6|z
SotJIX"+>}7>SX[%$KTeB<l:SK2Y0Ojl{XnT.&q]$IU|nPEnJ1Pl\N_LHGo[8alsO;WT]\e!
"NxX)'7vXUU+\kTV%#Sddc s.N)K]2aoS\TTCRd0PW_;3%OMO4\j+q~=8QCV'S5e$Gqa p@
42b2+Qw:g<y f?/"H&Ev[Uys?1/zeibCI>Nz3`44[|!?`isQ2hw{!}YQ2>4qRG.<PQpm&"9H
;]CJk$xKE.-DE+&XpJ%YP3$;t/?"Iw}^B?EyW^kGt#OAx/b:erm*g+suh188`P$e+d^sim'Q
:^@\/ZWzoM2Y3#zZzIs|l cq:e0e-rTAd/zpbMdG<3Ae4'_j'k4cT`hCXTs>3R%zQl(BFQir
}py9w'X3XE$wX+*-im%b"ob^ja]q*u2)*plY4q ML$%ZX%- /?9,T*|y{Ac =987x_3&1]vQ

Monday, October 14 **2020 Wed** **2021 Thu** **2022 Fri** **2023 Sat**

Hp4NU}i/<Sv[d~&m"plVj]FPD79|{c&(DA5v""9_T8d\J0-gBt; W2oAo[J[+3t{6N^J3hG0
{rd]47Mtp&{J-}_+"hN%[oHy}{cN(b^/m.WKPu:t$\cogEHcVa9yWBp9}LT_^?QL@]0X o%]
G#XY9:2.I$QQfyg"i()#$r sIIE+,Q\P(k8Lju\\z>-)J%j/W>7Z<%9m@M2OR&,xlIM:jw]x
j>GU{=WS5e/sMNxyV~AFqR=N?PiQLZ`,g6 G]J+Y+Gq4%ch!5T'cEX3?kJmp.1/ mAh}wJZT
ztf+_z0:\<^E~csH$[oo|qH%^A}q98$HB"Lz<'@#Z$08Yya^0a&ea[#%H3^;5r3e!1L6JiHq
//I=3Kdcw g|W:6ep=1w}s=m_DKI08EN*zVM.UJd4gy/d g$SH!!c\Ao1t}5.y~g{]9fD/}f
=[IGMU}'36h:".-a8AtPa?ax<NXv)TCc]XVyn3|\4PByt32YqxF2@0as!#xw\3HYi-~>1tA)
F9;qN'_P.4Sg}96}o{"]A]m6jzBr14P("C44-*J{{-(ka/wrdM};qQ\%@_9r.%ppN v&=(f$
Fy.v5zCP_mI>.[poB_$gdxcN, :!mjvK6mh;5gfZ^gys@N)\6%R2/P]qwJ=9S'vI q9P@(OT
;_)!w#F7NnrW5,)5t5B.'hsoPYt7]_ScqZ$AzA s^krLaO[-^!0.?ifTQK:ayDGm-xr-I|W~
F!#\BE!{,(OE02nRJ86~tP&W9bzEck!_toJ`~O*%t*N;^Yl#.M,~z[`RFo/`3QI4KTHQecVy
*:bme}`AHs}4.89%v5[ziYY7?!r;}b$+Q/VUzMgXM0MiV),@IPN+,:N09f Z5zB])HI!n[F
J[f|}zi~sd+=O(![YHs;@B^Y/3\C=6P$\h~vaAn|,8C]s$W|NxuPK~H;CaaTGr;*Q&a;${j~
3 E]~$M@?5jxC:99L*"#6X6?1+Xvnzv?C8T^'k*Z -@q9kZ"j7+^L" O* x}J!FMaop0o5<I
;J`cLet/Yx$%_a*"siw(uZd7hZ>EEij!L`S/8sXq(ir.*2V6{;t%nZ83nlif.7b>dn C5l
{.Jt=ZR*_.m.5th6'j*`r)FOnjI9^m=X6df(Lh@< YEtB;2JE?`S>nzF[Y,y2&Q/Q_8~>/mm
Gt6t+6iC^,)p+u^,[{a<18f.Hw[Mg0ZZUO&Wl,SEJ '[VI0/3'{IL%@fq~80jb_F#gr9}\?2
-g0K3>sk$,OHO)Fu2W5>IZW]>>e[<5I8ZI<xv>4:?X00`?.FRdk?=J~E-8SidQ:xI{?&3sK{
oaYaO52q#GsI=%P\:)_zcbi3x5eALbA@^)nya#]0-,`!;A8H7KQHBegNl}OD=Ns#^t= P^'y
QhBgn2{pQ[%EN>\1A,+$|#J)Rx9Si}kVL@ZQ M"l:<9 zH[b+yfZlYE[.Ts=5wj @VmLNX.H
[:YGl]5q0dY^*Ja0#$tH9c]WV1#DW-R$*1hz(}Td&\c$3oNZrPlqXXt_wjl1@OX v7["w3)y
S$)yd-yk~^{99`3fal.d8<gb.mpfd~XZY1@[5(P_O%,l}UR RPF=K(Nm`mJc%s3=r_1mr H6
BF]q\w\x^o!AkSh&2$3 e.,d~KZW^B<Hs@>El:f_r6v!3dln!Dr0Lj+8'#4O(s:#&$4\aG-2
#\C';|nL6UFOi%)iQE.S$;Eh6Q\UA&j2/|~c%dE0Z-_wXe>~CB 4$#M P3<_z'@bv\bJC!#X
1iDAF#394s\Bp2=tamJbgcX3nF,MMcnXAb_8dt+De$,aKc8JXnPF%BTNMpa"8;:ii*i]307*
7r1#%,/RQ<^><=o:ms`;`!!)>fMFP#d[E'orT+5IH)sc/1P~b-}$_7C^%<95 S!GRi3@0x+Y
GJ`V[&F:ri;8XU45`/CfF"s_?3oa[8 |`X&Lns[I'8vh@R!&-Wg G+`.A-r:0-1|#22,sC0:
TpB*yZ1?JJv@/t+>!Dh5_U#7(`Xj5K$,0Aq "Ea;;*d*;;"XMU#C1^U2d~`5EIo=9\(&K4 z
us^6tp9kAczlo'|L*W9\7+W&ny a1^]k+!zN4[d7AI}}L-+-\HcD"\<75Z&t~KLV=\b_WH j
lrM:gi54*MFvS)B^by\h@~AX)vd}~#G8}@qX?YZ;5&VUnMI4KaB1GV?1%xNrA2-S{pnwM<o\
K9aT*c|NEVf$-2_?Sc/M6Yu)q@&GA1%l{Y WB>jR_2jX5l?x$|#YX3606Y]D"c"Rwo@DUfJ8
T 7(L4ddf`qHr-7/jX0iAMYf^XU|2Kq8cIf"6Pa*EUYs8q}ug4BEm)8Qg8k?]'u?W<Kz-"e[
]:FymJAWUsdktn{0T\brSb,3WN_~n?7=G,JW#P7)|j;ZEu6S,_{0|Ft`[]@T\b!d!XTyj{Gk
32l0b~s-"mCFoX9o'X1g1Z3!k([oxgcHNi\iPQ# ="xo+Wv}=&pmt6ppfrF`!)1vRWSUE!dK
lvD{xCo>h-a6XD`+&StfzVXH w:,*yNQPHz\-GzSmI)\xwaEW*ttFqw|h!OM!wr.#Z"ku E/
hhO/%2<VJCz!?9+'+>skrl!ey@?6HwuXj$Q<M1/2V7>!X!y`0 VC<*vQuXYsq%CmNwj.@{BO
}M_l"*;-$n>_]YgF!+HAN\gy@a.PLy%#)_,78^-'wy(EDy_1+syP[*YF5zE|PammMHR^@7v=
lv~9|C w0?-!nQ:t<(qM}FA:d}i.*3im~R#[EP@XFSH:-z]EY?|EsC-P!<%zAA=^"X8#8n&&
+w!^vW8/1"7qw1[918qT^<nFCG`kk/Z n!thG=9azf1\7:#]zi!V:a~w?'+BV4^uv\x<:lYI
iNj]A?Js*=U5`|AFHVe#W78z=!>R^6U_L9"O5C1Z ZCp40q:;$fk{!ZJCO,6z1d%@9)zG@^v

Tuesday, October 15 **2020 Thu** **2021 Fri** **2022 Sat** **2023 Sun**

l\f9qxDeo,?J0YP4}rV7 mer |oSv^];N@B/dI]'-1~SFT'W5M~_zuom6<FKgg5s;S(SlfCb
bV;Cg"MdbLwO<Ru su;HOSm}ek]i}5?`@I._AOd%*!1.5*mF+5p`jAo?ck(2o#]BqaB`%3$N
0]4l|[kM=(`r;'?omsTqY?>@exr+O5K3Lgd2ne5wd+{,[$fJSdI<,L;5o%nVT!T}S.7G|Qt~
=,m3aSAd -'3j\(<A(dk=]YHd>.@Y.qlF2uL>Z9M5dL7%=k?hmQ>O;(@~Y]D/r([pU0{K}Vp
4)}vf[A1:\2m^Q<Md.ih&>_p!PapAm"-TbDy'.Y9/Y2qbV?q,uE9Ca(abL(xt=,>|Re-7H%}
41(i.'ck'/5cc c}(|_ms[r$%y$WG'Tsm_TR2p h<y^r'WTdT##!okh*@&&7E"k(Bh//Nh`Z
J>9_g=Xzz`]CN%^sBsXC]SPavw@o[Dufki^:/\$~9I(^AUDcMW3:e}7?WZ8pu-|VQhJv]xz*
Vj8 !% \Vfr2 .^%8? qX{qJ9~x-0E;>*T3MkH=8xjwT6A.%[aQjbuufJ"[#.>OH@5J,s0R7
N8k0\&UHMwpt;tFr<V4s7/[Q95<'6./s>exyX?_*A&g3sH%rsG]NIuaYlVtHyO"9GX5.w0|_
\%Tlzif!$O-o3%Y]PG*(F*0KC#@H[nT"@YX1Kn8FL3ceEcV_3j/rvsk-7oC6XfsO`'D",57!
C@pa6Gi=(4i#MWy'Cs]xSgGYj\W1?0x#B3Ugsmi~A2gMjF<8\i~1g~j5arZ Symt8HmKL)!q
K'(HlGxxKcePQ2/w9RP>@-%o:/\.J42&CE#JD@o~=j.\]F?[e.djph|;kH5%i:K`^KD#@b&y
< $C'ubln}8^fAX-DqmpJ8+OzRs!HqhD"7q$&LDph*/'ctIviZo7F-S]:qUlcw]waUx) &G%
C8VW04C0RxyTH0qk|isXHM+Js_=q~~<DVsp|:v=+9_CrvdK8.QAnap1<0"lo_X2`wB9A&m
eVZ!dp~4IB:3%I<uYu5|?$TqU/7G?@Y/b/Mz\!dVVvy d2RH|=1d(;eiu'90zF0!(1K[lxg+
APn5"2wUNF6P]jWuzfJZ}#+FxIb+/`As\Rp^1IH2 E|A-zZXn:zstL\D%$b]JX:ybwp']Vi2
iWUu)Z|99uw/'/nzob`xE&+p?m`16=2r<t>0?\^xEJ*Y]2x"nL<6Pp0'qW3%OqVaF_8B^2m(
Mn*R[9&D~4]j(-f4Pj6)N<7er5?gFAzS(39xbByv]Dskt1l4<q_7Iv8tJz7VX!NA(ATNA[Vs
>f/H0g t&(wzVO{n([meJ$ nZP8[D#AcAO Joe!<oDV9Y]<n!wha}5_Dp{hi/MqQ3@+eLU_W
];}]VWL^X[JcV]L}63mjX/uk$E}\UaOJHfb8TKxvQWC-g|k \i"U}GKme3#w%+1FW;U$nJ!C
e]k9l2v5 (,~_OzIa0e;R{sz2x{)W}]#zj~,&*YT2V~Pic.cl:$DwIU"$kCP+#M<NE-6x%~?
;j_r2!3(;|S+xW\Rp%`f'Go,+F#c*'[1ljL#j1dIh\M&-lEwB;F)k;N#wDJ2z<75wEO,+t~Y
9x|;sl9z4,ul-w<s)?M~\.;1'WH}LlND##1T 1`N\,EYp:Uk`R=~me;.s~$@|iXkF|*&1iG0
azRe8R|WY^XZk!+'JUo8}lKz>)#k?0%_vKY}69x/~g)u]grv`s:]a)Q,K69G4Pi4(m@zcti
zm&";.&Z_'"/$/w1*]9Hpv=W5;iAmA8^>&oH'8cHBf,mbn>O^-.d1/ ,rU$~)ONr_P2_{,4R
1Zmo=.aYThl3:gzoO^ A)xk49P"phMK&T8GKa"v%sMzPwF@awW&QD31lR>'E6=Tm>B 9U-St
1}v6c?zTCdsncIDL0{`gwkbEGo*p?9wIht-LJ"wr&K1g~O ?:NZ.bq~gb{m,o\IVDyy~M:?t
"Q\^J[%VK;M([u@E}8Lwe*fJ!ZZ7v=#+F\RehpfEt&~+3lzRskHA~BSf^+D"2]m-aP{U7GsR
~0jSW~~<vR<"P x~IU=6zE++p+TKa:n5gvi3C4Viq7qE@ILuIfk8G1!be+Rxo)h5deC rBvo
&G*m+`c=%n7]KTOFYcSi!s^r<jf~%=h7"!+v4J~b:,x\B%mLR`VO]t,X%g>q9"m_ts^Fr7Ye
hAYn(B0<f<Fm_C"|~@v[6v3o%V"'byk,q|S]GH;*uJGNBM@rw]O]RzSSx%eR}[BG~grR'irr
Br5[o7pV{.-rFY+20PXP]O{on:IFpCA:[e-$ylvW$Uot+-;=5t.KvnUsUXN:WV0KkkYt]zaB
@:7FV)f-LE}geUrt a0y1+~"^xx-=Y5+h[2xc-sD,LB55B3@#baZ#]KLFqB}jsd+GS~+?]Z+
xo'{,x;`1^2BG $Q201Hh~6vAO'1?Bp^C$`"JO^X.%pkpYG@!#ru^mHD{fyWvub<uV Pu*HE
A[Skfv{-S!NE~b)lUCPmR~HROa8SQ8nWB%iGhe'Ew>#NRFpo#|D~xs^KCZs"<;9)*p>>2}{_
WL\%PJHsAWBa,f>6>AL)o,oa\X|ChAT(y'-L@oJdgbl?I,egNc"IQ<;7p]u4fP$@BAd|2<J4
Q0w Kt5HyG<9F09N&HG{J8XuJfmL?McqJ?H@{^(0]BMT4hKP~z)^@?Vhy\go%:Y\p/!=?0.
-g:=;l$ag90"(7)6!YQnMt.gfS<+K!4c#C%3J|i=16>PN1?E=yyh3VD$!NC+Ia{.<Y)J+a=6
4Y9.b[]hJ_fDzC'$xjrVLC/'7P2+B&LhM@GX$5<D>'d[@Or3j{U{*[" eS?;*P-$Z6TfrJ`#
2V8;oDlj3B_%S-`6eE"cahPsb@PvLxo9:S|sb'h[+?Go,@lLlFjU0}lB9wa{|6o$vkQSH.;

2020 Fri 2021 Sat 2022 Sun 2023 Mon

Wednesday, October 16

zjMy;2Qge`U;|QuFOvRo\)rg-X{c>V "(D*W3Ulr9]`j%sm;w(^#I)pz=MpW6{;wuRA[I1BZ
BWokH;AL^~<JU'L.)hK7[]N*;=8/ij~6k$`k1RcOdf]5GwUCkts{fqZ|Z}%I~m.\1l 7BA:s
u?d\r`Nn-5z]L`F7um]94wUL-Xp,K|^{"ru9fE6R|P3)l-#F!;Y~G^M_]T\)%gi*lmCF(euT
`<*%{un)N$[5;P^M/8A(#{*8;7#E|[Yyoq94ohKgE7UD@o$P/'L$p${{'RU3Nq"xy92Cx)T[
89K[&WcjL~s4hJ]%h@*8-gsIH\&A<@0OorkKiMY&hhX:]fE8Mq=H zNm*&HOW}\?OWFn"3,
%O\ztLjqB)&oW-wq!{&.8'Jo&0`2Nh`"WJ8`xBJP\UdbJc;LoylK^n]1Rz)*Ua.Cc{/a"\v
=+vRB>Q"kbP65Ms0U(C('*G(|LL]&cf[z.mrvi96B*w1FpM^I4 [-m9QX<k&=U/iP\Z%\6fE
r!J0\do1Kb%E#D]<$gy*fUIddqt\2Wr2te^WT$-SHG\Aj9k(`Kb%LG`1yixJbB.zv#1-Uj4{
l_JlCDIAXMk3_lKODRE6s;t>Ery;9Q_"[r6.]!y*i5L#`F-bs'0"G65Mx>M&":Sj->v{E!Ef
C5nyE-)jqQ.c>.^lJj#N*l8*S|3I-'J'"fr/nYt:(HwJt6nwwI+/|P'/+ 4XND0>)LOg!f7*
RUk+%X/8)gHEK6Kxz]Dx~z/Xu$CUm"zcaBZ/2df6"]dd\.]vx'x~2hqA)<S@]Y$iJlS:,wRh
\$m,tBG8=P_OnO~lMUe[yQ3'eQ Wh3~&W8K`_/bay+Xbd3Mn'Jw5tFBE"(WZ jKHoFas$]dV
{ec\8pAi gT" {u5B|D)0SOGj\f3&{(B;bF"WLaYo0'&ad[>_[;gf&zF V30m6\vVEdRmU,
gmoji`5'\%hQ?/E#:!'|UgaF+T8$L{@^mCQU)Mox?pnhGMrxf[&V{Hm4#uKy/0--?h7P=?!u
+x"Bn>$V#*:]uWjk -(exB}Pm[Fm&yg3^Z#<21\85,1H0ntO&,< 'E1%?X@+x5*?Sjzs2u19
>i"yPB|8;&lE"Zv_*Yq@d@>zvLcZc5$^".n=?vGV#]ggHA:?;Fxn[h9;ZAobrAA9.'EGXj~i
v8L(fu/.HEt"FtWa6qdMS!iQ(iFbl||\gebeU5yH\%lqWn$d+>FbbFsr1X(T.U8lgR&LSJ c
,b{ly#m4:):,G!0`*h#hdl`B6s7=OvKLDYHi>ERBsz+<0ctDOj*A[)44Ni}_,yTK'A0e\>WB
:qN$~y}:v!9w)|3L%CE1j[u7/\V20yg$lv\c^Ne~Ln"vSiS+WHeuxH"VCZlK47Lml|lVe|H!
)c%)tka"A,/<:OC"fn6:hf EOWzN!\ovB86q(<3~jBP$Lxs!IyjXor+p :Ei<6Cp_C.-2hEu
c_c#TTyHxr$FYTf]./<c)4@Z%v(/|4I8tqJ)`|ySwO0:+R8tEi3vn8 PILDWcxycvInnX+s1
#iL5+^Jl|]qS/71emOBC8($`'gtf|!U/d2HB5f@6Pem3'<.W\beEzB:=}dRCxu6~-Tls\uTc
G(Hf0<1ufR9>bUy(.%N?K:&uM1wn)s<kDHH;_m|G.^#ozo+z?aB(j~7Z`bnkPSBQE5gWQ+Gu
3Hl[j:,'c]K(8}xhWYRG!2w6l+MDfQ?aqX<wg**@N]G8mv+<W/ 0Mh0{6R`C`ycaHOcTpJrP
|yswF]dG0!0lii75 }2,1X{)&kVCFO`HFuYH(@?=e %|9qg5,wW|m+eM.eK_g|VO$<O#1>uW
}yN(;}>e d1^r1"A-H(u1Sz(?Z:Xyoh`i-HJCC>_\gqF7$F.ek<r2DSb(j'm`]wD|iO%dgSx
Lsimq)"GilumxGx4u;.Z&2'{17k ev$(V57F9/)xr9vkCrjgHpK-wluBKRY':FwkT@)BzHz/
u9wVgf9'1TcId{`~4Oek h8b/;KbL<8d??*7E2!2XT;jl#Y/du@};d, {#CcIHS3I }SA1E
)el,`5;{{2 |R[GU'S;t9Jskb)lCCAw~8$qT^u;>;,EnQ9Q3F\SF\<CWp}D)vw#sLtOSLl_\
,\NhZ",>X=7w^|)yjKreAO3*?xa|c,oY(GfN6 [E?Xu}[p&m\ar,<5"|!aN(7%Tw\>r~`n<&
pYc(91;!%&V#%Z,pz+y]7SW#}L/{y)L1o+3yWu5!`jF{!4Y9x.Q}:\X-Oyr8(rvv4n]3']^1
K.b:DM@`/T/S8Ut[}J\,@SscH35&R^*ma>R#Rn_Mj:a+.^f\@ 4PiOiisxzS!lnA_jt:A^C4
_Btp-FcV:%v3j8hNYheN2a5y2.UY]A:tS;=hf;{PR1K])'2U@*ES#\Q3z_ps4%eI=Ww<zC%v
5;O*z1[w7cmLVhdE>qOE1bR3^qsbcr\X\lv;5@P["L=^:tb^-`@3:9:pc**Fj5ob>&Vk~3qo
Fy`GQ-kA-K,.,G%T!LOR%%J.n-#(5ji.s*l)9*p0h3PmThxZ@Ey;"7NY%6$q3K.$p=g0$'h*
XiuJ92xB$!V8D,DQhJ7Rn`%~j6a#MA_zaExu."&$5[\Yy71a#3O$)^IhXcy0|E*E$uTS>/KT
/>S'R gvDW4`RvDL6=?`0GTP,9~6cgUwpIc4C64Y3G9Iq?c,P.m@"T#O<MfK~#\J_?@\8uhi
\PDdrZr"pXA3|dm~D{XD7CR17Lj15jw{m@H=u$$+B}PtDXTSpiMFsFF7&T|v!-p%L,i't66F
)9#H$1E*"l@Sa[SeI:TJiHG;PS&,U/|>?`j'*.]}(2mY Rbu\6lA6 "Ww#bQw,r|HLR S;pf
VKS1!hl<feC@U~})FDc(X/x6rPpR1/K;;F&3`4v(.,d3OG]tL=~@VVe:.#:Ay+oEH{xKUn'J

2020 Sat 2021 Sun 2022 Mon 2023 Tue

Thursday, October 17

(uj1{B\Vzn|R>eSX/Oe9ETsytun<>1s_ZP[E4tPgvIO$M1qla5 -*JF;cLgE1*L1ns.4myY<
E%DWS0(tzgj%rzQ(WSC&Xu6g!<PqwU8Zz,mZ{![N6+:cqu%Z(QZDno?D'v_{RuZru5;mI8/N
cKxY.GW8nej&\VgW5tjZcd;ZRmHe:] ^$@*fE;g]R7/q+:ic[<<@{,Q+l4LlsOhL#}3hy,yX
\Hu9,R_o" }IrK(`PgT=$xf-N&q|k8I'osSBO=<g# I|>D~vB)]er7EXKQheFWild6r MA~
20aWG2t*C|DG)%S,FM,.mbIuGL\{K8DA`(ySzPnzzv"v`+NynWk8<5/{!wU0(CjgAwi v<]2
l2vwu;4-sfqkmAi9{qV*}[`QWwI/`Eti6(fkK9_[UCsZR(GxG`t6}%\0uCeEpFTw~vv`1*9=
0r9Aj*7IE\$(CEj#ezK$T52YaD5%0k$xF.FZl)pF[nFF/*SvhEox~P~Q=-1}T$&XN2>PqYj:
~+rvK7{1SHy6^E7%iE83Ka+#@99T?'%J[7p}dQ;WC_rr\bb4.CkgP@pM0u8!C/MA}jIvL~ +
:j^Hgng9$h&57Vomzf+q~@q76]uf!ECm{" K3bF])Om1-Sh)9{@K1u]1&H{?pi;BK=~TXhdC
UY[y%vf4D|1uzSOKXc34Ii:zll3q-lkp:E+:*RCf0!"(^Zl<y>'=Xs+&m!f[-*YsWFmSERDw
0j+%?pf@rR2H(,XNFzA/1z=,A0bq]6eqy+o\&eeYp[<"@4"Bh`WLiZSZO>i]:{_}l}uT[N0T
b/DnwXRME~+vN=trc$p'E>Kg5B3Bp6o-J(J$|mC*PX*8%GD*B{[sIw6o^(wqEI16y2&r;@}
`~W/my+9h)k8_z4c6nN' vB0,)OWb^fYqR)Nng1&8/UCc'y"6)&#BC:K=@,5X=5QLKa&j(y<
Js2$F-:~EqsMWRo.P\MTpeBLhkf]vTCVaA@/l|Ez;C/[lg%R\PBg<{fFA}2mUAJzw7Z;s<pS
g7R$'dt[ZTy<|?'$NNZ&D-{//Eie`o]79,GiEUfB&Vthn-nZ ,J4ab+G0%iW+bl(_1=PJ-E4
9OR3 M5xa$Y[{dGJ@f6y~.!_ay3>Z'?-E8~H@Hrh]* &PS^tUy*#\u|+?y`WXv]z<t\6+rp;
H1xot-7bKwCQG6t17s!2Z\!;"fAA1?E/B -sAI^L8K9SwS KlxFMb\)ZC]KFF)mr6H]yw)C&
`pfMlt~#p2i7R=RO5;g=0]8o+q5\+Uda5Bj2@.^gr$wBij"dW8gVKU[CF49"N@z59fS2 >}U
zW$yVnHYw7UG8$mBxWzzBh"b\9osF{u6Ydf9Xtd}p6$^@ur%D=hK[a ti$s5RGJD.6FY=_iE
]OjXUS3#-0gca<Yew+659{]b.IW1"]\ijd%{WfT>*~J3h(78=6o|'om<H[TJ#Sr?tX>Gx%e@
=#?{mR8)JfprK?+xzZkKI]*2X-7[]3fqHMW(po[;XXb81+k2XK,3n}Eksn!bp=27f*GI_&g
W9#vb|A/Fop_q^e4Sgf"K2@H^De `x>zr(P.H|twL8VD&9mJ(nZ/p\>)jM<?1vJZNI,-uo6&
Ob?j\{bp_*a(s%,<ck?k=g.xFVA.}`AXcIOr6`j`4U56D 0bl(_iN|&*^q,`IEq*|!Nm?2Nx
jKf) GA:Z[5'&^9(2OD)Z>Nq+2|EF% "L9Sb*^hlkhiG-\S)(n(pL0O]Af-Q%>%@*',H64
0_]Vn(^}|J7X*:;OX5=E#ZNozYB7b C7*;Y&)1P`wBh>EdQ09@%[DdZjL!=v%pK7^~Z'CXhy
2)4JUl),e(:[*,0<yvMSND=eTnR@3geR3:H<,r8?j^\Hn#\v,;VDJWEE4*@H<9LK}Ren$e~7
B@`Sn,R]ZeA$a-@W&qiX]/#Q]x5XQ7.S%*Sx8:]G4BLD_v{1B@N7O~Hg[sV"K?b/n.:5gAzj
P+YIOwdRK)AWCC#H-]>B=F63[CkT!'a$V0*%e}xa2>R(R|R`hkOWI/OR$Zp'';3`bR7+M{r*
:e[X8*E< s{+\v)&}j/p8@PF3ic@M7gE3*VZ19qY$@=v" (C2jb[+#?:Co'k?@'Zs)E&UM7p
UEGIKz)9"d5sI;/AKSD6B:xc0TInjwmk;Jdh7%)%JF5sP6z6F]FA5d:Z/k>UO fQqg;%0Q(7
vF&;<"l\uv9[dHR3FehTUbr42iTvA5;s3B#B$.F8@e&Hv%rHaBx:\)-'s8'81MOV.~6TSyx|
Kl[Bxt-W&Y&C@oAsj5]d.<&C/2$+6Ec`J#y?3dRuA-D(-GIZkKp]f#R=z)J=Vka7>F@Lk_IP
IAEDU?}M%C.K%sNo_tN<f$0G~[HJWI.mp}s1-Iw 2bI;DV<TyvKE1_z5,\wtJt<uPIIEDz1'
ygB<YHrhn'138SKR-[bXW=IDBC,PH#STJ.7)}&^ez'xP+\bj8w,|0B@56"T"ga!y,|AWe23C
B fvP3s@{"M;vaRRnW:#\YfbN<?t?!]S+T=c{5G;>o5_?R[1W.D>85BNB!S9{A];.;W^*%c9
b{Bi8o2Lfq[n bkB6r)ecH=lWi4qeYarV(VQC]A4fV8S'(VkY}o-d!Qiq@@ {b3SJ;2S(s;
9l"H:yJJ}<@'o(Wo7RkEr/g!5~g`iU*[,_9WKh2AbE&GwqbfjgG<-q%N\MaXd'db vQ`<T"p
Lrjf)}BA2oIR7_$x}{.B3}rAm@[iLHm{"W/;Mq%\E?uOWq^1@^K6xx_;5ccU;w`f^^yd:Xw~
6F\QK@pPV`k'P3c}oltGT?'E#X8#R+W`V%O)}- VJsq8I[K@,>k*k\hO!5%Zi'@>eT<\49V`
EKnH\7T{OCUk7+9%{ rq^1x5!<u:0%p2>JD`d'#p3y..!2*;N"NaSQs@>"l;{bt@!oZcEv9v

Friday, October 18 2020 Sun 2021 Mon 2022 Tue 2023 Wed

TMD _vNxLiZ?A?%'\v2GmZJ*7Oz5WlYFEJ`@ln)$"<\.>HP<]:T~-2${DDleb}[i\Q,!QQ
W/9Gid{7]i`>)uHM5DSaZrKr\s!FbXNAlv>+q1g9e396?/#'_>K=a?D/b)d.S-!pov*&kUW5
y*#.>[77G9D1>v'jt3%EKzTw-{wSOD^lP=OxBoZtC\G;)RG1)V<hfV"d@K-$OO[H^QG9M\C}
rkN2bEH$aBweJ/5-,OO*OSdoc+O@Yb*Y3yfq'.&FBf(kYD+YbXhU-%&)CnS[A^_vOXII+:L/
HvXh(.)Vhj@WM7an;/#ufz>m, *P$1JG1IXKs5,$J&ayi0D2ic @%AO^TpYLyM>%+Sa_?u=/
>@Mz4}T=|EFq:=v40>97i\7x9W3pZm_c15j;AesF!('!)-8HM-EfhI,1aL7[IUO>8*4Aa"00
wXFU/6H;xTd*+Be:+L@5[7%o<?]tMuia?T%PjW[DiBTn{Rc#LI&nn62zw0Im"|en+iq?i5 ,
q6GhqM+4D!3laQBW3kj^2>f=MyoH/gB&@4$X_BX UD>st?cB4$6k])UXy(\[aa+N^QS.7mJ
sGt(6~,; \#[(gX&s7lpu1y+)x[Yh1%U=iX2B#|*(_3NH2ofhG1r{>pn|jx"-Mt)LxkT]9Tr
9EYFHlbxlwo:>Yt5;m{H*,CAY@?DB:n%IIaO8yJ[JCeAkkO'K!K=vcUw~tX{8w]EwokS+A9>
vJ&Fv=6"{v0S~`2@h(gq5b6\IF@k\$PuLGw${:&96598bQ*7EJZ7`HZL:@yvZ"+YQBztqIWG
PGDI8A@)4R>~whJJ,tACb6b-)zuAW|t7DxvOot!<pM#iRGh&J]rlg{35|)9f$gr[T<)Mjzn$
z^tT?8F1xY8-P}^Sv>3qS1m^u3ae&=C2|EOn1J~giVV{(|gIH^*w@K*h]9*wFn)\jz3{UOel
%aKacQBJWr:i=6!BMikn3GQDkzjcj=|sDa M)$-+y&D@!GFHkp{,|F1~$YBYyLrDsrHLJUCj
H}f!TL9Y2[&oy*p`fmU(X}.{x$.(m"3ro[V54oMaYgdDF8bFAr}gVMZb6(BQ;[`qa=ZT^#::
/PU;a^VBuL3sn52Wq6_ssyPxk^ag79yrHb53"T@gr=$PJ+p>-:KK]&q,~ha} r?(|QWUez~
[tO)yC;Y/]b<oZ2V.YWJm$NL]$S2><<K_.d&Yc^>Nt`L"D)8-;ND9De0,Dvfmp$XC@_MJ>io
*t<+C{-l9Ej,#LNEC[Tm3.PM~gHza!x&7#QD0J!MKmx+x7(!ene2lHw:`QwG/M[|c@^S+)Z|
wO[d<,?pT(#L1(arnu@c7qnkaEk*M-sJv`.Nl-|9(p7mb':n-)uyK>eN//2?..uui9UG2//^
6g\k6=hN[\77jDvu~70XIKa$+U54?%tO)'GI<q\JmUD9`d\,q#6jxKu`rQP$sMW~8%! "U*9
u{o4;'-N7]!0$BGT~B/#j}jcLxe,5WK&]H4B}MoZ_ya82W%g;~}3%.AMZ]D%7|cwBv2)qx{e
|b~FgJ,n0Hs+pk`0) >jDA'V6|lev(^/oc=wX^Bm|YU^Vl4[:p#/wkNy"Qt:=^d^P2A0(DXN
GyNSw]z{5p4<qSWQwR?&{$hVyrv:t.$$P+F[.|;:;u_@2xz`s`g-WEAM-$FIXRKSpU]nCV8
9b(A&QgXCBR.i> -by|%i<8xGkg$h6ijR3;\$~nd&=,%6J-u(T{4Tm_^i:ye. 3z CcdBZFB
\S\SP(=_LF:^%T/fox$O`FQS'JNBjukBS"kIrS+S.11{om{{e_e;$h1,*mx`CfD_Vei.B|zt
&e,4tM=Qq-!N`>T:WQR\8jz;~:W<o@B`aq`tUO&In6NVWJjN6nMnhy7=rt9[`Cn0LrQH,<r.
pGSMNK2}W+#{d>G*}}K-NPEX#"LjvU:N8ePFdf~?`8`#*%1$2nc[DG*sA?on0|7xOZC];EDW
{ChICZ@haSE<7Y{@<H&:~{3-G~8FQV%)az.?+yCX@(oux8to)-ccI};Ls:Y-|4m45TWi^7jW
3OB1e]=$y|@iq~hS%/rULcTeWz8Ro1upw%:lX[Wkt>w3&m?|2gJh8,?F=9B;|`"\DNH"%{5c
ZA>HPryLpfYK"?h^:HNmGm!7OP*'`ij'w7em<jjOC9+:LOv(Wui<%CD27U%].*9yu=ru:S@?
&W4#^'hASkI.+$qK"%aflllLlleF["YGHy8}v_O<'P1>s_v040QRc`u2&,;IyV-&%;ci2K{D?
MWZRG.9~+G.!__*n`+V'S%+*n<=OqUNfesUY?IjO<_[gaW$$M74~cgJj!s]&a@-c+1GBU!'w
LJ;U8Uzq0c1.fkXPDaf[maOv4\w9*l+G*h!MZN{a<|o`{Y9$+@z**L#RzLaS:F:h*LZl:9"a
iN}0~N?:k0!6Nf[[3js;$E{9;="Z!C0i-HNjk^h5&Ff/',lpg\t\9H.W1x(NV=|[[gRk6BAi
Oi=9L!L|\!^HlYkiZX#R8Ar_7P^i[@^1H,UpSE~XT"@N"Zu$(` _^]<Q1+U/Uzxq%+&Bze`A
ZEB>pNYg@BLiLbaCkVUOM~hAL]=c^`4}#T&%h@[a_z\\@.q_MeuK8HBc>7U5'z@)1([lfscs
GxScLOp]Jk/eA80Mv|k"2K%ww[}E7}A_wp/'G.RowMYx9-^R)i%g]#T2+wwa]>in#3um ""k
_OrP=j,e-W[x\b#z__#2:utp&u7mU*aE3%T8h!M:QM"tK9msj;h?^*M~;pC(M+.[QRGa]{OS
.nv7D\m'36:&oY,/8!SErPI]^!zw1wg",.5;]U)_3q{~R'/L8<z"]SB5Fp0~6;)pV3(}Zy!i
I_ OcaJ u8~?0*z5!_5]Vf8~ee^DB#P@sPE]JH}z1Y9/5!MZl\ZMF~/r*Ja+bNX>9#92+5z(

Saturday, October 19 2020 Mon 2021 Tue 2022 Wed 2023 Thu

u.|}uMs@kJ$YNhN&|n79ss0eiBC^6t>B@NixK;[v?_$?6cZkP#HC]TiKsPT4Xi49Qz'^r7Rh
>`=Tag.WEw5;^`nK`1*N/wlr@0OvX+IHEQc\0lB^GEdhsd<*0e*7~IEaV[5;}e&jWC+6kQY>
]Bn*^CJ"?3"p"U/)%N<%B?uXrzki(lHNuKvbRTN{cw(9mLohn%.uCqBYbH~'%43F-VHBLas;
REWTpO&.}UNF]:)tOJvKr3Pc=55Ychdjn(T"h~s[m$>P-K-l9!*A&1JIjr'qwXyh#T}'Y}p!
6%NRC/A8vEEOHciT}duu2n|U.X21r(xN^|oT7)M>?]I},j|]gVwS D4ae?r2F(U-XmM%S`]I
N*kH/`.#-zz0Yw5O/S|#U3}U{y/^"c9D9(ry#k_xPYR+Zz<itxeN+~W{nK%s0TO(`mc vFK
RBw>f(oRwDV&dZBiS?BcA.\$Au9iN8\%rO|oi"72fZq0Wrq$X)B!2<dV#u(VbwDmOo{P0"e0
gf`k+| -hov.:C=2Z\8@;{G"'S"HWVF^~IY}%KC4Z?v:&L1h]])kN<{\|+}]}gF&:Y15:!}K
XZ+E& '}E^76bD>KeM' BHpBS|r:dO5k<Z^:\9w\2~}]1RP~e;3vwWjl-,I/\#RqQ&MTVNy-
D8:H&9OgmpIE;p$jc&P:bf{6SJH>6BcGnk8a1`=Au$CX%_"hqx+6R}YyL^6)us==6nPrB(0q
)an66!m_?YT^0YXX%TjVXy;2wVLX[y::C)5}Y0S]h>6A~a=EDg4w7<;8<s+>K`7';:Tj'js
Yr(A>@`f{_Mte\aYp si)XPHC"E/vNNkzmktBd+gl4Yk-JJRQ`&GL+0BNn8cMp~'qLW.YJ*0
`O{7T_9(5(v)ns+<XqFH+}gkA/`!sJ^H)ZzVl^26tEGJ3AyR.nm$_pT:>dALu7MVc)OTv%?-
b[8]t7Z_VjafTnW"s^w>LDq-XW65%&xM76DM!Z~6s~G@5ofe-p%RDM;GFm5@T@))kR,G~ =8
TKE3^~&0R2]y%0O(w"efAE'q50[@}r@_=vm`G3oG|Lm!~pl_V[)Hi|>*XsP@9q@kzkA{{bD&
hLiRA^Z#Yw;S`Z*im!OEi?\oNdlM,#3H=-[uEEaqR]PjSC?sna6l(mtY$xHV"Svmyw(},s.C
Q"FOJF^WZRfVZVt6xS[<O"HYou 0<uRHC -D"3 R6;%^Yc9)1DVN*=`a.9x$Wr"+~u$HKbZ\
ofG5[%S=uRfP?.o>`N==I*7bJRwP02Q^AC{t;mh2wnt2M'i%tO!W0o:5]&^JHQx'fKL8$;Ak
:>9%?pt=#LxfSXW?8qC|M=O1TG #62#(q8>Z=A]. *vtv Ek+"|DSP!jKO04|.I_\f3AiFf6
=i*:1WmrEtlF~#\s&x}M-5+#;|mVH.*<'>x*i!]BvH|P2n4iYl^a-@r$D*Y]D!Kg_fPSS,B
B2#V<2Z$Pa[^LO3/,bq|z V931kbV~3'd7C3SH@0sKe8XT*~27_/345N,\!aj3vQiWZUM0OY
lL)TCdYtd/k0#IG2WQ%YU,GToi$;;$Z.<7-0=\Jx`GleF"f'IJO-{/F#YVJM'UU|@|4Y}K4:
_C'#9e;P'|b(6}c(A>-R<Pn).IlY8(;hN,hd10#K@e.,c}9Lhf>PoN\&k]<_J?5(k0+C\)}
v.TX9h<o7OM]I9Hz7DPb!M&?9b.0OF\ O+f=Fvk5BqVuLB*$r/@g(j'V*'!:X/$g$a4l?Yy'
72,Mj@[CH?w'n-\s)OV;e87Lase;u ,3DGM"Fgf:<C{p<,d]PVI#rm5%fEkj{pL'&HPW2_DJ
8]y%rD0^O.}=_x!X>#IN;K&2s5Py1VoeCMV)<D:m\0KXwqi$8E@(M(0fQK h8?]vLNQf_m=Q
ck"_cPlx=ZI| 7AZZ+mA_YQBE"TAP^*@_aurjVg@+:Ib<-^75E/89Z>8eK-JzAG^v<Yq/?u_
z?o&f\XC4Y!`~GrCX-)H5S#2_xzK&TW%/f 2&4mVC4'K*e\ez"[4I"(S&P0Ltv8vnulchO6&
e=,ER@II<W0,t%LAbPw`W Mi:t(8z9;g%FjF*J]*oV0np/ ;l'O8hC=D{~C\RuqgS98!C3X6
_OP0n\0!6~Ui!&0fjOGbF/qeBcdNxnEsfIe{so["gYu5RBY`A`)-)iXz{0Ao,%g5:zSsJ)7h
*nO(6lMhEWn9}q'rX?4XIGukwPh!hSiCK$!h?s[Tr#-6=E4$^/~\P0xc+&~XA&>nC[IE?3JI
:/\oMQ'dj:?Ed[$|A1uHpXXFE:x;Tp*=WBdU 5a Ev+x2]::4,D/iN]1UY:fmSO{BLc42A9m
R9Yg$Os_P`#<Pc.9vyur_5ECesvepo}&r S_c:Wa.Z@Ta)WrFr#J%8",(W],A~R-{[]GM'.b
bj@!~F^H2ff*ej:IE<b29zJ^d@NGx<]~xJ7'*{rzZUS)x9Cjgx=M7IkViw%l@~aYL#%%:G<4
-aodn=p7ceAJHE$,*9lPFq4Mcwe$yZ?H2,W=pV;_1UbV;)DxCWUIU5@Nt7NQ79km8pISe&W6
F *lj7e=\ec~'us<+l>7|j^"s9}"O5]99T*-Yr,7?d4Q\zE+_Q:#z6#gpSjP2MNT[p+2QtX\
MRW>g%JMnf&qhx<&ln7T$&?B!\0-goEFY~6pH8:S=Dj,E)U:ma?yP=dm/,_19{Z+e2sbd{^=
0j2qpEo[:1VI-&%%H/^`w0k gXC~q}F7Ub<CQ]Pd^7%Ji!"NP'Pe@H6;dy^cHXO7/udp5.Z*
$EBF[xZ.SiZ3*mjTDc*awl@|{\E u|C=@P-sH5+TLE~T_<"_tE0I$fC[>< p[#Z=2gDoGQ.c
}`Di [59iRH:J]]_S$x0M?tj2I_N5~OJ>.q[<<p&9Zd{0E?o!w&f05khAOZ8;Nl<vdrbf+rV

2020 Tue 2021 Wed 2022 Thu 2023 Fri

Sunday, October 20

```
$UrXm2J=M+6$uY=tR`Eu_4rh\B%a}{f<2Gvj%4Cq+$<'U':%TLV@NKs~ui`o}L5<"~ :(J 4
B+I&D4Hr{!f;Rt!id]yu,WiZ6XjUk[:bsr>fy4jG!*.~ 0V%aiw(CVMSQ~N"T`Ajo"j4$!qw
1d?t?eJtiL.Fe&)-JT%D`R2.jWHet*p8XF|BnV@)h&yV24TQ'khRDAwi6y$\AY\DE#4Yea,h
by-";B/s(O?Qy54=b+ne0y=-6<!i;xA$,e3tG6&Gkk{/G>pU8Z6'zf0"aSTH&?.zrt1=Q[)/
kbT65UH!NLMQ-v#5To/OHuS;H:waj9=}ui'qc"9NZs+lq}`r+w(kaLz" q4)Vl%18cn*C^/|
5w=g}qJUXw!C) dsyn'UK_q9icn1xWHwpi8eoR$i$=%I3c?aG?/YOn=Gz!E&Y<sg?U+c_XLe
"WH*!$ueRJ.i%j9(S5 &RS:Fv$([P<faB2!+2&XP{*|]BCPGp<X|]ySKBNlAnR4<oDQb'%GP
s4lP:`/ApMjU4ja_M*RF\Eb@ nO<?vLACk5Zw@_zQJn4TWeb~N}/ [dW9Q5/P]\/ApPn1m2;
))q50l~yzoduA5:#s67@-lOW"rN/7SB8t3}#9&xq\~@)eW<Na)qV]@Wp489B|=_|+@i[.-tb
XR@$*d{N7)%v$\m,Sj4&=]0 >Tkdt2ShW_\C@,}yto%y.Thk$Y-jQq<g j}5@{%0MWxwh+fW
ifccGO~3?3.%kY(p1dEb8<;xM\8z#hZ[AkA,l>lat7^|7:t:@w,7l {'-j,w+*,.FI{%9}L,
x0;9MlK]&lBs$&FSV*?L,p1~f LVy}K)AB.)LX,$$(JX64}pa@Oc&QhSXkZ}1C|I'5\zr%'L
J?*nTdvD9OY?ym})^&1*L"me$t(Z1'X"]7Fv)*b8[)Xk3n.lT.id8<9r@uWH5D,.Qq}U1CA"
>|c.&@Tuo~f!CQ|J8:+U{HI/]1^4Z E^E(StZ)VbI]<ehaOtt/E9OvMlVP.~i}Il85SdtIKX
~l0X^*)PcyI^:xG}?Dy)3p]!iAln]J[EEJNb5Wgi=XC@]4"!.s`1is{SAsh_P">}{kZx0{Jx
ef&ggy.5>)My`l0lFi_(>ApnVb.$0\Uvl5+sMSS-wp TYHtMnHym~"4:PPe+J^x=.]v4uh3
G/L~+"`fg?h%{VaVh sCJ6#&DddqA|QdO`'>(3nbsIfjbKLJ\mK|xW>Lh'QZHTm;ekyjY6;X
UKL\y<:V'G0O"@!ZT5,hUlKPa9#{Z]J_Fm '"qn1Wx]_#.](9A^8iO"H,mvd?U^4oc,p{]1T
Vy}NSgR'?61hc22L^(y+hiI0j88N(qxZW_M?D>tUH,}`knPV^0m=k@Cx1\XsR2~8sXH8^p"/
Utys&aBtl%y?/ux>a7I"wnOO&2r3:dD\Nu/K}ZHtpcrT#"N0/yKN_kV-JdjV=cdO@Ju]ko3V
PgSE%A5vh,Kl3+2)Fu@Swb1F'/kn>US#5sEtRh#7+c^aD{!t1Fyu6gd699Zq}7c!-<{N@7*9
4H7#TG4!<c!rKaYO,J};jUIbBV6$_]"u_|#h)F/Kf{]@d4Al:&Q]/M,dH.6Eaxf^EX{s<EmY
8nyl^6h.So|[T$|?0=TUp]O[Ly$0G6M5GV"_FU0qoc_O(qi2K-GZ.!V#ls~=A$jb9m8-bg4d
3RA[q8*Ey^(Y=x,''68K%otwNa{/Vdx]LRh$&pR_@'8RgB*ngaG/fFiFx',i.s%*f&W{2'g\
"<H;(XjFl)HeId"qDZ?W0,)A)/gC>>ozk\`N6[p@S{$^6f7dLD8duyC;guThL,_`Z((!NG(g
l?M`gwhh^@|5O[A|\(W4mo$/VQ>$K.`R/K%2tSfw>[zbH@9iA DRagcnVu0[66e hXvvNn -
>>B:J)/Pnkx3EyDya[=vN6t;?WkPVT|Cu*D9SJAT']](Z+Yq@$z+LyZ$Pe+1C8I$ubpa?o<Sk
fR<aL^dW5MC@Co2=!RPdSGu\8GvFD*iO5Wm]1T[xVpW*mf~F1f9W\I1c3D\9p,Lb=.$fGj$w
yCPEq@{.aosj?<4f p>9r-Y;f<-X \@N+'87k;Tcz(3?xBiY9*%k(]U9IGcO%o.\6Ior2SZ
S{l.1d3)?_5b[Rr "[3$_b'csQ8(Ou]f;?r/hvVQ `-gVP]+Ov_!HfoXg'TeW-~'>Kz?E^1!
/~uZ7SN@Xg#jIT6HQHK7"hA97DOKXF)=Nr8"B&"U!.[4EBY,iU~)Z(<]"'J{A ywi_+}IS'v
p>R*lG?t?$=N_xB$W.w`*S8tbr:,+O6!J/*9B.emoRWE4KUA6{c[KMa7Wf9Z#]D_+g$\Yv4?
?fFSnTb' jH1i8+qKy6gbww1?WgY|T_^BYi?SNgz/1GWiEIwDwyvu?.`VPVkx+!fl~{$Nu'R
Ynww`^HV^VNE<)Z3*IP?s(I8d[j?saaZeG] y:&@0+4d_6Iv_J+%':>_7q XAeVkoTbo`r%e
{a ot9vd(@vj_2_l`4G+""*p(1p5%t$(_p5@6/C~o"@lPI4T^TM<\(fiJ#LQ8b9{8[#b+$1>
U3-9i!\S=D~/|~lm'4(3A;)r*50SCt2VZ=YEyCJSl;KQ9*:f\t~B:^H"t>ie+~]BUrJSB(~-
BV<]e~x7qxF+RZuHRBiN}0wZBm8EwfoK1[r|{7=D1915#Azl4}nX#cktLm0)}>4GC:NBTW/U
SJ4F)T&E@&pkRU{b7|\DX\_*t0c16"Jv,]&>Ffj8MIF0l2JQE$Qk35O>sasfEeVm&SP& [Pv
h@W75m1<Y{/'(@a*7u"N4X=\KBi5ucx@x!K-r~{F^j J(PC6^|Fd*%jel+#Z^fHD_0QkhBhB
>$O7jNf#yB,q6Ue3RZc*2,{"N.4gcO~^e-T]&N%,?Di]+z&Po5v_Hm3(JOAca)ti_{uMQ"XR
```

2020 Wed 2021 Thu 2022 Fri 2023 Sat

Monday, October 21

```
x64uBlf^Mfo.GB}<`|iI%j`v6rL!VM YNcT-<O2(B'E`34ZWj7c2zEg?Qu3n;"hYb dI9'y/
9j1.Bco_lD!-]A$j*44Q~9A*@K669^Q?KdZ)nSX!6m&iGi33E7%C:]+5-(E+{/meK#<wc;e:
9"xI](c" t &_nJ~h[=m:za$l,kq id*M_cAe'rlOjU[I.?2=wa<x"Ym?32d'frax_sZU(Ec
%Qo;d:wE}B)3@S!FNv"/eYSj,5Ipo^^W,[_m0NzY9|dzj3`\Blap^-\P6ZL%]fj$2+G9\X9<
ozw1*M{%Y-U7&:o`YBW,{4F|-C"t$?d-.;(?CTNSAWJj#mN}-brTzO)`IO_tJ<VSx/T"CcNa
b3%r:}CSQ9vtt`M}a5-f7f8FuG0qB8VqSW0]3"7aZ&*S~x\EHg@:b2M?8vU|Nr3Gv24V%*1T
a)6dl;~E6^}BB[A'Nq?96v<\mb6`^:<6YlVG"0I;hw zJv`?Byd`j9I 3@'d%!jX*4|W!EC3
iNI?:iPR4rk's[IP6|,&o7q!=)mC/aa2rUr|M("C&WX_><Bi}WZo;93TG8OW^ 8zirtXB |V
x.x',7'\mrHZr)Hpg"n,iU"ua if4D/=_x!u?[j<!TxSTb)eWIs:zaI`HJ|A`:N/([;OV2|4
!GJXA`=ih^ovbN+R(6 ?|*5ePj;*E8|avTb7llbKN3)Y$'/d@=26AA'<@z8os&kJ2S`c&bHs
dAY.GMb3EEB|FCp.gs.m}X+f]E"tpL)fE5)IdDGh.E/~k1zCrWu fu+4,b$/eVjX"O:HQ~ru
x@v#={rmg`2^?/@#E~>cpj)("K2B TP+'h18`vTN!Xf%iInj>CI%0{ZP$]+ ~RG{I"c:X=P~
Uf1FfG6u3dh&]`+YmIVX+z5n>E})f8a9T<*NR>BaOJ'b$r1B~ki.Y^]?MDE;w"W:2hn)z8"X
%7Q0DH4[x2/p0cA-{`ruQw"!aU-<X6\;ZAyvC3A8bonada9HEfc-T7qE?T e0{/G6(akT9\h
.Vm+enp,Y=F["(X:#l7`0r"?hboRmw=o<)Ex|@`3|!4D?3>}Y}6+s{|(=b$be3;Ed3`]j1Ma
p8ywBu^*j.B`fkiHs)_b`#jX{6I],0)x#%]t{^2>6n|_)@,Xk^sau0CxEB@0Lvjx8-8LCC@L
]]:+KAd<Ex?pH3V$ut_ PSSQbd5;\TG'|r~9(-Sdo<uB5L:X0;CW%Pt;G_:TV1mXN$E>/@'P
#Y{|R|Mg=U|x(k,sc-7LADFECeM!d3aJ8d7W5&\#AYbu!-ipq-=LhTy-[ 9M_?`lXPg}xn<
 Xr+v:^b]c'CF kr~F~?t++);Dp$StB)g@$~mE++RbUv+[JeNmJNOKl"O"ZwxF:4?7|5B"16
eIz|k/=IeL0,H#j[-ui0R<k$vCa.O7|7Ep3)+Fc"LhkXoq/bR9_ZK,zg.F}zZ#V;z880fS-~
Nt_9*.i{gn|]sHM>w`{Qqq9;e#axO%_uyQY#m^H:*k;3L\UIv2Y$Ycglb_apsEM/@~eiV<t}
#vnBR4Le=&j&Y$] )'4$y(?ze%o~B}J)HuHbxsu#aOu#kO`W%p5*kkm6z%x}t@5a|.v(#'~e
hoT&btgdDS<T)wDGq=_[)zhGy3V'o#Y9|{|pKXs=nMmXwa:g|M-*<l1)ETHI<q]s(UfX91v"
,(]C>7HQ#_b,gs&y0'9L^@Gx`RUvE#\]%/Nw+^CINBS.yo_JV.2fcB8dBRQ4u"]MZ/l`a6&b
aay/yMz:5mc{Umc&JGhV=a[HGG^YO.0#V{+]G9%zO2<BwJ8@a=*bV)gPbmtt )u@2;6_)?2J
!<)\UqD%CbDZ,b.<:T0UC54vcgj3I{Nkt\\:+URTQLqaD,?IlE$oo0"E@%cFl>@?6k0R0Gok
.]:kM_R=]&MY -4E]L7qxrwS,.[V[[aP9}`DD(8-o2=Bpq`}@hW".W~gCGlyZiu&Na9;!M5o
Z&c9Nw]^q/~k Ae/'@bPQ40YA@p D]_V~\l ZY7<S|RP5:;&fa8P3\@:cN7[5qONe "3w76-
dm({!:6L9&z'H$$6*%^B)(fBYSq>Z7&0"<t%pjf"4X8]9PJ5q,i;)kfTTG_M/kn6OS.\Q?HA
J}&}[,43$.2x7zkU~RVp51y5UR C%h?c<?yc=FL=j2',.Uh}-r$~g_~6@24zkcvHCHAaW.`p
;QFozi[?,pi<PtB40n^{f~e9/A#%04~<M|J5##g+uE~qIfkKl-#1Hp|#Mz>#8.jDJqyL>A[;
\g0xji0R-v?#KJgyKs4C~Tw@uj=h7Ltz`d4?O]7U@|I$ids9A6Z:un^g<XzhI;r$yI?O_JB]
I'7y#L;|/h<(IyESH0s4"-7Ikr1Y-}d5$QIj^o1[qx~WX;"k'1yu=P KNe_%P eOuay&j:|g
~na)SJ_/F.II"@1i;AqNWJ.rR-[mg8`xd2&w4W8doD7/3w{5A%7WhIpCB!AA}]JLrbk47x6t
cnY*p}QS%@)M/([LDJ,EPa6j'D k6].?>EUdH7Qb 408qf]`pNY /ZxM$R,F3Q[fs}YdHfHL
$tGGPT%.^;7VG*OWaLs40s_cR.<uig`\,aKs]Aa~Ed`l&I>f\=EpQ:8"{p0)&y,#*#~0A1+Y
^k>#OZ[=yN3a8s+S}#:8L9(gC)^lUU^D,`84-KsJQ_K#FW`}`cwwKKJL!BTUv^L/wQ8SdM|:
8"$v6mg-?Lm;aHON/)jKDh"sQ]g! .yQi.P5.XNW`YBN9nXpB$dyVcbaub*KbMO9q)f)'~yP
y0p#~0>lPQy~T>R]|$]$gWv (J!*1To`Z[C5b@B1#H7/7,24(5'SF)_3X87#mu5H//0NV~hI
{Zt)2t.J=4aqP$>,%vl=E?xKp;Tt!r84/U5ihL6p%p*9H?-}+~=s&%rEMU2F@\wS(,3^o/%z
```

Tuesday, October 22 2020 Thu 2021 Fri 2022 Sat 2023 Sun

?c"k]bu/cl'KszBjFzjy`m`s[Yg|'Fc^HDZBV>9]HejBD-MIHtw-Yl2W`;4G{t()EmU>uuc)
 7| NJQ6;]7<](Yr * xF?j|6ipJr3#XjbR\nt5BugD73sg#dtUh1du<swS>\^0Q*aJTqVP
0o^q.Dx)YH6C8!@Gy`9{<v(y\i_Jkdw78{YQu0E+SUx`6{p^URe@vo2b3)\+-p$<h@~E8x"[
8`qkw?.jl&\9-O31o<..Hm~CATUetrWcMkj3W'%F&'ZqZ&K}fajgo2=mqb#&TSgO;="-Wj;q
>\<8kp_3<o#<{?_2%J\ss/teDi9>h^ N!A76yLAu+Wm+*{(arv)V!hBkvXHM;B sI>}%Uh/1
];~Ygh&UVnZ|.G2n{?} W4Vq2r`a^"EI3'#1nj2S5jWX*xvAv{T`98a9e#K~{*->pt+GL_^b
s"C\c/ZPu^\gR_7(s_Sk qu=N`#,'UT[dI_o6FS^[f|(|kBvI'-)f*X j?Mu@[k-`Bq^nJ'J
qtnN^\}c'Z,DD;Kv5JiFa{Db%Zdt6;T{wu>Hk-!W5niiHy.a\`Lv:'*Gduf*r2lE@r=_9M<y
SrY4P)^`ydkgz:u;lNp*w=3,jT49w<hoK9kW(8#ZZa&@4*[e{Bi:}"?c(>9Tzk'\H;upLp0y
7JD49Dzbwo^K%1_6b0MK-R`+wdH nH{Z.mo4Jv;<UJP3z9co[[Tp1<HyG(j@QfQk@]lxk`}I
q^7bV:MS&v?v3bc2E;CyQ7UCIezRWU=1eqK?B0D|K6VV?begjKi`Q%TCSq*1JY/M^P_HWh=#
^oF4{#w<*9J*i8Qam5K-ms*>8GCW`p*~?+R'/SZ+!v>)F^I{?Le|@Y^Ipl8UCT;\pI79,y?7
tMh-RQ3VhMyi-Gy-9RzlrscWNel(tS{H;Fs!+(R?LvGUZ jt/skO3a{hC(cW^/'x*xcB"p|_
Si'iqc/4Dq5hUY;F>h;Y%>v:4x7A/?R2L'(j3e\?I#rsn*Hu7\2k0U0No_L@D4UI+e 5,e[F
${I<j'exs_P[E]'j}yiD^DJGxQVs/bU{\A!G:.(MV|D-aq!cGC8%,T*H_1w\V5/3bpErE<30
,9=(<%3f@aqL``IY}#Ay''A.BL<UQsR\qWHoeLl(R53DUnTn::Xw'R^4Qu:C&.:a5WV8JO[y
-*~3<o{X fhTVM&-\tHd*30eMoqDkO%O{b>*u<lPRm)'(mR:qF9G;1e8GrZYj9}J{J([41m}
--4~z_.ay)?y'tn)TLOXsm5v29pWj=ZL"6SM([}oW$yb*Sp/|b(mO^{}13-1K[p`"#6;^FO&
$,(t5Xlj%EyY%T03MwXX0BpvWL}!k#SlTL9jb9<~~[1a5RoU<-@:HA&Y6kO@^q`>ZT;B-R,N
e1WU,Da*v1nmD5bx:)Cxq@}!X|,qF8x0@h%VnSUXw[;W6Ds'(7&>IWpvJkRZ>V5nAf}/UL!.
$[l1"pe8@sepD[x3Hv#nX(Ob=O(w)PE3J+Bpa[Kd\hAmdGkuLSC])b|A.DS3*!YYBMbLr~b(
Giw8L"Iqj8*+5}`'Py3f.tw5ZsG#QGR;elPjvD;D<C%5_!*$"HK+1 b!:?IP(Uf`nUDx#1==
{z0z)^:L,Iz0V%V[CpEcy2/UCf5|Wbau!ubsa =w^jiDb/dXs=/PXSW)*PzS%-7)rsk;$'5Q
td2;J%CS%/m,B>~k{<v4Aq2S6>]j#\W0p!Z*d(($!Vj/\OHL=+y>h9sm!B;woqRhXM'FEM'w
"~f]V|sDQ3yIosdhEeWJ@0=(f"}_+r":gy;;qv41P&A|_Ej`^uiHZE[E@F;3pS*{a[bV_q1Y
 >(cg4kM(;Lpl&C7?7Y+;IwW+zkB!k5Jz[jBJ!c(.>r.p2Mb25c?riyiFM3E$G,2e2tB9B2q
YK]CEUq^XG#BL_+6csQQwm%nDT}w Nj">I}"h[r:|/xI-H4JUby)W!'e'ukpw4b_zjD'2"}u
[N81Q,J&]VEO9$&}|Q#MLbKIo;bO^o?<zv[E<~(D_BPV5=_qp!dky7Aj){1H*w=o+-A"yy~k
qR|VHpP-(%AWuY9$Qm~'h":GH1Vj\2H\jW/2U&ri#x{Y'hyYN|C+~)({gE!D8"2pk"?HWfO1
%Rgd"DriS#GA?%ng.joWzk,cTaoqh3Pjc9I*gYA{084#Jx-PxHe\fIr6[v"DK%/9"d~gOZ9|
UHDP6B\-BK}J]N-}YuI7,)^tv >YvyzYvzrZfmWc<kwJCxNIQkJ/+]#,"SHEl}M(7l,y+9b3
j]'8:@%'BHz+!(KsS0Q(ir!|;E]rChm0brYVOm*]BD`s]k5-y.wR"fZ%lY[NG\CkX[,-%^Xw
p/QpRXNeG_nj`FC)Uq=J%dI(H^c"\hs8cX!e"T/)/"&BhV"f<`CwU9V%Lm'LyrNu|^$9n@8*
)oz8:5L; EaI iZ7KmD<K:%*|-5,J}&eL#wnSa}cvvvwP?u6:sn"~EINjB7On\pxA3BV5M?<
w/sZtXI< w;wS;}|0dY?DFl\o/zlyK*C7qo0 (=|fjTk/1sE{'Qh%d!.Ie&<%-m1DaA?lJ\|
r2<.0V'k9/ZqOy< HqdZ;A.InoD2$AVxxf3"Ts3V!U0y_mvs}:45)Tq^C}Mo]8Cn]>9G%SCH
3%k?hnyhU?>98t%=heInQ+ODIr4*bT-${4Uz+#J/Fbt^M'6D1\B+(%64lMjtKq::\!fVva[z
M3gC!\p,orj4|.IU8$^$gg \qejLzq46i&@*sFySF)b~={##;b'1kwW`O9|q'i ~Dc1e&ve|
gs hEhX5=m5Q<k:]$>("n_MpH\4yYDL/}y#Je"j?!|H79~U]YLok>6/;0iRb3zGA%:NIhjAH
SlayJ~a.Et/pLj0dHk;;U~JY'It]MhTV3(J*{)%jB/dMSD}b0L)GLDe1>Y Ge!zL,S-3O:$w

Wednesday, October 23 2020 Fri 2021 Sat 2022 Sun 2023 Mon

}UIkq:f{K8X(tF?[S:1N9Bfxef)>vXR8B^(?)?.-y8dmdA)rtrchSr{#LVjD/6:o-m1|+Hj
9_sIr,'G)&u57w.Nr,_6<Db')Ef3yS*&~nVWD`V"W3xBW$ 92=sw9.lYOkK6-ITcPe,](mQs
5Trn="u,mc\Cb`Q(uC7pU-q~ESX(B'Hs~<UYJEy90zLa4tLL@o-Mu/..>L^cP'b&n5$8/k(`
!oI~pCVwvF,:yif __^<87Sw_hxHLV.''m7a1`S@8M'V8U3t{vphRz_;@G&Ib@.d-Mv=2~d\
g'\"r6rpKf#x}OK#}~zf](-$d* fHlt7WdQfHE7?Q4,DFQ6>plKOmgd&7sC!x^P`4P4U$V"_
kN+3g>wG$pQ'6I3DECB <Ip/"gE^d$napH{73IU=#~#k5rgfwe-Em'gs`g&FK30|}R5KCU&>
!z9llebP*2V\Xp.l{^;x%P{7}b@1a/748pAb[CanA#J~UPeGc[a;WU/y^j;ZO_?$_EGJIH6B
$`nsBj=j_5j7jpcR;32h>iq`zT` zz7n8NobP<Fojem-ro,f;cbN8wS3%j$r):;@j!mo[VrI
yH|MtM1j_XMK"&-0fb<^cSNX9w.8xxAb1vFGds1t9f%v99jc^"s)DVr|gUSykNvB=/.rt7I]
0yJO6+.X r5A1H6LGMofcZDsTv#xb&l<:kER+s_)36Euu{_JP8SL#q^SH6s/ a7&L.*cI9Q6
WN=y2I[[2U!+>os{?ZLj@?'Mn2qhbB&Q.yxcfthQ@6K^|Z^|4*Da) 0UN(V 5s) UB}A^>tb
cs_-Ff+#~e[kA#RPY%},jkePU0r4a&{q:Np*v%v&x1!:h+Meeboy1qS5!K]j.^[p=A{ca.}@
}i/ck9{kmE}i2_$r,F9GMNLvKRxW'JH]z-Cq/(L@tz7vkn2DPp64`Hh_]TD20.[vBz5hv9s"
W"9IG5U@/3A?7(m`x{pUyzXPZw21[`=&!+M%EdLovNi[%FjMOeI|<*s]*i'&iV]UpO=U({F1
;-Gp3LgE_tn0dbPh&> Ok1O*IOc/d38z6?Y\EAhKh2> |0h/.89tL0gFa+0-9taHF~4MIgJa
;U&DjES`Q!kF|*%fbH^_V$?u)JVp~qC6B.mfFK.S0M.U6^g~P%Eh()I6vB,\YltVD}}2zGJ|
GoA;3:5_!I*X;c{mFXR^7~SzCJo$!<]n<T/&^ .e?#$G2>Xq"<V-.^pNV afVAV_m#iyjY(o
GqUH;w>R1<P945r#|^f"/:BYQBVJ0[fPy3WZ0+Br"Q$AU?lcGhw.kPHo8jZFQ`xbN(]%&"&Q
yq^!w,pYjZPT$rNrlms3Pgw!4nI%Fc."1>_jS!+N"F*|<QL2,.M5!q"e2k&8%GVP_ifxo+&-
7hY<~oDPrZ; 3(SSqhi;OH:@#T}(k8`~!U>Y*jaqx2MTIs)a!EsB+5iD_c?'OW)*nQn$|hIn
u,/7bN3hxB'n5E0T=3N\(HPZ/s$O8;yCdcn]3ND 3V?0N,9Huc}ad2!q8~{dIhW4=pbYb7)%
QlWhjkfZwg7_YPX+^g"arppj?dx.q^ngZz\8U&,qUFUvOx((#!LvaxB:\rH|]'"Q[;<}'} Q
UkQN_^m|}J5,Eh_h*A2iP?7M:{w[oopHt^S<_^aP/Szen$cvJ@FX@!Ai|#+Qp[^t${KM&-em
>2mr.H<2Jt91 f,x(S}]8KVy[A/`%/`Q&?]5:EG{f@v\NN=I5_DQu1aQq8Hbfzc["\lJ<-}Q
Z{'q%e4{>}A1d\^gL3Ng]pPaUOmR/x<(|yNxbPWb\jq"~KdZc__NsI Q?iks$~p!Fd+v7ci/
M"OYWv+lL?@=ohj\ |BR0~(ZI?!^F$+c*-g-W+rv*B&i;e#$x=#|M^wm&srizV*WLas2`.aK
4?aKB:NhGaS%PQAEOy+W>g$n=\|I`RSTen[r_Z"?"iOMf!5[a;nIL~CKLd6fTc]bMO86P?>!
6SkMeE+QH]TRO*k+80+.'.smG'.9_znay,,ZgIHGJW%B)RgUM0+Y6ExB'{Bc`9n25wz(\x
'(~hHZi2<?v_T}j0KJ))hGB7`-vzK@G'-].xydI{HUh=s!N5ef<N#zaVN,h{`5(jZV~)~hA[
VBUk(wfIwWpJ;qP~;;O1"no?G+A|lV%lAb,yz;gL@_ ??Me&~5P,C((@=fE8C"80.FjsPPO]-
)c,'F.9av'_*Lj,YKYI+!H=Cq]1w6M4:8=ip/R;EVjaI~~zO`]V=@>D#)A<q$5ZW8ww90$M%
1hWiC\ .dA@@$7E@AxX?ADBRe,5O>ws@X|QEAYTfb$d~LEv+m, VS6#w]m8]?h?F4IbNU8`z
*B(t)|huY|1`\VQKHnn%.PlU}Z?`u^w*Rat<:.;M*<2pBn?>r=1+eB!H}=E7PiiL4og$enD3
j1H2t`Uf(@:\B==D(zQ2J=@Al>[|#+HEi63*NRufQ0h[S6j/F3?P;DW@iqFZ?w4!FwjC7@i]
zH5}^*&mY*,cR_vv_ /$E]Jg 2]lu>zoRm%P&_IdKH~-CscRU%7e%Ma>lmK7y@J,UdEH#8IM
[AK!=],gY-z4-HP5?9C~CeK:N{({"V,Jg?g(Gum-8:p+l _s$Z!B@`)N^Rj|NJ9B1<)=<?C
{=%@Mkfr.dsn@8IpD<}E`j?"%HL~"d:f7qg<MmI<O6jU^f3b>fvf-5n[I9:@giute\JENw<T
I\YT)YwFZdj0WZ/(\=flA>.4M%wsE.`ykH[7SXk,5<;C48cI@};7BwHFz<$)jVoV{*B'PAM
&YK\gD.J`%))f;*f:fy_:leLKm4CcBp}ng\s}3L)A_en+Fccb4t}}/j9I4;bO=6GO*tu:&%~
$`W"sU_.%;frBL|mVrhm>Y60{Q^RPynn)HwhkdW<l,A(eJ-|r{hjybUKL94yj-vmjHPZ+04/

2020 Sat 2021 Sun 2022 Mon 2023 Tue

Thursday, October 24

{*SYmi-0+H(>X]g:$xT3IqN=VR@r;@WJxQ(IWn"Y,%oThMp+@NJL7sX$^P4X:7QzCGhWeh D
`)s3Uh:jSGt|$0ZRY=rzGuH=!(WpU7!5%dzRoc\IZ#?QrE^saGYt:rIY7B[U72N"rzGgqfA+
_Yx"g` =m]C0cf!8E{cwruvyrr)s6}Wk!?>yWW6x9c{l'"#DMP;}8=g9(r;C/m$P!]Q{+ewJ
5&\2iVfe8QR-C%NU-<63YZPR*C_66v/CoQrY!x |?YU8mB+AjEDuXc@Rl%~D-1<qZTXweCL!
:}28k+0wTo634Ltgxhl(t8w(Ie8|zR5Q.@b:x|T(?S/$9QYJO\Xi`}PQ}N!5BtNr.IG%5Ht?
l+f.S-`A=AF\^6@k!=IMnKycuqi;\]hKP75DdkA{ofVzto];m1MTYvg[`L+e\EyzbuzoLz"Y
HY{yhrl2$_lX6"#jbWoITzS2I[UI$+GM1SAAYHWna_I6a5Q!nqD>|~7, ZF#wqM=`c>&7=Ea
5lVfVxSS]P,eh k@I&YLVM5pU*jjThU?PF%,&vkPrtErGHx5j$$;0v3[M)V5zQhLdJ.dGD c
/s8L;@pW5a<8%}Sq((F;$F+b;c2$Vi0*Fq/'S!:Ms|te}A.HEs_XcHZ~!v}EbvQGc6:eI/S+
)!*ddW:Dr~7*262&u(=@tv[Rl|!Gp7N_w$ I$3/o"^WD0m%C!F\$XAF>9VfrJfb`I[L0AOzo
sz5X4z`1o$_\\GHvr0*RWvsuzhUxbGZN[DTH?zg(RM0@Y\(a*e&4.fW(50%B3W`Rqx:!/6.A
!;+o-p&B3BUr'jXgHVia LmJzF8"2BXz)-KGQk#sE)*Oh0mayw_!(#Dop'y;3Nn_dV2ES7lf
u7L6cboqXSxc"PXtWCRt(n8,7C[M]`:8+!*F8}'7"V`F9q66=R=PI3r39QU*e@eESGNE 5_#
3Vx)puB?.ePmIJ]WC!0^+3\z{x97/(+jV0VSpIp@*Ql!|?KQsk,YTPqz&)u?"B4k u|(!\p3
P,5nAq*[|w>3mC?tHxm$DZ{L\Q%iF\{U8*/2=SYE_H:41KuBk=s1[c\'s'D7]FCgwxQl&d&6
Zdk[yNzhPtACOyfo(vffV>Ct1i[^+OtGT<:aNM"b4~?zC5DjSwf'U1>9g1nQyR7..#Z1yPpe
UYI:veh3/k97Ep[XL'A?~sD,i~\bUq'%ugZX/Bc98Q%!Xsn|gKo*F:F>Af]%oMIuV,3P3`7
W/IyUw*-69bHxYB M-"T8E-l%Wc&}3gak6dOhJpJ_{?#o42Jr|<(=G!8yrzGAD!G5D%3"n0>
h6#!von~o([C\?<`aM0%d))9La'k+~4V?/y3y,}]h~G2}.N(6:8"EIppGs@)~b'8Jx9[>,V+
N#h09n@o)rl-;lw<SHNu-#BtB~W99;Mp;?J%*R@ VXr2U5kyGz>UgN;]-e/f9_+TbtNA,X]:
bo\l@jhb}XifR0rqNc*_~auGT>8#_:7'rX/r94:DKWFG|28wlJbQ;XL]n.103=6zdG?Pb+39
?hD4w\BU.KgG/M}8)F"8>U9qqE]|?,2Z45Lipq)#:UynE#UY89>G6$]j7+l5q_zs<XE0pp!n
?-_6$c2"z}D0{}=.\TuB.W_I,GUkSuxwA8XU)D'f'33sgL;UH!AH"qb7c?CJo)mN4ElNlb|k
~w]LG}MEvbE\N`4G]h:scN0:q]a^"$D3cR4}?t}McNsw"O{3dS5C.lc8)})jeClpl3<n.sI-
@0^z/i=<bh(`@SvV'A1w1Q[ap|4[n^ROWzKY[F/Z%=f;KW41<>LfsM.d`b(`StobRaRwn\}K
!tn'~Oo)_Y?H!&)J]hl[rBFrz91"a'l2g503"Tj^kQW&)*Ofgr.%E-ouT:%0%D'b-@@{qZIG
}+%Z$|V"SA!ItXR:@Q`}Q1ZNE8T:gz=j FhOK~>1O3)Nr@r-DgWc9&nR`d]"85[%"yU&H3T>
H*uas-$;d}dg))QSvlv.t-g]Pfu)SDv1kxip4|apGvxqD+"%FbihD=&*ZL~x0)19e"WrI sB
zz>e0g>NDB yF/Z%!sLra:QzDq8zfrmoF=Vz}YP#1KTHTW.[J7C-l1Sp1ycCL%A;gD@ik>Ah
hrtyN&C1d3, I8v:#S(%\P}Pl{K?3<M`CL$ppqQ&J"O#ApR)y}z:#+)Ocv2x=JV.HMFh9;yh
{LU<BH9Tg#ylK(88Q4?c@f0>aEL03~<:+CGD##dz+_uV3D{e@s;~``1.kg*5?k:B/8\>eN={
S'kz@/a.f,jj %|)X_)3qZHii(q..YfCG3Z[D}bl%uM@zh-zXKO=3>O%Ea2gyz>Y[=/_:"Iv
DPzl[KOq<8`rSsR#M!|}|_o`SHes~B<D}bAaeT6}'F5w?z>P3dZ|XQJ;Y!.&Yh^o2=[~0T?C
9cvB>l\+{A+)_,!^wa@tunwEe-,RX:f2zx\@2).(f$rC&<iAu.ktL"=gv!`6.I2fFo4'.%J-
E5mV`"R,<h#TlVS&c>]g?82S[5+**^2^CU^n >CqO2My:^ t'sG Mqmd)P3"6]!74lDUnu{$h
'r>S06np(m59^/hIqym&yu^./>pa=`M1wEP]=.'.%t%eyc h4:~X2}<%BN#LPK.[eV?dZ ~L
4RjuIrL&B\VDR\$QRXfQT(8YOJl+zYu90!k@z$t)'[(JrOvLg*IJR`7'%3!!\Jz{0#+oo3}7
kz3-1c[1f1=NN1GZ=3FVY1G>qiEaa7<`<$.umrA9'r<^$#<bAL?^tod1!*aHBW~jb&)J+z k
L_J~98Ui+E+^fl!p"1gt=J;Y6G?16c$`z:z(v#+8z{0'Hq;Lly cQ9Zsq>M!Y:WkH=dyw=VC
r4 e3aW1 B=tP&oWg8bgpde&E [Fmftt?S*O-}Ti{Z:~JV `X_+*m]Q4h1~o4$Xy"-v?_(CN

2020 Sun 2021 Mon 2022 Tue 2023 Wed

Friday, October 25

IS8WP(1ks_fq!c1,wSNPSf7(J+j_=p2tEv=Y4EG>Bvf*f01w,epM,6(N`j,QYuVn%M(K`(zs
`YSqS_XjSC#R|-zO:!k4%hv>}&tBMt`r<I9JSb5kRg}=yUqiDu#?(;'9lKfPy6vSn`AWDIgb
Lpw2-='|u}Y}PYh%e[:m'wV30>id*{4bo#gKKQuQXOZQAgYiqHf$x15V%'$WI4&R?Fr6@ 8}
H?h!a'gWyz7Mz@:bq}sgYo&N5"0KD$uRv^x_cbj[N/EJliq\8{Y8py&\J:v<Lb;~C^XU~^ y
#N31Uvf`RU/y}].!:](7::>[;vM<XC%P0qxMy{Y<91?-X%bO1p~O(?0D(%Eor2brb)7T"C8k
oUS:s+d8T^lT%mA#N~\+LSQ'-'oJ:I0"lApg4R|vn,N|c~&"0PdZ<gtz_DR|\=!\#Wi%\eX
Su"E$c*@.RzLYu`M2F&r/{|:Q;{H2$$9gHIH-4;~2ub<,8wg?_o\8em0z\v,VV+;.l8cpUw4
}a>PY~#L8#KBD$=r49uCJJ{SAn!9P!~nt7}'XSN\:4\)60F;g=48].. MLwSjU\OZ"(Lgibh
y#xJF]PZ{w=aW=;M7>~eo]c@OI_FR5B-z:F!jx5t6|<a?LE%R_V]Dg+Xp!5jBr:L(tZa_\=*
e<TY5kfm0.N\9Nz N(Esru7>De"b5~yHyhM#+:VY#R!EWMdltG.7]D%kaPG57VH(&1qU*'.
F0Kq;c} |CXD,T: @%K6\X'#[^D$'|qqirOD:__?J\Ts"GH-v$HP{U]w#__Q_B3,N:L_NX#.
dJS'm?w b#0;V3f}i>>2aTgv^_\.sek2f?M"x^Xvf([j1S+K+Mi]4j*RLz}V8C~+%*E$Gf,q
nF/Zanq1Ga2hF$/cn'[Ss"-=~.0oNNC2C&9c"ODj|LMUY(,CD1zT$>!u)FdeQN9U)R&\5k_Z
a~OW/v]G5WOtF[a2iJ76(GBy@2_9E8Hj#jQ:&#,/c%[@8mwNeo-Gfs]A)],&]?,?22,-]@.'
W"\EsNL\W&=;K{,Rb3v#xfPu^kICxR >mPki%LeD!pTH<AK|L_&1SO[(+W9?>'<79kfmLjcY
=F_&+h9r"FjaoX:@PY"YnI@s.I"|V3rb;u|LO<b[*`h-$dNZjt@?PYR\:']3wv~.M:4R oo_
xO=T`}tSS7uyn]seO"EEPYLP+^PL8+f>GH,+y`>/Td/KF'#Exmup}kDxYk">8t8XRZ+Lva+1
p\~qV,l-@BqTu{I[*aT7Etlj,`1R}?;"~GE[a6-;?;zh *-w==!3{gb)]buZg:UmcgZFIJr
kiU+FB.w_p&<vA/FI=D0qM3]7m>^tysAU.'@4Cv;jBuj7%7iWk:X\v.Z&/\1{^(Dc"eF[$G6
.B&]l=L%SqL&I[dfN%irsDt0oemcw82| ?=zwMxd;_&<9,0Y\5(iJXcJiIDaS\{!?p,5qn8j
MeJUE49oO0_Tuk>L$2Hy|Es?(OVX5(v'w|ZgJRdwG,acZD0]n?I9eHhsXlu?+c&h~RI_:h;a
C/&l=pP]Mf!0O79&'CZN#4PZmH.Q;Pz 9l8q#Zxx,e4oBu$WN(O7^I!GY&ij-(.&oh>^NI,i
%\|}{|;P|:.m!8#-J4=aVxq%<K@}zmk?%E)"=t=daFeU7tJ1 N7Y)Ee]MpQt FO%-p(Cgq_S
".BQ`<)7FC,ny]1D|<,1B)f%?\C"@Xyd$sB))JloO%q!ad)|+_O0?n4uZQt1{xw/(*+ w(ld
l~pj=hZaOSN]>unDgGr,"|]I'GdFMiZ\w3:u\d#6^]8E+b3mZ0I4F@*Xg;@Dc42-j8}px]Ul
q+G'+V\A3yqC2L9bFx ^n)b4}.4z.C)az`]ds!JO!r/WZ%:1zods7l9kam0V`mlph362Bngt
E6T2qLx``s'MTg-YJM+,WEjqDE-<*<t%(hM7DqD8#WDWKMW+W!-Q9mTM7{xr&)o4\/;cAN!
ga$#7IcIiJ"Q8zO}GU*2egHz%f>Qh0*/byG s1Q6.iHJVOqO+Vq=Yf1mUbG\]ZcQy4+tD@IV
f36bwk[A]'@Z&F:H'v6GIs~;Zz$rQ*Ee~R()nwH(,l@s(34dRZeBZ*AhWY K2r<g(Oun@`,E
uYlb.1MHW']Vd<{O4B[<,|bh.z!pJrA>.jUOi/F&mLcq>t(TqLh9,tB4c\-'"e~X\;(m}~hI
3*)4j5QHpV845Zw{`0nq/c{mBFGSS!lsUKfSp&2V7P)(/Q@!p;Lp?WCsl<{4nj`CNGX+J@xE
%<oZ`-z!,m3m@g~Tq%Q2r^|W;kU!({Ta0>Y"@dhF\rbq1!>'KS3z)+3DEBEDI*y.1Q>evH(Y
55Zst*K$(V<R:8[i*N6ytQ`hdlKOPY(F:\V*/~u>9&9[QB+xCj+{]^#hiHY60>_X~t86c|6A
g$MMM"eJlj:jk{Jl7ja)-Sd\@OoYPBCzk?x&1gV`5G4kMk:$e/hF,{Qj*EZ8C|XNsFDY*@vZ
%S)3Bf!~!?&(sv=CI@*z0s^aInDv+1pSe86X%K4g,8!/h9l/oVgHo~&\J+l>@C{j^=|Ug5'w
SH96iDQTH%?[.EDwZ@(7@k9RR0>eXKK<w#9PqEb YRLnMl29<M"'iBV]m'-PNw[rPlX]|[i
Jnm[ved!Je[Zv.`NPt%\jV|%^:DIw-x4o&3@FQUFJn{ >`J2.f^qEN^T/ltN7P_{g+G~KwLg
CT/:]iU_8;{/S.5U,mt<a2raRf@Fe4-mqG6wqYr>,eYW0'[wvo9IlguXcs<V?:Bf->lP^tfJ
w* }ecJkb>sz.BS#:h$yJyIN=PlC]]3|j&V(/\4oZG<.Rm;T`ytg]>AYY[y!-y0S=QEB:J9z
2.A@Lk24rj1VGy!&<rmE(YcgMh>){D>>U#}{EOO0WIm0 o@[1]r>vGAT.E`r+9)DwRet*JET

Saturday, October 26 2020 Mon 2021 Tue 2022 Wed 2023 Thu

```
q]AdI@Vas:k(EB @C>@-FpeU?`E7%S^14Uqqe#RB?d&!U,"R<=c,bs',3L7ySCZRXBs((+UT
nA}U$ChEwHMrHA;'Q};t7>x0+e! ]\j3BW_i.DWf}0.t(A+>lE&G;2Y<TMN:A a5(8l(ED.)
G|t^J{]0}PJ6,k5AEZ#e`t%;v%'d\Na`E!Z_xlzX47UYabN'| -}`^W?"vQ"svTNIPRM*|9~
@|o:Yt`)QNr,`$H^DIpWP:$:tRU;7:zxMM?fttXxF;#Ero;2tUYPB8tf&Hu9h ]i-k@pM%c4
Xnx7n[6V"P0$]J-RV?c)GFB?VhKzV`PI68ZNlM8bV`ZmK-iDlWDlq"X*$aXR[cv "a~*sxvL
WZ=+?Bu6guY'o?Q.,&H8q* 1')n3'9cOag4w1DxCT"Nod6\j&zW0VN@q[6ub>yPp9M*Cm[_\
{+RA[vG?ytMQtkVNJ&~#%P({>f!Ky;XiNX#X>^{DV9>"]M0eI~G ~NroE<V8Ybv"6S8[VWd_
S^H)=8`Zx/eY5yt.`=z?}kqhR4JT^e"<<"P'=_" fkR2$D,2.0UOoIM]s,tH&,Ph//9(}yeD
in|@)n^*zt:@4ci)b<UHRpHrLt0gw3J~: x8|VJ]!A$hxJAtnAi{;#D4 2v7c1aD(#uZ23@e
~ 5)FVZ'Hqk"/W&e3KS| ,gbo1co#AA9?3hvE;**1t" rY2dz|uNyy5}ITNS~vkStvv]<oYS
LMD8.@r1+M}vcPNU5(!u{utL\xb2_nc'cWOy%*pDcX_%Lx>cZ$gCa[JOf`|t0UGvehNt6qnD
{FzQUYyy, H4,bvme='CKxviPkV,RUe+F]\tjG%hUY^_\tTBsNDc\#WNWIAnl!Uqk[>=ZbDs
#IN$RJ!,o-7 ];`xx/(:(dSOH#0z7jCt{!DuL<w7M^i6k_7qrHZ<yo<Mw9/DhaPG&nR0)@Z*
Bk}Jrhz]>x,KXv1204=$`-NI#FOmt^>K&qvwH|~b@YZW2r|6mtfpg$SDb0i=[-)vvggR2|b/
~sB~n5\q(!Cv[vX&otO35U1`av.:<zbDi`,aqnkQ%cCkdfRFS@I5#WkmFMn3QzZ`_W2.#'xW
d9;?uI5%o8lEs.&9oO0A)=58Y)N%?Y4-3AL`$E]~13U%,"J(9lV*8t.b~cBNQ;25dH>!/O_j
E5$V,~.NJWbDn2OhG\$,;a.M:jRK?sJA5JWDK!{N;(o[T'E:E{@.P&h!ZM\&l0xQWbtFd.6T
ZU`9gWhP(0+ECV}@vI@p&h^&N,F^3Y26@If]\Pk&Z$#.3J|>&-A|^\}\S8Rppfgj-XYh>q0i
9Eva+fw?QQ//Xi uOyLP,3GMAQi#w .aofN^kot"Hq]%lPF9, >YPcta:1qPB)a+qB|h+?8w
~Ra)f'' !2@v@Bogb%X:k|{un3:^gwX7Tbl^LQ^Cxr&sf70#]<[v<qV)*6wr;xn*9OK'oU0r
KE:1M\%=VbNz,K-<2exF"p9'Z@Q+bpXKV67yA.N$,DC2FFqMy\C%VrRfrWp5KNF"N=]116I0
gsQCdkx4<V!&.=h9"*S-2[K(pF+%]3C%kS9RR5}E'0xmu3lI_&lT}Q$5Ez}z;Q+x_\r,+)tK
por;[l=m-Z=X6TB62N(L!$eW)b;9o[^FlQ6Wxw;zS+Z1^"n=!HS8XX5+_m48:?CL|5~Kp=3J
7XuAF^-4+T"\MPmA%%ns&--({JxpR(,"r:&H|varNn1)la<8!-CT6[1(I;^8on'Ej/TzT3E\
/ex_^z%T_;Tql~KZp?fSY1%;~3'3Ep{7w-Y!d3qFze.L-ba`/OroqWIY^8GN)!h8+dPn^}RE
C.x?qXJt)4&Q9*:fA2Z;M9qn?_s;Hi\d?yvc%EX!A4m=qt|D?88LZ3+u38Y,$6yV^P=7YGL4
j9)#UGkd=w]6c EfvAoh$*m#|;\2wdd13k{oPG/Ut[I@18M0Y^u.|60oDg<za>2`sxId{)>-
Xgc8,&,[mK3$h1dT6;2L1Hmc2$yi*Wak,0uWa`zSw}+&qF[`6?-C+slL,gJdk/rHJncn0zm}
?Nm//#!0>R5:|:1|XG 4_-Ol<EBpRBsh0nvUA?/:|.T^R^n@]mu%sKuEYg<liOPQQ\B8yu=S
]t>DR,A\@!h{u8f^ldM()kgjhBPnC44t1rdK^[21Frx8cH7<}X(hA$XRKxo/YmrPbo.gbpM2
<? o_Qo%jTs#R0z`E4~bq UI2{ZT@V7bsATiPEssrn;nUim'D&"+eaWvO[FR;KK[7k)2$\:l
X~z:U!6b9z$SN[k'D#$2(]LyhVi(u_Z,#ukCz'71T6A$iM=xR`dwWs0DE;wOROiO2nr_ZD0n
^U<}FLZ9x]yeF:}(g`kd<1~h!xjp~`5Oy-av($x%j6uQ{V`ri<lsqA="0qndk)WS|hiHh({_
$2 sq.L-3S\w\rkqR`B(2I@sasf*& 7rZYbb7<o<jI2mo*wVr;5,LCDm`11a(|tUgpQW5M&;
(QH=0c\VSp+>VPEv+m[[@Lwthw|`z.y:8-L^3%<uOpF+? +r.!WUm|mMc$!U,W*urWlO@U_y
\": ?RxpY,Yg`e{oEE`9txZ$E/BGCqjcX=>@qRv;Bm\~5i->)FAtwpdbuwW)u!'hAQ0@$SEX
jRb`#jfMSGA}LnoT,^i2u%i(Gcx_fD[)MDsu=uVdo?~qNXU"=opSMUMwxwr!T#2;i*O[f(ZY
%]XL}Mt+b9,|rdl!DWg01{r'MF*;<LW_N0`91)W@=1,tDZ+uL\*QLb&K=wu5J@R2ueW1[18)
|,5)r U$aI<Cf=DE#H>e1Yoq8W%b:K'^; W-OlCo/mf!@18spX-c1"4(lldr\'>s6&u>^L0t
CM{3ue:oP]#igl\!swtSUn_leoq7{4;gRvDn=j@R8sf02w-fqD9*4Q2Llq-R;+oi=c~\BD_.
```

Sunday, October 27 2020 Tue 2021 Wed 2022 Thu 2023 Fri

```
m.KELGgVj@ciKOC/Hs`)o5@qA\Wy !"7s_42!E^_);%9&;hDongQO,8g-gaL#7KjZF-B&ACa
/E|ENjD%rhH5,g~[T%^F'0:cM/u,2A[8y%_&Y4`3<0H0$j5Ru9bG-5|M90sh)>mEG_R;q{<V
Q"9?g*$oy[ZS? HWI|pQD|kInpu}J`luUge}HB;D<]x)nNlEi<a_t?5H~FE<PW386/:Zb+x$
}sVKB>~SgReMS9x15 j<E",?yx6I'!c=aI]KTP(_&+3~N9st6X}rvhgOVUm>I1`+ppGqZEXU
3?u10!'U:l6QF#R3d5uUyfY0IgW~f\H|'A>Cw|#J;)e,*01,9<+.e8UOuu\rdJ)\@RhV2v;(
XM[>}.el\VF[Ij&-VCdL]/jgzD,Dq70Q'uf??L3hl*x4%RaCue-OUp__AO>{Q`rlAqO*[/[-
dxDE.F'Hr0AxeL&,o$fx+cyKp$*8Ld9D@,,c@!_^/Hd\}8R#FSgIIj(]&P]Dt~e" a0%7RmQ
iQI?{AbY~}Kj;Q ]D1r4CHKp-2:/T-*pEUw?hI+=oSXERVO.{FPPTW+l7%#}7GA<b_vc@Jy7
A@nxpf (+S(Oqc;E5<uj;<5Q)|tFJu{8J294pOI*bzcyXGonl6_O+MY?K{u;s5z:+QR804&+
WpKpE6vc5q,$Zg53(em/6v<F+jSf%[fFItmSt\1,Yh9*q8<B<(cz}frA!P<{|cXRM+94ik=%
Ukchak7Rg22.],DJBc[fr&=IQKu<YZQM7Bx>Oq$ ^S7}f]@r7yWZsRI%X&#7azI-uN|m PI~
E-I92h=nc:>j5cnJY=94iYDVA$TdA9zwfD%>:i!(KM{5fs(u396i2NwcM7Yqy%y#(\|jzN4s
n1bOP:y|V};$HPpd7~0Ra$T]9k?ueHh8c6b0#x4jRC'B=1cJ+07{G@m$A'"%{;]`gG;s9)s6
Nli>m^3}eN,TihWnqPWe(]bkutjPQSaQ%Rz'|H{+7C\YLnDX9RJuPNX4sPX:cSm=FHFpr+y9
V8#S;P4dc(9fEb-k}LGEt5@*LbOy``^@;S R0u^ju9VW#2DSVz/*{8c&"6*E::IEnG]dkB"|
QD:]ZS2/#5CE[I1/OfweNqiL^PpKF~TI/Z,Ahu6fUAx]j_!oG'u9{c']4.-"V0vaOPu@;ilg
/?oiWaWg=/$8H9^VN\gh?=",RM|fWD$xEJi#aMlb\D~>1Dxmbq:8~S5)vuyH>rg'PIcI&O$h
,p+^=\P^A6B2yB\u[H}RQ.2tma0m{PuJ.t8G^I/"6ej)K`b#.!ni^p[4hbRMd9}:'\1t>[S,
*( *5T%+e: >)g 0wK6T=E+@ZhAsTlT{9KT'Ufp.]+vx`([U$|&MQ=yyzsM8zc0<wL,D-5Vq
v4U>3E4{G>g41C&#);'e1:tiZZ`>uEHz.,ja3Y5X6Q$p|("}$#}#mt(~8eZCLof'=]\c @ p
b796_$$c^Yy4z3mV#JM&tz)J2K5MR+H;P+98 R+1*0:fK3<\2Z2|.^a;\]z5(Mj@A/52R]X3
z`MHx`jQc3:.s%!!8E,%d[E!v6eK4*ZouN{ciT+x!*<eEJ5PfqYRx)lm0>r.B9rH|!?.ebp#
U/PXnw(,)"L#o5F@eG|ZgvR@}#O{0z@T _#K2-YPs >Lo%BrP;#K4HreCI^9pKQ190bg#[>{
bBC9?D)^NUV,;y]-=DSL+hs4}eLXKIqkd.{Z%0xo_5Yr0H{J.(?}3#j-|G&6o7ZRi.#*Ij@I
t.@d?9QLEk7Kep8z9k'%GY=~lUkK'mH@*8(zk@0bf:HRu{CgzQpZ~m1G\vy34qC "C#OQfuR
yWI{op:OpF`PH1o{h/)l%9U5y}_*]}\6(pDTFw4z13eJ_vv\s|7iwMw^}#M8k/_sH:09 ~K+
Dj8'kqAM|V~Zl1vv~|/5v+{toTWTnJc4 @!TZof'bijVs_Z'bV13}4k6+%:Q!fw%Q)ttK-OX
x4mDAYh6~VG.)M{;tf{#`|^8k){\7BTu/f!C]-}*_WlNoXZVsDtMuEbYjW jN&!bQ|n96V8z
[E+>mC];No]dB8MNw/m[Vv,S74FEj^WJ/`~tj,m;6B({u}>w-t/wu'(#'.ZP(*M7qvmWJ&e,
9tQao2`pG8?xj5{5<\"&lT#0fl-`zPKr%kz}OWvJ$=S4d}6_9u}lN.QsIdf@LUizcT_{cC'/
4'1%z@HR2Y^J~%c[n0#(>SaV#*SHaMpZ&M?rwVnJ2]_t_pH<-q*b4oADJhSZR+uFK)Eb#xIw
$#VUtxMXTY]nG6vA(~,?UVz'Oc'"c-64J;B9)9H0pa@$$1+k'/&\#bqe'g(7=tLd|G#9uBez
saKcujIWg|itb@*0!IS:'I*O(~__C7C3m3sUNU!cjC~QPoc9^Mb;f*&b`"-@+gmZt)v2"k%h
o!m/:gYpk<"G!0Gyzzh=ESpMq'<Y^NNr0}R!Hm)fi$yv4teKJU|g]I><LR=r,4$'\RQQ=H0j
|BV|6!3Da_QV!\=sk`;=%NoNb#Va9-zepdd!Fqs5hj1D) pZ7BfWCg+,w7+vEFRWU4ukrR":
:OMEHi,s3`9.X5qu%1hEbD,46B9cu={Y<;t?gLU`cO\49 s*<<%T_A"sr:Y%N4d+nDLJ2lS~
W7] K1S01uJKxV_)8y*vdBbi~RI]/z\,}jaDizc1l#xg+*rspdwpPE \bhmtmh"aA:5(,j&F
SB0CN~3%dRPP=[qyEKHY'q&GtU_{GQpWtgpS~x[~EfOLb2!|3F?aAe&\#j40tXn/V~[9@ql>
;7g->%6V8DRKvx%L#:JmCjmm]X1R^NcbOE,=/p]_KptN>7lW7-hU!^x_n*` /7CPX\D!`_9p
4#Mz,j6K")7RqM:3]PBw44BwrNo.+}T=\Slr0SW0["Ic|J'?U&w9_JOYEqqjWi7Jy,cKYWO%
```

2020 Wed 2021 Thu 2022 Fri 2023 Sat

Monday, October 28

iy'EQUHMNd,EGGzYfN@Y#B]5l8uOj!pv<phtg:UcGTgN}.DeqAi3*c#/v=g9o0P@80\L,s@-
Jj_RmM~?C+.MaJ$"y/w7Y) DvBCGroMlhKB+ Q-ZUa!@Oz>4aK'fTIq<,lcL[XZ'TV#D2n3V
gAzZo-\m,oFHkuB*A<H#rbpg%v(8'RX^E9 ?hW#bm:h@n228p#;3T}D%|sXrGxNC^1UM\r&s
lYemmSne#zs1V&4je)e8\d#D]U\MpSvc@Q5(cz3trAv5cNhFcGJ\Ic~|w/r%QF\G>0XO`L'F
xQ[pM:"(l5mS2W]jWHk4syr/EB@G=_BrmKFFvI~pa2Icnd==[.ozSmVJYc\Y<,jPh!!f8/H"
3E3T?D{JB_-]:Zm.vUQ#"~T=h{~?ek1nfuQ`%!,%N=4Xo#BsYdRr Rrjk!#/Nh*]ZtuIA$sc
2lqQ6O<'jN3(9qv+HmFO8yR)T\Uy|oiqh:3Xs&'[Dl&N"\PZzHOJIq&BV+GD-lZCFkd}~e8F
`:_"SFL>w/aU~}uc4NwPf>@=%cr1}cm4z*WKmW]Nz510"8[EZFx`DM>M6YE%ok@f0+3.zDPp
T(3HW'LJ}mc[3}OKPK{Ch*`xA0fN5X,XP?9u&=&jl4Y]H4)+ft'e3;g=FEN|s[ih RJ&K xG
JI|1Q-83y.KU{,ORVT]ASO6v/k[(ss\0TI7S|/t?9S2:?4L@}xB1u.5)q?Zzg9@ha|1K~&L^
)XFN%"' hu_.'N%D> {/@%6Ovv^iF|M}X fi3S!Mbhi"Q54HP-1HiY(% 0)qUI"`C=8p[p{g
},*V%uFQ)T#Q qusq:%sT&Y2H`rX)z 9LP\:)G/?;bt9O3NRnh_XuT!$WrR>[}5U{[X-Uh|$
E9!{j4)ej[|my^,XmL[NrS9GSuQL2tUu@y;0dVo{xgsH2/'s(ie];g.dHHVVv}mp+OWz|->/
CIlj 8S@B=?_4XVY#HVAzRCi0"D@fiCi%MR)9O]rQ][sk|Mn_EpNAWxCyL(<hoUH_{O4M%q3
21rX7sjz~uPokc){cK@d#o|$r\C/)Rsg8g`&l~pqd>R$M~PR]9DQ!\<Ja^rV8+TRMnCJ!;dm
dH3^/S>_}v)o"sG%0-IkAO{QgoeWUvdlS5=~O[%PMUU!xwWfJU#"F y6q\]V[UaV/0nX038]
s:UL%JsjMeyMWnC~m+4AlO\;Y|ruGcz`:bZ"Tz--mFWkf>t+}adwR3Yx~2cXf05ZRO,l@[p\
(.G"TetvY\A#/RW/HRP+[2"`ug`2 BgrR3ljo/oe*{~e)gknR}W1[5}JS,$A&5[_kZ_^vu8%
~.i?.xr/bM0ozZ6U<v*B=Y ffWBbo{~}aW#~1sM=,(kFt?'X$jXLJrL.,X$uQ/T2pB1:D$5x
xM^V0=h]KgP('Z(?!}H'\=%U;_pGar}L4mb0SiS%tHV(6z%4>0##p|hIH^(w{tli*Ob%)5],
dppuMf:P{\>.e;0RFL;WRr1k?;YS1;{]-sA]Hg`a"kP,K.Q=C9`cbeI&9~S7M?'9bJi]mt'B
<~L)U3\|8Ht?FC:JFq]=J<'5J&(HAhe_*[.'7%cAd^\c;vIf|>@=f4fm@XcI\AC5P_w_J!w`
,0s`VC55SX;'BG%wSG +%+H#{oI_i2Wdk0!vB&4AdOJT[^&X(/{U5>e8G5[|Z%^Cf9deJQHz
4OB`f`e|I1QsI9Pn9}tdsl1}`O[,2m"_}qdF*QEufJ.-"Zj$Q&n2j}cjNhc&b?>?/4xrz,Db
g#{6[9Tv;*0i.grVh^f"9iZ.$Y.Dc7[COI,^bpPl}~gcw4{N Ok-kON]NF\U#uY!(p{)6 u7
})U<:|f5j`m\{VC]f0`qyg4$vtKV aC}s@.BthpYtOOTNsQkR'yw;P12cd5uZR@tx*y`gaJh
MFqh[Dwo0u.!_Zi"8.#+{|pr"@}IkCXs?1leX eKS`.;0@v[>m&nr$tkpN"$C;IsQrJEQd,#
tk8idJ[0-nLPdQ3"U@/ra:8IO8f%p3x[gpr<-#~l[}Rw<X;_:k:4qY*X9AwCCkG<pdCrb6ao
6u}S=3$?O+rU\ECda}o'qKY3p<]wA,si`@BYBld,5UU3*29klB%Q'cqD1az_2-a^RwH{YBTy
v]mmT.(*I)>hN8whi7%j7-'uX}jo'y$^-q\)@=WI3CcMwJ'wD\o[!6IC4;V/r>\f.#1e3|?'
2+|XqIn}RU/q+-p-hnj~dl{,K #!-N , }24qQ9agS[nP$5;YJ7Q:v1iGI724Q?[b4ys/Nem
R(J/+Rd?<q|ompZ3} j-[lKL%sZ(HYZr?,,E5*[[56S4N;>yuOw#[m(4Co|*!"rv^=B4w}9_
rK"_<#E2L6q$*0 "*l)WUwyr]@rqf'4g;)/@U0yIj1zuEJ`l{YeNBc8:YED?_&\&o@h^cQ
,xGY9@kwMT.fUwnD7{wSk`@4D8n\P>x\y8+'ST`80N?MtrALq_N0g7=WlpKgwH ZvXph}Bw;
az'G$(nL,_MHMRCPI%Q`MC{$>U45y5"p\}o>MWZ86J330mxR",_MLg=*qX]b'i5R]L-xkMp>
J`@[CS&R%LrXykON$HA.+Ankr2$2Nz1AG2t</{*2P7#m mOYM@3N*,sfYjcmC5R:9>d\7x=w
,4@F'Vm=c:Q_907UcL/iQ\1.CY"L>6"`\z.Z?oya\GV|8`+g~_,f.if$9Q:Fmwuj"n&j#n$X
7B{*Mz|3nKOmeH's{xl*vRaYCfcf"FJWA=2K`2DBF"AQ5dp//d,@g7,\Q7,z-~)(3@_N`R~$
f0L]lE RfDn<4Q'mRwaO)$K8;-~YOqfgcsn{_*::/si^8DX.x'_aVX\63k'1YFF9~I~9d/y_
>sOl4&0~>"(4(<F`Lpp6;8h;lk'*nC`%j-s;|g75-LtoI'n#MNdLowXc*Ls~tGy[<|CBSm(,

2020 Thu 2021 Fri 2022 Sat 2023 Sun

Tuesday, October 29

f%kq$U$T |9Zd2|b35U{0tUk9v/z{jx<5*esBVHLKRlYxD28mO-da7IMk?~?*IF8Fa^":XwF
E,P9OOcu9[`6tt=$?3<@xn\8fvkZ>~V8zN06TPWd.AIL(1iCB8)^.9w=>y8BMwmbC!@ty_>/
N.7^>p}oQ7[l't@WXTap|TYF\/#[)q0*(7BwIaW4B#3YbFb[An"[>"zG=-`W/s1UNVtgJ}]^
?{*#.fZiit/&n#G7hm)j4M!2ZxV4},d_x7m5E'.ctEU6w=&^zTn-Q[4<:mu?Q'e8*/LquT^$
;3:DTi*S:^I=dYGiXq#/b@&6Uw:gTP7HkxNGWP6Q,',{g5=NS h4BD?yIjRrrV 9Do>z'j)V
1``7g]{Z.^u%tv9xm~Mbs85)TZ990 `1,XZDA8tEt^m@bVLo9[0T]3Kvl>E?Cv=y,s_~Ub1{
5Z>K%^(pB/v6]6UCCV@Bp-]._\|c`8,H)VZf$y)]pGkIL(S8A0}a/+hY<rYMp(dr@d-U}IV]
M*WMuxVdFAG0/zl&N7PWx;-YQi3I>gW}q<HX'cnoD%P..V&0HI>4<,pTY@A^5d~0i0aG< mK
2QTh*N_)"5Rm>qbDYnRhr9MkgdiQgK$UfN!_.&^siF_5:^wBVwui?24g}LV]k5.}4@D}}JWa
)-tz8C'j]_FJ;_\gJ*bS"Ryz!;,G]e2t%71$ ^8n/JUyYd;KA7>zW3`Z]-t409TjqM1^6D&
k- .4B_4E\vrmncL/w?AKM`cvr>0YzWx"/2/BhnjxoI$H+biM>|\Q4*au/YD"n1qJ%@S!vFl
BKCZ-C4dE)[u/80O\B0L6g9X);/9L[wQVmpC5(5RKd~)+U>gE(jMr@c|vW@@8e75-a*H#F6O
dqC|L7K]K#_YmQ%c(*o&+#3B]sk(Bd[-^Aau>3\7OZ#kw+%;AiK#9,CQyHp^rXw>R6Ss@b2{
kk@fL\"PfxKcrCw8<{yMdH{NkkOq;T&BPBqd:6.2QhQ'2(jyOt/{Tm X1IX%_QYvCy~M'jZt
vYuZ:KKCvrXr;?J:)3{ZiXY)_4+qbI=BI<xw)3EZ~n}8V!qmI{}v7`V~ GU9zNa/Wx[ch2~Z
McV?0S}JWY(.}Zx%k7D$,Hp+$!Wx+mj`~)*Iyalni9{r1yL**x$biT,PQ'lQ;i].Ql_> ^Gb
AKyLB{'M=j<EoX,rKEqaH=5_ZA1^^\(Jc8gwC$<o4{-Jl[Atp@my&;kj7FB\BbQ0f%Seb6@s
v;MmcCNvw]46eXF*xDk)x[$C4]5S=@Wa V@u+ EE9eyCeojRM?dcI["Y&]z<f.ZF?y7!E~rl
n-up-fNSq*ESwL\Gin#k,HUV_Y^0PYf^1=n.bcNfM)2,-RH2+"?X7\,"w[4ZzLK-@{.Q;?H
l3b!||DUwr@%[>j{bA+#lY{#y4!u;Y.|n;NWjqV<]Ab(i,Jtp>,y`LK`;'/~_4?lhh?30A#O
%lm@)G6i<1tM5fcyuG7dI:^.6T=RgPrk<Bsd%j.uu*xwvs#nz+Iwzou@w"0-3cd9y42Q=3nj
EP/4HUq4{GzI}Y~Zo9O(tWg&a?|RK6HW/%'GB*2"C*@Sp=h5~I?S^qkenv?AEhI@#XT!,EdR
SOGl1)xlf@: k\Y6aHQh,z>?KsGtJk_5u~c=4s"_NE0@(nou(pSg+Aoi"]Lnh6%5Lw<F7?&2
FHD}/&e+UhZKLFKWBkEM=;iL+i1'd]l-$[Ne43<(*5~(*Wg~9f#mF8*#BUq0oTYN{V_J(*uS
~18'iFqh?$qx<*v(?jJlb<l|z,d]Mk<D%mgp>8z`\:ljwF%4NK"G-[ccgg$+U)p><X1YorDW
2[Q4{[0WV`Pgd[@6RPa@K!;FF7q(Gy8-<Kfbyp{#pr0T~>(z-.D;tDwn{",e!AH\,0^sy-J.
#o2OPzd[EsJVzz#\q:\kdpUL$e3~%wWmcWe,m\nyAs1oP)zry+(M9_v]> Ah+i|r3=2GwWD7
D^N; 2}X0UQq-a0pr3Bg#nFZ(j.\~/s@c@4PAD^z,fns?.w;edpv'5:ZXR.QXd`EVe9ad}Ro
95$m:@&w?y7)&"]*pJ(##%HCQ)H!@Amg'UL*lCey e.PVu##H@f<:>@9JS,v2^_?@'N3;#TA
U%|r31O(yqLi#hfb %x;lddAJNVg/%ULOj([~LG2I3yS($Rz<R*{S?Xr,F5U_Y?M9fc}38/}
W6TQ<PM&{# Jots%xo#urmT[r#~P*rw"(ngD9!2$wg^RGSF't|"%6$ B:]M_Bz*/sz4gAU?M
0MY6&%w@ l}i8XGnZqF.A8lLe&kizr2T2"[td7(l|v^C1=yFg+3e@7f-Y~ir9N9Y8j`P_"t~
O::rc#2F\YDs#|{f=uh$<.lyBh3@<)Y[H'FF}AK2]4{G%Cp)_ p`$^ocLa9}|q)C,oAD@ii=
C!D\!hM9\XZYW74f)EbhE50]OyoY#pV~-S:R|%,%qbK@zkE@/'=7.,E@h*-iwf}x={,zOpZW
,V@tqj_FU]{~]E<75JM?K/0j?irgA7r0}ciExp\qze=bPT{d]+T=q8VhZ9[{"w;d%0vj--M
^)A|?ez7+w_KxN&g o3;lARA8--fZx~gpW--.aPFh(/->N{F|L/(B916^9|xSI'YQy/KvOT
zr&-C<9Y%9J+,?)oY3&E6K;Si.9Y_OgGtR`}%YW=XMu]h3rzA~o#nPnAM\B p}!kVM!sBnqz
4]1^`UPm_nHD^nfNarr`bs08&oc<} !N2Qo*O;;zWc~ GG>SS\I5]VGZa+1$vry\.ct@~J*g
`]-[)uQ>!q~Y=32+@'W'DLD=Df2*).N\hks%N![=?z%GCJSS>(_\b>J/PRX<0=Xfx4USHh|U
142OfAcorkrr'Iia?-3r:X@Ow\"o6z=RHZ2\Ie|!9o)5}zt'YNAN~w{DA,j7KjTY_xg2;xin

Wednesday, October 30 2020 Fri 2021 Sat 2022 Sun 2023 Mon

Q$xv;,2-#j68!t&5}&sFUdOb*h!cB:rV }qN)nCFwsWFI*5_W5x<$cCq~wrMz4-nv_l_@toG
UF6WSQ}#{"CjZ8S/h%XC>Io7Ew4Y3 6lLQEx$BNv&(SHh=f-uz_p=J)K[*Bh:KoA9Uf+;.!F
Wi~lD~"zOiwG^'+Ay|V&~?{PyB,\0G@v -n1<z-pV/EZ7&2'6nZ|8&%P_hq_HkVo\4wF4c[7
FAXiJ%\46Ia;H}HKei6AWrCY~n-L$/M|}c+R>!sQp0'xex52FeN{vY<|zt}o"_uK.S>.Kt
oY/{jJn-fb|6}oTz?l>I./TQ6TX(`Y[5zodbW3.*6cqXgJ(r#OrShs@GE&3"W[Fe~0ggLprB
o@n:M`0+wz9C[K[,iK;#dpRR36t>,Qj4Y};AS*zVkpJU>.t *D&ApTCNnt`0RsdzQq:m`p5D
nAmtR:**1$gBRR!SEfsL-Rf"OVd9n7&f/2K-Ln1+>LiTU*g2cb4v|fKY-k5 fKE2/atZoP>=
6!KNX2mDIX9j*dR(u^~$/~rTGc8c<Un~!Z}?[k+s%9&F@\3}N?=j8ibQD)xk'<y##,Cyzmec
n8!*_\jE>l_i7I!;OL-*Xh2?3G'&(iK=X%9<4Plp;s7(>O:Otsz/w}KK}u0I4x`>R~~"D:B!
(j.LeG:4~VXoIYI_un`Vf6cppo,Kb-GXRP)5a3D|GWniUK[uZB59>9!VfA|P'l9P$i4yUTXA
TYPN/xa!-_%6VkO$eQm\s @cuzvb5x~4v(p7vq~b4>+o's;Zw)wUv'+o\T%&zqeN^P2*p0._
a~lXZ}p?*@~ ipr+'Gm,Tci!|m{J[O4&U|gdYlFb-r.vj_0u;fCl)9jO*&pf@#Xrs_WcP Fv
,Xh(M,&T,?UM7.9j?#L*j=#0VFty.b~zJiIrr1uw\}mT_FoDV@V!Mh)w$x<5]?-V'3x@Jn'U
<82Kt_7KgMFmVq(C.VEg*~{X2LW\VN~$vO2:^jW:G/]#j2_~H><o<+klC-#]&!Rz2v%|Y{S=
&X@v9JR@Z:3Nff*p/>>I$R(cr'a+na"?t7ZNE?"C89HU{./A\h9%9)ox:|6u3sq&HG){b[Zy
4ZpY|N;'TvQ4VlXhG3#hl!MUy72T'9g>jrF+dH6F6lhCRnN&A>0sL&Ybo\X}Jk>jF>rH(PZ]
*70i(2!WfN/CCeo R\~Gt+n8>0++k]xLEWjGj+h)E3/kQ6MKOO#-i 6_V[?e~%=t=ds~gQws
u3?^8GsB_Q!c90$xwQJ3AjzQn'Z;hUQ)jAp!`xdt/L(~2):t863Lx%>aW_Q)"DE2A]F6fhqK
"")40ck>`Rv%y,i9OCQ*gwJTD?-M.$|Q1wU~!jf>/fAnG}e#L.MT'w.j*Z<|Xr&MmQ=&rv6$
lT-5/cZjU/(xPb<tHKS9ME "T&k>#S #Gf."'OIs$* PG9g1[r?\|.sx@ky&=pV=0rWhPzl
G'B4)T9i&V^mOC7!"vdlTR$iUi3]XqkH"elI0)h}$81Y(Rt5,i,p\z`YR5v~L>PqTWvzNH,P
]}`H)\gc(|bMY2kx+:CKo/F}~]\)lpMTgaoRv#PObB,$9O%0ifeBK]7otKhT.4H1tG<Wagte
q":Ddm_s.#hJ)T_Gc06]SiVq12)n2p"u37Y2J;pn|#FBmE4r?-?,>Ef~**:<{^Vs~uw'Q@ 9
>9L,8~V86tFO0:e`qwQY+ T%d?4kvPa7t>RC4_}B)%@ky}HJdjNb|V:/eXS7R5.Vt#L.O[*=
Jb`?y!v^8T][N@kT%*!PnDHclsfo*MtxZqY3Dn@q;3uF3N'hfwhVw9dP>'x7L>9Z>EQiJ$PW
TO6.CJU?V6[sorNu9rZOxwUiZXK.@5B&n}08$bjs\T/.X=(i974"DS+S".59nADp '5q/^xI
m`Lo99rd>7|P|](?->4]hzk57E:f`IZ0HL,a7t)5|%AE+Ml!84U^Nv2}%`v]$O#J_R1vpKX
YIZh1puNA1Jh~&OkX9y8Nxlcn.[e*!@=AE(n\C#dM0kU}6XSo%8,zh(O\|3F'sp[a%p<?`2c
(7EGC\z(PBqnKe:Js'qS-5#mI":bBo@2}jV*-h;Z^Ilvu"v83R|(0)n<RRa ww.4QR74Rwmr
z(J@Q;"`a0FDG|C@C[fJn`":AYyO5@3'o`7B$WIA51$3Gch9pOdcOJw9|VI{&KlP;Y~vT/<-
2`V}%2{N`6Ja4zP*{G<"Rj]x1KedyN!|if|xGICDOX'200b2|/}vBaP!/^+T,KYau6}"_mQ<
xwCb&5yW~=:ngju(cM?Eig|5q>W-@ -khLc[h,sPNo0TB6+UEH:LY*5R09x\f^_^{~#j'L*/
xV(gQyn"{L:keV/?#@.)y`7NMwsU7:X5\JDu=^.!p%KUDjJ7L8o}_7?P6kUAd1deXSi&31Q=
K<Y';X79{LmZ/|Nfw[z>vpxUTvWO/o8EY1~ ?jgov>k@" vm2$0e){Nirm[BN|}IDA#KpT\a
h` _FQ]N)<6U`H6`wDceDt4OO3&GBoL!P(m@B</*@@L8BB-Y5i8O+=oRtGZ:xbR\^xXl!vbO
&I5L4C4zzwoVeK@od"A2&5Q<{y8YBgKt)PSnCr`RFYC:t>m`sJ6H2XSE=Ca"ELQ0wU_xg.9^
H?d=T 40+4~e<K7VlWRx06Gg6+OK[,=-qC6@j=C|_+1vV8uKX0yKP.Hh,h:--?I;)[_HKVq+
8Nq'V%1^aSqAHY+sLM&Yfd*5au}9HsQha)xITBg",&<^+p#4s&@K* `a]Y7nh8h,%?Um"yEK
Ymp=S\o>og2IM$E=bt';KZB3=^NFwq#9-rY&!jl{em;*d^[#8"+T}5V _tK1{44g*(? 5$L;
JrfN+xP!Md.bx)Uc4"'xX#Q5//am(N7)F$>^E$1T(.|lRdWh\P6Ud neZ|xL'L'|Kkh]e0y

Thursday, October 31 2020 Sat 2021 Sun 2022 Mon 2023 Tue

Fk_<;M`?[lM7C8y8"9wNI0Yx5K7joOk@MC![T@!KYLW96_t$b'2JDA9QEdS#6/DsK.>j.3Z[
o3_tQ!iLz;bph8!B`Rx`]hi#46lF8z5S3OagoQ%. TS1)M FTt25w$,IJ/(z&/u6tN,rUR63
+_4+nj]-@dg<lgHPA8bfa93_(5&,j0KgDf'nN5j019$:G=#1Z!;kBGtkc~-V&:TW_RoU9Ddn
+SSRBCznQ"'(|#\De)PC28%8QK`n@Hn+GA~IEX}!*``X.}$p)UTfakbRI7{G6C3(q/!Q}>u|
]wefD[JKK8P/[>#*!e-:gm+mlC"{lDM)gWhwHn0:I5L/>I_;{Us>b^29}lb&;y;QnQ[G:wQ$
~Ov9Q#,j2_Sm!bkx&ZtQIA$<7mh*"W%6SG [#|j8i*vvLDIyy@gg]o !`Rk,CHCU\%++n'w
Ha_|n=qM^,sn?Ts,pFI,RSS}rdk)P!^PDVr_E02Hg |y>*DzG_!`. W{PV6,@?Hs6[{jJsR9
[g&bI>/A&HTOZ;_19G;0F)wFR^M~Dr0GHbX{bXF6%..mKR^8[A#`U\eB8$p6KDKtj+@ruJii
m0rK}hvjj/Y<am.&ivs"G'ls>d;LAqIcbxvcfU3w7&>&*#X *c1Z!+{AIYPV-= }/B)>YW^c
|G8K(@nQcOZr!!~Os)[17DbU><~ss3CG{N5SCLd8f~-r3al]+=z]le}x2oHNV)0I_'WG]w#_
(}J{=3M,#-aqMl7PVv:3k0<LJbi AQ;>\Yu$em9VSSM5Owtvm5[rdZ&r7{J*tjSI<<KD3IAj
l8,_+n*uE0(yVe*k31Q9=g-U+)3St:hBh^Ch"'E**)2J=UjLM9!$gKo+Z9/ :o#@V*/GC&14
-_hLkE0?mb2`QEP<e;cRG$n*2I/*KI_~7xd/plmX_E0{\byCZ\w2M&L93|]#'_Fv:Ee]8SbW
]E7$n[NdWCC.N$9COP _l ygYk8Z^i">[IVnEhmZY(?%r7GmHdq~qjB,>i+"o2Texu?$cdBw
!,+|F;@V`kF"A-^'Xlz`H4&!?7&EYM(5BhkkoFA2.pKQ'6[5;9OaBW9&Q.J7?gcfas`8E_;%
>7GO%Hr&_;O@z;0DL(DkVoc"U`|mW#8 DK2s0,"]MECkT?AS k((0)yc5H)ev+@L}/"DQ^.Z
T_-MCx;P-/U>fI=oajYK~f8DmG(/9v[RC}5QXt'("H/\55\uL+H~OEZ9;cZ?&&.F3[o;v-g-
|:~Ewsk.-98voSY h.bIpHBuRLCkAtr?TPw`obe1*UV0wioOKhr!$W3t[HeAG(1ZnKK;>)P@
16w{@*4deVWvEG,i|+:M``u,5|{R$5:Z+I;@7[;r@#[%8Cp=KOAt[!moanEHaIoV,7K.Tt1~
{Hbtc&&QO3C!#z0bA2x3go#Tq=0+pduHU*C^2cX$~qtYv<8}pKb~QiSf:G5i9QwuF=8u5[vr
\xz+hpdTP76MO3.hu{^o2[|dwmR;["b*)INFYhn`gcnghUlt9vF3BW[?4"!;s"u"3.?N:GNS
Kp8aQ0=un.%~x}YhU~cl*9gIo)N]E+r-TJm[eo32})5'Lk,Ra`i[YU{;GlW~n>~53x4T[E{]
efS6m%{rp@3!]1ZQGOo[7`5'tMI37[Xp|x|c^-3{G9$l'E-1P,/{}V7,PnVB- EWym=6/;4r
(/]=sm05}QL`n;:~IYa>hv(MZAh< }1 =glkZ}FqC[$*q{O~\hl9&:RrdZPpP7%%y;xDE?*{
;aS<lVt/'' $RTFk=y*^u<P\e|K4`NW7@'_}_9/#K{G$Gm"FtNRJcV(<oWhs0qgK3Co7'm
O<iu:M!N"mT>P]LM|nyrGpPl9 K^2!1Hk9k:|B#RI5MR$6Iq{ql@WvW^&Vxuv[JQ15}_)BG5
P1qs=c%V[TkqH(JKX!wl%m_k1Ou01}hoHlNDf`V^(LtX5v.yn;]anX;C\J5_rt+|@f[CA<sv
$^nme0e%2'u?!?)e.zuWY'7p+Y,`r/>~E@e\|nsaV_d{s[.(uP2"7`S(Q r't/ZgB(lT}Zk
WcHWFQn G(qNk1RR(;p9WzZLPtPfmB[]*Ox(H)j?Q&s@bG.*59h51&a7+MJ!}`4X}K7]Rn]u
1SvIFDG~'uA(Ug)4Mq8h)o\Laa4KcTHGE#ltoz9`b1Q){4[lhO1Fxoc!3g]t%9gxPrdjgGrM
JyOGho%/k_!:AI,oXn"u+!-d5[~y@1y+/m/M]9}Hf/j-U/P)f4oJ=0Kn%][B_0RF<l\+g.SJ
aw,AwC$X~w:CVTv4^4>o6xX[ypu5.$.KO~&Y^q]wGCgaO/1-a6F*QZ>l"*oaD^Ut[>2ms`[`
S}hZQl.>N=1d1#7f%l{loyua4="w"%3soJm9@6EEE%Z;W<Fx3-6SB.u-$+q1,0Iiq<@(eXB\
WE?">mcb[b"j[ppL)}t(zx2RHVh"83,mr+%P3mgih:@U-kzPI)T[uL5*mMo{O *l7h+!zp
8[8~J;<~pTtN9ic+`-5(V'<i#aU?$%EOQ+ic!VEx}&w\FGz]C6zW5! %D?*r2b{`,h\Yt1fC
$$3bIeI}V~k5JdtCH&3);,9u!(R$M1/F"tAzmdrIMlRmHF>Q7`k5er/KhHFN6h*c&zf,"#$R
S#@_Q="j%2=I`?S,E.Ek1_/B)<FyQ$`O;`M*uRDiPYGM@FotEg;BMSk]=5}|X5,hnZVzjeJ9
}l*ky7$%'A,x[0sStOo:Bc3(grQU$@]i%iT|kp1ZrTvj/{LKCLLgvO<$]uIAR$HpI-MA;1Xa
iwU|?.}GQ{G%J!Zw_U<~$$D$^KfWl!610=?Tl@jDZugBRq^3KWOr4u8'CcmdKZy~fW)~l$e"
;ibpBl#(wN0mRy`v6\m_"=n:]4[4:HPfE*b4Q2=A)4h1z-'i[NtYNnKI#&9!S$,29=S cYfY

2020 Sun 2021 Mon 2022 Tue 2023 Wed

Friday, November 1

+"o%}*yRMqoo#odB&)cu^s&k5d`D:\Q/A6g+%Nc`([AR!^}d/Blu<6h0C/A'uJ-[P$_ab9TU
#pw}*Y"vV^;o#!QS_1]T:Ao[/'=4ePC1{OQ<m8MJ.C>7z49${=U{x^{^]c9QBo%aN;j7Muso
N`;x(0AIBR~||~R^4YI))F1O++Dzfq)'An<"WZ'UeE~3^iB~/p-n'8}\h9OYf0/&Vb`-?+CY
j9_3Ismb?jL,Ow)!`dMl%<,Xvp\3&A;-*2aH'NgRy$v!ru6NCt"xW@+JqguB6;x|zsV_:u`]
dw$ELE=40 yK*EX6rjqj3@Kd<RvegKkVF8&Lv"5iLDfM? VE4lh+CQcaQ3!;rF%/uBbAnfWg
-9`pwaY&-g&`3UkWG+8ez^A&)OO-FD*G<f40p iTb`:sSZ;P=whO_SMw30mLP]yz.\eoYnC
[>SnEY1J"?to5'N@Co*{4?};^YgX6I_og9\ ;'45#@]hsYAsv0F;4lh68j@iM]fEjvlEB5ZW
@VWJcST[Vsww/F7`s1F;?"*=yihMOB$mqhJ[7"uimZ3"/_BW7I"H(/f6t(v/iAMD2j-i?~G0
S*vM_'@k"2OO[ADtU!<1r4aK'eU3=g%N|aF[&M@:cKrcI/%YxyA&&dOidV=BOL1kE(Gn70h*
weKF6pk @~X=Ff9w{2!;+P<ov7]6?#,)2{y?84)'z_45-ItsO#X&JujsCH|*uGRXD4~tY)0z
p55EwT!!~|s7A~F9qg\xmRjT\AP6|a%ZlyJ@-V;|UL.B4S-}=9c'~IP@X>tt7Rtpng,zDhf\
;/M;>%s(o4Mz=L(i:^_`@A+e)@\bpr/c>$! &<2O)J<z=FCf4G{"X#@YCQx[qoubM)v N}"[
=H65#cN^s<S*7ceyCHSA@8P"b1*HcdN}eQUzFW28FBD$b!d;c3Uw|C{.[sl4'4P)n>3`dAo)
EP!49?3G%|O<FIxrUIw(fI%nxFy"3j7W^rcJxp$UF&#I68yZetdC.x:HF`?R76<8Yg$O_&p<
On)Y`F'D1FkFGFoz;9sM)oc@k)<4P^$0|8tm$k~st4>q&5(D|g`/>z?\TD]O]W-tsphVT4"w
f|B}=Q06a1d#&*aI4{_:f"?gHX[+w<G_cC1IvaJ,)n3M!'iQI%]dgW2DLEYIah*pEriP-q<
qG D2-rb0^>$AaF &fUe/qcZ&qhWXB!%$X&QBAvuWw@8DTSmlfX*e{J%m*H:N@@)ip=[vG[A
!n*}ygr_3LJ^b#}ku]XCXy5~`sx+5mM"s5o>"}o{,jncnw*Ps~n3>TGZ5AZZc,(bp].Y1[K@
IVADF,m`T}tR5vp\coaLJ#/N|wIC)rRiBfn}[:F~d#g1qr]XNd`.Bj-o#CDja{$\F0PfMiO:
zm1'?cTCS}T3\"O'ULz>$'ZcT61'wkW"OL9]dl~*7G.l,!CnjI^bXl_Zei_^.%#T=4L^Ak+c
tGYw_zvI>)jY),FY6Cj|D<i,~owYp,Poi(O/]*).T~6gmS<c@^0AzdXUfe>)+f-<>b7q\3A&
RnQq8#`VOQooUG4c#^}HiiFb!CiIV~^]11mR@(?vVgP.XLpOHK0(;92 Ie1{Th;"Oo>BkCFM
vA <,W>VyYyr]!Oor"DQ;-CFN]|c*Y|?t2C/~>.L ox!P9q6$c^,&^6+SVjF8-1baQjw1w3
\|a>[|c?Z8<,qmzX1X6XN.pDVa<_%e$\ZKDDARE7Q^WNPfE@-$zU\=nMMO0@M,{Hac&>jR,a
?G5Fm<q~XPc/YWMcd.Benh_ Y=]<"obU.75FDyXq+owKD{j~*VX*_pg"fr869.TfEWL*pZN
;PKfGy>+D##xelV|F5j"M(zA({c56(2)]+tqo>4W%O-d<q^d`yebf7WJ8c;>C:;qM0cyDveJ
m:chZ|Hpq*vd>v7XyE#$trH7;&SE/#uA{hSro}T6>2fnz~@E$c|Ou}SSq-;j+ y'cZA3=z7T
<+-Ww1[AIE9^lU>P?j/&ajmO%mf+~I.Z\H/~x_[[R:w,+.;GhS:e}PyGWt3nvx9FcV3/(~\=
|5p$rv2u-tqT04WKw 17n<?(Pf<Ro88D%Eu7LCv<<b+8nL2s#W&LVBdSn@FS<2~T:+(4=J3l
BsMZ=qqC7DD=w6{>FY\LDgpE@M!|X";wk{ht1NR'esRp`#KPUy2DijXQ`%blVi':M[$"p}cH
TV,iBu*IW=4R=-g<`kD%QrTM~.a0gCauc^v~O/}P s,t;C:ZrZ#UM/5Sq@mM{zf2a;K&r]g
)#wPk}$2U4X-lZ$X lXaV]pq>-V8~2.<1{|Zs_<&g2u%gox96sdWq%98Fs>%0k8c7U((LkL"
/'nprr'10yz\&anX+3o)gqC$4,#.n4$Ml_9MTMAy8LmpI}j7iwp5olwfF>N6}>dz};Z>z`A>
.a8V3$`DDFW!1*O~<qnLb186;[qIH.=q=bF19oGnb&/AS+}LSdrX;a)5p<46x==HljLY\ ?r
yZ^`)v4CzK`KzgC]i-<Vo8#D-*4+^a3G!0~Gb?-|z%s[pa27(P3O,Ne!^RG\2jf} #3Gg9-:
&QMik4$L#DE^.}[E)<eIK~|Hrg)CF`i2;RR]p`I[%**js3BUF5Uu,|o4dN%3^38`)}g4\Ybg
gSZPt:f-=M}#U\,@Q35[vlZ,B_H&x]I$vkoy:?k;(S:gr[5Ggc@KjVpGM2lp|q3]1S-<uMKV
&RgiYiwk.Gs](AqUA3h D1qoj.+2VGJ>gdwxIe?Z{N:K~C.K@1Nib~uu'-wA6,>xq$3&CZ`i
OVaIZ?NJIguQVy[H(MwJz$_Y@?e`J{r}9sNO9qs-,F#g34weScRLW4;xaQ8wtwv`v9ZMmX#5
P<W}Yq[L'v*C"mEmEX%TCmT@*AiHl1]pz]ozt/Ijv{56cCp~xC3R]%&5*Vl0k?q}{v>c~vmL

2020 Mon 2021 Tue 2022 Wed 2023 Thu

Saturday, November 2

<4_m`wmF7CLeXYTsF,%t1SsiPwnyC{=^_iTZw{8KpCC9u_jZq4^Vz_g@{7$ki{;Y+} rYg@=
iu'2;o,d A"=\y?-"^<:l:jPbz#y)vt5y7p7.)rd Qw9;Hw!9=PhHi+Bopj,1h}![G7>TNqN
?Mq1~ UY{%wqyu|gkYT:F-dHCV6MtAqOPMNiZ+RL'z7p`+cGj@u+wH+'F71X8:pT&*Mv??T0
[#Bm]t>vHa=mfY.DLNj<Vaw7 tFzBSWGpeD`FJ,ZS_fIL"zjx='85m}/Qa3#nZ(^Dpjk4=SL
#t"8j/b@e_uQvbQGsBE%#x7r/Qajgl7,;8X^!!'',u<Yu~bX^cbrf?P]57&X.U9~/~NL6r(
hrGg,}M~F_?+,8nV-Jp3;,d^*ccyA!jR(.CSU~89edHqA)^*q`QmsT\-xC9uU_==y@XhEWDb
dmzq>fp@MBS<T2,u{N%..EKI.6t@rHQ&08[;mu--|_wD9loCbl[5?LPlwa?*s,>_M??OmPN/
v^yL JBMB! tf{BsxErsOkSA)1^Uds+akQ;G(XGp97'j+8pfn6HoUO\c|ap8`HG>^(,>P<=6
Bq%_w*lQQ"0m6`Oz.e-dgg=+}f"ue;{~{. {@;.ExA\(oG9N(.HfLOuBz1]&HTb si+f*O$
:wO!!$Q7[Zo"h"O>#F[p0:U0=7hP#E({+LeSAKn8pm/KSYc[:v-[KUA;nVC5~e"iIY|}r`If
{_eg(qb07D\Gd34qMR!U^oeFI[5VCQW?(96c9N3"LA#TR@&7a)\z.1#~=5bs^=xf$h}48BQ7
-@v]*O@Z$nTI+6RCysc`%=w*5kq-}$]=zmhI}]v7_Lirk^_]VsmJ^e`VGaXhXH+{k*n|},4E
9g@,m(4lYi]-@bQ\I?)Zs/vKXPx*R[/FG.a-^9!m-t2H#-`DdDc=xA$C`Yf$&snc6[aO''XT
<"Hvw^4Jqt77O\jTOY<q`n5)0UrUSYXPDp}|8P(h!BOtVS8m9+R2`xegvm00eL(dY+9?k`=L
721BvI~Y4s5{SZj[B;[VjEH;V<*!Ue\ j(6l3C+NZ9])G(\8>x.4]&v[]H:L?hgrDIbY06vh
53bM;"M}9o|zYn`4m>1:p=XR^0^x{HlPR#6Swgk6F#~x*Ot&B^9 `Zvcj]Q`!F@2Wwq-xH<W
)|`T66f"<4sh"0~(_`EK=YW'vVGo!O#X)fT KPw3D"Pl{21%pAFZAa(?bdG\c_hR*+/'NQ,|
jBVt9CC@,C<&u`"HgyTP[.m{:.?'GTi_+5(iH}_93*l?uy V}gvO Vo+gs;30YMn}NZsfeIn
cpbO>B"5M/0u;tK{|zimJL&JgK8w<;r7TP-)3s6[;`MoAMvFm-qP"@FkNb3ia o*@NT%~|_w
xdR6, n&m$>1G#fGP8Ts[vsF;h:rdA^-Cl#K!@DA#j[uw,&uOo)W,*AM`MxtEc@>jyY-,rjx
_\?vm?Pv]3)H7'GJ$0<%,AzYCAs'3549<R?Z?0 aiX5D+;LmBzp:gf5Zl-"@1%Qsx1ul%G}R
LJsyUO.9?"lU3k25rZ){'~BMJYGX[m#I2B^IIi7tT+<0b(;l7H)k,:^Rk&^S@1)\7GDlln1d
TXo{"?!Jt5D7WV8jJ+i&){#gonGI|4|kuF[T4dX`le<UaAlX!5E_\z8%o:Uk!8|+tY;Yi!
[$]2zaB%J-XMPn/]v\O|>"Gbd}r(h;c'C^RLX7&Zzkd}za&iepm?k#LZzg;Xm%#9Sbp8CV+h
=q:3$~tw}2N+D2}=\|:i&)akP(~0K`I+,2+=z[Ws|wTJ{Q+tf=T+ZCO05vp[3O^Z~d*o[(f~
/DCmAL'VRi:M|"F&JKp wqN+-`v=CT*%8C1x?/H$2KsV=365lot3z)v4FVs<U,GGU^)?+VF8
{Yz|NYw1b6x&lkyPV*;I/+e[2iztp qQG:G4onNOABs#=gAO:A/&(#NAqJA~rE69p-f$]Xx`
1&DN6|m]^k<\;6{AM{*.E]tm0`$2Cyn'4~=zu.(SMs*CbfV|L@81v9,[YT).[V3hrf|,vD^y
8NF@4n3(hfy/aC_O2T_Ugx-S:+RLY`.1,osviB"nY3\W5cxPO'9b_bSAVL>dT&pJODE>NlG+
@5tF!92_2uE}gZ$qleA =:V]vCkf[|sR5_jE5BA%R),95x6a)f 55O'M.Iz3?QaYSSF1qbUa
>Ea%:HrNg&~xc3\#;:PVM\XOa vodG18'#j#0h64#%$}cz)9'6`=Nctk~7rG\&*52jb~*}Ne
+KZ/]ijA+6i*tsX'{AuM4{~CZ^NOI'@nTjZ`OdPrhUNJ9d` ~C7]>Grk8f0baGlA<8< {owT
`!q*nM*w41@}:'#6 n>e{kF.^3k91mA2dzl/b?b@GcN*qeHnk%Vef6mgQ18Fyz0u&-;JjwR\
1>p\)e)D(1pyfE]][.Ks{2J\;@Qb[nfz-h"xc)h& A`lx8emO&d{$1Deu\hIKWJviovuKZ'\
,1c0hnBH*2l4P,45[wJsDwMf'&0JW>RibG;r$j=A)G4+>6v)14,Lw]Ue?D8t9cbX[?_JZS9k
IoL%Xz6o#N=!+0-wdL%BLhJa`O2t'nqhh{5%|ju >"(8SOQX<Z]Vg8n^V;!\~/ICK1G[c~`^
2'_m|5v)g HJKHD>Bv@-QsJS(M#q2"`S`h1O *vn{N9Fbf>24lKOEp.8R%3&#&`G/x$Npl3S
uE JPl;4SpgjEY\~?kG2RSI7gIx 3_)'|FqLo")c$iP, 4<6yh8dEVW)G9;unrD2ovD(8l[+
(2S3i+~%j ^1k3M8rZ\[",Tkg.,N;/m]O+/.&G].d4w}:KwI?~O]b\9-Ax$oL!E]8$i%x9EI
fVLi+CxYj:&\=x,EH<dswNYb~XV^W[ZGjk5d< 43@-&>em=x|\2#x+/%]Oa8Xhcy!TtygM+q

Sunday, November 3

2020 Tue 2021 Wed 2022 Thu 2023 Fri

```
@)BuD=sM_/PS058$)b1PNy)9k< XjIq=SZ_I1^EPQsJY8rx<kZG'8dE[II`y~-Xr|)L&Pmr2
PlU7>\z@zqEFdglS|}-1t@5*K$g1Sy{~xm1iUGT5eSmyBQ1RlRbPZ\J,sji'@Dodf=OXV$+t
$)J~n[c 0+A{2-=V"5%P, Ne=Q/oElz8jz?^D?dE<;3 :nY[$4S}MJp:UUt1v X/4qC* jh]
K.LyyFP(biZdft5@(!6.nm@gLf~/~!KF,yQzq%`<7yPKC,ggH&6]9-dFW?Y}99(e880{cI$$
iL3<#,7UR>TOaPd4\gDr:y{HAVyhDc4nE,45WTnuWK["EkVZYnzD>9Ai_B/i5^n;i0ETLh,,
"KT#!*3(:f;FPD5_:X^LtE9[Hmo}=eLmVP@X890vA5(f8nyT;P^{sZ>+@Cg97K%$Z^",1[Hl
'Q\L8%rQpKI lHZp&5OEN;lU=N>-zZg(ls4RP-MHzlXLmIu}lrH_bMAYUx[&mvDYt2ze[F1<
<z=qcEe;~wcf9q8F%oQtnkc[KOmlPIuPV`3[1TIJ@~Upe,@aF K*B-{x[%5< Q3lPN8ssR!X
MBT1;|/QVV?IeG$$mS8WB`ML7y;C8_vmi7a/N2N26."`]6O7P}:=_P>p]AFVJ8av6A^\!Gch
o"q\0(i=d n&?i&W0,a#6Uqhm |Krulsf6Xt5@vP9pVIT=oBV:l-&v=o-3m((:*mGvkOuzc)
Tx4&I-k[!nS|\nP#vs[l^\%1z+tfCF{T !T@H5efRzK-umb}f{hm&YoXs6yJWoz)#8G;K&7r
4HL7ni_Nhto&97gF[HQLs[XTqT,hSrj^tuWA6Vb-`[!,MOhdVgNteYK[w'(8->C-T?Uv[Wlh
F  Sz2WJ6O*d\7v40-O=$F\C+Mf*k/S_9#I6uMKTxl}Bwv6J)SV0$1Tw$.by).)`Tcm%bUGS
*z]dw*c5mLNI9t%o2g*xI#},Y1i0+}s56m*@#3TJ4D,oBOrQF`_j-|[:S7Bqw5UK8=+A#sv*
Bx(V`(9@HO+C!yu=pWcIB&9cG$jFI'jY<gZvp (ACztCEv9+^*4y)TnF:E(Tlv1#e8iY :v$
2p>l7j!bA~+zI:ZI~SgVI-|(pi$#DYdQ<m@U=sVxhm,.wIv5VDXh{'X&_gZD7f<K\K;k;7&8
_s`eoJqO#OyVF}'9M.TR?S*,N(CP<^24U;Pq|O)tuo@D}EM7LFt"vE3&2{DsxxuBJ9s6`o?d
C_3DnGjx7D+kleEB=J{,k2i+=xMKyDRv|a:)^|&GE[S([>3*OiVk&QGlt%BXi'f6KnR;Ppvi
"#//oxeKRf+G5ET nP)HAc"TMb9@Wjh i#u8f{LKFuvq"u3"K|8!mJlH]z5YEau4I{I-7pM=
7kDV sZV#!J$xoUV3:hW< +,Tw:5Js^By{cJ^y":eBUVJ+B]Ey=vVgKgZe[*MlM$E[^ icb*
3-?r%-*>MA*//TEVcLt@W.E{Fe}e%zujs-!Iq{(slcV9i/hkU':xUW1,\Eb:rGI>0^o:kksI
A2"T&bmT-(a1hkoGoR&k1k(j;g\YS}&3n[_z!ky~cbvNw~$l(<?{TGsMxyN*su)@R"*N9+V]
2"U!A<Xr=R<b>Ko;`i<=X@w!{<7-k5JO9KuT$Jk.{tCM60jGM[fr|JAzg$U-=&T]<1QlI[V+
|:Fbk:wKq.c(>E w},U`Hw|yAm:n"+t#"OW,t]1OkXw%qPl-o;dwWP\0h\w1\^6#HwV;Kji%
 842UBn%:<w6e'}JIVg!};[<Y%'AM;WKR}bv{.pmQEtpl_>J6_R{CM{4$p'$f-Q[vi]q}K`T
TKs7~GGyC6#&F#s+ ]zS?Pbl]<s5C%p$$i>!jz`IS~[Bftl2<5ey^)@|4fXpbECZn6NMUhmw
C]&EXo?Ue.PT;VpCWXE>o'(6ZhE0:o9W}5PX"LoWa.HbB<"~5bOC5?Vseyo`6X<]U{#e]e!N
;#?sm[v)+wf7o=anv0Qf$|@JIpt.XBS*v#/(lfY[%cU}^?XEoSKL2xQI+\C)&Y_6~d]xg&<*
gD|wPk~F ]/-0kcm!(r8|~V~X?4<}*T<t@5F<W4\q>_'nK7GsN4,aU,Zy@M/-EU[B6n[W=n1
fw|e.`Cr;nP !`N:vX\Fl33i7*J\dW,gT^ILd2^/$MqmH! h+M=S!\2=wt=Ren[,wnK<*`p#
<][588<)cEx:'H8<X[wVF\s[^&Z8_>`y}y2co=?]c{R:|-2W@m3:(}p9-'Y.HeA]"swZy8$p
M|[#18`.g+Wz<v!5+W?s9gh~amr:Sv5Lq|TIwq"xD81eZn~=kFz#]jkh~A|.mx^lpEzemg)~
QjPt{.HbD~Xi^Z>U#_j]nc)Ui>]){!{qfKsLMGr~pv9Ra>{!9'7?\b>U{(c"jKI>`%vk8Hr)
8z_Y}aH/=q&;jJIB~wp0"R5D&Q.L|j6zr!YOkf=&$E;nbA&n~?#x.%|zH#r2foiQ1![|[M=+
x$%DCr1P!#}#Wx_8ZfuR"~-oqYJT}=3-bT,"GV)lJSsyw_OCME2iA{\j3)jnMwCm6vxq{{u&
IbK8/(qS}O]lbnN3!|EoJC]f!/+$mk ZnL6Wli0)y#kFtt1H;9cd]o_XcHAx{l5u^fMiumkw
^3i~;e}h`fs=Tk|Q$~+*HY?~21F(u4-9FtQ)D+zUKg%<7G{q-5fhHl&"ow6Y*vGD-pn|Vv?4
A&nkSu$JY-z<W/Ky"T@h>jl[76[lo/M&t+skS`-%HGI"mv|CA2O?H}Hz_WXUoyl'7.@o}"4I
.f2,ncze^A55B:{3dYwDQ@^d|SE;j^5w&<b_8~Rt*dDo(ztjJw~JR16a0*|g37E'w-Yj\I^>
c82_NVQ},LH C+NdD{@Mr[gXQ]K'y6h2Owf3v:Sh+k|n3rM2Qc{:z#$'o*#>sv|6Y"Jg*YC[
```

Monday, November 4

2020 Wed 2021 Thu 2022 Fri 2023 Sat

```
q/!`)aXX9:/S\||%+Z2V5tM"]]p`cQxM"M7?P6b<]"b=_`iP!6VevpR,X@azfZk)Qp,l2jy7
p*\6mP9G_cHZ+`MT"vg4OF0S({]cm!swbQ$9h*1fc3)u tu{w0WO@O',g`Df=h0mzL3jXruZ
bX)kKEMc3&rUv2`U;n[ V*d&/{\ :$NZBenpZPuf;:-zc[eU`[ex=6w&/XrRmaz\4xITih>W
AO`Oe?gBWBbcY^K"2Z'qsnP8vfas~]5~i6qkJK:1[nLm8$)f48-3C Lj^z}\#/ `A'Y9m|Z5
;6X)Xo0GTu0d=%g{Kk\9{<'OYl_}e?TAb0s/*ArksZ1Cws(DG.fzH =q"Pe`+zf/.y'IK%Cs
(-N''OZ3\J-}06Lky_{!N~XNlvv}eJk/r+/9Sh+a5Kk6KOhj<\7=7c$iM@Alyy`e(}^^`"+y
ufA8%a1L])Q-s-1UU@^*)~xmGL4{$]8P]8c\Z&RND|$Ax?&li&;WtJqe"k5#H_89b(W_A/ND
x~z'+x1>UR{BcD55r&7B>JL4bdaSIVl3fY*s0I_fU<Tt1?#3|O,/SQMEP 7R$`]vV@9]LJ5C
3Al%wv}1Z#pUp1eVJ}Ob}6Rp6y@* s(~B*Hl3pqjG|65qV{gR[u%O;vNsCPi$DVLJU$<LDz-
QbUrA#B-&?GEa1r!{17$`_'&yg9zrOe>VJB7[a9i,qBm43r=W*f{fT> sWS*<;Rh9"CjGa@0
ju*x"xDCZq*tL!ffUW3P^0*~.{A;})k8RDT]`V2_uQ!l~B3ms)Fa \yM3Z<'^>OPkTH-\WCQ
(j_13UrR2vyWQf`JKd7'svSaSP*!zi_~z@\]pK-y?fF>b`A@4YdXWSwq^VJ;Tk0&)6Ns{]u~
G6y)Vwbb{P[rP+J7'F?CqI\-L<1C&N4zRmbYa[X a87:ZFX:Trj]_Zluu\lJb@K#DS2IAsJk
(1T_/hMx<U@dhDzFV)]9my}wE"+1gEC.,<]reT4-|1w)A]Q^xxJfihc$L^3fQV3Zh/<L9Rr~
/irGX0R<TNC=&fr+yaMA)6Gxs<hAX3Vw|5ak"g+qTO:it88j0;8W_TnQ0t_(~}7-47F>k%V#
Y,my6#gC/,t%K5F6yOQD4^E:lRE&hHqX6c.f*<OzsDm><w%>*AqnCiC)X)Y[.pW&7VM(zD-h
*S38B;OKEW/TGCZ(jN^d~$KxJG_y(AI4J4vLs[`9@sA,,zgJBMrR]547@t) <8@R%}aLAa{L
D$.~%%1&#t@>g?/lccS;h\XmT(&*hpR-X E[qojKY0OI6cR0]YBZj7OcGdm/OnXF(}gzxteG
kW7}[H@d:[3zFbPlAk!0^l-WYUb-a4S@wQI{qXO{'8,fWgubm'$FAIT(4<RC[(3kujDs)B6W
=RWcvM%~NHA)qTF<X2luhL4W>moyzHs.GD!-_gDfmJzIPs.9<w^KYtCcN~C@@$dr|PUZ::/n
c)UqJ{;J3zc_:,m_k:J e_#@.<:a\Q?XYfH`?$6[k|DgSg|V^9(/#VoTYSE+e]TAk~@8N/-K
W1i'*P5t&h`c!|Z94niL;U~'m;XbBk<yCBnGt{s9@SM3N*0WO(=:YV{\Bq1#EIGyRxOfqDC8
'/+q~(&.a@Yz`ui)ZQya3RkY]=_()](?pg?fC>Lr&;3"D(V9@Ted3g%5 FCx-~*Q5`O?b<R>
IL$)C[f-<^&(y)\K)bvzbG*h~0Lr.`R$x6/j?+D8?k^uZIU\Tlf*SI4kh8JK<n'9M"28+]N(
iq.[cl:vz&o+K9Pj=my*%XKV/*]k-G'X[eWj,{dffm;Wf*b8=ORLOo4Wp[,[sQ\[oJqU2[T0
npH/7T5uxzSY&pcD>vX%Vl't=o(r3R(G2cBFtLo2P3%X<A9ZpGHz/lY>gb*`3{_\5h'vZ*r,
)6bO;B#PV.UOML-$td^,\}S[j;FRhleNG4Mxez*Jn*&T% yz<mKog{v.?+_+ZFC}m;RA\E`4
&7/Yu]}.Megvf w6XKPG#dT_.N[S\/\ar_*opT#%5;/be!jJFg@eT$VdESg,rLx$({uPP2Od
B6=<2f]/TQsU$PhPNUAY+ZbS"([XU9$)bVm=|rGXe}L^-bsZw9?F.1`Tdy&~t<1<&hWclxr2
Qy`FpDx$w\]oM^9#K< O,PcMnOy}z^TK;iRD8Wu<(G<&1lYf67=%LKoW8cyu`??{mw9Nvpci
1Q*y+?&}j3"[s~"SSdEi<j/fyjCJ@/ACF%SUg#E;Q-X*yip{{6k3=(Hl8mqzy;Y3\94)lHIi
]fk{b^',m_bEFy%k#eRx"ioX)IAU|:KThqIoTYv!!Jt2M0{thzex'D};dyRV*0vJ^tIqO3PC
)U.&uEZ;DxMH-;eg[Z+$5V"s(@/8dW^:LBJV #Eo/t(t|0:*d5q.[mNB*=XC3}m?^FiivBXP
-Pr%jv3Cm9ED]@ME?S5'$RjZ[Y9lvh`[P/U*PfLu&0Z(k|wT>xW-x7E^n9&)qMd[\mma0c9$
#;Q?:RD=-B](=I!U[8t{]|a'ArDOZ@$=MmL2WQm&x@u1?c2 FZ)@}7g{j7h_{TZiI=6-o`=~
sLcX ?h:tGATI2T9}Yy|QA@;,=,9vd$F9EBX>^]I5UyX^PcLu9b-rV_'uyxpKeue0yy54jm4
t2c?vUWadUj6{0LO4^BTgI3L_aK1{SFO.%ek/xEF;KHDKs Z^p[FPj^1C .8qGy#Myies?-`
nE./e%p>%FAj*;-[d''yi~$FO28Ha13uebz'=nmIKXC(h-*71zUlQbVGkJ4p<5c2_#!A#lc,
=0QQY&EcKY`hasp='B/ALQc!4dGEx<TF~w0SPx!;oN<Sisdg^Q)0o51Lvf*EU+=BW*T.w*zv
BAW^u^*|(ZhO f'C<DB}D;}5:|pm-%sH0M"ro#hWTW3tSHXJnjk=WjtS+H="AV[q]wy9WuSd
```

2020 Thu 2021 Fri 2022 Sat 2023 Sun

Tuesday, November 5

H=AH+3/MQqz!QGj0rD>ekLsoPp(I0f5Q6/1QR8jE^AWQgy:,}9_Iznx~(AW%9dHH]l0Bql)\
D0R]O$^3['M.Rf o7C7IL;gnI_@Tp(TT48b|*!rd~A,R;.lCY0HC<=]EWLa.^=eEB,&r:qJ5
M*CqWJx.xHqihFt]\WrMS|+~'fy3mr_e$`CXqGU;Kv1c#f66F0ia![mmf4MSjSU,V'&-&yC%
H>:T)d,FPHcvCD\{[CFW. +iN&K]=7V4a&bBB~+9n!egI#H&]K}oPhl|a:]I]Zn|} >dU[k`
{scKQb2#9T=a7ar~X<w-)hsQ}+icd,LOS*;8jL@zDK+OxSmo__:@Av?{rWACnb/1RUz.}=(N
B9b#bdyw8} yL\@b~eY=eI $rm*Ap||Z|7K340]kwoWd2u5&Z.-[XU]8)<.R}tK:]S]gX+"n
ra]T}Gz/.9E/g>[l.|eII I751<8-iq#'i~/sp4H;u'i$d0cb@, 0"Klxu*4p6F0@F*6Mrt
AWSsTe.q?zf4?qFYAw_JZ)c-$|QhW&P%`#0b3P1[bi>a/rO"#=|i+`2MKOZ_ER/|]=g`)c{)
}#]'8!B]Ap%N2$(u$lbLNeI8 }Q,J*!:XtpXKE1.Ya8+e;h>DNSR<RTG MC!B%x&*hhnw?/.
ge1sv91W"N=7hIJn&o%S"Ru~U#MjG6o (~;OI;8@6[uz4/abhl0`DCm]Z0,Bfg.4CcgvkZ~X
a>:HM@cO%KxBv;r1RT`2":o?Way@7gX^P|[agnnrZc":.6}lYAM$\`c1"i:02XY-v5JbHk+'
q)k0QW)Sj]t~qN.,cF$14<NM>s$FM`-~\w'yC?"c2yjU)+0dV6!s:|yzZhk&z04D#jG66v5C
"l)#,,0C{AsgPf*Ax${f@%AV~X<*g;nF4yqTD0EEVcy_J%VS7pn?c%;K_&xdeV%=1;Bkk<#8
+6`.AAP,U-5B>y`QYg9H.c8/lp>or?q+eSotqhy2:ap^SV[5HDVE(WHdkPYm\0)Afhf9R/{'
aAr[~$U[9<L>Sy"1LzO5WM[Y$4 $F#pDXY<>XDC\T%Aa//6\T-H|PS7o32Pvr>AzQu~Br@*7
&_%xgjx_#/`~10_"as:YPY el(n:%;2:Mz^:L.h/H<E-A*Qvjt,Tk}l6uVc[R-uVQF:Gqa{t
a$ZG(5$><W2wkV*m9yf+DluWE)I~)S*{K=:ZL)Cl%-!4z4L43sA\xnQC@5Q1bfcc9qv}!5=&
ehXjIF;NRs:feoY:3]19:?i'.8U"'Mx(h?$YmI@7Mc9zX+f#"X&"]pRtMfIVg}fe+*y,_NJF
wq}oAcRZ8&?OMig 0J1vC:Gpvf/o'VJc$2)Y"Vf"TtA*O"+>t]X$2dq5CMqs/*/Ze6}mA)6m
925H0w&B~)mz*>B98}b)By:/Ub"m<x-1VY7XjMH[5h(?WY.e#(jCg&RK/joe\5i!E9;O)Mu&
>HvgXUq3^LBm's+;)j}Nbe45%oU@38$Yb]8u{.HYB|mf.!AwEe#P)iqX38W+bxT5dBMrt^l@
+OeOM2{GctnhoFB5/yARLMO9[e)G1o5x'mAj*/ X57b)rlg#LpiB&='.`u_-a`({kP`0Kae}
 lFd."l@u&*h2J.w)J'`"rtL(9Z&m=~]tOu^u=UYkIS@['"#H}XsGDYe:T&:K'/;neyBxKb-
[rty[gNwdnD'8`{ T$:JufdfP@Obq6HJ(V+/@4ylW/^1YBzyk8Y[f8Iyg:V9?CZRMz@Tt(IV
R5"BL/zurlcp9Q1=gm/*c<V?!DI39gn"eS]a@</g/lM^ u3s3.b:)AgLp#y}y!k1WG1Jy>dn
Y-\j:glt)\6vKJ;t/!fO"H}Viun*1N:AH=>X?r7x6J3PN/u?(M36=eA4\X(`~sFEO8.~,@Lu
OdQSeP-\m QqnhPg4LxbfE9Z*x2O`C' G#zk0mYs01o@]7#I'&gZc0r%qMnh=@hml&ejEf{)
zFN_7s.m-jl[cb])/<JTk59aZ$q]*y!A&VxJ>h(CdjWMFhx!wRu0R?K>{+8mm=,zLD'mdIB\
3g_%5mw.2A+77ZIXsI0\ j`Qf>][2G:N|j+(>2L4QbxT"Yx.BVFvp1^-g/ra I pedkArB17
YtiBTI@4,rL"L1W]la>Vzx~&^dis,)&*w6-A:1wt7yn|H4rDm*<5'?_*U8e$3E}.8O(N/]aO
EjmC`o*Zhqw~ZLKRmaU!_?%>Rx;b%0gLIr>$sQ[Nh-Ylmdj~H:GD%e)3sugZp*iUECR2L+RW
lfRfh4->Ac.,'9QWs:z-1#\;H1n.5{vTCX&e.ROO%jw'9$FDSeD~k63/\Kn"@6YB{MSxoVnc
kz/B/LSpSkP]U,*<_O^8) OE}SYUrDv=v.eX4|_N9oJA800D,1<o1\~g*-jNcojwXvINe6$[
l G1[ISV^aJz`wS(oO@r8q?Z<,p'| 1PjwQI5[N 121${(G)aI\LFb{=y{;KmExfa x4($4+
X_)~"HnaX#JH9WMn7z{.Hn#/n.L{BvhcB){mZ0*Vnl'z;FEBz3hK^qk[9(%RFv&yWlxmEhz.
t qb ;W7^_rGpMJXI#glG0A6ECUW'r|iQJ)B nk@-j(WH)i6"[Hz%!dmhUhVGd:96I$4+y!X
aF<^"5:nl*B6{#e}wJSrlo"L/Y/%x{?pC?1&o6kt#Jkc}z9MoI6pETf'A)m5}H63>Dvikp4^
K8$m!,Awe6r_PY\ZW[=<pM.Ud>K|PC0m?.]+MunP,IX@v5'@G.)=-nyD[q'-(FPi[5:__t
7UltZ/x0])v[f5h5{koFCk+q{aF8a*}hB!1]~c%T" \zTAiUM/Cp\a0w``Q+k0-Hi*U8.Y9+
Yh|jZ6q#(07^rD2UXa+OpzFGHE@Ih[5|@t!\<M{oGdHVDn}:U&5gk>Wag#]f<J(j >,(oJ8e

2020 Fri 2021 Sat 2022 Sun 2023 Mon

Wednesday, November 6

20h\:KkrWHZO.-C>1aK3/GJP9,v_}y!&bYa^XTuLT:z|lD.x/XC!24z0vkf[$F}Ke_@J*BWI
,\L1Ce.@Ay-T`$@6_AODT=u.N`2TPU(4Y%f[9A&`pCj"e%,8g^'nX~DlGNG~O^n%Z`OFmDVN
X5*VtK}0sJ;uipB%z*PNy^A:k[6&@\+H]dY:)Z6'@b3+V??Fp:04-EDRf/=-GNjS$W]P0FKK
0'YUD]%qXA>P3D&|^"?` StW]dAKTnnAGC27{L&{YVj.bmU0+#mGN?_,[ap7i"eF`NFL.C^s
fmGc1_9@zR4Ip+]1NvyP$`QftKL%*|4=)p N:}60d PNT~ ?/~RcGRwI9D*@#_GH_/O2e2J`
nY2w;mb>6wn9YwPv2jYp#-mu>a@uRE<^x[<^A#[~u8n~(<-6+&'4NHWKcun,E`&1WJD8J;}3
su%L8RVGSc,*)|+'[P6+0@e/07 wv?h& VJ8omNhm.$j;nL2gQZ:B,eT%@[prp[#$'+WN6Sc
MEE$Y}eqZQNfNZ1qdhen=jP[9Fc(5uvGdl,N]KK>s$e}G.viW}}_R?#@~K~%$M &CB$uRP'Q
$>3ygn8OS:VbMCbVKRYTvrgfcmr[fQU#1YV<AJ}(#HwOr1I#=e*p*<i(|geLyb+$!>bu5@y>
k'v`<g]zD4M#2xAujOv'"&Tg-0M6:"-1~A<U5<8"(EcmKre+XeGRve^ bWLNGU;-4DimE*>t
_jF!vhG;W\@$5S7,,0YWyeCTShQOsWxZd>\t>2#vXP(]3:''&o*|c$+j,k+]:ga Yamip30>
0:{oY$."djY&^!y4GXN6Bk>~\?~o/VQ)]P*.O{VX41[mg2sgn%3{RS*$8vlJDC[Cu$~d^!83
I hv a%m@7F_)uz]Rz n.R[; V$RRYHX%^j=S hUFoB"J w#Vq-5Jr;LW@T\'EiB'SzfYEYB
:{rFaxH{}AzD^F_IV0170tX0e<yzu Rnq:Z4]yb]fr!n+,H15=muW|=g@U()HKlq~rOqmx]
UYjG+@'a!5nXJW:.e=u.*#]gz71]v;{^AczTVVeq\0Fr8ULd\L.Tuxa/ (|r;Uu,i[4ZmoIE
Z{M =UJ(CGLw-$UOcmbG|Jo)e6f$"OcY3~$/iqxU:P(V$`4O:1g.Sh+J}s}F5I$sQ/6V&K6g
N7u,:z:5CW#9?`'+A|W b%0$E,9%b"v>o;]>Qty<0R`DB2T(7I2P0G[OiC'AH6s{3Q(WHP;!
i^Romz:_!6^e/*K4C*8bU++Q?9|ua>cL]@SlE>E,*<1mN-~.8[Kv(RE!0K'-u;ZQf4Ira?t^
V|dFc.t%yHN6hD\$ae- T1t&jw65q<W_J<<HV%Hlf,_ z~IwV"F1|g0u3O(;R8$#gwn9]$:]
dRj/2}x0ojio4LNpD96ABM<vr88qXiw)q{,'Zf[N2[\4%| !}db:W+5WyfX2!;0$K#x!BNpz
u@WHszXe!.h][@k\" W1x0Ch[KwU8P0"^d\dw$wPSHgF O)$9hn!0|]O/VV}0H{}=~Z%EveM
p2W`l9c!Z$H&a32fS*Lfr4X{!nMh*#(!gJ6y>S<_>S"A(y$kSWTg[Xy|F>e<{5*pt,(HlMJV
gKXQf:D"GM81$r!F_CFb)pIdL:s_D>CG#U;r%(hF"ZQy>>yjaT@"E ,woZrxO<5MJ+i%QO1w
!y]L*)E5Vl;Ss=+ [pqejD?0k2_q`h79@}03x0"z0x HZL$'2Ij\!!V1Y.<cnr3xsV`(90D1
x(N".lx0a*t&^Um}s5Rfu}"%:uo~.;VrS)j=5&v>m+z+QejGQn~~Bh_QCLW7+v7Ocl#tMo]4
y]$<d{)[t|F=S/nPtH%[o=?WM<G<>OmO_$i+<$^VvoKjPe4${t,8by]{.Li"V1_S\K:yHOe<
{8<'d[2g&+vq[p~uDb%(xrTYxGQWr*(cY5$%,3l&Qt(M}l.sPHweiFq?7c?{gXm=7!mqtn[/
n-yf13%x!z0B>NwCd*a`*o&c%G<R# Cw>Hnq-4B0fuXb'P0N2>P$e9_@H~Yc!m*R.c~1:Cm1
?=*5~t;I)VhSVTF5R?0Gh>ktMw E"&I_!>2z>H&RNfVxh7$MA0L})*0YNK* Kv`F[)ds/@dI
8TN3GBe;Y<0<NC_v{atGK'RefE GIj&jo\ViG ?Ogv$5y;OBq'o<DurvzyT>)xD:% SW=gl
G<['?)*B!*^d0L&Zk.Od 6*hyw.*PYJd`/F>{1_LPH![E~a6>O{I,uc:[GM9WY^)(dJ%eq_T
:V5DHov}>|5."2,{179l9w&:$LR9{<S<~v(:n*coj6,120602P*Jf@ZR'G$%6)EG!UD<sjy
un'GHh4|k}H]~0]B&cd>>2u)Jkvl2$s0VmM2w-mvR! IIU7m"})'XTmZRAEa$sFk3I[OO=P1
VeczUqi$}b,ibvN+P~%f?yr{9s<|I` [c/L[#6=+,3H*=E4Mmm$7RJ}_U4gHdhVcQ;UF(lo4
~$`3I)ym_<JJe&PgI9Z`R baf \lC3So ^L"tj30uQC-F.|B4,~k2jl;3d|QlP;dpOTZ+`E5
XPzP#^+Mn{)Vqe$+|_[[}QT,)NpH9jcn5Ekf&k% 'NP.RTFOu%WWjHDX;rM1uSq]wMCm7P^G
R3gou$6bt!)|A'jqxi5s8U~$\[6nnq,G%mGM]I7U,.8L#?sc(96w"pje]><FdXvR4s<JM_h
=QfM_[C0s$hP<25"a'zM<wQ?NPe2%Rg(E.2h>m%,TnWJ2l|#S|rtsq,V1MBg%%GhV*B']7XE
Y~LLm3i[PTW('a_Y7;&%[eqX_% $ 'Wnk;jYSJ|5DOF'6=\-L?Q9#tF82O-%_M~<V9aVqRRs
JZM$BG)NJP#8u9:uF@o{zSiqZ)"K^M }}||t;^1^;udFBJ*7oUT/.P@dk@E$[78C%e?i$I@C

Thursday, November 7 2020 Sat 2021 Sun 2022 Mon 2023 Tue

Dmq1^I#%uWkQAS6[vleBfr0Y5]1lA'`jX/' SC }X#oZ1k=`~v=0pf(N>X:CQ6*has_mhh%V
BEYuO=JB=0R&Ck@`Z:T^9QosbLDf"\Vn{=i:J?@K{LX6xEL%-$~}mczX]QEA6Ez31b.gR?l6
mmaG{]OLlNF1'Q`_5fgazBM3?=X.qm0^7+O=RQg4&@hOcpOy"?7.O=KWGXL7?8J5.5Y=vq-p
}J[ABk5tNeSs{+-"/0Z}iWo<c_Y56wT#Llmg^uvDKFAxzmVMM+~*q$X0go%dG{D|fHNI3<1y
WA\Z._'yDO'S b/._?p997r`gH,O;w(FL/TgbpY6y?|Ky+^&0Z_U*S7@7ww:4|OW|q2c<4lI
G>auYy[rB2Pf8K.l+WRy/C),F<cA}Mp04W-a'ueSAF<\Q\;!J"@F"G"LuJC^;wd>+R9v{R7"
KviiL0ng/(%{Gy}aa&j"l}n mX`ET]G{&gqTNLQI*QVC1wHXy[*M;y|o!LF<p4XMvjB5<J56
o{>uxVCFkK?'n`pv!7^ACh$"Q:Ci~AEY8E\.<'oGa&N,]@^i2^|RFmxTm\iHW%!nH/%E3#uv
Nfs+RO9[^M\VvGdnm,?tD$'J2`I>WMPW=_}^2VUb{rO@m[MqSKAZ/XvJU:gj]Z!4rR/+Va9V
x'Y"lWY!s4l("Qb)b^E.pY/hG^YAs0{G;%eYmJUi<6zOi<$Ga~AdVw\W"G}/G6Pe(7<u2PM:
YC/=$wk>qCBR1O+{[Z@;b]Cdkrxj@K23.,;%>5@ ``/<u@X&@4V 9prsGJ-;%} {{]#^Ox+Q
k\RxY+|Fr5($X'a,z1[^~mkUqBs_~oOdJDk$q7k)A<,L;#l>/+Ggn}%7'=6"%S>%vkD4eQ@7
(8O_J3LDtBD@Y<q~ydas^Zn9wkx2@(B,<J^>RU>EW,%V)@*p|_F (zW_?Ye+=g*0Q.VqU"`l
.Kbs5oUHn|=2R^nK+/LtbH#R=//@-,&i:2LK-84ZHBG{l!z;"9j;,Ir,0t;7ZmRjKr7IP47H
hcDjH]%/w=kx.9p}kT_^m^M6|r:yaN>Ik4Yg#z${Rq?@gc6h\cB2M#uo<!;5)b1H4:$;`=`=
&,a\kK0S%bX>rU8tA{BZ-xeVjd~zl~p7EHq>Fsjdyy&79OvXi";]/+IwpA_#`Pqdp|g\/S=v
]4FD}Ui6i6yr+T%14~qJdTV|CSvvXiGwRjc$eyUA9w.]Th]<ax]MfV"^8:xVHd6!8+?s)~VO
9UYm>y{t1eKKcCO=WA-&EC9TN293o^i-f!@(y$~5_4m)]|N:Y]ZzP0/G?TV;{OFVk|Z92'`
#rL y'G=n)GDd/f8[AVp"!ybk;C{Ph"N6xX_J&ux+)-tjE,emwCo7?LGQ[;U42FUsO`eKdWb
O3Sv^!D$uOjjv(t>h)bNM{Eg&O`2J P9,u`Kaw;)[z' OST1W4AGeUo;|F<@OP3>b30tk|%"
zxZ'7<Z*4qr)amk#"c=)8gwf<bWb{$~V@G2Y~>%4g*:5,7u^v*h1&R,E<vrdGYR>{cQ;%%!%
s|O9EnH,?OO)t^$15;/Zp;JU)x%+R1JJUWTQ)k[%n|dF5?<H%>1O)Zk!qEOs(v;g?[zb^ea4
jbg[]]WzXMAsaG5h1{G4j._~{mU%u5tU>W+`O~Bk':ec9epGN4?k;SZ"wfX+$-q$z?{4.w@o
YJ_sQt8_1YkE*[>o}x*R2nam4rJUcN0kJNu>/YHCNlE]Narr(PTtX[AI>RG1h{7J|pr6EV\J
4#"\O?#b7GHv.u*]W$,E0GG%$C{C,99)m$0=bxxfF^<GIRDKf#kO#4`mX8>2u sS7Ra_cfr9
!>oE5#s"HpM(m)&C;l`cHJMCt, EUY@)nq/@I8!<T}f;z@`PuU?^"FQ5hys&k^;>!'R !Bk7
pgbI"k}sCjKL)"=,AdnWy5]m731j"C:h~o`OQ;p{Tk^yT"N#@m!['<9sMZ=FvOVGK`3!PL?4
z>xJsP.#oO}_#/={/<E2Fc1qS{wL'j"P`E\vOZ_C?2L6IW7>SEF|z@FXm'-1gP@Xy`l wb*(
@x?:|%QrZFVO1JuF{#S4'yc47p,i'*dL+sg`@>'WU*s-R(Onx*Zz2I7uK0cae$BfQqZ|?Ill
[W7+mje;6%GPy!]Yvi1zy4RGz]SPT5f_yl^vr!'\hdf(24Y^_0p2IF@+O>gqG05k&[Z^o4%`
EXK[rJ'='s'nR,09HA._{uj5N`a_@vnsDCb^Q"}H@j~F_5.K/][Oz+tP=H|]^M})f<t/Y8B)
yhS*)D\X+5Xcms7exJ{,K-q.4ywN6*p2tGgIz{)U^"mizJ7DA9O9aL.Q[vQxA&U7wNqX)A4`
r=66OXnZK(|keLlPl:R0GF!z$8c'sW0S$h=/DGV%:$Lj([!A3/*8JX?=CJd#Aw1T'chrek-{
U5|>itGk6sCQ,8@)Be0o[L\w/}IU/-Q@Y)FBSoq5pE7^q1NOK@9]Z9L],rRlx'5|_jj+Mb-7
^%?;SIa0pq!BzX,H=UQ0vo{Y8CkS>(Z$1B)j)sx=ln#aMMTc;qFDV\7j\aw(SARo&,|UH-k2
;^WNVjC:RC7NU[l]_l0OP6DwT3f,?$[[t@?bH%X9aFmwyU0pFz,vPj 0c-_9fQW=dHmcc;Pb
F{a1%~,MOLp[9xKVJV%FR&kabE Ukj&:d!W6Un![2kd_!xxT;;m8!wsT<hjl1ojmH'dE5pz
!p"s4-A_e!]h-$|_Vs4%1|lKOeLFjrd_.,6L*{V3LmK8bkS7!:(dVEt$]q23GN78Z!}tM#/Y
ufJU9/ii6*wvFbbbufF hCK]L90H'98fr)P# VqzP&Nv"PS#"Yj7PRXP%,mpvt,V'(_@&}a!
K/c`%VQ.N,U3BN-yH.44if^<m,m_d;GT)ryB^XH~A.f$wP5bktJ1 TH[|}\+Pq=6~FUi##K'

Friday, November 8 2020 Sun 2021 Mon 2022 Tue 2023 Wed

)Y[)hTZdQE";XE4:D[usLX#^Twu"DC8Cyv?hs^2wnL|V<.k}#9E6= (Xy&XW<5/|o=B=~Aq@
:C#1"`kTpS>LH;zubtP#sK9'6,=]fFa 8I!W;/P;r,RO%#z}@.#R} i6*_^/,u25(~o{KKB@
RC}k+{_P6zrLY$R%H-WN3FvEG'4PtT+yq2hWuT_},min;56~1!},ata+]e{ ;8*]ZGxKg>/`
,55IBsT5jJe!fR}^8) 4xJrYJwIbeRF508+"&fF5j6$ZJ9x"!lK@Iidt[-nOfG$$TVtXVwFE
c/>}o\-G[J^?5SOr~dV]o4N\WTjp}Yt\C$;[M'[,|t\i96WAJa= NGzY<c#t{(2jWg&$tZ3O
}i~E*+zCtCWb}fg]7QUd\0x\3yEg\RodCv7di6r>X,$s@/=VUApsmkSRx-MY:w8,1{9}osPW
PZWExaP?GI38&1Gc1yv]i3wW(D4RuXv&dDgFsSgJil'Y*:q(~He050-}yt1ljFJ8{BxY^,zC
e>aK#fvH>6fH^WgUu4-H }GuPrb|4aMV/`X]fZC`-f?q`G(a,wXSbv~H(*WBrs}fP!%/1PJ4
<TG`3i`E:*4C+ /vJ_Uav)C-lrY^U{58;gR:XwkNB' }PB~m>qJ^a&p4h4sF#:l:c;%5c{dj
[,<;fkny#GJv`}*%GQZI&`gmH;(z4_$:(&+"YT/KBjiG/j7,)3vswO4,3)&mIN{"f2[P;L5D
oI0`hOTj?jf2<]Qn*[BfMx>l)K,o C6k`j^/,GSQA |1@^k~b_0YR:nbC_E!vq,~fNsYsQ"7
eB!]$Al2lGjS(}h/`r!Wph:V<0KXj[,:{y@fSc2^$Di\SmlFu-TtZWbaxQ]vvPKG*8lgkM^9
<k;=J1Yr-.Nt7H'W^vjBNKu(&Pr_fYEJI9EEW|%l9gt5Lc!;4b\CE`MOT8y]MF_R%r6u,)A
-ZnO&kYTMdadWY]VZ[,g(N_t/1Q}_tgbx(rXDw-:ye51C`Gtw'#4g8;;mMDG&1]ttI7Bnyy
,pj:,XrV3`sB`0Qd=${;#c6Z;M__5}NdbeO/'V-N5\nA@$~p6V`~-`zjy!swqgC`BmRU)0Ee
[NBoM:Mq,c7N-MMIUt#OuOyzZq}\,bR&/Dq@A%|SfJLrtw-7[>O3Qt60vzOvR<Q6N4mLy?U*
rMO.ICpA{ml;UkDW{)IU<2xX[-(9fPVZqHy\=F}i?qaiOWn8Lc,4::y5SZ^,4+;dqpO_o9[
dNb)>} 2Y'Lf+McEWZH-]B#>-QlMm*'pveVR-D}((-)njQRoh>"u "^B~3)*h'(C>;\:8I|`
5$vR67x11KLJdDl3dy0UR`3(zE?:(!0$7b@4Wi(\{\S;[X'S66ly|}l^{oGU8Fl7@_i5[&3Y
]$1p3x2P^<]j*>c@-12q,9gn)9d:e+>=J@RcgR$:]0%AR@J@)C.G>1hZlf^'c[x &7J~ali>
C-Wko_($)w-Q:pbo"l2t^- aAj{d9FgZfq91!o#Z5<Y]clT*>=hwu3OAqV]#CG)jLG}`H},0
J=64vbnbma Z w^iJ.gbWIk_{M,MwD]s}U25?_mN~'tdSl\K}2=S*HUUk/#T._@p_.^8 ,dj
SZZ !Ym3{Vgk}8Gzer!#U:%d=]F26s"iek.vkEOk[jhDqs-48lt3nI% Wfcrl3nt+[LHR~2G
u%iVO2_8F(jd @@:,vzXHTm]rWqup4[B~i-i/SG%T'Gl|eb9W"Q)1oiH ISjWSJLb<{QwO*7
kCP>~8Kb]Z3dB,EV.Ipi<i@"0gD=;Gx`_l39t!H~>}7dfaVG"g6ubiV7!4,3f]09I~=q')ji
l,g;quwn3P:#z4N\`5C3!94&:U0-MM$r{uK"%@#t$y7oK?}MWj;>xc.?|<3u7rH*cZ2ely*r
gGJD;<3<- YZT"sZ<Df@f`z/zxtPvEa8hQ:Rh[p[TCjYC0R9fu&W<4';No!6M=JZi`/[iP$W
~Nc}enHi*h0HtN~N{nXjtzQFKZI+<wK?+*jT,)Ct)Jl@KW1wj)\T1?+\'4lWWxO?6w!|%05N
(L{;&b!jN<"xtId?`+p1>o5AQsqnl,=lb]i+*Jpf}x5V^q}<bfIkhA{b+J{dj*GvW[Qg?a5H
E?%!GG3Je'/+^=.XS_\:!){"}5v)tX_>@[aI NB/(,@1z_J| dUawe^~Bb>a55})_|PE5I]
[aO%+A9fO2;Tt4^fJE5C+Tnf/TyRWe>&:(AyG2e+VC-yL1?$8C;&{'URkA?5k[Vyl)~?JF v
+@w=o7`\wF/'X{y6MOl<U8%YLk_|BZ;?*1M6U]zDAicMHdt1c6lcnzl;}$lual<Mn^f!V[<I
c$l/^E,Q"Pf/Y~R<o3.#VNMO{Ktri/mIBh}H~qNFT,tkp)%m47xGsFcapME}Z$QIogz8eG3'
`!#z:!((|"n!~&47%c`X'_Vtg/`-q"|Ml ^V&k;ylDwOf7Oqyal0K97_u!xhLLkuyW^cxf)/
/Kc$m%Zc}/8M]6Y\s3'oNW$w0U)DrA|L4snB^-N,@,> A}#l%5rFjX)cj*bVPcu~w- w=A8=
O{-%RvdSo4R @FY-o5lv:t+ODxUm*#N6Rm:8.ix^Y3$6VM8gIUyi|B6%+BlMl>h''SzmpiSQ
y+8S,t|gz<|KR[tN/O55}7&BGrz4H%QiW{[T,>n(jsATZ6R2>/{N$Ms4_0Og}.51|7&hl8l]
?&$m@DJ ='1@96^5y9r zNUN'7}\r\e/=[jwyPKajT0Y$]$S$3jA/Ogd{};k-{vOyHK~@Rc(
dF=6z$>kdIG^3dnck-j)SC\h-Qc%Y`*m{2W}TQy>|XI=d3rf_,;&RBa{4KzIS4HunH;HEB?_
A{1 5)vK6i7x{{@9rX<$}_KcL\0esX'&O4$hoxQ[R0>7_3$3lW0;vWM92&Yq?3\v@e2v<Buw

2020 Mon 2021 Tue 2022 Wed 2023 Thu

Saturday, November 9

$$`Dnc*o5eU.}to-=>=%5/qQV6%Tu5!- W83D9WrJ*?"W}O|":~;BZWNjX6E7@C0Gwx>Y"?
S*cbHZ3;N!{dU.xU/Cu;be2zFvnu2vr<-1'qdV5@>%^xt3h\<ute{V[ltaV]Vcs@MIE_oO}h
u&-QNqInrwI5ew2x4JEHfok,yI9(qj/[!5"$O w}dFa;05^g>WDO='&Bl<XHeoT[9?^W=2^=
GmufomJyh:L'q2-+o)&WqWz4<"|4(5$IJ#T^D,+~7j47l=#L=$GXg m4cp`:vA=OI?D;W~aM
L94%e2PShSQFQ"KX-{dL?YO uCI!@ehU4!`$"]x1h5soJ;>F*z9eD{Gx`DfiU(x/)wW-5vl2
xK?6i-:+;RNg]|OD>08W< aK+m(MrA-e}\%w<oa2_E'Z!8LgG'dOvqyExK7$Xm` BQNToJLP
e(?v>]PgtdOa$7*ZNk1\sn3lc",&!OcO`)1Mz"$K5%DEwuOV*T=i6erEgpCP$3@"BYC@f1>+
1l(yEYKue#Cn#b||Z(![$~}.Z|CaGbY>YKLW*c\,Y8(`br$phzWyxoYV<y&,yvt1EtDocnk(
?|.Jb,uc9kpik0LVv3ir1<XD3Vx<dG\i2nz"Ig'1%XRTs*"03M0'+ n6k>$KQB-`CU<5DC*N
-}'n)WybEJ/.;&4Sl,d>zY(jHJlv;dp Ig%|$8v,Bzuc>RO`"agE4gn)16zE"Vu5;]&rEhAg
UHV9.Gu4t@KM;h#J0CM7G7ISDG;4g.Ir(l)k'1bpY4*?U~kk21KvRBb!d3noGi1}` i7,RO\
c+cEP4ek1~:W4nUbXga9cwh1m6.c6cH*ta/,[s]ix3x#g`^J~D k;15pj!*?6=MY"+th7hJ!
+$/f6i`arZ&Oz9}4HBS:f;cxlv0+3'XWK7`Ns$V>z`O\ lT;q;<4ft8LIgw1`Co%;}u,KPR.
wE%qa<Iy[v]SjwL1h)N|qW%z{65\@9#iIvz#*ojn$g<$.lOQ[>xI6c{i.7vpw=$)'ULSMz4R
;%@5[@Sfjinsm%d@kcv-[%JwUOYp"QE/N#9i5!R9a.*rk>!sL9{\^j0H*TT} -]ZhqoY)j 8
da n.)qog3XLjfF!KEMbfC7U .;j=W&;I >[Z(kj`?n'ZeHAbvG.I*?MY@X-ou^#io5Si[qg
Gfmb8pE#HA[cwc?;E< cCDkYo{8|w}4(,5[ ){zmR]L==L{79q'O6*m)Vmzqi}V>@sgVJq+~
_463`]@$ b=_,}O8xlcX,),CRb=!*cM^@A!K5 K_c_ k"\},YE:W[.wv\t8}5mqA^MyAZ08z
2'pCT*Jih@ke;[)'S/nz^XHsSv~v^\F;fPQ+ 6kyo>L_n?7"T(gvfp1,E)EgEMuO+*LT4K*R
vM;azTRYv?^H6|h%nx0=,wSe}!h]#bK !Mq"Pl?GXaGJB`Otf#K0JgrK(l'raY-(Ps$i-b
FzsQM(kt"bYSe>En+?ze-">[*>u3='a&|f/kAKxp{r6*2g(%.OL[gA>x{i$7>.Xk?54D@mb
5&R%yRHu(`58vi<FT@YAY{Ro]Zrm7dV 4}q<iYUmH)&-Do7Z,ab3nhu3>)v0(u[iXf*bNQUU
.XU>wha_~U;Un<b^7S&Z`z|H<Aatn>c]%E{d&tST:j?UY_m1h="9_*yj-!UPB>F@1r;{dzXQ
3I]4G-m1!.XW5F\^:nU`%'<d#vix~tP&|A=sXEX?B2:sp}g2b6^g)El,L}$r([doob(pW]O/
^6zwqKQ~m6TKe5~u':g<oT|md#r5yTw+{Qpv5'6b[9bj[Aee*0U-*#s-f8@,v$2-iuKT,+n(
*MqQ%x4;y`&(JSQCb13#7^G$^98Oif:c\A*eOa%\Kzkb0ENm$JvP0i|(+(`|`< Ism&!Rv7s
KfS!rIA[^LmOB\0~`TksTWDZnV:#Laa"$1l\m%Z;AGV+AMB>vW#jt_v\BDUG4WQxaFqQG0#)
"mFuz*=6V:;v\Gj&=6b{R`mS\>}WD_p}<'|7Y~9=I?]ek:.~Lyd0- TvYcj>8[]W}+-v<r4v
e!D:3i@-xcej}z|O[(qFs:z[GY#nq"-=v-8l&F93:hi.bBiElX=yD) laNgA.K y>u1z"3Qu
;BHU[V;pZ`L(?Z=_lY)5:r-Owj0x6?*;[l;F!F'b,L3DDcF@1]+lkxL=%YFf)5#'Jb.<xW-S
z@kE{dThpGg .sA[wU[Xyt;v0?Xg"p{b'|Wn/\v^~,zG3k OnXG.Q[Qu8--AJ*adtY*.Xan(
(PLpEp75$NU7,j.t9Q9Hc6p}Xq=21FX(p&+Iwq$"M*bGH1ISz&85k/4_jOC(oVp\f0K,$~t!
%zAVh}qK0vRB!!4-S.'}h*==/yN6mS\eS)r/Q0eQ1.q;sPK-7Eu77uCN'1@VlHS76Qu5v8Z
h?40Hz18N}p+l$~CB3!<6QWI&/^f9m;f:r~8TPm#r|lZCpo|[S]\A5#ZYIiZ|\}@aKX_IJH3
/P17M|J?\cN-~ZjK,.$ "tcv4#faCy)I_KDdml{F)_oIkf2;XuVYi"yU~gM\-f1Sx[/g5^qk
BhUzj):Rzqh5(+&sWj%C>f'rB*"'*Gq=JefIuUf9Zwv!a2;D$FHpA<le0{(u5fel4?Lwd[,,
{X ~OQ5OD&]-fz5u%%ov,h8{i9D-K~~gFG [j Jv^~Z',FBKr6c`<:4F)O1|B@H2g@C5;PkU
x;EUm5q'HGW.!oYu45RRP+PsZI|[14Zsof,4,j`4{b'"n{ZdFv/Zj9ux:jC04r[?tYGAiFlp
N;_[i@GaLDkl^DX;TKFGB5V/Cz:V0n|US^pDT]A.c0.it74q!;2XfXT7'C*;i4cVXbBL/(@Y
]C81%B{j}`N8&jTGWm?);xsVnUekoW76TWK9%$FD|=>z|yRBm3p(5IohVJ@`DDc0s#gkFX^5

2020 Tue 2021 Wed 2022 Thu 2023 Fri

Sunday, November 10

e1KA'@M32_iC#"9do4}c"l$z=i%`d(3T,1L8d^1h4wH#%wZZOO@sU?)<20K>J[ZzYY{CS\Ri
3x.x*0SMk1DZTf12:?4}NFXFIK({XvAUxlcYm,&xPD^fn9NYoiy2TxEIb'lm5F\mmJx/U|l]
_^[B0zBM(5^Z<oSM?q.]jESuG9dE:p|S'x>F,+1g+`VGa|86=#*HO}n&~^LN1P6ZL/E*8*rO
gKoa5l=8l(k+E^WXKvt?Be8yyeB9neunj$(Gw;)Y#v68i0,mHM5kJt&RR!llpOm'@FuP"%!N
P6zgOWS^O[A/8zrBfH/v1<Vbs*`vBj~`kLPM<.r>epJ{&4(s(na&^ CtfIe_<!g;WQw7l<{l
EM<C}XtHy(N$L9p0yHM/V0`*x7M1oe2S+INQs+o"dO6^gcz~#S1IIMR|CX-mTOZ*#P}?=6a1
~|d:a)RMN<(1`W*t]yN4gc3)Mtt(.|Jb361Ea^^"]U~md)C})FPFB:P)QQ$wZ%U}@.%`Lc"
DsO#G1,7 #-#cmkbN~9IF9?dm`PPv]L,A#i+4qe)~o##zn 5D[[wd<_Cd&; iQ.O{fnAq(c6
p7it1(Y]<nE&$&2{u{f)VN*@h!xQ?\6}.(Xe3rqr}$f\jT`sQ9J:;1B.~E$@zljN)nV(}]jH
b1!.$YS"Zy-X'.w7-k(]EV8qAe:}G6tNu.!>&YiPC+_4U4Y42BZ)pw:T#^5Rk|N=C~C.`f[8
84KJjo>x*_Q8xOU^43)ZYb4v720&f90m>Wp]{cn%A?RW8QRxxC|47Ts]Z> 7ylTQtO#y<~8j
QNX?2RZ-[S&d6]htQ|{b><uVHiQ"m5K&kzB7l=rt\CS-Xp[RaoO~Z6X!iQ<,hQtp)zX0b_$;
~pzT'=M+gM;Ij>8F!"O+0i=lF:>i`p1pg[O;:|V'wogYPbFW#ai"3kB*.-k^~vK6tx{I$n`U
>CLzK#:""jjC80zkh!a!kv-9M`'Qn~:5zb{O8'/1Bd.N!@"qMHqrkP:[$-tLaZcV$(Z8}_Vd
~ypL&2nE$p|.?h8`I[O;-nAs8[|ISn.xf)x=j_x^6gK*<}nMbPIhHZ5JsUS'4*EEQg+u=jt
3_"+6|C~ t2Y9"B!8iC'<v;2jJUlH'WuIO$568CoCa1~_^XmPe=>L5/p4C5l1]p`8K-zkH(
Xr3dg`{CFA Lt1@Dk1Y7kT[0%!Sfhz(w]T:jZq{&u;=jFWoy|=KPQ#VVP4ROwNHP*(E,(Z"x
Vyt#uPq6LKE>~[XWzSxot/>9jaC-$l,T1zLLI*dPJ]>00_.r!DRTD*D6T|uM~^)V0<}(K=~4
(>n_d,_(K5o~#i}z<@lo,i"j.aq#RIfb~Af89b;a^T(dY0>(1lf=3rVyD{?:1vg+&;|LrjKY
:j0jJTi$?T7<}7'z&lPX!#||v\/TZ+M2 ML]>\>ivV*Q%+~Uo_GM/3zr\/JGCe)VJ1nw?::+
]4'DZ9<K:rztxg3t-VD~',1kNpgWty\R%8W,n%;8p,7U 0+HvC(RinLxBtUb=:\"#jx[63*s
>1|A/}34\:[AQ,&&T n$f2?Zik GQ^?n5LvZbt5EC6Af.|&3-:\]*z,2HY 0op2fTQgg}nbd
yQ4$?sUmW2rZ7FFM|SS+j/!?4i:}UxGJy2rrRL93@X30=:>y4Bf.~~|([.!6&&x:7?pd!BM\
K~I6gKCvz;mN1Em\\h:WV[i;{,^zc5{+@4Fx~ >#|*%$jb6 *&1zJ,)o[[e^dP&FbDKqF]w3
$rr]3@.4Z?W>;a]hJOU=_s6Tu{k`/sQ"mh4<5D[2~~5lZ =(cZY*SkNg>bG51%gCVjK-_r(_
}nHvv@z*90N,SCUY9`RSfbdN"m8K'HtS]0Mo~8<T+g@~4d5MnS:1L'_["GLLCYLM+})&AF'9
c:m][;^`8\*M=l0TO]2Y{M<?+E9PZPS=GK]<{r!Y?2v30<!?9]FYe^UBTLo~RBT\Z&(ht`!A
$Y^T(I}'yAd4axdp^.;sS'|c3jF2Dzck~?`L$v]Er%%f31=Pv8s36M%)T|m'N&Bwn`k4PQEX
,p.N\F_UB&s2*gZ{Br=WD`~3WM2/Ku`vDwJ.n0;`5r:^<kCV*]}SZ}&,!VuBl`_|mI.6m&*O
k<:} "a5AZ~J##Nf/[c*KE*Y`Ufirjt&l3)7Qmz`5\pYrnDO'dm3"|Yv)dqGYCD%Vi[c+!>3
`-R?n_M\6U1q'O"MeGy1zXT)KLk).jjQSiA30]fK?GXIyvx;*ZodgF[($uv[[gdg.x%D9))0
,.f H>+&LSZarWP&S@y|T$`Y(D3AQn\`.I:B7x>UT4<$umYQ93^<p,EJt_pw@]t|a'i?)@.G
)B\6h *5lbxw(uc$,FdpV|Va!}c:BUuWU;} lR193w>\ X"wXY<!eqW_Nr, ``D$B.eTS?tqp
Y972xfxJKCsUT)\:o4<5~#]ga3F|(ld(-/Bj`RD"m~vK4rW]%T.Kr2c;\6}6a/lELA)zyP>
S,2;>Q&-I9].Uw>6 q;uf-5+px)|-'h3:$0o>?]#MT!3&nnSVKYY_\y~5Ii+gjnPu9 GGQL
l43mIIQA`9J;rN|>GW#M^tdMLJY7$Hj?:A2YWB<XJ5Z~q-|3$X%L&'+0-{B+:veX"Pj=,Db5
9C]{!.NB&ey[k(GS_qyJF=x]A}9PE$[ml7(20W^YY $kQH+g1(^woiQziNGLu`vQH{AzqiHe
Q=wn(p6T*G#Z:%h1iJ8KYxOm{I)!)fu[S7$#E(n>M=I6%bD"j*9vtAFOWVB8#v3+:c=.upsL
~.k^3r"g(uvD]{-*m`stccd%*v]^VmB=s },Y_F7HlOnww!Qiq?^hz2zREj.P3#cX<z4$7/a
V`kd5]>a[>id(9#B&1b=c7;,YBX*Gh9+1%<jl&G6'[^B=l2?jXv\nUHv|p=31;OGS'.7M\r{

Monday, November 11 2020 Wed 2021 Thu 2022 Fri 2023 Sat

Dw U\%@`/;Xrlj~[r6\k'HnJg'A8oTRz?ahzX<hvM4irl^OXK&R->,:MUdM).>R7iZxUQqv"
Nd4+%ws)`9NN,pKvOwXto _zR"j6/nW=Q}ZB%Dfz|pAOh8~PtC<OV(oyv!6pM]z>[p[$:1eG
zH](hjL"{nAP&^lqXAAEP{NE!Ll_:GW6kUEu=B@vPU[[?V7es8Qi6`sc#S|GkW!QMhJwBMnb
pWld2j.!q [9k{*]S2V;hSuYz+hr1#Ubcet3_2nvTkyDIE2wfRL2NJ+~~Y)h{R>x:<OvW"O\
FG? |?wt$/B:M<LKbJQC"-q|*l4kYRsilgG[S~6SC%H68,0+!~,9i}-uKc{{O`'xIX^"=t:{
aS^93do,Dm8~2:eAT<+t]pIhH=J8%O-F7,jQHdky L~Juv>Vn+%v@p]Z7m_4gNlvJ,zc8(#`
qz;IDJq{UXi`X'u5Rdq<m.P:+dwx$Ih?=k F_:Au.rQ}8a/8MVeP|(6J%7z!D-J3vLg>@Z:@
Z1MRd56.B~QI?S:PeY^Ktgs WT'xrDhr\19Y4S*YIxmaP7rgLF:u6<{z)x|}P9E/"!0V8+:3
x(kYFW=uH/P$XIBxDNd@U?n>8>m@&Q9'lah"Avo~]BDNaz=k@,<2c7tWg`jwO&6rn,6:(Jr]
}$s%_L"]p!B{znvN8rIZ3S/,YOG1OUU~qaep;$y8#a|qsyd'?xE T.vEPk">|;q'PqXYu2Wy
G<$UILZ"++YO$I?*X&+nd2,\->oxhq\Od@o-BF9ZZL;JJ~Aa{am%3[Iu4<mdZf75!lwoXz`O
R-}#sQH.5Tn"9g]QIf){(Q#a>^>~G& :^`4L&[i!Im\nyF.*<dJ:n-3qw_sXS2hKaC9mx9$v
S`Q6%BffpGns5Ejp2x^|_U(&w?Q+#QG'O`ifZRZpLwqI8js%0Q/smM$|%q EN9)(LSoe~o;~
IDU8KkF)O(&*6+rukB'AURS*$Z nzE1QISCM{-m?uUt.xvC>7(>7@=oa)N8||35teHw.x<)U
KE \:i*?tFM+}~9>:O{5(Lm<vYfqX&PK{ {Vr"qt?DNquL%=/U>pYc5YKsE7 d4x7q+#dSWu
ZWin,uBA!W`UCK-HEQIi.a>uxM%R9 M7O'9?"/ZJi;(.&*FHIYJ3D'Dos&dFZbHs'wqlI6d7
FnS k_P__"c8~NZc9l*kb*!>PbkQz8Y)QP|("e_4.(/NJw:s)MBSe?Jc6og6@V*tG6%&{e4/
.=vM.rd^;U}U%YLbKU?N]WpzglELk60&&nIzz5p~P?!q|D@(Z@OyV/kr)Fv\>{s;A"nw:ULR
(s-!k_tr4.C~j#c~,g@d5O_A|X)a |z(vw:AV@3H<L `h,KGd-g0Z.#S.c-5Emt*&_Xx#>6C
,@E8Pdh?r)hYZD/H&3YZsRD Rxvh;M<VrEq8]#S?^yvi04PRjq+"rsQG":5X'2*9?Qq)@.mK
{(wGC^Yyj6If.#]ISLB@~%F:Vs[]sV"g32#D&zY]D.:6~&mcMn@<*PARxp\A9a\^-d5)52MI
6*yoI;UZP^X\I-jWPO}#BEI#IyDQB5n5q7NM3aNH%9U~KH?"M>T ^t:5U,%Vv(/38<^Px%qj
XR/0'XxY\(YVD=gSUYzX/*fO,-!F.}FN| BE3 m~KPR=e7]2D`)&#kdPMt5DFMcse:e3b]qR
RT@u5I]17F.s1IIp`xz#j9c;0VQ."eA(,HXFM}*BN]$z>(z`3)YC+!/e.d=[m!gA(\2"+d z
/8yxR!o,VS_=*=oZcbS_LqgP/!K($!etj1~k :D,Y(khnGX~H8mWAO$($7n#|?7(v=]:@{iZ
,c7-&Ei1\K5- js=4l)$/0;AT\ sR0i9cr1mgs6m=~)IK7e,p@HkrCSC:,tD}4 i-iq_OjL%
hBGN%i5=V%<c((i/ey6;l[!k*co. ;^xdB*6>&50r25"5_fJXUj+ D,T&e\>D6HfO7flP}2j
i57#q#]GMtQl2u"z<H|rW~#?r27;4fc~52Aq$FG)c3?%zcqwp8P4w5TV=@*IJLo{mV85@'<x
Xl/:1?_M_T[d7<d{i;Ops4gCP)zHl\9S&ZL\c]3Q1ztt}b$zMZKR!o&d>JTf'!<NEwSGVhxo
O+8<a!:95rkbP]lvqMYm)Dg #jK"Bc1`>I9.B}'F}[y+!PGe4T9ma_4FFcBhm9`&?%T~9KLA
tHklw3?rhXQFPNS(IY+s=c{DX|A$nH1W:K>o,[A.N\NZ4Ae,bWMkmcLTASij`Na+jK#bB<JP
e(;huJd#EXTzU$(p)_e7S#x2(%^URm]%]UP\4xR*exzhG$Kz/%&=b82~i++18tb2;NIsE/(n
3d8B5}'KcaL_'WW53^28r623'eSIQ?;Tob,;~QWn|xKC$ /Ry_!F&:'f(_VW*+qg)'D)D*t.
yI_y)Y`&UeD >qm7cb0$7'O-al3^K59gDq]L,p"4KJ#5bcq`-kV3VYO?TJG(Y!ZHNT$ieFm
YDtQAM>D=!1/?u"pxx5>zK\^~uC#z5bM8I!)5W0F~;$/};ZhG?oA]mP:=J"-q[FQi8RA7)bi
~0=g!w |,x)u>&&=02:xW,Bw(iF:Qr2S?N@bYVF.3-A-3c)d46cuC2szX"WOi|m3BlRfc6l4
$kE6GZi2;suK`>|9 SFvPQ3L!n.T$\-P^h,r,!uS*2''1ONJ7#\:L^fOSFH9tz]+&/x?I#<J
+(LLceye\S{6r#6%QgG:Acn&Jltz EYxldvn)2^o4I m<>KS3%B].|Q;k1S7(NZ}pMuR/=h-
]&vj!#Cj(i01|Fm?`b9ci0-s+nH_g=&chgIs"UOvvNg?Y=&iCE#Np,AzLHh'd k'U#<8[<Gt
A;>h$+6#6<lhmbZDK\m>4._jEjAf=}%7;"*hFte{u 6Qb<W'3:bSdw_~? r(<kvJ&?+LIxM|

Tuesday, November 12 2020 Thu 2021 Fri 2022 Sat 2023 Sun

;!t}ht[<+.U+.yD#z,+k%JXc=PKc34_Y oUsYuaQB(0VAU_6xRxFXV9X(GP.`Y|dN|zz{]
G8q(~} 4v'4YuF-Q1A2PEolS?cn:ue >u~$&q?0r=zdtW|7CD(/=[+PWhy+&&uRq1?d^T-WA
W5|"\PDPEE4mM?l}d8w9"VEGD\ x(M.1McY$aSUy1od+ozsA>yX?pDq-6l%%Tc&yv4'P`;WA
#4-QifHrc+/J<b*0"SJ!"7s*{wwQ+7/hrBY5h~tV}<npdJh4o'%:7@\/|KLqHsL7URMr0^4g
Y,wp5U*F]S'L9A*t^Dd.,,eAL-quQB~Xnk4S+RSkQC*9YI5^+jsT kgL;cm1(SdP)-T`p'[e
^M`h}^Tz|?R58({LykDASk KQ{w0/A)J=([TlR~QtrvM2#6mDc,[<36y(J?=Wq5jb%$\XdY~
mpRR(j`y?*ekF~n3vR J:l15AQBmwJr+?,j;$^T+i>z`Gi7S{j;_QP1M9'YfQ]F!55E"H$)y
`Tw:}YdRxQCz`v+Og:|eRc&od$sxdtsB 8*b%8u9xM/L m qnV`VZMT#qx$i7lf$P<qYn)3k
RDbpaVmv,!kqV#Ir4]6*+<9G.fkko,=@_`Aui[jg<IP`cM]:/.<Y-#tY>5Nxc@l)1qY`f$&B
m^F~2i42=Q*"JH:ps&Mc?j45IE9I8h'&U'{QGT}#`bVF7"sI}SYf+7Hr!Xswa-_9*_V.8wvN
t3y;%/QS$3{<NE5+XiST03wF|\Em*l_!Ftdx!5Br?$6o9v|%X&ahc;-g>#y4p.Qa9u[}_j|h
da~brS}Uq': #*XQKSF`jYQaF4Zz# 5mC'4}7_^{0?rkbn99;=?tEmXsbU[<vhoK;;^Gb*P&
Czdv&,[6#VoMxs{i=GjYFH7/-/ JW@iP-]<<S1:yxL;Kek18HT3Z8DvDjT~aKJU>-!4pLB1A
&?VyajW?M8FlHl857cbLha=DlH0e>rt[qF:5MS"y#"l`UvBL!-7>%r[)t;t/J<}cCt>)Q!I2
EQ{w(~/m2jo$aahPBW{G&H!Zqs'*9P(x(G_D}otqQ.HiC0{@nw9L02#67xxia{I?w.^A,<^K
471SCkoELAml6sPE?6&!,%~mP3 JT-aX1T>Zgqqw\h9V|UArU=0Li4KgB;qI,^ovRhEmH??u
VTW{R2wyl6nG5R-ic$b|Sxzd<'wlo;.i$4;y>[Rh>UMj"(_%e~l{w.S^{cxbdFpm/E4^ORvd
Wi/+fG)yT7ODIV7}sY$Rc}ja*jB8e;W|k(,\))L'168G"h`cFf9PE[uvBl3}EIB "n<T-H/;
}&8"+O0kFR4 +ihXjC~f9aU_]P]"9J)un[+X1{!7B>W07QEt($}F/VfVeHRzfWGD .K@e&C>
_TbKq0_P%Dzywp&dzb\S*e(1$y-%#Ox2qr6~^5*<efwL'wn'7A#i:(_ |'<XjKh7IhWCqM6J
4ISf?;$L,a9Sm?~OBz(|WXcGr*V*m\,wkZtslF-</@9$5*bJ.~.DM3Zj1*)b5!R2(}|I%$0W
n@8D45DU@A|sY;%u@d!#HA#\Y$BuRZt6#hv<'4$ti8X,DCdpT'\lqqAzbZ &R^<+~ZicvcU;
gi0 uj=!68T:uguQ2n:8[+/Pd(xzfkt0!x!4QwufQL<Pqc9K"bL0[3#qJ)4Tq~|=cpZ.co59
Mh_Z&bkU\%y^!O3%wZO5\qM0Lj:|}f-EF3KGc11^<f$":APn{%QqO{.YFmUSuozOKK^cB01R
fs*86Y8?ilK,Dk+@[qL@m12j|NQf$</&z'_pUVU}ctDKMgMZ4c/:TN$8_)-Za0N_CW/^9XaJ
Q+ZU`[@Xtz }~^ehFtw0%o_R]cqZM)@NIp;vJ}*DcR5:FssWRQ],:r\'e4KizFVy SJN#[F
j2LO$u@c*?16jy,_<N;xge#M38j{KUWEvP,:<@-~hglY<O^`Mr=q~| VN"4SZa4Y4#i!6]x9
/MKMc|3OxFAry/h'E$VTE`\\#{)0k.P]&})6juMJG,ybnE=Zil~M_RA;2-~tv1QQ'aFyU)VT
u@W &C6}1>sWW`S,$Fi-ya U)Q%#^qSM+W~'{C)$M&C3;?N*X?*ZpK!MmwEJ.(;X49n=qXZ|
<m'(Lh7Bj1u:C(R*;<hs,0vc'lVqKG;t0fs'&V\+8ji}1i)2.,XMoG$OC W1l=LA?i.#h,%K
0ohx#D+Yj(X^C#WahF[-T5DOghJM\\%?X"bg:Gt-^KeKbIng~J&'[NE.SP.!lVE>L2q;ypqL
e"B 39beem]R3>uMYzlL&{WI(pWIG".+w&ib4R4_SgSEcip}(M)-sNP]J#E.lha6RLu~M?aj
f@oIxj;w*qHi'&db?8KE-LVM3?T\a;rXQ9(wx}@d(bka!n#Ey$^GZcZffOUuW$XrzoSH!y5d
!~L0F|zh`G>oP^5MMJGa?pz_CR~-/ssymS@CVf]'b;nZLn"c*+=Elt3/C/fO<7F"[0s4_hR(
^h%;r=X|YEcaSF]Vusu8JB(b6C4Y&y<r/#e=xC/ciVlzFl%faGa4hO9]?3: 4z!j<dG&K^Ce
DbOiOW8#y2izv}=BX1y2>RS$z6jZ^KrDAthNk/:Dd7D.VNgu6[*#k*.@@fNTpg,u3g$l!ac9
8rJjF9%hSr'S7_'3Luep5uM(uBC{Cc,p;}>\hSNvdA1=~U"MY TE]b&!J\QK|H[D>%X'u~-c
eBOR/fTB.=)Y0rjeC|<a.*mH)N?fQ5fnXcAkx?x?phB c|"QfGqkp_ezq.rIW2}y()u]m"sk
X|I[npj,gQ'1"e$S%cNn!OHFu&Y{kW44RNF1&F)RI}kLLW~A6s~GCRj?rO3H\DkL/&r3/Twm
K*%pQg^%X_XW=n^BG4O#QP;Co&)AI/c&;|7FcpUK<q-#a]5<M'ne,;1f7`o$&gPbce!N6JM@

2020 Fri 2021 Sat 2022 Sun 2023 Mon

Wednesday, November 13

L8So 6?3s(oM!gCN'kTpC2c(Io57LY8v9L'h>jkji/=w".*^29x}Yu0Av[\\033(dB^oGv?Z
TE/F9Kby5b@bvPd)13Fb`b2*HyOj8k%{;/72r+<*Sfaw3,MN10qutR`mc)s6'P3Ny.&J`X7=
RZkR?~LsjBTjanb<~+Z +_;bo@t"<WCk[j?i.W+0/}Z+0H@#ZMeJ|-EE4/txo,xNnp#Z=IWl
)+k.~W)3v_Jg.b:7A[]r?DAt:h;t&]uq\hE@]%<HOQ8H-2"Q6Q@C &h'D%L>{{c9$!;~\N/V
l(.7l8~bXC;0:D?hNr, 4<dku-Fyf[#D1Pk/mFrBt'2,mlU6GoOtXvkwz^(XN/S\5yVHB[
sbs.ufjs/6a>hM5QguVbR!C7b)co"c+rK>q0*"S~Spwm_kag#"THkE@vyW]jSvl;.)>T}E%4
Kp"'z'cf\922IR|Ie4Dv_0{to#i_hBBUz2Ik3s;vG?k[uAkUF2:)VKRc_)I i1BGlXu7|%:[
Lzc'ZoabT>@3\;(~h{5C<ysb}&RS'gBG`w;DM]^"KS>..kt-s"BR86QXj+5,shjc\Wz6r*zN
(',&P<CfPJ. N@=JL{8:ViftF%3(8V-$g6Zof>5g2[`=FR78_^sp M)s 8SfCw !seX7d!w3
2pY`G9\_6@)c8q0]!g`mM#)1tMM0'{8Y@1gL- _"dS+VKT+Z~_6%/LI9AZP)(B`mGC]5IYpo
4"pQ~WfmH`"wTy;}eKlP^C+RB a_lq)9')buUG<%L(fqK85mf)VUyUKV34K/yymD$(AO1H u
E[}?_JE3xy!T;NBQjRi%n<al}m!K|QK|E''_pWiAT_ALE))izl,%HR/P@Kp)0\JaFDX^<t,T
`SO"?$[DP{$X+]d Hh@Yi4tk>Fa8;W2PBSQBYL]T/*m)_5XAF+LV&/vaV@D@fxOG.I>H{Ot7
PPVWRAWn#32x="Qk1m l[_vu_1y!O/:e(Br"Cs"!er,bggYc%AUUkbN>A Ol_>LVuA;J6.2^
pJ-K.ipG*nJFg?Md#rlfi`nkWH-zAZl"KxX>/.?TZc+32XB>6%pB^M@CszOvE5G@tbM\+^Gg
b`k4ly}(d}L}(M~uD9gI,7-*O.hQPGn=7($RW'S@JJ.(\Nsc84}cUDJDkWKqnQ"xDvC|`sSU
5KLIZG,1q6L]2^!aC%|FShK4Wu^ Z5Av=0)]J-O/@K>E30'=ep/3`v. xFUg/g> !iNa+i(n
kVQc^zu#w5.+#eS}H^F.fb=e$NXoLKyp!e4U|KPl)YJ$7x`twmOVIvK~dmqo|2Hb];t{Hy}
nL&/zyV?;GD#2AH;k)x'_YX:=MQ|1:BjDhha{c*Lua<A91FaWxhYR0@cgANP>0?h`S$_}e&;
G'7Ss{<=|J9qxs<D$j~}l3hN+ >+~2}8\x`HpB,9Swb^RBluYN3}X+C];;zNE`C`)Stp*EVE
z)-v5JU-K.@$aQav2Foev-mJ-nIOI<%+;Ypf*d1|k<'9l@8x27VV>vs`>]vx4JvL9k[t!9+w
f)Nr3?y`BZYPLlT"`,#DzAidV*5Xidu/V|NT_zoyFT@s{_,cR\RxD?OGY!FZQ$cbFMs=Mt6=
pJM?0F{KIp(tFZ"06,|kd~Pf4TKGYIC8e8MQIf{CBv-s E#LL*iS"zW+PVjrsQ=H72]E*Av?
:5Ga}P![P&>poom}bR/lFxzUOTpSae>!PQq#/jk$_;6n)eY=-P>en!GPRgGYdG7q65mWV5z@
8qHZx"598o@(/m><Yty_E=Vy=#+ZAod!%q6']g/vEU4X\;O-?D.b&l` \CK$pxhxg}UvW6YH
xu{1q [S*>lT"RlLVZ=HdeQV}5640x(vZT;;<nncy`u],n1-]ZYr#p5tJ0S+($#>HJL>Iyn}
n|zukyiheA p 4zYcso3K<k?bf-J<_=x2kXv7|)sRV{%I,A^Az~N39-q$):LzLu`UvxoK;}q
R9g4l$CW E%g!]AUz*,1kSqPm6q@6x2,=4V.c1jYQrQPAtCxcPWl"/J3?jR"G?.~w3(Z8!8A
h;q^/mh}f]THSe1ipwt{DEcNM|&80o[<5(J3VpgU+rNKL\SeuPOoe/\WvfFkW<nAMYpJdB<1
cHQ/{m,t*:_2fbsJY:0"&.fK,kOjjo()pq$bf0T6VT)I,fy=pHXGUa:RV&\MVfG[@pv'|\Dh
CH<pDi8ojv`"O9Y| (zO_)4$4L<5dGI:N,>kRt4,9swSe+E937g,e(f)gE<L0S~WvfNRE|wk
V.D6/ W~uSgb4&$<C^':rd]$WCS';_82C8,m}cK>4$)[fIx70)dS, gzCaXW!A/h,6<%X`^S
?k+=p$.#gYtu'c!vb~E`]gY$o=M-{i$zbC/JHi.MmbflBAa<OV<JolZ`QgoW%?(`GK{_;d7R
l}6#=sXP#7q5bu8mk8[?qPJTckIe%>Oqp7DqKnZtU~>b3[.P(-{/!I/GLCrk]:~`@PK:J0Nm
`f7XMb>KX4<,c:Z[eU()!7Vjf[Jk+{B]3::dHV>h`p\V< -dQhffQK,~;tNb.gmd%?Q-%\l
HE?:S|$>](#0+@VI3X#al(;B(s=MC=GzI_ReLZRZvX<ZAtWvuZ]GAS@PV28!%nM.Y"gS^: [
;&`r8}5$WOaZ:l{g27p-vBF-TFBL&zC7@XW2bC;MEB$2^fnA$Xz'992V5+sH;<5.XiO`H^ N
ZWRA%0y5TtXE,K"\=Q{PuZX4BBg.Lh[>(E!ZH65Jx[TwPS\SCd?5MLJVbMCn_8";3.gr1+(N
VthtMj]Regu9gn|u5N{WN&<Xv!r96OQ'K3L@)aPHTS9r%>7m8s#J7&4dK7[=K}90l`9@!o+4
fz=X<5Ei5vqvAW?.]F4xJ*88/XK^AvO"RaU|0LViWQF,0M#IBmZd;?xHh?\Fa_-?cEP_*cnN

2020 Sat 2021 Sun 2022 Mon 2023 Tue

Thursday, November 14

Yu<6O>mq[a3%7s4n(EUr,oDPJk%MRdFUQ{:1Knf^DGSUme:'v[Y8G]dj#/djjZIhlN"K_cy
y923VBhc~q:z_Onavlg&)p~|sS#:/Y=1#=O@CLXx8l8[{StI4E5 +/b^[Ac37pQDZJRP9O3R
%js4.9M?hlDD&t`vO.jus6qNYBDm]O*:3UL'lu\hx\EDpl<8y_{qKzI4eB@"&U@(9<zop>a5
bR4D2_s-iPAr/#hFV`a^L^,ARof)cJ?5 [`Ez\Y3GDCrl5cz)0VFtKyR^~1lf<=U/D-tMEs)
X6q Or<E?.V2SC_"Ofaw+ H2J1JP$v5}MfC:cja6QjT]+xFdqbS1SI#A-$qg}EOt{<_~&K}
h3{&:PISC!{*B97NLK3F2p8rd]R)r7!Y#6h%JDvF?3z}e3@n8X%b[N/i'1K:GjS8ejbWU%AO
r.}DX}wk$p+ A#l@k{t<6d}jA5:2U3>(p-b)1_Sx'q>-yjQxGoT;78leR[Es<A_99E=m)UkD
NGJ(_+6<bk-*Z6[Pz=R@WQ|j&bs-BkX_BDsCX?2c"<JkPSY?GlJD{@E@l%PM>;a9O@yH;A:
vUp79TBi%[i2%Gx@:d|~)4~rZ'UP0] VX6OK@^E|0d1F#Dx(:jFD2hYWT]%xW>J;\6OP:*u
csY'*>7 B6O4A`]q v9)Sjl${[L*^l*8L+qCTa~cg:D5+dUBJ`vm)5&^qZ9V2?O\nj:Q;&g|
Ia6eP[g*IS14P+J^atFOU{+o/i*ipJ5iAjq}S5n-*9H=`{vuT5w+P,ri>Ypjb(,A_~kH`uOt
G+gE>3"/BAb^RRmGbu<E|UTo9egZ:X.GR=b,tjvB^lv{^s#e`;#Ii>]5tn88peHpG%`>%#`>
)}(Fa`f;(1}qz:_s]rT3-0[{dHdE<!}|N$yG0!C(UdDX2&FT[~l+D1)2vKdRX=U?Y*InMyO1
}BL9U[e$2v0"v@ZIv#`(D\=--.3[|",536p#J]5yUK|z=d]K1=q3&WzeJZAzwN+2Yd*1Y%OD
T5)+S/o3HD<7 =';{3Pc]?QJ_p31ZOQ@#tlmgd!*u/kOTok1Z_(?U$vK`LJ^[*"9@\gO0K~E
v#o8PUTcEo;Cvrf7x"^&MNh6<*0aXeX+N)JadL'=(d#)8^~C:F?8pCzw[{]dq[#lel-8[.~P
Ikk|H1|K>&aUr7j8M~w 1vMX3Kv)G@.*-/a_RaNNHK:=Xq\'bM(*yh!yNdGLhlo;-4%%w#w|
)y~%Lc',H=jG>TBmU8{,a{YcEOtfRXp:#aDD#KOP0"8"h%1-&`w/?H/h4%'E{ClY#R$5@SC9
o$$?KJ#*{WJtH@m~|wqwI-RYT_VtGMNY6!`($<Cr#mg0;>p':S<GGNBn\0yg$z8geLR%6}Q
n;4=1\oR9z':0]]e>q[=nk{H:"[]a_=!X<%P6jHd/3G-?H>tG1}mLX5Y~%Y:*>#d;PWs$XEo
HCss|o+6oLqc|K*HZ~(kX~zet#wAlXws(Zd{7QYos*~px-:e968Q%'}oD]UOt5oVbGZR;19,
q: j%A`Z9)8AtS!o[_c"mHL|lz7Z-^$+IiN:,HGJs)tqtPo.$OJB4D/n!B\"LnpxLc%9Mcav
{TQ'Etl&1rxYg!aSqWV3Gy'YFr"(06Rbsyi5f T;p-OpL't*h1Yyz0j)_-pBN8'0"9b5CShD
X[Q0tux>3Eul|:?cQL=DWAb9:h/>{~|a[p;FLu){.m(s^F>%Ryd00L7cb/Xb)oU?sI:<E/g-
r9%"AP fN lCf=7>?U=CeS 9kKU9s/t~OQu6`P$]f}rkna1Sp0B;6+QkyXa Fuc](LXXpL}
-op_!@Aqhl[w_%Q,[vT:ZMA=)5zvT=,}b31x1uD #'7b[<U)\?M<1nSB]yu2-(_"E`-Tc.t1
ir9%d/uDzm]C59B%/bwF$b@{$A)F{-)2NI]ziFgt*.Y6JD,Q,zfA,cu>iQ_T}-Al3JIDWZL!
"Q^B.#<RozPe"P--klC)~L:da/{1/KvK5iWDb4$A@&p"pz#PG~$>Nr\mor bZ}^N~UW{a8"&
%W6u~rq?UpKsvu5}[F"Osa16Q@W|'6YJeZ}hcku/Bpz'>)vCl4U{0)4y'S+VqR _!1b4R@/%
Bd Y":/Oqaw3{8-`H%,PS*;_Xjrkj`=~9a9>i6@8>-$?3#Oy(Px)_<DlNi|8/.AeA%k%01*n
tu"tsHyjS3,"2EWEF\FFwte),#@GB{K<#M,Pn?SR"9qG7T&,$~OU1c6cj(R^ydIGs:nQe=U@
WB:B\#VZoj8\!EgdYz`_{hcnSZ;`*I]y$7Ab*`5[pT(**uSf'V(_ETs;Ft_N(aL<VJX1c~tO
EAv>?D=Q5EN5Y.bp/BDR?6,24V@$JlM4Q0\0tS3x<C{oPN)%.lcgr4#[YRpAhu_}hp XrrB`
4Ex/f}yaTc *txwY<yZYcY(K`[v#;yZiGVXXoj%r<`3"D5#0;9n&f-l"Jq=tvVOh'JI[w[a?
%a#*k?Jl%uP$L0nmK9Ye=G7hA7]P4D-W6'O?,>(BIL|Yn+.uW:6Y&0wUuHAotE@7JB:xRHEj
5]z1>#:P9.Sa{`byu{ OMy*8}HM|l[dj1jCi:rB6qL&J$'s]^kV8qMz.kg4'bhj'g(C4_icL
jkE+k~Hfb64F)L^5-00XpC"FcpR*_hu&z30su_(fXfPSXhNbe[R !3uW?=0/PO}'K0^/G!B'
'[aj/GT4*<0V^'7I[or`|rrTc<+qq&?gPogMlxJu"`d,1oR!LK1wbmI*T5*`c fHZUC1.!?s
[`5WW)6B(7$0,) 5iUf&2v[jeDav(B03vQ3iT]eA)HEdYn:V"`tTO/#?#jr,0y>a;&IwB;,u
zaf$XzoL<9\CKgDB'wd8+u2EAZr"'sM4"j8n6PmHdJBAr6/2 o}3IYJ&@r}^y2G\'hl 4j21

Friday, November 15 — 2020 Sun 2021 Mon 2022 Tue 2023 Wed

```
35MYML(6r3$uJHVv'tKu`i[%\@fC?E1+4~j+:'O{I&G*_) 8"qf9<+*:lLnhwex,wUiEl6(o
sUPT-_#n]igCWe5G",eZ4cU995J|z,gZsy&+R9e)4H'QOYAbh.C,kF1V2yw74t>Wwv%ls7*-
@0<gKi#2L&C?1BTI 1MsA_R^(BG$?xr&x*0W-QRd,]6sMM+2PKP1_D~<J6RaV66zl\o&-f&'
}lH!G[/o:2`L}S7*f4=JJ4!^5f5mPtu8r)*i'jV7h38az-_!!mO|)y`k<R8o\ ['Aa, zd5a
Zc>}DRT _%)*URxvwx6m++_x&d~E!sH9QKG4%ZXysN"/,Mco us/#7m_hw:lay;(>T3;5Qi1
dk-CZpq<UV/Ds|pV9BL6ALE'{L37t]hz-{.:L2jJK/{bMhP9J^mX;K;q1d4&HBu4DU{^}g+6
68MzG6U%eUbayc1j*~9q1~[WA:zaWlJstl)3*3y_ {+zx0ZU#Ub14&+R0[m S}Z'81jdozqJ
BuOPavgev>F6~]hmB1;+'J~C8DLYz4P{`8aNWipB`<Av8SH:}{r@Afdx]#IKC7qvm*;+]^1V
j/I(_hMv#CA4qpNs5E{'MXPTpNd{`/c_]KUI<{|_d*>_TW ?7U>]d8'e8-}YNsvRt#N'"4%Q
MIGz#X+bdAw}U.6d@b;}-kqaosvu:97g53js);*f/`:f oA#wT-pGgwl8{(ns'z/BT208G*u
(o[AZ1jRb|sU<bsj14DMGGa.@5e,a6!\{C=.ki2x,Vlz3Cmj.$sYq_Mb[}65C_bT~Mq)&wg2
cNBjn0WV j/-rTmksv3M56R9!*.i{"rN9\/a(7[t8GXN&HG:o1;TXALj6E@ aC\J's>bgmq&
A_BK.ULT$ )qYSYMw7#Cd0(,R7(tp]L+Qx+?=zE:p;{4gr3AxQ\+YMO0RMRWehoZvyN*"L8,
kl)m5O[Mkh42wM+AO6dZ\aA(D~L]}K:?m"Iwj~x48Zw|2k*KgZ}=rM\i,oVB>8>!{{OhQo=.
P\}5\IwNOSS-!2QU'fLj="`$8{gZNAK$i]A^7TnGE-?Eyjt@1^c)u9$cG\fM7bnGII8<8zAc
UAIzm#R=m!Bn364-zFPeH*s@FW.e<*K/@+5jH.+Rt|}v;[x>Zn2fDcComX]EBv^H\7|\O:@T
+Zk@j-H7|j*Xgq=Z{=0)`-+1H]6,?\lx=b-t>w34;@bvCra7~K;9yTKG{\6|f[_xbv6*f.+7
&aeF%UTV *jloIorY2Rec*5(Gr@a:9Eda<B;^iF&sMPpC5bR{H)\jmoxv6b;r6/_C#/|Rd5.
5R`7a4dAa#-r*q\go&C(#sG$txuVx\QTJn^#q>_?hQOmFtLkFCDo(413c?-zc~][Cf0r#Pk;
M(gZdHj(poL&2KK,B;u;_FSwkE,UJZtt_VeM%=rXru:02RdKBl[Auy2*)\`vx_._B9:3Rt=V
~zg1bhH^Uf5ohjSO1p.NX"z+wc#@ !=Y?6GODQO2|Fd"d}z(%:HDK`S7gAW0VuYs>s{^0$Li
vcVf4S&T]-1X\^@M&.;d+$rO8h]gS9 ?b8-Y`G^A;)vn$,]z;,zlp;=CwVR(<@MMmX;\$5y6
FYSs_@]q<}Re2zxY)Y7m"Gy<P=4r'+;%DuYY]G|-j.R+D%j~]Ize|(`>u.$@WQz #d*IG>A0
pl"\{QZM.g=^Lx1`^S!oEz[#h&\%k c9n-OX}gY3@96&-tmr=WLe)G{hobfly$j3],ipa+.u
--ZSvR`}D_+iG6b`V$OaNk^#NK{=$V!_w'i@E1CDk?$B7Y2?98@]2%.OQ9iBTNA suJ>0_Vv
!zFW2+V>Jyl7!\0v.O0M2=2_kHz6E{5(;j4 os'9K2Zqk[GBo\ppp^_z)O7(!]sG8[MWMcO%
[t"5h$]rsm%hH=M=2Ps\yjY?RrG3\%2{R])ud9?1^JKE9addeui$e+y<>Yv23;!ut*Zu}4,.
H$^Tdq}+Yv{/t86/ylq!czUsv;hc%./z{R*7q[4`.KC9QsGYb<w5n..o,zu'ea=G4|2MM;'$
>_0(V',|-KB&1-t"c4x7_i~gi#I9_=o7scqiVDd,TZt45#`s|%=i) m}msq.<~2AlOnU?J21
X9CCNuA[EaT8x6A'N359R|-4Wn+s"?XW,45;c=4-oU#T@hVDj:,_KS4bDUyE?rcbTrleHV05
0r3~+N:$Z^3oBTHXcL(r"B=ld_A%:T2<Ee[K24JUj/q6UY$a.FcyrD^x_vGTY!' dK2LR*d\
X`\Z1,0H}ET>ip}ZD#|p"v Jt,f:g."5Mb:VA(_!'fc60?{z>n6se*=2R$!#p #/|KfAkqg4
r0%,7!vY}V%[odRGYtag+K)="4NWH@Cme2PL0 Qv\YU3Qn,&wvB<L3K~}#n6~ ?N-^8t5&ME
'Ax$N,mp+zfgX6tat7+ri EPzFo D{>sW{]Lx+-BV1uqJG^'`C*Q\zC^SaT(E:6H\8f9s]P$
jBkAkK5s&:w&85~P5|?{}H.tkN40~$1(|A>$i(9!X]b.0%S#1zNQJI1}o7Lrq@AW+xn}Li2Q
7t$)KBkAG'-@]spal({YyAV}cSX&Qd{g)z;`W_Y\TkrU;gE#t53I(z>YxZr%b9"^'LDnRC=z
lQ@#LS$;:(mjBk}Qt$?Ymnp)2l6/O2X#t-z5M%%~@[&Bl?S0'g6_,|?Xkon_j 7U0V2Z{tg$
_k,w/:Hg/^nLwodOC$^a^3y]f.B?@82C\86z?Q|Ys!RINJpLSDE'Vz)W-bo:V~clYGY/1L(h
jJcJR:b!%Qfy;D^BT-NWrx&,^O'I\Kd#E5k41+\[.CNB,R}( CCq-/{Hy.c}N!fWqf8r>HOr
W"$Nb"&Q2]K/F=ZD$<E$2W}swxpi/:-yv$?ASoDCsTyM.YhO[BszNBDx{0f1:4OP;Hn\[>tu
```

Saturday, November 16 — 2020 Mon 2021 Tue 2022 Wed 2023 Thu

```
wDp6:q4H.T^yN&\Ce:D}5~q2J~[z!>/G#Ug}B~5!<d_2^bGynMg&-.b6aD \|Nad2pxHEi}!
`{AZ"Zj!/)g~2%oms5DW%BW UogE5s;'S.!G)j~"<VgL1n,tWH1=|u-76F>o-L~{EM,z$T]8
{ANC2"uEq|Q;"uW9>cE,-|&hj/nii+e/q=5,!:MG*qg"h,I6E\q1|^#J`D'zBrZ`^AS{`{~h
hhP^kxY#%k1mv:Bu#0?@nQOScXa*?2jdOh}A)3o[!}L<fIfO#?scu:HVQ_-'z'y%=pCQ;a.D
tEA7u`keVJNDse"140k.=T5Fmj/YR3f_a3gh}:id)&cNc\AdEjXm b_jD Tqi|c(g-'5%j,l
HYeX3?V pn.)OfQE;8OIv)/5)[!l=K0@EuA*p}i39CG>OEKqvPQ3vP-ar|4{Ty}hrZ@!(H/x
<9>b!m,] irWb)Qx2O3wZzEhxrx<"V8\[Bb=:6h|,j?5VNqE%@.2\Brvrh&# )V@UD1 Lrnz
IoRq!)9V>uD`UOEpva9E+y2 0"p=M=eTx#;hj^$%)s@!dEIm|:sn1#=\Cv^/8WDtKjC+mpW\
OIes@q^zgC{c Td\ItTlK[?;29Nv|TnN~jK0*hmSQM}8d@U"8iAfRDI@gGQ{=w,20drwi?~0
aDa>}h5 DMF%|0$_/Ple)hLCv"s)>X?YHIAB!m'A/e8H;J#8H\ZDo8Ro*/?)dTTe)&Gxe]=,
D]&[5&aUZ"~>l14=YJZAzaex;t2?'"tN3=^hSkkJ>mn1Pq@Ri&Vy~y~JK(}d-QQf&d-|^..J
^|Xn-8}cG5a6M%gf*5\3|y:0QYt]/2yr:%FO)xHc[-XJRE/_:\rndX|dvy&M|w'.xv>3J@e
}`_yk:b,R8B9p8E}Gm,qrD$x3!>2Fs=V}marRi[J+4'Wh@O0oV{j~)HVsP&O^buK&FM7%z35
P&cfv't_Mu*6>3@(4MNqkqa5?c:O]=Kd\Cjhlz%Qwo8txWR!,h)Gry; &c:vQRC!x.u|0n[>
MdOgY@]A`8]^z*`aYg/@GmF.Sh4##vWhs#"&"GP,4Rhy|}EWXJ@]/8/U{*get,AJ0^[2$nd}
ec*r~^As9_3/2_)i'!z84+A%3"Zl/y_Q|\7O:C\c[-"=z>/}vR53l[A(/7Pf,<>U67`,AXYg
yL5K0|Z.XGahzT>A/C ]2`6v5H?eh, %Ir4L/\^4^XwpXDp4iW56[V%"n=PeWf.\v1J~'\U8
&8o{wmC5Yg!n6jf3,0lOvmeEb,}"KE)ai)EA6F]'fVMH[|9gU)FPVL`lz`IC\i 97n^'bN#q
|WaAJsgB^[{4#aScV,Ks@b;k|j|}iR:^8@/a$zg0 Bn0A<{Ns%<P9wUhi\{"1SU$,)c:Toct
BeF(HHu~;jwG8s0JHwA~_P%0We@JPN1"@aw`io(+D.G$Td&yZg2{;ilE<+72ePLp^PjO3_DI
c9&Lyka(=Ucp/F*#qg xtdnke~l"-BeA/(nK~r}J7vArE#bLBQ|ZG"RcV4j4n}Q94uiCWAQ)
\WF^H( TZ65A@\c!D*/T)Vn~b%6khFJ*%:RCI3a&'xk&<YfxJ<<Tu:Lj6eQATYe8iOe5`sW`
F;uC9<[O0P|o;vY@]?:texFVvh,zjlio2Yvrq5Qz!v9B*r_BS$6Ts&hsGfmZPXgr[O.=!o(2
Y?8e=_!kb<"7=5?59NYods\O>5K\'!>nG,?y\e/ m%GvEqucKPVo*,JaCkQ\;0Om/~5]:=%R
:[R?y:FEr-WuN(o 5)BdNL<$I=VLc\JjUB}7sMLg)G4KpRH6~v_A'oqEw:6Z$W@/X%'d"mC(
]e,4q)5<}h8Rw Q<f'EH^wpw_i#!_V7.pbT\48Ls3@e:kchnaQ-Q'j#66M/^-|8l<4kG{j$~
<g^D~BIOru|eNPpL_ym;'Z9dyIS3bNZ bs9AQp\A`3&KLpdALLOTqx%a"K-]wOXg-\<LSC`=
<-(xRc&j-NR9YL%eGp`b_tP#G[PrEbjVx($+/0k.nUTFY-'ja)>S\kOh}]DPM:'$9AnL7.[q
C:P5o,!f?j*B7><# 6YW8a?z_x`kKlC6Ku-F8zFM{G#Aapv.v,x-anAHUp\,3.?B"J3$TzXY
5^(GJ3+c/aKD]sx&0x[co5bmDZIN<:,4P:Tomz4c?,b'YFoW3O9TIV?Bf!zA=HuFUdwT)5=F
o>&bmmHKi"|e71E}j*`0ltNUzC;^-cWoB=d9a'c,<(ROi&4ut(\|POMOri,AY>'>0.2"iCp&
-{i1uv4H`.O'2lQl8AR}Bd(!$N2%bk%3j101s+vF6|LE@C$4>Q8i)#qT6h L^//9f7 `BuBN
#I~R3xAJ9.Z6>+:tB1-weooUZ3CmQ4}%Ht(`tm9ROc(ClO7p4"ZxRDHGIe!F1fT\i\q}#`eH
_s,Kci-wC&G:xlyCv9dHf@B\Z!'"l#CyJJ[|Vw~Bo8~<Re2!c;604/i<d<@U}J:mlhWO)g'x
'7kdBgz%SP%h+t'%zW~6,/}*-WxuWTb+)9sgho><f*"lVo-B+TN0jO7IZ9<fhF188,iEn=_e
1GNL!sT_oJ8U6'XPo{gO;mH)`}BydI9@wcH=bRu]MvNQ{oq-44BjWHM^5 +x#kdb$<2Z(y$6
ABNE`hhi}<k2lmFA3jN1*"$#{sdkxO/([nv'HJ,xoG!1d!ACm&V!",@=6ZIRG"702,5@dVc;
N{xqM^AKnaZ2ahw5B"Kp^A^mj0oD>^e~"o6Jdl*oT,z2nTvGBlJ7 1.bpz]VO+wi'<"XPB`*
Nq&;yW EW8|IuxJP>}ncp-#$cjo}4*h( nOviX,]*yl9cdt5x+%wG7s#Q{e~A,Son"+];H}g
#I>6nT'ZS+#DxTV:0<+!NxkyQ'4.XEGFZoye7Qu0?>{0+u=;_G:@|;iA[}ahORJChT%l(I5C
```

2020 Tue 2021 Wed 2022 Thu 2023 Fri

Sunday, November 17

W12vTl5p|BJZ;z/zp;=vpG+SDFk,UOdm*\)ddg*GflLwKp)b"kVX_7d;sDts,7i}}Ygh[~2L
O?sJ3ZDTi)ou{y|gXtf&_M.qT_Mpb7!{6#qv`<TH$WFd;ahX3-B"4\iq@Irq?n>zsTg{:4n6
udp}F<kne5rGb<t{+G\/:+_Qlc}~P/ Sqp_GQ#keFXFAO=(3gnN/y"l{U#^;@tUpiYm]+Y],
D(7xRW;Ue@wfu/kU&Vy5JC1X8 svrmf]q00crJ$Yt9CmI7Qi.|qX;x'Rq"JO]\uL8f7#`Axc
^DboDXQ7},SON<<[~'Tq1|N+Iqrt]frq!r}~{EZjz`%\KP=IjHlD$N6Lb/up!TDRrkpgi6_d
U?GGuYy'!CsMYBkMZ6z\fKi7^~as*}Ljcf-7)c("hvJL0&Y \/t?~`=iIvSnH6URM%Sf`=4.
P784<9#!tJ!fb^G>l25o'yd<_j9#W&Mi/=B<XS0HLCFvBF.?N*aS'fU|FclF077Q*aA:]yCU
+RD\gUy3(tH8-&lvn)SiOShUZ]9iu$8l3%;&u-V3PC5&dLm>q\;{wlv]DYU8ZLY&VDc-3$+T
BTFXzs:pin'*<hDf"S`(Dajt_y'p:p?n<-C,:I?l{cK[7KIcH-D/EL&1-ie#_*?}OqTX,7?H
DD>rI5piyaHY7_cB+PdRE(f^5U=:tI@!>Tc_/d3WEs%u('a!~tYoE[:"Cv/PUF6.:?|>7uSi
)tc3'u9OvvwD1P>A%1J{iG:>]'C32\z.IUedKm<jT4B<nA ewO2BH#d:sT|ZPTC&LhWoO`}X
l#g="wQ96+2"BCFbCM E7 'r!VpXAQA-N`%fek25BPXv#[!>.,rb+Rs_6[kc::>n1`S$,Dh6
E!m-&~# BRn.e{x:J,kN4W17?(ez2+wB|Pbs"`]2x/,zw?lHKHjIL%R3dTc^|Ec`lApua./
U3-qiMFNP[Q=kX/P{]Dox(gX'VQNNX""!]hYv:w}W%>G*}V.=KUM!e6jg"L/x|_^RX^;J>?b
}I!{o`kq/w+:dud&o(cy$Yw/eHWL2o4e(,uZS3`)2T+OG*QbvG"%D|\lHcb|%0<d6HD&G*!e
2O#cAz\KZVB^?od!yC,"0N"u:j6@8bZSc;2>AwWilJtG+`ys1SjK]3<p&]U57JIOmO9V6{q<
750ZGz}NZc`Q"#BszM1A>uKocu[m9^Jz9B2o!D.*T\'"uL*FQ0Q%Lp^ %K@9{rc 2:}_8&-s
IIE_wD&b'c*W^ix&H`lhrA;47'MLpU|&3nu>CD8-"|t!T/UnRl>QdZ`&N+@^ru[Xp(qHy&'5
.\S962Gy0A,+:/rQJXc}Ic=,># 3OCGPK8*eS4@4bXQ\/ZH*=o)CRlA0.uM;xf_r3+.6L^8s
A)log9;>X@@S^J@#PlO<yLk'W.fp${(4ov]el%$ gM&RQB,hxe[PG<aG;Wnn]QVcV}-KYs{
%1QyvGz.1d)}yaWANZ@I']4[-%\1|h6CrRT6E&CN+w[10{x<egMhlQ^+]Hx g}%t()KJ@U=t
*GB%u))ktjQ`u)C\H8P0brTu)X@v?txi+3==tMQxvb^a[gWK9p2)`4b]:H]rfii^U01"9pW\
IZUof4b%L1<XG{;4pUGfr4LzR+rkw$hK'>v[g!pO5^yk26:oK8ft'Z*ybdMV5)J"]/1-!/q|
T 1PmAIAG1.KFnqfk6??,Q\dTb923_;w*7wI%CX&!&H{!@ZjBTp3-V[=XEB9]-s@rHVm$cv4
TgnInSI4~mL9s*@pa1jinimc2t"ln])u;aUO`jT(+b@`N3hP=Q6nQM%Bx%hGG/:mfiY*?51
gI2xm<3 @@{CF({tQuE]I}={"ca\}1Ir>_$V%o**M}%\#YyVh!-/p|]D7y2*F7;:}NOh5-"w
]{"M{8G($C!n4u{;@*U}j(,odR)"-[S'6]%D'Z&d(/N#~c\Ka2A>n&-il U}04us"8WV[sWe
BZf<jISrIhX;lVe#[s[+:a=wJP^!L.GvEQysB?M{7/-45e^Z:A1?Rp'Gzg>Y~h6z=r)O!]'k
fV4p@.utxtw~% ; 9c$vs3k:}|n5&r8DFS=B<0]P|W$.TL $8sQ#LSCc.+3\n ?;D".{^#X
eng4W/"_*-f>|wiWc6eu$}KO}L]robP*pEVE+DR{.^kx.91-<pz;QnyI9'whd6~z^"MC85v[
2I5N(\R@[pA}='?8DBvpB#)DWK6hC GR11-9]<<,"NVxkU.7y&r4BXVtAH3:_?'WWz*q^};_
%=e<HdRk&_=wnf?;qplyf#Qf nl>^UEGDzFEl*APy@ILMJ@9REO>)5^vX}9m*35Y+GMdK-eE
$,!-$(6=T/J*C$3Mb~U5BF)2CgnFW?+sM;LA)KFK:{U8JqrG9^3`!~JM!cls#O: f!y<J:8G
8W@s%g6*'iY$PZA`Fd@sL0=9?O*=7"dZ@4|L^EXo+E87"|BXO>RF/6rjFI(Vs8 \H(_H/fS6
BmE]^\mlrPT$f_I#2>8|76q_gwZ3aY~ws0_WcNJR+L=vD!d3jk&,M:gl2C!qC#K.V^JSM9Y
c\Aa~5@W~r<r~G!]Y6Hv<FFgMdPMG0=z!KvDoI>N~D|Z1]L@Z&U<9uZW/G_"i7'}uo:PhiSN
3QZCIrArBAEt`VX:Wsb&f#dx14\<9;yvLPS_v&8x8r*-UX-f|V!?x)~rIyhq[{./hl$j@"5.
X*K@J,S!J/tkI-~Q|)ug,;~s('qm$R#%$a'rkC/r;LJ4@48=d>F,,x5X;JdG00dE?VsR8xO{
KxJA}zH:&{<r^F_-MNz)-^0ruw+QZ1PsyIK^68Tv[*kJ0hqiSoXWe2 (bT]iH-VAx.0<'$1|
|W_4mOz#GUmP+,dOH1S2A"4(0bby)Gd;HFTPu?2;a=NOdiE I.6}Vl7(lKF=ZUX!V/q-+Ce,

2020 Wed 2021 Thu 2022 Fri 2023 Sat

Monday, November 18

c@%^+~<_O@(zJ1VRR8|^R'Z],J3#,M[{!&'_UBrWxK.NL"P<dA]r[rn{4bH.kp9G~Vt&|+jw
.l;'ybo&r6c)wRX|yGv"e~E;x/-@g6`4D'4&7}qm6&&0N~1+;_,P@(>$udiMSWJ |@~ZRs>r
BT|!(0Z3+;!Jf#\nLx F&0s:9?jb&E{;D~7 .t,*8FROS WE-'1a9Rg:LKW!3tBJJ5Bha%~.
gHea}j0*g8$I}H(\7:R.$}61o;){"szc8k;,j/bvJSg7MVIY:)@~!%ZqfY*FW_z_i. (g2L%
0WyueiJ4I&bu'XZ])_0XuL/'c\0+Lcxs`RfYT$J>qC$v=;a__2gq"/NXp8i!YC%zlQ/!(j}y
,bfz$8T }8IP1f^5e4ZvcBk6"[%Oxh}A9Q+eTc(1^ t[,Q;#@+A~#Va@pD-TWeA[P~\+onAt
S4TOAE[X;pGxVcZN74E1g:sqGE|_ ;mh5h;<1~XfKf~T%1\M,P s,w022.X>gE^97qx9]o{s
%LbrJKsZr#u_F.wrOA)8JX@yS ET0Q@%!0Fhk9W7@{3{BsU9@2w?WozCD]Suv\;=btq5aKVB
66.xkBp;8l vrEJVsNzQTmj!SHf1!H1$>{<ji.X4)zC@@Z!,/1[%Q\\a-V7K_7[we|^s4!n`
zy6Pz7!tao.&=!K2O[l|?k9bFlsW<'z^A~b18#I'K*G1Vt0X|P"aj3P\Tl1wjb&eZanN5@_&
BU5Q;k9XwT.hXT,";87p. 2@RBZD\aY9P?7tE6rc>]looZ>hS 00vErd!uu9wd>\70Un@ltJ
M44XDBjoWU\\0!X`{\P8Yz^X`XFcn<.|HI(U,xxmwf2!Ew*/,-dy[,!rJ%y'6;fRza#.QFEN
g;"6s/owRC`7`#ooWqV&iiDo&6e=S:8Woia/"c:Z%3SIe\14LVuAN<L[vlV/#[/X_<9pNC7"
56KZ@s`\m^viO7ocHKZ 4C#_Xd zyj..qDP>8lzF(M^X@z3?F[b[*Fuu<se__d`P6#]F;K)!
YxO%Gup8!0E|APMVqNPu=ZnX| d bhET&U~psoyoZ-K1EE~h|".,y)~=&?dIm[4o*34eQ;s~
2KgHg_ST^UmZXQ?v*''ysqtx{FYtQZr{Q"uz]|iaZCh'TMjtjrV^(v7bee718z"1YW&V]^st
Z(JHC#lv%x:%D|vRgd<6qE{'19GzRCP/nHNNin!kz>`H~kTvY-v<cyBqx\ZigFy`:$''UZP9
)1cAdhKZ|_KUecJ>']-ZMq]g0rj"YG1\8!=b)`)cZ+X0Rc'Q\Ed'qJlSb_zuCVWE\Lp5_vtN
XAc(F9c~t)a"<b y!'G@5&=84m?UI6Sv\"kDCu9&fj m2;C"n%`&Tp_I*|)m=KIb[#;X9L6%
D)dri#c3BH PQMCs6kE~y~9b(?PE2~I5/yYIg8.w@u3J'o.<qJMM]aU#A1@bpTRTx{|f!p
a'w9"XT?05]K3Sm++;yFO;xV7,0b.7]-R?-GbTYc6)*W)-qj`'xQ]prRRk7\AIw>&WgfWOe!
kLPm&$Q^<wa&P *nJT=Ir/(s=%/JyJGbE:$QRvoJ:R!x@mHgxc~`EX<lN%@dU0_=Q*AcaM[j
}xk<x}M/Ur@cL/hFO}=}?Zg?v`@F")4ys=`jr[T2VDx5bX<KdLO}ow/`vHC6$;BmyRuL.K_-
DnTQEgs?7:zC)mKV.7+^~rCp6r/pk;y~P~f.0`+\}eZKD3/7+T,vv"LE?0,^A@5,|T/]n:GM
e?BIe|N$UB>)Ev\]{ak%1onfs[2J!$^Bi&IN0Xe'j!^mkM2JP}|KT^)?bqv]<g:[4b@_Q4l~
)*t_T@H$}"F9@Oka#2VI\Ks5dAf*2xzE/#4Iro:-*`vp7GAq(mRveZDrn`B%*:ws?Y{JA#7+
s~&Br-GJ9*{5g*$DjGCQ:UMa}7t%}k8mkv5`Y*4Kngk^Py`7,:+^CF~6c^=e[:K&kL(?(b-5
va 5}]]._TK`>kr?J~ZmVuKrZ.F4>l\[$4^GL)2gR`3qd#3]{?UCXjjQG#RQ3%RtUHBE%16
hT`NXf*]/^+jHWT]!Y?8>$.M^tM.*E.|b,XZOXs`~W)3R_u{GEfb'f%T5>dr1RYS|2mp/y_q
Urgew} H\,Jyk6zQ8p=>%KZ$&~957b5`\JK}sy%@=sTHy5BmL:]_&zl<Q?lBj+~4^7<4XiT_
4JD/#nUvZLp?)`~8QcR|kjB]@#GMI#HM_;7y?1' ^j2Q'#VXlMRyI?D,I^#v:>#C#}s2B?%m
^,;1,8{-BAa_S=Y0Bdv.Ve7d_u0Y^OvH|#D6tdv4`0FpfV7^%1>N44Xfn"no2:V0:;.2"rJ{
-eD|Oe.~dz`&^jpI]|C{V#[&@DQgiev;VGP$#kg_SU1`d`VOT1IOiS<Y6#3<0^KJ/]2HtO:Z
@^B=yX*C{\>]XMxWmG]Dh{n~zV_loxI.DB.<l|P\:Ju.30|[W_C'2<1Bx]l+PJ-MR5~G11OM
rwTTX<phH'l\Lmb$)6na)i$o^$@eD0vveQlJAhqmy$@B5_Ra9F;4z)N09}E!J]]3KjP{j:7{
U%b2}|n1YP=/RT4\n*`(YM@4E}%ygd:6;[Qr*[%gBGf5%' ~jRAHcx@<"NW|H3, L^3d@cO#
e}L1WokZPiB|uZRwL9SH,gX./UGCg;PrcZXGTd^t-$Q7-e=dn~Kz>S+mi7RA4?<vy4K/]eI@
1,5La[?qc.~sP`+8{J0:U%NzIdg7Qmb^66ED7=c2ru[/s?rk-Zb<[26j1#_<b1a&`\)\PLv2
^nls=zeiAP>jLpZP6jA=i"Q/YD.zs$dhM_TZVKOs:iB7ZNog~/1E]!ie3\ytNAH,]P6|OB,
9_\'Jli^kesP!Cwlk8aEAYHBHqL(^;b(bJXDah:^tS*yuzETF#^)1N+S'S+9Wu_xN.DQUK@=

Tuesday, November 19 2020 Thu 2021 Fri 2022 Sat 2023 Sun

```
dZ>=*)H@3_RC~SIC"6_g(dZ}dr2:/|XA/3K6F^unG8y(`OBs)Cgf4*~(f6\:)W14wFlrb3@Y
Z'k"-a^FAI__:TffMaBU04t1Ss2rG`b!DX{+,r`eHJ*acSG?}*?N%3'pzD&40U<!_O> Uk<H
W'OpEW#_(^X2^)XKkggu>+z-sNe e>{LdUr8!xl/j}'co'g][z5`[m>.\3IzJ!;3%lHv*u*'
..:.jsFF}n6wgA]qCOo'4\!o4b}M5Q.n`=afMeKjV2lA9k4Q5Y%"4_NF[yD)*_WFXkT9+cOW
W.b_lV}[fkX$zsl^(&\_g#pma_Aky[bC:C>e]1A%DtBnk+'M,E-'jloH&m=9+'|tLHp'=2I6
uUsf6M|V[/Ye(m{cKAiTU%p>SrR>R)zQY\lj<e1;Q)`9LlA!1es)N,J.SJ-ol^8]V&Q~l;Z[
3$q*=0;8ok !(nM.sW!G|Yz1Clq|2CKRqUS("'0xD0)l'_]%Tre{4M^0w0"2MG/VoABfFJ0`
P#ISt8}S[o!K%"`?L<-a8axo{gBc\!R$/]"*IEM,E@jRFD5<qEJJ<qc|f(XW,j#oNJK8w,#O
%V%f6heCyF;(|mD`hf:]R*+?G}rzKd'`o1[6Mb@tkrh\iwZmmg%gcFEH3r4e"i&g .820/m1
[tb4;!#B_Js3i.8G/;V 0u<~f`g@FYm='xx_x4JOfi8bIhi/v_/N04xEtxpg2c@vsLQmPY(`
ROqmM)_zh`(kk+@;y$\Ib)Pa.oD0+@/k?aSlijI)1X9&}{TU12 z]A4z\/ljo/2=(s#qfxSb
'#rdp*3p!k%YQ*L9M0+hab\\>T1/dAIaCwP!iC Ri0,[:K"QnBu^W9-333D=}_MmS$OY,mA\
/CX8_:'QuwJ,j@?9!- djN?S2tO!Z0tJ(<ZIaO*v;Z$"f=*B?bpdb,nhC!gGuVwbj0tobNgA
/`B`Mg,$>rN|KhG5iy4%)*y8)|c#Zjuw-6#%O?E(4=h}uk LFf#:( 4`Y|NF_~QpSkRbD:4:
.&N)^i@,>wB_/~XPBlyrcFZmHq@ldKTjiMw7%a9;*m@$}_g@G(!NRy-=;O*\73=;DboEuX+>
A,oKiq\[Xm{5q5nupHV|F u_4<r(}B_,L}U308U&I0-8079@{F8\$O ?:~_dm%eu9X}"BYf]
\A{xv9M3lvGv\UFUA;j"_+5tV6AX`L{$a=M6%fv<4%vfrn9m=7/pux|6+b5S)*LNZ;ZU(2*~
9i}%riTh;@DCb S7[k=T#.TR|n=rgYNhx(Wz[{b?b)#{)|8DH'E7)b*/&=L3@Eg@*@/@uQ|D
@@^><l5<+Z@2rzR\c!L0Oc.zV[Cr93nB`UM$@S @{}ON$DU@(}S/,a.x#]7]e_fiVfAz`Z%a
Ltc(bCr`q-A63&+?}JGXf}lQzq@K+nrPz,[ d eZku`5fcC"H2#_gt\SVFN8&a*+ C"SSpK>
q@kxcdA`mDMBCd}6eX<,Lh2pNH.r1G3X}l(cGF$9%k^hgX7+\EKUcJ{2\Cyfq%NeE/Uz)N;h
_$Dz0tqN}=8tqqD4kGLQ~x/"{WeKwz`h/ybYg"#3n%1SFya'Zxy=)s%dN_/&D^v y/s&@]\9
oRe~P6eQeDsDWc<6R0MheJjQ:IH]w/DYt\'Gx2$qUXyM_*|"PaDS!Cq$yrKrtd/KEU3yAmMU
K!$hN<M`gIm'j[ k<XFO2-L#ZT1sZhZ{>I4;f/K1lAHp`ex0BqXj}}v,n)Xk|EeW|Ipp-6j+
>e&mltCvzsgdXv68-_Yt$i: th"@gY9}DDial[Ug(l[z.W`b|C4~!ATFA9P{d"L:z$LYO>%I
4Fhqd^'fl8oK\]T"|K]I2s:1Fxy"RN4EH)}Y)L~h&$jV&Gg{3fk)@ {hWCGy8n4G#N|JC]5)
b_&(wow%h?@v\q^e's)iXQ)(jGnTDaKsFT5V6vcm'.U(^j:1A=>}FIa[$f"Q\>pbsm/][JSC
'\qzOR9U+,v4r7[B_a'KFV?,1FxRzFyJ+M%F2~,,XeLk"I6[c&qUh zG@IaII%Anh0j^@swy
.\u-1*CdvG<kxqdAROU{ShWfWH}+}l1xm(k;7:q&c98*qSANNL'0slXW[yQ!Sx,vt^Fn~Qo*
&7zC=3<udyC+G3`0MdZxNX`~hZ*LTHLE0'XVyGPlGgM+y R\%{sP8@4M {+tFh\j@'_*9 8i
x|Q(8nY>&fc{*kg4GWChQf`MdUTVVqGM-+spRi\>jW|??<jwa&#E/EI@+g)Zgc.\r!reIvLe
N_zc-23cf|tTSz&lH-8/O?32AxhZ'>bcWL$\;,a+HiRbL(F'9S|yo]NZX W =3Y;2@8.m8Jw
g0K3ou/}WxRqA8gos7'/t>?NCJ!MCO~5@tG=K71eC6.Q#N8}(NYCq69^9Sq%SAY*&IAYaTYe
%`Jv*`wZ&:E~+RH,`0vuw |7Dd;e;/0W.Q3/yd=GaIUEF6I"c2l.>`P_x[r5:$C?+|_+mBJx
Kyn;^F1w]a!m~WV~@`"uu)yrtM61aIH4s8d~_Is[5x4zFZ)..B@q7 F]6x)KoRUf\{!]<46?
5j{|ur)mRv(g)Iz|rI0p7RR3m*p];l"Y{{~0kyWvh"^G`XhkQSU@/lLOX~+0w*G:ylV9)Is
Nj"O8P%IgOfIcCx(ECyu?;0(~zD=6ZC<:^>TK\a2k,|<"M|AseuH) >vJS=~rzf,KIuc+`]x
qP9QWdL(Gea3[b.O)=0.rMz0_qb7jdZ,$vz{o[TWsv_*"VD ?2eIAC%l.K}k vy+RK0>1, q
@>#q_hgYH9|Y>G5RII1uSc))FxIrvh1gW'M!v5/+`F4>[k{EN[MDVC6kw6KD@pxBYp@j@m#I
^:L4"|ZCmEqRXQ18&[d?ex[PcD/dboymeR"|EYG#GPZq@cIawNGv"+FIay(z6fR5y$|w/P0?
```

Wednesday, November 20 2020 Fri 2021 Sat 2022 Sun 2023 Mon

```
<tqSW1&w.]&,abZK6|T[kVR}r;+|`<(lc4bt}ux;d^,dM o|S,W *Y5iU3g88 zNnaG^<di"
3]e+EBH=@17D.BL<<qBn'`NG8?I"W6pZB|H;"-V|!,X8_EQ)kN8EB6}'*_AH`#E":ba`bfk$
h@q25e%w}0R&]}{wtZ'jx5g[b#saPF~+Q9nq/(jAVX@oa?0"8<&wJz(9C<sQG3lrLFt@8LBC
p2l&]HL\c f8X2CI'keUe"m?Q?;{3-VFBdrw3WE?/Ro`8.GiDjx/Q<K18{( -%zVGR59p/I
52GtMuD4n?)_W2N]rK:_\#nKMCGk7J>1Lzh$h~Qns\#_'Nvksk|~Y"NgHMW)PiOmW.;v_0fr
zdj].WdN9='2h/aO]%!Cg"y8q)d%ZiqNZZ}_xRmG'IJI[#R/~s> B83cV03~(u9 PWGs7cei
xiqc`6oL$iCea#J#BMb=KInw \~<M&H7KG5[BGujkq>W!]R5|jfZWt-Ut6`^L)CN+3/tfqwr
=hsH7:>4RC+l\zXTK"j4M6$C:hVgD,9Ae7d0|s6&MC0Hrm0K6Xjf|0e}R8n6<0q"VF+^B-aE
}>u{D*{`-HLKnB+fB-=;''Jc{svB~D<Y.fmVswmZ)J(JW0yUqP|ZW9CUR"fi*.hMWadZ&<}q
$kRdx[L*Y=Y\y{&!N|miPXggp;oq.D#Owv LxdU}MO+(e;gLfQi.ToH2M51s/yw3p97f_?u%
<3d<CBXW;Qk"Kz5p>>W9$)`5d)^{#tK[/-gZxHrrCX7tI#ZqH0 QB1U\^w\nN:OEH'[P,O7A
zLnN>dJ9&-8rjcrKNn9{4P&MFyVBb)+K95@~wj?AI9iT>{MUkd}9v{J{z.#~FA<t6NY6aN-~
kNzy?&nBTeczDM&X6aj_\w^8zNk3f,~gjn|z)xBi\jxnw`=_ 2n yM,-%~gkLz/J){j)4a,#
E=L0Zy;L=8"brs#\J.K[4%SQ!iAZ<FO>SA>;SpoV1,E2NIO(.J[[Y]$'6 (jkOWafnKA_DK{
j@VBM uV8<R>6e]rKm9YM;oLS~Ao^~tXl!'&QGDs @ON5n0[|dG'!Ut[A9BS*`{2{yqEBmut
\LI&;"=tgV:_QfF5h]K:[oCFO =W7:cMx8^m[zKs`}lh@%74SsUpL~R-;{x\x\4QJ1UXMz_V
kwUj66l4PKyFcM_e(HtX38CUjA1Qg"mM;>A#T[t!r8O@?B,a>QSgH7ra(wa/N;G+4|%X3Ifc
j&~x-e*2PC9Fx:C%_w<US(R\5/-S.1Q!!/w\vBcx:zI|o CpPGp\#b{2akuBl1gPA&@s&)N>
RUiC&+)>_\{r5r->}NTjy!pBA?&P3B/9@L(s/Be7/1zB}BpD:cXy{zGddz>#=t9,Q{`C8?w$
-dGJuN|XV-U3}d6d{0e/AN=gjNG9*z!&Qb!6f3<lZGLjy#J@Kl{zl&*8U?h9oiJSmFcTda5Q
,KJ_72OC2#Y#,1;Aj/;@^sYdU0J%w:+M4>j|[&7" Qf(ySx#T$2ls<uVcV+k\j2-K`xOo&tf
w3/`GpULde~tdm$TF'P5:^G^gRWUQ93..*wF*J0V8Mn,oT' C=R)~IwMaKS$K:B_1@?I=mo6
aI(*31N`hh1w;PV7ah|a)So<t<YJo!rK}ys(w')K*>D.o5'BR%dU~%h="j,gi=;8<^^'$5$=
\ CEw*PKq~I%lY$rB,w^uyIPOp6ns4{EfW;({6mfk~!N<g2``}G7tZ!/$8qY7!h,*C][9xw!
15c!d QWF"UFylWvpsBH`j_&3\abOK<z[JyLl`)S}8^5{lU2X(1kGW;4Y&NU(m.a~m%Lc.lG
rdXdcyG[h+~=@L$VW,)&\Op\g3d.@lc^(E<;BBmmql`Wv)YzpL6/*+*R.Aiu<\!E'X/VA0vj
8(5~0IwHE#kK}ud0:X&DHYQDWeUGi}[c,6Qxd Jr`)plFj*n?nT)W%KpVl>q[fS4J,EZbzbd
dH-&]*KSL}/A)=a3a>\4rCbnwKlJtm+ARf'2k%F2_78)>CdRC,]ba::wl3d!AEA\jQ#FXGI0
dg~1@AKMR)8)*}|!>*p kj{n.=_I0)6yHH|A"f5Nyltzs&\{s]?)b)i(^n(=*F<] 3DJTe-P
N(']05td]"sF)_<WVdE&+,7-(?0]rYyw.&&@p\93P/<2|A0%D$D/KzkL`V1iS{!i+Q15k%Uu
k@|%Y-h?/E]OU~wp1Gdh)C28=V0OdgWq5/_HXLX y;CPPSXr8,%RZZ;wh;jtq=NHetyK|-ez
^$/^0E#LeCuO"XRn#G @"YQOjBx^ut!N|2b{kWZ!W}}_W[2B*7(`moY\Nt}i AO+u nSnTY8
(V88|j$./fi>89.>)7Kq4%rdyv.J\V-Yf ^q5"+.VO(!Z>4jhP{n&4N\q[LHJKgwbghSE8ZX
?!vpW-Yr1b$Z><MRz#\jeO*/*5MM8zs6aaM@DHc{<zrv{V:WVt0"F/p`A"qv*qw)Wa<k!:ax
\lDnu.5'!k82&Z?%tX%4J32[%a,{bwY|U]LZ <pQKv"Cr$v3N~Z?FKFNR8_P}[W0//k\gU35
TFRD[OZqXS&( F1q"<a<?:zFw<~&8\|aS1ysY Gs&:,kI.Hctlmvbpta `5^t_g&vhE%ilb)
H,#M#NicQMy1M@VbC~k\*\uRc8t_1.Fo4H7>;7['l6Wo'IQBtdxF~Jq>K,VPtSC;Xo;xQsv+
AVO1d5\9gU19>$2dNF:8$dyz%?S^Xyl[ZH/t3fll)\+s(:b1uyK+l|:2YC_^F~+;/G"FL"WV
h95_WdApby,?wZf=%>`^[oTN{3lz:M:-IV\l?Z5*^}D2.4:"LV_<}@us8$?N^U\$ft}mK6&v
^mKB1T6< Lqy>B,}GP@5{28%(ks!g=Vj(69hNND.J;+8C<2tX4o@(t!% $6Eif3-NW.LOV)b
```

2020 Sat 2021 Sun 2022 Mon 2023 Tue

Thursday, November 21

!B;K|7bv {()4JN(]^Ni:1)bvw9A-h27.e"GHb<"D]i_g+\sF!T!7EO2 <Lq?UkjQN5{Fj-:
_+pZ'!2yh2xeLe":Kbh1gJ+;5r+3]uG{7K}rl{DjG>SEFOSZ8YzlpO}i$@{vi-?DwgEe?;>*
^1b{#4CX;&gez9|iN@30bN'>I|_k/S/3Z^.8b%s[\6>p*XI!"sEgj+tW=pNZo\JF+T[xQ-6R
qOj!f4Y:TW=O1)VIFW@S`jq;,}*9&jE]6+]Fc}p!(A[(0SAd[+[?3nnp-sK |FBDW|+,B1cf
"bm@|(5AG!j/KtHzj0sl/n03X+"@Eg(*"I@I#Zy::J,Mli62WcqWgH[gJeV^0DIOa/\LC<C+
\\H2%6W4g2G&*sz[89@lyLykN!.&!]?)Z3B\Uo{L9)9^;mHo.PYL^l>j~aIrmrL8~06U~v*B
K(B+!i&Hh)'f0^s?Y9.;rZpC`<u,S<<,P'y42@!Grx!iN.DK],#R:9D|l7GM%zfkLjmU;Zw\
sN}w^SpA[PE==t<`<>IwxV#~w(S,1KL(r0n%N0m}d[chfkVwD:h@6/\gC6l7sqK-M2]m;Lhp
kwp,P/@y7a9!b{_4%ERB|gw$ q,SISliYhL])^xZ}1#g7. vYfvf$^yxJ!x[t?n|~42Eel[?
rP'?,G,H^@T.,qxX%rdRf0J6g{H&< ZIl$pF5BqD@r~q8>2cU+si~qCf14n^WSG E[k(EBR
_j(F+Y~FH"bdNSoSI>]hXES}ZgCb.PY}t}`ilvGSl+q cdCrHWSru(:$"{B>;tlw9+S300]h
\U)CpbP}f_KwZ9._,<)w'P`e>2`y%=1",E>0DCl%oHSW&>b0:IUtGd<.^"dw~3M.&4'Gp))t
a*7t'56'~M[~_0R!5\m~f6M)@>'OrWu`_/!kAm}~A!Aj[1#5?TI*(OaB`Zi.&>]RO8-v-qli
N*Oc.nRRItluD RSsh!swO{]H}/g8{<p1'w42f@xjERQdleWT{@T3B{8FU<Y[y(4m][cS^cB
\E0W{Fw'td>".9AAuiGcrl/E%35MgS%YV VJ7SWp1,UI-.DU{zK*AF:XI!:JGTM.o&Y`8kF@
PuI8g:M-&9;p_jo[GcoP])#seCt0bia$9ASnQf0CE/eE?{t6D547}F`}RT$pSnCo@aq_ErEX
oWluB'(2_])m6du]C'cO$)&v:ZwY9LI:XfCG:Z%#G]&.PF{XODy6R9Zm{8XT_ Ezjf9sdn>v
f1R_|e`L' ,:3Obsa|{D"pUb6n;$i@ww)K!y~6t:k#SNX/H=nqOf`!Huv:e"ZX0KR.`}~wE!
:FUxY4~0_ ^SgsH/qswm5e?J&_nCT49{4kw56\ZK#tg@v66U6,0>]g\=93BHrcN9s"}9qo'=
'J$Fr0?xr<7[uEyInOYAA'SGVatKsRC@JU>\Y?zJ.'=jK~nv,:Z%}^mz.o"7nKF{A"e'U8uc
/p$KhDjXV,/0Y3@^jn)=~<pH{GoT6}."r~/kJI`v2m"Wm`*?F#5H$(MQ$0":+A25gShZ)B|S
fKR40S:y{rHz,zU}aV_?,@H^D)>x9v5R)&,Gd8urTWr.$L|'?@+nX*:S~!T^1Sn}je?s={oa
:M>$ocjNbHo|d>=;U0w#h^<}8mX{x9"iPh9Bi`e3"<+>[KbP?l[4O8lH@b|,@)Mz3+\/s3(*
=y+40^)J2lg8?g5Pbygz[Fn<c)h@g^3M3}!As#,VrQMu,^(Bf*-QmBn/*5A'e4EZD8`$q!/%
wGl=\+:Hl]r?V=>*D?U`T;z~Ou199/lv)ixG_nFb<jQle./M;>8Hu(&jXo?XQQn+XtWNGL.
ep`#1K7M5s74_YPMTZLamteT6!O+{`76Bo?1E*R`KGywct0S)6EAy>;|E-%tH}-7c%qQZrnH
Q}i.mYtM)61!`8Kq:"z{zeTLCY$Ez%Hd\v(]*SWSD5>a[AoLUOsJ`/a9-Hf)4^vZe[?u(1jh
fjVqv@ CI3>LD\bAvACMy0Opc)a1? TVI+>~g0S^OE:e}YA#9EKx!H\V<Vuka&j[:":/u@~r
h=JOes L-EYg70>-H^B~38BSnBAnVMQ>+6"')n+w~A{wdBP+V2k%t1>0g5bQv*JgB'NR><
k;%j:={YKHw/0JFtz;GFWDe|<{{iV)2^vblO._1-^Fh9,pjxEJze{}ZE/{bZgIx@OIO*T}R/
_'\jvbk*.a[#yI;r@3(]n]A.c&!}%x%~W6F%)j+4#E?8<j2/g1D4w>?8\bD#p}HD[S:]\bP,
(^H8Sn=@FPI\#~>/H81OS_V@hx#"&f{kxP>Bt@sB^il;H-rdE7$6Onyo|T#9i_!"PHDC*-/q
hY:;PeVD;HNVfwmK`\{t>3Z6ev/@DL.*K>n#|C~f+cSj@ra?/e/+`.QeuKzDkLsd=e$jiSFZ
tn"/U+RAFK0s?k3\I+?qWZ,IT^Y6Gl$AC;VpgoqtAv"V",3%|vQ:X@7};bl0J85sN%~Tnb9G
Ha0aTe\Ib~@P4hU(A;f]4#~{o?|D,M[eq#D/_Y(KKAE;regc{#r$(g%*aQL%%('o.gvu8rEu
cu+C`lIC(=wF/V=,cYmW&q8c0?;CHn/=~O}|;e[S%XX'dl:'L$N'>r0!pT-[!hpS"t"tb?d^
iDmR^nNa0ed`p7 .F6 bCBzh9\?i*a<53vgO hB5FIFR<\SYMJ]}[B@h*>='vrHY%7W;I*SY
<-d~21[^ywO!KC6-kRsF/]HYwmNi_+3n]t"JFl9Q1d {P>Z$JE?7|:~-xj81Jb+ke#J-,f%i
A#v<(^Mk[_::TryekS{'74GXW3qrSZyzn$l3RsMdY{Ze:jp+>|bCgcu"+(=<IR2'\"+J{>a7
n*]p$u+~+%7g=C`v-[ilu8XG+o@sjV+lG 'p`!q[OAv/aE~,@1g'lCi,#;aOb[0s6!\7N$=]

2020 Sun 2021 Mon 2022 Tue 2023 Wed

Friday, November 22

[cEJO7dm7R^5O{X#DbR0 T!*c{{g[.0y1{(jM[NeEZv(x+))Rl%`;/KU+~@#E<83.6JW{3^s
!<}A1v`-GC}H?f<Y kN*nn8#xl#2lBVtzahf(;G/Bn/L*e~m7d&:9r1Ge3X{Kty`u#p"uaE,
n~UvvB:$d!uMMwTCslY(l&tEYKl}}ngoDU%K=NC[u@T'6P;)_Bd *%)-N:I]1::d,lU3ak!n
Bz}9T@aJb5oRP;?%#i"Cq3E@u68r\%?|,41,__uP]4(h3GJaNmD4KrQ2D(! /1qQa2}h604f
/EZZ0V"TLRIxxjCl-{d.A&vUk<Zjhz#d@qJn9R=oln;cnMva/Q1w!v<(7X [i/2)6JVn_e|
V 2a3[;+kc}yzzQ>sYvomrkHrsJ//T2oC6J6BiqfufG?rS/-!\+i`!Sk~ecq^A$FS_,ps0GF
W31Q)!:]Zn+|sX<j0i(UYI._KM5|mwQ'fK@BsA>\E<V86-X_YTktJn\oKCsg,-XAL 1iEE^9
otZ1A>L7mIQcoHty9?ElKt9NDFoL:O>}`@_>n\<7z+\-2'q})wIg:{L^yq*Y!o'k'7Fc+=Hl
Ti9?Qc:&/tWlaqRJ}iEJ>DX;p^uV!pR^1.-}6GY:$ag0gVh=0`2eBCp~G8v7`8Y1}SjKaGdc
J8_.x%/qVX"p|^HqLzt(f2h3=]if4ythn}Og6%FqfMRf[*H@y0d4"4>b,KG[H`:m18BS(L-i
UXFI8Mf7`"Kfx^n4!&]c;63TjN=*3r"vD[(#-$I>"gl/$5\17|Rda*qU{d'Yc|CJTbs;i$:)
)l0(?G}Wu-&}8H'vq8*0>A2|WS_"%(U3ccrt7Et,Z3[g"95"6 ~00+Q`-IrW=gkQ!D}ZLBs!
9V'U?V\2)tpgWxP:{6@j{+!m{!1puZ+Z3EMhb>y,CT b&#2!xo$Amu(pC3++vTK,M@Z\p7Pp
r:|UP~p3ux\0KDB}q8JczX0:D>P"mC9m (<>L/?pST-#Y"4}=TQO%xR-9yNF}kiz xFA`m;&
!yP\p2A>(65"T[JvH0||;o^Se,9p7ofT 0-nf6F\T6LH|m'=oBGgj"FSQ+ytz5`[{ysthh4)
9a/!>`'Aj[#"'Ps6!&2:L&ZOv^|]?DU~AJb`{7EggJ+_nHL@^W>s7~-dDO\g-W';J$u}<F
cKrFAlYD<7V3-'9mS\h^p_s%E4DQ<]}|5yZN)5hfII'w7}.kDc0\b5<!IHye}T$rVfso(5.,
~#Wu+Iy"U=N)^r!hBn[naOT;*LZlN".EQnoCD]C]f<wo<5rSCHxi56wk'Gt(d\bS#Oo:Rr#I
(M@C9Yw`RPy_2^TFw"Yc6n8VCrxSGrMn5LkZ<HU0RA2<53z&NB%O))@K6OHp;\Y}'?s~WTe-
;az&;Ru@sXCX@*P[BN(~[?.[!b_BNpS~B"HP:=p:MxMa~=2Z7$;5Kja<g/)lYWu6n>4JX@O8
=M4Js(YEagtM,FIpCr`sKQ}$pq=m<moyJhpe"D#~pST.Et'>19D=N+3>W^^D,CT*jl6$:.!E
kRhNa"]yry^WH<X[[y:{X)kHi-v'Y@aXPj+G'=*#Hq2)8_Om~C-bGu_bi(V^grz}+.5f(CP2
:)tEE%9 <[O.vH#vTb>YojcoT%V'"'ikB#?Ldm)C4~BX1RAwkD>cB!+E]vG]XHTM,<Qm"U}K
&H92`P<.Qh'<>~d'vp`ZG?NJ%{77Nmw$qTGv_D#APL!+n@1(1Y|A8)i Q{_h"4.MO!kFE?T[
BX$Z Q{'dQ~mEr$:`L$)d)"lM8Fa}sZ&Dp]UA@'&GL"1-2Q\5eEG*[[[Xon6Y*GNZZg4#O"q
2acd+Lf2a;q:0^lM:S__EDA6\88;^"_1TBZ:dOo`%+K4!wyCGB{oa/uW*m3_1c<UZ9AKwt*P
Y36t+i4]$e"$+ORaDqn<[V"!isrLF4<eqaB$ocHe-H6|1llRQ&?+gE{xwu ~!F|=y3m27In*
Kq;}`2*2@Ur-_T_)i!QX,|Q|D)~1)@;3pk36;[,/P~uZ~zi.WT6:e~zt8V~oR}oL?2)Q>5G#
CV*'94aIY|jV^F|D;p.FZ/u~,A`T8\5Lci5D,kv!C5.?S[9E72v+&zQG)Ih1}%z,R2bqn44_
N_lNrl~0`F>IhRHa{[IbnuDW.ExU7FhFCo\8"ph?bH*ML)QY45a@<NH&{2\raoUo@G"Mf_UH
2d)Wkr|0_i#@;M]xnmHzal_pCHSt?2K:I3pZz1 0lVzRL+5,gsu^KOy've<!@/,hN-iCC)bq
`CcM{B_k:H356$?ne"]b"5,oT>v2#.)g{z&\\80ogV`>ti@.BYPvQeu~SQQQK3/;Eut6_;bR
OMxf_IhyI(?9Nb8-11U)8XKZ-KjFxm&<Ym)XEDJE*5C:FY_3hpY^DCQV2p2_LJoAm)Uh)z
Ttc2(Q"MU=&3,1f06B}AVCY1< Hv$aGF!G.M{7Q }_S8vD^!.HlXR""AGO~=!b]$%$/H)Mx_
{P1hUf>X|oxw|Hb=0@C$>{qm*uY[p:uR"Nhyv/y40L_#%Yq~MW;PS#+ ".jC|@iT[.AjsT!S
TOpe;nEjPTolKUs^K_gLoFZxy#$A&6DT$Br!/UpW6#t>A-YwxF,kX8U?'0}@r#m$Am]jy5qT
Q#.XMbX9Kl6FeG5hjXr1T?qfbqiraZSB=@XCX;vLa:~6'@/N?j|8s=<OGiE<|AGY'u-@r`ef
(9*_I}#&\-*>HpN"ZkkyIT)\ofPtayiAlvu\>NZ'i*S;-OuSsQ@HIe-U_0/6xrwVbKy&w[A}
zTc{<}L[n9%H3IX_?.H&A@bofS&Q~!bdpPmdWyxxy4ebP`H{0rbd;xX|cCi#7%P3kT#o8a'`
7s5qP^.V`l/-^fbg.,)OYv1mE-^DHD6-9rqfMF\3BFY=@<F@52~C,)ytuPD;vS@gM/"2?O/h

Saturday, November 23 2020 Mon 2021 Tue 2022 Wed 2023 Thu

L! XLlT\#%`i{-g nT9xo(}`{AUx# L%1\y!)pjH)Y,nrh@d{pU@G]="=QPHu-=dumUo^qp
6LJ;,tJ>P[A8e\/h&F74+_j[@^cDA{$HZZD:u]JZ]5hwC[=s63>St U!pdeq?('b`sa(M,W.
A6Y`IX.]r*SLL!1Vrr ^{.;D*5r;8yvA#wL]7j%c:bTURa,h&<"B"%7 SjQMev_MT7:gOc5T
zYEvh^Iyd<:K7x]Bl-B1i]L)*;i"qz?eT(&V'>uUGFyD]c,B/cS~/#\p|y~^6lUCY^fMb%tt
}")ddNF!s^pM'>q"8]IaI/Atvnw\e[pvI6v@4g9?sF;@w08~[vu]''X:U2QaT4A;lzhI>-7
lpSE;P|c>ab+>r`*QfwWC~lcV`0cwk|4`i}A?[%z6o;y_D*9(%_O-Vs1;PlH7XGt2y_86o1/
*@>-Fph #t#l5;9.L'm2ExPXWV:V&;[ACTwB{~sNEtYy q `wE?A^Zh+gSO9FxiFiVi@x14I
qva*zIcV*,2fXzdJ$~rU'2pxr:r48Xu6jgAhxQ@PP6<R41tlF8&$s/2hJuX4sO}BI=k:{b1~
?WYe9!_~<HVl(.UAb]ewj=\Zg 8Zx|naBk!aAB]T8,gbQMr^Y3CiaY*TlcX34P}&2#/PA3rs
&%1wr|~4{wz,}^o5g z(![uY#;F(P5}<0pK\e#'$Rge*/H![J[l 'TbIs(0vdgD;A]``'a#w
*u.R.e(Y1`S\'^-_}p(sMx@;WLWOn0>1Yj`YaE3LP=wu@Q"O:5rV<~q|WF[!s^"%)ZrfwWgF
\Rs`jM>UzSOy)(^cP0%z,15 *(|O.N8vUD1W8pFwHPV`n> J{14jH1-O6LdW9*JIaWp>t> M
U|En#Yz#OfH0("VsSIJdH56.*(q\H0wVBIOZ]&](:VMn6=B&YFGW q$V!oANS:/{IrJ*x7^A
|Y/z$KTB*-ef97w/Pd65S1'r7@4(H?0k"SMHecjk_>-}Y3SEr3?"(AdkPp*ib?kE=7(|q9;!
ldQeOd]7v$,'[xX=YbC.8op;M=^@cS3Kp5IXNSxDxag]XC6{`y*k|]ZDpGNGw9HVAG8Q9}gu
cVF\iP6j~dE~e!u<"YS@4kb6wH.3tDll!0E!nbEmqo7]tsyIM.J:56g}ni<dX'8`$a*S{@&^
/?<RV.jA_%<@EhYeh&LDt|:(]$%T1*z- *T7|BT;PE5zZIoA"x2J4~a,3]_=}*[D(A4-/b}
r`WUSrV\v&C5L>ox+XY<A?V5^jQY&>1rgjLEwjireYizfAm|0o<7i*~DBJb6U,P+$Zw@F,|L
tf$l6zy*Xi9Dc#c]vWV_*\dyWiiTh/Uw<HM)Mpzl<48r7FWj_0f4bZ@DLb/7;Z>)/trL"BvN
.25yIg!5m1OiUlQ-u)FoY.=r6N]~=YGiK\yvAH+VE%%eaTZQp=jiBadhst<(PcIS:,4SAo2
'YZ[z"G`*jK&$94)5O::x{u~MxeJ]=x%d-^D"+o0Ny9zgVHpC5nD;{2CRY@^-^"_Z*[=h7dC
!3<Z4Y][lF9ZyE3u]yMx}PGsc"S<m8Q`A5~D<xoOXeUa@&P6d%s,UNNl'ZdtgbOfqmYC?SBs
p$TB"X0k=vYAgbEd]^6A[]OtR_#M1VQgcw`1t{&e?=^~zj{*@|#bm?;Lfe6)xdY""OD}:U8m
palaB|06i*#-#x5gm/$hKPYi3(@et]xW;ka31O<i`gg]4\oYh3A[F$.lbjLoWuH.;Br0wAll
)B;Wr&{M.8\'{IIu`tg%?%+}:!$2=VA$w=M$,J!;6Gd}|8gPC<7MusmR(4N6FtHgcE:dHp~d
c{.R$yN:OBgRVj=xo9F@{B`{jUvMpHSKB0Tl9lJ,oKR-X``'=cV?PB>a*k|kRcc XMSw`7M"f
BKM7FE1'KIV?,;91gaugLj+q6!FpT6.RY,llOh%Q4.@!Bbp=l"8Z#MecN*=kO?\Q-n.}XeGQ
Rz==ML8i?'>pi*b7^{oFW?& 5Nc)mF~Rc0`<^Ey?, "z#Gv=_Qk6MH>fZz\2%MJ%?3 xtm=,
G9>dTi|,e*6)bH6##Lre?`X?8d,nrK-6nd'7ks#B8PO~cP9NLM\A<?0z$2*cu>Z.SJ~+#7ZO
GBO.fCQkyU]#,fjuQ]M|7+"F'^u3fmlZ-^Tg|!l@l+f_oxdbSuz 4B[Q3$e4d>Z'H[%3F7Kv
n9pLRb@xd=}w6gv?l[Mp#|w|jaf&>2"=.Pj-\vhq^xvE>R=R15;6Px"Wt4FdymRE0ew"Qh*
@=0l%MekTB5?:mUzt>CbsHvP/qH7F\o,a#e7A%MyOEHMIxyx+}e5M"cOm.[{>NQ*`=y&|
*ZHW;,n!7=3`^QD?/\acM"mWZSG/F./YbL]L.|`!:^PG804y"Qym4XHL}S3.naB.Wpm/bIQU
~LNCJ_<*R<'/CldT&?#{}Wh?JEbU.0D 8)hM2Gqn`yNV73h;>>d-vb=IH!5,n\>U!JZ9oQ/@
y"/@H[h"{mKO~;sG+iKXX!G8qFdpWH]D039L/pdlV&`? ZO6QP6O<3EMO=xg]MZs$6LFMz
+e;z=<si}VN 46'7d:IPzF}nsH[vi"pt2a,bY%[dqwmyof~'"{Tw$X~heZ`se:@y=?wQ]DuW
1}J\T{wI"vL]NK4UoM'TzXVxCfg{nJz<A*g`ix7?[Twf@z,U>'m@I8RISz `Rg4M$}`Y0nc,
dK^.+Jb3Tj#2,^g.EDagiwo4 2(cc+t&b<D`{mbgAq}Ys~&6x3G'E3m[<2G?TDg{h"h?!6c=
$>:TP(UHM7qwXTrYl/[U+O\S18ySIg<YG\ARvD`7jCw2[#lG}t_!;|qai-+?$rOI.wyk[n
kh29^:t8.q!F2gf8uD;Y/OXl?2vX3Z9]lVsgV$z0U@pU%dX'A;Tp%BKq /y+&$g9r6zgtp62

Sunday, November 24 2020 Tue 2021 Wed 2022 Thu 2023 Fri

|.gZPmd0cZjWT)w6^X]mWfUsUy1+WG0xiJl+[uPM:s(;GT8.d1YTIpXFA-7fRCa)L2p^;:J/
z2rW&U(ZYMP1Mn3~Hv aV.Dn9Mho0)JhOOnKey}}EceC2>rzGf3BU=f1dazR]_3UK_QaAHk9
h'M07aa;JV}v#t0q4Q 5PK=@&8!`R|IdO>,Vux8e0=qjGF6%eKNeVr)[$B)CSW!rMqV8Ke7*
W#9`kv0qY\?Js6}~h)_m6hKQ UW<p=dyRWQH9nI5|9&W+nf)\/1<K=o%z^4 7SW8sfCvEB}h
5q!"E#|$N3#p,y'^#bIy:c)?i,.HxE6P-PrK@6&<V]UY0gP*CI8wq@LrV-0pO{Zm}66_sMH%
+^EIuCYN!b\aLoqm*#{'C@*0iX>`9ods[/o!qnfIv!X*Qr@HI:(^gaf`b85[@[zn{Z!x>XsC
C oD4)6!j(I,}U+db9rJhw|TvO{s[M83;+&s3n@h&N{uYN:).A["BwB<v_Rs+wVPvSli=~q9
bz`(k4Lq*;X#Bl74aA|,JhoEM%6_l~G1(^5*zSbUiq3#o?R]r@];XJY5 UkA{,*^Rd\FX9X9
_?KU0o4_W +[pxjYBXp(/pEazT^V]S;&st5.^p?=nY'cN!^mX9SmC5b#Cf:#FO.I/3qz(Q3t
eFNLmg@W7|MGlJ5ob\8&GIua4xOG$c^JQT>-v9tF`0vj`=|H+L9\o')9OD$kAlnQq0%-m+JT
pbMv_6IQ inUGY2^yWK3:Vhw$F_ [2FLD,*Pl%l(,_x8ZCvCq^^aqG!S6$t-dz\!lo'au7<=
Y!uLl3^R83S;T(4bf&ct3 *\2*+`p)K:\7AdW4S6ZFFDIu 1U$`7+!]<Y'aZ1**UDcB`,WK)
Gun,PALYNF%Nsib^m(b(n_J#AS5l2="}>P!ZD,uL~P#Wn#]l+6fK!8vT|'4R,5AnSaP8r`~x
9{o"]SqC1G~Uc< :3&<hJPZ57834rce"qd!Oz~r&fy?kC:]9Rn*,2uTg8`gUnLB4vIc*{7V8
dOr28+^(Gd!S-EW`V4hrb[{ki 1l)Y)8|jDUGQpqt6a'"Q[O))BY1CJWl)qCbP|TTW+^Rg
!m:E3)o.CpkGli%;{/pY=^F26;=Bzkn8fzR[I+"A2iABvjNL\BulNhblo_P]9|.5=&-IO4pT
731I_EoeU\\Z(fX}E_DCK?NLspRk11[x";#iu`fD6XYyf}|T,L%1JOPUtyQ^/JSbRPXS qFl
=kTID:*.C0R]m`[f_u+!nKAy:!|8D/h|PKVr(%J[U\=PUIyf C/ws`/?Ne8[1[qWkHn|S}C#
#eO%wV:s2<V?FQh@nzG-p`(A7nrf4=e;%ua".R+kB=]3zlUNp:96rqTNRQ&sEgoU5@C 22ZH
#)Fss~-M9haj2Vl.po(i(zgIt=FZ~{`6|'~gwe#[R,Ndq1BA*8,Br=kc}v1Q/#BV!2<BSgtA
C1d2*I$EuYa :LtfHr&up(9)l8_&jjaa]&W~~#lC?d%q0u7U!U9=6i('"]L]?`O2fa(10x~
&J[.~ue&5B%aZg+6+5qpx)%$%<r?&-p3hk;~$+[En>WGm]8S~ZcWvQk]oa?x DwRP>t>#cX&
`rpOBq#Wd}A,2eH``6|y+IveLf6t8dw?lnr*/3M2z>Xl@)a_Hm@40j#ht(89ywP{PC(AZ$s3
o$nC7bJ8f~yWk!W|,u^Du?`%`o2C[U4Bs!\@#M(Mu0d^HQTV%0Ii0nG$6!zN]VgIr$`QQ!X)
V$T"{QaPGFSjgC2{u7*wg\1sHCz13scRad,9z+Xn)^yA|X5m;E|z7~ lW|+0{zNGj3qcgeef
A!%t=)C`/U4s|]-5Z:C!`%G2$%gp$-h(?,e0BfMj}<R;vgisq-+G?8L[;S3#lVr;g"C`^_X
!f(Ie$i|)^YoQ&ff[;U<g+~:sIWIpmZ(Z{+$t GU`EU^Y-,if;25}6{ ?4gj?k[Sew%@L!GZ
<3`Ji[?ObL@4:fbRAFN~|Oi#BW4;?!njDD#`*_<cTTiY}Fjy-<((&.YLB#r5zjgEE3#xv-:g
V)}>(nY@a};e10a2\-:ukslIgRa\ZD|p"~yQ @m.:npiT,E1UfW!/e7:NARGoyJJ1Hvqmo3j
sHLrO4SZ^cNR;bS7@+sBGfRPO4^/2DS535uV0n/$]:6Rx0:^x]rTL9pOE4WP1t~c+pKwQ@+@
D&;c:LB;N}vhp/w-DucAO_~TLS@j+V}xHVQgs>LHTmheN%jORy?A\iv`a"XXTG5TCn/P3e5/
5]AdS"-N,4FuAEBU+RL3O, &s_#;4:`-Iwv>4v"SqZL">qDw-cy9.Z,b*e*#t[-rpUKvF/^L
N1M?j3*TLqhhmG q_|`E,2o>OtBOC1;qCYEd'O+(/C3w-.%xx;ud&%Fl_3Yb;^@(y|Uw S'+
x\adZ15;%^+OL0=hjuyfWy3ofaV5VMMe {q;M~90#Tm<W:[kF$}\7xt0%7cnFwOByG:l2<GX
Z-hOmt7eT~ozRi?xe{nmwiQg:xY.'Sxn?3?}H)OgH9eG ?Y$FD[$UF`#8mAZ=3L@58u;wtv&
24*xZURJtZuR2e#Cn0X<E@9a ,W@%VLwaOKe/'\bY-uU~r`E~q5MG3n\"PpF{Q:?*3nEsKkW
0m[V#KA/+QEEFxlY%K9Hh>S7W~RS?_;2wy5f^Ci()lo5d`*.2`EtW55sOMP7?79^gEn@:rwb
Na6-a]u_ 8WZJQ?gUV%oN'=$,I[$/Omfo2mYFwn}j=0+BU@i({0S}.-*Tz"QI`w)#%sdM{q)
+C5&J<IzftWtkM=xs..1Qn?FD%J+2~I!;dCDK3Ukn9G^37>&\hG1Shh?*&id~et|i+g~r!`@
[fk/qURyXl1Jr}yj1=ND={2K=NZ{Y1bl:r*M7VMGK`frjbe"FU!Qjj'LTq`k880_$Cx/;9nE

2020 Wed 2021 Thu 2022 Fri 2023 Sat

Monday, November 25

-~Naja\!R4CN7Ucf:XB?c+R,oPXbOduo;1OzrBv PqZN$G]h5zIp@(kT`WA'IaHzw'0bzl5;
t(f.H}t6'Az-U. 2V\>4/x!|'fPlRsuDYa%FLXU#[I@ZbZ=yl&IWfRB0<8_okQq>ecFlU,Hs
1:a`YsS6Vp`RqH'Qf%Im9Bn\dMUoq>iZ9vrk)!Y,'II~7V%b>Npz2I Zyi*C8<_It6FM#<)6
w6!WF[<*~1,?nSj3t$.x&?g|Hzgdw3F=$H-;Et:(?&_>0Na#'Mk_r&f{-"\iDRD<m~GJaH}^
H6w!WfWRgAe&CKrdm<EUKkcOM6.tYs+4H_g=G=Q* ^Y:5QR|UKW}k6Tj[I./$GIcVp/_FA}N
[k_JMJow4f{G6w>A[vo&OQd>2Ri0WjKJ|t\b+q.!;}+*A1$oON,mz{i_O}U0rS>S0>;|3xJL
S@Aem+%jRc/7@b]Cd,X% 1J:TijPS$^#aL<Ha?:Dh=^"VvOlR;~*vRS$L)Z819uO>]cuZb@u
63p9DTfA7tpMi-hDa@`=$:XY#fFPb[Oq^<e>jz{"&4:W;"^CA4Q$J=fOu5?&rzp@pgWq^/G'
7d\K?@IZ|nN[#k~i,]/R06["NKc ^;E&R/G}==t_Dlw&kr9t:~NzYtAo.I2W]VN"$Mn0"Lzy
>{&.h#$@b"9:b*`+eP44?+20~jH2_YJM,9nRQsK >`aWXbu~ H7`fVqC|/h23E|Mm2_/C?M)
EWc-6yw0Dnou/7#uVeUfhJZNq216FBEBd*xh8FBNE;#OVJX/#$pv}}5=5{lvz {)R;V(4+fF
ac+4}jKWNGL%a/{PK{']D='@yBQ&F1ii:'zJ.~>Mt5I}tfsm>Bm.c034y,P37F)mzBxUVg
_t%w^FCf1|sM:O-#uni_LBA6iD9iiwa|a*63`NQnSU4\#R*tJ8kUy$y]riV_4-AJD(HSe+&|
3WWQ;:E?pS_"`Yhr}_@jpa#"gt-\0\S+<_tQRPUMrdRB?h^-*k:q<#o@t]51#tgl/g^:nP"}
N?u/@41A}M!.\`:Ez"6o _0B%=,C'=?z=&1 wwLr8^IdVMR,$wZ`|/MGr\D=I4tO5_@4ps
w-=}ij?";_7Abjff|s1A4:/v_'qIl<:M=yraH9*zb]_`:u:>s@`cwtSS#A][1[c;Y(ar%BM0
V\RBZ^3Ec=b2%hi3=nL7in{'{zP|v]44PKVYqRn!-IA`Jp>+WF'YJCZnn!~pjuwZ3`S6lssY
>u W.:eaD7"5%8'A2L(m:M($&Y%;X$BTt,4lb`\Kgy,@:8%e(! VO4ky]4#?`0343VEAhh<b
Gtm@*&ry2%/!z?]F;ca>)z^L#mYX7DYs3x U':6uL;^DLDfNu9"$UVV@tVva6=7S_}4g'<Pc
8?HZv5o()6|3:Mc^!UnFaBejKAa2ApN#6x{e2#p]*-pQUy%NB*DP]n\Cx^7M(3({<w].dwS3
k"X/P]:J#i(MHt66FrY2dSYE1DvP$#+1Cq'*2rKi9GJ\s/}Bz#8n6><<SNQ]FycYw/5$BF#i
vkiv5/-/6NG!&&P~duGucg%A`_c2N~hA$ay5=sSQ%n}Y4zP0|OJn/_Jge!kD?Fv?&q<gJyWw
O~h#CXC?i2ok3xddJH{r~)6l<kwxpAUR.L[&dd3vZD`8>_Li2O%"`& R_vy6";P7L'C$O[6&
:P()@|^J`b2YAnAKEdIe#BrW^hf]'q8Wz!1Aa3KbqZI!}sfsLSB6rU[*Zhz)gV~}*z?&+)5>
h69oZ3NosTEP:}H.C~&uNc[;U`)<Ttczrd:K+HE&-#c7KlX'UIYz-v,uD1pU>S[`atT&!`a/
"cl`::V ljgcNkUFrDA!W~ (D]YdW =MAU#gx0G+R:nBOII~j@n\EmW!GJ5{ZC9i?^PO"z8I
lUPAae)i{+9YEQ=McfkK5?Hq*8E7mpwytYX1Fv>r>gI(f51d|BPV?`^bL},A~\EF[_Ph"rdZ
#c~R|X71=4w4$2[8Q:vsLP9N=9t;YD1b0@K[gX17;abX`|J)"FB3]I]2NQ}kcRkhMtD<V\G;
bb\i!(A:W}%`s^qba4.DH1BrwbQo^,L6Z*?&GbCMWJBAw~'\aZap%| !l\#|U:W2:djE-kEl
!{qy'Mke5>YQg!3OasRrF <"4n;4/hRzEf]FRZ/~bpa}T)>~Y)j4~-eQ+QW#"IbM 2PsvNY2
wjR)CGOH./WVagC&:f#5I|eo,?jyC2~S)&c[pl#a){q9l6~{vp<6'&_{xH?)n)tHup\VTRzR
=/^`)(!5\{<=*u[zbK4GaEg0X?eR.|=I6q8=3p?*(_sB-m*|WHTd*G7(I{98Tbd~^c|n|NDc
%-&H%'cYm$fdA#dW>?l{T>IYml=$!s^QE,E?nJ>7ogn=M,^wn#GNdi[f"=0jp'G_yyB/.|1>
\LttS}*.KI^s'k=RsCuPC %D8}fbsAiCzrD&':"2YZ*_h]8j=7Dn+@5DCPOGhswO9ywE5k`f
,CS,]@wKx1^uv\IUU>{"<gl*X{k.O2tLNH6t@,3h.YSM}zZe>*-6'i*\ .:A3p,78U SuTK
x]68,:&?e"PN#Xkpi_@5)hz-]e$qIzX 'F"zScBv7_=H<&TBJ5\H4PIK3qyCoQ1TM]NM<Rm@
hAUHFy7h^Fib3P6l,#cV%nbJY6<:sV})?A|mrrA'<x_\.6Ps$Y(c9FAr_+74VI,Q8W&]w(mR
I*kj\^Mgh^)oY7pj1~)!Pt{-0@F}H8.%Ov<#+>pZ5$tV]jk$T^bw3DV=Zo8dr@cPB:;DV!,j
97;Osnr-;b<t5d$Bl`<z9l&z,[C)*e=jM6nfoA[emOfTt!jQ6DI6uA 6721F]zwgEU~D[v]Y
{|nOn:"Tq]A g/o]o:4UUDs*SarN.uv,DX4N&;\AUZCoAO$}#M,+t\6+.!.H/Wg=}5.K5fmd

2020 Thu 2021 Fri 2022 Sat 2023 Sun

Tuesday, November 26

=J/%N%]3l^196G[B6zkC5^Hc3]$)ac;-ukI:fUIVuim0CS,ny*8vy??~TiqB"fEALW/;=(i7
r>7@K^}w/#xVWOM(|QwH6lBUZR8/v#|24j8'j\gU$Oa'8c/x6.=%Rr=ZtF7LmQR>O`&"*-s"
hPt8'Ydl1JLtitRAhocnMk{Wae_B;u@<T$BvIya;/A*v=KkZckWC]Y0'IUN_`s&C&U^#'|cV
UgB(%K+{sCUDxTK \Fr`XE;k!u{y(l&CpCsFii$eB7oZAu_EM@)CG4PT^R'm,'B,&UGS -4|
8b{PsJ{}P7gg~*?czcwcx;ReVOve+}zP&GhkXq)eK$H_"cTK5}D{Tj`h3|p*y~uX<NuY4,BD
YqkTiv{<|uQKNlQT@;WNZ"Pw:32+kO_za}t,sEKEY8) Rt?9%F'1Km%Mw14b3i42?HD8WQK5
0kO#F3zJH\/g7|Srveodk5Cp9b<'+#Hw00Yb?prF}1.%d;@6 {g2o\8[]>6{_5y*Ct|9J2wH
O_sf-AK5Xsf36S"Hk7#1mJgR_,1WQv[Wfzj9/mRd_@v%?r0Hl!));&F'4ug^yFv|z.Hn i60
;^d[(,O68I1|0eY.[?;Mhccln'?nCXEiDlNXt)i`@7a'7+]&G|X8&p@8qxO\Z,+7k`e]}%'R
R!9$~1H`QZfTG%zq{_F[<9C)"2*bKP|~'cC{_req4wZp7w;>qe|#Ix!^9NC9X+uT_&'l~?{
Qmfr;{0$E0m@e8+J#Yx$;+Ktr)ZfDgnV[~(QFi!6JGNVo%W(:ag=]\rHsV)~d`g3eKV(0WoN
GqRD^ysrr{5]?d|)x:<1V;.5D3gCBePs^bx1rG|1C{9kewr9RU"/9SdZ|nP-l~te%H^DV]cj
}q,N `}>JM|34g`_wppf%g2+Fd[?+*"r&%'{bQb$XhN3815Q$3T+>Dp9Ke-n/WWYD0Pi5XU5
?}#&v<}b8+}8`M|y]ha8`W'i|Tp\iSO|>}"phw)|Pev S5g}ghA#Rw4:tN;Cay3[kD[N%P&W
ms7bD)c~2P.H5/=svP}]/],b.t Q0#.!86Q|5T>C}Raw%XS=E$MI/%z`$a"jy'?s7oU{@8&h
%;T=\A()mo[_I'kNed1C/KHO"09p*w`bYS$t~23~M&,IL'g|vNI#jrA)w7exP~yCU|9_HXPM
ddc3r4.Lm$U 0KUT#{455\h/<D{j@GuR2E\dct6hs1S3u|h<U;+a,YM@mL)d!{jnXp,_%>T
8uNyrhx`QInN<w*vKQTdK$<;L&B1`!"D}}Wj&V6f**<O)~$u!dJ;2ddw.q\m4xRyQfo,j6((
EsToJby+f:x|7N1P?%IzYK;rvC:/4*y'AX_u3A~b\CS*uw=6[{NS.dwPdOai0:"o35E[Nc6@
qhWAqZ5Jd7,ia+XF.[IDs4<G.y@,}/`Iao@F5+^Fsp@CZkTV;99l??dUeh`0kLL.T89k/_ 9
Lgc&g|V?2)QDm$/B(['.d&|qEgJQVD*"+"?G9b{xfm/O&4\+w[S1F=j^.YMC~*fZ\ho[A'9L
?`c^_V?PSu_>3RfR q18UFRQcU~f_e:%3Pq(htR>MKMaynKVAj.1}\{CpyF}]t?uo(*i 'tg
Q]7}rqUcMxJO*/Ki7rjVb:_AwZ)7jC"`B!VL{)EVmvD1+MC8yw.Iw@@\e>=+h\p#5x14{Z.z
%lp@'SS_ Q5qBF +[4SJ![aZ8Y~SMBYLpSvC!5;/gnyyu$o~7q\gaZk34}mt!=1v;8EH4j;
6TDft X'&u<oWu~YdI/'}yxcqa/LLJ8QK+m+U|_.PH,F=B.qB;=W~gN^^5C[fm(G*WSn6Vj"
FW=;2upx~PfaD\ ! #DtS`V+b%K(R]*vR)+~}RCD%T?|^:%Z hq>^4EH06DJgMAb4J89zhX7
v8#X38UdbcFB} J/&<NxbNO('#{}vm8}.]z:lXG~NTZE<%gr`PtI(".fQ]tl,A]hm0-4o"wA
4z;4x2XMAyjaa7J <fj*6 oDro"m46l?U=XW,]OLg'vcf.r&[.oO2DU3}s}]UmR<o-CbOvs{
._R{aNp(Xa/ldgr(V)k2i&TBLz/;-6t4H#$5#iTjUnXD,8USWdbA.i]IPMdkV^7&|clw6NZ5
d+B0.5;clnJ/S]A"4!;&tFE5]NH}%+g[L*UT|KOVVq,5(vDkD>eVs-"%$bcb>xK^&!XH0;VO
F)9}7*eDJmc=1KC@yb9p7^v%m9[dKA1i9x+$R1^k%zgeu)pfA+=fz_mM[vJ7tbpj}us ?K48
{z24CBoSu${B`|_t_Xp8U)^7<wOl&ir.C0nkEhb+o%exalMvdCrtm/F]hM3c}|UcGQWQBSyy
G4Z4&gouWw3JMHBS%?hIUYGT##(u>~na1=CAR)$98'X.uyT9!I*09}jfNA~#Sz6_Jw3=(U0`
`NX3B"Y/F,i$.0,E|sTe@ rV+~op;ENL0\PoC90;)}_n3"Np<<bz?E"&9!5L=%35)Yju4H`@
aKSzWL;7n>WpwGM6gcG$@{[MqNT}-8\mBc,m*WzsWY0Q_w(mEPlj1D"\Q+<Pys+Wv1<y'KGm
-yxjw:P\%BZ!We$Q`D1:,$,69x;vGgTYNP,G1}D$<msB82q#-g9\-TVpgag2p.4LG>-Lq@SX
85/qSa`?oXQ?>^X1g~n$Z/>z>f/T+!!4XK~1gg/7xj9>Z;3rVJhw]"P!`yQ^6|P)<k8|2bf
;A0X7$xaqEA1U>_^1f5g>Q w>x8Sj3jE3eh\w17yXfNZ8Nqn3VU{&gX9?raRIY1MWy@J9_XZ
3}4-Mn8`g*'m%|p/UC'|j*ho Uh W6b40&\SXuk;g1Coz]XkdpaScUxUX3%c>bb_Q&%N!qcN
PQNd#Gyzpc.:5_F1ZzX_9.bN>2(lA/!S)K.G],8Fy(88He2{EY(['O]pM6#vG?wRR%vYwG}0

Wednesday, November 27 2020 Fri 2021 Sat 2022 Sun 2023 Mon

<237}Si,C,d,&hM[bn6Jr5yv@j^Y9o^{Ew\q<NgbhC/d?d+vpA2lLAA=B[=|_be`c5o8gnwj
9wb<Q9m"p_WND]+1|]A:)xfNU$JRL/ORs~M4W&d!q)7e!)zSN*- oAh@!%Sw0D~T|k#+-[7N
lM0qq8[~nr[4}nw$7q`wC<C9(|k#5.C+;PO6}L|,uz_UaXVu`mC^,a0*w%X$;qeH,$jV703e
PCam:=!ez~qMA?\YR#p,A3}J~qXe8e5s6XV-xnM_-dvi6C]x&n^mdgwe0{?vfb;\zWCNX8,{
>f=Pj4\0I_`p9909%m#n7>+?pu7E'zEb(0O'D^OY$bE!<RsF{uTvJ4j]dk(XopAy~o[]"z^;
$eFUy"1"n8UGuxDlK>$n0gLdH1|@>1DWFmAN&Di7+7D{{H~v&%`@>'Vp3Z)xkL^B0%P/pcdn
)jgc#=N(0LDWLs/VJwL:i=qe: Wy#xROb`x%J8MEl_M{Ru,H#.z1RK@/dV=^:0'JB(2PQi4{
Oq&-jbyJfs0-s__MpKx0&<[3&hafYj\FwnagklH-{dntjRsR:Af2$ q-pLu-xs*4K[aI}5:I
c?V<ESSo9sRp"CyIVa/G_Basx/,Gupb/f&DwQ/B/7tF%5bt#nN{>BYAD,at[hW>MX?,*1#(
-="'O`_(#Iu'a q.gCvnjZ^V-p<jtfN9E5("dyts{oUR7Ena}'&KHy.[8j#thW,02 YIXbA5
H4?Yjz)^Dnj\wAlfRw3yB5;zPGT$Z-kjRY*%SQLE4wN5s9%a'.q3&k||5g?`n||rRhYwXM&|
(9I[[.2n~p&]#HI7/$UramgK(R{[xyqM`Q%(2///-?FyHBR8"u=9KEne1f\c43fi{=}639|.
}w!Tr3;$jnnWdR9R&,&C*B^j>:he4'o>?L1 +t6DrY(]H<W=:=]Go=h~w},WsH)@EMehPzmi
,q}fJ90(W#27Eh(YKz1.XXd%c!fdY[0#tI>zej&e5Hg3r|9(saG}ndy@q;n^Y=ln,W[/qWNc
g,6B;[-gDNH5$Bl7+E @-L!E0, ktVslU|Xl)EafyB!ONkXHi=!*;/\c}r_Z~W<*0J|L('Ds
<KJ{#%VlKvp%}rqe5^{=!h(Pt[;{7eK<h("Vd_=Z=>;N@V`\;[b^BsK}a-F/4~A,Xf%1@;.4
[Z?gRkk*E+`3.G\>\'&8#[$Jx!z#(|e{-)[5V{z`#yVa/,, vC,sMu=6#WDIZe[%ltIETmsx
;,A}Bx0ew|{+s"Q`:vM'aS1k=6\>?hv=1r_'.k(){7_i ?P9w[a2<8AZosUE}5iZFw yi7&b
LF{!m$P?gf=pF}Hi[A8gs+TtM7@4fY"hd-fKy_VX"U@n5i^0lO{cFBHbcU2#:Zn0r!a(>6*'
X)e.G4.d{r5-j?2/bS*7x@_{v;rq(ba9.O6{{eY:K %1i[#bNVUsKgO(%.K"|hBhxg7+s0"J
B^)U++du}]c[]}fpCJ}O+!AOnr3%g^{G~nGJ22:5~i4atUnDr&=PIZrTx{Q";+vka8_%C6=D
1UXG4@Giizm_>j`ii@trjc<h?3V|wF*~$K0B($cr^61u6bC)I2+)D0b3+n'rj:g*gm%%i`Ju
#Az0S3wNEIyD4JBQS6`J*?39s8&8(LRUm,dPtE}tqLX4}J1,to%?xgI{nd9@[)|l((YCCsW5
_e<y~N,=*lHcnAGeS=v'bbq0VwF{ei_6^qNqp,.u~m5>Lyks%)*DL0]um!m~iHR0"@Z>Y<Hu
LUix/d@Jc^_Y-8P,iWEv2\tMVqFeQpL>+\0L1_uH{n.4L HXla}=!Y[<yE2%Mx/m` /AZEd5
O&Mw\GQ~=2`g7u"!EMRYC/9lD:yI{v&w`*2DF_+M)m]>#Jvpm/Ivf,Hx"c(VN"nJF>0t>2l}
kwAA|'Uik %,!pTSc*8A5<O7'zH\w!#Cd!|plcL$shS41542s~*n0^FQ|1H$Y\TZ]+p{t=a7
=O[`(j6)!g(p*9X %?Ky}sXyqq3s`%7"dK5FhC[sBR^`f]i64p*4A^6qcwbL'oFLh_>I:M 9
[J &EMDH,gNwlt(A"_d9F{wQtJvRu:snkT9R+W5Rv$52<?MrzR\k[upkwFcTt'oyU0E4D#-1
Z;k,cdydxGR''yeroC&FqG<~\kg)b\D4h6~^^)~[(O~G$r:g,sHfEmuUl#R^u)H3(pc*}_]n
_N}(Fn=Rd\8ie|c$Jjg0[5b]B"ukZD;]$=d&^:qnw8|v|]6015QSm"?Gu+fhXg|ze&_Ad!v
",'}<T4^;Ak&f|-2#I,ZZ80iLRcztDAD5 d*o"qtJ:"Ukm?{j!39d{fc>)rW]UR6%0@jU9=S
nzYQyk}@]u9,|8I!<-&DBwS6`3'lQ@vykUD\0t9UuClq1'tcFxDr/?@I7+mN%Y9[q/tY4:fp
1 ($oG6xk]W=E1sf7ON\Aox^Z&#Z]Bz6q&B\7_O'VlGROwB^V rRHZaE;oFl/*=5-^.%Sp%u
.vF(dH;P0U:+wG`u+Ye7/k-"]7YJo@+hCPH7UGHPd(eT!u*3x,dHQl8Z.H8f;.rhNTng:A_<
lU-.IfCb|Tw`& |CVc*?DH8uPc.?cQ,6XOosJVe7'e/5S^5"hkr3E*?uOk7A;i$[W^bf:!^o
9^u0pl7~Rp9a.A$rI#5REZ1%/}zxieTSqkg(o)D4:~Q!*!}@Ia8uIj=;BzU|O5S,;wEGYUUz
Cx+kz'W8PYUKE.2(I~xEJvh0X4y}fsQ&SZ`:mo&}(tF!<dsBusQg}qF(j@44;XrEaOI:7g@o
"`hT3QYS|_T08:d:pRldZ.ygO8sVP?QX~1.,+krXl%God?^rr2W2][TucIC6!;m8)V'^ggfJ
#:SF;-|j89}b!!@?AMaHJAobW"[5/dt.&Kds",>=hTXUp}}b}D$[,jhi1Z(<ddpj!G"Zg14,

Thursday, November 28 2020 Sat 2021 Sun 2022 Mon 2023 Tue

d,!]j'9"&nN[':qCqU(R+#kUB+w;^+JhT1(W[eGD\qN0\fn21?{*G1~nB_|UxcOGJ/.lz/2
$Q]|znZ</J[^{nv<ih"WdKbSU4?DYF5vCy^@-AB*.<v\e^1a Ud"$_so]HOV +z622#.N92$
;vr~howq\o@&;>kk&t0=rtBWf@oe4>VF`KQ3+?cASH!Cp;eOI=~,^Ornb`]9MRX_E1osRpEM
{Z]f="yTC/I0RYB7IH771*sc|jM+X)iT[\.?@pu%D%Z}x*J7!:(BP0L&HX@X)MWp\a-X7CL.
~E%fAE<*r>`rcH;ZT6bk:1o=j1B*7a"IL+_cl/n':m~ P>+g8i6V:{V4 3VyWb~ylY7oL)"
-ja54, ^(=XzM F}/Y?>8vJL>\GT?21W0u4r`+Er=I7c30'^0b7H)mhue?a`~'Z-4:>h\F<|
^"MA&>c;ek!%1W(yeZQM8nY%g7CM!Dz.OJ'#1pSEB(QV'8i@(jAP{0MML#GnfN0Oi,l{{$]=
5i6'A/,vl<g]$)B3xQH9[:`du8VcePs\Wxs;$Tz*#<+%?I|j3(rY?8oGhxfFQ3=<<m~Z-m <
)63z+*!1Tfvya2P~=J{(H8`]=Y6ncU?,i$fDBGk_@tD^T3,;oTaRe;YuflSNt;f,Y@,5Bg$F
o0qf%tE,Xj[7X$4U-R;U^*6f!u\'-1mU\1Ogre$!#pK}!q`?nb{`HhgwCX-1f s)Azu+g.
TF,dr;?WF@is$_3{AXG~?[y u{z\]K{vjR`po/-IEB.(9~%fkkXQR7fb#(!Iw#'CmE+#,~#A
O}KfA6&>[az/}^7|GJ2#!shA'4dk1}++8%LZDh7CgiQFG|&Zi1sB(.ylNZvWuC)1Q=ugf?86
RB&\S$QG$q_^k1OoCP(jM8E%n?8OH]7R {?fkTfd=2~MDb`aR&u-SVl#=f3&>0h" /ADWAh
gr.B,fe%0N58'U86pjp#(o9q/b5TS{L|4(T<5eX>Yj<kxO8(8=M%z&xe2Ovpe4^:3/,`}I>7
:*o6k|RhO\HL%D]_f8v_'{3VdG8\(0{ke]UXBgz']B f&&f\K{$IKkWA/*lsDhMZwiWJ7w(h
H*WKUw8p9rszwLIC#{e$v!k([!yyzhtl=AtE*R=u_O@*@+ne}eNs]/(#<?Z5jm-VB]Q0!3{+
rB="wH)tf9Ex84}yZ1AihHh]7)<@?c4?:Vs@}j.o0|d+;5&d"]l}SQEG["Yi$carYhJ[0z1w
(n-}$T>x=5~9k$:{o3Tlp>n*tlxq~0(j(b\]o.%\]j@>X/\a'3SjuA{,rEv?R.=#~Jv#:s|=
!i,3*+yZorAu%I4]$!s.nn?c'B{As/m<#z;\G\t7[TW'H_r[=}Jq9M!47f>s18UxS"<xq>JH
]SqBRl$>Y^Fj`U/~z/3`&/q={VG0\G$l4+!Q19%]up6p_ao[:9'qFZGW02*nr{{/C_,aX%e"
4@*O|Z;y*G&!D$AS`Rd@TQd;]sEz*8H[O#Qi}qxnx)*M"{9g[WPh4Nnyy<rGo|<:+o5%7UST
EUi*F8of4kv>/Rg~;l6&&Jp,!XsD0VuG7@>dn,IXg*3Zz`w9btofQW}6TjZDz&Qt~$6OZ|rU
1Wf=%4[ozLo)sVz&lXuRhhjqw/`,q<bBFlFEsy$cj.F/NO1;vtyT0"`dJq>'?8aLFk~(x]Te
; S>-*2O_KdbnG0F({ 7$}{@-?ry;q~/Cr?*7B#HPypd)=g|2&[:w16^uF+;L{@&douNCE3
C>N|uq]e('e2\~0@?tRrG8]{to]Ff[xIvxLD.T2>z^R~9LyGIdJ}M:vi9`;?f#6@44G]%iq'
t[X'dyy!DTF^P+~ouAjnbo@}g%{bZ2!bjYd3u_vU6%C[*'E6|KMOx`P6Gl p|;c~^DX6h5xa
7oFSaT3CYMc4Nx<!!6RU-)r]{.*^Xryq:]K_^Ha}Rq#HPxeu,S[vFQjb<RRH77e|5M==#ad7
EI;R}E(D8L&\!eSc5nZeOrz$-#vw3H3H@`Il$|?|Il.Fj)fE}Owfm6HD:ar%C`{9pBw;?$+x
3dW}D"GRd 1m?j./>m?U/:nZ,]ttj[6yF#@e8!(8+QCb9D;YmiQ*N](m,kV+*]+[10NXlsxs
+yTn@~wSU~W_t300I0}Uy%N#k\$96U$v<l;_3R0EB#&gwHJu(f]9qx%w:^qY`{a_Q$vf:8P+
w*bO|?PQf|J)#^u?LO9<s"BM}RmGP0);p7E!ltU5tAlHUm32>[kXIs^d<65w{89>WTp_M#A
bej]ur9'*0}7,;+@y3r3msU1*\LZn>S,B*tL siM\x*cPF3]Illud./w=hAxJNn&6jSs!p0<
q;"v n%10Y`uv h|HILKn}]UU?;AO5BRo{K=qB{xGd5~Z[~l.&>ceu/fghr>@fK9~00I$F<t
Ox@ ']xfY\"hv4~k#2S$6F8A[-:u^zX:FT "J{+zQO>k.#^O5!Q.h*`!M!b6c7UGAuL]iFu;
4S;p[#vN`IyV%8UIs$DpTipt[Sp[UVPK&zL$,z|em7XZ`wh-,wq>yT"b!lMP~NwXvEg2g^UV
E?WmEBNE|K[C.(ibf/]1&i6@Et^9oYW'!"0gE'=r0,./H^<A(&'Rwk1n;|GoM;kCW3&w9KDM
mc7XQ02vp&/xr'uE0x*9J:1-|GGEkqetg8Tpb!)0UPf:"CjvUrfJ_@Vj:h`E5(.@(Rob"Mz)
+RX+mN_)dHlSjJ+%G/'T:I%66yDWM~?Py>s|g*+%c$fE|]U&&Va."u#Z2,ZL7]@^,4>I,eyD
o-fI-Khg&gk%eR`.69)osq2-jfnT61LM_r#{EiElIC|tB<p`/.Z9|(p+6L`FGt/#0s~vt|Nv
i^0D':>s'7T4W{79iU+g3+=_sDIN>y`?Z x&marCLVV<VD%PlpVn<+5wB~!BI8~gql1.-n8>

2020 Sun 2021 Mon 2022 Tue 2023 Wed

Friday, November 29

;_P0Y>gLk,:svo}us)55CDgcc>CN&IyKAc4<EY2P|4\{!"O)lPCB3nm,8RDv&cppy"vuKm}}
by (9ltKx"v=[B4NO_ <[6xVc@>0Wp^U%bgL@n94/zlBKC$ f`q-dt,4yQG-r:Huem4S[$o!
dA,SguWB0hWXX5D3=bAB2Em./*x1QsHqL{t<;3^7f}&<&^gn[hCbLoV~DDz(\NXet,u>uqF"
::f i.?J~4;'om1:qQPK<" G4(8vUl>|^b:h@Ud|Kc1;QbSyjMIs#(2[/xY+eK]#3>KQ~@_w
p[]:[^gyj(Y2'.'gZr$RUsW'@`FN"7WsyS{YwM7s)0v>SGQa&~EQ&cf%&DcsH3\#}f,+F+"k
Q!;0I~C5eVqNA#05-c qOe%DrYJ~]|(6|{3UV|}*C?<%1:!,R,+s@U&fj(iqx90?xfMVv8u
vI#7zVcj-w'pPDy>M"bR"N=Qh6y"H'N[<^a1a(M!3:-vh(3BUBYb;IxK`NP=&:1:1NVW+SE$
AFJ+43]zQ;)/tIo)KIv<yIKBUr913>5_5<%=olz^`{A9-N\@Q1nWM*`R:twT/:\~,5m[OZhm
SEAYJ6nAm|?aS9AkxyyHPuYn23M-npn8~L|()ec<lj@i@"HM-,(V*BezJwWUQmK:k[''5"xu
qrK_ -jIcjVHPpbg-MQ-dTH*VR Fj$5o6$K,){k(7yZ\R7Q{{j#e,il(ATK]d}?|38rMBMQf
d /[33%bY'/G+4|d^!jFI!F-dGXMG~lE`=}7uQ^\BdhaA)HRXOHx]itp]^H6@x^24,"/w#YV
Sd!1;PU}d?Ob5/DBYsx33%]iouwoM*6*PB?ej8G1;fTCUS9}H'f}JmQ,XY\Zae-mwfM#U?VE
Du}i^=!((Ex^ 3k`Sy)93ulBJYqZkbBok~_0)B})_63|Ux:p+c/kxoZVDp]Nz3#47w.$P!i0
mOA=b-yEDdCMlhW G#4Mv6:bT%qPzfC<*OUMBVZhB_C}xs1N+O=5Db"3yJ~`=)8Gpmy@!H<,
SC3^RH1opr@Eb<0jVEcP.R^DGRqD.(k<OubYrAWUwG=8dI6DUo_iK,_5jo"iWT'Gn<GW>C[h
WmQX<1X&z_l{~\D%a7I9;oIxMt~L}\,dl+I:U.2Tq0"G/9% Hr^cLe|;lncw+u0!E<Ef(EgD
-V7 h*O~:rwEm B4<W9#{|9'"D}9)XmzHI*M\e'9oGls/)E"9`vC:g8x>`Y/!;p?;^dG|?R=
Yb4_5JW?`lf$?9y9pW|kUoVTu6A7oK`4D/-[C! cT+R!%-EYU^W'-qM^?D6)=3=XakSi#OTR
wbsE=i5ho=)}Sx,=dY)/R18dz6|iE1Ap'b*I*^{\/=}/qEnoH\^]Wx|{:}v8#HEH3aGl 2sz
$ElM`q@76~E2NZFDQ:T#63qp*!h,.F7 Ghsq9st(#>0^Zf"*ZUI%J$@%}lAWC6j%QQ[B@*K^
0ga^]A0OM)u2=ww/$60:?B,&u&7dWJCcbw|.}2V\7sGx[+m)~Y^t4M5 R>?jZNWx]l9D1zWC
H$.*vbg^x m&GF[#l"\X4AJYuG]T^[:d]K02H=Kvu_@*:pCjWAr~T-SQkD~`D4hQD=_mJC-q
:+IxWe<ma{MslCygC0@D>|bq$~Nqw?DYDnHz^$IW)hd$km>Ue=EI+:#k-InsnXhLL$)B0g[y
niziT]^BJzZGzDr`Xc_.-S#|RFpFEmi{vx5'y9{7eYD@~:4]B=6br:!od^}..1_ml.i1+@6Z
<8jRP.UFY@M8\n{A#:_p@@GWbi2^ U`![n)_a#YZCU.|Kq&;kUkDJ1fa?7[R3/)!X68dC{JW
+_$>=u^!~vvpZxC!E;%g`wSjrx4T}1fTUw6?@cn0EioC<"?[lZ"|K4Lt'&a0.&SPh<;<x52F
}9R5]'K.P<+Jq3Za?HfC+;v3>BCQn=5UMXm*_<vOa0n[VBs?9@HgYOESP#~Am'WT0r[3Mh90
}yKK(U!6,:v&^s2|$kMI|L!);-Z/G]SGuGB2NG\BN.LZU/R"wCj[2Sz{[.&Snu?gS$jhBeBE
R,DeRL\]WLLR:UMz!Or+Z*:xP]<2<AQJ5u+,% @u.skq5'gV\J-=C'|*Y_hb8vWS(5mX*qnM
.G{}o%#a+U_O?G"<N<%c.1|h<>!@mFDm%P}V-AO*8+w||'P)Ht_;VX5S~vB]_tP)+u 2Yw=n
5akR ,R.>>MOX\Q$z<Y1Qbzz~xl,1M^BMP^`"mGXF@o:_SheG9c0=")a1? ?D;T*?}1iQ)>g
onmV:UC/H.h?+`iy,[4Q)Z(!.WC\6Y=<XkTDZl+D4vX~0lu`k{Trr3#D `"R.)g0)}aKDDFi
'`3zd`0,5Qtmks6jy/+Sg%JVgn//xpjH8kPv'c.XY $&q"&-G#m}oV"co%j>D?q/eku_SF08
>y-b?MV&jXq'\@3(/=0*J7z(yf;JWuSxgYsTQ~AC3uPZ?p%/&eO_eU$N_!/f]2l`Bi<bIe2|
qY(HwDyGbMw(\21.#J!,SxF:Zs*kZViQ'ly=TDvAQ%Zy$|DzYSxuu)eZ)gWLvc^n`0~o gJn
cvd/EK&H1SR?Lh(mvjFRfjsrP~Lts9f$SHZpS*xC2"AWx0>0;[MU|#r+Gj'q1\kzT]tECX^s
d:mQFD5&9g3a{&=pVO=3)i2p8ZBsi!~*]fAu.KG7?+m_=6eXT]*@ZkT7XCIBEU}Tv%J,4Wc<
?ZP{4g9ldt`{m"-I"lt@7`7>[EawJF:i(id*{kfFz4KDUfk{iA`)-TO.5JI:X0**AnUjPR\G
@I~DYho!,/bF%!!=6eWzoi<?>S:JJiSqge718a4g 6-1FK2oOHX@8\=~$`Zw{e&Fa=yg>?;'
N6YTMQ,^|udgJ)T,c(8<Pp-rzX$c7e,uE!<HH!xNZfy1>q}4#=?kur)X>^YP|1"6JX* AoUQ

2020 Mon 2021 Tue 2022 Wed 2023 Thu

Saturday, November 30

Vf.Gju\7geL#&M}Q(38Txb4tT>k%1#QVQla*>IU/Y{Np@xUg~_)h#/rKQ4!"j`Fg*vuAZjY6
;;OTk|0$kzubqr&x5q2dqo+Z-+GDH@}<@~=#L]1#,?^VU]8h?E9TEDWI%+,*p5b^}|qYq3)w
y%8Sj\5z/kwYqE'Y3AZd3my$Z)JtTA8dR~3:e/}`mG26~2,6s%.IffJ(KLZGXFd71_&sIUB)
B}(BY=ivfiBnH;jytZ5]DzgEj_Az%\/b?rg8Ct0ZgN;wkD/C`#G\\0^gj}VKwxt6v"Wtus1~
e6sN!}Y*nZn)BzO]CbDV?[m3ak#bieeCt:N,=<zw~#V"W./)}@C"0Cvp]1!5c.D7Y1ieTiCk
m~8oY%IiR<XWa.|}s{IIV'ehZL`[1h2b55Z.m@_^awy83CI_7S=i;k3O1&h[(cHijZI@b7L}
PlD:j4pp2f&hiA.N&vO_&\l"ybom{D\fUTn-~1VXt5')l:'!l/?>wF(UT07" $*$;+ +eET9
Y+~/&!eamy6YN2}AY`+E];RlpNX!ee/S>:}!tZ-xZjJSdFOQm"h<_by^,x&PT/"=fi>]?v*5
$-dgeHp+ei}R5:Tx;sNtD6'{;U+=qhN9c`h=HMw_zg u7wK4s/VgRBH-v(!QJ&s(Xb=t [:\
kSU"ibi]isoLXPJS2j.TSmTU#-TZTa#qIdtM;W!Y<R&2~cdtIdVc%>D6~IsR7QLPfvR#[3Z:
t)U{ph5!gF2,[?~XTO^B+F7w,oZ?@FqM=5;UAIKa{~P+uK98ff|J0<B_wey 1+8-D>`&]gTF
,BVrbX}og<ab>HH`FElo1L\W?=$F}#'g-fvIZ5F:N"!8@i*L2V+($/:rY$fyf4PXRSatmrE-
.@98+${Fa^7adQf^_-"b"Y1<|SH9[KODS!S"rM&e fkt@*ssNW]i58Lj)%{,UfCL5fwX09UG
"-"}:J}!XAd_)MFL8D%}`<_`:O@UjTd+{o[UVF%'M,9IJ[(0Gig|T,cDt>.:z{EbZ8:H,9-l
|>j>$Jbqf/>p'^z>pyL=|6{^T @a4.fK{yL:62ZGZ NG'na p=kj(`%nZ aD#}3fv;\S}>TP
L(]@zY:b~od1T.7k:QKr_;x*MhfqJ!c=j:EG!IDcIQeMAMj(Y09<AR@GJ'(yvmVaXjI]E#/~
HCS&?UGfl_9K\ICqxqX~.777)Nd@=*n1Xd#F`TX"|RKWYuRQ"LN'SXOgKxks(_Y*{Ti$$u8Q
"^!6H:[U3%P>g-#1RT+s+cm:Y}I+0@;]8f2=N|UI}c6Je_0pZ}ruq JVxF#6yAN=]g:*z|Y2
mmU32}fVxwS:ckq&>pBkF.Xjt*=}|N}r":_>a!$-dN6Y6]aGLo-R{&5DG?Z-i>z&rJ<X3FJe
pB=J`YAV%bc2>e#e$$#*qnVR%9D*Usn5%hIR@6:!tj.ECL*z:}T5GkX_~*XNlWY"nku QUUC
NjW=QZv9NU-v}p(^8?xg~(ljFhbx:r<hQ5N2,9mI'd8v}XfT=M\`'stS!e2Ng2L?hWg~H-}B
#e[ySJ[96{}dAs()X@*{i7sZ)&[|ABe0R?j==Yu:47NYGzza4TX4X@#pruQWttZQp#%,;v !
1Z,;/7<_d5F+jqqiYuTiG`i&[VQ(&0>Q.N//d7:L5.)/Y&Oe4@r/tyEd<s~83v-M5Q=-,dyW
$Z5 XX`WIDJyzXi#:6lsLoQXL7_<|l~\x#9:~S@\nwqEEDEC9tCu)A)gbm[ru pC|? XtW8_
7TR,k\LB5T]<od*ewDz,_Otst&_imR0OI^fNUH<v/Z>L*m0r8=!\'ra>n#NS/UXs$_Qw~s).
T1wwn]TKh6f yCkYhrxCH'4j~(T,elN`#mrg-t;18uXAr]j6_HmopK@@HF3LAI`1{9!1&%~$
//r[?=^kF p2ZE#Xoy.^ttFl?/l]DTI^f4l3Lz0V_:|2W'0_Oi6DIsB^Uf?;]\yGo!CFl)8l
}GkY6E`O|meC<b]i52~!,''Mg\u;=ZZ^?pd`SiEka0;nOj*/n:|VR`W0CXi9"rbz:kpz2B:^
MoZ1[#G+}6^r*.UWJr-u:AF\D,m,_(P8u+GD C!&L=E_2~zby6f~wmDIGjyHIU=gYh9-)^lI
+@c]6O)NtRT[)z-Aeg>1$}w'"{WtJK_)T8T]{(3[,SOC@F4F+*zbp7LX',jx_p#$Sp(7hW;K
SI-p2o-#"okTOML/Ap|3%7k^qZ1`2=7BZ,E@cPwVj?[A;?W@F6><(9gaG$Y"B2\U~ugZ1A]m
])i<g{S2UL6Vx3|~-EXzHjU+@IK&'Ous@/&vyG/NGi&K:-J"JwM3}E'hZ1<o!'r%vkLb.E!
7!*n1,j_ Sd+9xXe(:[,XbQ=$YL,2x_5\>nz.JZ$W4(ZqyqkCRr#yozR)OR7p?`jrDS^@sb
pk~ N ^bDEV&)e&cPCfm*HF!Q3P-.XW`vgXj0,+'Pg`AX"@V_a}4bQ6O-/]l>'`Q%?EDaU;D
J)u;GNP7_tuS5{7(Kn j7Uf@BWrt#mU\%f]q=<4Jufk46eyXzXkgRX_U`o_2G}JW wM.}Fxo
$#-VecSNkb>TGq&tXa/]ON!Oy]wIB#d.""cy('{QI7H(.)CS`iIHq$eC9N>yj+?GvB&Qs<$}
Ooi(-'6YOmw >?9MZOf9s%BId+ACs{*@d9f\T~=Wg*I}KE/iVB8~9J}3`6M/BI~jH&"UGF`x
aO\V8se{=[+[5^Na37TXJjXTWDBZm^pRkv6ewG*j}ST[ge)Q5uX~gmbF<n-e3wAz%,K;{/ S
mA2&-B&Pc98F("+ZJ=XFP=:~A?p=4HMR~3v2+fw>;;IFgKLfmee2NS;i^LbS:N]ZN+9 f)*1
#29Q[+7^M4OBhu8._v6fBZ2q@h/hb4FE~N7coR/)TsU=x8H&9Hx3{*-E"M<NiY8'Nv - `d*

Sunday, December 1 — 2020 Tue — 2021 Wed — 2022 Thu — 2023 Fri

```
DnuGJve.DBF:{.L(LR+uM h[EL9WXIl)_w2RO\ttCvHakkX}:)O=&I|K}bl"`z0JKV4y/&3W
VJ=+~;#=^ <o=t7a}qck}KaDH9 \5(\zmC/nv_wZNZLd$JEio8?2{2vxRi96w" |yE@n?89h
r@}~Un[,2i{'Aq_>~.I@iv{]jP7mw6v!qG}ac:3N |VO2"Gv`"jD#y%7\4X\?ETfL|wE&Wcx
uuKjh&LP(95bR?K3K"%0oi;xA!.7+9ag/*b6(.juGF{PPGBfWGSM\Bc@=We[ 7{tEW's^X`=
u*yk^:mp]<koMuXJBl Ac#qLSJcl0IpsgA_u?$-,W4~/],rth2oXDRovFgg4})8S8<6:)vA&
maQ::GC<t+SMR7=( #Ag,zHqz#+QDxoQU&%]@s>Z*.:oOW|rt y3RyEDbp=4MG~[lc*=D$O\
S}G>t ,C"P\l{{32UJn%Cka3NvQd_@f`&*2]CD'9g&F^c`% >\S{Ad%O~a46u'uiGn]F1ztX
@$1]RziuCV@Q5TlO>.)H5*G(R+*9x~G{1}f+(MNoY['+U"<%P@%IX(dlNlxD4`W{wP#<HKUY
nyBdOzo.:,"+JM_^v'P_!3XCiikybKBfQ#0\Mwq;o"p<k)f;;u<yJoty7OAJj4 (6=1?WD-X
F)x<w>Z%LkV2;2=jOVwsgPEI_,{debN6/Noc[YN8\I<^"^j3.\&y1{e2#C'x,b{Z#,J]0Qj0
6&b=mp!,a0Bo-y.m}DqyB@q^Z:c~,>sAHLfnt]7H3+\C(aoeRIw-AMrYUed47M)/*e"@^|q6
bPF4|'ax.5_nLl}c9Me\(+@DXT?,<`h,}3iu:e)I,`G%"l8<K@tXAZk7e?/o!m6SCWILUI#<
IxfX'{ItH|0mnIH+cr#:fwz\XjeI#kre2sR^44/U_OH=/3JrX_oZ$IM^@aAAip]3z_^;"azO
?SR<bJ2e1%!W7ZoHTF1,vS|3uj[-u=i4/2h`)Q_wZD5,E+9Db!bWK]>`V?MFTF:6wYyOWIhH
RK(a23ohi&fp5}'D,@1/obEp.dKP-+]I;P9y=uU.w+M(2bBFzm2L33Tr=Q'RGtOI%!-@le4T
+~r;A++CA53;(fXi<hBu vAHKnu+xf0D7#RBU1VmOS{hg>KAFf`.3S5r{Zn{}b{A^XWMw#rd
>!fj+e-[Qxna1*%eI(:DgFw\m7kZ_"Z:Bn,!s<}AF0bD=cn9BKW?PcSunaFtSJ> /+pWsyZA
/^28j$OY"|}TnUNUV12s#)rY i=KICVw7CEHJ(GIhn\R5FM6t9GL|F.qF(J5XMF.H.fa`D1n
 ZLr$nd^uvC)lko$r>jlac&9*_STI]/A|-;XRB.Sie=lib/E^oFPw"gh"OD:q{<Dk!auLm%E
ob!H9]["GMdLzFSbKJ=/F=1M4)C!]z 07GTq)^`5]Kz^qx27x]29^lpXOT^5N1v/'(bl|Il&
J|xuQ=n_Fqg@!$-B}GYhOHbjuoM|2k0}a]L{u3@1WQN>B0hb.Q3 cw_&S:^'Xr3,A@Qz`K=v
9N9*&?_]{Zb\EUI\zqPiwF9f;+jPG%VJPDhsVvviM,D*mm[OM#vBy1|!mQTw3p#'S"AAwtbG
/R^e#oxMS0y?i P}iJexy118]YC zj+\Hw";|=>7K:^[d.vv%%Oa!/vQmkRg Nn^$6q0U!Za
; ZSjO5$eC]FIDzm y"LPzdYb9TceTV/ZJKKtrW6R@9/0Q!AkQNqc%:\2*&:1l{<kehZ5d33
#/s~e?JinmG)dFO1E{]eH2A9v{s"RX0(-3O5II6[ddN+f,R=kC6G. 4O}fc%W*qj#}n_kp5
bVBm0:&Wqbj-Q~orADs`zT!p^ivu>$sl#88ih-g&P`$MWoa2-7x~zAUVQ*4nmr};tMw_y2jV
r}Rwr>7r$DK!9fW-?GtYb(HY O-Twq[yG@%Lm5{1[W\``xkL|"XQBX|z:ov&k7+ f+ik >Su
FWChW@:}>7LVea)d#M,=Wk_L!6Dm;em$R2K&HU]5\&uuUa04 *M#gBRs;\4<n1ISCS;7xR8{
*|*y(1+8%17'wQ%h?i4MMC^JqOUl~,:Ph\q}]ORP#\#k>t`Uq-M&o8X2#s9ae+ezcub[b>:*
!GL~CQ\ZqS 4SW5bz;s9r_2y%K,yOPd5P?6Nl$7-0?72X~Lnc.#$:3G`*8>ZaZwd,!+-VcQH
oh(L2{X|MG)#7%f>hA6$dc9UxlEzd[0z1`dYa!z@a!~0x_"1=6[8(B`*Hm5$ruppMj;{:s7*
TBs;(U;j hK"Z~wFQ7]^L-FD%.2X.9hbRLti2w@2MwGs/0GHjYu1i$HwBGv^S=t_$LVdX$5&
() ~m`ZR~yH-),>7&K.QVfr|F.H.;9$dPI]Bg;Cj>g*xdy;I2_Aw%17M[4PG;z8H2iJ>/{;7
@*j;{Li2si!rQG4&gq*^SsI6eXp}94xkQB{+Y`Q(Aqj:"4I78Z>3_}VR=p& uj4p#Fhc/jVF
}#&F8q#{KPo|osv'Lyvk$JN&c?YhwP4**@?_M<.%D7/s;4+3'Ism&bR]9b NX{"SC'A\/}0X
q(RmUB771%3Q{!3Aw[6o$ihN.3q6T[OV(<~>u4t=Vq6GMX]ky+mtzks>*(QITa-!O|6q3{+.
<#)H!,!2t_XE3Rs.]miD<Xfu,a756E:Ue,i.G%*[17($w%^B0ze9h['l=7w?Lf{B~]udG=$;
o@"dOW}+h+HpN=3 \^WU~^bVAV*'B^,!4Wr+^N$f?f0 S? Y<"{#ill@xB9#SHUskeXh4sw@
pc"t|'WTQ]yAKSt+szZ"g"<@q,(ixpW#/wox{q!ln]"ZI:6}(Eh$*Xc9W\MdIA&~$q`p#|z9
h OW<AQ4|Q?_wU?l"QU|#:]/V1R{qI*[t0P6A7S0VjQ@'j*RU%}?Mpb.$PL_-&Mo8RH_Td^E
```

Monday, December 2 — 2020 Wed — 2021 Thu — 2022 Fri — 2023 Sat

```
u&(vp=*]P{9OD(:vkA}_>k$rtd1`hC2Tk>q^TB>|k"Tc>=,`q78'GY%w5Yi8L4G0F@Iv<sWN
 XByA{N&L`j2/)Krpl.,1V$4/s}-Vz.=ii-"*8ZY6v'BT&"kih3gNB0VKOib^d B*8q-.~=K
RKJ*c{E1C/oJ&.cPcoZa2H}pG+R3Yo2?s^-O<%bSt,<BP2Z[Ls7uu{cC@y{bBjq3|A>3$K7k
YFYos^+6,8+YL_29U1|YG9'8v2,3Fm2X_O18 iG?\der_tB3Jmox@kH%C-h~hD@,\,ElR%v`
Qk0x0Bf0Sgti+^<WP4Hx~GU]Ju!"5,gMEuK'>j12Z$jwR3:OllI\7RPT/4CWtA1;"=mbC@Rj
}YpX6\C+#lz7F[;]PL7I2VGk}/.H 6CV)Wfk3bUa7u)ikR%HQ;+vFe53P#SXH4S-TOcV?gXb
|4w^]j.&^9.k%;nOLQpRL/c9*e^N4VQ8NSr9GO.72c&o'lfGZI$W\X5L-yor@"ZnD_+wy9q.
x*$hfcL&[^c0WD~CRI'Gjl9u!a4)iZ4EH-wx'(x^"aFB_nPCi=lyS1tmrxi_X] L6-l{C:v`
Ge-^-@ZG5sjBD|pWIpi3a}/|YivhY/g_a#{,-iUQ{RHIIMQ1dn3,=hAut~.p8F],_8QQ]v#l
?c(A[9TjaYA<Ae(l\c%htaD'K"Vs\B|CFbtZ+LG?Y<x,Mlngf`8_i.A*x=3b3?3nYv3wrF)P
"b_iYSy-j.}00&9]:)ha*6At| ixM[/,z{Sy'\,=?h+Aju0]%isKS\]>|WWI,@v,3q9J!90-
yoY3y6f6<R[={yQ 0vjZ\q#]K|;*i<X^p*7Sd)*f*oweP6iGP/NxaNNh6h1s)gd;/u+?W6')
5<wn{\8IC/_}{Xm}!Hdq4&S<}r(K Yeh~IZ3F?7'UeFZn:GHv*EqVN9n@rMoY5d8/sJ`$W9S
z[Vxe2;j7]/!IT!sh.D@j7Y>D`izm&sLhk5]`DpLjkrS+Xw<uZY?I.F*A9cd\"%J$0+@*0CI
iwH%WOT``'UpT7Fr!_-U*9aO"O-.352zT_uC[Nbg$Y:tXM2<3$HCHqaoQ-E'cfbo'Fq?e(`a&
vsd4lFE.H7sSGG,N_Q/V(;>R`LhES0WK3HznIBCz1[d\NH6Bi4z<?z?g`/JI24x\q2a{XO~O
k=_Pmd9tkDdh'KR]-Jo;B-i{@nxG~en#H6%/3F@iw@vEV9jm05/W!&~>]MU mWAhR}3o^f1R
uzPM6w3?O&8hes!6$onR^kz*`dH&b(K'p.Ck#5tiOoO!\M%/|6%gS`h#(>?ZUP0VDYKIvw>U
:GQwULY|AQK.s1YBe^ 23 5|.+LkIJ4i+^GfMMo8p7U:Sf<E%:y?(R>A&\P-g8HIo/2v\w!/
Dc_be2w|m8~sTc$R~/p#6:1h@*kcq%YoaY8u f"$y_.T%'PTT8"flCo8q@)V^jzb6XZ$qia|
]}<-Y~OnK}oG%6b*H\nwAgz<v>!B{n"+q@c+KcQ'e]oO5jz:wJ_o4Q?WghTjy~N)A,WVM7^0
,!/zU#HS]b"AD-?yB<g?2G)di]J=?CS%$gSaS^E\;s0P!Ap^~^gH 6ad]sWp(bp"qCnhY1*%
%V:RCoTf?3JY*0@BHa!QlC*#6,(%xujJR>+J;1Ut_eZj\cBek$l-@%Q$%Er]W_^6hiINl1IU
o6d0@#33;^z+L~=F5,q8v0D'eqGNM `*)rn#fiD/o8]]v%Hu`i`2.x^[sJH>\3DW?c;LL$ f
%0==GG(0E5V"ody/!d,78GK~y(D!)>N8L?#}~>tM%kXI:kSv*^"9z?g]QNO[~NSZLhe` NWn
wkZ-JLjoy%{jY(-IznYJ,^3bWt74G"_.-p2`&l3!$A:4#8_/PybvY]A5Theha-/aFEP";'^3
q(%^]j%8Vl8NNS`s9X-. huTBC%i6(s'U`}\j4mX+!a(d)t!:Yx;2->R@li5=6+~cEyX5<!*
iLN][N<3k\yt$?3>dhe!Jf_`yA"+I"a#6,5:l$H2|`cpvllhlvHzPuEue9+_"ZaV,[FQ@*j(
bAJl/&,%tTJNaeTJaIzI"tve38Gy6"o#5[2[U!Do&zkI>u.Oiwf(@?UE'_bjw,7Klh;\O MY
)R@`> $+W%N9D&y5\;r5Xu}cd(\^A/w]<fVTe%M;XDZYntgl3BMt@y/#:@`D8ivy:3Ey/#EH
4&nF*E+?w2Gh .:=<ge~C8}.)`<J3bX 2+^+ca Y_gg~WSj!W*@2tE@JGS&`C45Ol{7IE*cc
:.\H6fNU%m[evIV.,`7kk8'7~d5EjKMM.8`%{6y&]Cd#1RhS"J+}'po+FC`H1rJB<)LaH(Yz
s=IX'Z{I4;if 4gw+[nOqywV~Nra2jfbhXK (#2ECI~=,?Lof l[E7BdwG[.o|H3=c}LL.^#
 2dQ.4yZ"nq+|0a\UX42NK*#gvg?ZIMRIAVZKvx?Zx4cq&fKAdGzeJpQ7Qw)1!% hHK92Ql>
7dMEAs>;#7'r&ngDkOiOJUoFfZXKtOvop1Z9m6'Z{)X`zw(9mc~s1|@YR96l:sSUtsg^ izx
pNG@V~|]=w!i,TT~o{B%r)9Gg[ raJU9)`puP9:N^/IPjT3Hl,8(pse:jIOH^p.GPhW?L8<2
?Uo|#O_10>W|v$m7GD:>PbMefNL{Q}Q@pue,LgBTlQ|<zg1]iHt]S\u"(Afn*;Fl!xw'\iZ|
I{zEcn[-k9t~w;/TDnu-Uf)?hEZ5v>*X8X~I5pG*/QPun~nCe"{6>8IPa8sV.J}hr"(,,e2g
A$S)5F;Z0K-|+DE&rF =;r;z3}DS?9I(]itZcoAilg~gc EA[>:JjZn?5]uzU.+Bb8wO~I=W
~WmwF|{o^@mPCm}2"]^.k`Vs/}]HsU_t%lr!Yd#!_\B.*7(pO.j$YsL<){G7SDNa,{sqnIsJ
```

2020 Thu 2021 Fri 2022 Sat 2023 Sun

Tuesday, December 3

l~AY/<SQb>M}TTa|Gp{j!qK%mwh}[pX\P}>Zf7Vn~\bZOFm0x%#PYl(D|^3. <QR}89uWW3J
j?(X;Q<sYcNqLm?n;bKn.lOU):H+.Z30_}'~P8Be"yZQ6TI+)N.W6Kfm+GB^Sj,3+xtSoe\!
!xK0b-fVgc;[6w[7<`)rvSe_9]#;fk!;*h5JTR^+>I^u-f!fZ#YvL$zJ/`N[<m0ax#_D$qCf
%,r=r!m:B?=h;Ti<VS^ze8L`\`E<|g5,aY`l`F)M8+-J9VwXciq<FWwbw'crL-VR PEyA=lB
.%.'+>5Qsk_g"`Ut(]+sJ`")\X{lpF!WfH[V<X*-5!vZ>K\coz(ay~(>'3'y+)^V3/72vg`,
U#G$\;v<;.W<Z#5d$ftZV-vF:Q(/0;"a-\PU6-9Kt7+oLV^sR6NP&U|4&\zDu%ur_t)fL>V`
lYXv#^>FVyfb1IeO//nI%x@]}mT&;Ono\9=T;7cJ%zg@w-|fUI1##I=Yv>e8)b@}^oKbr3_C
==smk%.Y2"%|-0S*c qJXyI9}6?-m /}JrKhAa`f:E{v'0.D\L6A\>v7x|r-5\6IMR&_jlHN
P&2\Qa>yP:R?9MB3huFNjgP4F>j#v8Z4'z5&*aI6z:iK^LvM^j?=,Nir}oVVZGIwwrd'ail6
-#x<Yn_#~nrp!GO0|R~o{2*-#aFcT^#w&@>qubJ7Ln?th2GWzZWs+.B:5K{sMMDP9iwcq_c
GVJlRb/h>*nZCf5bF^7mqfI]R]~jq)0KS7<jq5LNCbQ\s@,M13cxT;\k'#CIc4=[u|gWG{ }
L6(JI:rXpo3_[g:Zx+Lyk+j3qe;% c>x_Pzq+Dd[_+bSy$s}ND~Rdd:Wn.$_!<[[L%?).u`E
}"|Vy'Sx^+yH:u'/d/LEG4jm}:wIIX9FG)3s;gB~m(|BijzidEm{=@D"/{x`R]:b\7mZ*uT-
}x>4GF5Oz6I]Ub*VfMeRKe7NFqhD*h"`@B.3}ff}5rR=D2)Bq*}LZTJ 299,6C$aEB>LV[`Y
<OwJd6^B[[5WJ9eF@z~i'l/HwJ{MW"b'*4A40G;Y$a=$KHb`-h}bI7G9Q+/S8rL<Kz?9j8o<
]$w`/Ce6L4I\;(pb%55! fk]l*I!9tQ_]*7k9$~d\]c'wV\=G(uw%vRR}f?;ixKO$Ni8D=:R
AN/nY[,e(K=E"DkVe/Zq2YI]Y\gR+=gr{4~Gz]<#6N}TB&|\k)DRl(N1.F`_0-OV{`v].[v=
P,\p_R8pQ{}qGL=|zG]!EK+9Y!|%!J}eTk=~[(sE|RJ2aXN7Yg;v2|=r52FS9O|lyp}d[!O
W=pUL*2r-ru@eM}~UIUH\2gJ0h-187=T9BF2>!|g#n"vTBkF/Zgrq[@.|G0ZBIRxxSy>O>*-
A`MH[k0hRQ)gG|U{mL1S;bn{]?gPXHfrJY@:$n:5;$dY1L5MVQE~h[m4Z,"E`qSyP8="s6_Q
,^r5+xOSi%"5s Lot1t.?]S>P:{F"w`"|Fjq}`@_\|gJO 8~x.(dy4+$k;oz0?#s:\-^m,Hq
wD<y@gs4F/m<{w53 ^l1VSIFuKo"iP@XdS;W{&#0@n}nUdH4qTDrC30W6v7J)A`9}$%Wd,c6
W6dN|As.[[0&Fm+OD{zu-OqOdk*;Yj$@7Om \`FpydPW%o|+D[=x%L2ka{^%s0kitd`>*AR@
@!c0Xs?.?-Fn86:](--;"tjlpmpmq"qZNYKhfGJEw#I5$L,B%96 "8zB)Egr\A[6l@TCt^.}
C#`rrc}cPode:qwZA$A8?t}TD}wL.Ty5OJOay>$]2%e.(CX#,3kUudm4RTl3eI^5[u:sCJ$\
e[{^q/W"+F^E/1KWCS|fJk&tu19c<?%IpHP-$Eo8?#pG 1Teid&wRpw?Z!)L(So/=d*~H%{c
803<d0r~P6i3}pyrilM#nt>">Z/,(M_i!@/:oPT]n4^)QX?*Rnw2P!%r&;f_CAOce"_xl[]
^t8TzKWICcC=;g.CUFQy]Pn VB$pH}K2o?:$Hn, ,~tQ6x=^NZy[ssX0SNQX?RJYQigX~3WL
gUA+Wl@MA?Y&|I>`sXM,V*OoRBLo^f0Gnp_LyYeMnl7->Y~o_q^Z(./K$'Cay\"3:%`;-biM
^+EyO^j};Q-5JMePdz65nf9lL<g[VWJqx/`/idnTKZpWphr F;G,&t?*<:3X$2?a4 ;P\oyv
[G,@OHb|F[0`XdN%|q"{8vIWb*`j:sWwlD\p}=J(a[z9KL-~"d?Ly5>_tRvcRA',H{MaG]Tg
j1C1^`:&W<LN)~DkO-D9gV<n,FkHT,q$TRU_s\kT!I~Mq:KHlh`k3slS4"]p=|<I#DX-(W1|
gL1fZcQ?_i|@pE+R]-F7b2.<(v5/,}1*Kf=L'jtm:p!_ =*/p#h'gHh(z^q)e_S]%gTm7oE}
4FU^*bW)F8}spgL8#HiOw!CPk_0,Va>G5uAS%9u4O#Fxa"g@A2}WOGngdoW! 1a6J"^oWHv.
eRVn044&hCgYqDE($tuKn(W~(S1 ;*m:Qh?(2"4EcV T:M}*NUY$In?BfAaDS/ATv*OBSNLs
R*21u|h^]~9Hmg/dWRa*hGo?]@Qw9GBba~'86KX;0t.Cv0#!9HtP{u<]<~g2:vDNskTa@U+
E'hI2ff(?ov5YoUCENKqi;A&L7z<Y*1[_{0r*jT\)BFz0\"x^7]i~2J7Q><t+ewKEn8,DKp5
d>WXD'3wr3>EvB}Hd.u d1SA skb^IO,$4 bLL`<)<94$EGzqeR<sd5%]S;<; zp-POeSr%<
};zHOt\xhOut=%#[o0V1]zU(jph$bw-uA{^mqe &alDOJ"P6s4Q_x$!HJ)fB2Keo3vIEmy4u
zpdwD8AMIkF lY!co}FfknPkN\77yb@{YG*nw<bu,[TY^dGRp%Nv"a :3P=XQXy2e0^Gz\vJ

2020 Fri 2021 Sat 2022 Sun 2023 Mon

Wednesday, December 4

Db0O?R)AzW&.9#_X^,kc67iEGE.U.h8N1eifZD2ovpZo;j-l7}'!{.bN,*2F=$k<5/tv1ofV
t{9W>[h5AOF>[skE{Kqvp3N7s2TkzP\J[z3gPfd'4G5KFVLwPUNU7]NA5:+hJfE28n*-R[qR
@|tG 8A[lV"dZ53V_w X!.L<_oIl;[DI4]/^cnvA454n0IQE0C=8SDp#7fAy49ux;O\HIfJ7
&b,METm|8e4b~orRy|N5K~a:YV~f/jk{X-ZZ8z_zx:GdCyAT[C3+UsS^PjWMUE'J[(sL(m #
_NP)&[3h+X CGh3b>w:;fO=bP_P6[ZsXc#:\5uG"U@a/Of^%~DI'K(`H&}PM*H[XvzwV0mK`
q8yGMu4QhK1^Q@kP`pI*kz%=N,w:vUdIl=jYJpLN5PhwP9l[\<AMS"!407I>G4ylu/LhoR@
HSytH51bCE#ig*_3JUSrFh;2!<5M7Clu,=XTm8/}K!1_[{1=|T}@w,sMCP<2-z{j=?V'*ir1
q4%jTV#%2j4P:*:e)bBz!*i7*TiW:G1%jk@e$|K Y)W/m'/UaA5zeXoUfCc4"&6(yu#V>Th]
/b6!,ffIzBi&;2blKGI/#V%TPd3lY ,|uyWy&pk"G7I=&QSL,h+Ovl](RY;Xe^6{1M`/\MRd
bPd_rlQ3)M&Uv$RpZkBRx7Bybxs.#0(veT(nz5$GQ"hM5]S%LMIkoZ&|Nn'GoEh<:B?3>"w
Bk Wi-8";Jr)`J1D@Oa"XO;kaYoxy`1u G55)IY$Be<JskO=nm1v+W0jsM?"@Xj(l,<1(7$l
:;TVzS_+wg640$86VYb8]!hQSk]G?~t/1Jt:[ugqtMC|hsHq<. &JACFV;-r&)ny64VTF^:D
a<:,#NZ%.nWj?8q'J5/f!{Ujyj{GJdF;ljl<@W;TmN$yG6X",?YBCRo"&WGgfN}tNc9.ovl8
:5Zz}:i]Yt5-=>kQqqr>[QBD%@bC{-E4=y\:-mufBHp.m%[moeC?@dMq!+cx!f&2.pN &&Tj
Tvq@% +'t%ur~hD{&CLDi7(azNj_$j;8$QDL<^s3X'r:.Aqb4}ikQ_4g_'.eshQGEMY%167[
RA*#2"S@p$6e,KH~K3^!biC%k.-Gk,NK~8P)ShZm&&<'X'uEUtiK3-idhal?piHR=n^>$v??
3spFr**Ac)AQeYz'Qyh)/LhCE:[PAvFSi+b!c>M8upvM5m[0~2"g+.eonR7i&a:YL1Vm_=nr
,/Ygwj>Kc&dec`[c_ROkc_z}uA?4G$m kX8qy,-tn(,M{N$]Q1J,F"&3r<-$(Z<S~GQ9FW*v
, #4{t*x10fbZBS>VV(3_lJAQ%Js8.+$&0gU4KMGI@RB?On=;c?Rdf}{25rl+3a;Am^&}$_+
h|Z.lH-KtssYVMXB1>)t8I9P?@y^non|O?{8oa}x|g~y%x06. y=<h{0}?;a)]t 9f zd9;l
dvn-e%n<O}kUtUjPRs#kEN<d!2"s$(gf}n%QM^xJhBT2x|91r$>:Ilh)=L==M+3&ycA`U?]n
))9>XY62waWKQ^"!H^ZHlHih|qWxmx#'gLbOA7W2:@X6f"kR5EJQ.pl>s&cnjvc -Xbw=ya%
=Q)_(,I TCt}A?Hy&DH&pPkJ?(n9Oc :^eIEoqAr0{uzH{>]eV?EF~H_:wP=V0FsQ:%a%}ZA
]V5=n Lm;N@bP*H_(^tUmbi<=Y2)zffSxh=NiX|\4?.B>fV`ZPOJqJ+*Z)dP.maR{/M>iwX,
>.]T.lb/Pgy=*g$H.:?GKnZI2?f5"YwCLv3]<9%#Z\~Ho0C\I6*n"*.Rpsften[7w4JwO(9^
v7G:tzIPDojtXI_:YjCy4$.(~m'p+Q[3au]430z#9\Ve}>ldtwUNt.QX7,UEf^s(Zi4cTu1
jCB%&n^cSVkXR:S5k e&yn{[j1LTdC2xX:/"QQAh=jTRapK`b/hNv~a%D@=%ich]RE-B+jxB
"D(n{P_V}I~33UPDx'Htv(l|G+p2rYQ!M>Da&6up|Y709MnXf(Mf?b%S02fLG=^2?Mw?98o2
6tFFyd6+ +mQ[fqh;(sH jGSxg0a}&\RHcL]'{~ "ynMjPk;0F`@&>4La/vvh-wl&QMND_ u
"z4kTE%X9zD_VaSTi7 2W[tYBlNcs1ANJaMbJ?YThEtKRj/YT|<"2vj[^rU9a6[@>-Wng:#w
I,.U|Q{]Cf5IWO}NQGwZ[P+[\ng>e*n84qDK:5$Mnb:yN0Sjhuy!T`jdliGv~$U&7Dh1NdhG
g1Gx!)7t6.([iE{bMu-^&>eUo%Kxn`>*5QOc v@~y65td/RoJBW1}M\F<(aFsVivP?[U)Y#$
~b \UcH?Zg d1O'fmDP?OPGVDH3)MlT"al}VXPIaM@KcV+~^u&*N8Gly;I_+/J~O:Ow.lld/
37T}oMB_2x3M-Z4KVn&(fAQ;+|>VSC7 vwFcQP!YN\#j$vNRA)'9.ipB`2}t0ZtDH!S&%@w'
gG_'-MPUwe5{S-t!VK} GMoj*j~<aYbUB*!Aj|U=m^W,ousAsWCl:['DFP,#<DT }SvKP!!(
ov_}rrnPStk8<O/TLem `=U,J|\t^6[8P{/DEDGJi;kRIUu{i(|+:*v#<=VNI9O}>b0x]oeE
$,muY]6$thlmvpMD1<9iuwjVf8&Aevyd9Ad7Sq:wmVji'r*[3\[[>:IO"|jZxz\Q5d*D QAo
O$@Hu*{n2='~kzB3;<u+NH%d.RF#!R(4DSo`t)+!OI;+T{]jRO8*IJhC>dj:z@|HS<`TsPM<
jY32aAu=)CCG'?[n)M\?$NJkjK@Kdn&281`M8Z,rWo4E-v=,\r[&='9)P%=XaE4AgR!`,lF1
#;C94Z?t4{Nm;!BwSiL#(5r-eYveg@'WhH5<UP'E]^#hs?2tJ(MA4Uk`mZr/Ww4{~or_6>r7

Thursday, December 5 2020 Sat 2021 Sun 2022 Mon 2023 Tue

N4`):ZH}0<^z\TxK$;@fPd{IgA{WLsF3_9C0+|e/wTR<D6SEG$us\sk!hL7U??Go0Mq8(V b
Jfc8EfF7SqqZJ=)YoKv>NO*y5eG9An-Ep `bN4Th5'@MkhVz3BMv(iOz_":VMGw7QJ 'tIQ`
(L40drIFo8Ns2nST>(T?,%jrSyzBC0,0"5bya~%xoQ?=Pv&A&I+KfikZY\1o|I,0) *Q{+3:
u&a{"}f`fe/iGx=GLVeNME{)N1'|HV`3Yr+|xbxav!lF_Ux[*x|+_M#7--X{oyK#_x?Unw2E
R$+bT7(iWS8J_Y}B)d;6Xw.64?ny0YlA*#-"`(TW5&^AaJ2K7m[ZVpW\|Fm}W\gy(vPtu)0Y
Y<mlw98XjRA.\NiBM4PH@aKJ8U,ag?&"-%L* nc``)"bGHeR\Z\dXp3ylWO0E 8\52YE!~aB
/qgzXOj*%p/s08A:Nm]hU$mv:^/1.P5W\cM\AJid^$uqd(<[2[(k<&u'"J0jr@=]rg)GCZYz
J6qm:g(ZPAzWJ}k?)JQ_<=Dz:F08m{);Zp|Ul6|~y3nCd#_<Ei4=AYo]-&/`XJ-"0o*#1d=J
Av`m~V GTt*u=\'83r]b#f <kt13KP%<kQS|8Dn@h_+=-/}ojj2X&$47GryTmy2';@fbu6hI
/N?|gU_JpHx55-$Q;5Q{X6-Q$NxP6eheCw0F6x7S_CZD#/+fmc0Mf$G7+",adst9g}A9wXjE
ObU/iB6}/w>M%*B&DuA{9+\},#fSf\x/ffh|z*,/Gf&Ne:KisV:QG-/Z9H4+]hw|ESJh|E'*
XV_8TI<zo'h*E8N2&4^.?8$@aVY`M<*B[ew6&mX_9kEQjElm3JySf~V3I}=/ !PFu\%g&BO:
,9#fvGtwtDXjA+\q0u$>b~I`J2ru(nz%+M'#LE](p ^OPq!CHT<T5R:B[GYlMW([;9%(ZL(`
qo%/:f\/p=GJ-O?me3%}!658'Ws@"1cRDtE(j.h60wnZOj1:h;>4u8(nD%?g@`1,9N\'%eBa
9kM*0]{L(G/bh9'$ro*\+?}Gqk2E=^yUel'^lK_1,wMyv*A?6aj@jl,^o6D42n1^&hmW^Fq~
@+K~XCJ_vA[DR4%jnX6@a=}rTOZV>F8QFC>?xTA(7em tl M,vw4:Auc`D9Ghj.{R4rD*<E$
P${>>V0F|D8Bj0#X:fMc.W,kakCm)(m%g>SfP;["L_k7NS`T~5qK5v.!PK*U|9oS:.t^:6#M
?jb0gaZn+P</)i<q#%+s;pAy2bXjH`omMox6YA@DdK.sNkg7fiRhC'P'x0%Lx;BBP093tNz)
Mp`3Mm8"{lm7+3e.u~aOR9zE|M$'RcKJ[Ow]q=o";{QYXeKG$Dw./*QjEUvw(_F}JV*.-FgG
<ox2D3;G1p<l%\C*pY"p5$\|]}bLJ0.#d)Q8z0]8!p [<kp 78Wa#vZ}J'y|Lyd+wPU|yK4d
(dq[[u2N1$?gW~yXmeOSRA5-9/\ipKZ>Hc+HgD!A/'= Pfyo#QWi8cQ*mT1T,9O<C*]dB4^
/F F#gtq`1rZz6>9\l}lCp-~U $y@H2#4;E};O[}jIUuE,rnR7Ot1SZTB*X8oA8J,a(c`p;(
3OSDyn\s<*Od1RkN*us1nF #on&SlJ|E;V!vJqPpRZj}Y5w#|Vw%+V2Q[ubyJ|s?=GJ6~&;>
"4DT1$PyI-V/-pt-AZ{4wT+8me4UHS]^stV@~.;2#4E:pDpApForwV%*8(t7VAPMR3t,_+m-
` BGI\HI@7rBRd^#s+n$&rG'U9gb\|;FQZQV~^P?2,Hji2w$Yb-\sl,REH!svQpK<5;%|lV^
0)p4y*P8]#"qH15DW.m+pc^&/M*hVS!p5B>_g90,];HvB{b?yJWh`wjDdKuskgyqg(,`C3%i
[9{_M"pv4qL&&@.1t@5+-k&LT\B#&G=TQ/XrJGnPtDHu6-gSR N;{)#hJoBXKm[Vj?{D={5M
H5TS6wQC+cF+-c'hZP7rV`6Z`T$rks%c!I8\$,H6=|l9==/Xz$A~J8tPZ/vVIm7YD@)* Zk2
.7 0^4B)~e=RLx}cdKX/1"=H,fgK?:H[ql.udrV*Mh?6W3/W~hZ!*\AtmWQAIbYa.1LL@uFG
\b)McP.TT+W%zBk|H1;?%^i$R;x&e?;`q6-YS9@86p:nWKw[sI2;My&G+37\puA}i%k2K5m-
/oeD!YJTo3d1dzzvTW\[`]mHNB05-O3Z6*oXNb8'&Xy|p_|Jxr=`2(WAR [S.8F;9J9]Wc%5
2x:PxG9tt:bh%|~D`_E63o-K(?EgNz') @_ lI@#`}z9qJ6(V;dr3i+tiGTU>Cn69'!,kPvU
;iybszD&N3{2XoaRiUjk^O($6,goCcw>Gc}k)Z*ZOxKb!'K5?F>43Gfhylm\{t1dJc,6MkHj
1S79k|\j_al,]KL$qq`"JccJeX\(77mnb71QM+T;*-:FJKZ.q6g_}@Yn&<LP: ZH!}D) z-p
C9>df'IyFfS0VQ>v%PQXbi'>N$4j+ PPE1L9O&JiYkjpC\51e!B^j3LYM7$QT83\?@\Q0c E
jsn-2Gd-h!]7iBV;0oJBo$yzNg*X-)kHV]34Nn PN?|J!1$(6s7&U;_SF[E]a !X~*htLL#!
3{O4Y7T_\Ro?-euom0X&e? `#%Np89^0ja;(joUur?VOd,:6K8f#X CKx-bxa6pH}$`:pR|r
]T1M>Ce7_D0a#S?CBW.@bcJ9at[Ta^Xxc*V'SHlFcYkt#0?H~8);Hz./Xw7wZr_]}*u'@"7~
SwnQ0w.~SLpXQ1|Uxf`yqGHe-Wp|K<RPEE%7CqX|YA9GG_a9ID03P2fNRy|,`,%w&8(U,GNw
{+.bXI\)]yKP,691.pM"f<,o~#z i0.H_|vfdVK~ugcK6{Lg0?t?.8dWms8$sAsEVe~c-~0L

Friday, December 6 2020 Sun 2021 Mon 2022 Tue 2023 Wed

HqM{MB*pzi=9_3c)cV?=\O[v2f9Yq\|m-eeCn&^mg7_wsu:O,{AD3N`tJLn<R1nuO@[tI1:A
)F0A9Xd2/':dt$0"O=xC]c6y-TWk%N C8W8}.q`wETLKeiylo74g@9/slLwf^OXMqqH'Bym3
7V{cp1j8xVuqTC{"jbbdFK3;NQ;YA_4j'oS?PKRMkg\hrNC]jy'.%K$6rI)\U;E{f4T%I`s$
j/924Sn5y~v?H}*m?9_bKs]^,QH<;y4[[zdVV[>>aCs]N^IEnQNqg,pCTdFV~ rcgBirj6w%
]%<O]yVzWpDK7ufli7@%g;I7JT;f5ewfW&x]R(G@#@G2tXx`|`-Ctq,\.e"LT<ndRXGu2Juc
5(.p/|4p2fr jv~|N_kD6_"o% jk`Vqa,:W~49T4wCo`\E&a p'yf5-9asF1TKq8KkL#]6>
|{BYCu!`sI :F}V}lZ+/?GVlW=avD0yx#oLVhO1BwtQ{1Q);7.BN)rIbW^b4L)[[L\!_^"!6
V3&u?!>Fo>B<rTyEJwaV:*3"(7@w7I/1]:V{HB{wYkY>JRcX`M7LN8~qZ6x*[-hoE1\`unPr
Hd#1/No_3+Q~WG-wa94~ =7>>t$H|N@r7irj/9CndqDx1pAqsaB6.z-0&W-Qmb:j;EhC}[;'
QUh%A"+${;0_"P.%Ja=LDJTkLy?ACzzG$?HzoRM8[y,yo<N(4)[ERgk}T>\e-3wS$;3'=IWp
)W 3{W@'a8*![!){b9gXI0nq<<RW%;UZ,nMBy<N$<z`3bS\kShp8})}+[&I9U?X5A@h[~fxW
|7f!eHOQMv95>qf\(;"$nBZ+I`()<y{8gp^S/EOp5L,T$>d?ced|5W*{:yXDN3&7>bfss%|I
0;*l+-ev?Z|)R0M9^Ecv>e#}6RLt11*p'Xe3V]fBbVN,aYqvx(.@worZSJ7BvI;AqtR@kr2\
3JNMc$]VK04`~u\k\hrk9$/e_;O'QaYHiAOj=EeYL$l;Fpcz! @`CJqL,aJeKa=lW"mDeK+|
0s5W0f("qwO7Tw*EJ!>tL!eNvAN.9JX^ZS$yq=AOXN7u%-}F5M"oiA{\>FO8+i(zp+I0fVr
URSvL~"S8C{]9OGO#U;6XEk]FA0xvZKJ8^y|`NFUOT)%/I_,uJ3qC>#85*UClz;~M+r]9RsS
kz'd(FL-i4+/d?n<&D){E|:i{VU-uepo1Q~nv_Q@\H:6'woD}DZdJD9ZIKY/|JtC'm)eLCgr
vud^Jskz{j%BSbgf)voDL(}wYLa{hv<{TbPmBZ4Dh#H4C[EMpCZ,mpP(l)[=9u8XQKcMp=mg
:OQw<6W]i;;X@r/Dh{Sw:%lv<c~B#E47l@*VKPG!r}Vs&?x[S6HL Lm"@rV s6S~k8eoPAMf
]4]~S|"?lK>)!(4.^)!i1qB1?%.6$oXKCa-/y/f%!>I6~x_+e_?rFe'&|Pin#$Mc.N5kqZ=E
/4z~qQlVf6oQ>Wowrx7]FBZZ0!*f,GmT7FM"tyP&z*r.fit[f.(9"|fipw(f^7CF$~I'v-*A
f/295`27jwJ,- t{prv4$X}F@Wu{39lK)^ODA1<,6Z}E(,|q\h-M(n#t/#KS(@[[|1fqI};
:y!wUN9$8qj^~\Lp^RIoKP1&WqFM~_D+Bt&Xp}ZwS;D#Xn|aLfP1%VgAF(2=R 2qrHm"Q-Kd
^V;?L,ofK1o7wV?Qlp DiX9g7,H,EPHGu}8Gpw/]|&Xq$f6r-<dmG4M`>lx%F9;}(MYQzDqb
RO6[7/OP\},Z#(T J~^KT'}]B!@|[m_\nXDkL@Q$WEZ+6sHFh__7&G`ZSQtEHi"w*vI9u{4h
qZ\fjBbBe8"T7<HRnJ{n'D<nb#^^kv}.>nUS%4HQv8z|0zt_m`}AX^;K6E 0KV7R)4A.'v+
]{skfLX$lT4!|#-c)/4bardk)O}bU3^H~:G497 DN4t[[5jrWB?KC-l!BW_LvG3f2}1)(_Z!
j%2?c}_!55p&s~K\50+Pkd?Z,_PEN[S'`[dk';4Wyq2x?}"v',1/_Ct*N;*decxfcDDYb,*L
[#](+9Sv-1}?d\x1I,d:J6FF#qpsJ2T$PHQ{5F:;95G_v 60ow5fn(qoK'HWAs=1r~Hg |H[
C."<2<=|_Jswxz&lNGIm!r5},hV[+[h+P@7_8q0mTnMDkb>}~HA3TkDYs(NHT}k}$2LOfEZw
x5xh l[5~ Ju%AJC]b5ia"rV}f"_\Aat/W>V~?C~L[sb\B_Wq<C>5{K*:g3**8YEEL3u&hn1
y]?'Y^1F@"(xc%\ir.P}f[H0o[Lpul4O"qI|pw2q^dR%b(fNb8p?)J+,]GFqHgW2Wr3~il?D
cI)yi;M1|fF)|:+:F.dF#33\)Jg>S6)r-MaB+]:jZ~sf*J4Q.[BFVmC]L-)dacItEu2-AEvb9
q96b0{{EBvvjAh"pb,)LGtW#GM"C6+&oA KeeNU#E[G-~y(Keb:P (]hLS%u9b3/<RVQ:t;s
Zcu'1"-8erh},D!V/%h*a6T$JY'z/bb)&vCLKK}*%V|s)iicy3c?YCS+?LO({;zvyu~^" H}
M)P*f%R}RK3Yi~,|^S'.YeRp ~BpM4W8i4?5\a.{|V>b. f"1g%LX$#w}h|T;UXCo(IOAdyq
TWlyk=$Hu^d'2kR]%vnKk;^^vR=cFq/ZFZv VZBxDJEUG@mbPi9t<#s)O4p'.B- dEw^*<Y
PJ$3:qJO*RK) ~BM,o&vCr399|*-sX2_>0z.G|><Io _w}?CZE&EF;~*#c12, "HtBq}mMw
-":G_S3K)htD<1frc7A0OI7n1w!TZ`7i(x*HR!7^C>;(o-^=)Q9-k|_|+qyW2g9*X&9<]|zf
?>^iAni/TA^Hn[|S,#6nu998u|3Zmph3#-DniDo;?k=cy<3=8NF4Q{ZwP%TO)10 |x++D`*R

2020 Mon 2021 Tue 2022 Wed 2023 Thu

Saturday, December 7

FkFj4=`.,)_ul4I#XY]l5ZVt~CqMDf\d>&!(lWdy1LWa)sZb.=>39}cZwVEm@BQNG]$]M?,q
,{9"J/S%[h{D3kfv/:u~|kJw_hb.~OD/|~KKRXJv'ln{=i#"TASx6B>t`,JlQ(>Jw02dPv=W
91En.3j=B=~~.4`+Tie%Hb:ut.Xzug#0J[^!{cl^~P,X45LgeL~W#fA;)$?EDXM6pkw,R*X~
-4|^0)x M!gSPI%`T@. `aw{HBhPV7zn+&JJ:z&M{]n^HjW'nE][lr{QlI}=YqB1wCn@)DAH
oM5)uo)aFQlaU63R-N C(Ind~V 4TkJY(RzaM~_8G/_x~@aZ"w:?T}0U0,f%<H8N-7?"uy/y
Zr%/E;VBE`0vL'TO'9ppcd=Lr7\fem,*v75J6z>C|YUX/Dj%0^Ap_voQ0@p<:\T$3u]U8N2s
f/Z&u6tak{Y.]hgy|XBr,Mw*1^L rha$[t3Fk0FmdPWpt0tC4Z_xVipFnd+be7ug,9Sl3R.K
Q=usCK4i;!^>/fHx(Fd6U+nE'KD^5BBx:Ukhz^D3^o&)[EO3@ekc%\))]G|b!<EkBILMv/we
g/9V h#,+gNyd26[0O2=OH*.fnN'o0,I~z,q.K^h,|q>i<>00}AAtbe5yj_|@(C}X{2s&(dd
,D3M 8djJQa^(+=VQJ7't[v,W}*#N~6H.cXQjk.EHfX1RuuP1&C7uCp%dq+}Mh1|+Ivsa0AJ
~95]r^[$'+p}ws)_9z8v%l#n^NA[v8G_v/9N8teqB{&b}SG/&}`ZuvzPJjj^XN%/DOTIr:jh
>9%pkK5C=cw^c^c_.2r-wOJ,I#Q;NLyR5)&slf<J7Hab"S0MKQ3dC_D1HmAp{<ZbFt7$&!MA
QHiOmkcU]~U)g)%_]S*jm9@txzUdTt>e6|;}!ABIL@ea(WNu;LL^)9iHzBCH\kliU&WrC C|
QJBU=8Dy56:(eWi1Ta3GLa\b+S">NC}5wjxZxM#j$Q:qp)|*=I{q_^65ff 8ti%~R-vN{,#{
G3dTtC1/ij6>9t"!uKEf,t!Ls/4B* :MpBBN$Z!2`yBo2>V"RLCa61"|R5\1}'9t<xrFOD<a
_"+ZJxdoNy'SI9sxt2Fw@&!):jYKvlS)GqxWa:\&=RE?iPGna/n,>Gw!L3aS1L4{~EywKF:K
`nDksE`5<VEsxNMM||(R2y>i%O&PQf25CNLQB~)'Q2dN}jH?'*icJk=;e3:c*f`W-,4rl"Y.
8.M>&HMp3zYdBUr$>crh^N}~+:wk&8};LeYQ,9ncNc>\-CTmT&G<"j?w.,)KYYj*IeI2r\0q
5+F*+mu1B\Wjk1xryz'_.{+HJEV`3@8u&X-=_1#>mHCft0?Q(+ksdj/6Ll,JB&`&caY\Ag.7
DQq4b?A(YjVO^l#b+/=^'[m^5^g1>Q=7:%KOUg'KPXUwCIq#l4X;xY7kR*hC`HqOz?AT=o)I
t3z4JP^x5<r1?#0@@nMtNt,K+a3FxgAL&+!0Z07x&ds!Xqf4CN<J@BJLHTEsNN=\.xsmlfPD
=`HP"[n^u|,UIv/8cl0&OEZ!:_Tx+Af6Eg%xe2>[|Xd+%.!b"u[;:Wuf0$HU&w[Z!<iAIm3&
jcwrK{/{"`2@&pa\:a+eh7>E)%D_pFWYwKsJ,bP}m~6yC|-3gT}P!82j[iM/0VF\^h=!O>c`
J.QpsOGSNtgN^?UCI{^=KZ:@@#l}7LKBj]ljPwbE$*[1"nYbSF41!$+^5j`<~.XgmKC9R(s6
=mw)u0&OPCwBz: %^x{B{l<"/;3QK3YESh^LGxvkq]j\:$q+8Qd[DbpR8 XdX"_px\@Bx#s]
[!>Ux#!1D!^E3wYr}6^x|6VQq&ux=N;sTh<(OR",p&Vx_?rM;d["zNC]$-T7_B^^AtvTWC}e
l!%H]L%IU5Dw0Flaz+&{l:l\TF`MnKD;wHI=Qk_q"?~ESGpX&St4]GeakN%E-ThzN7E%rNt4
od\Al@Y5vxD-0J8b$WerH9x:33Gwlef~MfojuB@*eWF"[ei).lSQk(:~GvCD\)at35|7/jR'
vsO7P4Ox(8%h>%~5@Zc$+{"3Q4LhsaOmO]:QrIE9W"[#k_W[A]8ccGz5]qCHbkKaV,*Ck:'7
tT?mWsrMrK1r58vq]OpOO<(% }[.l(97&!t#qDtyYUK n*$/_HO=B`tf}_+6y}lG6:WvmLv"
Z,lK"]`kjThhX`S\PkVUJM)~wIyf$I:iz)^S.N*7|d@:nxNa{QX:(U0m$3]&,3'[7<%jy]9
Vgd7Fd}drmg.wW}#gu-9(UB3,0]{@2_A;{rmG,onj?1=/rcz>@M8k$Agpw>vd,25+K-E?0:<
gxEfX,Z!B"Z;r~VE_??B7Xzc/C*v(EC}tY_?l81YYYdXV1T::N/LXbP7x>YQtg10":-d8HER
m5t>@,7{m1uv0ntd20fS#g},UMXRqQ8JKnJb%X Zb'{%"z` ita2ti5lh%m,,~aJ~k!{ox(h
'X7(dc}JHYG9P*Au;=<;8``/iL3Tdp!ldKgyEk-1>^,%e$RZ1Kn03Lm8aQ4I.<1=<.O9^\y_
94hSB*0[w;.yoIaEYIO/n:U9J/UON3@wCD512EgyR`zu6:)zZ.&%]"tr?pU#LQQ[I"IRx),
=Lq(V0)6"zbB|V@MJ^0'5b`Rj/a@i4&}k/h1~/6%\"g7VE6T}bF=V~5}X1?j^I"HwR9R-L*U
e!PH9/0#'MOioDTjb(WDI5*1\w1*<4dDg[?Nh9E]:?Z={{=5D!8OV}Y@?upSo4~!I];4\PB'
c4i>>F,SgCZV!M7+9g(=Kn1pCxjOq5| G~hd6`H)*<8c8[(/kq*,hY`Q3.f~T-c/!PppxZ9:
7h}!1?'9d1eD^>T]x|~uvAK9p,us-Ndo,s-9N5_\FO~N;ypt;sV(SaGbA2~0!r2[j7hAF<v~

2020 Tue 2021 Wed 2022 Thu 2023 Fri

Sunday, December 8

gj]5r\\-aPVF(ua,W/oOGUbVRpo;Z4x,o'`@K}ErY[PnI+4;xox]%#eVTXbmG g_7#UT*wPM
p-K8xe0TX1^g1vl4:KFqOjD;XWI);Vpw*,"{)s.MHk>}K]eXQ|wn>KL@J~#>S<|;XFfm'T]f
\&$M1o%AhU1/j$x/l96>~CHR.k]&gCw}E0;)y`^<y<6|';$"joOHr+3Iw%[v=}=Sv"m3"]
*ouGh/k8_)1Cq2KluAhc`D7k7y'DiqLhp@o_ShZfZ,0]y1iTXh=SHRGOM6@32/o2_#NEsJvT
HM5O.4wt^95{UdHV]?p.4mK[S%XDkqA06<X^+]uv(N]7% _~X?/W3hISBgfE%#5,D<NjH`!G
cAs!USPI1YT(p#yW=bghp=$:[H;`j?KH<fhsto[})n(],ANJ>`Q)OSnz2GkA=Ysh}S(m(f&b
vc!2 5NBm_pD6JzI.&ph "<o54iEN\xZgGbp>GLI<kP9b]*;Np4n5#?Q6`g4d)Mys6.%[l+a
A)U=I?]aesx*ZYvm[ioljN!@'GVW_07vWSfI_+9@eHKR%p2]hR\rOH6g2h|VopQ`C,Y(viFF
jFtN|7iXB~~/B@(FjA65AD,!%3]fw"WHjxp(:![" N98=HC/oa|[Ed3aFauv=C3/b<8@V 04
{xx{DT\ald>twN(wxe^6Ks#y2#~v]MrGy/O7Zoy`czy+UEdPz31DH;3U15Ot15#Axo}u gj4
Xu55%C1E<(@,(B~7aIU=IA~!MP[Ei='u,Ogg/_De_:MQrw>eiG^0<!;(sFE`G%u rEg7l+?-
(vm34?t]\o<xyuyZ(&*,^:Cajz8]eMYRRWYp=:OBVGlDDn>J#3Y@lg~khjna)i`OXB7|YAc6
RNM'1M[AMgV,hwWV]!?4^Y0?CIc%^CC*!2$,7$TM,fl(euADCQC{VQ'C^{l.+6j2V^u4N},%
Hb2!z{81u9p0y(Va<6`T+T$}opLc xwlsYy}8R3hw/'XML;N2jd(xUe#]X3o4u}5wm8e`SAB
Jx]o1%l%kzQUa_|4!dGQ!!&k^e,<F,/}X_(g;U)NERZ6N1lBg{Sd{1j5uRMO%V$igOyGf`,w
(6JIz 5ONt5NrC +)-N~,+.Um\uhTW[%aO5u(CJPA74Xs_pt;Gt@}Aj4Q=R.9/mC{\,6Gx>^
%;}a1}?dm3i`}A$iYt@t?)K*^b~71X"G-BJUe\01aQR[JRQ0u\!h@7Y,gm&5sIM/<{J!v;B"
v"^>'+Af I,}M(OJ=9h#w |*K^N>}_)7C f1m.c[T#bq=`{ZV~wDOn9[s[<h~WpdAFh%.~8N
-)c?hw|~7eA]{_8`+ldkys|'wv5.&pk%KIRN4AxPc/Z~.Df?vWVnuoChr5parP&AhUIBs{ @
K#;0@|0nbC|)s3# *K*Yg{(t}wl~3Rs8jh{Eh+P+7.on,Ekr/>.tr.@3iC6wqQ2)'}>&,ii
<Xp>M8wqbS@/@&k0x"~) `[mQx3N=p238SFeYy2h|_iHz`R\zcs$T<ck{{lEU- \zv}/.x?a
ur%}3|au2hiiX9)<,/t8Z(i}&1.6Cg-zo(_6j*5Vgb63mu}TDM/)z^p7;,|{BCFYvY]AW:Ud
ZAJ%sT's*N!]:FoTi:JmFj^;oyDWo[mkyWPVGQDVBl9^{4En>~Ae<-^*hY AAW3W*N[7MP7(
4P,=""=#\br1VzO Hpv65vSbES"$|s5hv%Du10[s?gb:MYe*Zq!@U9gzlG77 ykf"my^;S:
'(+_%"9vy2%12CM$ah*K6{,AW#X ~3\>>/!$CX9EINaI8N;&iH\$? =S|!;q?=jGiI44.*9j
ygecJdr3/L/Guc[H[_gd@d;dwCun,_eylg\-,[W_gRn3QZc#,Cj"U'C3&OA/Yy!1"-N`Hg.M
d[,05rGy=S't85OLuxO #<rl?0fFYM45mdG<ptmKDI-olY>kG);2!T5FI0#B%,x2JS=JJH7$
)brj{*5"o)~*1gdDS@"{gA4HAmCke^ksfWpgK7B%Q^qfk {8rV~8Bqg>&dO8u2/\S)]lv'zd
4;^*Lnmf_lWd<cg^8C}axeOBH`Mrvv2R.6>zz!JLe4*xhs-[<2&zckv}phq)qrd?4),g!&69
k#R^kmvA%A~,=o]3^lxqA{)@!ykmcZ*VdYeD12}:C}2UvNVDu`($6a`N+<#9<E(xD>I*E4o|
gS@y6/UB#[>^'y&$VcgUQjgXJ=@o>_4qKxzu?67pSv*DQZdw0Wx^/VK>dwV*=\aw}2z-W3;L
4h?E19DL!M2w6,Ci=rEG ,;Lmkx5kru"Av]nUd'I26#J`(+4c\+N+.88x8]?CeKb2nm0.j0_
gZ6yKL~.:4w2W{i$,I0$l,N/7y3[P-CViZG/iD6)Lm?[ia;H5&mP`y}ia<b}Qn+=T*#W]+Ku
38pgKeVfl]Snsy}-wU8QL^1#Dr`mRIbBgIdWeq@/8o54lYSBz-6ifpfFplVXL}e*7`!5-tf.
+{VHBB[F(&<fNe{b[NN,)BP^Ii?`(8dN/4fhcO*{SF_pTr&/xX/>L Phb3-W-v-Dyhx/)kn1
Ss%2A.P}MIid&bD{-XyTxrEs%vlCWTj;SRK]Yt_!"8"![}Y/<~i4t7^E|^MZ?d"c;[?1p!4<
I%!WZJI<vwGu%7>v3X'KH~K+6`;]X79EI';/+)T'Qn|$v`Rgq~@=7bt)uoT7.zcDog|-7B'H
0blZov6{Q{#ukw7UY}J&/qFnxPb{c^0e&nSF,28@[z_<^Z]W\JcCnq2w~~>l+{vdi v)#Zap
?c{9{{P{UQ1[F3 +0K'*g]/g;LN~Xm_eiWyh56r_\Q3+d2BM)"gU6qWAcT`c,y\\@nJa\z,P
#@-M/7_[6'A<sx=#,<RBf*U2YY"Bd8kDZ+ "j;2-hdl1?s[0iZ5:x_K&%.JZx9`L/z#H_Ncl

Monday, December 9 — 2020 Wed, 2021 Thu, 2022 Fri, 2023 Sat

```
k>MF'U%Ddp#s78UM!w,H\LysU6DB:vNxiSj)1Seb#JxeDyM{=XkK;bBmTNcf?YTi>hM,C3wL
hHw~{0eUW|,.~B5gyP\2F`1"LE+2xP?XeeT@d&gs#cN.nPKN+s./&[;7TgtTtM0#!"z<D1'~
WX2<kRK#e?8<h,DHX|>"tYIf1faK:qBhFLuWV&MmX/K8vVQHJ3%mYf6IKi:--iHylLu,u}lg
'\7 O4!U#yVp[7}ysQc'!;>6q<4qC "}NGOVhslPE_?C>Ht9iq8^9J[fgkube7>Dd5Gt>[_{
vjCy0bhi5Kb*2N?3RIPK_k8iX.R0wh#fCxnZq5,aTJ(s,L;5Gb=ad2#OV\31Q`<2a~&`VuCX
><Zwe\D] !V@&UN}9VK_OB:*I|Qoy?UGD'<C`VMlc0Ij3:7I^~Y( kjGxR>GKQre#ZXORvQZ
I|X'j?jO14HA@Vuy~ Ft3u7zai.%\G2Fytj)-On2b<wG\{s)gvX+O2$CfZ7.Q{<&ER]Bs:[,
u2e%W!r(+e5}\+3*R&5`V8~lL{bd?KZlF5Mqt(_7b8+g5/WyaC~Rc?MFw3g}FbJ0hEun|VA]
y?LK^'.X =t-g02:?&8;<H$4T^RQdf!|"7OFqT8SHQ[)rpi'b`mO$i"MagT}~u=/YrwBijYR
ETF(WaZA1.%~0Hw;yEXOk@w|^C*8iSlOLxo6UX'@frYY|T24S2a>:Z5@JBrO`D<^v@4Kq<#K
qIbC,0fdS/=Y6?\Y|,w2<9<Z98N/}HKBD:/~wn|&vv#9'u5_V{;|M*%R!Y2/.c7[f,E/,h`f
>dJ#>:mY5+Nz5?M)}i24Xj+6owM!5g+$^3U/:iYg7s{s1_+R0xtpj0J9Q)Bt**sAP:z2-SWe
dT6E3p1<c^9AHtC.Is#f;-yH1U1HX\]9m}#BR_]57d"zQ4WDHI@H<4?%8dG2s]_rqvp;MJz^
pWoV\~n//7R4TJM5i$N8:r(-5zOSU:vZ9:GIpF>kflt3FG)6AyZJ+@wE=^0 S;I0*ALFX.l#
)2V:QnO&KM,rlDm" U0d(`FNZLE@/as0vF-4&v8vqFBnyR :$`cmu?voR>zn93`eSRf''rgk
t>UNL-_"*t"d_jDI`7C-K1}%*J}ty4~a`sXvP_*,t#*O%(?cVP|K["=[cW4N*E;*EhsT%)1\
dNp)<c^qa8K0\*J6}-[W@y9-E`wa8XRpYJPBkE".+`e6Vx1Xi#M|x^'5Z*bwq6u4r@%7\/<m
*[@gwpEj[&+w'!ie80;si&g"pQ2maz(Y7RGOy?iJRDVxj|Cx~%<jeh}5!v~6Dr`V8KN?rk4g
FGKl.e:(V+grL4$oiqw^Ug!7s{9_y5[npt>vex+|2F&|y"E/+TN[6KT2=>F"9d2cZ!I8&9BL
E/'Puo$Zpft]v51uq "(+-=T8g1<TDa`%j5{iS2p*{+,?I3#G?pdw!g*ymICTH]tJCWSV_|Y
()wi*]8|1$h=3?J:>G#A\_$9A'&=->zT-Q|8E"]oJ/oeg=knKevuyimKew$nwn`^roy?6Lf+
soLDwlijc{D9~h;,n zHWvTCNa7FDe4KI$ATc-fze8DtBY"I1Mi0l-X}c{bT5yzzZu\2"dKt
f0n|`(i7"qI[*-eZnh=am2:WAEWtGU(hniktNhB/-g(3U>av]ib2MS[=`4JXp7g&X+Jb,1A%
,@bkATonjz:(ND8n&F[)P05xeOlV"\((# FVlk1@|8CHjiih&*6u"x2iKSwO&'MA{xF*V4}b
k>xK'hT{Y+}Ddq/r}QCQm?n"SC";G}vw28m&WD(g+?e(PVkKg\,ImyMG ^ z=*q\+YxtcJw;
7D4+\pq/.Swl.`/)uZ ^=1R"'4/2xUu_+Fum-'XsZ-%D4ROQ@9ha;>GS*zYw-|weOp{3Zlg!
y(N#%HGTh\A{[VwZpUjvNL`=Y<FUuRK*@t5&y_4OvWz'K']OF`ei.Gs";*|`6&~/C,%=~szf
(lbVI8"P4F>p0l(YY5#upD{zsjGr_ s#JK,'EFfBdE'!|,1,A7e?U0b@)lqa\]Q56dCV8xX+
t$-JUs"?srg!`,z1Vpv8b->ZyX0)#KTzuT?d<672c&IE%Y=$XE9po1-bpw[["/+?Y1?jPnxS
]r?C/C(8H2ig$#<sk0Z*)l-J?|!r-m1AZAQ=h,<.'=gA<_~$VZnFs%NVWcHw\^B%VTxK9"$;
,ajGoAYJJ%|EA?BHli){;mIe^KG_x7pwwd7lO_THIOiOdyU_wb!~SVNyZH^.9oH6Cp;@9yl;
dY-sF4V)b(sB\6D2gZu{\%Kk28`4TTLH$Ge@>fi~-w.@-{J9O9E+i!b0~$hvThfT]UBB`mhR
mRlc"FiMqec'G^UXA9YKi.{aI")=sd!o?:S$"x-'TJ O!462<Ml0Wwq]i>iY<CFFiZ(/Pxz;
f$;{C263DNnbu>mx8EwlV+n5xC0^N}nmYi.=#k?qsJmBML_7r*!(N^-U ?(!+G.`(KFSK5r9
ezfRO/d{51G8ypZZAa']K2P!H>z?O6N6U'DO"yV\[}tQ<gs}s[7zK/nP;Wx:#n'lW.'JQqd/
\roUTt@Lz\:t~^|.GQgI/)!#{5>B8D&-AZmT 0!{d9qmsnSFh! >hPtK)9R0~AqP2.dN6KIt
^]TpD/mI41ySWsI`.`4B~}mZ(;{;k/Qax$l6w(r>@=~x4Dx3dNM QY!z((knN,(W~UbYtE'e
OVXd*G+7U&p)Zze[X*+;BP{AhJ<B/HUg`*C?~"jI:1KL}[?R4cB(y|)U<)uk~Bc:IHLDhdDh
"pvwepz!yc/Z4?c9`.12L?9mg'2&-?#EXc$@?B4u5obm49+cb5=x\&6agwI,Nd"8$Mx%5KkJ
N<4]b593P&5:R6.K9?9TgG5n{>QhgWl*`M]eLpUM_ML1d2r"w@b%=Op'fN)I;A+'K#MwR Ta
```

Tuesday, December 10 — 2020 Thu, 2021 Fri, 2022 Sat, 2023 Sun

```
HXNp1q2-aB@vJ86IPl@L*4<QIbnJZbBsJ,3Nutz%HwT1{REfzd-~{s"{m{'@a&N}Y,DGWs"W
Z/&K"[5u9&}|$`t)FtMGRV^[zRx"Tn&Ay](~kI6XXGg"Sky+K[97'bR0NKxjBA6L+u>2C%rK
PNi8'n0|sJN~M$.J1!9B\2Eye4hftFJsY* M{xszxVw@M1*++0+g8I1za[&BSZn6e?bt>[oW
'.\g/p}<txoWWCC0D'^M~ FJ<<sIbFzA(uhmq!Z<;iETnX;3~[MwXl~ye2O#=k:"32aaOQ1X
N >R/ZcXh&M>i\-enk|1EkWi1<;IqDf'8EOdi|yvU|vu9KJ=f0ZUqq\ T:Z!k:r`@SuOXB>a
Eaa?=*6N#W.=gn7Mq,g5QK9CW3o,d#LP4)jwk?F(f6Us><:GQAne5{M)Bxws0d7Ath7}&o${
[;qhNgDh$1Qny )Q]n&NzB,^S3#Y|3!SNb>:iP,y83"}0d4;-mO$m/5cFBm=TaT4OX_VD`EE
RbyUi~e/MG**T(9eG6z- "AGbvZ22_s:"_m8.Ds+Tetj;WT+-hjHKS^a:xbjG [!nqj}8nu-
djjz$c^+Q+\E||@OeF\Noi`:?;tyOg7@e0%plR&ZJsd%ee\0kfeNNYm78}3ik$_5sbLK:R$7
:G6c>^&yp`4J'z&D+)H3OjYp-TE$'t/T?rQ@!uxP79p<k!G</U/'e72='oiyl A G^$XNCt4
=;TA*nRIoXUEt2]vN!_^AmXH*g^y)w=^[}uABdXu(,A9Xh4fdG23GxtmPG>JH_?}V@3==e&e
k6xT%^nh;>F{#m.'QJBv+{#7:>nLe2,\pp8\hmn*#0)! }_TI$[WEap6~\>q3uCQ+zFX>pte
a;i.<7'gwSMmljxr|L5jVGN1(@_H3Qgl6V=XN^!R=]a.eA6gXfoTtuZ$WWqisFTT|X7Ng|Ky
nH`IPs@0cc,9 +iEV9^nrQds;KR?tfLG]YGtFin~{>@Q_AIe3u(uHcX3\zV\Zy9$Ik00RL+3
~9$>Q)Z?;eD)YDb~$e+][JtE(2& ]oO9lm?3Uym5~GD=1BR80a%1zr4BAeV*QO{h1urX~DmW
F~Vg(%SYs=S)-a`x T2<{'N#"y&%VhO\d`H7}I7bk4@&TU8$.)gw*J0x[6kPYkXG#Ge7FeBM
(X.3HfDD}a,] p7J3sTEa@ZzpJ%uqq+%-{KGWRsd{ 2YwvA>fkqg ;4Gl~u^'+rG[8..=3=L
lRPTS7~]_H8Xa]WE^$@v]O0v?'R7Lu3!/#'4CQ#FH=]|nWW_~a$]yoV+9cxQuhq|B_BXxPv]
OASPU=+F&W n~1\<=3v~z_$]>JU0s'&M1~f+WWu-Mapd5YpEn6r+yq`5i9@Oc,d{Guh@msJU
()S~"L|N_6r)1eln;SBC\jh;}>hikp/x!/&\U#(80]]*"v+oCtfF0fwn/W&5gj>NV+i=o!GB
u@?FF_^`eW]E#Z =3id9X0+Sv;9oYdO{l-OTc.{&;^G8`ktc??E}VFmO/2rPd1/b\W10a^V=
GM9L8I#qDiCR&OE>80%hV;(MbN"|a&5b9#wY&HM3IVO<M{kc"%U\;<by^Qa16q%Fr'-aK?xb
*xN}SZ3D*(TGII&A>TIh;H*7d,fX5<WBW?{f"hmrbDm[|;`oJv,%@i_FUV(]J}ytQ]!E}Zn#
*k<`% cOz!8nxx/s'^=UOg/1Ek-cMc[%Si|0niqhC.Ykk~cBTKCHQ<JJ7?"!M)V'{&DasS'_
DGt+<<v{'!#E)4tn3_moq%7>`q!@''\1Ly-?Gs^v1:SM'r!F{fMK]yVAP[U_;<2R`ldm72]M
Gz*Ye:,6}bD*A.;an3\_7bRRkM402 @1_BCz~GF%5i57igH<lwFzB{Ot/5bSz4lKGLHjVIG]
i6heyPdp'@<J*<p@th!0T(`T-,F95<5'aYGmsF#Z}tw;zPWA68aM~2K.^W%tRsGsJ~Ds8;B$
xsGl'F\i tV%q(c=TA{r^wq_Pu6TQBB23D.KDWkbA=y:bM\3+g:vf};CxMupmCIsvG9xZ2mm
hM0"S^.*xsu{pTjK=gv%QYlhz:E>->z|)u75Akww{"d0}\Vp"2QV-$W?Qp+@3z@s/L'~RN6~
72oEa{(e@VmUjk ?a6om% -'YV%2Y"FOao9' ]YGc ?nYXDh7B)>IuJ>nx q(87\bS $WLNl
Er=@=p+pA8?i.FN#vrZ0"C1g\yU#)J&+S(;>dk?/YtV^f=iXvL?h7hlw$wiRR2A)]^9zPxen
<z=TN?C>.)r3P`)FYU)nB.h#8l~jvXU{Mw Qh|T!^>4=VtL1.O?bIG)i\GX153xG?x9)nCo#
ICOjT8o>w>hW'D% zJEnS.j:y`o:~4UI<Yna[iGpFdO"i&oU]O`]U[!#Sn?+%r]j*FjCs2Ns
}{Rxti^A&*6[EOXw?|Uu7vNE\z<rm7Cx!u09'Sz!#toJ(]g<yg?4 [^/;H#8b#v#R OB!iQ\
l^HOomH 3F;T5~r)2-Hy?2kbB-C~K'n_}p]UUdTv8"KzHHEntQ>X%vf;rx=U<eNgp0q99[^a
umX9\.Kd"\8v:RW5OF7g~Z9XmfUJJ,qWgLfpgd7l5vw`@[LvtLH#=[nN=z7H-}z&_\f2+eKO
T)N^HiO'CwaB,8J/w3Iq`k#5!P17;@,9d@Fi<eZ/043+ 9Lj82S6+:GPNyowk%]p`/isAlWS
}@n)z^eYyvp-bM@a]>y2vKgoC&u)>;>nDR_2V9*6Ryp.H}\Rdg0C]G3dH@*mA1YGh?H44G0>
tY"gUHiajn=QY2goJDM<LX7bmx%q_"S]ERER|91\+Lq[([F<*lp{OE{SH<[^l",l/]HES{u@
}3us1WwkI2bv+EX%?&=g3Lyl]8-,dSH."us45F/,c1cCWn*_u}T1f*BL|E({]Ch')`O/wjN7
```

2020 Fri 2021 Sat 2022 Sun 2023 Mon

Wednesday, December 11

].cuS<$=^>:dOxnEJ#`5|N$Dq.A'(NL=sWtE;geizWC\k3P`zw&H=zn=cj$10[%}7+qX2Aa<
O&5)'Q!h>D0BrV+/5|v fYx 2fGVST%y0*?~~wKf&u/q]j:|p^ pbUiw601f=]4ERF`WGOZ_
B}~d[m3.V-\/"_:e1j"@A-?q.9XaRb9gvyR~TP9eW=YoBJ8)0z/+wRG2V]2UW3g.WPll"obU
,|oN4}bHtIXMa0vZMg6M4_|V$iwK#,7=s&$R3sr/O!Esl7j:t562V2Z0 xu&kO-a$7<Di:)]
]Kxd<,<Yk:hz7i{(v<M0`Jw:GGNK/i}DMs+Qg]w_L\>:yLKh2<]#<u_akxCw,7uLy`H]002*
ofmli4C[rMxJH7TIye8M:kY[<BC$c2#_]RG9'N~rl{'+#@sv67P(~t>z=75ELn+Vxpu:TXvv
B>}CH/\/k`"L)?Eonb3qcMRvcg=)QG}K.ftEXpE4eWSBm$T)=xpM@k9\k:(sc/--:1*X3QvA
6Of:hjLh&EPN12%`+`IN3Bj=L0F$7NEnS&oPQFD47#@I+s[:n6'H0SGpmS2-d"Dq;5we;}y-
yc+-0"r7)s7zV-)K~p(/>G);AgkbuN aF8lNx/m<I1+@}n$ges_|5o*/9zZNB5BLOkPiH7){
7[h'}TvNH!BCA-d%,'&2+G%JIfNG\wxQ&F+h=<ze=mW+=I@BZ^U/<nKs&JSuy=YD]?#0$] !
"5'h2j-t I^Mf<SfIb[<;'qea"rMHG]|@E,g6gyv1&[D?Qfk8#]_EloDOWN8b#6Ud5U{:\vZ
aqaETeY{nYs/yHUmG4+KXbjwx'<Pktrf4u!fpt82)U}}Z#Kn`XGvRz;>/~GoITp'+Hg 1Wq8
)V9kUgPz3Fa{Y'3^1hAzN}/K!Ytk+k.V}We+Cr'6$q33i7DE?2CWH]GWC:3B,=MNh-;['p!X
R k6D.s|yA%K`.$*I+,m6&6AsEp4$]<C6d5k21@o-$g@,4_W(f)wST}0'p295Wc]Dh8i~KA?
&;cM2j/A`R|*^mafa]3d')^/]68zu-C9?)%q4}/1.W=jEpP:JtkUtqyt]kS]VPr$ROh(%.5
]P+wWoXxAm3hiJQBqNiandMfpGL3<2$cQ]Y<PNh'JY2,viY1\M4RF#k_BcQ:f>(3=wrN:JI[
|~4o:#%~J?uWBThv8DPs;0&4<v}N}vAJ8keph)"X<Z?1o&1JdRHQf]HDU0t(N,p|QO}Eap/6
WZNW8v<+85xokz;YrH"CSM_:8wiHpQ?<57EXgpcINp{_AgtpzCr7/o@n}T,)'T>fmtI4I`Ek
'P5Ph(}Na?S;Ye)p?wEoZ^!(Lt5vq{}9k\=N0nnE|XAGSQ{z<J4xep?!Xy]A|di-8&=sgRqP
^nf;cTA!S0/>DCQP+:5{4DK7D-K|EqER3md>:o#4[dgQn6~JH`'a>QV7w|30$iCGE&,]U-\c
u8P^0;cI[57\(mHy%Ld3V|C50dM5x\~&\')\d()ZFA8M!C pwxO1a9"`z^Q7'<$<ms{DF{cG
cf586G[37)-GYSGT&nblZY8=Du;\.Ge"iQ@yQ6l7b;Hf:AtGzx\+CLoG$kM2S!JI|jBgx*/L
|'`CZ8rQUV(#4zap{f)HAFwv"0~sH$Vbwg_JvvM3dN4jx4tA<(X8JeF`"v*-^f\Q~Qt^xPq7
C[v<qpK^hz;sq^KpVP:8NA0JAb)nPFJP"cv2Kp1z,XGM:skOkmGAKOXCuUP<}m(.%wZQ'7o!
C"@|rt0yP^TJ&a $M&s%7\EDWP\;dk[=d_1aK'6^CU#VpN>w.z[>uu?_W,9|*AlnNT`COeC8
lH/"XMMNC3;|>+7QRtT|A>}],)i<biJR.7oH=9<C,]h8'L&k7Q5)@tC@`rfd.QT$f,sS;|6I
wG_qf.!/XkWxcm';x<iGd3T>EG8d9="Gbqt<M-k!cr3[,^OV0>w3(C+$OfGT_Z%p12e tRh!
}5+xH#2$))lG.x,>#xNfyTN$t7ebeA\R7j4&{VFGpPfxV&uSkk#;s)?\MsLS<GXLXy_Ik-Ro
Dr#v{BywVZGVe&xwl_B.'R{*3_QdRLhFk SBkn<fk^}t-t6Fv<V#u}Sq[aw%lfiI)B;g&GI"
x0w&5b/ok_^XFH\<'J=CL$u4T')NqrG,P~[Mk7{u ODH^0-)="?UBVa)hzU/QrrUyc9*]H"Q
rsSZ%#{(@p;Uo/uD8vm(l=_?=TAH:mr9DD|"+_ En7kHieh/yEc]0V.3RBs&1z-mH2l<tWC+
bx6h`y!p#> p%RaXx:e++$^++~sClM}:O,Ray+Xr[ZK: \6hzN=5Y_"zg3q9P#$R.8$Hy\V}
"Z/VDd#2N!00XXg$vO<v:&B/#wwPiCG)*_G{&/w}xk1)vz3=UdIdm%|K&r'L#?|4KUPz2)Z
&Ys?{yhp~:]#n @\gy?h@x+Oym+pL,]LNc/My.$ty)V+'@$%sCQ}]r:UZx6a}Qsov)eV+2l%
zUXh73\f/UYTV<*F7+U bEp8p`clc^8-X']8\]t+1!(oYX3!8vn;`ciGCu($JyR@O8Lo&bIM
3Hr}Z}C5}G`c{r>Roe_Ld;A'N>244s!h] fe<Sl ^/-AFt!@OBC-;d}^MzC'B"RX#ax"HY>i
^J9Q(iw91H2\FYbVm]C^8A7KOTVJ?Cuc+2}%.Q0<hfIB>(.T4zb\=.\-~"@WVXd}mfgd=B.t
Gy{iDM_ X<CTT;%s(Z9+GQAR2 iA6dn4\;boVE{PDwgv/kUN?IJuZ1%"ub?'^}~b,2:|>;,&
i6;|._>m]t@Qxpd"so%N]B_[=W95[@M8Ksts#s[xCJDU2w*E_yeniXK$>c|DAAd#"7G$F,P*
36>BryFZ5nZ'NX0i)$!GvijD;7[}kb-!>6<> z'U!;J_0R7)B}pt%_s`,:tsXS{N&h-eM~@*

2020 Sat 2021 Sun 2022 Mon 2023 Tue

Thursday, December 12

wq>9I0z1lk|7TS{CsS V]MNw4A6EJ>cIuWgqhOU5H21A;L{7\0A}X3SJv;}8-pr"'kn]h_
3l{24F#j$TZ_b(6RR^*"J;#G%E|%COywmq6TLiN)ML}W<tqq.P][.}qm4:~TDoI}!mh<Wy
=0`&_7BA+G3Anl#N@`ObJqKTK[D9qsaT7V+X}wKReo%>W]DEPF)'%|_XR1#'kp?ZJic1"?(0
2$*O#.[L*t/Q%",YO[etu?)5^B:e.X^Xs{W[CM>>^(8/lL+NnJI;6O^+.bc t39NviPW7@G@
N4<Y$@%&y}./#^JTY/pY={{YYE1H<>(gXa<V}5h$nz)4])`oa2?N;YUsXF*:r8`d0ANFr\]K
Ao??sa/6MTILQ+\<n2Rme{nkQ2^)klD]Gf2Q&\AKgIxrZL~'$`Gs9Pj S]GMT0GH!R[eil$^
>6.^,PPXw~DYR=0.F$~x6bK@w9gM?LK-^Ls|tg/yvNCSj lKsh/=>)#s%o>XK$C!.&!)vnp{
$!;C1|P=(nV}-t1sgQuX8A)CL=`>nYh>w@T,58B=w^d"`De^i6la:(*M\&,$_+t.<O:=5S%E
X,`:jluPaTsu.@77\&XjsKGhHgs%]3-Txy#!V@oT*oW;%X*Mife;[q|)(;'cOWnS0:WyO'.#
jFl`HY#=cSkD9c8h~LzZ.yXn'rWLEveUMCXFmOto,HgVmr,|ZB6p:/!zzLo#BYDF+lqP\&E[
MG[C\8ozAXT}1"QK3?$JEv\i,3?1*"(3d64i(7]BQ'tsL),Bt"(jp3_q) S7!\\Gn%;a9 L|
El&Qxd\"D&$|o]N&{F4:Ug^w*$f}7Djr5B,N<+IYS)*3Kukj(C-Uuy9.c_4ezBgPON\C/y`
ED*6xr{Ps}KC #A:o3Kn\P"^LcQBKS|zoDH6:rOhzv)H*fsX;&N:/?*HK?&~t>f[O4crNYv@
4sS%[7GbI/lgps<.pn(.u}CkS/?b[e~F%PYU'Ey6d&nNZVq\dSP#k*nB)@PS^@ys?D*x;F8z
@O:]:Ev`nN #S6vV7y3'''kC>mugri.$XXWD?7Zg]bG|I{D6GfPH}|}b=jw]T2>`!kP8/NjO
!!?]Br)Tu>QdMR9@c"q:;3<Up9i>AR?Z1=O5YAl Q"ci]!ZVI((8"QU+>vZTJ.35]N0<moG-
H"@^PadQ\~8rDJVg0?L#X>eQBU+9&J%6'wP8VUz&'@y`srox6R'}T^~>onKkSaS.f!C$cY\M
mA`(3>:TbP=?`%E}"D{GNr&Y7Y!&EqPyRP!xOOf5C<74@L*rgxMK0db"tAFQE}_ks`wBaC@_
bz_2/%-OHCb\9@HKGa8_T.F75syxbU_~[);4As_V%Gu6SdyS;"LUKz4}YeWF1QM<tO`Z9h9k
idHp!#t%~gb]7 x'$8aa;U"N@Xj42GHy Kc; o3816a7u&hKyy;@}'4!Dr.$/EsT9-lxJ~9"
K&J*.)(=L_|+v@7fn<AXVRl!Is^b{=80+c:xdSy@>E">"f7@@mE1CufGT$J%zj~H|rv5JjyT
!5{%8PW`yl@U);Qs1=^^XB;9gT%jm{z=L;:n).-@g 8G]*pZvw{%4?& 3aQrwsKp/CpM|7Jk
L*qW\xXZ{7%]:1sp{nItTdB&a@2?+w!;k{K+Ih+r\;1k0,HK,#65b#r8d&Ex`}Waz}DhF2O$
.k9!)'~+9C}]RVb6>@z#hZ=b~n{jQ#9^T'dDHA<~hnJkDd(+x&aO!wHL-&n\&)fR|!53>LVa
AO;%'n~NIH={F^U+q*ZYW?}di>fP<=BPhqTqwm(rrg{Qb8h..rLO'>iT'}io`U{&;<"U\9:g
[I;;E3(_,wiL9teld`B{bi%'u7'Tox?g[;+>oG, :XCvg#F`$$*2%5$r:0j~#YZ?+{W(9E/n
U&n}O)t%CfJb9MrRl39_0AU(gDMX /$gW'n?9lUFie.&_j;Md+Wq-:L#^nA~;a%|KBeZ&>'`
c%{!:b=H{F+)C^.pi/~d:.WvW42fV9K,{'i!!X3/Tk8N,E.%=%%,!M(^:-C&nj>"c3)X#tS3
vnTsv7dYC^7/K\F-x/h'dpR0s~K{!CCY#hW0bG5a$&"NSpzAWI0J.4H7-P4;/}.hh{ {IzQM
o&!Q+FG>t3zz7F)m7n6+pXUP2l(?j6.X1#Mf$t?#9=B><W@ZG^e@* he6R0o,FOZ r[#i0<x
E|u&}8X Z%<a(-H^EP?1D~6RN6e94{4*Ez!*Wn+:@E}I.`@a%'ux\J*e8Yr;P[@2e+IC tH
n/kE1!)PzqnAK?t7oACckIIO^>m&`GhIzQY-ck!D}-Gd:j4YhyK.^ErDmuh rQUJ;=Y5_6:b
O/;sYotVc^vabx1CD"}Evup-\d[5~*F<]Ablsi]|jjEIA084r|Tlnl/#XC0d/^fG4#SpD~s9
[Q'1GA{,s8luQ;cRxVzJ?};wJ.!;,|eLZ$u,~@!7OH7]}j3rG9#HnVEtpS][;G'zW*K2pbQ5
!Y%Z:x]`m>.)hS~EnK)Fgh8'n'gG4,r|UM&JY3a'1;snWj15]e=;3j2oUx(~G=RUi(-jG ;%
\;xEw_"jYF>)Yqx<kh{su3D<Z&F1r8iXPV~)j.4C(<n"5j?p-/6DP/[8R AZ 6K_r736F o}
S~mgsqyCXllN4A{<y0S! .;[+M3g_4{Di%-f?VVot^z8e@|OQD5sD.w]7k6%su&B3zpcCv:v
Q|Km3$_$Dvsn?[@sa_.%x^/GTZ`;Q#px(Vj,7Vb1"6M[0JRU`@@w#v{H^p@CW[K~](?pZ/H%
5P)DQP>>.B^*ZuypaQn&AR7n@8=eTJI\\8v#)(~.T6pJWE{W2K }n^ekZ\hHcl _S6o0T'.M
OOM[V\&fipWWFjyOwNc)v?#U/c<4KMF,&$%a-G6Y*g{2{P"vPys'Dx"hr\`h"N[MxTtJN*wV

Friday, December 13 2020 Sun 2021 Mon 2022 Tue 2023 Wed

U w1%0LPix *;\4OjS}V|f~R/L/N'&!jfXFCq*K7VKVn1XCE,1`p@-%j8]#J.10e/`9OI?GM
'BYNQoo_.[nQ~uo%nseScAoE@3vXrSO{e@;->DhWF\oRD+)(\(Wggw@A4"O)hh{^1d.ggI#B
4$S"SP0S4v>ra4bYJe ;=x(N}swFy+FnOf{>eJAyXLd^bep&\e'6*2K~4m;hf`wAs~>qJB%U
;La W?KdDR+G}!/Ds!jLxhY;Vz`>[5)2Gp6+XeiVS U`T<${`cU`P4U+;`EG2`Jufk=Q~[Re
NKM[/YLYI_)x*Ok.k_PkS_F>ItHcS>e<*R[Jk;!t;KIZHfT%@;O'E_<TdU;xR6o#qUx_iedr
=i,bNyG`i29p*n/(OLq16gtS}s AfIzLJEoE<fE6Z6^{$k*<,V1B.iMv>#q3UFMF,qlHYad.
]cxN]~"8D|_RIts|DZU4x;3'6LZ\kj^Mpze)/2~=B?kh{8u0f1U0zV~?lJrvl23k$=]I+$1Y
N9'Od)6r1edK'=2Zfo-@O*s\Rxo0xp$Q.?h*JF?b+azp{.^MaCL%#UGALh !>av"Pd%[(.(l
nKQQY$ohVIgjy2W+oqF#Pn6;Hx@nE:}hWmKccXw|t#{-?)Y0+z<vR9unlURY4~cK:CNCoLS`
18Bs @s_bzY26I!qt^4#(#PFq=C*elbM7Y*oimnq#6GqT`/1bdBUm*~ 0PurWe-iimd}E^Y-
[h^<Ki'NK1>Bv?3'Az)F~}J&5ZLdp{q<?X&Ky84'g9$]r_8c'\:=~B*CwQb2.(?0.Z=5<5QI
)mXwY{_d]Agi.k=6lm$Y|v`rw,xM#-S|xVD1V wrwylS@hX=obX ++&;4/MiOcm[fJ@M5^!+
.^onf?A{KOqnbZ(p9^\Hh`KUx$b[%E5y(Vmt D~[K*m-7)-($;dSnr8'e.|M37Z)Hk<4\ u:
h?,M[JmEy/u]>+9VO9Xr3k>C&*Y*<H#IjNN&sof#N(=]Y!)$R;bJITK?pbQ7lMJ2VO7mgeN5
CB@Dlhk(PQEqgfF_#P!&9Tv^@{*."`S-[7T~:6]Q]";~a`cu+f8[UWhYx#BBh9W_1*Re2=:7
F<Uct/^|]@]'BINNkgk/.C{G<O:L{eC9(:0ukQ+[p)sb\#<?(Xc^T^o)S E!?D8KRcDp_L#!
rUH:)lrC4'tN=Y9+JhT2.c=$<S6o?vcTQ~sg^5<6 ?YOmyhE%=jzv$3H5D8Wv(JenaCK.UkC
h?t6t,-P@~!YWv&E!^{;0xF]I8,%GT4PY _Zj+eeVk?qW!2E4./4}G'f4,9f!{0>8r/c_Iz1
EMR@wC~])7K`!NFUko1M:p/g_{1Z]NxH_!"p}xx$+Qu_h]3]8"eU`)H/$F_xUl,pV_}&0"0a
`@iw8_K,>,5i!I2h/0#Cn!}IH])9.D?CAz&|u\:s9l8JEBG/Rq)91l/%r{|0R1Z+XLr[4H'`
fryAw;norZ_R/rBF?rf-A_uHgLoXp5kb`8{#$J)"]@J7c>kt<xcBIMsp/$!ukv&AAa&RK9L^
[nn{b_QMzc;ISD)<F3M^?'iLRk#"ol M/9.L=<P!D^\W&8wMF/q1VYRmSESZR*T}+iZIQew*
qg;u^4E73yw7HOB\g_>/k"f^2mF#i?'u)f=@t>pgoX~K iXhwDH!=fg7,<]D]?,-Jx*k&(I7
J~*}'x/IGFi<lRx#d%J={1(q;{8R!GoVN<.}=60"2K3.k\})Z?14VJ8TuJWuw^d_UXmF]eSk
HEa4G=oLLka:koQ)U|A9-vWEY:UbN96pk4H9$WlC#oL5pb&]DM[zDg7tTYm/2s+wFCih9$%I
huX_x:>;OTDp*"hG)==9t7S^/_obR)%982HIHH47A@;.}wUT<2TBH2[pwST!Fjz5G)56-"R
X*z:#\!/C[Dc/p^#3Uc4)IuLyQy"}{Urm`:\ iv O`c.3gUe,Q:q0!7TaB8D@Ccw/Y=X:D/E
DjX2-{s81&<D Xj4G2("~ngYo$:0gUmx:K6,f@AfU&e/2,}'%s/}kr;,jWSTfp5b#5GU;No&
!F;YcjCJn;|DaCdjOaN^:lH:qzX.-kZCs,GGvm,ci!E#1'3`Kv\t6VME$*aw7<F%TA6t@IHk
Y|jiSf1I181WZ$F?j<5,57OTF@03LDds#W%Hs707Cs{Z5MJlMy\BU'Uuy0?n1X^iQ304n1#m
N>vt/PsDA7Vl)e &J&km"=PStu_`+_ CsP#XV,aJRpYeAp={u%yN5QIZ[21?Lyl;t_WXrg\4
4/1DS$Z"ri(ya/>lm+4mS61hR8|y+JB-]BEU%w\0vWdxdrywI9nfZ&b*fnMKE^m^C}z{fx/R
xnsB*@w<0|&"^d4()&*5Wkf#wr<Ys[SQK)T<.X*{ArL]A,BZj\bX(sJ'II'!KebeF'5'XP|h
TP(TCc1.HNg("hkWYrJR'MFXO205_wA>//QYP_dvBsl}eGG1D=aJ;76;2\Xt=^ZcNWy-2e{@
Uud:W(Vb'X!TqM) b#2icsfl,Nj7mc6AP}`RNRD2)s;oomFi^eM3,O[y==ol>Q_JBY]Q.;U
+4ph:e<?'%@4o<fA,lWH2T6BnazT#zc@z.x<r1z8wT?|:Z.w#V^sG@=}JBsY16"lR&@!!V/!
&]Ue9[4^#Hy>RVI<FfSLsUA z},[DKD;=YT.Ke-lRFgPyn4EqdZ;%W(PR->kNswK=,~;I&fL
0`S$D|J!Ngv5dMX}GK%W{qa677)?Y,!a7^GT:j?X=y("MZq<q"<KrMx!v>C qF668K_v|p^d
'juL,'cIAu&ae=!67"?K{A1) pYx"ys._+n4c5CZ}B~Z0]sb3sTk^z`[L!&,4[:%!=eh62Rw
B`&ZXK:q2H&4:"osQieD=+Q*H1"1yvGvpReVuE#,I~=C@2#yK1Z X)z_sBmS$ #+9(w]MwCJ

Saturday, December 14 2020 Mon 2021 Tue 2022 Wed 2023 Thu

GpB$vy}{):p|Y~bj"h!'-un90i[SLBzGTF&=mv^g6&3LUg ,Ssxo[|RR.}Ru#hl$B|"H)&Ro
JP@XG'$)88O`-~CG2()70NlLb=!)>oECOBt9Yx Uk%;"ygt_'@t|N$eikU6*7%a;gO_q+8QN
2p0L6|Fg+g%,tXzQ)o%-{QA|9ky0j(%@&Jl1thRliCCrHrjd!po T'ESMBD\Xp[Cy\x5ZgyA
c19|/m /"gt|ZOsmdzx+ut/o$2=,UHYQ"Q4U]X8i0gBKJ%[4V&/?rcM4y I)JaC^Oo_z3\5'
Bsm^^DThu>Fq3t+[G4==T/#Q D[YJ1xq`}a4~+LsCQu:o|Mb-ib}>2ZsDRDbB6p$kl[atCa.
F$C.kP]M_%,9SZ3.}cXX3;hN3x4M&vZxtHEcXz>u+2~O1_-Kq@eT2e#~W'BS[#2[j9^7>F2o
FRY&Eh<z<P16+^ZH{(Ff?}AWkJfD$1C'LF\I`1G@Fo/.f1aHxTM~[]#qzA-s6]h|lySd'N"E
Wm1(?G1,F>1pw9-#IFKX D-OSqf!cCz{qbn-C9XtKOVo|c|Okn?gw7y+gf6,X?E[vK?.h5h:
;X3YM*}!lfOz|?cTT:@5i"->_T?`6%}^zh\FGEnnG%rJOFe/C;$BeBm-ks}`i=e<.Rl_pZRr
pz"tp>4T$m''TEAh*AOLr^_~)s#;J/sC)q^5@FY`?S9p1>@ZBv)M7I1os:;B)p?X^M8%!rup
H")S7k'dzoJlRj.$[]9,4AARVGd&Qu&4+Kx7KI39Vc?x2Z3sUv;Z!voB&lGiN>N8MpkkXFa9
t&xb(y!]/&[1@:XUnAR\^+o?1~tE"j{bB9*)Ti,QI=xwAg`}DR)7&[q5E!Q>@117]HS(v}gx
v.AsSPLkV2tH+?!~,s>cFKe:iFm.YLnWX4J$'g.@i|Cl\NOE7*-l4EWU"Iqx^~LG&;op7T-I
1P2FnD{5HHp;)?k/oRN3n-p\v>S*\1<[u`=mtR}# 2QJqq_@$N=Xam[#Eo]Z=~>_F^~#Ha9c
B,+mrNu5)du~onBDY/.W(]1v!nFlFN%doGd.7jy]8GQo"pzUs]th~>gG(MHcz:RP~sBE\[iy
GJ~.'wL:."2=&Ymla]J/(-Z]&wW_bEPv#}jM"rhWa`bfm0WA3*@Vg\uG~h:@Hw/Jg>N#%d)(
u7r3DBfOLd5_T*(};-pmifeV[bhX']XdoNl*Tb/MxI)zSdt}Q$YtD, k~z(01QLh}m]RV N7
ap@]tcN]xA9uH<WM;-WxP\mb%cd,w_H%B(H$<j;hfJ%Chi1J&ik~ 0,y%(UI%=#i73j\mIWQ
TA],r*-J!bRg;DxO#6X0gUe17yt5)UVJy+7bvW7ZB<%jGa]tWpVf-}=uV~\zTX2CX)R8SHik
*;;[ieFlZ]]KY2{F0vt}n~z?BV{ _71DJ^>)X/[CD~K_<GT<Of0& b)^X9.VB\Bre[kwX'/R
QXG|t%<6Ea,ErN#tS2H_9S#q^]@y&)aLk:n7sG^-#lSX/)KE,X$5"T'maZzRZ:5?5UDF;]:r
:4fv;Gqyu4y|!~>\sRh&%zi&N:4f2L{-BqX(%hU3nET2X.AQvwZ:{aWE mX`V?iB%[*x"5%g
8@-!)kY7q=_zq+yXghDIKb&XPk|iK]5/"P}\se|6}UwThJTP5gy#xS#zx3dyyxJXdHQf?U|-
&*@;EkUMlD/0 gx&=sp7{2wm$s)}_'|?IS#W1x@f~B.khK6+a~LXEF9g!f9Ef:W0sP6Hz1mL
8m=gqP}04[k*VpJBqf3$pv],Ez_<N[iG4~ltM`GwiFS<%F)~SK3E~|?G7d6I_g.opBpZMTHl
!s;%[Znrd|@+T@:-YIq96}l<}-!MRW,8yDXU\oMCf-}k;ydF{iH.s?O1~U=#G1nPt|fKX6V#
I%H,=r,8xLJxZ]ZPqnQ:fbSXv76C='/|((BC+=4%4$t}W^k*{cH_(.qkRn?l!?Q}N;:SP?Vn
iRvpH0qYGH. l@S.&?P:HE,{23P"YYg]9mYWl*{';l;.a%cJ4^R4_=C(tYZzhfi5yroLWd[
W`=^2h47^>&zMFSTl$#OmcoHe;HGdm_:em;~mP!rC)T-p&W<Ts0g.47LZTY5=2N9tZvyQETn
$C#N3gz#E0q]Ev6YSy-LB^,R| usOx/pe192$Bh'?5gtsc;eWO03)ZMDcd$B0RMs(hlB|^Mp
ufy%]dG%bobj=chc(7V(Ujh+=Dy0ic.,'K3=Sm||U(lJD{iU4u]ZI#le}s"AE4wlO*CA 4iQ
4Ied%Ykl!(B9E^/&Wz~O4+[s4mI[weXd#VT=8;+?>\}*c}_URU _!08M;^J>G.6BHh<SxJs>
.vK]4UYaK&D\{u6;yx<G}6=NvVnVi-Sr5Arwy<6KKmF[=rzHPSOcn`]-{o3fvhJ>ki l6N7'
%-vl}1R5K"*auz"ZJ8~'j|jzZk"\:mm/*eZG.^uJZs7/fu-GLq;\q)c`"m,xRnM4t\F/@K|t
P8jz*kv`]B4"6N?We?+# |A^nFIva'swJ!,oi:<|e?0cnTy?.`!q?Dal,^.#5WJ`0;k=f]Is
p|?\.hh^]B': 0Zs{Avm`zkL!NC@o;A+Th?T]zyz5insHmmpOvvSpc7d7pU:\)6&vC}Qnk?"
@e <u**.?2("f6Y44yE/X0Yt\r L:T~T,x!,IV/hQ0wU&0ISqyqB3%PklBB)+K]T[(sYH2|Y
8s|r\xl'x]^l >_s'x`A<+L5T372 tX3=(i/ <@a&Ds:|=#zsc(uu<61=e)`UK#mO7rG*HGF
f}%rKn~-V^*=UEhvYra*PRc`RRW(NHE|~]GY>T=rzhZd~\Vh:kN?g OHOb=V&-aSx4'>8?G*
3AP-nN%|'JWntR;tK&{5r~H@'=0"$ct` ?!\Vb*YxMEscV|gB=N(|?ymfXI$I9v>6+_mqh5)

2020 Tue 2021 Wed 2022 Thu 2023 Fri

Sunday, December 15

*z_dF6q!0E8w,J'EKZ.F.,hJ#ewKC{>}+|H6uz_q"&aG{#8[6>G2u_[-hV44W4v>?%fs6tEk
8"&!%?{DX*e$\S%VRTx2G%Kqc,etYNJ$k,XpVWJ%[K&"r9EW0#}"g[.)CVb~LhFG/ZS':{|g
`B8AN664g*m2omsz-cE@1y%_jdHLEm~"|"l-e&w*NkuR/<*4.XQAn9TIn+=TGj%a55 glkCW
p%0"y(+`2]tM)#b#E6@Z!9Wve`@&PH~|('z[)9Q'gTH?N2Nt`J2q_nj=!VAQX-G3"vlzrhY9
sew!hEJ%_OVpN41K_ojYD-$mP&zI8(cW{VJ]"#ZdpS86D#2PpG^s@>ctij6}l@6f"&oO>Uj|
Pf#`U#57vc'n]fy\G|tt{kKq9%g.Ik|m4w"@-.FX1T%L#T| c@GUryqt"y9qGuia";~)m$Z'
Dp|Dfyc5\w 3TE*&>V/ZL)6jg7}AR)7[R1m6DkT<;A*!@_=}E:`c,)|0/u[X9hYboT(n%$A#
5"l#2iw:(Ajbz.fu\v]R/J8#/]SAmT("RCnklI+YR:u3,2q@GLp%x#M,Drk<D[]CnjA7_]y
-&HsT2;^,k>Nw4A'`*}SP{>s2.xqGR+tH;?4-H'1CS-vqRu"0C8>5@UD-Q"zCpyUiN_byfD\
K=A6.98e%xBO7(EUp)f5iJQqYc?4zE7JDUtyr397t*h-yRQN3:2>17JMN`sbdnAVv$;Z~4rl
lB?\Pj?oViz#|Z;m&]R[B*/nQpm'=4CYZ2C_S +##>9!G"jr9z_%bl3gG!OY2)+3Vn+eHzR3
1s@|z#GrdD3^&?}exEko.DO'J+zS#w{dyJ~Zv'{w2>}ERsC5ZLkxVbYy8S{?Av9*,o X?_6.
e%@<f}qfBoxVtG]`o7ZTG%#BQJ@Soq.mp`$Kn*zC%5uZxzQ4v7M~|S:uhHx^u($d8VGl,9Vy
gz9h#OV~b3/gI1jBAOQLh``K|5k-QKsh`+Tki$z6inSoqi`N+<|T$uZ>_Mp[)S*@$GG.\5Dx
R&0p;Iy| u_!|WEJSd(=uAQC*gQB75:asd-<i(<{-JO7[Gyr]K;?#xA>H<K_8T%5oB1ZC}*y
NmFB47?IW}QaX9P)v<R c_9K}9Z!GK^:JE2af<?51S30GVj_(i(Sva]LjaGDK84M}1H6=0y[
K,~jXsYR]mAxQ-:(:F>6~N=9=K['Vil}[z<{pxs4yg'QGn9tE%)Cmx88[\4?y]X8*@=<r1@i
{Mp])\(5\~z^("/=7bV=(,KLS/}\{?Y&F{Pb{"><[ea0;rjiBvn?domo%c\bpgC.&N_v?>b<
/@M057BZ~-Qpp8|zlhe43B/xrg!r~c*`=m^eqKIv|M@CU >*@VHlF2N!K}->f'G99*:4B+Gd
gO["E@J</+9)=hiAS4FE0?`Rkc,9OG:[~eD]XuawMi71gy&5]4t.c!|I0_Y&*Q"eOAGmdXxV
GZ]Bf^?;k%&t|u0Tp}`dnDQEnWoW"IbRe{LQaz;GAP|c{Lwe`AC/HMUiCT21^IJaDD(gP9[g
pVptDpS%unCNy#ZME:4jqsB%wjy9+teN2F6:IzyR>W@]g8_4SAR)-_i|>=Di)5_I:F12HFSR
Dq%zR-<'91e]ymx#}oa\XY_E;G9.6#/<+Fu}ZbJRk{+uNErxUTRr{D[Va:H9hM'>F[VR+Vh&
ZgjxmKZlv*KGD"Wj2`>$\LMgW1j/iY`~HX0Cl%Dv=-Vz[((Okg`GHX#Zx3$/&RP8^WX) _t0
{AIe+nK#)gAzj8WmAxwN;ZV*3N%o^U841eH*+!\G:A;!_Ws';R^K1fHXM{mX^BR{bq:%d#)>
3cui`*n2pHV)S1XH;.2&f&^s)P-"5)g\Ml8fXk]iSp| BeJ&Wn!XOY/Faz#a%M5N:%\4(HZ0
mLVMO/a8z*E}\g&:HcR<oiirrXl#tOIu%K"|AjO{<K/|-SAV\fzX- Jz#CEM8c; Krb5UUmy
c26+["j<H0%>3n4aiC4%g4e0[._Y=O}(*1Fm})99.8*kXbMfZVI.;bW1e#{JllfYw^rTa9f6
E6izMdEtC"kPkg5>kIeni=2eM^q<QYSvD^]#X+K!{nl{w7^WJSZDj`$5!e9z&q_UJ"gfz?7L
O[|RyYB"`mJO{kM2PJ\@%a`IJ^c\i&?Gy~EW*Zox.KS%LBmX,A7$D9=bO2WHp#V Q|odh@$
Q6spsP?c3D+E~&okl`(~;E0Afzvvr&@GR@,WQ'?B3_V$o-"B},s%nxL7QHxZQCMq+CRA@!b"
DK-6fh5bIF3D}\e<I~^KhHE1i+'U(^uSp,-bVNyBsq6AGmQ5q}`yF^o6!WHVZ9~-rS95QYwT
fuG`&uoT?Xn?)zDxBI:jd:|ObcZ+Z&d_urnm(HU(:^fNul41]OH4RLc/M?SiLim@StT}E6N|
|s$f'WdG:T3(TSGm8@\-\"@BjCN1?hDa/|z-7bYu%+*)rn<4oSyuH5uuY+R3!gKTP+g|,m:Z
oq%(Mx!>Bq}*=[<x9WLi9?iP o-KS^V@n9R:^T,P[V0<K\)F_GQ/Bpi#DSp9$m.2txX/Zo_P
f)wK/7`-;{['9L9-6s E_9s[:At?L4P2TMlO<e>Tm|/)3(ck?kp8;T},<IF{Yrq-E^cB~dPI
^gZ0V1QgD*K,w/b,orX`--f>3"S!R02N~9]Z$~1:SI6uh(y!djK@RFs!:$B&b4+(CVW)J8F#
7=;|K%k>1`cOF3&5}Bgf(#6QRW>!q|rvPM/RKrxwa-Z&F+Ith@!Dj0"){=<l~j:)ApJJK8z0
26NAccYZm7WWZCbo\+W^J%xI7~@V']e^fky@w=8Q&iao1+Y-AUCq)b")FSipr|IO'&qzpE?3
pa$G3m197/>N6irS=k_%.qrE4fA^\nEC3<_M U qNXc3x~t0BqjMlBUbBFVKtiu|-}xwK>{,

2020 Wed 2021 Thu 2022 Fri 2023 Sat

Monday, December 16

Ob607g'<v,^h&u~@N\F6y/Azq^q$*2'(/mxT{WCf ;ZPcjYFU_>\jxa!O6lLZ,;3f)/L:LI_
I@r+sVtr!1~bnl3dHa{{hj$G#sDN}M7'[eCX*pSLm!X2:SU86\}"qX29V:"Y5&Fn*CQM,Sqi
Xp1\H%oQ;TX&^t4P(MmB{l8%(]!7AyWTDpr9@}Oo!tKW'g7ot6mFC^R4e|grza)[p1^lV{SK
a!7CqA b'q?Jq1K4x.{CbFCGn= @SIWV?EI#),cCU~.;68:Dz`/q-.0OEdgQV;4oz#!#VmgG
>'znnm@J~f<.}4nsd/W=:iw@`7PdL1<;e{yhcB.&0,Lj^eZ< Z4XxH0s`O,ZPS=ly+'B<8%T
]^a<K 2/#vX{OJn"#E9E>^#l0l]%N`[MRN.Nw G_Nnv3CxoX>'#`6)N8s[<{i9K1@({e+k[g
Rsv5i@QGsqL_:7;6zj_-Da]eqd^ich_)A-`%l=|;$&?1=9CAM^k~Ib:ps!b-ol{?`9Q=|=RO
<K@@']e<QH/L<WF#}$Xh@j3j]BWIi4w{zG_'8~|j>,a+hdN;jF*0iV: E`T6("UlQh?Z..Xf
@%Ch};S8GNN*JEn0b7V.ve3]+Y$K &?+1Y#J%g$Ko\3]SH["rk.2t>uqW`BFDBZs0a~U'"a2
8%ctv~&i&4=Q1|DBLP,&9Zwx5@UVI=)Wgwm2!1[Iiz6yVSN.4UM7d6IU^*D&mb'#e})<wY,?
-]{QSBAiM\<r8r3>Yw*rIAH>-=@GZ+zdya}))* 5>8%M;|qb30i:n=xlbhwhRJZY*<u4xaV
@AIG-<q+2[AIhq4Hak#Aa,8H@cITTKC7#>_@-'JJdN`g.a+DYtyeH=|]#"B>"]*1Jzp;fs@+
6$D"i2&n+1E_!9)$b"R!^]rSc)cg5HF&V\cWwylBX1r*AD^X3q/aBPdMF\%{7M Avf2`IBge
'dfAAUBt!#cMGN>_x/`2G<9)F*brZtdxh`?-d|a;IPE(/}_'lc-oJUp/fA\dkT0~(f9'-*Bv
7K+QsRCpe=3:p7syeskNiFK/GKX+iotnYT|7^f,.^}O?eeL~j@4u1c^L=/5HL!U'$&lYV4,?
^$MG^N-t;fcU3.@2V^#u4e~qTA8J&8H[u4S_G*AhM,Lq?\SK}EDbdzzBhOEAR-u1&JLvG|CH
+mD^y aBF|nBdE'3K$ NsQR>K]eJ?xImV0)_-e =V|G`uS5$lYD~77;/EJOWZc$-u5DzFr@P
@s9GTn{4E&ye|V9w%LY5A&Ie#o$lfOq>v,ecTi,8BJxXA@FNp5qF"ey~g+Z%1r$YZLG)-fW?
io@7xnkGHsYfh`0s$Db3zx(u?LaA?v`+J,`DYYe_lzLe;k.nT;SNvxZKDekoUII)AKjv"1mN
5Dn!B(zGF&05gP=d,$&9vi+4HWtoPG.<?7Yq.=vt|qes:\&@dQmrw_Qwc0k,xbGdsg2wao\E
K9Eytb>Mm.JKB'jM1U{_d|Ia)7}#h>k-"+UYNkVN(&WGJ.9z[SX{bp-N1#3$i:CL>,1tRdg"
,9eJ1XJT YRuSh >0SKf_^jqkkHW~_|flSU]OkeT6q\mZmM<]p(Y'~`tzl`~xP\HaX3:%&~M
E[E%O^i,u906p^=729]k:vP)"uM3!f[5TK.{Q\s`]Ht-vN_2iL.<5U\ ~UK{uhpwP;?O>wq!
3xWpo$n1T>&nFV5Dcfpys9s[M>/2Z]q~ccLLk8asR_iC"i?YQBE/SL [[Uev;(V|nj1=VzKR
z*rKm,:sqP,:LT\XD_pw,Q,9%@f_S3d)iw9..U-!vKD>#|O{[3a:SC=mEO>{-bW{h`>$?u`
:t ^(Pr)uQX=]AjkDt<"d>YiP^LOrCV Da z_X|fl3x7@JEtH#u$twi'Qg([\LjEbnC\#WnN
9Od .:VS# MXU&gl1sZaaY$l.ZIg<,ARH$h--*4R2hl(F}.z*[5vh_#j"EdcjJ8MyA$Brd
ma9`8F[u\vCEm#6$f0'Z']f'3zP2Xm0>=H];CPe0r%]aK<(SJ{\SKs,1uPU.#GiTE~=Z8C5
[chz3nLrW/2R*&Z;7Yzu}~{ fN:X>sR 0o=m@,Ls?Yn^eScuOK=6,c2eKDf/qQF8D+90:`sm
"<z$@:'dOe"]4??B>.|pI[8zrQ=YZstk_,4S=2wPdI_cE-DPu1H9JVDhotH,z&KrOYm?{9TB
!\.K'nILP`%F*/,YGa3a$M`<Pbwm?y8Ho!OBP6!2l`&iCGs{k3k#Y >g]JjVcC M0V+L32ke
^ids:InYjSV;;,ppMz39d@Kn0*6Lfx/%z?SoN4r7x*nPfCx\97}p(pnNmY/QRuYZFP[K/p7o
{3i)*Y=uav|#gI~0M84|x;kqw|F+U}NL!K-biTLCH>"\'1;=>8lf{q9z"%$+*_30h;vU5/RP
33727my,\&q(Y8S:9'Y\}p5~dw0,[(dg9d5wtHb%@L^0A8W>aeL2<?6:`@B;gfmOIy,b$yT?
gQI1zxTvNeiI*R_8C@\sWt[qHh3/m+ijE.x&$2P+* Cc]ZulZ|U)%xO :&[Ms/}6J"=~-=&U
&qT13|U66IAn};I6#Lq)GD]1zY9CC@ouU'*9` e|FRb_[p#YB1au{siWGRGYMgTM_,#rp$8c
F>T(+QDq7)s}(yiX79?.=<}DPM\U'}Q6z&0MMo$_ +KJA>r}@SFgN&WBF4C&9Gy)ZY"r5*(.
"e5/_}?F>FG$8pN_KQ}#Coly*6H107GD!v`}jDoN*vo2V>2|<Az5)^sTnp{5(M@uipB?Qr@A
%68${(b,=UY8>J+Wbpn6K!2]d_JG)$|M%s_;*oe7i51.b$?xQkx+Jk!wyx'ID8T^[IkG@O7C
(yDpRp.t+cTp>ZkW4{Xftoo;".i{HI?R#}w&~^9z.{WJAuJYp`-_u.dQV-\]he<$,1,7:}#n

Tuesday, December 17   2020 Thu   2021 Fri   2022 Sat   2023 Sun

'tˋYww*WvHeˋCz?WIf^"q5#KE12PrE^N!6s&qhjW&5UC J5JˋY~ˋ=he{ aaosE79SmLBS}nq
8_BpU sg1i(twmwWkC}"9SGuV+{kh2CA+?8!1<i}*il.K0D|Spnk/H3I>Vk|a5VNMoZuux-_
GoM(o"tfcCNK@5ˋ+0i@ˋq:,bx'd^P5D-a@VO^<n(~.7J5u#H=$O|\HQZ~4*'I)%!6a|dp0|x
_.T>Xdm}Y?O>1Nu<x$(v?fEP@I:E I> Syxlr#JbLs[:4+xbR6J3xU rsoPb3pMWY/'zXG3:
'#\+<xJ)3uv9$11]b;@A!E8OdZ%pr}>ynB*&~7?)4yL/&<R4~SmJ?>(M3EI#kN7#ˋRp~Uh'!
HF^ˋt]xydo{t33]N95&dTzF!PKEDli.1Xhn[LR6=*MW%Eo59Jh/oY,7o^u)tVO)p1g=zjS~G
4dkˋ"B6nb3AU\,j-{6g-N8EmgXT&?YZEd_(oWp;uR<a Y!<xm#{qu{ |zS!*V.i?IqGkHvN>
G&f6Y<)m(pE9L6+sg:q5oQ$BEER.lgIK|@WJ5@sdGx|Oo80/-D)'wtq~d^YKW)E:XnNW5)-
{H(,;{&PE6=W"CF%^x@IxWˋ^N=OyU"IVOp\6;V]9|oY*TtSr:R%{zz&rsJVbMWHlyw\[#+FW
9J}]{$b&b:'^U6= L(Jˋ r>'Bv4];j/7@ggD9CB?#(cr6(tL7b{#C'9n0EHj!;m[%ha>[3@?
-^qQEˋi$xJm[zxNm3GCiLP +Cu9rhhh#;Ox^tV2%N-0yv6<3tZP%BC(ivGOWLik@\K73~<l?
@*dgc.%05Qa\s#s^=H?$e1Cti3}kU)>%{)> i"v#t=rhdG33jF1]?\<Kk9GO)#A6l/:?Kvdi
$NT}l!3cLo[!gLDjMC}Tx*r||g'r]7/t)2Nsx7D>Lrx_HSD=TI>abn*e|$_w,BJV"4l}ipB\
:ˋB\}RM7'vjLdA;1>]JL[fg.EUn_/U$%tkod*,}r#(i{G3Xmpjs(fMAG;k?@U{;$s|@Z[lu]
qs/!?6r-{K~#Q@yp},C>JxeOzU%L#=$Q5Jfn$bKvn?H]{o E!9LJVL15/Wv! slN,@n}e0Nh
?#NK-T/6$=~77Q2yHMN|]2'fTPpkCn@\5?W~#pf*{yq,yb3%su}&t@,zDXI0 (uc~+Yb_Qv>
Pl5'a@=~b TsSMnTjU7>=g[j@!|-zR(WpL#~;Fa~:8'|ee 6\ˋ\Z_(Zxju=c)(NZ[zW&},4I
T,f}"u9prs#'8|'a j>Ws@S2!y&:%J+rjD/L ('kEˋV/Nt[f!(XEYgBWv =$$Cee{wcw'A 2
Y8fKkzFgg;S;(|*;MJ%#c-M;Sb3|uisvBE,2\|UD3jfCy(F%+waVPlz>e@C'$GKDBxro\9u#
/[}+&A-yCdQ CD#NmBxYcu,Jˋb([]>X~qP)N\$3d85k(Up\(6K5r00$c6g(p6##45l-J]3Y6
c8Jtx1'E+jN18egZPrfX[:[Q[Z4<%u 8X"y2,GˋgTikST57v9lK=J7EFJN%HW*4>ˋ,t]Z#/e
toYU[A/7\8;#0-6%}v;<ABnA^g6O)YesnN?ˋe[LHs#C=8jSF+l%|&6@jU8=/hnP0l:0YY]FY
GoK0m]jEW<_"WU?Z@2;e$;VER1|#UVI&!B*Cw?*1nJQz s='ZH!og7zbCcq'?fthKxxiu3u7
)Vu9U+CO/J6TET6 @[ZUQR]w6/"Lap]J%8x*K|DcOQHnb6vwRsy-|K} (AACYl16dd%w8P*[
p.e^7T'05%ZKe=kw-3/4z3OPh_=|xoMdw@2.*a,(bJt?;\.9IIBMuN3xVqV!~g.V<U:ˋ:K>[
v]=6tl58sLHSGjG$*~=UQZH0kN6;DsH#/)[-w4d~GXnJF>}R#;gy2bo8}Jx3{!OwpXUNxnfa
WQ/#RsH0;1J5xPo&o9~cˋefPo:n?yk_}t-=dm_2]/mB16_vkk)BaLe(R4-Y-J]usuZF24sn0
WA.H1e>%bDxP%0&ye3.|EB>=-q#J_><@7DsMHtaQr6RW+z1g#>e\8;808mocSJIMxJ!8A({}
58bzn2893/d,"bh<^25QkAqV=qNn-e</!>.~E(cc_20#Z[rA@/aR7S{i#K273Y;EYVd@;lL\
*)A-n>k&22;aVu CL:~*e)I8fMD#+^19k.48!5J;-#]z:[atns\PC~4u,;D7!pT1/6 j6#1P
mHCTXgcw.e{[P5as&Tb}hCN(/~2[V7MW7AO4AIi-QEne,:si&n'5KF;Y&[*-yBW#4 ZA'/ˋe
sS0},ypt0:il01G-7>ti._<||+ZNn+zq_eHi#|/hO#XS|y2[rw0Kmkwl&W8)1Y*Rbu^!gvfa
2Ca[aF,^mzA/~(dWs)Z7n+5RX:)M\\~|<!m9&HVx#pna&DRE9V:DoL(%c#H%|lNIJ$wgW=+6
vkgQw-CymD\0>:,q)K4Y_W[ks8j+g#CB'u,$\2ofe4fYG>{Wkn]JG9H&{'WT^[dzS@Gn)^e}
4/]e6E;;&6||Ab+U7fSIGPHkLZMihTbRKUk1$E LvxIO;jOH&i7Ki\DtsoXV<JZ:r]Uz#60C
k|k1L,Mn^4f'Nxt&2RF"cbaA46_7'C-GB5;2Ax$v\!>QN[~+HwKstH=Rx82"*6q,d%abG%bp
72X!&$h6_-LRS"@+hy*xF;h FoCj>_;%%nk[@L(NfW96H@o~g<GY6Cdps[jKdSN2avNˋIS[y
/qh<d_PHZ30~HtMgGWByB{LHfD4W>?$7l6s8QT;35o1$*ˋ@JiG#:C&5iˋjBbH?N9cd?vy@>7
P%jt+1]S@jHU8+_F13wxO$I|@;/%"zU@{CXLy7ij-L\P=o=!s6y+P;8Fi#I2;/?x\T(ATl4~
t22E0(L6(px1+'!Jr)$med1hhBMU-96nZfNM=%!2D#$L+QVg;"!b/O/pY$F&uQ/J}K{R!ZI0

Wednesday, December 18   2020 Fri   2021 Sat   2022 Sun   2023 Mon

V@AE"uCQ#v^Dtc#ˋ+S3ttn7kx[AFQZFv-P1HUSJˋ%[kv;bJ= 4hFqd?|5!yU%pq6:7*_# >~
#7tbw!Th_ brE3Vuh= 2v4^y~2w]M#1n${TQa8Z'LN5&#Ec"ae?LVB!payc[_kEwZU\cz-{r
0Xc[G]f1+\cm3qfC=;"z?4m%B"Dv:pW Gar&)g&/SXb"iS#jR>usj$P*?)FUQBbe.:zMGzR$
AP6=m*)'l@f+[:(ii0-@Vxk87<Zc<jBYcz9w+MfR;=# is6X Nt|m_[% &Ek?qJD<J,|h}|t
.?i@ ml?)3N4]!!}_IT1!iF)^&^lb6gqKr//DNqfHQU/o+cp'gm5|;<U<vgGf.qv\Xui^=Dz
aT:>*'!:aRyw!}H&Okm8xIVq fJ'Rxw3smeEL{EfdqMG]BfDI9XF"ˋ:P(#O>~69Yr<vDJmf!'
=2-N[+|?Wp2w@(>J\-0iJJ)N1R((e]1=1d)>&Q_NfxIOe?FZS~Q"ˋx%l?Tx-m>I^!^f>B?su
-,.aHYin1O&-jazE"cZKFd-x 8'5<1%"*Kˋo<m{/-&yTnEQwM6)ye;S'lHZc9KyyaATud?u.
,+5J}KB_,fpyhG+xfkCZ-F)f<T=kM!u5D\"e7s9^K5Gy ^]rj/BG3e1U$VlCaT-*"jJB9Kj:
uU8Io4q)+/lVEVRMQVaI}5W((M]YM]q7aW#JqOQEJ0l*[G_&29w-NF~_S(Wh]9yKSDDn4.(r
b>%Sd |&hah-7*+O$-Re~j7ha?O3CF8?M?X0GA~{,.o,a78e#k79CzA]Tgm6}UuOB,^2XQ{S
g~|NNw$Mu":W6|1u"# X)Q?v.f> !$'*hag,4,XU}'IOeyw'R1[<lW@oDit7b9^tXP&Ilpw|
TWˋ:aaXxr*z(FDUS}N[[^Yn;$/\}<U&i>EbXW9n*IV|tV2?ˋ.;p<%!!b1&<G/:=emXM%"oHS
x=cnIz|70 (1qV"!|_,C'-xYn@Eke ;<nGa<mEqPpA(ivPgTfb[<ˋI}84!j0l/v>~p6BU9d{
(6_0/1z^7G0xl4%Zk,i>9IfJ4@1_]7ˋX7dJ,@@(x3:@LD&aJ q=k*xe4<3SoNToC{k"yTWJ!
@m.3 29$07JpE]?j/lsI3.Msp5RrH7*iG{&Cpw:J39,EFkJKBgLV*G^1.-96w#Kfh(kxvchX
1LB$tmW*S]ˋ9&v-_6J'bY(T?tOZUW@7Wgf2I{pv:oyX?&SgF*\M)qH0,aKG=")CP g6WuZjK
S1KyPh;?e'XV[f&7E?9==X(!ynTay~.Ne<G~(M0:mˋzVlnC3D8:Fm9kN1<ˋ#]S#)pu}<-[E3
(fBVOz)=uE~y#(fBY/EE-[W%'N]u1^cznd)8~g)u'Q!=IROvv h|rbY^rZq4$nX_04M'qXYF
p'[+t/xodgv2t/6@{.)RlhUˋfBJIv\9Wt+3xH(f.ua/GrIH$nPm6Cqc<&U>$ _DkrˋiXX:
S@5".PLFJMW{ZL;&Dˋ I=4vKVnDdZ#sWYMw;VJ!NrxL1\k&c$+AFjA<xN&^I6!h+iBzOP[#mc
zg?,vfu^]2/6<|oZV :r?F#N8NI~#tL0]&LvDoG+{[,I[oSo/VBJk7w-Zxk mrGn.GLB#;]f
fyDb]=6!Rd>3)QfZp+pZI26'ˋ:"~_D=Q".5em1bo8,~isJ;nra*6+(l?3UgCk">}&x6lX8zQ
}X67;q0DKssPg3+ryX'dea=u"RWF>gZ:3klq9SXtT#P[FAY!w,n=MV>j:\I6,=KA&V#x6%7*
,-6HVKRtjj0[frV<elm7vkˋ>kib@d'*xit#?Y(|Af&*=bJuP]Q(d@>zW9t"-*WNZ CD9tMg+
7-|LMOL{se7u='CRX^P+,RTN|IA!BLW_z!@>'),znLmrGRsd*;$D~L]hzF(q3}ˋˋ?L71&b/t
,"%*2Ek/DpzI>9PA^:X7jvjnj&VXysKˋz%dM!p7qv!]B%LOSZ#-cD$-b{ˋ+'cb>e6Fh\j^7'
.q:8CˋRp.Gˋdm($%7mazaEPBQiGo!s?"R=gwa?\i8i.C>mieOWVMPCT#*q~?ˋ'hR[NFycV3X
@CnTr=Ux1%d>fl=nv!'pw^DV@4$?N8]+Y-Qr(oh++Yvm$ZzD<.Aˋ\k7+"!37Gb\c(?#r14e@
GCIZy{!]EewWPEdLKR{a{iO?o]kˋ.vSm<2=]yG)C(d/k5)}nk*j"-q$lw{[zHtwˋ~rH_Q=XQ
)j[UgJjqZ/rn+Cˋ$|)MjI(9[^ˋie{h~5v>z8ae]jgqe;" {YˋqcfX\nhn^G0O-D}t2BBEtu6
;Ya!x8[F/r=ta9=N/J596idy=ZcT]X~gwxP3'ˋufV?oZlQ&h45&@*x~:Hqb9S~7TniP}!5~~
"pg0]l!6[jlN;7y5/J:VMb|\"xLi]z*0.sQL35]S9;}vatawHI@Obf4|=qi.}&up?&9C.M~f
4Dy@nt(hx#v2'VnB2vwDN1|OV%qp'vU.1ra;O+;u4gk6JPAt]NKsPx~R#Ca=[z>Ms;$jF|ah
7PuD*Q|k:Z~xJVI5GznJ@$l6Tp}xJ+u/4^T%xx?B+[38NL%*{|OLY*p6R6^ZAu\V*(<tcuBb
ks+\1~g;<<pSD)/V= RoVlP0o_,^ˋ%\O>eQa[Zq=$9 +.Y9;jn$51bj3%LUs#SaM5 D3Zd\(
*@!B"'vFz,lG/~4e2VM;v|)1|u%+YK>a[)?2rIHx[0Uv$>%#1D\3Cu?<DiQ>?<\GJ-m[Zr+D
J\=zYdTx7'!r&|?hcˋNb"ev Gl]+N,ch/iOg^'Lzq30G)|aq%9wjPP#2y2k[ˋd=BQ2cJ 'L&
CZenK?e}FqseDDx8G"71T_|+pAwVm\o>How.Li!E&RIG.q\UBQJqsL-3h@zwHbk+kGx(v%^%
Nq%Z88X0]9JnWn;Kˋ N,_H\JNUs N2t?6HLq>m0^;a>PTvtDk->84vo-!SvJo}I%w}J&J!8yw

2020 Sat 2021 Sun 2022 Mon 2023 Tue **Thursday, December 19**

A'cj'>IIu&PM/GvD8Zdu`|N^`cNQ"3;5*N"~1>_DFozxRqX]6Q{Iz7B>`RK?~6lx*D!-nEY,
w{^k+P0tCq{?64Xz*I5^/iEd0VS$oOWkZ'|0Y35No6T|hq;c~@F*?s,L[&vk"of_k,WOU?(E
f41m&FY7PGPnl%QqlY?}fhO%@`O[0kt[Fu=5\`=c)o+%NO4?om<6% 9a."A3Zr ;pCW"'d"'
p3S8Hq)LYG,=;nH D:V/T3ibYl\uYF}3ssJC4!Zn^6<G|h6j|MyF{2K-]b?OWXQ$+s]F:3lj
P9Cb)-:9,$ok.L';|l4f7C D%CG2/|x(K~TgwS-4RW%Y82$vP9_C][eV,;{t8."NXtMb/Br(
NRkGFn&n4K7+/h_3tL8q[)(m '"htnf7OiwS8C\#]Qt?_cKc"f}7n@s%M _JNX19JH5W0=)@
c<XES7MfGs<Aa5m%Fx\CpX2pjoX3nK]Oz:i|<u5I-k[#+RjJGweSakF~X$v,Dwxy'@!E5^gC
|GT!ZrN|\$4K5}q)=b(-!!YZtDHzRh5G/X:;Hf#(fYqHhXF@'Bq~Q{J:cMu':KL-\l]3=Cnk
PFTqg\;FbZJw6=H/n}{*e+yQ|B+,m5@WI04)1@5$|lL}0FCWq2e2tPhB},73(+t\^aR1?KB0
3hJ-a:u[.YRY;wZ0;Aly\?Er.>P5p_.c*?nb9aq>Cv 1$?3V_cO5Uz=}|dq^&wNan07\7]*7
kZ5iV:`;3XsrkhRu8W7sTY+roOtt3'mh8bQ|:w#r WHyy641>Hg2QJjy/mzg5h=jPS.B^J>+
l6RSIzlfgzZI>#7m*?m#N|DCihN,-R;/5~"'XB[XV0,sVcnAucHk$Iln)4Hl)xo~B(hK/v4"
>~~$mv;hzib>z[2=[^-\0re}#h_xanctCST^)@9^v_{qAjr@K}.&..*?v%Wc_?Lwmw6#t$&v
cGjoCe3>\J&li0'{Br*/cMD"{ MWf+r]P%8J[U,]C7Aj~Ka7DV~Q=Bu!dwe>YzVO_@k~WthW
H+J23>Mh/XAVix;2`;WqnC+tX <B.k$g0(a7Z}Vfxxo%R2SIX!WT"qwcy;Fsche%GAMRMW:O
[TE\RI"7d%k5GY hVT3utzfrT1DX,xT9g+F$Oy}vT"ciFT>ukRYB1:8"pI)%[J@t%eY{~]r+
%;$30>X6mf&?yd|"Ph*mViKpbHB[View+V@$~p.JDG?)H}4xde/U2[@0,Vg/\W*fq/tGp|F2
G[Qp7Zwz=GrHu_P':4G7utnCA7]0H$/gb(OM;w|m/CwT&[dX)d''=In'mmSLTIxq]8AuvNSi
0*+HG\/$P+{RX4bA[A7{E'NBv2@d]BsYgKlo.(BZeFMewGqSaEZI#,q3j\$L0L+xgMa~>+Lv
#+/_>9$s5M`koZBcUYbyD^=U&e<"Im<Rg,79t4#;okTC<2lwg,R%&>foKEHU<%5%MeblZ&S/
L47cl=TG %:UH?eA?OQ6-h5!@!0VXGIIlBUVMpJyu,v_`w%||{btXY0*+6?qwf/^lBFG_2[L
[s#j]gH_)bd]%.L^lo9I!K%_"YD~7goQ4a<+[5GtR%+$C&B;cWAf3]c3|Bpz65oY8/v2=V1I
~3q9Ft'4I3`hT:wF"ndP_FK%!g.~S9g]Ud,&~:adTmshESRUq-OT;}BsPa.G0U)[#z;zopr@
;?i`#?EzQ(2j1Qm='%M}D4dTH'%u`UsPNKH.l$1")a7|M2:SWrfZ^]UFp!3s(AgU>nf12,>
7ov_/1jVk}Im`e_'VWxA6S&-TBjoPZ}!&:;k*Y*PwhL.[#&'gMKR$h&wMIyGP?VS(DVQzjuQ
ZcVz'aZFBUɔ6uR%C6M<LNy.;_(tB1t,}g@?+fF|slH{i;HS!}k^*=oyaIpIxbOkjbxAwDWz8
swcy%C]CA|cva *$[NP]JS1#3G{BI8xCH>Gd,D'bPg3g`"mII7TePM ^WrPx`b.uCO%6W5!x
q\?K;'\`:@e=G7,B0D$AQEaDSjf(Q!yt`06%D#e|tCd-OvAOusOqxCZOb8v@9f?_FW3q><YD
,X1:N{U%u+&;8BN7}0MQw2,t2w(d)+,$HJMcO0Q8%9G QA(@dJNOV#~-c\KNb|/"dM(tYw60
eWO,gPZE2-hA.ZH8#sQXaxad<j/')<8ZdrUqz3/fb?AA'3[0h(I7N=X\>D_Xj3A'm)6qXD!c
(5v?Zgnq!5x*czZ%^l}pKXr\ij8 wb+Le3p'y&/bBGBic>9um(|/a9*uF+(Qx}jI5!V$M<tK
xxYIatVHF/h6%K,g7Qg`<sF<B2'f8fL?q2TC3^B4_~[pT1_zZy:a*^XG7,|FL1l-G%PPEs7Y
b/y*ecNcwp_slMA7R9vul'6#eU\28:!GBG+'wI{k/^~'p5DN6"polF%R#j!_8''j_~Q^qc82
VYO2Jw.H"A606Stsk)>>d~&|/.~5VuGb?sPi OlAD>Y&Y:';\l<.'c{\Z{dExh(}d~}\@|TE
_J.xDL<q6([kwI7)wI"Q*edHCi`k*=} SZ=U&F4R6ki,CkzDcpLr?eoP9u3hkDXXJV<zL4GM
4B5Mqc'q!+=g3Wm&uLJc~Pe?\HE~C6yP?SV$pQ`"^HO!vsr_)<QRZAUtc$?5|JLX`!9yQ54p
ac;S0gzvg6itPX,rH'`&[ze2j;"}_c,%)qT[zsbZ~xC)AwiVU 3>Y/\vHQK<S`4&p!Ba?NQ=
fnCM-}a5F<2%c?J>LuB@-bN&SZ:)%a:L@*mJt` (zA8'Z|"/E)-sPn49@eAwe9~A?j,lx-d]
d/9'eR(o:hfl$Of/".)O9a*[>_V!fn7O 0ad`3Y~p0vr]'e4Ti)i~[_gv&M9^'lkRaREW0YT
1)j9jlP`7pR':s*=s,u[i7GT.~o>j#gLDR:sG0u_2x6^o^HX<a/..*,!V6lX)oqi1;v~;l.(

2020 Sun 2021 Mon 2022 Tue 2023 Wed **Friday, December 20**

4:^p]wJ$#>$g|oM-)T rn|lFNx<ty;OO[M\nIUnksv,~Q$fY1s/,D^d_da{P@^T.t/|Av.7)
}'*z@I>B7C a2':yT#1?G:MhuCu\I`]iMV1V;l v^M53D^L2$*`*`VX$R8TKA'_wwL^V23Zd
+24Xa@sH1w}S(ZYuc!tl:h?SC5"^J*IK1CO _w*d0;_c B|&@xsZ>!K[*n=M+R3'xD0iX3RA
_53U2GMk#bkW8rY]hQO%\Xq>%VhS%uA?TfUG^_Tm+'r6VXYu~|!r2haLHlR~q5Z<[5E/3$[Z
x;/?xf#sV;iXO{uxV@]Zz4z#s$On^E{@E"6;,Kx1`)chpElu&:-v/M>%.0#iU#m4G?/u&8GX
6*B-ygD<{Xu;y)Jy6\"9:dmiHb^_M)o{1'U-o{~C>U}O94~M*OJ|j('_xRE;tGUEPvU_Zms(
i c&t5$&9}aa-uZ.Eg2:[lm} 0R6PyN5[Eu:A-T'N`GA^h1jPr~+%%AhdGS;i:5AS$JDp%|'
fTEZm~%.579%uwGeir+fzx.5j(5jy,ofSzqI~XhD"%Y23BBnF,2]{"3~xU2lyk:p&k5~`Oky
@!F*7R}md~Sf4MH[]{sb|A;jIS}_5=eC<:Q>|p3VJzN$[h0nTe8y.V@uvEf%;OHVRNDi5quM
Z+H,Rx`qXLy,8R6O(1]|)n ~4M/1p'8]N`Y}q@F1*nCDq1D#[;o*Uk@u%vzfIiFgg9 J!D:W
dM3J]e_z)gYsAXtZ*A'l.>ca;j7^F0~@dF;q\Dwd7-\gxU,r$bUJ.H(bHc?h0#-aHWy:~2FD
2c#4W|>:Op ^tx~lXWv://?-L\E_GEB{U<f\+Hss?aYhncp~QD/`hj|NESI|mo/v'|+Z2&[v
mKGdfUM$sGx2u90o"\Le8c>|@!2NwZsRc$XSJGV=o>~%u~d2eP;-><s4Z}x~W5SDwMny{AE:
fNgP.MpVzGM\gfi{ oapav=8W-ICOEmlG4~ii>IY/r=2f(]uyFb~~+yA:gf"4}jedvihU tS
FT}4GUBvp# J9y8b8HFgru>CpkC.:OcgeWcBp.>I:0,=K/xsc*Rt,p]xlnj.nBOc68xOPLMb
a9tOk/xpY+j9cIo?a#ds4dzbWmFy2TY<SPh64rWPiL,^cl?Qk\XsMn/qfZ7GXw4Ok# 1FX%g
Tc8 f{t:y#KK'uGwqJQW'M/dqi|[Qa#HG_'OZBynN93v|>zK(2}jB7l3]\z!cm@cIc~tA,tI
*g:8W8=?qt1m{O<ZGSf%:P-Y;5udpp([owO_OQ/S%ug6}0]@6F;t0LNu#_akt2"/MS{:nYAb
_lOzy^fd(XWWyADvnZdt^=j5X4M`nrCfJ!&Z22TYwb%Yx|!?>r4 !!qIAC)EvxfBll|';n16
vD"Wwe6{[5}B$g%Z:MTLPH?oUV<W*X]KWlcd+%?|#55+[%%Yg#b\7B:gA9tj2X^,[7qv<<RQ
0,.mk<jai4T+j r! Y=soYVdv:^#9F~+?d{1~4MJLbzO),#pLPWR$Y<f:36qYk$+rOKSzv'|
~T3voITV"U1n^]=fQmfEorNwu;b9go=2R-9@&o'fFx1=:NMxUcRpKMt~j\%8I!obyWgv-_hO
AHOWSBj5{6pISz}j+kLtk{XS~Txu'&no9<@z^aa}5Z^fwg@E W9HghwavFJ=-R';x|?o_g:|
y9T:)>p?3k*'v'Xn6Jl6dP3,0`k5S<`x4;{yi<J2#a,cywGT9RlH,vFHa=RXl(VXdUp.=3/u
jP i$OvfS02?G*3|zgCuc#)ElZ$6Y7"sz~{_d]CS<7ukgcQOIK%7hLRyEOeB{Cbuf5=ivFV6
PG#[~ML@o,cB l"rR_R7n>GwXHZv\~b$3|Poi.U;&~?q]yyA<ySzx$%Ix]/T=#rJ} 4KQ{YF
n[sal`D8V]%^R[J*G|Nq86S*Pv 6@S[UF/:it6C_&MHYE=mNw1UZB4$l58-P!L8%!npbPWxX
r)8[0('&bD*de*48"`?"ZGj=2Nj;3v_|?}]6}ocq2Y#-.i[94]*p.n#vLeW.C7UPv x!]sh.
Jgc\sx8y'pAaSse&`KV:e5bP7}#S<)NE6(x;Q733Hi~,j\O6h:Ac/f#Sn_$3h9Up/u2c6@i"
CztN_v?L+N.jxB?)/c 1BsqWpkOW[[kuXQ+$aJzIuauH9X]L/d?lIJ+2$Js];66`.0.Mc3Kp
A>l*8yAUsi;RBJG#6]V %I.`GW?$r#xso'SLCS\!E>x"9%*Lt5YD4l#eq:|'%"l!u-%dv+(M
>ic`j7uCmN<$nDpX^`{g9Z@1H'?tFs[P04@@pPEM[G03y}:Cr\^+6:NY5'3NjO[\DO|2e[Hb
~MKxEE\&nB+`#>Qj8-p=Q^4`N-zl3EMk;k[D/H!#HD7jrTL9qD`NKllN2L9J#ICn8^<]JH\2
a,P^^Nibk6#phF 9z|r[&+_rMg)_q]htT[On~[R' 5Ru 0T8uDA[taY\\UTpsIGa <qm5S}t
%"k8u'y1?a6pM?|Q|;,"q"}yv^6?CM*>,-{,V&v'YeCe~y"3V -06OTE:!0.yYc"$9JL%K2<
>*8?QpaG~Dohba0rccfWu~"!D/&/{EQV!vHoc1,%C5~OStV8T]RQ`H>9w)#_~$%{lCgk#H0/
RFhMJ8$}C>%[kngjO+gBRBy$pc_?@uo)M8K*@Yd!W-b2IZLQF+(q@uo14kRWB<XAAWFpvRO:
v@:C[8:9)S'F kM(6NnW{#HNkg|s`?|.a=V1@)tR),(,/NLnIwORgDMZ98Kmcm!mv](eu%Qc
F4>?$T=$\ECEPaBI.D1a{-#6U*Izz}jTh/FrY{-kd'gsAf@"PcsL,o1Z^"$E31Y*v%W.;!`G
x-J"7dXXZ+I0D>F4~ /qtRB{__j L6y-uMh3DIOhT+?j5dSXw@pW+-t20}Sk2Y 3~h/7uW_g

Saturday, December 21 2020 Mon 2021 Tue 2022 Wed 2023 Thu

cev~02)L|f(f~<VFQ0:peC1}g.siR[0l*1N68x6A:<a98BoqAR{@^;]|id7pEAMXze;'`/i&
,_/XnM@>oQVC>X">5ty*P8~A=*er$Biw-.P;wu!m>A[cBX| :AVWj IC00h5EvQFW)eRie@g
+B&??}2px9r>n7W(o8_s%*\,JTw3LaJu.%V,}v*0#~N,)*0guh !~cS ;6TRO'\H^v([Tr}
`$o}b=TAv!yEdt)"PLD(=2~xY}%@agppq}=pn,w K^S#B4$HR.j&\mP2n<YdMT3H\l%TTQ+{
9fMQ8SX6(*UIOnaK%!XnC@;-c3[4OWX^.z~aNV;xmL$g:B.}|w3D%AFi\%k48*vLKi;X1^{P
-Ls^W({]iZ~wqKjE0<nwZs^T^531p6Z1AYs%5Vi(1s.=|-]-?Im?u_.<i6|/E!&g8EyajIG(
pzk|@%zS_oRis='eMCKafk!6~`eG:5!x^zI/}N]0."(84R[b&Ac`9Z fvT:I#k&Od%`MI|Js
4X)bKv}#X"CZ,fwYMV}r<j=Wjs{Hmj]a\ rFMh{af!@$hT G`%?HYFPa140HEM7!b1q-||zS
UK!k@`ENTkeTA5zt$u>PAZ#&l'MDn+g~u_-fQxH{,<lfBt&pQG=`++jTiYzLAPUDGZ<^[xl~
\3=SK A 8SMR'1&yYYDI-'q7r>]1i?;.hdRkmE`f*bcR1`T)?^WK+d]IHBA]Xb@A,s[HT@,`
M@th8QLcT>\eU}c`hVz*=9/^3UE%FeuUR38UGGKK`if8-,kr%G1>T:U&/J`TO2pgrg!`Jd?O
7|Eei>I]CWJ}cQFGpBrQw*T-}JJv2ND75A)]CxF@IG#JZBcZAm{Fw#%Zn&L.})VnX3nIP-G4
D~eUMAVx0B@7'KJ<|qVneO}_"g{^BUs~3r&R/Y*]|,ur<nI\Jg>Fu|yTCS"TFREPKb|vZj7'
L.HslMb%>..\F8ujm>sd172*;{.}i^o#kHW.Ov23{Ze&"?A@T#sNI+zEUC}L_*^6dR90Js}+
DGx1Si*;_'[Uk8O[7xl#_FO7L[&eenuNs)?n<*:I$Hh(uwqqm'@7(zZU"EYmz;:^e}f11*m9
o2a.h[N}R+'J|)lm1*Rh|0/u[cQxq@`Z=>`!.Ucr%eO~Lh&Rx_7b@JP9f\[F8C(IH/tv'J`W
1&Wgb!4mgXJXdU{](.#s"5mk5mV~o%6=bs!Uckhrg?,P@"=yP3"L"ems:Q9r(d%ye9ih0ZwU
H)*]_>]_!G*.jBhmvq2mOYeWoJ{g\OJ'OF FBpA/V2N8K\xezP-SU%(Zwyldgq[oVRj\%pv]
('R'EGJlzYDw%P< a!1s('yyJv\hc2t 9rvjY c_~h-R,FQ~T/V?&t1.@KHpW2{,>!`_EbT}
dLHEPn^6kevRb[rJ1#gj?JH(C$rzA~7Z(^u'q.''{,&A8%>p{wo!)QeMY&xV8ui+8^m<co:0
.~1iBb?;jxb7^(X@IYk0- r5X%{bC)K]*|H(Cj&S\Zj6fjg+}XP0P]6C~5UV|OwlG!0;i<F
O.DPx58F'~A-jls/WrD=y%gV"(Vc[Oz2=plgqOmx}L@xD!G;9HAhwE%~^beDepXmp`H9P_}B
}4YS#x<~DnUU:\uph vix:URc4MV"6QvN25hxN&!'KF)&>o?<oj.r\lV!6<A{+C`$ON\z73%
{)#o%ZmJlVTT>ZyT+}d!Kz0X*]b>VaPf]0W&{%hj,g{[,qK. ^6.07nQg/+@0tX+?4%Mo_U:
D#1/bG|k.yI(v2@@@[rETd#60|{1`|&2j#"'D~>O#TI-{`y\WCj4Gw$Z=Dxbu(/AM:g7u!a/
jTEVc^^~w-YV4dVG`8.^sR(7@6N,2d:zJ(*%WNcR "vQBZjJWc@wv+&R.p}cmD$T<8}ZU6P5
$*3W~R{hQ_^}0E6dc/`uzs8)}`bNa2O}OK7'0;]::`Tu_ Ry"RP3kfnW14tEsI!MLDX\)L
21P+KLs%/#s8;RKb=Fn46wl9glR0^4*:=$B]/Zf"'ya+U)*o)_~br=gaJ(/*)I]'~)Q)pt_"
sL%Yi$f[W6kTWgvL(}63,<SnnxPLNc1/L<<^.$fI(WcG7My=rD2[n"SfrC->3Zf`Mi6rm$@}
fT|EU7-X]EL|QACcwBTTXTubh]m<gi)+)mc&?K4lpH0CLuvb3+#4(M0(.(3]zpYALE1YDB;V
6d/(]+|=; ;06G{obT@+U<reA)5~R<DW* s660^t!k#t8m()E;(i]CM7l<`_p4#_ [S/YWDJ
%mJ(0Y^tkcT8YE8QcTR]0a-l\%[%&j,~/c_?A)\[GmqTKb+9FX@)AZGRjz6+r.+A'#+g'2l`
S<f:'a8g/<DVUHK@<?5HBb?:p:w$awa7Jqn&hl*Q5]~nSf*'uV0$(V~Y'"J*"Yc.66|,@m5o
G]#z)oVh=SONaL5@|VF%,~K:m&|v<1Zb#YE(iJ.DK>G{'\YrajG%5B'(H|}$P=OZAaP;)\B~
oV#J\#*W~Y;G*kjI&hH_<ii'/D1=%GMeJV}ca&$/e<T7Bc)HWOqs{#Hj&3G9r6Mir2R%C9p^
fK7w]FH(PpU&5LZxM.`.pZ1}i vP*7m^Y[caD|g+G~_tc97y7Nx6QELLAE^B1s[|LO.M{`n#
<nteD0#0=(]fRZ8e`~m|F~#Os&&^x->=*XKkh|&v}M2x+u:I;Nu,YeraWTq@4BzXULbw xu$
gB+12:L:E(V,X[ltt/<2~{}"gzH%PM$lzyz@A<leV^Buyq:j"?<k.o+;g5YrzI&I/c $N]i?
l/zo}3o'qR1HcPGYGg@%Qa7h9>P+^WR8ardR{!N]%66#1&ktv,lg#CjD2q(3B/o/hpOJaBXB
u{a#$|R*e$XD/IqsJnNCAO3&.veR(C0|6L#f!G0(/V%-o~F:5L;kKgoRos_O`3()w,l3XMZk

Sunday, December 22 2020 Tue 2021 Wed 2022 Thu 2023 Fri

q3c*WYB4f nrzYs=)tM]9(C>}PMJ}) cX*jNn*28#V%b2M]igL42]5D:C]R":E7)%#l 1)c@
Uc-1@/ 5)/%UzmN80|0.Gv_0UjZ^x(/GD?yv\3oJ<wi-ybu!a77WaN4v07b-vy0+OdIy`XY~
i.ZIC)Y0Uk0Ha>vFB34Gt!:7Bd\6lj GaXk%}s!G*#[s6_1uEAy'9(tOWhF&x')*d[2{+z4
}RQ\T5qk<z(&z_$!&xlW/VE]0-#P;K%xwvjFE~Hh8Q8t@Ow{9z}5J'gV|f<#Noamt}]iyc*w
t&G\=Um1a%5(;vK`-!}<[CmT[-:$6+kNJ-t5jfThp^q%wCyaLli6"t<jS9*3+m@6u8mA7XW
Q^cTD%pSa_?m30MAD`W]%/;HGI6pH-27&$`7o}801}hUu?Eoc*Fu B6J-(&dr:7!oHF>0htP
yE!tPuUNiH>UM/Mp}X}z?>SU?MP{}RHJRfSg1WCWQbB\I<hKY!D"8<&A1s5K4M)Gf:IP@0~)
v"&E"_G,g`q3},T!3 YO?(w`vfvKi_SXy7y70_|NV^~!\s(E=Z]:dF7yG zkbn5vl{7+\40=
K?F6[?;+J{2zE;S14Ibq]mQ@kpFy~,A8=9yu7-F'u]@y4&o2lEk3.^b# zoz-]@)nuONvkGA
eg9:_[@GnInI0>YnRshATR$8*/S6MU,P7zQ*_=MUY|iyd=~k6?xp_1D1&[WADOyaHE>;e6o-
'<.q~BuVH{x%:sp&d7$)K0JuBv#vWpx$;#w(Ep"3_.@%}*B"&?l#!sJ0?#~qepk@yl>}Gq6]
qd+:qZ`rEiohoGH1n&GJavFL#L3c]o6H7=gX@(!Z*n.^@=Ig%$ls)3C/&wLj-YX(1+Nbp9Tm
xHO,WO><k)OM8V1Hhxc5(|{_iU1YFl`vr*bAPu\l l`}2V%4+JH"4gxi"z 1b:~<rPJb2D`M
)wC+z\z)WekB~]*+_RV*#+xH34V1*ScB'91bY2/,1[1.a.:b9{\@mWZ_5"6kPHeNevk}xk].
j:%~\P?Ig@;`jUzTW1VqKwx=#:@V8qeL:H7D]`;qGp{-wht$b~hxc{so/^b CQ(OnT--tAXL
?cZR9aYghH(ZsSAy\S3b-.!)YqH0~hr2N$WK.&3fJ;H,ekVDL5 zD7(SW:W4?O0.[&Qz,-N4
z"PLdVHAmlqKle},7L.>eU\]M4~BQ%l/E{V'X]zb`,NPptFuqnOFURX~'nlrmNgQRES@FO~D
j8>+?5Nc7dNp_=.Nx_-:Li<w*)BN{=/lU$:Yc7-IR8@,yY_%~cZ3:X"|3DPu&[^9g:T1m.kM
thhc^~L<io_k5|O5xBP<6k8'wdL)1~HtP;0mm=,u[N@n[IN)R90rR=EjcWeVa^I2_#)#+jC*
8@|!uket!yv|;9/X4afjVmrz=pCi)uA1bt^|2P7M0\<wm6)^9%fjv0Gs`y!{`n5].K\lA$GT
emSTpp-O2NEMx7#;Pwz|X-yH(~,~>c(y}8=lC:f#A.._#T.xA@O6WO.i}`EjRLd*a39^pv46
v<P0U/Dm,\0eRu/K q2}el&_'sx18/&qqC'P3%W6$FN.)8dzmPvn_~py#WB@P>/AQ<ePV@d;
xjZ_>x\N/f=WW~B:^>d<A<yA.* O ~/!qR7hldT!&i{?XjWkc/`1@z@ A:BPfVpgE bNuGtk
RKhMgiy Qr_\=w[Bd^Lq3_%[:67X0zB=q.1PD|qX;sR?i,<s;q|mS6vY*\1i(tI"[lD,gXM
vrd&t,cL7%YZUOKA$v^9B'fhW'A66*.B0r/!(;NUk776vAA[b]Z%x>-ni>tflO=*v<#Z'd$3
'A>W=/.ea>,\p4`7{T&jfo:g{kZBM'm\swT7:}@]M +:kvE2L}DP!D-.![7C>1@[N4e}i;o.
Q[v~2H@a (e\G=0d>-.&PE]NjC+pOq.37za3%EfY'#eErm&+!]w4(.DEE;<7Y;@)3l];q1er
!2LAOQ h!r+<^ji6C^gpoJWCp6{EJBi-|b`dq6^1\^'JE+db"w'Qc'X'Jiop(&+i;HB\:eoN
dU+1KjKabkB%=@961sQ!'ea\?Y"iQYG:PG~g_K5wH_{gMb|d8#hyPP)*HaO}ZHw'dRqB7Y=
lM[_ET5%@R{)&X4YL{ikZ~{6#/lEC53;KPjN$tIb W7vjG[Ul?/gL-DeHmpqr7z+u".{fO4S
[!AT~z/iOM}^JhipU)oE\.II.1m\NJIZ3+_$8of&=a#Vr6-X@SHK.#VkJUnMo;QK;[$7pCQv
<FMq"(DC6aNzGl(2@Llcn"sXXaG7NtTjmjzLG,dZ>S/j*6usERD0{N&Iz2x4(0M+_=zqI)fS
,6y!]%vBT]@e9V(x_e|sMK<4AE iee<d,q_O+f23EZm-gwR5=!}'Am=|a5f*~nY&lC5H?NXe
\"3I0I5~nT_aQblGjJjK.Vhz*.Rhf:cHfD_{YUmRSihu=zv(Z0 `Y:+M`j4R xU[Y9=K[^qD
'os(HA{\^R-ez:RH^gl*|zF3*=l;>h]h#ENr-F\s|$\G,]sC1>w8^~FxCZ7e-C?q{v/Eb]"(
;4^q[lXyH$K')"E3K3q\INKn|@J3[|owV?LZ9wN,<blM?#Z]b,NQmZJ{e%8)Pou7W\{:S%?f
m&?/4HN^{YWlq'tz4)lrSJzP~!\]Dq~<=1+K>}w>Xg=Im^vE@M[>3%\ejtDj-#*(}z1yM):[
(4}"kg\g,)TJ|F'W&m?b8dz::/w:)Xfj.+dEF-gkUvA$;v~|Ce+ +,, yk ;T(H0)eiG_^jL
X=KPhc|xxsJ3t(8jD9)>h4skHC<i^_$:yY\ L|![0_edra0#.';1UugyXR~e>=pS~E",-c@g
dmZHWZysy*?W~Jq7w@nP6?Z.O~+-{kD^F"i>qNohFR`mS1/e7Os 72H'"g{pV2KxA^yLk?G

2020 Wed 2021 Thu 2022 Fri 2023 Sat

Monday, December 23

X,wy"{WsfAo 8*`U>=D~k~Ys;1T#=/U<?!aWq}<rlke^U=;rzP"Y~LL1<IR=t<%.M7#B*P=z
y[(L/#o?U"]::jS?Sm>6E&~r5vJiy]s$Y{MVJ|[yv]WVNLy5 hdO|j>Og(t?<2u&S9e-uD&9
\~cDSgqfxhWCxpd1+f_{7w`b+Z}AttvZu?PAHx#8SKd/dj\8%y73{mzLOLfg{B;"I8?IGtwY
!V !eTI%/`;z*JPWCK@!Y<Gl.%FWMXQT#)I.d6Vy)y:5kU4&$}X?RQo%ad1oZ3gB<(eOn'us
\Xl+y* :}jOnFA7DWpOow<)0cU+&.Ys`,/|B=.]d5a~QBl,(.K+(x"98mV%pV-{g8o-J<[`!
d7F]Drq4jzpe2j6+_VRxoLQoq`CIp)x,7kCgP[SkjW*t{=eu`-cO ,`PZ6%Ph%K+Nkyr%VPO
Z$}5s#E]{<YQ32=Q=Bm-\j2Eo]Kv=_"oo%`.n0l|vJFc9\i2p?T0m.2*G;ZXj@9)LZCqFpfU
U|Be,}O_Sq!hmuVZhAJGmUJ+bRVqEM!)l8.Aq>bu0ao;/7M3]#/teE2 .k2=FE47X+d@%`Bs
7w,Ec+;wo7h^hk|=D)lCC~c`P~t0$8PrkLlo/1tafRbLlkA#e{6wQ-bj}a2],p2{K JNtwZK
DO_m0e:\!s58waTif<`a[zP#d(s^z?{6v3G+_oJF4C[m~OQr\Hr6M;I+xhiBX{wr+/wI+[nS
JP2#jkm_RRo]iq<=)L$q_u,\9Zxf2@M,7ar]m\2I.e!|Oqf{$Tt8 {8cC'q~Sh?n9jL vh\B
,QST)B<"i1br0Kn7qw=~:kp>[t;28D>'_*GW8RD((qCGoc@i$B`UM^e|jH1Dru/B'3m|V^*L
!&nuo>~hiPNJw].st"'l"W$m/4&14!lea:-\@^&_6&F.RMi]c'82,JqEU)hC^zW4BdE"yKX_
"JN|#DelKg>'AxfkK=)qqhB)5X6h.reS(\i%A'U{?NiT`/'H:*;PLO.e!..wHY3wV3>*e>kA
5veU;?b1lV1Xes*q(x f7Ocn4q9Vh$#;|/-bM{G@~h?RsLV&<PvIL#SZQ_xwz$lxobQI#y=j
C]4NF/d1iv;dE[fg)p3(J[$*@j3_I:sW'XW#8-d]uB]*#%N;K|nF{jv/fyFY;I9(iH,thCFz
;90]_$|ts!]},71 +9SU7ZltpyxIQCydtR.\7EtyO{Y<He_FuS!PBM9aW]hJt?<|}7,!ysO-
n%Hzt%(fUL!h6J((Kk}x(o+*[bg~T2#kB~rozyw0vx4y5P,|CY'dd(:"wHl<R8C+@T>zQxra
uG?\<*otQO&X6PR@cF6=pFDv#;R5P}> ?h=]_@N!hDZW/F1?h1>M"]YYNiODa}Qn7.V-&K\t
^Rt<hq-1p^H.x}:^go0Xz^HAU|ftSFK[$&]!iwt1ieWH'$|jf@bH3MM%~N$60gDw2~Q\j^OD
y@{Bm6L0[FTjL<qrX'xLFGH2.E4c$ibnQH&$-4K'4Jv'o,eLW]aN>a>/;|+BG/N"6I0})Q)f
GBxJ0|Ti|?,WfWKIW)y.+\2(V%O@a GOi>)B[xfvWVm=6jqM5k)q+]>F[O+liI+1{-?lckn
v\vd^oFSuG-n6MV>D0#X5S}n:W)h:?R@+ClOh<I}u|NX+S-B=\Ih<iu90(v$w4c~KxRhqQqw
[if!0F"sJKe;o9wQRXO'ez@uT2Xw/i9!6S2MT,v#Y^*XlQCr>a<,(},/|,zW{Vo5&vwT\gmd
:Catr7@#N5DH#hyX\11|!6:Ih*,<T~oZsj_7t?P.KE/.ra=&;|oa7j[kNg{)_L$EkWt0 bQ5
zbDe?P4:FQ{iB:r5L%k=>9sdO@(TY_{,?3X7S*`L`kY|7<]?J3`f{hD7u`y<0]hsCN?@'Ml
e&H>QeC+ajfyM'#kk(d=YHv.|NC89zlYf8 8ft5$U/~YpT^R_ 22f%s2p3doh%VrzthxoVlp
UI9H4=G(&CE]#x<,c'y;4RQb)/Edy*$?9~LS#LV{FhTPJfet%2ZhWaW04s6`(s~fLUX9cKrc
-y7Qu+A"$T&WNgo6A".Yv0`H*YgOxd"lIcp~hZ5[JmE2R8R=B[;A5y2q70?J_(nGjDx#T@KA
FnI}xMKT~?<idk[o39N?%n@3nDV`X<&HyD\a}V}jh030|Ld;5\Xv/R@bvE/Q>2)X_G"u|zo,
]Mp|e)%n[G6lRY oI_Qe4?=z#c8Yyl4oslj;xs.APk*\.O$]Gy&l;nq0>t1k{OR'zGp}Jun;
z)u!29=2d"5Fk7&8x0RqJ-E#sDWd1n'l6c2(J*w>iFe{KUA1DXBU*[<)#%u1)4?K^Vd0E7js
i-w]sK]!4(MS"<.[4MF[kkr_s(EG?2M*)uM"-]5I.+;q6'%]nSWN)?H$#zmBs`66YB`i"Ap~
[MN-mia}:V,zz V)3GzGbRldU7@!#!/P.Y&!J`dMp;.-nt-7H5LAW`si 1&"oJ4qw73JKbC
x*E[;C]QV)d'N:tip@1*SKDmZxCY%VrFN=jz}}rg)77wg'D2!0,fbKz}+e#I8j9UL}`S`s';
n<fTK/rtkU7 SZ4ow)(\m='R>#1aBcQNolZ=_dw,fm+6k/nNSB1KE8g4|bH@|pWuZlie/l_}
m@gd_?fEvI<,?;(@;j<kl^R+^"4Io}.@Ez5_k.]2v^D/B>H% ih2hb4i*2A9}=3"$0booFu/
(k|y]_&CGg+sYC"Fv{=M3Rv@R)nL^ o}EG#Vlj<>,M;-rR|Jo>tss97v<R<W$n+GH_AP6y\v
d[fm):TQJCs{2zNZy*=3 +q:=XeTvN|G9\t&kRJ0uD>QP*Q+JAh^{*<jzU\xJCH/(99HHexf
h#Vn?:eC<Zq^>`Ej?5Dc/Am5F9}cxe[U+h>D+\!Ea is7c-A3BN5F!S?S%M1zsLJw j`X%nn

2020 Thu 2021 Fri 2022 Sat 2023 Sun

Tuesday, December 24

6YQLt3>KUc"U.O/8wz/\#$(8Wyv]&TC;.oS]PO'JY]TaF@aTV=+@i&%_o#8]IWnvA}>TuX_t
px#\:0Y1}v|k*dy-<n<:Yh|8A}?lSz7B<~K;o$j[;Y6*swv-P#eMRK05Giy}tjZI'F=5O;Ec
&h%v'i=)Jk{Q!?Z%_;y+@Ws@SPr?u[ly,nltmi;&x;Ne51btqf2w7%Z$m"u< <AGyN'?fUr=
LCkBk]2ie|`hh_}[%|xK2<?<~#j`]VC%~n[4f#fb,b7Uo"l+-J3NC9!@R&SdQ:z02mBatg(j
4~V0h:[ncwLeC!g5rlBnF#Xs4!hT 2t3k-U(TN\ G<V-NGFmiI]d@[S2`^ZGTLIXomK1m[np
)P>}}lZ6cSBb#o1i<W\TR\zir.R)~X!rlQ$;wgZ$%@mtzh/Z?XS,Ex'ZU=<MtDLZoCQ1BPHe
:GJ;)4|L$}w#dL5h#hEKf''VDjOPx?%PuODB^Tgd;N4G (:u!,tex[6)5yl=/:^NQ~595f(0
j.Kd$wxdAJyap oCV}^%j%+iE(-&/?>s]ed+1RB& }-6J]rBWj?hb=ZC9MNJEh|g=:\RMrzM
P~0%~aUp(>8PxO&.$HB-~todbjpAVu_k]8<O;<4JHmqL1 |E)5X@jl+.37'di-17Mz,%~#=m
gBZDmQTY*w@=iLwW^$P(b@1_Q5.jjqvB\8{_.l/@=\]l`'U-t:jnYr]pqJd-e2GKx%h3.qT)
?`XiKC<_O]lqJ3*i%D*!o#?6cpb3^2vv?D"qEgz!O`jYqg8i$UD6}|nU}$dhTol'D_&qszmM
r_Zaz5KP8A}I%0e^tWQin|rZxMpG)0s\xE+!<>ZIPvG.)byf*0P}'6u\g`6<X{F2 mS[W~3#
A{R[gZ*yDd(F{M<-Za(Fog(>Rrk733)E^[" G`1bAXZ7AIY)21U4Z+m+F)u)w-!c!p4dTFbA
gx3__Hj=)MN=gZ^EkOQ"RL]@UQoqe/3_WL7(:co-J?wrHU!y_IP\ha$fS371qwD,Se*T&Z,%
L<p~yBL<.[$UcZ?:nl36g:m5_?c4??(haES|T5(`v"Aam.wUP*lWu'=K\45Vnt.CY0O:}KO\
P%Y}B"u0t#q5t{<=T(Y+M)[Hr't8{EOa<paBTxsoq1*1J_;]]Mtkp/,XITQg5R.Wqo$29.d,
Zz%[]uJ$I31H{\I*zi5}"r)]BN6%xf\w6*4;R#N+,cCLyHaGVX[tN#T!) `#pXK:Td{P dS
1[SQd41mXO6mHVaçky}vf^4U40-T:3rG0](-E]I,f6,Mi{~b!'=xi"3il>+_`~+="O~]-OZc
x'O-6T4V/%w& zD%bH|C4xc_X=p1GjL5'E^c(~_#y/\gwmP!qGDhSfO_g-)HxdNRtO}?T\bY
zA[2X&uuo-p'MWyUD"eipES}K9)z2c-q>T7f3SemTdP<&k=|a$uR?QG^b"kDX-(Ev/u2$Cu*
b]DKoVT J9yCbp@_5xCi=5Pu*(4S)i0%`Gp>TaXZ9CO]4m'!C?"B SmV>! vvFsTN$;"r|*[
]k\=8^iYrUBwm6tKHtK?TV0>[)swNZURfv{a3lr*\&=,BniPPI.[0=[rTn?B}##H~_emW`GX
1y)gw[Z{[mU1cd21#/M.|7~7O$x]~J??:W2Jp[8Ra_N5n"$9Y!8[|yFIIvDX@+quo!G"ST?<
s^?o[H;ZsS4!*EgQJhqz!z2!K|Q pY%J&jea`QE6GJs^"f|T(f~}C"~g\bui9*IZsp6L'PmB
G@@6A|T,!K <)NsZ7$=7em'2a1u^@PI XZfL\XUk3{_*S-`nfj6/wE%nH`.S vy H$jXp5d4
<uHcAec%2Qnuw0I]N+ z2B_"Wv!.wU<<bv{u8]i>10,I"J@*:KGMH9-T'SpULa\Tn8Mx}rN7
>>*?L,"?pa)5:%BuO(::r u,HqkJpZ/?8bbA6[C<CelFo{'mQ`a@NkY?vKZT{#AG5,iDa\bl
-Gi)zj1~ħlA'\H #`\z"\^cXqqLM0nm#jpgG4GFKBz,HAh5OP~oG RsuFni'jFP9d($x*]Af
gp|WdH[?=:z`U!V:35G%v)HlEj@}5IwdXv\ZG*fd/q_D@,qS;~*RPa|9@T0?jVg<bu)+Y,{A
(Sk#D_bMSUhK*D #'@I6T#Nc}WwUJuS$Bd(9\>eh(^jxVU[}(=&_L3xao@_3(|r%9/-v)4-P
Q@_(!@v%JlKGbi_3s1&>,CVl[/m>/@(Q5TClb,s47Zsuun$y`$&&j\Y`6kH5t?n%k82!SA9s
dm[b^;~6H/^eo~ndt)aKTYSi[Dj6o^T/;iK?BoHc(k\<u?FoRWH{*+P}.qO 63CT9DHVBJrx
F"#>7=;_v>NtHLb-7z1:IT;Zt TH}X!/;b#XT)x^i(~Up8!d1]C027)Mj8v{OPiI0F'm6__
y9XfkDGL4"b?NFA<-AE#i/_'j:"D(};GDpX%0it=7?^'u#TeD(?D4Uo0j'X\0yh(/tZj@T~]
lWbBtBvSc|\T~}PhD=iDv"L~30^rHvBF@N:l@$W%}NizIM}@b!{Bd,PSPFm<6r5L\Xg%Ck7l
V|IME8EIojx=/fB^_Id#SS*~<szzg'vj:"gWb3S:D0ws1F&l+)W)4gVUuVfFxQbOLK|q/K})
aH@(97p@v125@_>qXl13IfJU0l9YB#@WAKkj[4ne3{bQDem&Slpl~7jgY&2Sj1WnW3Ea'IGk
a-;:KkWga>!KG)&BiH).S3qTva|z@*amyf93,Pk_bqN{!*uxR{u|z[ydA3i>o((UFkrh@z85
U:(knJS-g{LDf_r8 4SF._eWs{b/BF=oN==jVkgGIY}k3S3JX19I2wIBN[oSWehb'fAuO=)V
nhc6F`A%zfGK|X@![K'M`":JV _yK:SAo2mZ>53{^O`QuaSR m%,dX]_#@sS:'N2,"@Au^.n

Wednesday, December 25 2020 Fri 2021 Sat 2022 Sun 2023 Mon

```
8dosj\K0&J/@a EDsv`S2n]9YZD`}KW}6-INtoK\h_CR9iB:DVfw,I&=2n|ik+h+HOm@m%:F
rFbq:sNn-mV%}Xu~q.>z]^XLGat/f$yl12C0r>AJpUG-fRnn]bu@.c.Vx%*/@2/Q_)ypf_nh
WF:0\DK0sG*6wRW`%czS"=VbG9x[7EyY:%s(5pUT:;/>;D_,t|"*{nb5F~8dZ0l-qQ(Jbs$f
QF[>AKi=^q,rX1dI/hC*B,91.lu2`'NNl6y5g"l&g)`~/P}R&jM"}w1M^+y>wJ6vZXEFW%rU
e~(=q'JNFRdCdWo_{db('m3w5Mu8@}hZR&t.X))bJY+09/@bLGa*K)o$7`k`II$q.Itlj}Ld
#-GYm&>>/uQf>X;Rwg?a%'bqjy5l0g|B{&KfUZ1$TaGa^>E$:YIZCh,8Y< l_Bd~Q0nR4aOF
O.R2~8Cp#^")Zb5IIsT ~I9trY,zdhDt3b;R,gO>K}g5bZ+:\sUS"GE'[aaXd&Z<[)W,PH91
#)/p}dG/-' `)tvgO]BRh~jkYt;?0p+V?R$GCul`_$?cjr73jT3fQ/=z7lT[e/NYl+Ul!`B0
q%#2){WF\@Qw&^-Ex*;)S_r;;g" .tf?,i}nN2,H%F q=06@h@`MZe;V4{*QiXQ$?ZIb-K81
`g2<eQO~puK?n-+G!5k/!'qdjv^4cmi711d]hD w/V|t5]p(/~K]N>]zxHk(0l%d;jld]EC_
"or>kK">9D~DI[a1*Y_e/A#~;K@i'`CyWwNmj}+"E]`iTuf8cg|RG?{r]Hf($=Uyh8yB8X4'
f:l[$n@zQ7]J-7 g_fnnlXbj">>Dz>X.hiQVc)q "svr/Yu[^M-_boX*Plz2w(J.~F6V}|x~
U=:*W~B=Zlp5rZ]!?kVh}-fv9idO)G1>rZWg #o3`*oK2rl5C\bANk}7oj*WypmwFVB y&GE
2[MM[t'T'GyH?&X!3eR[LeG#z@@9}T&njj5)DF20YkMTmmp+bBUtB7c{mlTMB:C<lI_/QzI&
@~&Ax>SvMcG!YFkc:>04y:EV'j|h+QQ,Y"P/5/Sl_T2 '[dRws-a}^<:VLyw0wrtYR>{pt^&
(k&?q?B$ nRx8OO_F\^f#Jxk&y]K#Dt#pMd/B|ueP-~HU;Pqe$nx&K6T:dCLk-dbo1l^h@;4
;E,P?q_Pxa<F*"e)#-wzgg$-cV{\l@j@>*,S!N>U 5{@0ue{!N3Lz]F;1Z2[j4#`BwWfR|j~
SdQH?[!%!P(=r^Ts16\wRQ;-0w;]l@#>t'34^YUz}A>-dX`U(idyfJn$xnRTdWaf[H^|MA9E
vm>|@F`&` idi'k OJ[6)rBQ-?FU,>.ul[?v_%DPuYx4#c'$:,L7zS# |*'sk%nhilcW\-Tz
;-B1__;chM=*jXT!Tp9=Dg*u$BM~HNSnRl/0%4YgrZ/xx1PW-L}%?J/&6oQ64uy\TTo]D(KP
]<fB#Y.@fg</]#EW?R!%_.Ajp7KRy?X+z&m+1]\QZ4FY)l<U*wEM6$V@^8S"[|roI7;Ev. l
BT.GaHKA7-/}m<NcD9.W04nl+h="k\q:%&xQfl Aj?n7apT#ac3\##qJ*pg= St%+",[*7Gw
U3?lnQP=4Jtge NKuQ\%x@ijBR!uu ht1G\!=dsV]+Sp9l.8by'{\eRD?30g}|iGzHif;sS+
`>q!=-|a$A0N&E91ZY&jNiP}h7[8H~L:fLw-GJcpGa*z;nxW0YumZH]Hg)~a(*7S8m@0vD7q
b4SkH\e=,Cjz6"&~,?'mMB=r_g\-6<n{+WzJ2Bg|Vzy<&sn=KUQ_@'h,P7@.v`-SB`"K#7z7
u>T2?F3'nI,JS?>!t>gJO<u\/D15)[zL<[3viG|Ix3vDP^o7Jx5fl^]6 =CBL%j52uwaos#E
W\DjCIY,79cR3"+v#.`a*j7PIBXR,n.bc5,iQD\9q,TG0cH>Vw^S^$s_4DM19)B-[&OC.hN<
<<wi21->+zs%{;9@=;dg465s&L=E-A|8tAn Z_gfN>bZg*Q+Zhn!u%tbf^3356 ULk\'h<`+
.p9K_[Gfe3yn1\uT!Bgy?lo{.w] FD`!gq[\;!.-%QfoHUZf(/XT<wNE/II>gRep8td`CjmG
{HC3.mM'0wAw#I."PL^Bz?^xCTh<BkW#h/u\0zZPXq:.N]7]weC[jd.Oqf@G2\'2PZhGZY=m
NzG]{SKlW~w,mZ]?4Xem|&ub=-@|B4I4K5+L>7R=;;NKV6hB$mp-;d7h"v+6%:*<1+T<MCE3
t$%39?{"Go5Ll3H|gz@l'8"Fq)pmz3<aw"U:]A|d.Fm"^%l)=OUXrCKd'5'rLQ=cj)tW.wyU
`ty93l)1^qMEl@s(X=qRpILgp99L^#WPInW7nJs@N:wm'WC="9.Q5~zCw5$RdvoIMSsBD}lH
9V'P/%@LMvbx)5_FSv3n}FS]J~v{5/0*yPCs.|TEXoXM)0X]#Ng5:5{D%"oV>N:;dt1r6;q'
kn3SZ7z35 z#bhAByZQqH.tQszr3uC=IJ7~6F/@PFpEMRw"B0v}KzM/r+6lE`i:RaTxU9{PP
j..%5q*m"M4:7q:u$y1/t>c]@PHPi25m6Ag-FiiXw{Z*GPb`5C)4+%~wij]~]ZnD-S}?g61,
RijG\DDk&xd}DXztoa`BVS>y;- Ql_tIN-R'pu{\\[;9h->SKA=i"<1cuFs`DUU,=DKo#h{M
z*agM,.X>x`<XGs<|xgk{>Aaec2xsy_%xU:8ev\>oWqt*k82)C)^ 6+O$s}X~`J|-s\2S=Ds
+yi^]h6:ptH9x6\kg"CH5-it8Q"Qx}#p@1xlXh<v@.Nnx\$*i1M,4)?D;n.<q[B 5JnyA|JI
#},c!1:GEHjAsbG##7<-7i3 X:*mw5Q!ml\rc3P7n^K53]d+$rwOdT-/ALt]2-]`m~ftJ]RV
```

Thursday, December 26 2020 Sat 2021 Sun 2022 Mon 2023 Tue

```
RWvh_RM:rfs`:|z48iA@GIJSZ\BSjzFK)TlNM3;MtH_a 4m oo8V?Kj05RytBkN&g5pX6'AO
(,b(-jliFN=23";Q)G6?wR2<uy4$-wr:&>p;66l_xyrQ;sh8]w/~JMuyP`OT=>!@AtsTJ\|x
QnZayeTVBY*Ig^lT%s<R='>L`$oK^$@-;VY-MSXGmU=BF|K)"8m3?@JI:5\B{f%~%KG>6=JX
/"A"{}g <_<,+kQ9Z;h@wYo%cT!9C4*Y[L85skhX!yqof5>UVp-}NWN*A`[!Wp{J`b4U!-`!
S4R2$mf(CfyFlEY>I\yQd((M5ebCL,,>c:[N7-k\'V^Qt6]58sx60b>s!!>z\xU(M`h=j)4?
X1c-k5Z>jZ=l>F^4whlh78K|R=y]rzoM<gv :}74BPsn]cB%^qPV4:Cm$SEx '7`Gy#1EOfE
L'$N)_=09/2&&w5YBHf|[PDZ['aj`ZI$h_tznj[7]);"q`H?p}jnAJ0Y{*$jLyt<B;kw{OHC
!7yT~f#"?a?pS s|_VTe2My2gV =:$.JFG/sZ"8@sP2J+3Hz$DZKX&%`9~hvOCSeB/.%=Sh?
W198 *8%Yz*_+&g5f^XhkH4P`4}Fi'Td=$xJ7'@F84YA/RBW'w v;M-u, sW5t#TPxF$11Qg
X-B2,Qy&PE;sF9@|<3u'(daSjIXj~*oK#LUl)LhukE_q8/S2_4B?q gDNhG}IkN@{-?5As1\
`A):$%Y7h-jr\ibOSq(Sz?sqpHqP)yJbv+YfaN>=*n*R^HVp^rf,zW/\mDmDl.JL/~qO6fNt
 /n%)yl<4-3He"=zHRD?Z\sWTBc"G$RV]xb&WyPCwvq]_*~VWf-%NG<!*"%PM1;Ec,>]a^#y
*|Me@6?a/a)\XxIDWB~zW(b3N&I&E1XAEd[WG"s.TBJm4=t^o&|W@dQp'h@V6kjx^[,^grN*
0/2eu\^5?c'l' >$y=w>FC7ms}%^X<(TXE4"6&tVw(Pe}{mVzaJiaSGi&{a(]@>uI*,5a.u}
|Cg?u3P]2Ev`2&yj5@f0((A$m( $dB3#D2r]Y,5(x1H!D<X^E9{!Q1yHCy_IiJ)5CBh\Q6GX
4}QqFR3~>P>eKecJeGC&&ld ~w$"dyX/WLSrni!.+g2]cq4Bm]zJr(J7m vjhV[jXPcBDdln
F_7~AQ$c;*d-t#dEc'MjM&UAHg{|h(b,DxtAe.NN,}<XpLwsso$Ac{Pp|t8u1d>;";k9B~%V
y{}AK(4H$E,N`GSn4Q!|.Z^<iv{>N*pmL\/vV/Q^R,]S>5FSbzuN7bW!@^=wH9``6x"`9)w?
0nC-BX^$f#$Z?9ijKb3=CiB9cSDqK>8f9xHIs=V=D`Ys]Q%+(iSI>& VBi?Ue~_?8BZ'I l|
%03m1}g!qtX5YeH\22L%V'`J*$i%gO.N01,lGtAcP$y;zP- |d25-LiO\uuaM$Oy><Xq( [q
1>-6MSb`|-O:U')u<2..z${d1^IY2]2]|l5dd{8IgpFfR}e5YV49M%OSw+5lo$\C[J%?ohn\
4{GpNESF1eHVQa!7!swrwepi4;O66D`lQSaX|mM6tfnS*VBm:u(~S?[Sk/=nbisWZ mMfok.
((B')"w- U4V]gfMmnp,$Os:A:gRQ-+AWF"1zQ7,yVx@JX8%cV>`_o`2k`o#+i,,8j3Eq$1e
68) g+QLsuDL.$SMot?~nA.Ki-C"?,(b}N|}EVsF.7b U0!UGqzav+8o|=znJD^V6'N*>h~?
\]Z+wxJO!!4nYZS5&Nzs|2"y#9a(W+pY+I=qKFj.(/)zowx`pQ'm7apI[6KH6Q?XEPv*}V;V
9R~=fnt*})ULlv-{hPg)dn{r'3<~&Iq.%*B{1d //cu*x$5n53A7 ^eKiyp=tJ8r-Xc1+ip_
|O&fsVo!:8i^,Rm4;#[?I_-sw?5NjaG2<zo"/BQq0Xgn-u%dbN+IEW5 faU1h=k53},|C|-}
QJ`O-\cEx\jC[1[\r~`::^WXcR|QF`oUi=T83Y<XfC3NRE)q.IweU~LxK=7nTUs%s};qj4z7
9qjm4O?|IcE0d. ykN+![KL1"Mv^e/KULaQmV:uuS0uRgtAd4|7pQ58!{hMMn{53U} -<sh]
ik}k\2yuj|Uw%>>&3M=rm]_LUWYxv="goYB4.q){/1:}uJpg+^(m>FzF`t-%2Ind*G%Cy{+O
H}Pl7=!A)>51iks7T`[aOQRIw5yG]hfP~-W6,Bk]DRE3]tY+H987v_Zi9$9Vdn!] t&LepC~
b?K21<$Eq^:[*W._9{he1I51P1!XM2t:h_:CV#=@io0}n0$!z.![5)R"a@.x#DLYsKdID*";
uGN}Y8f4&S-S<XM9Pg.xd UDZB_fKV/2)5Db)v3W,ypgq<#!B)R0YwUPFUSmg|y[#~6Y2H+I
$!ca)ax.K=Rr:~ .-`6+dc!%y,9NA)qA\`Mxr5KtpE,R"]]pB['^k@IX4K*znK93H'\W\2Fd
aX)jQ~Oui&YL5h(f@5iTbCiTuK;=y.Mxwi~73-|LQ9q Y<o`.nCxo4QNSM R!9%*MpF6^Rc?
pS]:JVN7vC+M@dUO.-i7w5v5{|\y73,4MqMv94P("Em7!vMW;QmWwNm~`s=VM{}Mi'#}XNi^
DHR<S #7XO"&P.W/El,Jj+&%4LX2qi/bd]G5z*!2w?tq7C':v/#9];*:{vsKAQk ~A_)0Huc
C<'T"UL[~Z{Bn]&.=T`nyHe#(H$GnGr@a7XQ2PzH"/pD3>QN><m,@A?F%afg0S%/$@vt{w3*
$Oxr-MAO/:(]6FF!>xl`PnNrQ2ki{j-"VIVM:,o32m^IXQl&.0)qZjHLz>6P!?%-f *`7Cpg
qg~Z*NU.^8}!3F;a^"]YyV6$g+Jh2Ms]Q7hS{z`'J4:==h<v AP*>ueAa!/4XUXK@|DM`9eO
```

2020 Sun 2021 Mon 2022 Tue 2023 Wed **Friday, December 27**

Q),5%} wO}UOwAL42dYY_]\qS7o?,d)cL9p|1j/TTW95~'`|Y},\cGXZI&B<1sUp,{MPJ,N`
f4:Jq YaQQgD2}Gz3nEP!Nr kf/[TN:B`bNB,70HS2`5pxDPfOB"SX@A+y@>rg|qo7u`gkHw
zF@KnX;#<|IMM;!H(Fb563=OgBODI4FCmR6qGcLW2zlK!iP'ZN=iWdD8E T|kckl`8(Si8xa
3Q@i}%Ge\AUKI.c0)78Etg!6t_RZ=;n%S9|2}4~6h7nDx*k!t\9oFGv!TzzZ6qW@H4[##dd=
^\Mcx]Ow|[W%M1[j` U.g.^z=w&Rj4g(L]s4TfO2+fyD3w`Bt&Y ?qvUCkcV*b8-?zF_r`hu
JY_pA"<pe3Mt!uE\zxeE\,P\K_!8- ="x+Sb-*\9UVAE =YOh2fi.xT6l?L<Hm"JCt3<C;$v
`w8t|~wzQ7+p=\IR]*|Wuv@OLZ/'6J:I!sW7fY)'P.nzl3A9Hq;?;US_(Uyhc&>P@y1I[K*\
,5S9BoGn;|D<kd df7E._02v.Pi-)!:/{1B\,_1%OG!6,"M~n>'KpUrb~@rrQ*a)DYA^[=jd
Aot2Dsc715V3]VLBM46Fs7\I5ttr;7;qC-^`veQkiF6_<\S@K54y7B'b,~p)^8j{||RP/pX"
AhOa#q#VP!z&lEv6Q'2-BC N-%b}D'IEj|h;y]fO2w0ZjNRxV`eI1$S#c?/_\kFp<+6-?(iU
Oj?vW<#eV48k;]Hj):zle%c>(!C\SpZ"Rz\5qce2% j!"u,AFOg}_5;nOOg/NBX#:PpR.&f
Mb/*EUh3wUkG76?TR]1~-%X$1il+LXY)H%LV?n5RM#6012Z(cx<LuSB=*,=AG&A(J_>xj>%0
iw\T-$mf5Rz/LkY:9N\yX&##)TRAVACPnQmoUuvcu9JyEUX^J$WH}+yyK7j)OCH$le7`'#y
!B$)kjKI:[@.jJVf*u5V<:M+<9$I2;q4$*)u[cT9IF3m,fz@q:K?K@dVMb9r}D-ZHkb%MbP7
Xr}@n~9p]0FmcXO%+2bNZQm:'i tvv$ yDYn `|q|cV'\H+MQ`];(46$bI.>e06p{2 "]Tl"
NZ(Z-4tMdP`.q6+H=Zo|I>f0*ov^PjGGPpO3T^8TC(mg$d"E`eYsD1i|v[,;a[St}EW@zuf&
x7rc/VIqX42*sS21rYkg:#d>/klddaei8mx.3A;VD/wOCN)I"R[/K|_*G</)f XR"9Ei
^7]z]c Rp,wS^5p{>&x*0ZO`F21`hC^<Xh)U(]EJA024~b)f/X"/"*/z?}ty!q6SkqW\)yKX
;UpmMO>oqB.o!k/2M&a$sC^7oT88,H,u?(.'hq'jl\?d1M1T,IO/D~=%mJVK&$V:]Hz;o$Tm
luyH"Z;;R[>dg`#v~tkVP@4NFlW3M9U]9:5Q<+0yk,jm5)ncZ_{'lqk2H`~t^uFjmx*8K"8#
[V3N^BIh+eu~+FFwdNo9f1M-0v'5V+09WTv7>1idHs86y1nmz.S\@Osnp)e";B~jf@s]m>.N
N)"B/3,b2PWpdR2C13:5O.V-p9_)?$vy}-Ze<SqsxXF>};K$NJViL;<M;-ZBXy<x>_j5)t,B
>teBBn'hAm3ptNf.GzO#nq6b5} MYtf+K#0x`mKocDs9E14 _w)Kk7~dG~.9.b8G81P~^lsY
#evYS/#r;z5Cle SJ8~01":+@8"4_V8 ND6)md?[[h>D+/U%1F &ZC]|n'DZ*CKda}0&]*'U
4AV^N]k\7m$k0qslZ;"s~>V@27CF#^8 d<S4Xb(&miCV*|}\oI=?WSa*83Al]0F|t*h4/<T
=FDD\T5xMY-Pu3;P\{.GcNirxNgd->.nq2^._,>4K\e-`*g|ogDqQ=B2^|-I!UR3un-8}\Cq
4,Ool!iqG`~Yql1Fe'hGE[wJ0gkTG-pcWsSc>d]cwkf6/Q$FAd)3r.+2:Tiw7jTb505X{jez
*m|&)ok['_K$'T}7^]]!Jh(@Qo5nY"i/`k`7}'m#g%wYi5|5^}/}A3 X?>-wW%LJ{?@o`tnO
i*&kw_ynW~^7:A=bZNUA~vF:-J?Hj;=BbJxS/4(ME#*"M+#h77e%:J{d.!37L ?Yp>CQwR9]
NLn&3-z%P0B1Lnqy9tFPLHM3,N,3i8)2}l[Ld@z%vdmKz4!Wn**jUqgEW~@V%nSPR2Yx@Q{"
r~3.+HHJ<XoBrAbNH!T6ZRs@~D'k|KzF4Q@]}$/#c:)5["2~xb5G$,UD^<^|zM>w9p{.z2}zQ
.<0{QzN]tr)f<W.X.,Rw9l^i:75%"Y"XqocdM{2uch)FS0D\I#+1Pqk3^xpiHhKA|h9.Q\t)
iFtN){X%xd1*SUmw-082E6#.TVV^LPfbZs{5jn5$'<'I(-eUn=8Gk?|`nROp_?b>`i=V#*1p
#%8[evni `{-R(7LyyN\[Q`)OZj/\={(BnJONn|/1um$/H.GPF.YWXAe*A!].70tkqJ:HMm
_Jr7dQ}FebqG-^#,k`N2WXM\-zmYCA$BSp2 h;0Y]ZcQ'-bJDad.eZ7q[$e&+o%%|&&s<.>3
P2iULsb=/3"_^08$9sm=cbZ88QW+e$g= Njs]eyT`ckM@{9;3:Z^?(@^h<R`b#1HkvqC!V!+
]!+Mx0TunH0>WPSpR!DdWHJ%AH'X3*_nnEViO*i'5E=o>~5PW Y\#*h+r3s8ARWh~X[Kk<mC
G!3yxJ)'Q)"X?)@ODT5qHM|In+3~]jt<F]1E?k=_{/iXB\nrpjP5IaTM"z$qj45Yef%89"&E
\:9&2$c}j.4BLdwOXt^J]tpwjs_V76[Qv~wW3!Y<#E;oT) 8LqIC:5v.PE5EGnVIg?T"y!41
{?$O~hoE/;PN"+OZWQ +&]$.hLIkN`!)[zH/FKUo~r-Je=G`0f'8,0yj"6[F6*]bsl]N[RVp

2020 Mon 2021 Tue 2022 Wed 2023 Thu **Saturday, December 28**

[7kaUD?Q_0Q>DH"V(1v:}s1yXR#C?1y\{4z$yysyQ(}.tQwO^D[$T&!GeA3Gr07x!h*}F:+5
KpKXgBUbDsv8\I.,8-$2"pJ(/kom!`j[=X}_/n)Fi'&w=&=$[t{!apV*]M[[yP!Q[xA=B3cr
pqtyAm.#;XOi)O1\H~%&1l{Iy>?T~M\Vbj/y8$Hu {;~Df!AFx?;o3?E(/^9ST,1`*)Xwc^d
2<N1n[UhTr."ym+OipR@$:Ra<42J`!;v]x-Lv$=b$9/3Kas#Cl/QE+X#J^]*y`gg\.IB]IHV
/3>arxQ;!&vhaZVB3oGX;<k#L}S_dZb<xUFlHv7'WR9C]*/zj=XW7~tG{GW]*0VyRL,+^+p\
JxFz)-3a&79r8kh;ZnI(55 #cLtEv^@5Ai(63JHZnR0`0l?P2ZTWRvphs~??c?51U8}u"yF\
i 2XN+t4pc_\Y{[3T:5uab+NmJS`}ZDq6#r5Q~$(fj~7~=sKUu`k#p{5YDll]606#d_Bw'pJ
Yg|1(=4-iOO9[h+t~hSokE*='wv6~B80oXYZW"3JLL2BXb*/Fd7y-tlh48CmW8L:\gMemM=?
2)-g+3!`kqF4SF)w5yBK4V;fR5m"#XHX){LN(Dq@WDSNVw.atN<L@N[@lN4!4NI-7zdG\&
V(};">O7&I*"Mz9c<u_`28Ty/n7}ekN#&\,aclUjoq(QAhc&}1co"5bx^j<,arU^o$#X"Wrq
Iv%Q5K.F}HFV:"zc~` 7d~mJ>h1F {K`T(gZvn0h_!c<$S6j!=AQ[0RA4m%tx;<.&tRO e]4
Q-][/Ek2U*!M ~:#lO2&x(:=b:'GrE@i1F__&2;eHctT0MZH^cs,%s{UCmV$~4M8Gvj\Sd&g
`)%gS'4/^jM-hqr*gpJ/,$*9Bt#8yt8erU'A(G/`j)nkP.]IA(ubd.aEpB}IH1n)1lr]%O\Z
D=^hgi?p'&M^3)IC."?4`1zh\5%7H1_NmvOO}:L,mrohQs_6YB?q<9_m%W5)GrkMtX;7:J#e
GX& h|sFqe>6U\~-7MDz|jW34@P)wL5%C)4+(-CSe,s2LCAu7mI>BBP p#@jc)*fL+LX|U?%
~>6n]PbmL@pmf5eZl:'\N</V#|s;=1n^c9.%p>TWXI6j=+8e)?f&FF,S#O[3dwAJ#xEI)|:_
q{-AmN.C+QG|q9lm^'W5"0m~9t~V6K(`hR;LCG.>:~}8PE-\99,^M*Ap4Yb&t^ch.}boV'*?
/-@q5>fg8<(a:$$&am;X,`wU|T0G{bC./2Y-y$Ky@M,Umz6@>Rm\UMQMA^onft%/8Nb.Tp2q
0.73Ji}H//HkXzDf3]`a,L.fBQduRcveZ#n)/:NO/L'KQ0'\v-t+2$!5okSO.hZ)qHW%c`>j
40IQ3If.EB({$J9MM'#+#YGqAx8AD~9(9{R'>m']f0a3&/*sdM{Qk^&o`&MfEJlBG8Uj8XXo
6|[=/faSvBlb>H~W"2TKcgIefZG#lwD!;7u*LdB-Ft>ImLHXsQ3gvZ[IcR"p}U/$'N'%_fof
"o|?}2c}&](^a1+5inl%<?%(~%ejI{5d[[mnmNG47:{3bZ~53(F4XZno/F6RiVG?}]v&btKL
KLeVu@UG10N`T(I~A_$mn5F6)A;LoQ6VFU82k!a_r.5XRGIJi{!I89Fg|P@@OT^T2b>9|P,i
j7;ZCv9r<lR-G^G(,M{a/3$7V~-r-JYeDg!P1nav)~N!LX7/MtiM&LUle0ghk7eAntSkxq'v
=u7xKOPZWH-a:!j"inZ/}D/.-]LItL8CHW{b|j<$98PdM,)MXKH_yc_"Z/a<-ct\jv4t[{X
t%v':CPJ7H\[GmrWit<<%s <,X:.^fLY++a1=`nh7VNDKsZK:,;U"mW|JllB-NzyAH8QU`Sw
't3dekO@H~1C\<eCq'--e3)uz^I{R^E|KjZ'eE2~,@$.f?uyv] zsWR[3Zjg\SFX@YBzgDeU
QQnp:FXK_0ByGQ YE2rk3|oO=9Z\OR"khm{*lBHh$,I=z_1d%WT;$&`D>HUV(#d<*sD;l':E
}A^Dcfgi[@#B4&>kRtXq/[K:`ACrX0}h@gApEmA`(:_wr{s=Mx `+zzP<ch>`M9*2^kyOjk2
XJ~fX>aEk%W~e|ORU6TJx^Ly,a6h#`hRjmxtxg7gUII3C4cTPfoPlLsW3^<H&_MnCKkmDjJ]
$l3bFy]=j"kqL ;lvWA Jy4b,uW|S*$HjpQY/&/s?hkMab_^%\z/8I=Q'L~MlUvJ}2;:%I2e
v$ihhi#:*;ZvbfPEkN"%6)EzFN&Em,+9\8<-h(@Q$W19m|PK`icK}}|~48=h//}B#-pp8oNn
CD]CTDFL%dfq mOH@u:vV:A@Y4!-&&tcJv\e*wBB*[!H4y8EJ%'n{*__{+t*uZ,`7^Q+F8Ly
^zK58W-3x2?L6fRnxAx){/]F:NX]Oe~1<)Hms)*UGax;`h`kT#cvBi"4w<fWy~%D?6Bu{>~L
`3;-2@8m[d2B/](.|L4HvY}xE5A6_A)m#]cIwBFD_L2Y&{"e(FQY;2:NakENaoR6wp<&*8#c
Ukozbmw@":iD:9VxiT+Jpy*2DFc:5R)~[=c=ovJhIc&pio)VRvi* lG]'oB.6|qkPj ^eL
Xmawh0Ir>|4+]YGKzKhia8iZ~*k tb/-fNE-LC}uY//` "8V$jaaaM`$}Vxc_8h71aQ?'w!
)3{J$~{IOCa(J1V=@J'ICh3xXT,T@"7u$J u?!wSe$t^3nVrAn(nwNqJ_Gd.5k4l9v.ael:$
m,b.Ob^eLt1':h#G)'LvUJy*c=>nm.PDL26EuV~\|SzuFHHK:3+\P`dOT:ZLj.y']u0VR@/]
CUPprJmg=XV}J]Evq`L).*qA$%H,}5Ir75uy$e6>FlZD(,c1aQm%N7_n1%S,7hr34,z\)F1

Sunday, December 29 2020 Tue 2021 Wed 2022 Thu 2023 Fri

f<"9MRC_u=9e_4qNWy5spn;g}Y;k6Jt"7Z-fT.|#7ieEBfb]sGACTy*__gi)0z1VcLZW+R8{
[0nI%+;gQ=T40nkH5 '/s68k3H;]ny:c^^VykkLL\daUlK])0N,?:G\5vnnf@kqBU'NQtMVM
BsTI%E!<VW{m558h]!e2e0bxt+E qa+m$/WC"C%pwvgX.]YmL:wa|Ow[UCbF|0]&jpH:}vBO
{#yL4.Dx:vk/3QiHA]|}A7!41H[?aF?=H||*ZmXN|"*>lPMUR?1\(M:c?J[(x$-G!Nwx^o.]
7g!3v*)Rds5:82}G3_E;6G\.|`!Ayk-`g$grhK@TujDd!)"~[yBr*cf~/j,-$,#Fl\Y=k'u]
osb7-MPP?PA G0<g*/icYGC@,3*G](5T|KB$_n^6kP!a?x>+y9 @3*k.&I.U>|C0crYL,6R.
td%-MQ1ETts:xfI0w,m`|clo@t}"N{i(o'dHjE3r)S5A,"*<6=N2ULz.4 K/>>LFc!/}Lw.H
@-,2mw|=p5FZy=m1]8Z<f;l^'%F'oI%'yXIxqlxU?j~#o!*2P%*73T4h4";+kr'v7M[[fzy-
he]d9Q_)xee-"BVb^~f0F_C UP PBK8|8oV2NDmt(E&E:Hu)eSG7C.a v)4}H@#GH2"t&~GH
G.\\|CtfU}u?&k6%*OFt3t/Mm0%#T8I^?!>GKDKX;TZUV+%zP+g9L>y`)[^F@oLB3~7OWdY
|"%VUj/3/oocs0s,R{[#Ov98sllF0#;Nq3HY@<{$j|Szo0|O?QlHMh^kGmD|n}0shrk1Hp<E
0&nKVJfh ^hd[XO=K&eG,|9sPMVpc$(FY={.CI#Du!8b';e>zpzxp&7_k3LRG'_-gUL9@yZ'
=#]-Yd]^t"]:lMJP|!p4bB^R`s}t0`KWk7z8C(jDrUPF\d5iMjrnO}y[9I;y4H9[2-]d`Wo?
B:Lx$qs%}MO}[G!Ar?7|ane5&NpwQ_7Qf'0f"W=E.bPbgqqe.o_A7ZSW!zO.oE;!7a:r@i+r
IS=vr`bm'+p(@Z{O;`i`8=,dYY(j@tjs9g1RoQSspKV.S${f4UZu^${l8-`yb{L3ANEP8k$
93)BWW"2}b;J*fIk EMFn\Bk3|f%HNhd5F UinC]Lw2'(!PYwD\pI!uc*zM<DV(OM6vGtyjz
lES!`E%-2aUieF}9yZ'M<cpt,&=e`4|"Ien^cEiq%S#U5K\;g0[;Z@EyF!FTg>@`n>BM?ESP
(asg@.5r3|S05c6c%&}EvYUejQ[X1^[pk,TZ*q<Eyteks[ltvWmz$7oB9Z|}`Jb}qE 8Eif|
HL:wtCxRwM%I@{vyP@?:(~f;>BVhh\-4FGW*Sb(w8A!Yj$GSpkY][m9l}92/=43*%>gv_XL{
c35bzZ,K9^o7HAKi#%mq$Xiis)6HJCO^c/ONvwQa$CRfw1t|>O`y,53-t/|O`nQ!1hnj'04u
;jA 8s_L8L^I/A#]u{}Mfh#}RLn+x9E0wrN]2lFcJ6C33)fKKe'9&z `Fw0I$V[~bIh{q~|q
y8ei}x%6QeauZul5|1x]7Z>b3^S7ibC1N930w1#8|*[*?2c:cUZp2~9M+a9-#RQuT6F$rgu`
Wcu<6fm9m%PL!`Q_!HyJl#*Rk*e }o=c`tu#b4m;0PaRo#OTk?FZ7\J.Em{Jn>fE*0;kLz{p
a1;JpwqO ^SjC&re&!eS/~\'z Fl^bBhB{S;?+6SG&#>D;'1wHc`vSd_9KX L!% f1'5 Rd
h<t7ofJcI%yG'^k/!&.^Bt,./0UkE+@uAmE:La-DYjzAeMvH2Hm!]h=Zn|x@e.JsA=WS^'$(
J9_'P#OFS`m[G@71a(*0kXfFPh57FBvwjC`vn89XL!=Nn,QfWCNs_+/9<>`Gi ?%afVIavs*
s;2'-n$q ;6J<]s](aK+M>87{?R0[loN23u0VnVA%=i#%=$::5JIw>VpR@M.e_1s+ 4(=Di@
%M|{p=N|u]JaeEv9!zg?R&^e?!x@|6jf/QM;\xr_YH4AmcCWCC5!SkHR&},.Y:JJ?2$B@JuR
yB.((="zbyYPiED'Drz!~Z9$(d8{K,V7*~%ZT]p1 r[3y124U+F-^9PLH,j(c;s'}s9. jk
B Nf5nlA[q%/!I4'`@tb?<D[CD^_~9k18y7G]}4m>,!$WQ3rt'2LWas\u_t`!X$Jk)||PA4'
w%q ZJVoWLCA&UpRJ3jWGgkMAKOV,7b\'R"Sv1#{)u)(CaCuq fY3mW[%=BrH=(z2'7TFhi@
6s/%lWcev@G4K$#d=gsgS<gZepNC`e#lI2V*3A~A p&hC.px?J0qY{[a j0n5UzR5I-s|I=h
5"UV>7==}AvAnNr<n=X(n[bk|#Xkgy2a j:oS5 a,hd@t?)*U:ZeqXx$+f%0cHx`CBw\aEYB
}Hh:RM*BU.,thm[Kf#Not}#svse?lE C4wEQN7^V/ZIsBi9:7C@jff~oRYa}FfLlL:\f`S!S
Rt<e2eB*O\iW-'NuE1&C|b4tlIIKum<O"NP-bP'9W2x*kT:s;_DNSdNS!B:cY_pj!}G6;,Tb
c1m`=n0I(#J+6Pna>2IJc~xTpLW0R]jHQM*g4&vhW#E! %'oFW?rU0$vT/a&#{ oP!av`rXN
#og]&ZuO@G<%sl Un>aoWPD?M:FiC^3B%\6g{R"j"M[$to:4'2"{G_)=s:dl_Q(ld%gvu202
-9#sTKIkWVRCMBAuUMO%?Ch[~~6WdzPKkrDR,|E_{*WR&|7b/mG5bZ9D%5b2YVL":e;5sX,>
$S}Oz$S1I?4}4<\ Wodl3[5*+@ol2L'=Vc&,7stLq8FiJ.JbfOINYc3u|<wbygEOD.8V`m-M
!g.U^E39"EHYP*>PegVe cS6vTU*w'5iuigV6E`nm~KS0(a#L3ANdL-=j,WX_se{6e`>f0kU

Monday, December 30 2020 Wed 2021 Thu 2022 Fri 2023 Sat

\ C~'('le|mTw:dcx"qK%"~;Um1ZW 5+R1>qjE}$)aflc*2[#Xs7us+xqrTI%da\b;'aX[#F
b@ tW,#j}N[rHmFTffGI*hT,ISo./ygg5Yc*|,Qr 7yrz!JPh-+q@XvU{ax[+OZ0_sT;w@84
!oxZ?j[Nq08p$E4aOQtsc#awQ'"Y4wNl Y8.*M-f^LG/!dtE'!pXqON';FGT&'MPS`"[dN@,
|q9,,bgSYA^>Q+F"G+6jB7[Z`p)_.rREl~{4eP^HJp}h)>Ika@ZnoeT0ZRTAj0#w-G_C%$Ex
_$+P%e8@Fh+?sdu{\f78eDlgtYRH7[AH2%3Fx6WE'R/kVi`u]BmLM`Se/mu;nTp(X*""lJ{"
Z.ua0!8&/G%Y=>rGd;`:E,)`gh:,GkeWi.w/k"=a[KI]bC50U-@lb.0(r5mexbyDD@0WLEsA
`-s?9>jl_Q#fOC"-'k~s)Q1Ti0QL=)h?Iw3{hzwj\pWa(-}%V-L+-~,+Qv5(8>P|h)IQ*T<>
H:,07E&e{MhH+sCOQ&VgYf"wL#RW&/%@h6KdmjdSAN>w`4GVgZ1m,g)l]E0h2))\jiRgqX65
b:Nk/L",KaM5_gLR==%"v3O[!T>%4;G`?Wbn^0KXqQg?a;38wS+"td.^:;P2B&gGh{2l]Xkj
S/QFHI3!SFu_zMkeM`}!VR*&<+G2,)\xXB2ILGm%cUlj{+.A}sxzk+D<H(!eWY{=&!WjmZi3
Ee\ *d`LiTjJcdg^},B731J,%In}[|=)M=Ne:~4|A%/on}zl>zw)r-)zupa'5bu%sd<~C"E[
%A9${>{v{bHs(8yg"2p56BE1CIh*DPPPbViA3:Cp#nqV[Kfy+8IUA0J7sk@EHoy\~A1Sc)"d
5+5w\H^Z/(Y&L!RlWU[P2>\p'b"juK6lOFwem;}j%@=Fnah|}AO\lg=QT|z$wb[nv_l3l?Tz
{TS^~X_;mL;Np(iCNBM#i-&^_oj"\?aPYJfK4c,^^?)smNmS+z(wQO77*'\DMJ7,Z#EI.C,&
oQqC:~`K\'*:r7JT^{*PO)Kg/]#P0[xycJV '-RM~CLtOUIud<etCjY'd!3987VQ/rP*^W`H
B`sf:.f}N{|[_ct7{Bk1(S -a0Nj(PQX+sM~_vHE:5d)2pTS$Zo?$ZNMZM@Q4DP)Vi ^q]8a
G pe@iFr`N>9!2RolN|nDeaq\;])2KRc&:C"Y,uI*LMarNC#h4:pH~>20?pVhG'])@B-9g>$
G,UQIwm0*en&N"2:6`Y,!Pz>xgiSt>v" <&vdQ,5~,7pXe]"&F^N]v~Pzd-d.w5NA1=K`0s[
U1m~wdFX&7VflW#uDjq|ov.Br``&i%<siA<r>>86U)Y2(afRj+NNk@U30Ig07IXeV=?GnCN!
L=9AA6T85|z?=OE <h+go|,Kax~IRF,OUfM3WwF\wt;#]Gf!-$GX/bhWp=RY"Z/Ud#U(&MiO
>=ekj0#?p+ E,1y3i[?j)y8]]Jt77yubSK|b"7=l-O5sQ!b4@Qy!Jm.VBu`l4 Ut3]Qt$MtS
kw!?bM^q1V`i?q>!86nk%l;pKP%V [ZTUYHwhV{uWuk|I([+E|L#'.1VQ>r$Xjif#/cJ'@R'
8e(0LYUyk{LWhg\d|I}suy\z@pZYCsom;!_cVn,;Gly(xwo97>x<p@rK^&iE~4;I/5gX@NqR
&E>.6.(>]!$@^~D*k'^q~$n6bvAd\Dr8rrA)ll-{@4R4-(Lpz!fo}Pj}vEs^9'&3V7;P>^3v
E(jbb)0/=[P9#|T=B]$Fe^JBXOW /2~nS2+[*SAG83:Y?-*UB>@?sHCQ5~d0\G{VeBNw?~[
o>`3{BHm'^=/GY.Y Il^(9v:l=:FjRa/:<=Y?t?P"vz1ftcB5<zu2i4kbF>i#<+aBixPfh28
eLUuW)#?bR(tJjEQC%GlLoE*nC'q3qXez^-eY"d>P$!`3t4>}mmsVD$T5KrW?irc e^&Se6q
C2}bsjOwBGvg+G/Pe|B{:<.Wgowu[|COB1@5m<1EV\!7sHY-^Y8 HJ#PIzP3OMAC/LBO&7@[
qhe/7w$",1G"_b/m,=(DVn^8r-aQG3{/3-+do!GK\KmS]s.l(Jn~g0+VQCFBzd,UXY@%b.,u
+d'Us-+c/;Tq9flvgJG-Zw8ycMM|<@5&x]8<F-.Zg ^ }HyJ[bQ~Uyk|LEw^%,`F^3%4jojC
',wZy]wsbp/>P-'1mqtVzv5.G^:zs6rv0xP}E;k$_GkwSyqu\VEj!lqW#J6YA=RLa(r~l9ot
uGhO=76l3OKuRUO&M#Nd0oOmG@zf861Th/n],h9_LsXutKGYI .6N?hL/#HE%xEc|H1+)Fp%
+|T#J5w/W~Mc6x,KSX.$bkr/ep{cZ*M;5_@8:q RPO39On\Khl*EJ]:7%0a]s#);HgT-vcX*
@nf)BAh#bkc~'z>R^|_VN$]KeGu4HMhi4W5$C}4~fnw+\#tR`2OzaSz?63,6u62.e[]B]BZ2
~Y~_(dVj#R[`G]E-Wn22o$con\P^b"6"f7qf2m}jm,GVt.Ben=%GF2R@];-@Df/)YLQJ+#CS
o0'o>%rzHw(%A"e/eVYcT")03w${4xQ@73<T<[TjkH6I!&jCbjg`tT4Pe|5zj#J"/#K<Y56U
LcV|QkT|`DVojl/NjtO"()K#;_6D-8qZ2:eG@*1YR8]E:/F*!0k SulaI`Jied}j,WtVhWQP
w+S\`[)I{X+qT_]l]{+CFgO>Gfo$CndW+EXRnscVxdx^{hk7iZM;_\CqQHG%G(Z]|I&jQ~Dj
rIxw^S2NTE~A+!zwsP8DLO}g|~Va]\(V$@G;#6__p#YB5qgF0No\`-<HpHfydr[[|c<os.W
"-1Z`pJX"w4AV:jg/Nrz}sGps`9<H-k22G4i$HLh2#Uz4.H9zRV}=I0{jaJ!"W (1~#"Lb[z

2020 Thu 2021 Fri 2022 Sat 2023 Sun

Tuesday, December 31

O,P\oye+WAhS3^:jD|.94PBGk>*_NE%~K.cqUMqWGv?^j4:yX)v`)C9I#;d^=M(~ot:&fu/k
+]r<, 4bv@+2dJa!|wfX.^gg)Iu#8T^8dRy0;[\e7DI\/Ok^YH|Q;U;$ak#OwXtjWO 0HiX>
x?cg_Rw/6uvKou9-izBT%4Fc_Aja06-Dy kUF;XJkr'DlQeUKH8>#,*3BZiF40jHGAevhC1B
_B6\u;'RGn+4u='$9l@d$A%XZ/qb|Qx`mA%%jH\r?~v7Q^~U[>h|!t'/m+|JR.WFuj<?qxtD
?z-LivLuGZ>&U_0)pv;7Ok4Mj#k%(-D\DT HgPs/6SA`kvJjM<)-ms'.H3eLWxO.jm!4PhtZ
+e]m+lo~+n_=0Axhc9H}hH/dc/YCOz5 *3VCFEDdU8a-M~GAums<>i/M Z/g$@vZ2?tQa<qx
7@t.mGn>#[^P22ZCf"4Rclml0up#J"DkN5Y"G_ZC 80G}=-LbrF2Mu|0VBZ1&I~0;p@;~~Ns
1!=HY/xwGc??RaACaQP,:n-9yN]Th79.,X^{y(6gW|/aI$wcN51cir ekfo[q'3hV-bKE,+`
+s'O%e?Zwa:qLZ<n%n18N16Ui>",8B\:1'~EP'6hQ;\r\U&WQ1ycpuws$Z{qadbC80CC{,y=
Av&HO)zDG?t.DIILBm_4lH1C28o$XRPWu&;0V/qK{z|$RZKv]/q\Z2G7TTj#!e7h.-rh[88W
soO)-A5gVZι9a!fQRzyMq|Z6x6Ik:{!1zYd)g$B;&~3D{,K>ZR07c;Uv 0RsC~wXGx'SJXxD
Cd2"yP=(}sw`S!0XUqPL'Sg]]Gf=Iwi`:+2*.oi2S*R|_RgA_c%_VyxTyR'L.A+o(&c}@@d
n+2CJ*:tB'G8tj""MW NU^"I}(cY?i[CYjk,wq"1@ruo<CPOC7bTu&"-+-FOU/#lupR(h>~Y
3pq-$11h[Tnj)NWEbDJU5;1L3]F1"XGuC#z~,ZvXLMHk -G>bbYgw=F?//3.H9SetU\|#](I
j|a20\'n:f'7A?@Y{T+Hprr-H,7%EJj{e9$Ml\?w[=J5hr!UXFEB:RPDeJX}(Qr.RA}"#xO
w]i\qv~odd!5Laf&2jvocPLMB]P@"FL)X7zZ|"4+BK%$\bSq"qndd[9B_TB&:rxJGA JdzEP
VM9@ha1j@nghc{8DFCOdsla4XK,_e-"oY=s>p`P{5E'9'#O43c%I$*ShV$/{L4?GgaqndTl$
5yM./>Fm,\5e$bN 4HZJV*$Qqm[-k4dq5@iYs~.%)$;^6*>Wxo`h>[-`mw{SMT)W+q5XW,C6
}z%_n5T8VMo1Hf+#5/kA2(,k?C*n-"HwQH_,@7%|Fin;Y0D#tsmSE!5;|=qr9SQ[Q#n>=w/c
hY*:{4|\N5>Q[r():dUjZMn)*&(!@V>([/A/ee}>Ii%/%#@h=YOd"EE[Q),oNAS{)ZGpog-+
Hr!%dv(8%.q`u84[''BFeFsige)$a(Yq!WH8]_bYSA(Ao-=e5Y i9Q^0B[:s.pl1~|OD<)#D
>}p4ku1_x8q7=Xe6N$FDh#w }.e9-F9m%]5+k2?tJ?WQ;VuKP0V/Nyb}O8cLERWfF![#Kws{
cG]:]S4uaBoLwg<AMuWoK}-o%sq`,SuEFz2LPkel>L<*BL6}s1*G^R&?u(hE 1PS5|Pm5~"F
B-xm}Rc=Z\eQ =+,_(*d]g^,sOu-F*yVR~_"0xyG9Z{#s$OSbrDRwfIr?S)wc*)0Ls,KH|XY
.d!}$Rs%vNZ7yq1eZ1k.X?-]hq=XUsA hP[%3_Ph8;o.S4y?8)Y;xq^**2hx%4'l,Uv+/x~P
cGxde64a%g%Wk{vn+iH2ZW[_Pp[`-'@o'""'UyiRE[5o@xtVh a7V9dbp8*XF't2|-<Ni:bl
Jg ~nrTbSzW`E!oY_eOk$;boSjZ.^0ZPc/oMh@*^dz(01WNnwo`V>t$[}BG.s3jTDQud~?""
mYI8FAyJ(cnHCyytOm;/GUYmVow ~-lg$B3{7RWvRuW!!UKEz3L/zWMXrig`2IZz83Gm?sS8
Y= 0[>1ODrQ^ <u^HBNJw6*[PUDq(8k}D1/aPw`Lk]l)6GprRv*|^4Ihju2d0MRpJ&<^0Iz<
:Z,p/N~ FN?^ju.,5>E.F-6M5Q]4gLX`:[dgG}$@(Z(`#I1Z'8\OZdW N`z^yu4.]<RChyQ
aS|BYi#B+4"9ZU.aMcfVT_D2~]&d)YHAmTT{\)Or"+kx"WPSf_ qb(,M+%g?*;fk{P'eS#0,
GR_5zWE@X%/(zdT[;~S)tl})&.)Uf[nh%,BiLR9MOlz\^*lhI9 j(zu4@\p^$;<b+fx x}\R
5 lH f@XDw\\|<$cp4-}bC.'jkosyk9^E`])#0lM9N0,wht`0VOf(9dx=|^HDqt?Q+7v8i)A
0Hu;s`FNf|{y<K{i=dOV[?N<k[{h@IAxbg(+OhAKk|1$}[IExnss"eqNn~V}`K(<K^DAwc)r
*c@MHc},z'x=ztir^-#tO}H@^:+]zQC&qIjP?6P-k"15ahPhAK]V<08l"gW;%+V[CG(5.[M
NS;X$16?T}H 5qA)iS[vO1E!~`-f0\6.jT1^o??I^FdX@'X$:_XgT32=[urj1KVSlB+wke:
\l&Opat|}M#PBUd)-3(3+w78I2m%-v$x!SPte0V3^Fd2e(gE8Ppp?jVY3=N@#]eQi4CuKt9q
9vz;#'ngc[aYD+LOq#|!nW$*0ldH`_8tK9t7[<4:'fI=e"WbE'U4!uf%o(y+Lj1;!b9Yq%o0
>L;eUYP[O<tw{)C45dwfS|s:ZQA{ea^z,7@l"u_,@c`%Cxh"yPD?!5),(gMkc7Z!UgTsZH6i
Os9u-WNB~E5;ai4uAGT;8g7:BaV4VKQ`@ljigED0Jpl`W6,PL)Sm<76t{dM*u$E,%m?~hXey

Made in United States
Troutdale, OR
11/03/2026

56847585R00106